【东莞名片】

全国文明城市
国家森林城市
全国绿化模范城市
国家环境保护模范城市
中国优秀旅游城市
全国质量强市示范城市
全国科技进步先进市
全国“两基”教育先进市
国家卫生城市
全国体育先进市
游泳之乡
举重之乡
全国篮球城市
龙舟之乡
广东历史文化名城
国家公共文化服务体系示范区

【数字东莞·2016】

户籍人口 200.94万人
常住人口 826.41万人
土地面积 2460平方千米
地区生产总值 6827.67亿元
第一产业增加值 22.80亿元
第二产业增加值 3172.50亿元
规模以上工业增加值 2878.23亿元
第三产业增加值 3632.37亿元
人均地区生产总值 82682元
农林牧渔业总产值 38.44亿元
固定资产投资 1557.46亿元
社会消费品零售总额 2470.78亿元
外贸进口总额 4859.15亿元
外贸出口总额 6556.85亿元
实际利用外资 39.26亿美元
地方公共财政预算收入 544.75亿元
地方公共财政预算支出 599.29亿元
城镇常住居民人均可支配收入 4.31万元
农村常住居民人均可支配收入 2.65万元

东莞科学发展示范区、转型升级引领区——松山湖（生态园）高新区

东莞年鉴

DONGGUAN YEARBOOK

2017（总第17卷）

中共东莞市委员会
东莞市人民政府 主管
东莞年鉴编委会 主办

·广州·

图书在版编目（CIP）数据

东莞年鉴．2017 / 中共东莞市委员会，东莞市人民政府主管；东莞年鉴编委会主办．—广州：广东人民出版社，2017.8

ISBN 978-7-218-11993-9

Ⅰ.①东… Ⅱ．①中… ②东… ③东… Ⅲ．①东莞—2017—年鉴 Ⅳ．①Z526.53

中国版本图书馆CIP数据核字（2017）第208768号

东莞年鉴·2017

中共东莞市委员会 东莞市人民政府 主管

东莞年鉴编委会 主办

地 址：广东省东莞市鸿福路99号行政办事中心主楼5楼

邮 编：523888

电 话：0769-22831396

邮 箱：szb@dg.gov.cn

网 址：http://history.dg.gov.cn

出 版 人： 曾 莹

责任编辑： 余小华 钱 丰

封面设计： 张德全

责任技编： 黎碧霞

出版发行： 广东人民出版社

地 址：广州市大沙头四马路10号（邮编：510102）

电 话：020—83798714（总编室）

传 真：020—83780199

网 址：http://www.gdpph.com

海外发行： 香港经济导报社图书业务部

地址Add：香港轩尼诗道342号国华大厦10字楼

电话Tel：852-25738217转图书部

传真Fax：852-25738469

邮箱Email：eiasub@pacific.net.hk

网址http：//www.jdonline.com.hk

HONG KONG，MACAO，TAIWAN & OVERSEA GENERAL DISTRIBUTOR：

ECONOMIC INFORMATION & AGENCY，BOOKS DEPT

10/F，KUO WAH BUILDING，342 HENNESSY ROAD，HONGKONG

排 版： 东莞市正本电分制版有限公司

印 刷： 东莞市翔盈印务有限公司

书 号： ISBN 978-7-218-11993-9

开 本： 787mm × 1092mm 1/16

印 张： 43 **字 数：** 1686千

版 次： 2017年9月第1版 2017年9月第1次印刷

印 数： 1—3500册

国内定价： 人民币260.00元

海外定价： 港 币430.00元

编辑说明

一、《东莞年鉴》根据《地方志工作条例》和《广东省地方志工作规定》“以县以上行政区域名称冠名的地方志书、地方综合年鉴，分别由本级人民政府负责地方志工作的机构按照规划组织编纂，其他组织和个人不得编纂”的规定，由东莞市人民政府地方志办公室组织编纂。

二、《东莞年鉴》于2001年创刊，每年出版一卷。《东莞年鉴》2017年卷主要记载2016年东莞市发生的大事要事、基本情况，力求客观、全面、系统地记述全市经济建设、社会建设和各行各业的发展历程，为各级领导、社会各界及广大民众提供地情服务，并为编修地方志书奠定基础。

三、《东莞年鉴》2017年卷正文采用分类编辑法，以类目、分目、条目组成主体，条目为基本形式，其标题以黑体字加“【 】”表示。正文设“年度关注、东莞之最、总述、党政机关、民主党派·社会团体、人力资源·社会保障·民政、外事及港澳台事务·侨务、莞台合作·莞港澳合作、区域合作·扶贫开发、法治、军事、城建·环保、交通·邮政业、信息服务业、园区经济、开放型经济、农业、工业、商贸流通业、旅游业·餐饮业、金融业、财政·税务、经济监督管理、科学技术·社会科学、教育、文化、卫生·体育、社会生活、镇街、人物、大事记、附录”等类目。

四、《东莞年鉴》2017年卷采用全彩色印刷，配置丰富多彩的图片，形象生动、鲜明直观地体现东莞风采，以达到图文并茂的效果，增强信息量和观赏性。

五、《东莞年鉴》2017年卷的数据采用法定计量单位，分别由各单位和各镇街提供。若与统计部门公布的数据不一致，使用时应以统计部门公布的数据为准。

六、《东莞年鉴》2017年卷稿件作者署名，除“撰稿人员”栏目中刊列外，“年度关注”“附录”等类目正文的作者在标题下方标明，其他类目的作者则在条目文末标出。图片在该图片下方标明；未标出摄影者的图片，均由撰稿单位提供。

七、《东莞年鉴》2017年卷配有双重检索系统。前有目录检索，后有按汉语拼音字母顺序排列的主题索引，方便读者检索。

八、《东莞年鉴》2017年卷配置电子版，设置视频欣赏、背景音乐等，采用多媒体检索技术。

九、《东莞年鉴》的编纂工作在市委、市政府的领导下，得到各单位、各镇街的支持与配合，并依靠全市撰稿人员共同参与而完成，在此谨致谢意。由于编辑水平有限，书中难免有疏漏或不当之处，敬请批评指正。

《东莞年鉴》编纂委员会

《东莞年鉴》编辑部

《东莞年鉴》撰稿人员

（按姓氏笔画为序）

马东宁　王　通　王少波　王文青　王东杏　王学林　王　敏　王康伟　王道辉　王嘉慧　方德豪　尹杰洪
尹健斌　尹淑芬　古周梅　卢力森　卢奇聪　卢浩祥　卢润志　卢惠锋　卢锦洪　卢耀均　叶伟文　叶芳廷
叶应佳　叶建荣　叶健忠　叶韵芯　申　艺　田　恬　田小兵　邝志聪　冯鸽葳　吉峰平　尧春华　朱珍佶
朱清荣　任东东　刘　斌　刘念宇　刘勋良　刘晓东　刘楚欣　刘慧菁　刘灏妍　齐红梅　齐留柱　江南梦
汤尚忠　许雪恩　孙　璐　孙振兴　严　格　严传彪　严沛坚　苏志刚　杜炜国　巫树谋　李　丹　李　言
李　娇　李　霄　李文峰　李玉婷　李玉嵩　李伟彬　李沛欣　李佳卉　李诗韵　李林洪　李换珠　李健武
李敏瑜　李超颖　李惠芳　李德诚　杨　妍　杨　磊　杨天仁　吴　洋　吴广达　吴宝辉　吴建勋　吴根旺
吴倩倩　吴家良　吴维彬　邱　蕾　何　伟　何杏炜　何肖瑛　何洁珊　何惠知　余玉琪　余昆鹏　闵　杰
沈钊弘　宋方平　张　蓉　张玉纯　张北全　张志明　张志勇　张佑健　张明远　张凯文　张佩欣　张思瑶
张效斌　张琪苑　张嘉琪　陈　馨　陈月婷　陈华茵　陈汝婷　陈红娣　陈运银　陈沛权　陈迪莎　陈佩珠
陈泽鑫　陈建枝　陈俊辉　陈晓丹　陈晓燕　陈梓蔚　陈雪庭　陈锐棠　陈德斌　招敏华　范星星　范香雪
林　郁　林　睿　林立煌　林传光　林宗辉　林晓文　欧伟龙　罗　欣　罗　攀　罗东明　罗建锋　罗柱洪
周　辉　周　翔　周佩琪　冼挺超　郑泽锦　赵景耀　钟　原　钟进锋　施建平　秦丽华　袁　迪　聂子松
莫文森　莫庆君　莫志良　莫志荣　莫淦坤　莫婉湘　夏文明　殷敏丹　凌文通　高国伦　郭　佳　黄　真
黄　凰　黄　蓉　黄远峰　黄佳珣　黄炜燮　黄建英　黄彦奇　黄冠华　黄勇军　黄晓芬　黄基尧　黄瑞娴
黄椿颖　黄慧敏　曹运岚　戚锐麟　庾小文　梁玉莹　梁沁媛　梁淑娟　彭丹月　彭晓波　葛大勇　蒋梦琳
蒋满华　喻中胜　曾宪政　曾慧妍　温泽枫　温慧娟　谢用麟　谢伟光　谢易霖　谢雪仪　谢鸿博　赖卓辉
雷转君　简锐姬　褚雨枫　蔡丽媚　蔡灼荣　蔡雪梅　蔡嘉明　廖　雁　廖世林　廖剑锋　廖敬芳　韶　欣
谭林峰　熊　磊　樊键忠　黎北杰　黎诗琪　黎彩仪　黎燕君　潘　梅　潘伟强　魏云青

目　录
CONTENTS

图片专辑——东莞突围
SPECIAL SELECTION OF PHOTOS——DONGGUAN BREAK THROUGH

年度关注
HIGHLIGHTS OF THE YEAR

东莞之最

NUMBER ONES OF DONGGUAN

总　述

DONGGUAN PROFILE

党政机关

PARTIES AND GOVERNMENT ORGANIZATIONS

民主党派·社会团体

DEMOCRATIC PARTIES · SOCIAL ORGANIZATIONS

人力资源·社会保障·民政

HUMAN RESOURCES MANAGEMENT · SOCIAL SECURITY · CIVIL AFFAIRS

外事及港澳台事务·侨务
FOREIGN AND HONG KONG MACAO TAIWAN AFFAIRS · OVERSEAS CHINESE AFFAIRS

莞台合作·莞港澳合作
TAIWAN—DONGGUAN, HONG KONG—DONGGUAN AND MACAO—DONGGUAN COOPERATION

区域合作·扶贫开发

REGIONAL COOPERATION · POVERTY ALLEVIATION AND DEVELOPMENT

法　治

LEGAL SYSTEM

军　事
LOCAL MILITARY AFFAIRS

城建·环保

URBAN CONSTRUCTION · ENVIRONMENTAL PROTECTION

交通·邮政业

TRANSPORTATION · POSTS

信息服务业

INFORMATION SERVICE

园区经济

ZONE ECONOMY

开放型经济

OPEN ECONOMY

农　业

AGRICULTURE

工　业

INDUSTRY

商贸流通业
COMMERCE

旅游业·餐饮业
TOURISM · CATERING

金融业
BANKING

财政·税务
FINANCE · TAXATION

经济监督管理
ECONOMIC SUPERVISION AND MANAGEMENT

科学技术·社会科学

SCIENCE AND TECHNOLOGY · SOCIAL SCIENCES

教　育
EDUCATION

文　化

CULTURE

卫生·体育

HEALTH · SPORTS

社会生活

SOCIAL LIFE

镇 街

URBAN AND TOWNSHIP

人　物

FIGURES

大事记（2016年）

CHRONICLE OF MAJOR EVENTS IN 2016

附　录

APPENDIX

索　引

INDEX

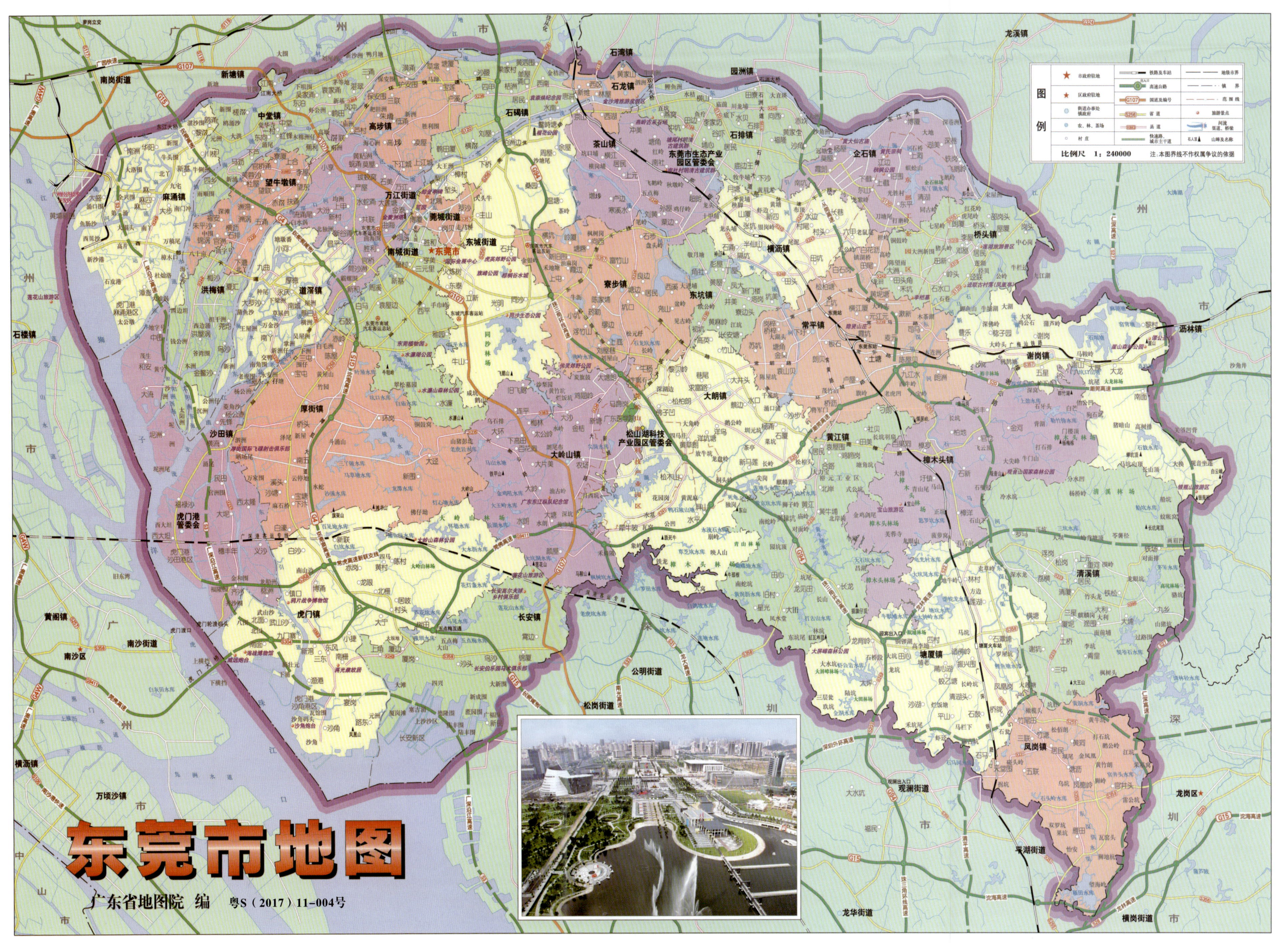
东莞市地图
广东省地图院 编
粤S（2017）11-004号
图例
市政府驻地
区政府驻地
街道办事处
镇政府
村 庄
铁路及车站
高速公路
国道及编号
省 道
县 道
快速路、城市主干道
地级市界
镇 界
范围线
旅游景点
河流
水库
山峰及名称
比例尺 1：240000
注：本图界线不作权属争议的依据
东莞市
莞城街道
南城街道
东城街道
万江街道
石龙镇
石碣镇
高埗镇
中堂镇
望牛墩镇
麻涌镇
洪梅镇
道滘镇
厚街镇
沙田镇
虎门镇
虎门港管委会
长安镇
大岭山镇
寮步镇
东坑镇
横沥镇
常平镇
桥头镇
企石镇
石排镇
茶山镇
大朗镇
黄江镇
樟木头镇
谢岗镇
清溪镇
塘厦镇
凤岗镇
松山湖科技产业园区管委会
东莞市生态产业园区管委会
石湾镇
园洲镇
新塘镇
南岗街道
石楼镇
黄阁镇
南沙区
南沙街道
万顷沙镇
横沥镇
公明街道
松岗街道
观澜街道
龙华街道
平湖街道
横岗街道
龙岗区
沥林镇
龙溪镇

东莞市中心城区图
广东省地图院 编
粤S（2017）11-005号
市委
市政府
万江街办
莞城街办
南城街办
东城街办
同沙水库

广东四大名园之一——可园

全国文明城市——东莞市，图为东莞市中心区

保障经济稳中向好，推进供给侧结构性改革

2016年，东莞全市生产总值增长8.1%，快于全国、全省增速，进出口总额增长10%，增速在全国五大进出口城市中居第一位，其中出口增长2%。东莞市成为全国第二个国税突破1000亿元的地级市。

落实“三去一降一补”（去产能、去库存、去杠杆、降成本、补短板） 全年为企业减负超200亿元。产业供给结构进一步优化，先进制造业、高技术制造业增加值分别增长15.1%和17.8%。新增主营收入超10亿元企业17家，总数达243家。新增500亿元企业2家。华为终端公司率先突破千亿元。

全力抓好重大项目建设 全年完成投资439.4亿元，超过计划18.7个百分点，比上年增长10.5%；总投资99亿元的19个重大产业项目建成投产。

加快战略性新兴产业发展 智能手机主营收入近3000亿元，增长40%以上。“华为”“OPPO”“vivo”手机出货量均进入全球前六位、稳居全国前三位。在智能终端产业的带动下，电子信息制造业规模以上工业增加值增长20%。全市新登记新兴产业市场主体6207户，增长113%。

vivo工业区

东莞OPPO公司

vivo公司车间

建设中的华为终端公司

华为机器有限公司

华为南方工厂

东莞松山湖（生态园）高新区——珠三角国家自主创新示范区

强化创新驱动，加快集聚创新要素

2016年，东莞市抓好高新技术企业培育“育苗造林”计划和孵化体系建设。全市新增高新技术企业761家、高新技术企业后备企业819家，总量均居全省地级市第一位；用好相关政策，为高新技术企业减免税款32.3亿元，比上年增长54.5%；新增新型研发机构6个、科技孵化器12个、国家级众创空间9个；促进科技金融产业紧密融合，新增上市企业2家、新三板挂牌企业105家。

实施“机器换人”带动智能制造 全市申报“机器换人”项目577个，总投资72亿元，其中莞产设备占16%；项目数和总投资额均居全省第一位，带动全市工业技改投资增长35%。

加快国家自主创新示范区建设 松山湖高新区生产总值、税收分别增长16%和24.3%，综合实力在全省国家高新区中排第三名。全国智能制造试点示范经验交流会、全省推进珠三角创新驱动发展培育高新技术企业工作现场会、专业镇协同创新工作现场会在莞召开，东莞市相关经验得到肯定和推广。

2016年4月18日，东莞理工学院-西门子智能制造创新中心签约仪式举行　（郑志波　摄）

2016年6月15日，广东省专业镇协同创新工作现场会在东莞市召开　（郑琳东　摄）

东莞民间金融街

2016年12月30日，中国人民银行东莞市中心支行金融服务平台进驻东莞市众创金融街暨广东省企业信用信息和融资对接平台东莞启动仪式举行

创意产业孵化器

机器人车间

长安镇乐依文半导体装配测试厂数码车间

（唐寿新　摄）

全国第十一大沿海港口——东莞港

优化对企服务，促进外资和民营经济协调发展

2016年，东莞市高规格召开非公有制经济工作会议，制定实施提升外经贸水平45条和民营“亲企清政”36条。

推进外贸稳增长调结构 推动加工贸易企业提质增效，加快广东（石龙）铁路国际物流基地和中俄贸易产业园建设，成功举办广东21世纪海上丝绸之路国际博览会、中国加工贸易产品博览会、广东国际机器人及智能装备博览会、东莞台商名品博览会等展会。对“一带一路”国家出口超过1350亿元。跨境电商贸易增长迅速，国际邮包出口量突破7000万件，跃居全国第四位。国际邮件互换局兼交换站落户东莞。

实施“亲企清政”工程 建成“千干扶千企”网络平台，开展“问暖企业总部”系列活动。民营规模以上工业增加值增长18.3%，占全市比重达38.6%。民间投资增长13%，占固定资产投资总额的70%。新登记非公有制经济市场主体17.1万户，增长41%。

加强招商引资 主动加强与周边城市产业合作。组团赴欧美、日韩及全国各地招商。全市合同利用外资47.3亿美元、实际利用外资39.3亿美元，扣除不可比因素分别增长8.8%和3.1%。协议利用内资1174亿元。实际利用内资662亿元，增长20%。

2016年10月27日，2016广东21世纪海上丝绸之路国际博览会在东莞市广东现代国际展览中心举行

广东（石龙）铁路国际物流基地

2016年11月17日，东莞国际邮件互换局兼交换站揭牌

（郑家雄　摄）

2016年4月21日，中国加工贸易产品博览会在东莞市广东现代国际展览中心举行

促进区域协作，推动优势互补、密切合作

2016年，东莞市主动对接广东自贸区，深莞惠（3+2）经济圈合作日益紧密，莞深产业合作不断强化。实施新一轮市内帮扶工作，落实帮扶专项资金1.8亿元，支持次发达村加快发展。对口帮扶韶关工作在全省考核中排第三名。推进韶关、揭阳精准扶贫精准脱贫工作，完成到村帮扶项目1026个，到户项目36218个。启动对口帮扶云南昭通工作。援疆工作进展顺利，兵团草湖广东纺织产业园首期30万锭项目建成投产。援藏援川工作成效明显。

2016年10月20日，东莞市委书记吕业升（右二）在新疆生产建设兵团第三师图木舒克职校与少数民族学生交流

2016年6月3日，东莞市委副书记、市长梁维东（右二）在援疆工作队驻地看望慰问援疆工作人员

绿美南疆林业产业园

绿美南疆林业产业园

广东纺织产业园30万锭棉纺项目厂房、库房及倒班宿舍航拍图

广东纺织产业园生产车间

2016年7月10日，东莞、中山两市万人游昭通活动在昭通市望海公园启动

莞惠城轨铺轨作业

国家森林城市——东莞市，图为旗峰山森林公园 （曾永富 摄）

优化城市环境，加速推进重大基础设施和生态环境建设

2016年，东莞市加快轨道交通等建设。地铁2号线开通运营，累计客流量2160多万人次。莞惠城际轨道常平至惠州段通车。启动地铁1号线工程前期工作。与深圳、广州加快研究地铁对接规划。从莞高速公路主线、粤晖大桥等项目建成。虎门二桥、深圳外环高速公路东莞段、莞番高速公路扎实推进。打通南丫大桥等5条断头路。实施信息基础建设大会战和电网大会战，WiFi接入点建设规模居全省第一，建成110千伏及以上电网工程项目15个。

2016年5月29日，省委常委、常务副省长徐少华（中）到东莞市视察了解虎门二桥建设进展情况

（郑琳东　摄）

深入推进污水和固体废物治理　全面打响新一轮水污染治理攻坚战。加强茅洲河、石马河污染整治。建成260公里截污管网，完成4家污水处理厂扩建，新增污水处理能力17万吨/日。试点推进麻涌、清溪的分散式污水处理项目建设。综合整治桥头大东洲等3个生活垃圾填埋场。完成厚街环保热电厂二期扩建工程，一批环保热电厂扩建工程扎实推进。农村生活垃圾处理连续两年全省考核居第一位。

抓好节能减排和大气污染治理　全面完成国家节能减排财政政策综合示范城市建设任务，推动水乡地区101家污染企业整治和退出，主要污染物排放量持续下降。单位地区生产总值能耗下降5%以上。空气优良天数达到318天，比上年增加11天。

东莞市南城街道　（张嘉富　摄）

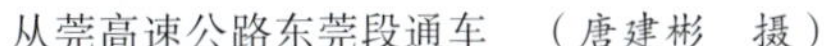
从莞高速公路东莞段通车 （唐建彬 摄）

地铁列车到位

同沙生态公园

全国创新社会治理优秀城市——东莞市，图为麻涌镇夜景

开展文明创建，全面实施“补短板、促提升”行动

2016年，东莞市深入开展城市文明“补短板、促提升”工作，集中整治户外广告、城市“牛皮癣”、环境卫生、交通秩序，实施核心价值观融入提升、市民素质提升等行动，广泛开展“东莞好人”评选活动，打造“友善之城”，市、镇、村一体化文明创建取得阶段性成效。全市增设核心价值观等公益广告17.3万块，公益广告比例达到30%以上。实施文明创建工程项目311个、总投资额超过9.5亿元。镇容村貌更加整洁有序，清理卫生死角超过52万处、关停处理城市“牛皮癣”号码近1.3万个，签约“门前三包”（包卫生、包绿化、包秩序）责任书150多万份。城市精细化管理进一步加强，处理占道经营超过33万宗、违章建筑超过1万处。城市品位和城市形象有效提升。

莞城街道社会主义核心价值观公益广告

莞城街道文明墙绘活动 （张忠柱 摄）

茶山镇超朗村核心价值观主题墙绘

2016年，桥头镇开展基层精神文明建设“补短板、促提升”行动。图为志愿者走上街清理城市“牛皮癣”

文明创建示范街——横沥镇彩霞路

虎门镇增设核心价值观公益广告

中国历史文化名村——东莞市茶山镇南社村

维护安定和谐，提升社会服务管理水平

2016年，东莞市全面启动“智网工程”。划分基础网格3201个，配置管理员9177人，首批推动公安等7个部门77个事项入格，在所有镇街（园区）全面铺开。全市实有人口公共基础信息平台上线试运行。努力提升群众安全感。深入开展“飓风2016”等专项行动，严厉打击各类突出违法犯罪，强化命案防范打击，开展“以案说防”活动，提升“全民创安”参与度。狠抓安全生产、消防和信访工作。严格履行安全生产责任，深入开展危险化学品和易燃易爆物品安全、火灾隐患重点地区“百村挂牌”督办、“三小”场所（小档口、小作坊、小娱乐场所）和出租屋消防安全、建筑施工安全等领域的专项整治，整改风险隐患20多万处。加强信访源头防控和积案化解，妥善处置劳资纠纷、非法集资等引发的群体性事件，社会大局保持和谐稳定。

《广东省信访条例》宣讲会在塘厦镇举行

2016年7月5日，塘厦镇召开“智网工程”暨社会治安防控体系建设动员部署会议

宜居东城

“以案说防”社区治安论坛

练兵 （巫业通 摄）

民警进社区参与日常巡逻

龙舟竞赛

鸿福桥

国家公共文化服务体系示范区——东莞市，图为东莞市市民艺术中心鸟瞰图

加强民生保障，全面发展社会事业

2016年，东莞市实施文化惠民工程，推进国家公共文化服务标准化、基层综合性文化服务中心和国家数字文化馆试点建设。开展“寻找最美家庭”活动。加强文艺精品创作。推出首部本土题材音乐剧《虎门销烟》，完成大型电视剧《袁崇焕》现场拍摄。

提升教育公共服务水平 注重民办教育发展，新设6.5亿元民办教育专项资金，新创建义务教育阶段优质民办学校39所。重视解决随迁子女教育问题，铺开向民办学校购买学位政策，为随迁子女提供学位3.5万个，比上年增长23.8%。在22所学校实施托管改革，推进莞式“慕课”教学试点。高考各项指标位居全省前列。东莞市被认定为全国义务教育发展基本均衡市。

推动卫生、体育等社会事业发展 推进公立医院医疗服务价格改革，推行分级诊疗制度，方便群众就医。对8所市属公立医院给予2.05亿元补助，减轻医院负担。基本医疗保险年度最高支付限额由20万元增加到30万元。有序实施“全面两孩”政策。建立危重症孕产妇和新生儿急救网络。市社会福利中心改扩建项目投入使用。发放就业创业补贴3.68亿元。成功举办国际马拉松赛和亚欧男子乒乓球全明星对抗赛。出台住房限购政策，促进房地产市场平稳健康发展。做好台风“妮妲”“海马”防御工作。国防动员、统计审计、外事侨务、工青妇幼、民族宗教、档案方志、残疾人、红十字会、打私等工作有效推进。在2016中国地级市民生发展100强城市中，东莞市名列第三位。

东莞市社会福利中心

▼2016年6月11日，2016东莞市“最美医生”“最美护士”大型义诊活动在东莞市南城街道元美公园举行　（陈琳　摄）

▼松山湖实验小学慕课案例展示

▲2016年9月10日，亚欧男子乒乓球全明星对抗赛在东莞市举行

▲东华学校松山湖（生态园）校区一期工程

▲2016年5月20日，电视剧《袁崇焕》开机仪式

2016年3月27日，东莞松山湖国际马拉松赛起跑

莲花山下

年度关注

HIGHLIGHTS OF THE YEAR

- 东莞市获评“全国质量强市示范城市”
- 东莞市深化改革
- 东莞市农村综合改革
- 东莞市精神文明建设“补短板　促提升”行动

龙湾滨江片区

编辑：陈国雄

东莞市获评“全国质量强市示范城市”

【“全国质量强市示范城市”创建概况】 2016年5月24日，东莞市在广东省质量大会上，获颁“全国质量强市示范城市”牌匾，成为广东省唯一获此荣誉的地级市。东莞市创建“全国质量强市示范城市”工作始于2012年，当年，东莞市经过申报，成为全国首批25个、全省第一个获得创建“全国质量强市示范城市”资格的地级市。2012年起，东莞市坚持把质量提升作为转型升级、提质增效的重点发展战略，以创新驱动、质量引领为主要发展思路，围绕供给侧结构性改革这一主线，以质量、品牌、标准、计量、认证认可、检验检测、安全监管、执法打假为抓手，服务好产品质量提升和创新、服务好落后产能淘汰、服务好消费安全保障，加快推进“东莞制造2025”战略，推动“东莞制造”向“东莞质造”转变，经过近2年的创建，完成56项创建工作任务，在2014年1月通过国家质检总局开展的现场考核；2015年4月，虎门镇被国家质检总局命名为“全国服装（休闲服）产业知名品牌创建示范区”；2015年9月，长安镇获国家质检总局命名为“全国五金模具产业知名品牌创建示范区”；2015年9月，召开全省首个由地级市政府牵头组织的标准化工作专题新闻发布会，发布以标准化建设促进产业转型升级的重要成果；2016年2月，被国家质检总局命名为“全国质量强市示范城市”，成为广东省唯一获此荣誉的地级市。

【质量强市“四轮”驱动战略实施】 截至2016年5

月，东莞市持续发动企业实施标准引领、品牌带动、检测支撑、计量基础夯实的“四轮”驱动战略，创建“全国质量强市示范城市”。

开展先进标准体系建设　截至2016年5月，东莞市主导或参与10项国际标准、306项国家标准、317项行业标准、140项地方标准、125个联盟标准的制修订。其中主导发布的1项IEC（国际电工委员会）国际标准直接推动印制电路产业达到国际先进水平；主导制定的2项电子商务平台运营与评价国家标准是国内首次发布的电子商务平台国家标准。信息传输线缆、云计算、制鞋3个省标准化技术委员会落户东莞。

实施品牌发展战略　截至2016年5月，东莞市扶持企业创建品牌，有效期内的省名牌总数195个，居全省第三位。发展地理标志保护产品和生态原产地保护产品，特色产品“莞香”获评国家地理标志保护产品，实现相关领域零的突破。支持区域品牌建设，创建虎门休闲服装和长安五金模具2个知名品牌示范区。组织品牌企业参加交易会、博览会等活动，提高品牌的市场占有率及社会影响力。

推进检验检测能力建设　截至2016年5月，东莞市加快公共科技创新平台建设，建成9个国家中心、12个省级检测站及3个国家级检测重点实验室，检测服务能力覆盖2000类产品以及全市支柱产业和战略新兴产业。推进国家智能制造装备质量监督检验中心建设，有力支撑东莞智能制造发展。成立东莞市检测资源联盟，整合优化东莞市现有检测资源。以“质汇网”为核心建设检测业电子商务平台，打造“互联网+检测”高效快捷通道。

夯实民生计量基础　截至2016年5月，东莞市加强对机动车安检机构、检验检测机构、计量技术机构、制造计量器具许可证获证企业的监管，规范计量检测、校准、生产行为。开展民生计量器具强制检定，检定范围涉及贸易结算、医疗卫生、安全防护等方面的十多种重点计量器具产品。在农贸市场等民生计量重点行业开展监督检查和专项整治，构建公平交易、诚信计量的经营秩序。

【质量提升行动】　截至2016年5月，东莞市建立健全质量测评体系，全面规划提升质量整体水平，创建“全国质量强市示范城市”。

提升产品质量　截至2016年5月，东莞市持续开展质量安全专项整治，开展分类监管试点工作，强化监督抽查的后处理，制造业产品监督抽查合格率连续三年保持在93%以上。创建玩具国家级出口质量安全示范区提升出口玩具质量竞争力。在全省率先成立市政府质量奖，指导23家企业获省、市政府质量奖（鼓励奖）。

提高服务质量　截至2016年5月，东莞市推进会展服务标准化建设形成示范，推进虎门港物流和城市共同配送等服务业试点工作，引导家政服务等行业协会主动开展质量强业活动，推动5家服务业企业积极实践卓越绩效模式（包含公共服务组织）获得政府质量奖。

保障工程质量　截至2016年5月，东莞市以打造“精品工程、平安工程、阳光工程”三大工程为目标，确保大中型工程和其他工程建设项目一次性验收合格率100%。实施样板房和样板引路制度，建成一大批优质工程。特别是地铁R2项目参与质量月活动，狠抓质量安全，全线竣工未出现一次质量安全事故。

改善环境质量　截至2016年5月，东莞市开展能源计量和节能降耗工作，累计完成116家次省级以上重点用能单位和4000余家次市级重点用能单位的能源计量检查验收，督促企业落实整改措施。开展锅炉能效提升，推动全市约1600多台2吨/小时以上工业锅炉平均能效值提高5%以上，实现年节能量20万吨标准煤。

【质量监管领域改革】　截至2016年5月，东莞市实施质量监管制度改革，完善质量监管体系建设，创建“全国质量强市示范城市”。

推进质量监管领域行政审批体制改革　截至2016年5月，东莞市深入实施商事登记制度改革，加快质量监管领域各项行政审批事项的办理流程，降低准入门槛，加强证后监管，强化退出机制；推进简政强镇事权下放；在全市生产许可证获证企业中实施分类监管，为全省开展分类监管工作提供经验借鉴。

实施电梯安全监管改革　2012年，东莞市在全国率先启动电梯安全监管改革，明确电梯“使用权者”、建立电梯事故责任险制度、落实电梯维修改造资金等改革措施成效明显；组织开展“老旧”电梯专项整治，探索研究电梯生产单位分级管理；向其他设备领域推广改革经验，开展大型游乐设施安全监管改革，打造特种设备安全监管“东莞模式”。

加强质量诚信体系建设　截至2016年5月，东莞市完善质量信用约束机制，建立并实施质量失信“黑名单”制度和企业质量信用分级分类监管制度，公布一批质量严重失信企业；依托东莞市政务信息资源共享管理平台与全国企业质量信用档案数据库系统，推进企业质量信用档案建设；实施质量信用分级分类监管，根据企业质量信用档案和产品质量信用信息记录对企业进行分级分类，实施差异化监管。（巫树谋）

东莞市深化改革

【深化改革概况】 2016年，东莞市推进结构调整、简政放权、城市治理、生态治理、社会治理等重点改革突破走在全省乃至全国前列，争创一批具有领先性、可复制性的改革经验，打造十大具有东莞特色的改革创新品牌：构建开放型经济新体制综合试点试验，创新基层精神文明创建体制，“大众创业、万众创新”体制机制改革，“全程电子化+审批中心”登记改革，社会服务管理“智网工程”改革，生态文明建设体制机制改革，教育领域综合改革，节约集约用地机制改革，新型独立合议庭改革，医药惠民体制改革。完善五大改革机制：健全改革统筹机制，健全改革协调机制，建立改革督察机制，完善改革考评机制，完善改革宣传机制。各项工作得到省委改革领导小组的肯定认可，促进经济社会发展，给人民群众带来实实在在的获得感，为实现东莞市价值追求提供强大动力。

【构建开放型经济新体制综合试点试验】 2016年5月，东莞市获批成为广东省唯一的全国构建开放型经济新体制综合试点试验城市。贯彻落实中共中央政治局委员、广东省委书记胡春华对试点试验的重要批示。以试点试验为契机，从体制机制创新源头发力，探索新模式、新格局、新优势，为东莞市开放型经济发展提供有力支撑和引领。至2016年底，试点试验工作初有成效。

【基层精神文明创建体制创新】 2016年，东莞市实施基层精神文明创建提升工程、专项行动，突出抓好环境卫生“治脏”、不雅广告“治乱”、交通秩序“治差”、村居环境“治旧”、基层服务“治懒”改革，打造3个省级示范镇。改革使城乡面貌发生根本改观，核心价值观宣传随处可见，城市形象显著提升。

【“大众创业、万众创新”体制机制改革】 2016年，东莞市贯彻国务院总理李克强考察东莞市时，提出的“让新动能逐步挑起大梁，旧动能不断焕发生机”的指示，实施创新驱动发展战略，持续推进“大众创业、万众创新”（“双创”）体制机制改革。至年底，搭建专业镇协同创新平台，长安镇纳入省级“双创”示范基地，全国智能制造试点示范经验交流会、全省推进珠三角创新驱动发展培育高新技术企业工作现场会、专业镇协同创新工作现场会在东莞市召开，相关经验得到肯定推广。

【“全程电子化+审批中心”登记改革】 2016年，东莞市在全国率先推行“全程电子化+审批中心”登记改革，在广东省地级市率先出台全程电子化工商登记试行办法，优化申请和审批流程，提高网上办事易用性和审批效率，累计减少群众工商登记往返窗口次数57.7万人次。截至2016年，东莞市市场主体增至84.04万户，其中企业32.89万户，均居全省地级市第一位。

【社会服务管理“智网工程”改革】 2016年，东莞市全面推进“智网工程”，构建“网格化管理、信息化支撑、精细化服务、法治化保障”的社会治理模式。建立健全市、镇、村、网格四级服务管理体系，将全市划分为3201个基础网格，推动公安等7个部门77项事项入格。整合公共服务管理资源，东莞市593个村（社区）均建成公共服务中心，推动形成全市全民共建共享的良好社会治理格局。

【生态文明建设体制机制改革】 2016年，东莞市深化规划用地改革，推动生态控制线修编，探索生态文明市场化机制建设，强化环境污染治理和生态修复。持续对主要江河实施“河长制”，对内河涌实施“涌长制”，对主要水库实施“库长制”。推行治污集约化、产权多元化、运营市场化的第三方治理模式改革。创设绿色供应链“东莞指数”，在APEC（亚太经合组织）会议上获商务部高度评价。获批成为全国第二批生态文明先行示范区。在2016年国家节能减排财政政策综合示范城市年度考核中居广东省首位。

【教育领域综合改革】 2016年，东莞市稳步推进慕课优质资源建设，形成慕课应用“东莞样本”。首创义务教育公办学校托管民办学校。推动公办学校新型办学模式改革，南城街道委托东莞中学管理南城中学。在人员、经费“两不增”前提下，实行学校自主聘用教师制度改革试点，推动实现办学自主、用人自主，释放学校办学活力。积分入学、校企合作、慕课教育等改革走在全省全国前列。

【节约集约用地机制改革】 2016年，东莞市推进经济发展、城乡规划、土地利用的“三规”融合，构建大疏大密、组团式发展的土地利用布局。开展城乡建设用地增减挂钩工作，推进采石场整治复绿。制定改革政策、改进用地报批、强化新型产业用地管理，确保重大项目落地。创新土地执法改革，形成“违法必究，执法必严”的高压严管态势。2016年，东莞市获评节约集约用地示范广东省建设先进单位、省政府“三旧”（旧城镇、旧厂房、旧村庄）改造考核三等奖。

【新型独立合议庭改革】 2016年，东莞市持续推进全国首创新型独立合议庭制度，东莞市中级人民法院累计设立5个新型独立合议庭，审判资源配置明显优化，办案质量得到显著提升。2016年，新型独立合议庭新收案4569宗，占同期全院民商事案件（不含程序性案件）总新收案47.51%；累计结案4028宗，占同期全院民商事案件总结案的46.21%。改革经验为全国法院解决案多人少矛盾、法院领导回归审判一线提供参考。

【医药惠民体制改革】 2016年，东莞市破除以药补医机制，落实基本药物制度，累计为群众减轻药品费用负担近1.5亿元。逐步建立分级诊疗制度，引导一般诊疗下沉基层。有序放宽医疗机构设置审批。指导社会办医院参加医院等级评审和医疗质量服务评价，鼓励社会办医开拓高端医疗服务领域，社会办医蓬勃发展。

【改革机制建立健全】 改革统筹机制健全 2016年，东莞市出台改革行动计划，明确全年“施工图”；统筹召开5次改革领导小组会议，及时学习贯彻上级改革精神和重要改革部署，审议通过重要改革文件（报告）31份。

改革协调机制健全 2016年，东莞市建立“一会双察”（“一会”指改革专项小组会议，“双察”指审议督察、实地督察）协调机制，由改革专项小组召开会议审议文件、开展实地督察，了解掌握改革情况，协调解决存在问题；建立“一账三联”（“一账”指改革专项领域改革任务台账，“三联”指与改革专项小组领导、改革专项小组成员、市委改革办的联系）协调机制，由专项小组联络员单位加强与专项小组领导、成员和市委改革办的沟通联络。

改革督察机制建立 2016年，东莞市在全省率先出台《东莞市全面深化改革督察办法》，确定科技体制改革等12个重点督察改革项目，并分期分批听取重点项目专题汇报，着力解决改革重点难点问题，累计听取汇报8项。

改革考评机制完善 2016年，东莞市开展年度改革项目“单打冠军”（各单位在单项工作中获评的全市、全省、全国第一名等）评定，评出10项改革“单打冠军”；委托第三方机构对重点改革进行评估；按照省统一部署，对东莞市三年来整体改革情况进行全面评估，并在省第二十三次深改会上做专门汇报，获省委改革领导小组肯定。

改革宣传机制完善 2016年，东莞市承办全省基层改革创新工作交流会并作典型发言，还以实地考察、书面交流等形式宣传推介东莞市投资建设直接落地改革、“一网通”改革、“三互”（口岸监管部门信息互换、监管互认、执法互助）大通关改革和商事制度改革等经验做法，获得省及各地市一致好评；编印东莞改革进行时，系统总结改革品牌和亮点；以新闻发布会形式通报2016年深化改革的系统考虑。新华社、《人民日报》、中央电视台《焦点访谈》《经济半小时》栏目对东莞市改革情况进行深入报道。

（市委政策研究室　改革办）

东莞市中心广场

东莞市农村综合改革

【农村综合改革概况】 2012年起，东莞市加快破解农村管理任务加重、经费负担加大、发展后劲减弱等农村发展和管理难题，激活农村经济社会发展的内动力，推进农村综合改革，探索转型发展之路。截至2016年，东莞市在农村产权制度改革、集体经济转型、农村社会治理和公共服务均等化等方面的改革，创造出特色和亮点。

2016年，东莞市作为全国农村综合改革的“试验田”，探索创新的改革经验得到国内、省内多家权威媒体的刊登转载。《人民日报》主办的《内部参阅》2016年第2期的“地方探索”栏目，以“广东省东莞市：推动农村综合改革创新”为题，介绍东莞市农村改革的做法和成效。组织召开新闻发布会，邀请人民网、《南方日报》、《广州日报》、《羊城晚报》等多家中央、省主流媒体集中刊发东莞市农村综合改革、农村集体资产“两个平台”“东莞村财”APP（手机软件）等方面的经验做法。编辑出版15万字的《激活内动力：新时期农村综合改革的“东莞突围”》，系统介绍东莞市农村集体经济转型升级、社会治理、公共服务均等化、农村集体产权制度改革等多方面的改革措施，该书被列入华中师范大学中国农村研究院的“中国农村研究·智库研究书系”，供学界、政府部门参阅。

【“一区三镇街”农村综合改革规划】 截至2016年，东莞市委托有关高校和科研机构为水乡特色发展经济区、莞城街道、黄江镇、虎门镇等“一区三镇街”编制农村综合改革规划。规划紧贴当地实际，突出农民持续增收、集体经济转型升级、社会治理、农村公共服务等关键领域改革，为“一区三镇街”深化推进创建全国农村综合改革示范试点，找准改革方向。截至2016年，东莞市水乡特色发展经济区、莞城街道、黄江镇、虎门镇农村综合改革规划编制完成并印发执行。

【农村集体产权制度创新】 2016年，东莞市稳妥推进农村土地承包经营权确权登记颁证，有确权任务的村（社区）的确权方案通过审核的有423个，审批数占应确权村数的84%；完成实测的3.49万公顷，完成测量任务的93.43%。

在全面推广农村集体资产网上交易的基础上，完成“东莞村财”APP的开发，并在虎门镇、南城街道试运行，为社会公众、村民股东、竞投人、承租人开展资产交易的相关业务，搭建信息资源通道，构建起全方位的集体资产交易公共服务体系；规范交易运行机制，出台《东莞市农村（社区）集体资产交易若干问题的工作指引》，对磋商交易、提前续约、合同免租期、交易标的瑕疵披露、信用警示名单等作出指引。至2016年底，东莞市成功交易3.69万宗，成交金额463.5亿元，总体溢价率7.5%，为集体增加直接经济效益32.4亿元。

【农村集体经济多元发展激励机制健全】 2016年，东莞市修订出台《东莞市镇村产业升级补贴奖励专项资金管理办法》，优化申报审核流程，细化操作内容条款，提高奖补政策的实用性和针对性。落实奖补资金，组织召开集体经济发展联席会议，研究审定2016年奖补项目，对符合条件的6个镇的7个项目发放奖补资金580万元，助推镇村集体加快发展商务楼宇和创新型经济项目。在常平镇、大朗镇、东城街道、南城街道开展农村会计主管试点。2016年，集体非出租类收入51.6亿元，比上年增长7.7%；其中，直接经营收入增长12.1%，投资收益增长10.6%。

【农村社会和谐善治的体制机制健全】 2016年，东莞市完成基层公共服务平台建设，实现村（社区）建设公共服务中心全覆盖，公共服务网上大厅实现全流程办理率超过94%；全面启动“智网工程”，东莞市593个村（社区）累计划分基础网格3201个，规划配置网格管理员9177人，推动公安等7个部门入格，核定入格事项18类77项。非户籍人口融入机制健全，全面铺开向民办学校购买学位、非东莞市户籍职工子女参加社会基本医疗保险等多项政策，使更多非东莞市户籍职工子女公平享受教育、医保等权益。基层自治机制创新，村（社区）党建标准化建设、弱涣散村（社区）党组织整顿等基层党组织建设推进；“双向考核”、城乡社区建设、社区公共服务综合信息平台建设等多项省级试点取得初步成效；制定出台推进城乡社区建设工作的实施方案，提升基层治理和社区服务水平。

【城乡公共服务均等化机制健全】 2016年，东莞市推进社区卫生服务，推行家庭医生式签约服务，推行大病保险政策，新增居家养老服务点69个，实现有养老服务需求村（社）100%全覆盖，做到“老有所养、病有所医”。全面推进基本公共服务统筹管理改革，发放公共服务补助资金19.2亿元，专项用于补助村（社区）负担较重的治安、环卫、行政管理等基本公共服务开支；制定印发《关于进一步加强和改进公安派出所工作的意见》，完善治安统筹改革后续管理机制；基本完成环卫统筹管理改革，全市实现城乡市容环卫一体化管理。（农业局）

黄江镇

莞城街道

虎门镇

东莞市精神文明建设“补短板　促提升”行动

【文明创建“四大提升工程”实施】　2016年，东莞市聚焦基层精神文明建设不均衡这个突出短板，全面部署开展精神文明建设“补短板　促提升”工作，实施精神文明建设水平、城镇规划建设管理水平、社会民生建设水平、市民文明素养等“四大提升工程”，统筹推进城乡一体化发展，推动镇村文明创建升级。坚定“产、城、人”融合的理念，围绕“中心城区、魅力小城、美丽村居”三个层次，实施城市品质三年提升计划，制定明确的路线图和时间表，让体现东莞都市形象的大市区、体现魅力特色的各组团、体现基层活力的村容村貌都得到质的提升。突出加强茶山、横沥、麻涌3个省级示范镇整治提升，推动3个镇面貌实现从落后到先进，形成示范效应，带动全市各镇街全面拉高工作标杆。东莞市各镇街（园区）新安排实施500万以下文明创建项目311项，总投入超过9.5亿元；223个村（社区）增设专题宣传栏、特色标识牌、文化长廊等宣传项目。

【文明创建整治提升“十大专项行动”】　2016年6月至9月，东莞市开展基层文明创建整治提升“十大专项行动”，在全市范围内开展户外广告整治、城市“牛皮癣”整治、环境卫生整治、“涉黄”整治巩固、交通秩序整治和公益广告氛围提升、核心价值观融入提升、城乡规划建设提升、基层服务提升、市民素质提升等行动，并出台《东莞市2016年镇（街道）文明创建整治提升百日行动方案》，将85项重点任务逐一责任分解，由市委、市政府班子成员分工负责抓落实，实现全域推进、落到基层，以阶段性成效推动镇街精神文明建设尽快上台阶。经过集中整治提升行动，全市基层文明创建工作取得明显成效。10月18日，广东省基层文明创建工作座谈会在东莞市召开，东莞市有关经验做法得到省的肯定。

【文明创建实现市镇村一体标准】　2016年，东莞市摒弃原来中心城区与其他镇村文明创建的“双重标准”，明确市镇村一体标准，“以市区要求抓镇村、用市民标准育农民”，统筹推进城乡一体化创建。实施基层创建标准化，锁定社区（村）、主干路街、主题公园、物业小区、集贸市场、办事窗口、学校、企业、志愿服务站点等九大类基层群众生产生活集中区域，把宏观抽象的精神文明建设内涵，转化为可见、可闻、可感、可操作、可复制、可评估的创建内容、创建载体、工作要求和工作标准，逐条逐项提出具体操作指引，精心打造示范路街、示范小区、示范市场等九大类示范点，形成以点带面、典型引路的创建态势。

【城乡环境整治】　2016年，东莞市实施城乡环境整治行动，全面整治全市路面摊点乱摆、垃圾乱扔、污水乱排、工地乱象、违章乱建，以及村（社区）“三线”（电线、电信网线、有线电视线）和城市“牛皮癣”，累计清除卫生死角超过52万处，处理占道经营超过33万宗，关停处理“牛皮癣”号码近1.3万个，拆除违章建筑超过1.17万处，查处道路交通违法行为9万多宗，推动水乡地区101家污染企业整治和退出，综合整治3个生活垃圾填埋场。通过开展全面治理，解决一批“老大难”问题，市、镇、村面貌焕然一新。

【核心价值观培育践行】　2016年，东莞市实施培育践行核心价值观“细胞工程”，突出企业员工、社区群众、未成年人三大重点群体，围绕“车间里的价值观”“社区里的价值观”“乡村里的价值观”“校园里的价值观”等主题，探索科学有效的创建标准和培育模式，广泛开展核心价值观主题演出进社区、进企业、进军营和“书画楹联进百园”等活动。突出价值观转化润化，精心组织2016年东莞市公益广告作品大赛、“好家风好家训”征选、“名城名匠”征选、优秀“村规民约”征选、“家风建设工作室”试点等一系列活动，坚持开展“我们的节日”“同在莞邑”“城市暖流”等主题活动，在主要干道、中心广场、门户位置推出一大批设计新颖的公益宣传街景，推动市、镇、村三级户外公益广告比例超过广告总量30%，使核心价值观处处可见、时时可感。

【“友善之城”建设】　2016年，东莞市针对外来人口众多的状况，全面推进“友善之城”建设，实施“友善主题宣传”“关爱外来务工人员”“关爱贫弱群体”“全民慈善”“志愿服务”“乐善平台布建”“友善环境营造”“市外帮扶”等八大行动26项措施，培育践行“友善”价值观，打造富有东莞特色的文明创建品牌，塑造友善包容的城市品格，在全社会形成人人崇尚友善、人人践行友善的风尚。

【“志愿之城”建设】 2016年，东莞市深化志愿服务制度化建设，出台《东莞市志愿者联合会日常工作管理制度》《东莞市志愿服务组织管理办法》。完成志愿服务培训基地建设，在全市巡回举行志愿者培训50多场。常态化组织各级各类志愿服务组织开展文明劝导、文明交通、文明旅游、文明宣讲志愿服务。服务松山湖国际马拉松赛、亚欧乒乓球全明星对抗赛、莞商大会等全省、全市性大型赛事、会议。东莞市注册志愿者达87.45万人，志愿服务组织5048个，志愿服务时长达2769.32万小时，服务项目6.74万个。

【“好人之城”建设】 2016年，东莞市深化公民道德建设，选树宣传各类道德模范，广泛弘扬社会正气，全市呈现出积极健康、向上向善的社会风尚。2016年全市入选“中国好人”5人、“广东好人”10人、“东莞好人”189人。民众参与慈善的氛围浓厚，市慈善会累计募集善款超过16.11亿元，东莞世界莞商联合会及会员的慈善捐款累计超过3亿元。市见义勇为基金会奖励慰问39宗76人见义勇为行为，发放抚恤金、慰问金、奖励金99.6万元。

【“希望之城”建设】 2016年，东莞市加强和改进未成年人思想道德建设，加强对中央彩票公益金专项资金资助的4所学校和13个校外教育实践活动阵地的督导，开展优秀童谣创作比赛，广泛开展“扣好人生第一粒扣子”“向国旗敬礼”等主题教育实践活动，推进未成年人心理健康辅导工作，丰富广大青少年的精神文化生活。

【文明创建机制健全】 2016年，东莞市强化文明创建各负其责、齐抓共管、统合综效的工作机制。市、镇主要领导抓部署、抓督促、抓落实，将文明创建“一把手”工程“一杆插到底”，倒逼镇街、村（社区）“一把手”公开承诺，立下“军令状”。增加镇街领导班子落实科学发展观中文明创建工作考核权重，对工作推诿扯皮，逾期不整改的单位和个人，由市纪委、市委组织部问责。重点完善镇街文明创建领导机制、运作机制、沟通机制和监督考评机制，每周巡查曝光，每月公布镇街排名，强化常态督导，形成追责链条，保障文明创建工作持续开展。

【全民参与文明创建】 2016年，东莞市广泛动员社会各界参与基层文明创建行动，开展市民文明手册普及、“文明创建大家谈”、“小手拉大手共创文明”等系列活动。全面激活“门前三包”（包卫生、包绿化、包秩序）责任制，创设“门前四包”（对部分单位增加“包公益宣传”要求），签订协议150多万份。企业和群众参与志愿服务超过26.7万人次，服务总时数约53.8万小时。基层文明创建成果受到社会各界的广泛支持和赞誉。其中，横沥镇随机抽查1000名市民开展问卷调查显示，群众对文明创建工作整体满意度达98.1%。

（市委宣传部）

文明创建示范街——横沥镇彩霞路

东莞市产业转型升级

【工业供给侧改革】 截至2016年，东莞市工业具有相当的基础和规模，形成涉及38个行业大类和6万多种产品的制造业体系，包括电子信息制造业、电气机械及设备制造业、纺织服装鞋帽制造业、食品饮料加工制造业、造纸和纸制品业五大支柱产业，以及玩具及文体用品制造业、家具制造业、化工制造业、包装印刷业四个特色产业。

2016年，东莞市五大支柱产业和四大特色产业规模以上工业企业4314家，合计完成规模以上工业增加值2233.7亿元，对东莞市工业经济增长贡献率81.3%。其中，五大支柱产业完成规模以上工业增加值1952.2亿元，比上年增长8.5%；四大特色产业完成规模以上工业增加值281.5亿元。其中，电子信息制造业完成974.3亿元，占比33.8%，增长19.2%。2016年，东莞市实现地区生产总值6827.67亿元，按可比价计算，比上年增长8.1%，增速比前三季度提高0.2个百分点，高于同期全国（6.7%）、全省（7.5%）平均水平。其中，第一产业增加值22.80亿元，下降0.3%；第二产业增加值3172.50亿元，增长7.2%；第三产业增加值3632.37亿元，增长8.9%。三大产业比重为0.3∶46.5∶53.2。

供给规模稳中有增 2016年，东莞市完成规模以上工业增加值2878.2亿元，比上年增长7%，在珠三角九市中，东莞市规模以上工业增加值排第四位，增速排名由上年的第九位提升至第三位，与深圳市、江门市持平。微观来看，规模以上工业企业尤其是大型企业户均规模增长显著。全市规模以上工业企业户均工业增加值5104.2万元，比上年增长421.6万元，大型企业户均增加值5.5亿元，增长7938.5万元。从龙头企业数量来看，2016年，东莞市主营业务收入超1000亿元企业实现零的突破，超500亿元增至3家，超10亿元企业数位居全省地级市首位。

供给结构调整优化 2016年，东莞市现代制造业示范带动作用显著。先进制造业、高技术制造业双双超千亿元，分别完成规模以上工业增加值1435.2亿元、1100.8亿元，分别比上年增长15.2%、17.6%，领先全市工业增速8.2个百分点、10.6个百分点，延续高速增长趋势。

新旧动能转化持续推进 2016年，东莞市五大支柱产业和四大特色产业仍是经济增长的重要支撑。随着东莞市供给侧结构性改革有序推进，以电子信息制造业为代表的现代制造业对增长贡献提升。企业效益稳中有增，利润增速达近三年同期最高水平。东莞市规模以上企业利润总额429.28亿元，增长14.4%。5634家规模以上工业企业完成主营业务收入1.29万亿元，增长15.4%。

需求侧稳健运行 2016年，东莞市工业投资、技改投资增速高于全省、珠三角水平，“机器换人”示范带动效应持续增强。东莞市完成工业投资565.4亿元，比上年增长12.4%，增速比全省高3.5个百分点。机器换人申请项目1180个，拉动完成技改投资332.99亿元，比上年增长44%，增速比全省高11.2个百分点，比珠三角水平高5.8个百分点。现代制造业投资贡献显著。先进制造业完成投资306.8亿元，比上年增长31%，对全市工业投资增长贡献率116.5%。高技术制造业完成投资226.7亿元，增长31.6%，对全市工业投资增长贡献率87.3%。内资招商势头蓬勃，实际投资额增长较快。引进内资项目3348宗，比上年增长68.3%；实际投资金额662.4亿元，增长20%。其中，新引进5亿元以上产业项目43宗，包括新引进20亿元以上项目6宗，协议投资总额达300.7亿元。

（市经信局）

【“机器换人”创造全国经验】 2016年，东莞市连续三年实施《东莞市推进企业“机器换人”行动计划（2014—2016年）》，市财政每年安排2亿元资金，资助企业利用先进自动化设备进行技术改造，提高企业产品质量和综合竞争力。东莞市“机器换人”行动渐显成效，工业投资的大幅提升与技改投资保持高速增长密不可分，技改投资的高速增长与“机器换人”示范带动作用密不可分。2016年，东莞市机器换人申请项目1180个，比上年增加349个；拉动完成技改投资332.99亿元，比上年增长44%，增速比全省高11.2个百分点，比珠三角水平高5.8个百分点。在珠三角九市中，东莞市工业投资额增速排第五位，技改投资增速排第四位。项目完成后，劳动生产率平均提高2.5倍，产品质量明显改善，产品合格率平均从86.1%提升到90.7%，可减少用工25万多人，单位产品成本平均下降9.43%。

【企业投融资机制创新】 2016年起，东莞市计划2016—2018年每年由省市各出资1亿元，设立“省市共建发展中小企业设备融资租赁专项资金”，通过融资租赁贴息补助、融资租赁风险补偿制度、融资租赁履约保函补贴、融资租赁业务奖励计划等方式，促进全市中小企业开展设备更新融资租赁业务。出台《东莞市省市共建发展中小企业设备融资租赁资金操作规程》，对融资租赁项目进行贴息和风险补偿，解决中小企业融资难等问题。融资租赁专项资金成效突出，2016年，备案融资租赁业务700笔，涉及企业超300家，融资额超24亿元。与国家开发银行广东分行合作开展"零首付、零门槛"技术改造信贷计划，创新采取设备金额80%由国家开发银行发放贷款支持，20%由融资租赁公司承担的方式，实现租户企业"零首付""零门槛"购置设备。截至2016年，在"智造东莞"平台进行融资租赁业务备案的合同数量超550笔，涉及企业超220家，涉及融资总额超20亿元。

（市经信局）

【智能装备产业加快发展】 *实施智能制造示范工程* 2016年，东莞市落实《东莞市关于加快推动工业机器人智能装备产业发展的实施意见》《东莞市工业机器人智能装备产业发展规划（2015—2020）》和《东莞市3C产业智能制造示范工程实施方案》，对智能制造示范车间建设和国产数控装备应用给予补贴，每年建设2—3个智能制造示范车间，以点带面推动国产数控智能推广应用。东莞市被省经信委认定为"广东省智能制造示范基地"，并建设国家智能制造试点示范项目，东莞劲胜公司和东莞瑞必达公司分别获认定为工信部2015年、2016年智能制造试点示范项目。2016年7月东莞市承办全国智能制造试点示范经验交流会暨智能制造装备应用现场经验交流会。在全市范围内推动普及型智能制造示范线的推广应用，把东莞市打造成全国独具特色的智能制造示范城市。

加快推动装备制造业发展 2016年，东莞市落实《东莞市关于强化产业政策支持推动先进装备制造业发展的工作方案》，通过强化财政扶持，促进首台（套）重点技术装备推广，对东莞市先进装备制造企业自主研发或国产化制造产品，具有自主知识产权，经认定为东莞市首台（套）的，对当年最多三个批次100台（套）以内的产品销售价格的10%—20%进行奖励（工业机器人智能装备按15%，重大关键成套装备按20%），年度最高奖励1000万元。对首台（套）重点技术装备产品购买保险，按照不超过3%的费率和年度保费的50%给予补贴，每年最高补贴100万元。推动成立东莞市博实睿德信机器人股权投资中心等机器人智能装备产业基金，促进产业与资本市场体系连接，推进东莞市高成长型智能装备产业加速发展。

（市经信局）

【高端电子信息业发展】 2016年，东莞市贯彻落实《东莞市智能手机产业基地发展规划（2015—2020年）》，在园区建设、重点项目建设、招商引资引技等方面强化指引，加强智能手机产业园等孵化载体建设，完善公共服务配套体系，产业集聚效应凸显。东莞市拥有华为终端、欧珀、宇龙通信、步步高、金立等龙头移动通讯企业，产业配套能力国内最强，成为国内最重要的智能手机生产基地之一。2016年，东莞市手机产量3.59亿台，比上年增长58%，其中智能手机产量3.58亿台，增长58.7%。东莞市以智能手机、电脑零部件等为主的电子信息制造产业链日趋完善，形成从产品设计到制造和检测、从基础零部件到终端产品制造、从消费类产品到投资类产品的完整电子信息制造业体系，成为全球性电子信息产品制造基地。

（市经信局）

【产业结构战略性调整】 2016年，东莞市抓好内资招引工作，做大内源经济增量。成立东莞市内资中心北京、深圳招商联络处，建立招商引资"项目源"大数据库，纳入1100家以上重点企业信息，实现招商资源的集中管理、实时共享、随时查询。开展产业链招商，瞄准华东、东北、西南及深圳、北京等重点地区，"点对点"宣传推介东莞市投资环境。出台《东莞市大型骨干企业认定和扶持暂行办法》，从资金梯度奖励、提供义务教育学位、优先保障用地和用电需求等方面强化企业扶持，认定2批62家大型骨干企业，突出培育大型骨干企业，发挥龙头带动作用。建立"千干扶千企"服务机制，全市几套班子领导、镇街主要领导和班子成员挂点帮扶超千家企业解决经营困难；开发"千干扶千企"信息平台并于2015年上线运行以来，通过建立"企业问题池"，实现"问题反馈—协调办理—跟踪督办"的全流程信息化问题处理，确保企业诉求及时得到回复、跟踪和解决。平台服务覆盖1100多家大型骨干企业，收集750多个问题，通过线上线下服务优势互补，为企业解决一批问题。

（市经信局）

【民营企业培育发展】 2016年，东莞市继续引导民营资本发展实体经济，激发市场主体活力。落实2015年出台的《关于引导民营资本发展实体经济的实施意见》，重点落实投资兴企、创新强企、培育壮企、融资助企、服务惠企"五大行动"30条具体措施。培育企业利用资本市场。截至2016年，东莞市拥有境内外上市企业33家，新三板挂牌企业161家；新三板挂牌企业总量居全省地级市首位、全国地级市第三位。建立两批300多家企业在内的中小企业利用资本市场培育资源库。设立总规模10亿元的产业转型及创业投资引导基金，建立种子基金、信贷风险补偿资金池、贷款贴息资金、创业投资机构风险补助资金，初步构建起针对民营企业创新发展需求的财政金融联动投入机制。完善企业服务和奖励机制，根据企业主营业务收入分A、B、C三个档次进行成长评价，给予认定企业一次性奖励、递增式扶持、服务券补助等财政扶持，并为企业提供成长综合服务；强化服务平台建设，东莞市有国家级示范单位2个、省级示范单位34个、市级示范单位99个。（市经信局）

【“两高一低”企业整治退出】 2016年，东莞市推动“两高一低”（高能耗、高污染，低效益）企业整治退出。市财政拨付资金17亿元，专项用于水乡“两高一低”造纸企业整治与引导退出。东莞市退出任务范围内的54家造纸企业，53家企业停产，腾出205.92公顷土地承接低污染、低能耗、高效益项目。（市经信局）

【节能减排推进】 2016年，东莞市完成电机能效提升28.4万千瓦，累计实现注塑机伺服节能改造（或汰旧更新）1.04万标准台，提前1年完成万台注塑机伺服节能改造任务。推动企业能源管理中心建设，能耗在线监测工作走在全省前列。截至2016年，全市有666家企业能耗数据与市能管平台实现实时对接，数量居全省第一位，对接范围大为扩展。（市经信局）

【高新技术企业培育发展】 2016年，东莞市继续深入实施高新技术企业“育苗造林”行动计划，通过科技招商引进、后备培育以及科技孵化等多种途道，继续做好高新技术企业认定及培育入库。组织3批1413家企业申报高新技术企业认定，截至12月，通过评审拟认定高新技术企业1281家，全市高新技术企业总数达2028家，超额完成目标任务；另外还组织两批1371家企业申报高新技术企业培育入库；2016年8月23日，广东省推进珠三角创新驱动发展培育高新技术企业工作现场会在东莞市召开，广东省委、省政府、省人大、省政协主要领导出席。（市科技局）

【加工贸易企业技术创新】 2016年，东莞市强化政策引导，鼓励加工贸易企业加大研发投入和技术改造力度。实施高新技术企业“育苗造林”行动计划，培育外资高新技术企业，引导企业设立研发机构、提升R&D（研究与开发）投入和申请发明专利。引导加工贸易企业开展产学研合作，加强与港台生产力促进机构合作，形成联合开发、优势互补、成果共享、风险共担的产学研用合作新机制。加快建设加工贸易创新发展示范园区，探索加工贸易创新发展的新模式。加快服务外包产业发展，推动加工贸易企业向价值链高端延伸。2016年，东莞市加工贸易企业新增研发机构241家，全市累计1596家加工贸易企业设立研发中心或内设研发机构。（李　霄）

【加工贸易企业自主品牌推广】 2016年，东莞市实施品牌发展战略，推进“东莞制造”品牌推广服务平台建设，加强与国内外知名品牌培育服务机构的合作，为东莞市加工贸易企业提供品牌培育推广、集群品牌创建、商标品牌保护等综合服务。建立“东莞制造”品牌发布制度。支持东莞品牌展销中心建设，以“一带一路”沿线国家为目标区域，优先选择东莞市设立驻外经贸代表处的国家或地区，逐步推进东莞品牌展销中心建设。支持南非、迪拜等东莞品牌展销中心升格为省级名优商品展销展示中心，提升国际影响力。2016年，东莞市加工贸易企业创建自主品牌1091个，累计1.14万个，获得国家、省著名商标、驰名商标、名牌产品称号33个。（李　霄）

【加工贸易企业自主营销】 2016年，东莞市加快国际会展服务平台建设，推动东莞市产业与国际品牌展会的合作对接，形成国际展会全球合作网络，创建东莞市企业参与国际竞争的专业化平台。搭建国际展销合作平台，鼓励企业通过展会建立营销渠道、创建品牌、抢抓订单。打造2016年中国加工贸易产品博览会“升级版”，推动展会从单纯的内销展会向国内外两个市场转变，搭建内外贸一体化展贸平台，展会吸引国际买家规模近2000人，展会意向成交金额966亿元。举办2016广东21世纪海上丝绸之路国际博览会，坚持国际化、专业化、市场化。参展参会嘉宾覆盖73个国家（地区），其中参展国家52个，参展商978家，占参展商总数超过70%，39个国家（地区）设立国家馆，国内外1526家企业参展，达成各类签约项目700个，涉及签约资金2068亿元，比上届增长2.5%。加快东莞市电子商务平台建设，推进“制造业+互联网”工程，引导和鼓励传统制造企业应用电子商务转型发展。建设跨境电商全链条服务，引进浩方、迈峰乐、中信安华等大中型跨境电商企业以及一达通、321电商学院、三态速递、威高物流等电商服务企业落户，推动联想、海尔、顺丰、网易等不同领域领军企业在东莞市布局跨境电商项目。2016年跨境电商进出口18.4亿元，比上年增长447.5%。加快发展外贸新业态和新模式，推动汇富集团作为广东省唯一国家级外贸综合试点企业加快发展，完善外贸综合服务企业管理服务体系；建立市场采购出口木制品及木家具、玩具集中检验检疫监管区，支持有条件的口岸、专业市场探索开展市场采购贸易。（李　霄）

【加工贸易企业产品质量提升】 2016年，东莞市加快出口产品质量安全示范区建设，创建出口玩具、婴童用品质量安全示范区，带动培育一批“以质取胜”的龙头企业和知名品牌。发挥东莞市质检中心等公共检测服务平台的作用，为企业提供一站式、全方位的定制化质量技术服务。推进加工贸易企业质量诚信体系建设，完善企业质量信用分级分类监管制度，建立质量失信“黑名单”制度，定期公布质量守信和失信

企业。（李　霄）

【加工贸易监管模式改革】　2016年，东莞市推动海关部门推广实施“以企业为单元，总量控制、账册管理、定期核销”的加工贸易监管模式，将联网监管（电子账册）主要面对高资信企业的管理要求逐渐转变为一种普适性的监管模式。推进东莞市国际贸易“单一窗口”平台建设，通过“单一窗口”实现数据共享，“一站式”办理国际贸易业务，创建卓越的外贸服务环境。推进东莞市保税物流服务平台建设，在保税仓储、保税展示、保税维修、保税交易、转口贸易、期货保税交割等方面探索，引进培育一批保税物流企业。完善东莞市加工贸易废料网上交易平台建设，完善平台管理规范，扩大平台功能，探索全市性再生资源综合利用功能。（李　霄）

【外贸服务体系优化】　2016年，东莞市加快建设中俄贸易产业园先导区，以及广东（石龙）铁路国际物流基地，完善口岸基础设施建设，争取东莞铁路口岸扩大开放纳入国家口岸“十三五”规划，支持“中欧班列”（东莞）、“中亚班列”（东莞）等国际货运班列提升运营水平。推动东莞港与日韩和东南亚国家沿线港口建立直航航线，打通内畅外联、互联互通的物流通道，基本形成“一港一铁”连接“一带一路”国际物流战略枢纽。2016年，东莞市始发国际班列135班次，比上年增长70.9%；货运量5万吨，比上年增长39.7%，占广东省国铁国际货物发运量75%；出口货物贸易额3.4亿美元，比上年增长4.3%。在全国率先启动并实现陆运、水运口岸“三互”（信息互换、监管互认、执法互助）大通关改革的基础上，2016年，推动“三互”模式在全市的推广。其中，在陆运口岸方面加快推动在长安、凤岗车检场试行“三互”模式，在水运口岸方面将东莞港水运码头“三互”大通关模式推广到莞城龙通码头。加强与口岸联检部门的沟通联系，与黄埔海关签署《关于推动东莞开展构建开放型经济新体制综合试点试验的战略合作框架协议》，从联手促进外贸回稳向好、实施保税物流发展行动计划、推动海关特殊监管区等重点平台建设等方面，在机制体制创新上探索经验。加大与检验检疫部门的协调力度，初步建立以合格假定为核心的出口检验监管模式，提高企业通关效率。（李　霄）

长安镇乐依文半导体装配测试厂数码车间　（唐寿新　摄）

东莞之最

NUMBER ONES OF DONGGUAN

- 中国最具竞争力会展城市
- 国内接受移民最多、移民人口增速最快的地级市
- 广东省第一个获评“全国质量强市示范城市”地级市
- 全球蹦床出口量最大的公司

麻涌镇新沙港

编辑：姚少华

经济发展

【全球第一条游标卡尺自动化生产线研发者——东莞市纳钛公司】 2016年4月27日，东莞市纳钛公司研发的全球第一条游标卡尺自动化生产线在中堂镇落户。该公司用十年时间对游标卡尺的生产工艺进行攻关，相继取得多项国家专利，并成为游标卡尺进入自动化生产线的关键。该生产线月产带表卡尺2万把，年产值2500万元。

【全球首台驱控一体并联机器人研发者——东莞市松山湖高新区石金博团队】 2016年5月4日，广东卫视《广东新闻联播》报道东莞市松山湖高新区石金博团队不断创新，获得自主知识产权成果20余项，研发出全球首台驱控一体并联机器人。

【全球蹦床出口量最大的公司——东莞市塘厦镇龙泰文体用品有限公司】 2016年7月1日，《南方都市报》报道：全球蹦床一半产自东莞市塘厦镇的龙泰文体用品有限公司，其生产的“跳跳象”牌蹦床出口量占全球市场的50%，主要出口欧美市场，年出口1.2亿美元，是蹦床出口量“隐形冠军”。

【全球使用数控织机最多区域——东莞市大朗镇】 2016年11月2日，广东卫视《广东新闻联播》栏目报道：在毛织行业用工成本高的背景下，智能制造与技术改造成为第十五届中国（大朗）国际毛织产品交易会点和企业共识。截至当日，东莞市大朗镇数控织机使用总量超5万台，节省劳动力近20万人，成为全球使用数控织机最多区域。

【全国首个自动化立体库研发中心启用——东莞市高埗镇广东顺力公司】 2016年1月5日，全国首个自动化立体库研发中心在东莞市高埗镇广东顺力公司启用。该库拥有各项专利15项，包括子母车、电控移动货架、AGV（自动导引运输车）模块化等系列化智能物流装备装配加工车间。

【全国首家以B2C（商对客）跨境电商为核心的饰品电商产业园——东莞市长安镇蓝科饰品跨境电商产业园】 2016年1月18日，东莞市长安镇蓝科饰品跨境电商产业园揭牌。该园集行业交流、模式创新、品牌孵化、电商团队定制、行业人才孵化、产品开发设计、公共服务仓及全球分销平台于一体，是全国首家以B2C（商对客）跨境电商为核心的饰品电商产业园。

【全国运距最长的“中欧班列”——东莞市石龙站至德国杜伊斯堡】 2016年4月14日17时，X8426次中欧铁路集装箱班列驶出东莞市石龙站，标志着全国运距最

长的“中欧班列”开通。该班列从满洲里铁路口岸出境，途经俄罗斯、白俄罗斯、波兰等国家和地区，19天后到达德国杜伊斯堡。

【中国首次进入美国地铁领域的UPS系统研发者——广东省易事特股份有限公司】 2016年5月6日，《南方日报》报道广东省易事特股份有限公司3位东莞市青年工匠，费时6年设计生产UPS（不间断电源）系统，并从多家国际制造商中脱颖而出，获得美国首条无人驾驶地铁的供电系统订单。这是中国制造的UPS系统首次进入美国地铁领域。

【国内首款儿童双语伴读智能机器人研发者——东莞市凡豆信息科技有限公司】 2016年5月19日，由东莞市凡豆信息科技有限公司自主研发的国内首款儿童双语伴读智能机器人诞生。该产品机器人“EGGY”（蛋蛋）将为2至8岁孩子提供自然的双语学习环境，并通过语音、二维码等方式识别图书，帮助孩子阅读，提升阅读量，形成良好的阅读习惯；能够充当角色扮演，与孩子展开情景对话、唱英语儿歌，为儿童提供一个浸入式的英语学习环境，还通过海量的双语阅读和语言交互，提升孩子双母语的表达能力；还能实现家长远程对孩子的监护和陪伴等。

【国内首家无人超市——东莞市“上好生活”超市】 2016年6月8日，《工人日报》报道：6月6日，东莞市新基路的“上好生活”超市，变身成为国内首家无人超市。顾客通过扫描二维码再支付相应金额，即可完成购物。

【国内首个品种齐全的特种车整车生产厂——东莞市永强汽车制造集团公司】 2016年7月3日，《南方日报》报道：东莞市永强汽车制造集团公司通过收购英国和意大利的特种车制造公司，完成从罐装车、消防车到强效救援车等特种车全覆盖，成为国内首个实现消防车品种齐全的特种车整车生产厂。

【中国第一家走进非洲的制鞋企业——东莞市华坚集团公司】 2016年8月31日，《广州日报》报道：东莞市华坚集团公司率先于2011年在埃塞俄比亚成立华坚国际鞋城有限公司，是将部分“中国制造”变成“非洲制造”的第一家走进非洲的中国制鞋企业。至2015年底，该公司向欧美出口384万双成品鞋，创汇4449万美元。之后，东莞市华坚集团公司还在埃塞俄比亚投资建设占地面积126公顷的华坚国际轻工业园，计划于2020年建成，届时该园区集聚的员工数将达10万人。

【国内首批机器人产品认证证书获得者之一——东莞市李群自动化技术有限公司】 2016年11月4日，《南方日报》报道：11月1—5日，第18届2016中国国际工业博览会在上海国家会展中心举行，期间，东莞市李群自动化技术有限公司一举拿下国内首批工业机器人产品认证证书，在展会现场引发全球机器人界的持续关注。

【全国外贸进出口增幅排第一名城市——东莞市】 2016年12月17日，广东卫视《广东新闻联播》报道：1—10月，东莞市保税物流进出境货物1371亿元，同比增长106.1%，拉动东莞市进出口增长8.3个百分点；进出口8884.8亿元，同比增长4.1%，总量在全国大中城市中排第五名，增幅在全国进出口前五名城市中排第一名。1—11月，东莞市外贸额增速9.7%，在广东省8个外贸规模超千亿元城市中成为增长领头羊。

【全国第一个绿色供应链试点示范城市——东莞市】 2016年12月21日，《南方日报》报道：东莞市等沿海城市率先对绿色供应链管理进行探索，2015年底，东莞市成为全国第一个获环保部批准的绿色供应链试点示范城市。2016年初，东莞市绿色供应链项目被列入“十三五”广东省与环保部的省部共建示范项目；12月，绿色供应链东莞指数评价结果首次发布，消费者和采购商可以此为参考，选择环境友好的企业产品。

【“中国最具竞争力会展城市”——东莞市】 2016年12月，在中国会展经济研究会主办的“2016中国城市会展业竞争力指数年度发布会暨高端学术论坛”上，东莞市各项指标综合指数位居全国省会城市和地级市前列，获评“中国最具竞争力会展城市”。截至2016年，中国加工贸易产品博览会、中国国际影视动漫版权保护和贸易博览会、广东21世纪海上丝绸之路国际博览会、广东国际机器人及智能装备博览会、东莞台湾名品博览会、国际名家具（东莞）展览会、中国（广东)国际印刷技术展览会、广东国际机器人及智能装备博览会、中国（虎门）国际服装交易会、中国（长安）国际机械五金模具展览会、中国（大朗）国际毛织产品交易会、大京九农副产品食品（常平）交易会、塘厦高尔夫球博览会、横沥模具展览会、中国（东莞）国际沉香文化艺术博览会等一系列高规格大型展会，每年在东莞市轮番上演，平均每6天就有一个成规模的展会。东莞市会展业起步于20世纪90年代，依托雄厚的制造业基础，经过多年的发展，成为东莞市创新驱动的“孵化器”、商贸流通的“加速器”，带动东莞市众多产业迸发新的活力。2016年，东莞市举办规模在3000平方米以上的展览会65场，总展出面积340万平方米。

【全国快递业务收入居第一位地级市——东莞市】 2016年，东莞市邮政业完成快递业务量10.69亿件，比上年增长42.30%；业务收入122.60亿元，增长43.50%。快递业务量居广东省地级市第一位，快递业务收入居全国地级市第一位。

2016年4月21日，2016中国加工贸易产品博览会在东莞广东现代国际展览中心开幕

2016年10月27—30日，2016广东21世纪海上丝绸之路国际博览会在东莞广东现代国际展览中心举行

2016年11月18日，2016东莞台湾名品博览会在国际会展中心开幕 （郑家雄 摄）

广东现代国际展览中心 （方活力 摄）

【广东省规模最大的智能制造产业基金设立城市——东莞市】 2016年1月14日，在2016中国（东莞）智能制造发展论坛和“中国创新榜样·智造先锋”活动启动仪式上，东莞市宣布设立智能制造产业基金。该基金总规模15亿元，首期产品规模3亿元，重点投资智能制造、高端装备领域，成为广东省规模最大的智能制造产业基金。

【广东省唯一的珠宝玉石政策性交易中心——广东（东莞）珠宝玉石交易中心】 2016年1月27日，常平珠宝玉石产研中心奠基仪式暨广东省金银珠宝玉器业厂商会落址常平揭牌仪式举行，标志广东省政府批复同意的全省唯一的珠宝玉石政策性交易中心——广东（东莞）珠宝玉石交易中心落户常平镇。

【广东省首个“线上+线下”电商服务平台——东莞市电子商务公共服务中心】 2016年6月15日，《科技日报》报道：东莞市电子商务公共服务中心落户虎门电商产业园，成为广东省首个“线上+线下”同时启动的电商公共服务平台。

【广东省唯一获评“中国最美乡镇”的镇街——清溪镇】 2016年11月6日，在北京市召开的第二届“生态文明建设高峰论坛暨城市与景区、美丽乡村生态文明成果发布会”上，清溪镇获评“中国最美乡镇”，是广东省唯一获评“中国最美乡镇”的镇街。

【广东省首个城际电动汽车快速充电站启用地——京港澳高速公路东莞市厚街服务区】 2016年11月23日，广东省首个城际电动汽车快速充电站在京港澳高速公路东莞市厚街服务区举行落成仪式。这是广东省内开通的首个城际电动汽车快速充电站。

【广东省首个生猪在线交易平台——东莞市“生猪圈”】 2016年11月23日，《广州日报》《深圳特区报》分别刊文称：22日，广东省率先推出生猪现货在线交易平台——“生猪圈”，“生猪圈”对生猪交易商实行准入制度，上线交易的生猪产品都来自经过认证的养殖基地，并与东莞市农业局和道滘镇政府合作，以屠宰场作为突破口，建立遍布东莞市的生猪产品交收基地。

【广东省环境违法处罚罚款总额居第一位城市——东莞市】 2016年

3月4日，东莞市环保局对外公布2015年环境执法情况，东莞市环境违法处罚罚款总额首次超过1亿元，罚款总额居全省首位，另有8人因污染犯案入刑。

【广东省千强镇数量居第一位城市——东莞市】 2016年11月11日，《南方日报》《广州日报》《南方都市报》报道：中国中小城市经济发展委员会等单位联合发布的“2016综合实力千强镇”中，东莞市28个镇均上榜，上榜数量居广东省第一位，其中虎门镇、长安镇跻身全国前10强，有14个镇位居全国前100强，22个镇处于全国前200强。

【广东省开办企业便利度排第一名地级市——东莞市】 2016年12月19日，《广州日报》报道：由广东省工商局、省社科院组成联合课题组调研的《2016年度广东各市开办企业便利度评估报告》发布，对全省21个地级以上市开办企业便利度进行综合评价和排名，东莞市综合得分居全省地级市第一。

【广东省首个同时建成两个行业的国家级质量安全示范区的城市——东莞市】 2016年12月29日，“东莞出口玩具质量安全示范区”和“东莞出口婴童用品质量安全示范区”通过考核验收，东莞市成为广东省首个地区同时建成两个行业的国家级质量安全示范区。

【广东省国际铁路发货量居第一位城市——东莞市】 2016年12月30日，《南方日报》报道：2016年1—10月，东莞市始发的国际班列117班次，同比增长88.7%；货运量4.25万吨，同比增长52.42%，占广东省国铁国际货物发运量92%，居全省第一位。

【广东省第一个启动排污权交易的地级市——东莞市】 2016年12月29日，东莞市排污权交易启动仪式暨签约仪式在广东省环境权益交易所举行，标志东莞市成为广东省第一个启动排污权交易的地级市。

【广东省寄递企业配备X光机总数居第一位地级市——东莞市】 2016年，东莞市组织开展寄递企业配备X光机省级财政补贴资金项目，组织130家寄递企业进行申报，补贴金额1173万元，补贴配备的X光机达215台。截至2016年，东莞市寄递企业配备X光机总数达232台，居全省地级市第一位，实现邮（快）件分拨中心配备X光机全覆盖。

【广东省办理出口退税额第一位城市——东莞市】 2016年，东莞市开展出口退（免）税无纸化试点，全市1120户企业成功试点退（免）税无纸化申报，完成无纸化审核审批出口退（免）税21.62亿元；将全市生产企业和部分外贸企业的出口退（免）税审批权限下放至主管税务分局，东莞市国家税务局审批转变为税务分局“一站式终审”，涉及全市8000多户生产企业，以及符合条件的290余户外贸企业，实行出口退（免）税企业分类管理，缩短信用良好企业的办退时限。2016年，全市累计办理出口退（免）税607.73亿元，比上年增长5.57%，为出口企业提供充足资金流保障。其中办理出口退税385亿元，增长11.31%，连续四年居广东省第一位。

【广东省落实科技创新税收优惠额居第一位地级市——东莞市】 2016年，东莞市落实科技创新税收优惠，为424户高新技术企业减免税额14.94亿元，比上年增长64.18%；为463户企业办理研发费加计扣除45.63亿元，增长71.74%，两项优惠政策的落实金额，均跃居广东省地级市第一位。

【广东省落实车购税优惠额居第一位地级市——东莞市】 2016年，东莞市国家税务局落实车购税优惠政策，为30.51万台优惠车辆减免车购税13.99亿元，优惠额跃居广东省第一位，其中办理1.6升及以下排量乘用车减免税款13.16亿元，引导汽车消费。

【珠三角农村生活垃圾有效处理率列第一位城市——东莞市】 2016年11月22日，《南方日报》《广州日报》报道：21日，广东省人大常委会公布《2016年广东省农村生活垃圾收运处理工作第三方评估总报告》，分别对珠三角和粤东西北两个区域的各地级以上市，开展农村生活垃圾收运处理工作进行排名，结果显示：珠三角九市中，东莞市排第一名。

社会发展

【全国第一个开通镇级网上家长学校者——东莞市凤岗镇油甘埔小学】 2016年1月4日，东莞市凤岗镇油甘埔小学开通全国第一个镇级网上家长学校，并设置专门办公室，成立家长委员会。全镇24所小学、38所幼儿园全部配备有家长义工。该网上家长学校的开设，开创新型家校合作模式，并成为凤岗镇的教育品牌之一。

【中国彩票史上最大弃奖发生地——东莞市东城街道】 2016年1月11日，在东莞市东城街道乌石岗东区1巷6号的44100485投注站，于2015年11月10日中出的第15132期双色球两注头奖，成为中国彩票史上最大弃奖，总奖金2565万元被纳入福彩公益金。

【全国首个网上审批中心——东莞市工商局网上审批中心】 2016年3月1日，全国首个网上审批中心——东莞市工商局网上审批中心运转，承担东莞市市场主体的全程电子化名称预先核准、设立、变更、注销等登记审批职能。该网上审批中心的设立，实现对网上登记业务的一站式受理，24小时全天候提供服务。

【国内首个电商平台质量评价体系主导起草者——东莞市质量技术监督局】 2016年4月13日，由东莞市质量技术监督局主导起草的国内首个电商平台质量评价体系发布。该体系包括电商平台两项国家标准（《电子商务平台运营与技术规范》《电子商务平台服务质量评价与等级划分》）和国内首个电商平台质量评价体系，这是国内第一个专门针对电商企业的第三方评价。

【全国首支社区微型马拉松队——东莞市世纪城国际公馆队】 2016年4月24日，东莞市世纪城国际公馆小区500多名居民举行仪式，成立全国首支社区微型马拉松队——世纪城国际公馆队，并围绕小区跑约5公里。

【全国第一家镇级百姓放心示范医院——东莞市樟木头镇石新医院】 2016年5月24日《南方日报》报道：20年前，民营石新医院在东莞市樟木头镇扎根，逐步发展成为一所集医疗、预防、急救、教学、康复为一体的二级规模综合性医院，开放床位318张，年门诊量21万余人次。获评全国第一家镇级百姓放心示范医院。

【中国首个国家级举重博物馆落户地——东莞市石龙镇】 2016年6月8日，人民网、金羊网报道：6月7日，东莞市在“举重之乡”石龙镇举行纪念陈镜开打破世界纪录60周年座谈会。经中国举重协会批准同意在石龙镇建设的中国举重博物馆项目，通过专家论证，预计2017年开馆，这是首个国家级举重博物馆。馆舍由“中国馆之父”、华南理工大学建筑学院教授何镜堂的团队主持设计。

【“中国最大砖雕”——东莞市粤晖园砖雕《百蝠晖春》】 2016年11月4日，《南方都市报》报道：广东省非物质文化遗产项目砖雕传承人何世良，创作东莞市粤晖园巨型砖雕《百蝠晖春》，获上海大世界基尼斯总部认定为“中国最大砖雕”。该砖雕有广式砖雕的传统特色，图案精细，作品技术成熟，成为粤晖园风景区的标志性景点之一。

【全国参与人数最多的民族传统婚礼举办地——东莞市凤岗镇】 2016年11月13日，中新社、人民网报道：来自广东、新疆、云南、贵州等全国34个省（市、自治区、特别行政区）50个民族的70对青年情侣，于11月11日“单身节”，身穿民族婚礼盛装，在广东省东莞市凤岗镇举行多民族集体婚礼，该活动被上海大世界基尼斯总部认定为“最多人数”参与的民族传统婚礼，创造新的大世界基尼斯纪录。

【中华遗嘱库首个地级市服务点——广东分库东莞预约咨询点】 2016年12月19日，中华遗嘱库广东分库东莞预约咨询点在万江街道成立，为60岁以上老人提供免费遗嘱咨询预约服务。这是中华遗嘱库首个地级市服务点。

【国内接受移民最多、移民人口增速最快的地级市——东莞市】 2016年3月17日，国际移民组织联合中国与全球化智库在广州市发布《世界移民报告2015》（中文版）称：作为中国经济增长引擎，沿海地区接收超过一半的移民人口，其中，接受国内移民最多且移民人口增速最快的为北京、东莞、广州和上海等城市。东莞市成为接受国内移民最多、移民人口增速最快的地级市。

【国内首个“同线同标同质”信息公共服务平台投入运营地——东莞市】 2016年5月19日，国内首个“同线同标同质”信息公共服务平台在东莞市投入运营。该平台将为国内市场、国际市场提供相同质量水准的产品。

【全国首个价格认定网上一站式平台启用地——东莞市】 2016年6月12日，全国首个价格认定网上一站式平台在东莞市启用上线，东莞市涉及价格认定的案件全部实现点对点数字化智慧管理。

【全国首个启动国地通发票O2O项目城市——东莞市】 2016年9月5日，全国首个国（税）地（税）通发票O2O（线上到线下）项目在东莞市道滘镇启动，该项目名称为“代开易”，纳税人可利用该平台“扫码申请手机支付”技术，完成线上办理、线下寄递发票。

【全国率先开展异地商会积分制管理试点城市——东莞市】 2016年11月9日，《南方日报》报道：11月8日，东莞市2016年度异地商会积分制管理试点总结大会暨2017年度评审指标培训会议召开。东莞市在加强和创新社会治理上再出新举措，在全省乃至全国率先开展异地商会积分制管理试点工作。经过第三方评审和各有关职能部门联合打分，评出80分以上的异地商会18家。

【国内首创VR体验消防演练城市——东莞市】 2016年11月10日，《南方日报》《南方都市报》报道：11月9日，广东省“‘11·9’消防安全宣传月”活动在广州市启动，活动会场设置展示与体验的展区。东莞市首创全国首个利用VR虚拟现实技术，实现消防演练的体验项目，吸引众人参与体验。

【广东省专业镇创新指数之科技研发能力居第一位者——东莞市横沥镇】 2016年6月15日，《南方日报》刊发《省社科院联合南方报业等发布广东专业镇创新指数》：从区域位置看，创新指数得分较高的专业镇全部集中于东莞市（5个）、中山市（3个）和佛山市顺德区（2个），基本反映专业镇创新能力区域格局——东莞市专业镇创新能力平均水平较高，中山市、佛山市单个专业镇创新能力突出。其中，东莞市横沥镇表现出较强的科技研发能力、创新基础，分列全省第一位、第八位，这两个分项的显著优势使其综合得分602分，列全省第四位、东莞市第一位。

【广东省首家实行企业年金制的高校——东莞理工学院城市学院】 2016年7月19日，《信息时报》报道：东莞理工学院城市学院进入企业年金制实施阶段，加入到企业年金计划的教职工，在退休后除领取社保退休金外，还将额外领取一笔“企业年金”收入。据悉，东莞理工学院城市学院是广东省首家实施教职工企业年金制的高校。

【广东省首个“中国硬笔书法名镇”——东莞市常平镇】 2016年9月29日，常平镇举行“中国硬笔书法名镇”授牌仪式，为广东省首个获得该称号的镇。常平镇重视传承民族优秀的书法艺术，早在1998年1月，就成立东莞市硬笔书法协会常平分会，经过十多年的发展，涌现一批书法艺术人才和写字教育名师，先后出版《常平镇硬笔书法作品集》《常平镇首届青少年硬笔书法比赛获奖作品集》《常平优秀硬笔书法集》等作品集。在中小学推广规范汉字书写工作，把创建工作与教育部关于书法进课堂活动的精神结合，开足开好书法课，中心小学、土塘小学和新朗小学同时获评“中国硬笔书法名校”。

【广东省首个镇级总工会——东莞市石龙镇总工会】 2016年12月7日，《南方日报》报道：石龙镇总工会是全省首个揭牌的镇级总工会，在组建基层工会、维护职工权益、创建职工之家等方面取得令人瞩目的成绩。11月28日，由广东省总工会、广东省文化厅、南方报业传媒集团联合主办的“中国梦·劳动美——走进东莞石龙”文艺晚会在日本电产三协电子（东莞）有限公司运动场举行，2000余名工人参与活动。

【广东省首个交通事故网上法庭开通者——东莞第二人民法院】 2016年12月，《南方都市报》《信息时报》（13日）和《人民法院报》《羊城晚报》（14日）分别报道：广东省首个交通事故网上法庭在东莞第二人民法院开通。该网上法庭实现立案、送达、调解工作一站式处理，内嵌裁判标准和自动理赔计算器，可自动生成文书。网上法庭设置有“案件预判”“我要起诉”“我的诉讼”等板块，可供原被告当事人、律师、保险公司、调解员、法官共同使用。网上法庭将实现交通事故案件处理的全程智能化，降低当事人的诉讼成本，提高法院的办案效率，并通过全程公开助力提升司法公信，推进社会治理。

【广东省最大的生命安全体验馆开办城市——东莞市】 2016年1月14日，东莞市首家生命安全体验馆在东城街道揭牌开馆。该体验馆也是广东省最大的生命安全体验馆，面积约600平方米，可容纳50人同时参观体验，分认知区和体验区两大区域，认知区内容包括红十字基本知识、生命基本知识、家庭安全、涉水安全、交通安全等；体验区内容包括电梯安全、结绳逃生、火灾逃生、模拟紧急电话等。

【广东省第一个获评“全国质量强市示范城市”地级市——东莞市】 2016年2月，东莞市获评“全国质量强市示范城市”，成为广东省唯一获此荣誉的地级市。自2012年东莞市成为全国首批25个、全省第一个获得创建“全国质量强市示范城市”资格的地级市起，东莞市从“大质量”工作格局着眼，把创建工作和城市转型发展内涵的融合，设立“质量发展专项资金”，投入7000多万元标准化专项资助资金，撬动企业技术标准科研经费近27亿元；建成9个国家质量监督检测中心、3个国家级检测重点实验室、12个省级检测站，检测服务覆盖2000类产品以及全市支柱产业和战略新兴产业，为8000多家企业提供质量检测服务；还推动企业创建195个省名牌产品（全省排名第三位），虎门镇、长安镇创建休闲服装和五金模具行业的“全国知名品牌示范区”，“莞香”获评国家地理标志保护产品。

【广东省高考“尖子生”累计最多的地级以上市——东莞市】 2016年6月26日，《南方日报》报道：2013—2016年，东莞市有20名学生挤进广东省文理科前十名，累计数为广东省最多。2016年，东莞市东华高级中学再次受到关注，2名学生进入全省文理科前10名，有12名考生进入全省文理科前100名。

【广东省连续三届蝉联广东省少儿艺术花会金奖和奖牌第一名城市——东莞市】 2016年8月11日，在广东省第十届少儿艺术花会上，东莞市再获20枚金牌、4枚银牌、5枚铜牌和2个优秀奖，获金奖数量和奖牌总数连续三届蝉联全省第一名。

【广东省率先开发村级财务管理APP城市——东莞市】 2016年11月22日，东莞市政府新闻办联合市委农办召开新闻发布会，介绍东莞市在农村综合改革情况，称：东莞市在全省率先基于集体资产交易和“三资”（资金、资产、资源）监管平台开发建设的村级财务管理APP完成开发，正在试运行，并计划向全市推广。

【广东省福利彩票发行量增幅居第一位城市——东莞市】 2016年11月24日，《南方日报》报道：1—10月，东莞市福利彩票发行量增幅居全省第一位，全市销售福利彩票24.59亿元，同比增长8.3%。

（刘念宇）

总　述

DONGGUAN PROFILE

- 创新驱动发展战略实施
- 开放型经济水平提升
- 社会治理多元共治格局构建
- 异地商会积分制管理试点
- “全民创安·一呼百应”机制探索

东莞市中心广场夜景

编辑：王学林

市情综述

【境域】　东莞市位于广东省中南部，珠江口东岸，东江下游的珠江三角洲。因地处广州之东，境内盛产莞草而得名。介于东经113°31′—114°15′，北纬22°39′—23°09′。最东是清溪镇的银瓶嘴山，与惠州市惠阳区接壤；最北是中堂镇大坦乡，与广州市黄埔区和增城区、惠州市博罗县隔江为邻；最西是沙田镇西大坦西北的狮子洋中心航线，与广州市番禺区、南沙区隔海交界；最南是凤岗镇雁田水库，与深圳市宝安区相连。毗邻港澳，处于广州市至深圳市经济走廊中间。截至2016年，西北距广州市中心区59千米，东南距深圳市中心区99千米，距香港中心区140千米。东西长70.45千米，南北宽46.8千米，全市陆地面积2460.1平方千米，海域面积14.1平方千米。

（编辑部　国土资源局）

【建置】　东莞于东晋咸和六年（331年）立县，初名宝安县，隶属东官郡。唐至德二年（757年）更名东莞县，县治从芜城（今宝安南头）移至到涌（今莞城）。南宋绍兴二十二年（1152年）分东莞县的香山镇立香山县（今中山市）；明万历元年（1573年）将东莞县守御千户所、编户五十六里立新安县（今深圳市），东莞县地域随之缩小。清沿明制。民国期间，先后隶属广东省粤海道、粤中行政区、第一行政区和第四行政区。1949年10月17日，东莞县全境解放。初期隶属东江行政区管辖。1950年3月，东莞县隶属珠江专区。1952年，撤销珠江专区，东莞县隶属粤中行政区。1956年2月，撤销粤中行政区，东莞县隶属惠阳专区。1958年11月，东莞县短期隶属广州市。1959年1月，撤销惠阳专区，东莞县划归佛山专区。1963年6月，复置惠阳专区，东莞县又隶属惠阳专区。1985年9月，国务院批准撤销东莞县，设立东莞市（县级），仍属惠阳地区管辖。1988年1月7日起，国务院批复将东莞市升格为地级市，直属广东省管辖。

（刘念宇）

【行政区划】　2000—2016年，东莞市行政区划主要变更有：2000年1月，附城区街道办事处更名为东城街道办事处；2001年11月，篁村区街道办事处更名为南城街道办事处；2002年11月，万江区街道办事处更名为万江街道办事处；2002年12月，撤销城区人民政府筹备组，改设莞城街道办事处。

（民政局）

【地质·地貌】 东莞市地质构造上位于北东东向罗浮山断裂带南部边缘的北东向博罗大断裂南西部、东莞断凹盆地中。地势东南高、西北低。截至2016年，地貌以丘陵台地、冲积平原为主，丘陵台地占44.5%，冲积平原占43.3%，山地占6.2%。东南部多山，尤以东部为最，山体庞大，分割强烈，集中成片，起伏较大，海拔在200—600米，坡度约30°，银瓶嘴山主峰高898.2米，是东莞市最高峰；中南部低山丘陵成片，为丘陵台地区；东北部接近东江河滨，岗地发育，陆地和河谷平原分布其中，海拔30—80米，坡度小，地势起伏和缓，为易于积水的埔田区；西北部是东江冲积而成的三角洲平原，是地势低平、水网纵横的围田区；西南部是濒临珠江口的江河冲积平原，地势平坦而低陷，是受潮汐影响较大的沙咸田地区。东莞市握东江和广州水道出海之咽喉，有海岸线长112.20千米，主航道岸线53千米，拥有深水良港——东莞港。

（编辑部 海洋渔业局）

【河流】 截至2016年，东莞市主要河流有东江、石马河、寒溪水。境内96%属东江流域，东江干流自东北角惠州市博罗县、惠阳区之间入境后，沿北部边境自东向西行至桥头镇新开河口；有发源于深圳市宝安区的石马河流入，至企石镇有企石河流入。至石龙镇分出南支流后，北干流续流至广州市增城区石滩镇，与来自增城区的支流汇流，经市境的大盛注入狮子洋；南支流斜向西南流经石碣镇、万江街道，在峡口接纳来自市境中部的寒溪水，峡口以下有3个较小的支流牛山水、蛤地水和小沙河，自东向西汇入，续流至泗盛注入狮子洋。北干流与南支流之间为东江三角洲的河网区。（水务局）

【海洋】 截至2016年，东莞市海域面积82.57平方千米，主要分布在狮子洋、伶仃洋东北部，海岸线长112.20千米，拥有海岸线的

清 东莞县图（载【康熙】《广州府舆图——东莞县图》）

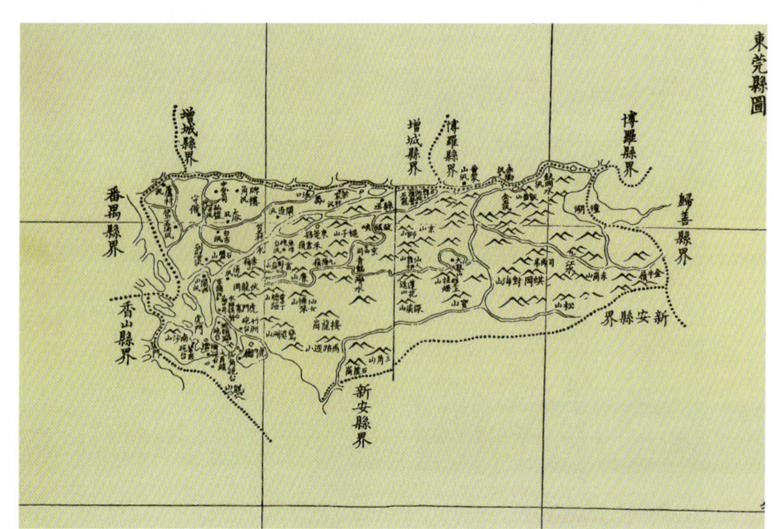

清 东莞县图（载《广州图志》卷四，同治三年刻本）

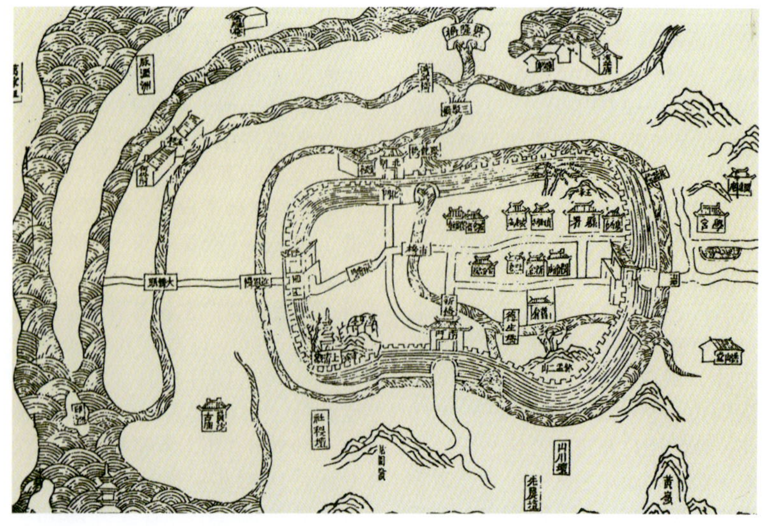

清 县城图（载【嘉庆】《东莞县志》卷首）

有中堂、麻涌、洪梅、道滘、厚街、沙田、虎门和长安等8个镇。有威远岛、泥洲岛、木棉山岛、涌口沙、虾缯排等5个海岛，海岛岸线长34.67千米，海岛面积25.86平方千米。沿海滩涂负1米以内潮间带2057公顷，-3.5米以内潮间带3697公顷。东莞市的海岸线紧靠狮子洋、伶仃洋的深槽，深水岸线资源突出，境内拥有虎门水道和川鼻水道，且岸线内侧陆域土地较为平坦宽广，建港资源优越，建有国家一类口岸——东莞港。东莞市地处南亚热带浅海区，水域生境多样，生物区系复杂，是多种经济鱼、虾、藻类的繁育场，有鱼类88种、贝类18种、甲壳类21种。浮游植物有硅藻、甲藻、蓝藻等3门247种，其中硅藻占优势。平均生物数8.32万个/升、生物量0.17毫克/升。浮游动物有10个种群29属63种，生物量变幅在0.20—0.24毫克/升间，平均0.22毫克/升。海域潮间带底栖动物有环节动物、软体动物、甲壳动物和鱼类等四大类32种。东莞市海域属伶仃洋经济鱼类繁育场保护区。东莞市滨海旅游资源特色明显，以历史名胜古迹等人文旅游资源为主。东莞市港口资源丰富，狮子洋、伶仃洋的深槽紧靠东莞市的海岸线，麻涌镇的新沙，沙田镇的鳜沙、泥洲岛、西大坦，虎门镇的威远岛、沙角等拥有深水岸线和深槽通过的海域，是建设深水港区的良址，且深水岸线内侧的陆域土地多平坦宽广，又处在东江入海河口区，淡水资源条件好，陆域水、土资源组合优势明显。截至2016年，海洋环境质量总体保持稳定，局部有所好转。

（海洋渔业局）

【植被】　东莞市地带性森林植被类型为南亚季风常绿阔叶林，组成种类多样而富于热带性，森林植被主要由壳斗科、樟科、山茶科、大戟科、桃金娘科、杜英科、山矾科、梧桐科等种类组成，其中大多数是热带亚热带分布种，较常见的有樟树、阴香、铁冬青、华润楠、浙江润楠、假柿树、银柴、土蜜树、鸭脚木、蒲桃等。由于人口激增，历代砍伐，使原生性森林大幅减少。随着东莞市实施林业生态工程，森林植被恢复成效显著，截至2016年，据调查野生植物1630种，野生珍稀植物115种，生物多样性位居全省前列。东莞市主要植被分为针阔叶混交林，林下植被主要有野漆、椭圆叶豺皮樟、三桠苦、山乌桕、鬼灯笼和乌毛蕨、芒萁等；典型常绿阔叶林，常见种类红花荷、蕈树、黄樟、黄杞、青冈栎、网脉山龙眼等；季风常绿阔叶林，常见种类鸭脚木、乌榄、樟树等；常绿灌丛，常见种类鸭脚木、银柴、鼠刺、豺皮樟、九节、梅叶冬青、桃金娘等。其中山地、丘陵及未经开垦的岗地现状植被以人工林和次生林群落占优势，林下以灌木、蕨类植物或草本为主，沟谷等较为阴湿的山地多见攀缠植物。现状植被反映出由热带向亚热带过渡而热带性较强的特征，与南亚热带气候特点相适应。

（林业局）

【气候】　东莞市属于亚热带季风气候，长夏无冬，光照充足，热量丰富，气候温暖，温度变幅小，雨量充沛，干湿季明显。2016年，东莞市天气气候特点是：年总降水量2612毫米，比常年平均值偏多42.6%，居历年第二高位；年平均气温22.9℃，比常年平均值偏高0.3℃；年日照时数为1641.6小时，较常年平均值偏少13.1%。基本气候特征属正常年份。年内降水分布呈现夏季集中、各季节偏多的特点。3月21日入汛，比常年平均偏早16天，为2010—2016年最早；汛期总降水量2053.5毫米，比常年偏多28.5%，其中前汛期偏多11.7%，后汛期偏多48.7%。年内除1—3月、8月月平均气温较常年同期偏低外，其他月份均较常年同期偏高或持平，其中12月偏高2.3℃，居历年偏高第三位；年总高温日数（≥35℃）17天，为历年来最多，年内日最高气温为37.1℃；低温日数（≤5℃）3天，年内最低气温为2.0℃。

（气象局）

【矿产资源】　东莞市矿产种类少，矿产地不多，金属矿产短缺；非金属矿产中建筑用花岗岩、盐矿、芒硝较为丰富；矿泉水水质良好，具备一定储量，有较好的开发潜力。截至2016年，发现矿产24种，矿产地（含矿点，下同）73处，其中能源矿产2种，矿产地5处；金属矿产8种，矿产地32处；非金属矿产13种，矿产地24处；水气矿产1种，矿产地12处。查明钛铁矿、钴矿、锡矿、硫铁矿、盐矿、芒硝等矿产资源储量16种。截至2016年，勘查程度满足工业开采的矿种有盐矿、芒硝、建筑用花岗岩、矿泉水等。（国土资源局）

【动植物资源】　东莞市野生动物种类繁多，主要分布于山区和丘陵地带，体型较大的野兽多栖息在东南山区，一般兽类出没于平川、丘陵。截至2016年，主要野生动物有：哺乳类（30种）、鸟类（151种）、鱼类（134种）、甲壳类和多种贝类、两栖（18种）、爬行类（42种）、昆虫类等。主要野生植物有：维管束植物1630种，隶属210科，805属，其中蕨类植物125种，37科，66属；裸子植物7种，5科，5属；被子植物1498种，168科，734属（其中双子叶植物143科，556属，1135种；单子叶植物25科，178属，363种）。内陆水域中常见浮游生物8门110属。

（林业局　海洋渔业局）

【旅游资源】　东莞市既有滨海秀色、稻海蕉林、荔红荷香、旗峰胜迹等自然风景，又有丰富的人文景观，是广东省历史文化名城、中国近代史开篇地、东江人民抗日根据地、改革开放的先行地。2004年，东莞市评出新“八景”：“松湖烟雨”（松山湖高新技术产业开发区）、“大道朝晖”（东莞大道）、“广场揾萃”（市中心广场）、“古塞飞虹”（虎门大桥）、“虎英叠翠”（虎英郊野公园及御景湾周边景观）、“板岭凝芳”（绿色世界、水濂山森林公园及周边景观）、“莲峰赏鹭”（长安莲花山风景区）、“金沙漾月”（石龙金沙湾）。同年，东莞市获评“中国优秀旅游城市”。2011年4月，被亚太旅游联合会、国际度假联盟组织与中华生态旅游促进会、中国人民对外友好协会、中国国际友好城市联合会授予“中国最具投资价值旅游城市”称号；同年11月，获评“中国十大特色休闲城市”称号。截至2016年，东莞市境内有国家A级旅游景区19家，其中有鸦片战争博物馆、广东观音山国家森林公园、龙凤山庄影视旅游区、粤晖园旅游景区、香市动物园、广东东江纵队纪念馆、清溪银瓶山森林公园、南社·塘尾明清古建筑群、可园博物馆等13家国家级AAAA旅游景区。此外，还有珠三角地区首家国家城市湿地公园——东莞生态园湿地景区；有企石镇江边村、茶山镇南社村和超朗村、石排镇塘尾村、寮步镇西溪村、塘厦镇龙背岭村等中国传统村落；有林则徐销烟池与虎门炮台旧址、却金亭碑、大岭山抗日根据地旧址、蚝岗遗址、广九铁路石龙南桥等国家级重点文物保护单位；有独具岭南水乡特色的华阳湖湿地公园；有清溪生态农业产业园、东坑产业园、龙洲湾都市农业观光园、金谷现代生态农业观光园等国家级、省级休闲农业与乡村农业示范点；还有东莞千角灯、龙舟制作技艺、樟木头舞麒麟、木鱼歌、赛龙舟、莞香制作技艺、麒麟制作、寮步香市等国家级非物质文化遗产。（旅游局）

【人口】 2016年，东莞市常住人口826.14万人，其中户籍人口200.94万人；城镇常住人口736.42万人，人口城镇化率89.14%，是广东省第三大人口城市。2016年出生人口2.76万人，出生率13.92‰；死亡人口1.05万人，死亡率5.28‰；人口自然增长率8.64‰。人口密度每平方千米3358人，在广东省各地级市中居第一位。（统计局）

【流动人口】 2016年，东莞市有流动人口428.39万人，其中男性227.44万人，女性200.96万人，总人数比上年增加6.88%。按流动人口来源地分析，广东（除东莞市外）、湖南、广西、湖北、四川、河南、江西等7个省（区）在东莞市流动人口332.7万人，占总人数77.7%；按从事行业种类分析，务工、录（聘）用、投资经商、务农、服务等行业359.4万人，占总人数92.3%；按主要居住地分析，塘厦、长安、虎门、厚街、寮步、大朗、大岭山、凤岗、常平、清溪等镇街流动人口253.1万人，占总人数59.1%。（公安局）

【民族】 2016年，东莞市常住人口826.14万人，以汉族为主，另有壮族、苗族、土家族、瑶族、侗族、布依族等55个少数民族，少数民族常住人口近50万人。（民宗局）

【语言】 东莞市境内流行粤方言和客方言。截至2016年，粤方言区面积、人口均占全市绝大部分。客方言主要通行在东南部与惠州、深圳相邻的丘陵地带，约占全市面积的18%。在32个镇街中，纯粤方言镇街有石龙、长安、沙田、洪梅、道滘、麻涌、万江、中堂、望牛墩、石碣、高埗、大朗、寮步、茶山、企石、石排、常平、横沥、东坑、桥头等20个。兼有2种方言的镇街中，莞城、东城、南城、厚街、虎门、大岭山、塘厦、黄江、谢岗等9个镇街大部分甚至绝大部分讲粤方言；清溪、凤岗2个镇大部分讲客方言。全市仅樟木头是纯客方言镇。（刘念宇）

【民俗】 东莞市是广东省历史文化名城，岭南文化的发源地之一，有丰富的民俗文化遗产资源。截至2016年，比较有代表性的民俗有赛龙舟、粤曲粤剧、茶园游会、客家山歌、舞狮（龙、麒麟、凤）等。

端午节赛龙舟 东莞市民间相传近300年的习俗。水乡片及东江沿岸地区各镇街或乡村，从每年的农历五月初一开始，举办为期近一个月的传统龙舟赛，并根据当地潮汐大小，定出各自固定竞渡或趁景的日子，故又称之为“龙舟月”。其间，凡是举办赛龙舟的镇街或乡村，都会广邀周边乡镇前来游龙趁景，招呼附近前来观景的乡亲好友吃“龙船饭”、浸“龙舟水”。

粤曲粤剧 东莞市戏曲文化历史悠久，是粤剧艺术的重要发

东江五环路东莞特大水道桥下河段 （张汉兴 摄）

源地之一，是著名的“粤剧曲艺之乡”，涌现诸多粤剧名伶：何非凡、陈天纵、丁公醒、陈笑风、陈小茶、楚岫云、卢启光等。粤剧在东莞市有着深厚的群众基础，“粤韵金声”“粤剧黄金周”是东莞市传承和发展本土粤剧艺术的两大品牌活动。

茶园游会　东莞市茶山镇的民俗悠久，在明正德九年（1514年）就记载有“茶园游会”。每年农历三月二十五至二十七日，茶山镇居民及四方香客、游人会来到东岳庙举行祭祀活动，并抬出东岳大帝和民间吉祥神到镇内各地进行巡游，祈求风调雨顺、国泰民安。

客家山歌　东莞市清溪、凤岗、樟木头等镇的客家人唱山歌由来已久，流传下来的山歌，可分为放牛歌、割草歌以及四六联、白口联、平山民歌等，词曲不固定，一般都是即兴编唱。

舞狮（龙、麒麟、凤）　在东莞市历史悠久，源远流长，每逢新春及喜庆日子，人们喜舞狮以示吉庆，深受群众喜爱，其中长安镇被国家体育总局命名为“龙狮之乡”。舞麒麟则以清溪镇、樟木头镇较为出色。大朗镇、长安镇有舞龙，道滘镇有麒麟引凤等习俗。

各镇街还有一些特色的民俗风情，其中有沙田镇、中堂镇等地咸水歌，东坑镇的“二月二”卖身节，石排镇康王宝诞，望牛墩镇乞巧节，横沥镇牛墟等。

（文广新局）

2016年东莞市行政区划

镇（街道）	村、社区（个）	村名称	社区名称
莞　城	8		东正　市桥　北隅　西隅　罗沙　博厦　兴塘　创业
石　龙	10	西湖　忠维　林屋　蒲溪　新维　王屋洲　黄家山	中山东　中山西　兴龙
虎　门	30		虎门寨　东方　则徐　大宁　树田　白沙　沙角　怀德　博涌　镇口　村头　新联　九门寨　居岐　金洲　南面　北栅　小捷滘　北面　陈村　东风　武山沙　黄村　南栅　龙眼　宴岗　赤岗　路东　新湾　民泰
东　城	23		岗贝　花园新村　东泰　温塘　桑园　周屋　余屋　鳌峙塘　峡口　柏洲边　上桥　下桥　樟村　梨川　堑头　主山　石井　同沙　光明　牛山　立新　火炼树　星城
万　江	28		万江墟　万江　石美　莫屋　拔蛟窝　黄粘洲　蚬涌　谷涌　小享　滘联　上甲　新村　新谷涌　共联　水蛇涌　大莲塘　牌楼基　严屋　大汾　流涌尾　金泰　曲海　坝头　胜利　官桥滘　简沙洲　新和　新城
南　城	18		鸿福　宏远　胜和　元美　亨美　三元里　篁村　新基　周溪　袁屋边　白马　石鼓　蛤地　西平　雅园　水濂　新城　宏图
中　堂	20	潢涌　三涌　湛翠　凤冲　袁家涌　吴家涌　鹤田　中堂　一村　东向　蕉利　槎滘　下芦　马沥　四乡	中心　斗朗　红锋　东泊　江南
望牛墩	22	李屋　望东　扶涌　赤滘　五涌　下漕　上合　聚龙江　望联　洲湾　洲涡　杜屋　寮厦　芙蓉沙　官桥涌　横沥　福安　石排　官洲　朱平沙　锦涡	望牛墩
麻　涌	15	麻一　麻三　麻四　大步　东太　新基　川槎　鸥涌　华阳　南洲　大盛　漳澎　黎滘	麻涌　麻二
石　碣	15	石碣　唐洪　黄泗围　西南　单屋　梁家村　沙腰　刘屋　水南　四甲　鹤田厦　涌口　横滘　桔洲	城中

续表

镇（街道）	村、社区（个）	村名称	社区名称
高 埗	19	冼沙 卢溪 宝莲 塘厦 草墩 护安围 保安围 三联 横滘头 低涌 朱磡 新联 欧邓 芦村 高埗 凌屋 上江城 下江城	新创
洪 梅	10	洪屋涡 新庄 梅沙 氹涌 黎洲角 夏汇 尧均 乌沙 金鳌沙	洪梅
道 滘	14	南城 南丫 闸口 大鱼沙 小河 永庆 北永 昌平 厚德 九曲 大罗沙 大岭丫 蔡白	兴隆
厚 街	24		竹溪 厚街 珊美 宝屯 三屯 陈屋 赤岭 河田 寮厦 汀山 环冈 大迳 新围 桥头 南五 新塘 涌口 双岗 溪头 沙塘 宝塘 下汴 白濠 湖景
沙 田	18	中围 和安 大流 泥洲 杨公洲 福禄沙 阇西 民田 先锋 西大坦 穗丰年 大泥 齐沙 稔洲 义沙 西太隆	横流 滨港
长 安	13		长盛 涌头 霄边 咸西 锦厦 新安 乌沙 新民 沙头 上沙 厦岗 厦边 上角
寮 步	30	西溪 凫山 石龙坑 石步 良边 富竹山 塘唇 向西 霞边 上屯 下岭贝 竹园 上底 药勒 刘屋巷 浮竹山 陈家埔 井巷 小坑 长坑	寮步 塘边 横坑 岭厦 新旧围 缪边 牛杨 泉塘 坑口 良平
大岭山	23	太公岭 大塘朗 下高田 连平 鸡翅岭 马蹄岗 金桔 大沙 百花洞 大塘 水朗 杨屋 矮岭冚 颜屋 大片美 梅林 元岭 大岭 新塘 旧飞鹅 大环	大岭山 农场
大 朗	28	高英 洋乌 洋坑塘 松柏朗 黎贝岭 松木山 犀牛陂 水平 宝陂 石厦 杨涌 沙步 新马莲 佛子凹 蔡边 水口	大朗 佛新 巷头 屏山 竹山 巷尾 求富路 长塘 黄草朗 大井头 圣堂 长富
黄 江	7		新市 田美 三新 梅塘 宝山 北岸 长龙
樟木头	10		圩镇 樟罗 百果洞 樟洋 石新 柏地 官仓 裕丰 金河 樟新
凤 岗	12	雁田 官井头 油甘埔 凤德岭 塘沥 黄洞 竹塘 竹尾田 三联 五联 天堂围	凤岗
塘 厦	22		塘厦 三局 林村 石潭埔 四村 振兴围 大坪 莆心湖 平山 诸佛岭 桥陇 龙背岭 石鼓 田心 横塘 蛟乙塘 凤凰岗 莲湖 沙湖 石马 清湖头 塘新
谢 岗	12	黎村 窑山 南面 大龙 大厚 赵林 稔子园 五星 曹乐 谢岗 谢山	泰园

续表

镇（街道）	村、社区（个）	村名称	社区名称
清 溪	21	浮岗 上元 清厦 铁松 铁场 谢坑 青皇 大埔 长山头 三中 九乡 三星 渔樑围 厦坭 大利 土桥 重河 松岗 罗马 荔横	清溪
常 平	33	岗梓 塘角 苏坑 袁山贝 金美 还珠沥 朗贝 桥沥 卢屋 九江水 朗洲 陈屋贝 司马 霞坑 漱旧 漱新 黄泥塘 元江元 横江厦 沙湖口 白石岗 松柏塘 上坑 木棆 下墟 板石 田尾 白花沥 桥梓 麦元 土塘	常平 新民
桥 头	17	田头角 李屋 朗厦 岗头 屋厦 禾坑 邓屋 邵岗头 东江 山和 石水口	莲城 田新 桥头 大洲 迳联 岭头
横 沥	17	石涌 隔坑 半仙山 田头 田坑 横沥 村头 长巷 田饶步 六甲 村尾 水边 新四 山厦 月塘 张坑	恒泉
东 坑	16	东坑 坑美 角社 塔岗 黄麻岭 初坑 凤大 黄屋 寮边头 长安塘 新门楼 井美 彭屋 丁屋	草塘 骏达
企 石	20	铁岗 深巷 湖美 博夏 上洞 江边 旧围 清湖 东平 上截 下截 东山 莫屋 杨屋 新南 南坑 铁炉坑 企石 霞朗	宝石
石 排	19	石排 下沙 福隆 庙边王 沙角 黄家堂 赤坎 向西 水贝 田寮 横山 埔心 谷吓 塘尾 李家坊 田边 中坑 燕窝	太和
茶 山	18	上元 茶山 下朗 横江 增埗 卢边 寒溪水 南社 塘角 博头 冲美 粟边 孙屋 超朗 京山 刘黄	茶山圩 茶溪
松山湖（生态园）	1		松山湖
合 计	593	350	243

（民政局）

经济建设

【经济建设概况】 2016年，东莞市经济呈现稳中有进、进中向优的良好态势。实现生产总值6827.7亿元，比上年增长8.1%，增速分别比全国、全省快1.4个百分点、0.6个百分点，经济总量排全国大中城市第21位。人均生产总值突破1.2万美元，接近高收入国家或地区水平。分季度看，国内生产总值累计增速分别为7.8%、7.8%、7.9%和8.1%，走势呈现稳中回升态势；分产业看，第一、二、三产业增加值分别为22.80亿元、3172.50亿元和3632.37亿元，三次产业比例为0.3∶46.5∶53.2。来源于东莞市的财政收入1569.19亿元，比上年增长35.8%，一般公共预算收入544.75亿元，比上年增长8.2%。东莞市进出口总额11416亿元，比上年增长9.8%，增速在全国外贸总额前五名城市中排第一位。其中出口总额为6556.8亿元，增长2.0%。

【国有经济】 截至2016年，东莞市属国有企业资产总额3950.53亿元，比上年增长11.64%；资产负债率78.77%，上升0.6个百分点；净资产838.67亿元，增长7.91%。市属国有企业实现营业总收入296.69亿元，下降2.66%；实现利润总额67.29亿元，下降6.86%；实现净利润53.79亿元，下降2.93%。实际上缴税费总额41.41亿元，下降5.28%。

【外资经济】 截至2016年，东莞市吸引全球40多个国家和地区的外商前来投资，拥有外商投资企业1.1万多家，累计合同吸收外资898.7亿美元，实际利用外资746.5亿美元，形成以电子、机械、服装、食品、塑料、化工等产业为支柱的外源型现代产业体系。其中，电子及通信设备制造企业1481家，占7.1%；纺织服装、鞋、帽制造企业1012家，占9.1%；电气机械及器材制造企业904家，占11.0%；家具制造企业266家，占2.4%。从国家（地区）分布情况来看，港资企业6245家，占55.8%；台资企业3447家，占30.7%；日资企业444家，占4.0%；韩资企业256家，占2.3%；欧美企业440家，占3.8%。2016年，累计有49家世界500强企业在东莞市设立87个项目，投资总额52.1亿美元。

2016年，全市合同吸收外资47.3亿美元（含增资），比上年减少6.5%；实际吸收外资39.3亿美元，减少26.2%。外贸进出口1.14万亿元，增长9.8%，其中出口6556.8亿元，增长2.0%；进口4859.2亿元，增长22.4%。

【民营经济】 2016年，东莞市民营经济实现历史性三大突破，民营登记注册户数突破80万户、民营登记注册资金突破9000亿元、规模以上民营工业增加值突破1000亿元。全市民营经济增加值3347.78亿元，比上年增长9.2%，占全市生产总值的49.03%，主力军作用进一步凸显。民营经济呈现持续快速健康发展的局面。

民营企业规模体量扩大 截至2016年，东莞市民营登记注册户数达81.67万户，比上年增长18.3%，其中：私营企业29.6万户，增长30.7%；个体工商户51.08万户，增长12%。民营登记注册资金突破9000亿元大关，达9303.3亿元，增长49.2%，其中：私营企业6669.92亿元，增长60.5%；个体工商户147.17亿元，增长17.3%。

民营经济综合贡献提升 2016年，东莞市规模以上民营工业增加值达1118.97亿元，比上年增长18.6%，占全市完成规模以上工业增加值的38.9%，对工业增长贡献率达90.7%。民营固定资产投资额1061.05亿元，占全市固定资产投资额的68.13%，增长12%。民营经济消费品零售额2087.46亿元，占全市消费品零售额的84.49%，增长14.5%。民营企业实现进出口总额5014亿元，占全市进出口总额的43.9%，增长24.8%。民营缴税总额1054.93亿元，占全市税收总额的67.23%，增长19%。

民营企业整体实力增强 截至2016年，东莞市65%以上的发明专利、75%以上的技术创新成果和80%以上的新产品开发均由民营企业完成；全市民营高新技术企业1686家，占比83%；全市有各类名牌名标总数921个，八成以上属于民营企业。主营业务收入超1000亿元企业实现零的突破。超10亿元企业235家，超10亿元企业总数居全省地级市首位，其中民营企业103家，占比44%。有4家莞企上榜2016中国民营企业500强，比上年增加3家；有16家莞企上榜2016年广东省企业500强，增加4家。企业实力稳步增强，“星月同辉”的格局逐步成型。

民营企业资本运作水平提升 截至2016年，东莞市境内外上市企业33家，其中民营企业19家，占比58%。新三板挂牌企业169家，区域股权交易市场挂牌企业超400家，挂牌企业数量居全省

国家一类口岸——东莞港

第一位，绝大部分是民营企业。共有上市后备企业十批次总数138家，建立资本市场梯度培育资源库企业两批次总数超300家。

【供给侧结构性改革推进】 2016年，东莞市出台供给侧结构性改革实施方案和“三去一降一补”（去产能、去库存、去杠杆、降成本、补短板）五个行动计划，为企业减负累计221.1亿元。推动2户市属国有企业关停、9户市属国有特困企业和3户非国有“僵尸企业”市场出清。

全面推进“东莞制造2025”战略　2016年，东莞市规模以上先进制造业、高技术制造业增加值分别比上年增长15.2%和17.6%，占规模以上工业增加值比重为49.9%和38.2%。实施“机器换人”，全市申报“机器换人”项目577个，总投资72亿元，其中莞产设备占16%，项目数和总投资额均居全省第一位，带动全市工业技改投资增长35%。启动3C（电脑Computer、通信Communication、消费性电子Consumer Electronic）产业智能制造工程，新增推广应用国产智能数控装备2000多套，工业机器人2850多台，引导建设智能化数字工厂3家。

部署推动企业规模与效益倍增　2016年，东莞市选取214家企业作为试点，突出“一企一策”，支持其通过科技创新、发展总部经济、推进兼并重组、开展服务型制造、加强产业链整合、强化资本运作等集约化手段提升综合竞争力。同步实施镇级倍增计划，推动镇街（园区）实施倍增的企业1000家。

抓好重大项目建设　2016年，东莞市完成投资439.4亿元，超过计划18.7个百分点，比上年增长10.5%，完成情况历年最好。总投资99亿元的19个重大产业项目建成投产。新增主营收入超10亿元企业17家，总数达243家。新增500亿元企业2家。华为终端公司率先突破千亿元。

【创新驱动发展战略实施】 2016年，东莞市抓住高新技术企业培育的“牛鼻子”，实施高新技术企业“育苗造林”行动和科技企业孵化器“筑巢育凤”计划，至年底，高新技术企业2028家，入库培育超过1000家，为广东省地级市之最。推动规模以上工业企业研发机构全覆盖，建成新型研发机构和科技企业孵化载体32个、59个，博士后科研工作平台68个，省级科研人才团队数量稳居全省地级市第一位。

抓创新能力提升　2016年，东莞市R&D（研究与开发）占比提高到2.5%，增速连续5年居全省第一位。发明专利申请量和授权量分别为1.70万件和3682件，分别比上年增长52.45%和31.74%；PCT国际专利申请量876件，增长160.71%。委托设计生产与自主品牌出口占出口比重从2012年的55.6%提升到74.6%。新增全国知名品牌创建示范区2个。省级专业镇达34个。省级以上企业工程（技术）中心、名牌名标247个和558个，分别增长165.6%和62.7%。促进科技金融产业紧密融合，新增上市企业2家、新三板挂牌企业105家。

抓“四新”（新技术、新业态、新产业、新模式）经济培育　2016年，东莞市新登记新兴产业市场主体6207户，增长113%。智能手机出货量2.55亿台，约占全球20%，智能手机主营收入近3000亿元，增长40%以上。“华为”“OPPO”“vivo”手机出货量均进入全球前六位、稳居全国前三位。建设跨境电商全链条服务，建成东莞市跨境电商公共服务平台，国际邮件互换局兼交换站落户东莞市。2016年，东莞市电子商务交易额3702亿元，比上年增长9.2%，涉及跨境电商的进出口18.4亿元，增长447.5%，国际邮包出口量突破7000万件，跃居全国第四位。发展外贸综合服务企业，推动东莞市近400家从事外贸综合服务业务的企业，为超过1万家中小企业提供一揽子外贸解决方案服务，2016年，进出口总额905.5亿元。

【开放型经济水平提升】 2016年，东莞市成为全国构建开放型经济新体制综合试点试验12个地区之一，是广东省唯一获得试点试验的城市。

加工贸易自主性、根植性增强　2016年，东莞市有322家外资企业获得高新技术企业认定。新增研发机构241个，累计达1596个。技术进出口合同金额21.5亿美元，比上年增长35.4%。东莞市5517家加工贸易企业中，超过2000家拥有自主品牌，占总数的36%，新增境内外注册商标1091个，比上年增长9.8%。41.4%的加工贸易企业同时开展一般贸易业务或内销，32%的加工贸易企业设立研发中心或内设研发机构，加工贸易的机电产品和高技术产品出口占全市出口总额的七成以上。

内外源经济协调发展　2016年，东莞市内资工业企业实现增加值1270.80亿元，比上年增长17.2%，占规模以上工业增加值的44.2%。外资工业占规模以上工业增加值55.8%。民营规模以上工业增加值增长18.6%，占全市比重38.7%。民营投资增速21.3%，占固定资产投资总额的69.1%，民营经济税收与增加值贡献率逐年提高。加大招商引资力度，主动加强与周边城市产业合作，组团赴欧美、日韩及全国各地招商，其中东莞市合同外资47.3亿美元、实际外资39.3亿美元，扣除不可比因素分别增长8.7%和3.1%。外资企业新设立研发机构241个，总数1723个。

“一带一路”倡议推进　2016年，东莞市建设国际货运网络，加快广东（石龙）铁路国际物流基地和中俄贸易产业园建设，提高“中欧班列”“中亚班列”“中韩快线”等国际货运班列运营水平，东莞市始发国际班列货运量5万吨，比上年增长39.7%，占广东国铁国际货物发运量75%，口岸国际铁路货运量稳居广东省第一位。

举办广东21世纪海上丝绸之路国际博览会、中国加工贸易产品博览会、广东国际机器人及智能装备博览会、东莞台湾名品博览会等展会，对“一带一路”国家出口超过1423.4亿元，比上年增长8.5%。

贸易便利化改革持续深化　2016年，东莞市主动对接自贸试验区，在上海自贸试验区和广东自贸试验区首批、第二批可复制推广改革试点经验，涉及东莞市的95项改革创新举措中，按照能推尽推的原则，成功推广65项。实行“三互”（信息互换、监管互认、执法互助）大通关改革全覆盖，并在此基础建设“单一窗口”，构建“水、陆、网”一体化大通关格局。依托东莞跨境电商中心园区，建成全国领先的跨境电商“三互”管理系统。在寮步车检场试行“超级中国干线”业务，将海外机场空运货物直接转关至东莞清关，形成国内城市与海外机场的保税物流对接模式。推行“互联网+e通关”便利化措施，运用“互联网+物联技术”，推动海关8大领域130项业务实现网上办理，为全国统一平台1.0版建设提供经验。实施“以企业为单元，总量控制、账册管理、定期核销”的加工贸易监管模式，推动成为海关总署加工贸易监管模式改革试点之一。

【区域联动协调发展】　2016年，东莞市加大园区统筹力度，促进区域协作，推动优势互补。

园区实力提升　2016年，松山湖高新区纳入珠三角国家自主创新示范区，在全国国家高新区综合排名由第53位升至第29位。东莞港吞吐量从58万标箱增长到350万标箱，成为全国第十一大沿海港口、珠三角第二大内贸港口。水乡经济区、大学创新城、银瓶创新区“三大增长极”初具雏形。滨海湾新区开发提速。

镇村实力壮大　2016年，东莞市镇街平均生产总值突破200亿元。300亿元以上镇街由1个增至7个，3个镇街进入400亿元俱乐部。加强农村集体资产监管，减轻集体经济负担，推动农村集体经济向优质物业型经济、服务型经济和投资型经济转变。村组两级集体净资产和经营纯收入分别达1256亿元和123亿元，村组两级资产负债率17.5%，创历史新低。

国内合作加强　2016年，东莞市实施新一轮市内帮扶工作，落实帮扶专项资金1.8亿元，支持次发达村加快发展。对口帮扶韶关工作在广东省考核中排第三名。推进韶关、揭阳精准扶贫精准脱贫工作，完成到村帮扶项目1026个，到户项目3.62万个。启动对口帮扶云南昭通工作。援疆工作进展顺利，兵团草湖广东纺织产业园首期30万锭项目建成投产。援藏、援川工作成效明显。

（市委政策研究室）

政治建设

【依法行政】　2016年，东莞市出台市政府规范性文件75件。落实行政机关负责人出庭应诉工作，市政府常务副市长张科等出庭应诉，起到示范带动作用，受到省的肯定，东莞市在全省推进会上作经验介绍。落实行政执法体制改革，在广东省率先建立以镇街执法力量为主体的联合执法机制；整合农业系统内部的行政执法职责集中执法；完善两法衔接机制，“两法衔接”（行政执法与刑事司法衔接）平台共享工作信息126条，录入行政处罚案件31件。推进政务信息公开，刊发政务公布专版89期，“12345”政府服务热线接听来电145万次。　（依法治市办）

【“放管服”工作全面推进】　2016年，东莞市出台《关于东莞市全面开展行政审批标准化工作的通知》，组织各职能部门全面完成行政许可事项的标准化编制、审查和录入。市机构编制委员会办公室对接《广东省行政行可事项通用目录（2016年版）》，组织各有关部门更新规范东莞市行政许可保留目录，出台《东莞市行政许可事项目录（2016年）》，保留行政许可事项418项。7月，东莞市印发《东莞市人民政府关于第一批清理规范35项市政府部门行政审批中介服务事项的决定》，清理规范中介服务事项35项，涉及9个部门。全面落实权责清单制度，梳理并公布市政府部门职权事项7133项、镇级职权3685项，公布取消职权62项，新增下放728项。网上办事大厅行政审批事项网上全流程办理率97.95%，网上办结率99.87%。

（编办　网建办）

【社会治理多元共治格局构建】　2016年，东莞市通过完善源头防范机制，整合社会治理资源，构建多元共治格局，依法化解社会矛盾。全面推进“智网工程”建设，维护社会公共安全，健全社会治安防控体系，创新社会依法治理。加大公共法律服务力度，建成镇街公共法律服务中心32个，村（社区）公共法律服务站589个，一村（社区）一法律顾问工作实现村（社区）100%覆盖，2016年，东莞市驻村（社区）法律顾问提供法律服务累计1.47万宗，追回拖欠款4039.2万元，村（社区）上访量比上年下降7.6%。　（依法治市办）

【东莞市各镇街举行政协工作办公室挂牌仪式】　2016年8月18日，东莞市委书记吕业升主持召开市委常委会议，听取关于设立镇街政协工作办公室的情况报告。会议同意东莞市各镇街在原有政协小组的基础上，成立政协工作办公室。9月20日，市政协主席、副主席、秘书长分别率队前往全市32个镇街，参加镇街政协工作办公室挂牌活动。

（市政协办）

【基层政权与社区建设】　（参见“社会生活”类目“基层政权与社区建设”分目）

文化建设

【文化建设概况】 2016年，东莞市有市民艺术中心1个，文化站33个，公共图书馆（室）605个，公共电子阅览室589个，公办博物馆18个，民办博物馆31个，文化广场753个，电影放映单位97个。全市有公共广播节目10套，公共电视节目65套。全年发行报纸7953.88万份，其中《东莞日报》5690.82万份；电影放映104万场次，观众1802万人次。

【公共文化服务】 2016年，东莞市制定出台《东莞市基本公共文化服务实施标准》等系列标准文件，通过国家文化部验收，公共文化服务标准化工作由试点转为示范，指导长安、塘厦、莞城等镇街创建省级公共文化服务体系示范区（项目）。完成国家数字文化馆试点一期工程，初步建成数字传播平台和数字体验空间。推进文化馆总分馆体系和基层综合性文化服务中心示范点建设。建成东莞漫画图书馆新馆。东莞市民艺术中心（文化馆新馆）启用，创新推出“我爱艺术——东莞市首届青少年艺术季”。举办市第九届少儿艺术花会、第四届合唱节、第十二届读书节、第五届中国·东莞音乐剧节、第十四届“粤剧黄金周”等，全年完成公益演出1129场、公益培训855场、公益电影9849场，文化惠民活动深入人心。东莞市文化志愿者服务总队被文化部评为“2016年文化志愿服务团队”，广东文化志愿者云南行和鸦片战争博物馆禁毒志愿者服务活动被评为“2016年基层文化志愿活动典型案例”。

【文艺精品创演】 2016年，东莞市原创曲艺作品快板书《羊续悬鱼》和女声小组唱《水墨乡情》入围第十七届群星奖决赛，《羊续悬鱼》获群星奖；原创歌曲《阿爸的草原》入选第十届中国音乐金钟奖声乐作品10首优秀作品；在第十届广东省少儿艺术花会上东莞获得金奖数和奖牌数居全省第一位，实现“三连冠”。创编推出首部本土题材原创音乐剧《虎门销烟》，完成大型电视剧《袁崇焕》现场拍摄和部分后期制作，联合承制羽毛球题材电影《击战》在全国公开上映；成立首个全市性的“莞邑红豆”少儿粤剧曲艺培训基地；协调完成“影响中国的东莞人”雕塑项目、东莞“十大行动”美术创作活动及重大历史题材美术创作工程。

【文化遗产保护】 2016年，东莞市推进国家历史文化名城申报，全面完成文物覆盖率、完好率等文化遗产保护体系指标任务，文物保护利用、博物馆建设等工作得到国家文物局局长刘玉珠的认同和肯定。实施文物保护利用工程，维修文物16处。实施历史文化特色与价值强化工程，编撰出版《莞城历史文化特色与价值研究》，开展《东风西渐——广东海上丝绸之路特展》全市巡展，完成虎门炮台旧址二期维修工程，海战博物馆基本陈列《鸦片战争》升级改造后向公众开放，加快推进东莞展览馆陈列调整优化。维修高埗大桥旧址，建成改革开放主题公园。扶持建成“小英雄”粤剧博物馆、众生药业博物馆等7座民办博物馆。建成市非物质文化遗产展示厅，首创推出“东莞非遗墟市”。

【文化产业发展】 2016年，东莞市推进“全国版权示范城市”创建，打造“版权五进”“展会版权服务”“版权知识宣讲会”等品牌，认定一批市级版权示范单位和园区（基地）、优秀版权作品，东莞市唯美文化陶瓷有限公司申报成为全国版权示范单位，广东艾力达动漫文化娱乐有限公司和广东葫芦堡文化科技股份有限公司获评广东省版权兴业示范基地；2016年全市在省办理的著作权登记数量超过3200件，居全省地级市第一位。全年发放著作权登记资助近70万元。持续开展文化产业认定工作，市级文化产业园区、基地和重点文化企业43家，其中新三板上市企业7家。推进文化产业融合发展，把脉东莞市“文化+”发展态势，形成《东莞文化产业与相关产业融合发展研究报告》，协助寮步镇莞香文化旅游区申报成为全省首批“广东省文化旅游融合发展示范区”。推动全市220多家网吧转型升级。全市印刷企业数量和总产值居全省地级市第一位。全年电影票房5.98亿元，连续五年居全省第三位、地

2016年11月8日，首部本土题材音乐剧《虎门销烟》在东莞玉兰大剧院举行首演

级市第一位。

【文化市场管理】 2016年，东莞市文化部门开展“清源”“净网”“护苗”“秋风”“固边”“剑网”等系列专项行动，打击歌舞娱乐场所“涉黄”、利用云盘传播淫秽色情信息、“黑广播”以及学校周边贩卖非法出版物等违法违规行为，查处大案要案，实施行政处罚案件516宗。“东莞市晋锋五金制品有限公司未经许可擅自复制或部分复制著作权人软件案”被文化部评为2016年度全国文化市场重大案件，市文化市场综合执法大队被评为2016年度省“扫黄打非”和文化市场综合执法工作先进集体，文化市场综合执法工作被评为2016年度全市“单打冠军”。加强广电安全播出保障，全年无发生重大安全播出责任事故。

【文化体制改革】 2016年，东莞市完成《东莞市文化事业发展“十三五”规划》，出台《东莞市公共图书馆管理办法》。推动可园博物馆法人治理结构改革。成立东莞市电影行业协会。深化行政审批制度改革，完成文广新局权责清单编制和行政审批标准化工作，推进一门式、一网式和简政放权放管结合优化服务改革，提升行政服务效能。推进莞韶文化精准帮扶，深化“深莞惠+汕尾、河源”五市文化合作，加强对外和对港澳台文化交流，完成赴汤加王国开展文化交流演出活动。 （文广新局）

社会建设

【社会建设概况】 2016年，东莞市坚持创新引领，深化综合治理，促进和谐善治，连续两年获评“全国创新社会治理优秀城市”。东莞市向社会承诺的十件实事36项工作中，14项超额完成，占39%；22项全面完成，占61%。其中，东莞市全年现行命案发案数比上年下降10.32%，破案率96.4%；为随迁子女提供3.51万个积分学位（含积分入学和优惠政策），比上年增幅23.8%。在2016中国地级市民生发展100强城市中，东莞市名列第三位。

【基层社会治理改革创新】 2016年，东莞市采取市镇共建的方式，动员基层结合地方实际，创新社会治理方式方法，打造莞式品牌项目。市委政法委先后组织专家深入项目点调研和总结梳理，召开片区座谈会议促进市内镇街交流互学、在《南方日报》《东莞日报》开辟专栏对项目实施和评审情况进行系列跟踪报道，形成良好的舆论氛围，全面提高项目的社会知晓度和公共参与度。10月底，在各镇街（园区）自检申报项目评审的基础上，市委组织部、市委政法委组织专家进行初审和集中评审，其中，麻涌镇“美丽幸福村居示范建设”等10个项目被评为东莞市2016年度基层社会治理改革创新优秀项目，所在镇街获得市财政“以奖代补”奖励资金50万元；道滘镇“引入访前法律服务推动信访高效调处”等10个项目为东莞市2016年度基层社会治理改革创新先进项目。

【异地商会积分制管理试点】 2016年，东莞市在全国率先开展异地商会积分制管理试点，通过积分引导，加强异地商会培育发展和规范管理，发挥其在助推经济转型、完善社会服务、创新基层治理中的作用。东莞市在广泛调研和基础上，建立正向激励与逆向约束相结合的积分体系。其中，正向指标由“基础工作、政治倾向、行业自律、社会治理、民生保障”5大项30小项组成，逆向指标由“商会及会员企业违法违规行为”构成。在考评的基础上，对积分达到80分以上的异地商会纳入奖励范围，市财政安排年度奖励总资金450万元。2016年，东莞市评出80分以上的异地商会18家，发放资金380万元。在全市总结会议上，东莞市江西商会、东莞市潮汕商会、东莞市东源商会等3家商会作经验发言。从整体得分情况来看，东莞市异地商会发展渐趋平稳，运作日渐规范，作用发挥明显，成为东莞市社会建设协同善治的重要力量。

【社会建设调研】 2016年，东莞市委政法委围绕创新基层社会治理改革工作的要求，邀请市社会工作咨询委员会3位委员带领的团队，开展课题研究，提高对东莞市基层治理的理论指导和实践总结提升。其中，广东省民政事业发展研究服务中心就发挥第三方力量在基层社会治理中的重要作用和“乡村史志工程”助推基层治理创新两方面开展研究；华中师范大学中国农村研究院就社会治理项目制运作和以文化建设创新基层社区治理进行研究，深圳市现代公益组织研究与评估中心重点关注东莞市“微公益”状况及其引导和东莞市社区公益基金（会）参与社区治理两方面。6个课题结题，计划编印成册后印发社会建设成员单位和各镇街（园区）参考学习。

【“平安建设促进会”工作机制深化】 2016年，东莞市委政法委组织召开全市深化“平安建设促进会”建设工作现场会和全市深化“平安建设促进会”建设业务培训班，在实现东莞市32个镇街“平安建设促进会”建设全覆盖的基础上，成立村（社区）、行业、市场和商业街分会270个，发展会员3465人，发挥其在开展矛盾纠纷化解、社情民意联络、涉稳信息收集和违法犯罪预防等方面的作用。为群众提供法律咨询，法律指引和法律、政策解释，依法化解矛盾纠纷等公益法律服务，助力“平安东莞”建设。

【“全民创安·一呼百应”机制探索】 2016年，东莞市探索完善市公安局的“全民创安·一呼百应”机制，以民警队伍内部力量为基础，整合发动各行各业保安员、环卫工人、出租车司机、商铺店主、志愿者等社会民力资源，通过建设、整合布局合理的警民联络点、警企联络点，配备相应的联防执勤装备，构建以对讲机为主、微信为辅的“一呼百应”指挥通信系统，向各行业区域、千家万户发布治安信息以及实时街面警情，收集各类治安信息，及时发现现行违法犯罪并快速反应给予打击，实现各类矛盾信息及时收集反馈，各类治安状况实时分析预警，各种防控力量扁平化调度，各类案事件快速有效处置，促进警力和民力在治安防控工作上的互通互动，形成人人参与平安建设的群防群治浓厚氛围。

【“好人志愿服务站”创建试点】 2016年，东莞市根据《“好人志愿服务站”创建工作方案》的安排，在虎门镇、万江街道试点开展“好人志愿服务站”创建工作，通过动员“中国好人”“广东好人”“东莞好人”等成为平安建设志愿者，发挥好人在社会上的影响力和带动力，开展矛盾纠纷排查化解、民情信息收集、社会面治安防控、环境秩序维护引导等社会服务管理公益活动，探索拓展多种社会力量参与社会治理的新模式。

（市委政法委）

生态建设

【生态创建活动】 截至2016年，东莞市有28个镇创建成为省级以上生态镇，其中国家生态镇10个。启动开展生态文明建设示范镇创建工作，有9个镇完成规划（方案）初稿，18个镇签订编制合同或申请落实编制、经费。同时，开展生态村创建活动，截至2016年，东莞市有490个村（社区）创建成为市级生态村，覆盖率82.6%；10个村（社区）申报创建市级生态村（社区）。市环保局推荐2个单位创建“广东省环境教育基地”，5所学校创建“广东省绿色学校”；推动3个特色鲜明的环境教育基地建设，其中环保热电厂生态文明教育馆项目被广东省环保厅列为广东省、香港特别行政区及东莞市共建项目。

【生态工程建设】 2016年，东莞市全面打响新一轮水污染治理攻坚战。加强茅洲河、石马河污染整治。建成260公里截污管网，完成4家污水处理厂扩建，新增污水处理能力17万吨/日。试点推进麻涌镇、清溪镇的分散式污水处理项目建设。综合整治桥头镇大东洲等3个生活垃圾填埋场。完成厚街镇环保热电厂二期扩建工程，一批环保热电厂扩建工程推进。农村生活垃圾处理考核连续两年排全省第一名。

【节能减排】 2016年，东莞市全面完成国家节能减排财政政策综合示范城市建设任务，推动水乡地区101家污染企业整治和退出，主要污染物排放量持续下降。单位地区生产总值能耗下降5%以上。空气优良天数318天，比上年增加11天。

（环保局）

【绿化东莞大行动推进】 2016年，东莞市抓好林相改造和林网营造。完成水源涵养林造林任务199.13公顷、幼林抚育任务2066.67公顷，完成黄旗山城市公园林相改造工程二期、三期项目补苗，全面完成道滘镇4.07公顷水乡生态林网

东莞市中心区

建设。做好红树林试验种植。在麻涌镇麻涌河两岸适宜地块开展红树林种植，种植面积0.5公顷。

【森林公园建设】 2016年，东莞市持续完善公园体系建设。大岭山森林公园全面完成石洞核心景区升级改造工程，基本完成碧幽谷延长线建设、佛教禅文化宣传长廊建设、怀德水库尾观花长廊改造；大屏嶂森林公园完成观音髻登山大道2千米升级改造工程；银瓶山森林公园清溪片区完成湖影平台及望月阁工程，基本完成清溪湖森林通道、十二排栈道、清园步道、主入口广场及游客服务配套设施工程，谢岗片区完成登山道及观景亭等配套工程。推进湿地公园建设。规划新建道滘镇大罗沙湿地公园及麻涌镇新沙公园；配合广东省林业厅对湿地资源及湿地公园建设状况进行梳理，形成《东莞市湿地公园建设财政补助实施方案》（送审稿）。完善珍稀植物园（地）建设。开展珍稀植物科普园项目建设，种植银杏、杜鹃红山茶、华丽杜鹃8个品种1000多株苗木；开展银瓶山自然保护区示范项目建设，完成珍稀植物保育基地补种、套种、抚育养护及生态监测网点建设。

【森林资源保护】 2016年，东莞市加强野生动植物保护管理，查处破坏野生动物资源、乱捕滥猎和无证经营国家“三有”（有益的、有重要经济、有科学研究价值）野生动物行为，查获收缴野生动物1125只（头）。开展有害生物防治，完成薇甘菊、尺蠖、竹蝗、锈同心舟蛾等林业有害生物防治4400公顷，开展松材线虫病疫木治理，砍伐疫木1.4万株。加强古树名木保护管理，开展全市古树名木资源普查，完成1350株零星古树和清溪镇古树群2100株古树的外业调查和数据录入。（林业局）

【园林绿化】 2016年，东莞市建成区绿化覆盖面积456.2平方千米，全市建成区绿化覆盖率47.58%；园林绿地面积414平方千米，全市建成区绿地率43.17%；公园绿地面积144.56平方千米，公园绿地1509处，人均公园绿地面积22.99平方米；城市绿化覆盖率50.78%，绿地率49.28%，城市人均公园绿地面积24.51平方米。

【园林城镇创建初见成效】 2016年，东莞市麻涌镇开展创建广东省园林城镇工作，通过省住建厅的检查和评审。开展“小山小湖”社区公园建设情况调研和验收。启动东莞植物园一期工程建设，主要是建设12个植物专类园，同时做好植物园的科研、科普、引种保育、专类园建设管理等科研提升工作。（城管局）

【黄唇鱼自然保护区创建】 2016年，东莞市出台《东莞市黄唇鱼自然保护区管理办法》。首次举办高层次黄唇鱼保护与管理研讨会，中国工程院院士林浩然等14名国内著名渔业专家为黄唇鱼保护管理出谋献策，理清发展思路。编制《东莞黄唇鱼省级自然保护区综合科考报告》《东莞黄唇鱼省级自然保护区总体规划（2016—2020年）》，完成申报省级自然保护区准备工作。（海洋与渔业局）

生态园

党政机关

PARTIES AND GOVERNMENT ORGANIZATIONS

中心广场秀色

编辑：陈国雄

中国共产党东莞市委员会

市委重要决策

【“三个走在前列”推进】
2016年1月22日，东莞市委出台《中共东莞市委关于深入推进“三个走在前列”的实施意见》，就推动创新驱动发展、对外开放合作、重点改革突破三个方面走在前列工作进行部署。提出要深入推进“三个走在前列”，加快形成以创新为主要引领和支撑的经济体系和发展模式，加快培育参与和引领国际经济合作竞争新优势，加快形成引领经济发展新常态的体制机制。在创新驱动发展方面，争取到2020年，形成较为完备的创新型经济体系，成为全省、全国区域创新高地、创新型企业高地和高端人才高地，国家高新技术企业、创新科研团队引进培育、科技企业孵化载体建设等工作位居全省、全国前列。在对外开放合作方面，争取到2020年，构建较完备的开放型经济新体制，在转变外经贸发展方式、实际利用外资总量、建设“一带一路”重要节点城市、对接自由贸易试验区发展、加强对外经济合作等方面走在全省、全国前列。在重点改革突破方面，全面完成一批国家和省级试点示范任务，深入开展一批新的重大改革试点，努力在结构调整、简政放权、城市治理、生态治理和社会治理等重点领域和关键环节改革上走在全省、全国前列。

【供给侧结构性改革推进】
2016年3月17日，东莞市委书记、市人大常委会主任徐建华主持召开市委十三届第130次常委会议，传达全省供给侧结构性改革工作会议精神，研究贯彻意见。4月15日，东莞市召开全市供给侧结构性改革工作会议，徐建华出席会议并讲话。会议指出，要以质量和效益为中心，以转方式、调结构为主线，以创新驱动发展为核心，以提高全要素生产率为关键，以增加有效供给为导向，以“去降补”（去产能、去库存、去杠杆、降成本、补短板）为突破口，加快推动经济发展动力从要素驱动向创新驱动转变、经济结构从外源型为主向内外源并重转变、产业层次从中低端向中高端转变、市场主体从“满天星斗”向“星月同辉”转变、生产方式从贴牌代工向现代制造转变。4月18日，东莞市出台《东莞市供给侧结构性改革实施方案（2016—2018年）》以及去产能、去库存、去杠杆、降成本、补短板五个行动计划。11月2日，东莞市委印发《中共东莞市委关于以供给侧结构性改革为统领推动在更高起点上实现更高水平发展的意见》。12月20日，东莞市委书记吕业升主持召开市委十三届第161次常委会会议，审议东莞市以供给侧结构性改革为统领推动在更高起点上实现更高水平发展“十大行动计划”系列文件。12月22日，东莞市委市政府印发《中共东莞市委、东莞市人民政府关于印发以供给侧结构性改革为统领推动在更高起点上实现更高水平发展十大行动计划系列文件的通知》。

【构建开放型经济新体制综合试点试验】 2016年5月14日，东莞市被列为全国开展构建开放型经济新体制综合试点试验地区。6月24日，市委书记吕业升主持召开市委十三届第136次常委会议，审议并原则同意《东莞市关于促进加工贸易创新发展全面提升外经贸水平的实施方案（送审稿）》。7月21日，吕业升主持召开市委十三届第139次常委会议，研究开展构建开放型经济新体制大调研事宜。7月27日，东莞市构建开放型经济新体制大调研动员部署会议召开，吕业升出席会议并讲话。会议提出，围绕聚焦构建开放型经济新体制综合试点试验任务，聚焦体制性障碍和结构性问题“三个聚焦”，和突出主要短板、突出关键问题、突出迫切需要、突出工作着力点、突出经济增长点“五个突出”，确定和谋划8个重点课题。期间，召开市委常委（扩大）会议听取8大重点课题成果汇报，8个重点课题形成8份调研主报告和51份调研子报告，重点梳理70多个问题，针对性地提出破解难题的举措和出台重大政策文件的建议。10月9日，吕业升主持召开构建开放型经济新体制大调研总结会议。会议提出，出台《关于以供给侧结构性改革为统领　推动在更高起点上实现更高水平发展的意见》，形成《关于以供给侧结构性改革为统领　推动在更高起点上实现更高水平发展的行动计划》，确定园区统筹、投融资体制机制改革、存量优势企业“倍增”计划等10件重点督办项目，梳理一批重点推进工作，进一步凝聚破解发展难题的强大力量，巩固和扩大大调研成果转化应用和落地生根，为在更高起点上实现更高水平发展、筹备开好市第十四次党代会以及起草2017年《政府工作报告》奠定坚实基础。

【支持松山湖高新技术产业开发区建设国家自主创新示范区】 2016年1月29日，《中共东莞市委、东莞市人民政府关于支持松山湖高新技术产业开发区建设国家自主创新示范区的若干意见》出台，推出40条举措，以超常规手段支持松山湖高新区超常规发展，建设国家自主创新示范区。2月17日，中共中央政治局委员、省委书记胡春华，省长朱小丹赴松山湖高新区调研创新驱动发展工作，市委书记、市人大常委会主任徐建华陪同调研。同日，东莞市召开全面深化改革加快实施创新驱动发展战略领导小组工作会议，传达全省创新驱动发展大会以及省委、省政府主要领导在东莞市调研创新驱动发展工作作出的指示精神，研究贯彻意见。2月22日，全市创新驱动发展大会召开，徐建华出席会议并讲话。会议强调，要坚持把创新驱动发展作为核心战略和总抓手，以参与珠三角国家自主创新示范区建设为突破口，加快推动经济社会发展从要素驱动向创新驱动转变，确保创新驱动发展走在前列，率先形成以创新为主要引领和支撑的经济体系和发展模式。4月8日，《东莞市实施创新驱动发展战略2016年工作要点》发布，明确推进创新驱动发展十项重点工作。6月24日，市委书记吕业升主持召开市委十三届第136次常委会议，传达省全面深化改革加快实施创新驱动发展战略领导小组第五次会议精神，研究贯彻意见。

【基层精神文明创建“补短板　促提升”行动】 2016年5月13日，中共中央政治局委员、中央书记处书记、中宣部部长刘奇葆率中宣部调研组来莞考察调研，东莞市委书记吕业升陪同调研。5月31日，吕业升主持召开市委十三届第134次常委会议，传达刘奇葆来莞调研重要指示精神，研究贯彻意见。6月8日，全市基层精神文明建设“补短板　促提升”动员部署会议召开，吕业升出席会议并讲话。会议提出，深化思想认识，切实把精神文明建设摆在更加突出的位置；实施“四大提升工程”（精神文明建设水平提升工程、城镇规划建设管理水平提升工程、社会民生建设水平提升工程、市民文明素养提升工程），努力建设现代化文明城市；开展“十大行动”（户外广告整治行动、城市“牛皮癣”整治行动、环境卫生整治行动、“涉黄”整治巩固行动、交通秩序整治行动、公益广告氛围提升行动、核心价值观融入提升行动、城乡规划建设提升行动、基层服务提升行动、开展市民素质提升行动），推动镇街精神文明建设尽快上台阶；强化责任担当，确保精神文明建设各项工作落到实处。6月26日，中央文明办副主任夏伟东率队到莞督导，吕业升陪同调研。7月4日，吕业升主持召开市委十三届第137次常委会会议，传达深化文明城市创建工作座谈会精神，研究贯彻意见。7月13日，全市基层精神文明创建“补短板　促提升”工作推进会召开，吕业升出席会议并讲话。11月4日，全市基层文明创建“补短板　促提升”工作领导小组会议召开，吕业升出席会议并讲话。会议要求，全力做好中央文明办来莞检查验收的迎检准备，为争创全国文明城市“四连冠”奠定坚实基础。“补短板　促提升”行动以来，东莞市文明创建突出问题得到初步解决，涌现出一批叫得响、立得住、过得硬的基层创建示范样板，基层文明建设取得显著成效。

【水污染治理攻坚战打响】 2016年10月18日，东莞市成立全市水污染防治协作小组。11月10

日，市委书记吕业升主持召开市委十三届第153次常委会议，审议《关于全面加强东莞市水污染防治工作的实施意见》。11月11日，全市环境保护工作会议暨水污染治理工作动员大会召开，吕业升出席会议并讲话。会议强调，力争2018年年底前消除80%以上的黑臭水体，2020年国家考核断面水质全面达到要求，集中式饮用水源水质达标率稳定达到100%，全市地表水水质优良（达到或优于Ⅲ类）比例达到57.1%以上，划定地表水环境功能区划的水体断面消除劣Ⅴ类，城市建成区黑臭水体控制在10%以内，地下水质量保持稳定，近岸海域水质保持稳定，达到省下达的目标要求，坚决打赢全市水污染治理攻坚战。

市委重要会议

【中共东莞市委十三届七次全会】 2016年1月20日召开。会议主要任务是全面贯彻中共十八大和十八届三中、四中、五中全会以及中央经济工作会议精神，深入贯彻中共中央总书记习近平系列重要讲话精神以及省委十一届五次、六次全会精神，总结2015年工作，部署2016年任务。市委书记、市人大常委会主任徐建华主持会议并代表市委常委会作工作报告。市委副书记、市长袁宝成就全市经济工作作讲话。会议强调，2016年东莞市要适应和引领经济发展新常态，坚持稳中求进工作总基调，着力加强结构性改革，重实体、优供给、强优势、增动力、防风险，大力推动“三个走在前列”，不断补齐“三大短板”，扎实推进经济建设、政治建设、文化建设、社会建设、生态文明建设和党的建设，全面完成本届市委市政府确定的目标任务，努力实现“十三五”发展良好开局。

【深莞惠经济圈（3+2）党政主要领导联席会议】 2016年2月18日，第九次联席会议在惠州市召开，东莞市委书记、市人大常委会主任徐建华出席会议并讲话。会议通报五市2015年推进深莞惠经济圈（3+2）建设工作进展，审议通过共同推进的40项重大合作事项，签署《深圳市、东莞市、惠州市、汕尾市、河源市共建区域创新体系合作协议》《深圳市、东莞市、惠州市、汕尾市、河源市区域社会信用体系建设合作框架协议》《深圳市、东莞市、惠州市、汕尾市海洋经济协调发展战略合作框架协议》3个合作协议。12月28日，第十次联席会议在汕尾市召开，市委书记吕业升出席会议并讲话。会议审议通过五市共同推进的47项重点合作事项和《深圳、东莞、惠州、汕尾四市海洋产业经济协作示范区建设纲要》。

【全市领导干部大会】 2016年4月1日召开。省委组织部副部长刘毅宣读省委关于东莞市政府主要领导职务调整的决定，梁维东任东莞市委委员、常委、副书记，提名为东莞市人民政府市长候选人；免去袁宝成的东莞市委副书记、常委、委员职务，不再担任东莞市市长职务。

2016年4月28日召开。省委常委、组织部部长李玉妹出席会议并代表省委作讲话。省委组织部副部长刘毅宣读省委关于东莞市委主要领导职务调整的决定，吕业升任东莞市委委员、常委、书记，免去徐建华的东莞市委书记、常委职务。

【全市2016年上半年经济形势分析会】 2016年7月26日召开。会议分析研判经济形势，研究部署下半年经济工作，市委书记吕业升出席会议并讲话。会议要求，各级各部门要深入贯彻落实中央、省委关于经济工作的决策部署，坚定不移地推进供给侧结构性改革，盯紧薄弱点，找准切入点，明确侧重点，完善机制，细化措施，举全市之力持续推进，确保完成全年目标任务：稳定外贸增长和止住实际利用外资的跌势；加快重大项目建设；推进创新驱动发展；从业态与商业模式创新方面帮扶企业做大做强；重视金融创新和投融资体制创新；抓好各项政策措施落实。

【中共东莞市委十三届八次全会】 2016年10月12日召开。会议审议通过《中共东莞市委关于以供给侧结构性改革为统领 推动在更高起点上实现更高水平发展的意见》；研究部署中共东莞市第十四次代表大会筹备工作，审议通过大会具体事项。会议强调，要贯彻落实五大发展理念（创新、协调、绿色、开放、共享），坚定不移推进供给侧结构性改革，破解传统优势弱化难题，坚持打造法治化国际化营商环境；破解发展路径依赖难题，提高集约发展水平；破解加工贸易植根性自主性不强难题，构建开放型经济新格局；破解园区统筹发展不足的难题，推进园区镇街协同发展；破解优质公共服务短板难题，加快发展社会民生事业；破解金融资源配置不优难题，推动投融资体制改革和金融开放创新；破解发展不协调难题，统筹镇村发展和社会治理的力度；破解城市建设相对滞后难题，全面提升城市品质。

【中共东莞市委十三届九次全会】 2016年12月15日召开。会议总结2016年工作，分析主要指标完成情况，提出2017年主要指标目标建议，研究部署召开中共东莞市第十四次代表大会事宜。会议决定，中共东莞市第十四次代表大会于12月21—23日召开。会议要求参加市第十四次党代会的人员要以高度负责的精神履行职责，把市第十四次党代会开成统一思想、振奋精神，民主和谐、团结奋进，求真务实、开拓创新的大会。全会强调，各级各部门要全力做好经济工作，切实做好保障和改善民生工作，坚决维护社会大局和谐稳定，科学谋划2017年各项工作，维护风清气正的换届环境，确保完成各项目标任务。

【中国共产党东莞市第十四次代表大会】 2016年12月21—23日，中国共产党东莞市第十四次代表大会召开。会议批准市委书记吕业升代表十三届市委作的《奋力在更高起点上实现更高水平发展，率先迈上基本实现社会主义现代化新征程》报告，审议并批准中共东莞市第十三届纪律检查委员会的工作报告。会议选举产生中国共产党东莞市第十四届委员会委员、候补委员和中共东莞市第十四届纪律检查委员会委员，通过《中国共产党东莞市第十四次代表大会关于十三届市委工作报告的决议》《中国共产党东莞市第十四次代表大会关于十三届市纪委工作报告的决议》。

会议充分肯定十三届市委的工作，认为市第十三次党代会以来，十三届市委在省委的坚强领导下，坚持把“加快转型升级、建设幸福东莞、实现高水平崛起”作为核心任务，确立“国际制造名城、现代生态都市”的城市定位，强化“三个走在前列”（创新驱动发展、对外开放合作、重点改革突破方面走在前列）的使命担当，团结带领全市人民抢抓机遇、应对挑战，攻坚克难、励精图治，较好完成各项目标任务，实现“十二五”圆满收官、“十三五”良好开局，推动东莞在高水平崛起中站在更高起点上。

会议提出，东莞已经站在一个新的更高起点上，回顾历史、立足现实、展望未来，必须将“在更高起点上实现更高水平发展”作为新常态下东莞经济社会发展的价值追求。2017—2020年全市工作的总体要求是：高举中国特色社会主义伟大旗帜，以马克思列宁主义、毛泽东思想、邓小平理论、“三个代表”重要思想、科学发展观为指导，深入贯彻中共中央总书记习近平系列重要讲话精神，坚决维护以习近平为核心的党中央权威，扎实推进“五位一体”（经济建设、政治建设、文化建设、社会建设、生态文明建设）总体布局和“四个全面”（全面建成小康社会、全面深化改革、全面依法治国、全面从严治党）战略布局，自觉践行“五大发展理念”（创新、协调、绿色、开放、共享），坚持稳中求进工作总基调，适应把握引领经济发展新常态，坚持把供给侧结构性改革作为根本性战略，坚持把在更高起点上实现更高水平发展作为价值追求，以构建开放型经济新体制综合试点试验为契机，加快转变发展方式，厚植发展优势，破解发展难题，补齐发展短板，统筹推进经济建设、政治建设、文化建设、社会建设、生态文明建设和党的建设，促进经济结构更优、发展动力更足、体制机制更活、城市环境更美、人民生活更好，为广东实现“三个定位、两个率先”（广东要努力成为发展中国特色社会主义的排头兵、深化改革开放的先行地、探索科学发展的试验区，率先全面建成小康社会、率先基本实现社会主义现代化）目标作出积极贡献。2017—2020年东莞市发展的主要目标是：率先全面建成小康社会、率先迈上基本实现社会主义现代化新征程，跨越生产总值万亿元，跨越“中等收入陷阱”，动能转换与经济转型取得根本性突破，社会和谐善治水平得到根本性提升。

会议指出，2017—2020年，东莞率先全面建成小康社会、率先迈上基本实现社会主义现代化新征程将形成历史性交汇，必须在确保率先全面建成小康社会的同时，进一步突出重点工作和关键抓手，致力于第二个百年奋斗目标，率先向基本实现社会主义现代化阔步迈进。要突出经济转型，打造智能制造新高地；突出开放合作，构建开放型经济新体制；突出园区统筹，形成协调发展新格局；突出“倍增计划”引领，探索集约发展新路子；突出经济领域改革，激发发展新动力；突出环境综合整治，建设宜居宜业新家园；突出公共服务优化，共享改革发展新成果；突出基层治理创新，彰显和谐善治新形象。

会议强调，推动改革发展事业，关键在党，关键在党要管党、从严治党。要进一步落实全面从严治党各项要求，确保各级党组织成为各项事业发展的坚强领导核心。要突出思想建党，筑牢理想信念根基；坚持制度治党，强化管党硬约束；从严选人用人，锻造过硬干部队伍；夯实基层基础，打造坚强战斗堡垒；推进反腐倡廉，营造风清气正政治生态；凝聚各方力量，开创团结干事大好局面。

会议号召，全市各级党组织、广大共产党员和人民群众要紧密团结在以习近平为核心的党中央周围，在省委的坚强领导下，不忘初心、继续前进，攻坚克难、奋勇拼搏，满怀信心地为东莞的美好明天而努力奋斗，为东莞在更高起点上实现更高水平发展，率先迈上基本实现社会主义现代化新征程而努力奋斗，以优异成绩迎接党的十九大胜利召开！

【中共东莞市委十四届一次全会】 2016年12月23日召开。会议选举产生东莞市委常委、书记、副书记，通过市纪委十四届一次全体会议选举结果。吕业升当选市委书记，梁维东、张科当选市委副书记，戚优华、白涛、王检养、郑琳、杨晓棠、殷焕明、黄少文当选市委常委。戚优华任市纪委书记。

【全市经济工作会议】 2016年12月29日召开。东莞市委书记吕业升出席会议并讲话。市委副书记、市长梁维东总结分析2016年全市经济工作，对2017年经济工作作出具体部署。会议强调，要准确把握东莞市经济发展的阶段性特征，牢固确立稳中求进工作总基调，把推动经济转型作为核心任务来抓，推进创新驱动发展、统筹协调发展、倍增跨越发展、环境优化发展等重点工作任务，加强和改善党对经济工作的领导。重点谋求八方面转变：在资源要素配置上，由碎片粗放向内涵集约转变；在制造水平层次上，由传统制造向智能制造转变；在外向经济业态上，由“两头在外”向“两自企业”转变；在产业体系培育上，由单一优势向适度多元转变；在企业规模结构上，由“满天繁星”向“星月同辉”转变；在投资需求拉动上，从低速徘徊向量质并举转变；在农村集体经济上，由物业收租向综合提升转变；在政务服务改革上，由重审轻管向优化服务转变。

市委重要工作

【中共十八届六中全会精神学习贯彻】 2016年，东莞市委通过召开常委会议、宣讲报告会等形式，深入学习贯彻中共十八届六中全会精神。10月31日，市委书记吕业升主持召开市委十三届第152次常委会议，传达中共十八届六中全会和省传达学习贯彻会议精神，研究贯彻意见。会议强调，全市各级各部门深刻领会和准确把握精神实质，广泛开展宣传发动，迅速掀起学习贯彻十八届六中全会精神热潮；坚决维护中共中央总书记习近平的领导核心地位，更加自觉主动地与党中央保持高度一致；抓好《关于新形势下党内政治生活的若干准则》《中国共产党党内监督条例》的贯彻落实，切实把全面从严治党推向纵深；坚持正确选人用人导向，推进反腐倡廉；全面抓好经济社会发展各项工作。11月10日，省委宣讲团党的十八届六中全会精神宣讲报告会在东莞市举行，吕业升出席报告会。

【中共中央总书记习近平系列重要讲话精神学习贯彻】 2016年，东莞市委通过召开常委会议、组织中心组学习等形式，深入学习贯彻中共中央总书记习近平系列重要讲话精神。4月7日，市委书记、市人大常委会主任徐建华主持召开市委十三届第131次常委会议，学习习近平在全国党校工作会议上的讲话精神。6月12日，市委中心组“两学一做”（学党章党规、学系列讲话，做合格党员）学习教育报告会召开，集中学习习近平治国理政新理念新思想新战略。6月16日，市委书记吕业升主持召开市委十三届第135次常委会议，学习习近平关于统计工作的重要批示精神，研究贯彻意见。7月11日，吕业升主持召开市委十三届第138次常委会议，传达学习习近平在庆祝中国共产党成立95周年大会上的重要讲话精神。会议提出，深入贯彻落实习近平系列重要讲话精神，围绕推进“五位一体”总体布局和“四个全面”战略布局，坚持把实现高水平发展作为首要任务，努力在全面深化改革中走在前列，切实加强社会民生建设，落实全面从严治党要求。8月2日，吕业升主持召开市委十三届第140次常委会议，传达学习习近平在东西部扶贫协作座谈会上重要讲话和广东省委常委会精神，研究贯彻意见。

【中共中央政治局常委、国务院总理李克强来莞考察重要指示精神传达贯彻】 2016年10月13日，中共中央政治局常委、国务院总理李克强来东莞市考察，充分肯定东莞市转型升级取得的成绩，对东莞市下来发展提出明确要求。10月17日，市委书记吕业升主持召开市委十三届第149次常委会议，传达李克强来莞考察重要指示精神，研究贯彻意见。会议强调，要认真学习、深刻领会李克强来莞考察重要指示精神，坚持以李克强来莞考察重要指示精神为指引，把“让新动能逐步挑起大梁，旧动能不断焕发生机”作为转型升级的核心任务，加快推动东莞市在更高起点上实现更高水平发展：深入实施创新驱动发展战略，加快推动经济发展从要素驱动向创新驱动转变；加快推进加工贸易转型升级，推动加工贸易向价值链高端跃升，进一步增强加工贸易的植根性、自主性；全面提高东莞制造水平，深入实施“东莞制造2025”战略，不断提升东莞制造品牌影响力和美誉度；大力提高集约发展水平，坚持以供给侧结构性改革思维创新要素资源配置。

【中共中央政治局委员、广东省委书记胡春华来莞调研重要讲话精神和广深佛莞四市座谈会精神传达贯彻】 2016年4月11日，中共中央政治局委员、广东省委书记胡春华率领省委调研组到东莞市检查指导稳增长和外经贸工作，12日在深圳市主持召开广深佛莞四市调研座谈会。4月20日，市委书记、市人大常委会主任徐建华主持召开市委十三届第132次常委会议，传达学习胡春华在莞调研重要讲话精神和广深佛莞四市座谈会精神，研究贯彻意见。会议提出，正确认识东莞市经济社会发展取得的成绩和当前遇到的困难，始终坚持正确发展方向；奋发有为稳增长，确保完成全年目标任务；在更高起点上谋划东莞市更高水平的发展，深入推动在创新驱动发展、对外开放合作、重点改革突破等方面继续走在前列；顺利完成换届工作；狠抓责任落实，把各项工作责任落实到各级各部门，务求取得实效。

【中共中央政治局委员、广东省委书记胡春华关于东莞工作总体思考的情况报告的批示精神传达贯彻】 2016年8月31日，中共中央政治局委员、省委书记胡春华对东莞市呈报的《关于东莞工作总体思考情况报告》作出重要批示。9月8日，市委书记吕业升主持召开市委十三届第144次常委会议，传达胡春华重要批示精神，研究工作。会议强调，充分认识胡春华重要批示精神的重大意义，切实把思想和行动统一到省委对东莞工作的要求上来，凝聚推动改革发展的强大合力，坚持以胡春华重要批示精神为指引，努力在更高起点上实现更高水平发展。会议提出，准确认识和理解“万亿GDP俱乐部”目标，对加工贸易企业的构成和内涵进行分析，积极通过推动经济结构转型、发展质量提升等方式途径，确保

GDP年均增速保持在8.5%以上，努力实现“万亿GDP”目标。

【广东省委十一届六次全会精神传达贯彻】 2016年1月18日，东莞市委书记、市人大常委会主任徐建华主持召开市委十三届第124次常委会议，传达广东省委十一届六次全会精神，研究贯彻意见。会议提出，要迅速组织省委全会精神的学习宣传，深刻领会省委全会的精神实质、坚持用省委全会精神推进改革发展：稳中求进，精准发力，努力促进经济平稳健康发展；立足当前，着眼长远，推进结构性改革；抓住关键，切换动力，深入实施创新驱动发展战略；增创优势，激发活力，全面推进改革开放；注重协调，补齐短板，切实维护社会和谐稳定；从严治党，改进作风，不断夯实党建保障。1月20日，市委召开十三届七次全会，进一步深入学习贯彻省委十一届六次全会精神，总结2015年全市工作，部署2016年任务。

【广东省人大、政协“两会”精神传达贯彻】 2016年2月1日，东莞市委书记、市人大常委会主任徐建华主持召开市委十三届第127次常委会议，传达贯彻广东省人大、政协“两会”精神，研究贯彻意见。会议强调，全市上下要深入学习领会省“两会”精神，按照省“两会”的部署和要求，紧密结合东莞市实际，注重向优势企业要竞争力、向科技创新要驱动力、向对外开放要支撑力、向重点改革要牵引力、向重大项目、重点园区和资本市场要持续力，努力强化“两个支撑”，推动“三个走在前列”：重实体，努力促进经济平稳健康发展；优供给，大力推进结构性改革；争上游，全面推动“三个走在前列”；补短板，切实增强发展的全面性；防风险，确保经济社会安全稳定；转作风，不断夯实发展保障。

【全国人大、政协“两会”精神传达贯彻】 2016年3月17日，东莞市委书记、市人大常委会主任徐建华主持召开市委十三届第130次常委会议，传达全国人大、政协“两会”精神，研究贯彻意见。3月18日，省传达贯彻全国“两会”精神电视电话会议结束后，东莞市召开传达贯彻全国“两会”精神电视电话会议，徐建华出席会议并讲话。会议强调，全市上下要准确理解、深刻领会、牢牢把握全国“两会”精神实质，切实把思想和行动统一到中央和省委的决策部署上来，努力把“两会”精神转化为强化“两个支撑”、推动“三个走在前列”、率先全面建成小康社会的强大动力、实际举措和美好现实。会议要求，突出质量引领，推进供给侧结构性改革；抓好创新驱动，加快转换发展动能；扩大对外合作，提升开放型经济水平；深化改革突破，构建发展新体制；坚持改善民生，维护和谐稳定社会环境；注重统筹兼顾，加强民主法治和党的建设。

【广东省委十一届七次全会精神传达贯彻】 2016年8月2日，东莞市委书记吕业升主持召开市委十三届第140次常委会议，传达广东省委十一届七次全会精神，研究贯彻意见。会议强调，要精心组织省委全会精神的学习宣传，深刻领会省委全会的精神实质，按照省委十一届七次全会的要求和部署，紧密结合东莞市实际，扎实抓好各项工作，努力实现更高水平发展。会议要求，千方百计确保完成全年目标任务，坚定不移推进供给侧结构性改革，大力实施创新驱动发展战略，深入推进结构调整和转型升级，加快构建开放型经济新体制，大力推进统筹集约发展，不断深化重点领域改革，持续深化基层文明创建，切实加强社会民生建设，扎实抓好换届工作。

【“两学一做”学习教育推进】 2016年4月20日，东莞市委书记、市人大常委会主任徐建华主持召开市委十三届第132次常委会议，传达全省“两学一做”学习教育工作会议精神，研究贯彻意见。会议原则同意《关于在全市党员中开展“学党章党规、学系列讲话，做合格党员”学习教育的实施方案》。4月21日，全市“两学一做”学习教育工作会议召开，全面动员部署“两学一做”学习教育工作。4月21日起，全市各级党组织紧紧围绕“两学一做”要求，扎实有序开展学习教育活动。6月12日，市委中心组“两学一做”学习教育报告会召开，集中学习中共中央总书记习近平治国理政新理念新思想新战略。6月23日，按照“两学一做”学习教育活动部署要求，市委书记吕业升赴常平镇调研指导软弱涣散党组织整顿工作，为松柏塘村全体党员上“两学一做”专题党课。6月29日，全市“两学一做”学习教育工作推进会召开，吕业升出席会议并讲话。会议强调，始终坚持问题导向，压紧压实学习教育的主体责任，加强督促指导工作，保证学习教育协调推进，把全面从严治党落实到每一个支部、每一名党员，用解决问题的成果来检验学习教育的成效。7月27日，省委“两学一做”学习教育党课巡回宣讲东莞报告会举行，吕业升出席报告会。

【东莞理工学院高水平理工科大学建设加快推进】 2016年1月19日，东莞市创建高水平理工科大学工作领导小组第二次全体会议召开，市委书记、市人大常委会主任徐建华出席会议并讲话。会议审议通过《关于支持东莞理工学院高水平理工科大学建设的意见》，稳步推进团队建设、平台建设、科技服务、学科建设、人才培养、编制职数等方面政策和措施系统化、配套化，推动东莞理工学院超常规发展。2月1日，徐建华主持召开市委十三届第127次常委会议，传达全省理工科大学和理工类学科建设暨高校科研体制机制改革工作推进会精神。3月7日，市委印发《中共东莞市委、东莞市人民政府贯彻落实〈中共广东省委、广东省人民政府关于加强理工科大学和理工类学科建设服务创新发展的意见〉加快推进东莞理工学院高水平理工科大学建设的实施意见》。

【全面深化改革推进】 2016年，东莞市委全面深化改革领导小组召开5次会议，审议通过《关于深化东莞口岸“三互”大通关建设工作方案》《东莞市2016年改革行动计划》等31份重要改革文件（报告），布置开展经济与生态文明、民主法制、文化、社会、纪律检查、党建等6个改革专项领域、337项具体改革任务以及中央、省在东莞市安排的50多项改革试点。全市大力推进结构调整、简政放权、城市治理、生态治理、社会治理等重点改革突破走在前列，争创一批具有领先性、可复制性的改革经验，成功打造众多具有东莞市特色的改革创新品牌，各项改革工作取得显著成效。

【从严治党推进】 2016年2月1日、15日，东莞市委书记、市人大常委会主任徐建华主持召开市委十三届第127次、128次常委会议，听取2015年全市党风廉政建设和反腐败工作情况报告，学习《中国共产党地方委员会工作条例》。6月24日，市委书记吕业升主持召开市委十三届第136次常委会议，研究贯彻省反腐败国际追逃追赃工作电视电话会议精神意见。8月31日，吕业升主持召开市委十三届第143次常委会议，学习《中国共产党问责条例》，听取2016年以来全市党风廉政建设和反腐败工作情况。10月31日，吕业升主持召开市委十三届第152次常委会议，传达党的十八届六中全会和省传达学习贯彻会议精神，研究贯彻意见。会议提出，要迅速掀起学习贯彻十八届六中全会精神热潮，抓好《关于新形势下党内政治生活的若干准则》《中国共产党党内监督条例》贯彻落实，切实把全面从严治党推向纵深。11月10日，吕业升主持召开市委十三届第153次常委会议，传达学习《中国共产党广东省委员会工作规则》和省委办公厅《关于学习贯彻〈中国共产党广东省委员会工作规则〉的通知》。2016年，东莞市委先后召开5次常委会议研究市纪委有关案件。

【镇街领导班子换届】 2016年4月20日，东莞市委书记、市人大常委会主任徐建华主持召开市委十三届第132次常委会议，研究东莞市镇街领导班子换届工作事项，审议通过镇街领导班子换届工作方案。4月26日，市委召开全市镇街领导班子换届工作电视电话会议，徐建华出席会议并讲话。5月11日，市委书记吕业升主持召开市委十三届第133次常委会议，听取东莞市镇街领导班子换届工作进展情况报告，研究下阶段工作。5月19日，市委召开全市镇街换届工作谈心谈话会，吕业升带头与32个镇街的书记、镇长进行集体谈心谈话。8月12日，全市镇街领导班子换届工作推进会召开，吕业升出席会议并讲话。会议提出，深化思想认识，吃准执行好政策，严格把好关口，严明工作纪律，加强党的领导，确保圆满完成换届各项工作。截至2016年8月30日，全市32个镇街党代会全部召开，顺利选举产生新一届党委，共选举产生新一届党委委员416名，其中新进班子成员66名。新一届镇街党委班子成员平均年龄45.31岁，比换届前下降1.26岁；96.3%具有大专以上学历，比换届前提高0.7%，其中硕士研究生学历占39.4%，比换届前提高1.2%。

【民营经济发展扶持】 2016年4月7日，东莞市委书记、市人大常委会主任徐建华主持召开市委十三届第131次常委会议，传达全省民营经济工作座谈会精神，研究贯彻意见。6月24日，市委书记吕业升主持召开市委十三届第136次常委会议，审议并原则同意《东莞市开展“亲企清政”工程促进民营经济发展实施方案》。6月30日，全市2016年非公有制经济工作会议召开，吕业升出席会议并讲话。会议提出，用3年左右时间开展“亲企清政”工程，力争到2018年底，全市民营经济登记注册户数（含个体工商户）增至75万户，注册资金增至7000亿元，民营经济增加值占比提高到50%左右，规模以上民营经济工业增加值占比提高到35%以上，民营企业研究与开发（R&D）投入占其增加值的比重达到2.6%。

【农业农村及市内帮扶工作推进】 2016年2月29日，东莞市委书记、市人大常委会主任徐建华主持召开市委十三届第129次常委会议，审议同意《中共东莞市委、东莞市人民政府关于进一步推进市内帮扶工作的意见》。3月30日，《中共东莞市委、东莞市人民政府关于进一步推进市内帮扶工作的意见》出台。4月20日，徐建华主持召开市委十三届第132次常委会议，传达全省农村工作会议精神，研究贯彻意见。4月25日，全市农村农业暨扶贫开发工作会议召开，徐建华出席会议并讲话。5月31日，市委书记吕业升主持召开市委十三届第134次常委会议，传达全省深化农村改革工作会议精神，研究贯彻意见。2016年，东莞市推进农村综合改革，推进农村经济转型发展，提升区域协调发展水平，全市农业农村经济保持稳中有进的良好态势，为全市经济社会发展提供强有力支撑。

【新时期精准扶贫精准脱贫三年攻坚】 2016—2018年，东莞继续承担韶关市9个县（市、区）、揭阳市4个县（市、区）的帮扶任务。4月25日，全市农村农业暨扶贫开发工作会议召开，市委书记、市人大常委会主任徐建华出席会议并讲话。会议总结精准扶贫精准脱贫工作，部署与韶关市、揭阳市尽快对接开展工作。11月25日，《中共东莞市委、东莞市人民政府贯彻落实〈中共广东省委、广东省人民政府关于新时期精准扶贫精准脱贫三年攻坚的实施意见〉的实施方案》出台，提出到2018年，稳定实现东莞市对口帮扶韶关、揭阳两市相对贫困户（含政策性保障兜底脱贫）脱贫退出率达到100%，相对贫困村脱贫退出率达到100%，与全省同步率先全面建成小康社会。

【对口帮扶韶关市工作】 2016年是东莞市第一轮对口帮扶韶关市工作的收官之年。4月15日，东莞、韶关对口帮扶工作第六次联席会议暨新时期精准扶贫精准脱贫工作对接会在东莞市召开，市委书记、市人大常委会主任徐建华出席会议并讲话。会议审议讨论《东莞韶关统筹推进全面帮扶十大行动计划工作方案》（2016—2018年）（讨论稿），印发《东莞韶关2016年实施改革对接行动计划工作方案》。6月24日，市委书记吕业升主持召开市委十三届第136次常委会议，传达省进一步促进粤东西北产业园区提质增效现场会议精神，研究贯彻意见。8月1日，东莞、韶关对口帮扶工作第七次联席会议在韶关市召开，对共同推进韶关华南装备园建设进行协商，部署对口帮扶共建工作。11月16日，吕业升主持召开市委十三届第154次常委会会议，听取东莞、韶关对口帮扶总体情况的报告，研究下一阶段工作。12月20日，吕业升主持召开市委十三届第161次常委会会议，传达珠三角地区对口帮扶粤东西北地区推进产业共建工作会议精神，研究东莞市贯彻意见，部署第二轮对口帮扶韶关工作。12月30日，吕业升带队赴韶关市对接对口帮扶工作，两市召开对口帮扶工作第八次联席会议，审议第二轮对口帮扶三年行动计划和人员架构设置。自第一轮对口帮扶韶关工作启动以来，东莞市按照“一园一城七组团”（“一园”即莞韶产业园；“一城”即莞韶城；“七组团”即东莞市7个镇街与韶关市7个县（市）结对帮扶）的总体思路，务实高效推进帮扶工作，超额完成中共中央政治局委员、省委书记胡春华提出的“三年300个项目、700亿投资”的目标任务，在全省八组结对帮扶市评估考核中居第三位。

【第七批对口援疆援藏工作完成】 2016年4月20日，东莞市委书记、市人大常委会主任徐建华主持召开市委十三届第132次常委会议，传达省对口支援西藏新疆工作领导小组第七次会议精神，研究贯彻意见。6月16日，市委书记吕业升主持召开市委十三届第135次常委会议，通报随省政府代表团赴新疆考察对口支援工作情况，研究部署下一阶段工作。8月2日，吕业升主持召开市委十三届第140次常委会议，传达学习中共中央总书记习近平在东西部扶贫协作座谈会上重要讲话和省委常委会议精神，研究对口支援西藏、新疆等地区工作。10月18—20日，吕业升率党政代表团赴新疆生产建设兵团第三师图木舒克市开展对接交流活动。10月25日，吕业升主持召开市委十三届第151次常委会议，通报市党政代表团赴新疆兵团第三师对接交流援疆工作情况。2013—2016年，东莞市完成三年援疆“资金100%到位、项目100%完成、质量100%合格”以及助推巴宜区“十二五”期间财政收入翻两番的目标，促进新疆、西藏的经济社会发展和长治久安。

【对口支援云南昭通工作启动】 2016年，东莞市、中山市按照广东省委的部署要求，启动对口帮扶云南省昭通市工作。9月4日，东莞、中山、昭通三市召开座谈会，深入贯彻落实广东、云南两省扶贫协作工作联席会议精神，市委书记吕业升出席会议并讲话。会议协商决定，三市尽快组建扶贫协作工作组，开展全面调研对接工作；聚焦扶贫攻坚，尽快启动农房改造；加快产业扶贫合作；加强劳动力培训和转移合作；建立扶贫协作联席会议机制等。9月8日，吕业升主持召开市委十三届第144次常委会议，传达对口云南省昭通市、怒江傈僳族自治州扶贫协作座谈会精神，通报市代表团赴昭通市考察扶贫协作工作情况。对接工作启动以来，东莞市将聚焦脱贫攻坚放在首位，与昭通市对接协商三年产业帮扶规划特别是当年产业帮扶计划，努力构建帮扶工作新格局，确保对口支援工作取得良好开局。

【2016广东21世纪海上丝绸之路国际博览会承办】 （参见“商贸流通业”类目“会展业”分目“2016广东21世纪海上丝绸之路国际博览会”条目）

【“东莞学习论坛”举办】 2016年，“东莞学习论坛”举办4期。3月16日，由市委书记、市人大常委会主任徐建华作“深入学习习近平总书记治国理政新理念新思想新战略，努力提升改革创新能力”专题报告。4月25日，邀请广东省委党校原副校长、陈鸿宇教授作“以新的理念引领新的发展”专题辅导报告。7月20日，邀请西北政法大学校长、反恐怖主义研究院院长、教授、法学博士，博士生导师贾宇作“我国的反恐形势、对策与反恐怖主义法”专题辅导报告。11月10日，邀请省委宣讲团成员、省委党史研究室主任杨建伟作“深入学习十八届六中全会精神　坚定不移推进全面从严治党”专题辅导报告。

【东莞市委书记接受采访和发表署名文章】 2016年1月21日，东莞市委书记、市人大常委会主任徐建华接受《人民日报》专访，介绍东莞市创新驱动发展、产业转型升级、构建开放型经济新体制、深化改革创新等情况。1月28日，徐建华接受《羊城晚报》采访，介绍东莞市创新驱动发展情况。2月25日，徐建华接受《人民日报（海外版）》、新华社、中央电视台、中国国际广播电台、路透社、法国电视台、日本朝日新闻等26家中外主流媒体采访，介绍东莞市推进转型升级的措施及成效。2月26日，徐建华接受《南方》杂志专访，介绍东莞市创新驱动发展的情况。2月27日，徐建华在与“经济活力看广东·转型升级”网上主题采访团座谈会上接受采访，介绍东莞市经济发展及转型升级的情况。3月15日，徐建华在中宣部组织的“稳增长调结构转方式·东莞调研行”采访活动中，接受《人民日报》、新华社、《光明日报》、《经济日报》、中央人民广播电台、中央电视台等十余家中央媒体采访，谈东莞市稳定经济增长、调整经济结构等方面的亮点及举措。7月初，市委书记吕业升接受《人民日报》《南方日报》书面采访，谈东莞市以问题导向深入开展“两学一做”学习教育活动，助推经济社会发展。8月4日，吕业升接受《南方日报》专访，谈东莞市学习贯彻落实中共中央总书记习近平“七一”重要讲话精神的亮点举措及突出成效。9月24日，《南方日报》刊发吕业升署名文章《学习贯彻中共中央总书记习近平“七一”重要讲话 加快构建开放型经济新体制》。11月4日，东莞文明网刊发吕业升署名文章《争打一场漂亮“翻身仗”为争创全国文明城市“四连冠”奠定坚实基础》。12月5日，吕业升接受《南方日报》书面采访，谈东莞市基层精神文明创建工作。

【市委常委会议听取部门工作汇报】 2016年，东莞市委主要领导多次主持召开市委常委会议，听取有关部门工作汇报，对有关工作作出指示和部署。1月18日，市委书记、市人大常委会主任徐建华主持召开市委十三届第124次常委会议，听取2015年东莞市财政预算执行情况、全市意识形态工作和2015年宣传文化工作汇报。2月1日，徐建华主持召开市委十三届第127次常委会议，听取2015年全市党风廉政建设和反腐败工作情况报告。2月29日，徐建华主持召开市委十三届第129次常委会议，听取全市政法工作、防范处理邪教工作以及2016东莞松山湖国际马拉松赛筹备工作情况汇报。3月17日，徐建华主持召开市委十三届第130次常委会议，听取关于东财公司剩余非政府债务还款方案及优化收支结构方案的情况报告以及东莞市禁毒工作情况报告。4月7日，徐建华主持召开市委十三届第131次常委会议，听取市委党校工作情况汇报。5月11日，市委书记吕业升主持召开市委十三届第133次常委会议，听取东莞市镇街领导班子换届工作进展情况报告、全市维护稳定工作情况报告、全市安全生产工作情况报告。6月24日，吕业升主持召开市委十三届第136次常委会议，听取签署银瓶创新区基础设施PPP项目合同协议书、建设管理和运营维护专项合同情况汇报。7月11日，吕业升主持召开市委十三届第138次常委会议，听取2016年上半年东莞市意识形态工作情况的报告。8月18日，吕业升主持召开市委十三届第142次常委会议，听取东莞市驻点联系工作及近期群众反映问题情况的报告、东莞市统战工作情况的报告、关于市镇两级人大换届选举工作情况的报告、关于筹建东莞公共外交协会情况的报告、关于设立镇街政协工作办公室情况的报告、2016世界莞商大会筹备工作情况报告。8月31日，吕业升主持召开市委十三届第143次常委会议，听取关于做好中共东莞市第十四次代表大会筹备工作情况的报告以及2016年以来全市党风廉政建设和反腐败工作情况汇报。10月25日，吕业升主持召开市委十三届第151次常委会议，听取市委党校工作情况报告。11月16日，吕业升主持召开市委十三届第154次常委会议，听取东莞市第十四次党代会报告起草情况的报告、东莞韶关对口帮扶总体情况的报告、关于加强东莞城市形象宣传工作情况的报告。12月2日，吕业升主持召开市委十三届第157次常委会议，听取环保督察情况汇报。12月14日，吕业升主持召开市委十三届第158次常委会会议，听取市委十三届九次全体会议和市第十四次党代会筹备工作情况报告。

【市委中心组学习讨论会举行】 2016年，东莞市委中心组组织召开24期学习会。其中4期“东莞学习论坛”，其他20期分别为：1月18日，传达学习广东省委十一届六次全会精神；2月1日，传达广东省十二届人大四次会议和广东省政协十一届四次会议精神；2月15日，学习《中国共产党地方委员会工作条例》；3月17日，传达学习十二届全国人大四次会议和全国政协十二届四次会议精神；3月23日，邀请全国政协委员、财政部财政科学研究所原所长贾康，作题为《供给侧结构性改革：创新中如何运用制度和技术实现经济转型》的学习报告；4月7日，传达学习中共中央总书记习近平在全国党校工作会议上的讲话精神；4月20日，专题学习广东省委主要领导来莞调研的重要指示精神和广深佛莞四市调研工作座谈会精神；5月31日，学习中央宣传部主要领导来莞调研重要指示精神；6月12日，邀请广东省委宣传部讲师团原团长曾凡光教授作题为《实现中华民族伟大复兴的科学理论指导和行动指南——深入学习贯彻习近平总书记治国理政的新理念新思想新战略》的辅导报告；7月4日，传达学习东莞市深化文明城市创建工作座谈会精神；7月11日，学习中共中央总书记习近平在庆祝中国共产党成立95周年大会上的重要讲话精神；8月2日，学习中共中央总书记习近平在东西部扶贫协作座谈会上重要讲话精神和广东省委十一届七次全会精神；8月11日，邀请中国国际经济交流中心副理事长魏建国作构建开放型经济新体制专题辅导报告；8月31日，学习《中国共产党问责条例》；9月8日，学习中共中央政治局委员、广东省委书记胡春华《关于东莞工作总体思考情况报告》的批示精神；10月25日，学习研讨《胡锦涛文选》和中共中央总书记习近平在学习《胡锦涛文选》报告会上的重要讲话精神；10月31日，传达学习党的十八届六中全会精神；11月10日，集中学习《中国共产党广东省委员会工作规则》；11月23日，传达学习广东省委十一届八次全会精神；12月5日，集中观看《西式民主怎么了》《西方新闻自由只是传说》《警钟——辽宁拉票贿选案警示录》等3个专题警示片。

（吉峰平）

附：2016年中共东莞市委书记、副书记、常委、秘书长、副秘书长名录

市委书记：徐建华（任至4月）
吕业升（4月到任）
市委副书记：袁宝成（任至3月）
梁维东（3月到任）
姚　康（任至12月）
张　科（12月到任）
市委常委：徐建华（任至4月）
吕业升（4月到任）
袁宝成（任至3月）
梁维东（3月到任）
姚　康（任至12月）
张　科　戚优华
刘卫芳（任至12月）
白　涛
邓志广（任至12月）
王检养
潘新潮（任至12月）
郑　琳（10月到任）
杨晓棠（12月到任）
殷焕明（12月到任）
黄少文（12月到任）
市委秘书长：黄少文
市委副秘书长：谢小薇　安连天
黄荣峰
叶建华（任至8月）

附：2016年中共东莞市委办公室主任名录

市委办主任：谢小薇（兼）

2016年中共东莞市委机构设置情况

性质	级别	名称
市直机关	正处级	纪律检查委员会机关（监察局）、市委办公室、组织部、宣传部、统一战线工作部、民主党派办公室（不定级）、政法委员会、政策研究室、台湾工作办公室（人民政府台湾事务局）、直属机关工作委员会、老干部局、机构编制委员会办公室
	副处级	东莞市直属机关纪律检查工作委员会、企业工作委员会、企业纪律检查工作委员会（不定级）、社会组织工作委员会、社会组织纪律检查工作委员会、市委督查室（不定级）
事业单位	正处级	市委党校（行政学院、社会主义学院）、东莞日报社、广播电视台、党史研究室、接待办公室、粤桥山庄管理处、社会科学院（未定级别）
	副处级	电子政务办公室

综合协调服务

【保密工作】 保密监督检查　2016年，东莞市国家保密局联合相关部门，开展党政机关信息安全保密检查及党政内网、统战、政法、国土、交警等网络专项保密检查，镇街抽查率达100%，重点涉密单位抽查率达83%。

保密审批审核　2016年，东莞市国家保密局优化保密行政许可和服务事项要素，完成“携运国家秘密载体出境的单位和人员核准”“国家秘密及国家秘密载体制作、复制、销毁定点审批”两个事项的标准化工作。

保密宣传教育　2016年，东莞市部门联动开展保密宣传教育月活动，将保密宣传教育内容融入到全市纪律教育月活动中；连续两年举办国家安全与保密教育展览，3月22日至4月21日，市国家安全工作领导小组、市委宣传部、市国家保密局、市普法办在市展览馆联合举办东莞市国家安全与保密教育展览，有4.2万余人参观；利用“‘12·4’全国宪法日”和机关党员志愿服务活动，在广场、公园开展保密法宣传活动，演示手机泄密风险，期间派发宣传资料300多份，接待群众150多人次，对群众提出的65个保密业务问题当场予以解答。

保密考核　2016年，东莞市国家保密局根据《机关、单位保密自查自评标准》对各镇街、各单位保密工作进行目标管理考核，评选出71个保密工作先进单位和73名保密先进工作者。

国家统一考试保密管理　2016年，东莞市国家保密局加强与教育、公安、卫计、人力资源、司法等部门的协调配合，做好高考、中考、医考、公务员招考、司法考试、研究生考试的试卷运送、保管、交接等环节的保密管理和试卷保密室检查验收，确保国家统一考试的安全和保密。

保密培训　2016年，东莞市国家保密局举办涉密人员岗位确定与管理工作培训班、全市初任经管

2016年4月8日，东莞市委保密委员会全体会议暨全市保密工作会议召开

国家秘密人员岗位业务培训班、涉密设备维修维护人员上岗培训班，约1000人接受专业培训。为25个镇街、单位开展保密宣讲服务，培训机关工作人员约3500人。东莞市委党校将保密培训教育纳入领导干部教学计划，在中青班、军转班、副科班、公务员初任班开设保密专题课程，接受保密教育领导干部641人次。（魏云青）

附：2016年东莞市国家保密局主要领导名录

局　长：袁鸣春

【信访工作】 2016年，东莞市信访局强化信访问题源头治理，开展重复和集体到省进京上访专项重点整治，做好诉访分离善后衔接，推进信访积案化解集中攻坚，群众到市上访量连续三年全面下降，信访秩序逐步好转，社会大局和谐稳定。

市领导接访 2016年，东莞市坚持实行市领导定点接访日制度，有14名市领导在市委、市政府人民来访接待大厅，通过视频接访和现场接访的方式，接待来访群众331批1498人次。在市领导的示范带动下，各镇街领导干部1439人次，在当地接访群众1114批6477人次。

市领导研究、指导信访 2016年2月29日，东莞市委十三届第129次常委会议召开，传达中央领导关于信访工作的重要批示精神，研究贯彻意见，市信访局局长叶可阳在会上作汇报。5月2日，新任东莞市委书记吕业升到东莞上班第一天，深入市信访局调研，看望慰问干部职工，市挂职信访督查专员，并作讲话。5月16日，东莞市委副书记、市长梁维东赴北京慰问东莞市驻京信访工作组成员，并召开工作座谈会，提出指导意见。5月20—23日，市委常委、宣传部部长潘新潮到虎门镇督导沙角陈某华信访事项，并召开督导工作汇报会，市信访局、市国土局、市农业局、虎门镇有关负责人参加汇报会。6月7日、12日，市委常委、政法委书记邓志广召集有关部门专题研究中堂镇调研江南社区钟某坚信访事项化解工作。

上级来莞检查信访 2016年3月24日，国家信访局督查专员孙宽平率中央信访工作联席会议办公室督查组来东莞市回督杨某思信访事项，副市长、市公安局局长杨东来全程陪同督查组赴桥头镇实地了解情况，听取桥头镇汇报。5月17日，副省长许瑞生在省政府接访室接访企石镇王某忠环保信访事项。6月3日，省委常委、秘书长邹铭在广州主持召开虎门镇沙角社区陈某华等人信访事项协调会，市委常委、宣传部部长潘新潮汇报信访事项处理情况。9月2—3日，国家投诉受理办公室副主任王仕科、国家投诉受理办公室一处处长胡伟雄带队来东莞市，拍摄信访工作专题片，副市长、市公安局局长杨东来接受中央电视台采访。

信访信息化与网上信访 2016年9月，东莞市信访信息系统二期投入使用，将信访事项的受理、办理、督办全过程公开，接受群众监督、评价，信访工作效能和公信力提升。

信访法规宣传 2016年7月1日，“东莞市信访法规宣传普及日”活动在市、镇街统一开展，宣传国务院《信访条例》和《广东省信访条例》，派发“信访法律微知识”宣传册子。

信访专题调研 2016年4—9月，东莞市信访局局长叶可阳等就涉法涉诉信访事项退出普通信访领域后的善后衔接问题、处置信访活动过程中的违法犯罪行为问题、房地产行业引发的信访问题等突出问题，开展专题调研活动。

信访业务培训 2016年5月10—11日，东莞市信访局举办全市信访业务培训班，邀请市国土局、市农业局有关业务负责人讲解涉土涉农信访问题政策法规。各镇街（园区）、有关单位约140人参加培训班。6月21日，广东省信访积案审理工作培训班在广州召开，东莞市信访局有关人员在东莞市分会场（市行政办事中心主楼一楼电视电话会议厅）参会。（黎燕君）

附：2016年东莞市信访局主要领导名录

局　长：叶可阳

【市委督查工作】 2016年，东莞市委督查室对市委常委会123项重要工作进行任务分解，会同市政府督查室跟踪反馈205项市委市政府重点工作落实情况；承办各级领导批示62件；督办《广电舆情》45期，涉及事项142宗；撰写报省《督查专报》15期，被省采用

4期，获省领导批示1期；编撰《工作落实动态》21期，开展督查调研，撰写调研报告6篇，获市领导批示7篇次。

决策督查　2016年，东莞市委督查室突出中心大局，围绕省委《2016年重点督查事项安排》、省委十一届七次、八次党代会精神开展督查，形成15期《督查专报》报省，其中4期获省委督查室采用，并有1期获省领导批示；制定《市委常委会2016年工作要点任务安排表》，明确123项重要部署责任分工，联合市政府督查室制定《市委、市政府2016年重点工作进展情况表》，跟踪反馈205项市委、市政府重点工作落实情况，筛查跟踪市委常委会决定事项和全市重大会议决定事项，重点推进质量认证认可体系建设、莞韶对口帮扶、优势企业倍增计划等17项重要决策部署落到实处。狠抓重点难点，抓好自贸试验区经验复制、房地产调控、城市黑臭水体治理等省委、市委部署的15项工作督查，协调做好省督导组开展的创新驱动发展、供给侧结构性改革、完成全年经济工作目标等3项实地督导，推动各项工作务实推进，形成高质量报告10份。高效跟踪反馈，立项跟进市委书记调研指示24件，并针对重点事项推进中的困难问题，主动实地调研和回访督查；迅速督查镇街贯彻基层文明创建“补短板、促提升”部署落实情况和市领导赴镇街督导情况，形成专题报告2份报市领导；围绕市领导挂钩督导安全生产、水污染治理等重点工作，抓好后续落实情况反馈；结合部门、镇街落实市委重要决策部署、主要领导调研指示等进展情况，突出问题导向，形成《工作落实动态》21期。

舆情督查　2016年，东莞市委督查室强化《广电舆情》事项质量观念和时效意识，严格把关，确保件件有回音。督办《广电舆情》45期，涉及事项142宗，办结142宗。

专项督查　2016年，东莞市委督查室根据市委主要领导关注的重点难点问题，多次召集有关单位进行督促协调，确保领导批示事项事事有着落。其中，根据市委书记批示精神，跟进莞惠城管敷设、沿海公路中洪（中堂—洪梅）支线、水乡大道延长线等协调工作，协同市政府督查室、水乡管委会等单位多次组织现场督导、专项协调会议，及时研究解决工作推进过程中的困难问题，督促各责任单位按照时间节点加快进度，推动整治任务按期完成。围绕全市基层文明创建“补短板、促提升”工作，联合15个部门组成3个小组，每月对全市33个镇街、园区进行全覆盖实地检查，在《东莞日报》上通报结果，并对整治不力的严肃问责。巡查组120天巡查132次、检查场所1920处，力促一大批存在问题现场解决，推动全市基层文明创建工作取得突出成效。针对重点督查事项进展缓慢、部门推诿延误工作等情况，联合多个部门2次实地巡查重大项目，通过看现场、听汇报、查台账以及召开座谈会等方式，发现问题，破解瓶颈，推进重大项目加快进度，2016年巡查项目142个，察看83个项目工地现场，现场解决和处理66个项目遇到的86个具体问题，促进大项目建设提速。

批示办理　2016年，东莞市委督查室优化领导批示件办理程序，强化联系协调，注重交办跟办，及时呈送办理报告，每月汇总办理情况。对一些办理难度较大的事项，多次召集有关单位进行督促协调，确保领导批示事项事事有着落。办理各级领导批示62件，办结62件。

督查考评　2016年，东莞市委督查室围绕《市委常委会2016年工作要点》《2016年市政府工作报告》，多次组织镇街、部门召开专题调研座谈会，比选出创新驱动、改革攻坚等8个专题53个部门考评事项，全面调整镇街考评专题和指标，形成《2016年市委市政府重点工作督查考评方案》，确保考评紧扣中心大局，突出主题主线。开展年中巡查扎实，组织56个职能部门集中召开座谈会7场，摸清53个督查考评事项进展及存在问题；联合10个职能部门，选取5个专题24个重要考评事项，分6个片区开展镇街年中巡查，选取10多个考察点进行实地核查和点评，提出工作建议，撰写部门、镇街《2016年市委市政府重点工作年中巡查情况报告》，并按照市委书记指示精神，紧盯进展较慢工作事项不放松。深入部门督导，强化牵头部门督导责任，变“被动督查”为“主动督查”，变“我受督查”为“我要督查”。引导各牵头单位对考评事项督导向实处用力，及时总结工作经验，协调解决存在问题，并深入调查研究，形成初步调研报告30篇。统筹完成年终绩效考评，邀请市人大代表、市政协委员组成督查考评小组，对56个部门（园区）和32个镇街考评打分，并起草《2016年市委市政府重点工作督查考评情况报告》，剖析进展缓慢事项，提出改进设想。

督查调研　2016年，东莞市委督查室开展关于电子商务、重大物流项目招引、农民公寓建设、广东（石龙）铁路国际物流基地建设、大连机床厂孵化基地对接创新创业等6次专题调研，撰写6篇调研报告，先后获市领导肯定批示7次，促成了相关政策的出台和完善。其中，《我市重大物流项目的基本情况、存在问题及工作建议》获市委主要领导等批示4次。根据市委秘书长指示精神，集中对山区片5镇经济指标数据情况进行综合分析，形成《关于山区片部分镇街稳增长工作座谈会的情况报告》，获市委书记批示，推动相关工作扭转被动局面。　（葛大勇）

附：2016年东莞市委督查室主要领导名录

主　任：翟婵莹

【接待工作】　2016年，东莞市接待内宾、重要港澳台侨宾客537

批2万多人次，与上年基本持平。其中，中央领导26批，省部级领导174批，地、县级领导337批。来东莞市的党和国家领导人有：中共中央政治局委员、国务院副总理马凯；中共中央政治局委员、中央宣传部部长刘奇葆；中共中央政治局委员、广东省委书记胡春华；全国人大常委会副委员长、民盟中央主席张宝文；中央纪律检查委员会原书记吴官正；全国人大常委会原副委员长田纪云；全国人大常委会原副委员长李铁映；全国人大常委会原副委员长热地；国务院原副总理曾培炎等。

2016年，东莞市委、市政府接待办公室组织协调市相关部门完成2016广东21世纪海上丝绸之路国际博览会、2016加博会、2016东莞动漫展、2016国际科技合作周、东莞松山湖国际马拉松赛事等大型活动，以及全省专业镇协同创新工作现场会、广东省推进珠三角创新驱动发展培育高新技术企业现场会、2016世界莞商大会等重要会议。

重要来访及外出活动 2016年，东莞市接待中央、省级巡视组、调研组、督查组、督导组明显增加，包括中央财经领导小组调研组、中央第四环境保护督察组、国务院第十督导组、省委第八换届考察组等，其中中央政治局委员、广东省委书记胡春华来东莞市调研近10次。此外，外地党政代表团来访及东莞市领导带队外出活动数量保持平稳，包括广西壮族自治区、新疆生产建设兵团、山西省、山东省烟台市、云南昭通市、内蒙古自治区呼伦贝尔市和广东省佛山市、河源市等地的党政代表团，以及东莞市党政代表团赴香港特别行政区和广东省中山市、揭阳市等地交流拜访，赴新疆生产建设兵团对口支援，赴云南省昭通市、广东省韶关市对口帮扶等。

公务接待规范化建设 2016年，东莞市委、市政府接待办公室由班子领导带队，分片区对部分镇街的接待能力进行摸查调研，内容涵盖参观点、接待点、路线安排、特色菜式等方面，加强对基层接待工作的指导；针对专项任务，2016年召开首次“全市接待系统冬季接待工作协调会”，要求与冬休接待密切相关部分镇街、单位参会，提前部署，东莞市委秘书长黄少文出席会议并作指示，强化接待工作指引与接待联动机制；举办“全市接待系统菜式交流活动”，从全市32镇街、10多个市直部门的机关饭堂报送的1000多款菜式及3000多张图片资料中海选，评选出一、二、三等奖及最受欢迎菜式，发掘各镇街、部分饭堂的地方菜、特色菜，为公务接待选调菜式打下基础，也促进市直机关、镇街接待部门的交流。并依托评选成果，组织编撰《莞饮莞食》一书，将成为公务接待餐饮安排的参考。

获评东莞市“党支部标准化建设示范点” 2016年，东莞市委、市政府接待办公室党支部围绕“两学一做”学习教育、“党支部创建标准化建设示范点”两个主题开展党建工作。抓好党员干部学习及行为规范，除支委会集中学习外，不定期发放党章党规、系列讲话等学习资料，以党小组为单位开展研讨；开展标准化建设示范点创建工作，确定“围绕党建抓规范 服务大局促发展”主题，明确8大项30小项创建标准。通过创建工作，党支部完善组织架构、建立健全系列制度、规范支部党员的日常教育和管理，并对党建工作的措施和成果整理、汇编成册。从全市200多个备选支部中脱颖而出，成为东莞市3个“党支部标准化建设示范点”之一。 （黄彦奇）

附：2016年东莞市委、市政府接待办公室主要领导名录

主　任：梁　燕

组织建设

【党组织概况】 截至2016年，东莞市有党的基层组织8975个（含“两新”组织党组织3395个），其中党委222个，总支部416个，支部8337个。全市有党员170971人，其中“两新”组织党员44112人（含流动党员22781人），女党员54087人，占31.64%；35岁及以下党员73695人，36岁至45岁党员39818人，46岁至55岁党员23718人，56岁至65岁党员13523人，66岁及以上党员20217人。大专及以上学历114965人，占67.24%，其中研究生及以上学历6628人；中专及以下学历56006人。农村党员53343人，占全市党员总数的31.2%。

【党员学习教育】 2016年，东莞市成立“两学一做”（学党章党规、学系列讲话，做合格党员）宣讲团，送党课下基层，开展党课7346场次，开展专题学习研讨1.9万场次，分类轮训基层党组织书记、党员骨干、党务工作者1.8万人次，实现对全市党组织、党员学习教育“全覆盖”。构建起立足市内、面向全国的开放式办学机制，培训轮训干部2万多人次。开发“云课堂”贯通线上线下，集成网络课程3000多门，开通账号5万多个，推进干部学习教育的深化。落实基层党建各项重点任务，开展党费收缴工作专项检查，对失联、违纪违法党员妥善处置，对未按期换届的党组织进行整改。开展“百日大攻坚·文明我先行”主题实践活动，组织发动党员志愿服务近10万人次，服务群众86万人次。中央和省市媒体刊发东莞市相关报道600多篇。

【镇街领导班子换届完成】 2016年，东莞市严格执行干部提拔讨论决定前的审核、核查制度，创新实施拟提名人选干部档案审核，对现届领导班子成员、新提名人选和差额人选进行严格核查，同时全面开展干部选拔任用全程纪实，严防“带病提拔”。组织1万多人次专题学习“一片一书一须知”（“一片”：警示教育片《镜鉴》，“一书”：《严肃换届纪律文件选编》，“一须知”：《广东省2016年市县镇换届工作纪律须知》）。实施换届风气巡回督查，建立立项专办制度，对隐患风险充分研判，对苗头性倾向性问题联查联核、快查快核，确保集中换届风清气正，大局平稳。在做好镇街领导班子换届的同时，还配合做好市领导班子换届工作。

【干部监督管理】 2016年，东莞市落实干部监督管理的请示报告制度，组织市管干部和相关重点岗位人员填报个人有关事项报告，并按规定比例实施抽查核实。启用国家工作人员出国（境）管理信息系统，工作人员出国（境）管理更加高效和规范。突出问题专项整治，对13个单位正职领导实施经济责任审计，开展“裸官”筛查并依规处理。开展年度干部选人用人“一报告两评议”，进一步提高选人用人公信度。对“带病提拔”倒查对象进行选任过程倒查，推动干部选任责任落实。

【基层党建】 2016年，东莞市统筹推进基层党建标准化建设，对村（社区）、机关、非公有制企业、社会组织四类党组织的分类指导，打造81个示范点。抓好基础性、源头性问题解决，推动全市33.3亿元征地补偿款、4.3亿元征地社保滞留资金全部落实到位，排查整改农村土地“三乱”（乱占、乱卖、乱租）问题517宗，落实历史留用地83.05公顷，完成集体资产清理核实；全市592个村（社区）公共服务中心全部建成。深化驻点联系群众工作，解决各类问题2.56万个。完成32个软弱涣散村（社区）党组织整顿转化。园区企业党建工作经验在全省推广，“小个专”（小微企业、个体工商户、专业市场）党建取得突破。在全省率先启动全面加强社会组织党的建设工作提升工程。成立市国资委党委，理顺市属国有企业党建管理工作机制。

【人才工作】 2016年，东莞市完善市镇两级人才工作机制，优化人才考评体系，出台特色人才认定评定实施细则等20项制度政策，引导镇街细化出台48项相关的人才政策。开展市镇领导干部联系高层次人才活动，走访高层次人才272人，为人才解决100多个工作、生活、科研等方面突出问题。“高层次人才活动周”品牌效应突出，吸引9000多人参加，推动海内外高层次人才193人达成求职意向，59个项目达成合作意向。引进“蓝火计划”博士生工作团项目，举办2期“千人计划”专家东莞行活动。新建一批人才工作载体，东莞创新创业人才服务中心、工信部人才交流中心华南分中心投入运营，松山湖高新区创建省级人才发展改革试验区有序推进。2016年，引进高层次人才3000多人，其中中央“千人计划”专家10人，“万人计划”（国家高层次人才特殊支持计划）工作实现零的突破，省特支计划（广东省培养高层次人才特殊支持计划）人才5人，引进创新科研团队11个，引进创新创业领军人才11人、特色人才27人。“大众创新、万众创业”体制机制改革工作获评市“单打冠军”。（王康伟）

附：2016年中共东莞市委组织部主要领导名录

部　长：白　涛（任至12月）
　　　　郑　琳（12月到任）

2016年11月23日，2016东莞高层次人才活动周开幕

老干部工作

【老干部工作概况】 2016年，东莞市有离休干部（市直单位、镇属、转制企业、未转制企业）270人，易地安置离休干部27人，中央和省属单位离休干部23人，转制企业副处级以上退休干部85人，中华人民共和国成立前参加工作的老工人33人。东莞市关工委主任刘树基获得“全省关心下一代工作突出贡献奖”，东莞市关工委名誉主任李汉松获得“全省关心下一代工作荣誉奖”。

【老干部政治待遇落实】 2016年，东莞市坚持向老干部通报工作和征求意见，其中，2月5日，市委书记徐建华、市长袁宝成、政协主席李毓全、市委副书记姚康、市人大常委会常务副主任甄瑞潮、市委常委白涛等市领导在新春佳节来临之际，参加2016年东莞市老干部新春茶话会，与老干部亲切座谈，通报东莞市经济社会发展情况。坚持办好每季度老干部“学习论坛”，传达全国、全省离退休干部“双先”（先进集体、先进个人）表彰大会精神和全省老干部工作会

2016年，东莞市开展“同在莞邑”核心价值观进基层文化惠民活动

茶山镇超朗村核心价值观主题墙绘

虎门镇增设核心价值观公益广告

“致在外莞籍大学生的一封信”等活动，推介东莞市发展亮点；联合国际知名纪实媒体“探索”频道摄制大型纪录片《沉香珍品——莞香》，在“探索”频道的全球近10个自有频道、国内26家电视台播出。

拓展推介平台 围绕“莞马”、莞商大会、亚欧乒乓球对抗赛、海丝博览会等大型国际性活动，精心策划新闻热点，统筹整合宣传资源，向外推介创新东莞、活力东莞的城市形象；策划开展东莞城市名片网络话题推广活动，围绕“东莞制造”“东莞生态”“虎门销烟”“东莞篮球”“莞香”等五大城市名片，策划开展多种创意活动，借助网络新媒体力量推介东莞城市形象；依托公园、广场等窗口平台，组织创作“影响中国的东莞人”大型群雕和东莞市改革开放先行先试等“东莞十大行动”文化陶瓷等人文艺术景观，传播东莞城市形象。

强化联动协作 主动挖掘转型升级、文化建设、生态保护等方面的亮点，策划各类主题宣传活动，积极向外推介，形成强大的外宣合力，其中，东莞公共外交协会主办首届“东莞故事”演讲比赛，市旅游局征集评选东莞城市旅游歌曲、旅游口号，麻涌镇策划“香飘四季”“古梅乐韵”品牌活动等。

【文化效能提升】 2016年，东莞市推进国家公共文化服务标准化试点、国家数字文化馆试点、基层综合性文化服务中心示范点“三项试点”工作，建成启用东莞市民艺术中心，筹备成立东莞市劳动者文学创作基地。全年完成公益演出1129场，公益培训855场，公益电影9849场，受惠群众达320多万人次。

【文化项目推进】 2016年，东莞市完成文化产业和文化精品两个专项资金申报评审，13个文化产业项目获得补助资金2171万元；370个文化精品项目获得扶持（奖励）

资金1684.65万元。完成第三批市级文化产业园区（基地）、重点文化企业认定工作，指导园区及企业共同发起成立“东莞市文化产业发展促进会”。文艺精品涌现，开展2016年度“艺起来——东莞文艺名家推广计划”，邀请国内一流编导拍摄大型历史题材电视剧《袁崇焕》，联合承制的电影《击战》在全国公开上映，原创曲艺作品快板书《羊续悬鱼》获得第十一届中国艺术节“群星奖”，东莞本土历史题材音乐剧《虎门销烟》在全国50多座城市巡演100多场。在2016年第十届广东省少儿艺术花会上金奖数量和奖牌总数蝉联全省第一名。

【历史名城品牌提升】 2016年，东莞市挖掘和活化深厚的历史文化资源，深化“影响中国的东莞人”和“东莞十大行动”系列宣传活动，出版长篇纪实报告文学《东江纵队》，启动拍摄《东莞风华》历史文化系列纪录片第二部《却金亭碑》，依托黄旗山城市公园建设名人名史文化主题公园，推进国家历史文化名城申报工作，实施文物保护利用工程、城市历史文化特色强化工程，打响东莞名人名史和改革创新文化品牌。

【文明创建“补短板、促提升”行动】 2016年，东莞市开展文明创建“补短板、促提升”行动，全面实施精神文明建设水平提升、城镇规划建设管理水平提升、社会民生建设水平提升、市民文明素养提升等“四大提升工程”，并细化为“十大专项行动”，由市委市政府班子成员分工负责抓落实，实现全域推进、落到基层，在全市范围内掀起文明创建热潮，通过开展全面治理、美化城乡面貌、加强城市管理，解决一批“老大难”问题，市、镇、村面貌焕然一新。深化核心价值观建设，核心价值观“活化”工作取得新成效。

推进友善之城、好人之城、志愿之城、希望之城和“书香东莞”建设，提升社会文明程度和市民文明素养。2016年，东莞市以前所未有力度推进基层文明创建“补短板促提升”，取得阶段性成效，得到中央文明办和省文明办肯定。

【社会主义核心价值观建设】 2016年，东莞市深化社会主义核心价值观建设，突出公益宣传的覆盖面和到达率，增设核心价值观等公益广告20.57万块，公益广告比例达30%以上。开展核心价值观主题演出“进社区、进企业、进军营”和“书画楹联进百园”等活动，223个村（社区）增设专题宣传项目。开展“同在莞邑”核心价值观进基层活动近千场，优秀原创公益广告、“名城名匠”评选、“好家风好家训”征集等活动引起良好社会反响，核心价值观“活化”工作取得新成效。

【文明创建品牌打造】 2016年，东莞市推进友善之城、好人之城、志愿之城、希望之城和“书香东莞”建设，提升社会文明程度和市民文明素养。实施“友善之城”8大行动26项举措，塑造友善包容的城市品格。完善典型选树体系，2016年产生5名“中国好人”、10名“广东好人”、189名东莞好人，1户家庭入选首批“全国文明家庭”。推出创新型社区志愿服务示范点、志愿爱心集市、“尚善365”等品牌项目。开展“扣好人生第一粒扣子”“向国旗敬礼”等主题教育实践活动，丰富青少年精神文化生活。推进全民阅读，推广掌上阅读，提升市民文化素养。（吴建勋）

附：2016年中共东莞市委宣传部主要领导名录

部　长：潘新潮（任至12月）
　　　　杨晓棠（12月到任）

统一战线

【统战工作概况】 2016年，东莞市统战系统学习贯彻《中国共产党统一战线工作条例（试行）》，围绕市委、市政府中心工作，提升统一战线工作水平，发挥统一战线服务大局能力。市委统战部先后获评2016年度工作优秀市直单位、全市督查工作先进单位、全市保密工作先进单位，获评全省统战信息工作先进单位。在全省统战理论政策研究创新成果评选中，东莞市获二等奖1篇、三等奖1篇、优秀奖2篇。

【民主党派和党外知识分子工作】 2016年，东莞市建立健全政党协商工作机制，完善市镇两级党委（党组）成员与民主党派、无党派人士结对交友和定期交流制度，根据中央《关于加强社会主义协商民主建设的意见》精神，制定东莞市的实施意见。在全省率先完成东莞市各民主党派换届，选举产生新一届市委会领导班子。召开市委主要领导与各民主党派市委会的新老领导班子成员座谈会，加强对话沟通、凝聚政治共识，确保7个民主党派实现政治平稳交接。推动市知识分子联谊会从组织架构、会员结构、管理制度等方面“转型升级”，在条件成熟的镇街建立党外知识分子联谊会组织。发挥民主党派人才荟萃的优势，开展社会服务，推动和支持“一党派一品牌”建设。

【非公有制经济统战工作】 2016年，东莞市委书记吕业升、市长梁维东率市几套班子到市工商联、东莞世界莞商联合会调研，与企业家代表座谈交流，构建“亲”“清”新型政商关系，表明党委政府对非公有制经济的重视支持，稳定发展信心。支持非公有制经济代表人士参政议政，鼓励工商联界别的人大代表、政协委员在市“两会”上提出意见建议；市委、市政府多次就重大事项、重要政策征求非公有制经济代表人士意见；畅通市镇两级工商联向各级党委政府提出意见建议渠道，加强情况对接和落实反馈机制。开展以守法诚信为重点的非公有制经济人士理想信念教育实践活动、法律宣讲活动，组织镇街工商联主席（会长）开展扶贫光彩行活动。实现镇街工商联组织全覆盖，严格按照要求开展非公有制经济代表人士综合评价，推动全市32个镇街工商联全部完成换届。加强党委对工商联工作的领导，2016年东莞市首次推动镇街统战委员兼任镇街工商联党组织的主要负责人。

【港澳台海外统战工作】 2016年，东莞市推动港澳莞籍社团建设，至年底，全市各镇街基本成立村级同乡分会，数量达450余个，在册乡亲会员数、乡亲信息数增加192%、226%，居全省第一位。由市委统战部统筹协调、相关部门配合开展形式多样、内容丰富的恳亲、观光及座谈联谊活动，联络旅港、旅澳乡亲达2万余人。促进莞台经贸合作和文化交流，创新对台宣传形式，特别是利用新媒体优势增强入岛宣传的效果，提升东莞市在台湾岛内的城市形象。加强对海外统战工作的统筹谋划，发挥市海外联谊会、东莞世界莞商联合会、市侨联归国留学人员联谊会等组织的纽带、平台作用，做好港澳台侨人心回归工程，尤其是青少年工作。

【全市统战工作会议】 2016年2月2日，东莞市召开全市统战工作会议，传达全国、全省统战部部长会议精神和市委书记徐建华对全市统战工作的指示精神，研究部署2016年全市统战工作。市委常委、统战部部长李小梅在讲话中强调，全市各级统战干部要认清形势，明确目标，切实把思想和行动统一到中央、省委和市委的决策部署上来。要依据《统一战线工作条例》要求，提升统战工作制度化、规范化、科学化水平，巩固和发展最广泛的爱国统一战线，为东莞市强化“两个支撑”、力争“三个走在前列”，加快实现高水平崛起作出积极贡献。

【广东台湾研究中心东莞理工学院台湾研究所揭牌成立】 2016年，东莞市加强统一战线智库平台建设。4月21日，广东台湾研究中心东莞理工学院台湾研究所在东莞理工学院揭牌成立，成为东莞市首个涉台研究智库平台。广东省台办主任陈国兴、东莞市副市长杨晓棠出席揭牌仪式并致辞。

【中共中央统战部调研检查组到东莞市检查统战工作】 2016年9月5日，中共中央统战部五局局长张天昱带领中央第十四调研检查组到东莞市，开展贯彻落实中央关于统一战线一系列重大决策部署实地调研检查，召开东莞市委统战工作汇报会和东莞市港澳台海外统战工作座谈会。受市委书记吕业升委托，市政协主席、市委统战部部长李小梅代表东莞市委向中央第十四调研检查组做工作情况汇报。张天昱听取汇报，肯定东莞统战工作的经验做法和积极成效。

【莞商大会】 2016年9月7日至8日，“2016世界莞商大会”在东莞市举行。广东省委常委、统战部部长林雄，中央驻港联络办副主任杨健，省政协副主席林木声，东莞市委书记吕业升，市委副书记、市长梁维东，市政协主席、市委统战部部长李小梅等领导，东莞世界莞商联合会会员，海内外莞商代表，省内外友好工商联和商会代表，境内外媒体约1300人参加。本届大会以“共迎新格局·智造新东莞”为主题，组织举办世界莞商联合会第六次会员大会、世界莞商资本峰会、市政府欢迎晚宴暨世界莞商联合会第二届理事会就职典礼、2016世界莞商大会、举行“世界莞商之家”项目动土仪式、镇街考察恳亲联谊等一系列活动，向海内外莞商展示东莞优越的营商环境和蓬勃的经济活力，提升东莞城市形象和莞商美誉度。

【东莞市各民主党派负责人暑期座谈会】 2016年9月20日，东莞市各民主党派负责人暑期座谈会在东莞市社会主义学院举行。市政协主席、市委统战部部长李小梅与各民主党派、无党派人士座谈，通报2015年暑期座谈会上各民主党派所提意见的办理情况，听取各民主党派、市知联会工作情况和对统战工作的意见建议。市几套班子领导与各民主党派、无党派人士座谈，市委常委、常务副市长张科通报2016年全市经济社会发展情况。各民主党派、无党派人士围绕“为东莞构建开放型经济新体制建言献策”主题发表看法、提出建议。市委书记吕业升听取各民主党派、无党派人士的建议后，就推进全市政党协商、多党合作工作对各民主党派、无党派提出四点意见：把握正确方向、筑牢思想基础，始终做到同心同行；围绕全市大局、找准着力方位，主动服务改革发展；积极发挥优势、广泛凝聚力量，促进社会和谐善治；加强自身建设、增强整体素质，提高履职能力。

（孙振兴）

附：2016年中共东莞市委统战部主要领导名录

部　长：李小梅

政策研究

【政策研究概况】 2016年，东莞市委政研室强化宏观谋划和政策研究，统筹推进深化改革，完成各项工作任务，被评为2016年度市直单位工作优秀单位。全年起草重要政策文件、调研报告、工作汇报累计130多份，组织参与调研活动60多场次，组织承办省市有关改革、大调研等主题重要会议100余场次，推动市委改革领导小组审议改革文件（汇报）31份，办理来文来函近1450份。全年获市领导批示264件（次），其中市委书记批示112件（次）。

【宏观谋划和政策研究】 2016年，东莞市委政研室完成对东莞市在更高起点上实现更高水平发展的内涵研究、东莞经济转型课题研究、村镇工业区转型、“互联网+政务服务”改革等课题的调查和研究。牵头起草《松山湖园区与周边镇街合作发展的利益平衡问题研究》《关于东莞市“三旧”改造推进情况的调研报告》《镇村土地厂房统筹开发利用的情况报告》《构建开放型经济新体制大调研的情况综述》《东莞市水生态三期截污次支管网建设工程投融资实施方案》等一系列调研报告和政策文件。与广州大学合作编写“东莞经济发展蓝皮书”。

完成“东莞突围”专题辅导报告，系统谋划未来五年的发展方向和工作重点。牵头起草《东莞市委市政府关于以供给侧结构性改革为统领　推动在更高起点上实现更高水平发展十大行动计划系列文件》，阐释东莞市在更高起点上实现更高水平发展的新机制、新路径、新政策。牵头起草2016年市委一号文《中共东莞市委关于深入推进“三个走在前列”的实施意见》，提出从结构调整、简政放权、城市治理、生态治理和社会治理等五大方面率先改革突破，力争形成引领经济发展新常态的体制机制。

起草市委经济工作会议上的市委书记讲话。起草修改市委十三届八次全会报告、《中共东莞市委关于以供给侧结构性改革为统领　推动在更高起点上实现更高水平发展的意见》及其说明稿、全会决议、总结讲话和主持词等文件。为起草市第十四次党代会报告提供丰富素材，参与党代会报告的研究讨论和征求意见，解读党代会报告精神，起草《关于党代会报告若干问题解读新闻素材》。承办全省基层改革创新工作交流会，准备东莞市经验介绍发言稿、把关东莞市改革亮点材料，协助省委改革办做好会务。完成市委的群团工作会议筹备，会同市委办、市委组织部等部门形成《中共东莞市委关于加强和改进党的群团工作的实施意见》，还承担该实施意见的说明稿、总结讲话稿等材料起草，并协助市委办组织召开会议，做好现场会务等。

【构建开放型经济新体制大调研活动】 2016年，东莞市委政研室组织开展构建开放型经济新体制大调研活动，协助市委先后组织召开大调研动员会、阶段性成果汇报会、市委常委会（扩大）会议和大调研总结会等18场高规格会议，并牵头完成打造法治化国际化营商环境课题，大调研形成8份高质量的主报告和51份子报告，梳理出东莞市发展面临的70多个重点难点问题，提出一系列具有针对性和可操作性的对策建议，最终整理形成《东莞突围——东莞市构建开放型经济新体制大调研成果汇编》丛书一套7本。

【政研刊物编印】 2016年，东莞市委政研室在明晰各刊物服务定位基础上，提升编印质量，提高办刊水平。编印《东莞调研》4期、《决策参考》10期、《政策预研》8期；刊发《东莞改革工作简报》46期、《东莞改革工作专报》21期、《改革精神快报》29期、《政策动态》47期，市领导共批示12次，省委改革专报采用东莞市专报4期。

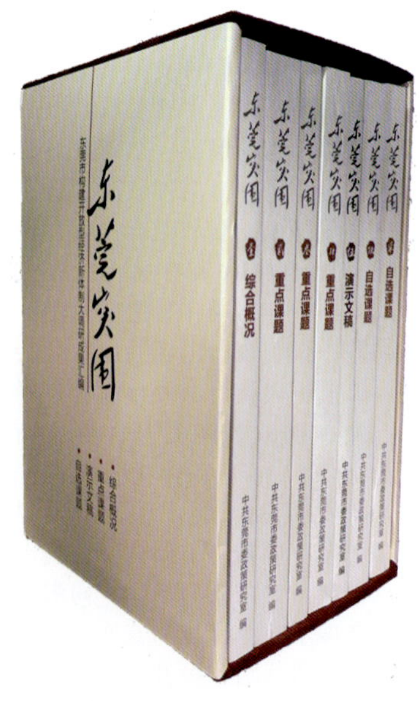

《东莞突围——东莞市构建开放型经济新体制大调研成果汇编》

【政研交流】 2016年，东莞市委政研室先后接待中财办调研农业转移人口落户城镇、中国国际经济交流中心调研构建开放型经济新体制、省委改革办调研公立医院改革和专业镇发展、省委政研室考察社会建设、生态建设等。加强与兄弟省市交流，主动学习外地先进经验，积极推介宣传东莞，接待宁夏、江西、江苏宜兴、浙江衢州、绍兴、广州、佛山、中山、珠海等兄弟省市来东莞市调研52场次；先后牵头或参与赴北京、浙江、佛山、中山等兄弟省市考察10多次，专题学习专业镇建设、跨境电商、“互联网+行政服务”等改革经验并形成有关调研报告。

【一门式一网式政务服务模式改革】 2016年，东莞市委政研室推动一门式一网式政务服务模式改革，筹备召开全市推进“互联网+政务服务”暨一门式一网式改革和推进简政放权放管结合优化服务改革会议，出台并推动《东莞市实施一门式一网式政府服务模式改革工作方案》的落实，逐步整合部门分设的办事窗口和审批服务系统为综合服务窗口和网上统一申办受理平台，实现“一门集中、一网受理、一窗通办”。

【企业登记注册“一网通”改革】 2016年，东莞市委政研室推动实施企业登记注册“一网通”改革，巩固和扩大“多证联办”改革成果，企业获得加载统一社会信息代码的营业执照后，登记注册环节所需办理的企业税务登记等其他备案业务，均可在网上办事大厅一站式、全流程办理完毕，实现办证、取证“零跑动”，超过1.95万家企业和个体户完成登记备案。

【网上办事大厅建设】 2016

年，东莞市委政研室推动网上办事大厅服务效能全面提升，对接全省统一身份认证平台，出台《2016年东莞市网上办事大厅建设工作方案》，完善企业专属网页和市民个人网页建设，加快网上办事大厅手机版开发，规范办事过程数据报送，加强网上办事大厅运行管理和自检，提升网上办事效能，实现98%的行政审批事项到现场办理次数不超过1次，44.4%的事项零跑动，上网办理率99.81%，相关指标均位于全省前列。

【跨境电商体制机制构建】2016年，东莞市委政研室以市跨境电商中心园区规划建设和创新发展为重点，推动实施项目建设、通关监管、人力资源、市场培育等改革，初步构建起支撑东莞跨境电商加速发展的体制机制。

协调国家部委批准建设东莞国际邮件互换局（交换站）并推动项目落户中心园区，该项目被列为2016年构建开放型经济新体制综合试点试验主要亮点，并被确定为市重大预备项目。协调关检部门建设跨境电商“单一窗口”和实施东莞特色的“三互”大通关改革，将企业申报数据由389项合并为119项，压减查验时间和通关费用五成以上；协调外汇部门完成“全省第一笔”超5万美元个人贸易结汇，拓宽跨境电商收结汇渠道。为掌握产业趋势，对764家工厂开展实名大调查，并报请市政府修订电商发展实施意见、出台跨境电商提速发展方案等；通过招引培育谷歌、环球易购等领军企业，推动松山湖高新区、虎门镇、凤岗镇等镇街（园区）集聚特色优势；通过举办第三届东莞跨境电子商务O2O外贸交易会，推动构建服务跨境电商需求的物流、供应链、金融和展会等综合服务体系。筹备第二届全国大学生跨境电子商务创新创业大赛，全年推进500场跨境电商公益培训，加速提升全市跨境电商人才质量。

【智库建设】2016年，东莞市委政研室先后邀请徐诺金、王辉耀、汤敏等顾问来东莞市开展课题研究、建言献策，及时将徐诺金撰写的《供给侧结构性改革与新供给经济学》、王辉耀撰写的《国内人才政策动态给东莞的启示》、汤敏撰写的《“莞式慕课”试点报告》等研究成果呈报市领导参阅，为东莞市经济社会发展和创新社会治理等提供政策储备和咨政服务。收集整理有关新型智库建设资料，研究起草成立东莞市决策咨询顾问委员会方案，开展市长经济顾问办改组换届工作，建设东莞新型智库，提升党委政府科学决策水平，为东莞市实现更高水平发展提供强大智力支撑。（市委政策研究室）

附：2016年中共东莞市委政策研究室主要领导名录

主　任：叶淦奎

机构编制

【机构编制概况】2016年，东莞市机构编制委员会办公室落实《东莞市控编减编工作方案》，对全市编制实行总量控制，控制机构编制规模，行政编制、政法专项编制等省下达的编制按照有关要求规范使用，事业编制没有突破2012年的管控基数，普通聘员指标比上年有所减少。在保持总量平衡的前提下，推动盘活资源、优化配置，做好机构编制保障。

2016年10月9日，东莞市构建开放型经济新体制大调研成果汇报会召开

【社会综合治理机构编制保障】2016年，东莞市在优化市委政法委（挂市综治办牌子）内设机构的基础上，将市委全面依法治市工作领导小组办公室调整设置在市委政法委，将市新莞人服务管理局承担的出租屋服务管理职能划转至市委政法委，将市社工委并入市委政法委，实行“一个机构、两块牌子”的一体化运作，并相应调整镇街社工委的机构设置。在市政法信息中心加挂市网格管理中心牌子，在各镇街新莞人服务管理中心加挂网格管理中心牌子，加强全市网格管理工作力量。

【污水治理机构编制保障】2016年，东莞市将原由东莞市水务局承担的生活污水和水域水污染治理职责、污水处理工程建设监管职责，分别划入市环境保护局和市住房和城乡建设局，理顺污水治理职责。撤销市水务局的水污染治理科和市水务工程建设运营中心的项目规划科、项目营运科、污水处理费征收科，并从东莞市水务局和水务工程建设运营中心，连人带编划转部分编制到市环境保护局和市环保产业促进中心，加强污水治理工作力量。

【公共服务机构编制保障】2016年，东莞市成立市第九人民医院，将东莞市石龙博爱医院更名为市第八人民医院，由直属石龙镇政府管理调整为市直属管理，充实市公益医院序列；在市第八人民医院等专科医疗优势明显的医院加挂牌子，加强临床重点专科建设；调剂增加东莞理工学院、东莞技师学院、外国语学校等学校的编制，创新模式组建东莞市东城虎英小学，加强教育事业发展保障。

【农业执法机构编制保障】2016年，东莞市整合分散在农业系统内部的行政执法职责，在市农业局设立综合行政执法科，加挂农业综合行政执法支队牌子，集中承担农业领域综合行政执法职责。

【政务服务管理机构组建】2016年，东莞市整合市行政服务管理办公室和市电子政务办公室，组建市政务服务办公室，并在各镇街（园区）设立政务服务中心。

【事业单位分类改革】2016年，东莞市重新明确市机关事务管理局等8个事业单位为行政类；剥离市林业科学研究所经营性业务，将市林业科学研究所从公益二类调整为公益一类，明确为公益科研性质。

【事业单位转企业改革】2016年，东莞市冻结经营服务类事业单位的编制使用，采取只出不进模式管理，完成市产权交易中心、市林业种苗服务中心、市公路桥梁开发建设总公司的转企业改革。

【法人治理结构探索】2016年，东莞市继续探索事业单位法人治理结构，增加市可园博物馆为试点，印发《东莞市可园博物馆法人治理结构改革工作实施方案》，完成市可园博物馆理事会的筹建工作。

【统一社会信用代码制度改革】2016年，东莞市全面完成事业单位赋码工作，实现事业单位的“三证合一”，把原事业单位法人证书、组织机构代码证、税务登记证，换为加载有统一社会信用代码的新版事业单位法人证书，不再办理组织机构代码证、税务登记证。

【网上名称管理】2016年，东莞市推进机关事业单位政务和公益专用中文域名注册和网站开办审核及挂标工作，全面完成上级制定的各项指标任务，其中中文域名注册2000余条，覆盖率达100%。

【镇级权责清单编制完成】2016年，东莞市机构编制委员会办公室选取长安镇、茶山镇、松山湖高新区、南城街道分别作为中心镇、非中心镇、园区和街道行政职权事项编制的试点单位，探索镇级权责清单制度，促使市政府于6月公布《东莞市镇人民政府（街道办事处、园区管委会）权责事项通用目录》，梳理公布镇级行使的各类职权3685项。

【行政审批标准化建设】2016年，经市政府同意，东莞市推进职能转变协调小组办公室出台《关于东莞市全面开展行政审批标准化工作的通知》，组织各职能部门全面完成行政许可事项的标准化编制、审查和录入。

【行政许可事项目录管理】2016年，东莞市机构编制委员会办公室加强行政许可事项目录管理，对接《广东省行政行可事项通用目录（2016年版）》，组织全市各有关部门更新规范行政许可保留目录，出台《东莞市行政许可事项目录（2016年）》，保留行政许可事项418项。

【中介服务清理规范】2016年，东莞市机构编制委员会办公室对照国家第一批、第二批和广东省第一批清理规范行政审批中介服务事项目录，对东莞市行政审批中介服务事项进行全面梳理，促使市政府于7月印发《东莞市人民政府关于第一批清理规范35项市政府部门行政审批中介服务事项的决定》，清理规范中介服务事项35项，涉及9个部门。（黎北杰）

附：2016年东莞市机构编制委员会办公室主要领导名录

主　任：祁达洪

机关党建

【机关党建概况】2016年，东莞市直属机关工委直管党组织92个，其中党委57个、党总支11个、党支部24个；所辖基层党组织1171个，其中党委74个（含二级党委17个）、党总支69个、党支部1028

个。机关党员累计23354名。

【机关“两学一做”学习教育】 2016年，东莞市直属机关工委开展一周一读、一月一讲、一季一研讨、一年一评议等“四个一”活动，印发“两学一做”（学党章党规、学系列讲话，做合格党员）学习笔记本2.3万本，组织机关党员全面通读和手抄党章党规，760名机关党员领导干部带头讲党课，带动3300多名机关党支部书记和普通党员上“微党课”，听课党员达12.3万人次。各单位推送113堂党课参加机关优秀“微党课”视频评选。开展“如何做合格党员”主题征文活动。举办党支部书记“两学一做”专题培训班，对机关1000多名党支部书记进行全员集中培训。“七一”前后，组织东莞电视台、《东莞日报》等媒体对11个机关服务型党组织示范点和10名优秀党员服务之星先进事迹进行集中宣传，开展“党员风采　身边感动”主题演讲活动，传递机关党组织和党员正能量。

【机关党建“四个专项排查”】 2016年，东莞市直属机关工委落实中央部署基层党建重点任务，在机关党组织中开展党员组织关系、党组织按期换届、党代会代表和党员违法违纪、党费收缴情况等4个专项排查，机关572名空挂、失联和口袋党员得到妥善处理或纳入组织管理，排查出未按期换届的基层党组织年内基本完成换届，党代表和党员违法违纪未处理问题全部解决，党费补缴工作全面完成。

【机关党支部标准化建设示范点创建活动】 2016年，东莞市直属机关工委制定《东莞市市直机关党建标准化建设实施方案》，明确机关党支部建设8个方面30项标准，开展机关党支部标准化建设示范点创建工作，培育、命名市委、市政府接待办党支部等8个示范点和市经信局无线电监测站党支部等10个优秀创建单位。

【机关党务信息管理系统首期建成启用】 2016年，东莞市直属机关工委机关党务信息管理系统首期建成启用，健全机关党建工作目标考评表，将党建工作分解成36项进行量化具化，定期评价考核。

【机关党建融入、服务大局】 2016年，东莞市直属机关工委突出机关党建融入和服务改革发展大局主题，开展“提升机关党建服务力”“强化机关党建责任”专题调研，被纳入省直工委课题项目；探索“党建搭台、业务唱戏”新理念、新路径、新方法，并作为市直工委“书记项目”推动。连续3年持续推进服务型党组织建设，建成95个服务型党组织示范点，以示范点为突破口，推动机关建立完善服务制度举措，推动解决审批窗口办事难等问题。

【机关党员主题志愿服务】 2016年，东莞市直属机关工委抓好常态化的志愿服务机制构建，开展主题志愿服务工作培训，牵头举办5场“文明创建同参与，机关党员当先锋”主题志愿服务活动，近千名机关党员志愿者对市文明创建工作进行宣传和示范引领；各机关党组织开展专题志愿服务活动100多场。

【机关工作技能大赛】 2016年，东莞市直属机关工委举办“立足岗位建新功，先锋服务促发展”机关工作技能大赛，83个单位提交服务发展“金点子”、工作创新“微举措”、服务创优“精品牌”参赛作品223个，36个作品进入全省参评方阵，其中市直工委“创设‘东莞机关党员服务微平台’，进一步推动全面从严治党向基层延伸、扩大实效”、市区第二检察院“全省率先创建‘驻派出所检察官办公室’”、东莞航道局“采用激光感知融合技术，创新航道通航保障模式”等3个作品获评省优秀作品奖。

【机关党员队伍管理】 2016年，东莞市直属机关工委首次以召开述职评议会的形式对市直机关党组织书记开展述职评议，95个机关党组织书记评议获80%以上“好”等次的有23人，“好”和“较好”评价合计占98.9%，通过述职评议提高“书记抓党建、党建抓书记”的第一责任人意识。实施机关党建“书记项目”（109个），推动党组织书记带头履职尽责落到实处。强化班子管理，指导完成8个直管党组织换届、22个直管党组织班子调整、10名专职副书记提任；实行分层次分类别培训，举办机关党组织书记“从严治党”专题培训班、专职副书记能力提升培训班、党务干部基础业务培训班、入党积极分子和新党员培训班等，有5000多人次参加培训。严格党员发展，把好入口关，注重加强党员的培养教育和考察，发展党员936名。开展党员基本信息普查，机关党员信息全面采集、全部更新。

【政风行风评议推进】 2016年，东莞市直属机关工委推进政风行风评议，增添“走进机关”“阳光考评”测评手段；对市教育局、市科技局、市环保局和市水务局等4个重点评议单位开展综合测评，邀请办事群众代表走进机关，征求意见建议355条、受理群众投诉1.8万件，解答问题率达100%；32个有行政审批权的市直单位（网上）办事大厅获得群众“基本满意”以上评价115.5万条，满意率达99%。做好“阳光热线”工作，安排39个单位参加46期直播节目上线，群众满意度为89.6%；做好问政平台信访件处理，受理群众咨询投诉2.08万件，群众满意度为84.83%。（陈泽鑫）

附：2016年中共东莞市直属机关工作委员会主要领导名录

书　记：黄　薇

党校工作

【干部培训轮训概况】 2016年，中共东莞市委党校（东莞市行政学院、东莞市社会主义学院）完成计划内主体班76期6052人次，其中，培训市直处级领导干部254人次，镇街领导干部217人次，科级干部1071人次，其他干部4510人次。协助省、市有关部门和兄弟党校举办各类培训班57期8191人次。网络学院完成18期约1.2万人次的在线培训及1次全市公务员学法在线考试。

【党校教学】 2016年，中共东莞市委党校突出主业主课，党的理论教育和党性教育在各主体班教学总课时中均占到70%以上，其中，党性教育在中青年干部培训班中占1/3，特别是结合干部成长的关键节点，在新任市管干部培训班、军转干部岗前培训班、科级公务员任职培训班等班次，有针对性地系统开展党史国史、廉政建设、作风建设和理想信念教育，年内，新设28个专题，每门新课均通过试讲后进入课堂。

推进领导干部到党校上课制度化，邀请市委书记吕业升、市长梁维东等市领导，省委党校常务副校长杨汉卿等上级党校领导给干部学员作报告，相关镇街、市直部门领导也走进党校为干部学员上课。按照加强干部党性教育的新要求，新开拓重庆红岩、河南大别山、兰考等红色教育基地。推进“互联网+”干部教育培训，打造东莞市干部培训云课堂手机APP教学平台。定期举办公开课，全年举办6期公开课，并组织交流讨论，促进教师共同学习提高。推动精品课建设，按照评选规则和程序，评出“东莞经济发展情况及转型升级探索”等7个精品课。出台《关于加强与改进教学工作的意见》《关于规范现场教学工作的意见》《专题研讨班教研部负责制实施办法（试行）》等教学制度，为深化教学改革、提高培训水平强化制度保障。创新运用云课堂手机APP主体班考勤，强化学员临时党支部建设，规范教学评价，改进集体备课和新课试讲，提高教学教务管理水平。

【党校科研资政】 2016年，中共东莞市委党校取得科研成果114项，其中省级以上成果47项，发表理论文章39篇，7项成果获得省市级奖励，部分资政报告获得市领导的肯定性批示批转。

加强基础性课题研究，紧扣教学重点，开展“东莞基层党员干部作风建设常态化机制”等13个一般教学专题研究，推动研究成果进课堂、进头脑、进教材。聚焦市委市政府中心工作和经济社会发展重大问题，开展“东莞国家高新技术企业发展研究”等5项校内重点课题研究，发挥科研资政服务作用。按照市“构建开放型经济新体制”大调研有关部署，牵头市教育局、市环保局等7个市直部门，完成“提高公共服务供给水平和质量”重点课题研究任务，研究成果得到市委市政府主要领导的充分肯定。完成《东莞基本公共服务供给现状、主要问题和对策》《东莞镇街城市管理现代化问题与对策》课题研究。推进“习近平共同价值思想研究”课题攻关，该项课题得到中央党校、省委党校的指导，并作为子课题被省委党校纳入到国家社科基金项目课题；汇编《习近平关于共同价值思想与实践论述摘编》，成果得到中央党校、省委党校领导和市领导的肯定。完成中组部党建所委托的“十八大以来党的反腐倡廉建设成就与经验研究”“中国特色党建智库建设现状与经验研究”2项课题研究任务，研究成果得到相关专家的肯定。与省委党校、加拿大卡尔加里大学联合举办“社会政策与社区社会工作”国际学术交流会。举办“大数据时代与东莞产业转型发展”等3场文化沙龙活动。与广东省中国特色社会主义理论体系研究中心签订合作协议，建立东莞党校研究基地；与中央党校报刊社签订战略合作协议书。出版《莞邑论坛》4期和《东莞市情研究》6期，汇编《探路——东莞全面深化改革系列问题路径研究（三）》《2016年度论文集》。

【党校理论宣讲】 2016年，中共东莞市委党校配合东莞市委开展“两学一做”学习教育，安排骨干力量面向基层干部群众进行理论宣讲43场次，开展“学习党的十八届六中全会精神”等宣讲活动53场次；廉政教育基地接待83批2556人次前来参观学习，发挥出理论宣传阵地和党性锻炼熔炉的作用。

【东莞社会建设研究院】 2016年，东莞社会建设研究院开展课题研究，累计承接市有关部门、镇（街）课题项目9项。推进研究成果转化，《多元共治推动基层社会治理精细化》在《理论动态》（2065期）刊登发表；资政报告《深化多元共治格局 破解基层治理难题》报送市主要领导和相关单位作决策参考。承办5期社会建设人才培训班，其中2期是惠州市大亚湾区、广东中烟公司等市外地区、部门委托的培训班，培训业务拓宽。《东莞社会建设研究》（专刊）和《东莞社会建设创新案例》（第一辑）作为会议资料发至市“两会”代表和委员，获得良好的社会反响。

【全市党校工作座谈会】 2016年底，中共东莞市委在党校召开全市党校工作座谈会，贯彻落实全国、全省党校工作会议精神。市委书记吕业升出席会议并作讲话，对加强和改进全市党校工作提出明确要求，提供重要指引。会议提出，市委党校要围绕中心、服务大局，解放思想、改革创新，努力把党校建设成为高素质干部培养基地、高水平理论研究基地和高层次决策咨询基地，力争建成全国一流地市级党校。会议要求，全市党校要始终坚持“党校姓党”根本原则，突出抓好主业主课，提升党校发展建设水平；各级党委要全面加强对党校工作的领导。

【东莞市干部培训云课堂】2016年，中共东莞市委党校推进“互联网+”干部教育培训，与市委组织部、市委统战部、市人大资源局联合打造东莞市干部培训云课堂手机APP教学平台，邀请市长梁维东等领导进行揭幕，注册3.7万个学员账号，购买和自制约2000门微课程，启用后累计近190万人次登录学习。（莫淦坤）

附：2016年中共东莞市委党校主要领导名录

校　长：白　涛（任至12月）

　　　　郑　琳（12月到任）

东莞市人大代表大会

人大重要会议

【东莞市十五届人大七次会议】2016年2月24—27日，东莞市十五届人大七次会议在市会议大厦举行。会议听取、审议和批准东莞市人民政府工作报告；审查和批准东莞市国民经济和社会发展第十三个五年规划纲要；审查和批准东莞市2015年国民经济和社会发展计划执行情况与2016年计划草案的报告及2016年国民经济和社会发展计划；审查和批准东莞市2015年预算执行情况和2016年预算草案的报告及2016年预算草案；审议和通过《东莞市制定地方性法规条例》；听取、审议和批准东莞市人民代表大会常务委员会工作报告；听取、审议和批准东莞市中级人民法院工作报告；听取、审议和批准东莞市人民检察院工作报告。会上选举杨靖波、陈锡江为市人大常委会副主任，何跃沛为市人大常委会秘书长。大会通过东莞市第十五届人民代表大会财政经济委员会主任委员、副主任委员和委员的人选。表决通过关于《进一步做好垃圾处理 推动我市人居环境改善的议案》的决议，会议收集代表建议（含议案转建议）138件，经综合整理后交市政府办理。

【东莞市十五届人大八次会议】2016年5月12日—13日，东莞市十五届人大八次会议在市会议大厦举行，会议选举梁维东为东莞市人民政府市长。

2016年东莞市人大常委会机构设置

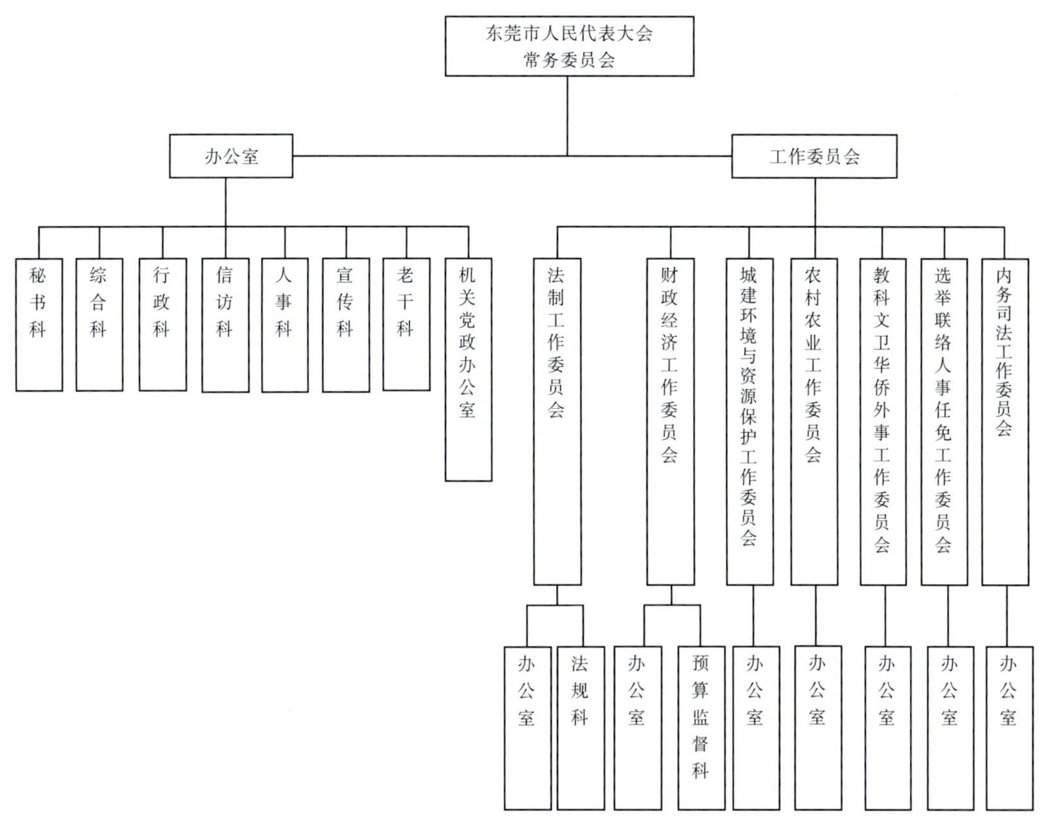

东莞市人大十五届七次会议建议办理情况

案号	建议标题	代表	主办单位	办理情况	沟通情况	代表满意度
1	关于加快推进市内道路交通“微治理”的建议	陈　剑	交警支队	A	座谈	满意
2	关于加强英语特色教育提升学生国际交流能力的建议	莫雪云	教育局	B	电话、座谈、信函	满意
3	关于尽快制定出租屋安全管理实施细则　保障居民人身财产安全的建议	罗文洲	住建局	B	电话	满意
3	关于尽快制定出租屋安全管理实施细则　保障居民人身财产安全的建议	罗文洲	市委政法委	A	信函	满意
4	关于完善社区居民医疗保障制度的建议	邓贺球	社保局	B	信函	满意
5	关于依托散裂中子源项目推进我市科技创新的建议	胡浩举	发展和改革局	A	信函	满意
6	关于优化生态环境　推进绿色发展的建议	胡浩举	环保局	B	电话	满意
7	关于尽快启动常虎高速虎门港支线建设和渡轮路升级改造的建议	蔡北星	交通局	B	信函	满意
8	关于加大水乡经济区水环境整治扶持力度的建议	袁国祥	水务局	A	电话	满意
9	关于加快我市建筑垃圾管理及综合利用的建议	黎雪贞	市城管局	B	电话	满意
10	关于加强出租屋和外来人口管理工作的建议	罗春辉	公安局	B	电话	满意
11	关于加强门前“三包”立法管理的建议	钟兆华	市城管局	B	电话	满意
12	关于加强我市适龄儿童牙齿保健措施的建议	汤松涛	卫生和计生局	B	信函	满意
13	关于优化虎门高铁站周边交通及设施的建议	李奎山	虎门镇	B	电话	满意
14	关于清理整治砂石堆场（含洗砂场）的建议	黄奇聪	水务局	A	电话、座谈、视察	满意
15	关于鼓励扶持村集体发展投资型经济的建议	蔡月艳	农业局	B	电话、座谈、信函、视察	满意
16	关于扶持水乡地区建设交易服务保障体系的建议	叶炯禧	水乡管委会	B	信函	满意
17	关于大力推进中外合作办学的建议	叶少芳	教育局	B	电话、座谈、信函	满意
18	关于加快我市跨境电商产业发展的建议	黄月娇	市委政研室	A	电话、座谈、信函、视察	满意
19	关于新兴产业和优质项目布局向水乡地区倾斜的建议	卢耀华	水乡管委会	B	信函	满意
20	关于通过龙头企业引导屠宰行业转型升级的建议	叶炯禧	农业局	B	电话、座谈	满意
21	关于大力扶持发展休闲农业与乡村旅游的建议	谭佩英	农业局	B	电话、座谈	满意
22	关于村民分户问题的建议	张耀洪	公安局	C	电话	满意
23	关于S255油甘埔段平交路口改为立交的建议	朱国和	公路局	B	座谈	满意

续表

案号	建议标题	代表	主办单位	办理情况	沟通情况	代表满意度
24	关于在虎门港立沙岛建设危化品专用停车场，加强危运车辆集中专业管理的建议	梁建华	虎门港管委会	B	电话	满意
25	关于加大支持谢岗镇开展石马河污染整治工作的建议	贾贵斌	水务局	A	电话	满意
26	关于支持银瓶山森林公园申请国家5A景区的建设	贾贵斌	旅游局	C	信函	基本满意
27	关于增加银瓶创新区城镇建设用地规模的建议	贾贵斌	国土局	A	座谈	满意
28	关于协助镇街建立电子商务协会的建议	贾贵斌	商务局	A	信函	满意
29	关于加强民办学校教师队伍建设的建议	贾贵斌	教育局	B	电话、座谈、信函	基本满意
30	关于我市优化居家养老服务、增进民生福祉的建议	洪　茜	民政局	A	信函	基本满意
31	关于打造东莞精准医疗产业基地的建议	温家慧	卫生和计生局	B	信函	基本满意
32	关于创建东莞国际医疗人才双创孵化基地的建议	温家慧	卫生和计生局	B	信函	基本满意
33	关于房管局公租房移交给属地管理的建议	王柏全	房管局	A	信函	满意
34	关于加大力度关爱失独家庭，让他们共享社会亲情的建议	冯锦笑	卫生和计生局	A	信函	满意
35	关于完善我市老年人乘坐公交车相关问题的建议	黎彩虹	民政局	B	信函	满意
36	关于加强养老护理员职业化、专业化的建议	黎彩虹	民政局	A	信函	满意
37	关于重新核定全市各镇街门牌号的建议	王柏全	公安局	B	电话	满意
38	关于进一步加城市环境卫生工作的建议	谭燕玲	市城管局	B	信函	满意
39	关于加快推进石马河综合整治的建议	管敏政	水务局	A	电话	满意
40	关于推动旧村改造进程的建议	李喜欢	三旧办	B	信函	满意
41	关于发展提升幼教事业的建议	马晓红	教育局	A	电话、座谈、信函	满意
42	关于完善接送站报批程序及后续管理问题的建议	陈小丽	民政局	B	信函	满意
43	关于申请社区综合服务中心建设免除镇财政配套投入资金的建议	陈小丽	民政局	B	信函	满意
44	关于加强水乡地区水环境生态修复与治理的建议	刘巨文	水务局	A	电话	基本满意
45	关于加快城际轨道建设速度的建议	陈佑荣	发展和改革局	B	电话	满意
46	关于撤销马尾水库附近工业区纳入水源保护区的建议	陈桂香	环保局	B	电话、信函	满意
47	关于市财政全额负担茅洲河整治资金的建议	蔡国栋	水务局	A	信函	满意
48	关于改善交通管理的建议	陈燕霞	交警支队	A	电话	满意

续表

案号	建议标题	代表	主办单位	办理情况	沟通情况	代表满意度
49	关于加强科技创新工作的建议	何绍田	科技局	A	电话	满意
50	关于加强区域协调发展的建议	何绍田	交通局	B	信函	满意
51	关于进一步加快推进长安新区开发建设的建议	陈佑荣	发展和改革局	A	电话、信函	满意
52	关于推动公共服务均等化的建议	陈燕霞	文化广电新闻出版局	B	信函	满意
52	关于推动公共服务均等化的建议	陈燕霞	教育局	B	电话、座谈、信函	满意
52	关于推动公共服务均等化的建议	陈燕霞	卫生和计生局	A	信函	满意
53	关于同步动工轨道交通1号线大朗湿地公园至黄江中心站段的建议	叶锦锐	发展和改革局	A	信函	满意
54	关于加快出台扶持政策及大力推进东南组团与深圳产业对接的建议	叶锦锐	发展和改革局	B	信函	满意
55	关于要求加快推进松山湖—黄江—深圳快速通道建设的建议	黄晓雯	交通局	B	信函	满意
56	关于改善我市公交经营环境的建议	黄伟庭	交通局	B	信函	满意
57	关于升级改造公常公路（黄江段）的建议	陈锦全	公路局	B	信函	满意
58	关于进一步明晰农民建房申报审批操作细则和建设管理办法的建议	黄浩昌	国土局	A	电话	满意
			市规划局	A	电话、信函、	满意
			房管局	A	信函	满意
			发展和改革局	A	电话、信函	满意
			住建局	B	电话	满意
			市委政研室	B	信函	满意
59	关于进一步推进莞深惠公共交通一体化发展的建议	姚灼轩	交通局	B	信函	满意
60	关于东莞市公办小学全面恢复午托服务的建议	胡广良	教育局	C	电话、座谈、信函	满意
61	关于加强对“三旧”改造而来的文化创意产业管理的建议	詹文煦	安监局	B	电话	满意
62	关于将东莞市汽车总站搬迁到广深高速公路旁的建议	胡毅超	交通局	C	信函	满意
63	关于实行公安聘员岗位类别级别薪酬制的建议	黎雪清	公安局	B	电话	满意
64	关于对学前教育纳入免费义务教育的建议	杨红星	教育局	A	电话、座谈、信函	满意
65	关于继续全面推进素质教育的建议	李建筠	教育局	B	电话、座谈、信函	满意
66	关于提高重大疾病救助的建议	叶瑞珍	社保局	B	信函	满意
67	关于加强对我市出租车营运行为　整治和管理的建议	伍耀均	交通局	B	信函	满意
68	关于把非公有制企业员工住房公积金“强制缴存”向“自愿缴存”转变的建议	伍耀均	住房公积金管理中心	C	信函	满意

续表

案号	建议标题	代表	主办单位	办理情况	沟通情况	代表满意度
69	关于扩建及加固汾新桥的建议	伍耀均	万江街道	B	电话	满意
70	关于加强扶助电子商业发展的建议	杜润球	商务局	A	信函	满意
71	关于加强企业发生纠纷事故后续处理的建议	何淦辉	市委政法委	B	信函	满意
72	关于搬迁东莞喜威液化石油气有限公司（茶山储配站）的建议	叶景林	商务局	C	信函	基本满意
			国土局	A	电话	基本满意
			市城管局	C	座谈	基本满意
			市规划局	B	电话	基本满意
			国资委	A	信函	基本满意
73	关于新建住宅小区配套教育设施建设的建议	林锐朗	教育局	B	电话、座谈、信函	满意
74	关于进一步完善东莞公交智能化及配套设施的建议	吕琦玲	市交投集团	B	信函	满意
75	关于简化转学手续的建议	吕琦玲	教育局	B	电话、座谈、信函	满意
76	关于加大发展医疗卫生事业资金投入力度的建议	吕琦玲	卫生和计生局	A	信函	满意
77	关于大力加强东莞教育的几点建议	吕琦玲	教育局	B	电话、座谈、信函	满意
78	关于推动医养结合激活镇街医院资源的建议	龚远红	卫生和计生局	B	信函	满意
79	关于规范村级债务管理的建议	方健强	农业局	B	电话、座谈	满意
80	关于重视和及早处理因穗莞深轨道建设施工导致民房厂房受损赔偿问题的建议	方运周	厚街镇	B	座谈、视察	满意
81	关于加大对PPP项目支持力度的建议	陈应新	财政局	A	信函	满意
82	关于加大我市职业教育发展力度的建议	陈笑珍	教育局	B	电话、座谈、信函	满意
83	关于加快樟谢路升级改造工程进度的建议	蔡运洪	交通局	B	信函	满意
84	关于开发110网络报警app的建议	吕秋玲	公安局	B	电话	满意
85	关于加大政府财政对镇级公立医院投入的建议	吕秋玲	卫生和计生局	A	信函	满意
86	关于防止基层公安机关警力流失的建议	尹群璋	公安局	A	电话	满意
87	关于调整教师专业技术职称比例的建议	曾素文	教育局	C	电话、座谈、信函	满意
88	关于东莞市危险废物处理的建议	罗荣君	环保局	B	电话、信函	满意
89	关于我市科技创新工作的建议	刘秉杰	科技局	A	座谈	满意
90	关于将石龙镇纳入市中心组团发展实现资源有效配置的建议	陈德成	市规划局	B	电话	基本满意
91	关于完善非婚生子女登记户口流程的建议	吴绮娜	公安局	B	电话	满意
92	关于以创新驱动，实现东莞动力的“切换”的建议	吕琦元	科技局	A	电话	满意

续表

案号	建议标题	代表	主办单位	办理情况	沟通情况	代表满意度
93	关于优化城市规划功能　带动东莞经济社会发展的建议	刘　义	发展和改革局	B	电话	满意
94	关于提高社区医疗服务能力　合理制定转诊制度的建议	张少英	卫生和计生局	B	信函	满意
95	关于加强商事登记改革后续监管的建议	蒋红霞	工商局	A	座谈	满意
96	关于规范管理住宅小区物业服务费的建议	刘利玲	发展和改革局	C	电话、信函	满意
97	关于进一步加强食品安全管理的建议	谢锦池	食药监局	A	电话	满意
98	关于改善市区停车难问题的建议	吴炳权	发展和改革局	B	电话	满意
99	关于在环城路周溪路段两旁安装隔音板的建议	翟兆光	市城管局	B	电话、信函	满意
100	关于完善桥头镇与邻近市县交通对接的建议	罗锦雄	桥头镇	B	信函	满意
101	关于优化东深路桥头至常平段交通的建议	莫淦东	交通局	B	信函	基本满意
102	关于完善我市路网规划建设提升莞深惠融合水平的建议	叶有广	交通局	B	信函	满意
			发展和改革局	B	信函	满意
103	关于加快完善粤海产业园基础设施建设的建议	莫厚良	谢岗镇	B	信函	满意
104	关于加强我市两级法院物质保障促进现代法院建设的建议	叶有广	财政局	A	信函	满意
105	关于积极探索行政执法管理新模式完善商事登记改革后续监管的建议	叶有广	工商局	A	电话	基本满意
106	关于《预算法实施条例（修订草案征求意见稿）》的主要看法以及对地方政府相关的建议	杨　林	财政局	A	信函	满意
107	关于进一步加强社区健康教育与健康促进的建议	洪　茜	卫生和计生局	B	信函	满意
108	关于加强推进虎岗高速长安新区支线建设的建议	陈佑荣	交通局	B	信函	满意
109	关于出台发展都市农业有关土地统筹指导意见的建议	吴润发	农业局	B	电话、座谈	满意
110	关于打造全市水环境综合整治示范区的建议	邓立新	水务局	A	电话	满意
111	关于扶持传统媒体发展的建议	陈锡稳	市委宣传部	A	信函	满意
112	关于加大对东莞传统企业扶持力度的建议	邓志华	经信局	A	信函	满意
113	关于市轨道交通通道四预留横沥站点的建议	朱国平	发展和改革局	C	信函	满意
114	关于推进东莞“全域旅游”发展的建议	刘国康	旅游局	B	信函	满意
115	关于促进转移就业的议案	莫款如	人力资源局	A	电话、信函	满意
116	关于深化农村、社区和工业区金融服务基础设施建设，夯实普惠金融基础的议案	杨　林	人民银行	A	信函	满意

续表

案号	建议标题	代表	主办单位	办理情况	沟通情况	代表满意度
117	关于强化科技金融支撑机制　加快创建国家创新型城市的议案	叶孔新	科技局	A	电话	满意
118	关于加速推动落实创新驱动发展战略的议案	尹照容	经信局	A	电话、信函	满意
119	关于建立进口食品快检中心改善跨境电商检验检疫工作的议案	徐　波	检验检疫局	D	座谈	满意
120	关于坚持绿色发展，建设现代生态都市的议案	邓流文	发展和改革局	B	电话、信函	满意
121	关于加快推进东莞汽车客运西站建设的议案	简任昌	望牛墩镇	C	信函	满意
122	关于优先修通桑茶快速延长线的议案	刘学聪	城建工程管理局	B	信函	满意
123	关于实施展港联动　助推西南组团发展的议案	万卓培	商务局	A	信函	满意
124	关于推进东莞“三旧改造”提升城市竞争力的议案	周伟森	三旧办	A	信函	满意
125	关于适当提高我市城市用地容积率的议案	黄宇富	市规划局	B	信函	满意
126	关于从莞高速、从莞高速清溪支线及周边接驳道路等交通设施尽快建成通车的议案	黄宇富	市交投集团	B	信函	满意
			发展和改革局	B	电话	满意
			交通局	B	信函	满意
127	关于加快东莞火车站核心区土地开发的议案	陈德成	东实公司	B	信函	基本满意
128	关于启动东莞轨道交通2号线（虎门火车站至长安镇段）建设的议案	陈　路	发展和改革局	B	电话	满意
129	关于用好地方立法权的议案	邓流文	法制工委办	A	信函	满意
130	关于解决边界污染问题的议案	陈建枝	环保局	B	电话、信函	满意
131	关于以协同创新推动东莞低碳发展的议案	彭国兴	发展和改革局	B	电话、信函	满意
132	关于坚持绿色发展　加强城市环境治理加快建设现代生态都市的议案	叶孔新	环保局	B	电话、信函	满意
133	关于进一步推动绿色发展的议案	黄宇富	环保局	B	电话、信函	满意
134	关于防范和严厉打击电信（网络）诈骗的议案	张燕妹	公安局	A	座谈	满意
135	关于深入实施创新驱动发展战略工作措施　不断提高高新技术企业健康发展的议案	张燕妹	科技局	B	电话	满意
136	关于统一全市公立医院、社区医院微信挂号、交费系统的议案	吕琦玲	卫生和计生局	B	信函	满意
137	关于继续加强创新驱动　提高我市发展水平的议案	陈桂明	科技局	A	电话	满意
138	关于扶持社会建设协同创新工作的议案	陈锡稳	市委政法委	A	信函	满意

说明：“办理情况”中，“A”为解决或基本解决；“B”为正解决或列入计划解决；“C”为因条件限制或其他原因暂不能解决。

东莞市十五届人大七次会议重点督办的代表建议

案号	建议题目	提出代表团	督办工委	牵头督办领导
94	关于提高社区医疗服务能力　合理制定转诊制度的建议	第2代表团（南城）	教科工委	徐建华
122	关于优先修通桑茶快速延长线的建议	第31代表团（石排）	环资工委	甄瑞潮
18	关于加快我市跨境电商产业发展的建议	第13代表团（道滘）	财经工委	周楚良
23	关于S255油甘埔段平交路口改为立交的建议	第22代表团（凤岗）	环资工委	尹景辉
134	关于防范和严厉打击电信（网络）诈骗的建议	第3代表团（东城）	内司工委	李满堂
89	关于我市科技创新工作的建议	第5代表团（石龙）	教科工委	杨靖波
15	关于鼓励扶持村集体发展投资型经济的建议	第13代表团（道滘）	农村工委	陈锡江
24	关于在虎门港立沙岛建设危化品专用停车场，加强危运车辆集中专业管理的建议	第12代表团（洪梅）	财经工委	何跃沛

人大重要工作

【立法工作】（参见“法治”类目“地方立法”分目）

【人大监督工作】2016年，东莞市人大常委会行使监督职权，听取和审议6项专项工作汇报，组织开展4次专题视察，检查3部法律的实施情况，专题调研6项。

政府预算执行情况监督　2016年，东莞市人大常委会把预算联网监督系统建设作为工作重点，在原有人大实时在线预算监督系统的开发经验基础上，探索建立预算联网监督系统，正分步实施、高效推进。加强对政府预算编制的监督，开展2017年基本公共卫生服务经费参与式预算审查专项监督，就经费标准和促进基本公共服务均等化等方面提出建议和意见，增强预算公开透明度，提高资金使用效率。

2016年9月30日，全市人大工作会议召开

民生改善、社会和谐监督　2016年，东莞市人大常委会对“快处快赔”工作进行调研，促进缓解东莞市因轻微交通事故造成的交通拥堵。开展《广东省气象灾害防御条例》执法检查，提升气象预测预报能力。视察东莞市申报国家历史文化名城工作，助推东莞市申报顺利通过。对群众普遍关注的公办小学恢复午托服务问题进行调研，向市有关管理部门反映情况。听取和审议市民办教育发展情况，掌握民办教育发展状况，坚持推动教育事业走在全省前列。组织对新修改的《行政诉讼法》开展执法检查，推动行政机关依法行政、司法机关公正司法。开展市城市民族工作调研，促进民族团结社会和谐发展。加强信访工作，推动群众合理诉求的解决，促进社会和谐稳定。2016年受理人民群众来信来访876件次。

生态环境保护监督　2016年，东莞市人大常委会视察改善人居环境、建设美丽幸福村居工作，提出要把美丽幸福村居建设与“补短板、促提升”基层精神文明建设相结合，并推出“创文明补短板，美丽幸福村居建设媒体行”，推动全市整体环境质量的提升。通过上下联动方式开展水环境污染整治监督，协助省人大在东莞市长安镇召开“重点跨市域河流污染整治人大监督现场会”，市人大常委会领导在会议上作整治及督办工作经验介绍，流域污染得到遏制。对东莞市贯彻实施《环境保护法》情况进行执法检查，研究解决办法，推动和改进环保工作。

【人事任免】2016年，东莞市人大常委会坚持党管干部原则与依法任免的有机统一，任免一批干部，严格执行被任命人员与常委会组成人员见面、会议表决、颁发任命书、向宪法宣誓等制度，增

强被任命人员的宪法意识、人大意识和责任意识。年内，依法任命干部212人次，其中人大序列10人次、政府序列8人次、法院序列174人次、检察院序列20人次。免职干部116人次，其中人大序列9人次、政府序列7人次、法院序列67人次、检察院序列16人次。

【人大代表工作】 2016年，东莞市人大常委会常委会完善代表服务保障工作机制，提高代表服务保障工作水平，发挥代表参与管理国家事务的作用。加强与代表的联系，落实《东莞市人大常委会领导和专职委员走访代表制度》《东莞市人大常委会领导约请代表日制度》，加强常委会与人大代表的双向联系；邀请代表列席常委会会议，参加视察、检查、调研、座谈等活动；组织省人大代表小组赴东莞市沙田镇、河源市开展专题调研；组织市代表就推进珠三角国家自主创新示范区建设提出意见建议。

【人大代表议案和建议督办】 2016年，东莞市人大常委会做好《进一步做好垃圾处理，推动东莞市人居环境改善的议案》的督办和初审，发挥对口工委的优势，由环资工委负责督办，提高议案办理实效。召开办理工作协调会，制定办理方案；结合运用第三方评估成果深入推进农村垃圾管理工作，开展农村垃圾管理工作情况专项检查，密切与环保、发改、住建、规划、财政等有关部门及镇街联系与沟通；对议案办理情况进行视察，推进“全市一盘棋、城乡一体化”的垃圾管理模式完善。

坚持把代表议案建议办理作为发挥代表作用的重点工作，促进代表建议落实。东莞市十五届人大七次会议收到代表建议138件。根据围绕发展大局、民生难点和可行性原则，主任会议研究确定《关于提高社区医疗服务能力 合理制定转诊制度的建议》《关于优先修通桑茶快速延长线的建议》等8件重点督办代表建议，由市人大常委会主任、副主任、秘书长牵头督办，及时在媒体上公布，方便群众监督。召开2016年代表建议督办情况通报会，宣传、通报、督促建议办理。

【人大代表换届选举】 2016年9月上旬，东莞市市镇两级人大代表换届选举工作全面铺开，历经准备工作、宣传发动，划分选区、分配代表名额、选民登记，提名推荐和酝酿确定代表候选人、组织投票选举等阶段。市人大常委会把坚持党的领导、发扬民主和依法办事有机结合，精心组织，严格程序，加强检查和指导。全市选举新一届市镇两级人大代表的各选区均在11月22日进行投票选举，242个市人大代表选区和驻地部队全部一次选举成功，依法选出436名市人大代表，1936名镇人大代表也于选举日当天全部依法选举产生。人大代表结构合理，综合素质较高。同时指导各镇于11月底前依法召开新一届人大一次会议，选举产生新一届镇人大、政府班子。 （吴 洋）

2016年东莞市人大常委会主要工作

项目	工作内容	时间
一、常委会听取和审议专项工作报告、决定重大事项	市人民政府关于《进一步做好城乡垃圾处理 推动我市人居环境改善的议案》办理方案的报告	4月
	市政府《关于2015年东莞市社会保险基金预决算情况的报告》	6月
	市政府《关于东莞市2015年决算草案和2016年上半年预算执行情况的报告》	8月
	市政府《关于东莞市2015年度市级预算执行和其他财政收支情况的审计工作报告》	8月
	市政府《关于办理市十五届人大七次会议代表提出的建议、批评和意见的情况报告》	10月
	市政府《关于我市民办教育工作情况报告》	10月
	市政府关于《东莞市2016年财政预算调整方案的报告》	11月
	市人大常委会代表资格审查委员会关于市第十六届人民代表大会代表资格审查的报告	11月
	市政府《进一步做好垃圾处理 推动我市人居环境改善的议案》办理情况的报告	12月
二、常委会立法审议	《东莞市城市管理综合执法条例（草案修改二稿）》（三审）	4月
	《东莞市城市管理综合执法条例（草案修改三稿）》（四审）	5月
	《东莞市水乡生态文明建设促进条例（草案）》（一审）	10月

续表

项目	工作内容	时间
三、视察和执法检查	视察东莞市参与“一带一路”建设情况	4月
	检查《环保法》贯彻实施情况	5月
	视察东莞市创建历史文化名城工作	5月
	视察东莞市改善农村人居环境工作	6月
	检查东莞市贯彻实施《广东省气象灾害防御条例》情况	7月
	检查《行政诉讼法》实施情况	7月
	视察《进一步做好城乡垃圾处理　推动我市人居环境改善的议案》办理情况	10月
四、专题调研	关于东莞市仲裁机构工作情况的调研	4月
	关于东莞市城市民族工作情况的调研	9月
	关于东莞市商事制度改革后续协同监管工作情况的调研	9月
	关于东莞市消防工作情况的调研	10月
	关于东莞市新时期精准扶贫精准脱贫工作情况的调研	10月 11月
五、跟踪监督	跟踪监督创新驱动战略实施情况	7月
	跟踪监督市财政预算资金使用情况	每季度
	跟踪监督2016年本级财政预算执行情况	11月
	跟踪监督东莞市石马河、茅洲河流域污染整治工作	全年
六、主任会议审议事项	关于市2015年第四季度追加财政预算资金使用情况	1月
	关于东莞市2016年第一季度市追加财政预算资金使用情况的报告	5月
	关于东莞市2016年第二季度市追加财政预算资金使用情况的报告	8月
	关于东莞市2016年第三季度市追加财政预算资金使用情况的报告	11月
七、代表工作	组织省人大代表赴沙田镇、广东河源开展专题调研	6月
	组织市十五届人大代表赴重庆和北京进行履职培训	5月 9月
	开展“市镇人大代表活动日”活动	10月
	组织省人大代表赴云南昭通开展视察	11月
	召开代表建议督办情况通报会	11月
	市人大代表换届选举	8—12月
	督办市第十五届人大七次会议代表提出的建议。特别是对“关于提高社区医疗服务能力　合理制定转诊制度的建议”等8项建议，分别由市人大常委会领导及各工委牵头进行重点督办	全年

附：2016年东莞市人大常委会主任、常务副主任、副主任、秘书长、副秘书长、办公室主任名录

市人大常委会主任：徐建华
市人大常委会常务副主任：甄瑞潮
市人大常委会副主任：
王道平（任至2月）　周楚良
郭　水（任至2月）　尹景辉
李满堂　杨靖波（2月到任）
陈锡江（2月到任）
市人大常委会秘书长：
陈锡江（任至2月）
何跃沛（2月到任）
市人大常委会副秘书长：王业宽
梁少虾　周玉佳　吴　强
市人大常委会办公室主任：
王业宽

附：2016年东莞市人大常委会各工作委员会主任名录

法制工作委员会主任：陈俊荣
财政经济工作委员会主任：
叶绍波
城建环资与资源保护工作委员会主任：李光霞
农村农业工作委员会主任：李雄华
教科文卫华侨外事工作委员会主任：
王任槐
选举联络人事任免工作委员会主任：
孙爱平
内务司法工作委员会主任：伍志鸿
依法治市办公室主任：
陈鸿钧（任至2月）

东莞市人民政府

政府重要决策

【供给侧结构性改革】 2016年4月，东莞市政府印发《东莞市供给侧结构性改革实施方案（2016—2018年）及五个行动计划》，提出按照省委、省政府工作部署，落实“创新、协调、绿色、开放、共享”发展理念，围绕市委“三个走在前列”的战略目标和补齐“三大短板”的部署，着力推进供给侧结构性改革，在适度扩大总需求的同时，加大力度去产能、去库存、去杠杆、降成本、补短板，改善公共产品和公共服务，提高全要素生产率，促进供给结构、质量和效率进一步优化。2016年，东莞市生产总值增长8.1%左右，快于全国、全省增速；为企业减负超220亿元；产业供给结构优化，先进制造业、高技术制造业增加值分别增长15.1%和17.8%。

【机器人智能装备产业发展】 2016年1月，东莞市政府印发《关于大力发展机器人智能装备产业 打造有全球影响力的先进制造基地的意见》，印发《关于大力发展机器人智能装备产业 打造有全球影响力的先进制造基地实施方案》，推动制造业智能化改造，做大做强机器人产业，完善机器人产业配套体系，提高机器人技术自给率，打造千亿机器人产业基地，营造机器人产业最佳发展生态。

【战略性新兴产业发展】 2016年7月，东莞市政府办公室印发《东莞市推广建设普及型智能制造示范生产线工作方案》，8月印发《东莞市互联网金融风险专项整治工作实施方案》，9月印发《2016广东国际机器人及智能装备博览会总体方案》。2016年，东莞市智能手机主营收入近3000亿元，增长40%以上。“华为”“OPPO”“vivo”手机出货量均进入全球前六位、稳居全国前三位。在智能终端产业的带动下，电子信息制造业规上工业增加值比上年增长20%左右。全市新登记新兴产业市场主体6207户，比上年增长113%。

【外资和民营经济协调发展】 2016年6月，东莞市政府办公室印发《东莞市关于促进加工贸易创新发展全面提升外经贸水平的实施方案》，包含45条措施，包括科技创新、资本运营、质量建设、生产性服务业、贸易促进等五大方面，汇集大量财政资金扶持或引导奖励条款。同时，印发《东莞市开展“亲企清政”工程促进非公经济发展实施方案》，从财政资金奖励扶持、降低企业综合成本、保障人才土地等要素、打造高效对企服务等方面提出36条政策措施，以加快解决制约企业发展共性问题。2016年，东莞市进出口总额比上年增长10%，增速在全国五大进出口城市中居第一位，其中对“一带一路”国家出口超过1350亿元。民营规模以上工业增加值比上年增长18.3%，占全市比重达38.6%。民间投资比上年增长13%，占固定资产投资总额的70%。新登记非公经济市场主体17.1万户，比上年增长41%。

【新一轮水污染治理攻坚战】 2016年2月，东莞市政府印发《东莞市奖励举报违法排放工业废水行为办法》，3月印发《东莞市水污染防治行动计划实施方案》，6月印发《东莞市生活污水处理厂污泥处置管理规定》。7月，东莞市政

2016年11月29日，2016广东国际机器人及智能装备博览会在东莞市举行 （郑琳东 摄）

府办公室印发《东莞市茅洲河水污染综合整治实施方案》，11月印发《关于推行水污染防治责任清单制度的实施方案》《东莞市水污染治理工程建设绩效考核奖惩办法》《关于加快推进全市截污次支管网建设实施方案》《东莞市环境污染防治总体实施方案（2016—2020年）》。11月11日，召开全市环境保护工作会议暨水污染治理工作动员大会，全面打响新一轮水污染治理攻坚战，计划2018年底前新建截污次支管网1800公里以上，2020年底前，再新建截污管网1000公里左右，基本上将形成覆盖全市截污治水的一体化管网格局。年内，建成260公里截污管网，完成4家污水处理厂扩建，新增污水处理能力17万吨/日。

【城市文明“补短板促提升”工作】 2016年2月，东莞市政府办公室印发《东莞市违法用地、违法建设联合执法实施方案》，5月印发《关于〈进一步做好城乡垃圾处理 推动我市人居环境改善的议案〉办理方案》。8月，市政府印发《东莞市生活垃圾处理企业运营监督管理办法》。6月8日，召开全市基层精神文明建设“补短板 促提升”动员部署会议，6月24日开展2016年第二季度整治环境卫生工作大检查行动。集中整治户外广告、城市“牛皮癣”、环境卫生、交通秩序，实施核心价值观融入提升、市民素质提升等行动，市、镇、村一体化文明创建取得阶段性成效。全市增设核心价值观等公益广告17.3万块，公益广告比例达30%以上。实施文明创建工程项目311个、总投资额超过9.5亿元。镇容村貌更加整洁有序，清理卫生死角超过52万处、关停处理“牛皮癣”号码近1.3万个。

【社会服务管理“智网工程”推进】 2016年1月，东莞市政府办公室印发《东莞市环境监察网格化管理工作实施方案》；2月，市政府印发《关于全面推进社会服务管理“智网工程”的实施方案》，市政府办公室印发《东莞市村（社区）网格管理员队伍建设指导意见》。全市划分基础网格3201个，配置管理员9177人，首批推动公安等7个部门77个事项入格，在所有镇街（园区）全面铺开。

【公共安全管理力度加大】 2016年4月，东莞市政府印发《东莞市人民政府关于“4·13”龙门吊倒塌重大事故处置工作情况报告》，市政府办公室印发《东莞市2016年度消防工作要点》。5月，市政府办公室印发《东莞市全面推进基层三防体系建设实施方案》，6月印发《关于开展2016年全市突发事件风险隐患排查和整改工作的通知》，9月印发《东莞市生产安全事故应急预案》等3份安全生产专项应急预案。年内，开展危险化学品和易燃易爆物品安全、火灾隐患重点地区“百村挂牌”督办、“三小”场所和出租屋消防安全、建筑施工安全等领域的专项整治，整改各类风险隐患20多万处。

【社会事业发展】 2016年1月，东莞市政府印发《东莞市老年人优待办法》《东莞市重大疾病医疗保险试行办法》。4月，市政府办公室印发《2016年东莞市义务教育阶段进城务工人员随迁子女积分制入学积分方案》，5月印发《东莞市城市公立医院医疗服务价格改革方案》。10月，市政府印发《关于加快发展养老服务业的实施意见》，11月印发《东莞市教育事业发展“十三五”规划》，12月印发《东莞市经济适用住房管理办法》。2016年，东莞市新设6.5亿元民办教育专项资金，新创建义务教育阶段优质民办学校39所；铺开向民办学校购买学位政策，为随迁子女提供学位3.5万个，比上年增长23.8%。

【区域协作与对口帮扶】 2016年7月，东莞市政府办公室印发《东莞市促进区域合作发展利益分享试行办法》，9月印发《东莞市莞港澳台科技创新创业联合培优行动计划（2016—2020）》。实施新一轮市内帮扶工作，落实帮扶专项资金1.8亿元，支持次发达村加快发展。主动对接广东自贸区，深莞惠（3+2）经济圈（深圳市、东莞市、惠州市+汕尾市、河源市）合作日益紧密，莞深产业合作不断强化。

政府重要会议

【市政府常务会议】 2016年，东莞市政府召开常务会议31次，讨论有关事项495项，主要包括：审议《东莞市国民经济和社会发展第十三个五年规划纲要》；审议《关于大力发展机器人智能装备产业 打造有全球影响力的先进制造基地的意见》；审议《中共东莞市委东莞市人民政府关于进一步推进市内帮扶工作的意见》；审议《东莞市历史建筑保护暂行管理办法》等3份文件；审议《2016年东莞市义务教育阶段进城务工人员随迁子女积分制入学积分方案》；审议《东莞市水污染防治总体实施方案》；审议《东莞市城市公立医院医疗服务价格改革方案》；审议《东莞市域环境卫生专项规划（2016—2030年）》；审议《东莞市基层公共服务基本目录（2016年版）》；审议《东莞市信息化建设“十三五”规划》；审议《东莞市茅洲河水污染综合整治实施方案》；审议《关于加快生产性服务业发展 全面推进产业转型升级的实施意见》；审议《中共东莞市委、东莞市人民政府贯彻落实〈中共广东省委、广东省人民政府关于实施质量强省战略的决定〉推动质量发展水平走在前列的实施意见》；审议《中共东莞市委东莞市人民政府关于建设卫生强市的实施意见》；审议《东莞市基本公共文化服务实施标准》等5份标准体系文件；审议《东莞市第二期义务教育阶段公民办学校结对帮扶工作实施方案（2016—2020年）》等6份市民办教育专项资金实施文件；审议《东莞市促进民营经济发展“亲企清政”工程实施方案》；审议《东莞市文化事业发展“十三五”规划》；审议《东莞市城市轨道交通运营安全管理规范（草案）》；审议《东莞市市级财政资金项目库管理办法》《东莞市市级财政专项资金管理办法》；审议《东莞市生产安全事故应急预案》等3份安全生产专项应急预案；审议《东莞市学生校外托管机构管理办法》；审议《东莞市教育事业发展“十三五”规划》；审议《东莞市环境保护和生态建设“十三五”规划》；审议并原则同意《关于全面加强我市水污染防治工作的意见》等5份水污染防治工作文件；审议《东莞市人民政府2017年地方性法规立法计划建议项目》《东莞市人民政府2017—2021年地方性法规立法规划建议项目》；审议《东莞市市场监管现代化“十三五”规划》；审议《“东莞制造2025”规划》；审议《关于在我市公民中开展法治宣传教育的第七个五年规划（2016—2020年）》；审议《东莞市新型城镇化规划（2015—2020）》；审议《东莞市农业农村发展“十三五”规划》；审议《东莞市食品药品安全“十三五”规划》；审议《东莞市公众参与政府立法程序规定》及《东莞市政府规章立法后评估办法》；审议《东莞市法治政府建设规划（2016—2020年）》。

【全市性重要专项会议】 2016年，东莞市政府召开全市性重要专项会议54次，主要包括：全市供给侧结构性改革工作会议；全市法制工作会议；全市基层公共服务综合平台建设工作会议；全市经济和信息化工作会议暨电网、信息基础设施建设动员大会；全市推进简政放权放管结合优化服务改革和“互联网＋政务服务”改革工作会议；全市非公有制经济工作会议；全市安全生产和消防安全工作暨维护公共安全工作会议；全市禁毒工作会议；全市公安工作会议；全市水务与三防工作会议；全市城乡规划与土地规划政策宣讲会；全市环保工作会议、农村生活垃圾收运处理第三方评估动员部署会议；广东扶贫济困日暨东莞慈善日活动动员会议；全市截污管网工程建设工作督导会；全市火灾隐患重点地区整治工作会议；全市环保工作会议暨截污管网动员大会；全市基础教育工作会议；全市质量大会；全国智能制造试点示范经验交流会；第二届广东国际机器人及智能装备博览会；2016中国（东莞）国际科技合作周；全省专业镇协同创新工作现场会；全市统计工作会议；全省机关事业单位养老保险制度改革启动实施动员会议；全市社保系统总结大会；全市体育工作会议；东莞市食品药品安全委员会（扩大）会议；全市计划生育工作会议；全市医改工作会议；省食品安全工作现场考评汇报会；全市商务工作会议；全市外事侨务港澳工作会议；全市旅游工作会议；全市农村农业工作暨扶贫开发工作会议；全市开展构建开放型经济新体制大调研活动动员部署会议；全市跨境电子商务工作会议。

【市政府工作会议】 2016年，东莞市政府召开并形成会议纪要的工作会议254次，研究部署主要事项包括：研究水乡经济区招商与发展工作；研究茅洲河全流域水环境综合整治工作；研究珠江三角洲水资源配置工程相关问题；研究公共交通行业建设；研究市重大项目供地改革工作；研究协调莞深企业发展；研究协调推进公交基础设施建设；研究东莞职教城规划建设工作；研究协调电网和通信基础设施规划工作；研究民营经济发展工作；研究全市轨道交通建设推进工作；研究东莞市推动居住区配套教育设施规划建设工作；研究广东铁路国际物流基地项目；研究五马填埋场处置工作；研究对口援建工作；研究茅洲河结合治理有关事项；研究行政审批改革工作；研究莞深轨道交通对接推进工作；研究莞惠城际轨道交通项目有关问题；研究协调电力设施迁改工程及电网建设项目；研究东莞电子口岸建设工作；研究镇村集体经济发展工作；研究清溪保税物流中心（B型）项目建设；研究构建开放型经济新体制综合试点试验工作；研究推进赣深客专前期工作；研究截污管网工程建设工作；研究协调东南部卫生填埋场建设；研究外商投资重点项目；研究防范重特大生产安全事故工作。

重要政事

【重要政事活动】 2016年，东莞市政府举行的重要政事活动主要有：东莞松山湖国际马拉松暨科技文化交流日活动；东莞市校企合作洽谈会；2016年全国职业教育活动周开幕式；第五届中国创新创业大赛港澳台赛暨第三届两岸四地大学生创新创业大赛启动发布会；东莞市全国义务教育发展基本均衡市复检有关活动；加博会、海丝博览会、漫博会、台博会等大型展会；中国（东莞）国际机器人及智能装备博览会；广东省教育厅关于召开全省实施学前教育第二期三年行动计划工作现场会；东莞市非公有制经济代表人士座谈会暨东莞市荣誉市民授荣仪式；东莞参与中俄贸易产业园经营建设工作会议；东莞市食品安全宣传周；东莞市第一本不动产权证书颁发仪式；粤港经济技术贸易合作交流会；加拿大智能制造企业研讨会；深莞两市茅洲河全流域水环境综合整治工作领导小组第二次会议；莞港澳台科技创新创业联合培优行动计划政策推介会；第二届中国大学生跨境电子商务创新创业大赛启动会暨产学合作论坛。

【东莞市政府十件民生实事】

2016年，东莞市政府十件实事涉及36项具体工作中，14项超额完成，22项全面完成。

超额完成提升社会安全指数各项工作的年度目标　2016年，东莞市现行命案发案数同比上年下降10.32%，破案率达96.4%。全市流动人口信息采集人数增加65.2%，自助申报系统采集人数增加70.3%，查处租赁房屋违法案件数提高96.5%。开展4500场次“以案说防社区行”活动。

全面完成促进教育资源公平均衡配置各项工作的年度目标　2016年，东莞市为随迁子女提供3.51万个积分学位，增幅23.8%，超额完成年度目标。提高义务教育民办学校的在校生补助标准，其中小学生提高至每年每人补助1270元、初中生提高至每年每人补助2155元。全年投入2亿元，对学前教育、民办中小学发展、民办学校教师培训、民办学校教师津贴、校车运营、向民办学校购买学位、民办学校委托管理、民办学校推进信息化等给予财政补助。投入约8000万元，建成松山湖中心小学分校。

全面完成加强食品安全保障各项工作的年度目标　2016年，东莞市完成食品快筛快检6932批次；完成食品生产环节抽检1800批次，合格率达97.0%；完成食品流通环节抽检2013批次，合格率达99.6%；完成食品餐饮环节抽检1098批次，合格率达96.4%；全年发布17期食品抽检质量信息，超额完成年度目标。全市33个镇街（园区）均在各个社区（村）建立食品药品监管协管员队伍，实现全覆盖，超额完成年度目标。组织开展全市食品药品安全大课堂暨食品药品安全知识进校园活动，完成对527家中小学校百万学生的宣传教育；开通食品药品安全宣传微信公众号。

全面完成继续提高特殊群体保障水平各项工作的年度目标　2016年，东莞市完成69个居家养老服务站点的开办任务，实现有服务需求的村（社区）全覆盖，享受服务的老年人达1.75万人，超额完成年度目标。按照每人每月80元的标准，向全市全部低保对象6028户1.19万人，发放食品、燃气及水电补助1521.17万元。为9.03万名老年人购买老年人意外伤害综合保险。受理3批次更新改造渔船贷款贴息补助申请，累计贴息补助119.4万元，审核发放2期政策性渔业保险补贴约24万元，惠及渔船89艘、渔民244人。

全面完成改善交通出行条件各项工作的年度目标　2016年，东莞市地铁2号线于5月27日载客试运营；地铁2号线旗峰公园站周边公共自行车系统于12月16日试运营。东莞巴士新开通跨镇公交线路27条，新增跨镇公交运力643辆，超额完成年度目标。完成水乡大道沙望路口改造，并完善港口大道简沙洲口等7个点的交通安全设施。完成对尖岗岭桥和莞樟立交等一批市区桥梁加固维修。

全面完成信息惠民建设各项工作的年度目标　2016年，东莞市建成2.68万个无线接入点，全部上线开通网络运行，超额完成年度目标。全年建设微课资源1.04万节；向义务教育阶段中低收费民办学校或者薄弱学校推送慕课优质教学资源18.02万节次，向中低收费民办学校或者薄弱学校开展送课到校5093节；72.3%义务教育阶段教师利用慕课参与信息技术提升工程和安全培训，累计184.74万学时，超额完成年度目标。投入约6000万元，建成“数字城管”平台一期项目。建成市公安局出入境自助办证厅，实现24小时对外服务；33个镇街公安分局至少配备1台自助办证“一体机”。

全面完成完善医疗卫生服务各项工作的年度目标　2016年，东莞市婚前健康检查和孕前优生健康检查项目每对夫妇补助标准提高到905元；完成唐氏综合征产前筛查孕妇3.42万例，完成新生儿耳聋基因筛查2.49万例，完成1.77万对夫妇免费婚前和孕前优生健康检查，超额完成年度目标。社会医疗保险部分待遇标准从1月1日起提高，包括提高基本医疗保险年度最高支付限额以及调整住院补充医疗保险有关支付比例。完成对社区居民、学生、普通企事业单位生产一线人员应急救护培训5.10万人次。

全面完成加强污染治理和生态建设各项工作的年度目标　2016年，东莞市空气质量综合指数为4.08，比上年下降3.1%，PM2.5和臭氧平均值分别为35微克/立方米和169微克/立方米，比上年分别下降2.8%和2.3%；建成黄江、中堂、桥头、清溪4个空气质量自动监测子站，并联网到市空气质量实况与预报发布平台；建成大气复合污染超级监测站一期工程，超额完成年度目标。建成谢岗污水处理厂二期扩建及配套管网工程、桥头污水处理厂二期及配套管网工程、松山湖北部污水处理厂二期工程；建成凤岗竹塘污水处理厂二期主体工程。建成截污次支管网264公里。

全面完成促进创业带动就业各项工作的年度目标　2016年，东莞市印发和实施《东莞市人力资源局就业困难人员工资差额补助办法》等一系列就业创业政策，完成就业创业综合服务平台开发建设，向1630人发放小额创业贷款2.40亿元；推动和帮扶1.01万名登记失业人员实现就业；东莞生源困难家庭高校毕业生报到199人，就业199人，就业率100%，超额完成年度目标。全市组织开展劳动技能晋升培训2.51万人次。

全面完成提升文体生活质量各项工作的年度目标　2016年，东莞市建成数字文化馆一期工程，吸引超3万人次参观。完成东莞文化网络电视平台及地方特色数字文化资源库管理系统开发；整理数字文化资源204个；完成海战博物馆室内空间及《鸦片战争》展览设计制作工程。开展家庭教育讲座活动1995场，组织家教活动114场，电台节目55期，印发宣传资料10.4万份，惠及75万余名群众，超额完成年度目标。完成99个篮球场升级改造项目、20个新建或改建小型足球场项目；成功举办2016东莞松山湖国际马拉松暨科技文化交流日活动等，并指导各协会开展全民健身活动，带动全市超过30万人次参与健身活动。（市府办）

附：2016年东莞市人民政府市长、副市长、党组成员、秘书长、副秘书长名录

市　长：袁宝成（任至4月）
　　　　梁维东（5月到任）
副市长、代理市长：
　　梁维东（2016年4月至5月）
副市长：张　科
　　　　贺　宇（任至6月）
　　　　鲁修禄（任至2月）
　　　　杨晓棠　张少康　杨东来
　　　　喻丽君
市政府党组成员：严小康　殷焕明
　　　　　　　　黄少峰　邓志广
　　　　　　　　邓浩全　吴志刚
市政府秘书长：邓浩全
市政府副秘书长：冼冠华　张春扬
　　　　　　　　卢汉彪　温颂钧
　　　　　　　　罗　斌　梁杰钊
　　　　　　　　赖健伟　陈庆松

附：2016年东莞市人民政府办公室主任名录

主　任：邓浩全

应急管理

【突发事件处置概况】　2016年，东莞市加强安全防范，完善突发事件处置机制，妥善处置致18人死亡的“中交第四航务工程局有限公司东江口预制构件厂‘4·13’起重机倾覆重大事故”、致9人死亡“大朗镇‘8·14’火灾事故”、涉“出租车司机罢驶、越级上访”事件、全市启动Ⅰ级应急响应的“台风‘妮妲’来袭”、涉莞深两地的“塘厦镇村民抵制深圳龙华新区拟建设垃圾填埋场事件”、“虎门镇五马生活垃圾填埋场部分坝体断裂隐患整治工作”、“常平镇莞惠城际轨道常平段施工工地造成两栋民房先后发生塌陷”等一系列影响较大的突发事件，保障人民生命财产安全和社会稳定。

【突发事件风险隐患排查】2016年，东莞市政府召开4次突发事件隐患评估与防范工作季度会商会，分析研判公共安全形势，制定每季度突发事件隐患评估与防范对策，组织各有关单位“每月一检查、一汇总、一统一、一分析”，定期对突发事件风险隐患全面自查，预防和减少突发事件的发生。年内，全市在17个重点领域和重要行业排查出隐患1073处，整改1024处，整改率为95.43%。对所有排查出的隐患，均做到专人负责，并制定整改方案。

【应急平台体系建设】　2016年，东莞市完善应急综合管理平台（一期）功能，规划平台（二期）建设，全面提升与省委应急指挥中心、省政府应急平台及市“三防”、气象、公安、消防、国土等部门专项平台的互联互通能力，初步建立标准统一的应急大数据系统，推动全市各级各类应急数据的动态管理和实时更新，优化平台功能，加强应急门户网系列接口、应急通公众版、风险隐患排查系统、社情舆情监测系统、综合预警同步发布系统、远程联网应急演练系统等开发建设。

【应急预案体系完善】　2016年8月，东莞市开展应急救援队伍、应急物资储备、基础信息员队伍、应急避难场所等应急资源调查。10月，开展突发事件应急预案普查，包括：镇街应急预案、市级专项应急预案、全市部门应急预案、企事业单位应急预案、单项活动应急预案。2016年，先后修订《东莞市粮食应急预案》《东莞市突发环境事件应急预案》《东莞市城市轨道交通运营突发事件应急预案》《东莞市城市供水突发事件应急预案》《东莞市生产安全事故应急预案》《东莞市危险化学品较大生产事故应急预案》《东莞市非煤矿山较大生产安全事故应急预案》等7个市一级专项应急预案，组织开展东莞市大面积停电事件功能演练、东莞市燃气应急救援队应急演练、东莞市天然气供应突发事件应急演练等3个较大型专项演练活动，检验相关应急预案实用性、可操作性。

【应急知识宣传】　2016年，东莞市红十字会与市政府应急办、市教育局、市妇联等单位联合深入学校、社区、工厂开展救护培训，增强社会各类群体面对突发事件和意外伤害的应急意识，普及应急救护的基本知识，完成应急救护培训4.5万人次（普及性应急救护培训3.7万人次，救护员培训0.8万人次），救护培训讲座995人次。开展每年一次的气象灾害应急知识宣传月、防灾减灾宣传月、消防安全月、安全生产月等活动，向公众宣传普及各方面的安全和应急知识。编写并向市民免费发放2万余本《东莞市应急知识宣传手册》《你准备好了吗》等应急书籍，最大范围地普及应急知识。开通市政府应急办微信公众号等新媒体，及时发布相关信息，传播应急知识，其中，市政府应急办微信公众号有100万余人关注。制作应急系列小短片，在东莞电视台、阳光网、电台、邮政部门等各大媒体广泛播放，增强市民对应急知识的了解，提高其自救自助能力。（李伟彬）

附：2016年东莞市人民政府应急管理办公室主要领导名录

主　任：张勇军

机关事务管理

【机关事务管理概况】　2016年，东莞市机关事务管理局推进公务用车改革，集中统一管理公务用车，规范用车审批、管理、使用，统一喷涂标识，节约公车经费支出，降低机关运行成本，促进用车合法合规、公开透明。规范政府资产管理，规范机关办公用房建设、改造、装修、分配、使用等审批程序，全面开展办公用房清理整改，合理调配办公资源使用，提高使用效益。优化办公资源配置，盘活改造政府部分闲置固定资产，并安排给市教育局、市安监局、东实集团入驻，每年节约财政租金支出600余万元。强化公共机构节能业务指导和监督考核，利用社会资本和市场专业技术手段建设节约型公共机构。

获评2016年度工作优秀市直单位（党建综合类）、2016年度市节能工作先进单位、全市会计决算工作成绩突出单位；"国家第二批节约型公共机构示范单位"创建工作，获评2016年度全市"单打冠军"；开展服务型党组织示范点创建活动，被市直党工委授予"服务型党组织示范点"称号；局长黄伟青获评2016年度市直机关优秀党支部书记，副局长麦才文获评市节能工作先进个人。

【公共机构节能】 2016年，东莞市机关事务管理局强化公共机构节能业务指导和监督考核，利用社会资本和市场专业技术手段建设节约型公共机构，推进凤岗镇、市中医院等单位采用合同能源管理模式开展既有建筑节能改造，较好完成省下达任务，并开展形式多样的节能宣传活动，提高社会宣传影响力。总结推广公共机构节能工作的做法，"十二五"期间，全市公共机构人均年综合能耗、单位面积年耗电量、人均用水量分别下降35.01%、17.20%和29.07%，超额完成既定目标。

【机关后勤管理】 2016年，东莞市机关事务管理局依法依规履行政府财政代管职责，增加代管单位至44个，规范日常经费支出审批和预算执行，严格控制"三公经费"支出。强化政府投资零星工程采购，完善机关办公大楼的公共设施，加强日常维护保养，构建和谐、安全、稳定的市民办事环境。加大落实政府服务和货物采购监管力度，规范机关餐饮原材料采购管理，降低成本支出。 （卢奇聪）

附：2016年东莞市机关事务管理局主要领导名录

局　长：黄伟青

行政服务管理

【"12345"政府服务热线概况】 2016年，东莞市"12345"政府服务热线话务中心接听来电162万次，日均语音请求保持在6100通左右，即时解答率维持在92%以上，派出工单12.4万张，工单办结率达97%。

【"12345"政府服务热线建设】 2016年，东莞市印发《关于进一步做好东莞市12345政府服务热线工单处理和知识库维护有关工作的通知》，规范工单办理及知识库更新维护；与东莞市监察局联合发文《关于进一步加强和规范市12345政府服务热线行政效能投诉工单办理等有关工作的通知》，理顺和规范行政效能投诉工单办理流程；起草《东莞市12345政府服务热线知识库管理办法》，推进知识库维护以部门为责任主体。召集有关部门召开职能交叉工单等问题研究工作座谈会。按照"主管部门强化行业监督，企事业单位直接受理工单"的思路，调整工单派发单位。组织开发公司做好东莞市"12345"平台与省平台数据端口对接，完成全部数据端口模块对接；推进"智网工程"系统与"12345"热线平台对接。整合市残联"12385"残疾人服务热线，11月4日并行上线。举行"12345"热线关键岗位公开竞聘，开展业务培训和团队拓展活动。运营好"东莞12345热线"微信公众号，每月推出4期微信专题；拍摄《民之所呼　我之所应》微电影，通过微信、视频网站等渠道进行发布；在地铁车厢、地铁站滚动播放"12345"热线宣传动画和微电影。

【政务信息公开】 2016年，东莞市行政服务管理办公室起草《关于我市全面推进政务公开工作的实施意见》，并收集全市各镇街、各部门政务公开情况，收集政府信息公开典型案例，形成书面材料报省政府办公厅。以市府办名义印发《2016年东莞市政务信息公开工作重点》；编制《2015年东莞市政府信息公开工作年度报告》并通过市政府信息公开网站公布，督促各镇街、各部门及时公开政府信息公开工作年度报告。形成依申请公开工作流程规范，并指导、协助有关镇街及部门处理政府信息依申请公开，全年收到向市政府申请信息公开数达108宗，涉及行政复议8宗，行政诉讼4宗。开展东莞市政府信息公开平台集约化建设，优化市依申请公开系统功能，推进重点领域信息公开专栏建设。参与全市依法行政考核，对部门落实科学发展观考核中政务信息公开指标进行评分。

【《东莞日报》政务公布版、《东莞市人民政府公报》编制出版】 2016年，东莞市行政服务管理办公室结合时政热点，在《东莞日报》政务公布版刊登"政务信息公开电子监察绩效评测结果""市政府十件实事进展情况通报""东莞市城市轨道交通运营管理办法"等"阳光政务"专题，累计刊登政务公布版99期。做好《东莞市人民政府公报》编辑出版，以电子邮件及网络版为主要发布方式。

【"一门式一网式"政府服务模式改革】 2016年，东莞市行政服务管理办公室印发《镇街公共服务综合平台建设和运行管理规范指引》，指导镇街开展平台建设及运行管理。派员赴佛山市南海区蹲点学习，了解“一门式一网式”政府服务模式改革经验，形成蹲点学习情况报告。印发《关于规范镇街“一门集中”、“一窗通办”服务模式改革运行管理的通知》，对镇街综合服务中心的事项进驻、区域布局、综合窗口设置、服务流程等作出规范指引；召开试点镇街（园区）工作座谈会，明确改革任务时间节点；制定“一门式”综合服务中心统一形象标识；开展实地调研指导。向市直各有关部门开展关于实体办事大厅实体窗口和网上办事情况调查，并赴中山市、佛山市参观学习，形成《东莞市政务服务体系建设调研报告》并上报东莞市政府。（刘灏妍）

附：2016年东莞市行政服务管理办公室主要领导名录

主　任：刘汉森

驻京、驻穗联络

【驻京联络】　招商引资　2016年，东莞市人民政府驻北京联络处广泛联络收集信息，协调促成多个项目。其中，深入推进东莞市政府与阿里巴巴集团开展电子商务建设合作，打造享誉全国的“东莞制造+电子商务”新业态；为东莞科技创新打开“北京窗口”，驻京联络处与清华启迪、清华同方公司联系，推动“京莞创新创业孵化器”建设；联系并报送六英寸砷化镓多功能化合物半导体集成电路芯片生产线、“海洋战略大数据”实验室组群、科力远混合动力汽车总成系统平台（CHS）、凤凰文旅项目和北大医疗集团产业园等项目信息；与中国通用技术（集团）控股有限责任公司、大华全景（北京）商务咨询有限公司、北京红德博睿技术咨询有限公司等专业招商机构签订合作协议，协助招商引资。

招才引智　2016年3月，东莞市人民政府驻北京联络处在京召开在京莞籍青年人才工作座谈会，就青年人才培育、人才促进、家乡建设发展和学生活动进行探讨。4月，在莞举办“智汇·东莞”高层次人才项目对接交流活动，中央“千人计划”专家及海内外高层次人才共12人进行7个项目路演展示，项目涵盖新能源、新材料、智能硬件、智能制造等多个领域。8月，组织北京大学工学院博士生服务团一行18人来莞开展“智能制造”主题实践调研，深入常平镇、企石镇和高埗镇等镇街调研智能制造企业生产经营现状与创新驱动发展形势，为东莞市产业转型升级出谋划策。与中组部《千人》杂志下属北京千人智库科技有限责任公司、“千人网”下属北京智汇邦信息技术有限公司分别签订合作协议，每年为东莞市推荐一定数量的“千人”或准“千人”人才及项目，收集到20余名有意向来莞的“千人”或高层次人才的个人简介以及项目资料。联系北京新华智库咨询有限公司等专业智库机构收集人才信息。

联络乡情　2016年，东莞市人民政府驻北京联络处协助北京（东莞）建设研究会组织编撰出版《东莞人在北京》一书，参加纪念袁崇焕诞辰432周年祭扫活动、“重走英雄路”北京—辽宁清明祭英雄活动、焦立江（袁崇焕墓守墓人）告别仪式。1月，协助团市委在东莞举办第十一届东莞大学生灯光会。举办第四届在京莞籍大学生篮球赛、第三届“粤韵满京城”北京市大学生粤语歌唱比赛总决赛、首届北京市东莞“学子杯”羽毛球赛。举办“徒步强体魄、互动增莞情”徒步活动。5月，举办2016年北京高校莞籍大学生毕业欢送座谈联欢会。10月，举办2016年北京高校东莞学子迎新会。

宣传推广　2016年，东莞市人民政府驻北京联络处协助市委、市政府在国家博物馆举办“不一样的东莞”摄影作品展，驻京联络处邀请国家发改委原稽查特派员、国家“十三五”规划编写组组长马最良以及北京（东莞）建设研究会、北京（东莞）商会、在京莞籍高校学子等100多人参加展会开幕式。

信息报送　2016年，东莞市人民政府驻北京联络处有针对性、有重点地进行信息挖掘和调研，及时、准确、全面地向市领导报送高质量信息。编报56期信息，其中《驻京信息》49期共679条信息，《驻京专报》6期，《专题汇编》1份，《国家产业政策月度报告及对东莞市经济发展建议》12份，其中，有6期共7条《驻京信息》及3期《驻京专报》获市主要领导批示。与《中国科技投资》杂志社、中宏国研研究院、上海市流通经济研究所等专业信息机构保持联系，收集整理重要国家政策信息，为市委、市政府领导提供决策参考。

信访、接待　2016年，东莞市人民政府驻北京联络处协助驻京信访工作组完成各项任务，提升政务接待工作整体水平，确保市委、市政府在京活动等接待到位、规范。（罗东明）

附：2016年东莞市人民政府驻北京联络处主要领导名录

党组书记、主任：尹可非

【驻穗联络】　驻穗信访　2016年，东莞市人民政府驻广州办事处继续把妥善处置群众到省上访作为第一要务，在派员到省信访局跟班学习的基础上，设立驻点工作组，加强法律法规宣传，引导上访群众依法依规反映诉求；密切与省信访部门沟通协调，及时向市、镇街反馈省信访工作的要求及热点问题，实现信访关口的前移、下移；与市、镇信访部门配合，确保重大会议及节假日期间信访工作零失误。省人大常委会向东莞市政府发来表扬信，对东莞市人民政府驻广州办事处的信访工作给予肯定。

信息传递　2016年，东莞市人民政府驻广州办事处利用省、穗党政机关，全国各地驻穗机构信息协会的信息网络，挖掘政务动态、创新驱动、世界500强企业和国企的投融资动态，编报《驻穗信息》30期，信息多次被市有关部门、镇街采用。通过广州协作办、全国各地驻穗机构信息协会等平台，编发《东莞信息》43期，定期推送东莞经济社会发展资讯，宣传东莞特色资源和发展新貌。获评“2016年度东莞市信息工作先进单位”。

政务联络 2016年，东莞市人民政府驻广州办事处转变政务联络职能，提升服务水平。协助东莞市与省、穗及其他地市党政部门沟通联系，承办紧急公文在穗传送；为东莞市来穗公务、学习、中转的人员提供后勤服务、会议保障等便利条件；做好莞籍东江纵队老同志的慰问工作；履行穗莞战略合作联席会议成员及产业协作专责小组成员单位职责。

英才服务 2016年，东莞市人民政府驻广州办事处依托广州东莞社会经济发展研究会，完善莞籍在穗中青年专家信息库，配合东莞市档案局做好第四批东莞名人申报工作；组织在穗的莞籍专家、学者开展农业技术推广、医疗咨询、教育培训等服务，支持家乡建设；搭建大学生服务工作站，组织研究会理事与大学生参观蒋光鼐故居，为莞籍在穗大学生提供生活帮助和就业咨询，促进大学生健康成长，引导在穗青年学生为东莞市发展献计献策。（廖剑锋）

附：2016年东莞市人民政府驻广州办事处主要领导名录

党组书记、主任：曾庆云

2016年2月23—25日，政协第十二届东莞市委员会第五次会议在东莞市会议大厦召开 （郑志波 摄）

中国人民政治协商会议东莞市委员会

政协重要会议

【政协第十二届东莞市委员会第五次会议】 于2016年2月23—25日在东莞市会议大厦召开。东莞市委、市人大、市政府、市纪委、东莞军分区、市中级人民法院、市人民检察院、东莞理工学院、广东医学院、东莞职业技术学院等有关单位领导应邀出席会议。市政协特聘委员、驻莞省政协委员、市高层次人才代表应邀列席会议。市各民主党派、各人民团体以及社会各界人士150人旁听会议。市政协副主席钟淦泉、何嘉琪、朱伍坤分别主持开幕、选举和闭幕会议。市政协主席李毓全作政协第十二届东莞市委员会常务委员会工作报告，副主席蒋小莺作政协第十二届东莞市委员会常务委员会关于十二届四次会议以来提案工作情况的报告。大会表彰2015年度市政协28件优秀提案、29件表扬提案和16个办理提案先进单位。委员们列席东莞市人民代表大会十五届七次会议开幕大会，听取并讨论市政府工作报告和有关报告。会议通过李毓全、邝明子、钟淦泉、莫布兴辞职请求的决定，选举李小梅为政协第十二届东莞市委员会主席，彭启尧、邓流文为政协第十二届东莞市委员会副主席，增补丁群好、邓献伦、罗爱文、谢玉华等4人为政协第十二届东莞市委员会常务委员。会议审议通过提案征集情况报告、会议决议等。李小梅作闭幕讲话。

【东莞市政协十二届二十二次常委会议】 于2016年3月17日召开，由东莞市政协主席李小梅主持。会议集中学习中共中央政治局委员、省委书记胡春华在省政协十一届四次会议全体会议上的讲话精神，审议通过《2016年市政协常委会工作要点》《2016年政协第十二届东莞市委员会常务委员会和专门委员会工作计划》《政协第十二届东莞市委员会任命建议名单》，任命黄锡明为市政协社会法制和人口资源环境委员会副主任，任命谢玉华为市政协港澳台侨外事委员会副主任。

【东莞市政协十二届二十三次常委会议】 于2016年6月14日召开，由东莞市政协主席李小梅主持。会议同意杨靖波、杨君山、刘伟全、袁派瑜、王海武辞去市政协委员职务，同意增补陈国良、周柯、蔡玲霞、朱厚丞、袁金钰、贺翔、陈俊、黄景鹏、周嵘为市政协委员，任命陈国良为市政协港澳台侨外事委员会主任，组织学习《省纪委省监察厅关于推动构建新型政商关系的若干意见（试行）》。会上，市委常委、常务副市长张科受邀到会通报东莞市实施创新驱动发展战略基本情况。会后，组织视察东莞市实施创新驱动发展战略情况。

【东莞市政协十二届二十四次常委会议】 于2016年9月21日召开，由东莞市政协主席李小梅主持。会议围绕“贯彻绿色发展理念，推动生态城市建设”召开专题议政会，市委常委、常务副市长张科应邀到会作情况通报。5个专门委员会调研组和委员代表发言。会议还组织学习中共中央政治局委员、省委书记胡春华关于东莞市工作总体思考情况报告的批示精神。

【东莞市政协十二届二十五次常委会议】 于2016年12月27日召开，由东莞市政协主席李小梅主持并作讲话。市委副书记、市长梁维东应邀出席会议并作讲话。市人民检察院检察长来向东作《东莞市人民检察院关于2016年度主要工作情况的通报》。市政府党组成员、市政府办公室党组书记吴志刚对《政府工作报告》起草的有关情况作说明。会议听取市政协《常委会工作报告》（稿）和《提案工作报告》（稿）起草情况说明，讨论上述两个报告并确定报告人；听取市委统战部就政协第十三届东莞市委员会委员安排作情况说明，并协商决定政协第十三届东莞市委员会参加单位、委员名额和人选及界别设置；审议通过《关于召开政协第十三届东莞市委员会第一次会议的决定》、市政协各专门委员会工作报告（书面）；审议通过撤销个别市政协委员资格的事项；审议市政协十三届一次会议议程（草案）、日程（草案）。

政协调研视察及活动

【“东莞市参与‘一带一路’建设情况”专题视察】 2016年7月29日，东莞市政协常委会组织视察东莞市参与“一带一路”建设情况。市政府副市长杨晓棠应邀到会通报相关情况，东莞市政协主席李小梅主持会议。会后，市政协常委会分成3个小组，由市政协正副主席带队，分别前往虎门港、广东（石龙）铁路国际物流基地、寮步车检场进行实地视察，详细了解有关情况，针对存在的困难与问题提出意见和建议。

【政协组团出访新西兰、塔希提、斐济】 2016年9月23日至10月2日，东莞市政协应海外乡亲社团和企业代表的邀请，由市政协副主席何嘉琪率团赴新西兰、塔希提、斐济访问，走访奥克兰东增同乡会、塔希提罗伯特·温集团公司，拜会法属波利尼西亚政府官员、塔希提波拉波拉岛市长、海外侨胞首领和企业家代表，参加塔希提中华会馆国庆活动等，介绍东莞经济社会发展情况，推介在莞举办的“广东21世纪海上丝绸之路国际博览会”，并就加强彼此间沟通合作等进行交流。

【“推进东莞市供给侧结构性改革”协商座谈会】 于2016年4月27日召开，东莞市政协主席李小梅主持会议并作讲话。副市长贺宇应邀到会通报有关工作情况，并对《东莞市供给侧结构性改革实施方案（2016—2018年）》及5个行动计划作情况介绍。市各民主党派和工商联代表、市政协委员代表围绕协商主题提出意见和建议，市委改革办等相关职能部门应邀到会听取意见。

【“东莞市公共交通一体化规划”协商座谈会】 于2016年7月22日召开，东莞市政协主席李小梅主持会议并作讲话。市交通运输局局长黎达潮通报东莞市公共交通一体化规划情况。市各民主党派和工商联负责人、市政协委员代表从不同角度提出意见和建议。市交通运输局、东实集团等相关部门和企业代表到会参加协商讨论和听取意见建议。

【政协重点提案督办座谈会】 2016年10月21日，东莞市政协召开主席会议，对“关于智慧城市建设的系列提案”等5类12件重点提案进行集中督办。市政协主席李小梅率队视察市交警支队车管所和监控中心，随后在市交警支队召开督办座谈会。会上，市发改局等部门对重点提案的办理情况进行汇报，并对提案者现场提出的意见和建议进行回应。市委常委、常务副市长张科到会通报情况和听取意见，李小梅作总结讲话。

【市政协领导与各民主党派、工商联负责人和无党派人士代表座谈会】 2016年7月28日、12月19日，东莞市政协分别召开与各民主党派、工商联负责人和无党派人士代表座谈会，市政协主席李小梅主持会议并作讲话。7月28日的座谈会上，市政协副主席何嘉琪通报市政协2016年上半年工作情况以及下半年工作计划，市各民主党派、工商联负责人和无党派人士代表对更好地改进政协工作提出意见和建议。12月19日的座谈会上，市政协副主席何嘉琪通报市政协2016年工作情况以及市政协换届工作情况，市各民主党派、工商联负责人和无党派人士代表对市政协工作以及《市政协常委会工作报告》（征求意见稿）等提出意见和建议。

【镇街政协工作办公室成立】 2016年8月18日，东莞市委书记吕业升主持召开市委常委会议，听取关于设立镇街政协工作办公室的有关情况报告。会议同意全市各镇街在原有政协小组的基础上成立政协工作办公室。9月20日，市政协主席、副主席、秘书长分别率队前往全市32个镇街，参加镇街政协工作办公室挂牌活动。

【《政协议政厅》广播节目】 2016年，东莞市政协办公室与东莞广播电视台联合举办的《政协议政厅》广播节目举办42期，组织政协委员、各民主党派成员、职能部门负责人等合计121人次参加节目。其中，举办《焦点关注》19期，邀请委员围绕“如何迎接‘地铁时代’的到来”“如何整合资源，加快我市旅游业发展”“关注养老问题”等民生热点问题建言献策。举办《党派之声》12期，邀请市各民主党派代表介绍党派知名人物故事、社会服务品牌等情况。举办《委员访谈》11期，邀请委员讲述履职心得、创业故事，展现履职风采。

政协专门委员会工作

【政协提案委员会工作】 2016年，东莞市政协提案委员会征集提案410件，经审查立案378件，其中，所提问题解决或被采纳的162件，列入计划解决或拟采纳的240件，留作参考的18件，经市党政主要领导和市政协主席会议确定的重点提案7类14件。推动提案办理协商，召开5场协商座谈会。建立提案委员会委员分组工作制度，完善提案信息网上公开制度，助推职能部门建立“一把手”领办提案工作机制。继续加强提案办理“回头看”，组织提案者视察改善虎门高铁站周边交通及环境等提案办理情况。召开民主党派、人民团体以及镇街政协小组提案工作座谈会，动员各参加单位做好提案的征集。全年编印《重要提案摘报》8期，《政协委员重要建议专报》5期。

【政协经济委员会工作】 2016年，东莞市政协经济委员会在3月至11月，围绕东莞市旅游业发展开展专题调研，经向12个职能部门和18个镇街（园区）征集意见后，拟出调研提纲和方案，先后组织3次市内视察调研，赴中山、佛山和成都等地学习考察，提出“深化认识，明确定位，以旅游业发展促城市品质提升；整合资源，统筹协调，开创旅游发展工作新局面；重点整合打造几个历史文化片区”等建议，得到市主要领导批示。组织委员开展专题议政，为“大力实施低碳发展”出谋划策。组织委员赴泸州、昭通市走访委员在市外投资的企业，考察当地招商引资的经验和做法。2016年组织委员提交提案21件，其中获评优秀提案5件，表扬提案3件。

【政协教科文卫体和文史委员会工作】 2016年，东莞市政协教科文卫体和文史委员会围绕“城市化进程中古村落保护与活化情况”开展市内、省内调研。与经济委员会、社会法制和人口资源环境委员会联合开展“整合资源加快旅游业发展”调研视察活动，形成专题报告，得到市主要领导批示。赴市林业局、水务局、海洋与渔业局就“加强生态建设修复”开展专题调研。会同市茶文化促进会前往四川省雅安市，围绕“茶文化产业发展情况”及“古村落保护与发展”开展调研。协助全国政协、省政协在东莞市开展“国际科技合作与大科学计划”“我省高水平大学建设”等专题调研。出版《谭铸尧画集》《张玮英集》。举办《谭铸尧书画展览》《邓尔雅、黄般若作品捐赠展》。举办《继往开来　同心筑梦——纪念东莞政协成立60周年书画摄影图片展》，并将图片展作品结集出版。

【政协社会法制和人口资源环境委员会工作】 2016年，东莞市政协社会法制和人口资源环境委员会协助全国政协围绕“劳动法律法规贯彻执行情况”“城镇化进程中的少数民族流动人口服务与管理”等专题在东莞市开展调研视察。联合省政协开展“推进茅洲河污染综合治理”专题视察，形成视察报告报送省政府。联合经济委员会、教科文卫体和文史委员会开展“整合资源加快旅游业发展”专题调研。联合港澳台侨外事委员会开展“我市200万汽车城市交通问题”专题调研。走访市安监局，调研安全生产工作。召开少数民族、宗教界委员座谈会。参与政府规范性文件制定和立法工作，组织委员完成20份文件的征求意见。推荐市政协委员担任公安、法院、社保等部门的义务监督员。

【港澳台侨外事委员会工作】 2016年，东莞市政协港澳台侨外事委员会围绕“我市200万汽车城市交通问题”“提升绿色宜居水平”开展专题调研。筹备并推动成立东莞公共外交协会，配合东莞公共外交协会举办首届“东莞故事”演讲比赛，组织松山湖管委会、32个镇街和27个市直单位共597名选手参与比赛。发挥香港东莞政协（港澳）委员联谊会的作用，加强与港澳社团的交流互访。组织香港东莞政协（港澳）委员联谊会会员到望牛墩望东村开展慈善扶贫活动，捐赠善款40多万港元。全年组织委员提交提案69篇，其中5件获评优秀提案，3件获评表扬提案。 （莫庆君）

附：2016年政协东莞市第十二届委员会主席、副主席、秘书长、副秘书长、办公室主任名录

市政协主席：李毓全（任至2月）
　　　　　　李小梅（2月到任）
市政协副主席：何嘉琪
　邝明子（任至2月）
　朱伍坤　吕　兢
　钟淦泉（任至2月）
　张玉其
　莫布兴（任至2月）
　蒋小莺
　彭启尧（任至2月）
　邓流文（任至2月）
市政协秘书长：吴润玲
市政协副秘书长：张小聪　赖少瑜
　　　　　　　　张莉明
市政协办公室主任：张小聪

附：2016年东莞市政协常委会各专门委员会主任名录

提案委员会主任：吕小华
经济委员会主任：莫淑华
教科文卫体和文史委员会主任：
　李炳球
社会法制和人口资源环境委员会
　主任：卢沛超

港澳台侨外事委员会主任：

谢玉华（任至2月）

陈国良（6月到任）

中国共产党东莞市纪律检查委员会

纪检重要会议

【纪检重要会议概况】 2016年2月2日，中国共产党东莞市第十三届纪律检查委员会第六次全体会议举行。3月1日，东莞市预防职务犯罪工作领导小组会议召开，市委常委、市纪委书记戚优华参加会议。3月8日，2016年东莞市预防职务犯罪工作会议召开，总结部署全市预防职务犯罪工作，市委常委、市纪委书记戚优华出席并讲话。3月8日，全市纪律审查工作会议召开，部署2016年纪律审查工作，市委常委、市纪委书记戚优华出席会议并讲话。3月9日，市直有关单位落实2016年党风廉政建设和反腐败工作任务分工会议召开，市委常委、市纪委书记戚优华出席会议并讲话，市纪委副书记鲁罡主持会议。3月28日，国务院、省政府廉政工作会议召开，东莞市收看收听会议，国家、省会议结束后套开全市政府廉政工作会议。

4月28日，市纪委监察局工会会员大会召开。5月6日，“清风行”活动座谈会召开，部署开展“清风行”巡察工作。5月16日，市纪委监察局机关严肃换届纪律座谈会召开，市委常委、市纪委书记戚优华出席会议并讲话，委局机关正科及以上干部参加会议。6月2日，东莞市第二届“廉洁火炬杯”党规党纪知识竞赛决赛举行，市工商局、市教育局等8支队伍进入决赛，最后，市工商局获得冠军。7月26日，2016年上半年全市纪检监察工作总结会议召开，总结部署纪律检查工作，会议由市纪委副书记陈钊主持，市委常委、市纪委书记戚优华，市纪委副书记、市监察局局长、市预防腐败局局长吴才华，市纪委副书记叶柏茂、鲁罡出席会议并作讲话。9月6日，市纪委全体扩大会议召开，会议推荐新一届纪委常委，委局领导、市纪委委员、各镇街纪委正副书记、各派驻（出）机构主要负责人参加。9月12—13日，全市第十四期领导干部党纪政纪法纪教育培训班举行。12月23日，中国共产党东莞市第十四届纪律检查委员会第一次全体会议召开，选举产生市第十四届纪委常委和书记、副书记。

【中国共产党东莞市第十三届纪律检查委员会第六次全体会议】 于2016年2月2日在东莞市会议大厦举行，东莞市委书记、市人大常委会主任徐建华出席第一次会议并作讲话。全会审议通过市委常委、市纪委书记戚优华代表市纪委常委会所作的工作报告，并通过《中共东莞市第十三届纪委第六次全体会议决议》。石龙、厚街、大岭山、凤岗、塘厦、桥头镇党委书记，市司法局、市人力资源局、市国资委党组书记，东莞证券有限责任公司党委书记向市纪委全会作“三述”（述责、述廉、述德）报告。

2016年2月2日，中国共产党东莞市第十三届纪律检查委员会第六次全体会议召开

【东莞市纪委、监察局工会会员大会】 于2016年4月28日在东莞市行政办事中心主楼召开，东莞市监察局副局长、机关工会副主席古健康作报告，市直机关工联合主席吴宗耀出席并讲话，大会进行换届选举，会议选举新一届工会委员会委员：古健康（主席）、王治彬（副主席）、李贵城、梁雪、方煦超。

【全市第十四期领导干部党纪政纪法纪教育培训班】 于2016年9月12—13日在东莞市行政办事中心北楼举行。东莞市委书记吕业升作开班动员，市委副书记、市长梁维东作辅导报告，市委副书记姚康通报2015年全国窃密泄密案件情况，市委常委、市纪委书记戚优华传达有关文件精神并作讲话。培训班组织观看中纪委副书记张军讲解《中国共产党问责条例》录像、党风廉政教育专题片。

【中国共产党东莞市第十四届纪律检查委员会第一次全体会议】 于2016年12月23日在东莞市会议大厦召开，东莞市第十四届纪委委员参加会议。会议选举产生市第十四届纪委常委和书记、副书记。市委常委戚优华当选市纪委书记，吴才华、叶柏茂、鲁罡、陈钊当选市纪委副书记，夏显辉、邓炳华、黄键、叶鑑波、张卫红、古健康当选市纪委常委。

纪检重要工作

【监督执纪“四种形态”运用】2016年，东莞市纪委把实践“四种形态”贯穿于监督执纪的具体工作中，推动“四种形态”成为全面从严治党的抓手。开展谈话提醒工作，推动构建“抓早抓小”工作机制，让红脸出汗成为常态。东莞市领导带头开展谈话提醒，市委书记谈话提醒49人次，市纪委书记谈话提醒121人次，推动第一种形态的实施，全市累计开展谈话提醒1.91万人次。全市纪检监察机关给予党纪政纪处分572人次，其中轻处分314人次，重处分250人次，移送司法机关8人，运用后三种形态作出处理的人数分别占处分人数的54.9%、43.7%和1.4%。坚持“抓早抓小”，深入开展“清风行”巡察活动，将驻点检查范围扩大至市直单位、事业单位和国有企业，2016年对41个市直单位进行驻点检查，发现问题541条，同时督促2015年开展“清风行”巡察活动的32个镇街做好整改落实。

资料链接：

监督执纪“四种形态”为：

第一种：党内关系要正常化，批评和自我批评要经常开展，让咬耳扯袖、红脸出汗成为常态；

第二种：党纪轻处分和组织处理要成为大多数；

第三种：对严重违纪的重处分、作出重大职务调整应当是少数；

第四种：严重违纪涉嫌违法立案审查的只能是极少数。

【正风肃纪】2016年，东莞市纪委严查违反中央八项规定精神和“四风”（形式主义、官僚主义、享乐主义和奢靡之风）案件，查处违反中央八项规定精神案件24人次，通报曝光典型案件13人次，发挥警示作用。扭住“四风”不放，紧盯重要时间节点，严禁利用节庆假日、婚丧喜庆等收送“红包”礼金。加强对党员领导干部“八小时以外”活动的监督管理，开展试点工作，净化领导干部的社交圈、生活圈和休闲圈。坚持暗访、查处、追责、曝光“四管齐下”，组织暗访行动121次，拍摄制作暗访专题片7期，督促整改问题11个。加大效能投诉处理力度，办结行政效能投诉453件。持续开展农村基层党员干部违纪违法线索集中排查活动，排查出线索1527条，立案536件，化解基层矛盾风险，消除农村不稳定因素。

【腐败惩治】2016年，东莞市纪检监察机关受理信访举报1582件次，比上年上升21.6%，处置问题线索1207件，上升15.5%；立案563件，上升39.7%；结案555件，上升34.4%；给予党纪政纪处分572人，上升40.2%。其中查办涉及市管干部31人，直接追回经济损失4341.3万元。进一步发挥市委反腐败协调小组职能作用，推进追逃追赃，完善纪检监察与检察、审判、公安、审计机关“一对一”的日常协调机制。加强执纪监督，强化对纪律处分决定执行落实工作的管理，促进纪律处分执行工作的规范化、制度化。规范实名举报处置，引导群众实名举报、逐级举报、精准举报。清理历史积压信访

2016年6月2日，东莞市举行第二届“廉洁火炬杯”党规党纪知识竞赛决赛

暂存件，完善信访举报件的归口管理工作制度。

【纪律检查体制改革】 2016年，东莞市落实纪律检查工作双重领导体制，全面实行线索处置和执纪审查“两报告”制度，强化上级纪委对下级纪委执纪审查的指导和监督。年内，市纪委向省纪委报送线索72条，镇街纪委向市纪委报送线索1326条。组织市直单位、镇街党委（党组）负责人向市纪委全会“三述”（述责、述廉、述德）并接受评议，截至2016年，有30人（次）向市纪委全会进行“三述”。落实提名考察办法，按照新办法提名、考察174名镇街纪委正副书记、市纪委派驻纪检组正副组长。深化派驻机构统一管理改革，推进派驻机构全覆盖，全市派驻机构增到39个。制定出台《市纪委派驻机构权责清单》《关于加强市纪委派驻机构规范化建设的意见》，促进派驻机构切实发挥好“派”的权威和“驻”的优势。2016年市纪委派驻机构自办案件40件，比上年上升90.5%。

【纪律教育学习】 2016年，东莞市纪委抓好领导干部这个“关键少数”的集中教育，开展纪律教育学习月活动，举办第14期领导干部“三纪”（党纪、政纪、法纪）教育培训班。推动全市各级党组织专题学习《关于新形势下党内政治生活的若干准则》《中国共产党党内监督条例》等党内法规，强化学习宣传氛围。组织132支代表队参加东莞市第二届“廉洁火炬杯”党规党纪知识竞赛，并获得全省三等奖。开展“树廉洁家风，建最美家庭”主题活动，引导党员干部注重家庭、注重家教、注重家风。配合省纪委做好反腐倡廉话剧《韩文公》的巡演，弘扬清风正气。强化警示教育，拍摄《一把手的点土成金术》警示教育片，升级市反腐倡廉与预防职务犯罪教育基地，开展7期旁听庭审活动，有1000多名党员干部接受现场警示教育。开展“以案治本”工作，推动形成办案部门、预防部门和案发单位三方“治本”工作合力。建成预防腐败信息系统信息共享平台，提高案件线索查询效率。建成政府投资工程廉情评估预警系统，导入系统的政府投资工程项目96个，产生预警126个，同时以该系统为抓手开展重大工程同步预防监督工作，成效得到上级的肯定。

【正确执纪导向树立】 2016年，东莞市纪委严明换届纪律，履行换届风气监督责任，与市委组织部联合组建4个巡回督查组，建立信访举报快速查核机制，严格把好党员领导干部廉洁关，提供换届选举廉洁情况2038人次，查处换届中向组织隐瞒个人事项的领导干部10人，通报一批违反换届纪律案件。健全党风廉政建设责任制检查考核机制，把党风廉政建设考核纳入落实下级党委（党组）领导班子科学发展观考评指标，实施“一票否决”。构建全市“亲”“清”政商关系，引导党员干部规范政商交往行为，厘清交往界限，优化政务服务。树立正确执纪导向，把握处理好严肃党纪与宽容失误的关系，正确运用“三个区分开来”，最大限度调动和保护广大党员干部干事创业的积极性、主动性和创造性。强化监督问责，解决干部“不作为”的问题，制定东莞市强化责任追究的贯彻落实意见，加大责任追究力度。2016年，查处“为官不为”案件7宗26人，对35名党员领导干部进行问责，按照“一案双查”（纪检监察机关在查处案件时，既要查清当事人的违纪问题，又要查清主管领导或分管领导的责任范围及责任）规定查处2宗2人。

资料链接：

“三个区分开来”就是“要把干部在推进改革中因缺乏经验、先行先试出现的失误和错误，同明知故犯的违纪违法行为区分开来；把上级尚无明确限制的探索性试验中的失误和错误，同上级明令禁止后依然我行我素的违纪违法行为区分开来；把为推动发展的无意过失，同为谋取私利的违纪违法行为区分开来，保护那些作风正派又敢作敢为、锐意进取的干部。”

【纪检监察队伍建设】 2016年，东莞市完成市镇（街道）纪委换届工作，对各镇街纪委书记、副书记提名人选进行严格审核、统筹酝酿，匡正选人用人风气，加大干部交流力度，有6名纪委书记异地交流任职，做好选配市委办等16家新增派驻部门人员工作，各级纪委领导班子结构进一步优化。组织开展纪检监察干部“能力建设年”活动，有565人次参加各种培训，提升理论和实战能力。开展派驻机构规范化建设，实现“十有”（有牌子、有必要的办公办案设备、有职责清单、有工作规程、有工作台账、有约谈监督制度、有执纪办案制度、有工作检查制度、有风险防控制度、有工作经费保障）目标。加强内部监督管理，对涉及纪检监察干部违纪违法行为的线索，做到逢信必查、违纪必究，严防“灯下黑”，核查涉及反映纪检监察干部投诉举报问题线索14件，进行诫勉谈话1人次，提醒谈话2人次。

（黄基尧）

附：2016年中国共产党东莞市纪律检查委员会书记、副书记、常委名录

市纪委书记：戚优华
市纪委副书记：吴才华　叶柏茂
鲁　罡　陈　钊
市纪委常委：戚优华　吴才华
叶柏茂　鲁　罡　陈　钊
卢淑贤（任至12月）
罗暖培（任至12月）
夏显辉　邓炳华　黄　键
叶鑑波　张卫红　古健康

附：2016年东莞市监察局（预防腐败局）主要领导名录

局　长：吴才华

民主党派·社会团体

DEMOCRATIC PARTIES SOCIAL ORGANIZATIONS

- 东莞市网络文明志愿者促进会成立
- 东莞市总商会企业服务中心成立
- 广东省最大生命安全体验馆开馆

寮步镇

编辑：苏淑娴　刘　丹

民主党派·工商联

中国国民党革命委员会东莞市委员会

【民革概况】　截至2016年，中国国民党革命委员会（简称民革）东莞市委员会有支部13个，专门工作委员会4个，党员185人。2016年，新发展党员20人，新成立民革东莞市石龙支部。党员中，有中高职称者142人；省政协委员1人，市人大代表3人（市人大常委1人），市政协委员9人（市政协常委2人）。

2016年6月，民革东莞市委员会召开第四次党员大会，选举产生第四届委员会领导班子，郑国洪当选为主任。11月，召开民革东莞理工学院支部第三次党员大会，完成东莞理工学院支部的换届选举。民革东莞市委员会被评为"2015年度民革全国祖国统一工作先进集体"，民革东莞市委员会祖国统一工作委员会副主任肖隆东被评为"2015年度民革全国祖国统一工作先进个人"；民革东莞市委员会办公室黎丽香被民革中央评为"民革全国机关工作先进个人"。

【民革参政议政】　2016年4月，民革东莞市委员会组织党员赴中山大学高等继续教育学院进行"科学执政与多党合作"专题学习；5月，组织骨干党员前往四川省开展"名人故居保护"专题调研；组织党派领导成员开展"政党自我建设的国际比较""基于脑科学的压力与情绪管理"等专题培训；11月，举办提案知识讲座，组织参政议政骨干成员相互学习交流提案写作经验。征集政协全会提案69件，其中作为集体提案提交并立案的23件，《关于制定智慧城市建设规划，加快发展智慧型经济的建议》被评为市重点督办提案和优秀提案，《关于加快推进李章达故居保护利用工作的建议》被评为表扬提案。党派内政协委员个人提交提案13篇，人大代表个人提交建议3篇。征集省委会调研课题18个，其中《打造珠江东岸自贸区集聚群》《整合广东历史文化资源，对接香港国民教育》《关于加强农村环境污染治理工作的建议》等5篇调研报告修改成提案形式后，被民革广东省委会报送省政协大会。评选民革东莞市委员会年度重点调研课题5个，其中《新形势下东莞市中小学教师队伍统战工作问题研究》《引导东莞非公有制经济人士弘扬企业家精神研究》2篇调研报告获市统战理论征文三等奖。9月，在年度民主党派负责人暑期座谈会上，提出关

于《打造长安新区经济兴奋点，参与珠江口国际湾区竞争》的建议。12月，在政府工作报告征求意见座谈会上，提出“为企业减负担、降成本，制定政策和措施鼓励企业出口，大力弘扬工匠精神”等建议，得到市领导肯定。

【民革社会服务】 2016年，民革东莞市委员会继续推进“同心·博爱行”社会服务品牌创建工作。

4月，联合东莞市台商协会厚街分会赴贵州省黔西南布依族苗族自治州开展“同心·博爱行”贵州助学暨“三农”扶贫调研活动。12月，组织律师在南城文化广场开展“同心·博爱行”宪法日公益法律服务活动，并联合东莞电台“与法同行”栏目和东莞第一中学开展校园普法活动；民革都市丽人公司支部联合中共支部、团委、工会、妇联，组织都市丽人公司凤岗总部14个部门251名员工，前往凤岗镇9个点派发妇联宣传册，宣导政策，开展街面环境清洁打扫及十字路口交通秩序维持等志愿者服务活动。东莞理工学院支部在东莞理工学院莞城校区主办“关爱生命，远离感染”艾滋病预防教育主题宣讲活动，普及防治艾滋病知识，帮助在校大学生正确认识艾滋病的危害，提高自我保护意识。

【民革祖国统一工作】 2016年，民革东莞市委员会祖国统一工作委员会与市政协港澳台侨外事委员会、市台办、市台联会、东莞台商协会，继续开展对台服务工作，联合开展涉台调研服务活动。1月，前往台商协会厚街分会开展联谊活动；3月，与台商协会厚街分会举行座谈交流活动；8月，出席台商协会厚街分会周年庆典活动。民革东莞市委员会提交两篇涉台提案——《以现有历史文化资源为平台，进一步加强港澳台青少年爱国主义国情教育》《关于我市应积极申办两岸青年创新创业论坛的建议》，被市政协立项，承办部门均有反馈。 （林宗辉）

附：2016年中国国民党革命委员会东莞市委员会主要领导名录

主　委：余　毅（任至6月）
　　　　郑国洪（6月到任）

中国民主同盟东莞市委员会

【民盟概况】 截至2016年，中国民主同盟（简称民盟）东莞市委员会有1个总支部、19个支部、8个专门工作委员会，盟员347人，其中2016年新发展盟员27人。盟员中，教育界208人、医卫界31人、其他界别108人。担任市政协副主席1人、市政协常委3人、政协委员6人，担任市人大常委1人，担任市特约人员12人次。

6月，民盟东莞市委员会完成换届工作，选举程发良为民盟东莞市第六届委员会主委。年内，民盟东莞市委员会被民盟中央委员会评为“坚持和发展中国特色社会主义学习实践活动先进集体”“民盟社会服务工作先进集体”，副主委林海川被评为民盟中央委员会“民盟社会服务工作先进个人”。

【民盟参政议政】 2016年，民盟东莞市委员会向市政协十二届五次会议，提交集体提案20件、委员提案15件。其中《关于东莞市“三旧”改造现状及问题对策》被选为市政协重点督办提案和优秀提案，《关于建设东莞市水生态文明长效管理机制的建议》《关于依托市科技馆对中国散裂中子源进行科普宣传的建议》分别被评为市政协优秀提案和表扬提案；向民盟广东省委会提交《关于进一步推进公众依法参与环境保护的建议》《关于切实推动环境公益诉讼的建议》，分别被民盟省委会采纳作为提交广东省政协十一届四次会议的大会发言、委员提案；组织盟员参与4期“政协议政厅”电台节目。民盟东莞市委员会率调研组走访基层、开展考察活动，参加提案办理协商座谈会。协助完成民盟中央和民盟广东省委会来东莞市开展“改革开发区管理体制，促进开发区转型创新发展”课题调研考察活动。向民盟广东省委会申报课题《新时期民盟基层组织思想建设的探索》，向市委统战部申报课题《新社会阶层人士政治诉求研究》《基于新媒体从业人员在青少年群体的影响力调研的统战策略》。2015年提交的理论课题《社会服务品牌建设与维护发展研究》获评民盟广东省参政党理论研究二等奖。

2016年6月4日，民盟东莞市委员会“一心四行”品牌公益活动走进大兴化工有限公司

【民盟社会服务】 2016年，民盟东莞市委员会通过“一心四行”（一心：莞盟爱心基金，四行：助学行、环保行、普法行、健康行）社会服务品牌，推进社会服务工作。

落实爱心善款，在普宁市第一中学助学站成立专项奖学基金，开创“莞盟助学行”新模式；捐建连州市慧光中学图书馆；致力精准扶贫，分别在机关干部挂职的常平镇、公益活动所覆盖的黄江镇星光村支助贫困户学生2人；为病重盟员捐出困难补助金。扩大助学范围，新增6个助学站，分别是普宁市第一中学站、东莞市麻涌站、河南省睢县站、东莞市横沥站、湖南省宜章县站和衡东县第一中学站。截至2016年，建立16个助学站，支助贫困学生659人次，比上年增加298人次。另外，走进麻涌镇东太村，对贫困户的在校子女进行帮扶，汇聚环保、法律、医卫界的专家盟员，为村民提供综合性公益咨询、义诊服务。活动推广到横沥镇、东城街道、黄江镇等镇街和盟员所在企业。（简锐姬　张琪苑）

附：2016年中国民主同盟东莞市委员会主要领导名录

主　委：朱伍坤（任至6月）
程发良（6月到任）

中国民主建国会东莞市委员会

【民建概况】 截至2016年，中国民主建国会（简称民建）东莞市委员会有1个总支部、7个基层支部，会员144人，其中2016年新成立南城支部和参政议政专家委员会，新发展会员12人。会员主要分布在经济界、教育界和公务员队伍。其中，担任民建广东省委会常委2人、委员1人，市人大常委会副主任1人、市政协常委1人、委员5人，有市特约人员12人次。

2016年6月29日，中国民主建国会东莞市第三次代表大会召开

6月，召开民建东莞市委员会第三次代表大会，选举产生第三届委员会，周楚良当选主委，完成换届工作。健全基层组织建设，完善网站、微博公众号、微信公众号建设，获评民建广东省委员会2015年度网站信息工作二等奖、2015年度组织管理信息系统工作三等奖。

【民建参政议政】 2016年，民建东莞市委员会在助推国家历史文化名城建设、推动智能制造、养老体系改革等方面，向市政协提交提案13件；通过“直通车”渠道，向中共东莞市委报送“关于我市申请成立仲裁机构的建议”，获得市委主要领导的重视和采纳；协助民建上级在“民间投资法律保障”“制造业优化升级”“政商关系”“专业镇发展”等方面在东莞市开展调研。民建东莞市委员会被评为市统战系统信息工作先进集体，连续5年被民建广东省委会评为参政议政先进集体，会员7人被评为“省参政议政先进个人”，2人被评为“全市统战信息工作先进个人”。

【民建社会服务】 2016年，民建东莞市委员会实施社会服务工作品牌战略，举办4期“建华课堂”公益培训活动，主题包括高新技术企业认定、税收政策解读、企业上市财务规范、企业重组购并等内容，培训400多名社会各界人士；参与全省民建“助力阳江”活动，连续第3年助学贫困学生19名；做好服务企业工作，各支部、专家委员会开展“义务法律咨询”“重塑企业力量”等活动，组织企业参与“中国投资风险论坛”“中国非公经济论坛”等交流学习活动。民建东莞市委员会2016年获评“全国社会服务先进集体”，获“2011年至2015年度年民建广东省委会社会服务先进集体一等奖”，会员1人获评“民建全国社会服务先进个人”，7人获评“2011年至2015年度年民建广东省委会社会服务优秀个人”。（罗建锋）

附：2016年中国民主建国会东莞市委员会主要领导名录

主　委：周楚良

中国民主促进会东莞市委员会

【民进概况】 截至2016年，中国民主促进会（简称民进）东莞市委员会设8个支部（其中新成立水乡支部）、7个专门工作委员会，有会员144人。会员中，教育界91人（高等教育界13人、普通教育界78人），政府及党派机关16人，经济界19人（公有经济3人），医卫界8人，法律界6人，文化艺术界4人。担任省人大代表1人，市人大代表3人，市政协委员8人。

【民进参政议政】 2016年，民进东莞市委员会在市政协十二届五次会议上，向大会提交提案32件，其中集体提案17件、个人提案15件。集体提案《关于加快建设东莞自主创新示范区的建议》、个人提案《关于构建东莞城市慢行系统的建议》被评为优秀提案；集体提案《关于优化东莞高等教育结构的建议》被评为表扬提案。

1月，主委梁佳沂参加2016年党外代表人士座谈会，就优化企业创新环境，促进东莞市企业创新发展提出建议；7月，参加市公共交通一体化规划情况协商座谈会，就公共交通一体化问题提出建议；参加市政协领导与市各民主党派、工商联负责人和无党派人士代表座谈会，对市政协工作发表意见和建议；9月，参加2016年民主党派负责人暑期座谈会，梁佳沂代表市委会就完善东莞市创新体系提出建议；11月，参加中共东莞市第十四次代表大会报告征求意见座谈会，就报告的主题、思路、结构和内容提出建议；12月，参加市政协领导与市各民主党派、工商联负责人和无党派人士代表座谈会，对市政协工作和市政协常委会工作报告（征求意见稿）等提出建议。众多建议得到市委、市政府、市政协等部门的重视和采纳。

向市政协、市委统战部提交社情民意信息21篇，被采用16篇，社情民意采用率76%。参加“政协议政厅”电台节目9期，参加会员17人次，与有关部门负责人和听众就“互联网+教育”、化解医患矛盾、建设慢行系统、公交一体化等问题进行探讨。

【民进社会服务】 2016年10月11日，民进东莞市委员会牵头开办的东莞开明美术馆举行开馆仪式，向公众免费开放。全国政协副秘书长、民进中央副主席朱永新等参加开馆仪式。东莞开明美术馆发挥平台作用，在凤岗镇举办“开明盛世 瓷动凤岗——‘海上丝绸之路’东莞行景德镇‘瓷’文化迎新展”，在塘厦镇、寮步镇举办“2016年十二生肖全国中国画年度大赛获奖作品巡展”，在长安镇举办“古韵新篇——汤立、陈叶梦书画陶瓷展”，在塘厦镇举办“‘水墨瓷韵·相融塘厦’——2016年林校伟、冯绍华两人国画陶瓷作品联展”等大型展览。在2012—2016年广东民进社会服务工作评比中，东莞开明美术馆“搭建艺术平台、助推文化名城建设”被民进省委会评为优秀项目。

2016年，民进东莞市委员会拓展社会服务工作的覆盖面，参与举办10期博士论坛，邀请各领域博士专家开办公益讲座，向东莞市民介绍无线输电技术前景、蔬菜安全生产、陶瓷制作与欣赏、抗生素的应用、心脏健康管理、嗓音保护等知识，内容涵括科学、艺术、食品安全和医疗健康等领域。

（黄建英）

附：2016年中国民主促进会东莞市委员会主要领导名录

主　委：梁佳沂

中国农工民主党东莞市委员会

【农工党概况】 截至2016年，中国农工民主党（简称农工党）东莞市委员会有支部委员会4个、支部9个、专家委员会4个，党员240人，其中2016年新发展党员29人。党员中，有省政协委员2名，有市人大代表8名（人大常委1名）、市政协委员11名（常委2名）、有镇人大代表3名。其中1人担任东莞市人民医院副院长，1人担任望牛墩镇副镇长。6月，农工党东莞市第六次党员大会召开，产生以李光霞为主委的第六届农工党东莞市委员会领导班子。

【农工党参政议政】 2016年，农工党东莞市委员会在中共东莞市委举办的各民主党派负责人暑期座谈会上，作题为“推动东莞制造向东莞智造转变，加快形成创新核心竞争力”的发言；在市政协组织的专题协商会上作题为“整合公交资

2016年12月4日，农工党东莞市委员会“法律讲堂进校园”宣讲活动举办

源，提升我市公交服务水平”的发言；在东莞市供给侧结构性改革协商座谈会上，提出提高全要素生产率、改善公共产品和服务促进供给结构改善等建议；在中共东莞市第十四次代表大会报告的征求意见会上，提出“人才优先发展”战略、环境治理、提高公共服务质量、拓宽社会保障覆盖面等建议。在市政协全会上作题为“关于加快广东（石龙）铁路国际物流基地建设的建议”的发言。

2016年，农工党东莞市委员会向市政协提交集体提案10件、市政协委员个人提案5件，省政协委员个人提案3件，市人大代表建议6件。集体提案《加快电子商务人才培养，促进我市电子商务发展》被评为优秀提案，《关于我市布局发展海洋生物医药产业的建议》被评为表扬提案。政协委员联名提案《关于加大财政投入，大力推广社区家庭医生式服务模式发展的建议》被评为表扬提案。议案《关于防范和严厉打击电信（网络）诈骗的建议》《加大发展医疗卫生事业资金投入力度的建议》被评为优秀建议，议案《关于加快推进市内道路交通“微治理”的建议》被评为表扬建议。报送信息50件，其中被市委统战部采纳16件，被市委办信息科采纳1件，报送和采纳数量较以往均有提升。关承恩、蒋四清获2015年度全市信息工作先进个人。赫喜华的理论文章在《前进论坛》发表。关承恩的理论文章获市委统战部优秀论文优秀奖。

【农工党社会服务】 2016年，农工党东莞市委员会在第二十八届中国“国际科学与和平周”期间，到市轨道交通有限公司运营分公司举行“同心助医”活动，举办急救知识和技能培训，为50多名站务及相关人员讲解心肺复苏术的完整过程，并开展模拟实操指导。在第29个“12·1”世界艾滋病日，在东莞职业技术学院图书馆举行“同心助医”之“关爱生命，远离艾滋”系列宣传活动，为300多名师生讲解艾滋病防治知识，在该学院图书馆布置为期1个月的艾滋病防治知识图片展。“‘12·4’国家宪法日暨法治教育广东宣传教育周”期间，在东莞理工学校举行“法律讲堂”，举办社会服务基地揭牌仪式暨青少年法律知识讲座。

（农工党东莞市委员会）

附：2016年中国农工民主党东莞市委员会主要领导名录

主　委：李光霞

中国致公党东莞市委员会

【致公党概况】 截至2016年，中国致公党东莞市委员会有基层支部7个，成员137人，其中2016年新发展党员24人。其中归侨8人，侨眷侨属23人，港澳台属12人，少数民族8人，其他有海外关系党员47人，大部分党员分布于科教文卫和司法界。有省人大代表1人、市人大常委1人；省政协委员1人、市政协常委2人、市政协委员4人。省侨联委员2人、市侨联常委1人、市侨联委员会顾问1人、市侨联委员1人；市特约人员16人次。

6月，召开中国致公党东莞市委会第二次党员大会，选举产生以陈树良为主任委员的致公党东莞市第二届委员会。年内，完成各支部、各专门委员会的换届工作。

【致公党参政议政】 2016年，致公党东莞市委员会组织开展专题学习活动，5月赴江西干部学院接受红色革命传统教育；8月赴泉州华侨大学进行“致泉州，探海丝”侨情专题培训班；11月参政议政骨干赴湖南开展政治教育活动等。市政协十二届五次会议期间，提交党派提案9件、个人提案10件，其中，1件被评为优秀提案，3件被评为表扬提案。党派提案《关于加快我市存量垃圾治理工作的建议》获市委主要领导督办。

向致公党省委会申报5篇调研课题，其中2篇获立项为提案，1篇获立项为社情民意信息。课题《关于推进我省多元化纠纷解决机制改革的建议》《关于加快广深沿江高速公路全线互联互通工程建设工作的建议》被致公党省委会采用作为团体提案提交给省政协。课题《关于加强我省城市地下管线（综合管廊）规划建设管理工作的建议》作为致公党省委会团体提案，获省政

2016年6月19日，中国致公党东莞市第二次党员大会召开

协副主席林木声重点督办。向市委统战部申报统战调研课题4篇，2篇被评为“东莞统战理论政策研究创新成果”三等奖。

向致公党省委会报送工作信息17条，向市委统战部报送工作信息53条，其中建言献策类信息24条，向市政协报送工作信息34条，其中社情民意信息5条。

【致公党联谊工作】 2016年9月，致公党东莞市委员会由市委统战部牵头，与市外事局、市商务局相关负责人组团赴越南、马来西亚进行外访。与当地的华人社团进行联谊交流，传递祖国家乡信息，达成下阶段开展更多联络交流活动的共识。通过市外事局、市侨联与港澳社团以及台湾洪门社团进行交流，围绕参政议政课题进行调研，对统一战线工作建言献策，促进侨海联络工作实现突破。

【致公党社会服务】 2016年，致公党东莞市委员会以东莞市侨联（致公党）法律顾问委员会为平台，7月向石龙镇政府赠送《涉侨政策法律》等一批法律书籍，组织资深专业律师党员为石龙镇归侨、侨眷和侨属在入户、房产等方面遇到的问题，提供法律咨询和援助。主委陈树良任主编，组织法官党员编写《您身边的案例启示》，在侨法下乡活动中面向社会各界免费派发。

依托社会服务委员会的平台力量探访东莞市自梳女，了解老人生活近况以及愿望。8月，联同市社保局到石龙镇、石碣镇为两位自梳女“老寿星”庆祝百岁生日。通过探望自梳女活动，整理特殊历史阶段产生的自梳女文化资料，为常平镇政府筹建自梳女博物馆提供支持。 （王文青）

附：2016年中国致公党东莞市委员会主要领导名录

主　任：戴松林（任至6月）
　　　　陈树良（6月到任）

九三学社东莞市委员会

【九三学社概况】 截至2016年，九三学社东莞市委员会有支社11个、专门工作委员会6个，社员162人，其中2016年新发展社员11人，转入社员1人，挂靠活动社员1人，病故1人。社员中，科学技术界29人，高等教育界37人，医药卫生界51人，其他界别45人。有人大代表2人（常委1人），市政协委员7人（常委2人），市政协特邀人士2人。

2016年6月，九三学社召开第五次社员大会，选举产生以周爱军为主委的九三学社东莞市第五届委员会。成立第一支社、第二支社、第三支社、第四支社、第五支社、第六支社、人民医院支社、松山湖支社、退休一支社、退休二支社，保留东莞理工学院支社，完成换届。

【九三学社参政议政】 2016年，九三学社东莞市委员会向市政协十二届五次会议提交市委会提案12件、委员提案19件，其中有3件提案被列为优秀提案，2件提案被列为表扬提案。派出社员参与市政协与东莞电台或东莞阳光网合办的“政协议政厅”节目6次，与提案承办单位以及市民交流探讨。完成统战理论政策调研4项，重点提案课题调研1项，其中课题报告《香港“本土主义思潮”的原因分析与对策研究》获评2016年度东莞市统战理论政策研究创新成果奖。党派领导多次参与或列席中共东莞市第十四次代表大会等会议，参与中共东莞市委、市政府的重大决策通报或协商，多次对市委、市政府的重要文件的征求意见稿提出修改建议。党派成员关注社会和民生热点，反映社情民意，向九三学社省委、市政协、市委统战部提交建议类信息30余篇次，多篇被采用。

【九三学社社会服务】 2016年，九三学社东莞市委员会整合人才资源开展中医养生讲座15场、院前急救暨心肺复苏术培训2场、基层社区卫生服务中心的医术支援1场、3D打印科普讲座1场、书画展览2场、扶贫助学活动1次，出版新书《不蠹斋珍丛——卢子枢书画与友朋书札》。 （卢力森）

附：2016年九三学社东莞市委员会主要领导名录

主　委：吕　兢（任至6月）
　　　　周爱军（6月到任）

东莞市工商业联合会

【工商联概况】 截至2016年，东莞市工商业联合会（总商会）有镇街商会32个，行业商会、异地商会72个。有会员3.5万余名，其中，有全国人大代表1人，省人大代表2人、省政协委员9人（省政协常委1人），省工商联副会长1人、常委5人、执委5人，市人大代表43人、市政协委员118人。

【东莞市工商业联合会（总商会）第十一次会员代表大会】 2016年12月26日，东莞市工商业联合会（总商会）在会议大厦召开第十一次会员代表大会，市委、市人大、市政府、市政协主要领导出席会议。十余家中央、省市重点媒体到场参加采访并报道。大会听取和审议第十届执行委员会工作报告，选举产生东莞市工商联第十一届执行委员会。广东三正集团有限公司董事长莫浩棠当选第十一届市工商联（总商会）主席（会长），市委统战部副部长、市工商联党组书记梁应昌当选常务副主席，梁德堂、张军民当选专职副主席，王文城等24人当选兼职副主席，丁浩权等35人当选总商会兼职副会长，宋志锋当选秘书长。市委书记吕业升在会上表示将发挥政府资源配置这只“手”的作用，帮助企业实现规模和效益的倍增。

【工商联扶贫工作】 2016年，东莞市工商业联合会（总商会）组织各镇街工商联（商会）主席（会长）、副会长数十人赴江西省、韶关市等地开展理想信念教育实践暨扶贫光彩行活动。指定专门的扶贫干部前往石排镇田寮村开展对口帮扶工作，捐助30万元帮助该村脱贫。为万江街道滘联社区党政服务中心改造工程捐赠25万元。贯彻落实“千企帮千村”精准扶贫工作，11月东莞市工商联精准扶贫考察团前往韶关市曲江区对口帮扶村开展扶贫工作，捐赠10万元分别给曲江区大塘镇其田村和枫湾镇新村整修灌溉水渠。东莞市常平商会捐款10万元给南雄市江头镇元甫村；东莞市女企业家商会为曲江职业技术学校和大塘镇中心小学捐赠价值20万元的服装。号召各基层商会和会员企业为“广东扶贫济困日”捐款，工商联机关职工为“广东扶贫济困日”捐款5万元。

【基层商会建设】 2016年，东莞市工商业联合会（总商会）重点发展团体会员，吸引行业协会、异地商会加入，团体会员100余家，会员企业达3.5万名，实现大幅增长。规范指导镇街工商联（商会）开展换届工作，32个镇街工商联（商会）完成换届。召开多次秘书长工作会议，交流经验做法，提高规范化管理水平。在机关及团体会员中推广使用办公自动化软件，提高办公效率和精细化管理水平。

2016年12月26日，东莞市工商业联合会（总商会）第十一次会员代表大会召开

2016年9月7—8日，2016世界莞商大会召开

【工商联参政议政】 2016年，东莞市工商业联合会（总商会）调研非公有制经济发展的热点、难点问题，把握全市民营经济发展的动态和非公有制经济人士思想动态，并在科学分析的基础上，提出可行性建议，为市委、市政府决策提供参考依据。向人大、政协提出议案提案数十份；向各级党政部门提出建议、情况简报数百份。

【东莞市总商会企业服务中心成立】 2016年，东莞市总商会成立企业服务中心，整合律师、会计师、保险、银行、券商等中介服务机构，为企业提供项目对接、资源整合及商业信息发布的第三方服务。该中心以“共同分享社会资源、共同创造个人价值、共同分享商业成果”为经营理念。采用项目合伙人制的经营模式，为专业人士与企业提供价值再造的发展空间。

【异地商会积分制管理试点】 2016年，东莞市为加强异地商会培育发展和规范，发挥其在助推经济转型、完善社会服务、创新基层治理中的作用，在全省率先开展异地商会积分制管理评审工作。市财政预算安排年度奖励资金450万元，用于支持开展异地商会积分制管理试点工作。设置奖励准入门槛，将异地商会的实绩与奖励资格挂钩，在考评基础上，将达到80分以上的异地商会纳入奖励范围。奖励分类确定梯度奖金，将异地商会分为大、中、小三类，奖励资金分配向大型异地商会和积分靠前的异地商会倾斜。5月起，东莞市社会工作委员会对24家自愿报名参评的异地商会，开展积分制管理评审工作。经异地商会自评、资料审查、第三方机构实地考评和市相关职能部门负面指标比对，评出80分以上的异地商会18家。

【2016世界莞商大会】 （参见同类目“世界莞商联合会”分目同名条目） （林玉婷）

附：2016年东莞市工商业联合会（总商会）主要领导名录

主　席：莫浩棠

党组书记、常务副主席：梁应昌

社会团体

东莞市总工会

【工会概况】 截至2016年，东莞市工会组织有镇街总工会33家、市直属工联会33家、市直属单位工会20家、省属单位工会29家，全市各级工会组织近6万家，有工会会员370万人。

2016年，东莞市总工会党总支部通过“机关服务型党组织示范点”验收。市总工会获评“广东省工会工作先进单位”，获“固本强基、集体协商工作”特等奖、“调处劳资纠纷、经审工作”优秀奖。

【工会维权维稳】 2016年，东莞市总工会加强与人力资源、综治维稳、司法等部门的联动，构建工会社会化维权大格局。7月8日，市委政法委召集有关部门在市总工会召开“劳资纠纷化解工作会议”，分析职工队伍维稳形势；10月25日，《工人日报》以“源头化解纠纷，防范矛盾激化”为题，在头版头条报道东莞市工会建立四级劳动争议调解委员会的做法；11月24日，副市长喻丽君带领相关部门负责人在东莞市总工会召开“市政府与工会沟通协调会”，就构建和谐劳动关系加强沟通、形成合力。创新劳动关系协调机制，依托工会律师团成立“东莞市总工会劳动争议人民调解委员会”，建立起“市、镇、村、企业四级劳动争议调解网络”，120名工会律师担任200家非公有制企业工会法律顾问。解答职工法律咨询2057人次，代拟法律文书126件，代理仲裁诉讼184件，为职工挽回经济损失3112万元。各级工会收到职工维权投诉405宗，比上年下降40.2%，参与调处30人以上群体性劳资纠纷37宗，下降68.6%。

【基层工会建设】 2016年，东莞市总工会发挥“党建带工建”机制作用，创新建会入会方法方式，新增农民工会员7.8万人，完成民主建会610家，工会覆盖面不断扩大。有工会组织近6万家，工会会员370万人，工会数、会员数保持在广东省前列。以民主选举为重点，推动非公有制企业工会规范化建设，完成民主换届950家，选取35家非公有制企业开展工会主席直选试点，激发基层会员意识、提升工会活力。开展争创模范职工之家、争做职工群众信赖“娘家人”活动，验收合格职工之家800多家，东莞宝达公司工会被评为“广东省模范职工之家红旗单位”，东莞国税局、小猪班纳公司等20家基层工会被评为“广东省模范职工之家”，韩卓华、李广裕等9人被评为“广东省优秀工会工作者”。组织百名村工联会主席参加广东省总工会组建培训，选派非公有制企业工会主席到广东省总工会干校轮训，市镇两级工会举办各类理论提高班、业务培训班160多期，1.2万名基层工会干部参加培训。对300人以上非公有制工会主席发放工作补贴，全年发放4540人次，合计近500万元。

【工会帮扶服务职工】 2016年，东莞市总工会加快工人文化宫后期建设，位于工人文化宫的职工服务中心投入运营，提供法律咨询、纠纷调解、帮扶申请等一站式服务；工人电影院、工人书店、职工培训基地等配套场馆完成建设，计划投入使用，打造工会对外服务新平台。健全“先锋号”职工服务网络，召开“先锋号”研讨会，广东省总工会副主席杨敏为“先锋号”建设出谋划策。新验收13个镇级和33家企业“先锋号”，服务站点扩充至近100家，市、镇、园区、企业四级网络渐成规模。推进普惠化服务职工，以“春送技能、夏送清凉、秋送助学、冬送温暖”为载体，筹集700多万元为困难职工提供各种帮助，包括向585名困难职工子女发放助学金146.2万元，

2016年6月29日，东莞市先锋号职工服务中心建设研讨会举行

为3069名女工提供免费“两癌”（宫颈癌、乳腺癌）筛查，探视工伤职工1134名，为492名住院职工申请“二次医保”理赔近100万元。探索服务职工新模式，对26名工会岗位社工进行重新招标采购，充实服务职工力量。组建多支志愿者服务队伍，推广“以工会为主导，以社工为承担，以志愿者为配合”的联动服务模式，开展心理减压、知识讲座、文体游园等活动159场，服务职工超6万人次。举办33场安全生产知识培训，提高企业和职工安全生产意识。加强女职工关爱，评选100名优秀女工，新建“爱心妈妈小屋”15间。

2016年5月，东莞市举办“庆五四　创青春”青年创新创业论坛

【工会职工建功立业】　2016年，东莞市总工会围绕产业转型升级，开展工业机器人技术应用、金融机构跨境人民币业务等12项市级技能竞赛，搭建职工竞技大舞台。制定《东莞市劳动竞赛五年规划》，市、镇、企业三级劳动竞赛规模以上企业开展竞赛70%以上，职工参与率80%以上。开展工会培优计划，向成功考取职业资格的2476名职工发放补助110万元。建成职工书屋646家，参加读书自学活动的职工超过百万人次。以市委、市政府名义召开庆“五一”大会，表彰一批先进个人与集体。与市委宣传部、市人力资源局联合举办首届“名城名匠”评选活动，参与投票人数超过45万人次，总投票数269万张。（尹淑芬）

附：2016年东莞市总工会主要领导名录

主　席：郭　水（任至3月）
　　　　陈锡江（3月到任）

中国共产主义青年团东莞市委员会

【共青团概况】　截至2016年，中国共产主义青年团东莞市委员会（简称团东莞市委）有共青团员22.25万人，其中学生团员14.21万人，占团员总数的63.86%；有基层团委233个，其中一级团委89个（镇街团委32个，厂局团委35个，市属一级学校团委22个），二级团委144个［学校团委80个，“两新”组织团组织9个，村（社区）团委55个］，基层团总支部758个，团支部10924个，推荐优秀团员作为党的发展对象775人（入党563人）。2016年，团东莞市委被团广东省委评为“广东共青团先进单位”，东莞市获团中央、团广东省委表彰先进集体119个、先进个人80名。

【共青团改革推进】　2016年，团东莞市委学习贯彻中央、省委和市委党群团工作会议精神，开展“万名团干讲团课”活动，由团东莞市委班子带头，各级团干部传达和宣传改革精神，累计参与授课408人次，授课场次628场，覆盖团员青年7万多人次。开展“1+100”团干部直接联系服务青年工作，制订《东莞团市委关于建立团干部直接联系青年制度实施方案》，机关干部下基层开展服务活动51次，基层团委书记及专职团干部经常性直接联系团员青年1.7万人，收集大量来自青年和基层的意见建议，实现团干部与团员青年的交流，帮助团员青年全面准确把握改革实质，凝聚改革共识。

【青少年品牌活动】　2016年，团东莞市委开展寻找“最美南粤少年”活动，吸引288所学校1790多名学生参与，在东莞市中小学中掀起寻找“最美南粤少年”的热潮。承办“2016年粤港澳中学生模拟联合国大会活动”，吸引粤港澳三地49所中学400多名中学生参与，引领青年学生为实现“中国梦”拓展国际眼光、锻炼领袖才能。举办“红领巾相约中国梦——听党的话，做好少年”2016年东莞市少先队纪念建队67周年主题队日活动，引导少先队员传承长征精神，坚定“童心向党”理想信念。结合纪念抗战胜利80周年，深化“重走东纵路”活动，增强国防意识、培养爱国情操。150多名新疆青少年与东莞青少年结对开展“手拉手”活动，加强爱国主义和民族团结教育。

【东莞市网络文明志愿者促进会成立】　2016年，团东莞市委建立完善网络文明志愿者管理动员机制，成立东莞市网络文明志愿者促进会，网络文明宣传队伍有3.3万人。抓住长征胜利80周年、

2016年11月19日，“青年同心圆——坦途计划”之旗峰公园行活动

2016年6月，团东莞市委在虎门鸦片战争博物馆举办禁毒宣传活动

建党节等节庆日以及“九一八”事变纪念日、南海事件等热点事件，动员东莞市3万多名青年参与话题互动，全方位活化青少年舆论引导工作。发动东莞市青少年参与“寻找网络正能量”主题活动，发掘优秀稿件600多篇，积极指数居广东省第二位。开展“学党史、感党恩、跟党走”“弘扬长征精神、决胜全面小康”“争做向上向善好青年”等主题教育实践活动，开展相关活动1000多场次，覆盖青少年10多万人。

【“网上共青团”工作格局完善】 2016年，团东莞市委推进“青年之声”工作，成立“互联网+共青团”工作领导小组，市镇两级安排专职人员跟进“青年之声”平台宣传推广、应用管理和答疑解惑，吸引公众用户约5万人，初步实现“知青难、解青问”的效果，成为共青团工作重要展现窗口。成立专家导师联盟，及时解答广大青年在情感、职场、创业、公益等领域的困惑和疑问，引领青年新思想，唱响青春好声音。依托传统品牌，打造线上线下服务闭环，结合大学生暑期社会实践、大学生创业集市、文明城市创建、志愿服务活动等，进行宣传推广和服务提供，创造机会帮助青年成长成才、为青年排忧解难。

【共青团新媒体运用】 2016年，团东莞市委创作以《紫气东来——“莞马”志愿者纪实》《社会主义核心价值观——敬业篇》为代表的微视频、微动画等一系列共青团宣传文化产品。打造以“青春东莞”“东莞共青团”“志愿东莞”为核心，基层团属微信号为支线的共青团新媒体微信公众号矩阵，吸引粉丝和联系青年20万名。举办“爱国爱莞·志愿益起”活动，开发设计“有爱宣言”“步步留影”“故事漂流”等线上体验活动，将核心价值观、志愿公益和运动健身、互联网融合起来，活动覆盖5万多名市民，以青少年喜闻乐见方式传播核心价值观。做好青少年网改版，吸引更多青少年关注团属新媒体阵地。

【青年创新创业投资服务平台搭建】 2016年，团东莞市委以东莞市政府与团广东省委签订《“中国青创板”线下孵化合作框架协议》为契机，建立与“中国青创板”的工作对接联系机制。截至2016年，东莞市建成“全国青年创新创业示范园区”1家，“广东省级示范园区”2家，“东莞市级孵化基地”24家，为青年创新创业项目或初创企业提供孵化培育、规范辅导、登记托管、挂牌展示、投融资对接等综合服务。推动7所高校和5所人才资源机构进行战略联盟合作，打造“校企合作”“人才智库”，搭建企业招人和青年求职精准对接平台。

【青年创新创业氛围营造】 2016年，团东莞市委优化服务品牌，开展“创新驱动　青春先行”东莞市共青团纪念五四运动97周年系列活动，举办“庆五四　创青春”青年创新创业论坛，组织创业导师为团员青年提供创新创业辅导。持续开展“展翅计划”和大学生暑期社会实践活动，建成大学生社会实践基地395个，开发3560个实习岗位，吸引超过5000名学生投递简历，吸引近3万名东莞籍大学生参与暑期社会实践系列活动。东莞市各级团组织围绕青年就业创业、青春榜样等主题，组织开展青年活动300多项，动员100多个创业项目和团队参加“加博汇杯”广东青年电商创业大赛和第三届“创青春”广东青年创新创业大赛，线上线下服务青年10多万人次，形成政府主导创业、社会支持创业、青年勇于创业的氛围。

【莞籍在外青年人才与项目对接平台打造】 2016年，团东莞市委推进东莞市青年人才成长促进会建设，举办“东莞市莞籍在外青年人才推介会暨第十二届东莞大学生灯光会”，整合50多家知名东莞企业400多个优质岗位，打造东莞籍在外青年人才与项目对接平台。启动发布“莞菁汇”微信公众平台，加强线上发布与线下活动联动，打造东莞籍在外青年人才库。启用上海市、武汉市两地东莞市青年人才服务基地，与东莞籍在外青年召开面对面座谈会，整合两地东莞籍优秀企业，打造富有“莞味”的青年人才服务基地。继续实施新生代产业工人“圆梦计划”，资助2000名在东莞务工的35周岁以下青年读大学，资助力度连续6年居广东省第一位，为东莞市产业转型升级培养一批高素质一线人才。

【港澳台青年交流深化】 2016年，团东莞市委凝聚莞港澳台青年人才力量，深化与莞港青年交流促进会、香港青年协进会、香港青年联会、澳门青年联合会、台湾桃园市桃源志工服务协会等20多个港澳台青年社团长期合作交流，开展港澳台青年交流活动24场次。推动6个莞港澳台合作项目纳入广东省“同心圆计划”，联系服务青年3000多人。联系服务一批在东莞市创新创业的优秀港澳台青年，引导他们投身东莞市经济社会建设。

【青少年权益维护】 2016年，团东莞市委推进“莞香花”青少年服务、“预防校园欺凌”、“闲散青少年帮扶”、“社工进驻拘留所”等项目，依靠专业力量开展对重点青少年的教育矫治和行为干预。推进禁毒进校园宣传活动，禁毒骨干志愿者队伍深入社区，开展主题活动近1000场次，参与活动的青少年近30万人次，青少年禁毒宣传教育的实效增强。组织开展心理辅导、法律宣讲、兴趣拓展、技能培训等青少年主题服务活动400多场次，服务青少年10万多人次。开展“青春自护——暑期安全”教育等系列活动150多场次，覆盖东莞市青少年学生8万多人次。做好《未成年人保护法》《预防未成年人犯罪法》宣传教育，开展宣传普法教育活动，联动350多名律师及公检法司志愿者开展法律咨询、法律讲座、维权服务等服务6000多小时。

【青年志愿服务活动】 2016年，团东莞市委推进“志愿之城”建设，承接松山湖国际马拉松赛、莞商大会、漫博会、加博会、海博会、亚欧男子乒乓球全明星对抗赛等10多个大型赛会的志愿服务，为赛事和活动的提供志愿服务保障。连续3年举办“公益志愿风尚节”，创新性地将核心价值观融入志愿活动，首次开展自有物品交换和义捐活动，交换物品2000多件，捐赠物品500多件。深化以“社工+志愿者”联动形式，常态化推进“青春情暖”“暖冬行动”春运志愿服务、志愿助残“阳光行动”“朝阳行动”等形式多样志愿服务活动。加强志愿服务队伍建设，完善志愿者培训体系，常规性开展志愿者周末课堂44期，创新性开展志愿者增值计划7期。首次举办“益苗计划”项目大赛市级赛，持续发掘优秀志愿服务项目，获上级资助17万元。

【团东莞市委助力精准脱贫攻坚三年行动计划】 2016年，团东莞市委关爱青少年困难群体，成立对口帮扶工作领导小组，与团韶关市委、团揭阳市委建立“一对一”对口帮扶关系，制定东莞市、韶关市、揭阳市三地共青团助力精准脱贫攻坚三年行动计划，建立联合计划、互访交流、结对帮扶、资源共享、信息反馈、落地考核等全套机制。整合高校以及市青年联合会、市青年企业家协会等资源深入韶关市和揭阳市贫困村开展调研，帮助贫困地区开展产业项目对接。承接“2016年广东粤北片区助残志愿者助力精准脱贫攻坚行动培训”工作，整合东莞市残联、助残志愿服务组织力量，为粤北片区上百个助残志愿服务组织提供专业培训，提升服务质量。培养“领头雁”农村致富青年人才，组织韶关市、揭阳市两地农村致富带头人260人到东莞市开展“领头雁”青年创业营培训，把“输血援助”变为“造血帮扶”。组织揭阳市农村创业青年参展东莞市农博会，为优质揭阳市农产品搭建产销资源对接平台。擦亮“希望工程”工作品牌，关爱困难青少年，与团韶关市委联合开展第九届“韶城会亲”活动，资助100名特困家庭学生。开展3期“爱心乐捐·助梦飞翔”助学活动和6期“微行大爱·团聚心希望”微心愿活动，为130名困难青少年提供爱心助学助困帮扶服务。举办福彩夏令营，带领100名留守儿童在东莞欢度暑假。开展“希望工程南粤会亲”活动，资助100名家庭经济困难学生圆求学梦。

【团干部教育培训】 2016年，团东莞市委履行“全团带队”责任，密切团教合作，加强少先队辅导员队伍建设，对东莞市5100多名中队辅导员进行网络全员培训，开创全国“三个地级市第一”（全国第一个利用现代化互联网技术进行少先队中队辅导员全员培训的地级市，全国第一个使用“全国少先队辅导员网络教学视频”的地级市，全国第一个实现中队辅导员培训全员培训的地级市），得到团中央中国少先队事业发展中心肯定。首次举行“东莞市少先队辅导员技能大赛”，营造少先队组织文化氛围，打造少先队活动文化品牌。开展“广东省红领巾示范校”创建和复评，东莞市有6所学校被评为“广东省红领巾示范校”。推进团干部培训，举办2期基层团委书记培训班，加强团干部对党中央历史、革命先烈事迹的了解，提高对团务知识的运用水平。（李诗韵）

附：2016年中国共产主义青年团东莞市委员会主要领导名录

书　记：李亚鹏

东莞市妇女联合会

【妇联概况】　截至2016年，东莞市妇女联合会（简称东莞市妇联）有镇街妇联32个、园区妇联1个、村（社区）妇联592个。市镇两级机关妇女组织507个，市镇两级事业单位妇女组织1203个，中央和省驻莞单位妇女组织31个。2016年，东莞市妇联推进妇联组织改革创新，发动妇女建功立业，开展家庭文明建设，维护妇儿合法权益，关爱帮扶困境妇儿，发挥半边天的作用。

【妇联基层组织建设创新】　2016年，东莞市妇联推进村（社区）妇代会改建妇联。592个村（社区）完成改建，改建工作走在全省前列。新当选的592名妇联主席，平均年龄42岁，大专以上学历占85.1%，均进入“两委”（支委、居委）班子；专兼职副主席1155名，平均年龄35岁，大专以上学历占78.6%；执委4089名，其中非莞籍执委582名，平均年龄37岁，大专以上学历占69%，妇联班子结构明显优化，代表性广泛性增强。

【妇联工作机制创新】　2016年，东莞市妇联构筑网上网下互通共融的工作格局。打造妇联新媒体矩阵，市镇妇联开通网站12个、微信公众号57个、微博62个。整合线上线下资源，探索“互联网+服务妇女”工作模式，把组织动员、教育引导、联系服务等工作有机融入网络平台。组建152人的网络宣传队伍和342人的巾帼网络文明志愿者队伍。建立“莞邑姐妹朋友圈”865个，动员妇联干部和妇女代表以微信群的方式联系和服务妇女群众。

2016年，东莞市妇联激活“妇女之家”创造活力。实施“巾帼助力计划”，开展系列“金点子”项目评选，引导基层“妇女之家”创新开发服务妇女项目。筹措95万元专项资金，扶持培育81个“金点子”项目。

【妇女创业就业服务】　2016年，东莞市妇联发挥白玉兰创业就业服务中心龙头带动作用，建立24个镇街妇女创业孵化服务平台，成立女性创业成果精品展示展销中心，为1.32万名创业妇女提供服务。扩大妇女小额创业贷款受惠面，发放妇女小额贴息贷款1.37亿元，帮助1127名妇女和家庭实现创业。联合人力资源、商务部门开展“2016东莞女性电商创业行动”，支持和帮助妇女学电商、做电商，开展创业支持培训班309期、参训妇女1.71万人次。推动妇女创业“一镇一品”，重点扶持虎门服装女性电商、大朗毛织巾帼电商、常平“聚爱美”互联网商城、塘厦镇妇裕坊商圈等8个特色品牌项目。

2016年，东莞市妇联培育省级巾帼创业示范基地6个、市级巾帼创业示范基地26个。举办女性创业创新分享会，选树30名优秀创业女性典型，宣传创业创新事迹，激发各行各业妇女创业创新热情。培育“巾帼文明岗”，创建省级“三八红旗集体”2个、省级“巾帼文明岗”26个、市级“巾帼文明岗”46个。

【“寻找最美家庭”活动】　2016年，东莞市妇联以“一季度一主题”形式挖掘“最美家庭”典范，发动1.86万户家庭直接参与，寻找出东莞市“最美家庭”292户，其中1户被评为全国“最美家庭”、2户被评为全国“五好文明家庭”、5户被评为广东省百户“最美家庭”。联合市纪委开展机关干部廉洁家庭创建活动，寻找“廉洁齐家”最美家庭31户。联合市委宣传部等单位开展“好家风好家训”征选活动，评选“十大好家风故事”和“十大好家训格言”。依托基层“妇女之家”，举办最美家庭故事会1105场、好家风家训展示评议会1268场。开展“书香之家”评选，新建“妇女书屋”15间，持续推进全民阅读活动。

【家庭教育惠民工程推动】　2016年，东莞市妇联推动家庭教育惠民工程纳入市政府十件民生实事。开展家庭教育大讲堂进社区活动2096场，组织电台节目41期，惠及群众超过90万人次。创新家庭教育指导工作，实施家长持证上岗项目，培训家长4.8万人次。创设家庭教育动漫学堂，设计制作60套融合东莞文化特色的四格漫画，编印《东莞市家庭教育动漫学堂》1万册。

【家庭服务水平提升】　2016年，东莞市妇联白玉兰家庭服务中心被评为“AAAA级社会组织”，组织实施社区妈妈互助支持计划、“玉兰+物业”社区共融计划等8个重点服务项目，举办社区活动2358场，开展小组活动2667节，跟进个案1143个，服务群众21.86万人次。引导广大妇女及家庭参与文明创建整治提升行动，动员全市694个巾帼志愿组织、27693名注册志愿者开展服务项目1.11万个。

【妇儿合法权益源头维护】　2016年，东莞市妇联联合市人大、市法制局建立地方法规政策性别平等咨询评估机制，牵头成立评估委员会，组建评估专家组。宣传《反家庭暴力法》，举办“反家暴”专题培训班，开展“三八”维权周大型宣传活动，联合松山湖管委会举办反家暴法宣传50千米徒步活动，5000多名市民参加。探索反家暴项目化服务，开展白玉兰家“圆”行动和家暴目睹儿童干预计划，由专业社工实施反家暴援助项目。

【家事调解工作机制深化】 2016年，东莞市妇联推动32个镇（街道）成立白玉兰家事人民调解委员会，深化妇联调解与司法、行政调解相衔接的工作机制。强化妇女综合维权服务，全市妇联系统处理信访案件4374宗，办理法律援助服务444宗。

【妇女儿童规划实施】 2016年，东莞市妇联抓住妇女儿童规划迎来国家检查的契机，强化检查督导工作，推动妇女儿童发展规划实施，提前完成省妇女儿童发展规划45项指标，提前达标率69.23%。推动婚前孕前健康检查优化整合，动员1.58万对准婚人员或待孕夫妇参加检查，完成年度任务的198%。推动妇女“两癌”（宫颈癌、乳腺癌）检查项目实施，动员13.49万名妇女参加检查，完成年度任务的112%。

【关爱女工活动】 2016年，东莞市妇联联合市总工会连续第十年举办女工新年慰问活动，表彰100名企业优秀女工，举办“四自”（自尊、自信、自立、自强）教育讲座500场，深化送健康、送知识、送服务活动，引领广大女工扎根东莞、融入东莞。

【巾帼脱贫行动】 2016年，东莞市妇联实施20个精准扶贫“金点子”项目，鼓励基层妇联组织创新扶贫举措，注重用发展的方式帮助贫困妇女增收致富。动员全市妇联系统关爱困境母亲家庭，募集慈善资金499.15万元，援建母亲安居房5套、援助疾病治疗224人、援助贫困妇女发展生产581人、慰问困难家庭4136户。组织市妇联机关干部与企石镇上洞村27户低保户结成对子，开展结对精准帮扶。开展“爱心父母大联盟”，发展“爱心父母”志愿集体165个、爱心父母6555名，与4252名困境儿童结对助学助困。

【儿童帮扶】 2016年，东莞市妇联开展“防拐、防溺水、防性侵”宣传月、禁毒宣传进社区活动，加大儿童安全防护教育。优化儿童成长环境，创建省级儿童友好社区4个、市级儿童友好社区39个，儿童友好社区覆盖率100%。举办“2016年白玉兰女性公益汇暨爱心书画慈善义卖”活动，筹集善款21.9万元；申报困境儿童助教项目，争取市慈善会31.25万元资金帮扶困境儿童。开展“巾帼梦、援疆情”助困行动，向新疆农三师赠送移动音箱、儿童衣物、教育绘本等慰问物资一批；联合女企业家联合会、女企业家协会，援建韶关市乐昌市庆云小学“留守儿童之家”，捐赠学习物资10万元。

（何肖瑛）

附：2016年东莞市妇女联合会主要领导名录

党组书记、主席：卢　英

东莞市科学技术协会

【科协概况】 截至2016年，东莞市科学技术协会（简称东莞市科协）下辖东莞科学馆、东莞科技进修学院、东莞市科技咨询服务中心（东莞市科普中心）、东莞市翻译服务中心（东莞市对外科技交流中心）等4个事业单位。东莞市科协八届委员会委员137人，所属组织包括58个学会（协会、研究会）、33个镇街（园区）科协、205个企业科协、2个高校科协。2016年，东莞市科协落实科技社团评级，评出一级学会10个，二级学会15个，组织受评级学会调研学习，提升学会能力；印发《镇街科协换届工作指引》，督促并规范基层科协换届工作；重新登记企业科协；发动建立高校科协组织，做好业务咨询和指导。

【“创新驱动助力工程示范市（区）”建设】 2016年，东莞市科协成功申报中国科协“创新驱动助力工程试点单位”项目，东莞市成为2016年度广东省唯一、全国30个“创新驱动助力工程示范市（区）”之一；与中国电工技术学会、中国复合材料学会、中国机械工程学会和中国通信学会等6家全国学会商讨合作意向，推进创新驱动助力工程的实施。

【“科技东莞”工程项目评审】 2016年，东莞市科协完善专家库建设，多渠道充实专家库，截至2016年，入库专家4710人，基本涵盖评审所需专业技术领域。推进专家网络化评审系统的二期开发，着手开发网络化评审系统；完成市科技局、经信局、发改局等职能部门移交的41个专项52个轮次的评审。

【院士专家资源引进】 2016年，东莞市科协邀请吴培亨院士专家团队来东莞市开展“院士专家企业行”活动，与东莞市企业开展项目对接和合作；组织中国自动化学会专家帮扶东莞市相关领域学会成长、帮助企业解决技术和发展难题；推进东莞市、广东省院士专家企业工作站建设，促进院士专家与企业长期合作，新认定“广东省院士专家企业工作站”2个。

【厂会协作活动】 2016年，东莞市科协引导学会与企业签订“厂会协作”活动协议，制订具体的实施方案，帮助企业解决产品研发与技术改造中遇到的技术难题，增强企业自主创新能力；指导东莞市计算机学会、电子信息产业协会完成厂会协作项目10个，帮助企业解决技术难题。东莞市电子信息产业协会与广东力生智能有限公司合作开

2016年10月25日，“流动科学馆”走进凤岗镇油甘埔小学

2016年10月17日，2016年中国科协海智计划基地工作会议在东莞市召开

2016年12月11日，东莞市青少年（生物学）实验技能大赛举办

（黎彩仪　摄）

展“中兴锻造机器人上下料的研发与推广”项目，新增产值1800万元，提高项目盈利能力；东莞市水利学会与可园合作，开展可园东湖富营养化水体水质改善修复项目，效果得到游客的好评。

【海外引智】 2016年，东莞市海智基地新建市级海智工作站4个，协助申报省级海智工作站2个；搭建对外科技交流渠道，赴日本、西班牙、葡萄牙开展科技项目交流，建立当地企业资源库及国外项目库；承办“2016年度中国科协海智计划基地工作会议”，促成省科协在东莞市举办“海智专家助力企业创新创业广东行”活动。

【科技学术交流】 2016年，东莞市科协鼓励扶持各科技社团开展347场学术交流活动和10期创新论坛，受惠群众6.5万人次。其中市机器人产业协会举办“工业机器人技术应用与高峰论坛”，对东莞市机器人技术应用提出专业的观点和建议；环境学会举办“生态保护补偿机制论坛”，为建立健全东莞市生态补偿机制出谋献策；护理学会举办“东莞市护理信息化建设发展高峰论坛”，探讨信息时代背景下护理智能建设问题。举办第二届中国（东莞）智能制造发展论坛、“第四届国际食源肽学术研讨会”等民间学术交流活动，得到国家部委、省、市相关部门领导以及国内外知名专家学者的支持，搭建学术交流平台；组织国际科技交流，促进东莞市企业技术更新、与国际接轨。

【科技工作者服务】 2016年，东莞市科协为1285名符合条件的科技人员提供免费健康检查服务，为3000名科技工作者提供“心理健康”讲座、心理健康援助计划（EAP）项目等关爱心理健康服务；组织“第七届东莞市优秀科技工作者”征集评选，评选出第七届东莞市优秀科技工作者15名；推荐全国优秀科技工作者候选人；推选3名科技工作者担任科协界别的市政协委员，推选优秀科技工作者担任中国科协第九次代表大会代表；资助科技工作者出版科技专著1本，资助职称晋升296人，其中晋升正高职称的39人，资助参加高层次学术会议2人。南城街道科协主席林强被中国科协等3个国家级部门评为“全国科普工作先进工作者”，东莞市科协科普部部长黎鹤龄被中国科协等9个国家级部门评为《全民科学素质行动计划纲要》“十二五”实施工作先进个人。

【企业科技服务】 2016年，东莞市科协在全市企业一线科技工作者中推广新技术新方法，举办创新方法系列培训15期，培训668名科技人员；举办创新工程师培训2期，培训17家企业的82名工程师；举办职称辅导专题讲座、考前辅导培训等职称服务讲座22期，培训逾1000人次；出版《东莞科技》杂志，扩大科技工作者学术交流平台。各科技社团创造条件，组织科技人员开展技能竞赛、参加学术交流活动，帮助科技人员学习新知识、了解新资讯。

（许雪恩　黎彩仪）

附：2016年东莞市科学技术协会主要领导名录

党组书记、主席：李文峰

东莞市归国华侨联合会

【侨联概况】 截至2016年，东莞市归国华侨联合会（简称东莞市侨联）有镇街侨联32个、下属新侨组织2个、侨联法律咨询机构1个、村（社区）侨联小组592个、侨联归国留学人员联谊会分会5个（其中2016年新成立侨联归国留学人员联谊会有企石分会、寮步分会和东城分会）。侨联个人会员有4000余人，归国留学人员会员有2000人，其中省人大代表1人，市人大代表12人、市政协委员13人（常委3人）。2016年，建立侨联会员数据库，开发会员制度网络管理软件，建立会员数据库，实现会员制管理模式。被评为2016年度全市统战信息工作先进单位。

【侨联助力经济建设】 2016年1月12日，东莞市委、市政府举行“2016年东莞市非公经济人士座谈会暨东莞市荣誉市民授荣仪式”，由市侨联推荐或建议推荐的香港同胞何耀棣、香伟灿、谭翠莲被评为“东莞市荣誉市民”；9月，市侨联协助举办第三届世界莞商大会，主动推荐海外、中国港澳地区的莞籍商人加入东莞总商会，为东莞总商会海外分支机构建设出谋献策，助推美国东莞商会、马来西亚东莞商会成立。10月，市侨联协助马来西亚东莞商会参加“2016广东21世纪海上丝绸之路国际博览会”。

【为侨服务】 2016年，东莞市侨联依法维护侨权，处理来信160多件、接待来访200多人次，涉及寻亲、侨房、“三侨生”（归侨青年、归侨子女、华侨在国内的子女）入学、就业、土地等方面。发动侨界人士参政议政，推荐4名侨界代表人士为新一届的市政协委员，推荐8名侨界人士参加东莞市“两会”旁听，献言献策；宣传侨法，6月，赴广州市和中山市分别拜访两地侨联，学习在涉侨维权工作的做法及经验；7月，市侨联送法下乡，与石龙镇侨联开展“侨法宣传活动暨市侨联‘两学一做’党员服务活动”，向石龙镇侨联赠送《涉侨政策法律法规》等法律书籍，由专业律师向石龙镇的归侨、侨眷、侨属及港澳台属现场解答法律问题。开展“献爱心、送温暖”“侨心助学”“动员侨界参与慈善活动捐款捐物献爱心”等为侨服务活动，1月和9月，开展系列慰问老归侨“自梳女”和困难侨胞活动，前往望牛墩、石龙、石碣、常平、横沥、东坑、黄江、高埗、中堂、寮步、莞城等镇街，慰问50多位老侨胞；中秋期间，召开东莞市归侨侨眷中秋座谈会，来自机关、社会、镇街的归侨侨眷代表、侨联干部等100多人参加座谈会。

【侨界宣传联络】 2016年，东莞市侨联组织参加“第十七届世界华人学生作文大赛”，大赛由中国侨联、全国台联、《人民日报》海外版、中国国际广播电台、中央电视台、《快乐作文》杂志社主办，获得组织奖；2月和6月，市侨联归国留学人员联谊会足球队与中国香港港隽青年动力协会足球队分别在东莞市和中国香港进行友谊赛；开展理论研究，《香港本土主义思潮的对策和研究》论文获“2016年度全省统战理论政策研究创新成果二等奖”和”市委统战部理论政策研究创新成果一等奖”。联合致公党东莞市委员会及常平镇政府，筹划在常平镇“义和堂十姊妹”屋，建造东莞市“义和堂自梳女展览馆”。11月，市侨联组团赴中国台湾开展各项交流联谊工作，其间，拜访台北东莞同乡会、华侨协会总会及台马教育文化交流会等3个社团；12月，市侨联组团到澳大利亚、新西兰、斐济等国访问，参加其东莞同乡会及其他爱国友好社团就职典礼和周年庆典活动。

（潘伟强）

附：2016年东莞市归国华侨联合会主要领导名录

主　席：曾民盛（任至4月）
　　　　陈志超（4月到任）

东莞市文学艺术界联合会

【文联概况】 截至2016年，东莞市文学艺术界联合会（简称“文联”）有内设机构4个（办公室、组联部、创作部、文艺评论部），

2016年9月27日，东莞市举办纪念改革开放40周年文艺创作工程启动暨首批重点创作项目签约仪式

基层文联组织37个，其中镇街文联32个（每镇街各1个）、村级文联1个（企石镇江边村文联）、行业文联4个（市农业局文联、市总工会文联、松山湖高新区文联、金融行业文联）；文艺家协会21个，分会和创作（培训）基地271个；有会员2.2万人，其中国家级会员319人，省级会员1207人。直属单位2个（东莞文学艺术院、《东莞文艺》杂志社），办刊4份（《东莞文艺》《南飞燕》《东莞摄影》《东莞书画》）。

【东莞市文学艺术界联合会第八次代表大会】 2016年4月21日，东莞市文学艺术界联合会第八次代表大会召开。广东省文联和东莞市委、市政府主要领导出席会议并作讲话，广东省文联、东莞市委宣传部、东莞市文广新局、东莞市民政局、团东莞市委、东莞市社会组织管理局等单位领导，与295名东莞市文学艺术界代表参加大会。大会总结东莞市文学艺术界联合会第七次代表大会以后的工作（简要介绍内容），讨论修改新的《东莞市文学艺术界联合会章程》，选举产生第八届委员会及其主席团（点出主要领导），并对2016—2020年的工作进行总体部署。

【《东莞市文联“十三五”期间文艺繁荣计划》制定】 2016年8月，东莞市文联按照东莞市文学艺术界联合会第八次代表大会的总体部署，制定下发《东莞市文联“十三五”期间文艺繁荣计划》，明确东莞市文联“十三五”期间繁荣文艺的指导思想、重点目标、基本原则、落实措施和组织保障，确定要在挖掘东莞精神、提升城市形象、培育城市气质上取得突破的目标，提出实施东莞文艺“飘香”“繁星”“传薪”“扎根”“筑巢”五大行动的工作构想，描绘2016—2020年繁荣文艺工作的发展蓝图。

【“东莞市纪念改革开放40周年文艺创作工程”启动】 2016年9月，东莞市文联为全面反映东莞改革开放40年的光辉历程，提炼和弘扬东莞城市精神，启动“东莞市纪念改革开放40周年文艺创作工程”。先后组织召开“东莞市纪念改革开放40周年文艺创作工程”题材规划座谈会和首批选题论证会，举行“东莞市纪念改革开放40周年文艺创作工程启动暨首批重点创作项目签约仪式”，与首批重点创作项目签订协议，启动长篇小说《女儿香》、东莞改革开放口述史《搭桥》、报告文学《东莞机器人》、电视剧《新外来妹的故事》《花季》、音乐剧《东莞大道》《莞香》、东莞城市纪录片《东莞的味道》、广播剧《往事飘过的香》、书画摄影专题创作《巨变东莞》等10个重点项目的创编。同时对外公布《东莞市纪念改革开放40周年文艺创作工程公开征集文学创作项目的公告》，面向全国公开征集文学创作项目。

【文联“送欢乐下基层”演出活动】 2016年，东莞市文联文艺志愿服务团持续开展“送欢乐下基层”演出活动，先后组织开展“纪念毛主席在延安文艺座谈会讲话74周年”暨“到人民中去”——“战士，我歌唱你们的光荣”走进沙角部队慰问演出、走进武警8682部队送文艺送欢乐活动、走进武警广东总队训练基地慰问演出、“到人民中去”——“军旗·战士·军礼”走进驻地某部慰问演出、莞城工农8号“中秋·听月”经典诗文朗诵会、经典诵读·走进道德讲堂（万江）暨东莞市历史文化名城专场文艺晚会等12场演出活动。

【文联“飘香”行动】 2016年，东莞市文联开展“飘香”行动，力促文艺创作。在全国率先启动“东莞市纪念改革开放40周年文艺创作工程”。参与创编东莞首部本土题材原创音乐剧《虎门销烟》以及音乐剧《父亲》；参与拍摄电视连续剧《袁崇焕》；邀请著名作家徐贵祥创作电视连续剧剧本《蒋光鼐》；与央视（北京）娱乐传媒有限公司、广东中佳文化传播发展有限公司合作，筹备拍摄电视连续剧《新外来妹的故事》。配合市委宣传部完成“影响中国的东莞人”雕塑专题创作、“不一样的东莞”之“东莞十大行动”美术创作工程、东莞市重大历史题材美术创作工程、东莞书法楹联进百园活动和核心价值观融入提升行动，以及黄旗山“东莞之路”石刻群创作工程，配合市政协举办首届“东莞故事”（莞商杯）演讲比赛，开展“大美东莞”美术创作活动。

【文联“繁星”行动】 2016年，东莞市文联开展“繁星”行动，力推文艺之星。在东莞市广播电视台举办2016年度原创歌曲颁奖典礼暨东莞（塘厦）原创音乐追梦榜年度盛典，选出十大金曲、推出十大歌手；东莞音乐家崔臻和创作的流行歌曲《阿爸的草原》获评第十届中国音乐金钟奖，他并作为代表参加中国文联第十次全国代表大会；东莞市樟木头镇“中国作家第一村”作家王十月和陈启文作为代表，参加中国作家协会第九次全国代表大会，并当选中国作家协会全国委员会委员；东莞市曲艺家安冬的作品《羊续悬鱼》，获得第十七届“群星奖”。2016年，广东省11个省级文艺家协会换届，东莞市文艺家崔臻和、方正年、梁轼文、李志良、王少文、柳冬妩等分别当选副主席，东莞市进入省级文艺家协会主席团人数，居全省各地级市之首。

【文联“传薪”行动】 2016年，东莞市文联开展“传薪”行动，连接东莞文脉。继续推动《东莞历史名人评传丛书》创编，完成《张穆评传》《容肇祖评传》《莫伯骥评传》《李任之评传》等4部评传的出版；谋划实施东莞民间文艺复活工程，出台《东莞市民间文艺工作“十三五规划”及民间文艺复活工程工作方案》，结集出版《东莞古村落1》《东莞民间文艺之乡》《东莞民间工艺精品》等民间文艺丛书。2016年，广东省麒麟文化节永久落户东莞市清溪镇，莞城街道却金亭碑、寮步镇牙香街进入“广东省海上丝绸之路文化地理坐标”评选前30名。

【文联“扎根”行动】 2016年，东莞市文联开展“扎根”行动，做好文艺惠民活动。先后举办19场文艺沙龙，邀请一大批文艺名家到东莞市授课讲学，提高市民的艺术审美能力；举办第七届打工文学擂台赛、第四届“产业工人在东莞”摄影大赛、2016东莞市民摄影周、“爱摄影·爱东莞”2016东莞摄影嘉年华、“朗吟中国梦·诵唱莞乡情——让生活更美好”东莞市第三届朗诵会、“经典诵读·走进道德讲堂”专场文艺晚会、“文明莞邑·友善之城”第五届东莞市书画大赛等文艺惠民品牌活动；东莞文联文艺志愿服务团先后走进农村社区、学校、部队、工厂、企业，组织12场“送欢乐下基层”大型文艺演出；开展“百千万”书法（书法楹联进百园、书法艺术进千企、道德春联进万家）“三进”（进社区、进工厂、进军营）活动，为城市增添文艺气息；推动“戏曲进校园”活动，在道滘、麻涌、万江、中堂、厚街、虎门、莞城、石龙、石排、高埗等镇街推动戏曲进校园，有10所中小学、幼儿园和1个培训中心成为东莞市“戏曲进校园”示范单位并挂牌。

【文联“筑巢”行动】 2016年，东莞市文联开展“筑巢”行动，建设文艺之家。新成立东莞市旗袍文化艺术协会、东莞市收藏家协会加入文联，东莞市文联协会由19个发展到21个；加大基层文联组织建设力度，在企石镇江边村成立村级文联，开创成立村级文联组织的先河；筹备成立东莞市劳动者文学创作基地，统筹提升劳动者文学创作；各文艺家协会新成立分会和创作（培训）基地20个：市书法家协会黄埔海关东莞片海关分会和松山湖分会，市朗诵艺术家协会虎门分会和桥头分会，市摄影家协会松山湖理工学院分会，市民间文艺家协会塘厦分会，市楹联学会厚街分会，市国际标准舞协会厚街分会，市作家协会谢岗分会，以及市戏剧曲艺协会“莞邑红豆”少儿粤剧曲艺培训基地，市国际标准舞协会企石镇国际标准舞培训基地，市青年美术家协会东城、南城、常平、凤岗、虎门等镇街创作基地，市硬笔书法协会培训机构联谊会、桥头华立学校教学基地、东城第八小学教学基地、石碣四海学校教学基地等，延伸文联组织网络覆盖面。

【广东省首个村级文联成立】 2016年12月30日，东莞市企石镇江边村文学艺术界联合会成立，在江边村举行挂牌仪式，同时在江边村创建东莞市书法家协会创作基地、东莞市美术家协会写生基地和东莞市摄影家协会采风基地，旨在通过挖掘江边村作为中国景观村落、广东省历史文化名村的历史文化资源，弘扬民族优秀文化，凝聚优秀基层文艺家队伍，创作更多文艺精品。成立村级文联，在广东省和东莞市尚属首例，同时，这也是全国首个古村落村级文联。

【文艺家协会活动】 2016年，东莞市文联各文艺家协会组织创作一批精品力作，获得多个文艺奖项，同时创新文艺活动载体和形式，开展评比竞赛、培训授课、论坛沙龙、演出展览、慈善拍卖等文艺活动，弘扬社会主义核心价值观，展示东莞美丽形象，为东莞建设文化名城作出贡献。

作家协会　2016年，东莞市作家协会举办“2015中国诗歌与诗人”“散文的现状与前瞻”“文学名刊与文学潮流”“文学期刊和当下代际策略”等文学沙龙，举办第二届海峡两岸网络文学原创大赛现场工作会，虎门分会、南城分会组织作家开展2次“深入基层，扎根人民”的主题采风活动。11月，东莞市作家协会副主席陈启文作为代表，参加中国作家协会第九次全国代表大会，并当选为中国作家协会全国委员会委员。

戏剧曲艺协会　2016年，东莞市戏剧曲艺协会举办第十四届东莞粤剧黄金周活动，向市民展示创作、演出、参赛的精品节目。3月，与东莞市粤剧发展中心、莞城文化服务中心联合成立“莞邑红豆”少儿粤剧曲艺培训基地。9月，在莞城文化周末剧场举办“莞邑红豆”少儿粤剧曲艺专场，这是首个全市性的“戏曲进校园”汇报演出，展示东莞市粤剧曲艺艺术少儿传承工作阶段性的成果。

音乐家协会 2016年，东莞市音乐家协会举办韩国室内乐团来莞交流演出、“国际大师谷本光指弹吉他音乐会”文艺沙龙、“群音会”东莞原创音乐惠民演出等活动，承办第八届“神州唱响”全国高校声乐展演、“国乐莞响”——胡琴艺术传承系列活动，协办“放飞梦想·秀儿宝贝杯”东莞市第二届艺术教育（钢琴）大赛。东莞音乐家崔臻和创作的流行歌曲《阿爸的草原》获评第十届中国音乐金钟奖，他并作为代表参加中国文联第十次全国代表大会。

舞蹈家协会 2016年，东莞市舞蹈家协会举办东莞市第五届单人、双人、三个人风采舞蹈大赛。全市有58个单位的289个舞蹈作品、8篇论文参赛，是参赛作品最多的一届。从4月9日至4月26日，经过初赛、决赛，选出28个金奖、33个银奖、126个铜奖、45个优秀奖，此外，还选出6个创作奖，6个组织奖；论文一等奖1名，二等奖2名，三等奖5名。

美术家协会 2016年，东莞市美术家协会牵头开展“大美东莞”系列美术创作活动，举办“醉美万江——写生创作活动作品展”“东莞美术名家精品展”“‘岭上徽风’安徽省中国书画名家精品展”“大美东莞之印象塘厦”——东莞市绘画创作大赛等活动；主办、协办“不一样的东莞”——“东莞十大行动”专题美术创作展和“方外——当代中国画八家学术邀请展”“中国美术家协会河山画会岭南创作中心揭牌暨九州山水画全国巡展（广东站）”等展览；举办“笔墨中国60年”“‘大道自然’——中国花鸟画创作谈”“在可园看博物馆”等专题讲座。

书法家协会 2016年，东莞市书法家协会举办东莞书法最高奖“鳌台书院奖”东莞市第九届书法篆刻大赛、东莞市首届楷书展、东莞市首届行书展、东莞市第二届妇女书法展、东莞市第三届隶书提名展、“篁溪雅韵”篁溪书画艺术馆首届书画作品双年展等专项展览；配合举办广东省书法最高奖——第五届“南雅奖”书法篆刻作品展、猴年广东篆刻邀请展、全市第五届书画大赛、“大美东莞”诗书画摄影精品巡展、庆祝建党95周年东莞书画名家邀请展；协办黄埔海关“党在我心中”书画展、东莞市农业局“为民务实清廉”书法摄影作品展等专题创作和展览。

摄影家协会 2016年，东莞市摄影家协会与东莞市经信局联合策划推出“东莞现代制造摄影工作坊”，传授摄影理论知识，深入企业拍摄创作，结集成《发现东莞制造之美》摄影展及画集，在第二届广东智博会上精彩亮相；举办以“制造·影像”为主题的第三届东莞市民摄影周、“爱摄影 爱东莞”2016东莞摄影嘉年华暨东莞市非物质文化遗产拍摄项目等活动；举办《“红色印记”——纪念中国共产党建党95周年暨红军长征胜利80周年摄影展》《“大朗杯”广东省第26届摄影展览》《“广州百名老共产党员风采”大型摄影展览》《摄影历史——史蒂芬·怀特收藏展》《古巴印象——古巴艺术家塔玛尤油画展李志良摄影展》《“看·真的·印度”蔡焕松摄影作品展》《“小镜头 大世界”东莞青少年摄影作品展》《“岁月留痕”——陈锦波摄影作品展》《“重返原点”——黑白银盐摄影作品展》《发现东莞制造之美》等展览。（何 伟）

附：2016年东莞市东莞市文学艺术界联合会主要领导名录

党组书记：潘朝明（2月到任）
主　　席：刘锦明（2月离任）
　　　　　周汉标（2月到任）

东莞市残疾人联合会

【残联概况】 2016年，东莞市加快推进残疾人小康进程，以全市7.86万名残疾人需求为导向，统筹推进残疾人康复、教育、就业、社会保障、宣传文体、组织联络、维护权益、改善社会环境、促进扶残助残工作，服务惠及残疾人。完成《东莞市残疾人事业发展“十三五”规划》编制，重新修订《东莞市扶助残疾人办法》，扩大残疾人扶助的适用范围，提高残疾人保障标准。

在2016年巴西里约残奥会上，东莞市残疾人运动员周国华、杨义飞，领跑员贾登璞获1枚金牌、2枚银牌、1枚铜牌，实现东莞市残疾人体育在残疾人奥运会上历史性突破；东莞市人民政府残疾人工作委员会被国务院授予“全国残疾人工作先进单位”称号；东莞市高埗镇塘厦村残疾人协会专职委员单进华获评“全国残疾人工作先进个人”；东莞市康复医院护理部获评“广东省巾帼文明岗”；东莞市特殊幼儿中心副主任郑佩芬获评“广东省五一劳动奖章”。

【残疾人民生实事】 2016年，东莞市重视残疾人民生改善，为4813名低保家庭残疾人，发放困难残疾人生活补贴680.64万元；为3.24万名一至四级非低保残疾人，发放元旦春节价格补贴1979万元；为13万人次非低保残疾人，发放2—5月临时物价补贴796.58万元；为3.91万名持证残疾人，发放残疾津贴8858.84万元；为2.21万名残疾人，发放医保救助1030.52万元；为2788户“一户多残”困难家庭，提供补助836.4万元；为2769名重度残疾人，发放居家照料津贴992.52万元；为47名户籍困难残疾人，提供大病、重病医疗救助27.63万元；为90多名外地残疾人，提供临时生活救济1.5万元，保障残疾人的基本生活。

【残疾人康复】 2016年，东莞市围绕残疾人的康复需求，累计为895名重度残疾人提供居家康复服务3.57万次；康复医院接诊患者

2016年9月23日，在第15届残奥会广东省总结表彰大会上，东莞市残疾人体育训练中心获集体一等功　（黄仲杰　摄）

7513人次，收治住院康复患者601人次；为2465名服务对象进行残疾等级评定；为8824名残疾人进行免费体检；为191名0—6岁户籍残疾儿童发放抢救性康复补助275万元；为1537名0—6岁儿童进行早期发育筛查；残疾儿童首报登记342例；为2022名新增白内障患者施行免费复明手术；为130名视力残疾人进行定向行走训练；发放辅具2921件，为81户困难残疾人家庭实施无障碍改造；对1.4万名精神病患者进行监护，为3245名精神病患者提供免费服药、辅助检查和随访等服务，对522名发病精神病患者及时送院治疗；为311人次残疾人提供托养服务。

【残疾人教育】　2016年，东莞市加大残疾人教育扶助力度，为345名残疾学生及残疾人家庭子女发放教育资助124.05万元；东莞市残疾人康复中心、东莞市特殊幼儿中心、东莞市康复实验学校为634名残疾儿童少年提供康复教育服务，东莞玉兰实验幼儿园开学，招收新生84名，参与融合教育的特殊儿童8名；29家民办残疾人康复机构为908名残疾儿童开展康复教育服务；为在外市接受义务教育的5名残疾学生发放交通补助5000元；23名残疾人考生被高校录取。

【残疾人培训与就业】　2016年，东莞市依法保障残疾人劳动就业权益，3238家用人单位按比例安排残疾人就业9388人，组织残疾人专场招聘会19场，登记求职残疾人168人，达成就业意向72人；举办技能培训班69期，培训残疾人2018人次；在广东“众创杯”创业创新大赛残疾人公益赛中获1项铜奖，3项优秀奖和“自强创业之星”称号。

【残疾人宣传文体活动】　2016年，东莞市残联网站发布信息953条，其中被中残联、省残联采用信息131条，初步完成市残联网站的无障碍改造；出版《东莞残疾人》杂志6期；与东莞广播电视台联合制作残疾人专题广播节目《爱心有约》35期；发挥专门协会作用，结合“全国爱耳日”“全国爱眼日”“世界精神卫生日”“国际残疾人日”等开展主题活动40余次；举办“无障碍电影进社区”活动32场，近3000名残疾人参加；举办“阳光伴我行——第五届东莞市残疾人艺术风采大赛”，征集作品近百幅；参加第五届广东省残疾人艺术作品大赛，获一等奖1个、二等奖3个、三等奖2个和优秀组织奖；参加广东省第九届残疾人艺术汇演，获金奖1个、优秀奖2个；举办东莞市第十次全国特奥日活动和“2016年东莞市首届肢残人轮椅‘欢乐跑’训练营”活动，累计参加人数近700人；承办2016年IBSA（国际盲人运动协会）盲人柔道国际邀请赛、2016年广东省残疾青少年田径、游泳锦标赛；协办2016年全省残疾人趣味飞镖比赛；在第十五届残奥会广东省总结表彰大会上，周国华及领跑员贾登璞被省政府记一等功；杨义飞被记二等功；东莞市残疾人体育训练中心被记集体一等功。

【残疾人权益维护】　2016年，东莞市残联受理残疾人来电、来信、来访1680多人次，其中接待残疾人及家属来访230多人次，办理市信访局和其他职能部门转办的信访件20多件、提案6件；新办残疾人证3590人，新办残疾人爱心乘车卡近1400张；残疾人服务热线“12385”与市政府热线“12345”实现并线运行，残疾人维权渠道畅通。

【残疾人组织建设】　2016年，东莞市加强残疾人组织建设，向24个镇街残疾人康复就业服务中心，发放运作补贴832.72万元和学员补贴269.08万元，就近就便为900多名残疾人提供庇护性就业和日间照料服务；对23家符合条件的民办残疾人康复机构发放补助260万元，开展民办残疾人康复服务机构人员专业培训18期；规范残疾等级评定和残疾人证发放管理，确定东莞市人民医院、东莞市康复医院等5所残疾评定定点机构；各镇街残联工作人员、残疾人专职委员510多人，参加残疾人专职委员培训；完成对3.9万名残疾人基本服务服务状况和需求信息数据动态更新，巩固提高东莞市残疾人基础工作水平。

（陈梓蔚）

附：2016年东莞市残疾人联合会执行理事会主要领导名录

理事长：冉红宇

东莞市社会科学界联合会

【社科联概况】 截至2016年，东莞市社会科学界联合会（简称东莞市社科联），与东莞市社会科学院合署办公。指导联系30个市直学会（协会、研究会、促进会、研究中心）、3个镇街分会，7个高校分会，凝聚全市社会科学工作者。

2016年10月，东莞市社会科学院被评为“全国大中城市先进社科单位”，东莞市社会科学界联合会东莞理工学院城市学院分会、东莞市律师协会被评为“全国大中城市先进社科组织”。广东省决策咨询研究基地东莞产业转型升级研究中心在广东省21个基地年度考核中分数排第一名。2016年广东省社科学术年会论文评比中，东莞社科工作者一等奖5名，二等奖7名，三等奖15名。

【重大专项工作决策论证】 2016年，东莞市社科院根据市财政局和市编办工作需求，组织相关课题组做好绩效评价，撰写《2013—2015年东莞市公交企业经营亏损补贴专项资金重点评价》《2013—2015年度东莞市义务教育阶段民办教育财政补助及奖励项目评价》《2015年东莞市直单位行政许可实施和监督管理评价》3份报告，得到市领导批示。

【社科课题评审及研究管理】 2016年，东莞市社科联发挥“联”的优势和“聚”的合力，发动东莞理工学院、东莞理工学院城市学院、广东医科大学、广东科技学院、东莞职业技术学院等市属高校和科研院所，申报东莞市社会科学课题，组织省内知名专家进行评审，确定立项课题114项，其中重点资助课题45项，涵盖经济建设、社会发展、文化建设、生态治理、法治建设等领域，形成系列研究成果，激发专家学者开展调查研究的积极性、主动性和创造性。对完成课题研究质量较高、被纳入决策咨政课题范围并以《东莞咨政内参》形式呈送市领导参阅的课题评为优秀，评出27项东莞市社科规划优秀课题。举办东莞市社科规划立项课题主要负责人专题培训班，提高社科课题研究人员的调研水平、组织水平、写作水平和成果转化水平。完善《东莞社科规划课题研究“十大要领”》《东莞社科规划课题写作“五大准则”》《东莞社科规划课题行文“八大规范”》《东莞社科类咨政课题研究“三大方法”》，明确社科课题研究操作程序、准备工作、相关要求和写作规范。完善《东莞市社科规划立项课题质量管理办法》，加强东莞市社科规划立项课题质量管理。

【社科基地建设】 2016年，东莞市社科联贯彻国家、省新型智库工作部署，以广东实践科学发展观研究基地（东莞农村城市化基地）和广东产业转型升级研究基地为依托，采用“小基地、大智库”和“项目+人才+基地”建设模式，以市社科联、社科院相关研究人员为骨干，借助省市专家学者的外力外脑，整合政府与高校、镇街等优势资源，围绕东莞市产业转型升级和城市发展中带规律性、全局性、战略性和关键性的重大问题开展系列课题研究。在高校、社科学会、部分镇街建立基地联系点，定期到联系点开展调研，组织联系点开展研讨交流，与联系点合作。通过“社科俱乐部”、“基地沙龙”、学术研讨会、专家征求意见座谈会等形式，开展相关学术研讨，不定期组织基地研究人员以及高校专家学者进行思想碰撞和学术交流。重点建设先进城市研究专题图书信息资料库、国内重点城市统计信息资料库和东莞市情电子信息资料库，推出一批重量级的研究成果。

【社会科学普及】 2016年，东莞市社科联配合广东省社科联开展“2016年广东社会科学普及周”活动。9月22日，市社科联在东莞市文化馆举办“东莞市2016年社科普及周启动仪式”暨东莞人文学堂第六期《莞香与东方香都》讲座，社科界专家学者以及社会各界群众、学校师生500余人参加活动。9—11月，以“莞香与东方香都”为主题，在东莞市高校、镇街进行图片巡回展和讲座，参加活动近4万人次。指导东莞市社科联所属学会、高校分会、镇街分会举办社科专家专题讲座和人文社科普及

2016年9月22日，东莞市2016年社科普及周启动仪式暨东莞人文学堂第六期在东莞市文化馆群星剧场举行

活动，内容涉及劳动就业、妇女儿童权益保护、教育、卫生、法律等与群众生活息息相关的领域，获得市民好评。

【咨政课题研究】 （参见“科学技术·社会科学”分目同名条目）

【东莞志愿服务发展常态化制度化研究】 （参见“科学技术·社会科学”分目同名条目）

【东莞外来务工人员生态、心态、动态研究】 （参见“科学技术·社会科学”分目同名条目）

【中高职和民办高等教育研究】 （参见“科学技术·社会科学”分目同名条目）

【2016年广东省学术年会承办】 （参见“科学技术·社会科学”分目同名条目）

【“广东省社科专家话东莞文化名片”活动举办】 （参见“科学技术·社会科学”分目同名条目）

（曾慧妍）

附：2016年东莞市社会科学界联合会主要领导名录

主　席：王思煜

2016年东莞市社会科学院主要领导名录

院　长：王思煜

东莞市红十字会

【红十字会概况】 2016年，东莞市红十字会履行职责，开展“三救三献”（救灾、救助、救护、无偿献血、造血干细胞和遗体、人体器官捐献）核心业务，完成应急救护培训5.5万人次；募集381万元的捐款和价值约5万元的物资。截至2016年，东莞市红十字志愿者总人数超过2300名。

【红十字会应急救护培训】 2016年，东莞市红十字会“普及性应急救护培训”连续三年被纳入“市政府十件实事”，举办普及性应急救护培训291期培训4.3万人次，救护员规范化培训234期培训9000人次，志愿服务宣传普及群众3000人次，累计培训5.5万人次，超出年度任务目标5000人次。2009—2016年，完成培训23万人次，接受过救护培训的人口占比2.77%，高于全国平均水平。

【广东省最大生命安全体验馆开馆】 2016年1月，东莞市首家生命安全体验馆揭牌开馆，场馆面积600平方米，是广东省最大的生命安全体验馆。该体验馆普及各种逃生避险自救互救技能与方法，东莞市红十字会与市妇联、东莞日报社等联合举办多期亲子体验活动，重点宣传防溺水、校园安全及居家安全等。接待市民218批7500人次，受社会各界好评。中国红十字会副会长王海京到东莞市红十字会调研生命安全体验馆工作，对生命安全体验馆的建设给予肯定。云南省红十字会和多个地级市红十字会来生命安全体验馆参观交流。

2016年1月14日，东莞市首家生命安全体验馆开馆

2016年7月，东莞市红十字水上救援大队开展活动

【红十字会社会救助】 2016年，东莞市红十字会举行“情暖环卫工”活动，为497名环卫工人送去10.8万元慰问物资和文艺演出。实施“重大疾病救助”项目，救助重大疾病困难群众31人次，发放救助金15.5万元。实施“爱心营养午餐”项目，资助广东医科大学贫困学子300人次。接受患癌离世女童父母捐出246万元，设立“郭言小巨人贫困肿瘤患儿资助”项目，救助14名贫困恶性肿瘤患儿，拨付救助款22万元。与云南省红十字备灾救灾中心合作，开展“滇苗助学”“红十字博爱图书角”项目，36名云南省大理自治州南涧县的贫困学生获东莞市爱心人士资助，计划筹建2个“红十字博爱图书角”。配合上级红十字会开展“小天使基金”“爱心行动”等救助项目，为6名贫困患儿申请中国红十字基金会小天使基金，协助拨付14万元。

【广东省无偿献血先进城市创建】 2016年，东莞市组织红十字无偿献血志愿服务队参加活动2000多人次，为东莞市临床用血100%来自无偿献血提供保障，助力东莞市连续8次获评“广东省无偿献血先进城市”。

【造血干细胞捐献】 2016年，东莞市红十字会完成7例造血干细胞捐献，累计为中华骨髓库提供520份资料，完成遴选2000人份，是同期广东省红十字会系统捐献量最多、库容使用率最高的地级市红十字会。东莞市工作站连续4年被评为“广东省造血干细胞捐献工作先进工作站”，负责推动此项工作的红十字无偿献血志愿服务队被授予“优秀志愿服务组织”称号，23名志愿者获得中国红十字会、广东省红十字会颁发的不同奖项。

【遗体、人体器官捐献数量居全省各地级市第一位】 2016年，东莞市红十字会传播关爱生命理念，与广东医科大学筹备开展遗体捐献工作。协助广东省红十字会完成人体器官捐献48例，数量居全省各地级市第一位。

【红十字会志愿服务】 2016年，东莞市红十字救护队、红十字水上救援大队为东莞国际马拉松赛、广州国际龙舟赛等30多个大型活动提供应急救护志愿服务，服务群众数万人次。连续7年举办迎春鲜花义卖项目，为广东医科大学贫困大学生爱心营养午餐项目筹集善款。举办“少年强——中小学生逃生避险、自救互救”项目，走进市内12所中小学校，免费宣传教育学生7600人次。募捐箱管理服务队为重大疾病救助项目募集善款4.6万元。成立红十字赈济志愿服务队、红十字生命安全宣教志愿服务队、红十字博爱伴你行阳光三小志愿服务队等3支队伍。广东医学院分队、东莞市技师学院志愿服务队在校内外开展多场人道主义和红十字知识宣传、应急救护技能普及活动，提升人道主义在青少年中的影响。 （钟　原）

附：2016年东莞市红十字会主要领导名录

会　长：喻丽君

2016年东莞市红十字会业务

主要业务	业务量							
应急救护培训	培训55000人							
筹资募捐	助学	救灾	助医	募捐箱项目	郭言小巨人项目	产业金融扶贫建设专项	生命安全体验馆建设	帮扶广东医学院贫困大学生
	5.12万元	2.16万元	1.44万元	4.69万元	246.34万元	104万元	0.25万元	7.21万元
人道救助	博爱送万家			爱心营养午餐	重大疾病救助		郭言小巨人项目	
	救助497人次			资助300人次	救助31人次，拨付15.5万元		救助14人，拨付22万元	
造血干细胞捐献	完成捐献7例，完成遴选2000人份，为中华骨髓库提供资料520份。							
人体器官捐献	协助广东省红十字会完成人体器官捐献48例							

世界莞商联合会

【世界莞商联合会概况】 2016年，世界莞商联合会吸纳精英莞商、特别是优秀青年莞商入会，加强与海内外莞藉社团的沟通联络，推进分支机构设立。截至2016年，世界莞商联合会理事会成员138名，注册会员754名，新增设国内首个分支机构——世界莞商联合会喀什分会。

【世界莞商联合会喀什分会成立】 2016年5月24日，世界莞商联合会喀什分会成立就职典礼在新疆喀什市举行，标志世界莞商联合会的国内第一个分支机构成立。广东省政府副秘书长、广东省第七批援疆指挥部常务副总指挥贺宇，东莞市委副书记姚康，喀什地委委员艾尼瓦尔·土尔逊，新疆生产建设兵团第三师图木舒克市党委常委、副政委张新辉及市委常委、兵团三师党委常委、副师长黄少峰，东莞市委统战部副部长、市工商联党组书记梁应昌，世界莞商联合会会长莫浩棠等，以及喀什地区有关部门，各商会领导，媒体代表等出席。新疆喀什地区工商联调研员丁新叶宣读关于同意成立世界莞商联合会喀什分会的批复。谭满矶宣读世界莞商联合会喀什分会会长李自强、执行会长彭永建的任职决定。莫浩棠分别向李自强、彭永建颁发任命牌匾，向世界莞商联合会喀什分会赠送开办费用。贺宇代表广东省对口支援新疆工作前方指挥部发表讲话，世界莞商联合会喀什分会成立既是东莞援疆工作队牵线搭桥推动的成果，也是喀什地区领导主动作为扶持的结果，更是粤新两地企业密切交往、资源共享、合作共赢的见证。喀什分会成立，推动产业援疆战略发展，服务喀什地区一带一路核心区建设。

【世界莞商联合会第二届理事会产生】 2016年9月7日，世界莞商联合会召开第六次会员大会，东莞市政协主席、市委统战部部长李小梅，市委统战部副部长、市工商联党组书记梁应昌出席，海内外莞商会员500多人参加会议。会议选举产生新一届理事会，“杰出莞商”、岭南园林股份有限公司董事长尹洪卫当选第二届理事会会长。尹洪卫主持召开第二届第一次理事会议。“2016年世界莞商大会政府欢迎晚宴暨世界莞商联合会第二届理事会就职典礼”在东莞会展国际酒店举行。中央驻香港联络办公室副主任林武，东莞市委书记吕业升等领导、海内外莞商代表，莞籍知名专家学者，在莞经商的企业家代表，媒体朋友约1200人出席晚宴。吕业升向尹洪卫颁发当选牌匾，第一届会长莫浩棠向第二届会长尹洪卫移交世界莞商联合会会旗。

【首届世界莞商资本峰会举行】 2016年9月7日，由东莞世界莞商联合会主办、广东莞商清大股权投资基金承办的“首届世界莞商资本峰会”在南城街道举行。东莞市政协主席、市委统战部部长李小梅，市委常委、常务副市长张科出席，为广东莞商清大股权投资基金启动揭幕。市有关部门负责人、金融机构负责人，国内主要投资机构代表，海内外的乡亲、莞商代表及媒体1000多人参加峰会。峰会由国务院参事室特邀研究员左小蕾主持，邀请中国投资银行主席龚方雄博士作主题演讲，唯美陶瓷公司董事长黄建平、拓斯达公司董事长吴丰礼、朗呈医疗器械公司董事长吕键分别作项目分享，国内知名投资人点评项目。峰会为莞商项目和资本市场搭建高端的交流平台，让莞商进一步熟悉资本市场投融资方式，对促进莞企创新创业发展，树立莞商服务品牌，引导莞商注重资本运营具有积极作用。

【2016世界莞商大会】 2016年9月8日，2016世界莞商大会在东莞市会议大厦举行，国家、省、市领导和嘉宾，海内外乡亲、莞商代表等1300多人参加会议。会议由东莞市市长梁维东主持，以“共迎新格局·智造新东莞”为主题。会长尹洪卫作题为“公信立会打造一流现代商会　厚德兴帮锻铸百年强势品牌”工作报告。大会并为尹洪卫、王文城、方桂萍、郑耀南、莫浩松、张华荣、叶春荣、孙少文、陈日坤、陈永棋、梁麟、谢富年、谭锦球13名境内外“杰出莞商”表彰颁牌。市委书记吕业升致辞。全体莞商齐诵《莞商宣言》。市委常委、常务副市长张科主持“世莞莞商之家”项目动土仪式。与会代表参观东莞市规划展览馆等市重点项目，并乘坐地铁R2线返乡参加恳亲活动。《人民日报》、《中国改革报》、新华社、中新社、中央电视台、凤凰卫视、东盟卫视、央广网、腾讯网等12个国家和地区60多家媒体参与采访2016世界莞商大会。会前，举行两次新闻发布会，组织“走近莞商”媒体见面会、“杰出莞商”媒体见面会，策划“海外华文媒体高层看东莞”活动，安排20多名莞商接受采访。

【莞商关爱基金捐赠】 2016年6月30日，在“广东扶贫济困日暨东莞慈善日”启动仪式上，莞商关爱基金代表会员向东莞市慈善会捐赠100万元，带动会员企业参与献爱心。

【世界莞商联合会调研民营资本】 2016年，世界莞商联合会组织会员前往新疆、北京等地交流，前往澳大利亚、新西兰考察，走进市内的三正集团、嘉宏集团、快意电梯公司等举办“商道沙龙”，各种特色活动拓宽会员发展视野，促进莞商健康成长。10月初，根据市委书记吕业升、市长梁维东等领导批示，联合市工商联、市委政研室、市府金融局、市财政局组成考察调研组远赴华东两省五市考察民营经济。形成《关于赴穗、沪、江、浙等地考察民营投资的调研报告》呈报市委领导，为东莞市民营投资集团有限公司筹组打下基础。

（韶　欣）

附：2016年世界莞商联合会主要领导名录

会　长：莫浩棠（任至9月）
　　　　尹洪卫（9月到任）

人力资源·社会保障·民政

HUMAN RESOURCES MANAGEMENT · SOCIAL SECURITY · CIVIL AFFAIRS

- 大众创业
- 机关事业单位养老制度改革
- 医疗保险制度改革
- 优抚对象抚恤生活补助标准提升

红飘带——广场舞

编辑：李文蔚

人力资源

【人力资源工作概况】 2016年，东莞市人力资源局出台人力资源事业发展“十三五”规划，实施新一轮就业创业政策，推动高水平人才队伍建设，全面启动技能人才培养五年行动计划，加强人事制度规范管理，做好新莞人人文关怀，构建和谐劳动关系，开展人力资源政策主题宣传年活动，完成全年各项目标任务。东莞市人力资源局获评2016年度市直单位工作优秀单位（社会建设类），“大众创业、万众创新”体制机制改革、医药惠民体制改革等工作获评2016年度全市“单打冠军”。东莞市人力资源局获评2016年全国清理整顿人力资源市场秩序专项表扬单位；东莞市就业管理办公室获评全国农民工工作先进集体；东莞市9位新莞人当选全国优秀农民工，获表彰人数居全省首位；茶山人力资源分局设立基层劳动监察综合服务平台，获评“全国人力资源社会保障系统2014—2016年度优质服务窗口”。

【就业局势稳定】 2016年，东莞市人力资源局加强就业创业工作，促进城镇新增就业8.3万人，城镇登记失业率2.26%，完成市政府“十件实事”任务和全省2015年就业目标责任制考核，就业局势保持稳定。

【就业创业政策落地见效】 2016年，东莞市人力资源局出台实施就业专项资金管理办法和25项就业创业操作细则，形成“十三五”时期就业创业政策体系。组织市镇村1500多名就业服务人员开展政策业务轮训，核发各类就业创业补贴1.83亿元，惠及22万人次。

【大众创业】 2016年，东莞市人力资源局启动创业孵化基地创建工作，申报10个孵化基地、众创空间，推荐1个申报省级示范性创业孵化基地。小额创业贷款额度最高提升至20万元，向1630人发放2.4亿元，贷款规模比上年翻番，推荐11个项目入选2016年度全省创业项目，数量排全省第三名。推荐572个创业项目参加广东“众创杯”创业创新大赛，获2枚银牌、2枚铜牌。举办18期创业培训班，培养503名有创业意愿的学员，举办3期SIYB（国际劳工组织培训小企业家课程）师资培训班，培养84名创业培训老师。

【精准劳务帮扶】 2016年，东莞市人力资源局承担国务院贫困人口劳务输出试点，与湖北省郧西县、湖南省花垣县和龙山县开展劳务帮扶对接，对在东莞市就业的317名贫困劳动力建档立卡并提供跟踪服务，组织36家企业提供就业岗位近2万个，分4批次举行现场招聘会招收贫困劳动力。启动对云南省昭通市的精准劳务帮扶，签订落实框架协议，组织15家企业举办3场招聘会，提供4100个岗位，5700人进场应聘，现场达成录用意向107人；通过劳务派遣等方式，接收300多名昭通市劳动力来东莞市务工。落实与新疆生产建设兵团第三师、甘肃临夏、广西河池、广东韶关等对口帮扶，拨付各类扶持资金771.55万元。

【重点群体就业】 2016年，东莞市人力资源局建立全市统一规范的离校未就业高校毕业生实名信息数据库，精准开展推荐就业服务。举办就业和创业指导培训班111期，培训高校毕业生1.63万人；组织40场公益性高校毕业生招聘活动，提供就业岗位1.32万个。接收东莞生源高校毕业生1.83万人，实现就业率98.22%，其中东莞市生源困难家庭高校毕业生就业率100%。实施就业困难人员认定办法，向3.16万名就业困难人员落实就业补助8101.5万元。开展“就业服务日”“就业援助月”专项服务活动，帮助1.01万名登记失业人员实现再就业。促进异地务工人员就业，举办“春风行动”“南粤春暖”系列招聘活动，提供22.61万个岗位，服务10.85万人次。

【校企合作】 2016年，东莞市人力资源局举办第七届校企合作洽谈会，新增100家重点企业和10家行业协会展位，全国各地250所院校和东莞市1000多家企业开展对接，洽谈高校占比提高11%，现场达成协议2474份。

【“互联网+就业”实施】 2016年，东莞市人力资源局建立就业大数据，“就业失业登记管理系统”升级为“就业失业登记应用平台”。开发就业创业微信公众平台，发布就业创业政策资讯，提供“求职地图”（招工信息）。

【创新创业人才引进】 2016年，东莞市人力资源局引进第六批11名创新创业领军人才，其中博士9人、硕士2人。联合承办“2016东莞高层次人才活动周”，举办高层次人才交流洽谈会、海外人才工作站对接洽谈会、海外专家南粤行和高层次人才项目路演等活动，邀请海内外高层次人才294人与43家单位对接，现场达成求职意向173人次、项目合作意向18项；10个省市人才工作站和社会组织参会对接，现场达成13项合作意向；举办4场43个国内外创新创业项目路演。加强事业单位引才工作，引进高层次人才81人、短缺人才17人。

【“2016东莞高层次人才活动周”】 2016年，东莞市人力资源局联合承办“2016东莞高层次人才活动周”，市委书记吕业升、市长梁维东巡视东莞市高层次人才服务专区，视察高层次人才创新创业环境，市委常委、组织部长郑琳为第六批创新创业领军人才代表授牌。截至2016年，全市引进创新创业领军人才达55人，其中省级创新创业领军人才2人，累计投入财政专项资金6990多万元，人才集聚效应明显，形成近240件专利成果，带动企业研发投入1.69亿元，11个领军人才项目实现产出。

【招才引智】 2016年，东莞市人力资源局打造“名企名校行”品牌活动，组织121个次单位到高校招才引智，面试高校毕业生8000多人次，即时达成录用意向932人，硕士以上101人，促进5家企业与3所高校达成6个项目合作；组织27家企业到哈尔滨市和西安市参加工信部人才交流中心举办的博士专场招聘，与63名博士达成招聘意向。组织参加工信部人才交流中心“第七届高层次人才洽谈会”、第十四届中国国际人才交流大会、2016年广州中国海交会等人才交流活动，现场吸引近900名高层次人才洽谈交流。配合2016中国海外人才交流大会暨第18届中国留学人员广州科技交流会，同步举办“海外人才东莞行”活动，邀请49名海外人才参会，与6家企事业单位对接，现场达成3项合作意向。德国杜塞尔多夫海外人才工作站承办东莞市2016年招商引智推介会，吸引130多名高层次人才参加，签订12个项目合作协议。

【科技创新和博士后工作平台建设】 2016年，东莞市新增9个博

2016年10月14日，东莞市组织全市重点企业赴西安市举办“2016东莞名企名校行（陕西站）”招才引智活动

士后创新实践基地，全市博士后科研工作平台累计68个，累计招收博士后研究人员150人。首次与教育部合作实施“蓝火计划”博士生工作团项目，16所高校34名博士生进驻东莞市8家重点科技创新平台和博士后工作平台，协助解决企业技术难题32项。开展第五批专业人才学历进修补助资格评审，7人赴国外院校进修硕士、博士学位，3人在国内高校进修博士学位。

【人才扶持政策实施】 2016年，东莞市人力资源局实施成长型企业人才扶持政策，覆盖全市高新企业、大型骨干企业等1800多家重点企业平台，624名中高端人才申报补贴431.72万元。实施名师、名医、名家特殊津贴激励政策，首批8个文化名家工作室进入公示环节。实施条件准入、积分制和企业自评人才入户新政，核准人才入户资格4.79万人（含随迁），比上年增长168.1%，其中企业自评人才入户978人（含随迁）。

【人才服务】 2016年，东莞市人力资源局做好人才服务工作，高层次人才服务专区进驻东莞创新创业人才服务中心。截至2016年，与1000多家重点企业、400多名高层次人才建立直接联系机制，开展政策咨询、留学回国人员身份认定、特色人才认定、住房补贴、个税补贴、创业贷款贴息、引才奖励等一站式服务。实施外国人来华工作许可制度试点，办理外国专家来华工作许可业务75宗、外国专家证业务303宗。推进职称评审改革，向市土木建筑学会、市公安局等5个行业协会和用人单位下放职称评审权。落实职称网上预审申报制度，受理职称认定2803人、评审4600人以及职称确认624人。组织完成32个资格考试项目，考试人数达7.27万人次。

【技能人才培养】 2016年，东莞市人力资源局以弘扬工匠精神为引领，落实资助性技能培训政策，组织开展劳动力技能晋升培训2.77万人次，超额完成培训任务。发挥高训中心公益性平台作用，面向企业、学校提供公益性实训15.6万人次。探索实施企业新型学徒制，东莞市技师学院作为全省唯一地级市技工院校承担人社部首批试点，与易事特公司、麦士德福公司2家企业合作培养200名企业学徒。深化国际化技能人才培养，制定高技能人才国际培养计划实施办法，东莞市技师学院开设中德、中英、中美等国际合作班52个，在校生1399人，中德班74名学生获得参加结业考试资格，中英班45名学生获得ASFI（英国沃索学院开发的国际职业证书）职业资格证书。

【技能激励评价推进】 2016年，东莞市人力资源局新增4家技师工作站。制定企业技能人才评价实施细则，完成10家次企业16个职业工种的自主评价，1897人次申报参评，839人获国家职业资格证书。组织举办工业机器人技术应用、现代制造技术、电子商务师等12个工种项目竞赛，承办烘焙、工业控制2个第44届世界技能大赛

2016年11月23日，“2016东莞高层次人才活动周”在松山湖举行

2016年5月26—27日，2016年东莞市叉车技能竞赛在东莞市高技能公共实训中心举行

广东选拔赛项目，2881人参加决赛，207人获国家职业资格证书，72人获“东莞市技术能手”称号。

【企业“首席技师”计划】 2016年，东莞市人力资源局实施企业“首席技师”计划，鼓励企业在关键岗位、关键工序设立“首席技师”，解决企业的生产操作难题。开展“名师带徒”活动，制定实施《东莞市“首席技师”培养计划实施办法》，计划每年从企业中遴选100名达到省级领先水平和市级顶尖水平的高技能人才，授予东莞市“首席技师”称号，每人每月享受市政府津贴1000元。至2020年，计划培养500名“首席技师”。2016年，选出首批83名“首席技师”开展培育，弘扬工匠精神。

【技能鉴定规范】 2016年，东莞市人力资源局开展全市职业技能鉴定机构质量检查评估，实现鉴定工作全程数字化和网络化。做好省人社厅技能鉴定所审批权下放衔接工作，新增4家技能鉴定所。组织各类职业技能鉴定9.08万人次，覆盖70多个工种（模块），核发技能证书7.33万本，新增考评员166人。

【技工教育】 2016年，东莞市人力资源局加强技工教育，东莞市技师学院成为第44届世界技能大赛烘焙项目中国集训基地，现代物流和工业设计2个专业成为人社部第三批一体化课程教学改革试点专业。建立民办中职学校教学质量奖励制度，8所学校3935人申领教学质量奖补贴102.67万元。全市4所技工院校新招生7427人，2.77万人次享受免学费政策，补助金额2195万元。高训中心新建精密模具训练中心，配置高端制造设备和模具设计资源，建设现代制造业材料馆，合作建立东莞市首家无人机培训基地，举办4期培训班。完成职教城二期工程建设并投入使用。推进“互联网+职业教育”开展，开发上线东莞职教人才网。

【公务员录用管理创新】 2016年，东莞市人力资源局完成2016年公务员招录工作，1.34万名考生报名参加笔试，录用590名新公务员。首次实行分类招警，单独面向公安院校招录90名应届毕业生。探索“互联网+”公务员培训新模式，开发“东莞干部培训云课堂”APP。开展公务员初任、任职、专门业务和在职等“四类培训”、军转干部岗前培训和省内对口培训等各类主体培训班47期，培训4500多人次。开发公务员业务办理系统，实现年度考核模块上线使用。实施新录用公务员导师制度，首批为44个行政机关348名新录用公务员配备导师，提升履职能力。

【事业单位规范管理】 2016年，东莞市人力资源局首次组织事业单位统一公开招聘，采用网络系统报名，8312人报名参加笔试，招聘167人。组织参加全省集中面向大学生招聘村官40人，参加全省集中时间公开招聘28人。指导359个事业单位完成公开招聘工作，招聘1143人。制定机关事业单位普通聘员管理办法和聘员薪酬管理实施办法，建立考核与工资待遇挂钩等激励机制。制订深化中小学教师职称制度改革实施方案。

【工资福利衔接落实】 2016年，东莞市人力资源局配合做好司法体制改革工资衔接，协助做好基层法院、检察院纳入县以下公务员职务与职级并行制度实施范围工作。启动机关事业单位调整基本工资标准，落实中小学教师职称制度改革有关人员的工资套定，确保工资管理紧密衔接。

【军转干部安置维稳】 2016年，东莞市人力资源局出台军转干部考核安置暂行办法，完成161名军转干部接收安置任务，比上年增长23.8%。开展节日慰问，向困难企业军转干部发放慰问金43.6万元，保持军转干部队伍整体稳定。

【劳资隐患排查化解】 2016年，东莞市人力资源局处理人力资源信访1.76万批次，比上年下降10.55%；办理劳动人事争议调解仲裁案件6.19万宗，下降20.04%；30人以上劳资群体性事件比上年下降68.65%，欠薪逃匿事件下降71.43%，全市劳动关系形势保持稳定。落实劳资隐患月排查制度，借助基层劳动监察网格组织排查行动12次，调处化解企业劳资隐患390家次。建立“联合受理，依法办理”新模式，制定劳动关系风险预警处置办法，妥善化解风险隐患信息9597条。

【基层劳资关系治理机制探索创新】 2016年，东莞市人力资源局开展兼职仲裁员试点，完成首批兼职仲裁员岗前培训，指导兼职仲裁员办案333宗。在试点茶山镇，由人力资源分局联合辖区派出所分片设立基层劳动监察综合服务平台，规范工作流程，实现横向对接联动，全年无上访群体性事件，该平台获评“全国人力资源社会保障系统2014—2016年度优质服务窗口”。

【欠薪违法行为整治】 2016年，东莞市人力资源局落实欠薪企业主会议制度，联合约谈253家企业，督促发放欠薪1.07亿元。联合公检法等部门出台《关于加强农民工工资案件办理和司法保护的意见》，完善劳动监察执法与公检法司法衔接机制。累计向公安部门移送涉嫌欠薪犯罪案件125宗，公安部门立案109宗，刑事拘留49人，逮捕34人。分4批向社会公布39家重大违法用人单位，要求整改并依法处理。

【和谐劳动关系构建】 2016年，东莞市人力资源局出台《关于构建和谐劳动关系的实施意见》，在保障合法权益、劳动关系协调、企业民主管理、纠纷预防处置和人文关怀等方面，提出一系列新举措。在政务信息网及信息公开栏更新政策

法规45部，印发《务工须知》《用工须知》《劳动合同法》等宣传资料9.6万份，多渠道宣讲人力资源政策法规。（吴广达）

附：2016年东莞市人力资源局主要领导名录

党组书记、局长：游其晃

社会保障

【社会保障概况】 2016年，东莞市社会保障局推进机关事业单位养老制度改革、待遇调整、医保制度改革等重点工作。全市七大险种参保总数2592.97万人次。其中，社会养老保险（含退休）参保人数670.56万人，失业保险参保人数409.11万人，工伤保险参保人数445.07万人，社会基本医疗保险参保人数574.57万人，生育保险参保人数478.38万人，城乡居民社会养老保险参保人数7.91万人，机关事业单位养老保险（含退休）参保人数7.37万人。

【机关事业单位养老制度改革】 2016年4月，东莞市成立改革专项工作组，做好前期统计参保数据、机关个人缴费清退、新制度执行后近2年的补缴、系统改造及数据测算等工作，为机关事业单位开通网上申报系统，对1241个机关事业单位开展政策宣传和业务培训。赴广州市、佛山市、惠州市等地调研改革的具体操作，制订适合东莞市情的实施方案，确保东莞市机关养老系统在7月上线。截至2016年，全市1621个机关事业单位、6.21万名工作人员、1.16万名退休人员被纳入机关养老保险，统一由市社会保障局进行管理。

【医疗保险制度改革】 2016年，东莞市社会保障局全面推开医保支付方式改革，强化医保基金收支预算，探索总额付费制度，与市卫计部门共同出台推进基本医疗保险按病种付费的实施方案和具体细则，确定具体病种付费标准，明确按病种付费具体操作，通过支付方式改革优化卫生资源配置，控制医疗费用不合理增长，降低医疗保险基金运行风险。助力做好医疗服务价格调整工作，配合有关部门研究出台《东莞市城市公立医院医疗服务价格改革方案》，其中提高手术治疗、综合医疗、中医和民政医治疗项目3类224项，降低检查、检验项目2类299项，发挥医疗保险在“三医改革”（医疗、医保、医药改革）中的基础性作用。

【社区门诊信息系统优化】 2016年，东莞市社会保障局推进社区门诊服务平台系统升级，优化社区业务经办流程，构建新社区系统。8月，“东莞市社区门诊信息系统”在万江、东城街道及寮步镇3个社区卫生服务中心，东莞市人民医院和全市联网定点零售药店等试点医药机构上线运行。该系统是国家“信息惠民”工程推动分级诊疗制度，搭建社区门诊医疗服务平台的一期工程，主要是建立社保与卫生社区门诊嵌入式服务系统，及其故障时的应急医保结算系统。为确保新旧系统的平稳过渡衔接，市社会保障局与市卫生计生局共同成立协调小组，对全市各有关机构社区门诊信息系统衔接有关工作做好组织协调、运行监测、紧急情况应急处理等统筹安排。

【社会基本医疗保险待遇水平提高】 2016年1月起，东莞市基本医疗费用最高支付限额由20万元提高到30万元；补充医疗保险基金支付超过基本医疗保险最高支付限额所对应基本医疗费用不足或等于10万元的比例由85%提高到90%，10万元以上的由70%提高到75%；将补充医疗保险参保人个人自付比例20%、40%的药品，自付比例分别调整为15%、30%。

【基本养老金水平提高】 2016年9月，东莞市按照普遍调整与适当倾斜相结合的原则，采取定额调整与定比调整相结合的办法进行养老金调整。该次调整从2016年1月1日开始执行，是企业、村社区以及机关事业单位退休人员首次同步统一调整。调整后，8.84万名企业退休人员月人均基本养老金2427元，增加154元，增幅6.79%；23.19万名村（社区）退休人员月人均基本养老金1040元，增加81元，增幅8.46%。

【工伤保险有关待遇调整】 2016年，东莞市根据省人社厅、财政厅《关于进一步完善工伤保险有关待遇调整机制的通知》精神，从1月1日起，一至四级工伤伤残职工的伤残津贴特别调整标准从150元提高至277元，按照具体情形分别发放。从7月1日开始，供养亲属抚恤金最低发放额标准从300元/月调整至2016年东莞市城镇类的城乡低保标准，此后最低发放额标准每年7月1日按照当年东莞市城镇低保标准的调整而自动调整。

【非东莞市户籍职工子女参加社会基本医疗保险全面推开】 2016年3月1日起，东莞市全面开展非东莞市户籍职工在莞就读子女参加社会基本医疗保险工作，使更多非东莞市户籍职工在莞就读子女公平享受医保权益。截至2016年，非东莞市户籍职工在东莞市就读子女参加社会基本医疗保险2.31万人。

【非东莞市户籍灵活就业人员参保政策实施】 2016年，东莞市结合人社部关于进一步扩大全民参保登记计划试点范围的要求，按照省人社厅部署，调整灵活就业人员参保政策，放宽省内、省外户籍灵活就业人员身份参加企业职工基本养老保险的条件，降低参保门槛与缴费比例，受益人群超过4万人。

【生育待遇发放到位】 2016年，东莞市可享受住院分娩医疗费用待遇的参保人4.8万人次，比上年增长超四成，生育保险基金支付1.7

亿元；申领生育津贴3.6万人次，2016年发放生育津贴3.27亿元。

【社保查询身份验证活动】 2016年，东莞市社会保障局分别在全市33个镇街的大型工厂社区举行社保查询身份验证活动。截至2016年，通过个人身份验证人数63万人。

【失业保险费率下调】 2016年，东莞市根据省人力资源和社会保障厅、财政厅、地方税务局联合下发的《关于调整失业保险费率的通知》精神并结合实际，决定阶段性调整东莞市失业保险费率，从3月1日起，将失业保险费率下调至0.7%（省失业保险缴费费率1%），其中用人单位费率下调至0.5%，个人费率下调至0.2%。2016年为企业减负5.96亿元。

【医保低费率运行】 2016年，东莞市继续减少企业0.5个点的社会基本医疗保险缴费，维持企业的单位费率1.8%，政策执行期到2018年。同时，从7月起将城乡居民的社会基本医疗保险单位缴费从1.5%下调为1%。2016年少收医疗保险费8.12亿元。

【稳岗补贴发放到位】 2016年，东莞市由失业保险基金对符合不裁员或少裁员等条件的申请企业提供稳定岗位补贴，全年失业保险稳定岗位补贴发放企业数527家，支出金额3822万元。

【社保卡制发应用】 截至2016年，东莞市完成社保卡制卡942.03万张，银行发卡824.61万张，发卡率87.54%。激活社保卡703.74万张，激活率85.34%。为解决大规模发卡后出现的突出问题，研究调整制发卡流程、提高补换卡速度，制订社保卡即时补换卡方案，选取数家银行作为即时补换卡试点，提高社保卡的使用率。

【省内外异地就医结算】 2016年，东莞市根据人社部和广东省部署，启动基本医疗保险全国联网和跨省异地就医直接结算平台结算，做好系统联调以及上线工作。截至2016年，确定中山大学附属第一医院、南方医科大学南方医院、中山大学孙逸仙纪念医院、中山大学附属第三医院及中山大学附属肿瘤医院5所异地医院作为首批介入省平台直接结算的异地医疗机构，选取东莞市人民医院、东莞市第三人民医院、广济医院、东华医院4所市内医院作为异地就医直接结算定点医疗机构。

2016年3月9日，市政府新闻办会同市社会保障局召开新闻发布会，介绍东莞市全面推行非本市户籍职工在莞就读子女参加社会基本医疗保险的政策

2016年6月6日，市社会保障局联合大岭山分局在大岭山兴雄鞋厂开展以“同心同行，服务为民”主题的社保知识宣传活动

【社保政策宣传】 2016年，东莞市社会保障局结合省人社厅社保政策主题宣传年活动要求，深入工业园区、工厂企业、大型商贸广场和村（居）社区开展“社保大讲堂”621场，宣讲社保政策知识，强化群众参保意识。推动“互联网+”与社保宣传的有机结合，“东莞社保”微信政务平台提供政策解答和社保信息查询服务，新增社保费计算器功能以便参保人

及企业了解参保缴费情况。6月，“东莞社保”微信公众号以优质的查询服务获2016年中国“互联网+“用户最喜爱的城市服务单项奖。12月，“东莞社保”微信公众号获评“最具影响力政务微信公众号”，“东莞社保”微信公众号关注用户达84万人。（梁玉莹）

附：2016年东莞市社会保障局主要领导名录

党组书记、局长：邹　联

民　政

【社会组织概况】　截至2016年，东莞市登记注册的社会组织4142家，其中社会团体847家，包括行业性137家、专业性167家、学术性75家、联合性468家；非公募基金会23家；民办非企业单位3272家，其中教育类1651家、文化类84家、科技类77家、体育类101家、劳动类162家、民政类944家、法律服务类4家、其他类249家。全年新登记社会组织449家，其中社会团体110家、民办非企业单位325家、非公募基金会14家。

【社会组织统一社会信用代码改革】　2016年3月8日，东莞市民政局与市国税局、市地税局、市质监局联合印发《关于我市实施社会组织统一社会信用代码事项的通知》，全面启动社会组织换证赋码工作。至年底，办结换证业务2838件。

【社会组织网上业务审批】　2016年4月13日，东莞市社会组织管理局印发《关于开展2015年度社会组织年检和“三证合一”工作的通知》，明确2016年统一施行网上年检，并将网上年检工作流程及办理指南上传到东莞市社会组织网，开展网上业务申报和审批。至年底，实现所有审批业务网上办理，办结业务7419件。

【社会组织专项培训】　2016年8月30日，东莞市72家社会组织的95名工作人员参加广东省社会组织管理局副局长黎建波主讲的“学习贯彻《慈善法》专题讲座”。9月26日，全市33个镇街（园区）社会事务局（办）工作人员和全市行业协会商会会长、秘书长近100人参加中办、国办《关于改革社会组织管理制度促进社会组织健康有序发展的意见》政策解读培训班；303家社会组织的417人次参加市社会组织服务中心组织举办的7期社会组织能力建设培训活动，内容包括政策法规解读、项目策划、财务管理、诚信体系建设等。

【第六批社会组织资质目录出台】　2016年5月23日，东莞市社会组织管理局印发《关于开展东莞市具备承接政府职能转移和购买服务资质的社会组织（第六批）资质申请的通知》，受理19家社会组织的承接政府职能转移购买服务资质申请，经汇总审核，初步确定具备资质条件的社会组织并进行公示。10月25日，市民政局出台《关于印发〈东莞市市本级具备承接政府职能转移和购买服务资质的社会组织目录（第六批）〉的通知》，17家社会组织列入第六批目录。

【行业协会商会与行政机关脱钩工作启动】　2016年11月23日，东莞市委办、市府办印发《中共东莞市委办公室　东莞市人民政府办公室关于成立市行业协会商会与行政机关脱钩联合工作组的通知》，文件明确市行业协会商会与行政机关脱钩联合工作组的人员组成，启动行业协会商会与行政机关脱钩工作。

【优抚安置概况】　2016年，东莞市从1月1日起调升优抚对象抚恤生活补助标准，全年为9545名优抚对象发放抚恤生活补助经费4127.06万元，为重点优抚对象缴付社会基本医疗保险经费228.99万元，为重点优抚对象医疗补助886.09万元。完成退役士官安置任务，向自主就业退役士兵发放一次性补助金，并为有意愿者开展免费短期技能等培训，帮助有住房困难的退役士兵解决燃眉之急。各级党委、政府在春节、“八一”建军节、烈士纪念日期间，入户走访慰问部分重点优抚对象，送上节日祝福和关怀。9月30日，东莞市委、市政府在东莞人民公园革命烈士纪念碑广场举行烈士公祭活动。

【优抚对象抚恤生活补助标准提升】　2016年1月1日起，东莞市对优抚对象抚恤生活补助标准进行调升。调升后，各类重点优抚对象的月生活补助标准在上年基础上实际增加40—206元不等，月抚恤补助标准为428—2786元。全年为9545名优抚对象发放抚恤生活补助经费4127.06万元，其中含为3379名重点优抚对象发放抚恤生活补助金3390.02万元，为6166名60周岁农村籍退役士兵发放生活补助金737.04万元；为383名残疾军人发放残疾抚恤金、护理费666.02万元。全年为东莞市户籍并享受市生活补助的重点优抚对象和困难复退军人家庭成员16人解决临时生活困难，发放临时生活补助款6.53万元。全市义务兵家庭优待户数1460户，户均优待金1.93万元。

【重点优抚对象医疗保障】　2016年，东莞市为重点优抚对象缴付社会基本医疗保险经费228.99万元，为重点优抚对象医疗补助886.09万元。开展“关爱功臣送医送药”活动，为享受定期定量抚恤生活补助的“三属”（烈士遗属、因公牺牲军人遗属、病故军人遗属）、在乡残疾军人、在乡复员军人、带病回乡退伍军人、“五老”人员（老党员、老游击队员、老交通员、老苏区干部、老堡垒户）、烈士老年子女等重点优抚对象和原国民政府抗战老兵，免费送医送药，受惠重点优抚对象1167人，药品、体检总费用42万元；8月，市民政部门组织虎门、东城、万江和南城等4个镇街的20名老复退军人，集中前往省第二荣军医院进行为期15天的集中疗养；12月，组织长安、道滘、高埗、大岭山、麻涌、洪梅、望牛墩等6个镇街19名重点优抚对象以分散疗养的方式，到省第二荣军医院进行为期15天的短期疗养。

【优抚对象慰问】 2016年，东莞市各级党委、政府在春节、“八一”建军节、烈士纪念日期间，入户走访慰问部分重点优抚对象，送上节日祝福和关怀。春节前，市委、市政府为3658名非低保对象的重点优抚对象，发放春节慰问金219.49万元；为6108名非低保对象的60岁以上农村籍老兵，发放元旦、春节价格补贴372.59万元。2016年，东莞市为3646名重点优抚对象，发放“八一”建军节慰问金218.76万元。全市在烈士纪念日前为50名烈士父母、205户“烈士证明书”持证人，发放慰问金20.25万元。

【烈士公祭活动】 2016年9月30日，东莞市委、市政府在东莞人民公园革命烈士纪念碑广场举行烈士公祭活动。市委书记吕业升、市人大常委会主任徐建华、市政协主席李小梅等市几套班子领导，东莞军分区领导，市委、市政府秘书长，市直正处以上单位主要负责人，莞城、东城、万江、南城街道党委书记、办事处主任，军烈属、老战士、先进党员、老同志代表，各民主党派、工商联及无党派人士代表，工人、农民、市民、学生、公安干警、武警官兵、驻莞部队官兵以及参战退役人员代表750人参加烈士公祭活动。凤岗、桥头、塘厦、黄江、厚街、长安、高埗、寮步、清溪、望牛墩、横沥、东坑、大岭山、麻涌、中堂、谢岗、茶山、大朗和樟木头等19个镇在烈士纪念日分别举行烈士公祭活动。当日，全市党、政、军和人民团体负责人、烈属代表、老战士代表、学校师生代表、各界干部群众代表、解放军和武警官兵代表1.28万人参加活动。

【烈士亲属赴广西开展烈士墓祭扫】 2016年3月28—31日，东莞市委、市政府委托市民政局，组织136名烈士亲属集中前往广西壮族自治区凭祥、宁明、靖西、那坡等4个县市6处烈士陵园，祭扫对越自卫还击战东莞籍革命烈士墓。祭扫活动中，市民政局代表市委、市政府向烈士纪念碑敬献花圈，随行的烈士亲属和工作人员对烈士墓进行祭扫和凭吊，表达敬意和哀思。

【退役士兵安置落实】 2016年，东莞市向701名2015年自主就业退役士兵发放一次性补助金7180.96万元。根据省民政厅下达的年度政府安排工作退役士官接收安置计划，经审核档案材料、家访和面谈后，起草并印发《东莞市2016年由政府安排工作退役士官接收安置工作方案》，按照属地管理的原则完成年度安置任务。为有意愿的2015年退役士兵开展免费短期技能、中职、高职、高考考前培训，对227名退役士兵学员发放学费补助和伙食补助341.49万元。根据《东莞市退役士兵住房困难补助办法》，对存在住房困难的28名2015年退役士兵，按照每人1万元的标准发放住房困难补助金28万元，帮助有住房困难的退役士兵解决燃眉之急。接收2016年自主就业退役士兵750人，按照规定分别为其办理报到、入户、关系转移、驾驶证换证、预备役登记等手续。

【东莞军供站现代化建设】 2016年，东莞军供站完成军供厨房改造，更安全高效提供军供保障服务；进行过往部队休息间改造，满足大批量部队官兵进站住宿的需求，扩大军供保障容量；建设部队官兵电子阅览室，满足入住军供站部队官兵对精神文化的需求；推进档案室改造项目，改善档案存储条件。推动军供应急机动保障能力建设，投入使用恒温送餐车、更换军供运输设备，扩大军供应急保障范围和跨区应急保障机动能力；探索建立军供应急保障数据库，准确掌握境内包括火车站、高铁站、港口及高速站点休息区等应急保障点的详细数据，与符合要求的社会化企事业单位签订军供应急社会化保障协议，推动军供应急能力协调发展。

【军休干部和无军籍职工服务管理】 2016年，东莞市军休所做好军休干部服务管理常态化工作。按时足额发放军休干部各项津贴补贴，定期组织军休干部学习贯彻“两学一做”以及党的最新理论和政策，定期组织军休干部进行全面身体检查，为军休干部身体健康提供保障，在春节、“八一”期间向全市军休干部发放慰问金，为军休干部送上节日问候。组织军休干部外出参观学习和疗养；开展东莞市军休干部门球联赛，邀请省民政厅领导和珠三角军休干部门球队到东莞市参加比赛；组织军休干部开展义诊、讲座等活动，丰富军休干部的组织生活。落实无军籍职工生活待遇。对照国家和省有关文件要求，按时足额发放无军籍职工的各项生活待遇。

【“全国双拥模范城”“八连冠”揭牌】 2016年7月29日，东莞市在全国双拥模范城（县）命名暨双拥模范单位和个人表彰大会上，连续第八次获评“全国双拥模范城”，东莞市民政局也获评“全国爱国拥军模范单位”。8月18日，在广东省双拥模范城（县）命名暨双拥模范单位和个人表彰大会上，东莞市樟木头镇获评“广东省爱国拥军模范单位”，东莞市食品有限公司董事长、市爱国拥军促进会常务副会长梁景棠和市军休所所长邹峰获评“广东省爱国拥军模范”，驻莞某部后勤部汽车连司务长张亮获评“广东省拥政爱民模范”。

9月2日，东莞市在市行政办事中心举行获评“全国双拥模范城”“八连冠”揭牌仪式。市委副书记、市长、市双拥工作领导小组副组长梁维东，市人大常委会主任徐建华，市政协主席李小梅，市委副书记、市双拥工作领导小组副组长姚康，市委常委、市双拥工作领导小组副组长、东莞军分区政委刘卫芳，市双拥工作领导小组副组长、市政府秘书长邓浩全，市双拥工作领导小组成员，各镇街（园区）双拥工作领导小组主要负责人，以及全国、全省双拥模范单位和个人代表、驻莞部队官兵和人民群众代表近200人参加仪式。刘卫芳传达全国和省双拥模范命名表彰大会精神；全国爱国拥军模范单位代表、东莞市民政局局长莫淦泉，全省爱国拥军模范、东莞市爱国拥军促进会常务副会长、东莞市食品有限公司董事长梁景棠，全省拥政爱民模范、海军某部后勤部汽车连司务长张亮作典型发言；市几套班子领导为东莞市获全国双拥模范城"八连冠"揭牌。姚康主持揭牌仪式。梁维东代表市委、市政府和双拥工作领导小组，向受到全国和全省表彰的双拥模范单位和个人表示祝贺，向一直以来关心支持东莞市双拥工作的社会各界人士表示衷心感谢。要求巩固创建成果，继续擦亮东莞市"全国双拥模范城"的金字招牌，争创全国双拥模范城"九连冠"。

2016年7月18日，东莞市八一拥军慰问团慰问海军"东莞舰"官兵

【东莞市慰问海军"东莞舰"】 2016年7月18日，东莞市政府副市长喻丽君率领由市府办、东莞军分区政治部、市民政局、市财政局、石碣镇有关领导，以及与"东莞舰"结对共建的中国人寿保险东莞分公司、东莞市潮汕商会、光大集团、石碣商会、广东华颂集团等企业负责人组成的八一拥军慰问团，前往广州市黄埔区慰问泊港休整的海军"东莞舰"全体官兵，受到"东莞舰"官兵的欢迎。

【"八一"慰问活动】 2016年7月19日，东莞市委书记吕业升、市人大常委会副主任陈锡江、市政协副主席何嘉琪、市委秘书长黄少文率团慰问海军某部官兵，在司令员高东等部队领导陪同下参观部队军史馆；市委副书记姚康，市人大常委会副主任李满堂，市政协副主席彭启尧率团慰问武警训练基地官兵；市人大常委会常务副主任甄瑞潮、市人大常委会副主任杨靖波、市政协副主席张玉其、市纪委副书记叶柏茂率团慰问武警某部官兵；市委常委、政法委书记邓志广，市政府副市长杨晓棠率团慰问市武警支队官兵；市委常委、宣传部部长潘新潮，市政府副市长喻丽君，市政协副主席吕兢率团慰问陆军某部官兵；市委常委、常务副市长张科，市政协副主席邓流文，市纪委副书记陈钊率团慰问市消防支队官兵；市政府副市长、市公安局局长杨东来率团慰问市边防支队官兵。

【军地青年联谊】 2016年10月29日，由东莞市双拥办、市民政局、东莞军分区政治部主办，市总工会、团市委、市妇联、驻莞部队、东莞广播电视台、东莞日报社、驻莞有关新闻媒体协办，东莞市立信文化传播有限公司承办的2016东莞市"幸福双拥，情定莞邑"大型军地青年联谊活动在驻莞某部营区举行。市双拥办、市总工会、团市委、市妇联、驻莞部队有关领导，以及军地未婚男女青年160多人参加活动。

【"双百拥军行"活动授旗】 2016年11月15日，东莞市在会议大厦西门广场举行2016年"双百拥军行"活动授旗仪式，组织11个社会组织和企事业单位拥军团分赴驻莞各部队慰问基层官兵。市政府副秘书长张春扬、市民政局局长莫淦泉、东莞军分区政治部主任叶春，社会组织和企事业单位拥军团代表，驻莞部队官兵代表约230人参加仪式。

【灾情救助】 2016年，东莞市发生"4·13"风雹、"5·28"洪涝、"6·13"洪涝灾害，造成房屋倒塌5间，灾害发生前，市民政局会同三防、应急等部门做好预警预报和提前紧急转移安置有风险隐患的居民。灾后迅速指挥各镇街做好救灾应急和灾情报送工作，并对符合东莞市自然灾害救助政策的"全倒户"发放6万元的住房重建救助金和3660元生活救助金。

【"全国综合减灾示范社区"创建】 2016年，东莞市减灾委员会按照省减灾委员会部署要求，牵头选择在谢岗镇黎村、大朗镇松木山村、常平镇司马村、道滘镇南丫村、中堂镇中心社区、长安镇沙头社区、松山湖高新区松山湖社区、企石镇东山社区、凤岗镇竹塘村、樟木头镇樟罗社区等10个社区（村）创建“全国综合减灾示范社区”，将“全国综合减灾示范社区”创建活动与安全气象社区建设、社区防震减灾能力建设结合起来统筹推进。创建完成后，2016年全市综合减灾示范社区建成86个，提高城乡基层综合减灾工作水平。

【救助标准细化】 2016年3月21日，东莞市民政局、东莞市财政局联合下发《东莞市民政局东莞市财政局关于调整我市自然灾害救助标准的通知》，新标准将因灾致死的非东莞市户籍常住人员纳入救助范围，并将因灾失踪人员纳入同等救助范畴；因灾“全倒户”住房重建救助标准由2万元提高到3万元，因灾且属于特殊民政对象（低保对象、五保对象、优抚对象、一至四级残疾人、孤寡老人）的“重损户”住房修葺救助标准由0.5万元提高到1万元；根据受灾情况，分别对因灾“全倒户”、因灾且属特殊民政对象的“重损户”及唯一居住房未受到严重损坏但因灾造成生活困难的人员进行分类救助，保障受灾群众基本生活。

【救灾物资储备】 2016年，东莞市救灾物资储备中心按照《东莞市救灾物资储备方案》《东莞市救灾物资储备中心救灾物资采购管理工作规范》要求，处置一批存储年限到期的救灾物资，新采购救灾物资3.51万件，价值140.9万元。

【防灾减灾宣传】 2016年，东莞市减灾委员会结合“防灾减灾日宣传周”“国际防灾减灾日”等主题活动日，在莞城东门广场、黄旗山城市公园广场举行主题宣传活动。通过设置展板、发放宣传资料、开展现场咨询等方式，向现场群众讲解各类防灾减灾知识和避灾自救技能，开展现场演练、展示专业救援器材和装备，通过网络宣传防灾减灾知识，与市民互动，增强公众防灾减灾的意识和自救能力。

【社会工作概况】 截至2016年，东莞市政府购买社工岗位服务1353个，全市民办社工机构41家，其中承接政府购买服务的社工机构14个，服务涉及禁毒、教育、残康、医务、司法矫正、救助帮扶、婚姻家庭、企业、青少年、妇女儿童等16个领域，全市社工开展小组工作1.11万个，开启个案3.38万个，个案建档17.82万个，即时辅导25.28万人次，完成家访及探访34.74万人次，组织志愿者活动45.59万人次。

2016年10月29日，东莞市举办“幸福双拥·情定莞邑”军地青年联谊活动

【“岭南社工宣传周”活动】 2016年3月15—21日，东莞市在全市范围内组织开展2016年“岭南社工宣传周”系列活动，围绕“专业社工全民义工，助力扶贫济困”主题开展“扶贫济困社会服务项目现场展示”“东莞市社会工作助力扶贫济困成果图片展”等系列活动，彰显社会工作在扶贫济困、脱贫攻坚中的功能作用，提升公众对社会工作的知晓度和认同度，营造关心支持、理解尊重社会工作专业人才的社会氛围，为全市社会工作事业发展营造良好社会环境。

【社工“固本强基”培训】 2016年4月10日，东莞市民政局主办，东莞理工学院社会工作专业和东莞市社会工作协会承办的东莞市非社工专业社会工作从业人员“固本强基”第三、四期培训班结业。培训班于2015年10月31日开班，全市14家社会工作机构的90名社工参加培训。

【社工督导人才选拔】 2016年9月15日，东莞市民政局出台《关于印发〈东莞市民政局社会工作督导人才选拔管理办法〉的通知》，委托市社会工作协会于9月组织东莞市社会工作督导人才选拔工作，经过资格审核、笔试、面试等工作后，最终选拔12名首批社工督导。根据行业发展需要，该次选拔增选29名见习督导、109名督导助理，东莞市在岗社工督导人才总量189人。

【社工督导人才培训】 2016年10月30日，东莞市民政局、市社会工作协会在市展览馆报告厅举办东莞市社会工作督导人才上岗仪式暨东莞市首期社会工作督导集中培训班开班仪式。会上，市社会工作协会发布《东莞市社会工作服务个案工作规范》《东莞市社会工作服务小组工作规范》。东莞市大众社会工作服务中心、东莞市鹏星社会工作服务社等13家社工机构的151名新晋督导人才参加上岗仪式。

2016年9月，市民政局委托市社会工作协会组织社会工作督导人才选拔工作

【社工岗位设置标准探索】 2016年5月26日，东莞市民政局分别联合市司法局、市卫计局及市残联制定出台《东莞市社区矫正社会工作专业岗位设置的指导意见》《东莞市医务社会工作专业岗位设置的指导意见》《东莞市残疾人事务社会工作专业岗位设置的指导意见》，明确社区矫正、医务和残障服务领域的岗位设置标准。

【社工人才激励表彰】 2016年，东莞市落实社会工作者职业水平证书奖励和社会工作专业人才岗位津贴实施方案，全市符合条件者累计647人，其中初级505人、中级142人，经审核，发放奖励金78.9万元。

【“三社联动”机制建立探索】 2016年11月30日，东莞市民政局出台《东莞市民政局关于深化社区、社会组织和社会工作专业人才“三社联动”的实施方案》，顺应新常态下创新基层社会治理要求，聚焦社区需求、瞄准社区问题，通过制定出台衔接紧密、操作性强、契合基层实际的“三社联动”系列政策，完善社会服务购买、服务考核评估、社会组织培育规范、社工人才队伍等工作机制，推动工作发展。

【地名管理概况】 2016年，东莞市民政局审批通过57宗建筑物命名（更名）、373条道路命名（更名）。并开展第二次全国地名普查补查，在厚街镇开展道路名称梳理试点，指导各镇街（园区）清理整治不规范地名，督促莞城、东城、南城、万江等市区4个街道和长安镇、虎门镇、常平镇、塘厦镇、松山湖高新区开展地名分区规划，协助相关部门开展虎门、长安撤镇设市设区研究，完成对惠莞界线、镇街界线第三轮联检。

【第二次全国地名普查补查】 2016年4月26日，东莞市下发《东莞市第二次地名普查试点领导小组办公室关于印发东莞市第二次全国地名普查补查工作实施方案的通知》，指导各镇街（园区）和相关单位加快开展补查工作。截至2016年，完成地名补查对象的资料收集和地名补查目录编写，预填地名登记表，开展1期东莞市地名补查与资料更新业务培训班，完成省组织的地名普查交叉检查。

【惠莞界线第三轮联检】 2016年4月21日，东莞市民政局、惠州市民政局联合印发《惠州市与东莞市行政区域界线第三轮联合检查工作实施方案》，对惠莞界线第三轮联检工作进行安排部署。两市组织召开联检工作第二次联席会议，完成惠莞界线91千米和界桩12颗的联检。

【镇街界线第三轮联检】 2016年1月18日，东莞市民政局下发《东莞市民政局关于做好2016年行政区域界线及行政管辖范围分界线联合检查工作的通知》，指导有关镇街，开展18条镇级行政区域界线及行政管辖范围分界线的联检工作，消除边界纠纷隐患，解决边界纠纷问题，巩固勘界成果。

【市界委托管理】 2016年，东莞市民政局对市界实行委托管理制度，聘请专业单位开展年度市界巡查和维护管理，对莞穗、莞惠、莞深3条市界339.99千米和49个界桩附近的河流、沟渠、道路等线状地物，界线两侧各10米的地带内与界线相关的地物地貌进行日常巡查、维护和资料归档。 （田小兵）

附：2016年东莞市民政局主要领导名录

党组书记、局长：莫淦泉

外事及港澳台事务·侨务

■ 外事服务经济
■ 对外交流
■ 侨务概况

FOREIGN AND HONG KONG MACAO TAIWAN AFFAIRS · OVERSEAS CHINESE AFFAIRS

始建于明代的西城楼

编辑：李文蔚

外事及港澳台事务

【外事及港澳台事务概况】 2016年，东莞市接待邀请外宾、海外侨胞227批7533人次；办理因公出国签证137批494人次；办理外国人入境审批2047批2675人次；APEC（亚洲太平洋经济合作组织）商务旅行卡受理71批101人次。

【外事管理】 2016年，东莞市开展“海外安全文明宣传”进企业、进校园、进社区活动，提高东莞市公民、企业和学生的海外安全风险防范意识和自我保护能力；做好在东莞市外国人管理和服务，做好“三非”（非法就业、非法入境和非法居留）外国人的清理整治，保障在东莞市外国人的权利。

【外事服务经济】 2016年，东莞市融入“一带一路”倡议，深化与沿线国家的经贸往来，服务全市构建开放型经济新体制综合试点试验工作。组成2016广东21世纪海上丝绸之路国际博览会推介团，赴肯尼亚、毛里求斯、坦桑尼亚、南非、意大利、阿联酋、澳大利亚、瓦努阿图、新西兰、越南、孟加拉、印度等国家和地区开展30场路演推介活动。2016广东21世纪海上丝绸之路国际博览会期间，促成签约项目700个，涉及签约资金2068亿元，交易金额创新高。副市长杨晓棠率市政府代表团赴斐济和汤加开展外事、经贸、教育、文化等系列交流活动，举办2场经贸文化交流推介会，汤加首相、副首相等嘉宾应邀出席，双方共同签署《关于加强交流合作的备忘录》《关于广东省东莞市与汤加哈派地区结好的备忘录》。副市长张少康随广东省省长朱小丹出访南非、埃塞俄比亚、肯尼亚开展经贸合作交流活动，组织东莞市企业签订11个投资项目。市委副书记姚康率领水乡招商代表团赴意大利、德国开展经贸交流活动，推动高埗镇政府与陆逊梯卡集团签订战略合作协议，陆逊梯卡集团将投资1.2亿元在高埗镇建设物流中心。

【对外及港澳台交流】 2016年，东莞市全面加强对外交往力度，累计接待外宾团组148批2189人次，港澳同胞16批775人次。市领导先后会见汤加卫生大臣皮乌卡拉一行等外国政府官方代表、玖龙纸业集团等世界知名企业主要负责人和高层代表、美国华南商会会长等商业协会负责人。在广东21世纪海上丝绸之路国际博览会举办期间，接待外宾团组31批574人，涉及58个国家与地区，其中，副国级以上2人，正部级5人，副省级2人，前政要2名。密克罗尼西亚副总统乔治，瓦努阿图副总理纳图曼，泰国前副总理、泰中友好协会会长塔帕朗西、汤加基础设施和旅游大臣西卡、毛里求斯工商部部长贡加赫、纽埃自然资源部部长塔拉吉、马来西亚中国丝路商会会长丹斯里翁诗杰、外交部驻香港副特派员佟晓玲、香港驻粤办主任邓家禧等国内外嘉宾共同出席开馆仪式。东莞市外事部门加强与驻穗领馆的沟通联系，协助瑞士、墨西哥、加拿大、印度、美国等5国驻穗总领事到东莞市拜会市领导；接待瑞士驻穗总领事博志东一行到东莞市访问，在东莞市举办“新旧之交的中国”摄影展，推动东莞市与瑞士文化交流。邀请25国驻穗领馆领事官员来莞啖荔；组织外事部门领导先后拜访10国驻穗领馆。全年各大型展会接待来自46国驻穗领馆的领事官员260多人次。

【友城友协建设】 2016年，东莞市推进与国际友城的交流合作。东莞市与德国乌波塔尔市签订互派公务员交流协议，选派2批交流人员赴德国开展工作，促进两市经贸、产业交流；与巴西坎皮纳斯市签订友好城市关系协议书，与汤加哈派地区签订发展友好城市关系备忘录。东莞市友协与泰中经济协会、塞舌尔中国友好协会签署友好合作组织备忘录；推进与马中友好协会联合兴建马中友谊园，完成选址、勘探等前期准备；与市教育局、市体育局共同承办“2016东莞中日健美操友好交流晚会”大型文化活动，推动两地文化交流。（周佩琪）

2016年东莞市外事侨务局邀请接待海外团组情况

访问日期	团组	访问目的	市领导接见
1月12日	东莞市（外籍）荣誉市民	参加授荣仪式	徐建华 杨晓棠
1月14日	中国影视主题公园投资有限公司董事长李德全一行	汇报中国影视主题娱乐度假区项目有关情况	张　科 贺　宇 杨晓棠
1月21日	汤加卫生大臣皮乌卡拉一行	礼节性拜会，并参观考察东莞市卫生医疗机构	杨晓棠
1月27日	安博全球高级副总裁兼中国区总裁康斌一行	汇报在莞项目的发展近况及扩资计划	杨晓棠
3月6日	俄罗斯特罗伊茨克区区长杜多齐金·弗拉基米尔一行	考察交流	贺　宇
4月14日	德国乌波塔尔市行政长官斯拉维奇博士一行	签订互派公务员交流项目协议书	白　涛 杨晓棠
4月18日	伊朗光伏项目考察团总统顾问纳萨尔·扎尔加一行	考察交流	杨晓棠
4月20日	巴西坎皮纳斯市副市长恩里克一行	与东莞市签署友城协议	杨晓棠
4月20日	英国卢瑟福实验室散裂中子源主任、教授麦格里维一行	与东莞材料基因高等理工研究院举行签约仪式	梁维东 贺　宇
5月5日	美国田纳西州州长比尔·哈斯拉姆一行	举办唯美答谢晚会	杨晓棠
5月19日	佛山梅塞尔公司代表团	拜访交流	梁维东
5月27日	日本贸易振兴机构广州代表处一行	拜访交流	梁维东
5月31日	家乐福中国区总裁唐嘉年一行	举行华南区物流配送中心启动仪式，并拜访交流	梁维东 杨晓棠
6月1日	华南美国商会会长哈利·赛亚丁一行	探讨合作前景	梁维东 杨晓棠
6月27日	玖龙纸业集团及“丝绸之路中国行”德国企业代表团	探讨外商在莞投资有关事宜	吕业升 杨晓棠
7月2日	柬埔寨、泰国等25国驻穗领馆代表团	参观交流	杨晓棠
7月16日	瑞士驻穗总领事博志东	参加瑞士“新旧之交的中国”摄影展启动仪式	潘新潮 喻丽君
7月29日	墨西哥驻穗总领事希拉尔特一行	拜访交流	梁维东 杨晓棠
8月24日	省海交会东盟海外理事访问团	考察东莞市与“一带一路”沿线国家交流合作情况	杨晓棠
9月8日	埃塞俄比亚工业部国务部长特德塞一行	拜访交流	梁维东 杨晓棠

续表

访问日期	团组	访问目的	市领导接见
9月9日	第二届对非投资论坛考察团	参观考察	梁维东 杨晓棠
9月10日	南非夸纳省执委西和乐·齐卡拉拉率代表团	参观考察	杨晓棠
9月21日	立陶宛铁路公司代表团	参观考察	杨晓棠 张　科
9月28日	东莞马士基集装箱工业有限公司总裁霍毅文	拜访交流	杨晓棠
10月17日	加拿大代表团	参加加拿大智能制造技术研讨会并交流	杨晓棠
10月17日	德国RIB（爱益倍）集团与伟创力公司高层一行	拜访交流	梁维东 杨晓棠
10月27日	毛里求斯工商部代表团、汤加大臣一行等数个海外团组	参加2016广东/21世纪海上丝绸之路国际博览会活动并交流	梁维东 杨晓棠
11月3日	中国南方影视主题娱乐度假区项目筹备组代表团	商洽中国南方影视主题娱乐度假区项目有关事宜	梁维东 杨晓棠
11月17日	印度驻穗总领事唐施恩（Sailas Thangal）一行	深化与东莞市的交流与合作考察交流	梁维东
11月21日	加拿大博士汤友志一行	拜访交流	杨晓棠
11月24日	2016年刚果（金）高层交流与合作部长研讨班一行	参观考察	杨晓棠
11月25日	中国欧盟商会华南分会代表	探讨东莞市未来经济的发展战略	杨晓棠
12月7日	省海外交流协会海外领事助力创新驱动发展访问团	考察高新园区，进行企业交流对接	杨晓棠
12月12日	美国驻穗总领事白智理（Charles Bennett）)一行	拜访交流	梁维东

侨务

【侨务概况】 2016年，东莞市举办2016东莞市非公经济代表人士座谈会暨东莞市荣誉市民授荣仪式，向45位荣誉市民颁发荣誉奖章和证书。举办2016海外华裔青少年中国寻根之旅·东莞夏令营，邀请美国、加拿大、奥地利、马来西亚近100名华裔青少年来东莞市学习交流，期间首次举办中加青少年文化交流巡回演出，受到市民好评。举办“一带一路”沿线国家侨领东莞行活动，邀请15个国家45名侨领参加，期间举办2016广东21世纪海上丝绸之路国际博览会推介会，宣传东莞市城市形象。举办2016海外青年才俊聚东莞活动，邀请15个国家和东莞青年才俊约130人进行交流对接，推动3个海内外合作项目现场签约。

【侨务资源涵养】 2016年，东莞市接待侨胞44批1124人次，拜访海外侨团15个，加强与海外东莞籍侨团、侨胞的联系。2016广东21世纪海上丝绸之路国际博览会期间，邀请美国、加拿大、马来西亚、老挝、汤加、日本等14个国家和地区的400多名海外侨胞回东莞市参展参会，促进与海外侨商的经贸合作，加强海外侨胞与家乡的联系。启动侨务资源数据库建设工作，完成首轮面向马来西亚和澳大利亚的基础数据收集工作。

【为侨服务】 2016年，东莞市办理华侨回国定居证、“三侨生”（归侨青年、归侨子女、华侨在国内的子女）证明、华侨华人及荣誉市民子女入学证明、华侨及港澳同胞身份证明等71份；接到华侨信访20宗，办结18宗，办结率90%。举办东莞市《广东省华侨权益保护条例》讲座，面向东莞市侨务部门、各镇街侨务干部宣传华侨权益保护，增强为侨服务意识。参加2016全市普法嘉年华，开展侨法宣传活动，宣传侨务政策、法规。做好侨务工作办事指南的编印工作，提高办事效率和为侨服务效果。全年发放特困归侨生活困难补助金和困难归侨临时救助金28份；发动香港东莞工商总会资助10万元，对东莞市欠发达村、贫困归侨等开展敬老慰问活动，改善侨界民生。

【侨务外宣】 2016年，东莞市对侨刊《看东莞》杂志进行升级改版，调整办刊思路，加强侨务工作、侨情信息的宣传力度，办刊形式从原来以纸质媒体为主，转向纸质媒体与电子杂志、微信公众平台及专业网站等新媒体并举。《看东莞》微信公众平台于6月28日上线，至年底，粉丝2427人，发布信息81篇。 （王东杏）

附：2016年东莞市外事侨务局（东莞市港澳事务局）主要领导名录

局　长：陈晓慧（任至1月）
　　　　谢玉华（1月到任）

莞台合作·莞港澳合作

TAIWAN—DONGGUAN, HONG KONG—DONGGUAN AND MACAO—DONGGUAN COOPERATION

- 台湾青年创业形成集聚效应
- 莞台教育合作项目进展顺利
- 莞港澳合作重点领域交流密切

东莞台湾高科技园

编辑：李俊玉　张曼利

莞台合作

莞台经贸

【台商投资经营概况】 2016年，东莞市构建开放型经济新体制，助推台资企业加速布局现代服务业、生物技术、电商等新业态，搭建海峡两岸青年创业基地及就业创业示范点等莞台合作交流新平台。东莞市台资企业加快转型步伐，生产模式从OEM向ODM、OBM（从代工生产向原始设计制造商、代工厂经营自有品牌）转变，管理模式向自动化、信息化转变，产品销售从以外销为主向内销、外销并重转变。一批龙头台资企业加强自主研发，艾尔发机械有限公司被授权制定注塑机专用机械手广东省行业标准；春雨五金公司成立五金行业国家级专业检测实验室；东莞信易电热机械有限公司被列为广东省装备制造业100家重点培育企业之一；富强鑫机械、呈越电子公司等一批企业被认定为国家高新技术企业。截至2016年，东莞市有台资企业3447家，累计合同利用台资208.05亿美元，实际利用台资194.80亿美元，分别占全市外资总额的23.2%、26.1%。台资企业主要从事制造业，涉及通信设备、计算机及其他电子设备制造业、仪器仪表、塑料制品业、玩具、鞋业、五金等行

2016年11月18日，海协会会长陈德铭（右二）出席2016东莞台湾名品博览会

业。各产业链条比较完整，产业配套较为完善。

【两岸企业家峰会大陆方面副理事长盛华仁到莞调研】 2016年9月13—14日，全国人大常委会原副委员长、两岸企业家峰会大陆方面副理事长盛华仁到莞调研，考察东莞市台资企业发展及莞台经贸合作情况。听取东莞市经济发展及台资企业情况汇报，并前往松山湖高新区合泰半导体（中国）有限公司、广东红珊瑚药业有限公司、东莞维锐科技股份有限公司、东莞台湾青年创新创业服务中心考察。

【海协会会长陈德铭两度到莞调研】 2016年，海峡两岸关系协会（简称海协会）会长陈德铭两度到东莞市开展调研。8月10日，陈德铭就台资企业转型升级、台商参与“一带一路”以及东莞市推进两岸青年交流合作等情况到东莞开展专题调研，与市台商协会历任会长张汉文、郭山辉、谢庆源及当任会长翟所领等十几名台商代表座谈，了解台资企业经营存在的问题，听取台商的意见、建议，强调东莞市要继续营造“亲商、安商、稳商”环境。11月18日，出席2016东莞台湾名品博览会开馆仪式并致辞，到东莞台商子弟学校、东莞美哲塑胶制品有限公司调研。陈德铭表示，东莞台博会对聚焦台资企业创建自主品牌，促进两岸企业携手合作、提升品质、拓展市场、攻克艰难有积极意义；寄语东莞台商子弟学校学生：“在大陆这块土地上可以有很大的发展潜力，两岸事业的发展最终要寄托在你们身上”。

【国台办联合调研组到莞调研】 2016年6月28—30日，国台办经济局局长张世宏会同国家发改委、工信部、商务部、海关总署等部门领导到莞开展联合调研，了解东莞市台资企业经营及转型升级情况，探讨促进台资企业持续健康发展政策措施。调研组分别与省市有关部门以及台商代表召开座谈会，听取东莞市产业转型升级和台商经营情况汇报及台商意见、建议，并实地考察东莞台达电子有限公司、东莞裕元鞋业有限公司及普隆塑胶制品有限公司。

【广东省台办主任黄耿城到莞调研】 2016年10月25—26日，广东省台办主任黄耿城履新后首次到东莞市调研。会见在东莞市参访的台湾苗栗县县长徐耀昌，实地考察台商大厦、市台商协会、台心医院、东莞台商子弟学校、徐记食品有限公司、松山湖海峡两岸青年创业基地和广东红珊瑚药业有限公司。东莞市台商协会、东莞台商子弟学校、台心医院等分别汇报有关情况。黄耿城肯定东莞市委、市政府营造良好营商环境、扶持台商做大做强的政策措施及松山湖海峡两岸青年创业基地发展成效。

【广东省总工会、省台办到莞调研台资企业劳动关系状况】 2016年8月3日，广东省总工会、省台办到东莞市开展台资企业劳动关系状况调研活动，与市台商协会会务干部、台企台商代表、台企工会代表及市总工会、市政府台湾事务局负责人座谈，了解东莞市台资企业构建和谐劳动关系情况。实地考察台企东聚电子有限公司，了解企业生产经营、党建、工会建设等情况。

【台资企业屡获表扬】 2016年，东莞市台资企业在经营效益、纳税额、进出口等方面屡获表扬。东莞结宝金属塑胶制品有限公司、东莞百一电子有限公司、东莞富强电子有限公司为2016年度东莞市规模效益成长性前20名企业。东莞东聚电子电讯制品有限公司、东莞徐记食品有限公司为2016年东莞市纳税达亿元以上企业。东莞东聚电子电讯制品有限公司、东莞富强电子有限公司为2016年度东莞市主营业务收入前20名企业。东莞东聚电子电讯制品有限公司、富港电子（东莞）有限公司、精成科技电子（东莞）有限公司、台达电子电源（东莞）有限公司、东莞富强电子有限公司为2016年度东莞市实际出口总额前20名企业。

【莞台金融合作】 2016年，玉山银行东莞分行、彰化银行东莞分行等台资金融机构发展顺利，为台资企业提供贷款，缓解中小台资企业融资难问题。截至2016年，玉山银行东莞分行总资产19.43亿元，累计为53家企业提供贷款12.42亿元；彰化银行东莞分行总资产12.20亿元，为19家企业提供2.54亿元贷款。中国出口信用保险公司东莞办事处服务台资企业318家，支持企业完成海外销售合同金额105亿元，比上年增长7.7%，完成内销合同金额16.5亿元，下降5%，累计带动台资企业融资额8.4亿元。

【东莞台湾高科技园建设】 东莞台湾高科技园核心区面积6.8平方千米，是广东省对台合作重大平台、广东省产业结构调整示范园区和粤台产业合作示范园区。截至2016年，园区公共配套累计投资38亿元，完成30余项工程，建筑面积总量65万平方米。所有主要干道及沿线管网建设、道路绿化、河道景观等基本完成。建成莞台生物技术合作育成中心、产业化中心一期、台科花园等项目。在建工程或规划项目包括生技大厦、产业化中心二期等15项，投资总额40亿元，建筑面积总量80万平方米。累计引进项目291个（其中台资企业56家，包括生物技术企业12家、高端电子信息企业11家、青年创业项目28个、其他类项目5家），投资总额114.62亿元，其中生物技术产业项目215个、投资总额97亿元，高端电子信息（集成电路设计）项目48个、投资总额17.45亿元，其他项目（含青年创业项目）28个、投资总额1700万元。

【两岸生物技术产业合作基地建设】 两岸生物技术产业合作基地成立于2012年，与台湾高科技园一体化运作，定位为广东省生物技术产业重大项目聚集区、广东省生物技术研发和产业化核心示范区及广东省生物技术对外合作重大平台。该基地在全市统筹553.33万平方米用地，其中松山湖高新区面积246.67万平方米作为核心区。截至2016年，该基地累计引进生物技术产业项目215个，涵盖医疗器械、医疗保健、再生医学、体外诊断、生物医药等产业，投资总额97亿元，初步形成产业集聚效应。东莞市在基地建设基础上推动申报海峡两岸生物科技与产业合作试验区，并召开专题研讨会推进试验区申报工作。

【台湾青年创业形成集聚效应】 2016年，东莞市出资5000万元支持海峡两岸青年创业基地建设，引导台湾青年到基地创业。松山湖（生态园）管委会出台《关于大力引进台湾创新创业青年人才的实施办法》及配套实施细则，为台湾青年人才提供项目启动资金、场地补贴、房租补贴、贷款贴息支持等。基地与台湾交大加速器、台湾交大育成中心等机构签订合作协议，定期组织台湾优秀青年创业团队到基地参访。8月，“901两岸青创联盟”获“海峡两岸青年就业创业示范点”牌子。基地和示范点吸引一批台湾青年优质创业项目进驻，初步形成集聚效应。截至2016年，基地储备80多个青年创业项目，其中注册完成的30家，类型涵盖物联网、生物技术、虚拟现实、无人机、电子商务、文化创意等新兴产业；“901两岸青创联盟”参与打造的蚁巢（两岸）青年创业孵化器入驻32个创业团队，其中台湾团队16个。

【莞台服务业合作机制创新】 2016年，东莞市推动构建开放型经济新体制综合试点试验工作，开展构建开放型经济新体制大调研。其中，由市商务局牵头，市港澳事务局及台湾事务局负责，开展“创新莞港澳台现代服务业合作机制”专题调研，研究莞港澳台服务业合作状况、存在问题及下一步工作建议。9月20日，形成《莞港澳台现代服务业合作与机制创新的调研报告》，提出探索成立莞港澳服务业合作促进中心，实施《东莞市莞港澳台科技创新创业联合培优行动计划》，以松山湖（生态园）高新区为核心加快建设莞台金融合作重点试验区、争取上级支持设立“海峡两岸生物科技与产业合作示范区”，深化莞港澳台服务业商协会合作，简化港澳台服务业投资审批程序等五方面对策建议。

【2016东莞台湾名品博览会举办】 （参见“商贸流通业”类目“会展业”分目“2016东莞台湾名品博览会”条目）

【台资企业转型升级诊断辅导】 2016年，东莞市引进台湾产业服务机构到莞为台资企业转型升级提供诊断辅导服务，对参加诊断辅导的企业给予经费支持。全年初步诊断企业15家，深入辅导39家，支付补助资金超过1200万元。截至2016年，东莞市引进台湾工研院、生产力中心、电机电子工业同业公会等14家产业服务机构进驻办公，累计为874家台资企业提供转型升级初步诊断服务，为495家台资企业提供深入辅导服务，支付补助资金1.34亿元。接受诊断辅导的企业平均生产成本降低15%，库存下降20%，生产效率提升16%，用工下降13%，投资新增11亿元，内销新增81亿元。

【2016全国大学生工业设计大赛搭建莞台文创通道】 2016年，由教育部高等学校工业设计专业教学指导分委员会、广东省教育厅、广东省经信委、东莞市政府联合主办的2016全国大学生工业设计大赛在东莞市举行，吸引全国70所高校1.94万个团队参赛，提交作品总数2.60万件。大赛通过孵化工作坊与创业路演的创新形式，将大赛优秀作品对接产能，其间促成台湾近20名原创文创设计师与东莞广州美院文化创意研究院跨界合作。11月，组委会在东莞泰库文创园举行“一台好戏——台湾文创产品展”配套活动，在岭南美术馆举行“粤港澳台工业设计新锐展（东莞站）”，搭建文创产业莞台通道。

【台湾创业团队获第五届中国创新创业大赛东莞赛区奖项】 2016年11月29日，由东莞市科技局主办的第五届中国创新创业大赛（广东东莞赛区）暨2016年“中集智谷”杯“赢在东莞”科技创新创业大赛总决赛在东莞集智谷产业园举行。大赛首次增设港澳台赛，吸引港澳台创新创业资源在莞集聚。台湾神农团队获得团队组特等奖及奖金60万元，其“生物诱导型农药取代剂”项目是以永续环境与绿色农业为基础，运用农业生物科技技术于各种害虫自然诱导产品研发制造及营销。

【2016“松湖杯”创新创业大赛台湾分赛举办】 2016年12月10—11日，“松湖杯”创新创业大赛首次在台湾举行分赛，松山湖（生态园）管委会、台湾高科技园管理局、东莞台湾青年创新创业服务中心等部门赴台举办赛事，吸引109组参赛队伍报名，选拔出台南、台北各5个优胜项目团队参加半决赛和总决赛，其中麦博森团队获台北区冠军，众达智慧工厂团队获台南区冠军。

【台商转型升级创业平台启动发布会举行】 2016年5月12日，东莞环球经贸中心（台商大厦）台商转型升级创业平台启动发布会在康帝酒店举行。台商大厦将开放一至五楼吸引两岸著名品牌服务业进驻创业发展，促进台商向服务业转型发展，为总部企业提供配套服务，同时吸引两岸青年进驻创业。在启动发布会上，意大利米兰ATTOS、北京NY FASHION STUDIO等著名品牌现场签约进驻台商大厦。截至2016年，台商大厦有471个单元

215户入驻，旗下物业君茂汇商场联系招商品牌318个，其中确定入驻品牌144个。

【非现场经济学暨全球移动跨境电商东莞研讨会举办】 2016年6月18日，由东莞市政府台湾事务局主办、东莞市莞台经济文化交流中心和松山湖（生态园）台湾高科技园管理局承办的以“重构电商秩序、助推东莞名品”为主题的“张为志主任非现场经济学暨全球移动跨境电商东莞研讨会”在松山湖（生态园）莞台生物技术合作育成中心举办。浙江大学科学技术与产业文化研究中心副主任、非现场经济研究所所长张为志就非现场经济学及全球移动跨境电商发展现状进行深度演讲，分析传统制造业遇到的问题，解读高新智能科技引发社会变革及其发展趋势，指出新时代制造业在创新机制中主动接入非现场经济智慧共享体系中的作用。市政府台湾事务局、市台商协会等领导出席研讨会并致辞，各镇街商务局（办）相关负责人、台商电商企业代表等250多人参加。

【台商投资拍摄电视剧】 2016年，东莞台商发展文化产业，投资拍摄《台商风云录》《穿梭恋人》等电视剧，讲述台商在大陆投资经营奋斗史，反映大陆为台商投资营造优质环境。《台商风云录》由东莞市台商协会副会长张朝宗会同东莞波阿斯影视传媒有限公司制作，展现改革开放以来，台商在大陆创业过程和拼搏精神。该剧于1月25日杀青。网络剧《穿梭恋人》在东莞市取景拍摄，展现东莞市城市元素，东莞台商投资占比过半，8月18日举行开机仪式。

莞台交流

【莞台交流概况】 2016年，莞台交流规模继续扩大，各领域交流频繁活跃。全市组团赴台交流95批726人次，商务赴台222批427人次，商务赴台人数居广东省第一位。东莞市领导吕业升、梁维东、李小梅、张科、杨晓棠等会见萧万长、宣明智、焦佑衡等台湾知名人士，参加市台商协会周年庆典、市台胞台属春节、中秋联谊活动、2016东莞台湾名品博览会等重大涉台活动，关心支持台商、台胞、台属在东莞创业、就业、学习、生活。市政府台湾事务局争取优化赴台湾审批程序，提出便利莞台两地人员往来等政策建议。莞台两地党际、基层交流蓬勃开展，中国国民党副主席胡志强、台湾新竹县县长邱镜淳、苗栗县县长徐耀昌等到莞交流并参加重要涉台活动，与广东省台办主任陈国兴、副主任侯振富，东莞市领导梁维东、姚康、杨晓棠会面。台南市南化乡、安南区等地社团及台南市三义堂、桃园市桃源志工服务协会分别到东莞参访。搭建青年交流常态化平台，首届莞台大学生夏令营举办，吸引台湾7所大学37名师生参加，全国台联千人夏令营广东分营一行90名台湾青年大学生到东莞参观交流。职业教育交流效果显现，东莞市副市长喻丽君率团赴台湾开展职业技术教育交流，粤台产业科技学院、台湾课程班等莞台职教合作项目进展顺利。市台联会赴台湾参加台北市东莞同乡会新春团拜会暨会员大会，乡情纽带巩固。

【喻丽君赴台开展教育交流】 2016年4月23—29日，东莞市副市长喻丽君率东莞职业技术学院、市政府台湾事务局、市财政局、市人力资源局等单位赴台湾开展职业技术教育交流，走访台湾佛光大学、龙华科技大学、台湾建国科技大学、朝阳科技大学、亚太创意技术学院等高校。通过参观校园、实训车间、教学现场、创新育成中心及召开座谈会，了解台湾职业教育院校运作经验。其间，东莞职业技术学院与台湾建国科技大学签订框架合作协议，两校在学生交流、师资培训、专业建设、创新创业人才培养等方面开展合作。

【莞台教育合作项目进展顺利】 2016年，中等职业教育“台湾课程班”、东莞理工学院粤台产业科技学院等莞台教育合作项目进展顺利。其中“台湾课程班”项目由东莞理工学校、市经济贸易学校、市商业学校、市电子科技学校、市电子商贸学校等5所公办中等职业教育学校8个专业试点开办，与台湾侨光科技大学、台湾修平科技大学、台湾“建国科技大学”等3所高等院校合作，从2015年开始连续招收三届学生，计划每届招收400人，每个专业50人。东莞市对参与课程班的学生提供经费补助。粤台产业科技学院设工业设计、计算机科学与技术（多媒体设计）、自动化、经济与金融、计算机科学与技术（跨境电商）、机械设计制造及其自动化（精密制造）6个专业，累计招收学生764名，其中2016年招生387名。

【首届莞台大学生夏令营举办】 2016年7月16—25日，由东莞市政府台湾事务局、东莞理工学院共同主办，莞台经济文化交流中心、东莞理工学院粤台产业科技学院承办，市台胞台属联谊会协办的首届莞台大学生夏令营在东莞理工学院举办。夏令营主题为“携手同创，共赢未来”。来自明新科技大学、德明财经科技大学、致理科技大学、龙华科技大学、逢甲大学、东吴大学等7所台湾院校及东莞理工学院、东莞理工学院城市学院、东莞职业技术学院及广东医科大学4所院校91名师生参加。营员参观东莞市台达电子公司、台商大厦等，游览东莞可园、虎门鸦片战争博物馆以及中山市孙中山纪念馆和广州黄埔军校，参加体验“生命力探索”培训、“魅力创客”竞赛、学生联谊会、篮球赛。夏令营为莞台青年学生搭建增进理解、相互沟通的常态化桥梁。

2016年7月17日，首届莞台大学生夏令营开营仪式在东莞理工学院举行

【东莞理工学院赴台招才引智】 2016年8月18—23日，东莞理工学院赴台招才引智。22日，在台中市举行现场招聘会，收到160多份应聘简历，吸引21名台湾籍教师到场，最终招聘10人。东莞理工学院参观大同大学，研究引入其创业导师到校，共同指导学生创新创业，与修平科技大学在专业师资合作方面达成共识。

【全国台联千人夏令营广东分营学生到莞交流】 2016年7月11—12日，第十三届全国台联千人夏令营广东分营一行90名台湾青年大学生到东莞市交流，参与学生主要来自台湾政治大学、高雄中山大学、朝阳科技大学和昆山科技大学等岛内高校。交流团参观东莞市展览馆、台商大厦、市台商协会、东莞台湾高科技园海峡两岸青年创业基地，并就“青春梦想和青年创业”主题开展座谈。

【两岸企业家峰会台湾方面理事长萧万长到莞参访】 2016年11月10—11日，两岸企业家峰会台湾方面理事长萧万长在国台办联络局副局长李勇、广东省台办副主任侯振富陪同下到东莞市参访。东莞市市长梁维东、副市长杨晓棠会见，介绍东莞市经济社会发展基本情况、台商对东莞市的贡献以及台资企业在莞转型升级成效。萧万长到清溪镇明门（中国）幼童用品有限公司参访，并表示东莞市的市容市貌及经济社会发展比他2001年首次到访时“发生了天翻地覆的变化，感谢大陆各级政府对台商的支持和帮助”。

【苗栗县到莞开展农业交流】 2016年10月25—27日，苗栗县县长徐耀昌率农业及工商文化创意产业参访团到东莞市开展农业交流。东莞市市长梁维东、广东省台办副主任侯振富与徐耀昌一行会面，向其介绍东莞市台资企业经营情况及市政府扶持台商发展的各项举措。徐耀昌一行参加市台商协会虎门分会第九届、第十届会长交接暨二十一周年庆典，参观富民农产品批发市场、东莞中探探针有限公司、东莞亿得电器制品有限公司。

【金门县到莞举办旅游推介会】 2016年6月23日，“2016大陆地区（东莞）金门观光旅游专场推介会”在东莞市万达文华酒店举行，推介团由金门县政府副秘书长李增财率领，金门县政府交通旅游局、金门县旅行商业同业公会、金门县观光协会等单位组成。推介会包括宣传资料发送、表演活动、试吃试喝、嘉宾互动等环节。

【“莞播台”微信公众号上线运行】 2016年5月11日，由东莞市莞台经济文化交流中心主导，与中国网合作创办的自媒体“莞播台”微信公众号上线运行。公众号借助中国网平台优势，整合东莞媒体以及台湾知名作家等资源，运用网络媒体开展莞台两地资讯互联互通，服务对台宣传、提升东莞市城市形象。设信息资讯、生活服务和办事指南三大版块，发布内容主要为东莞市乃至大陆和台湾地区民众喜闻乐见的、具有趣味性的原创性信息，兼顾推送宣传政府政策、时事政治及社会热点。上线当天，公众号关注人数突破100人，12日推送以“央视来东莞！！把台商‘爆’个一览无遗？！”为主题的信息当日阅读量接近1000人次，以2016东莞台湾名品博览会为主题的配套推送累计阅读量超12万人次。

【桃园市桃源志工服务交流团到莞交流】 2016年7月4—8日，桃园市桃源志工服务协会理事长陈维德率团到东莞市开展交流。东莞市政协副主席邓流文接待交流团一行，市政府台湾事务局、团市委、市妇联等单位领导陪同参观及交流。交流团一行与广东省海峡两岸交流促进会妇委会、团市委、市妇联分别进行志愿服务交流座谈，并参观东莞市南城街道青少年心理健康成长指导中心、莞香花青少年服务中心、道滘镇白玉兰中心、台商大厦、茶山镇南社古村落、鸦片战争博物馆及威远炮台，了解东莞市志愿服务工作开展情况及经济社会发展情况。

【两岸政法青年研习营到莞参访】 2016年12月28—29日，由中央台办法规局举办的“两岸政法青年研习营”到东莞市参访，在东莞市律师协会、东莞理工学院召开座谈会，并参观东莞台湾高科技园海峡两岸青年创业基地。研习营由中央台办法规局副局长唐正瑞带队，大陆台资企业从事法务相关工作或具法律专业背景的台湾青年、广东省当地的台湾青年律师和大陆青年法务工作者约60人组成。市律师协会介绍东莞市涉外涉台法律服务情况，指出东莞市为两岸法律青年提供广阔舞台。

涉台机构

【涉台机构概况】 2016年，东莞市涉台机构有市台商投资企业协会、东莞台商子弟学校、东莞客家商联谊会、东莞理工学院台湾研究所、市台协照明产业委员会、市台胞台属联谊会、台心医院。其中，蔡俊宏接任市台商协会第十一届会长；王天才接任东莞台商子弟学校校长；虎门龙眼海克力斯电子有限公司董事长范仁达接任东莞客家商联谊会会长；东莞首个涉台研究智库广东台湾研究中心——东莞理工学院台湾研究所揭牌成立；市台商投资企业协会成立首个行业协会照明产业委员会；市台胞台属联谊会连续第六年组团赴台湾参加台北市东莞同乡会新春团拜会暨会员大会，并向同乡会捐赠5万元新台币奖学金。

【东莞市台商投资企业协会及各镇街分会换届】 东莞市台商协会1993年成立，致力于沟通政府与企业、为会员排忧解难、推动台资企业转型升级、促进莞台交流合作、维护两岸关系和平发展。截至2016年，协会下设12个功能委员会、“马上办”中心及33个分会，有2600多名会员。2016年12月8日，市台商协会举行第十届、第十一届会长交接暨23周年庆典系列活动，虎邦五金塑胶制品有限公司董事长蔡俊宏就任第十一届会长，健泰花边针织有限公司董事长王添财就任监事长。国台办、省台办、东莞市等领导，以及中国国民党副主席胡志强等约1200人出席庆典活动。蔡俊宏表示将继续围绕帮助台资企业提升自身创新发展能力，整合行业横向资源，推动两岸青年创新创业，培养台商二代接班开展会务工作。

2016年12月8日，东莞市台商协会第十、十一届会长交接暨二十三周年庆典活动在会展国际大酒店举行

【东莞台商子弟学校】 2016年，海协会、广东省台办领导分别到学校调研，关心台胞子女就学情况，寄语学生们投身两岸和平发展。2016年，有69个班，2498名学生，在校学生人数再创新高；有410名教职工，其中台湾教职工137人。应届高中毕业生有40名学生被台湾大学、台湾清华大学等台湾知名大学录取，46名学生被清华大学、北京大学、中国人民大学、浙江大学、交通大学等大陆高校录取。11月1日，王天才接任校长。

【东莞客家商联谊会会长交接典礼举行】 东莞客家商联谊会成立于2010年，会员主要由在莞经商、工作的客家人组成，其中大部分会员为台湾客家人，截至2016年有183名会员。东莞客家商联谊会致力为莞台客家文化交流搭建桥梁，多次邀请台湾客家人交流团到东莞市参访，在推动莞台经贸文化合作和交流交往方面发挥作用。2016年3月18日，东莞客家商联谊会举行六周年庆典暨会长交接典礼，虎门龙眼海克力斯电子有限公司董事长范仁达接任联谊会会长。

【台心医院】 2016年，台心医院妇产科主推高端妇产服务，扩建月子中心满足二胎门诊需求；将心血管内科打造成特色专科，引进重点技术人才和高端设备，开展微型心电监测仪植入术和先天性心脏病封堵术等项目。2016年门诊就诊量近10万人次，比上年增长近70%；出院病人3000多人，增长近95%。截至2016年，台心医院门诊接诊超过15万人次，出院病人达5000人次。整体运营正常，成为社保定点医院及公务员体检定点医院，并可协助台商办理健保核销手续，使台商能够享受台湾健康保障服务。

【东莞理工学院台湾研究所成立】 2016年4月21日，广东台湾研究中心东莞理工学院台湾研究所在东莞理工学院揭牌成立，成为东莞市首个涉台研究智库。广东台湾研究中心是全省涉台研究主平台，自2005年成立以后，在中山大学、暨南大学及惠州等地设立11个研究所，东莞理工学院台湾研究所是研究中心布局的第12个研究所。广东省台办、东莞市政府、东莞理工学院、市政府台湾事务局等领导出席揭牌仪式。该研究所在整

2016年4月21日，广东台湾研究中心东莞理工学院台湾研究所揭牌仪式在东莞理工学院举行

合东莞理工学院相关学科研究资源的基础上，由广东省台办及东莞市政府台湾事务局提供政策指导，广东台湾研究中心给予课题支持，就粤台经贸和产业合作发展、广东台资企业转型升级发展、两岸法律与公共政策比较等重要涉台问题开展研究。

【东莞市台协成立首个行业协会照明产业委员会】 2016年9月22日，东莞市台商协会照明产业委员会第三次筹备大会暨第一届会员选举大会在东莞三星灯饰有限公司举行，寮步星锐灯饰公司总经理康文杰当选会长，大朗三星灯饰公司董事长许添丁当选监事长。11月18日，市台商协会照明产业委员会揭牌仪式与2016台博会开馆仪式同期举行，国台办、广东省台办、东莞市政协、全国台湾同胞投资企业联谊会、东莞市政府台湾事务局等领导参与揭牌。市台协照明产业委员会是东莞市成立的首个台资行业组织，旨在推动行业资源共享，整合政产学研桥梁，帮助行业抱团发展、开拓市场。 （范星星）

附：2016年中共东莞市委台湾工作办公室、东莞市人民政府台湾事务局主要领导名录

主任（局长）：吴小峰

莞港澳合作

【莞港澳合作概况】 2016年，东莞市新增港澳资企业260户，占新增外资企业总数36.2%，全市承接港澳服务外包合同金额3.58亿美元，占全市比重80.2%。重点领域合作加强，三地交往日益密切，在金融、会展、文化创意、科技创新、职业教育、人才交流等领取合作取得进展。截至2016年，接待香港来莞交流团组76批2917人次，接待澳门来莞交流团组6批151人次；组织赴港学习考察团组24批150人次，组织赴澳学习考察团组3批17人次。2016年，东莞市继续加强港澳合作协调领导小组工作机制，包括联席会议机制、联络员会议机制、信息共享机制、沟通协调机制、督办落实机制。联合香港特区政府驻粤办、香港贸发局、香港生产力促进局、香港四大商会、东莞外商投资企业协会等机构召开两次“在莞港企升级转型联席会议”，解决港企升级转型及生产经营中遇到的问题，推动在莞港企加快转型升级，协助企业提升竞争力。

【莞港澳合作重点领域交流密切】 2016年，莞港澳加强科技产业合作，发挥香港科技大学教授李泽湘、吴景深和香港中文大学教授王钧等科技领军人才作用，组建松山湖国际机器人协同创新研究院、松山湖国际机器人产业基地、香港清水湾创业俱乐部，完成约5000万元投资额度。加强高校合作，成立“香港大学—长安镇建筑与城市联合研究中心”，为国家新型城镇化建设探路。牵手香港科技大学、广东工业大学和机器人研究院，共建粤港机器人学院。成立东莞名校研究生培育发展中心，与香港科技大学、香港理工大学及澳门大学、澳门城市大学、澳门科技大学等建立联络机制，尝试创建“内地+港澳台+国际”的“1+4”研究生培养模式。加强文化创意产业合作，发挥松山湖粤港澳服务贸易自由化示范基地辐射效应，举办第八届漫博会，吸引70多家优质港澳企业参与。加强职业教育合作，与香港职业训练局、香港电镀业商会共同举办电镀业表面处理课程培训，为珠三角的香港居民提供与香港同质、同步、同优的专业技术培训。

【莞港澳工作平台成效显著】 2016年，松山湖粤港澳（生态园）粤港澳文化创意产业实验园区平台建设取得突破，成为全省首批13个“粤港澳服务贸易自由化省级示范基地”之一。2016年，该园区引进163家文化创意类企业，累计引进400多家文化相关企业，其中拥有艾力达公司、天成公司等多家国家级动漫企业，规模以上企业9家，“新三板”挂牌企业2家，市级重点文化企业4家，重点文化园区2家，园区文化产业氛围逐步孕育，产业聚集日益突显。生产力（东莞）咨询有限公司高效运作，2016年，举办9场大型转型升级宣讲活动，动员225家企业约500人次参加活动。该公司对东莞的产业结构调整给予协助和配合，通过市场机制促进在莞港企转型升级。东莞工联咨询服务中心为在莞港人提

供免费法律咨询及其他支援服务，在购房纠纷、户籍、子女入学、养老、医疗等方面开展工作，提升在莞港人的民生服务工作。

【莞港澳青少年交流合作】 2016年，东莞市依托香港龙昌集团公司、捷荣集团公司、李永波羽毛球学校等港澳青少年活动基地，举办“2016全国东西南北中羽毛球大赛（东莞分站赛）”、“莞香传情”莞港澳青少年成长营、“莞香缘”·2016年莞港两地青年交流、莞港澳青少年科技交流等活动。开展粤港暑期实习计划，首创莞港大学生“1+1”配对实习模式。截至2016年，吸引港澳青少年2826人次来莞交流。 （李德诚）

【莞港经贸概况】 截至2016年，东莞市有港资企业6245家，累计合同吸收港资547亿美元，占全市外商投资企业投资总额的60.6%；累计实际利用港资418.6亿美元，占全市实际利用外资总额的55.5%。其中，在莞港资企业中，投资总额超1000万美元的有596家，涉及的总投资金额297亿美元。

2016年，在进出口贸易方面，东莞市与香港地区贸易总额1731.5亿元，比上年增长6.0%，占全市出口总额的15.2%。其中，对香港出口1713.6亿元，增长6.1%；对香港进口17.9亿元，下降1.2%。2016年，东莞市出口前300名企业中，港商投资企业有77家，占25.7%。

截至2016年，东莞市引进港资服务业企业947家，累计合同利用外资67.2亿美元，行业涵盖批发和零售、租赁业、商务服务业、科学研究等领域；设立29宗港资CEPA（《关于建立更紧密经贸关系的安排》）项目，累计投资总额2217万美元，注册资本1664万美元，主要涉及物流、管理咨询、广告、印刷等行业。

【2016年第一次在莞港资企业升级转型联席会议】 2016年6月14日，第一次在莞港资企业升级转型联席会议在香港会议展览中心召开。东莞市副市长杨晓棠，东莞市商务局、东莞出入境检验检疫局、东莞市港澳事务局负责人，香港特区政府驻粤办、香港贸发局、香港生产力促进局、香港四大商会及东莞市外商协会负责人出席会议。与会人员围绕促进外贸创新发展和构建开放型经济发展新体制的主题进行交流。东莞市商务局与香港贸发局签署合作备忘录，计划在2016—2020年，以“东莞制造”品牌推广模式帮助东莞企业拓展海外市场，并在会展、信息共享、商贸平台、服务业等范畴全面加强合作。

【2016年第二次在莞港资企业升级转型联席会议】 2016年12月13日，第二次在莞港资企业升级转型联席会议在香港会议展览中心召开。东莞市政府副秘书长卢汉彪，东莞市商务局、市工商局、市质监局、市港澳事务局分管领导，香港贸发局、香港生产力促进局、香港四大商会及东莞市外商协会负责人出席会议。与会人员围绕“以创建自主品牌为重点促进在莞港企创新发展”的主题进行交流。各参会机构代表对东莞市支持企业发展自主品牌表示欢迎，并建议成立一个非营利的“东莞制造”品牌推广社会组织，通过沟通政企、服务企业、抱团发展等方式，提升“东莞制造”的整体品牌影响力。

【东莞市赴香港开展“问暖企业总部”活动】 2016年4月12—14日，东莞市副市长杨晓棠率市商务局一行，赴香港地区开展“问暖企业总部”活动，加强政企高层互动，促成一批在谈或增资项目加快落户东莞市，先后拜访国泰航空集团、爱高电业集团、维他奶集团、信义集团以及理文造纸集团等企业总部，与香港投资推广署进行“走出去”等工作交流。受访企业总部认可东莞市投资环境以及部门、镇街（园区）的务实作风，更加坚定在莞加大投资的信心，将更多优质资源优先放在东莞市。

【东莞市商务局与香港生产力促进局就完善生产力提升辅导机制交换意见】 2016年5月5日，东莞市商务局局长陈仲球会见香港生产力促进局内地业务总经理陈伟业一行，就完善生产力提升辅导机制等事宜交换意见。会谈中，陈伟业提到生产力提升辅导平台对提升东莞市外贸企业的市场竞争力和抗风险能力具有积极意义。陈仲球指出，生产力提升辅导平台应以辅导效果为导向，完善生产力提升辅导平台运行机制，探索以香港生产力促进局为平台，对接德国、美国等国相关部门，引导国际认证、咨询等服务机构进驻东莞，更好地为东莞企业提供服务，提升“东莞制造”的国际影响力。

【东莞市商务局与香港工业总会珠三角工业协会东莞分部座谈】 2016年5月10日，香港工业总会珠三角工业协会东莞分部主席刘达邦一行拜访东莞市商务局，市商务局局长陈仲球接待，并召开座谈会。会谈中，刘达邦介绍香港工业总会珠三角工业协会东莞分部的组织架构、主要职能、发展情况，并表达深化与商务局合作的意向。陈仲球表示，要继续加强双方之间的合作交流，引导企业用好各类优质公共平台和各项鼓励政策扶持措施，实现莞港双方合作共赢。

【东莞市组团赴香港参加2016粤港经济技术贸易合作交流会】 2016年7月14日，2016粤港经济技术贸易合作交流会在香港举行，东莞市副市长杨晓棠率领26家企业及4家协会的30名代表参会。会议期间东莞市落实投资项目5宗，涉及投资总额5.1亿美元，合同外资金额2.97亿美元；达成贸易货单6.28亿美元。其中，出口5.1亿美元、进口1.17亿美元。

【东莞现代服务产业系列交流推介活动在香港举办】 2016年11月15日，东莞市政府在香港举办东莞现代服务产业系列交流推介活动，该活动由华南美国商会作为支持单位。中联办经济部副部长杨文明、香港美国商会会长魏理庭等出席活动。大会吸引香港美国商会、香港中华总商会、香港工业总会及瑞信银行等香港有关机构、服务业企业高层约70人。该活动推介东莞市优良投资环境和优厚政策措施，搭建平台促进中集集团、中天集团、天安数码城、常平创新港等园区载体与目标客户的对接交流，现场签订11项合作协议，为加强现代服务业招商打下良好开局。

【东莞市组团赴深圳市参加“2016第十五届香港珠三角工商界合作交流会”】 2016年12月9日，东莞市副市长喻丽君率团赴深圳市参加“2016第十五届香港珠三角工商界合作交流会”，并代表东莞市政府出席授旗交接仪式，明确下一届交流会将由东莞市举办，深化莞港两地合作、推动莞港产业加速融合。此次交流会以“科技成就未来、深港合作共赢”为主题，邀请政府、工商界领导及代表出席，畅谈珠三角发展新机遇。香港特别行政区行政长官梁振英，广东省委副书记、深圳市委书记马兴瑞等出席此次活动。 （李　霄）

2016年东莞市投资总额前30名港资企业

序号	企业名称	所在地区
1	玖龙环球（中国）投资集团有限公司	松山湖高新区
2	东莞玖龙纸业有限公司	麻涌镇
3	广东理文造纸有限公司	洪梅镇
4	米亚精密金属科技（东莞）有限公司	凤岗镇
5	东莞粤海银瓶开发建设有限公司	谢岗镇
6	东莞联丰科艺金属有限公司	凤岗镇
7	东莞德永佳纺织制衣有限公司	麻涌镇
8	广东虎门大桥有限公司	虎门镇
9	东莞建晖纸业有限公司	中堂镇
10	广东中远船务工程有限公司	麻涌镇
11	广东生益科技股份有限公司	松山湖高新区
12	东莞美维电路有限公司	东城街道
13	东莞劲胜精密组件股份有限公司	长安镇
14	东莞中电九丰新能源热电有限公司	沙田镇
15	东莞市辰泰农业科技有限公司	樟木头镇
16	东莞南玻太阳能玻璃有限公司	麻涌镇
17	东莞超盈纺织有限公司	麻涌镇
18	东莞玖龙码头有限公司	沙田镇
19	东莞理文造纸厂有限公司	中堂镇
20	东莞观澜湖高尔夫球会有限公司	塘厦镇
21	东莞安琪食品有限公司	塘厦镇
22	东莞嘉创房地产开发有限公司	凤岗镇
23	东莞创纪房地产开发有限公司	石龙镇
24	中粮（东莞）粮油工业有限公司	麻涌镇
25	东莞广裕房地产开发有限公司	石龙镇
26	东莞科维环保投资有限公司	横沥镇
27	东莞发展控股股份有限公司	东莞市
28	万裕三信电子（东莞）有限公司	长安镇
29	兆宝（东莞）粮油有限公司	沙田镇
30	东莞晶苑毛织制衣有限公司	常平镇

庆祝香港回归20周年 莞港合作纪念

2016年7月14日，东莞党政代表团赴港考察。图为东莞市委书记吕业升（左二），市委副书记、市长梁维东（右一），市委常委、统战部部长李小梅（左一）在香港金银业贸易场考察

1997年7月1日，中国对香港恢复行使权，香港回归20年。20年来，莞港依托地缘、人缘的密切联系，相互了解日益加深，感情日益深厚，合作日益广泛。两种迥然不同的社会制度，在珠江水香江之畔交汇、融合，孕育出繁荣、和谐的果实。

香港维多利亚港

东江供水工程

为解决香港用水问题，1963年中央决定兴建东深供水工程。1974年至2003年间，广东先后对工程进行3次扩建和改造。截至2016年，东深供水工程每年对香港供水占其用水总量75%以上。

1964年2月，东深供水工程建设现场

2003年6月28日，东深供水改造工程向香港供水庆典仪式举行

东深供水工程

东莞市中心广场

城市互通互连

从城市直通巴士、虎门客运码头，再到高铁，东莞与香港的交通紧密连接。

和谐号

1982年2月7日，首次开通莞城至（香港）九龙、太平至（香港）九龙的直通客运班车

供港蔬菜中心

位于东莞市石碣镇的润丰国际蔬菜交易中心是华南地区规模最大的供港蔬菜基地之一。自2004年，该中心日均供港蔬菜800多吨，占香港蔬菜进口量的30%以上，广东省供港量的50%。

蔬菜基地

石碣镇润丰国际蔬菜交易中心

蔬菜运输

太平港至香港客运船

广九铁路石龙南桥

经贸合作发展

改革开放后，香港同胞抓住东莞率先对外开放的机遇，在东莞大举投资建厂，形成“前店后厂”的产业分工模式，促进东莞经济社会的发展，也成就香港经济从制造业为主向服务业为主的转变。

香港回归以来，东莞凭借着基础设施、交通运输、物流体系、信息平台等优势持续成为港商投资的热地，莞港合作也从简单的加工贸易，拓展到金融、旅游、基建、环保、检测认证、文化创意等各领域。

1978年9月，东莞在全国率先创办第一家“三来一补”企业太平手袋厂，第一年加工费100万港元，当年即为国家创汇60多万港元。由港商张子弥创办的太平手袋厂点燃东莞主动利用外资的星星之火。图为2011年张子弥在东莞展览馆接受媒体采访

香港嘉利国际控股有限公司机器人车间

（东莞市港澳事务局　东莞展览馆供稿）

区域合作·扶贫开发

REGIONAL COOPERATION · POVERTY ALLEVIATION AND DEVELOPMENT

- 广东省推进珠三角创新驱动发展培育高新技术企业工作现场会在东莞市举行
- 莞惠城轨常平东站至小金口站区段开通
- 东莞市5个乡村（落）获评首批“珠三角最美乡村”
- 精准扶贫精准脱贫阶段任务完成

生产车间　　编辑：王学林

《珠三角规划纲要》实施

联席共商

【深莞惠经济圈（3+2）党政主要领导第九次联席会议】　2016年2月18日，深莞惠经济圈（3+2）（深圳市、东莞市、惠州市+汕尾市、河源市）党政主要领导第九次联席会议在惠州市召开。会议审议通过40项五市共同推进的重点合作事项，签署3个合作协议。40项重点合作事项中，机制共建类4项，交通运输类23项、生态环保类7项、基础设施共建类1项、产业合作类2项、社会事务类3项。其中，涉及到东莞市的有18项。签署《深圳市、东莞市、惠州市、汕尾市、河源市共建区域创新体系合作协议》《深圳市、东莞市、惠州市、汕尾市、河源市区域社会信用体系建设合作框架协议》《深圳市、东莞市、惠州市、汕尾市海洋经济协调发展战略合作框架协议》。广东省委副书记、深圳市委书记马兴瑞，深圳市市长许勤；东莞市委书记徐建华、市长袁宝成；惠州市委书记陈奕威、市长麦教猛；河源市委书记张文、市长彭建文；汕尾市长杨绪松出席会议。

【深莞惠经济圈（3+2）党政主要领导第十次联席会议】　2016年12月28日，深莞惠经济圈（3+2）党政主要领导第十次联席会议在汕尾市召开。深圳市、东莞市、惠州市、汕尾市、河源市五市党政领导及省规划纲要办、粤东西北办等有关领导和有关部门及区（县、镇）负责人出席会议。会议审议通过五市共同推进的47项重点合作事项和《深圳、东莞、惠州、汕尾四市海洋产业经济协作示范区建设纲要》，会议签署《深圳、惠州、汕尾三市共建海上旅游航线发展粤东滨海旅游框架协议》《深圳、河源两市农产品质量安全监管合作协议》。其中，47项重点合作事项涉及机制共建、交通运输、生态环保、产业合作、民生事业等5大类，22个项目与东莞市有关，包括与深圳、惠州两市的多条轨道、道路、公交线路项目，以及推动东江北干流—石龙北河断面水质达标等事项。

【全国智能制造试点示范经验交流会暨智能制造装备应用现场经验交流会在东莞市召开】　2016年7月24日，全国智能制造试点示范经验交流会暨智能制造装备应用现场经验交流会在东莞市召开，工业和信息化部部长苗圩、中国工程院院长周济、广东省省长朱小丹出席会议并作讲话。工业和信息化部副部长辛国斌主持会议。广东省副省长袁宝成出席会议。会上，唐山冀东水泥股份有限公司、中国商用飞机有限责任公司、内蒙古蒙牛乳业（集团）股份有限公司、石家庄旭新光电科技有限公司、安徽江南化工股份有限公司等5家试点示范企业，分别就实施智能制造的具体做法和体会作交流发言。工业和信息化部相关司局负责人，各省（自治区、直辖市）、计划单列市工业和信息化主管部门负责人，63个智能制造试点示范项目代表，相关行业协会、院士、专家150余名代表参加会议。会议期间，与会代表参观东莞劲胜精密组件股份有限公司数字化车间和广东智能机器人研究院。

截至2016年7月，广东省省市共同建设10个智能制造示范基地，11个智能制造试点示范项目通过工信部评审，东莞市、佛山市顺德区两个智能制造示范基地被工信部授予“两化深度融合暨智能制造试点”。2015年，广东省智能制造产值8400亿元。截至2016年7月，东莞市工业机器人的市场应用约1万台，其中五轴以上机器人约2000台。东莞市智能装备制造企业约400家，从业人员5.5万人，2015年实现工业总产值约260亿元，涉及数控机床、机器人装备、电子工业专用装备等十多个行业。东莞市被认定为国家两化深度融合暨智能制造试点、广东省智能制造示范基地。

【广东省基层改革创新工作交流会在东莞市召开】 2016年5月30日，广东省基层改革创新工作交流会在东莞市召开。广东省委常委、常务副省长徐少华出席会议并作讲话，广东省委常委、秘书长邹铭主持会议。与会人员实地考察东莞市商事制度改革、多证联办、项目投资建设直接落地、口岸“三互”大通关改革情况，听取部分市、县（区）推进基层改革创新工作的经验做法，省直单位对经验做法逐一做点评。会上，东莞市等8个市、县（区）现场交流推进基层改革创新工作的经验做法。东莞市介绍项目投资建设直接落地改革经验，改革后项目投资建设整体审批时间大幅减少3—6个月。省发改委在现场点评时给予东莞市肯定。东莞市领导吕业升、梁维东、姚康、张科等参加有关会议活动。

资料链接：

2016年，东莞市实施全程电子化工商登记以后，受理网上登记业务6.43万宗，占全市同期同类型业务的75%。网上审批中心工作人员人均日办理业务66宗，审批效率是实体窗口的6倍，一般网上业务基本做到1个工作日审批完结。东莞市实行项目投资建设直接落地改革后，项目投资建设整体审批时间大幅减少3—6个月。东莞市实行口岸“三互”大通关改革后，陆运口岸企业通关费用下降50%，水运口岸企业提交的纸质单据下降60%。陆运口岸通关时间节省44.4%，水运口岸集装箱的平均查验时间缩短50%以上。现场执法由串联改为并联，关检双方车检场合二为一，查验车辆只需一次进出场。

【广东省专业镇协同创新工作现场会在东莞市召开】 2016年6月15日，广东省专业镇协同创新工作现场会在东莞市召开。会议总结广东省专业镇创新发展情况，推广东莞市横沥镇等地区协同创新的经验做法，部署以协同创新为抓手，加快全省专业镇创新发展和转型升级。中共中央政治局委员、广东省委书记胡春华作批示。广东省省长朱小丹出席会议并讲话。广东省副省长袁宝成出席会议。朱小丹、袁宝成见证专业镇协同创新中心建设、珠三角与粤东西北专业镇对接项目、专业镇产业技术创新联盟建设等重大项目的签约。与会人员参观考察东莞市横沥镇模具产业协同创新中心、广东机械模具产业创新成果展和东莞市中泰模具有限公司。东莞市领导吕业升、梁维东、杨晓棠等参加有关活动。

截至2016年6月，东莞市以顶层设计和政策扶持为先导，以专业化创新服务平台建设为重点，推动专业镇协同创新发展，实现省级技术创新专业镇实现基本全覆盖。全市32个镇街中，有30个镇街获认定省级技术创新专业镇34个（其中有4个镇街分别拥有2个不同产业的专业镇称号），比2010年14个镇街获认定15个专业镇翻一番多，涵盖模具、电子、家具、服装、毛织等产业，不少专业镇在国内外具有一定影响力。

【广东省推进珠三角创新驱动发展培育高新技术企业工作现场会在东莞市举行】 2016年8月23日，广东省推进珠三角创新驱动发展培育高新技术企业工作现场会在东莞市举行。中共中央政治局委员、广东省委书记胡春华出席会议并讲话，强调要把广东省建设成为国家科技产业创新中心。广东省省长朱小丹出席会议并作工作部署。广东省人大常委会主任黄龙云、广东省政协主席王荣出席会议。会议上，广东省委常委、常务副省长徐少华通报广东省实施珠三角规划纲要2015年完成情况和评估考核结果，集中回应各市提出需省支持协调事项；广东省副省长袁宝成通报全省2014年以后培育高新技术企业工作情况；珠海、佛山、东莞、中山市主要负责人作发言。广东省领导马兴瑞、任学锋、邹铭、许瑞生等参加会议。东莞市领导吕业升、梁维东、张科等参加现场会。

资料链接：

2016年，东莞市新增国家高新技术企业1042家，总数2028家，位居广东省地级市首位。东莞市高新技术企业在国家重点支持的各大技术领域均有分布，东莞市专利申请量和授权量分别为5.67万件和2.86万件；科技资源加快集聚，东莞市新增创新型研发机构1个，总数32个，科技企业孵化载体59个，其中国家级11个；举办2016中国（东莞）国际科技合作周；东莞市引进省创新科研团队立项总数26

个，居全省第三位；新引进11个市级创新科研团队，总数27个；国家自主创新示范区、国家可持续发展实验区建设工作稳步推进。

【2016年第一次在莞港资企业升级转型联席会议】 （参见“莞台合作·莞港澳合作”类目“莞港澳合作”分目同名条目）

【2016年第二次在莞港资企业升级转型联席会议】 （参见“莞台合作·莞港澳合作”类目“莞港澳合作”分目同名条目）

【深莞惠经济圈（3+2）环保合作第六次会议】 于2016年3月15日在惠州市召开。深圳、东莞、惠州、汕尾、河源五市环保部门负责人、业务部门负责人等出席会议。会议通报深莞惠经济圈（3+2）环保合作第五次会议以后五市推进环保合作事项的进展情况，并对《关于共同治理丁山河污染问题的建议》等12个议题进行审议、讨论和修改。会上，五市环保部门签署《深莞惠经济圈（3+2）跨界流域非法养殖场整治工作协议》《深莞惠经济圈（3+2）环境保护联合交叉执法工作机制协议》；深圳、东莞两市签署《深莞茅洲河流域污染源联合监管执法行动方案（2016年）》。

【2016年深莞惠疾病预防控制紧密合作联席会议】 于2016年11月30日在深圳市召开，深圳市卫生计生委公卫处、深圳市疾控中心、东莞市疾控中心、惠州市疾控中心、汕尾市疾控中心相关领导及专家34人参加会议。会上，东莞市疾控中心、惠州市疾控中心、汕尾市疾控中心、深圳市疾控中心分别就2016年登革热防控、卫生应急等重点工作做总结及交流。深圳市以“深圳公共卫生工作模式转变的举措和思路”为题，介绍深圳市罗湖区医改工作。通过联席会议建立疾控工作交流平台，分享工作经验，特别是深莞惠三市疾控工作积累的大量数据的共享、分析。

【2016深圳、东莞、惠州、汕尾、河源五市旅游联盟年度工作会议召开】 于2016年12月19日在深圳市召开。会议同时举行旅游联盟轮值单位交旗仪式。会议指出，各成员单位依托各城市优势旅游资源，为旅游企业搭建平台，开启区域协作的高效合作共赢模式，得到当地旅游业界的认可。五市的合作，拓展区域入境游市场、提升区域旅游形象、促进区域旅游要素流动。会议当天，来自深圳、东莞、惠州、汕尾、河源五市的各旅行社代表和媒体代表，一同参观深圳市坪山区、大鹏新区，包含工业、古城、科技、海景等多个旅游元素在内的景点。

规划、协议

【《深圳、东莞、惠州、汕尾四市海洋产业经济协作示范区建设纲要》审议通过】 2016年12月28日，深莞惠经济圈（3+2）党政主要领导第十次联席会议在汕尾市召开。会议审议通过《深圳、东莞、惠州、汕尾四市海洋产业经济协作示范区建设纲要》。该纲要提出深圳、东莞、惠州、汕尾四市联合建设深莞惠汕海洋产业经济协作示范区，共同研究跨市海洋产业体系布局策略，探索跨区域海洋经济产业协作发展试点。该示范区包括深莞惠汕四市全部管辖范围，以深汕特别合作区和马宫为核心启动区，以长安新区和环大亚湾新区等海洋经济集聚区为重点示范区。该纲要提出，要把深莞惠汕海洋产业经济协作示范区建设成为蓝色经济引领区、区域协调发展区、陆海统筹协作区、海洋供给侧改革示范区、海洋生态文明建设先行区。根据该纲要，深莞惠汕四市将加强海洋资源和空间整合，构建“三带三园两板块”的区域蓝色产业协作发展格局（“三带”：大红海湾蓝色产业带、环大亚湾蓝色产业带、环珠江口湾深莞蓝色产业带；“三园”：临港物流产业园、游艇产业园和生命健康产业园等特色海洋产业园；“两板块”：特色小镇板块和特色渔港板块）。为实现有关发展目标，明确深莞惠汕海洋产业经济协作示范区建设的主要任务，包括建立跨市海洋产业协作体系、布局多层次海洋科技创新资源、共筑海洋生态文明建设协作体系、开展海洋区域协作示范模式创新、制定海洋人才共引共育共用机制、创新多元海洋产业协作融资渠道等。

【广东省政府、中国工程院深化推进产学研合作协议签约仪式暨“东莞制造2025”规划成果发布会在东莞市举行】 2016年7月24日，广东省政府、中国工程院深化推进产学研合作协议签约仪式暨“东莞制造2025”规划成果发布会在东莞市举行。中国工程院院长周济、工业和信息化部部长苗圩、广东省省长朱小丹、工业和信息化部副部长辛国斌出席活动并见证协议签署。广东省副省长袁宝成与中国工程院副院长徐德龙分别代表广东省政府、中国工程院签署协议。广东省政府与中国工程院自2010年签署全面推进产学研合作协议以后，省院双方落实协议精神，在院士工作站建设、重大决策咨询等方面开展全方位合作，对广东省实施创新驱动发展战略、推动产业转型升级发挥重要作用。截至2016年7月，建设工程院院士工作站83个，引进院士及团队核心技术人员800多人驻粤，为企业、地方或行业制定技术及产业规划200多项，突破核心技术1100多项，为企业培养科技人才4800多人，转化成果1500多项，实现经济效益300多亿元。会上，中国工程院制造业研究室主任屈贤明发布“东莞制造2025”规划研究报告。东莞市政府与华中数控公司、东莞劲胜公司、广东屯兴公司共同签署《东莞市智能制造试点示范应用推广合作框架协议》。

【《深圳市、东莞市、惠州市、汕尾市、河源市共建区域创新体系合作协议》签署】 2016年2月18日，《深圳市、东莞市、惠州市、汕尾市、河源市共建区域创新体系合作协议》签署。旨在促进五市科技、资金、人才、技术和管理优势互补、合作共赢，提升区域自主创新能力，加快转型升级，提出发挥深圳市的龙头带动作用，促进区域优势互补，共同构建起以企业为主体、以市场为导向、产学研相结合的开放型区域创新体系，率先建成国家自主创新示范区。根据协议，五市要错位竞合，相互借力，共享共建，互利共赢。到2017年底，五市要建立和完善协同创新平台共享共建机制、创新资源开发共享机制、创新成果相互转化机制、创新服务对接机制、创新人才联合培养机制和珠三角国家自主创新示范区建设互动机制。到2020年底，基本构建推进全面创新改革的长效机制，在市场公平竞争、知识产权、科技成果转化、金融创新、人才培养和激励、开放创新、科技管理体制等方面取得一批重大突破，争取在电子信息、新能源、环保、海洋产业等技术领域实现跨越式发展。

【《深圳市、东莞市、惠州市、汕尾市、河源市区域社会信用体系建设合作框架协议》签署】 2016年2月18日，《深圳市、东莞市、惠州市、汕尾市、河源市区域社会信用体系建设合作框架协议》签署，旨在营造市场化、法治化、国际化营商环境，增强区域凝聚力和竞争力。五市的合作领域包括推动社会信用信息资源共享，打破行政区域界限，将五市区域视为一个有机整体，共享信用信息资源；建立信息通报与共享机制，最大限度实现区域间企业信用信息互联互通，对失信行为依法联合实行公示、降低信用等级、限制市场准入等惩戒措施，形成“一处失信，处处制约”的区域联动机制；建立企业信用互认机制，各成员单位在辖区内确定的企业信用情况在五市区域内互认，对信用记录良好的企业和个人同享扶优扶强优惠政策；对有严重不良信用记录的违法企业和个人实施联合惩戒，实现五市区域内联动奖惩；共同培育发展信用市场，建立诚信宣传协作机制，加强信用学术领域的合作。

【《深圳市、东莞市、惠州市、汕尾市海洋经济协调发展战略合作框架协议》签署】 2016年2月18日，《深圳市、东莞市、惠州市、汕尾市海洋经济协调发展战略合作框架协议》签署。该协议指出，要深入挖掘深莞惠汕海洋资源优势和海洋经济发展潜力，利用21世纪海上丝绸之路建设和广东海洋经济综合试验区建设的政策优势，抢占海洋经济创新发展高地，为深化跨行政区域的海洋经济合作改革发展探索新路径。探索在条件成熟的港口作为跨区域海洋经济产业协作发展试点，发展以能源储运、粮油集散、大宗商品交易等为主导的现代港航物流业，以商务休闲度假游为主的游艇邮轮旅游业，以海产品工业化养殖、远洋捕捞、海产品精深加工与配送等为主的现代渔业，以海洋度假、文化旅游和休闲娱乐等为主的滨海休闲服务业，以海洋生物医药、海洋可再生能源、海洋装备制造业等为主的海洋新兴产业及临海工业。

【东莞市政府与前海股权交易中心签署战略合作协议】 2016年12月8日，东莞市政府与前海股权交易中心签署战略合作协议。签约仪式上，东莞市委常委、常务副市长张科，前海股权交易中心董事长胡继之出席并分别代表双方在协议上签字，同时设立前海股权交易（东莞）中心和广东业务总部两个分支机构，举行东莞科技创新板的启动仪式。东莞市万江街道办事处与前海股权交易（东莞）中心签署共同建设“龙湾梧桐小镇”的协议；前海股权交易（东莞）中心与中国银行、建设银行签署战略合作计划，这两家银行分别对前海股权交易（东莞）中心各综合授信100亿元，为该中心的建设和前海挂牌的中小企业提供资金支持。截至2016年12月，东莞市利用多层次资本市场成效显著。东莞市境内外上市企业33家，其中境内上市企业18家，境外上市企业15家；过会企业2家，申报上市材料到证监会企业11家，在广东证监局备案企业6家。自2014年IPO（首次公开募股）重启以后，东莞市A股上市企业增量在全省地级市并列第一位；在全国股转系统挂牌企业161家，挂牌企业数量居全省地级市第一位、全国地级市第三位；在区域性股权交易市场挂牌企业近400家；同时累计认定上市后备企业145家。东莞市形成主板、中小板、创业板、新三板、四板和上市后备企业的梯次结构，初步形成资本市场发展的后发优势。

【《深莞惠经济圈（3+2）环境保护联合交叉执法工作机制协议》签署】 2016年3月15日，深莞惠经济圈（3+2）环保合作第六次会议在惠州市召开。深圳、东莞、惠州、汕尾、河源五市环保部门签署《深莞惠经济圈（3+2）环境保护联合交叉执法工作机制协议》。根据该协议，采取接壤地市两两联合交叉执法、邀请第三方观摩执法或五市联合对一市开展“五查一”式环境执法检查等方式，定期召开联合交叉执法工作交流协调会议，对跨界河流流域和市域“插花”地区的重点污染源进行联合交叉执法检查。通过联合交叉执法检查，在共同严厉打击环境违法行为和环境污染犯罪的同时，促进队伍的综合业务素质和环境执法水平共同提高。

【《深莞惠经济圈（3+2）跨界流域非法养殖场整治工作协议》签署】 2016年3月15日，深莞惠经济圈（3+2）环保合作第六次会议在惠州市召开。深圳、东莞、惠州、汕尾、河源五市环保部门签署《深莞惠经济圈（3+2）跨界流域非法养殖场整治工作协议》。根据该协议，共同建立五市跨界流域非法养殖场的联防联控、信息互通和区域协作机制，打击非法养殖场，建立五市跨界流域非法养殖场整治工作小组，确保五市跨界流域禁养区内无非法养殖场，确保合法养殖场污染物达标排放。

【《深莞惠三市公共信用信息管理系统联网互查合作协议》签署】2016年1月12—13日，深莞惠经济圈（3+2）（深圳市、东莞市、惠州市+汕尾市、河源市）区域信用合作年会在深圳市举行，会上签署《深莞惠三市公共信用信息管理系统联网互查合作协议》。三地公共系统信息管理系统管理机构将在辖区内向社会公众提供异地公共信用信息查询，可提供工商、国地税等注册登记信息查询。下一步，三地公共信用管理部门将联合出台标准制度，将处罚、失信、严重失信等不良信息纳入联网互查范围。此举突破区域界线，扩大公共信用系统的覆盖范围，促进信用信息的跨区域流动和传播，推动覆盖全社会的守信激励和失信惩戒机制建设，实现“一处失信，处处受限”惩戒效应，为大珠三角地区协调发展提供信用红利支持。

项目实施

【莞惠城轨常平东站至小金口站区段开通】 2016年3月30日，莞惠城轨常平东站至小金口站区段开通，沿线设常平东、樟木头东、银瓶、沥林北、仲恺、惠环、龙丰、西湖东、云山、小金口等10个客运业务办理车站，设计速度200千米/小时，全长53千米。莞惠城轨采用的是公交化运行模式，该段票价35元。各趟列车车票均为当日当次有效，全程不用对号入座，不设餐车，每列车设有557个坐席，超员载客量可达1488人。日常开行16对动车组列车，节假日客流高峰期安排满图开行22对动车组列车。莞惠城轨常平东站至小金口站最早发车时间早上7点，每隔一小时发送一列动车，最晚发车时间是22点，全程70分钟。旅客可通过“12306”网站、电话订票、车站售票窗口、自动售票机、代售点购买莞惠城际常平东站至小金口站段列车的车票。7月，莞惠城轨完成列车运行图调整，每日开行的列车对数由原来的16对增加至21对，普通班次全程耗时从70分钟缩减至53分钟，并新开“大站直达列车”班次，全程34分钟。

【深圳外环高速公路东莞段工程全线动工】 （参见“交通邮政业”类目“公路运输业”分目“路桥建设”次分目的同名条目）

【虎门二桥主桥、塔、锚基础工程完成】 虎门二桥位于珠江三角洲中部核心区域，是连接珠江东西两岸的重要通道，被列为《珠三角地区改革发展规划纲要（2008—2020年）》重要基础设施之一。该项目起于广州市南沙区东涌镇，经广州市番禺区石楼镇，止于东莞市沙田镇。项目全长12.89千米，主线均为桥梁工程，其中有2座超千米的跨江特大桥，分别是大沙水道桥和坭洲水道桥。坭洲水道桥为主跨1688米的双塔双跨钢箱梁悬索桥，大沙水道桥为1200米双塔单跨钢箱梁悬索桥。采用八车道高速公路技术标准，设计速度100千米/小时，项目概算总投资111.8亿元，设置东涌、骝东、海鸥岛和沙田等4处互通立交。虎门二桥桥梁标准宽度40.5米，主桥钢箱梁全宽49.7米，是世界上最宽的整体式钢箱梁。项目整体用钢量44.56万吨，其中钢箱梁用钢量7.89万吨。项目于2013年12月28日动工，截至2016年，虎门二桥主桥、塔、锚基础工程完成，进入主塔和锚碇锚体施工阶段，完成总投资的38%。

资料链接：

虎门二桥线路顺接广州绕城高速公路南环段和在建的莞番高速公路，可连接至广澳高速、广深沿江高速、广深高速、莞深高速、从莞高速公路。不仅服务珠江口两岸，通过高速公路网的链接，更可服务至粤东、粤西地区，是广东省高速公路网的关键节点。桥位上游距珠江黄埔大桥约20千米，下游距虎门大桥约10千米。

【赣深客运专线东莞段启动仪式举行】 2016年12月22日，赣深客运专线东莞段启动仪式在东莞市塘厦镇举行，与此同时赣深客运专线还在深圳、河源、惠州等市同步启动开工仪式。东莞市副市长张少康，市政府副秘书长罗斌，广铁集团深圳工程建设指挥部领导、塘厦镇委副书记、镇长黎雪琴等镇领导以及市相关部门和沿线镇街分管负责人出席启动仪式。赣深高铁东莞段仅在塘厦镇设站，暂定站名：东莞南站。站点位置位于塘厦镇林村社区。赣深客运专线东莞段预留松山湖支线（东莞支线）和南沙支线。赣深客运专线项目总投资641.3亿元，项目新建正线全长436.37千米，其中广东省境内301.8千米，另外包括龙川、惠州、东莞地区及深圳枢纽配套工程。赣深客运专线全线设车站14座，广东省境内新建车站分别为：和平东站、龙川西站、东源站、博罗北站、惠州北站、塘厦站、深圳北站（预留仲恺站、光明站设置条件）。项目设计速度为350千米/小时，建设工期4年。

资料链接：

赣深客运专线是“珠三角”连接“长三角”和“环渤海”地区的重要客运通道。赣深客运专线为京九客运专线的最南段，纵贯江西、广东两省，赣深客运专线北起江西省赣州市，经广东省河源市、惠州市、东莞市，终于深圳北站，其南端衔接沿海铁路、广深港客运专线，中部与广梅汕铁路、广汕铁路相衔接，北端沟通昌赣客运专线、赣龙铁路、渝长厦铁路、赣韶铁路等，并向北可延伸至北京市，形成继京广深（港）、京沪、沿海等纵向客运专线后，又一条跨越中国南北众多省市，横亘华北、华中、华南地区的南北向大能力快速客运通道。

【深圳、东莞、惠州、汕尾、河源五市大型联合医疗救援演练】 2016年9月21日，深圳、东莞、惠州、汕尾、河源五市大型联合医疗救援演练在深圳市大鹏新区举行。此次演练是深莞惠经济圈（3+2）党政主要领导第九次联席会议通过的重点合作项目之一，演练模拟场景为一辆高速行驶在海上大桥的旅游大巴与前面一辆小车碰撞后发生爆炸，后面一辆高速行驶的商务车由于反应不及失控，猛烈撞向右边护栏，2名乘客因未系安全带被甩入海中，后面的10辆小车因来不及刹车导致严重的连环追尾，事故中有61名伤员，伤员分别来自深圳、东莞、惠州、河源、汕尾五市。五市医疗队，以及深圳市公安交警局、特警支队警航大队、武警边防总医院，深圳海事局等单位30余支队伍投入救援，出动26辆救护车、7辆装备车的武警边防总医院“野战医院”、1架直升机、1辆指挥车、2艘救援船只、交警铁骑队等。此次演练出动约230人，科目涉及应急响应、指挥决策、联动救援、自救互救、海上搜救、空中救援、野战医院紧急救治、启动无忧避让、远程指挥、分级分流、院前院内衔接，旨在提升五市跨区域应对重大突发事件联合医疗救援能力，构建五市海陆空立体医疗救援体系。

【东莞国际邮件互换局兼交换站揭牌】 2016年11月17日，东莞市政府与中国邮政集团公司广东省分公司签订战略合作协议，同时举行东莞国际邮件互换局兼交换站揭牌仪式。截至2016年，全国仅有东莞、义乌、合肥、宁波等4个城市获批设立国际邮件互换局。国际邮件互换局落户东莞市东城街道跨境电子商务中心园区，东莞邮政分公司的国际邮包从2013—2016年保持年均1.39倍的增速，其中，在2016年的“双十一”，东莞市国际邮包发送量再创历史新高，11月16日更是突破52万件。设立东莞国际邮件互换局和交换站，有利于减少东莞市及周边地区国际邮件流通环节，缩短邮件进出口时间，促进国际贸易发展、更好地服务跨境电商企业；有利于东莞市打造华南地区唯一一条火车邮运通道，推动东莞市成为广东省乃至华南地区电子、电池类产品的展示平台、物流枢纽和交易集散中心，提高东莞市国际邮件进出口效率。

资料链接：

国际邮件互换局兼交换站是指向境外邮政机构封发邮件总包和接收、开拆、处理境外邮政机构发来的邮政总包的机构。

【松山湖（生态园）粤港澳文化创意产业实验园区被授牌为粤港澳服务贸易自由化省级示范基地】 2016年3月17日，松山湖（生态园）粤港澳文化创意产业实验园区被授牌为粤港澳服务贸易自由化省级示范基地，成为东莞市推动粤港澳文化创意产业合作的重要载体。2015年11月，经广东省政府批准同意，松山湖（生态园）粤港澳文化创意产业实验园区成为广东省首批13个粤港澳服务贸易自由化省级示范基地之一，并赴香港参加粤港澳服务贸易自由化省级示范基地投资推介会。该园区是广东省首个粤港澳文化创意产业实验园区，依托东莞市雄厚的衍生品制造基础，主要定位是服务东莞市传统优势产业的转型升级，重点发展创意设计、品牌授权、原创动漫、网络游戏、影像文化等文化创意产业。截至2015年9月，该园区引进243家文化相关企业，其中拥有艾力达公司、天成公司、水木动画公司、功夫龙公司等4家国家级动漫企业，新三板挂牌企业2家，还有东莞华南设计创新院、广东华南工业设计院、广东雨林木风公司、瓦力科技公司、创意服务中心等重点项目企业，产业氛围逐步孕育，产业聚集日益突显。

交流活动

【首届“中美水生态修复技术展示交流会”在东莞市举办】 2016年5月25日，首届“中美水生态修复技术展示交流会”在东莞市举办，100多家中美企业、总计约180名中美两国环保业界的专家和企业家共议珠三角的水生态修复和治理。该会议由美国驻广州总领事馆联合东莞市环保产业协会举办。会上，中以产业园负责人指出，珠三角地区面临水生态污染修复的严峻局面，而美国在河道水生态修复上拥有全球先进和成熟的技术，可引进到国内，用于支持东莞市等珠三角地区的水环境改善，其中，东莞市从美国引进覆盖式河床修复淤泥处理技术，东莞市的实践引起众多业内人士的关注。

资料链接：

中以产业园是国家发改委认定的全国四大中以合作区域之一，同时也是科技部认定的“国家水处理技术国际创新园”，自2012年启动建设以后，致力于水处理产业集聚、环保产业对接，先后举办珠三角水处理创新技术交流会、挪威水处理技术交流会。2016年，中以产业园以中以水处理合作为起点，逐步扩展至中美、中韩、中日、中澳、中德等水处理技术合作。首届“中美水生态修复技术展示交流会”是中以产业园打造“大国际合作”的重要一环。

【东莞市5个乡村（落）获评首批“珠三角最美乡村”】 2016年1月28日，首批“珠三角最美乡村”名单发布，东莞市麻涌镇麻三—华阳村、茶山镇南社—牛过蓢明清古村落、麻涌镇大步—东太—新基、清溪镇三中村、塘厦镇龙背岭等5个乡村

(落)获评“珠三角最美乡村”。

为发掘乡村美景，弘扬“望得见山、看得见水、记得住乡愁”的中国梦情怀，促进珠三角地区乡村旅游的发展，2015年7月，由金羊网、深圳新闻网、广佛都市网、东莞时间网、珠海新闻网、中山网、今日惠州网、中国江门网和肇庆西江网等珠三角九市城市门户网站，联合启动“伊利杯首届珠三角最美乡村评选”。经各城市分站赛评选后，珠三角九市一大批乡村入围最终评审，接受市民投票。该活动初选参与投票的网友数以百万计，吸引近千万网友关注。

【2016年广东省非物质文化遗产麒麟舞邀请赛在东莞市举行】 2016年6月25—26日，来自广州、佛山、汕尾、潮州、深圳、惠州、东莞等市的17支麒麟队，齐聚东莞市樟木头镇，参加2016年广东省非物质文化遗产麒麟舞邀请赛。该活动以广东省文化厅和东莞市文广新局为指导单位；由东莞市文化馆、东莞市樟木头镇人民政府共同主办；广东省非物质文化遗产保护中心、广东省非物质文化遗产促进会、东莞市非物质文化遗产保护中心、樟木头镇宣教文体局和樟木头镇文广中心等单位共同承办。东莞市本土的麒麟舞队6支，主要来自塘厦、清溪、道滘、樟木头镇。经过3个多小时的比赛，产生6枚金牌、11枚银牌。其中，东莞市樟木头镇樟罗刘屋村麒麟队、柏地社区麒麟队分别以《麒麟献瑞　国泰民安》《柏地麒麟盛世欢》夺金。主办方除举行麒麟舞邀请赛之外，还有麒麟巡游和麒麟舞保护与传承研讨会。

【东莞、河源市非物质文化遗产城际交流活动】 2016年11月11—12日，东莞、河源市非物质文化遗产城际交流活动在东莞市文化馆举行，交流活动包括两地“非遗墟市”、两地非遗工作交流和河源非遗图片展。其中，河源市六大非遗项目进驻东莞“非遗墟市”。这次河源市非遗项目的进驻是东莞市“非遗墟市”的首次尝试。河源市的客家娘酒制作技艺、牛筋糕制作技艺、牛肉丸制作技艺、泥鸡制作技艺、康禾贡茶制作技艺、桂山茶制作技艺传承人携项目到现场展示交流，让东莞市民在东莞非遗墟市中就能体验到河源特色，并可带走河源非遗特色手信。此外，东莞洗沙鱼丸、东莞小吃、道滘裹蒸粽制作技艺、矮仔肠制作技艺、李全和麦芽糖糖柚皮制作技艺、寮步豆酱等东莞非遗项目也在“非遗墟市”亮相。

【东莞、惠州市非物质文化遗产城际交流活动】 2016年12月2—3日，东莞、惠州两市在东莞市文化馆合办非物质文化遗产城际交流活动。这是继与河源市后，东莞市又一次与周边市共同举办城际交流活动。这次莞惠城际交流活动设有惠州非遗图文展、两地非遗工作交流会、莞惠“非遗墟市”、莞惠龙形拳交流展演等环节。其中，莞惠“非遗墟市”于12月3日在东莞市文化馆非遗展厅外围开市。惠州剪纸、东江糯米酒酿制作技艺、龙门年饼制作技艺、罗浮山百草油制作技艺、罗浮山风湿膏制作技艺、罗浮山豆腐花制作技艺、博罗凉果制作技艺项目，同东莞道滘裹蒸粽制作技艺、高埗矮仔肠制作技艺、洗沙鱼丸、万江新村腐竹、寮步豆酱、东莞小吃等项目进驻“非遗墟市”摆摊，共同搭建起非遗活态展示的平台，让东莞市民在“非遗墟市”中体验，并可带走莞惠两地的非遗特色手信。　　（王学林）

茶山镇南社—牛过蓢明清古村落

经济协作

【经济协作概况】 2016年，东莞市贯彻落实省委、省政府《关于新时期精准扶贫精准脱贫三年攻坚的实施意见》有关精神，2016—2018年，承担韶关浈江、武江、曲江、乐昌、南雄、仁化、始兴、翁源、新丰9个县（市、区），揭阳普宁、揭西、惠来、蓝城4个县（市、区）323个相对贫困村的定点扶贫任务。按照广东省东西部扶贫协作工作部署，启动对口帮扶昭通市工作。对口支援巫山县，加强与呼伦贝尔市友好城市交流。年内，东莞市人民政府经济协作办公室（简称东莞市经协办）推进东莞市区域协作和市外扶贫，较好完成既定的工作目标。

【扶贫工作领导小组调整】 2016年6月，东莞市落实扶贫工作的领导责任，对扶贫工作领导小组进行调整，市委书记吕业升、市长梁维东担任市扶贫工作领导小组组长、第一副组长。东莞市各镇街，以及承担帮扶任务的机关企事业单位全部成立扶贫工作领导小组，由党政一把手任组长。

【精准扶贫精准脱贫政策出台】 2016年，东莞市出台《东莞市新时期帮扶韶关、揭阳相对贫困村定点扶贫工作方案》，安排45个市直单位、10个市属企业和32个镇街共同承担323个相对贫困村的帮扶任务；出台《关于做好新时期精准扶贫精准脱贫三年攻坚驻村工作队选派管理工作的通知》，明确东莞市各帮扶单位向各自承担的相对贫困村每村派出1名优秀干部驻村，同时东莞市向韶关、揭阳派出驻市、县（市、区）工作组。此外，东莞市出台《中共东莞市委 东莞市人民政府贯彻落实〈中共广东省委、广东省人民政府关于新时期精准扶贫精准脱贫三年攻坚的实施意见〉的实施方案》，明确东莞市三年投入财政资金12.5亿元用于新时期精准扶贫精准脱贫工作（其中到户到人资金9.27亿元，到村引导资金3.23亿元）。

【精准扶贫精准脱贫阶段任务完成】 2016年，东莞市按照省的要求，派出的14名驻市、县（市、区）工作组成员、346名驻村干部在4月底全部到岗到位。各驻村工作队进驻后开展精准识贫，详细记录贫困家庭每个人的基本情况，并于9月底前完成网上录入，并分类制订帮扶措施，形成三年规划和年度计划。据统计，东莞市三年预计实施到村项目3190个，到户项目10.32万个，其中2016年实施到村项目1026个，到户项目3.62万个。

2016年12月5—7日，市委组织部和市经协办在市委党校联合举办东莞市新时期精准扶贫精准脱贫培训班

【“广东扶贫济困日”活动】 2016年6月30日，东莞市启动“广东扶贫济困日”活动，动员社会各界捐款捐物，活动募集资金7147万元。同时，各帮扶单位开展助学、助教、助医、济困慰问等活动149次，参加人员6500多人次，动员社会各界捐赠资金459.1万元，捐物折价99.6万元。

【精准扶贫精准脱贫宣传报道】 2016年，东莞市编制精准扶贫精准脱贫简报600多篇，获地级以上新闻媒体宣传报道220篇。加大扶贫政策在相对贫困村的宣传力度，在帮扶的323个相对贫困村建立宣传栏611个，派发宣传手册1.75万份，编制墙报1070次，宣传横幅1563条，开通微信公众号16个，多渠道、多角度宣传精准扶贫精准脱贫政策和工作动态。

【东莞·昭通东西部扶贫协作】 2016年8月29日，中共中央政治局委员、广东省委书记胡春华主持召开全省东西扶贫协作和对口支援工作座谈会，部署广东省东西部扶贫协作工作。按照部署，东莞、中山两市共同对口帮扶云南省昭通市。

东莞市推动对口帮扶昭通市工作，市委书记吕业升先后四次召开专题会议，学习国家、省东西部扶贫协作有关会议精神，研究部署东莞市对口帮扶昭通市工作，并于9月3—4日率市委办、市委组织部、市府办、市发改局、市财政局、市经协办等单位赴昭通市开展工作对接，深入贫困村考察昭通市脱贫攻坚工作，并与昭通市领导座谈，共商扶贫协作大计。9月初，市经协办深入昭通市有关县（市、区），对当地脱贫攻坚工作和自然

2016年10月22日，广东省东莞市与云南省昭通市扶贫协作签约仪式举行

资源、农特产品、矿产资源、旅游资源、产业发展等进行实地调研，并在此基础上起草《东莞·昭通东西部扶贫协作工作方案》《东莞·昭通东西部扶贫协作三年规划（2016—2018年）》以及2016年度工作计划。10月与昭通市签订《广东省东莞市、云南省昭通市扶贫协作框架协议》以及干部交流、产业帮扶、教育、劳务输出和劳动力转移就业、农业产业、卫生计生、易地扶贫搬迁、旅游等方面配套合作协议，为下来工作搭建起基本框架。

【东莞、中山、昭通三市联席会议制度建立】　2016年，东莞、中山、昭通三市联席会议制度建立。定期通报东莞、中山两市与昭通市东西扶贫协作工作情况，总结经验，共同研究解决扶贫协作重大问题，确保扶贫协作工作有计划、有目标、有投入、有措施、有成果。明确资金投入，按照国家和省的要求，向昭通市10个贫困县每年每县安排专项帮扶资金1000万元，由省和市按3：7的比例分担，其中市承担部分，东莞市和中山市按6：4的比例分担，即东莞市每年承担4200万元。东莞市明确将帮扶资金列入年度财政预算，保障资金按时足额拨付。建立前方机构，东莞市选派6名干部，会同中山市选派干部成立省第五扶贫协作工作组，组长由东莞市选派的干部担任，负责统筹协调昭通扶贫协作前方工作。

【东莞市对口支援巫山县】　2016年，东莞市投入200万元，支持重庆市巫山县建设神女峰机场连接道项目（续建）。

【东莞市与呼伦贝尔市友好城市交流】　2016年6月，呼伦贝尔市委书记李世镕率党政代表团来东莞市考察，参观学习东莞市行政服务、电子商务、高新技术产业等方面的经验，加强两市在智能电网、大数据产业方面的交流与合作。

【驻莞机构服务】　2016年，东莞市做好驻莞办事机构登记备案、变更、撤销、统计等业务。截至2016年，在市经协办登记备案的驻莞办事机构22个，分别来自广西、湖南、江西、福建、河南、安徽、贵州、黑龙江、辽宁、重庆等10个省（自治区、直辖市），其中政府类的21个（省级1个、地级市9个、县级11个），部门和非经营性事业单位类的1个。年内，分别走访湖南省郴州市、重庆市劳务办、东安县、蓝山县4家驻莞办事机构，了解驻莞办事机构人员的工作、生活情况。协调驻莞办事机构工作人员子女在莞就学。促进东莞市与各地政府的合作交流、协助加强来莞务工人员管理。据不完全统计，2016年，驻东莞市的22个各地政府驻莞办事机构协调各地人员23批约3000人次来莞务工；协助东莞市有关镇街和部门处理纠纷43宗623人次。　（张志勇）

附：2016年东莞市人民政府经济协作办公室主要领导名录

党组书记、主任：麦允谦

法　　治

LEGAL SYSTEM

- “飓风2016”专项打击整治行动战果丰硕
- 立体化治安防控体系建设位列全省第三名
- 人民法庭审判权运行机制改革位居全国、全省前列
- 公共法律服务实体平台建设经验全国推广

松山湖大道　（黄曦曙　摄）

编辑：刘　丹

地方立法

【地方性法规条例制定】　2016年，东莞市人大常委会完成《东莞市制定地方性法规条例》《东莞市城市管理综合执法条例》两部法规的立法，其中，东莞市的首部地方性法规《东莞市制定地方性法规条例》于4月1日出台实施；首部城乡建设与管理领域的地方性法规《东莞市城市管理综合执法条例》上报省人大及省委审查批准。在制定《东莞市城市管理综合执法条例》中，“基层立法听民意”的做法受到全国人大法工委的支持和赞赏，被中央电视台新闻联播“治国理政新实践　依法行政在基层”栏目专题报道。

按照立法工作计划，推进水乡生态文明建设和饮用水保护立法，《东莞市水乡特色发展经济区生态文明建设与促进条例》（草案征求意见稿）在《东莞日报》、东莞人大立法专网公开征求社会各界的意见，召开专家及人大代表座谈会听取意见建议，并提交常委会审议。《东莞市饮用水水源水质保护条例（送审稿）》经专家评审会论证。（吴　洋）

【规范性文件备案审查】　2016年，东莞市人大常委会做好规范性文件备案审查，完善规范性文件备案审查工作程序，细化审查标准，确保“有文必审”“有件必备”“有错必纠”。完成13件规范性文件的备案。按照省人大常委会的统一部署，加入“广东省人大常委会规范性文件备案审查信息平台”并通过运行测试。派员参加全省规范性文件备案审查工作会议，进一步规范程序，落实审查工作。根据市委备案审查联动机制的要求，协助市委对《中共东莞市委　东莞市人民政府关于贯彻落实〈中共广东省委　广东省人民政府关于实施质量强省战略的决定〉推动质量发展水平走在前列的实施意见》《法治东莞建设第二个五年规划（2016—2020年）送审稿》《关于全面加强我市水污染防治工作的意见》等34件市委市政府文件的合法合规性进行审查，对相关问题及时请示报告省人大并作出反馈。（吴　洋）

【协助配合省人大立法】　2016年，东莞市人大常委会完成省人大赋予东莞市协助起草《广东省岭南中药材保护条例（草案）》中关于沉香保护条款的任务。配合省人大来东莞市开展的《广东省工资支付条例》《广东省电梯使用安全条例》《广东省供用电条例（草案）》《广东省水土保持条例》《广东省动物防疫条例》等立法调

研活动。对省人大委托征求意见的14部法律、法规草案，组织有关部门召开征询意见座谈会，提出修改意见。（吴　洋）

【政府立法制度健全】 2016年，东莞市法制局健全政府立法制度，提请市政府印发《东莞市政府规章立法后评估办法》和《东莞市公众参与规章制定办法》，推进政府立法制度建设。（喻中胜）

【地方立法计划编制】 2016年，东莞市法制局科学制定立法规划和工作计划，编制并提请市政府印发东莞市2017年政府规章立法计划和2017—2021年的政府规章立法规划，协助市人大常委会草拟编制2017年地方性法规立法计划和2017—2021年的地方性法规立法规划，突出立法重点，推动立法准确反映全市经济社会发展需求。（喻中胜）

【法制局参与立法审查】 2016年，东莞市法制局参与立法起草部门的立法调研、论证和起草，完成《东莞市轨道交通运营管理办法》《东莞市公共图书馆管理办法》《东莞市燃气管理办法》等政府规章的审查，报请国务院法制办通过《东莞市轨道交通运营管理办法》《东莞市公共图书馆管理办法》的备案。完成《东莞市水乡生态文明建设促进条例》《东莞市饮用水水源水质保护条例》等法规草案的审查，提请市政府常务会议审议通过后报市人大常委会。办理《广东省森林防火条例（草案送审稿）》等省立法草案意见征集58件次。（喻中胜）

政法委与综治工作

【政法概况】 2016年，东莞市政法系统推进社会矛盾专项治理，持续打击突出违法犯罪，深化“平安东莞”“法治东莞”和队伍建设，坚持创新引领，深化综合治理，促进和谐善治，处置一批重大不稳定案（事）件，确保社会大局和谐稳定，为全市经济社会平稳健康发展提供保障。东莞市政法工作获得上级肯定和群众好评，2016年度综治工作（平安建设）考评工作获得广东省委政法委、省综治委通报表扬，东莞市连续两年获评“全国创新社会治理优秀城市”。东莞市第一人民法院获评全国模范法院，市普法办获评全国“六五”普法先进集体，第二市区人民检察院获评全省优秀基层检察院，民警郑浩源获评全国公安系统二级英雄模范，长安司法分局王庆秋获评全国模范司法所长。

【社会治安综合治理】 2016年，东莞市投入39.5亿元用于政法综治工作，先后出台社会治安防控体系建设、“智网工程”实施方案等指导性文件，细分工作任务，推进工作落实；明确各镇街、各成员单位“一把手”为平安建设第一责任人，逐级逐部门签订目标管理责任书；强化综治政策工具运用，挂牌整治命案高发的6个镇街、治安问题严重的1个镇。平安村居创建覆盖率100%；创建平安校园1457所，占全市学校总数的95.98%；创建达标平安企业2374家，占创建计划总数的96%；实现二级以上医院平安创建全覆盖；平安家庭创建覆盖率99.58%。

【综合治理体系健全】 2016年，东莞市全面推进“智网工程”建设，成立由市委书记任组长的工作领导小组，市镇两级财政投入6.6亿元，推动各镇街科学划分基础网格、组建网格管理员队伍，建设高水平的信息化系统，构建市镇村三级联动的指挥调度体系。截至2016年，全市划分基础网格3201个，配置网格管理员9177人，首批推动公安等7个部门入格，核定入格事项18类77项，提高精准管理水平。推进“中心+网格化+信息化”工作，打造综治信访维稳中心“升级版”，做好防控违法犯罪、化解矛盾纠纷、排除公共安全隐患三大工作任务，工作做法得到省委常委、省委政法委书记林少春的肯定。健全立体化社会治安防控体系，建成一、二类治安视频图像采集点16万个，主要公共场所社会治安视频监控率100%；试点探索“情指联动·有求必应”机制，实行情报、指挥、行动一体化运作，试点开展信息化服务打防控“情报+”支撑基层实战模式，工作成效得到副省长、公安厅厅长李春生的肯定；推进“以案说防”活动，全年开展“以案说防社区行”活动4500多场次；推动“全民创安·一呼百应”群防群治工作，建成警民联防执勤点1641个，配置执勤人员3531人。

【公共安全维护】 2016年，东莞市制定首个行业反恐防范工作规范《东莞市危化品行业反恐防范工作规范》及《东莞市反恐应急专业队最小作战单元勤务规范》，提升应对暴恐案件的处置能力。开展“飓风2016”专项打击行动总体成效位列全省第七名。全市接报违法犯罪警情比上年下降7.92%，立刑事案件下降11.74%，破案率上升5.75%，实现接报警情、立刑事案件和破案率“两降一升”的局面。全力开展命案防范和治理，全市命案立案数下降10.32%，其中常平、茶山、沙田、莞城、洪梅5个镇街实现“零命案”。继续开展寄递物流清理整顿专项行动，寄递企业配备X光机241台，实现东莞市分拨中心全覆盖，数量居广东省地级市第一位。推进铁路护路联防工作规范化建设，开展高铁沿线安全隐患专项整治，重点整治虎门镇五马生活垃圾填埋场项目等一批危害高铁运行安全的隐患问题。加强特殊人群服务管理，出台《东莞市加强严重精神障碍患者救治救助工作方案》，市镇两级财政拨款

6348.6万元，在广东省率先落实监护补助政策。开展无邪教示范工程创建活动，3个镇街、10个村（社区）通过国家级示范点验收，2个镇街、6个村（社区）通过省级示范点验收。

【社会矛盾化解】 2016年，东莞市把维护稳定工作摆在突出位置，政法机关登记涉法涉诉信访案件比上年下降6.54%；东莞市发生群体性事件均得到妥善处置，没有发生重大群体性事件；30人以上劳资群体性事件和欠薪逃匿事件分别下降68.65%和71.43%，全市出现平稳向好局面。

【维稳机制建设】 2016年，东莞市制定印发《东莞市预防与处置群体性事件的指导意见》，在广东省率先建立东莞监狱周边维稳工作联席会议制度，落实“日排查、周研判、月分析”制度，妥善化解劳资纠纷、涉农涉土等领域一批影响较大的不稳定问题。完善领导干部联系群众工作机制，坚持市领导每月定点接访群众，开展领导干部带案下访、上门探访、重点约访、分类接访、统一大接访等多种接访形式，畅通群众诉求表达渠道。持续升级优化企业风险预警系统，建立健全欠薪企业主会议制度。修订完善重大决策社会稳定风险评估工作意见，对40项重大决策进行社会稳定风险评估，其中36项准予实施，4项暂缓实施。

【维稳突出问题治理】 2016年，东莞市落实维稳工作机制，开展专项治理工作，调处突出不稳定问题。先后化解因深圳章阁社区拟建垃圾处理场引发的“邻避”问题等一批重大不稳定事件。建立劳资纠纷联动治理工作机制，加强对欠薪逃匿和社保群体性事件的预防处置，全年向公安机关移送涉嫌拒不支付劳动报酬犯罪案件125宗。

【社会稳定多元共治】 2016年，东莞市建立健全医疗调解委员会、交通事故调解中心、平安建设促进会、异地商会服务管理等第三方调解机制，发挥专业性、行业性人民调解组织对矛盾纠纷的预防化解功能，引导“莞香花”“白玉兰”“心灵驿站”等知名社工服务品牌机构参与矛盾化解，形成互动共治良好格局。截至2016年，东莞市成立32个镇街平安建设促进会、30个行业分会、240个村（社区）分会，发展会员7285人，全年受理案件1189宗，化解1054宗，化解率88.65%。涌现出“中国好人”27人，“广东好人”30人，“东莞好人”971人，发展志愿者87.6万人，各级群防群治队伍53万人。市见义勇为基金会募集资金1.4亿元，市慈善会募集善款16.11亿元，市弘扬法治公益基金会募集资金300万元。各项基金发挥扶贫济困作用，促进社会和谐善治。全市有各类人民调解委员会1451个，人民调解员1.41万人。市交通事故调解中心受理案件85宗，调解79宗。市医疗调解委员会自2013年底成立至2016年底，调解医疗纠纷756宗，涉及金额3.32亿元，协议履行率及群众满意率均达100%，全市重大医疗纠纷数量逐年下降，相关工作经验得到司法部肯定，并在东莞市召开的全省人民调解工作现场会上推广。

【“法治东莞”建设规划制定】 2016年，东莞市委将“东莞市依法治市工作领导小组”更名为“中共东莞市委全面依法治市工作领导小组”，由市委书记任组长。东莞市32个镇街参照市的做法调整。做好法治工作规划。制定出台《法治东莞建设第二个五年规划（2016—2020年）》，编制《关于在东莞市公民中开展法治宣传教育的第七个五年规划》，用法治思维统筹谋划工作。

【司法体制改革】 2016年，东莞市作为广东省唯一的法庭改革试点市，其改革经验得到最高法院院长周强和省高级法院的肯定。推进公正阳光司法，在全省率先探索建立“驻派出所检察官办公室”，得到最高检察院和省检察院肯定与推广。深化司法责任制改革，办案质效稳步提升，2016年东莞市检察官人均审查批捕193件270人，人均审查起诉142件192人，以全省4%的办案力量完成全省10%的办案任务；东莞市法官人均办结案件291.3件，连续十年排全省第一名。

【法治惠民】 2016年，东莞市推行网上预约立案，实行“一站式”诉讼服务机制，推行巡回法庭、开展“法院开放日”、深化“社工+志愿者”少年审判工作模式等措施，提升法院司法为民水平。做好法律援助，全年受理法律援助案件633宗，为受援人挽回经济损失5819.6万元，办理群体性法律援助案件105宗。成立执行联动工作领导小组，协助解决法院执行中遇到的问题。在全省率先建成地市一级社区纠正应急指挥中心。

【“法治东莞”创建活动】 2016年，东莞市27个先行创建、重点督导镇街通过省评估验收，东莞市创建率84.3%。推进基层公共法律服务平台建设，全面开展“社区法官”“检察工作联络室”“一村（社区）一法律顾问”等工作。开展“一村（社区）一法治宣传栏”工程，建设130个法治宣传长廊，设立4800多个村（社区）宣传栏。推进法学会建设，实现镇街法学会建设全覆盖，成立东莞中立法律服务社和东莞市弘扬法治公益基金会，营造法治氛围。全省法学会现场会在东莞市召开，推广东莞市工作经验。（严沛坚）

附：2016年东莞市委政法委员会主要领导名录

书　记：邓志广

法治政府建设

【法治政府建设概况】　2016年，东莞市法制局制定依法行政配套相关文件，提请市委市政府印发《东莞市法治政府建设规划（2016—2020年）》《东莞市创建法治政府示范区实施方案》《关于进一步规范行政机关处理涉法事务的意见》《东莞市2016年依法行政工作要点》《东莞市2016年依法行政专题培训方案》等，推动法治政府建设工作开展。

开展依法行政考评，提请印发《关于2015年度全市依法行政考评工作情况的综合汇报》《关于2015年度全市依法行政考评结果的通报》，督导有关单位整改存在问题；组织做好迎接省来莞开展2015年度依法行政考评的准备；提请印发《东莞市2016年依法行政考评方案》，开展并完成全市2016年度依法行政考评工作。

部署政府法制工作，召开全市法治政府建设推进会，总结2015年全市法制工作成效，部署2016年重点工作任务和省考评组来莞考评的迎检准备；承办市政府第五届法律顾问暨行政复议委员会首届非常任委员聘任仪式，聘任新一届市政府法律顾问6名、行政复议委员会首届非常任委员21名。

落实依法行政报告制度，提请市政府常务会议听取全市2015年度依法行政工作报告；撰写年度报告报市委、市人大常委会、省政府，并通过法制局门户网站等向社会公开。

【法律审查论证】　2016年，东莞市法制局开展法律审查，加强对重大行政决策、重要行政措施的合法性审查和法律论证，对900多份来文及重大政府合同提出法律审查意见，预防和消除决策中的法律风险；办结市城市综合管理局上报的违法建筑强制拆除案件22宗。

加强规范性文件管理，提请下发《关于印发东莞市人民政府2016年规范性文件制定（修订）计划的通知》，下发《关于进一步做好镇街行政规范性文件备案工作的通知》，启用规范性文件电子备案系统；办结《东莞市学生校外托管机构管理办法》等市政府规范性文件15件，前置审查部门规范性文件58件、备案审查镇街规范性文件84件，确保文件内容与现行法律、法规、政策相适应。

【行政复议、应诉】　2016年，东莞市法制局收到行政复议申请663宗，审结601宗，其中依法不予受理34宗，维持274宗，变更或撤销、责令履行职责及确认违法108宗，终止102宗，驳回申请51宗，32个案件作其他处理；承办以市政府作为被申请人的行政复议案件22宗，收到省政府的行政复议决定书13份，其中维持9宗，驳回申请4宗。

代理以市政府为被告的行政诉讼案件240宗，收到判决文书145宗，其中撤销10宗，确认违法2宗，维持、驳回起诉、驳回诉讼请求等133宗。

强化行政机关负责人出庭应诉，市政府常务副市长张科带头出庭应诉累计案件201宗，全部按照两级法院书面通知要求出庭应诉。全市行政机关负责人出庭应诉工作呈现出“敢出庭，愿发声，有作为”的新常态。

开展案件统计分析，形成《东莞市2015年行政复议案件统计分析报告》《东莞市2015年行政应诉工作情况统计分析报告》报市政府，促进各行政机关提升行政复议、行政应诉工作水平；完善行政应诉案件结果反馈制度，整理市政府作为被告的行政应诉案件裁判文书呈送市政府（一月一报），败诉案件撰写个案分析报告向市政府作专题汇报。

【行政执法监督】　2016年，东莞市法制局开展重大处罚备案审查，推动行政处罚案件备案审查信息化建设，完成对各行政执法部门报送的重大行政处罚备案审查1.19万件；提请市政府于7月1日起根据修订出台的《广东省行政执法监督条例》终止该备案审查制度。

加强行政执法人员资格管理，组织各镇街、各行政执法部门1766名行政执法人员参加培训考试，完成1973个执法证件的申领和发放。

【法治培训教育】　2016年，东莞市法制局组织开展法制培训，落实法治政府实施纲要和《东莞市2016年依法行政专题培训方案》

2016年7月1日，东莞市政府第五届法律顾问和行政复议委员会首届非常任委员聘任仪式举行　（梁俊宇　摄）

要求，举办行政应诉、法律顾问、立法技术、行政执法监督等依法行政专题培训5期1000余人次，提升政府工作人员法治能力水平。

开展业务跟班培训，组织镇街法制办开展5期18人、每期8周的跟班学习培训，通过熟悉政府法制业务的范围、内容、流程，轮流参与市法制局各科室业务，提升基层法制工作人员的综合业务水平。

加大法制宣传力度，通过“东莞市法制局”政府门户网站发布政务公开信息836条，回复市民咨询建议20件次，编印《依法行政动态》12期，发送“法制新知”宣传短信万余条次，及时通报传达法治政府建设相关信息；办结“12345”政府服务热线工单8件次、阳光热线问政平台投诉建议6件次。（喻中胜）

附：2016年东莞市法制局主要领导名录

党组书记、局长：罗乐英

【公安概况】 截至2016年，东莞市公安局有内设单位22个、直属机构4个、分局33个、派出所160个，有民警1.12万人，聘员3303人，职工26人。

2016年，东莞市公安机关坚持打防结合、打防并举，加强打防管控，确保社会治安大局稳定。全市“110”违法犯罪警情比上年下降8.3%，刑事立案下降11.74%，破案上升5.75%，社会治安呈现出“两降一升”势头。

2016年，东莞市公安机关获批集体二等功9个、个人一等功2个、个人二等功46个，审批集体三等功185个、集体嘉奖167个、个人三等功523个、个人嘉奖1053个。其中，市公安局纪委被评为全省纪检监察系统先进集体，刑警郑浩源获评全国公安系统二级英雄模范。

【刑事犯罪活动打击】 2016年，东莞市公安局立刑事案件8.34万起，比上年下降11.74%；破案2.64万起，上升5.75%。其中刑侦部门抓获犯罪嫌疑人1.71万人，摧毁各类犯罪团伙191个，刑拘1.38万人，逮捕9826人，比上年下降21.0%。

打击严重暴力犯罪专项行动 2016年，东莞市公安局根据公安部、广东省公安厅部署，以“更快地破大案”为目标，强化指挥协调和快速反应，强化现场勘查，深化合成作战，进一步压减命案发生。全市发生命案139起，比上年下降10.3%，破案134起，破案率达96.4%；核查涉枪线索1094条，核查率100%。

打击防范街面违法犯罪专项行动 2016年，东莞市公安局为进一步提高群众安全感及对公安工作满意度，深化“平安东莞”建设，于9月2日至12月2日在全市开展打击治理涉车违法犯罪专项行动。全市接街面违法犯罪警情7684条，立街面犯罪案件4203宗，破3396宗。

打击治理涉车违法犯罪专项行动 2016年，东莞市公安局为贯彻全国公安机关打击“盗抢骗”犯罪工作会议精神，牵头相关部门，于5月16日至11月15日在全市开展为期半年打击治理涉车违法犯罪专项行动。全市接涉车违法犯罪警情1.35万条，破2825宗，拘留2210人，查扣机动车8.85万辆，减少摩托车存量2936辆。

“打黑除恶”专项斗争 2016年，东莞市公安局根据全国打黑办、省委省政府、省公安厅、市委市政府部署，结合“飓风2016”专项打击行动，开展“骄阳2”专项行动，重拳打击农村黑恶犯罪团伙。全市立案涉黑恶案件1068宗，破483起，公诉涉恶人员860人，判决涉恶人员928人。

防范拐卖妇女儿童犯罪 2016年，东莞市公安局坚持“打防并重、以防为主”方针，以重防范、破现行、攻积案策略，推动“反拐”常态化发展，贯彻落实《东莞市公安机关协助查找失踪儿童快速反应联动工作机制》，以最快速度找回失踪儿童，预防和减少拐卖儿童案件。2016年，东莞市没有发生一起拐卖妇女儿童案件。

【“飓风2016”专项打击整治行动】 2016年，东莞市公安局重点组织开展“飓风2016”专项打击整治行动，对毒品犯罪、盗抢犯罪、电信网络诈骗犯罪和金融领域突出犯罪等方面进行重点打击整治，战果丰硕。获得全省总体成效排第七名。其中打击盗抢犯罪、电信网络新型违法犯罪、金融领域突出犯罪等专项行动均获得全省排第一名，打击毒品违法犯罪专项行动排第九名。全市公安机关打击突出刑事犯罪“飓风2016”专项行动立涉毒、涉盗抢、涉电信网络诈骗、涉金融领域犯罪刑事案件6.51万起，占全部刑事立案的78.08%，推动整体刑事立案比上年下降11.62%。破案21937起，占全部刑事破案的83.6%，在整体刑事立案大幅下降情况下，推动整体刑事破案比上年上升5.08%。通过严打整治，“立案下降、破案不降”总体目标实现。全市吸毒人员管控能力得到提升，“两抢一盗”（抢劫、抢夺，盗窃）等多发性侵财犯罪得到遏制，电信网络诈骗、金融领域犯罪等新型犯罪得到及时打击，维护社会治安大局持续稳定。

【打击涉毒违法犯罪专项行动】 2016年，东莞市公安局立涉毒违法犯罪案件1872起，比上年下降1.5%；破案1595起，下降8.5%；刑拘1946人，下降5.8%，完成进度103.5%；逮捕1669人，下降16.9%，完成进度105.6%；查获吸毒人员17764人，下降8.3%，完成进度123.5%；强戒吸毒人员5034人，下降9.1%，完成进度111.9%。自侦与联合侦办的目标案件立案75起，侦破省部目标案件27起，联合侦破省部目标案件18

起；摧毁犯罪集团69个，完成进度153.3%；破获千克以上毒品案件50起，完成进度78.1%；捣毁毒品加工点1个；缴获毒品1824.49千克，收缴枪支20支、子弹387发。

【打击涉盗抢犯罪专项行动】 2016年，东莞市公安局立涉盗抢刑事案件6.04万起，比上年下降12.4%；破案1.89万起，上升6.7%；刑拘4680人，上升1.5%；实际执行逮捕3987人，上升0.5%，完成进度108.1%；起诉犯罪嫌疑人4381人，完成进度105.5%；抓获网上追逃嫌疑人116人，完成进度153.1%；起诉10起以上案件嫌疑人334人，完成进度160.6%；起诉跨省团伙45个，完成进度108.9%。

【打击涉电信网络新型违法犯罪专项行动】 2016年，东莞市公安局立涉电信网络新型违法犯罪刑事案件1878起，比上年下降5.9%；破案976起，上升123%；刑拘570人，上升2275%，完成进度219.2%；实际执行逮捕296人，上升1138.5%，完成进度113.9%；起诉案件839宗，完成进度194.2%；起诉跨省案件43宗，完成进度153.6%；打掉电信诈骗团伙68个，端掉电信诈骗窝点65个；缴获伪基站设备71台，缴获“黑电台”设备57台。

【打击金融领域突出犯罪专项行动】 2016年，东莞市公安局立金融领域突出犯罪刑事案件892起，比上年上升4.5%；破案440起，上升816.7%；刑拘289人，上升285.3%；实际执行逮捕304人，上升367.7%。

【立体化治安防控体系建设】 2016年，东莞市公安机关以信息化建设为引领，构建基础信息支撑、打击街面犯罪、路面巡逻查控、人口房屋管理、重点人群管控、群防群治创安等网络，创新“情指联动·有求必应”“一口采集·全面共享”“科学划区·警长负责”“以案说防·精准防控”“全民创安·一呼百应”等机制，打造情报研判、视频侦控、伏击查控、群防群治等队伍；依托市公安局、厚街公安分局、东城公安分局板桥派出所开展各个层面试点建设，探索出一条具有东莞特色治安防控一体化新型警务运行模式，创新机制，破解难题：建立“情指联动·有求必应”机制，破解基层实战技术手段匮乏难题；建立“全民创安·一呼百应”机制，破解群众参与社会治安综合治理难题；建立“一口采集·全面共享”机制，破解人口、房屋管理难题；建立“科学划区·警长负责”机制，破解基层基础工作薄弱难题；建立“精准化以案说防”机制，破解全民创安建设难题。

2016年，东莞市“110”接报违法犯罪警情17.85万起，比上年下降8.3%；立刑事案件8.34万起，下降11.74%；破案2.64万起，上升5.75%。省公安厅考评东莞市2016年社会治安防控体系建设成效，获得96.76高分，位列全省第三名，达到优秀等级。

【“以案说防”活动】 2016年，东莞市公安局在全市部署铺开“四微”（微电影、微情景剧、微动漫、微游戏）、防范互动、群众文化（相声、小品、歌舞等）、青少年防灭罪成长计划（以案说防校园行）、以案说防社区行、以案说防入万家、媒体新闻策划和公益宣传策划等八个系列活动。组织开展“以案说防”社区行活动4500场次；结合“110”宣传日活动，在全市发起29场次主题日活动；结合警营文化建设，创作推出“四微”、群众文化题材作品259部；并组织一批优秀作品，在全市开展“以案说防社区行曲艺专场活动”36场次；组织开展“以案说防”入万家活动2万多人次。“以案说防”活动受到社会各界及各级媒体关注，新华社进行专访，中央电视台、《人民公安报》、《南方日报》、《南方法治报》、广东广播电视台、东莞广播电视台、《东莞日报》等媒体报道，广东广播电视台珠江经济台《大爱有声》栏目，专门在东莞市横沥镇举办《大爱有声·以案说防》多媒体广播车巡演活动。

“以案说防”活动基本实现家喻户晓，“忍一忍风平浪静、退一步海阔天空、笑一笑平安吉祥”等“平安文化”理念深入人心，并形成对一些可防性警情积极影响。全市命案发案比上年下降10.32%，5个镇街实现“零”发案；电信诈骗发案下降5.9%；26个镇街诈骗警情下降，31个镇街盗窃警情下降，26个镇街抢劫警情下降，30个镇街抢夺警情下降。

【“一呼百应”群防群治模式】 2016年，东莞市公安局在全市创新推出“全民创安·一呼百应”群防群治模式，以公安力量为基础，整合发动社会民众资源，通过公网对讲机为主、微信为辅的指挥通信系统，调动全民参与治安防控，实现警民在治安防控上的互通互动。经过万江、东城、厚街等公安分局试点探索，9月22日，制定下发《东莞市公安局“全民创安·一呼百应”群防群治工作机制实施方案》。

截至2016年，全市召开动员座谈会539场、建成警民联防执勤点3907个、配置执勤人员8179个、配置公网对讲机3479个、组建微信群1710个、开展岗位培训480场、培训执勤人员7209人、收集线索757条、协助案事件处置188条、奖励激励187人次、发放奖励金10万余元。

【治安管理】 2016年，东莞市公安局落实安全保卫工作，尤其是做好大型活动安全保卫，落实治安管理责任和安全监管职责，完成东莞马拉松赛、加博会、漫博会、台博会、海博会及多场大型演唱会等52场大型群众性活动安全保卫任务。强化行业场所管理，尤其是娱乐服务场所治安管理，强化与工商、卫生、文化等部门联勤联动，抓好场所日常监管；开展娱乐服务场所等级评定，并以《广东省按摩服务场所治安管理规定》颁布为契机，强化治安管理；组织开展交叉巡查，及时查漏补缺。加强旅馆业管理，通过网上巡查旅业系统引导责任民警实地检查相结合机制、滚动暗访与定期回访相结合机制、对不落实实名制登记的旅馆业实行三级梯度整改查处机制等系列措施，加强旅业实名制登记，并推广应用旅业系统门匙提醒功能，强化阵地管控。

加强涉危爆（危险化学品、易燃易爆物品）单位安全管理，对涉危涉爆企业进行“地毯式”核查并登记造册，做到底数清，情况明，严把行政许可关，落实日常监管。同时，组织开展危险化学品安全专项整治，严格监督管理，落实企业安全生产责任，排查整治危险品安全隐患，降低危险化学品生产、储存、经营、运输、使用等环节安全风险，预防危险化学品特大事故。

加强寄递物流安全管理，制定下发《2016年寄递物流业安全管理实施方案》，组织指导各分局收集全市寄递物流业从业单位相关信息，并录入公安部门相关系统。举办寄递物流业安全管理工作培训班，培训各公安分局寄递物流专管民警140人。同时，参与配合行业主管部门对无证照经营、违法寄递危险化学品和易燃易爆物品开展联合检查和整治行动，督促企业落实管理制度。

加强打击违法犯罪力度，尤其针对打击食品药品和环境污染犯罪，集中精力和警力，侦办一批涉案地域广、“产、供、销”一体化大要案件，打击查处非法经营组织者、获利者和利益链条，净化社会治安环境。成立东莞市公安局“扫黄打非”领导小组，开展打击政治性非法出版物、文化娱乐场所涉黄及网络安全等违法犯罪活动，开展“雷霆行动”“清源行动”“清水蓝天行动”等行动，立涉食药环犯罪案件46起，刑事拘留33人。

【户政管理】　2016年，东莞市公安局以开展服务型党组织创建活动为抓手，以“服务零距离、满意在户政”为宗旨，结合户政窗口特色，推进服务型党组织建设。3月起全面启动居民身份证省内异地办理工作，6月开展全国居民身份证异地受理、挂失申报及丢失招领工作。简政放权，将临时身份证等户政业务下放各公安分局办理。由市公安局牵头，经市委常务会议审议通过《东莞市关于进一步推进户籍制度改革的实施方案》，于8月23日以市府办名义印发实施。

会同相关部门贯彻落实《转发省公安厅　省民政厅　省司法厅和省卫生和计划生育委员会关于贯彻落实〈广东省人民政府办公厅关于解决无户口人员登记户口问题的实施意见〉的通知》精神，彻底解决无户口人员入户问题。按时保质完成一年一度人口统计年报，并纠正户口登记中重登、漏登及差错。2016年，东莞市有户籍58.26万个，户籍人口200.94万人。全年办理市外迁入4.35万人，发放第二代居民身份证19.59万张，签发临时身份证2.98万个，完成市公安局审批的户口材料装订3万份。

【流动人口和出租屋管理】　2016年，东莞市公安局全面采集流动人口信息，通过管理人员使用智能采集终端上门采集和流动人口主动申报方法，录入214.1万人员信息，比上年增加62.2%；推广自助申报系统，在工厂企业、时租日租出租屋、房间达20间或租住人员达到30人以上出租屋，推广流动人口自助申报系统，该系统录入244万人，比上年增加69.9%。摸清流动人口底数，至2016年底，东莞市有流动人口428.39万人。

加大出租屋管理执法力度。改变原来对违反租赁房屋治安管理规定违法行为不处罚或处罚少的状况，加大对违规经营出租屋屋主、二手房东查处力度，落实经营者信息报备和治安管理的责任。2016年，查处违反租赁房屋治安管理规定的案件2747宗，比上年提高96.1%。

做好居住证办理、签注（延期、地址变更），2016年办理居住证47.6万张，签注居住证95.2万张。协助有关部门做好居住证核查，其中，协助教育部门完成8631名进城务工人员随迁子女积分制入学申请人“在莞居住年限”积分项目审核、评分；审核1.92万名进城务工人员随迁子女接受义务教育后报考普通高中申请人的居住证资格条件；审核3600名进城务工人员随迁子女高考报名申请人的居住证和部分合法稳定住所资格条件；协助车管部门核查4734名流动人员凭居住证明异地申请机动车入户的申请材料。

【出入境管理】　2016年，东莞市公安局办理出入境证件、签证（注）185.7万人次，查处“三非”（非法入境、非法居留、非法务工）外国人1284人。

推进便民措施落实　在全市推广使用自助办证“一体机”，全市配备自助办证“一体机”62台，33个镇街至少配备1台，7月起市公安局自助办证厅又实现24小时对外开放，全年通过自助办证“一体机”办证47.5万证次；推动出入境业务前移到镇街，1月起市公安局将赴台团队游业务前移至各公安分局窗口，6月起将护照受理业务前移至东城等8个公安分局出入境窗口，全面实现33个镇街公安分局可以办理普通护照、往来港澳通行证个人游以及往来台湾通行证团队游业务；将发证点延伸至镇街，5月起，长安、塘厦、常平等镇街增设发证点，证件由省局制好并寄发至受理点；为方便学生暑假期间出行，市公安局办证厅和莞城等8个公安分局延长办公时间，在5月至7月周六上午对外开放办公，举办6场学生办证专场，为2800人办理证件；8月起，落实广东自贸区建设和创新驱动发展出入境政策，审批通过符合政策申请836宗，为外籍高层次人才和创新创业人才提供出入境和停居留便利。

查处涉外违法行为　清理整治“三非”外国人、打击偷越国（边）境违法犯罪，2016年查处“三非”外国人案件445宗1284人，比上年分别增长50.3%、44.4%，立组织偷越国（边）境案3宗，捉获“蛇头”6人，（其中：3月至6月，组织全市公安机关开展清理“三非”外国人及反偷渡专项行动，查处“三非”外国人407人，查处人数居全省第三位），完成遣送出境88批1167人，遣送人数比上年增长37.3%；打击骗取出入境证件，查获4名在逃违法犯罪人员，开展打击利用双重户籍、双重国籍和冒用他人身份骗取出入境证件违法违规行为，发现骗取出入境证件43宗，并依法处理相关人员。

【轨道交通治安管理】　2016年5月27日，东莞市轨道交通2号线开通试运营。截至2016年，东莞市公安局全面推进轨道交通治安防控网络和机制建设，初步建立地上地下一体化防控网、轨道交通区域混编巡防网、轨道车站一体式防控网、企业内部治安防控网等四张防控网络，实现轨道交通区域“发案少、秩序好、社会稳定、群众满意”目标。截至2016年，东莞市轨道交通总客运量2057余万人次，工作日日均客运量9万余人次，周末、节假日日均客运量11万至14万余人次，最高日客流25万人次。通过警务核录仪累计检查乘客66万人次，查获重点人员2510人次，抓获违法犯罪嫌疑人67人；指导安检过包件1404万件次，查获违禁物品、危险品2.22万件；接报警情4起；涌现好人好事143宗。全线未发生重大有影响案（事）件，整体治安秩序良好。

（谭林峰）

附：2016年东莞市公安局主要领导名录

党委书记、局长、督察长：杨东来

交通安全管理

【交通事故预防】　2016年，东莞市交警支队排查安全隐患突出的重点路段10个、一般路段100多个，督促相关镇街开展治理；整治交通秩序，组织开展整治涉酒涉毒、文明城市创建、打击涉车违法犯罪等专项行动，查处交通违法176.3万宗，暂扣机动车8.11万辆，行政拘留1484人，刑事拘留994人；抓好车辆源头管理，累计检查客货运企业2156家，督促落实安全生产主体责任；开展“两站两员”（在镇内设置交通安全管理站、交通管理员，在镇辖各行政村设交通安全劝导服务站、交通安全协管员）建设，建成农村交通安全劝导站571个，建设率达98.6%，超额完成任务；推进“治摩”（“摩”指摩托车）工作，组织开展七轮“治摩”整治全市统一行动，查扣摩托车10.76万辆、电动自行车4.89万辆，销毁各类非法车辆近10万辆，巩固“治摩”工作成果。

2016年，发生伤亡交通事故3330起，死亡419人，受伤3621人，比上年分别下降1.74%、6.89%、上升0.22%，其中生产经营性交通事故770起，死亡185人，受伤815人，分别下降15.48%、1.60%、14.48%；较大交通事故2宗，下降60%。

【交通拥堵警情下降】　2016年，东莞市交警支队积极疏堵保畅。理顺支队、大队的交通红绿灯配时调控权责，明确维护、使用标准，规范红绿灯管理；对市区41个路口的交通组织优化设计，并督促相关部门整改；推行网格化管理，推广警用摩托车巡逻执勤，在市区投入警用摩托车207辆，提高快速反应能力；协调市保险协会推进交通事故快处快撤快赔，在市区建成5个快处快赔站点，处理快处快赔事故4520宗，减少因交通事故而引起的交通拥堵；通过微信平台发布交通路况信息2397条，通过交通电台、交通电子诱导屏、短信平台发布交通诱导信息3.56万条，及时引导市民合理安排出行时间和路线。

2016年，在东莞市新增汽车入户40多万辆，新增驾驶人30多万人，轻微碰撞交通事故增加16%的情况下，交通拥堵警情比上年下降6.6%。

【交通执法服务水平提升】　2016年，东莞市交警支队针对驾考积压、车驾管业务等待时间长、交通肇事逃逸案件多发等群众关注度较高的问题，采取多种措施，推进车驾管业务改革，提升执法服务水平。采取抽调各大队考试员加班的方法，消化驾考积压；实现考场社会化改制，确保驾考全科目实现电子评判。下放窗口业务、设置服务站和自助终端、预约网上办理、邮政寄递号牌等，拓展服务资源，分流车管业务，提升综合服务能力。加大交通肇事逃逸案件侦破力度，全年发生死亡逃逸案件93宗，侦破87宗，破案率93.55%。完成东莞马拉松赛、加博会、海博会、亚欧乒乓球对抗赛等大型活动的交通安保任务，参加各类警卫任务422宗，均做到“高质量、零差错”。

【交通勤务科技含量提高】　2016年，东莞市交警支队借助大数据的优势，提高交通管理勤务的科技化水平。4月，完成缉查布控系统建设，组织各大队通过开展缉查布控，查获各类违法车辆570辆。同时，完善车辆识别系统，整合缉查布控系统与车辆识别系统资源，查获假套牌车172辆，并于5月建设完成重点车辆监控系统，接入车辆4.3万辆，覆盖率98%以上，强化对营运车辆及校车的监管。在“东莞交警”微信平台推出交通违法罚款微信支付功能，实现交通违法罚款的自助缴纳，全年通

东莞大道与长泰路交汇处

过微信平台缴费达7.72万宗。

【驾考积压问题消化】 2016年，东莞市交警支队针对驾考积压的突出问题，采取抽调各大队考试员加班的方法，开展“百日会战”，组织考试66万多人次，消化驾考积压。针对驾考科目三电子评判系统建设滞后的问题，协调市财政、发改委、交投集团等部门，实现考场社会化改制，确保驾考全科目实现电子评判。

【“文明交通”创建活动】 2016年，东莞市交警支队以文明交通示范路口、文明示范路为重点，查纠机动车乱停放、非机动车冲红灯、行人乱穿公路等较为普遍的不文明交通行为。创建工作中，全市新增交通信号灯20多组，道路护栏1.57万米，施划停车位1.63万个，施划交通标线3.48万米，设置交通志愿岗亭49个，开展志愿者交通劝导活动1132次，通过加强交通指引和提示、物理隔离等方式，规范交通秩序，提高城市交通文明程度。

采取“以身边事教育身边人”的形式，开展“以案说防”，制作3部宣传警示教育片，深入企业、学校、社区，以辖区的案例为题材，开展安全宣讲活动3444场次；拓展“东莞交警”微信功能，组建支队、大队、重点企业三级架构的重点车辆和驾驶人安全教育微信群体系，推送安全宣传信息3.64万条；加强与东莞广播电视台的合作，开办《文明交通你我行》宣传专栏，曝光不文明交通行为1475次；强化宣传主题，开展“12·2”交通安全宣传周、“文明交通”创建、“交通安全文明示范单位”和“文明驾驶人”评选工作，促进广大市民交通安全意识提升。 （黄勇军）

附：2016东莞市交警支队主要领导名录

支队长：李中文（2月到任）

政　委：石松江（2月到任）

检　察

【刑事检察】 2016年，东莞市检察机关受理审查逮捕刑事案件7745件1.08万人，批准逮捕7213件9980人，受理审查起诉9090件1.23万人，提起公诉8636件1.14万人。

参与广东省委、东莞市委部署的“飓风2016”“国门利剑”等专项行动，配合公安机关批捕起诉大批涉黑恶势力、涉盗抢、涉毒品、涉赌博、涉食品药品制假售假等犯罪案件。办理钟炎城等8人贩卖毒品案等重特大制贩毒案；利用比特币投资获利4000余万元的非法吸收公众存款、诈骗系列案；非法吸收公众存款2.4亿元的E租宝平台非法吸收公众存款案；涉案数额达千万元的“万家云商”组织、领导传销案；“国门利剑HP2016—03”李奇玉团伙走私进口汽车轮胎系列案等重特大案。

【检察机关依法维护法治化营商环境】 2016年，东莞市检察机关批捕侵犯知识产权、合同诈骗、职务侵占等破坏市场秩序经济犯罪303件509人，起诉701件999人。依法办理敬国雷利用互联网销售假冒注册商标商品案、涉及金额高达1600万元的刁海进合同诈骗案等重大案件。第二市区检察院办理的陈国田等4人假冒“加多宝”注册商标案，被评为“2015年度中国检察机关保护知识产权十大典型案例”。依法平等保护企业产权和合法权益，出台《关于保障和促进非公有制经济健康发展的实施意见》，创新、改进办案方式、方法，维护涉案单位正常的生产经营秩序，提升执法办案效果。

【检察机关加大对环境资源领域刑事犯罪查办力度】 2016年，东莞市检察机关批捕破坏环境资源保护罪23件25人，起诉32件41人，查办生态环境保护领域职务犯罪6件12人。依法起诉环保部督办的跨东莞市、肇庆市、增城区多地的林坤光非法处置腐蚀性、毒性废液2.19万吨的污染环境案等重大环保案件。与市环保局、公安、法院、海洋与渔业局等部门建立起环境保护案件联席会议、信息通报共享和案件线索移送反馈、联合执法等机制。做好环境公益诉讼前期准备，筹建派驻水乡环境保护巡回检察室，促进水乡绿色经济发展。

【立案监督和侦查活动监督】 2016年，东莞市检察机关监督侦查机关立案26件，纠正不当立案

187件，决定不捕799人，纠正漏捕61人，纠正漏罪306人，纠正漏犯15人，纠正违法情况42件。运用“两法衔接”（行政执法与刑事司法衔接）平台监督行政机关移送涉嫌刑事犯罪案件219件，通过平台发现存在质量问题案件96件。强化全市另案处理人员信息平台管理，将1889名另案处理人员纳入监督范围，其中797人通过诉讼监督得到处理。

【反贪污贿赂、反渎职侵权】 2016年，东莞市检察机关立案侦查贪污贿赂犯罪案件33件45人，为国家挽回经济损失1.1亿元。立案侦查渎职侵权类犯罪案件11件13人，依法介入事故调查99起。推进涉农专项工作开展，立案查处涉农领域职务犯罪23件31人，占立案总人数的68.89%，比上年增长121.43%。查办广东省环境保护厅厅长李清受贿系列案、同沙生态公园征地青苗补偿系列案、石碣医院职工钟巧英利用职务之便侵吞农民住院押金款164万元的贪污案。加强与扶贫开发部门的协作配合，共同推进扶贫开发领域反腐工作开展。开展国际追逃追赃专项行动，建立工作机制，推动追逃追赃进度。

【预防职务犯罪】 2016年，东莞市检察机关推进换届选举职务犯罪专项预防工作，制定和实施《东莞市检察机关服务和保障换届选举工作实施方案》，开展“依法选举、廉洁为官”主题巡讲和大规模防贿选宣传；在全市开展创建“预防职务犯罪工作示范村（居）”活动验收工作，规范村级集体健全“三资”（资金、资产、资源）管理和民主监督制度；开展涉农领域职务犯罪同步预防和惠农扶贫专项治理；开展预防宣教，构建立体式预防宣教格局；两级检察院法治宣讲团深入市委党校、机关等单位授课125次，受教育人数3万人次；持续开展行贿犯罪档案查询，受理行贿犯罪档案查询9612家，将有行贿犯罪记录的46家企业53名个人剔除出竞标行列；与科技局携手打造“阳光科技再造工程”，与广东省水电三局共建“国企廉洁网”，延伸廉洁共建的预防触角。

【民事行政检察】 2016年，东莞市检察机关依法监督民事行政诉讼活动，办理提请民事抗诉案件10件，省检察院审查14件、采纳并提出抗诉10件，采纳率71%，3件抗诉、提抗案件再审获得改判，发出再审检察建议2件，全部被采纳。开展“执行案款集中清理活动”，监督市两级法院对2015年12月前收取但尚未发放的执行款项集中清理；构建与市律师协会民事委员会的信息通报协作机制，加大对虚假诉讼、违法行政、支持起诉类案件线索的发掘；强化案件调解，做好息诉维稳，办理息诉案件79件。第二市区检察院办理的张某淳申请执行监督案被评为2013—2015年度“广东省十大优秀妇女儿童维权案例”。

【刑事执行检察】 2016年，东莞市检察机关强化刑事执行检察监督，审查减刑、假释、保外就医案件2785宗，提出纠正意见136件，监督在押人员死亡案件19宗，监督死刑执行17人次，检察监外执行社区矫正人员1561人次。开展“集中清理判处实刑罪犯未执行刑罚专项活动”，核查发现问题罪犯46名，将23名罪犯抓获归案并交付执行。推进财产刑执行监督，强化羁押必要性审查，提出无羁押必要性审查建议229件。

【控申检察】 2016年，东莞市检察机关受理各类举报、控告和申诉信访1650件，比上年增长12.32%，其中涉检察信访392件，比上年增长70.43%。对认为确有错误的刑事判决裁定，提出、提请刑事抗诉18件26人，法院改判和发回重审9件18人，法院采用抗诉意见率比上年上升15%。通过量刑建议进行事前监督，向法院提出量刑建议书5633份，得到法院采纳率达65.76%。落实《国家赔偿法》规定，依法决定给予国家赔偿18件，支付赔偿金167.61万元。传递司法关怀，决定对35名刑事被害人予以司法救助，救助金额64.5万元。

【检察机关司法责任制改革】 2016年，东莞市检察机关按照中央、广东省委和省检察院关于深化司法体制改革的路线图和时间表，推进司法责任制改革。拟定首批预入额检察官选任方案和司法责任制改革试点方案。坚持“面向办案、面向基层”原则，组织考试考核和考察，选任出东莞市两批254名入额检察官。以首批入额检察官为基础，构建权责相统一的办案组织，重新组建办案组织185个。建立完善检察官执法档案、执法工作基本规范、检察官办案监督机制和案件质量评价体系等配套机制。

【未成年人检察工作办公室成立】 2016年4月，东莞市挂牌成立两级检察院未成年人检察工作办公室，推行“捕诉监防一体化”模式，规范工作程序和考评体系，制定完善工作机制。4月至12月，受理审查逮捕涉未成年人案506件991人，批准逮捕347人，不批准逮捕47人；受理审查起诉案件608件937人，起诉318人，决定不诉26人；为423名涉罪未成年人落实法律援助，对符合轻罪记录封存条件的433名未成年人涉罪记录予以封存；对119名涉罪未成年人开展社会调查，为办案和帮教提供参考依据。开展“未成年人检察工作30年”宣传活动、“广东省青少年维权岗”创建活动、启动为期3年的法制进校园活动；优化管护教育基地建设、引入社工帮教，深化与爱心企业的协作，初步构建起未成年人犯罪预防和帮教体系。东莞市检察院未成年人检察工作办公室被共青团中央和最高人民检察院命名为全国“青少年维权岗”。

【“驻派出所检察官办公室”工作机制建设】 2016年，东莞市检察机关适应以审判为中心的诉讼制度改革，在广东省率先探索建立“驻派出所检察官办公室”，指导公安机关取证工作，促进规范执法和办案质量的双向提升，该机制较好地适应并对接以审判为中心的诉讼制度改革的要求，得到最高人民检察院和广东省人民检察院的肯定与推广，《检察日报》头版予以专题报道。全年派出检察官前往各驻点派出所428次，提前介入案件687件，提出引导侦查取证意见1521条，发现立案监督线索198条。

【“阳光检察”改革】　2016年，东莞市检察机关适应司法公开的趋势，发布案件程序性信息2.15万件，法律文书5194份以及重要案件信息246条；通过互联网办结查询、辩护与代理1982次；推动电子卷宗系统上线工作，为律师提供电子卷宗7036册，刻录光盘1069张；研发案件程序性信息推送系统，7月投入使用以后，向辩护人、案件承办人自动推送案件程序性信息700余条；探索建立案件公开审查长效工作机制，邀请市人大代表、行政机关、侦查机关代表等社会各界人士参与公开审查、公开答复与公开听证活动，举行公开审查和答复活动30多次，邀请各界人士代表79人次，第二市区检察院、第三市区检察院建立“第三方人员库”“受邀人员库”，提升公开审查工作的透明度，使邀请人员参与公开审查逐步成为长效机制。

（袁　迪）

附：2016年东莞市检察院主要领导名录

党组书记、检察长：来向东

法　院

【法院概况】　2016年，东莞市两级法院依法履行职责，加强审判、执行工作，推进司法体制改革。累计受理案件16.77万件，办结14.33万件，分别比上年增长26.51%和26.16%；其中东莞市中级人民法院受理案件2.03万件，办结1.67万件，分别比上年增长20.07%和13.88%。全市法院法官人均办结案件291.3件（其中一线法官人均结案366.87件），比上年增长36.67%，连续十年排全省第一名。案件质量不断提升，一审服判息诉率、上诉案件发改率、信访投诉率等主要指标均持续向好。2016年1月，第一法院被最高人民法院、人社部授予“全国模范法院”称号。

【刑事审判】　2016年，东莞市两级法院办结刑事案件9492件，判处犯罪分子1.06万人。落实市委“平安东莞”建设部署，参与“3+2+2”专项行动“飓风2016”行动，严惩杀人、抢劫、故意伤害、绑架等严重危害社会治安的犯罪和“黄赌毒”犯罪，维护社会安定。强化对扰乱市场经济秩序犯罪活动的打击力度，严惩走私、偷漏税、涉食品药品制假售假犯罪分子。惩治腐败，严惩严重腐败分子，办结贪污、贿赂、渎职犯罪案件50件104人。加强重大、疑难案件审判，办结广东省委组织部原副部长林存德受贿案、长安“5·30”纵火案等一批大案要案。坚持宽严相济刑事政策和罪刑法定原则，依法对具有从轻、减轻情节的842名被告人适用缓刑等非监禁刑，对11名被告人宣告无罪。办结减刑、假释案件2236件，实现100%上网公示、100%开庭审理。

资料链接：

“‘3+2+2’专项行动”、“飓风2016”行动均为广东省委部署的专项行动。其中“3+2+2”是严厉打击“涉毒、涉黑、涉盗抢”犯罪（广东省）、“涉赌、涉食药假”犯罪（东莞市）以及重点整治最突出的两个治安问题（镇街）。“飓风2016”行动是集中打击涉毒、涉盗抢、涉诈骗及涉金融领域违法犯罪活动。

【民商事审判】　2016年，东莞市两级法院办结民商事案件6.95万件，解决诉讼标的金额355.24亿元，比上年分别增长16.04%和18.41%。依法化解民事矛盾纠纷，办结婚姻家庭、民间借贷、劳动争议、人身损害赔偿等普通民事案件2.72万件；规范经济活动秩序，妥善调处市场主体在生产经营活动中产生的商事纠纷案件3.35万件，依法处置联胜公司等企业破产、强制清算案件17件；依法保

2016年4月19日，东莞市第一人民法院获评“全国模范法院”表彰大会召开

护知识产权，制裁违约侵权行为，办结知识产权案件2037件；平等保护外商和外资合法权益，办结涉外、涉港澳台商事案件957件。

【行政审判】　2016年，东莞市两级法院办结1297件，比上年增长15.39%。年内，有201名行政负责人出庭，出庭率达16%。2016年12月5日，原告凌旭东起诉东莞市政府《关于东莞市虎门港集装箱港务有限公司“4·29”坠落事故结案的批复》一案在东莞市中级人民法院公开开庭审理，时任东莞市委常委、常务副市长张科作为行政机关负责人出庭应诉。这是东莞建市以来，市领导出庭应诉的首宗案件。

【执行工作】　2016年，东莞市两级法院执结案件5.73万件，执结标的金额215.58亿元，分别比上年增长42.17%和214.85%。完善执行联动机制，与各大金融机构和房管、工商等单位建立网络一体化财产查控机制；与公安、检察机关建立协助法院执行、联合打击拒执违法犯罪工作机制。推行“互联网+司法拍卖”，组织网拍1987次，成交金额14.07亿元。拘留被执行人495人，罚款236人，移送公安机关追究刑事责任62人。因工作成绩突出，第三法院被确定为全国“基本解决执行难”示范法院。

【《“现代法院”建设五年规划（2016—2020）》制定】　2016年12月，东莞市中级人民法院印发施行《“现代法院”建设五年规划（2016—2020）》，包括任务目标、具体措施和基本要求等内容，核心要求是推进司法理念、审判权运行机制、审判管理、司法能力、司法保障等方面的现代化。提出推进现代法院建设就是要努力实现“法院人的现代化”和“法院工作的现代化”，确立现代法院建设的目标和核心任务——努力打造一支强有力的现代审判队伍、建立一整套现代公正司法机制、建成一流的现代审判场所。

【入额法官遴选】　2016年，东莞市中级人民法院完成首批入额法官选任，选任入额法官434名，占全市法院法官数的88.57%，占广东省法院核定法官员额的89.67%。

【新型“案多人少”解决机制探索】　2016年12月，东莞市中级人民法院制定下发《建立新型“案多人少”解决机制的指导意见》，要求加强引进第三方调解工作、健全繁简分流工作机制、增加司法辅助力量；实行“案件分类、法官分级、程序分列、准许选择”，努力实现简案快办、难案精办；扩大速裁程序的适用范围，深化送达、庭审和裁判文书简化改革。指定部分基层法院业务庭、人民法庭开展试点。

【人民法庭审判权运行机制改革】　2016年，东莞市中级人民法院于2015年在全省率先铺开人民法庭审判权运行机制改革工作的基础上继续深化改革工作。全面组建审判执行团队，落实主审法官办案责任制，加强案件繁简分流，提高专业化审理水平。该改革措施得到最高人民法院、广东省高级人民法院有关领导肯定，认为走在了全国、全省前列。

【新型独立合议庭探索】　2016年，东莞市中级人民法院在2015年按照“3名法官+3名法官助理+3名书记员”模式探索组建3个新型独立合议庭在初见成效的基础上，又组建2个新型独立合议庭，负责处理人民法庭适用简易程序审理的二审上诉案件。2016年并研究制定《新独庭审判长联席会议工作规则》，发挥新独庭审判长的作用。

【行政案件集中管辖改革】　2016年1月1日起，东莞市中级人民法院经最高人民法院批准，全面开展行政案件集中管辖改革，将原由3个基层法院分散管辖的一审行政案件，统一集中由第一法院管辖。在推进行政案件集中管辖改革的同时，构建行政非诉审查“裁执分离”模式，率先将违法用地行政处罚被执行人纳入法院失信被执行人信用惩戒范围，破解违法用地执行难题。

【“裁执分离”改革】　2016年，东莞市中级人民法院实行“裁执分离”改革，对东莞市国土资源局申请强制执行违法用地、违法建筑行政处罚决定的案件，法院经审查符合强制执行条件的，直接裁定由违法行为所在地镇（街）政府实施强制执行。5月13日，全市首例“裁执分离”案件在大朗镇实施。

【长安“5·30”纵火案】　2013年5月30日，被告人杨跃等放火一案，造成4人死亡及大量财产被烧毁。2014年12月12日，东莞市中级人民法院一审以放火罪判处被告人杨跃死刑，被告人周游龙死缓并限制减刑，其余12名被告人分别被判处1年5个月至11年不等的有期徒刑。2016年4月25日，广东省高级人民法院裁定驳回上诉，维持原判。

【联胜公司破产重整案】　2015年8月13日，联胜公司被东莞市中级人民法院裁定破产重整。该案涉及债权人242名，债权总额超过32亿元，为东莞市有史以来标的额最大的破产案。因引入蓝思公司清偿联胜公司债务并受让其100%股权，2016年12月15日，依法裁定批准联胜公司重整计划。

（杨　磊）

附：2016年东莞市中级人民法院主要领导名录

党组书记兼院长：王海清

司法行政

【司法行政概况】　截至2016年，东莞市司法局内设机构9个，直属机构5个，干部、职工63人。

全市司法行政系统有司法分局32个，工作人员423人；法律援助处1个，法律援助办事处32个，法律援助工作站18个，法律援助联络联络员956人；律师事务所188家，从业律师2282人；公证处3个，执业公证员31人；基层法律服务所32个，持有法律服务工作者执业证的73人；人民调解委员会1483个，人民调解员14350人；司法鉴定机构16家，司法鉴定员160人。

2016年，东莞市司法局发挥法治宣传、法律服务、法治保障职能优势，主动作为，村（社区）法律顾问工作被省相关部门作为亮点推荐到中央政法委进行推广，率先在全省完成法律援助服务窗口标准化建设和地级市社区矫正应急指挥中心建设，启动“七五”普法，推行在线公证申请以及“进村居”“进企业”服务，行业性、专业性人民调解组织建设成效显著，推广使用全省办公共享平台、任务督办系统和全省村（社区）法律服务工作平台等业务办理系统，律师、公证、司法鉴定行业平稳发展。全市司法行政系统获得省、市各类先进集体、先进个人表彰87次。

【公共法律服务实体平台建设】 2016年，东莞市司法局推进以服务网格为基础的镇、村两级公共法律服务实体平台建设，完成32个镇街公共法律服务中心建设，至年底，全市建成镇街公共法律服务中心32个，村（社区）公共法律服务站589个，完成公共法律服务进村驻乡“最后一公里”建设，实现公共法律服务进驻城乡村社全覆盖。全市589个驻村（社区）法律顾问提供法律服务累计1.47万宗，为所在村（社区）追回拖欠款4039.2万元，推动村（社区）上访量比上年下降7.55%。东莞市村（社区）法律顾问工作被省相关部门作为亮点推荐到中央政法委进行推广。

【人民调解】 2016年，东莞市有人民调解组织1479个，人民调解员1.43万人。各级人民调解组织调解纠纷1.18万件，调解成功率98.8%。8月26日，广东省司法厅在东莞市召开全省人民调解工作现场会，总结全省“十二五”时期人民调解工作开展情况，对“十三五”时期人民调解工作进行部署。市司法局联合市医调委做好医疗纠纷调解，全市重大医疗纠纷数量连年明显减少，“东莞建设医疗纠纷第三方调解机制”项目获评全国社会治理创新优秀案例；依托市总工会在全省率先成立工会劳动争议人民调解委员会，由120名律师担任调解员，相关经验作法获省肯定；联合市妇联指导镇街创建白玉兰家事人民调解组织，年内实现全市32个镇街全覆盖。

【普法宣传】 2016年，东莞市普法工作纳入市《在更高起点上实现更高水平发展十大行动计划》《法治东莞建设五年规划》《法治政府建设五年规划》等纲领性文件之中。率先在全省出台国家机关“谁执法谁普法”责任清单，明确司法机关和51个行政执法部门的普法责任。联合多个单位共同组织“12·4”国家宪法日、“6·25”全国土地日、“4·15”国家安全教育日等多场大型主题宣传活动。严格执行国家工作人员学法用法制度，出台全市公务员年度学法计划，组织全市2万多名公务员参加年度学法考试。制作普法校园广播剧和动漫读本、短片，推广学法小游戏等，开展普法小品、书画等各类比赛，丰富“校园法苑”的内涵。制定推进企业法治文化建设实施方案，选取112家企业作为全省法治文化企业申报对象进行培育。加强《东莞日报》“法治东莞”专版、《东莞时报》“以案释法”专栏、东莞电视台“法治内外”节目、东莞电台“空中普法基地”等媒体普法平台的指导，推动传统媒体普法平台与微博、微信等新媒体普法平台有机结合。加强普法微信、“今日头条”及“企鹅号”客户端普法矩阵的建设，推出8部适合普法新媒体传播的原创视频作品，“东莞普法”“长安普法”微信公众号入围全国50强、全省10强。推进“一镇街一法治风景”建设，东城、沙田、大朗、谢岗等镇街新建立法治文化阵地。

【社区矫正】 2016年，东莞市新增社区服刑人员685人，解除矫正641人，监管完成率100%，在册监管社区服刑人员728人。率先在全省完成地级市社区矫正应急指挥中心建设，加强镇街一级社区矫正

2016年12月4日，东莞市“12·4”国家宪法日暨全国法制宣传日普法嘉年华在东城文化广场举行　（张志球　摄）

中心建设，虎门等16个镇街建成社区矫正中心。对重点管理社区服刑人员试点使用电子手环定位监管，推广使用执法记录仪、身份证阅读器等现场执法工具，逐步提升信息化工作水平。建立73个社区教育和服务基地，新组建685个矫正小组，发展67名社会工作者、新发展1370名志愿者开展结对帮教。全年新衔接接收刑释人员383人，在册管理1512人。开展880人次服刑人员信息核查，信息核查率居全省前列。成立工作小组，联合有关单位进行审查，协调公安机关实施网上追逃等，完成集中清理判处实刑罪犯未执行刑罚专项活动。

2016年1月14日，全市律师工作会议在市行政办事中心召开

（张志球　摄）

【法律援助】　2016年，东莞市司法局受理法援案件6333宗，比上年增长0.94%。其中刑事法律援助案件2070宗，民事法律援助案件4263宗。接待来访群众9698人次，接听群众来电咨询5644人次，解答网上法律咨询30宗，受理司法鉴定援助25宗，为受援人挽回经济损失5819.6万元。2016年，推进法律援助规范化建设，在全省率先完成法律援助服务窗口标准化建设。加强法律援助案件质量监督，制定法律援助案件质量监督管理办法。完善刑事法律援助工作衔接机制，通过政府购买律师法律服务的形式，在市3家看守所设立法律援助工作站，建立法律援助律师值班制度，为448名群众提供免费咨询服务。

【律师管理】　截至2016年，东莞市有律师事务所188家，比上年增长15.34%，执业律师2282名，增长12.25%，律师队伍规模居全省第四位，没有一家律师事务所或一名律师被司法部和省司法厅列为重点监管对象。代理诉讼案件2.55万宗，比上年增长17.62%；办理非诉讼法律事务2.65万宗，增长16.75%；担任常年法律顾问4695家，增长44.68%；律师服务收费达3.74亿元，增长22.64%。引进北京盈科、广东广和等大所、强所在东莞设立分所，优化律师队伍结构；制作《执业风险警示》《律师执业风险及防范》等手册，强化律师教育培训；指导律师积极为市访前法律工作室、企业工会和小微企业等提供法律服务，发挥律师在参与依法治理、维护社会稳定和服务经济发展等方面的专业优势。东莞市律师对口支援韶关市“一村（社区）一法律顾问”工作模式，受到省司法厅肯定并推广。

【公证管理】　2016年，东莞市有东莞公证处、东部公证处、南华公证处3家公证机构，执业公证员31名。办结公证10.48万宗，比上年增长29.04%，业务增长率远超全省平均水平，年度办证数量增长率连续两年超过20%；公证收费6401.55万元，增长7.86%。全年公证标的资产总值550亿元，为超过11万人次（含法人）提供公证服务。完成网上办证平台升级改造调研论证，启动国土—公证“土地交易数据收集系统”的升级改造，推行在线公证申请以及“进村居”“进企业”服务，通过法律审查、程序监督等方式，全面参与各镇区学位抽签、全市重大工程项目建设、国有土地招拍挂、无户籍人员入户、南方影视主题公园招商引资等政府公共事务，主动介入转型升级过程中产生的企业裁员、欠薪等群体性事件，为政府、企业提供法律意见，向企业员工解难释疑，并对政府、劳资双方的沟通过程、补偿及终止劳动关系协议等事项予以公证，为招投标等重大公共事务提供公证服务。

【司法鉴定管理】　截至2016年，东莞市有鉴定机构16家，鉴定人160名，办理司法鉴定案件1.2万宗，比上年增长16.38%；鉴定费收入1815.7万元，增长43.57%。组织参加能力验证活动，推进认证认可工作，加强司法鉴定执业监督管理，开展司法鉴定质量专项检查活动。

【国家司法考试】　2016年9月24日、25日，国家司法考试在全国统一举行，东莞市考点设在东莞市光明中学。有2842名考生报名参加，比上年增加588人，增长率26%，创历年报名人数之最，报名人数仅次于广州、深圳市，列全省第三位。设考场97个（含2个备用考场），分初中部、高中部2个考点，实际参考2176人，缺考666人。

（方德豪）

附：2016年东莞市司法局主要领导名录

局　长：郭瑞华

军　　事

LOCAL MILITARY AFFAIRS

创建"平安东莞"汇报演练活动

编辑：刘　丹

东莞军分区

【东莞军分区概况】　2016年，东莞军分区落实政治建军要求，注重用军委主席习近平系列重要讲话精神引领思想，打牢官兵听党指挥、投身改革、强军兴武思想根基，确保单位建设方向正确，思想政治建设富有成效；贯彻改革强军战略思想，强化使命意识和责任意识，坚持强军目标引领，按照"能打仗、打胜仗"要求，科学谋划指导，狠抓战备训练落实，当好应急应战的指挥部、地方党委的军事部、后备力量的建设部、同级政府的兵役部、军民融合的协调部，提升平时服务、急时应急、战时应战能力，各项军事工作进展顺利；依法从严治军，树立安全底线思想，凝聚法治共识、转变治军方式、规范治军行为，抓好安全稳定工作；发挥桥梁纽带作用，支持东莞市委、市政府加快转型升级发展目标，协调驻军参加地方重大工程和新农村建设，促进东莞经济社会发展；加快平战一体力量融合，促进军地建设兼顾共享，构建新型保障体系，集中人力、财力和物力保障军事斗争准备和重点工作。

2016年，东莞军分区各项建设呈现稳步发展、全面推进的良好势头，争创"一流军分区"。

【军分区学习军委主席习近平系列重要讲话精神】　2016年，东莞军分区党委中心组组织学习军委主席习近平系列重要讲话，结合"坚决服从改革大局、忠实履行职能使命"教育活动，组织各党支部、党小组围绕"明职责、敢担当、有作为，做新一代国防动员人"主题，开展群众性读书交流讨论活动，强化官兵拥护改革支持改革的内在自觉。抓学与抓做结合，把学习教育融入到做好贯彻古田全军政工会精神这篇文章，肃清郭伯雄、徐才厚流毒影响，推进备战训练、抓基层打基础保稳定等工作中去，在投身政治建军、改革强军、依法治军的实践中立起好样子，干出好成绩。要求团以上领导干部自觉以普通党员身份把自己摆进重大教育活动，带头学习理论，带头听取意见，带头查摆问题，带头开展批评和自我批评，带头整改落实，带头推进制度建设。6月22日，军分区党委班子召开专题民主生活会。大家开展谈心交心，撰写对照检查材料，批评与自我批评不怕揭短亮丑，专题民主生活会开得辣味足，见筋见骨见思想。

【军分区正风肃纪】　2016年，东莞军分区及时学习党中央、中央军委违规违纪问题情况通报，贯彻落实《省军区部队师团主官权力监督若干措施》，确保官兵职工形成正风守纪的自觉。组织开展专项清理整治“回头看”活动，重点自查自纠财务管理、公务接待、工程建设等方面的问题，全面停止对外有偿服务，促进作风更大转变。

【军分区经常性思想教育】 2016年，东莞军分区巩固深化“三严三实”教育整顿成果，抓紧完成军史馆建设方案，并结合纪念建党95周年、长征胜利80周年系列活动，搞好党史、军史、国防动员史学习教育，用好红色资源，传承红色基因。落实思想分析制度，开展谈心活动，做好一人一事的思想工作。加强和规范日常教育管理，官兵思想稳定。抓好热点敏感问题教育引导，关注军队改革期间意识形态斗争动向，完善军地信息互联机制，打好意识形态领域和反渗透、反心战、反窃密、反策反斗争主动仗，锻造过硬部队。

【军分区规范战备秩序】 2016年，东莞军分区与地方三防办、应急办、维稳办、反恐办、网监中心、气象局、地震局建立每日要情通报协作机制，准确掌控辖区军地社情动态。严格督查值班情况，坚持每日抽查基层武装部值班和民兵武器装备仓库值班情况。落实省军区反恐会议精神，协调建立健全军警民联合应急处突协同机制，修订完善军分区和民兵武器装备仓库应急处突方案，加强安防设施，配套完善防暴器材并进行针对性演练。

【军分区首长机关、专武干部和民兵开展岗位练兵活动】 2016年，东莞军分区落实首长机关业务基础训练，坚持每月组织1次手工战术标图、拟制1份军用文书，每周1次中长跑、1次手枪实弹射击，提升机关干部的军事素养。

【民兵整组】 2016年，东莞军分区组织民兵整组业务培训，采取党委常委带机关工作组分工挂钩的方法，加大对基层武装部民兵整组工作的指导力度，基本完成基干民兵调整组建任务。同时，采取随机抽查、现场点验、能力展示等形式，对全市民兵整组工作进行检查验收。

【民兵集训】 2016年，东莞军分区先后组织民兵轻舟分队骨干集训、民兵营长集训、专武干部集训、民兵高炮分队骨干集训、新任职武装部长集训、民兵心理战分队集训、民兵应急分队骨干集训和海上民兵医疗救护分队联训，集训紧贴基层武装工作和执行非战争军事行动需要，提升专武干部、民兵队伍训练水平和应急应战能力。11月下旬，用一周时间组织全市民兵应急分队比武竞赛，提升民兵应急队伍建设水平和遂行任务能力。

【征兵】 2016年，东莞军分区贯彻落实广东省征兵工作规范化试点现场观摩会精神，在万江街道、樟木头镇和东莞理工学院武装部抓兵役登记试点，并组织召开现场观摩会。抓好市征兵办、体检站规范化建设，完善软硬件设施。依法廉洁征兵，严把兵员质量关，突出大学生征集，工作进展顺利，完成新兵征集任务。

【军分区安全稳定】 2016年，东莞军分区坚持每季度召开一次安全形势分析会，查找纠治薄弱环节。结合元旦、春节等重要敏感时期，加大安全管理力度，先后3次组织安全检查和隐患排查整治，党委领导轮流驻库值班，加强民兵武器仓库看管力量。利用视频监控系统对营院和民兵武器仓库进行实时巡查，改善管理手段，完善安防设施。结合“创建法治军营，争当守法军人”活动，组织开展“学法规、用法规”知识竞赛，着重整治早操制度和体能训练不落实、军人军车形象不够好、营院办公环境脏乱差等问题，规范部队秩序。贯彻落实广东省民兵武器装备管理骨干集训精神，组织民兵武器装备管理人员和新聘用人员集训，进行仓库安全教育整顿，加强“中心库”正规化建设，探索管理模式，做好军委国防动员部和广东省军区安全管理专项检查抽查准备。组织安全隐患排查整治、组织百日安全活动，以军委国防动员部的要求和广东省军区的检查内容为重点，围绕人、车、枪、弹等管理要素，拉出清单，将民兵武器装备仓库、涉密载体、车辆管理、人员管理、反恐应急等重点任务落实到人头，建立台账、逐项过关、限时完成，确保部队安全稳定。

【军分区发挥军地协调作用】 2016年，东莞军分区协调驻莞部队服从服务东莞市经济社会发展大局，完成抢险救灾、应急维稳、扶贫帮困等重任，营造“军爱民、民拥军”氛围。针对东莞市驻军较多、官兵实际困难多等实际，主动向市委、市政府主要领导请示汇报，协调有关职能部门，指令性安置随军家属，努力使转业干部安置符合个人意愿，优先办理官兵职工子女到市直重点学校就读，安排近1000万元为驻莞部队排忧解难。

【军分区精准扶贫工作落实】 2016年，东莞军分区抓好帮扶韶关南雄市古市镇丰源村的工作，落实扶贫帮困工作经费30万元，其中投资25万元用于建设长达3千米的道路一体化工程，1万元用于为村委会配置办公设施，2万元为里东八一为民学校购买文体器材，2万元用于慰问困难群众和贫困学生，帮助解决实际困难，赢得群众点赞。

【军分区落实党管武装制度】 2016年，东莞军分区于年初召开全市武装工作会议，组织镇街第一书记述职。“八一”节期间，召开市委常委议军会议，研究解决武装工作和驻军建设重大问题。以市镇两级换届为契机，配齐配强专武干部队伍，多次与市委组织部会商镇街武装部部长人选配备条件等问题；各镇街党委也重视专武干部队伍选配任用，按军分区和市委的要求把优秀的人员选配到武装战线上来。这次镇街党委换届后，全市新调整17名基层武装部长，其中40岁以内有15人，最年轻的34岁，调整后平均年龄下降6岁。文化程度大幅提高，研究生学历4人，本科学历12人，大学专科学历1人。

【军分区后勤装备保障】 2016年，东莞军分区科学编制经费预算，重点保障战备和训练，压缩行政消耗性开支，保证有限经费的正确投向。根据广东省军区后勤动员和战备建设试点经验，指导基层武装部抓好后勤力量编组、装备、物资落实。按照广东省军区要求，会同东莞市国防动员委员会组织后勤潜力调查，摸清后勤潜力；参加广东省军区后勤战备方案对接会审；牵头组织物资油料、医疗卫生、运输抢修等后勤综合保障群（队），按照实战化要求落实人员装备和训练；组织召开驻莞部队房地产资源管理专项整治军地协调会，协调地方处理涉军土地物业使用管理遗留的历史问题，完成军用土地确权领证任务；开展军分区“理财教育规范月”活动，修订完善《军分区财务管理规定》；修订完善军分区后勤保障管理规定，提升后勤管理水平；组织开展民兵后勤综合保障群集训，确保战时能迅速拉动，为部队作战提供装备、技术和物资保障。

【全市武装工作暨军分区党委四届三次全体（扩大）会议】 2016年3月17日，东莞军分区召开全市武装工作暨军分区党委四届三次全体（扩大）会议，司令员李庆文代表军分区党委作题为“紧贴改革形势任务　担当尽责务实进取持续推进军分区和民兵预备役建设发展”的报告，总结2015年工作，对2016年工作提出要求。政委刘卫芳提出：随着军队调整改革的深入，部队面临的形势将更加复杂，考验将更加突出，适应新形势、拿出新举措、推进新发展，需要转变思想观念、狠抓工作落实。东莞市委书记徐建华代表市委、市政府，向受到表彰的单位和个人表示祝贺，要求全市武装战线以高度的历史自觉和强烈的使命担当，更加扎实有效地做好新形势下国防和军队建设工作，为东莞市率先全面建成小康社会作出新的更大贡献.

【“全国双拥模范城”“八连冠”揭牌】 2016年9月2日，东莞市在行政办事中心举行“全国双拥模范城”“八连冠”揭牌仪式。市双拥工作领导小组成员，各镇街（园区）双拥工作领导小组主要负责人，以及全国和全省双拥模范单位和个人代表、驻莞部队官兵和人民群众代表近200人参加仪式。市委常委、市双拥工作领导小组副组长、东莞军分区政委刘卫芳传达全国和省双拥模范命名表彰大会精神；全国爱国拥军模范单位代表、东莞市民政局局长莫淦泉，全省爱国拥军模范、东莞市爱国拥军促进会常务副会长、东莞市食品有限公司董事长梁景棠，全省拥政爱民模范、海军某部后勤部汽车连司务长张亮作典型发言；市几套班子领导揭牌。市委副书记、市双拥工作领导小组副组长姚康主持揭牌仪式。受市委书记吕业升委托，市委副书记、市长、市双拥工作领导小组副组长梁维东代表市委、市政府和双拥工作领导小组，向受到全国和全省表彰的双拥模范单位和个人表示祝贺，向关心支持东莞市双拥工作的社会各界人士表示感谢，要求巩固创建成果，继续擦亮东莞“全国双拥模范城”的金字招牌，为实现新形势下的强军目标、为东莞更高水平发展作出新的更大贡献，争创全国双拥模范城“九连冠”。

【“幸福双拥，情定莞邑”军地青年联谊活动】 2016年10月29日，由东莞市双拥办、市民政局、东莞军分区政治部主办，市总工会、团市委、市妇联、驻莞部队、东莞广播电视台、东莞日报社、驻莞有关新闻媒体协办，东莞市立信文化传播有限公司承办的2016东莞市“幸福双拥，情定莞邑”大型军地青年联谊活动在驻莞某部营区举行，军地未婚男女青年160多人参加活动。

【民兵应急分队评比性考核】 2016年10月24日至27日，东莞军分区组织全市民兵应急分队进行评比性考核，全市33个镇街（园区）应急独立排分别抽点1个班共330人参考，重点考核3000米跑、步枪精度射击、投弹、战术基础、队列等5个课目。考核期间实行军事化管理，全体参考人员听从指挥，士气高昂，奋勇争先，

2016年9月2日，东莞市举行获全国双拥模范城“八连冠”揭牌仪式

成效明显，涌现出一批军事训练先进单位和个人。

【《东莞人民武装史》出版发行暨赠书仪式】 2016年4月14日，东莞军分区举行《东莞人民武装史》出版发行暨赠书仪式，东莞军分区司令员李庆文和市委常委、东莞军分区政委刘卫芳分别向东莞图书馆和镇街武装部赠书。《东莞人民武装史》全书60多万字，340多张图片，采用大批第一手史料，内容翔实丰富。实事求是地记述东莞自1839年至2013年人民武装发展的历史，特别是大革命时期第一支共产党领导下的农民自卫军成立以来的人民武装历史作全面、系统而客观的反映。这是广东省第一部地方武装史专著。

2016年12月27日，东莞军分区召开宣布新任武装部长任职命令暨专武干部集训动员大会

【《东莞军事年鉴（2016）》会审会议】 2016年12月2日，东莞军分区召开《东莞军事年鉴（2016）》会审会议，驻军各参编单位、市双拥办和人民防空办公室负责人和撰稿员参加会议，按照《广州军区军事年鉴编纂细则》质量标准来审查，力求编成一本经得起历史检验、图文并茂的年鉴；同时对2017年的编纂工作提出要求；驻莞某部和武警东莞市支队的负责人介绍经验。

【军分区专武干部集训】 2016年12月23日至30日，东莞军分区贯彻落实全军政工会精神，根据国家《专职人民武装干部工作规定》、广东省《专职人民武装干部队伍管理规定》精神和军分区年度工作安排，结合市镇（街）党委换届武装部长调整面大的实际，组织专武干部集训。军分区领导机关、各基层武装部部长和一名干事参加集训。集训采取召开会议、授课辅导、研讨交流、参观见学等形式组织，主要安排党管武装原则、践行强军目标、古田会议精神、加强基层党的组织建设、加强基层专武干部队伍建设等学习内容，并研究武装系统党的组织建设面临的新形势、新问题，提高专武干部队伍素质，促进基层武装工作落实。

（韩　海　廖世林）

附：2016年东莞军分区主要领导名录

司令员：李庆文

政治委员：刘卫芳（任至10月）

武装警察

武警支队

【武警支队概况】 2016年，武警东莞市支队注重用中央军委主席习近平系列重要讲话精神和上级党委决策指示统揽工作、凝心聚魂、开新图强，铸牢官兵听党指挥、能打胜仗、作风优良的思想根基；坚持稳中求进，传承实干精神，在抓风气正导向、抓规范打基础、抓难点求突破、抓任务强能力、抓和谐促稳定上精准发力，强化政治引领，加强领导班子建设、干部队伍建设，全力练兵备战，抓好部队安全管理、基层建设；完成看押、看守、城市武装巡逻、抢险救援和处置突发事件等各项任务；开展“双拥工作在基层”、军民共建社会主义精神文明活动，拥政爱民工作成就显著。2016年，武警东莞市支队各项建设稳中有进，呈现出向上向好的发展态势。

【武警支队学习贯彻军委主席习近平系列重要讲话精神】 2016年，武警东莞支队党委重视用军委主席习近平系列讲话精神引领官兵思想，突出以上率下、丰富内容形式、注重学习实效，按照必学、深学、选学内容，区分团以上领导干部、机关干部和基层官兵不同层次，推进学习教育活动开展。立好“学”的榜样，党委中心组组织先学，机关干部组织理论轮训班开展“读原著、学原文、悟原理”读书活动，提升党委机关理论水平、树立以上率下的形象；踩实“学”的基础，全体官兵统一配发军委主席习近平系列重要讲话基本教材和学习笔记本，支队每季度统一批改审阅机关干部和大中队主官学习笔记，中队主官每月统一批改审阅中队官兵的学习笔记，学习笔记采取

“原文摘记+个人感悟”的模式，较好地使军委主席习近平系列重要讲话，特别是强军思想和武警战略思想，深入兵心成为信仰；浓厚“学”的氛围，采取大课辅导、理论骨干巡讲、课后讨论的形式，使理论宣讲在部队普遍开展，编印《理论知识汇编》口袋书，为每名官兵制作印有军委主席习近平讲话要点的水杯，组织学习观看《习近平接受延安电视台专访》录像片和《我是黄土地的儿子》一书，使官兵感受到军委主席习近平躬身实践的梁家河精神。

【武警支队领导班子建设】2016年，武警东莞市支队党委在看齐追随中把牢政治方向、在紧跟大势中强化政治定力、在廉洁从政中严守政治规矩，发挥一线指挥部作用。每季度组织党委中心组理论学习，保持政治上的清醒坚定。通过带头践行看齐要求，带头干好维稳这件大事，带头坚持问题导向，增强党委班子核心领导能力建设，确保部队意志统一、步调统一。坚持以正副书记的团结带动和影响班子的团结，形成同心同德谋发展、齐心协力干事业的团结基础。坚持一级带着一级干，一级做给一级看，每逢大项任务、敏感时节，班子成员主动到一线、上哨位、进班排，与官兵同甘苦、共战斗；严守政治纪律和政治规矩，自觉净化“三圈”（生活圈、交往圈、娱乐圈），依法依规处事。没有出现乱交往、做生意、出入不健康场所等情况，以良好的作风形象树立威信，引领带动部队风清气正、和谐融洽。部队连续三年没有发生一起信访问题。

【武警支队改革强军主题教育】2016年，武警东莞市支队着眼培育“四有”（有灵魂、有本事、有血性、有品德）革命军人，坚持把主题教育、经常性思想教育捆在一起抓，以月课教育为基本载体，采取支队大课全员覆盖、政工干部轮流授课、中队每周组织教育、官兵人人参与讨论的方式，深化主题教育。抓好深化改革宣传教育，组织官兵参观东莞市展览馆和先进企业，感悟驻地改革成就，增强官兵对改革强军重大战略部署的认同。

【武警支队“红色基因代代传”工程】2016年，武警东莞市支队深入开展“传承红色基因、争当红色传人”活动，结合开展纪念红军长征胜利80周年系列活动，组织“弘扬长征精神、传承红色血脉”主题党课教育，举办纪念红军长征胜利80周年专题图片展，用长征精神补足信仰之钙、加固信念支撑。抓实铸魂活动，通过学唱东江纵队队歌，制作东江纵队专题纪录片，探访邀请东江纵队老战士来队讲革命传统，配发《东纵战斗故事》连环画册，赴东江纵队纪念馆重温入党誓词，拜谒革命英雄纪念碑，对支队史馆和中队荣誉室续谱改建，优化营区政治环境建设等举措，持续用东江纵队精神鼓舞官兵坚守初心、昂扬奋进，激发“守莞邑热土，当东纵传人”的责任担当。

【武警支队“健康、和谐、活力”警营打造】2016年，武警东莞市支队定期组织官兵参加东莞“文化周末”论坛，观看音乐会和廉政话剧，邀请市老干部合唱团来队举办迎“七一”军民联欢晚会。开展丰富多彩的强军文化活动，举办军事体育运动会，定期为干部推荐购买图书，累计购书6.9万册，推广“三国杀”、网游竞技等青年官兵喜闻乐见的集体项目，凝聚官兵意志，舒缓身心压力。

【武警支队实战化训练】2016年，武警东莞市支队查找练兵备战存在的问题，统一制作军事训练落实卡，确保标准人人熟记、利于落实。制定督导检查办法，加大网络和实地督导检查力度。结合勤训轮换对教练员资格认证考评，调整教学分工，健全完善教案库。组织开展特勤排、应急班实战化课目训练，选拔培养反恐骨干。通过抓紧新训练大纲试训、新兵训练、专勤专训、“两官”（警官、士官）训练、每周“专勤专训日”、每月体能考核、每季度“魔鬼周”极限训练和会操评比等手段，提高实战化训练水平。

2016年9月30日，武警东莞市支队组织官兵参加东莞市烈士纪念日公祭烈士大会

【武警支队正规化执勤】2016年，武警东莞市支队开展执勤教育整顿活动，深入排查整治执勤隐

患，通过清理监区攀附物、调整不合理哨位站立点、购置助勤犬、加装钢网墙刀刺网和防冲闯设施、规范监门出入程序等，规范执勤秩序，提高安全系数。采取日反馈、周讲评、月通报、季度分析，确保勤务运行规范。加强与目标单位协同配合，有序推进执勤模式优化调整工作。完成春运执勤、联勤巡逻和武装押解等临时勤务，被总队评为“正规化执勤优秀单位”，二中队被总队评为“正规化执勤”标兵中队。

【武警支队常态化战备】 2016年，武警东莞市支队着眼反恐维稳形势和任务需求，探索特战分队“岗位梯次轮换、人员定向替补”机制，专题召开反恐维稳工作会议，形成利于快速反应、联动处置的兵力布势，力争反恐维稳的主动权。贯彻战备工作集训精神，加强形势任务和战备教育，落实编携配装要求，增配训练器材、设施和教材，定期开展人、装备结合训练，经常性开展首长机关前指要素、特勤排、应急班紧急出动演练，全面提升部队维稳质量。

【武警支队安全管理】 2016年，武警东莞市支队层层抓好总队“议安全”会议精神的学习，通过组织安全法规知识竞赛、编撰安全常识手册、开通“安全员之家”微信群，推进群众性创建活动，营造浓厚安全文化氛围。开展“规范着装、严整军容”教育整顿，落实机关每月、基层每周军容风纪检查，从言行举止上强化官兵正规意识。修订完善《士官管理实施细则》《公勤人员管理规定》《手机和互联网使用管理实施细则》《战士探亲休假、请假外出管理规定》等，形成机关按条令指导基层，基层按条令规范运转的良性局面。在枪械管理、保密教育、车辆派遣、营区安全等方面重点设防，确保内部安全稳定。支队军械库连续两年被总队评为“红旗军械库”，连续三年实现车辆交通违法“零抄告”，支队连续三年被总队评为密码工作先进单位。

【武警支队基层建设】 2016年，武警东莞市支队坚持以强军目标引领，力推部队全面建设、全面过硬。选准配齐支部正副书记，开展基层组织负责人和党小组长培训，激发基层建设的活力。协调地方支持新建机关图书阅览室，对支队实体（网上）史馆和基层实体（网上）荣誉室进行改建，配发文化装备，推进完成“执勤正规化、战备规范化、管理精细化”建设改造项目。常态化开展基层风气专项整治，部队保持风清气正的氛围。二中队连续六年被总队评为标兵中队，并立集体二等功。

新兵野营拉练

【武警支队“魔鬼周”训练】 2016年，武警东莞市支队每个季度组织一次前线指挥部带特战分队为期7天的“魔鬼周”极限训练。按照“仗怎么打、兵就怎么练”要求，训练中，每名特战队员身着防弹衣、头戴钢盔，携带手中武器，全副武装在暴雨中奔袭，在恶劣条件下进餐、在体力透支下射击、在染毒区里求生。先后完成扛圆木10千米竞技、特战小组战术综合演练、抗袭扰训练、山地追逃捕歼战斗及行军、房间突入救援、潜伏侦察、水下憋气、意志训练等30个科目。

【武警支队联勤武装巡逻】 2016年，武警东莞市支队先后在重要时节及敏感期派出兵力，担负东莞火车站、虎门高铁站、市行政中心广场、东莞东火车站、市汽车总站5个重点区域武装联勤巡逻任务，协助公安机关处置打架斗殴、纠纷等情况10余起，抓获盗窃等犯罪嫌疑人2名，拾获上交物品10余件。

【武警支队春运执勤】 2016年1月24日至3月3日，武警东莞市支队派出兵力，完成2个火车站和1个高铁站春运执勤任务，协助春运部门疏导发送旅客120万人次，救助伤病旅客4人次，处置旅客滞留情况1起，收缴违禁物品17件，拾获上交旅客财物21件，助民办好事30余次，协助公安机关处置1起因公交车司机操作失当引发的交通事故救援任务。（严　格）

附：2016年武警东莞市支队主要领导名录

党委第一书记、第一政委：杨东来
支队长：黄军民（任至8月）
　　　　王泽利（10月到任）
政　委：贺　翔

边防、边检

【边防概况】　2016年，东莞市公安边防支队践行爱民固边战略，完成系列专项行动，坚持政治建警，强化队伍管理，加强基础建设，完成各项公安边防保卫任务。边防辖区和部队内部实现“双稳定”，基层基础建设和队伍建设实现“双提升”。新民边防派出所被东莞市政府授予“爱民固边模范派出所”，颜艳获评公安部边防管理局优秀共产党员，黄浩佳列为广东边防总队军人好样子“十大脸谱”专项典型，侦查队立集体一等功，3人立一等功，5人立二等功，6个集体、26名个人受到地市以上表彰。

【边防执法执勤】　2016年，东莞市公安边防支队完成“固边系列”、“飓风2016”、“断流2016”、粤港边界单边管控等专项行动和全国全省“两会”、中共十八届六中全会等重大安保任务。全年立刑事案件130宗，破75宗，破案率57.7%；受理治安案件139宗，查处113宗，查处率81.3%。查获走私案件41宗，案值1328万元；查获偷渡案件16宗，抓获偷渡人员149人；“亮剑”反走私突击行动业绩名列全省前茅；破获“1·26”特大跨境武装贩毒案。

【爱民固边】　2016年，东莞市公安边防支队践行爱民固边战略十周年总结推进会工作部署，走访群众2.7万户次、8万人次，入户走访率100%，制定便民利民措施，举办第五届“渔区青少年军营成长之旅活动”、渔民文化艺术节活动，为群众办实事289件。支队主官进入东莞市综治委班子，推动沿海港（岙）口、船舶和渔船民边防治安管理纳入社会治安综合治理和平安创建活动范畴，实现社区民警100%兼任民警村官，爱民固边模范社区100%创建的目标。新民边防派出所被东莞市政府授予“爱民固边模范派出所”称号。

【“东莞沿海党建工作带”警地联创联建活动】　2016年，东莞市公安边防支队创新开展“东莞沿海党建工作带”警地联创联建活动，《中国边防警察报》以“在党建引领中实现大作为”为题专刊介绍支队党建工作做法。打造廉政文化品牌建设，东莞边防廉政文化园获评首批公安边防部队廉政教育基地。

2016年5月5日，东莞市公安边防支队破获“1·26”特大跨境武装贩毒案　（程永强　摄）

【“深知兵、真爱兵”活动】　2016年，东莞市公安边防支队开展“深知兵、真爱兵”活动，制定暖心励警措施，争取56套市政府廉租房纳入公寓住房分配计划，为34名随军未就业家属发放补助415万元，筹集18万元帮助2名特困官兵渡过难关，部队、社会、家庭“三位一体”教育活动经验在全省公安现役部队推广。

【边防支队队伍管理】　2016年，东莞市公安边防支队连续五年发出1号指示强化安全工作，开展“大排查、大清理、大整改”活动，查摆整改问题，制定针对性措施，部队全年安全无事故。开展岗位技能练兵活动，举办业务技能培训班12期，推行军事考核单项不达标一票否决制，年终军事考核项目达标率92.8%。

【边防支队基础建设】　2016年，东莞市公安边防支队争取地方财政经费5324.16万元。其中投资1350万元的东莞市边海防与打私指挥中心建设项目，纳入2017年市政府财政预算，正在进行设计规划。总投资2700万元的虎门港所新营区建设，通过立项审批即将开工建设。沙田水上边防派出所更名为道滘水上边防派出所，揭牌运行，并协调0.7公顷建设用地用于派出所新营区建设。争取775万元建设麻涌边防派出所、虎门港边防派出所海防监控码头，项目设计建设方案上报省海防委审批。先后投入1228.2万元为基层办实事，建造2艘摩托艇，购置3辆执勤车辆和一批警用训练装备，基层基础实力得到稳步提升。

【“2016·1·26”特大跨境武装贩毒案侦破】　2016年，东莞市公安边防支队破获“2016·1·26”特大跨境武装贩毒案，抓获犯罪嫌疑人28人，缴获冰毒717千克，查扣手枪9支、手枪子弹349发，缴获毒品和枪支弹药数量排广东边防部队第一名。

（张嘉琦）

【边防检查概况】　2016年，东莞边防检查站加强边防业务规范化建设和部队正规化管理，部队整体素质不断提高，转变理念，强化服务意识，推进服务创新，努力展现国家窗口形象，完成国家重大活动的边防检查任务，受到地方党委政府、社会各界和出入境旅客员工的赞誉。2016年，东莞边防检查站检查出入境人员近90万人次，检查监护交通工具1.9万艘（列）次，查验总量持续位居全省现役站前列。

东莞边防检查站虎门分站执勤业务一科科长刘洋被公安部评为全国优秀人民警察；沙田分站被公安部边防管理局评为基层建设先进大队级单位；虎门分站执勤业务一科党支部被公安部边防管理局评为先进党支部；沙田分站执勤业务二科被公安部边防管理局评为执法示范单位；虎门分站执勤业务一科教导员王瑞珍被公安部边防管理局评为基层建设标兵个人；东莞边防检查站被广东公安边防总队评为信息化建设先进单位；东莞边防检查站被广东公安边防总队评为新闻宣传工作先进单位；虎门分站执勤业务一科、常平分站执勤业务三科、沙田分站执勤业务二科、虎门分站执勤业务五科、常平分站执勤业务四科被广东公安边防总队评为基层建设先进单位；常平分站执勤业务一科党支部、虎门分站执勤业务五科党支部被广东公安边防总队评为先进党支部；政治处主任徐金华被广东公安边防总队评为优秀党务工作者；沙田分站执勤业务三科检查员王晓静、司令部勤务中队三班上士高小龙被广东公安边防总队评为优秀共产党员；司令部信息化科副科长李科被广东公安边防总队评为信息化工作先进个人；沙田分站执勤业务四科副科长陈兰芳被广东公安边防总队评为新闻宣传先进个人；东莞边防检查站副站长吴文静、后勤处处长程良珠被广东公安边防总队评为优秀团职干部。胡萍、陈乐思、景一凡、阿柔娜、陈卓欣、王若晓、林上舜、陈凤、韩佳存、邱新新、杨斌、卓本等12人立三等功。

【边防检查信息化建设推进】　2016年，东莞边防检查站完成边检科技信息研发中心软硬件建设，搭建面向全国的业务交流和科技应用平台，承办公安边防部队边检网络学院实体化运作工作研讨会。全年投入信息化建设经费900余万元，对接东莞市公安局建立覆盖所有执勤区域的数字集群指挥网，升级124个高清监控镜头，实现旅检现场和营区视频监控100%高清化。多功能边检执勤指挥车投入使用。全站智能高清监控系统管理平台和视频智能分析系统建成。

【边检勤务创新】　2016年，东莞边防检查站开展固边系列、粤港反偷渡、“截流”等专项行动，保持对暴恐、偷渡活动的高压态势，口岸综合防控体系日益完善。多警联动更紧密，与有关警种开展联合巡逻15次、联合处突演练21次，在实战中妥善处置突发事件13起。对接东莞港通关信息平台，拓展电子口岸边检模块功能应用，助推“联合查验、一次放行”的通关模式，融入“单一窗口”平台，在服务中实现军民融合发展。优化勤务部署，优质服务大型展会和旅行团体，启用客商专用通道，开辟绿色救助通道，促成5宗外贸交易合同签约，为12名受伤旅客提供通关便利。

【边防检查保障能力提升】　2016年，东莞边防检查站落实后勤建设三年规划，统筹推进各项建设，提升保障能力。全年预算投入项目经费近3000万元，改善一线执法执勤设施、营房营具、文化器材、餐饮环境以及官兵体检就医、燃气饮水等民生实事。加大医疗保障力度，提高医疗费报销比例。争取到市政府56套公租房使用权，解决房源分布不均、官兵住房相对紧张的难题。（聂子松）

附：2016年东莞市公安边防支队主要领导名录

支队长：佘来勇

政治委员：曾宇峰

附：2016年东莞边防检查站主要领导名录

站　长：吴振标

政治委员：胡军锋

消　防

【消防概况】　2016年，东莞市公安消防支队推进实战化练兵，健全火灾防控体系，提升官兵条令意识和能力素质，着力在基层基础建设等瓶颈问题上求突破，推动东莞消防工作和部队建设强基础、补短板、上台阶。全年接警出动1.31万次，抢救和疏散被困人员7000余人，抢救财产价值近3亿元，完成“4·13”中国交通建设第四航务工程局预制厂工地（麻涌）龙门架倒塌事故、“6·24”厚街镇伟易达电子厂火灾事故增援等重大灭火救援任务。

2016年，东莞市公安消防支队连续12年被东莞市政府评为“中央和省驻莞单位年度工作优秀单位”，石龙大（中）队连续11年被评为广东省“基层建设标兵单位”，1个单位立集体三等功，1人立个人二等功，43人立个人三等功，1人被评选为“中国好人”。

【消防部队建设】　2016年，东莞市公安消防支队研判立沙岛石油危险化学品区消防安全管理形势，专项投入约1600万元，购置一套远程供水车组，完善立沙岛危险化学品事故防控体系。新投入使用消防站4个，在建中心消防站4个、执勤分站15个，优化消防站点分布，强化火灾防控能力；全市投入9000万元，新配备消防车60辆；投入1600万元，新配备消防器材7000多件（套），以及无人机、消防机器人、爆炸物毒品分析仪等大批高精尖消防装备；全市新建市政消火栓1200个、消防取水点60多个，消防能力显著增强。

【消防战斗力提升】 2016年，东莞市公安消防支队新训两批攻坚组队员11人，配齐配强“尖刀队”成员12人，组建高层、地下、石化等灭火救援专业班队。在全省特勤业务大比武中夺得第三名。将全市划分为6大战区，成立灭火救援专家组，全年开展“双盲”演练5次，参加深莞惠演练3次，部队实战能力得到全面提升。加强支队作战指挥中心建设，针对8类事故灾害类型编写918条调度方案，成立8个供水编队、1个后勤保障编队。推动市政府建立社会应急联动工作机制，聘请联动单位27人为灭火应急专家，将512辆各类工程机械车纳入调度体系。

【火灾防控“个十百千万”工程】 2016年，东莞市公安消防支队铺开火灾防控“个十百千万”工程，即：开展1个省政府、3个市政府挂牌督办的火灾隐患重点镇街整治（“个”）；开展高层、地下建筑、“分租式”厂房等10个领域的消防安全专项整治（“十”）；对火灾隐患比较突出的102个村（社区），由市政府挂牌督办整治（“百”）；督促全市2247家消防安全重点单位建设微型站（“千”）；对全市近50万栋“三小”场所和出租屋开展专项集中整治（“万”）。挂牌督办以来，实现东城等15个镇街社会单位消防安全远程联网监控；全市消防安全重点单位微型站全部建成，并划分联防区域2034个，“一呼百应”的联动格局基本形成；在“8·14”火灾事故发生后，抽调2.04万人，对全市27万家“三小”场所、23万家出租屋进行地毯式检查，遏制“小火成灾”“小火亡人”的势头。火灾防控成效初现，火灾隐患比较突出的102个村（社区）的火灾起数比上年下降30%。

【消防宣传“七进”活动】 2016年，东莞市公安消防支队落实消防宣传“七进”（进社区、进家庭、进农村、进企业、进学校、进党校、进景区）活动，建成800平方米的市科技馆教育基地，启用国内首创VR（虚拟现实）火场逃生体验项目；18个镇街建成消防主题公园，所有镇街均建成消防科普教育基地及消防宣传示范街，吸引大量市民参观。全市开放消防教育场馆、消防队站400场次，开展消防安全咨询、灭火逃生演练等活动5000次，参与“以案说防”系列宣传活动60多次，服务群众70万人次。

【“4·13”中国交通建设第四航务工程局预制厂工地（麻涌）龙门架倒塌事故救援】 2016年4月13日5时46分，中国交通建设第四航务工程局工地（位于麻涌镇）上，一龙门架由于突发雷电天气被狂风吹倒，导致工棚坍塌，造成多人被困、失联。

东莞市公安消防支队接到报警后，先后调派麻涌、道滘、中堂、洪梅、东城消防队等5支专职消防队和特勤一队、特勤二队、厚街消防队、虎门消防队、战勤保障编队等5支现役消防队，累计169人次、消防车29辆次，携带千斤顶、液压剪、扩张气垫、生命探测仪、无人机等救援装备赶赴现场展开救援，同时向广东省公安消防总队指挥中心请求力量增援。支队长吴丹、政委苏炜龙第一时间率全勤指挥部赶赴现场，成立现场指挥部，制订救援方案，并提请东莞市政府启动应急联动机制，调用城建、卫生、公安等部门协助救援。10时2分，广州、深圳支队及总队特勤大队的25辆消防车、180名消防员、1支搜救犬队，先后到达现场开展救援。随后，广东省公安消防总队总队长王郭社、部长肖蓉率总队全勤指挥部到场，并成立总队指挥部指挥救援。经过全体参战人员12小时的奋战，成功疏散88名被困工人，救出51名被困人员。

【“6·24”厚街镇伟易达电子厂火灾事故】 2016年6月24日12时29分，厚街镇伟易达电子厂发生火灾，着火建筑为该公司4座货仓，占地面积4000余平方米，建筑面积1万余平方米，燃烧不到2个小时，建筑整体倒塌。

东莞市公安消防支队接到报警后，先后调集厚街、南城、虎门等34支队伍，累计465人次，出动消防车87辆次，携带移动水泡等救援装备赶赴现场救援。支队支队长苏炜龙、政委李凌第一时间率全勤指挥部赶赴现场，成立现场指挥部，制订救援方案，并向广东省公安消防总队指挥中心请求力量增援，同时在第一时间提请东莞市政府启动应急联动机制，调动公安、安监、住建、交警、卫生、城管、医院和环保等部门协助救援。16时40分，广州、深圳、惠州及总队特勤大队6个灭火编队、5个战勤保障编队，累计23辆消防车、100吨泡沫、105名消防员到场增援。总队长王郭社、参谋长李阳、主任崔勇在总队指挥中心远程视频指挥，副参谋长罗志勇、作战指挥中心主任徐红锋带领总队全勤指挥部到场指挥。至26日18时，经过全体参战人员57个小时的奋战，火灾完全扑灭。（沈钊弘）

附：2016年东莞市公安消防支队（公安消防局）主要领导名录

支队长：吴　丹（任至3月）
　　　　苏炜龙（4月到任）
政治委员：苏炜龙（任至4月）
　　　　　李　凌（4月到任）

人民防空

【人防概况】 2016年，东莞市加强人防指挥通信建设，修订《东莞市人民防空方案》，完善人防指挥信息体系建设，按纲施训，举行防空警报试鸣演练；加强人防工程建设，编制《东莞市人防工程总体规划（2016—2030）》，抓好

2016年11月18日，东莞市组织年度防空警报试鸣演练

人防工程报建审批，跟踪与服务好市重大项目建设，强化人防执法职能；加强人防机关“准军事化”建设，开展“两学一做”（学党章党规、学系列讲话、做合格党员）学习教育活动，坚持抓好党建，推进制度建设，拓展人防宣传教育。较好地完成年度各项任务，人防组织指挥、综合防护、信息保障等体系建设完善升级。全市人防事业发展态势良好。

东莞市人民防空办公室被广东省国防动员委员会评为“十二五”期间人民防空先进单位、2016年度全省人防建设目标管理考核达标单位和2016年度东莞市重大项目建设工作先进集体；袁政军被国家人民防空办公室评为全国人民防空先进个人，王文生、罗锦球、卢伟强、胡斌被广东省国防动员委员会评为人民防空先进个人。

【《东莞市人民防空方案》修订】 2016年，东莞市人民防空办公室在全国军队改制和军队院校停止对外有偿服务的背景下，多方联络、落实《东莞市人民防空方案》修订单位，以东莞市政府、东莞军分区的名义联合下发通知部署相关工作，并于9月组织人民防空方案专项评审，完成《东莞市人民防空方案》修订并于12月上报。

【人防指挥信息体系建设】 2016年，东莞市启动人防北斗导航定位应用系统建设，注重与原有的短波通信系统、数字集群系统的通信融合，于11月23日通过专家验收，并报省人防办备案；按照国家人防警报控制系统新标准规范和省人防办出台的频率规划方案，启动人防通信警报预警报知系统升级换代工作；根据省人防办出台的技术方案，基本完成两套军用第三代人防短波电台的升级换代和固定卫星站升级改造，具备与国家和省的互联互通条件。

【防空警报试鸣演练】 2016年11月18日，东莞市组织年度防空警报试鸣演练，检验全市人防通信警报设备设施、人防信息网络的保障水平，鸣响率达95.6%，达到练组织、练指挥、练协同、练保障和练机关的目的，提升城市人民防空综合保护能力。

【人防工程建设】 2016年，东莞市人民防空办公室抓好人防工程报建审批，年度结建项目报建量、新开工工程量、竣工工程量、收缴易地建设费均稳中上升。截至2016年，全市有12个民用建筑项目通过镇街（园区）人民防空协调小组办理易地修建防空地下室手续。12月，组织全市镇街（园区）人民防空工作协调小组在东莞市国防教育训练基地召开2016年全市人防简政强镇事权下放改革工作总结及业务培训会议，加强对镇街（园区）的业务指导。跟踪与服务好市重大项目建设，分区域安排技术骨干人员跟踪相关项目的人防报建审批，通过电话、座谈、上门及书面函件等方式与相关镇街（园区）和建设单位联系，及时掌握项目建设进度。于2015年底及2016年初对轨道交通公司多次组织分部验收及相关整改，较好地保证轨道交通2号线（东莞火车站—虎门火车站段）开通试运营。强化人防执法职能，成立执法小组，聘请法律顾问，初步建立起内部执法队伍，规范执法程序，全年立案人防执法案件6宗，结案2宗。

【人防机关“准军事化”建设】 2016年，东莞市人民防空办公室坚持抓好党建，开展“两学一做”（学党章党规、学系列讲话、做合格党员）学习教育活动，通过创建服务型党组织示范点活动，强化基层党组织和党员的服务理念，丰富服务内涵，拓展服务途径，提高服务能力。推进制度建设，重新修订《市人防办财务管理规定》《市人防办行政执法岗位责任制》，出台《市人防办党组工作规则》《市人防办公务交通出行管理办法》，完善相关会议制度和财务管理制度，规范行政行为，提高行政办事效率。拓展人防宣传教育，继续结合东莞市中小学德育教育，开展人防知识教育，全年培训学生2.95万人次。（叶健忠）

附：2016年东莞市人民防空办公室主要领导名录

主　任：黄沛林（任至8月）

城建·环保

URBAN CONSTRUCTION· ENVIRONMENTAL PROTECTION

- 国家水生态文明城市创建
- 绿色供应链环境管理
- 《东莞市城市总体规划（2016—2030）》编制创新
- 东莞市首次实行住房限购政策

黄江镇绿道

编辑：李俊玉　张曼利

城乡规划

【城乡规划概况】　2016年，东莞市推动《城市总体规划（2016—2030年）》编制，并进入最终上报国务院审批阶段；基本完成全市镇街（园区）总体规划大梳理；国家历史文化名城申报工作进入冲刺阶段；实施市委、市政府大调研工作；选定西南组团和道滘镇作为发达片区和次发达镇代表，开展“三规合一”（国民经济与社会发展规划、土地利用总体规划、城乡总体规划合一）试点；开展各类规划研究；推进内部行政审批改革，提高“三重”（重大项目、重大产业集聚区、重大科技专项）项目服务保障水平。

2016年，东莞市办理规划业务案件6190宗，完成新编控制性详细规划审查14宗、调整220宗，生态线调整业务12宗。

【《东莞市城市总体规划（2016—2030）》编制创新】
2016年，《东莞市城市总体规划（2016—2030）》经广东省人民政府审查通过，报国务院审批。东莞新一轮城市总体规划是全国城市总体规划改革试点，也是由国务院审批的第一个2030年版城市总体规划。东莞市创新提出“简化内容、分级管控、要素传导、刚弹结合”编制思路，试点成果成为全省城市总体规划编制方法创新样板。该总体规划确立东莞市“国际制造名城，现代生态都市”城市定位，奠定“一中心四组团”（中心组团和西南组团、西北组团、东南组团、东北组团）城市空间结构，明确“分区统筹、强心育极、融入湾区、对接广深”发展思路。

【全市镇街（园区）总体规划大梳理】　2016年，东莞市开展全市镇街（园区）总体规划大梳理。第一阶段理顺全市历年254个重大项目与法定规划的关系，保证48.1平方千米的重大项目用地需求，促进重大项目加快落地建设。第二阶段理顺市总体规划、镇街（园区）总体规划、已批控制性详细规划和已批项目之间的关系，促进各层次规划协调和融合。

【国家历史文化名城申报】　2016年，东莞市申报国家历史文化名城材料通过广东省专家评审，申报请示由省人民政府上报至国务院办公厅并转交住建部和国家文物局办理。制定《东莞市历史文化名城、名镇、名村保护管理暂行规定》等4个历史文化名城保护管理政策法规。推进历史文化街区申报、历史建筑认定、历史文化街区环境整治修缮、标识系统建设、展示布展及

东莞市规划展览馆

讲解培训。截至2016年，东莞市第二批91处历史建筑挂牌，莞城历史文化街区管线整治工程、莞城象塔街样板段标识系统、中兴路样板段工程等历史文化街区环境整治工作完成。

【城市规划建设大调研】 2016年，东莞市围绕破解城市品质短板问题，开展“加强城市规划建设管理、提升城市品质”课题调研，研究规划统筹、“三旧”（旧城镇、旧厂房、旧村庄）改造、“两违”（违法用地、违法建设）整治、交通规划、精神文明、“魅力小城”、“美丽乡村”建设等工作，形成“1个总报告+1张政策清单和行动计划+7份分报告”成果体系。成果剖析东莞市城市规划建设管理领域的主要短板和关键问题，提出开展优化部门职能、建设空间信息平台、建立建设计划机制、启动“两违”整治行动、提升综合交通水平、试点成片改造和TOD（以公共交通为导向）开发、打造特色镇村、制定支撑政策措施等八项行动，并制定实施方案。

资料链接：

大调研“1+1+7”成果：1个总报告，《加强城市规划建设管理，提升城市品质专题调研报告》；1个清单和计划，“加强城市规划建设管理，提升城市品质”专题拟制定政策文件清单和行动计划清单；7个分报告，《“发挥城市规划统筹引领作用”专题调研报告》《东莞市“三旧”改造工作调研报告》《东莞市违法用地和违法建设现状与治理对策》《我市交通规划建设发展现状、主要问题与对策建议》《关于推进TOD综合开发、提升城市品质的对策和建议》《补齐精神文明短板 提升东莞城市品质》《关于提升城市品质，推动我市美丽幸福村居建设的调研报告》。

【东莞市规划展览馆建成】 2016年5月27日，东莞市规划展览馆完工并开始内部测试。该馆位于旗峰路西北侧，占地面积3.5万平方米，建筑面积1.5万平方米，总投资2亿元。其中主馆建筑面积8970平方米，分三层，地上一层安排廊桥、接待厅，负一层为主展示区，负二层为总体模型安放区和设备用房。围绕“规划让城市更美好”的主题，展示东莞市城市建设的历史、现状和未来。设有国内最大的移动式地幕数字沙盘，是国内首个运用航拍三维倾斜摄影技术呈现数字沙盘的规划馆；国内首个水下规划馆；国内首个以园区概念设计的规划馆，馆内外都是展览空间，集展览和文体活动于一体的大型公益展示综合体。截至2016年，接待3500人次。

资料链接：

东莞市规划展览馆围绕“规划让城市更美好”的主题布展，展厅序厅沿用原有建筑顶棚采光设计，阳光直接投射到厅内，与“阳光规划”概念相呼应；浮雕墙印有西城门、可园、虎门炮台、水乡元素等东莞特色地方符号。设“莞·城之印迹”篇，介绍城市规划视角下的城市特征与发展历史；“莞·城之智慧”篇，从镇村选址、布局形态、防灾安全、民居建筑、公共空间等6个方面展现城镇规划建设的历史智慧，传播人与自然和谐相处的规划理念；“莞·城之家园”篇，从自然生态环境、文体休闲场所、公共交通、住房保障、教育就业、文化活动等方面展现东莞人建设宜居家园、创造优质生活的挑战及努力；“莞·城之未来”篇，互动参与性高，为参观者提供对于未来城市家园畅想的各种可能性。总规沙盘区用实体沙盘和地幕数字沙盘，展示东莞千年文脉及城市发展历程，反映东莞“山—城—水”地貌及“一中心四组团”的空间格局。未来影院展现东莞城市未来生活，2016年播放该馆原创微电影“我的城市我的家”。

【规划研究】 2016年，东莞市开展“东莞自主创新示范区”空间规划和人文生态调研。编制完成《东莞市新型城镇化规划（2015—2020年）》。开展各类轨道交通、重点地区、政策机制规划研究，全市现代有轨电车线网规划、综合交通模型构建、25个城际轨道和市域地铁站点的TOD（以公共交通为导向的开发）规划、水乡新城概念性规划、水乡经济区田园规划前期研究、水乡经济区空间开发权转移机制研究等规划编制。筹备启动重点片区慢行系统规划及公共自行车租赁系统研究。

【规划审批改革】 2016年，东莞

市全面开展规划审批改革，从管理程序、管理内容、管理责任等方面深化“宽进严管”。对市“三重”（重大项目、重大产业集聚区、重大科技专项）项目实施提前介入、开放式审查、简化环节，建立重点项目进度台账，通过规划大梳理确保“三重”项目推进，通过短信、函件等形式对市属重点项目进行催办、督办，做好“三重”项目规划保障工作。截至2016年，208项市属重点项目中，完成153项方案技术审查和路条办理工作。

（谢易霖）

附：2016年东莞市城乡规划局主要领导名录

党组书记、局长：

黄宇东（4月到任）

2016年东莞市规划委员会会议审核通过事项

会议	时间	审议通过内容
第一次规委会	2016年1月25日	一、《麻涌镇大盛片区控制性详细规划“A01、A02”街坊一般调整》 二、《东莞松山湖科技产业园区北部工业城控制性详细规划BA-05街坊一般调整》 三、《东莞松山湖高新技术产业区南部滨海湖区控制性详细规划A01-03地块一般调整》 四、《东莞松山湖科技产业园区东部地区及电子信息产业基地控制性详细规划C02-06街坊一般调整》 五、《东莞市清溪镇青湖片区控制性详细规划E03-2地块调整》 六、《东莞市东城南片区E、F街坊控制性详细规划调整——东莞市妇女儿童活动中心》 七、《东莞市东城区中心片区C-06、C-11、C-16控规调整——东城文化中心扩建工程一、二、三号楼》 八、《东莞市寮步镇生态园大道西片区控制性详细规划01-07和01-08地块一般调整》 九、《东莞市寮步镇生态园大道西片区控规01-01地块一般调整》 十、《东部工业园[桥头]控制性详细规划J03-2、F13-3地块控规调整》 十一、《东莞市沙田镇临海产业园控制性详细规划D1-07地块一般调整》 十二、《虎门大道东片区控制性详细规划》 十三、《东莞市虎门镇新城市中心片区控制性详细规划01街坊（15、16、22地块）规划调整》 十四、《东莞市大岭山镇森林公园入口片区控制性详细规划F-02、F-03街坊一般调整》 十五、《东莞市大朗镇松佛片区控制性详细规划B01等街坊一般调整报告》 十六、《东莞市塘厦镇新城市中心地区控制性详细规划A03地块调整报告》
第二次规委会	2016年3月23日	一、《东莞市虎门港西大坦作业区控制性详细规划A02-A05、A15、A17-A19地块调整》 二、《东坑镇西部片区控制性详细规划W-B01-1b地块一般调整》 三、《常平镇东深片区控制性详细规划H-1-04、H-1-05地块调整》 四、《常平镇北部片区控制性详细规划——C-1-01地块调整》 五、《东莞市常平镇东深片区控制性详细规划B-6-04地块调整》 六、《石碣镇中部片区控制性详细规划B01-05地块一般调整》 七、《东莞市东城牛山片区控制性详细规划C、G街坊一般调整（东城八小分校）》 八、《东莞市东城南片区控制性详细规划G、L街坊调整——东莞农商行数据中心》 九、《东莞市高埗镇冼沙片区控制性详细规划B02、B05、B07、B10、B11、B12、D02、D06、E01、E02、J01街坊一般调整》 十、《东莞市高埗镇民营片区控制性详细规划——C02街坊调整》 十一、《莞城区控制性详细规划01-01-01至01-01-08地块一般调整》 十二、《道滘镇中心片区控制性详细规划A-03-02地块一般调整》 十三、《东莞市道滘镇南阁片区控制性详细规划B01/B04街坊地块一般调整》 十四、《东莞市茶山镇工业园控制性详细规划A4地块调整》 十五、《东莞市石排镇中心区A08、B04、B05、C01街坊地块一般调整》 十六、《茶山镇中心片区控制性详细规划一般调整》

续表

会议	时间	审议通过内容
第三次规委会	2016年5月20日	一、《石碣镇西北片区控制性详细规划A01-03c地块一般调整》 二、《东莞市常平镇环保专业基地控制性详细规划A1-04地块调整》 三、《东莞松山湖高新技术产业区南部滨湖区控制性详细规划C04街坊一般调整》 四、《东莞松山湖科技产业园中心区及中部地区控制性详细规划C08地块一般调整》 五、《东莞市松山湖科技产业园中心区及中部地区控制性详细规划B街坊地块一般调整》 六、《东城中心片区A街区A-05、A-06、A-09&A-18地块（世博北街坊）控规一般调整》 七、《洪梅镇樱花台盈片区控制性详细规划C04、C12街坊调整》 八、《清溪镇罗马片区控制性详细规划A01-4地块调整》 九、《东莞市麻涌新中心区控规B10地块调整》 十、《东莞市茶山镇超朗片区控制性详细规划B02街坊调整》 十一、《东莞市大朗镇象山片区控制性详细规划——07-13地块调整》 十二、《东莞市大朗镇黄洋片区控制性详细规划08-04地块一般调整》 十三、《东莞市厚街镇中心区控制性详细规划B2-0101、B2-0102地块调整》 十四、《东部工业园[桥头]控制性详细规划“G01-4”地块调整》 十五、《东莞市大岭山镇湖畔工业园控制性详细规划K-03街坊调整》 十六、《东莞市寮步镇华南工业片区控制性详细规划A03-01地块一般调整》
第四次规委会	2016年7月11日	一、《东莞市长安等27镇（园区）总体规划修改情况》 二、《东莞市寮步镇2015年01地块建设项目选址规划评估》 三、《东莞市望牛墩镇2014年01地块建设项目选址规划评估》 四、《东莞市虎门镇2015年01地块建设项目选址规划评估》
第五次规委会	2016年7月14日	一、《东莞市石排镇塘尾古城片区16-21地块一般调整》 二、《黄江北岸片区控制性详细规划H-10-01地块调整》 三、《东莞松山湖科技产业园区金多港地区控制性详细规划D03、D06、D12-D21等街坊一般调整》 四、《东莞松山湖科技产业园区东部地区及电子信息产业基地控制性详细规划》重大调整的申请 五、《东莞松山湖科技产业园区北部工业城控制性详细规划BA-03-05地块一般调整》 六、《横沥镇北部片区控制性详细规划C07街坊一般调整》 七、《东莞市望牛墩镇新联片区控制性详细规划——C-04街坊一般调整》 八、《寮步镇凫山片区控制性详细规划B-03地块一般调整》 九、《东莞市大朗镇象山片区控制性详细规划07街坊一般调整》 十、《东莞市大朗镇黄洋片区控制性详细规划03-09地块调整》 十一、《东莞市大朗镇象山片区控制性详细规划03-18地块一般调整》 十二、《清溪镇重河片区控制性详细规划B01-03地块一般调整》 十三、《塘厦镇蛟乙塘片区控制性详细规划C01街坊一般调整》 十四、《东莞市沙田镇中心地区控制性详细规划B-16街坊一般调整》 十五、《沙田镇环保城片区控制性详细规划——HG-09、HG-10地块调整》
第六次规委会	2016年7月14日	一、《东莞市应急避护场所建设规划（2016—2030）》

续表

会议	时间	审议通过内容
第七次规委会	2016年8月25日	一、《东莞市万江中部片区控制性详细规划B14街坊调整》 二、《东莞市厚街镇中心区控制性详细规划A6-01、A6-02街坊控规一般调整》 三、《茶山镇超朗片区控制性详细规划B02-2a地块一般调整》 四、《东莞生态园启动区控制性详细规划06[东坑]片区管理分册06-01-02地块一般调整》 五、《东莞松山湖科技产业园区西部研发区控制性详细规划D10街坊调整》 六、《黄江镇长龙片区控制性详细规划A02、A03、B03街坊调整》 七、《东莞市黄江镇长龙片区控制性详细规划E01、E02街坊一般调整》 八、《中堂镇斗朗片区控制性详细规划D05-02地块调整》 九、《东莞市谢岗镇中心片区控制性详细规划G12、G13街坊地块一般调整》 十、《东莞市长安镇厦岗片区控制性详细规划》 十一、《东莞市大岭山镇中心东片区控制性详细规划10街坊一般调整》 十二、《横沥镇北部片区控制性详细规划调整（A06-A11街坊与A22街坊及生态园02-生态园04街坊）》 十三、《石碣镇西南片区控制性详细规划B03、B04街坊一般调整》 十四、《塘厦镇蛟乙塘片区控制性详细规划B01、C06街坊调整》
第八次规委会	2016年9月18日	一、《东莞松山湖高新技术产业区南部滨湖区控制性详细规划调整（A03、B01和B02街坊）》 二、《东莞松山湖科技产业园中心区及中部地区控制性详细规划E04、E05、E06地块一般调整》 三、《东莞市虎门镇赤岗龙眼片区控制性详细规划》 四、《塘厦镇横塘片区控制性详细规划B04街坊调整》 五、《东莞市樟木头镇金河片区控制性详细规划——B13-02地块调整》 六、《东莞市中堂镇潢涌片区控制性详细规划A03、D02等街坊一般调整》
第九次规委会	2016年10月27日	一、《东莞市中心城区及松山湖开发区抗震防灾规划（2016—2030）》
第十次规委会	2016年11月3日	一、《东莞市大朗镇毛织片区控制性详细规划C-06街坊一般调整》 二、《〈大朗镇富民二园控制性详细规划〉D01街坊、〈大朗镇黄洋片区控制性详细规划〉10街坊一般调整》 三、《东莞市厚街镇工业城控制性详细规划B02、B06街坊一般调整》 四、《黄江镇北岸片区控制性详细规划H-01、H-06、H-07和J-01街坊调整》 五、《清溪镇罗马片区控制性详细规划A12、A13、A15街坊调整及重河片区控制性详细规划A04、A05街坊调整》 六、《东莞市松山湖西部研发区控制性详细规划A01-08地块调整》 七、《东莞松山湖科技产业园区东部地区及电子信息产业基地控制性详细规划调整D-A08-01-a地块调整》 八、《东莞生态园启动区控制性详细规划04（高端产业）片区04-03和04-04街坊调整》 九、《东莞生态园启动区-06[东坑]片区控制性详细规划06-02街坊调整》 十、《东莞松山湖科技产业园区北部工业城控制性详细规划BD-46-03地块控规调整》 十一、《横沥镇新城片区控制性详细规划D07街坊一般调整》 十二、《东莞市石排镇龙岗组团控制性详细规划LG-T街坊地块调整》 十三、《沙田镇临海产业园控制性详细规划A03街坊一般调整》 十四、《东莞市沙田镇中心地区地块控制性详细规划E-08-01地块调整》 十五、《东莞市企石镇木棉片区控制性详细规划B13街坊调整》

住房和城乡建设

房地产业与住房保障

【房地产业概况】 2016年，东莞市完成房地产开发投资642.76亿元，比上年增长11.7%，占全社会固定资产投资41.3%。房地产业税收（地税）收入累计139.66亿元，占全市全部税收收入29.38%。全市商品房项目新开工面积1235.9万平方米，下降11.33%；竣工面积1129.13万平方米，增长21.17%；新建商品房网上签约销售面积1061.88万平方米，下降1.41%，其中商品住宅销售面积887.71万平方米，下降9.21%。全年新建商品房网上签约销售额1459.43亿元，增长35.62%，其中商品房住宅网签销售金额1221.79亿元，增长27.34%，销售均价13763元/平方米，增长40.27%。二手房成交面积738.88万平方米，增长46.10%。2016年，全市颁发各类不动产权证书和证明（包括房产和土地）30.32万本，增长23.19%；办理商品房交易8.04万宗，增长6.97%；二手房交易6.77万宗，增长78.59%；商品房备案12.29万宗，增长22.58%；按揭登记9.03万宗，增长62.71%；抵押登记11.9万宗，增长55.64%，抵押金额1568.91亿元，增长34.23%。

2016年10月，东莞市出台《关于进一步促进我市房地产市场平稳健康发展的若干意见》，首次实行住房限购政策，同时调整差别化住房信贷政策，并恢复实施房价备案制度。10月实施调控后至12月，商品住房成交均价15778.93元/平方米，比2016年9月的15814元/平方米有所回落。2016年，东莞市集中梳理不动产统一登记中的房地不一致等若干历史遗留问题。加快存量商品房和土地数据整合，全年完成1220个商品房项目数据整合，完成率达81.93%。全年完成新增房产档案22.41万份，增长37.5%。

截至2016年，东莞市有房地产开发企业398家，其中一级资质企业3家，二级资质企业13家，三级资质企业63家，四级资质企业146家，暂定资质企业173家。

（吴维彬　张思瑶）

【房屋租赁概况】 2016年，东莞市受理非住宅房屋登记租赁备案168件、面积92.92万平方米。其中办公楼登记备案37件、面积5.07万平方米，商业营业用房登记备案86件、面积16.87万平方米，工业仓储用房登记备案13件、面积14.46万平方米，其他32件、面积56.49万平方米。（张思瑶）

【住房保障概况】 2016年，东莞市通过房屋修葺、租赁补贴、实物配租、租金核减等方式完成1693户中等偏下收入困难家庭及新就业职工、外来务工人员的住房保障。全年公租房续建项目基本建成5584套，完成率186.13%。采用调高收入准入线、降低公租房租金标准、加大宣传力度、优化审批流程、加快分房节奏等措施，全年分配使用雅园新村空置房3228套，空置房源减少至554套。

【住房限购政策首次实行】 2016年10月7日起，东莞市首次实行住房限购政策。从当日起，在东莞市行政区域内，对拥有2套及以上住房的本市户籍居民家庭暂停向其销售新建商品住房；对拥有1套住房、无法提供购房之日前2年内在东莞市逐月连续缴纳1年以上个人所得税或社会保险证明的非东莞市户籍居民家庭，以及拥有2套及以上住房的非东莞市户籍居民家庭，暂停向其销售新建商品住房。

【差别化住房信贷政策调整】 2016年10月7日起，东莞市调整差别化住房信贷政策。从当日起，居民家庭首次购买普通住房（指从未购置过住房），按照国家政策，申请商业性个人住房贷款最低首付款比例不低于30%；对于有购房贷款记录但申请贷款购房时实际没有住房的居民家庭、拥有1套住房但没有购房贷款记录的或相应购房贷款已结清的居民家庭，再次申请商业性个人住房贷款购买普通住房，贷款最低首付款比例不低于30%；居民家庭拥有1套住房且相应购房贷款未结清，再次申请商业性个人住房贷款购买普通住房的最低首付款比例不低于40%；对于拥有2套及以上住房的居民家庭，暂停发放商业性个人住房贷款。

【房价备案制度恢复实施】 2016年10月7日起，东莞市新建商品住房项目到住建部门办理预（现）售前，需先到发改部门办理销售价格备案，备案价格在网上公示，取得预售证（或现售备案证书）后，在房管部门办理建档时备案价格将被锁定，实际成交价格不得突破备案价，下浮幅度不得超过15%，房价一经备案两个月后方可调整。2016年1月1日后取得预售许可证（或现售备案证书）的在售商品住房项目需于2016年10月20日前到发改部门补办未售出住房的房价备案手续。

【房地产去库存】 2016年，东莞市全面启动房地产去库存工作，制定去库存行动计划（2016—2018年）及年度计划，建立商品房库存数据定期监测、统计和通报制度，开展库存商品房出租、自用情况调查统计等工作。截至2016年年底，全市商品住房库存面积389.25万平方米，非商品住房库存面积392.82万平方米，为珠三角地区非商品住房去库存周期较短的城市。

【保障房申请条件放宽】 2016年1月1日起，东莞市降低保障房申请门槛，首次将非东莞市户籍的新就业大学生纳入保障范围，在东莞市莞缴满1年以上社保可申请，将原来“外来工连续缴满6年社保”门槛下调至累计缴满5年。

（吴维彬）

【不动产登记业务开展】 2016年，东莞市开展不动产登记业务，在东莞市房产管理局挂牌成立东莞市不动产登记中心、东莞市不动产交易所，各镇街房管所加挂不动产交易所牌子。6月30日，在茶山镇颁发第一本不动产权证书。截至2016年，全市颁发新版不动产权证书8.58万本，不动产登记证明5.63万本。

【房产管理事权下放】 2016年，东莞市颁发《东莞市房产管理局2015年深化简政强镇事权改革实施方案》。方案规定从2016年1月1日起，新增异议登记、预购商品房贷款注销抵押登记、房屋注销抵押登记、土地出让金征收、房屋登记费征收、转让（交易）手续费征收、住房津贴申请资格审核等7个事项权限下放给镇街房管所，减少业务办理时间。

【维修资金使用常态化】 2016年，东莞市在东莞银行的基础上，新增中国农业银行和东莞农村商业银行作为维修资金专户管理银行。全年归集维修资金5.63亿元，办理使用拨款审批业务136宗、退款审批业务806宗。截至2016年，全市归集维修资金余额41亿元，累计147个楼盘600批次成功申请使用维修资金。

【物业管理机构监管】 2016年，东莞市制定《东莞市物业服务行业精神文明建设“补短板 促提升”工作实施方案》。7月26日，召开全市物业服务行业深化文明城市创建工作推进会。对全市71个小区开展创建督查，开展“寻找最美物业人”系列宣传活动。全年处理物业管理投诉1024宗，巡查185个物业管理项目，对有违规行为的37家物业公司进行信用扣分处理。全年完成物业管理委托合同备案登记116份。完成90个物业服务项目招投标。

【物业管理示范住宅小区（大厦）评选】 2016年，东莞市开展物业管理示范住宅小区（大厦）评选，经考核，塘厦中学、塘厦碧桂园豪园（塘厦）、松山湖保利红珊瑚花园（松山湖）、松山湖万科松湖中心（松山湖）、东城景湖春晓小区（东城）、企石鼎峰碧桂园（企石）、常平碧湖花园（常平）、横沥东莞市技师学院（横沥）、南城东莞联科国际信息产业科研中心（南城）、南城君珆花园（南城）、沙田汇景凯伦湾花园（沙田）、厚街驰生商业中心（二期）（厚街）、万江华南摩尔主题购物公园北大资源御湾商住区（万江）、南城香城名门花园（南城）、南城东莞报业大厦（南城）等15个项目，被评为“2016年度东莞市物业管理示范住宅小区（大厦）”。

【信息化监管体系建立】 2016年，东莞市建立房地产市场服务（监管）平台，加强对物业和中介行业监管，为业主提供投诉调处、投票等个性化功能，实现小区业主与行业主体、行业协会、政府主管部门的无缝对接。截至2016年，该平台在市内近100个小区投入运营。

【房产中介机构管理加强】 2016年，东莞市重点查处虚假“日光盘”、哄抬房价、怂恿客户签订“阴阳合同”等行为，打击各类“黑中介”。全年巡查575家房产中介机构，对有违规行为的218家进行信用扣分处理，公开通报安家房地产等3家公司使用假公章的行为，停止60家未年审中介机构网签资格。2016年，办理房产中介机构备案登记及年审263宗、备案证变更39宗、经纪人资格证变更291份。

【房改档案实现电子化】 2016年，东莞市建立和完善新旧房改档案电子数据库，推动完成10万份房改历史档案电子化扫描和核对工作，提高审批速度。全年办理住房津贴业务2583份，房改房72套；办理初次申请住房津贴业务1081人次，金额868.14万元；津贴变动1602人次。出具个人房改情况证明206份。

（张思瑶）

附：2016年东莞市房产管理局主要领导名录

党组书记、局长：

刘国军（2月到任）

建筑业

【建筑业概况】 2016年，东莞市建筑业实现增加值91.21亿元，比上年增长1.9%。总承包和专业承包建筑企业完成总产值245.18亿元，增长15.5%；施工面积914.05万平方米，下降14.8%；竣工面积349.06万平方米，下降23.0%。总承包和专业承包建筑企业按施工产值计算的全员劳动生产率为34.07万元/人，增长16.4%。截至2016年，全市有10家总承包一级企业，67家总承包二级企业；有2372家在莞经营的建设行业企业建立信用档案，其中建筑施工企业1540家、监理企业135家、造价咨询机构62家、勘察企业69家、设计企业336家、检测企业13家、招标代理机构80家、审图机构2家、安全鉴定企业41家、担保企业94家。

【建筑市场开放】 2016年8月1日起，东莞市调整建筑市场监管措施，明确自8月1日起，外市企业进莞承揽业务不设门槛，外市企业在莞与东莞本市企业一样享受同城待遇，不用设分支机构，企业只要有对应的建筑业企业资质都可参加投标和承接业务。12月，发布《关于加强建设工程质量检测机构管理促进我市工程质量检测市场健康发展的意见》，明确自2017年1月1日起开放受理工程质量检测机构资质核准事项，并通过建立建设工程质量检测监管系统对检测机构实施常规管理。

【工程建设领域用工实名制管理】 2016年，东莞市制订《东莞市住房和城乡建设局关于建筑工程劳务人员实名制管理的若干规定（试行）》及开发“实名制管理系统”。自2016年10月1日起全面实施工人实名制管理。全年新开工80多个项目使用“实名制管理系统”，系统录入劳务人员人数约9000人，较好地起到预防工地欠薪作用。全年受理工人工资纠纷案件28宗，协调解决拖欠工资金额约3800万元，涉及工人约2000人，网上公示3家不积极处理拖欠工人工资企业。

【工程建设领域保证金清理规范】 2016年6月，东莞市制定《东莞市清理规范工程建设领域保证金工作实施方案》，明确工作任务、实施步骤、职责分工和保障措施，做到综合统筹、条块结合、不留死角。通过清理，全市工程建设领域除依法依规设立的投标保证金、履约保证金、工程质量保证金、农民工工资保证金外，不存在设立其他保证金情况，未发现有关部门或建设单位未按时返还和超额收取（预留）保证金问题。

【建筑工程质量安全管理】 2016年，东莞市继续推广实施规划建设并联审批制度，实行施工许可与安全措施备案并联审批，强化企业自主承诺负责，落实项目审批“宽进”。全年监管建筑工程633项，总建筑面积5559.5万平方米，造价915亿元。开展海砂使用、基坑工程、混凝土相关试件产品质量、预拌混凝土企业质量、恶劣天气下施工安全及既有房屋安全、城市轨道交通工程、危大工程等专项检查和季度大检查、夏季消防检查、重大节假日及岁末年初安全检查、百日集中严整专项行动等集中检查整治等共15次。召开施工质量安全及勘察现场观摩会4次。建立“双随机”检查机制，强化工程建设监管；开展建筑市场和施工现场“两场联动”综合执法模式试点，扩大执法覆盖面；实行工程实时动态监管，通过远程视频监控系统，对施工现场实行全过程、全方位、全天候实时监管；完善施工现场综合监管，整合质量、安全、检测等数据信息，做到“信息一个库、管理一张网、监督一条线”，实现信息共享；实现起重机械精准监管，在部分工地推广应用施工电梯安全监控管理系统；严格施工现场建筑起重机械安装拆卸、维保、检验检测单位安全管理人员实名制考勤，保证建筑起重机械作业安全。开展工程质量治理两年行动，加强工程质量检测，建立和完善检测监管信息系统，全面实施工程结构实体监督抽测工作，开展材料抽检2531批次。全年出动执法人员3.26万人次，检查各类工地1.32万项次，向施工、监理单位发出质量安全责令限期整改和停工整改执法文书2800多份，不良行为扣分通知书3100多份。通过视频监控远程监控，处理492项工程责任主体违规行为。全市建设工程质量安全处于可控状态。

【建筑工程招投标改革】 2016年5月26日（含）起，东莞市开标的房屋建筑和市政基础设施项目取消年度固定投标保证金制度，进一步保障招标人权益。全年受理备案制项目发包登记事项457项。房建市政类项目完成招投标295项，其中服务类项目189项，施工类106项，施工类项目预算金额86.91亿元，中标金额70.07亿元，平均下浮19.37%。

【建设工程造价管理】 2016年，东莞市通过东莞建设网和《东莞建设工程造价信息》发布造价信息6.6万多条，引导市场合理定价。办理招标工程最高限价备案389项；组建建设工程造价专家库；实施建筑业“营改增”后工程造价数据监测，监测阶段性成果显示东莞市项目整体建安成本略有上升；参与编制广东省《工业化建筑工程消耗量定额》；调整东莞市建设工程动态工资，从99元上调至105元。

【勘察设计管理】 2016年，东莞市简化初步设计审查和施工图重大变更备案管理，缩减强制审查备案范围、调整审查备案形式，压减批复备案时限。全年经审查符合要求大中型建设工程初步设计审查136项，办结房屋建筑与市政基础设施工程施工图审查备案2387项，其中普通工程审查备案1796项，基础工程审查备案181项，重大项目等绿色通道工程410项，施工图重大变更重新备案283项。组织开展施工图设计文件质量抽查93项，开展勘察现场抽查105项。

【治污工程监管职能移交】 2016年11月，东莞市将原由市环保局承担的“污水处理工程建设监管职责”划入市住建局，明确具体职责是“承担污水处理工程项目初步设计审查、施工图设计文件审查备案、工程招标文件备案、工程招投标现场监督、工程招投标情况报告备案、工程施工许可、工程质量及施工安全生产监督管理、工程设计变更审核等工作”。12月6日，污水治理工程监管职能移交工作会召开，明确有关职能移交工作。其后，市住建局创新相关审批、审核程序及要求，对截污管网工程参照重大项目采取提前介入方式，简化初步设计审查、施工图审查备案（包括施工图变更）、施工许可手续办理要求，制定截污管网工程办事指南，厘清污水处理工程前期审批手续办理问题，缩减污水处理工程开工前审批流程。

【建筑领域落实“放管服”工作改革】 2016年，东莞市深化建筑领域“放管服”（简政放权、放管结合、优化服务）改革。制定《东莞市住房和城乡建设局权责清单》并加强动态调整；取消4项行政审批中介服务事项，新增下放2个简政强镇业务事项，累计委托下放30个事权，增强中心镇和园区建设发展自主权；创新提效，优化审批流程，选取5个工程类事项和3个企业类事项试行容缺受理，切实提高办事效率。（吴维彬）

美丽幸福村居建设

【“美丽幸福村居”建设概况】2016年，东莞市完成58个社区（村）“美丽幸福村居”综合验收，启动第四批127个社区（村）建设，市、镇、村三级总投入资金8.3亿元。各社区（村）通过加大公共基础设施建设力度，加强路网升级、河涌清淤、雨污分流、巷道升级改造等，改善人居环境。结合自然生态、地理环境和农业生产，挖掘历史文化资源，开展风貌改造、传统村落及建筑物活化保育、发展休闲农业等，建成特色鲜明的“美丽幸福村居”。东莞市24个社区获评得“2016年四星级广东省宜居社区”称号，111个社区列入“全国绿色村庄”，麻涌镇入选2016年第四批“全国美丽宜居小镇示范”，麻涌镇水乡绿道建设项目获评2016年广东省宜居环境范例奖。

【《东莞市美丽幸福村居建设工作指引手册》编制】2016年，东莞市编制《东莞市美丽幸福村居建设工作指引手册》，用于指导村居开展“美丽幸福村居”建设，对工作流程、行动计划和单项设计编制及审批等方面作全面规范。其中《行动计划编制指引》是根据村居建设现状特点而制定。行动计划要求对村庄人文历史、现状特色资源充分调研分析的基础上，运用城市规划方法，提出长远发展思路，并形成近、中、远期实施项目库，使得村庄建设既有宏观框架，也有落地抓手。（吴维彬）

建设科技与信息化

【绿色建筑建设】2016年，东莞市有120个新建建筑项目执行绿色建筑标准，建筑面积502万平方米，占新建节能建筑面积46.5%，实现建筑节能3.51万吨标准煤，减排二氧化碳9.63万吨。

【建筑节能减排】2016年，东莞市新建建筑严格执行节能强制性标准，在设计、施工阶段100%执行节能强制性标准。全市新增节能建筑面积1080万平方米，实现建筑节能3.78万吨标准煤，减排二氧化碳10.35万吨。新增24栋建筑纳入东莞市建筑能耗监测平台，完成既有建筑节能改造面积65.2万平方米，实现建筑节能0.52万吨标准煤，减排二氧化碳1.21万吨。可再生能源应用建筑面积56.8万平方米，实现建筑节能1.79万吨标准煤，减排二氧化碳5万吨。全年执行“禁实限粘”（禁止使用实心粘土砖，限制使用粘土制品的墙体材料）和应用新型墙材要求的工程项目情况比例达到100%。经认定的新型墙体材料生产企业59家，年总生产能力1614.19万立方米，实际产量876.5万立方米，消纳固体废弃物256.94万吨，节约68.2万吨标准煤，减排1.3万吨二氧化硫，减排150吨二氧化碳。

【装配式建筑推广】2016年，东莞市开展装配式建筑调研工作，研究制定《东莞市人民政府关于大力发展装配式建筑的实施意见》，进一步推动装配式建筑发展。建成万科松湖传奇项目、虎门万科城项目等建筑工业化项目，总建筑面积147.34万平方米，实现建筑节能0.65万吨标准煤，减排二氧化碳1.79万吨。（吴维彬）

附：2016年东莞市住房和城乡建设局主要领导名录

党组书记、局长：朱利民

重点工程建设

【重点工程建设概况】2016年，东莞市城建工程管理局承建工程43项，其中在建工程18项、筹建工程21项、完工4项，新开工东莞市老年大学新校区、东莞市食品药品检测中心、东莞职业技术学院培训楼内部装修、虎门中学新建学生宿舍二期等7项工程；完工或基本完工散裂中子源一期土建、东引运河堤路结合达标B段、东莞市规划展览馆绿色环境改造、东莞市规划展览馆展陈、东莞市第二看守所三监区配套、东莞理工学院新建学生宿舍及饭堂、东莞市启智学校异地扩建等9项工程。纳入市重大项目的7项工程，总体超额完成投资计划。东莞篮球中心工程获评“2016—2017年度国家优质工程奖”“2015年全国优秀工程勘察设计奖建筑工程一等奖”“中国建筑设计奖”；云计算中心、食品药品检测中心工地均获评“市安全文明施工样板工地”。

【中国散裂中子源项目一期工程】该项目规划用地66.67公顷，其中，一期用地26.67公顷，投资概算5.84亿元，总建筑面积6.98万平方米，分主装置区建筑面积3.32万平方米；辅助配套区面积3.66万平方米。该工程于2012年5月动工，至2016年8月全部单体完工交付使用。该项目建成后将成为发展中国家拥有的第一台散裂中子源，是继英国、美国、日本后的第四大脉冲散裂中子源，将为中国在物理学、生命科学、材料科学、医药和新型核能开发等前沿领域的基础研究提供一个先进、功能强大的中子散射科研平台。

中国散裂中子源项目

【尖岗岭桥等9座市区桥梁加固维修工程】 该项目为2016年市政府“十件实事”工程之一，主要是加固维修尖岗岭桥、石大人行天桥、石步桥、大圳埔跨线桥、横沥路大圳埔桥、寮步立交桥、码头路跨线桥、斜西运河桥、寒溪河大桥等9座市区桥梁，总投资994.84万元。该项目于2015年9月动工，至2016年9月底完工。9座桥梁外观得到美化，提高桥梁承载力，满足桥梁使用要求，保证桥梁通行安全可靠。

【东莞理工学院新建学生宿舍及饭堂工程】 该项目位于东莞理工学院松山湖校区内，包括5栋九至十二层的学生宿舍和1栋五层学生饭堂。项目总用地面积3.35万平方米，总建筑面积5.78万平方米。项目总投资约1.8亿元，工程合同工期432天，实际于2016年6月底基本完工，7月8日完成竣工验收，比计划提前一周完成建设任务。

【运河综合整治东引运河（寒溪水）堤路结合达标（B段）工程】 运河综合整治河道总长约180公里，起点位于凤岗镇雁田水库，终点为虎门镇虎门水闸及长安镇长安排涝站，流经石马河和寒溪河，途径23个镇街，分为A段（长安镇长安排涝站至东城街道峡口水闸）、B段（东城街道峡口水闸至东坑镇神山桥、C段（企石镇经东坑镇至黄江镇、D段（桥头镇至凤岗镇四段进行规划建设。B段（东城街道峡口水闸至东坑镇神山桥，河道总长17.8公里，两岸堤路总长约42公里，工程分6个标段，分别为东城段、茶山北段、茶山南段、生态园北段、生态园南段、东坑段。后根据市政府相关文件，穿堤建筑物改造工程、神山桥—坑美段堤防工程及市政工程、余屋桥重建工程分别于2010年、2013年、2014年纳入B段工程中，最终工程共10个标段。工程于2009年9月进场施工，除余屋桥工程外其他工程至2016年4月完成。 （庚小文）

附：2016年东莞市城建工程管理局主要领导名录

党组书记、局长：祁志强

东莞实业投资控股集团有限公司

【东莞实业投资控股集团有限公司概况】 2016年，东莞实业投资控股集团有限公司（简称“东实集团”）实现轨道交通2号线试运营、1号线开工建设，麻涌垃圾处理厂一二期基本完工，首次企业债发行获国家发改委联审会议通过。截至2016年，东实集团总资产380.7亿元，净资产176.5亿元，实现营业收入10.1亿元，净利润3.5亿元。员工4800人（其中东实集团总部113人），拥有全资子公司35家。轨道交通2号线工程获评“2016年市先进重大建设项目”，东莞科技金融集团和东实融资担保公司双双获得“2016年东莞金融服务单项奖”“2016年年度卓越品牌企业奖”。

战略规划编制 2016年，东实集团聘请专业顾问机构协助编制“十三五”战略规划，初步确立发展战略：以轨道交通建设为核心任务，以土地资源开发和战略性新兴产业投资培育为主攻方向，以城市综合运营、环保产业、科技金融、公共服务为主营业务，通过资产整合、资本运作、管理突破，将东实集团打造为政府城市建设投资平台、战略性新兴产业培育平台和国有资本投资平台。

轨道交通2号线试运营 2016年，轨道交通2号线全面完工，于5月27日开通试运营，东莞市成为国内第27个“地铁城市”，标志着东莞市跨入地铁时代，提升城市吸引力、竞争力。截至2016年，2号线安全开行列车5.8万列次，运营里程累计202万千米，列车运行图兑现率100%，正点率99.97%。累计客流量2132万人次，日均客流量9.8万人次，超过预期客流量。

轨道交通新线建设 2016年，东实集团促成轨道交通1号线大标段划分方案、政府购买服务方案获市政府审批，工程可行性研究报告获省发改委批复，完成全部立项程序。1、2号线联络线暨1号线土建工程于9月28日开工建设。启动2号线三期、3号线一期工程和1号线南延线的工程可行性研究报告编制。加强与深圳市、广州市地铁“南延北接”，规划研究对接工作，东莞1号线与深圳6号线支线衔接事宜与深圳市达成初步共识，与广州市地铁线衔接方案基本确定。代表东莞市政府履行珠三角城际轨道出资任务，累计出资15.51亿元。

轨道交通TOD综合开发 2016年，东实集团参与轨道交通TOD（以公共交通为导向的开发）开发政策研究，会同东莞市有关部门完成《关于轨道交通站点周边土地统筹的政策分析建议》《关于创新东莞轨道交通投融资体制的工作方案》两份调研报告。成立轨道设计与土地开发协调小组，加强对接协调，促进“轨道设计与土地统筹、轨道建设与上盖物业、轨道运营与资源开发”三统一。开展轨道站点土地摸查，完成城市轨道交通1、2、3、4号线，以及城际轨道佛莞惠、穗莞深线90个站点周边195平方千米土地摸查，形成各轨道交通沿线站点周边土地摸查成果图册，建立轨道站点周边土地信息台账。联合市规划局开展32个站点的TOD规划编制，完成1个站点规划的审批。与属地镇街合作，启动东莞南站、城际寮步站、黄江北站、中堂站、道滘东站、大朗西站、袁屋边等7个土地一级开发项目。

城市综合运营 2016年，东实集团推进松山湖大学创新城完成投资3.31亿元，占年度计划110%，并获评“松山湖2016年园区企业投资突出贡献奖”，其中，北京航空航天大学东莞研究院入驻。南城国际商务区综合管廊专项规划完成方案优化。房地产开发进展顺利，参股的虎门天伦房地产项目、清溪重河房地产项目开盘销售。机关二号大院装修、阳光大楼装修、东莞东站站前广场改造等项目基本完工，“以租代售”“分期付款”模式日臻成熟。“智网工程”指挥中心、轨道大厦建设进展顺利。

环保产业 2016年，东实集团基本建成麻涌垃圾处理厂一二期工程，完成年度投资约3亿元，占年度计划102%。启动三期餐厨垃圾处理项目建设，推动海心沙循环经济产业园、谢岗飞灰填埋项目立项。与广东开能环保能源公司合作组建东实开能能源有限公司，完成阳江开能项目公司收购并投资建设阳江15兆瓦余热发电项目及20兆瓦煤气发电项目。

公共服务 2016年，东实集团以东莞迎宾馆、东鸿物业公司、港澳客运公司、东莞篮球中心等为载体，围绕民生需求，提供优质服务。东鸿物业公司拓展物业管理项目，盘活经营资源，龙湾婚庆公园完成改造，全年接待游客量29.3万人次，对比改造前，游客增量200%；市政府“十件实事”之一——公共自行车试点项目投入运营；会展中心、雅园新村等物业管理日益完善。东莞迎宾馆开拓餐饮、宴会、客房及康体业务，旅游度假定位日益明显。东莞篮球中心全年承办东莞松山湖国际马拉松赛、中国男子篮球职业联赛赛事等活动45场次，累计接待观众27万人次。（黄冠华）

附：2016年东莞实业投资控股集团有限公司主要领导名录

党委书记、董事长：刘　波

水　务

【水资源管理】 2016年，东莞市启动可持续发展水资源战略研究以及珠江三角洲水资源配置工程东莞配套工程规划编制工作。石马河河口东江水源保护一期工程获广东省发改委批复立项，进入施工图设计阶段。珠江三角洲水资源配置工程初步明确在东莞市的线路和交水点，工程完工后，将形成“双水源”保障格局。组织完成省、市最严格水资源管理制度年度考核，对170家取水户下达2016年度取水计划6.16亿立方米，严格把控工业用水单位耗水。2016年，东莞市用水总量17.91亿立方米，比上年下降4.2%，万元国内生产总值用水量26.23立方米，下降11.96%。

【城市供水】 2016年，东莞市第二水厂、第四水厂取水口迁移方案基本完成编制。关停整合南城蛤地水厂、厚街环冈水厂、桥头邵岗头水厂等3家村级水厂，有水厂100家（其中市级水厂7家、镇级水厂43家、村级水厂50家），投资1.15亿元更新改造供水管网412公里。全市加快推进村改居供水一体化建设，印发实施《东莞市加快推进村改居供水一体化建设工作方案》，出台《东莞市水务局生活饮用水二次供水管理实施细则》《东莞市二次供水技术规程》等规范性文件，为供水行业监管提供行政抓手及技术指引，强化水质监测，在原有监测点设置的基础上，新增366个二次供水监测点，加大对不达标水厂的处罚力度，保障城市供水水质的安全。截至2016年，全市日供水能力750万立方米，实际日供水428.5万立方米，出厂水水质综合合格率99.82%，优于国标95%的要求。

【城镇排水】 2016年，东莞市完成《东莞市市区排水（雨水）防涝综合规划》（2016—2030）编制。全面完成市区内涝整治应急三期（新开河系统）北侧分流工程，东城下桥河片区内涝整治工程完成78%的工程量，启动鸿福西路东莞市民艺术中心片区内涝整治工程，南城街道5个严重易涝点中有3个进场施工，启动全市易涝点排查统计，完成《全市易涝点整治近期实施计划》（2017—2020）编制，修编完成《东莞市市区排水防涝应急预案》，组织编制东莞市新版暴雨强度公式，形成《东莞市暴雨强度公式修订技术报告（2016年）》并经市政府批准实施。

【“三防”建设】 2016年，东莞市推进基层“三防”体系建设，出台《东莞市全面推进基层“三防”体系建设实施方案》，东城、凤岗等12个镇街的基层“三防”体系建设完成，基本建成市级第3个防汛物资仓库——沙田仓库，与峡口仓库、塘厦仓库形成“铁三角”的保障格局，举办全市“三防”减灾专题培训、冲锋舟基本安全技能培训等活动，组织军地联合冲锋舟实操集训演练，提升基层“三防”的能力水平。东莞市先后成功抵御17场强暴雨以及3个强台风的袭击，实现全年防台风零伤亡的工作目标，其中在应对强台风“妮妲”中，第一次启动I级应急响应，全市范围实行“五停”（停工/业、停产、停课、停市、停运），做足准备，强化保障，最大限度减少经济损失，取得抢险抗灾的全面胜利。

【海绵城市建设】 2016年，东莞市完成《关于推进海绵城市建设的实施意见》编制并提请市政府审定，明确海绵城市建设的任务目标和责任分工，基本完成《东莞市海绵城市建设技术导则（试行）》《东莞市海绵城市建设技术导则（试行）》《东莞市海绵城市建设技术——低影响开发雨水控制与利用工程设计标准图集（试行）》等编制，规范全市海绵城市建设和管理；完成《黄沙河流域海绵城市建设试点示范区实施方案》初稿并进行专家评审，加快推进海绵城市试点示范区建设。

【国家水生态文明城市创建】 2016年，东莞市按照水利部批复的研究意见，对《东莞市水生态文明城市建设试点实施方案（2014—2016）》进行修改完善，调整后的实施方案包含项目43项，总投资148.85亿元。截至2016年，东莞市完成投资113亿元，占调整后总投资的76%，21项考核指标中有18项达到目标值。3月22日，东莞市人民政府联合省水利厅在麻涌镇举办纪念第二十四届“世界水日”、第二十九届“中国水周”暨“生态河湖、绿色共享”主题系列宣传活动，近20家中央、省、市主流媒体记者参加活动并进行宣传报道；东莞市水务局联合《东莞时报》举办“东莞十佳最美水生态景观”网络评选活动，促进东莞市水生态文明创建、提升东莞市绿色发展的形象。 （林晓文）

附：2016年东莞市水务局主要领导名录

党组书记、局长：袁丽群

【东江水务有限公司概况】 2016年，东莞市东江水务有限公司拥有7家水厂（第二水厂、第三水厂、第四水厂、第五水厂、第六水厂、万江水厂、东城水厂）、2家子公司（东江自来水有限公司、松山湖供水有限公司）和1个全市供水行业唯一同时拥有计量认证（CMA）和实验室认可（CNAS）双认证的水质监测站。东江水务有限公司主要采用区域集中供水模式，供水能力365万立方米/日（含原水），供水主干管网全长500多千米，各供水主干管网互联互通形成环状供水格局，满足供水范围内各镇街的用水需要，出厂水水质达到《生活饮用水卫生标准》，保障全市32个镇街中23个镇街的安全优质供水。2016年，东江水务有限公司供水量8.62亿立方米（含原水），常规供水单耗0.31吨标准煤每万立方米，与2015年相比产品节能量1055吨标准煤，为完成“十三五”节能减排任务开创良好局面。东江水务有限公司获评莞城街道“2016年度纳税突出贡献企业”“2016年度文化建设特别贡献企业”“2016年度节能先进单位”。

供水保障 2016年，东江水务有限公司落实安全生产责任，强化监管和防范措施，实现安全生产零事故；针对汛期水源水质变化及管道迁改工程需要，24小时不间断对供水管网进行在线监控，完成各水厂联合供水调度任务94宗；进行管道抢修22宗，确保供水管网的正常运行，保障供水安全。

供水管网工程 截至2016年，东江水务有限公司累计投入2.48亿元在大市区范围内改造管网、更换水表、维护管道、更新管道等，提升供水质量，受益客户8.27万户；完成大市区范围内供水管网老化相对严重的64个片区776千米的管网改造，惠及莞城、南城、东城、万江、寮步等镇街市民。2016年，东江水务有限公司投入452万元，完成上下手村、涡岭、犬眠岭3个片区的管网改造，累计更换各口径管道长度17千米，受益客户1883户。投资2亿元筹建全长14千米的西部水乡片供水干管工程。截至2016年，该项目敷设的管道长度占全长的96%。该管道建成后，西部水乡片将有第三水厂和第四水厂两个水源，同时有两套供水干管，确保在水厂或供水干管检修、抢修期间依然有水可用，满足水乡片区统筹发展的用水需求，实现水乡片区的环状供水格局。落实市应急抢险工程，因道滘大桥重建工程施工与东江水务有限公司DN1200给水管道管位冲突，需对给水管道进行迁移，该工程被东莞市政府纳为市应急抢险工程。DN1200给水管道迁改工程全长591米，于2016年11月4日完成停水碰口施工并恢复通水。

监测及科研能力提升 2016年，东江水务有限公司水质监测站完成水处理剂次氯酸钠、水中的多环芳烃、污水中的氨氮等新检测项目的开发；开展“典型抗生素检测方法开发及东莞市城市供水抗生素污染风险分析”研究项目，以及完成四环素类等四大类14个项目的检测方法开发。东江水务有限公司与清华大学深圳研究生院、清华大学联合开展的给水处理技术研究项目“应对季节性水源污染的东莞市饮用水安全技术中试平台与示范工程研究”获东莞市科技进步奖二等奖；“一种应用于自来水厂滤池的生物反应器装置”获国家实用新型专利授权。

“大市区供水一张网”实现 2016年，东江自来水有限公司与南城街道蛤地股份经济联合社签订《东莞市南城街道蛤地社区供水系统（供水管网单项）资产转让及移交协议》，接收蛤地社区供水管网系统，完成大市区最后一家村级水厂的整合工作，推进同城同网同价同质同服务的“放心水”工作，实现“大市区供水一张网”。

供水服务提升 2016年，东江水务有限公司下属营业厅于11月8日开展一站式服务，突破“一窗单能”的传统窗口服务模式，体现“以客户为中心”的理念，同时在各营业厅增设大堂值班经理，实现预受理业务功能，减少业务办理时间。下属子（分）公司分别于11月15日、12月30日进驻松山湖（生态园）综合服务中心及万江街道综合服务中心开设供水业务窗口，提供用水报装、旧表迁改业务、用水业务咨询、委托银行代收业务等供水服务。截至2016年，接听市民来电8.17万次，提供业务咨询6.79万次，处理工单1.38万件，平均日来电223次，人工接通率97%以上，工单回访满意率平均99%。

第五届水厂开放日举办 2016年，东江水务有限公司在第四水厂举办第五届水厂开放日，接待团体及市民近千人，创历年新高。来访市民可进入平流沉淀池、V型滤池、配水泵房等地参观自来水生产工艺流程中的关键处理工序。活动现场设有设备展示区，展示供水应急抢修设备、管道设备、大型管道阀门、管道抢修器及应急送水车和送水箱等，还设有水质监测、管网改造、水表展示、管网检漏等摊位，现场提供专业服务咨询及供水疑难解答。

（殷敏丹　何杏炜　李佳卉）

附：2016年东莞市东江水务有限公司主要领导名录

党委书记、董事长：罗沛强
党委副书记、总经理：黎泽钧

住房公积金管理

【住房公积金管理概况】 2016年，东莞市住房公积金实缴单位2.57万家，实缴职工133.23万人，缴存资金98.12亿元；新开户单位7089家，新开户职工32.26万人，净增单位6523家，净增职工2.88万人；提取住房公积金82.65亿元；发放个人住房贷款6700笔、31.53亿元；回收个人住房贷款19.11亿元。截至2016年，缴存总额620.85亿元，缴存余额238.66亿元；提取住房公积金总额382.19亿元；累计发放个人住房贷款7.21万笔、248.05亿元，贷款余额143.84亿元；个人住房贷款率60.27%，资金运用率60.27%。

【住房公积金缴存上下限调整】 2016年，东莞市根据《广东省住房和城乡建设厅　广东省发展和改革委员会　广东省财政厅　中国人民银行广州分行转发住房城乡建设部等部门关于规范和阶段性适当降低住房公积金缴存比例的通知》《东莞市供给侧结构性改革实施方案（2016—2018年）》精神，7月1日起，东莞市阶段性适当降低住房公积金缴存比例，上限由20%下降至12%；缴存基数上限调整为22995元，职工住房公积金月缴存额（个人+单位）上限由7934元调整为5519元。对缴存住房公积金确有困难的企业，允许企业按规定程序申请降低缴存比例至5%以下或者缓缴。截至2016年，减少企业成本3.27亿元。

【住房公积金行政执法力度加强】 2016年，东莞市围绕住房公积金年度扩面任务目标开展有针对性的催建催缴，指导和督促各镇街落实扩面任务指标；同时以年度考评为抓手，发挥各镇街（园区）的属地管理优势，以提升人数覆盖率为目标，重点面向“四上”企业（规模以上工业企业、资质等级建筑业企业、限额以上批零住餐企业、限额以上服务业企业）开展催建催缴，建立对各镇街缴存扩面工作的督查与问责机制，对各镇街的缴存任务完成情况、被督查和问责的情况进行通报。修订住房公积金行政处罚自由裁量标准，对责令改正无效的单位坚决实施行政处罚或申请法院强制执行，将违法单位列入不依法缴存公积金单位“负面清单”，通过网站予以通报。截至2016年，对88个单位进行行政处罚，罚款总额297万元，向法院申请强制执行追缴案件115宗。

【住房公积金提取使用管理】 2016年，东莞市每月提取住房公积金限额从540元提高到1500元，提取比例由月缴存额的60%提高到65%，提取频次从不少于3个月调整为可每月自助提取。新增物业管理费和装修费两种提取类型。物业管理费提取，职工可提取月缴存额的30%且上限不超于1500元；装修费提取，职工则可一次性提取当前职工账户余额的65%且上限不超于10万元作为装修补充资金。截至2016年，办理租金提取的有59万人次、11亿元；办理物业管理费及装修费提取达到6.1万人次、17.88亿元。

【住房公积金服务】 2016年，东莞市贯彻“互联网+政务服务”“一门式一网式”优化改革，加快推进公积金信息系统三期建设，优化及推广网上办事大厅，升级门户网站功能，启动智能客服“百事通”，推出具备查询及办理业务功能的自助服务一体机。推出微信公众号，丰富和完善住房公积金服务渠道，截至2016年，关注人数近18万人次。推进与各银行间的商业贷款信息互通，“商贷”可逐月划扣还贷的银行由1家增至8家。推进归集银行扩增工作，创新方式扩大缴存数据使用价值，与银行合作为缴存人提供增值服务，有中信银行、浦发银行等推出缴存人信用式消费贷款业务。（张志明）

附：2016年东莞市住房公积金管理中心主要领导名录

党组书记、主任：王海明

东莞优美城市环境

市政建设

市政路桥、公共照明

【市政道路养护概况】 2016年，东莞市维修市直管道路沥青路面13.47万平方米，提升改造井盖2051套，修复人行道板3.67万平方米、沟盖板1551块、路缘石352块，翻新标线6.76万平方米、文字标线324个、箭头标线369个，更换波形护栏995块、波形护栏立柱1067根、防撞沙桶95个。完成环城路同沙立交桥段445米隔音屏建设。

【市政桥梁管理】 2016年，东莞市落实市直管239座城市桥梁经常性检查、定期检测及日常维护。完成福沙河桥、淡水湖桥等22座城市桥梁特殊检测评估。做好市直管城市桥梁责任牌、桥名牌等标志牌和17座通航桥梁航标设施养护。落实东莞水道特大桥、大汾北水道特大桥、芦村特大桥、寒溪河大桥监测及诊断系统后期运营。修编、印发实施《东莞市城市桥梁重大事故应急预案》。

【照明设施养护概况】 2016年，东莞市城市亮灯率99%以上。全年累计更换光源、灯具、镇流器、触发器、保险、电容、启辉器、交流接触器、开关、时控、排气扇等2.3万个，修复灯杆361支，维修电缆2.6万米，翻新路灯及景观灯饰7.69万套次，清洗路灯及景观灯饰2.15万套次。 （陈佩珠）

城市供电

【供电概况】 2016年，东莞市完成供电量695.59亿千瓦时，比上年增长5.19%；客户年平均停电时间7.98小时；第三方客户满意度90分；最高负荷1357.7万千瓦，比上年增长4.53%；投产110千伏及以上输变电工程14项，新增主变容量257.4万千伏安、输电线路205.8千米。东莞供电局连年获评“中央和省驻莞机关先进单位”。

【供电客户服务】 2016年，东莞市通过深挖市内机组发电能力、向省经信委争取用电指标等措施，减少最大错峰负荷和错峰电量，确保电力供应。建立并实施客户全方位服务机制，采取“客户经理+服务调度+客服工程师”的服务模式，为华为公司、粤海工业园等212个市重大项目开辟绿色报装通道。自2012年起配合各类工程完成近1400项电力迁改工程，其中包括穗莞深城际轨道、环莞快速路（二期）等市政重点工程。加大便民服务力度，加速城乡服务均等化建设，提供报装、缴费同城化服务，打造“十分钟缴费圈”，开通多种电子服务平台，建成全省首个支付宝缴电费平台。开展用户用电安全专项治理，重要用户供电电源及应急自备电源配置合格率均提升至100%。持续开展城中村、危险品储存场所等专项用电安全检查，发现并整改238项隐患。完成21亿元涉及717个住宅小区的客户配电资产接收工作，提升住宅小区的用电安全运行管理水平。推行用户停电预协商服务机制，满足280个用户的个性化用电需求。在广东省情报调查报告中，供电服务满意度连续6年在地方政府公共服务评价中列第一位。第三方客户满意度在南方电网所有地级市局中列第一位。

【电网规划建设】 2016年，东莞市启动全市范围的电网规划建设“大会战”，固化工作机制，强力推进每年“三个一批”项目建设，携手社会各界走出一条持续发展、互进共赢的电网建设路径。将68个规划站址及136条线行纳入城市“三规”（社会发展规划、城市总体规划、土地利用规划）。基于化解电网基准风险的原则，编制推广中低压配电网规划指导意见，优化电网规划。提前谋划东莞市第六座及第七座500千伏变电站规划建设，取得500千伏沙田（崇焕路）站的选址意见。完成松山湖高新区、东莞港、生态园等配电网详细性规划编制，实施东莞港、长安滨海新区、南城国际商务区等高新产业园配电网专项规划。促成市政府与省公司签订“十三五”战略合作框架协议，“电网升级行动”写进政府工作报告。在市政府及有关部门支持下，化解一大批工程建设难点，其中积压的水平站配套线路跨铁路、泥洲及彭洞至跃立线路路径等问题得到解决。完成电网投资127.78亿元，投产110千伏及以上输变电工程55项、输电线路972.87千米，新增变电容量1415.2万千伏安，东莞电网逐步形成以500千伏东莞、横沥、莞城、水乡、纵江变电站和深圳500千伏宝安变电站为中心的6大供电区域。500千伏纵江输变电工程获评国家级工程建设“鲁班奖”，成为南方电网首个两次获此荣誉的供电局。

【电力安全生产】 2016年，东莞市持续开展检查审核，落实基于风险的督查，严格违章问责，促进安全风险体系建设工作常态化运转，确保安全生产局面可控在控。建立营销“十个重要动作”作业标准，提升工作规范化水平。自2012年南方电网事故事件调查规程颁布以后，首次杜绝三级及以上事故事件。全年化解一级事件风险6项、二级事件风险29项、三级事件风险81项。配网自动化运维显著改善，终端设备在线率提升至90.56%，故障定位准确率提升至61.5%。联合各级政府整治输配电设施保护区内隐患，外力破坏导致输电、配电线路跳闸次数逐年下降，从201次下降至68次。2016年用户年平均停电时间为3小时，下降73.7%。政企联动建立防外力破坏管控机制，全年整治1863项隐患，彻底根治水乡站周边薄膜问题，实现

220千伏以上线路“零”外力破坏跳闸。应对台风“妮妲”等多轮自然灾害袭击，并配合市政府完成大面积停电应急演练。建立应急预案体系，健全各级应急指挥架构。应对2013年“3·20”超强龙卷风、冰雹灾害，2014年“3·30”龙卷风灾害、“5·11”暴雨水浸灾害等应急处置工作。2012年至2016年开展各级保供电360余次，其中特级保供电3次、一级保供电4次、二级保供电39次。完成十八大、抗战胜利70周年、“亚运会”、“大运会”、第14届苏迪曼杯赛事等保供电工作。（邝志聪）

附：2016年东莞供电局主要领导名录

党委书记、局长：宋新明

城市供气

【城市供气概况】 2016年，东莞市建成天然气门站4座、天然气汽车加气站38座，铺设天然气高中压管网约2000千米，管道天然气年供气量10亿立方米；建成液化石油气储存站1座、液化石油气储配站23座、瓶装燃气供应站456个，液化石油气年供应量23万吨，全市管道燃气“一张网”基本形成。

【燃气安全管理】 2016年，东莞市依托东莞新奥公司、东莞九丰公司、兴华燃气公司、东莞喜威公司和中油九丰公司等5家燃气经营企业专业抢险队，组建东莞市燃气应急救援队，内设5个专业应急救援小组，配备11辆燃气救援抢险车。“安全生产月”期间，东莞市开展58场有关管道燃气、瓶装燃气、汽车加气等方面的应急演练活动。开展燃气安全隐患排查整治，遏制燃气安全事故发生。重拳打击“黑气”专项整治行动，全市出动执法人员1.92万人次，取缔“黑气”窝点830处，查扣液化石油气钢瓶3.01万个，处罚金额24余万元。组织燃气安全宣传教育培训，提高市民安全用气意识。（陈佩珠）

附：2016年东莞市城市综合管理局主要领导名录

党组书记、局长：唐耀文

【东莞新奥燃气有限公司概况】 东莞新奥燃气有限公司成立于2003年6月，由新奥能源控股有限公司与东莞市能源投资集团（原东莞市燃料工业总公司）合资组建的混合所有制企业，负责东莞市域管道燃气的建设、输配、运营以及民用、工商业、汽车、船舶等用户的燃气供应和技术服务。2016年，该公司党委获评“广东省非公有制经济组织‘双推双培’示范点”；辖下的银竹加气站、莞长加气站被评为“广东省客户满意十佳加气站”。

2016年4月21日，东莞市燃气应急救援队成立

能源推广 2016年，东莞新奥燃气有限公司持续完善城市燃气“一张网”管网布局，实现大朗镇、横沥镇的供气，标志东莞市管道天然气的全面覆盖；完成企石次高压及企石、桥头高中压调压站的建设，为东莞市东部、北部镇街的稳定用气提供气源保障。全年供气10亿立方米，累计销售天然气超过65亿立方米，相当于减少标准煤646万吨，减排二氧化碳620万吨、二氧化硫13万吨、氮氧化物9万吨。累计发展天然气居民用户近75万户、工商业用户近4000家；建设汽车加气站30多座，为全市1万余辆天然气汽车提供加气服务；完成蒸汽销售量7.7万吨，众生药业公司泛能站、豪丰工业园泛能网等多个泛能项目进展顺利，并与多个大型企业、工业园区就泛能业务达成合作意向，降低企业用能成本，优化城市能源结构。

安全运营 2016年，东莞新奥燃气有限公司通过创新生产作业联动机制、完善管理规则，并应用激光甲烷检测仪及无人机等新技术装备，强化安全管控。全年开展桌面推演、现场演练43次，检查夜间非预知应急响应10次，安全投入1345万元，保持安全生产“三个零”（零责任事故、零人身伤害、零环境损害）的良好记录。响应东莞市燃气应急救援队成立的号召，派出数十名专业抢维人员和多辆抢险车加入。

社会服务 2016年，东莞新奥燃气有限公司成立客户服务管理中心，整合服务资源，对服务团队进行专业化统一管理，通过创新服务模式，提升客户服务体验。其中，实施民用户改管大包制度，缩短客户改管等待时长；开通蓝牙卡交费和微信付费，为客户充气缴费提供便利。落实管理和业务的重构，全面升级调度中心，整合运营管理资源，统一气源调配，并顺应东莞市城市总体规划和战略调整，将6个管理区合并为5个管理区，促进区域管理的高效落地、均衡发展。此外，开展“进社区”“进校园”“进企业”“进家庭”等安全宣传活动，全年民用户入户安检率92%以上，保障客户用气安全；开展志愿公益活动，累计公益捐款超过3000万元，向东莞市志愿者拓展服务总队捐赠10万元用于对弱势群体的帮扶，东莞新奥燃气有限公司志愿者分队被评为“东莞市拓展总队优秀志愿者团队”、东莞新奥燃气有限公司被评为市爱心志愿者协会“最佳爱心单位”、客户服务管理中心被评为“广东省工人先锋号”。（黄炜燮）

附：2016年东莞新奥燃气有限公司主要领导名录

董事长：陈仲新

首席执行官：吴晓菁

总经理：蔡志鹏

公共交通

【客运行业概况】 2016年，东莞市有汽车客运站31个，其中一级站5个，二级站7个，三级站16个，五级站1个，简易站2个；有汽车客运配客点40个，城市候机楼1个。完成全市28家三级以上汽车客运站联网售票工作，可现实网上预售票。全市有客运班车企业23家，东莞籍跨省客运班车412辆，开通跨省客运班线288条；有东莞籍跨市客运班车1168辆，开通跨市客运班线318条。

【公交行业概况】 2016年，东莞市有公交企业29家，公交运力5395辆，其中4186辆为LNG（液化天然气）及气电混合的清洁能源、插电式混合动力和纯电动新能源公交车型。公交线路不断完善，全市有公交线路440条，其中东莞巴士公司运营线路71条，水乡新城公汽公司运营线路28条。加强地铁2号线公交接驳，通过新增和调整公交线路，有99条公交线路接驳地铁2号线。

市政道路养护

【出租车行业概况】 2016年，东莞市有出租汽车企业32家，其中出租汽车公司3家，整合为3家集团公司；公共的士企业29家。出租汽车运力7699辆，其中普通出租汽车4369辆，公共的士3330辆；出租汽车驾驶员1.5万人。（樊键忠）

【地铁2号线旗峰公园站周边公共自行车系统建成】 2016年，东莞市建成地铁2号线旗峰公园站周边公共自行车系统，完成安装该站点锁车桩、管理箱。12月16日，公共自行车项目启动仪式举行，整体项目开始试运营。

【人行道违规停车综合治理】 2016年，东莞市开展人行道违规停车综合治理。以市直管道路人行道机动车辆违规停车“黑点”为试点，在市区范围内推广增设人行道防护设施，包括设置人行护栏、倒U型护栏、止车柱等。至年底，市区完成人行道违规停车治理长度2.4万米。

【环城路拥堵点和东莞大道沿线交通设施整治】 2016年，东莞市以东莞大道、环城路为试点，组织编制交通设施完善方案。通过优化道路指示牌、整改标线等措施，提升道路通行能力。

【市区公交站亭站牌升级改造】 2016年，东莞市升级改造市区二期公交站亭站牌166处及单独站牌416处。落实市区公交站亭站牌日常管理，采取日巡、周巡及集中巡查的方式，发现问题及时整改。（陈佩珠）

园林绿化

【园林绿化概况】 2016年，东莞市建成区绿化覆盖面积456.2平方千米，全市建成区绿化覆盖率47.58%；园林绿地面积414平方千米，全市建成区绿地率43.17%；公园绿地面积144.56平方千米，公园绿地1509处，人均公园绿地面积22.99平方米；城市绿化覆盖率50.78%，绿地率49.28%，城市人均公园绿地面积24.51平方米。开展“小山小湖”社区公园建设情况调研和验收。麻涌镇创建“广东省园林城镇”，通过省住建厅检查和评审。

【园林绿化重点项目实施】 2016年，东莞市推进园林绿化重点项目建设，完成地铁2号线站点（旗峰公园站、鸿福路站、西平站）周边绿化景观修复。中心广场景观升级改造项目进入实施阶段。军分区莞长立交周边景观升级项目申请立项。环城路部分交通事故隐患点增设隐形护栏网项目申请立项。港口大道绿化景观修复项目基本完成。

【东莞植物园一期工程建设启动】 2016年8月，东莞市启动东莞植物园一期工程建设，主要建设荔枝文化园、兰花园、世界名树名花园、莞香园、中草药园、芳香植物园、引种驯化园、榕园、茶花园、儿童植物园、岩生植物园、岭南树木园等12个植物专类园。截至2016年，完成土地平整、园路路基铺设、关键部位基础等工程，占总工程量60%。（陈佩珠）

环境卫生

【环境卫生概况】 2016年，东莞市城镇生活垃圾无害化处理率100%。在广东省人大农村生活垃圾处理第三方评估考核中，排珠三角地区第一名，综合排全省第一名。

【城乡环境专项整治行动实施】 2016年，东莞市铺开城乡环境卫生、城市道路设施、违章户外广告、违法建筑、城市“六乱”（乱扔吐、乱堆放、乱拉挂、乱张贴、乱搭建、乱摆卖）、“黑煤气”等专项整治行动。与商户、单位签订“门前三包”（包卫生、包绿化、包秩序）责任书150万份，清理城市“牛皮癣”620.8万张/处，处理占道经营行为33.2万宗，清理垃圾集聚点46万处，修复市政设施5.8万处，拆除违章户外广告8.9万块。

【垃圾处理设施逐步完善】 2016年，东莞市麻涌垃圾处理厂建设稳步推进；横沥环保热电厂一期技术改造再增容工程完成项目环评、立项以及招标工作，项目基础工程完成100%；厚街环保热电厂二期扩建焚烧炉建设工程进行设备调试运行；市区环保热电厂增加垃圾处理生产线及建设环保教育展示中心工程完成项目环评；在石排镇规划建设建筑垃圾消纳场。

2016年11月9日，东莞市举办“垃圾分类文明我先行”主题演讲比赛全市总决赛

【存量垃圾治理推进】 2016年，东莞市开展全市填埋场摸底调研，了解存量垃圾状况，筹备制定存量垃圾治理计划。继续推进凤岗中心区填埋场、桥头镇大东洲填埋场综合整治工作。引进“垃圾分筛”处理技术，以常平镇笑金坑填埋场为试点，对存量垃圾进行分筛处理。

【垃圾分类试点继续开展】 2016年，东莞市继续开展生活垃圾分类试点工作，在原有试点基础上逐步扩大试点范围，跟踪各试点单位的垃圾分类工作。截至2016年，莞城、东城和万江等街道的试点社区配备小型餐厨垃圾处理设备，逐步开展社区内餐厨垃圾分类、收运及处理。

【首个餐厨垃圾处理厂开工建设】 2016年10月28日，东莞市首个餐厨垃圾处理厂开工建设。该项目地处麻涌镇大步村海心沙，总投资1.8亿元，占地1.2万平方米，规划日处理300吨餐厨垃圾及10吨地沟油。餐厨垃圾处理工艺为“预处理+厌氧消化”，沼气制备压缩天然气外售。地沟油处理工艺为“湿解+压榨+三相分离+蝶式离心”提纯制成油脂外售。该项目是东莞市餐厨废弃物资源化利用和无害化处理试点城市建设项目之一，分两期实施，每期规模150吨/天。（陈佩珠）

城市管理

【城市管理概况】 2016年，东莞市查控新增在建违法建筑，拆除（整改）违法建筑约800宗，拆除（整改）面积76.3万平方米；罚款20宗，罚款金额2218.38万元。开展查处城市“六乱”（乱扔吐、乱堆放、乱拉挂、乱张贴、乱搭建、乱摆卖）和违章广告、生活噪音等专项整治工作。出动执法人员54.97万人（次）、执法车14.31万车（次），联合执法3281宗，处理违法行为41.69万宗。加强信访维稳和房屋征收管理，城市管理局综合执法支队信访窗口受理“阳光热线”790宗，“政府热线”133宗，“12345”政府服务热线2.01万宗。

2016年4月25日，东莞市“数字城管”平台一期项目建成

【“数字城管”平台一期项目建成】 2016年，东莞市数字城管系统建设项目分两期进行建设。首期是市级平台及中心城区，包括莞城、东城、南城、万江等4个街道及松山湖高新区，第二期推广到全市其余各镇。截至2016年，项目完成投资约6000万元，搭建完成“数字城管”平台一期项目，市级平台与5个二级平台实现联动运行，完成系统设计建设内容，通过专家验收。

【东莞市对城市“牛皮癣”电话实施停号】 2016年6月起，东莞市对城市“牛皮癣”号码进行停机处理。全市建立城市“牛皮癣”专项整治微信群（QQ群）65个，群成员2460人。多个镇街建立举报城市“牛皮癣”奖励制度，全市奖励783人次，奖励金额17.5万元。设置方便群众发布便民信息的贴吧1279个，总面积4486.9平方米。截至2016年，全市出动执法人员（含清理人员）97.6万人次，清理城市“牛皮癣”456.5万处，立案查处2102宗，处罚金额59.4万元，收集城市“牛皮癣”号码2.2万个，核实取证后停机1.28万个。

【东城温塘文化中心项目违法建设案件查处】 2016年，东莞市查处东城温塘文化中心项目违法建设案件。该项目违法建设总建筑面积3.81万平方米，存在未申报任何规划手续自行建设、未按照建设工程规划许可证规定进行建设等违法行为，被住建部列入全国督办重大遥感图斑案件。截至2016年，拆除16栋无法采取改正措施消除对规划实施影响的建筑物，对予以保留的28栋建筑物及其相通的地下室处以工程造价10%的罚款，共440.13万元，并责令当事人按照经市城乡规划局通过的整改方案进行整改。东莞市纪检监察部门对相关责任人给予相应处分。（陈佩珠）

附：2016年东莞市城市综合管理局主要领导名录

党组书记、局长：唐耀文

环境保护

【环境保护概况】 2016年，东莞市环境质量总体呈稳步改善态势。空气质量综合指数4.09，优良天数319天，SO_2、NO_2、PM10、CO、PM2.5等大气污染物年平均浓度达到国家二级标准，其中SO_2、PM10、O_3、PM2.5与2015年相比分别下降21.4%、3.9%、3.5%、2.8%，NO_2持平，CO上升8.3%。全年降水pH值范围在5.61—7.09之间，降水pH值年均值5.88，酸雨频率12.6%。饮用水源水质达标率100%；城市功能区噪声昼间三类功能区年均值均达标，夜间二、三类功能区年均值均达标。东莞市环境保护局获评“广东省环境保护先进集体”“市重点项目服务保障先进单位”“市直单位年度工作优秀单位”。

从2016年10月起，东莞市环境保护局承接原由东莞市水务局承担的“生活污水和水域水污染治理职责”。

【环保党政同责】 2016年，东莞市委、市政府分别于6月1日、11月11日召开全市环境保护工作会议、全市环境保护工作会议暨水污染治理工作动员大会，推动落实环保党政同责、一岗双责。修订《东莞市环境保护责任考核体系》；8月19日完成并通报2015年度石马河、茅洲河及水乡特色发展经济区“河长制”考核结果，创新工程责任机制，明列“三个责任清单”，即工程项目清单、镇街（园区）责任清单和部门责任清单，全面明晰责任和义务，作为履职情况督查和责任追究的重要依据，发挥市环境保护委员会办公室的督查协调作用，加强对各镇街（园区）落实环保工作情况的跟踪督办，建立重点督办、通报等制度，对各镇街（园区）落实全市环保会议精神、内河涌污染整治、重点流域污染整治、畜禽养殖业污染整治、落实国控断面水质应急措施等情况开展专项督办，并及时向社会通报相关工作进展情况。

【中央环保督察案件办理】 2016年12月15—18日，中央第四环境保护督察组对广东省环境保护工作展开督察。督察期间，东莞市接到中央环境保护督察交办案件32批195宗，对公职责任人员约谈11人，诫勉谈话5人；对国有企业相关负责人约谈2人；对企业负责人行政拘留1人，刑事拘留3人。

【水污染防治】 2016年，东莞市落实国家“水十条”，印发实施《东莞市水污染防治行动计划实施方案》《东莞市饮用水源地环境保护规划（2015—2030）》，出台《关于全面加强我市水污染防治工作的实施意见》《关于加快推进全市截污次支管网建设实施方案》《关于推进水污染防治责任清单制度的实施方案》等治水政策体系，成立全市水污染防治协作小组、全市水污染治理设施建设工程总指挥部。2016年，新建成260千米截污管网，完成松山湖高新区北部污水处理厂二期工程、谢岗污水厂二期工程、桥头污水处理厂二期工程、凤岗竹塘污水处理厂二期工程等4家污水处理厂扩建，新增污水日处理能力17万吨，完成6条内河涌整治。麻涌镇制定《东莞市麻涌镇华阳村PASG分散式污水处理站示范项目BOT实施方案》，明确采取BOT（建设—经营—转让）模式组织项目实施，开展施工图设计等前期工作。

【茅洲河污染整治】 2016年，东莞市制定实施《东莞市2016年茅洲河污染综合整治工作方案》，《东莞市茅洲河流域水体达标方案》通过专家论证，成立深莞茅洲河全流域水环境综合整治工作领导小组，召开茅洲河全流域领导小组工作会议，长安新区污水处理厂（20万吨/日）及配套管网工程完成总工程量的75%，完成界河段300米试验段综合整治工程，并启动界河综合治理工程，基本完成辖区内畜禽养殖业清理。

【石马河污染整治】 2016年，东莞市制定实施《东莞市2016年石马河污染综合整治工作方案》，编制完成《石马河流域水环境综合整治达标方案》，完成3家重点污染企业淘汰任务和3家重污染企业清洁生产审核验收工作，开展5座垃圾填埋场无害化整治工程。石马河流域7个镇2016年建成截污次支管网156公里。凤岗玉泉水、凤岗凤德岭水、樟木头官仓河C段、常平旧石马河等4条内河涌完成整治。莞深惠三市建立跨界河流水质联合监测机制。

【大气污染治理】 2016年，东莞市制定实施《东莞市家具制造及制鞋行业VOCs污染整治工作实施方案》《VOCs治理技术指南》，按照“提升一批、整治一批、淘汰一批”的原则，重点推进家具及制鞋行业VOCs（挥发性物质）污染整治，完成1376家家具及制鞋企业VOCs污染整治，组织召开4次臭氧污染防控专家座谈会和VOCs污染防治体系专家研讨会，开展大气精准治理研究，完成推动禁燃区外104台10蒸吨/小时及以下高污染燃料锅炉整治，31个镇街480台生物质锅炉、479台建立生物质燃料使用台账。从7月24日起实行全市范围内24小时禁止未持有绿色环保检验合格标志汽车通行的限行管理措施；淘汰黄标车及老旧车3.75万辆，抽检机动车4715辆，查处超标车辆583辆；定期检测机动车90万辆。完成建设工程、工业堆场、码头、建筑工地等642个项目扬尘污染整治，印发实施《东莞市大气污染应急工作方案》，继续开展冬季大气污染防控行动和夏季臭氧污染防控专项行动。

【土壤及农村环境保护】 2016年，东莞市完成麻涌镇协忠电镀工业区场地环境调查与污染修复示范项目、石碣镇典型重金属污染农田土壤治理与修复示范项目、洪梅镇河西工业园土壤环境调查与污染修复示范项目的公开招标，确定项目第一阶段的施工单位，修订《东莞市畜禽养殖区域划分实施方案》，全市清理生猪近10万头，其他畜禽4.6万羽。

【污染减排】 2016年，东莞市16家企业47台65蒸吨/小时以上的燃煤工业锅炉中全面完成脱硫脱硝提标改造工程建设。麻涌新沙港集中供热项目完成供热管网建设，并向辖区15家企业实施供气。12月29日，东莞市排污权交易启动仪式暨签约仪式在广东省环境权益交易所举行，东莞市成为广东省第一个启动排污权交易的地级市，在东莞深能源樟洋电力有限公司、东莞中电九丰新能源热电有限公司、东莞粤丰环保电力有限公司、东莞市东实新能源有限公司4家企业实施排污权有偿使用和交易。制定实施《2016年水乡特色发展经济区“两高一低”（高能耗、高污染、低效益）企业全面整治与引导退出工作方案》，83家企业完成引导整治退出，完成节能减排示范市建设。

【环保改革】 2016年，东莞市建立执行项目环评审批污染物排放总量削减替代、区域限批、总量管控制度，加强项目源头准入把关；改革环境影响技术评估，将专家技术评估环节纳入项目行政审批许可流程，明确限时办结并取消技术评估费；《东莞市环境功能区划》通过专家评审，制定出台《关于进一步完善生态补偿机制的意见》，推进环境污染第三方治理试点和环境污染责任保险，在10家企业组织开展污染治理设施第三方运营试点，97家企业投保环境污染责任保险。

【绿色供应链环境管理】 2016年，东莞市制定实施《东莞市绿色供应链环境管理试点方案》，成立由环保部东盟中心、美国环保协会、中环联合认证中心、广东省环保厅等相关单位组成的东莞市绿色供应链联席会议制度；成立绿色供应链管理东莞示范中心。11月8日，东莞市人民政府举行首届中国家居绿色供应链论坛，发布绿色供应链管理评价体系——东莞指数，对获东莞指数测试四星以上的企业颁发证书。

【环境执法】 2016年，东莞市环保系统累计出动环境执法人员7.67万人次，检查企业3.12万家次，发出行政命令3555份，实施查封、扣押164宗，限产停产116宗，按日连续处罚5宗，处罚环境违法行为3642宗，罚款金额1.05亿元，向法院申请强制执行案件2064宗，移送公安部门实施行政拘留2宗，移交公安部门涉嫌环境犯罪案件45宗，妥善处理环境突发事件10起，处理环境信访案件1.53万宗，全市没有发生较大及以上环境安全事件。

【环保监管】 2016年，东莞市环保系统办理环保审批项目1.2万个；完成建设项目环保验收1.03万个，验收合格率99.5%；完成辐射类项目审批87项，完成项目验收43项，办理辐射安全许可证事项90项，所有新建项目环评率100%，辐射源单位持证率100%；1294家企业被纳入环境信用评价管理名单比2015年增长61.5%。东莞市印发实施《东莞市危险废物与严控废物处理处置专项规划》（2016—2030），修订《东莞市污泥集中处置管理暂行规定》，完成2015年度危险废物规范化管理考核并获全省第一名，1244家危险废物重点监管产生源和9家危险废物经营单位通过规范化管理验收，污泥处理中心和市医疗废物处理中心分别处理污水厂污泥和医疗废物27.12万吨和9126.56吨，纳入集中处置医疗废物的医疗机构2187家。

【环境监测】 2016年，东莞市持续加强大气自动监测能力建设：新增桥头、中堂、清溪、黄江等4个镇街空气质量自动监测点位，形成“21+2”的空气质量自动监测网络，即包括21个常规空气质量监测站（其中1个为交通污染监测站）、2辆大气在线流动应急监测车，覆盖市区（莞城、东城、南城、万江街道）、松山湖（生态园）园区，以及长安、麻涌、塘厦、虎门、洪梅、常平、厚街、石龙、桥头、中堂、清溪、黄江等镇街重点区域；建成东莞市大气复合污染超级监测站，可针对大气中的污染物开展较为全面的监测，了解区域内污染物的变化趋势和污染特征；新建虎门、长安、麻涌、沙田等4个大气重金属自动监测站，对重点区域重金属防控区开展监测；建成厚街、大岭山VOCs（挥发性有机物）自动监测站，掌握东莞市VOCs的浓度水平及排放特征，解析臭氧污染来源和传输机制。

（吴根旺　叶伟文）

附：2016年东莞市环境保护局主要领导名录

党组书记、局长：方灿芬

华阳湖湿地公园

交通·邮政业

TRANSPORTATION · POSTS

- 南丫大桥工程完工通车
- 东莞市水上搜救分中心成立
- 东莞市轨道交通2号线开通试运营
- 首届中国“集邮周”活动举办

莞深高速公路石碣互通立交

编辑：郭佩文

公路运输业

路桥建设

从莞高速公路东莞段通车　（唐建彬　摄）

【公路概况】　截至2016年，东莞市形成以高速公路、快速路为龙头，国道、省道为骨架，一级公路通镇街的较便捷完善的公路交通网络。全市公路通车里程5266.25千米，公路密度213.64千米/百平方千米，居全省第一位；其中高速公路9条，分别为广深高速公路、虎门大桥、莞深高速公路、虎岗高速公路、广深沿江高速公路、博深高速公路、龙林高速公路、龙大高速公路、从莞高速公路，累计300.4千米。全市有433条公交线路、5279辆公交车、6583辆出租车，实现“100%镇（街）有站、100%符合通客车条件的行政村（社区）通客车和100%有候车亭”，成为全国率先实现城乡客运一体化的城市之一。

【路桥建设】　截至2016年，东莞市公路通车里程5266.25千米、密度213.64千米/百平方千米，公路密度位居全国前列。

2016年，东莞市交通运输局累计完成交通基础设施建设投资36.19亿元，占年度目标任务

119.48%，其中：公路项目完成投资23.11亿元，新开工项目4个，在建公路里程172.49千米；建成项目7个，建成19.16千米。东莞市交通投资集团有限公司累计完成投资21.67亿元，占年度投资计划的134%，其中：承担路桥在建项目14个、筹建项目33个；市重大建设项目7个、市重大预备项目1个。

加快在建公路工程进度，南丫大桥、省道S358线清溪段、县道X885线寮厦大桥、省道S359线龙平西路、凤平南路、梨川大桥、东宝河新安大桥东莞引桥和石大公路路面大修工程、常虎高速公路大岭山出口改造工程等项目完工；加快推进虎门二桥建设和高埗大桥、律涌大桥、塘沥中桥、水贝立交桥等旧桥维修加固工程，加快从莞高速公路、深圳外环高速公路、莞番高速公路东莞段和莞潢南路升级改造工程等在建项目建设进度。

（樊键忠　杜炜国）

【从莞高速公路东莞段（含清溪支线）工程通车】 从莞高速公路东莞段（含清溪支线）工程位于莞深高速公路和博深高速公路之间，是东莞市“五纵四横六连”高速公路网的“第四纵”，属于广东省、东莞市重点工程，由主线和清溪支线两部分工程组成，全线长57.7千米，项目投资112.06亿元，由东莞市交通投资集团承建。工程于2011年3月全线动工，截至2016年，累计完成投资107.38亿元，占总投资95.8%，其中2016年完成投资16.2亿元，为年度投资计划的231.4%。主线工程42.2千米及清溪支线工程至清溪湖互通段8.9千米完工，并开通石排站、东部快速路站、东莞东站、樟木头南站、清溪湖站、清溪站、塘清站7个互通立交，连通相关的地方公路，结束石排镇、企石镇、横沥镇、清溪镇不通高速公路的历史，形成东莞市内纵向高速公路相隔10千米的合理高速公路网络。（杜炜国）

【虎门二桥工程】 虎门二桥工程是广东省高速公路网规划中连接广州市和东莞市的东西向要道，路线起于广州市南沙区东涌镇，顺接国道主干线广州绕城公路南环段，同时与广珠北线高速公路连接，经广州市南沙区、番禺区，并先后跨越大沙水道、海鸥岛、坭洲水道后，穿越虎门港进入东莞市沙田镇，终点与广深沿江高速公路相接，并预留东延穿越东莞市厚街镇、大岭山至寮步镇出口。虎门二桥工程总长度12.89千米，桥梁宽度40.5米，按8车道高速公路标准建设，设计时速100千米/小时，总投资111.8亿元。虎门二桥由坭州水道桥、大沙水道桥和引桥及东涌、海鸥岛、沙田互通立交组成，坭州水道桥采用658+1688米双跨吊悬索桥，大沙水道桥采用主跨1200米单跨吊悬索桥，引桥采用30—62.5米预应力混凝土箱梁，于2013年12月动工，2014年进入主体工程全面实施阶段，计划于2019年通车。

截至2016年，虎门二桥大沙水道桥东塔西塔完成封顶，大沙水道桥进入上部结构施工阶段，实施缆索过江；坭洲水道桥主塔正在施工中，预计2017年2月封顶。2016年，完成投资42.48亿元，占总投资38%。

【南丫大桥工程完工通车】 南丫大桥工程起点连接南阁东路南城段，桥梁上跨南丫水道，终点连接南阁东路南丫段，桥梁全长404.4米，桥宽25.8米，项目总投资5500万元（其中建筑安装工程费5100万元）。桥梁采用双向四车道二级公路标准，左右分幅，设计行车速度60千米/小时。南丫大桥全桥分为三联，第一、三联为引桥，采用6×20米预应力砼组合小箱梁，先简支后结构连续，第二联为主桥，采用（30+2×50+30）米预应力砼变截面连续箱梁。上部构造引桥采用20米后张预应力砼组合小箱梁。主桥采用（30+2×50+30）米预应力砼变截面连续箱梁，桥面横坡由箱梁底板下设混凝土垫块实现。边、中跨合拢段采用吊篮现浇混凝土，其余各块件均采用挂篮悬浇施工。下部构造引桥采用柱式墩、单排桩，桩径120厘米；主桥采用钢筋砼矩形墩配承台，双排桩。引桥支座均采用GYZ系列板式橡胶支座，主桥采用GPZ（Ⅱ）型盆式支座。南丫大桥项目分左右两幅施工，左幅桥梁于2014年5月验收合格并交付通车使用。右幅桥梁于2014年9月开工，于2016年9月完工。（卢耀均）

【石大公路路面大修工程完工通车】 石大公路路面大修工程起点位于东莞市茶山镇（省道S120线与茶山环城路平交处），经茶山镇、寮步镇、大岭山镇，终于大岭山镇大塘村（接国道G107线莞长公路），全线长27.08千米，项目投资15.41亿元，属东莞市重点工程，除茶山镇寒溪河北段采用茶山环城路代替对应石大路旧线（长约7.5千米）外，其余路段均沿旧线布设，主线采用平原微丘区双向六车道一级公路标准，设计车速80千米/小时，局部路段采用60千米/小时，辅道采用城市次干道标准，设计时速40千米/小时。全线加固利用旧有寒溪河大桥1座、新建寒溪河特大桥1座、中桥2座、小桥3座；设翠香路跨线桥、金松路跨线桥、莞深高速公路跨线桥、连马路跨线桥4座跨线桥；设寮步通道、月山通道2座下穿通道；新建人行天桥15座；设人行地下通道4座；新建箱涵24道。工程于2011年4月动工，2013年12月底主线部分路段通车，2015年2月项目控制性工程寒溪河大桥通车，2016年5月，项目交工验收，加强莞龙路、莞惠路、莞长路、东部快速路和莞深高速公路的连接。（杜炜国）

【常虎高速公路大岭山出口改造工程完工通车】 常虎高速公路大岭山互通位于东莞市大岭山镇杨屋村北侧，东北方向接松山湖高新区，紧邻金多港高尔夫球场。新建N匝道对B匝道主要流向（常平镇至东莞市区方向）进行分流，分流后下穿长瑛中桥靠虎门侧边跨和C匝道（设置1—20米现浇箱梁）至原有互通收费站站房后绿化场坪区，设置8车道收费站，最后通过原E匝道进入莞长路，N匝道新建长度620米，两端分别通过B、E匝道拼宽进行衔接。该工程投资预算2073万元，2016年5月动工，2016年11月建成通车。（杜炜国）

【莞潢南路升级改造工程】 莞潢南路升级改造工程为莞潢南路的梨川大桥至颐龙路段，是东莞市区北向交通和对接水乡特色发展经济区的交通要道，全长1.08千米，采用一级公路（兼城市主干路）、双向六车道标准，设计速度为60千米/小时，路基标准宽度56米，沥青混凝土路面面层加铺，与原颐龙路以北路段和梨川大桥主线标准一致。工程包括高埗镇截污次支管网的莞潢南路段。项目总投资4449.85万元，于2016年9月动工建设。（杜炜国）

【深圳外环高速公路东莞段工程全线动工】 深圳外环高速公路东莞段路起点位于莞深交界的观澜河，自西向东前进，经东莞市塘厦镇（塘贝村、石鼓村、桥陇村）、凤岗镇（竹尾田村、竹塘村、黄洞村）、清溪镇（龙眼山），终点位于莞深交界的清林隧道。全线长17.05千米，采用双向六车道高速公路标准，设计速度100千米/小时，路基宽33.5米。设特大桥、大桥12座，长1.15千米；设中隧道2座，长1.23千米，设平山互通、塘背枢纽互通、桥陇互通、凤岗枢纽互通、清林互通5处互通。项目投资48.77亿元，由东莞市交通投资集团承建，2015年10月先行标动工，2016年12月全线开工。（杜炜国）

【高埗大桥、律涌大桥、塘沥中桥、水贝立交桥等旧桥维修加固工程动工】 该工程包括四座桥梁，其中，高埗大桥全长204.4米，桥面宽19.7米；律涌大桥全长104米，桥面宽23.8米，跨径组合为5×20米；塘沥中桥全长48米，桥面宽29.9米；水贝立交桥全长208米，全桥宽17.5米。施工内容包括：混凝土缺陷处理、结构裂缝处理、桩基加固、吊杆更换、桥面铺装层修补处理、支座病害处理、伸缩缝病害处理、新旧桥纵缝处理、T梁钢板粘贴或体外预应力加固、人行道栏杆安装、交通疏导等。项目投资1945.77万元，于2016年3月动工。（杜炜国）

【东莞市交通投资集团有限公司】 2016年，东莞市交通投资集团有限公司累计完成投资21.67亿元，占年度投资计划的134%；所辖高速公路通行费收入24.38亿元。年内，结合轨道交通2号线和莞惠城轨做好公交接驳，完善政府购买公交服务的营运线路清单、服务质量考核、收入支出管理等合同内容，试行开展公交企业营运服务质量监督和营运成本与收入监测，加快“东莞通”卡向大型停车场、城市候机楼、公共自行车等领域延伸，承接东莞市机动车驾驶人考试考场建设管理，快速建成科目三水濂考场电子评判系统。截至2016年，合并报表总资产348.22亿元，净资产145.75亿元，拥有包括1家上市公司在内的16家全资（控股）分支公司，5274名员工。（杜炜国）

省道S359线凤岗镇龙平西路

附：2016年东莞交通运输局主要领导名录

党组书记、局长：黎达潮

2016年东莞市交通投资集团有限公司主要领导名录

党委书记、董事长、总经理：尹锦容

公路养护管理

【公路养护管理概况】 2016年，东莞市公路管理局主要承担辖区内1条国道、6条省道、26条县道及13条委托管养乡道公路及桥梁的规划建设和养护管理，管养公路总里程约820千米、公路桥梁417座。

2016年，东莞市公路管理局继续实施“工程提速、养护提质、路政提升”工程，深化公路养护管理“信息化、机械化、规范化”建设，推进“智慧公路、生态公路、文化公路”建设。在广东省公路养护管理检查中，东莞市公路管理局被评为“十二五”期全省普通干线公路养护管理先进单位。在2016年全省公路应急保通钢桥架设技能竞赛中，获得理论知识考试集体成绩第一名、竞赛总成绩二等奖、优秀组织奖和贡献奖。

【公路养护】 2016年，东莞市公路管理局继续实施公路养护提质工程，加强预防性养护，高标准完成路面灌缝、坑槽修补、公路保洁及汛期恶劣天气公路应急保畅通等工作。截至2016年，管养的全部公路水泥、沥青路面铺装率达100%，其中国道、省道一级公路占比97.6%，总体技术状况指数达92.1，优良路率达99.4%，县道、乡道一级公路占比95.3%，总体技术状况指数达90.2，优良路率达94.6%，公路服务保障整体水平保持在全省前列。

2016年，东莞市公路管理局推进公路养护机械化发展，管养的国道、省道平均每5千米配置1辆清扫车、1辆养护车，每20千米配置1辆中型运输车、1辆的士头人货车、1套沥青修补机械、1台小型压路机、1台装载机或挖掘机，每40千米配置1辆洒水车，养护机械车辆设备配置标准超过行业同期标准，公路养护机械化程度走在全省乃至全国的前列。东莞市公路管理局重视桥隧安全管理，突出危旧桥梁整治，完成10座桥梁的整治任务，并在管养的长隧道中安装视频监控系统，加强信息化监控与管理，与基层公路养护单位形成联动机制，全面保障桥梁、隧道安全运营。

【公路网建设】 2016年，东莞市公路管理局继续实施项目建设提速工程，通过明确节点目标、倒排工期、强化督导考核等措施，加大国道、省道、县道路网改造和养护维修力度，优化国道、省道、县道公路交通环境，提高公路通行能力。市重大项目省道S256线、S358线大修工程基本完工通车，总投资24.26亿元；省道S358线清溪段路面改造工程累计完成投资1.45亿元，比预期提前3个月完工通车；省道S359线龙平西路、凤岗镇凤平南路升级改造工程累计完成投资3900多万元，比预期提前6个月完工通车。

省道S256线大修工程完工后的厚街嘉华酒店路段

【公路路政管理】 2016年，东莞市公路管理局继续实施路政管理提升工程，开展行政审批标准化工作。完成行政许可事项标准编写和录入工作，修订行政许可事项办事指南和业务手册，推动行政审批工作实现“一门式、一网式”线上线下融合。配合市截污管网建设，将相关审批时间从法定的20个工作日缩减至5个工作日。路政窗口受理许可审批事项153宗，全部按时办结，路政审批工作在全市行政审批电子监察绩效测评中稳定在优秀等级，群众满意度达98%以上。推进行政审批下放事权，将管养县道、乡道公路的“占用、挖掘公路审批”等路政许可审批事项受理、初审权下放给沿线13个中心镇（园区），并加强对承接镇（园区）的业务指导。

2016年，东莞市公路管理局落实“路长制”和路政养护部门联合巡查机制，报送市交通综合执法部门的路政违法案件175宗，比上年减少近四成；落实公路文明创建整治工作，发布社会主义核心价值观宣传广告120幅，配合市城管局拆除公路两侧违法广告牌123块，完成43处交通拥堵路段整治。

（吴倩倩）

附：2016年东莞市公路管理局主要领导名录

党委书记、局长：陈志坚

公路运输管理

【交通规划编制】 2016年，东莞市交通运输局继续开展《东莞市综合交通运输体系发展“十三五”规划》的修编；完成东莞市轨道交通与常规公交衔接规划等3项规划编制，并于12月报请市政府。

（樊键忠）

【公交体制改革推进】 2016年，东莞市交通运输局根据国家政策和综合部门意见，进一步完善《东莞市政府购买公交服务费用核算实施方案（试行）》，获市政府同意印发实施。年内，有13条跨镇公交线路、238辆公交车注销退出营运。截至2016年，公交体制改革累计注销纳入整合的跨镇线路119条、跨镇公交车1900辆。

（樊键忠）

【公交服务体系完善】 2016年，东莞市壮大水乡新城公汽公司、东莞巴士公司运营规模，持续优化水乡5个镇及全市跨镇公交线网，新增公交线路31条，其中东莞巴士公司新增线路27条，新增公交车643辆。截至2016年，东莞巴士公司运营线路71条，水乡新城公汽公司运营线路28条；2016年调整公交线路47条，其中东莞巴士公司7条，水乡新城公汽公司16条。加强轨道交通2号线公交接驳，通过新增和调整一批公交线路，有99条公交线路接驳轨道交通2号线；同时延长接驳公交服务时间，将7条城巴线路末班服务时间延长至23：30后，并更新完善接驳线路站牌信息。

（樊键忠）

【新能源公交车推广应用】 2016年，东莞市投放新能源公交车528辆。其中在广东省政府关于新能源公交车推广应用的文件出台后，投放纯电动公交车452辆，占该时期公交车投放的96%。截至2016年，东莞市清洁能源和新能源公交车达4186辆，占公交总运力（5395辆）的78%，其中，全市新能源公交车达1311辆，占公交总运力的24%。

（樊键忠）

【“东莞通”卡应用拓展】 2016年，东莞市交通投资集团有限公司拓展“东莞通”卡生活应用，加快向大型停车场、城市候机楼、公共自行车等领域延伸，发卡量新增90万张，累计发卡250万张，公交、地铁刷卡率分别为31%和50%；智能公交管理平台于2016年12月完成验收，纳入平台监控的有4家公交企业、2437辆公交车、176条公交线路、4958个公交站点，每天处理超过2500万条轨迹数据。

（杜炜国）

【公路运输市场秩序规范】 2016年，东莞市交通运输局强化市场监管，努力打造幸福春运，完成全市公路景观综合整治，开展广州、深圳、东莞、惠州四市道路水路联合整治，开展非法营运、出租车、客运班车、旅游包车、维修、危运等行业整治，强化路政执法，利用10个流动治理超限超载路段，加大治理力度，将治理工作向源头整治和常态规范化治理推进。累计查处交通违章案件6672宗，其中，查处运政案件5657宗，查处路政案件929宗。

（樊键忠）

水路运输业

【港航概况】 截至2016年，东莞市拥有1个国家一类口岸——东莞港，为广东省地区性重要的亿吨港口，拥有码头105座、泊位212个，其中万吨级及以上深水泊位29个，全港年设计通过能力达1.04亿吨；2016年港口货物吞吐量1.46亿吨，集装箱吞吐量364.23万标箱，分别比上年增长10.91%、8.31%；全市累计有营运船舶419

倒运海水道新建水位站

艘、107.59万总吨、172.71万载重吨，运力规模居全省第四位。

【港航设施建设】 2016年，东莞市港航项目完成投资13.08亿元，新增码头1座，有1个生产性泊位，新增设计通过能力250万吨。年内，推进港口重点项目建设，沙田港区三期工程（9号、10号泊位）、沙田港区西大坦作业区驳船码头工程、虎门宏业码头迁建工程进展顺利；虎门港宏川化工码头工程、麻涌国丰粮油有限公司现代物流加工项目配套码头扩建工程准备申报岸线使用审批；麻涌深粮粮食仓储码头工程开展施工监理招投标。推进沙角A电厂码头、沙角C电厂码头、飞虎石化码头和金明石化码头的结构加固改造工程，完成广东南粤物流储运中心码头工程、沙田港区二期（7号、8号泊位）工程、东莞市虎门港麻涌港区新沙南作业区4—5号泊位工程（一阶段）、东莞市虎门港立沙岛液体化工品码头工程（阳鸿）、东莞市虎门港沙田港区立沙岛作业区鸿源航空油品码头工程、东莞市虎门港沙田港区洪梅作业区嘉荣件杂货码头工程、东莞市龙通货柜码头工程（3号、4号泊位）、广东理文造纸有限公司码头工程竣工验收。

（樊键忠）

航道管理

【航道概况】 2016年，东莞航道局辖区有航道643千米，设置航标816座，标灯1396盏。辖区道、标、船各项维护指标全面达标，安全生产无事故，航道通航条件改善，航道安全畅通，航道养护水深年保证率、航标维护正常率均达100%。倒运海水道航道整治工程通过交工验收，省航道支持保障系统工程东莞项目推进，航道建设完成投资2270万元。经营收入2280万元。

2016年，东莞航道局年度效能考核居全省航道系统第二名。加强党风廉洁建设，东莞航道局被市预防职务犯罪工作领导小组考核评为“优秀单位”，东莞航道局东莞所党支部被市直工委命名第三批“机关服务型党组织示范点”。

航标工人正在检查浮标

【航道建设】 2016年，东莞航道局推进航道建设项目，完成投资2270万元。其中，重点推进倒运海水道航道整治工程项目建设，实现项目在安全、优质、阳光的环境中进行，完成投资1720.21万元，完成年投资计划的123%，于12月30日通过交工验收；加快省航道支持保障系统工程东莞项目施工招标、合约、项目管理等工作，至12月底，施工项目完成总工程量95%，完成投资额550万元，项目计划在2017年一季度完成交工验收。

【航道维护与管理】 2016年，东莞航道局突出抓好春运、洪水、枯水等特殊时段的航道养护，辖区航道全年维护尺度达到省航道局维护标准要求。完成Ⅰ级至Ⅴ级航道405个涉航建筑物数据录入，测量13条航道（段）126千米，完成东莞水道樟村河段礁石清除、洪屋涡水道疏浚2个专项，发布航道通告105宗。辖区设置航标816座，标灯1396盏。2016年，东莞航道局完成航标遥控遥测系统延长周期试点工程建设，实现东莞水道和东江（石龙头—宋屋洲尾）段航标遥控遥测终端全覆盖；完成辖区全部桥区水上航标设置和维护职能接收，接管原由市城管局、公路局、交通投资集团等多家单位承担维护责任的所有桥区水上航标。

【船舶管理】 2016年，东莞航道局落实船舶三级保养制度，完成4艘船舶的上排维修和保养。落实船舶节能减排措施。完善船舶资料及维修记录，进一步规范船舶档案。开展船舶安全联合大检查，对评为“优秀船舶”的“1302”船进行表彰。2016年，东莞航道局4艘在册持证船舶累计出航385航次，船舶期末完好率和优秀率均达100%。

【航道安全生产】 2016年，东莞航道局整治航道公共安全隐患，实施过河油气输送管道安全隐患专项治理，督促69处油气管道完成整改，新增设管线标145座，辖区73处过河油气管道全部落实管线标设置和维护责任。开展桥梁桥涵标专项治理行动，完成七级以上航道31座桥梁整改，落实辖区七级以上航道164座桥梁的桥涵标设置和维护。联合市交通运输局对75条等外航道上318座桥梁进行排查，分类梳理确定整改措施，印发《东莞市等外航道桥梁桥涵标安全隐患专项治理行动方案》，重点对须立即落实整改的10座桥梁进行督办。及时处置大汾南水道过河污水管上浮、水乡大道赤滘口桥被碰、川槎大桥被碰等5宗航道碍航事件。特别是川槎大桥被船碰撞事件，在处置事件过程中，东莞航道局协助设计单位开展防撞工程建设方案设计；跟进、指导专业机构开展桥梁助航标志设置方案研究；指导相关单位开展预防桥梁被撞、提升通航能力研究，形成《广深高速公路川槎大桥预防被撞及提升通航能力分析报告》，于11月通过专家评审并上报市政府。2016年，安全生产形势总体稳定，实现建局以来连续18年安全生产无事故目标。

【航道行政管理】 2016年，东莞航道局为社会提供公共优质服务，完成航道行政审批项目193宗，比上年增加55宗，其中涉航建筑物20宗，水上水下作业施工120宗，航标53宗，办结率100%，全部审批项目实行窗口进、窗口出，基本在5个工作日内完成，审批结果通过局门户网站及时公布，实现“零”投诉。加强航道巡查，强化涉航在建项目监管。深化广州、惠州、东莞三市交通部门航道行政业务协作，累计开展航道巡查96次，参与人数384人次，巡查航道7745千米，监管项目89宗，向执法部门移交涉航违法案件52宗，召开航道行政业务协作会议6次。

（李文峰）

附：2016年东莞航道局主要领导名录

党组书记：王海林

局　长：黎绍泓

水路运输管理

【港航生产概况】 2016年，东莞市港航生产态势良好，东莞港年货物吞吐量完成1.46亿吨，进一步巩固亿吨大港的位置，年货物吞吐量稳居全省第四位。

港口方面，东莞市有港口企业76家，码头105座，泊位212个（其中万吨级及以上泊位29个），全港年设计通过能力达1.12yi亿吨、集装箱140.94万TEU（标箱）、旅客70万人次；港区危化品仓储企业11家，储罐720个，273万立方米。港口货物吞吐量完成1.46亿吨，比上年增长10.91%；其中：外贸货物吞吐量完成2790.87万吨，增长20.54%；集装箱吞吐量完成364.23万TEU（标箱），增长8.31%；旅客吞吐量完成26.67万人次，下降17.74%。

水运方面，全市有水运企业36家，乡镇渡口9个，营运船舶419艘，107.59万总吨，172.71万载重吨，其中1万载重吨以上的9艘。全年完成水路货运量5268.67万吨，比上年分别增长7.18%；货物周转量383.56亿吨千米，下降11.45%；水路客运周转量1757.07万人千米，下降18.20%。

【港航市场秩序规范】 截至2016年，东莞市有76家港口经营人持有有效的港口经营许可证。年内，审核企业的经营资质和作业行为，注销不符合经营条件的32张港口经营许可证；督促交接的港口危险化学品仓储企业做好安全评价和设计复核，对4家符合条件的仓储企业换发港口经营许可证。完成年度国内水路运输及其辅助业核查工作，维护水路运输行业经营秩序，对全市76家水路运输经营业户（其中水运企业38家，个体经营者28户）进行核查，审验通过水路运输许可证89张，注销水路运输许可证2张。建立健全港航安全监管机制，坚持日常检查与集中行动相结合，检查港航企业599家次，排查安全隐患1551处，完成整改1482项；审核危险货物港口作业申报8865次；组织开展港口设施保安工作，督促对外开放码头开展保安评估，落实保安措施，领取港口设施保安符合证书，截至2016年，全市持证履约企业有23家。推进港航企业安全生产标准化建设，完成达标港口企业71家、水运企业32家。全年安排进出港船舶1.23万艘次，比上年增长7.1%；安全引航船舶2755艘次，增长6.74%。

（樊键忠）

海事管理

【海事管理概况】 2016年，东莞市海事管理业务量增长迅速，东莞辖区进出港船舶33.6万艘次，比上年增长23.8%；水运运输量3.53亿吨，增长51.2%，其中：外贸货物3728.6万吨，占10.6%，增长15%；内贸货物3.15亿吨，占89.4%，增长66.8%；集装箱运输346.8万标箱，增长14.2%；危险品运输量2406万吨，增长14.5%。

2016年，辖区发生水上交通险情15宗，遇险人员208人，获救204人，搜救成功率98.1%。发生一般等级以上事故4宗，增长300%；死亡4人，增长300%；沉船1艘，增长100%；经济损失154

2016年5月26日，东莞市水上搜救分中心成立

万元，增长100%。

东莞海事局主动融入经济发展大局，加快“放管服”改革，取消海船进出港签证等17项行政审批、许可、备案事项，承接广东海事局下放的海船船员证核发等3项行政审批许可，办理抵押登记41宗，实现融资4.92亿元，比上年增长14.2%；发挥船检优势助推船舶产业发展，完成营运检验1033艘次、建造检验74艘次、图纸审查44套、产品检验179件次；服务船员产业发展，签发内河船员证书证件1096份，签发海员证1611本。

【水上安全风险防控机制强化】2016年，东莞海事局全面推进隐患排查治理。成立水上安全风险管理研究课题组，建立风险识别、分析、评定机制，启动编制安全风险防控体系；强化风险分级管控，完善网格化管理手册，调整网格划分，优化防控措施，落实管控责任；开展风险点危险源排查整治，从“船舶、环境、管理”三方面开展拉网式隐患排查，全年排查隐患43个，完成整改23个，跟踪落实20个。

重大隐患攻坚取得突破　东莞海事局推动麻涌镇政府制定华阳湖安全管理规定，督促运营单位拆解报废12艘木质船舶，完成6艘船舶的检验登记发证，基本消除华阳湖重大安全隐患；加强桥区水域监管，发布13万余条安全提醒和预警，推动257个通航安全问题整改，为防止船舶触碰桥梁，对广深高速公路川槎大桥、四乡大桥为期6个月的不间断盯防。

齐抓共管格局日益完善　交通、海事、水务、渔政、环保、城市综合执法等部门联动执法，协同整治非法采砂、渔船碍航捕捞、扬尘污染、海漂垃圾等违法行为，全年开展联合执法68次。

严管文化培育　紧抓涉客船、危险品船、砂石船、集装箱船等“四船”，桥区、港口作业区、通航密集区等“三区”和东莞水道、倒运海水道等“二线”的安全监管。2016年约谈航运公司4家，督查46家次，发现并推动整改不合格项254个。安检危险品船130艘次，滞留率15.4%，比上年增长144.4%。船员履职检查1184人次，实施违法记分291人次。检查船舶9824艘次，实施行政处罚1106件，增长29%。

【“智慧海事”建设】2016年，东莞海事局全面推进“智慧海事”建设，对接东莞市“智慧城市”“智慧交通”“智慧安监”等建设规划，强化水上交通和安全生产等方面的信息共享。开展“智慧海事”综合运用、桥区监管、电子取证等5个专题培训和15次经验交流，培训人员358人次。全面校核通航要素，将网格化管理融入“智慧海事”平台，录入67个网格的风险成因、监管要求，标绘392项通航要素，实现智慧海事分级管控。根据监管需求配置防台、雷雨大风、危险品船停泊区等11种特殊监管模式，量身定制767个功能管控区，划定39条电子检测线，标定849艘重点船舶。全年使用“智慧海事”平台38.5万次，开展一键巡航733次，电子巡航2067次，电子查船4189艘次，利用“智慧海事”平台查处违章351宗，占总量的31%。

【东莞市水上搜救分中心成立】2016年5月26日，东莞市水上搜救分中心挂职牌运作。该分中心履行国家、省、市规定的水上搜救工作职责，负责统一组织、协调和指挥东莞水域范围内的船舶和设施防热带气旋、防止船舶污染水域、水上人命搜寻救助工作，并接受省海上搜救中心的业务指导。分中心主任由市主管领导担任，成员包括22个相关单位部门，其中常务副主任为东莞海事局局长，副主任为东莞军分区参谋长、市公安局副局长、市

2016年10月28日，东莞海事部门为进入东莞港的大型LNG船护航

政府应急办主任和市海洋与渔业局渔政支队支队长。下设办公室，作为分中心的日常办公机构，设在东莞海事局，负责24小时轮值、事故险情接报、预警预报、事故调查、险情分析评估、组织搜救相关业务及溢油应急等工作。

【东莞港靠泊38航次大型液化天然气船】 2016年，东莞港有38航次大型液化天然气（LNG）船舶进出港，装卸LNG燃料106.9万吨。自2013年第一艘大型LNG船进入东莞港以来，水路逐步成为东莞地区液化天然气的重要运输渠道。东莞海事局加强LNG水上运输监管，完成大型LNG船舶进出港的交通组织、安全护航，保障装卸安全。（汤尚忠）

附：2016年东莞海事局主要领导名录

党组书记、局长：陈楚坤

政　委：林立新

铁路运输业

【铁路概况】 截至2016年，东莞市拥有4条铁路，其中：广深准高速铁路、京九铁路、广梅汕铁路3条铁路在境内常平镇交汇，广深港客运专线在虎门镇设站。

2016年，广深港高速铁路在东莞境内段长月30千米；广深准高速铁路在东莞境内段长56千米，其中常平以上段与广梅汕铁路共线，常平以下与京九铁路共线；广梅汕铁路在东莞境内长度约43千米，其中常平以下至东莞市谢岗、惠州市沥林间23千米，常平以上与广深准高速铁路共线；京九铁路在东莞境内长度约59千米，其中常平以上与广梅汕铁路共线，常平以下与广深准高速铁路共线。主要车站有高铁虎门站、东莞火车站、常平火车站、樟木头火车站、东莞东火车站等。

【铁路运输】 2016年，东莞地区主要火车站货物发送量累计104.03万吨，比上年下降31.92%；旅客发送量累计2007.80万人，比上年上升13.20%。

2016年东莞地区主要火车站客货运输发送量

车站名称	货物发送量（吨）	旅客发送量（人）
合计	708236	20077966
东莞火车站	295794	4658978
常平火车站	259156	3247238
樟木头火车站	15701	2404839
茶山火车站	92585	无
东莞东火车站	45000	4156911
广深港高铁虎门站	无	5610000

【高速铁路建设】 2016年，东莞市加快高速铁路建设，新建的赣深客运专线、深茂铁路均途经东莞市并设站，铁路网络进一步完善。其中，赣深客运专线在塘厦镇设站，全线计划2017年动工建设；深茂铁路在虎门镇设站，深圳至江门段计划“十三五”期间建设。

【广深港高铁虎门站】 2016年，途经广深港高铁虎门站的高铁线路有20条，分别是从虎门站出发至广州南、深圳北、福田、潮汕、长沙南、桂林北、永州、岳阳东、南宁东、武汉、南昌西、怀化南、邵阳、漯河西、郑州东、宜昌东、石家庄、西安北、北京西和重庆北站，每日开出136班列车，比上年增开14班列车。广深港高铁虎门站全年运送旅客993万人次，比上年增长313万人次。其中：发送旅客561万人次，比上年增长174万人次；到达旅客432万人次，比上年增长139万人次。（刘念宇）

轨道交通建设

【城际轨道交通概况】 2016年，东莞市加快城际轨道和城市轨道交通的建设，逐步构建多层次的轨道交通系统。穗莞深、莞惠、佛莞城际等在建项目建设加快，莞惠城际轨道交通常平东至惠州小金口段于3月实现开通初期运营，其余路段及穗莞深、佛莞城际轨道交通建设按计划推进；中南虎城际轨道交通前期工作加快推进。城市轨道交通方面，2号线一、二期于5月实现开通试运营，东莞市成为国内第27个“地铁城市”，运营里程达37.8千米，设站点15座，截至2016年，累计开行列车5.8万列次，运营里程202万列千米，累计客流量2132万人次，日均客流量9.8万人次；1号线一期工程加快推进，取得省发改委工程可行性研究报告批复，线路全长约58千米，设站点21座，计划2017年开工建设，建成后将与2号线在鸿福路站实现“十字”换乘，形成东莞市城市轨道交通主骨架。

【轨道交通工程建设】 2016年，东莞市轨道交通2号线完成投资13.68亿元，占年度计划119.3%；开工累计完成投资153.4亿元，占总投资的78.7%，获评市先进重大项目。

设计管理　2016年，东莞市轨道交通有限公司作为主编单位之一，完成国家标准《地铁快线设计规范》（征求意见稿），上报住建部城市轨道交通标准委员会；国内首个轨道交通综合性科技示范项目“2号线综合科技示范工程”验收报告（初稿）也通过专家审查。

质量安全管理　2016年，东

2016年5月27日，《东莞地铁报》创刊首发

莞市轨道交通有限公司强化制度执行和应急管理，全面掌握、实时监控在建工程及2号线运营情况。处理安保事件50起，制定40多项规章，完成38次应急演练，开展2次乘客受伤处理和法律知识培训，全年未发生责任乘客受伤事件。

开通审批　2016年，东莞市轨道交通有限公司取得13项专项验收批复，开展试运营评审，首次实现现场踏勘全覆盖，专家组对“自评自证”等方面工作给予好评；完成17项A类问题整改并通过专家组复核，2号线获得“具备开通基本条件”的最高等级评价意见。

【轨道交通2号线运营服务】2016年，东莞市轨道交通有限公司基本完成车站周边永久道路修复；调整列车运行图、时刻表20余次；轨道交通2号线开通后，收到乘客表扬100余件，未发生有责投诉事件。截至2016年，2号线开行列车5.8万列次，运营里程203万列千米，正点率99.97%，运行图兑现率100%，累计客流量达2132万人次，日均客流量9.8万人次。

【轨道交通2号线资源开发】2016年，东莞市轨道交通有限公司完成轨道交通2号线车站内各类设备安装装修，实现与2号线同步开通。举行“地铁情缘，幸福东莞”集体婚礼，完成“绿野仙踪”等5列创意内包车发布，合作发行《玩转地铁——2号线“吃喝玩乐购”攻略（第一季）》。资源开发收入超计划完成。

【轨道交通新线建设】2016年，东莞轨道交通1号线与深圳6号线支线衔接事宜达成初步共识，与广州地铁衔接方案基本确定；1号线大标段划分方案、政府购买服务方案获得市政府审批，工程可行性报告获得省发改委批复，完成全部立项程序；完成总体总包等23个标段招标，以及总体设计专家评审、初步设计中间审查；启动3号线一期、2号线三期及1号线南延线工程可行性报告编制。（熊　磊）

附：2016年东莞市轨道交通有限公司主要领导名录

董事长：刘　波

总经理：陈文胜

邮政业

【邮政业概况】2016年，东莞市邮政业完成业务总量229.21亿元，比上年增长33.61%；业务收入139.55亿元，增长40.61%。其中，快递业务量10.69亿件，增长42.30%；业务收入122.60亿元，增长43.46%。快递业务量居广东省地级市第一位，快递业务收入居全国地级市第一位。全市邮政普遍服务营业场所238处，行政村通邮率达100%，邮政基本公共服务均等化建设有序推进，邮政机要通信安全稳定。全市主要快递品牌43个，邮（快）件分拨中心44个，依法取得快递业务经营许可的法人企业364家，备案分支机构447家，快递从业人员超5万人。

【邮政普遍服务和特殊服务监督检查】2016年，东莞市邮政管理部门做好“扫黄打非”、邮票发行销售、邮政机要通信安全等监督检查和无着邮件处理等专项检查，首次委托第三方机构开展平信时限监测工作，组织社会监督。首次对邮政企业违规行为进行立案，并依法作出警告处罚。

【邮政市场监管】2016年，东莞市开展邮政市场检查1162人次，检查快递企业、邮政营业场所和邮政报刊亭497处，书面责令改正49次，行政处罚16宗，其中停业整顿2宗。

【邮政业安全生产监督管理】2016年，东莞市邮政管理部门持续开展安全生产大检查、寄递危险化学品和易燃易爆物品专项整治等活动，重点做好全国“两会”、G20峰会、“双11”等重点时期和重大活动寄递渠道安全保障，妥善处置行业突发事件，寄递渠道“扫黄打非”、禁毒、反恐等联合检查机制常态化。2016年，首次对寄递企业未执行实名收寄、未按要求实行安全监控等行为立案处罚；完善寄递企业安检设施配备，实现邮（快）件分拨中心配备X光机全覆盖；联合政法部门举办全省首个“寄递安全宣传周”活动。

2016年11月，东莞国际邮件互换局兼交换站揭牌

【东莞市寄递企业配备X光机总数居广东省地级市第一位】 2016年，东莞市组织开展寄递企业配备X光机省级财政补贴资金项目，组织130家寄递企业进行申报，补贴金额1173万元，补贴配备的X光机达215台，东莞市寄递企业配备X光机总数232台，居全省地级市第一位，实现邮（快）件分拨中心配备X光机全覆盖。

【广东省首个“寄递安全宣传周”活动】 2016年6月14日至20日，东莞市政法、邮政管理部门联合在全市范围内举办全省首个“寄递安全宣传周”活动，宣传普及“收寄验视、实名收寄、过机安检”三项寄递安全制度，提升从业人员安全责任意识和消费者安全用邮意识。

（申 艺）

附：2016年东莞市邮政管理局主要领导名录

党组书记、局长：林 蔚

【中国邮政集团公司东莞市分公司概况】 2016年，中国邮政集团公司东莞市分公司邮政企业、邮政储蓄银行、邮政速递物流公司三大板块，合计实现收入28.36亿元，比上年增长19.09%，其中：邮政企业收入17.39亿元，增长27.03%；余额规模连续两年居广东省第一位，点均新增金融资产居全省第一位，全省经营评价争先创优评比、全年新增金融资产、劳动生产率平均增幅等指标均排名全省前列，获评2015年度全国邮政用户满意企业。

【东莞国际邮件互换局兼交换站获批设立】 2016年6月，东莞市邮政部门经询海关总署意见同意，并经国家邮政局复函同意，设立东莞国际邮件互换局兼交换站；11月，东莞国际邮件互换局兼交换站揭牌。将减少东莞市及周边地区国际邮件流通环节，提高国际邮件进出口时效，促进东莞市跨境电商发展，加快建设国际物流大通道步伐。

【国际寄递业务规模呈几何式增长】 2016年，中国邮政集团公司东莞市分公司受益于跨境电商发展带动和东莞制造货源地的优势，发挥国际物流B2C（商对客电子商务模式）渠道优势，国际寄递业务规模呈几何式增长。2016年，通过东莞邮政渠道，以个人行邮方式发往国外包裹7125万件，比上年增幅106%，收寄规模仅次于上海市、深圳市、广州市。日均寄递量19.41万件，“双十一”峰值达52.7万件/天，寄递量居全国大中城市第四位。

【邮政普惠金融服务水平提升】 截至2016年末，东莞市通过邮政渠道流到全国各地的资金总量达628亿元，储蓄新开户数126万户，累计1200万户；为中小企业提供贷款4497笔，贷款金额24亿元，为东莞市上千家工厂企业提供代发工资服务，每月代发金额13亿元。

【邮政民生综合服务平台建设】 截至2016年末，中国邮政集团公司东莞市分公司民生综合服务平台发展加盟店150家，首家旗舰店于8月10日开业运营，综合开办进口商品销售、政务代办、邮务业务等服务，开办“国地税双代”“东莞通”“车驾管”等政务代办业务；“国地税双代”业务日均服务客户320人次，“车驾管”业务日均办理110笔。“东莞通”卡通过邮政渠道销售17.78万张，充值53.96万笔。

【“集邮周”活动举办】 2016年8月5日，中国邮政集团公司东莞市分公司、东莞市体育局、东莞市石龙镇人民政府主办的“中国梦 集邮情”2016集邮周启动暨《第三十一届奥林匹克运动会》邮票首发仪式，在东莞市石龙举重博物馆举办。该活动是中国首个“集邮周”系列活动之一。当天，《第三十一届奥林匹克运动会》纪念邮票首发，这是为第三十一届奥林匹克运动会举办而发行的纪念邮票，一套两枚，分别为面值1.2元的“女子排球”和面值1.5元的“男子接力”两个运动项目；活动还特别邀请东莞市石龙籍的奥运举重冠军陈伟强参加。

（蒋梦凌）

附：2016年中国邮政集团公司东莞市分公司主要领导名录

党委组书记、总经理：陈大灿

信息服务业

INFORMATION SERVICE

- 公共信用信息管理系统建立
- 国税、地税数据互通联合办证
- 跨境电商成为外贸新渠道
- 信息基础设施建设“大会战”
- 公共服务区域WiFi建设

东莞移动分公司服务厅

编辑：王学林

信息化建设

电子政务

【电子政务概况】 2016年，东莞市在开展“互联网+政务服务”和“简政放权放管结合优化服务”两项改革中，借助原来电子政务发展打下的坚实基础，利用政务信息资源共享平台，加强政务信息共享和综合应用，促进部门之间的业务协同，加强对政务大数据的开发应用，提高政府办事效率和公共服务水平。东莞市的“政务信息资源共享平台”基本实现跨部门政务信息资源的集中管理、有序共享和综合利用，形成全市的“政务大数据汇聚中心”。截至2016年，有84个部门在市政务信息资源共享平台中注册1324项信息资源目录，有数据字段1.46万项，共享数据总量7650万条，各部门下载数据3.68万次。2016年，市政务信息资源共享平台的数据增量平均每天超过10万条，各部门各镇街可按需随时下载调用平台上的政务信息。基于政务信息共享平台，2016年东莞市主要建设公共信用信息管理系统等应用系统。

【公共信用信息管理系统建立】 2016年，东莞市根据《东莞市社会信用体系建设工作方案》的部署，按照广东省公共信用信息管理系统的总体规范标准要求，依托东莞市的信息化基础设施以及市政务信息资源共享平台，结合东莞市实际情况，在此基础上建立起一套符合省标准、市要求的东莞市公共信用信息管理系统。截至2016年，系统中的目录与数据涉及东莞市政府部门68个，信息资源564类，数据1779万条。该系统是东莞市社会信用体系建设的核心工程。

【“信用东莞”网建设】 2016年，东莞市完善“信用东莞”网建设，利用统一的“信用东莞”网实现“一站式”的信用信息服务，满足社会公众在经济活动和社会活动中获取信用信息的需求，强化对失信行为的社会监督，防范信用风险，扩大信用交易，促进信用服务业健康发展。“信用东莞”网上的栏目主要分为三大类：信用数据的公开公示，主要包括各政府部门可对公众公开的资质许可、行政处罚、失信曝光、优良信誉等；数据查询，主要包括企业信用、事业单位信用、社会组织信誉、重点人群信用等信用数据的查询功能，支持用户查询相关信用主体在网站上的所有相关联信用数据；信用相关政策法规、新闻、公共类信息的展示栏目，包括政策法规、信用资

“信用东莞”网站

讯、镇街信用等。截至2016年，在“信用东莞”网上对外公开数据的部门51个，公开的信息资源472类，公开的数据410万条。每天的访问量从2014年底开通时的1000多次上升到2016年每天5万次左右，深受公众好评。

【企业专属网页和市民个人网页开通】 2016年，东莞市依托原有政务信息资源共享平台功能和信息资源，建设企业专属网页和市民个人网页功能，实现企业和个人实名制激活，信息主动定点推送，信息智能提醒，信息服务集成等功能要求，建立起政府与企业、政府与市民之间的信息桥梁，为深化改革提供技术支撑。

东莞市利用政务信息资源共享平台的海量数据，通过信息共享和推送，为约60万家正在经营的企业自动开通企业专属网页，企业网上自助激活便可使用，有3748家企业激活企业专属网页，享受政府主动推送的信息服务。结合市社保局的社保卡实名认证机制和省网上办事大厅统一认证平台机制，实现每个缴纳社会保险的市民均开通市民个人网页，截至2016年，有35万名市民激活使用个人专属网页。

【电子证照库和批文共享平台】 2016年，东莞市根据《广东省电子证照通用目录》《广东省电子证照建设规范》《广东省电子证照管理暂行规定》，建设电子证照库，推动批文共享库建设和完善。按照电子证照通用目录开展相应部门证照电子化，以身份标识、资质、许可等为重点推进证照电子化应用。对列入电子证照通用目录的证照，采取增量同步签发、存量逐步电子化等措施，实行网上查验证照，纸质打印存档，网上办事时优先采用电子证照，减少纸质申报材料提交，推动证照信息共享。

东莞市以信息资源共享平台为依托，率先建立起电子证照库和批文共享平台。以项目投资建设审批体制改革为契机，以线下改革推动线上改革，在线上突破并联审批技术瓶颈，推动审批事项并联审批和并联办理，实现改革的深度推进。重点围绕社会信用体系、商事登记改革、投资审批体制改革等相关事项，利用东莞市原有的政务信息资源共享平台实现部门证照、批文信息归集，形成证照批文库，在此基础上开通电子证照应用服务，在网上办事时取消提交纸质材料扫描件，在部门办事时利用资源共享进行证照查验，取件时再提交纸质材料存档。通过企业专属网页将证照批文信息、办事过程信息等主动推送给企业，方便企业办事和信息查询。截至2016年，批文共享和电子证照库贯通27个部门、102个证照、1个批文。

【企业网上登记备案系统（企业登记注册一网通）】 2016年，东莞市落实《东莞市外商投资企业网上多证联办实施办法（试行）》要求，实现外资企业开设时实施网上联办，包括市级权限内外商投资企业批准证书和批复文件、营业执照、组织机构代码证、国税税务登记证、地税税务登记证、社会保险登记证、新设外商投资企业外汇信息登记、财政登记证、海关报关单位注册登记证、检验检疫自理报检单位备案登记证，以及企业公章刻制许可等相关事项。东莞市利用政务信息资源共享平台、市网上办事大厅，建设多证联办辅助系统。

按照“一站受理、一表填报、同步审核、限时办结、同步发证、分头领取”的模式，对新设立外商投资企业所需的10个证照，以及内资企业办齐经营所需的8个证照（进出口企业10个证照），实行网上联办。该系统涉及商务局、工商局、质监局、国税局、地税局、社保局、财政局、东莞海关、东莞检验检疫局、东莞外汇局等部门的相关办事服务。主要针对在东莞市注册的外商投资企业和内资企业实现网上登记备案。项目的实施使企业从以往需要3个月办完10证缩短至3—5个工作日即可办理完成，所需提交的材料从53份减少至25份，减少53%。

【国税、地税数据互通联合办证】 2016年，东莞市国家税务局和地方税务局利用市政务信息资源共享平台开发“国地通”软件，实现国税与地税之间的“数据互通、消息互通、档案互通、统一亮证”。利用共享平台获取企业的工商登记、组织机构代码以及网上多证联办填报的信息后，通过“国地通”软件，数据可自动填充到国税、地税窗口工作人员的“金三”系统中，工作人员只需要检验数据是否有效真实，即可点击保存，完

2016年9月5日，“国地通”发票代开易项目启动仪式在道滘镇举行。图为市民体验代开易O2O纳税平台带来的便利服务 （郑琳东 摄）

成税务登记、代开发票等操作。国税、地税之间只要任一个窗口办理税务登记，对方的系统中就会自动增加一户。变更时，双方的系统均会同步变更。这些业务操作都通过“国地通”系统，实现数据的交互与信息的提醒。并在网上实现“一证两章”亮证，即税务登记证中有东莞市国家税务局、东莞市地方税务局的公章。“国地通”系统利用自动填充手段，使税务登记办理业务从以前输入10分钟，减少到30秒，极大提高窗口人员工作效率。

【社会服务管理“智网工程”建设】 2016年，东莞市电子政务办公室配合相关部门做好“智网工程”的信息平台建设，完成项目可行性研究报告，通过信息平台的建设，构建“网格化管理、信息化支撑、精细化服务、法治化保障”的社会治理新模式。

【网上办事大厅完善】 2016年，东莞市按照省政府《关于在全省推广一门式一网式政府服务模式改革的实施方案》《省网上办事大厅建设2016年工作方案》的部署，针对东莞分厅前台申报功能与后台预审、审批模块不完善之处加以改进，以用户体验为核心，完善平台功能：开发网上分时段预约发号通用功能模块，提供网上分时段预约服务，减少办事人的窗口排队时间；开发申报材料精简程序，将办事所需申报材料与政务信息资源共享平台上政府取得的证照数据进行比对与匹配，实现申报材料的减免；整合邮政部门速递服务，办事人可自主选择是否使用邮政部门快递服务，减少跑现场的次数；满足村（社区）需求，增加村（社区）办事点事项目录与办事指南管理，网上申请预处理和审批功能。

【电子政务网络平台完善】 2016年，东莞市完成与广东省网上办事大厅统一身份认证平台的对接工作，建成全市统一的CA（数字证书认证中心）服务平台，实现证书用户的“一证通行”“交叉互认”。基于数字证书互联互通、联合验证的原则，东莞市CA服务平台整合多家CA机构、行业单位的数字证书，对外提供多种电子认证服务，包括多CA的数字证书身份认证服务、电子数据签名服务、加解密运算服务、电子签章服务、电子纸张服务等，提高用户管理、数据交换的安全性，降低数字证书服务的使用成本。做好政务网络的安全保障，做好电子政务云计算平台的维护和扩容工作，提升平台效率和安全性。对全市电子政务建设项目实施预算申报管理和技术审核。

【网上行政办公系统升级】 2016年，东莞市网上行政办公系统（OA系统）增加移动办公和公文管理的部分功能，并与微信等常用软件连接。加强政府网站管理，修订《东莞市政府门户网站管理办法》，促进政府网站规范化。

（黄瑞娴）

电子商务

【电子商务概况】 2016年，东莞市电子商务交易额3702亿元，比上年增长9.2%，跨境电商进出口18.4亿元，比上年增长447.5%；东莞邮政国际小包业务量7096万件，日均25.3万件，增长106%。

【《东莞市电子商务示范企业认定方法》出台】 2016年，东莞市出台《东莞市电子商务示范企业认定办法》，启动第一批示范企业认定工作并进行公示，计划每年认定30家电商示范企业。

【电子商务发展渠道拓宽】 2016年，东莞市商务局组织电商企业、物流企业参加“加博会”“海丝博览会”，发挥其平台作用，促进电商企业和制造企业深度融合发展，俄中商务园与广东淡村集团等合作项目深入推进。组织东莞市电商企业前往呼伦贝尔市与当地商务部门及企业开展合作，东莞市盛世商潮公司（广货商城）分别与呼伦贝尔品生态网络科技公司及俄罗斯赤塔呼伦贝尔商务投资有限公司签订战略合作协议，为东莞市名优产品借助电商渠道开拓市场奠定基础。

【电子商务宣传培训】 2016年，东莞市商务局指导东莞市

2016年11月17日，第三届虎门国际电商节开幕　（郑琳东　摄）

电子商务联合会举行“让我们飞”2016东莞市电子商务系列培训，安排11场培训活动，其中包含服装、鞋包、食品、饰品以及专业摄影等行业专场培训，超过1000家企业参加活动。举办2016制造业互联网峰会、2016东莞跨境电商峰会等大型活动，联合Google（谷歌）、eBay（亿贝）等公司面向制造企业举办多场跨境电商宣讲推广活动，有120多家企业上线Google（谷歌）平台。

【电子商务平台引进培育】2016年，东莞市盛世商潮公司（广货商城）实力不断增强，并启动上市步伐。特土豪商城着眼布局全国，城市合作对象涉及贵州省、海南省和广东省珠海市、惠州市等。4月21日，借助京东、苏宁等平台力量，举办2016东莞（全球）荔枝节，实现荔枝线上销售额突破400万元，比上年增长近2倍。5月，指导东莞市电子商务公共服务中心落户虎门电商产业园，成为全省首个“线上+线下”同时启动的电商公共服务平台。8月，与阿里巴巴全产业链合作达成共识，形成合作框架协议，将在“淘工厂”“中国质造”“重镇出击”“跨境电商”等板块进行更深层合作。10月，阿里巴巴一达通企业服务（东莞）有限公司成立，阿里巴巴跨境B2B（企业到企业）全链条服务进驻东莞市。配合推动海上丝绸之路跨境商品展示交易中心项目建设，推动“东莞制造+跨境电子商务”模式加速发展。

【跨境电商成为外贸新渠道】2016年10月，东莞市商务局组织东莞市电商企业出访俄罗斯，参观考察格林伍德国际贸易中心、俄速通海外仓、俄中商务园，以及俄优选、Yandex、Mail.ru等互联网企业，推动双方在资源对接、东莞产品体验店规划建设、专业展会参展等方面合作。推动“东莞制造+跨境电子商务”模式加速发展，组织第三届东莞跨境电子商务O2O（线上到线下）外贸交易会。东莞国际邮件互换局（交换站）获批并落户东莞市跨境贸易电商中心园区。市商务局牵头成立东莞国际邮件互换局工作专责小组，协调推进互换局整体建设。全年跨境电商进出口额18.4亿元，比上年增长447.5%。

（李　霄）

无线电管理

【无线电管理概况】2016年，东莞市经济和信息化局加强无线电监测和保障工作，在国家法定节假日、全市召开重要会议（展会）以及国家重大考试期间，组织各类保障行动34天、261次，期间未发现违规信号，保证会议及考试的安全举行。全年受理无线电频率申请指配11份、发放无线电台站执照2861个，处理无线电投诉90宗，先后为市公安局鉴定伪基站设备43套，维护宽带网络运营的安全。查处49个传播假冒医药广告的非法广播电台，净化东莞市的广播环境。协助东莞业余无线电运动协会组织举办业余无线电台操作技术能力考试。

【信息基础设施建设“大会战”】2016年，东莞市出台《东莞市实施信息基础设施建设“大会战”加快创建“宽带中国”示范城市工作方案》。完成4G基站（RRU）建设1.9万座，累计达7.88万座，基本实现全市4G信号覆盖。全年新增光缆线路长度2.73万公里，光纤入户城市小区新增2489个，光纤入户行政村新增598个；全市光纤覆盖能力大幅增强，光纤入户量累计172.64万户。

【“三线”整治】2016年8月，东莞市开展“三线”（电线、电信网线、有线电视线）搭建乱象整治“百日行动”，补齐精神文明建设与信息化设施建设短板。在全市划定的44个试点整治村居，登记隐患整治黑点1706处，整治完成1706处，完成率100%。行动期间，各市场主体投入整治资金超2000万元，派出1200人组建工作队伍参与整治行动，清理废旧线路总长500公里，重120吨。在清理废旧线路的同时，通过宣传发动，指导运营商同步推进“光（纤）进铜（缆）退”的光纤改造工作，期间推动9000余户接入光纤网，促进全市各镇街信息基础设施及管线的规范化、集约化建设，促进东莞市光纤改造进度。通过“三线”整治，东莞市村（社区）“三线”面貌得到明显提升。

【公共服务区域WiFi建设】2016年，东莞市完成部署公共服务区域AP点（无线访问接入点）3万个，超额完成全年建设2.5万个AP点的任务；其中开通AP点2.68万个，上线率89.2%，初步实现东莞市主要区域无线局域网络的一张网建设及管理。WiFi建设覆盖主要公园、道路、广场、政府机构、办事中心、图书馆、医院等公共服务区域，为市民和企业提供免费的多元化和本地化公益WiFi服务。

【信息基础设施建设统筹】2016年，东莞市经济和信息化局牵头起草《东莞市实施信息基础设施建设“大会战”加快创建“宽带中国”示范城市工作方案》《东莞市城市通信基础设施专项规划（2017—2020）》《关于加强电信设施建设与监管保护工作的通知》《全市村居“三线”整治工作方案》《全市村居“三线”整治百日行动计划》等政策文件，推动东莞市信息基础设施快速发展。推动基站建设选址，多次协助通信运营商与镇街、市城管局沟通，前往选址实地进行检测及协调，通过重点攻关一批“骨头站点”，推动开放市政、镇村的公共物业建设基站；配合做好打击电信诈骗工作，配合市公安局做好防范电信诈骗，与市公安局和东莞电信部门联合发出“宽带用户实名制公告”，推动网络实名制工作落地，形成联动机制保障网络信息安全。（叶应佳）

通信业

东莞移动分公司

【东莞移动分公司概况】2016年，中国移动通信集团广东有限公司东莞分公司（简称东莞移动分公司）推进4G（第四代移动通信技术）网络发展，提供数字家庭和智慧政企服务；全面锻造4G优势，打造精品网络。2016年，用户规模超1100万户，全年实现运营收入超过97亿元，比上年增长5.1%，完成值与增幅均为2014—2016年最高；连续7年获评广东省“守合同　重信用”企业，获评“全国实施用户满意工程先进单位”“东莞市2016年主营业务收入前20名企业”“东莞市2016年税收突出贡献奖”，该公司团委获评“广东公司五四红旗团委”“东莞市共青团工作优秀团委”；一批集体分别获评省级、市级“青年文明号”、广东省“巾帼文明岗”。

【东莞移动分公司推进4G网络建设】2016年，东莞移动分公司全速推进4G网络建设，截至2016年，在东莞市完成超过1.35万个4G基站的建设，全市4G信号综合覆盖率99.46%，实现高等院校、交通枢纽、大型会展中心、自有营业厅、政府机关、四星级以上酒店、二级以上医院、大型商场等重要场景100%的4G网络覆盖及日均流量大于50M的室内站100%的4G网络覆盖。4G网络速率方面，全市平均下载速率（路测数据）稳定在35MB/S以上，在全省排名名列前茅。4G网络客户规模超过750万户，占比全量客户66%，4G网络客户占比居全省第一位。4G网络整体客户人均每月流量从2015年底的653MB提升至1352MB，全面跨入“G时代”。

【东莞移动分公司落实“宽带东莞”战略】2016年，东莞移动分公司配合市经信局开展信息基础设施建设“大会战”，重点推进光纤宽带网络工程建设，围绕“技术更先进、结构更合理、目标更清晰、接入更灵活、资源更高效”网络建设方向，实现光纤接入能力的突破性提升，家庭宽带平均开通时长从年初48小时缩减为29小时。家庭宽带网络预覆盖达210万户，家庭宽带客户2016年4月跨越50万户里程碑，年末达61.5万户。

【东莞移动分公司开展专项整治行动】2016年，东莞移动分公司贯彻落实东莞市文明创建“补短板、促提升”工作，落实电话用户实名制要求，完成约580万人次的号码核验，实现10月1日起客户实名率达100%。防范电话骚扰、整治电信诈骗，从5月开始开展骚扰诈骗电话来电提醒服务试点，日均下发主动提醒273万次（其中境外

2016年9月20日，东莞移动分公司的第一家4G智慧生活体验店开业

来电提醒占比7.9%），下发成功率97%，覆盖全量用户；同时，根据省移动公司、公安机关关于建设市级反诈骗中心的要求，安排人员到东莞市公安局驻点办公，对25个违规号码进行停机、12个违规网站进行封堵。根据市政府的要求，从6月起配合开展城市“牛皮癣”号码停/复机处理，对4611个违规手机号码进行停机处理。加大伪基站打击力度，通过多部门联动从源头扼止不良信息的蔓延，打击伪基站案件57宗，配合执法机关抓获嫌疑人65人，缴获设备57台、车辆34台。

【东莞移动分公司提升客户服务质量管理水平】 2016年，东莞移动分公司优化内部品质管控，承接大连接战略运营重点，构建全面质量运营管控地图和健康度指标发展体系，全面推进服务承诺项目优化改进工作，实现工作目标承诺100%全覆盖。外部服务体验方面，构建全触点客户感知管理体系，实现客户感知的归口管理，持续完善渠道客户体检监测体系，加强客户投诉管理和营销风险前控，促进NPS（客户净推荐值）稳步提升和投诉降量。通过加强内外联动、闭环管控，全面助力客户服务质量管理水平的提升。（江南梦）

附：2016年中国移动通信集团广东有限公司东莞分公司主要领导名录

党委书记、总经理：胡　伟

东莞电信分公司

【东莞电信分公司概况】 2016年，中国电信股份有限公司东莞分公司（简称东莞电信分公司）客户数（包括移动和固话客户）383万户，其中：移动客户数198万户、固话客户数185万户，2016年网络接入数133万户。2016年，营业额48.75亿元，缴税近1.62亿元（除企业所得税、个人所得税）。

2016年4月7日，东莞市政府与广东电信分公司签订《加快“十三五”信息化建设战略合作框架协议》，共同推动“互联网+”行动

【东莞电信分公司“提速降费，便民惠民”】 2016年，东莞电信分公司实施便民惠民工程，把“提速降费”落到实处。宽带户均速率从2014年8MB（兆比特）提升到54MB，每MB资费从30元降低至不足0.7元；移动户均流量从2014年0.2GB提升到1.5GB，最低流量单价1.3元/GB。聚焦智慧民生应用，提升市民智慧城市生活水平。东莞慕课平台为智慧课堂提供完善服务；全市校车监控为学生安全出行保驾护航。全面升级产品，快速推进东莞智慧家庭建设。贴近用户需求打造全方位家庭信息化服务方案，打造智慧家庭服务圈。

【东莞电信分公司助力“智慧政务，平安东莞”建设】 2016年，东莞电信分公司投资建设东莞市“一呼百应”警务调度平台，全面提升出警效率，助力建设“平安东莞”。承建东莞市人民检察院检察机关业务数据分析研判及应用平台，通过大数据应用，提升检察处理数据效率。为政务办公网、网上办事大厅、政务云、平安城市视频监控标清转高清建设、“12345”政府热线建设提供优势网络支持，通过安全、稳定、快速的电信网络为“智慧东莞”建设作出贡献。

【东莞电信分公司助推“互联网+”建设】 2016年，东莞电信分公司以行业“互联网+”信息化解决方案为抓手，助力东莞市行业转型升级。打造中国电信东莞分公司“互联网+”基地，推动智慧物联产业发展。2016年举办行业秀、科技秀26场次，产品发布会5场次，接待大中型企业超200家，接待各级政府领导超100人次，举办“南方小记者”活动4场次。通过提供工业云平台，为东莞市工业企业转型提供低成本、高效率的云解决方案。针对东莞市酒店转型，推出完美酒店联盟产品，为酒店行业提供客房有线、无线安全网络、酒店主页及服务等一体化低成本解决方案。

【东莞电信分公司完成“实名制”登记】 2016年，东莞电信分公司多种方式通知登记信息不完整、不准确的电信用户补办登记手续，对逾期未实名的暂停提供电信服务。在各个营销渠道严格校验用户身份信息，落实宽带及移动新用户入网实名制要求。面向城中村等流动人口密集区域，创新推出公寓宽带产品，为网络实名制打下用户、产品和技术基础。截至2016年，中国电信东莞分公司存量用户全面完成“实名制”登记。通过推进新媒体渠道推广，丰富客户触点，以及互联网化装维与大数据挖掘支撑，实现线上线下客户服务和客户需求快速响应。

【东莞电信分公司推进信息化基础设施建设】 2016年，东莞电信分公司投入5.6亿元加大基础设施建设，光缆线路累计达239万纤芯公里，FTTH（光纤直接到家庭）端口规模累计超270万线，基本实现全市宽带用户100%覆盖；城域网出口带宽2280G，光网络节点超6000个；全市电信4G基站规模超8200个，WiFi热点近3000个，为东莞市贯彻执行“宽带中国·光网城市”战略奠定基础。

【东莞电信分公司网络信息安全保障】 2016年，东莞电信分公司配合公安部门查办诈骗信息50多宗，涉及号码800多个；配合落实防范通信诈骗宣传工作，累计发送公益短信1000多万条次，张贴宣传海报3000张。自主研发开通防诈骗“天翼蓝盾”平台，实现精准打击，节省警力成本，提升破案效率。配合推进公共场所WiFi无线上网安全保护措施落地，提供WiFi无线上网安全解决方案，建立WiFi信息安全查询系统，为信息化健康发展保驾护航。

【东莞电信分公司推进“三线整治”专项行动】 2016年8月，东莞电信分公司配合市政府“三线”（电线、电信网线、有线电视线）搭建乱象整治“百日行动”，制定专项沟通机制，进行网络线路整改，妥善处理服务问题。2016年，累计组织158场次宣传活动，整改升级用户线路1.13万户，完成44个重点村（社区）、10个非重点村（社区）“三线整治”，促进市容市貌明显改善。（褚雨枫）

附：2016年中国电信股份有限公司东莞分公司主要领导名录

党委书记、总经理：胡志良

东莞联通分公司

【东莞联通分公司概况】 2016年，中国联合网络通信有限公司东莞市分公司（简称东莞联通分公司）主营业务累计收入20.03亿元，纳税总额4407.24万元，移动用户规模266.6万户（2016年净增19.7万户），固定宽带用户规模37.9万户（2016年净增0.42万户）。

2016年，东莞联通分公司开展文明创建活动，成功创建东莞市青年文明号2家、巾帼文明示范岗1家。承担2项课题研究，其中：代表广东联通公司党委承担的联通集团总部课题，获评联通集团总部党组优秀课题研究成果一等奖（全国排第三名）；代表联通集团总部党组承担的国资党建课题，获评国资委中央企业政研会优秀课题研究成果一等奖。

【东莞联通分公司服务品牌、网络质量提升】 2016年，东莞联通分公司开展基础设施建设——“大会战”及“三线”（电线、电信网线、有线电视线）整治“百日行动”，加快光纤资源建设，提升资源覆盖能力。基础设施建设投入达5.6亿元，新增4G基站2133个，新增光纤宽带端口31万个，提升各项宽带基础指标；“三线”整治投入800多万元，整治入户皮线、电缆、光缆等，改善城市面貌，降低通信线路安全隐患。聚焦重点网络区域改善，重塑渠道服务形象，以用户诉求感知倒逼内部管理，精准提升用户价值，缩小行业差距。双管齐下，全面提升服务品牌和网络质量，东莞联通分公司客户服务部因此获评“2015—2016年度广东省客户服务管理十佳团队”，是运营商中唯一获奖的地级市分公司。

【东莞联通分公司履行社会职责】 2016年，东莞联通分公司开展电信用户实名登记，严防预防电信诈骗。推进和落实广东省“互联网+”行动计划，投巨资打造“大物移云智”“互联网+”核心设施及平台，包括云数据中心基地、云计算中心、大数据中心等各“互联网+”基础底层设施等，促进产业互联网生态圈的繁荣发展，助力东莞市经济社会发展转型升级。

【华南数据中心建设】 2016年，东莞联通分公司投资10亿元规划建设中国联通全国十大云数据中心基

2016年5月，“云集智慧，沃领未来”——广东联通“沃云”云生态联盟启动暨华南云数据中心启用发布会在东莞松山湖举行

地之一——华南数据中心（位于松山湖高新区），规划部署4000机架，总建设T级国际骨干互联网出口资源，为东莞市互联网及云计算产业发展打造优质底层网络资源。建立总计算能力1万核/20T（T：太字节）、存储能力5PB（PB：拍字节）的“沃云”基地及中国联通医疗云基地，利用完备的虚拟私有云、专享云、混合云/云集成等云项目实施能力，为政府、教育、医疗、制造等多个核心行业构建云服务平台。根据东莞市产业特点，建立开放共赢生态圈，整合近20家合作伙伴专业技术及服务能力，联合推出园区云和工业云，为东莞市近6000家大中型制造业企业和100多个产业园区提供含本地信息化的特色应用，构建特色的云集成服务体系。同时带来以松山湖高新区为核心的规模化区域中心的集聚效应，树立东莞市互联网及云计算产业品牌。（梁沁媛）

附：2016年中国联合网络通信有限公司东莞市分公司主要领导名录

党委书记、总经理：张海涛

东莞铁塔分公司

【东莞铁塔分公司概况】 2016年，中国铁塔股份有限公司东莞市分公司（以下简称东莞铁塔分公司）围绕《东莞市实施信息基础设施建设“大会战”加快创建“宽带中国”示范城市工作方案》的部署，满足三大电信企业（中国电信、中国移动、中国联通）高速建网需求，助推东莞市信息基础设施建设发展。截至2016年，该公司总资产超15亿元；营业收入达3.8亿元，比2015年增长570%。有无线通信基站总数1.1万个，日均完工站6.4个，建设效能较该公司成立前提升30%，2015—2016年建设总量相当于原30多年行业累计建设总量的50%。

【东莞铁塔分公司助力4G网络规模发展】 截至2016年，东莞铁塔分公司通过统规统建、搭建多渠道选址体系、深化共建共享、创新技术方案等措施，满足东莞市4G网络建设需求，2015—2016年累计投资6.1亿元，承接三大电信企业塔类建设需求6126个，交付5794个，其中2016年建设通信基站2536个，超额完成“大会战”建设目标，比2015年增长40.19%，实现东莞市4G基站规模化建设和通信网络城乡的全覆盖，推动东莞市“宽带中国示范城市”建设和“互联网+”战略的实施。

【东莞铁塔分公司共享成效再创新高】 2016年，东莞铁塔分公司按照“能共享的不新建、能共建的不独建”原则，多线条联动，制定存量铁塔与新建铁塔融合改造共享解决方案，与三大电信企业沟通、联合办公，大幅减少基站的重复建设，获得客户认可。截至2016年，东莞市基站站址共享率由注入时10.03%提升至31%，其中交付站点共建共享比例达70%，经东莞铁塔公司整合后减少2935个基站建设，节约投资6.8亿元，节约土地23.6万平方米，每年节约用电量超9300万千瓦时。

【东莞铁塔分公司助力信息基础设施“大会战”落地】 2016年，东莞铁塔分公司在基站规划、报建报批、公共物业开放和科普宣传等方面取得突破性进展。完成《东莞市铁塔站址（2016—2020年）规划》编制，率先在全省各地级市完成铁塔站址规划编制。实现基站规划与土地利用、环境保护、市政基础设施等城市规划坐标体系的无缝衔接。简化基站报建报批流程，多个单位和镇街从原来“多点接口、串行审批”优化为“一个部门接口、批量申请、多部门并行”的审批机制，提升基站建设速度。提升公共站址资源的获取，截至2016年，各级政府、部门、村（社区）开放568个公共空地、绿地、建筑物、路灯杆等公共站址资源支持通信基站建设。创新无线科普宣传模式，联合市经信局在33个镇街开展“无线通信科普知识入社区”现场宣传活动，分别覆盖全市638个村（社区）、70万家企业和近百万人群。

新型全内嵌式景观塔基站

【东莞铁塔分公司实施新型基站建设技术】 2016年，东莞铁塔分公司联合杆塔厂家开发出新型全内嵌式多平台景观塔，解决三大电信企业原未解决的市政广场、科技馆等塔型美化隐蔽要求较高场景的覆盖问题，该技术获得3项国家创新专利，铁塔总部计划在浙江、江苏、河北、山东等省推广。同时，探索出新型可移动式塔房基站建设模式，即采用预制式塔房一体化建设，具备快速安装、拆除方便、拆除损失小等特点，与普通彩钢板机房相比，节约近50%的能耗。此外，还多方位创新存量基站改造方案，通过小抱箍、H型抱杆、12/15米支撑杆、增加支臂、荷载等效替换、塔身加固等创新手段提升存量基站共享改造成功率，减少资源的重复浪费。（邱　蕾）

附：2016年中国铁塔股份有限公司东莞市分公司主要领导名录

总经理：齐　军

园区经济

ZONE ECONOMY

- 松山湖（生态园）高新区创新驱动发展
- 虚拟现实研究院和智能制造研究院挂牌
- 长安新区发展研究
- 东莞水乡经济区环境质量提高

松山湖（生态园）高新区

编辑：李缙文

松山湖（生态园）高新区

【松山湖（生态园）高新区概况】 松山湖（生态园）高新区地处东莞几何中心，总规划控制面积103平方公里，其中松山湖规划控制面积72平方公里，生态园规划控制面积31平方公里。2016年，松山湖（生态园）高新区实现地区生产总值303亿元，比上年增长16%；税收总额100.88亿元，增长24.4%；固定资产投资总额118.47亿元，增长24.5%；规模以上工业总产值2119.15亿元，增长19%。松山湖（生态园）高新区在全国高新区的综合实力排名升至26位。

【松山湖（生态园）高新区创新驱动发展】 国家自主创新示范区顶层设计　2016年，松山湖（生态园）高新区完成资源、产业、人才、空间、国土、交通等基础调研，印发自主创新示范区实施方案，编制完成自主创新示范区发展规划纲要初稿。制定“松湖40条”实施细则；建立自主创新示范区发展专项资金并出台专项资金管理办法；梳理完成自主创新示范区政策体系清单。

创新主体培育　2016年，松山湖（生态园）高新区实施高新技术企业“育苗造林”行动计划，新增高新技术企业73家，增量占全市9.6%；总量180家，占全市15%。新增拓荒牛公司等9家“新三板”挂牌企业和安尔发智能公司等5家上市后备企业，累计上市挂牌公司26家、上市后备企业21家；新增东莞材料基因高等理工研究院等2家新型研发机构，累计25家。

创新生态体系构建　2016年，松山湖（生态园）高新区新增国家级众创空间4家、省级众创空间试点单位5家。新增国家级孵化器3家、市级孵化器9家。推动国家知识产权试点园区、广东省知识产权服务业集聚发展试验区建设。2016年，专利申请6200件，比上年增长29.34%；新增国家、省、市专利奖项13项。

科技金融融合　2016年，松山湖（生态园）高新区制定促进科技金融发展实施办法等系列政策。成立松山湖融资担保公司，组建松山湖粤科子母基金，参与5个创投基金，通过9550万元引导基金撬动社会资金投资6.5亿元。完善科技金融综合服务平台，各金融服务机构累计为企业提供贷款104.77亿元，其中高新技术企业贷款34.35亿元，信用贷款22.47亿元；3家科技支行向园区企业发放贷款29.16亿元。

【松山湖（生态园）高新区产业发展】 招商引资 2016年，松山湖（生态园）高新区创新招商手段和机制，制定招商引资管理办法等系列产业政策。引进项目1100宗，引进资金超250亿元，园区招商企业数量和质量实现双提升，引进内资实际投资总额、重大产业项目数量均排全市第一名。

主题园区建设 2016年，松山湖（生态园）高新区制订主题园区建设实施意见、产业发展规划等，成立松山湖互联网产业联盟、东莞首个VR（虚拟现实）产业基地及产业联盟。先后获评“广东省服务外包示范园区”“首批广东省‘互联网+’创建小镇”“粤港澳服务贸易自由化省级示范基地”。

重大项目建设 2016年，松山湖（生态园）高新区27个重大建设项目完成投资95.7亿元，占年度计划的136%。

绿色低碳发展 2016年，松山湖（生态园）高新区完成园区“十三五”时期节能低碳等规划的编制及生态承载力研究，重点耗能单位全部建成能源管理中心，分布式光伏项目总装机容量超过20兆瓦，获评广东省循环化改造试点单位。

经济实力提升 2016年，松山湖（生态园）高新区协助载体企业盘活29万平方米物业，盘活32宗闲置土地总面积141公顷；促竣工41个项目，有12个项目竣工验收，25个项目正常推进；促进33家企业达产达效，完成税收45亿元。

【松山湖（生态园）高新区招才引智】 2016年，松山湖（生态园）高新区以创建省级人才发展改革试验区为契机，完善人才政策体系，形成企业在校设立奖助学金资助方案、新引进人才生活补贴等系列人才政策，拨付松山湖人才专项资金5636万元。举办系列高层次人才推介会，引入“千人计划”专家12名，省、市领军人才11名，特色人才17名，高层次人才44名。协助企业引才2000余人。截至2016年，园区有“千人计划”专家29名，占东莞市82.9%；省创新创业领军人才3名，占东莞市100%；市创新创业领军人才47名，占东莞市总数85.5%；市特色人才109名，占全市59.6%。落实市领导联系高层次人才制度，建立园区领导走访高层次人才工作机制。联合银行机构发行人才专属卡“松湖尊才卡”。探索实行人才服务专员制度，吸纳近400人。

【松山湖（生态园）高新区社会服务】 综合配套 2016年，松山湖（生态园）高新区启动两园总体规划修编、社区规划研究、综合交通战略研究等规划专题工作。中心小学分校、东华学校松山湖（生态园）校区（初中）建成开学，中心幼儿园开园。科苑社区卫生服务站和台科社区卫生服务站建成开业。

文化体育活动 2016年，松山湖（生态园）高新区承办首届东莞松山湖国际马拉松暨科技

松山湖（生态园）市民中心

2016年1月14日，首届"松湖杯"创新创业大赛总决赛暨颁奖典礼

文化交流日活动、第八届中国国际影视动漫版权保护和贸易博览会。开展《松湖名家讲座》、第六届50公里徒步、"和谐松湖　幸福飞扬"文艺汇演等系列精神文明创建活动。成立松山湖生活方式研究院，引进唐宁书店、《读享》空间入驻图书馆，倡导"智创轻生活"生活方式。

社会治理　2016年，松山湖（生态园）高新区推进数字城管建设，逐步推行网格化建设。建成社区综合服务管理中心绿荷居及城市会客厅站点。创建全国综合减灾示范社区。排查不稳定因素，矛盾纠纷调处率达98.3%。推进"智网工程"建设，实施科技强警，强化街面巡逻防控，落实"飓风2016"、打击街面违法犯罪、"治摩"等专项打击整治措施，全面开展"以案说防"宣传，违法犯罪警情比上年下降5.6%，"两抢"（抢夺、抢劫）案件下降11%。同时抓好安全生产、食品药品安全、信访维稳。

【松山湖（生态园）高新区国有企业管理】　2016年，松山湖（生态园）高新区理顺市国资委与管委会之间的委托监管责任关系，完成两园控股公司人员整合。督促两园控股公司制定年度经营管理目标，建立实施项目运营绩效考核跟踪和经营分析机制。松山湖控股公司实现营业收入5.17亿元，比上年增加2.34亿元、增长83%。

【松山湖（生态园）高新区生物医药技术产业集群基本形成】　2016年，松山湖（生态园）高新区承接生物医药技术公司的托管职能，起草董事会改组方案及分级授权管理制度，优化公司重要经营管理制度。启动建设生物医药及生物活性蛋白公共服务平台等5个生物医药技术产业平台建设。全年引进生物医药技术类企业近40家，超额完成年度工作任务。截至2016年，园区有生物医药技术企业近200家，基本形成生物医药技术产业集群。

【松山湖（生态园）高新区政务服务改革】　2016年，松山湖（生态园）高新区推动政府服务模式改革，一个集行政审批、政策宣传、企业服务、投资洽谈、科技展示于一体的综合性服务中心——市民中心运行，覆盖行政审批服务事项774项。开展权责清单梳理试点工作，梳理出第一批行政审批事项158项，完成第一批法定事项100项，参考事项目录398项。出台管委会重大行政决策程序规定，继续开展部门执行力第三方评估。

【松山湖（生态园）高新区首届创新创业大赛举办】　2016年1月，松山湖（生态园）高新区首届"松湖杯"创新创业大赛总决赛举行，来自全国各地的99个创新创业项目参赛。松山湖（生态园）高新区借助创新创业大赛的举办，构建一个由创业圈、导师圈、投资圈、孵化圈等组成的创新创业生态系统，探路东莞市乃至广东省的转型升级。

（施建平）

附：2016年东莞松山湖（生态园）高新区管委会主要领导名录

党工委书记、管委会主任：殷焕明

虎门港

（参见"镇街"类目"沙田镇·虎门港"分目）

长安新区

【长安新区概况】　长安新区地处珠江口，东与深圳市宝安区相邻，北靠东莞市长安镇和虎门镇，西隔珠江与广州市南沙区相望，南临南海。长安新区规划面积20.36平方公里，滩涂面积8.35平方公里，现状海域面积12.01平方公里，开发建设完成将形成土地14.23平方公里，水域6.13平方公里。2016年，长安新区初步确定"国际滨海湾区新城、现代开放创新都市"的发展定位，完成一期133公顷滩涂堆填，报送17个填海项目至省海洋与渔业厅审批开展前期工作，启动长安新河、进程路等部分基础设施工程建设，编制《东莞市长安镇（长安新区）总体规划（2016—2030年）》。

2016年1月28日，长安新区控股公司挂牌

【长安新区发展研究】 发展定位 2016年，长安新区综合广东省发展研究中心、国家发改委国际合作中心等前期研究成果，初步明确发展定位是国际滨海湾区新城、现代开放创新都市；功能定位是“一带一路”国际合作示范区、粤港大湾区融合发展先导区、东莞开放型经济引领区；产业定位是新兴产业孵化中心、现代服务业集聚中心、高端智造创新中心。

规划研究 2016年，长安新区结合围填海报批和镇区统筹发展的要求，完成《东莞市长安镇（长安新区）总体规划（2016—2030年）》编制。申报纳入《中国开发区审核公告目录》，申报资料经省政府同意上报国家发改委审批。探索创建“一带一路”国际合作示范区，与国家发改委国际合作中心编制《“一带一路”长安国际合作示范区建设规划》。开展构建开放型经济新体制大调研，形成《东莞滨海湾开发区发展研究报告》。

【长安新区基础工程建设】 2016年，长安新区完成进场路路基工程建设前期工作，办理建设用地规划许可证，并增补为2016年东莞市重大建设项目，进入施工单位招标阶段；完成长安新河工程PPP（政府和社会资本合作）项目采购、合同签订，并成立源清投资有限公司作为项目公司；同时，做好与东莞轨道2号线、深圳地铁20号线对接的前期工作。

【长安新区控股公司】 2016年，长安新区控股公司开展17个填海项目的策划、申报和相关专题论证的前期工作；协调推进长安新河、进场路等基础设施工程，初步形成长安新区基础设施项目建设采用代建制的建议方案；探索先行规划部分土地实行1.5级土地开发模式，完成《东莞长安新区1.5级开发初步方案（征求意见稿）》；探索投融资模式，与多家银行机构探讨融资方式、路径和条件，初步形成投融资方案；探索开发模式，初步形成长安新区开发模式对比研究成果；探索创建“一带一路”国际合作示范区，完成《“一带一路”长安国际合作示范区建设规划》编制单位招标和服务合同的签署。

（尹杰洪）

附：2016年东莞市长安新区管理委员会主要领导名录

党工委书记：何绍田

管委会主任：郭荣新

东莞水乡特色发展经济区

【东莞水乡经济区概况】 东莞水乡特色发展经济区（简称“东莞水乡经济区”）位于东莞市西北部，是东江北干流和南支流流经区域，包括石龙、万江、中堂、望牛墩、麻涌、石碣、高埗、道滘、洪梅、沙田等10个镇街和东莞港1个港区，面积510平方公里。

2016年，东莞水乡经济区经济总量保持平稳增长，地区生产总值1073.96亿元，比上年增长7.2%，增速接近全市平均水平；社会消费品零售总额393.74亿元，增长48.9%；税收总额189.8亿元，增长10.5%；可支配财政收入106.86亿元，增长31.8%；第三产业实现增加值513.45亿元，增长14.4%。

【东莞水乡经济区环境质量提高】 2016年，东莞水乡经济区持续开展“两高一低”（高污染、高耗能、低效益）企业整治与引导退出工作，对不符合城镇规划、产业规划和生态规划的84家重点污染企业进行整治或引导退出。投资3.8亿元重点整治18条中小河流，中堂、麻涌、道滘镇等8个项目完工。推进污水处理设施建设，石碣镇沙腰污水处理厂建成并投入使用，万江污水处理厂建设推进，麻涌镇华阳湖“印象水乡”分散式治理试点取得成功，为全市污水整治探索出新模式。以“一年一镇一河涌”为目标整治内河涌，完成9条内河涌整治任务。实施挂影洲围中心涌水闸联调，联调系统于9月投入试运行。基本完成《东莞市2015—2017年重点区域重金属污染防治实施方案》《东莞水乡特色发展经济区土壤环境保护与综合治理实施方案》编制，麻涌、石碣和洪梅等镇的示范项目列入国家土壤污染治理与修复试点范围。麻涌垃圾焚烧发电厂综合办公楼工程主体完工。编制《东莞水乡特色发展经济区生态文明建设促进条例》，启动“中国人居环境奖”和“联合国人居奖”课题研究，石龙、石碣、望牛墩等镇创建国家级和省级生态文明建设示范镇。水环境改善，32个监测断面中27个断面的综合污染指数逐年下降，19个监测断面水质达到水质功能目标，COD（化学需氧量）、氨氮、总磷达标率分别为93.55%、64.52%、67.74%，均高于东莞市主要流域水质因子达标率。

【东莞水乡经济区发展动力增强】 2016年，东莞水乡经济区抓好重大项目建设和新产业培育，发展高端成长型产业，突出发展重点优势产业，推动新兴产业加快发展。全年有46个产业项目纳入市重大建设项目，总投资632亿元；18个项目纳入市重大预备项目，总投资额340亿元。新签约投资1亿元以上产业项目22个，总投资额93亿元。启动华科城·创新岛科技企业孵化器，入孵企业28家。加快望洪枢纽站及TOD（以公共交通为导向）建设，推进各类创新创业要素聚集，打造西北部中心城。加快发展休闲旅游产业，推动体验农业产业组织化、市场化、品牌化，引进云南城投、北大青鸟等龙头项目，新增一大批家庭农场。

【东莞水乡经济区基础设施建设】 2016年，东莞水乡经济区围绕水乡发展总体规划，采取规划叠加等方式策划近期重点项目，初步形成有62个项目的项目库，其中基础设施及公共服务设施项目22个，水乡新城项目13个，水乡经济区示范片区项目9个，水乡新城环境整治项目18个。完善规划传导机制，推进片区控制性详细规划编制，确保把“减量规划”等规划要求落到实处。加快重点基础设施项目建设，沙田镇穗丰年水道示范片区、东莞港沙田港区综合客运码头项目基本完成，挂影洲中心涌水环境综合整治项目、洪梅镇洪屋涡水道西岸通岸工程、疏港大道、麻涌镇环保热电厂等一批项目如期推进，水乡大道延长线、沿海公路、水乡横向中通道、水乡横向南通道等项目启动前期工作。开展特色民俗客栈建设试点，在麻涌、沙田、道滘镇建成民俗客栈16家。推动示范片区建设运营，麻涌镇华阳湖、万江街道龙湾滨江等示范片区取得明显经营效果，望牛墩镇赤滘口河西岸片区、洪梅镇洪屋涡水道西岸片区、沙田镇穗丰年水道片区等逐步建成。以国土部门核减农保地为契机，梳理重要基础设施项目占用农保地情况，初定将水乡新城、水乡横向南通道、水乡横向中通道、水乡游泳中心等9个项目纳入核减农保地范围，核减农保地162.82公顷。推进水乡新城开发，加紧修改完善水乡新城概念性规划，联合省委党校广东城镇化研究中心开展水乡新城开发建设课题研究，启动望洪枢纽站场及TOD（以公共交通为导向）综合体开发建设。

【东莞水乡经济区统筹专题研究】 2016年，东莞水乡经济区开展统筹园区发展专题研究，配合完成《东莞市统筹园区发展专题研究报告》《关于加快水乡经济区发展的调研报告》，制定《水乡管委会关于深化加快水乡经济区统筹发展专题研究的工作方案》。制定《2016年度水乡特色发展经济区工作落实奖考核工作方案》，重点考核水乡经济区贯彻落实统筹机制建设情况等方面的情况。完善专家委员会制度，补充与完善专家库，发挥专家顾问和专家委员的参谋作用。（刘楚欣）

附：2016年东莞水乡特色发展经济区管理委员会主要领导名录

主　任：姚　康

华阳湖湿地公园

开放型经济

OPEN ECONOMY

- “走进非洲”系列经贸活动
- 外经贸对接活动平台搭建
- 东莞市纳入“中欧班列”品牌、“中欧班列”枢纽节点
- 打击走私联合专项行动

东莞港作业区

编辑：陈建枝

对外贸易经济合作

【外经贸概况】 截至2016年，东莞市坚持实施“外向带动”战略，吸收外资发展以加工贸易为主的开放型经济。外来投资逐渐成为东莞市经济发展的主要支撑，占全市工业产值的七成以上，出口65%左右。随着产业结构调整和转型升级工作的推进，拥有自主品牌的加工贸易企业数量超过2000家，累计注册品牌突破1万个，达1.14万个；每出口100件产品之中，就有74件是加工贸易企业自主研发、设计的产品，比2008年金融危机前提高40.5%。2016年，规模以上企业工业增加值率达20%；新增境内外注册商标1091个，比上年增长9.8%，累计1.25万个；委托设计（ODM）+自有品牌（OBM）产品出口2830.7亿元，占比提升至74.6%。新认定高新技术企业158家，增长26%，累计322家；新增研发机构241个，累计1596个；高技术产品出口2586.4亿元，增长17.7%，占全市出口总额的39.4%，比上年增长5.2%。

【外贸进出口】 2016年，东莞市进出口总额1.15万亿元，总量居全国各大城市第五位、全省第二位，比上年增长9.8%，增幅高于全国、全省平均水平，在全国进出口前五名城市及珠三角九市中排第一位。其中，出口6556.9亿元，增长2%；进口4859.1亿元，增长22.4%。东莞市保税物流进出境货物1848.2亿元，增长92.2%，拉动全市进出口增长8.6%，占全市进出口16.2%，比2015年提高7%。高技术产品出口大幅增长，在智能手机产业等新动能的拉动下，高技术产品出口2586.4亿元，增长17.7%，高于市水平的15.7%，占全市出口总额的39.4%，比2015年提高5.2%。主要市场平稳向好，2016年，出口日本增长9.9%；出口欧盟增长4.5%；出口“一带一路”市场1423.4亿元，增长8.5%，占全市的21.7%。服务贸易快速发展，全年市服务贸易进出口796.7亿元，增长13.3%，占对外贸易的6.5%；服务外包离岸合同金额4.47亿美元，增长78.9%；离岸执行金额3.49亿美元，增长31.3%。全年口岸进出口货运量3421.2万吨，增长12.7%。其中，出口货运量623.0万吨，下降5.5%；进口货运量2798.3万吨，增长17.7%。

【外资利用】 2016年，东莞市合同利用外资47.3亿美元，实际利用外资39.3亿美元，位居全省前列。全市新签超千万美元项目22宗，涉及合同外资9.1亿美元，比

上年增长56.1%，拉动全市合同外资增长6.5%。主要地区投资平稳发展，全市新签中国香港地区投资项目224宗，合同利用外资39.6亿美元，增长1.3%。新签中国台湾地区投资项目109宗，合同利用外资4.5亿美元，增长16.7%。服务业保持良好发展态势，新签服务业项目253宗，增长17.2%，占全市56.5%。其中，超千万美元服务业项目9宗，涉及合同利用外资金额5.7亿美元，增长656.7%。

【外商联络小组协调会】 2016年，东莞市在新常态下强化政府对企业的服务功能，发挥外商联络小组协调会议的作用，根据工作实际修改完善协调会实施方案。2016年11月11日，第119次协调会在寮步镇召开，市分管领导、分管副秘书长，市直有关职能部门，各镇街（园区）分管领导和商务部门负责人，市外商协会、台商协会、外贸协会有关负责人及企业代表120多人参加会议，现场解答企业在招工难、社保费缴纳追溯、减免村镇综合服务费等问题。

【广东21世纪海上丝绸之路国际博览会】 2016年，东莞市致力于把广东21世纪海上丝绸之路国际博览会打造成为国家“一带一路”倡议精品工程，兵分5条线路，先后赴斐济、汤加、印度、孟加拉国、越南、南非、阿联酋、意大利、毛里求斯、坦桑尼亚、肯尼亚、澳大利亚、瓦努阿图和新西兰等14个国家和地区举行路演推介，提升展会的国内外知名度和影响力。与海丝沿线国家重点商协会密切联系，完成招商招展任务，展会向专业化、市场化、国际化方向迈进。10月27—30日，2016广东21世纪海上丝绸之路国际博览会在东莞市举行，有73个海丝沿线国家和地区参展参会，1526家企业参展，累计23.8万人次入场参观采购，达成签约项目700个，涉及签约资金2068亿元，境内外100多家媒体近300名记者与会采访报道，为广东与海丝沿线各国搭建经贸文化交流平台。

2016年10月27日，2016广东21世纪海上丝绸之路国际博览会在东莞市广东现代国际展览中心举行

【2016中国加工贸易产品博览会】 2016年，东莞市贯彻落实《国务院关于促进加工贸易创新发展的若干意见》精神，坚持专业化、市场化、国际化办展方向，继续打造中国加工贸易品博览会“升级版”。4月21日，2016中国加工贸易产品博览会在东莞市举行，展会总面积6万平方米，比上届增长20%，吸引来自国内19个省市及港澳地区的807家加工贸易和外贸企业参展。展会期间，接待海内外观众9.27万人次，比上年增长15.9%，其中，专业观众2万人次，增长21%。达成商贸合作项目（含合同、协议和意向）7743宗，增长5.4%；意向成交金额966亿元，增长4.1%。

【“走进非洲”系列经贸活动】 2016年8月28日至9月6日，东莞市副市长张少康带队赴南非、埃塞俄比亚、肯尼亚三国开展“走进非洲”系列经贸交流活动。东莞市代表团在南非德班、埃塞俄比亚亚的斯亚贝巴、肯尼亚内罗毕参加3场大型经贸交流会，并拜访东莞商品南非展销中心、东莞市驻南非经贸代表处、华坚（埃塞俄比亚）轻工业园、肯尼亚广东总商会等。此次经贸交流活动深入非洲地区，宣传广东省与“一带一路”沿线国家在经贸、侨务等方面的全方位交流合作，提升广东省及东莞市的国际知名度。

【“走进欧洲”系列经贸活动】 2016年9月14—23日，东莞市政府代表团、科技代表团以及近30家企业代表组成的企业代表团，赴西班牙、波兰、俄罗斯等国家开展“走进欧洲”系列经贸、科技合作及外事交流活动。代表团先后在西班牙马德里、巴塞罗那，波兰华沙，俄罗斯圣彼得堡、莫斯科密集开展18场公务活动。活动期间签署各类合作协议12份，达成经贸合同总额4.01亿美元。

【赴越南、马来西亚开展经贸文化交流活动】 2016年8月17—24日，东莞市委统战部常务副部长、市海外联谊会副理事长马凤彪率市海外联谊会代表团一行4人赴越南、马来西亚开展文化经贸交流。先后举办各类经贸文化交流活动12场，重点开展经贸对接活动和2016广东21世纪海上丝绸之路国际博览会推介。以“一带一路”为契机推介东莞市，促成马来西亚与东莞市优质产品展示厅“爱东莞”

（idongguan）信息平台等项目的签约合作；深化与当地华人企业的对接交流，拓展海外华人华侨工作平台。

【现代服务业招商推介】 2016年11月上旬，东莞市分别联合华南美国商会、深圳市电子商务协会及香港美国商会，先后在深圳市、香港举办两场东莞市现代服务产业商机推介活动，邀请到包括深圳市、香港现代服务业企业及商协会代表等270多人参加。活动推介东莞市优良投资环境和优厚政策措施，也搭建平台促进中集集团、中天集团、天安数码城、常平创新港等园区载体与目标客户的对接交流，期间现场签订11项合作协议。

【外经贸对接活动平台搭建】 2016年10月，东莞市与加拿大驻广州总领事馆联合举办“加拿大智能制造技术路演（东莞站）”活动，组织一批加拿大工业自动化、供应链管理、图像测绘、软件开发等智能制造行业相关的企业来东莞市，与有需求、有合作意向的企业开展对接交流；11月，通过东莞市驻美国硅谷经贸代表处组织17家涵盖纳米光能技术、人工智能芯片、物联网、超声波指纹识别等多个领域的硅谷企业，来东莞市进行项目路演，并邀请多家投资机构、基金公司以及东莞市企业与项目对接洽谈。通过搭建与境外机构、企业的对接平台，促进东莞市与加拿大、美国在智能制造、创新科技方面的互惠合作。

【境外经贸代表处建设】 2016年，东莞市结合市驻境外经贸代表处的考评结果，续签日本、迪拜经贸代表处，并委托加拿大莞商联合会新设市驻加拿大经贸代表处。3月，市驻硅谷经贸代表处、清华东莞创新中心与杭州天涯若比邻公司合作共建的东莞运营中心运行，东莞运营中心将利用国内200多个天涯网点以及美国硅谷高速接入网络，开展中美人才、项目、投资的对接服务。同时，市驻硅谷经贸代表处还从硅谷引进光伏智能优化项目落户松山湖高新区，并推荐智能变色玻璃薄膜、追日光伏技术、新型锂离子电池技术、新型OLED（有机发光二极管）材料、电动卡车等10多个美国项目与易事特公司、迈科公司等企业，清华大学创业投资公司等单位进行对接。

【“走出去”专业化服务】 2016年，东莞市联合商务部投资促进事务局、香港投资推广署、香港驻粤经贸办、香港交易所及中国出口信用保险公司等单位、机构，先后围绕“一带一路”、国际产能合作等主题，举办多场企业“走出去”的政策推介和研讨会活动，搭建平台为企业提供涵盖海外投资风险咨询、项目可行性分析、投融资结构设计，项目风险保障、银行贷款配套等方面的专业信息和服务。

（李　霄）

2016年世界500强企业在东莞市投资情况

序号	企业名称	投资方式	外方投资者	所在镇街（园区）
1	先锋信泰（东莞）光学有限公司	合资	（日本）十和田电机株式会社	长安镇
2	三井高科技电子（东莞）有限公司	外资	三井高科技（香港）有限公司	长安镇
3	三井高科技（广东）有限公司	外资	三井高科技（香港）有限公司	长安镇
4	东莞长安新科电子制品厂	来料加工	新科实业有限公司	长安镇
5	东莞时力科技电子厂	来料加工	新科实业有限公司	长安镇
6	东莞川电钢板制品有限公司	外资	香港正广达有限公司	长安镇
7	东电化（东莞）科技有限公司	外资	香港东电化有限公司	长安镇
8	博世激光仪器（东莞）有限公司	外资	博世电动工具投资股份有限公司	樟木头镇
9	欧图（东莞）企业管理咨询有限公司	外资	欧图国际（香港）有限公司	万江街道
10	麦德龙物业管理（东莞）有限公司	外资	麦德龙国际参股有限公司	万江街道
11	东莞杜邦华佳高性能涂料有限公司	合资	杜邦中国集团有限公司	万江街道
12	东莞百安居装饰建材有限公司	外资	B&Q（中国）私营有限责任公司	万江街道
13	三洋电子（东莞）有限公司	合资	日本三洋电机株式会社	塘厦镇
14	南方佛吉亚汽车部件有限公司	外资	佛吉亚（中国）投资有限公司	塘厦镇
15	美达王板和精密金属（东莞）有限公司	外资	美达王板和有限公司	松山湖

续表

序号	企业名称	投资方式	外方投资者	所在镇街（园区）
16	杰斯比塑料（东莞）有限公司	外资	株式会社JSP、伊藤忠商事（香港）有限公司	松山湖
17	东莞住矿电子浆料有限公司	合资	住友金属矿山股份公司	松山湖
18	东莞乐艾电子科技有限公司	外资	韩国LG显示器公司	松山湖
19	伟创力电源（东莞）有限公司	外资	伟创力公司	大岭山镇
20	柯尼卡美能达商用科技（东莞）有限公司	外资	柯尼卡美能达商用科技制造（香港）有限公司	石龙镇
21	京瓷连接器（东莞）有限公司	合资	京瓷爱克株式会社	石龙镇
22	京瓷光电科技（东莞）有限公司	外资	日本京瓷光学技术株式会社	石龙镇
23	京瓷办公设备科技（东莞）有限公司	合资	日本京瓷美达株式会社	石龙镇
24	东莞石龙京瓷光学有限公司	合资	日本京瓷株式会社	石龙镇
25	东莞京瓷置业有限公司	外资	广场置业有限公司	石龙镇
26	华润水泥采购有限公司	外资	华润水泥投资有限公司	沙田镇
27	东莞住商益安金属制品有限公司	合资	（香港）住商益安五金有限公司	沙田镇
28	东莞兴宝化工有限公司	合资	兴宝国际工业有限公司	沙田镇
29	东莞新长桥塑料有限公司	外资	三菱商事株式会社 TOHO工业株式会社新桥实业有限公司 见龙创业投资有限公司	沙田镇
30	东莞华润水泥厂有限公司	外资	华润水泥控股（香港）有限公司	沙田镇
31	东莞宝田化工有限公司	合资	兴宝企业有限公司	沙田镇
32	日铁商事（东莞）经济咨询有限公司	外资	日铁商事（香港）有限公司	南城街道
33	东莞新科技术研究开发有限公司	外资	新科实业有限公司	南城街道
34	可口可乐装瓶商生产（东莞）有限公司	合资	太古可口可乐香港有限公司	南城街道
35	金霸王（中国）有限公司	合资	金霸王公司	南城街道
36	广东福地日合偏光器件有限公司	合资	丸红株式会社和丸红香港有限公司、日本合成化学工业株式会社	南城街道
37	东莞喜威液化石油气有限公司	合资	SHV南中国有限公司	南城街道
38	东莞铁和金属制品有限公司	外资	日铁商事株式会社	南城街道
39	东莞雀巢有限公司	外资	雀巢公司	南城街道
40	东莞南城新科磁电制品有限公司	外资	香港新科实业有限公司	南城街道
41	东莞杜邦电子材料有限公司	外资	杜邦（中国）集团公司	南城街道
42	东莞大华汽车维修服务有限公司	合资	溢华实业有限公司	南城街道
43	东莞百悦电子有限公司	合资	百音控股有限公司	南城街道
44	东莞百音电子有限公司	外资	百音控股有限公司	南城街道
45	益海（东莞）油化工业有限公司	外资	丰益中国新投资私人有限公司	麻涌镇
46	东莞益海嘉里粮油食品工业有限公司	外资	丰益中国新投资私人有限公司	麻涌镇
47	东莞马士基集装箱工业有限公司	外资	马士基集装箱工业公司	麻涌镇
48	先锋高科技（东莞）有限公司	合资	日本先锋株式会社	寮步镇
49	东莞三星电机有限公司	外资	韩国三星株式会社	寮步镇

续表

序号	企业名称	投资方式	外方投资者	所在镇街（园区）
50	东莞欧尚超市有限公司	外资	欧尚（中国）投资有限公司	寮步镇
51	东莞能率科技有限公司	外资	佳能企业股份有限公司	寮步镇
52	东莞汉莎产品技术咨询服务有限公司	外资	汉莎质检亚洲有限公司投资	寮步镇
53	恩智浦半导体广东有限公司	外资	（荷兰）飞利浦电子中国有限公司	黄江镇
54	汉高胶粘剂技术（广东）有限公司	外资	汉高胶粘剂（香港）有限公司	虎门镇
55	益海（东莞）精细化工有限公司	外资	益海嘉里投资有限公司	东莞港
56	液化空气（东莞）工业气体有限公司	外资	液化空气（中国）投资有限公司	东莞港
57	东莞益海嘉里赛瑞淀粉科技有限公司	外资	益海嘉里投资有限公司、赛瑞中国投资公司	东莞港
58	东莞深赤湾港务有限公司	合资	益海嘉里投资有限公司	东莞港
59	泰科电子（东莞）有限公司	外资	联亚科技（香港）有限公司	厚街镇
60	东莞永佳中通汽车服务有限公司	合资	丰田通商株式会社	厚街镇
61	东莞三星视界有限公司	外资	三星电管（香港）有限公司	厚街镇
62	东莞日矿富士电子有限公司	外资	JX日矿日石金属株式会社	洪梅镇
63	东莞富士通电装电子有限公司	外资	富士通电装国际有限公司	洪梅镇
64	沃尔玛（东莞）商业零售有限公司	外资	沃尔玛（中国）投资有限公司	莞城街道
65	东莞旺市百利百货有限公司	外资	合泰商业有限公司	莞城街道
66	嘉力时灯光设备（东莞）有限公司	外资	飞利浦照明电子上海控股有限公司	凤岗镇
67	东莞住秀电子有限公司	外资	日立金属株式会社、日荣钢材株式会社	凤岗镇
68	东莞歌乐东方电子有限公司	外资	歌乐（香港）实业有限公司	东坑镇
69	罗门哈斯电子材料（东莞）有限公司	外资	希普励亚洲有限公司	东城街道
70	东莞家乐福商业有限公司	外资	荷兰家乐福（中国）控股有限公司	东城街道
71	东莞三星道达尔工程塑料有限公司	外资	三星TOTAL株式会社	大岭山镇
72	阿克苏诺贝尔涂料（东莞）有限公司	外资	阿克苏诺贝尔涂料国际有限公司	大岭山镇
73	东莞市雅励金属材料剪切有限公司	外资	三星物产（株式）、三星香港有限公司	大朗镇
74	东莞三星高新塑料有限公司	外资	第一毛织（株式）公司	大朗镇
75	东莞麦当劳食品有限公司	合资	麦当劳（香港）有限公司美国特立华州麦当劳公司	莞城街道等
76	东莞肯德基有限公司	外资	百胜（中国）投资有限公司	莞城街道等
77	东莞沃尔玛百货有限公司	合资	英属维尔京群岛沃尔玛中国有限公司	莞城街道
78	东莞顶锋金属制品有限公司	外资	香港日技有限公司	常平镇
79	东莞创宝达电器制品有限公司	外资	创宝得科技有限公司	常平镇
80	日立蓄电池（东莞）有限公司	外资	新神户电机株式会社	茶山镇
81	日立金属（东莞）特殊钢有限公司	外资	日立金属株式会社、日荣钢材株式会社	茶山镇
82	日立化成工业（东莞）有限公司	外资	日立化成工业株式会社	茶山镇
83	日立粉末冶金（东莞）有限公司	外资	日立粉末冶金株式会社	茶山镇
84	东莞美极有限公司	外资	雀巢有限公司	茶山镇

贸易促进

【商事认证服务】 2016年，东莞市贸促会出具一般原产地证1.63万份，优惠原产地6208份，商事证明书1328份；代办领事认证505份，ATA（暂准免税进口）单证册32份；单据认证7份；新注册企业162家；免除企业申办原产地证书和ATA单证册手续费80.33万元。

【东莞市贸促会牵头申请设立东莞仲裁委员会】 2016年，东莞市贸促会负责承办市政协重点提案《关于完善我市多元化解决争议机制，设立东莞国际经济贸易仲裁委员会的建议》，并按东莞市委、市政府及《东莞市构建开放型经济新体制综合试点试验实施方案》的工作要求牵头申请设立东莞仲裁委员会，填补东莞市仲裁领域的空缺。

【商事调解服务】 2016年，东莞市贸促会与东莞市两级人民法院、香港和解中心及多家境内外仲裁机构开展工作对接，完善“诉调对接”“调仲对接”机制；与东莞市外商投资企业协会等5个商协会共建“调解工作站”；与港澳台多家知名仲裁机构对接，参加亚洲调解大会及调解研讨会，探索多地联盟处理跨境商事纠纷的方式；与香港和解中心达成共同开设国际调解员培训班的合作意向，为莞港澳台调解仲裁联盟的设立打下基础。

【国际贸易摩擦预警及应对】 2016年，东莞市贸促会利用全国贸促系统的资源，帮助企业了解行业在国外的反倾销信息，组织企业参加2次反倾销案应诉会；协助征求企业对乌克兰、俄罗斯、韩国、新加坡贸易政策意见；建立定期发布经贸摩擦预警信息机制，为东莞市企业及时提供最新的贸易摩擦预警信息，全年发布国际贸易预警信息81条。

【对外贸易交流】 2016年，东莞市贸促会先后举办“厄瓜多尔投资推介会”“印度经贸投资推介会”等5场国际经贸交流活动，组织200多家对口的东莞市企业参会；先后协助组织东莞市企业参加省、市举办的8场国际经贸交流活动，为东莞市企业了解海外市场提供面对面的商务对接机会。4月和7月，东莞市贸促会先后与广东省贸促会合作在东莞市分片区举办系列“广东省驻境外经贸代表处宣传推介会暨东莞市镇街产业项目交流会”。8月，东莞市贸促会派员随广东省贸促系统代表团赴香港拜会香港中华总商会和香港投资推广署，并参加粤港企业座谈会和“香港优势”讲座，参与加强粤港合作交流。10月5—14日，东莞市贸促会派员随广东省贸促会代表团赴印尼、泰国和柬埔寨进行经贸交流，与东盟国家相关政府部门、商协会建立联系，了解和收集当地投资政策、市场信息，协助东莞市企业拓展东盟市场。全年东莞市贸促会接待25个国（境）外来访团体，累计110多人次。

【境外经贸代表处】 2016年，东莞市贸促会根据驻美国经贸代表处先后报送的50多则经贸信息和信息简报，经过筛选配对，先后协助联系东莞市企业与美国采购商进行配对，并多次协助美国客商参观东莞市对口企业探讨合作；组织中美双边企业参加在东莞市举办的“2016中国（东莞）—美国企业经贸合作交流会”和“2016海丝博览会”等经贸活动，通过“面对面”交流，加强两地企业的经贸交流联系。

【境外贸易合作网络构建】 2016年，东莞市贸促会加强与“一带一路”沿线国家驻穗使领馆、商协会联系；保持与美国驻穗总领馆等驻穗领馆的友好互动，与厄瓜多尔、印度、丹麦等国家的驻穗总领馆等建立联系；建立与加拿大、澳大利亚、美国、英国、马来西亚、印尼、日本等国家和南美地区的东莞商会、社团的友好交流合作关系；与哥伦比亚中国商会、尼泊尔中国工商会及马来西亚环球健康产业联盟有限公司签署合作备忘录，建立长效交流合作机制。

【会展服务】 2016年，东莞市贸促会于5月13—16日在广东现代国际展览馆（厚街镇）举办“第九届东莞国际茶业博览会暨首届中华爱茶嘉年华”；还先后组织企业参加港澳专业展览，并举办商贸对接，帮助东莞市企业开拓

2016年10月27日，由东莞市贸促会与马来西亚东莞商会联合主办的“2016中国（东莞）—马来西亚企业现场经贸对接会”在东莞市举行

2016年5月13日，第九届东莞国际茶业博览会暨首届中华爱茶嘉年华在东莞市广东现代国际展览中心举行

国际市场；与京东商城联合主办"京东全品类招商会"，组织发动东莞市各大行业500多名商家参加，促进东莞市企业与优秀电商平台的对接合作。

【第九届东莞国际茶业博览会暨首届中华爱茶嘉年华】 2016年5月13—16日，东莞市贸促会在广东现代国际展览馆（厚街镇）举办"第九届东莞国际茶业博览会暨首届中华爱茶嘉年华"，展会围绕"茶与旅游""茶与音乐""茶与文化""茶与美食"四大主题，展览面积达1.5万平方米，设置名茶区、茶具文化区、安化黑茶组团区、湖北茶区，并且融合中西方文化元素，特设中华茶文化风情街、国际文化风情街。茶叶展品内容涵盖各大茶系茶品以及茶具工艺品等茶产业延伸产品。同时配套各种茶文化活动，其中有茶文化青年论坛、茶界领袖峰会、名茶免费喝、岭南早茶、国际下午茶、茶艺茶道表演、茶民乐专场、东莞名茶收藏展、东莞十佳茶馆评选等活动。

（黄晓芬）

附：2016年中国国际贸易促进委员会东莞市委员会主要领导名录

党组书记、会长：曾民盛

口岸管理

【口岸管理概况】 2016年，东莞市口岸进出口货物3421.23万吨，比上年增长12.69%，其中出口货运量622.96万吨，下降5.5%；进口货运量2798.27万吨，增长17.7%。入出境旅客65.5万人次，下降10.58%。进出境货运车91.6万辆次，下降18.43%。进出境列车7280列次，与2015年同期持平。入出境船舶16491艘次，增长5%。全年东莞始发国际班列135班次，增长70.9%；货运量5万吨，增长39.7%，占广东国铁国际货物发运量75%；出口货物贸易额3.4亿美元，增长4.3%。东莞港完成363.08万标准集装箱，增长8%，吞吐量1.44亿吨，增长8.4%。2016年东莞港拥有19条内贸航线和4条国际航线，跻身全国港口前列。东莞邮政国际小包业务量突破7096万件，日均25.3万件，增长106%。

【"三互"大通关建设】 2016年4月，东莞市颁布《深化东莞口岸"三互"大通关建设工作方案》，截至2016年，寮步车检场共同查验车辆888辆次，东莞港水运"三互"（信息互换、监管互认、执法互助）联合执法1.27万次。协调沙田镇东莞港完善东莞港通关信息系统功能模块，借鉴东莞港水运口岸"三互"大通关建设经验，与驻莞查验沟通协调，做好对接工作。龙通货柜码头完成数据对接，启用东莞港通关信息平台船舶申报系统，基本实现"三互"模式。

【中俄贸易产业园建设】 2016年，东莞市加快推进中俄贸易产业园的建设，成立以市长梁维东为组长的广东（石龙）铁路国际物流基地工作领导小组，推进首批动工6个项目建设进度，粮食仓储及交易平台等部分项目进入实质施工阶段。2016年5月下旬，广东省口岸办协调驻粤查验单位批复同意东莞市整合口岸资源，争取中外运石龙码头对外开放。增加国际铁路集装箱班列货运量，全年东莞始发的国际班列135班次，比上年增长70.9%；出口集装箱7624标准箱，增长33.6%；货运量5万吨，增长39.7%，占广东国铁国际货物发运量75%；出口货物贸易额3.4亿美元，增长约4.3%。发展跨区域口岸合作，2015年12月25日，开通"粤满俄"中欧班列。2016年3月17日，广东省口岸办和内蒙古自治区口岸办签署《关于"粤蒙俄"跨境班列口岸通关服务工作的协议》，黄埔海关与满洲里海关签订《黄埔海关满洲里海关出口转关监管联系办法》。

【东莞市纳入"中欧班列"品牌、"中欧班列"枢纽节点】 2016年6月8日，由国家发展改革委、中国铁路总公司主导的"中欧班列"统一品牌发布启用，统一品牌和标识的"中欧班列"当日分别从重庆、成都、郑州、武汉、长沙、苏州、东莞、义乌等八地始发。东莞"中欧班列"统一品牌发布启用仪式在广东（石龙）铁路国际物流基地举行，原运行的"粤满俄"

"中欧班列"首发

国际班列被定义为"中欧班列"品牌。《中欧班列建设发展规划（2016—2020年）》将东莞市纳入"中欧班列"枢纽节点。

【"超级中国干线"业务整体搬迁至寮步车检场】 2016年1月，黄埔海关、东莞海关、东莞检验检疫局，在寮步车检场开始试运作"超级中国干线"业务，并协助企业将"超级中国干线"业务整体搬迁到寮步车检场。原先承担"超级中国干线"业务的太平海关和黄埔海关驻沙田办事处不再承担该项业务，黄埔海关要求"超级中国干线"业务从虎门宏业货柜码头整体搬迁到寮步车检场。

【港口建设】 2016年，东莞市东莞港口岸对外开放一类码头24座，泊位49个。5月25日，东莞市促成二类口岸功能调整，经广东省口岸办批复同意，恢复东莞中外运石龙码头口岸功能，但需验收合格后方能对外开放启用。（李　霄）

海关监督

【海关监督概况】 截至2016年，黄埔海关在东莞市设有东莞海关、太平海关、新沙海关及黄埔海关驻凤岗办事处、黄埔海关驻长安办事处、黄埔海关驻常平办事处、黄埔海关驻沙田办事处7个正处级海关机构。2016年，东莞海关推进"三互"（信息互换、监管互认、执法互助）大通关改革，取得明显成效，得到国务院副总理汪洋、海关总署、广东省委省政府及社会各界的一致好评。同时，落实黄埔海关与东莞市政府签订构建开放型经济新体制综合试点试验框架合作协议，支持东莞市构建开放型经济新体制。2016年，驻莞海关获评"中央和省驻莞单位年度工作优秀单位"。

【海关改革推进】 2016年，东莞海关依托保税监管集中审核作业中心，推动落实"互联网+e通关"改革，为企业节省成本近4000万元。推进新综合业务管理模式改革，优化升级"一个窗口"办事流程，得到海关总署认可并在全关区推广。深化"双随机、一公开"改革，在查验和核查外勤环节实现"双随机"和选查分离。启动"两简"（简易程序案件、简单案件）案件改革，平均办案周期缩短。参与、推广加工贸易边角料网上拍卖改革，成交金额5.12亿元，平均溢价率17%。

【海关服务东莞外贸发展】 2016年，驻莞海关助推清溪保税物流中心通过四部委联合验收，虎门港综合保税区申请建设迈出关键一步，研究制定促进东莞市外贸健康持续发展17条措施，为东莞市实现全年外贸增长9.8%作出贡献。支持广东（石龙）铁路物流基地建设，监管进出口集装箱、货运量、货值比上年分别增长33.6%、40%和4.3%。与广东现代展览中心签订合作备忘录，扶持会展经济发展。跨境电商"B2B"（商对商电子商务模式）出口业务试点开展，"B2C"（商对客电子商务模式）业务试运行顺畅，支持开展保税维修试点，促进东莞市全球境内外维修业务中心建设，保税维修进出口值13.4亿元，增长160.2倍。推动旅游购物试点业务开展，出口值达131.1亿元，对东莞市外贸进出口增长13.2%。参与承办广东自贸区贸易便利化指标评价体系，得到多位海关总署领导及广东省领导批示、肯定。

【海关监管效能提升】 2016年，东莞海关全面落实区域通关一体化改革和无纸化改革，通关作业无纸化率99.1%。优化查验机制，出口查验率和进口查验率分别降到2%以下、6%以下。制定加强快件实际监管措施，监管效能提升明显。培育海关"AEO"（经认证经营者）企业231家，新增AEO企业23家，助力企业"走出去"。与商务、国税、外汇管理局建立紧密的联系配合机制，打击虚假贸易，一般贸易出口价格水平始终处于合理区间。建立全员情报机制、完善全员打私机制、建立反走私信息预警机制，开展"国门利剑2016"联合专项行动，在东莞市承办第十三届中国海关与驻华执法联络官进行执法业务交流活动。（曾宪政）

附：2016年东莞海关主要领导名录

党组书记、关长：黄　浦

2016年太平海关主要领导名录

党组书记、关长：张家珍

2016年新沙海关主要领导名录

党组书记、关长：黄军声

2016年黄埔海关驻凤岗办事处主要领导名录

党组书记、主任：贺韶辉

2016年黄埔海关驻长安办事处主要领导名录

党组书记、主任：

刘　义（任至7月）

高泳庄（7月到任）

2016年黄埔海关驻常平办事处主要领导名录

党组书记、主任：陈　兵

2016年黄埔海关驻沙田办事处主要领导名录

党组书记、主任：

刘　红（任至7月）

潘英启（7月到任）

打击走私综合治理

【打击走私概况】　2016年，黄埔海关缉私局在东莞地区立案侦查刑事案件57起，案值17.09亿元；立案调查行政案件425起，案值3.12亿元。东莞市公安边防支队查获走私案件41起，案值1328万元。

【打击走私联合专项行动】　2016年1—2月，东莞市开展元旦、春节期间打击应节商品走私联合行动。3月至2016年底，开展打击走私“国门利剑2016”联合专项行动，在此基础上开展打击毒品走私、打击大米走私、打击野生动物走私等专项行动，破获虚假贸易大案、“1·26”特大走私毒品案等一批大要案。5月，开展打击成品油走私“春雷2016”专项行动。8月，黄埔海关缉私局在东莞、广州、中山等地打掉1个集海上偷运、加工脱色、销售贩卖于一体的“红油”（柴油）走私犯罪团伙，查扣“红油”2000多吨。

【私货交易行为治理】　2016年，东莞市加强对大型冻品市场、仓储场所的监管，查获来自疫区的无主冻品9.8吨。落实《东莞市联合打击走私烟草专卖品违法犯罪活动工作制度》，将打假与打私结合起来，查获案值5万元以上的涉嫌走私烟案件22宗。重点打击走私汽车，以镇街为单位，组织多部门开展联合清查，查获无进口证明汽车15辆。

【反走私综合治理】　2016年，东莞市对相关企业进行新一轮反走私诚信建设宣传发动，开展宣传教育和业务培育。5月，市组织有关打私业务骨干赴福建省泉州市、厦门市和广东省汕头市等地学习，借鉴企业诚信建设和反走私综合治理方面的先进经验。加大反走私宣传力度，举办反走私宣传活动30次，派发反走私宣传资料3万多份。按照规定处理应税证进口无主物，拍卖成交360多万元。

【海边防工作】　2016年，东莞市多部门联合分别于4月、9月组织两次清理港湾专项行动，集中清查虎门新湾、沙田先锋停泊区及周边水域船只，检查证件和消防救生设备等，劝离违规停泊船只，依法查扣“三无”（无船名船号、无船舶证书、无船籍港）船。开展海防工作调研，完善海防基础设施。2月，边防支队道滘执勤点揭牌，为东莞市海防工作再添力量。

【海防与打私工作培训班】　2016年11月13—18日，东莞市在位于西安市的中国人民解放军边防学院（国家边海防委员会办公室干部培训中心）举办一期全市边海防与打私工作培训班。各镇街、有关部门海防与打私的业务骨干45人参加培训。培训采取“准军事化”模式，安排紧凑的课程，加强学员对第五次全国边海防工作会议精神、国家边海防形势及边海防战略等认识。（赵景耀）

附：2016年东莞市人民政府打击走私综合治理办公室主要领导名录

主　任：邝建华

检验检疫

【检验检疫概况】　2016年，东莞出入境检验检疫局检验检疫出入境货物51.47万批，货值175.21亿美元，其中出境货物37.49万批，货值87.86亿美元，入境货物13.98万批，货值87.35亿美元。受理进境集装箱报检30.71万标箱；检出携带疫情及有毒有害物质等不合格集装箱19154标箱。检疫出入境船舶10667艘次。检验检疫出入境旅客和交通员工总数72.85万人次。

【检验检疫业务综合改革】　2016年，东莞出入境检验检疫局复制、推广、深化“三互”（信息互换、监管互认、执法互助）大通关改革，推进“三互”模式在东莞各口岸全覆盖。加强对“三互”全口径数据的应用，在“三互”机制下，联合东莞海关在寮步车检场试点开展出口打假工作。深化风险管理模式应用，创新基层检验检疫机构监管模式，起草《进出口工业品新型检验监管模式建立和应用方案》，将检验检疫质量监管、风险管理要素运用于“三互”大通关作出探索。推进通关一体化和无纸化，在实施出口直放基础上，试点开展进口直通工作，2016年，东莞市进口直通模式累计发送进口通关2207份，货值9800.58万美元；扩大无纸化报检的范围，东莞出入境检验检疫局无纸化报检（含各类报检资料简化）业务批次约占总报检批次的90%。

促进加工贸易企业创新发

2016年9月7日，一艘来自新加坡的装载化工品的外轮未能提供有效灭蚊证明，检验检疫部门立即对该轮进行灭蚊卫生处理

展。针对东莞市加工贸易企业实际需求，制定工作细则，探索通过将进区检验和出区检验合二为一，在实现加工贸易企业出口复进口业务快速零等待通关，降低其运输成本和时间成本。利用东莞保税仓储场所，引导加工贸易企业出口复进口业务本地化。

【“同线同标同质”工程】2016年，东莞市配合广东出入境检验检疫局召开“三同”（内外销产品“同线同标同质”）宣传贯彻会，宣传引导企业上线“三同”平台，采取个性化帮扶，帮促企业转型。全年辖区内11家出口食品企业上线“三同”公共服务平台，3家企业上线交易信息服务平台。在出口食品实施“三同”工程基础上，探索将“三同”工程扩展到消费品领域。

【口岸疫情防控和核生化反恐】2016年，东莞出入境检验检疫局监测到有症状旅客744人次，比上年增长7.83%；确诊病例128例，增长43.82%。全年通报3例输入性登革热病例和1例输入性基孔肯亚热病例至市卫生计生局，使地方卫生部门及时应对。监测到22例放射性报警事件，其中21例为接受放射性诊断或治疗的人员，1例为携带辐射超标物品，经排查均排除涉恐嫌疑。强化口岸疫情防控和核生化反恐能力，加强口岸查验，提高应急处置能力，全面强化口岸传染病疫情防控。

【进出口食品检验检疫】2016年，东莞出入境检验检疫局制定出口深加工食品业务改革试点工作方案，对供港澳蛋糕、点心、快餐和米面制品等产品采取合格鉴定与符合性验证相结合的合格评定机制实施检验放行。对11家进口食品企业进行分类，依据分类管理、产品风险等级、企业诚信等对部分进口食品制定抽批规则检验放行。坚持供港澳蔬菜检验检疫把关不放松，应对香港规例实施，主动约谈蔬菜出口企业及加工企业，出台措施严控供港蔬菜不合格通报率，推广供港澳蔬菜溯源管理系统，加强相关出口企业日常巡查和抽样检测，确保供港澳蔬菜质量安全。

【有害生物入境严防】2016年，东莞出入境检验检疫局检出进境有害生物及违规情况4.6万批次，其中检疫性有害生物4958批次，光洁小蠹、绵毛豚草、黑小长蠹害虫、三裂叶薯杂草属等有害生物为全国口岸首次检出。采取措施，加强进口粮食饲料、水果、木材等敏感动植物产品和旅邮检口岸的检验检疫查验。开展外来有害生物的监测调查，增设林木监测仪器等设备，加强口岸监测能力。

【敏感进出口商品检验监管】2016年，东莞出入境检验检疫局检出不合格进出口资化类商品4230批，涉及货值8.76亿美元，检出不合格进口固体废物原料3719批，涉及货值2.06亿美元；在“口岸天平”行动中，帮助企业索赔成功9宗，挽回经济损失38.85万美元，其中5宗典型案例被国家质检总局作为风险预警案例通报。强化风险管理，加强对重点环节的监管，提高煤炭、危险化学品、废物原料等敏感商品的检出率。

【检验检疫违法违规行为打击】2016年，东莞出入境检验检疫局办结行政处罚案件97宗，移送公安部门案件1宗。办结案件中一般程序案件33宗，简易程序案件64宗，涉案货值1.27亿元，收缴罚没款139.77万元。受理35宗投诉举报，严格按规定对举报投诉进行调查、回复、移交等处理。

【检验检疫促进质量提升】2016年，东莞市国家级出口玩具、出口婴童用品质量安全示范区通过质检总局现场验收。东莞出入境检验检疫局总结、提炼、推广出口玩具、出口婴童用品质量安全示范区创建经验，与大朗镇政府签订合作协议，启动东莞市出口毛织产品质量安全示范区创建工作。同时，针对东莞地区出口玩具、木制家具和进口危险化学品质量发展变化跟踪研究，组织编制2015年度质量报告报送东莞市政府和相应行业协会，服务东莞“质量强市”战略和外经贸转型升级。根据《广东出入境检验检疫局出口商品质量品牌提升行动工作方案（2016年）》的要求，结合实际制定出口商品质量品牌提升行动具体细化方案，并加强和地方政府的交流，密切与地方部门、行业协会的沟通协作，共同推进工作开展。

【国外技术性贸易措施应对】 2016年，东莞出入境检验检疫局选取出口毛织产业建设国家级WTO/TBT（世界贸易组织贸易技术壁垒）研究评议基地，开展技术性贸易措施研究工作，帮助企业应对国外技术性贸易壁垒。就“美国鲥鱼法案最新通报”提出评议和贸易关注被质检总局采纳，并向美方作通报。承担参与质检总局课题《重要技术性贸易措施国别报告（2016）》中“印度”部分的编纂。

【检验检疫服务地方经济发展】 2016年，东莞出入境检验检疫局作为牵头部门承担试点试验工作方案中1项重点任务和4项改革措施。负责2项重点课题研究，通过实地调研、综合分析形成调研报告，全力助推东莞市构建开放型经济新体制。支持广东（石龙）铁路国际物流基地、清溪（B型）保税物流中心、东莞国际邮件互换局等工作点开放，提出相关检验检疫配套设施需求方案，做好进驻机构和人员设置；提前介入东莞港新增对外开放点海湾石油仓储码头、孚宝联兴码头等的检验检疫配套设施的规划工作，保证口岸开放。

【市场采购出口检验检疫集中监管区建立】 2016年，东莞市建立市场采购出口集中监管区，参照“平台+园区”（东莞跨境贸易电子商务公共服务平台+跨境电子商务中心园区）的运行模式，优化监管模式，提高通关效率，吸引珠三角和东莞市本地货源在东莞口岸出口，强化东莞港、广东（石龙）铁路国际物流基地的货物聚集和物流通道功能，做大做强东莞市进出口贸易。

【出口企业减免关税】 2016年，东莞出入境检验检疫局签发原产地证20.23万份，签证金额58.67亿美元，帮助东莞市出口产品减免关税2.9亿美元。建立和实施原产地签证清单管理制度，提升原产地证签证效率；宣传中韩（中国—韩国）、中澳（中国—澳大利亚）、中加（中国—加拿大）等新自贸协定，提高关税优惠利用率；加强调研总结，编制《东莞市外贸出口利用自由贸易协定情况分析》报送市政府。

【检验检疫履职能力建设】 2016年，东莞出入境检验检疫局为业务改革和口岸开放做好信息化支撑，做好e-CIQ（中国电子检验检疫）系统上线部署规划和软硬件准备，加强技术人员的应用培训，保证e-CIQ系统上线。提升实验室检测能力，综合技术中心通过CNAS（中国合格评定国家认可委员会）和CMA（中国国家认证认可监督管理委员会）复评审。与广东出入境检验检疫局技术中心签订合作协议，成立广东出入境检验检疫局技术中心东莞分中心，实现资源共享，促进实验室业务发展。

（蔡雪梅）

附：2016年东莞出入境检验检疫局主要领导名录

党组书记、局长：

谭建明（任至1月）

钟帮奇（2月到任）

2016年11月25日，广东出入境检验检疫局进出口危险货物泄漏应急演练在东莞港5、6号泊位集装箱码头举行

农　　业

AGRICULTURE

■ 全省首创开发村级财务管理APP
■ 东莞市首个通过国家农产品地理标志登记保护产品
■ 珠三角国家森林城市群共创

2016年“田美笑容”农业创意项目

编辑：陈建枝

农业农村综述

【农业农村概况】　东莞市位于北回归线以南，属亚热带海洋性气候，具有良好的农业生产气候条件。2016年，平均气温22.9℃，雨日天数176天，降水量2053.5毫米，日照量1641.6小时，农作物播种总面积2.51万公顷。2016年，东莞市推进农业供给侧结构性改革，落实强农、惠农、富农政策，农业农村经济持续稳定发展。农林牧渔业总产值38.44亿元，比上年增长（按可比价计算）3.1%；农村常住居民人均可支配收入2.65万元，连续6年高于城镇常住居民人均可支配收入增幅。东莞市村组两级集体总资产1522亿元，净资产1256亿元，收益率实现7年连升；村组经营纯收入123亿元，比上年增长8.1%。集体经济实现投资收益17.6亿元，比2013年翻一番。全年没有发生重大农产品质量安全事故和重大动植物疫情。

【农村集体资产交易平台和“三资”监管平台建设】　2016年，东莞市全面推广集体资产网上交易，累计完成网上交易项目1571宗。出台《东莞市农村（社区）集体资产交易若干问题的工作指引》，对磋商交易、提前续约、合同免租期、交易标的瑕疵披露、信用警示名单等作出指引。完成集体资产交易平台信用风险警示名单功能模块、预算功能模块和农村审计接口模块的开发，全面启用预算管理软件开展预算编制和审核。2016年，全市完成交易1.16万宗，成交金额142.9亿元，总体溢价率5.0%，为集体增加直接经济效益6.8亿元。

【全省首创开发村级财务管理APP】　2016年，东莞市在全省首创开发“东莞村财”APP，并在虎门镇、南城街道辖区4个社区试运行。“东莞村财”APP是基于集体资产交易和“三资”（资金、资产、资源）监管平台开发建设的移动端管理系统，是推动“三资”（资金、资产、资源）监管、资产交易、财务公开等政务及便民活动在移动端的现代化应用。在适用范围上，针对不同的用户群体划分为管理人员版、股民股东版、竞投人版、承租人版、社会公众版五个版块；在服务功能上，涵盖合同管理、资产交易、移动审批、公众监督及决策管理等五方面功能，兼顾资产交易的各个环节；在交易模式上，实现线下线上的多维互动，使交易模式不断丰富，受众范围延伸，覆盖面扩大。

【村组增资减债】　2016年，东莞市出台村（社区）“两委”成员及股份经济联合社理事会成员薪酬管理指导意见，调整村干部绩效工资发放与收款率挂钩等控制指标；指导镇村按照“四个一批”（加大工作力度收回一批、清理三角债核减一批、区分欠款与投资关系转化一批、做好村民解释工作核销一批）工作思路，开展债权集中追收行动，梳理资产交易信用风险警示名单206宗，申请法院强制执行79宗；应收款调为投资款9.4亿元；清理相互挂账虚增金额2.55亿元；核销坏账0.4亿元。截至2016年，村组两级资产负债率17.5%，下降0.2%。

【农村财务管理】 2016年，东莞市全面加强村级预算管理，启用预算管理软件开展预算编制和审核，通过修订预算调整事项审查程序、统一预算执行情况分析报告样式、下发预算工作整改意见书，提高预算执行监控效率。指导镇街开展资产清查核实、财务管理矛盾纠纷专项治理和集体货币资金管理整改等工作。农村会计管理取得突破，在总结长安、塘厦等镇先行经验的基础上，先后在常平、大朗、东城、南城、虎门等镇街开展农村会计主管试点工作，截至2016年，有6个镇街的会计主管上岗。鼓励推动财务公开形式多维化发展，洪梅镇首创以微信公众号形式进行村组财务公开。农村审计监督推进，印发《关于做好第六届农村（社区）干部任期经济责任审计工作的通知》，指导镇街开展审计，截至2016年，东莞市547个村和600多个小组完成审计。

2016年，东莞市在全省首创并开发“东莞村财”APP，提升“三资”监管信息化管理水平

【农村集体经济组建60周年系列活动】 截至2016年，东莞市（县）农村集体经济组建60周年。2016年，东莞市以“激荡60年，一路铿锵音”为主题，组织开展系列宣传活动。面向北京大学、中国人民大学、华中师范大学中国农村研究院等国内知名院校和研究机构、市内院校机构的专家学者进行论文约稿，形成《东莞农村集体经济：历史演进、模式比较和发展方向》《静悄悄的改革：探索中国集体经济的有效实现形式》等30余篇高质量的论文和深度文稿；面向社会群众和镇村基层农资管理干部开展图文征集，收集到党校、文联（含作协）、中小学等单位、机构相关人员以及东莞市内社会各界的征文超过70篇、珍贵历史图片超过150幅；组织开展“影响东莞农村集体经济发展进程30件重大事件”主题评选，网络投票活动持续17天，投票数突破5万张，评选出“农村集体经济正式组建”“三级所有制正式确立”等重大事件30件；在东莞市图书馆举办60周年纪念主题展；组织开展专家座谈会，国家、省、市专家学者与基层农资管理干部近距离面对面交流，就深化农村集体经济体制改革，推动东莞市农村集体经济发展等议题进行深入研讨。活动得到《南方日报》《东莞日报》《新浪网》《新华网》等媒体关注，媒体报道超过50篇。

【农村土地承包经营权确权登记颁证】 2016年，东莞市各镇街、有关单位按照市委、市政府的部署，推进农村土地承包经营权确权登记颁证工作。全市32个镇街均完成镇街确权工作实施方案制订。全市形成村级方案并通过市确权办审批的有423个，占应确权村（社区）总数的84%；通过表决的有176个，占应确权村（社区）总数的35%。东莞市完成确权实测耕地面积3.49万公顷，实测率93.43%；确认耕地面积2.29万公顷，确认率61.19%。

【新一轮市内帮扶】 2016年，东莞市印发《关于进一步推进市内帮扶工作的意见》，安排70个市直（中央、省驻莞）单位、园区和企业，以及70个经济发达村（社区），以“二帮一”的形式，对70个经济次发达村（社区）实行定点帮扶。2016年，市财政下拨1.8亿元市内帮扶专项资金，帮助28个村发展8个统筹创收项目，为相关次发达村带来收入1400万元。批准14个村31个基础设施建设项目实施，安排基础设施建设补助3145.66万元（总投资3808.75万元），帮助修建村道巷道1.84万米、排水排污设施1.79万米、老化水管改造2.11万米、护栏500米、桥梁6座、小公园4个、篮球场3个以及安装路灯308盏。2016年，东莞市70个次发达村（社区）村组两级集体经营性纯收入3.8亿元，比2015年增长11.8%，高出全市平均水平3.7%；68%结对帮扶有正常劳动能力低保户实现家庭人均年收入超过市低保标准，超额完成全年帮扶目标；无劳动能力低保对象全部纳入救济范围，实现兜底保障。

【扶持农业经营主体发展壮大】 2016年，东莞市培育发展新型农业经营主体，东莞市果菜副食交易市场有限公司被评为农业产业化国家重点龙头企业，新认定7家市级农业龙头企业，发放农业龙头企业扶持资金1568万元。新认定4家农民专业合作社示范社，发放扶持农民专业合作社奖励资金110万元。截至2016年，全市有农民专业合作组织190家，其中市级示范社10家、省级示范社7家、国家级示范社2家；农业龙头企业29家，其中省级以上11家、国家级3家，29家农业龙头企业年销售收入129亿元，带动全国范围内农户13万户，带动农户增收3.3亿元。农业品牌集群稳步壮大，全市有效期内的省级农业（含林业、渔业）类名牌产品有52个，广东省十大名牌农产品3个，“三品”（无公害农产品、绿色食品、有机农产品）认证农产品97个，靓虾王香软米、香勤金针菇分别被评为广东省第二届十大名牌农产品之“广东名米”和“广东名菜”。培育发展家庭农场，2016年，印发《东莞市家庭农场认定及奖励办法（试行）》，细化家庭农场（示范性家庭农场）的认定标准、认定程序、奖励办法及监督管理等事项，11月，新认定12个市级家庭农场。截至2016年，全市认定市级家庭农场32个，分布在麻涌、望牛墩、东城等18个镇街，其中水乡经济区17个，占53.1%；涵盖粮食、果蔬、花木和水产等主导产业，其中种植业类27个，占84.4%；种养结合类2个，占6.2%；水产养殖类3个，占9.4%。

【农业产业园建设】 2016年，东莞市级农业产业园建设加快推进，各园区新建成主干道路4.85公里、温室大棚4.76公顷、变配电站1座；中堂园区——百香岛首期项目建成并投产运营，道滘园区温室大棚区累计引入9家农业企业及专业种植户进驻生产经营。全市13个市级园区累计引进优质项目53个，投产运营面积1350公顷，年产品销售额2.2亿元。加快建设小型农业园，新认定东城梨川大王洲生态农业园为小型农业园，截至2016年，累计立项启动建设的小型农业园4个，其中，麻涌镇春田新绿农业科技园新增7个温室大棚，面积1.46公顷，主要种植猪笼草、凤梨、红掌等中高档盆栽观叶植物，平均每月产值30万元以上；道滘镇龙洲湾都市农业产业园种植葡萄、无花果、桑葚、木瓜、水果玉米等多种特色农产品，累计吸引6万多人次入园体验农事休闲活动。

【休闲观光农业发展】 2016年，东莞市继续开展创建休闲观光农业示范点活动，道滘镇、桥头镇获评全省休闲农业与乡村旅游示范镇，龙洲湾都市农业观光园、金谷现代生态农业观光园获评全省休闲农业与乡村旅游示范点。通过示范点的带动效应，农业休闲观光旅游产业日益壮大，全市有一定规模（2公顷以上）及知名度的农业休闲场所120多个，年接待游客470多万人次，创造就业岗位3000多个，经营主体实现经营收入超亿元。打造农业休闲创意项目，在中堂、麻涌、洪梅等镇打造“田美笑容”“划龙舟”和“花灯之乡”等创意稻田。继续推介“田园郊享乐之2016”东莞农业休闲观光点，休闲景点增加至16个镇街27个点。联合市教育局评定首批15个市农业科普教育实践基地。

【农业物质装备】 2016年，

龙洲湾都市农业观光园获评全省休闲农业与乡村旅游示范点

东莞市评定市级设施农业示范基地5个，发放奖励资金25万元。落实农机购置补贴资金628.48万元，补贴设施234.37公顷，农业机械407台（套），惠及农户222户次。至2016年，全市设施农业面积2294.37公顷，其中温室大棚285.83公顷，节水喷灌设施1412.08公顷。农业机械总动力46.3万千瓦，农作物机械化综合水平44.7%，水稻机械化综合水平78.95%。

【东莞市首个通过国家农产品地理标志登记保护产品】 2016年，东莞市申请的对“麻涌香蕉”实施国家农产品地理标志登记保护，经过资料申报、专家评审、答辩等环节，11月，农业部公告（第2468号）公布评审结果，“麻涌香蕉”成为东莞市首个通过国家农产品地理标志登记保护产品，获得农业部颁发的农产品地理标志登记证书，将促进麻涌香蕉产业化、规模化发展，提升麻涌香蕉品牌影响力和市场竞争力。

【农产品质量安全监管】 2016年，东莞市镇两级检测机构检测生产环节蔬菜、水果、食用菌等食用农产品13.67万份，屠宰环节生猪及其肉品样本62.23万份，农药残留、生猪“瘦肉精”检测合格率分别99.28%、99.99%。全市发出不合格农产品处理通知书30份，销毁不合格蔬菜产品30.6吨，无害化处理禁用药物残留不合格生猪43头。全年未发生重大农产品质量安全事件。

【农业执法】 2016年，东莞市开展农资打假专项治理、农药专项联合整治、兽用抗菌药质量安全检查、“瘦肉精”专项整治、生猪屠宰监管“扫雷行动”等执法行动。11月，在全市范围内开展动物检疫和农产品质量安全管理集中整治行动，排查、整改19个工作中存在的漏洞和隐患。全年全市农业系统出动执法人员9.27万人次，检查农资生产经营单位、种养生产基地、农批市场等单位和个人4.37万家次，立案查处农资案件31宗，涉案货值3.77万元，违法所得2.85万元，罚没款12.22万元；处理私屠滥宰投诉和举报23宗，查处私屠滥宰窝点30个；查处动物防疫类违法案件8宗，农业机械违法案件68宗；向公安机关移送涉嫌犯罪线索5宗。

【政策性农业保险】 水稻玉米政策性保险稳步推开　2016年，东莞市两造水稻、玉米总投保面积637.19公顷（次），其中水稻早造投保面积290.23公顷、晚造投保面积306.39公顷，覆盖率超过95%；玉米早造投保面积30.1公顷、晚造投保面积10.47公顷，覆盖率约40%。投保面积较大的镇街有麻涌、洪梅、沙田、东城、中堂、道滘等。保费拨付方面，水稻、玉米种植保险保费支出19.72万元，财政保费按照中央承担35%、市级承担32.5%、镇级承担32.5%的比例，其中中央财政保费支出6.9万元、市级财政保费支出6.41万元、镇级财政保费支出6.41万元。保险理赔方面，水稻、玉米种植保险全年出险赔付5.56万元，通过政策性农业保险的推广实施，农户对农业保险认可度逐年提高。

新增6个政策性农业保险品种　2016年，东莞市出台《东莞市政策性家禽养殖保险试点实施方案》《东莞市政策性生猪养殖保险试点实施方案》《东莞市政策性岭南特色水果种植保险试点实施方案》，除实施的水稻、玉米政策性保险外，新增生猪、家禽、荔枝、香蕉、龙眼、木瓜等6个政策性农业保险品种，并明确2016—2017年市政策性家禽、生猪保险承保机构为中华联合财产保险股份有限公司东莞中心支公司；政策性岭南特色水果保险承保机构为中国人民财产保险股份有限公司东莞市分公司。通过实施新增品种政策性农业保险，推进种植业、养殖业健康发展。

【畜禽屠宰监管】 2016年，东莞市推进生猪肉品统一冷链配送，购置冷链配送专用车173辆，32个镇街实行肉品冷链配送，逐步建立生猪从养殖场到屠宰场到市场“三点一线”全程监管链条。制定印发生猪定点屠宰企业管理办法与监督检查规范，组织开展生猪屠宰监管“扫雷行动”、生猪屠宰环节专项整治、打击生猪私宰等行动，查处生猪私宰窝点30个，查获待宰生猪43头，处理私宰肉品17吨。完成

东莞市推进生猪肉品统一冷链配送。图为东莞市中心定点屠宰场生猪肉品冷链配送专用车　（市中心定点屠宰场　供图）

市中心定点屠宰场验收发牌工作，万江、莞城、南城街道生猪屠宰业务整合至市中心定点屠宰场。经市政府同意，确定南城街道、横沥镇、中堂镇3个牛羊定点屠宰建设点。30个生猪定点屠宰场全年屠宰生猪370.22万头，生产猪肉产品37.01万吨，比上年分别减少2.75%和2.78%。

【生猪网上交易】（参见“商贸流通业”类目“商品经营”分目“生猪产销”条目）　（黄椿颖）

附：2016年东莞市委农办、市农业局主要领导名录

市委农办主任、市农业局局长：张永忠

2016年东莞市农业总产值

指标	2016年绝对值（亿元）	构成（%）	2015年绝对值（亿元）	构成（%）	2016年比2015年增长（%）
农业总产值	38.44	100	34.35	100	3.1
#种植业	27.01	70.3	21.97	64	12.4
林业	0.39	1	0.37	1.1	3.6
牧业	3.5	9.1	3.69	10.7	−15.2
渔业	6.51	16.9	7.72	21.3	−15.5
农业服务业	1.03	2.7	1	2.9	0.2

注：农业总产值绝对值按当年价计算，增长速度按可比价计算

2016年东莞市农村集体经济情况

指标	单位	2016年	2015年	2016年比2015年增长（%）
村组两级集体总收入	亿元	190.3	180.4	5.5
村组两级集体纯收入	亿元	123	113.7	8.1
村组两级总资产	亿元	1522.1	1436.8	5.9
村组两级总负债	亿元	266.1	253.7	4.9
村级两级净资产	亿元	1256	1183.1	6.2

种植业

【种植业概况】　2016年，东莞市种植业产值27.01亿元，（按可比价计算）比上年增长12.4%。农作物播种总面积2.51万公顷，其中，粮食总播种面积0.28万公顷，总产量4.01万吨；蔬菜总播种面积2.09万公顷，总产量42.57万吨；花卉种植面积1158公顷，鲜切花产量822.7万枝，盆栽观赏植物（包括盆景）601万盆。水果总种植面积1.32万公顷，总产量5.94万吨，其中荔枝0.93万公顷，香（大）蕉0.21万公顷，龙眼0.12万公顷，其他杂果（包括火龙果、番石榴、芒果、无花果、芒果和葡萄等）0.06万公顷。

【种粮补贴改革】　2016年，东莞市根据《广东省全面推行农业“三项补贴”（农作物良种补贴、种粮农民直接补贴、农资综合补贴）改革工作实施方案》，将农作物良种补贴、种粮农民直接补贴和农资综合补贴调整合并为农业支持保护补贴，政策目标调整为支持耕地地力保护和粮食适度规模经营。全年东莞市发放中央财政耕地地力保护补贴资金86.02万元。同时，继续实行种粮补助政策，种植水稻每造每亩补助150元、种植玉米5亩以上每造每亩补助75元，全年发放种粮补贴资金199.46万元，惠及种粮农户2823户次。

【新兴特色种植业稳步增长】2016年，东莞市在稳定粮食生产的基础上，继续优化火龙果、无花果、桑葚、葡萄、莲雾等精品水果种植规模，引进和发展优质花卉生产项目，促进种植业提质增效，助推农业供给侧结构性改革。2016年，东莞市高效特色种植面积0.2万公顷，增幅6%，继续保持稳步增长态势。　（黄椿颖）

畜牧业

【畜牧业概况】　2016年，东莞市畜牧业总产值3.5亿元，（按可比价计算）比上年下降15.2%。肉类总产量1.29万吨，减少35.5%；生猪存栏6.2万头，比上年减少

0.8%；家禽存栏96.1万羽，减少24.49%；生猪出栏11.49万头，减少15.88%；家禽出栏398.27万羽，减少1.6%。

【饲料生产】 2016年，东莞市48家饲料企业饲料总产量547.31万吨，比上年增长12.91%；总产值172.51亿元，增长23.7%。其中单一饲料产量428.74万吨，增长4.5%，连续5年在全省地级市中排第一名。配合饲料、浓缩饲料和添加剂预混料饲料总产量118.57万吨，增长15.48%。由于预混料大型企业东莞正大康地饲料有限公司的入驻，预混料饲料产量13.75万吨，比上年增长144.66%，产量在全省排第二名。饲料行业质量管理规范，东莞正大康地饲料有限公司获评国家级饲料质量管理规范示范企业，东莞市海大饲料有限公司等9家饲料生产企业获评广东省百强企业。

【重大动物疫病防控】 2016年，东莞市抓好H7N9及重大动物疫病防控措施，实施强制免疫项目，坚持春秋两季大防，确保免疫率达100%；做好疫病监测和分析预警，组织监测动物样品9万多份，监测项目多达26个；召开区域防控预警分析会和人畜共患病联防联控会议，分析研判防控形势；强化应急管理，8月，在长安镇开展突发重大动物疫情市镇联合应急演练，提升防疫队伍应急处置能力；推动兽医实验室技术革新，开发基因芯片检测系统，提升疫病检测能力。加强动物卫生监督管理，全面落实市、镇、村三级“网格化”动物监督巡查机制；组织全市动物卫生监督系统开展畜禽产品质量安全监管法纪教育培训；完善动物卫生远程视频监控三级管理制度，规范视频监控系统日常运作管理；实施动物检疫合格证明电子出证，实现猪肉产品流向和检疫情况的双重信息可查询功能。研发并在常平、茶山两个镇试点启用“智慧动监”移动终端，实现动物卫生风险信息化管理。

【动物防疫职业技能竞赛】 2016年8月23—25日，东莞市代表队参加广东省动物防疫职业技能竞赛，获团体三等奖；麻涌镇农技中心的参赛队员萧锐辉、林震分别获个人特等奖和一等奖。10月21—22日，林震代表广东省参加全国动物防疫职业技能竞赛决赛，获个人三等奖。 （黄椿颖）

2016年东莞市禽畜饲养与出栏量

指标	单位	2016年	2015年	2016年比2015年增长（%）
肉类产量	万吨	1.3	1.52	−14.47
生猪存栏量	万头	6.24	6.3	−0.9
生猪出栏量	万头	11.49	13.66	−15.88
家禽存栏量	万羽	96.1	127.27	−24.49
家禽出栏量	万羽	398.27	405.06	−1.6

注：家禽指鸡、鹅、鸭、鸽子等

渔 业

【渔业概况】 2016年，东莞市有渔业人口1.9万人，专业从业人员3548人。有各类渔业船325艘，马力3.04万千瓦。全市水产养殖面积7055公顷，经营户5232个。渔业经济总产值27.2亿元，渔业产值7亿元，水产品总产量5.66万吨。

【渔业安全保障】 2016年，东莞市全力应对“妮妲”“海马”等强台风，排查渔船882艘次，安全隐患整改率100%；对渔港渔船安全风险点实施4级风险监管；连续2年开展渔船防台风应急演练。8月1日，中共中央政治局委员、广东省委书记胡春华到虎门镇新湾渔港指导渔业防台风工作。抽检水产品6827批次，合格率99.5%。全年未发生较大以上渔业安全事故，未出现人员死亡。

【渔船更新改造】 2016年，东莞市累计有136艘新渔船获批建造，占全市捕捞渔船47.2%，55艘建成投产，占全市捕捞渔船总功率41.8%。全年拆解117艘老旧渔船，东莞市沙田柏奇船厂成为全市首家渔船定点拆解企业。新型钢质（含玻璃钢）渔船逐步取代老旧木质渔船，成为东莞市海洋渔业发展的主力军。

【特色渔业发展】 2016年，东莞市18个都市现代渔业项目取得立项。3个项目纳入省渔业发展项目。4家企业创建农业部水产健康养殖示范场。4家企业参加第十四届中国国际农产品交易会，东莞市松湖水产品养殖有限公司的线纹尖塘鳢（笋壳鱼）连续两年获农产品金奖。

【支渔惠渔政策落实】 2016年，东莞市全面落实渔业柴油补贴、渔船更新改造贷款贴息、休（禁）渔补助、政策性渔业保险等各项支

2016年6月23日，东莞市渔业防台风应急演练举行

渔惠渔政策，发放资金约7300万元。（谢泳麟）

附：2016年东莞市海洋与渔业局主要领导名录

党组书记、局长：陈　俊

林　业

【林业概况】　2016年，东莞市森林覆盖率37.40%，森林蓄积量317.02立方米，森林植被固碳197.59万吨，全市森林生态效益总值77.59亿元。年内，清溪镇获评广东省森林小镇示范镇。

【珠三角国家森林城市群共创】　2016年，东莞市巩固“国家森林城市”创建成果，开展乡村绿化美化、美丽幸福村居、“小山小湖”社区公园等建设，全市建成“小山小湖”社区公园57个，面积170.72公顷，建成乡村绿化美化示范点66个；举办2016东莞（全球）荔枝节、清溪赏花行、桥头荷花节、东莞市生态文明摄影展等活动，编印《东莞生态》画册，展现东莞市良好生态风貌。

【绿化东莞】　2016年，东莞市开展林相改造和林网营造，完成水源涵养林造林任务199.13公顷、幼林抚育任务2068公顷，完成黄旗山城市公园林相改造工程第二期、第三期项目补苗，全面完成道滘镇4.07公顷水乡生态林网建设，营造生物防火林带6.06公里，抚育生物防火林带237公里。在麻涌镇麻涌河两岸适宜地块开展红树林种植，种植面积0.5公顷。完成潮莞高速公路53.7公里生态景观林带造林种植任务，开展广深高速公路、广深沿江高速公路、东江沿线公路、京九铁路等4条生态景观林带的管护和验收结算，落实广深铁路沿线绿廊计划，建设沿线生态景观林198.8公顷。

【森林公园】　2016年，东莞市大岭山森林公园完成石洞核心景区升级改造工程，基本完成碧幽谷延长线建设、佛教禅文化宣传长廊建设、怀德水库尾观花长廊改造、同心园配套化蝶雕塑二级花坛建设及大水沥水库大坝扩建工程；大屏嶂森林公园完成观音髻登山大道2公里升级改造工程；银瓶山森林公园清溪片区完成湖影平台及望月阁工程，基本完成清溪湖森林通道、十二排栈道、清园步道、主入口广场及游客服务配套设施工程，谢岗片区完成登山道及观景亭等配套工程；开展银瓶山自然保护区和珍稀植物科普园项目建设，完成珍稀植物保育基地补种、套种、抚育养护及生态监测网点建设。

2016年，东莞市十四大森林公园游客总人数2000万人次。开展精神文明建设，在各公园出入口、广场、社区等地更新安装社会主义核心价值观宣传牌、灯旗253处，清除城市“牛皮癣”、杂乱广告牌3721处，更换老旧垃圾桶、果皮箱185个，拆除老旧路牌标

银瓶山森林公园

识145块，新设标志牌129个。其中，大岭山森林公园与园区社区内的果园、农庄、出租屋、商铺、企业签订门前“三包”（包卫生、包绿化、包秩序）责任书125份。

【湿地公园建设】　2016年，东莞市华阳湖国家湿地公园获批国家湿地公园（试点）；开展湿地资源普查，完成湿地规划（初稿）编制工作；沙田镇（东莞港）与北大青鸟集团公司达成战略合作，深度打造穗丰年湿地公园；规划建设道滘镇大罗沙湿地公园及麻涌镇新沙公园；编制《东莞市湿地公园建设财政补助实施方案》（送审稿），定标分档扶持湿地公园建设。

【全民义务植树活动】　2016年，东莞市开展形式多样的全民义务植树活动，协调市直机关开展植树活动，组织工会、妇女、家庭亲子活动等形式多样的义务植树活动。全市有91.82万人次参加义务植树，植树343万株，新建28个义务植树基地。全市义务植树尽责率98%。开展全民义务植树运动35周年以来，累计出动2965.87万人次，植树1.05亿株。

【森林保护】　林地林木管理　2016年，东莞市审核征占用林地项目34宗，涉及林地面积70.81公顷，办理非林地证明125份。审批林木采伐报告105宗，采伐更新面积272.67公顷，核发出省放行木材运输证1.06万份。野生动植物保护管理　开展第二次陆生野生动物资源调查，东莞市有两栖类18种、爬行动物42种、鸟类151种、哺乳类30种；查处破坏野生动物资源、乱捕滥猎和无证经营“国家三有（有益或者有重要经济、科学研究价值）野生动物”行为，查获收缴野生动物1125只（头），审批办理广东省陆生野生动物及其产品经营利用准许证41宗。林业生态红线划定　全面完成东莞市森林、林地、湿地、物种四条生态红线划定，其中森林红线9.19万公顷（含樟木头林场，下同），林地红线5.81万公顷，湿地红线2.62万公顷，物种红线0.56万公顷，划定成果形成《东莞市林业生态红线成果报告（送审稿）》报省林业厅进行初审。有害生物防治　完成尺蠖防治1000公顷、竹蝗防治66.67公顷、锈同心舟蛾176公顷；开展松材线虫病疫木治理，砍伐疫木1.4万株；开展薇甘菊防治3933.33公顷。加强全市造林苗木管理，核发林木种子生产经营许可证6份，产地检疫合格证书11份，签发苗木标签与苗木质量检验证书各75份，签发检疫证书1.07万份（含省内外）。古树名木保护管理　2016年，开展全市古树名木资源普查，完成全市第二批3450株的古树名木普查；开展古树名木挽救复壮工程，对243株古树名木施行去除硬底化、打孔透气、病虫害防治等工作。　（陈　馨）

附：2016年东莞市林业局主要领导名录

局　长：胡炽海（任至12月）
　　　　吴淑萍（12月到任）

2016年东莞市森林公园建设情况

序号	森林公园名称	所属镇街	面积（平方公里）	建设性质
1	大屏嶂森林公园	塘厦镇、黄江镇	26.36	已建
2	大岭山森林公园	大岭山林场、大岭山镇、厚街镇、虎门镇、长安镇	74	已建
3	银瓶山森林公园	清溪林场、樟木头林场、谢岗镇、清溪镇、樟木头镇	123.38	已建
4	黄旗山城市公园	东城街道	16	已建
5	同沙生态公园	东城街道	40.2	已建
6	水濂山森林公园	南城街道	22.19	已建
7	南门山森林公园	凤岗镇	13.58	已建
8	山水天地森林公园	清溪镇	13.75	已建
9	黄牛埔森林公园	黄江镇	8.65	新建
10	碧湖森林公园	凤岗镇	1.6	已建
11	旗岭森林公园	常平镇	2.87	新建
12	威远岛森林公园	虎门镇	6.02	新建
13	宝山森林公园	樟木头镇	8.27	新建
14	观音山国家级森林公园	樟木头镇（属银瓶山森林公园范围）	6.57	已建

工 业

INDUSTRY

- 供给结构调整优化
- 工业企业户均规模增长
- 大型工业企业增速加快
- “机器换人”

东莞市五株电子科技有限公司生产车间

编辑：李缙文

工业综述

【工业概况】 2016年，东莞市以推进供给侧结构性改革为主线，工业经济运行稳中有进、稳中向好，实现“十三五”时期良好开局。规模以上工业增加值呈小幅上扬的微笑曲线走势，实现增加值2878.23亿元，比上年增长7%。五大支柱产业和四大特色产业规模以上工业企业4315家，合计完成规模以上工业增加值2233.7亿元，占全市规模以上工业增加值的77.6%。随着供给侧结构性改革推进，以纺织服装、食品饮料为代表的传统产业和以造纸为代表的高耗能行业占比下移，以电子信息制造业为代表的现代制造业对增长贡献提升，占规模以上工业33.8%的电子信息制造业增长贡献率81.2%。

资料链接：

东莞市“五大支柱产业”分别是：电子信息制造业、电气机械及设备制造业、纺织服装鞋帽制造业、食品饮料加工制造业、造纸及纸制品业；“四大特色产业”分别是：玩具及文体用品制造业、家具制造业、化工制造业、包装印刷业。

【供给结构调整优化】 2016年，东莞市供给结构调整优化，培育新产业、新业态，现代制造业不断释放发展潜力。先进制造业、高技术制造业工业增加值双双超千亿元，分别完成规模以上工业增加值1435.2亿元、1100.8亿元，分别比上年增长15.2%、17.6%，领先全市工业增速8.2个百分点、10.6个百分点。先进制造业占全市规模以上工业增加值比重由上年47.9%提升至49.9%，高技术制造业占比由上年37.2%提升至38.2%。装备制造业规模以上工业增加值比上年增长16%，其中计算机、通信和其他电子设备制造业，汽车制造业，仪器仪表制造业分别比上年增长20.4%，19.5%，19.5%。继上年内资工业增加值超千亿元后，2016年民营工业增加值首次突破千亿元大关，民营经济主力军作用凸显。

【工业企业效益稳中有增】 2016年，东莞市规模以上企业利润总额472.1亿元，比上年增长17.3%。5639家规模以上工业企业完成主营业务收入14518.46亿元，增长17.2%。规模以上经济效益综合指数比上年提高11.17个百分点，资本保值增值率提高1.75个百分点，全员劳动生产率增长14.54%。

【内资工业企业持续增长】 2016年，东莞市内资企业继续持续两位数增长，拉动作用显著。2703家规模以上内资企业实现工业增加值1270.8亿元，比上年增长17.2%，增速比全市平均水平高10.2个百分点，比外资水平高16.8个百分点，占全市规模以上工业增加值的44.2%，对工业增长贡献率达97%。2011—2016年，内资企业在企业数量、增加值总量逐年提升，规模以上内资工业企业增加值占比从25.9%提升到44.2%。内资企业在总量上与外资企业的差距逐年缩小。

【工业企业户均规模增长】2016年，东莞市规模以上工业企业户均总资产1.87亿元，比上年增长1651万元；大型企业户均总资产20.53亿元，增长4.26亿元。全市规模以上工业企业户均主营业务收入2.6亿元，比上年增长3034.6万元；大型企业户均主营业务收入33.5亿元，增长8.2亿元；全市规模以上工业企业户均工业增加值5104.2万元，增长75.3万元；大型企业户均增加值5.5亿元，增长5284.6万元。全年主营业务收入超1000亿元企业实现零的突破，超500亿元增至3家，超10亿元企业数位居全省地级市首位。在珠三角九市中，东莞市规模以上工业增加值排第3名，与上年持平；增速排名由上年的第9名提升至第3名，与深圳市、江门市持平。

资料链接：

珠三角九市指：广州市、深圳市、珠海市、佛山市、江门市、东莞市、中山市、惠州市、肇庆市九市。

2016年7月24日，2016年全国智能制造试点示范经验交流会在东莞市举行

【大型工业企业增速加快】2016年，东莞市规模以上大型工业企业保持两位数的增长速度，而中小微型企业则增长明显放缓。全市规模以上大型工业企业增加值1358.36亿元，比上年增长13%，增速比规模以上工业平均增速快6个百分点，总量占规模以上工业比重47.2%。

【“机器换人”实施】2014年，东莞市出台《东莞市关于加快推动工业机器人智能装备产业发展的实施意见》《东莞市推进企业“机器换人”行动计划（2014—2016年）》和《东莞市“机器换人”专项资金管理办法》。2014—2016年，市财政连续三年每年安排预算2亿元，资助企业利用先进自动化设备进行技术改造，在电子、机械、食品、纺织、服装、家具、鞋业、化工、物流等重复劳动特征明显、劳动强度大、有一定危险性的领域企业中，特别是劳动密集型企业中全面推动实施“机器换人”，促进工业技术改造投资，实现企业减员增效目标，提高产品质量和产业竞争力。自2014年9月至项目结束申报，“机器换人”专项资金项目有2698个，总投资386亿元，新增设备仪器7.63万台（套），其中东莞产设备占17.5%。项目涉及五大支柱产业及四个特色产业，其中电气机械及设备制造业、电子信息制造业这两个支柱产业的项目最多，分别占35.44%和28.76%；特色产业则以包装印刷业的项目最多，占6.27%。2016年，东莞市工业技改完成投资额332.99亿元，比上年增长44%；项目完成后劳动生产率平均提高2.5倍；产品质量，自动化、智能化设备标准化程度、工作精度提高，生产检测环节人为因素影响减少，产品合格率平均从86.1%提升到90.7%。相对可减少用工25万人，单位产品成本平均下降9.43%。

2016年东莞市规模以上工业主要产品产量

产品名称	计量单位	产量	增长（%）
移动通信手持机（手机）	万台	35909.47	58.0
数字激光音、视盘机	万台	4591.87	-19.2
集成电路	万块	72539.49	53.6

续表

产品名称	计量单位	产量	增长（%）
光电子器件	万只（万片、万套）	1314191.01	33.8
电子元件	亿只	12319.20	8.7
汽车仪器仪表	万台	96.45	17.4
光学仪器	万台（万个）	94.80	-17.0
眼镜成镜	万副	6496.96	1.3
自来水生产量	亿立方米	15.87	-4.2
大米	吨	277980.61	-10.8
糖果	吨	237158.81	-0.7
服装	万件	137783.07	-6.8
轻革	万平方米	193.20	-27.7
人造板	万立方米	21.33	-17.6
纸制品	万吨	204.71	-3.9
家具	万件	3748.92	-30.0
机制纸及纸板（外购原纸加工除外）	万吨	1507.86	6.0
塑料制品	万吨	117.96	3.4
化学试剂	吨	129957.92	-8.4
瓷质砖	万平方米	3335.11	20.2
金属集装箱	万立方米	361.29	-47.9
电动手提式工具	万台	2689.52	5.5
数码照相机	万台	43.42	69.7
模具	万套	6.43	1.4
锂离子电池	万只（万自然只）	32845.83	-24.3
灯具及照明装置	万套（万台、万个）	24307.97	-7.9
电子计算机整机	万台	125.65	15.8
打印机	万台	59.89	-38.5
电话单机	万部	3158.54	-5.0

支柱产业

电子信息制造业

【电子信息制造业概况】 2016年，东莞市规模以上电子信息制造业实现工业增加值974.28亿元，占规模以上工业的比重33.8%，比上年增长19.2%，比全市平均水平高12.2个百分点，拉动规模以上工业增长5.7个百分点，拉动五大支柱产业增长8.5个百分点。完成主营

华为终端（东莞）有限公司生产车间

业务收入7039.52亿元。该产业的区际影响力以及发展潜力不断增强，无论是产业规模，还是产业发展速度，均在全省均名列前茅。

【电子信息制造业产业发展】

产业规模　2016年，东莞电子信息制造业有规模以上企业1018家，占全市规模以上制造业企业总量的18.1%；完成主营业务收入7039.52亿元，占规模以上工业主营业务收入的48.5%。2016年，东莞市智能手机年出货量3.02亿部，约占全球的20.5%。

产业集群　2016年，东莞市的电子信息制造业产业链完善，配套能力强，形成较成熟的产业集群，成为全球性电子信息产品制造基地。产业链环节基本涵盖从产品设计到产品制造和检测，从基础零部件到终端产品制造，从消费类产品到投资类产品的完整电子信息制造业体系。

企业规模　2016年，东莞市电子信息制造业规模以上企业户均主营业务收入6.92亿元，是全市制造业平均水平（2.47亿元）的2.8倍。三星、台达、京瓷等一批世界500强企业以及华为终端、OPPO、VIVO等国内知名企业成为产业的龙头企业。产业集中度（指规模最大的前五名企业产值占全行业产值的比重）保持在一个相对较高水平。

核心竞争力　2016年，东莞市新一代移动通信、电子元器件等产业中，华为终端、步步高电子、生益科技等企业拥有快速成长的潜力以及较强的核心竞争力，在全国处于领先地位。

【智能手机产业高速发展】

2016年，东莞市智能手机生产总产值3100亿元，占全市规模以上电子信息制造业的45.6%，比上年增长66.6%；智能手机产量为3.58亿台，增长58.7%，占全国智能手机产量23.9%；出货量为3.02亿台，增长24.9%，占全球智能手机出货量20.5%。东莞市有各类通信电子元器件生产企业4000多家，除核心芯片和关键IC（集成电路）器件外，智能手机制造企业所需的零部件可由东莞市及周边配套。2016年，东莞市主营业务收入前20名企业中，智能手机整机企业5家，其中主营业务收入超千亿企业2家。

电气机械及设备制造业

【电气机械及设备制造业概况】

2016年，东莞市规模以上电气机械及设备制造业实现工业增加值493.67亿元，占规模以上工业的比重17.2%，比上年增长4%。其中，电气机械及器材制造业实现增加值216.06亿元，下降0.2%；仪器仪表制造业实现增加值57.20亿元，增长9.8%；通用设备制造业实现增加值86.47亿元，增长4.2%；专用设备制造业实现增加值71.81亿元，增长12.5%；汽车制造业实现增加值49.58亿元，增长19.5%；铁路、船舶、航空航天和其他运输设备制造业实现增加值12.55亿元，下降25.2%。

【电气机械及设备制造业发展】

产业规模　2016年，东莞市电气机械及设备制造业包括电气机械及器材制造业，仪器仪表制造业，通用设备制造业，专用设备制造业，汽车制造业，铁路、船舶、航空航天和其他运输设备制造业，产业份额居全市制造业第二位。2016年，该产业有规模以上制造业企业1277家，占全市规模以上企业的22.6%；完成主营业务收入2170.5亿元，占规模以上工业主营业务收入的14.9%。

产业集群　2016年，东莞市以长安镇、横沥、清溪等镇为主的五金模具产业颇具规模。虎门镇电子线缆产业企业主要服务于通讯行业、IT（信息技术）行业、家电和消费类电子行业，形成研发、生产、销售及上下游配套较为完整的产业链。寮步镇汽车产业集群以汽车生产、汽车文化及服务等相关性产业为切入点，在特种车制造业的基础上延长汽车产业链，打造具有影响力的汽车产业品牌。以石龙镇、长安镇等为主的办公设备生产基地，拥有京瓷美达、柯尼卡美能达等世界500强企业。

龙头企业　2016年，东莞市通过引进产业链薄弱环节和大型龙头项目、核心项目，东莞市聚集一批技术先进、产业带动能力强的企业，包括三星电机、京瓷美达、创基电业、柯尼卡美能达、华新电线电缆、中远船务、京滨、信浓马达等企业。

纺织服装鞋帽制造业

【纺织服装鞋帽制造业概况】

2016年，东莞市规模以上纺织、服装、鞋帽制造业实现工业增加值283.96亿元，占规模以上工业的比重9.9%，比上年下降8%，降幅比上年加大3.3个百分点。其中，纺织业实现增加值41.50亿元，下降7.7%；纺织服装、服饰制造业实现增加值127.16亿元，下降6.6%；皮革、毛皮、羽毛及其制品和制鞋业实现增加值115.29亿元，下降9.6%。

【纺织服装鞋帽制造业发展】

产业规模　2016年，东莞市纺织服装鞋帽制造业有规模以上企业861家，占全市规模以上制造业企业总量的15.3%；主营业务收入861.3亿元，占全市规模以上工业主营业务收入的5.9%。

产业集群　2016年，东莞市虎门镇以服装产业集群有完善服装产业链和国际服装交易平台。大朗镇集聚各种资源要素，实现高端资源为产业提供配套。厚街镇鞋业产业集群，上下游产业发展迅速，并逐渐建成研发设计、质量检测、人才培育和信息咨询“四大平台”。

产业布局　2016年，东莞市以虎门镇为中心，主要生产女装（包括内衣）；以大朗镇为中心，主要生产毛针织产品；以茶山镇为中心，主要生产休闲服、童装、针织T恤、运动服、内衣裤等；东坑镇集聚企业生产洋服男装；麻涌等镇水乡片区，主要从事印染、洗水等环节；中堂镇主要生产牛仔服装。制鞋主要布局在南城街道—厚街镇—虎门镇。

民营企业　2016年，东莞市纺织服装鞋帽制造业中的民营企业发展迅猛，从单一为外商配套加工、贴牌生产的经营模式，转变为OEM（代工）和ODM（贴牌）相结合。以纯、都市丽人、搜于特等一批民营企业快速成长。

“以纯”产品展示厅

东莞理文造纸厂

食品饮料加工制造业

【食品饮料加工制造业概况】2016年，东莞市规模以上食品饮料加工制造业实现工业增加值77.90亿元，占规模以上工业的比重为2.7%，比上年增长1%，比全市平均水平低6.0个百分点。其中，农副产品加工业实现增加值21.90亿元，增长3.2%；食品制造业实现增加值36.90亿元，下降0.2%；酒、饮料和精制茶制造业实现增加值19.1亿元，增长0.8%。

【食品饮料加工制造业发展】竞争优势　2016年，东莞市食品饮料加工制造业有规模以上企业98家，主营业务收入634.6亿元，占规模以上工业的4.4%。食品饮料加工制造业的增加值率、产业强弱系数、利税率以及市场占有率在各产业中名列前茅。

产业基础　2016年，东莞市发展食品产业多元化发展，有良好的产业基础。产业种类较为齐全，包括饮料、烘焙、糖果、调味品、食品添加剂、粮油加工、冷冻食品等。集聚一批知名品牌和大型企业，包括可口可乐、雀巢、加多宝、嘉顿、荣华、伊利、蒙牛、徐福记、中储粮、中纺等。整个产业链条较为完善，上下游企业集聚，形成明显的产业配套优势。

企业规模　2016年，东莞市食品饮料加工制造业规模以上企业户均主营业务收入6.47亿元，远大于制造业2.57亿元的规模，与其他产业相比具有明显的企业规模优势。

造纸及纸制品业

【造纸及纸制品业概况】2016年，东莞市规模以上造纸及纸制品业实现工业增加值122.45亿元，占规模以上工业的比重为4.3%，比上年增长3.9%，比全市平均水平慢3.1个百分点。

【造纸及纸制品业发展】2016年，东莞市规模以上造纸及纸制品业企业202家，完成主营业务收入594.3亿元，占规模以上工业主营业务收入的4.1%。东莞市地处珠江口，境内河网密布，水系发达，具有发展大中型纸厂的优越条件。东莞市造纸及纸制品生产基地，形成生产包装用纸（纸板）、生活用纸、包装、印刷、造纸机械、化工等产业集群。拥有玖龙、理文、金洲、银洲等全国闻名的大中型企业。

特色产业

【玩具及文体用品制造业】 2016年，东莞市规模以上玩具及文体用品制造业261家，实现工业增加值110.99亿元，占规模以上工业的比重为3.9%，比上年增长0.2%；完成主营业务收入406.3亿元，占规模以上工业的2.8%。

东莞市玩具及文体用品制造业产业配套逐步完善，并保持较高的专业化程度，产品市场占有率较高。产业相对规模和集聚优势明显，主要集中在清溪、石排、茶山、凤岗、长安、塘厦、虎门等镇。依托动漫产业，该产业发展潜力大。

【家具制造业】 2016年，东莞市规模以上家具制造业288家，实现工业增加值74.34亿元，占规模以上工业的比重2.6%，比上年下降0.5%，比全市平均水平低7.5个百分点；完成主营业务收入258.95亿元，占规模以上工业的1.8%。

家具制造业是东莞市的优势传统工业，产业链长，配套完善。拥有全国最具规模的板厂、全球最好的贴面料加工厂、全球500强企业的油漆涂料制造企业、华南地区最大的木材供应市场和亚洲最大的家具展览中心。产业集群较成熟，主要集中在大岭山镇、清溪镇、东城街道以及厚街镇。随着名牌带动战略实施，东莞市家具制造业民营企业创品牌的意识明显增强。

【化工制品制造业】 2016年，东莞市规模以上化工制品制造业192家，实现工业增加值53.85亿元，占规模以上工业的比重为1.9%，比上年增长2.9%，比全市平均水平低4.1个百分点。其中，石油加工、炼焦业及核燃业实现增加值1.68亿元，下降16.0%；化学原料及化学制品制造业实现增加值52.18亿元，增长3.8%。主营业务收入281.05亿元，占规模以上工业主营业务收入的1.9%。

化工制造业产业发展稳健，自动化程度较高，产出效益较好。该产业以占全市制造业1.1%的从业人员，产生占全市制造业1.9%的主营业务收入。大岭山、沙田、东城、虎门、麻涌等镇街产业基础良好，拥有银禧科技、新长桥、罗门哈斯、大宝化工、阿克苏诺贝尔等一批规模较大的企业。东莞港立沙岛精细化工高端产业集聚区重点培育和发展电子化学品、化工助剂、改性材料、聚氨酯深加工、塑料合金、工程塑料产品。

【包装印刷业】 2016年，东莞市规模以上包装印刷业118家，实现工业增加值42.30亿元，占规模以上工业的比重为1.5%，比上年下降1.5%；完成主营业务收入149.95亿元，占规模以上工业主营业务收入的1%。

东莞市包装印刷业发展迅速，产业规模扩大，成为东莞市的一个特色产业。产业体系比较完善，产业集中度比较高，建成印前、印刷、印后及印刷耗材设备供应服务等相对完善的产业体系。

【电力供应业】 电力生产、供需 2016年，东莞市电力供需基本保持平衡，全社会用电量、供电量、售电量和工业用电量等用电数据稳中有升。全年完成全社会用电量、供电量和售电量分别为702.01亿千瓦时、695.59亿千瓦时和680.33亿千瓦时，分别比上年增长5.27%、5.19%和4.81%；工业、第三产业、居民用电量分别为506亿千瓦时、99.78亿千瓦时和90.59亿千瓦时，分别增长4.7%、7.17%和7.15%。全市用电负荷从年内5月中旬起快速攀升，至7月中先后3次创历史新高，系统最高负荷为1357.7万千瓦（7月25日），比上年同期增长4.53%。

电网投资与建设 2016年，东莞市完成电网投资32.55亿元，建成15个项目、开工8个项目、储备9个项目，超额完成年度建设任务。电网规划建设“大会战”整体进度良好，一批电网项目先后建成投产，优化完善南城、寮步、大岭山及周边镇街电网网架，提高虎门、清溪、黄江、凤岗、高埗等地区供电容量，为城际轨道交通提供供电保障。

工业企业选介

【广东欧珀移动通信有限公司】 广东欧珀移动通信有限公司（OPPO公司）成立于2004年，位于东莞市长安镇，是一家全球性智能终端和移动互联网公司，为客户提供“OPPO”智能手机、高端影音设备和移动互联网产品与服务，业务覆盖中国、美国、俄罗斯和欧洲、东南亚等国家和地区。

2016年，OPPO公司推出R9和ColorOS 3.0系列智能手机。其中，R9s采用OPPO公司与索尼公司联合开发的1600万像素IMX398传感器和F1.7超大光圈。R9s Plus具有OIS+光学防抖技术，克服运动状态或暗光环境下拍照时因抖动而产生的画面模糊，成像更稳定。ColorOS 3.0从通信安全、支付安全、隐私安全、应用安全方面提升手机的安全性能。2016年，“OPPO”手机出货量居全球第四位、国内第一位。OPPO公司发明专利申请量超过4000件，在国内所有智能移动终端生产企业列第一位。OPPO N3智能手机外观设计获国家专利优秀奖，OPPO公司获广东省专利金奖。2016年8月，OPPO公司获中国品牌节最高奖“华谱奖”；2016年11月，OPPO公司蝉联“中国最受尊敬企业”称号。

广东欧珀移动通信有限公司生产车间

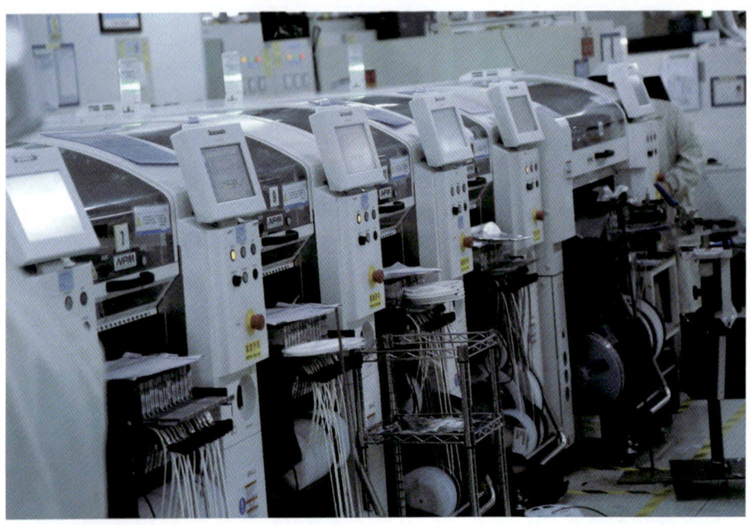

广东维沃通信科技有限公司生产车间

广东小天才科技有限公司生产车间

【广东维沃通信科技有限公司】

广东维沃通信科技有限公司（vivo公司）成立于2011年10月，位于东莞市长安镇。主要从事“vivo”手机及其配件产品的制造与销售，产品包括vivo X9、vivo X9Plus、vivo Xplay6、vivo X7、vivo X7Plus、vivo Xplay5、vivo X6S等智能手机。

该公司拥有现代化厂房9栋、SMT（电脑自动化贴片）生产线30条及手机装配生产流水线160条，形成现代化大规模工业生产配套体系。2016年，“vivo”手机出货量居全球第五位，国内第三位。在《经济观察报》主办的2016中国创新峰会暨年度中国最具创新企业颁奖典礼上，维沃通信科技有限公司获“2016中国最具创新·企业奖”。

【广东小天才科技有限公司】

广东小天才科技有限公司成立于2010年，位于东莞市长安镇，是一家儿童产品研发的科技型企业，生产智能电话手表、早教机、儿童平板电脑、家教机等产品。其中，智能电话手表定位于儿童安全与教育，综合采用智能硬件技术、系统软件技术、应用软件（IOS、Android）、服务器和云技术。2016年，智能电话手表销量超过300万台。

该公司是国家高新技术企业、广东省工程技术研究中心，获得CMMI三级认证和ISO9001认证，是全国“医疗卫生教育子行业”的骨干企业之一、全国质量诚信标杆典型企业、全国可穿戴设备行业质量领军企业和广东省自主创新示范企业。截至2016年，专利申请总量超过1300项，获得授权280余项，其中发明专利46项。

【东莞创机电业制品有限公司】

东莞创机电业制品有限公司创办于2003年10月，位于东莞市厚街镇。投资总额9900万美元，注册资本4700万美元，由隶属香港创科实业有限公司整合资源转型而成立。该公司是一家电动工具、配件、手动工具、户外园艺工具及地板护理产品设计、制造及市场营销企业，是家居装修工具及建筑工具的世界级供应商之一。

该公司实施创建自主品牌、加强研发创新、开拓国内市场等三大战略。创立“Homelite”“Dirt Devil”等10多个自主品牌；设立“亚太研发中心”，引进约600万元的电磁波检测中心设备和约700万元的快速手样成型加工中心设备，提高企业的研发技术含量和品牌创新能力；将市场战略的主要任务转向拓展内销，组建销售公司，并在上海、天津、广东等重点省市建立销售网点，开展内销业务。2016年，东莞创机电业制品有限公司主营业务收入超过百亿元，被评为2016年东莞市大型骨干企业。

东莞创机电业制品有限公司产品

【东莞技研新阳电子有限公司】东莞技研新阳电子有限公司于1994年6月成立，位于东莞市桥头镇。注册资本4.33亿港元，占地面积30万平方米，职工1万人，是一家大型日资企业。

该公司拥有生产线100余条，每月印刷电路板生产能力10亿点；显示器模组产能超过500万台/月；具备注塑模具自行设计开发、部品自行生产到完成品组装，以及线束加工和真空吸塑成形的一体化生产能力，生产过载保护开关、通信产品用连接器、电器用塑胶配件及汽车用塑胶配件；拥有自主开发的智能测试、精密机器人、自动导引运输车、多工位装配自动化设备等智能设备和信息化系统。重视技术创新，成立企业开发中心，逐年加大研发投入，获专利近200项、软件著作权20余项。2016年，东莞技研新阳电子有限公司主营业务收入140亿元，为东莞市主营业务收入前20名企业、规模效益成长性排名前20名工业企业和实际出口总额前20名企业。

东莞三星视界有限公司

【东莞三星视界有限公司】东莞三星视界有限公司于2001年11月成立，位于东莞市厚街镇。是世界500强企业——韩国三星SDI公司投资设立的外商独资企业，投资总额2.95亿美元，注册资本1亿美元，占地面积13万平方米，员工5000人，主要生产移动设备液晶显示片及新一代梦幻显示器件液晶片。取得ISO9001质量认证、ISO14001和OHSAS18001环保认证。

2012—2016年，该公司销售额突破40亿美元；2016年，该公司出口创汇44.8亿美元，实现工业总产值299亿元，缴纳各项税收3.86亿元。连年上榜东莞市年度主营业收入、实际出口总额、税收贡献前列企业。被东莞市人民政府评为“实际出口十强企业”，获评“广东省高新科技企业”。

（叶应佳）

附：2016年东莞市经济和信息化局主要领导名录

党组书记、局长：叶葆华

乐依文半导体装配测试厂数码车间

广东欧珀移动通信有限公司

广东维沃通信科技有限公司工业区

建设中的华为终端基地

华为南方工厂

商贸流通业

COMMERCE

- 扩内需促消费
- 商贸流通网络发展
- 东莞市入选“中国最具竞争力会展城市”
- 加工贸易废料网上交易改革

南城街道商业圈

编辑：李缙文

商贸流通业综述

【商贸流通业概况】 2016年，东莞市优化商贸流通结构，加快培育新业态、新模式，强化市场监管，建设商务诚信平台，推动商贸流通业健康发展。同时，编制《东莞市城市商业网点规划（2016—2025年）》。全年社会消费品零售总额2470.8亿元，比上年增长13.1%，提高2.2个百分点，超额完成省、市目标任务，总额和增速分别在全省地级以上市中排第四名和第二名。全年限额以上零售业实现销售额1156.3亿元，比上年增长20.8%；汽车类商品限额以上零售额达597.16亿元，增长17.2%；全市零售业网点面积500多万平方米，5000平方米以上的大型零售网点160多家，超过300万平方米的大型购物中心近30个；全市电子商务交易额3702亿元，增长9.2%；跨境电商进出口18.4亿元，增长447.5%。

【大宗商品现货交易场所建设】 2016年，东莞市商务局出台《关于推进东莞市大宗商品现货交易场所建设发展工作方案》，推动“广东（东莞）珠宝玉石交易中心”项目建设，加快落实珠宝文化产业园各功能区的建设工作，并全面梳理建设规划，促进珠宝玉石流动、优化资源配置，完善交易场所各种制度建设。制定《东莞市大宗商品现货交易平台建设实施方案》，重点引导大宗商品交易场所规范化发展，健全市场功能，完善风险防控机制，培育国际商品交易集散中心、信息中心和定价中心，促进进出口产品与市场需求有效对接。

【商贸流通网络发展】 2016年，东莞市商务局制定《关于推动商贸流通业发展工作方案》，通过打造国际性采购展贸中心和区域物流配送中心、珠三角产业服务基地和创新创业基地、珠江口东岸休闲消费中心，提升商业中心和各商业集聚区的服务功能，形成差异化定位、特色化经营、线上线下互动发展的现代商贸流通体系，使商贸流通业成为“制造东莞”转型发展的引擎和抓手，构建国内与国外双向、多层级的商贸流通网络。

【“消费促进月”活动】 2016年，东莞市商务局制定《东莞市2016年“消费促进月”活动实施方案》。全年举办线下3轮（春夏、暑期和秋季岁末）和线上2轮（食品、服装）消费促进月活动327场，参与企业2.19万家，直接带动消费119.2亿元，比上年增长78%。

【东莞市首家无人超市开业】 2016年6月6日（“66信用日”），东莞市新基路的“上好生活”超市，变身成为国内首家无人超市。顾客通过扫描二维码再支付相应金额，即可完成购物。在活动开始前一晚，店员把大部分商品都贴上二维码，标明具体价格。顾客通过扫描二维码支付相应金额，即可完成购物。对于没有带手机的顾客，店内也设立现金箱，方便顾客完成支付。

【市场监测及商贸流通行业统计】 2016年，东莞市商务局制定《2015年中央财政第二批服务业发展专项资金（市场监测统计费用）实施方案》《2016年度中央财政服务业发展专项资金（内贸流通统计监测）实施方案》，通过补助的方式，支持商务部监测样本企业及相关行业组织，配合做好市场监测及商贸流通行业统计分析和培训。其中，2016年度市场监测资金在综合考虑样本企业以往年份报送工作数量、质量、效率和重要性等因素的基础上，形成分等级扶持的激励机制，提高样本企业报送积极性和真实性。 （李　霄）

吉龙木材集散市场

商品经营

【批发零售业】 2016年，东莞市批发和零售业实现零售额2308.97亿元，比上年增长13.6%，占社会消费品零售总额比重93.5%，拉动社会消费品零售总额增长12.6个百分点。其中，零售业实现零售额2167.4亿元，比上年增长13.3%，提高2.4个百分点；批发业实现零售额141.57亿元，增长17.8%，提高3.3个百分点。

零售业　2016年，东莞市零售业网点面积500多万平方米，具有一定规模的商业街80多条，体验式商场、超市/小超市、专卖店、便利店等新兴零售业稳步增长，其中，连锁经营门店总数超过3万家，平均每年增加1000多家。其中，美宜佳超市全年销售48亿元，2016年新开门店数1800家，总门店数超9000家；搜于特公司是服装设计销售的上市企业，开设门店数超2000家。

批发业　2016年，东莞市有专业批发市场127个，其中：民营企业116个；工业品市场100个、农产品市场27个。提供13万个就业岗位。商品交易超亿元的有69个，其中：超10亿元的市场25个，超100亿元的市场3个（常平大京九塑胶城、信立国际农产品贸易城和东莞市吉龙木材市场）。商品交易市场覆盖20多个行业，与支柱产业和特色产业体系相对应，形成纺织服装、电子信息、农副产品、家具、五金机械模具、塑胶原料等六大批发市场集群，货源来自全国各地，主要以内销为主，销售至东莞市、惠州市乃至整个珠三角地区，部分辐射国内各地和出口香港地区。 （李　霄）

【成品油供应】 截至2016年，东莞市取得成品油批发经营资格企业15家，取得成品油仓储经营资格企业12家，取得成品油零售经营资格加油站316家。全年成品油市场供应充足稳定，加油站零售量231.48万吨，比上年增长7.83%。其中，汽油165.35万吨，比上年增长11.53%；柴油66.13万吨，减少0.42%。中石化、中石油（含中油BP）、中海油三大集团公司系统内加油站销售成品油158.75万吨，比上年增长5.85%，其中汽油107.98万吨，柴油50.77万吨。系统外加油站销售成品油72.73万吨，增长12.43%，其中汽油57.37万吨，柴油15.36万吨。 （叶应佳）

【车用天然气供应】 截至2016年，东莞市建成天然气汽车加气站42座，其中具备LNG（液化天然气）加气功能汽车加气站34座。全年CNG（压缩天然气）销售量4.23万吨，比上年下降22.90%，LNG（液化天然气）销售量7.86万吨，增长11.63%。 （叶应佳）

【生猪产销】 2016年，东莞市持续开展生猪产销联建，认定生猪定点供莞基地，推进供莞生猪网上交易。全年新认定生猪定点供莞基地2批138家，至年底，累计全市定点基地总数593家，年供莞能力1146.08万头。东莞市有251个生猪供应商、592家定点供莞基地在供莞生猪网上交易及溯源监管平台注册，全年生猪网上交易量370.22万头。生猪及其肉品供应量与肉品需求量基本保持平衡，生猪采购与生猪肉品零售价格有所上升。 （黄椿颖）

物流业

【物流标准化试点项目建设】 2016年，东莞市商务局联合市财政局、市质监局，成立东莞市物流标准化试点工作领导小组，出台《东莞市物流标准化试点工作方案》《东莞市物流标准化试点专项资金暂行管理办法》。经镇（街）商务主管部门初审、材料复审、实地考察、专家评审以及社会公示等程序，从37个物流标准化试点申报项目中，择优选取26个，其中东莞市物流标准化公共信息服务平台项目为试点地方资金配套项目，获得中央财政资助资金5000万元。2016年，26个物流标准化试点项目应用标准托盘23万个，配送网点覆盖率89%，拉动社会投资超过4亿元，直接带动就业超过2500人。

【冷链物流示范省试点项目建设】 2016年，东莞市8家冷链物流企业参加冷链物流示范省试点项目，获得中央财政服务业发展专项资助资金（冷链物流建设）800万元。 （李 霄）

会展业

【会展业概况】 2016年，东莞市会展业总体发展较快，举办展览规模在3000平方米以上的展览会65场，比上年增长8%；总展出面积逾340万平方米（包括专业卖场和专业市场）；参展采购商和观众逾270万人次，比上年增长3.8%。在酒店和专业展馆举办参会人数100人以上（含100人）的会议380个，参会总人数逾13万人。2016年，东莞市获评“中国最具竞争力会展城市”。

【展馆规模】 截至2016年，东莞市拥有广东现代国际展览中心、东莞国际会展中心、常平会展中心、虎门会展中心4个专业展馆，占地总面积约60万平方米，室内可展览面积20万平方米，室外可展览面积14万平方米。2016年，东莞市专业展馆总体展览规模扩大1.7万平方米，比上年增长9.4%。

【重点展会】 2016年，由东莞市人民政府主办或承办的重点展会6个，分别是：中国加工贸易产品博览会（简称“加博会”）、中国国际影视动漫版权保护和贸易博览会（简称“漫博会”）、中国（东莞）国际科技合作周（简称“科技合作周”）3个国家级展会，广东21世纪海上丝绸之路国际博览会（简称“海丝博览会”）、广东国际机器人及智能装备博览会（简称“智博会”）2个省级展会以及东莞台湾名品博览会（简称“台博会”），总展出面积54.8万平方米，比上年增长15.8%。其中，“加博会”的展览规模、参展商数量、参会人数均有增长，“海丝博览会”的参会人数比上年增长209%，“智博会”的展览规模比上年增长16%。

【工业类与消费类展会】 2016年，东莞市举办展览规模在3000平方米以上的工业类展会26场，占展会总数量40%，比上年增长47%；展出总面积逾254万平方米，占展览总面积74.7%，下降4%。举办展览规模在3000平方米以上的消费类展会33场，占展会总数量50.8%，比上年下降5.7%；展出总面积58.6万平方米，占展览总面积17.2%，与上年基本持平。

【新办展会】 2016年，在东莞市新办的展会有14个，展出总面积15万平方米。其中，第93届中国劳动保护用品交易会（由中国纺织品商业协会主办）、2016年中国国际（广东）节能环保展（由中国节能协会等主办）、2016华南（东莞）国际家具机械及材料展（由香港讯通展览公司等主办），展出总面积7万多平方米。

【会议产业发展】 2016年，东莞市酒店和专业展馆举办参会人数100人以上（含100人）的会议380个，其中有2个国家级会议：第六届中国松山湖IC（集成电路）创新高峰论坛（由中国半导体行业协会集成电路设计分会主办）、中国工程科技论坛——分子诊断技术暨第七届中国分子诊断技术大会（由中国工程院主办）。会议以企业举办为主，形式多样，包括高峰论坛、讲座、订货会、培训、推介会、招聘会等，其中专业展馆以举办展览会配套会议、培训活动为主，酒店以举办培训活动、订货会为主。

【东莞市入选“中国最具竞争力会展城市”】 东莞市会展业起步于20世纪90年代，依托制造业基础，带动东莞众多产业发展。截至2016年，东莞市会展业渐成体系，成为驱动经济发展的生力军。东莞市每年举行的大小展会有数百场，有加博会、漫博会、科技合作周、海丝博览会、智博会等国家级、省级展会。其中，工业类展览会以国际名家具（东莞）展览会、中国（广东）国际印刷技术展览会、广东国际机器人及智能装备博览会最具代表性和影响力。除上述国家级、省级的专业展会外，有的镇街也举办专业展会，主要有虎门镇、长安镇、大朗镇、常平镇、塘厦镇、横沥镇寮步镇分别举办的中国（虎门）国际服装交易会、中国（长安）国际机械五金模具展览会、中国（大朗）国际毛织产品交易会、大京九农副产品食品（常平）交易会、塘厦高尔夫球博览会、横沥模具展览会、中国（东莞）国际沉香文化艺术博览会等，促进地方产业的发展。2016年，东莞市举办规模在3000平方米以上的展览会65场，总展出面积340万平方米（包含专业卖场和专业市场），参展产品涉及电子机械、纺织服装、家具、造纸印刷、五金模具、食品饮料、动漫、汽车、文化等多个行业。2016年12月，在中国会展经济研究会主办的“2016中国城市会展业竞争力指数年度发布会暨高端学术论坛”上，东莞市入选“中国最具竞争力会展城市”。

【2016中国加工贸易产品博览会】 2016年4月21日，2016中国加工贸易产品博览会在东莞市举行，展会总面积6万平方米，比上届增长20%，吸引来自国内19个省市及港澳地区的807家加工贸易和外贸企业参展。展会期间，接待海内外观众9.27万人次，比上年增长15.9%，其中，专业观众2万人次，增长21%。达成商贸合作项目（含合同、协议和意向）7743宗，增长5.4%；意向成交金额966亿元，增长4.1%。（李　霄）

【第八届中国国际影视动漫版权保护和贸易博览会】 2016年8月18—22日，第八届中国国际影视动漫版权保护和贸易博览会在东莞市举行，主会场设在广东现代国际展览中心3号馆一、二层展厅，面积近4万平方米，举办影视动漫版权交易会（专业展）和动漫游戏嘉年华（公众展），另设立松山湖（生态园）创意公园、东莞图书馆、东莞科技馆、东莞玉兰大剧院、华南MALL等5个分会场。吸引国内外参展企业503家，比上年增长9.8%，其中海外展区吸引来自美国、新西兰、韩国、朝鲜、新加坡、马来西亚等国家和中国香港、中国台湾等地区的111家动漫企业参展。入场参观人数超过30万人次；现场消费和合同、意向成交额34.6亿元，与上届基本持平。截至2016年，漫博会发展成为集版权贸易、产业对接、衍生品交易和行业交流于一体的动漫行业高端商贸平台，形成“北杭州、南东莞”的动漫行业展会格局。

【2016中国（东莞）国际科技合作周】 2016年12月9—11日，“2016中国（东莞）国际科技合作周”在东莞国际会展中心和东莞市会展国际大酒店举行。本届合作周以“科技引领　开放共享”为主题，举办面积2万平方米的科技展览，增设900平方米的无人机飞行表演区，集中展示涵盖虚拟现实、智能制造、新能源汽车、科技金融、创业孵化、知识产权等领域的科技创新成果，同时举行16场科技交流活动，包括12场科技主题论坛和4场项目路演与产品推介活动，涉及智能制造、3D（三维）打印、生物能源、节能环保、信息通讯、科技金融等领域，促进相关领域思维拓展和技术信息交流，以及科技项目和高新产品的信息推广。本届合作周邀请来自美国、加拿大、英国、德国、日本等30个国家和地区的157名外宾，以及来自各高等院校、科研机构、科技企业的329名内宾参加。吸引超过6万人次观（听）众参与。其中，开幕式有1000多人参加，包括13名两院院士，17名国外司厅级领导嘉宾，9名驻穗领事馆总领事及代表，60多名国内外顶尖专家以及知名企业代表。促进50多个项目达成初步合作意向，7个项目签约。（王少波　陈锐棠）

2016年10月27—30日，2016广东21世纪海上丝绸之路国际博览会在东莞广东现代国际展览中心举行

【2016广东21世纪海上丝绸之路国际博览会】 2016年10月27—30日，2016广东21世纪海上丝绸之路国际博览会在东莞市广东现代国际展览中心举行。展会有73个国家（地区）参会，52个国家（地区）参展，39个设立国家（地区）馆，开展聚焦“产能合作与创新发展”主题论坛和国际智库论坛、友好城市市长圆桌会议和沙特专题投资推介会3个子论坛。展出面积约7万平方米，境内外参展企业1526家。入场观展、采购人员23.8万多人次，比上届增长120%，其中专业采购商2.8万人次，增长31.5%。达成签约项目700个，涉及签约资金2068亿元，增长2.5%。（吉峰平）

【2016广东国际机器人及智能装备博览会】 2016年11月29日至12月2日，2016广东国际机器人及智能装备博览会在东莞市广东现代国际展览中心举行，以“绿色制造、智造未来”为主题，展示智能装备发展和智能制造技术在推进节能低碳等绿色制造的成果。新增1个展馆，比上年增加1万多平方米；展位增加371个；吸引美国、德国、日本、瑞士、瑞典等国家及国内的1364家装备企业参展，入场参观人数达11万人次。

【2016东莞台湾名品博览会举办】 2016年11月18—20日，2016东莞台湾名品博览会在东莞国际会展中心举办，吸引20.5万人次参观采购，总交易金额23.96亿元，其中专业采购商1.03万人次，一般民众超过19.47万人次，现场零售额1.06亿元，现场采购订单9.2亿元，一年内采购意向13.7亿元。18日，2016东莞台湾名品博览会举行开馆仪式，海协会会长及国台办综合局、广东省台办、东莞市等领导出席，为历届东莞台湾名品博览会中规格最高。展会以市场化、品牌化、专业化为原则，首次展示东莞台湾高科技园海峡两岸青年创业基地成果，展出32个青年创业产品。市台协照明产业委员会在展会上揭牌成立，为东莞市台商整合行业资源开创先例。（范星星）

拍卖业

【拍卖业概况】 截至2016年，东莞市拍卖企业39家；拍卖从业资格人员（含拍卖师）110人。全年举办拍卖会745场次，总成交总额35.9亿元。

【东莞市公共资源拍卖中心筹建】 2016年，东莞市拍卖企业共同筹建东莞市公共资源拍卖中心，拉开东莞市集中场所拍卖、实施统一管理的序幕，旨在整合监管资源，提高监管水平，规范行业管理，遏制涉黑行为。（李　霄）

再生资源回收利用业

【加工贸易废料网上交易改革】 2015年5月，东莞市联合黄埔海关开启加工贸易废料管理体制改革，启动加工贸易废料网上交易平台建设；2016年9月，加工贸易废料网上交易平台实现全市全面上线交易。东莞市加工贸易废料网上交易平台运营单位为东莞市拍卖行，平台功能根据加工贸易企业的不同产业、规模、废料性质、种类和关区手册等情况而人性化设计，给予企业最大限度的操作灵活性、便利性，令交易双方足不出户完成交易过程。同时，在保证金结算、与海关业务系统的衔接等功能上，加快废料内销征税流程，提高企业运作效率。

2016年，东莞市商务局联合黄埔海关、东莞海关、东莞市供销社及东莞市拍卖行，到每个镇街（园区）对所有企业开展36场专题培训活动；会同海关走访玖龙、生益、创科等龙头企业，送政策上门，争取企业支持；在《东莞日报》、东莞市政务网站等媒体进行多轮次宣传，引起企业关注。会同东莞海关组织有疑问、没充分掌握政策要求的企业集中召开培训会议，有针对性地再培训、再宣讲；召集全市再生资源回收企业进行集中培训，讲解网上交易操作要领，消除企业疑虑，增强企业上线交易信心。总结3批32个镇街和松山湖高新区上线交易试点的工作经验，对平台功能进行优化和提升，并研究解决具体操作过程中企业提出的问题，完成对该平台的验收。同时，指导平台制定《东莞市加工贸易废料网上交易诚信管理规则》。截至2016年，在该交易平台上注册企业3764家，其中加贸企业3141家，申购企业623家，总成交6715个项目，成交金额5.12亿元。

【再生资源回收市场后续监管】 2016年，东莞市商务局先后走访市工商局、市城管局，探讨理顺再生资源回收经营者的商事登记与后续监管相关工作，会同市供销社赴东坑镇，听取试点镇街在加强再生资源日常回收管理的经验做法，约谈政协提案人听取关于健全再生资源回收体系建设的建议意见。1—9月，督促东莞境内广深铁路沿线镇街，排查整治广深铁路沿线的废品回收站乱堆乱放问题，28个沿线站场中25家完成整改。督促各镇街（园区），做好再生资源回收经营临时建（构）筑物经营场所（含无证照经营的回收站场）的排查登记。开展以“绿色产品进商场、绿色消费进社区、绿色回收进校园”为主题的流通领域节能宣传活动。建立数据报送机制，根据工商部门登记信息，结合日常巡查情况，指派专人收集汇总再生资源产、用废企业及回收经营者的信息和经营情况，按季度报送市再生资源管理办公室，同时，督促回收企业及时登录商务部“再生资源信息管理系统”，完成年度企业经营年报的填报。指导镇街做好再生资源市场日常巡查及联合执法专项工作，联合供销社开展全市再生资源回收市场管理专项督查行动。（李　霄）

供销合作商业

【供销合作商业概况】 2016年，东莞市供销合作联社推进综合改革，全系统各项经济指标稳中有升，实现持续健康平稳发展。全系统实现销售总额12.3亿元（不含再生资源回收），比上年增长12.2%；实现利润总额3955万元，增长10.8%；税费总额2934万元，增长7.8%。

【供销社综合改革试点】 2016年，石碣供销社作为广东省综合改革试点单位，启动综合改革试点工作。以服务“三农”（农村、农业、农民）为宗旨，开拓农副产品配送项目，配送优质、新鲜的农副产品，赢得居民、社会满意；切实为企业服务，推动石碣再生资源集中处理中心建设，开展再生资源公开竞价拍卖交易，维护再生资源公平公正公开交易秩序，赢得政府、企业满意。11月，综合改革试点工作被广东省供销合作联社内部初审评为优秀，各项考核指标基本完成。12月，由中华全国供销合作总

凤岗供销社购物商场

社督导验收组进行评定验收。

【报废汽车回收拆解项目投产】 2016年，东莞市报废汽车回收拆解项目于上半年完工，8月经广东省商务厅验收通过，9月投产。这是东莞市面积最大、设备最齐全的报废汽车回收拆解企业，带动10多个基层供销社发展。

【农副产品和土特产品流通】 2016年，东莞市石碣供销社以放心“菜篮子”配送业务作为综合改革试点项目，配送集体食堂客户25个，年销售额1100万元，农副产品品种1700多种。谢岗、茶山、樟木头、麻涌等供销社从市场需求出发，以贴牌的方式开发蕉谷山泉水、云桂峰英德红茶、“惬意人生”“典酱世家”系列白酒等产品。同时，加大各类土特产品开发力度，至年底，全系统产品品类有100多种。

【基层供销社为“三农”服务】 2016年，东莞市沙田、寮步、横沥、石排、企石等供销社以农资服务为抓手，为从事都市农业的花农、菜农提供放心农资、农药、种子、信息等综合服务。洪梅供销社以水乡“枣红糯”为主题，租赁23.7公顷农田打造集种养殖、休闲观光于一体的水乡稻作文化体验区，年销售枣红糯谷1500多公斤，带动当地50多户农户增收。东坑供销社开发的“东坑三宝”（菜干、阴菜、萝卜片）在首届东莞市旅游商品评选中获铜奖，成为旅游热销商品。洪梅供销社创办的创丰农民专业合作社被省供销合作联社评为示范社。天润公司中标市政府1000吨的动态储备粮业务。南城供销社将华盛食品厂产品打进江西赣州地区的国光超市、深圳的大润发、广州佳为百货等卖场。

（莫志良）

附：2016年东莞市供销合作联社主要领导名录

党组书记、主任：黄程垵

专营专卖

【烟草专卖】 卷烟销售　截至2016年，东莞市持证卷烟零售户3.28万户。2016年，东莞市烟草专卖局（公司）以市场需求为导向，研究制定并科学执行卷烟销售计划，科学调配货源结构，均衡把握投放节奏，确保销量稳定增长、结构较快提升、重点品牌健康发展、价格基本稳定、库存基本合理。销售卷烟33.97万箱，销售收入97.47亿元，实现税利25.53亿元。获评东莞市“2016年度税收突出贡献奖”。

卷烟市场管理　2016年，东莞市烟草专卖局履行专卖管理职能，出动执法人员5.85万人次，立案查处涉烟违法案件2134宗，抓获制售假分子53人，查获违法卷烟7135.82万支，涉案卷烟价值4305.05万元。保持高压态势，为合法卷烟销售营造良好秩序、拓展市场空间。（招敏华）

附：2016年东莞市烟草专卖局（公司）主要领导名录

党组书记、局长、总经理：管伟华

【食盐专卖】 食盐销售　2016年，东莞市盐务局做好全市食盐的分配、调拨、销售工作。执行盐业行政管理和执法职能，监管食盐价格，打击涉盐犯罪，推进盐业市场监管改革，保证食盐市场的安全稳定。全年食盐销售6.4万吨，比上年增长0.23%，其中小包装食盐销售3.1万吨，食品加工用盐销售3.3万吨。全市碘盐覆盖率、碘盐合格率与合格碘盐食用率分别为97%、97.9%和95%。

盐业市场监管　2016年，东莞市盐务局强化盐政管理，整顿和规范盐业市场秩序，打击盐业违法行为，保障食盐安全。出动盐政执法人员4.6万人（次），检查市场5847个（次），检查店档和用盐单位2.2万个（次）；组织和参与大型专项行动12次；累计查案193宗，移送涉刑盐业违法案件6宗，抓获涉案人员13人，捣毁地下加工点6个；查处违章盐51.8吨，其中小包装假冒食盐31.3吨。

（周　翔）

附：2016年广东省东莞市盐务局（广东省盐业集团东莞有限公司）主要领导名录

局长、总经理：陈永华

旅游业 · 餐饮业

TOURISM · CATERING

- 南社村和塘尾村古建筑群景区获评国家AAAA级景区
- “省级全域旅游示范区” 创建
- 可园获评国家AAAA级景区
- 学校食堂食品安全示范镇创建

银瓶山

编辑：陈建枝

旅游业

【旅游业概况】 2016年，东莞市接待游客3791.97万人次，比上年增长18.53%，其中，国际及港澳台地区游客399.54万人次，增长7%，国内游客3392.43万人次，增长20.06%。实现旅游总收入445.40亿元，增长12.71%，其中国际旅游外汇收入15.31亿美元，减少2.93%。东莞市组团外出旅游人数148.04万人次，增长3.61%，其中国内旅游人数131.31万人次，增加5.35%，出国（境）游人数16.72万人次，减少8.31%。

2016年，东莞市有星级饭店38家，比上年减少35.59%，其中五星级16家，四星级12家；旅行社112家，增加27.27%，其中国际旅行社9家，国内旅行社80家，非法人分社23家；导游1727人。

2016年，新增AAAA级景区3家，分别为南社村和塘尾村古建筑群景区、可园博物馆、东莞市逸颐艺舍博物馆。截至2016年，东莞市有A级景区19家，其中AAAA级旅游景区13家。

【南社村和塘尾村古建筑群景区获评国家AAAA级景区】 2016年2月，东莞市茶山镇南社村和石排镇塘尾村古建筑群景区获评AAAA级景区。南社明清古村落是东莞市留存最大的古建筑群，也是广东省留存最大的古建筑群之一，留存多为明清时期的岭南古建文物，有祠

南社古村落

石排镇塘尾村古建筑群

堂家庙32座、民居250多间、古井40多口，全年南社古村落接待游客约60万人次，门票收入180万元，比上年增长130%。另外，东莞市石排镇塘尾明清古村落以古围墙为界，依自然山势而建，留存建筑多为明清时期所建，有古民居268栋、祠堂21间、书房19间、古井15口、4个围门、17座炮楼。红石做门、窗框和砌墙基，水磨青砖清水墙，保存大量精美的木雕、石雕和灰塑建筑构件，遗留历代众多的生活、生产用具。塘尾古村不仅具有鲜明的岭南古建筑特色文化，还融合了岭南地区村落的防御意识、宗族观念、儒家思想和堪舆理论。祠堂建筑除宗祠以三进布局外，各家祠则是二进四合院形式。民居布局多以三间两廊、三间一边廊为主，因与巷道的相对关系而有所变化。民居与书室结合、民居与祠堂结合是塘尾明清古村落的一大特点。

【旅游集散中心启用】 2016年4月28日，位于东旅林科大厦的东莞市旅游集散中心启用；6月6日，万江、横沥、南城、寮步四镇（街道）6个全域旅游/东莞旅游集散中心启用。

【旅游商品评选活动】 2016年5—7月，东莞市举办“首届东莞市旅游商品评选”活动，有91个商家126项系列产品参与评选，经过网络评选、线下展示、专家评审、获奖公示，评选出“寮步豆酱美味系列”等5项金奖商品、“肥仔秋腊味系列”等8项银奖商品、“庚家粽”等10项铜奖商品以及“3D太空智能枕、4D太空智能枕、乐游颈枕”等20项优秀奖商品。

【麻涌镇白房子水乡无边（新基）创客基地获评“中国乡村旅游创客示范基地”】 2016年8月，东莞市根据《国家旅游局关于公布第二批“中国乡村旅游创客示范基地”名单的通知》，麻涌镇白房子水乡无边（新基）创客基地获评第二批“乡村旅游创客示范基地”。该创客基地以新基水乡风情、传统文化为基础，改造农村的旧有物业，使用金融杠杆和媒体杠杆，撬动广深的文化创意种子用户，利用新媒体导流，激活物业、文化创意服务、产品销售、创业孵化为主要商业运营模式，形成“文化创意产业核心+休闲+商街+居住”的开发架构模式。12月24日开业，并举办“水乡·重塑：麻涌水乡国际民宿设计成果展”，展出16位来自国内外设计师的民宿设计作品。

【“省级全域旅游示范区”创建】 2016年11月15日，广东省旅游局公布首批“省级全域旅游示范区”创建单位名单，东莞市麻涌镇、樟木头镇、清溪镇入选。创建工作原则上时间为2—3年，成熟一批、验收一批、公布一批。东莞市将此纳入2017年市政府工作报告，加强“省级全域旅游示范区”创建工作力度，完善三镇旅游规划和建设工作，以起到示范带动效应。

【可园获评国家AAAA级景区】 2016年11月11日，东莞市可园获评国家AAAA级景区。东莞可园

2016年4月28日，东莞市旅游集散中心启用

始建于清道光三十年（1850），是广东清代四大名园之一、岭南画派重要策源地和岭南古建筑珍品、全国重点文物保护单位、广东省爱国主义教育基地和广东省主要旅游景点，有着深厚的传统文化内涵和较高的科研、历史、艺术价值。有馆藏文物1.04万件/套，主要包括张敬修家族、居巢居廉兄弟、岭南画派及近代东莞书画家的书画作品、文物和相关历史资料，岭南园林、建筑相关的艺术构件、文史、古籍等。

【逸颐艺舍博物馆获评国家AAAA级景区】　2016年11月11日，东莞市逸颐艺舍博物馆获评国家AAAA级景区。逸颐艺舍博物馆是广东省最大的民营博物馆，主体建筑参考北京四合院园林风格建造而成，馆内设有多个主题展厅：田黄馆、玉石馆、陶瓷馆、海捞瓷馆、青花瓷馆、外销瓷馆、字画馆、青铜器馆、牛文化馆、家具馆（海捞瓷馆被赞誉为“民间海丝敦煌”），集中展示古今书画、陶瓷、青铜器、明清家具、田黄石等，获评中国收藏家协会“中国收藏文化示范基地”（广东省首个），获评“东莞市级文化产业基地”。

【2016年中国旅游发展论坛】
2016年12月5—7日，中国旅游协会在东莞市举办“2016年中国旅游发展论坛”。利用全国各地的旅游业界人士齐聚东莞市的机会，通过播放旅游主题宣传片，现场推介东莞市“十大游”（会展游、体育游、乡村游、生态游、水乡游、古迹游、文化游、工业游、健康游、休闲游），让嘉宾全方面了解东莞市旅游业的特色和亮点。

【莞香文化旅游区入选首批广东省文化旅游融合发展示范区】
2016年12月20日，广东省文化旅游融合发展现场推进会公布由广东省旅游局与广东省文化厅共同评选产生的首批“广东省文化旅游融合发展示范区”，东莞市寮步镇莞香文化旅游区入选首批8个示范区之一。截至2016年，寮步镇先后启动“古代香市　现代香都”莞香文化项目，出台《寮步镇鼓励旅游产业发展的暂行办法》等一系列扶持政策，采取“文化+旅游+产业”的模式，以香博会、牙香街等旅游载体和莞香花文化艺术节、采香节等文化活动为重点，推进文化旅游融合发展，成效显著。

【旅游行业管理】　2016年7月28日，东莞市政府召开“2016年全市旅游行业文明创建暨旅游安全工作会议”，要求全行业要提高认识，把文明创建工作和旅游安全工作抓实抓牢，同时向旅游企业派发《社会主义核心价值观》《讲文明树新风》《文明旅游》《旅游安全》等主题宣传资料，指导旅游企业悬挂，落实企业文明创建和旅游安全主体责任，在全行业营造精神文明创建和旅游安全的良好氛围。9月29日，东莞市人民政府办公室印发《东莞市人民政府办公室关于进一步加强旅游市场综合监管的通知》，建立健全权责明确、执法有力、行为规范、保障有效的旅游市场综合监管机制。11月23日，东莞市人民政府办公室印发《东莞市进一步促进旅游投资和消费的实施方案》，提出26条举措加快推动东莞旅游业供给侧改革和发展方式、促进旅游投资和消费提供政策保障，发挥旅游业在稳增长、调结构、强动力、惠民生的作用。　（田　恬）

附：2016年东莞市旅游局主要领导名录

局　长：林儒森

2016年东莞市旅游业情况

指标	单位	2016年	2015年	增长（%）
旅游总收入	亿元	445.40	395.18	12.71
旅游总外汇收入	亿美元	15.31	15.77	-2.93
宾馆酒店客房开房率	%	57.38	54	3.37
星级宾馆酒店	家	38	59	-35.59
#五星级	家	16	19	-15.79
四星级	家	12	17	-29.41
全年接待旅游人次	万人次	3791.97	3199.09	18.53
国际及港澳台游客	万人次	399.54	373.40	7
国内游客	万人次	3392.43	2825.69	20.06
外出旅游人次	万人次	148.04	142.87	3.61

2016年东莞市A级旅游景区名录

序号	景点名称	地址	联系电话	简介	评定年份
1	鸦片战争博物馆（国家AAAA级旅游景区）	东莞市虎门镇解放路88号	85512065	纪念性和遗址性相结合的专题博物馆，林则徐销烟池与虎门炮台旧址是全国重点文物保护单位，是鸦片战争时期的历史见证，管理面积约80万平方米。博物馆庭院树荫如盖，绿草如茵，中轴线上依次矗立着虎门人民抗英群像、林则徐塑像、馆舍等。馆舍仿古炮台的立面设计，雄伟庄严。院内南侧是林则徐销毁鸦片时所开挖的销烟池。展馆分4层，建筑面积2500平方米。陈列内容为《林则徐禁烟与鸦片战争史实》，介绍鸦片战争的起因和经过，展出销烟池的木桩、木板；林则徐手书的对联、条幅；抗英时用过的武器；缴获英军的洋枪、洋炮等珍贵的实物资料。博物馆先后被评为“全国爱国主义教育基地”“全国爱国主义教育示范基地”“国家AAAA级旅游景区”“全国爱国主义教育示范基地先进单位”。	2003
2	松山湖景区（国家AAAA级旅游景区）	东莞市松山湖高新区	22890769	规划控制面积72平方公里，坐拥8平方公里的淡水湖和14平方公里的生态绿地，绿化覆盖率超过60%。8平方公里水面的松山湖，四周峰峦环抱，湖面烟波浩渺。开发出“生态游”“工业游”“科技游”三大旅游产品，有松湖烟雨、松湖花海、状元笔公园、月荷湖公园、梦幻百花谷、桃源公园等景点，是集游览、休闲、度假、健身娱乐于一体的国家AAAA级旅游景区。创意生活城是松山湖整体生活配套的中心，也是“东莞制造”产业支持中心的载体，建立东莞“名牌产品直销中心”，展销东莞知名产品，包括徐福记、圣心、华美等。松山湖先后被评为“中国最具发展潜力的高新技术产业开发区”“国家电子信息产业基地”“部省市共建国家火炬创新创业园试点计划”“跨国公司最佳投资的开发区”“中国青年留学人员创业基地”“国家高新技术创业服务中心”。	2009
3	广东观音山国家森林公园（国家AAAA级旅游景区）	东莞市樟木头镇石新社区笔架大道	87700691	全国首家民营国家级森林公园，总面积18平方公里，森林覆盖率99%以上，是集生态观光、娱乐健身和宗教文化为一体的国家AAAA级旅游景区，被誉为“南天圣地、百粤秘境”。获“中国十佳休闲景区”“中国最佳旅游目的地”“广东大学生最喜爱的景区”等称号；联合国环境规划署认定的“中国最具发展潜力的企业”和“国际生态安全旅游示范基地”。历史悠久，环境清幽，风景秀丽，空气清新。主要景点有：慈云阁、国际会展中心、蔡子培将军像、八仙过海、观音广场、财神殿、大悲殿、感恩湖、三十六级瀑布等。园内的观音山古树博物馆是国内首家古树博物馆，收藏有研究价值和观赏价值的古树近百棵，先后被授予东莞市首批“科普教育基地”和“广东省青少年科普教育基地”称号。	2009
4	东莞市科学技术博物馆（国家AAAA级旅游景区）	东莞市新城市中心区元美中路2号	22835268	主要展示制造业科技和信息高新技术两大主题，同时兼顾启蒙科技、网上科技馆、影视天地三大辅题，是国内首创的具有东莞特色和现代意义的专题科技馆。馆内展品达300多件（套），90%为互动展品，80%为创新展品，在行业内地位较高，是东莞科技旅游示范点。占地面积4万平方米，建筑面积4万平方米，展示面积1.2万平方米，总投资3亿元，建筑和投资规模继上海科技馆和中国科技馆之后。拥有华南地区第一家IMAX球幕影院、4D动感影院、普通电影院兼多功能报告厅，能与欧美同步放映科技大片和故事大片。	2011

续表

序号	景点名称	地址	联系电话	简介	评定年份
5	龙凤山庄影视旅游区（国家AAAA级旅游景区）	东莞市凤岗镇官井头村大龙管理区龙凤山庄路	87562288	龙凤山庄影视度假村占地38万平方米集餐饮、娱乐、婚纱摄影、旅游、度假休闲为一体的“轻松驿站”。设有各式各样的游玩设施，万倾花海、绿色长廊、草莓基地、万棵荔枝园、千棵龙眼等生态园；“欢乐艺演台”动物表演、清明上河街民间杂技表演、梦幻西西里水上舞台大型歌舞表演、节假日大型中式、西式婚礼巡游表演，带给游客不同的视觉体验，还有可容纳500人的大型自助烧烤场。2011年获“东莞五大特色景区之一”“中国最佳拍摄基地”等称号，2012年2月被评定为国家AAAA级旅游景区，也是华南最大的婚纱外景拍摄基地。拥有地标式鸟笼、龙凤大殿、教堂、清明上河街等100多处特色景观，能全方位的满足珠三角乃至全国婚纱影楼的摄影需求。配套准五星级婚嫁酒店嘉辉会酒店，有500多间各具特色客房、千人宴会厅、多功能商务会议厅等设施。	2012
6	粤晖园（国家AAAA级旅游景区）	东莞市道滘镇粤晖路1号	88389236	粤晖园占地面积50余公顷、总投资3亿元的大型私家园林。布局精妙，将岭南园林传统艺术与现代审美情趣融合于一园，楼馆、亭台、水榭、曲廊、石桥、假山等108个园林景点，蕴含着清雅别致的岭南古建筑风格，掩映于青翠欲滴的古树名木之间，曲径通幽,步移景异。繁文馆是园中的主体建筑，面积1万多平方米，为岭南仿古楼阁之冠，珍藏着岭南文化艺术瑰宝。南韵馆则是古典剧场，可聆听传统粤曲的天籁之音。五元坊、诗廊、归水桥等众多景点，工艺精湛，富于岭南文化气息。粤晖园展现恢弘壮阔的历史画卷和旖旎多姿的水乡风情，集观光度假、休闲娱乐、艺术鉴赏、拓展培训为一体的旅游胜地。	2012
7	香市动物园（国家AAAA级旅游景区）	东莞市寮步镇药勒村	82819988	香市动物园是东莞首个大型动物园，位于香市现代农业生态园内，占地面积47万平方米。饲养70余种1100多只来自世界各地的珍禽异兽，在动物舍建设上，突破笼养式的传统模式，采用大圈散养和混养的方式，并用水面、岛屿、玻璃和木栅栏进行区分各种动物的领域。拥有表演阵容强大的动物综合表演馆和海兽表演馆。除可以观赏到白虎、狮子、河马、长颈鹿、麋鹿、黑猩猩等珍稀动物，还可以看到精彩的大象表演和海兽表演，让游客亲身体现与兽同行的刺激和快感，感受动物园带来的独有的韵味。	2013
8	东莞展览馆（国家AAAA级旅游景区）	东莞市中心广场鸿福路97号	22834000	一座以展示东莞名城风采为目标，形象地再现东莞发展历程、发展成就和发展图景，集宣传、教育、咨询、娱乐功能于一体的综合性展览场馆。展馆基本陈列位《历史鸿篇　盛世华章——东莞文明发展大观》，包括历史篇、经济篇、城市篇、文化篇四大部分和独立展区。展览运用宏大的场景、翔实的资料、艺术的构思、高科技的手段，展示出东莞灿烂的历史、伟大的成就和美好的未来，是全面推介东莞的窗口、市情教育的学校和高品位的文化休闲场所。	2014
9	广东东江纵队纪念馆（国家AAAA级旅游景区）	东莞市大岭山镇大王岭村	85651000	依托全国重点文物保护单位大岭山抗日根据地旧址而建，为全国青少年教育基地。展馆紧邻大王岭村抗日旧址，占地5万多平方米，展览面积近2000平方米，主体建筑具有抗战时期岭南客家村落建筑风格，主题陈列内容紧扣世界反法西斯战争和中国抗日战争、解放战争的历史背景，采用幻影成像、电子沙盘、模拟场景等现代化声光电陈列布展技术，融合地域特征的艺术效果，系统地展示东江纵队为民族的解放事业浴血奋战的历程。还设有临时展厅、报告厅等，楼顶设观景台，可远眺大王岭村抗日旧址、百花洞战场和大岭山镇全貌。陈列展出东纵革命文物140多件，图片450多幅，雕塑、油画、版画等艺术作品20余件。	2014

续表

序号	景点名称	地址	联系电话	简介	评定年份
10	东莞市清溪银瓶山森林公园（国家AAAA级旅游景区）	东莞市清溪镇石田二街53号	87386638	银瓶山森林公园总体规划面积123.5平方公里，是东莞市面积最大的森林公园，主峰银瓶嘴海拔898米，为东莞第一峰。这里层峦叠嶂，碧水萦绕，溪谷幽深，竹木苍翠，鸟语花香，山上终年云雾缭绕、云雨变幻万千，素有“小九寨沟”之美誉。银瓶山森林公园划分为谢岗、清溪和樟木头三大片区。清溪片区既有雄奇瑰丽、变幻多姿的东莞第一瀑；又有藤垂悬崖、深荫翳日的杨桥景区；还有怪石嶙峋、姿态万千的紫烟阁以及爆石奇观等景点。谢岗片区有挑战极限的“步云梯”登峰险道；又有处处碧水常流、奇石林立的“五道将军”亲水步道；还有历经沧桑、神秘莫测的观音坐莲千年古道。属南亚热带季风气候，年降雨量1500—2400毫米，雨量集中在4—9月，年平均气温22.1℃。动植物资源丰富，是“植物王国，雀鸟天堂”。除有穗花杉、三尖杉、华南五针松、短萼仪花、禾雀花等特色各异的植物群落以外还有穿山甲、琴蛇、猫头鹰、野猪等野生保护动物。发现有植物1500多种、鸟类105种。银瓶山千峰竞秀、万木长春，是一个集旅游、休闲、科教于一体的旅游胜地。	2014
11	南社·塘尾明清古建筑群（国家AAAA级旅游景区）	南社：东莞市茶山镇南社村茶南路 塘尾：东莞市石排镇塘尾村	南社：82680082 塘尾：86527111	南社·塘尾明清古建筑群位于茶山镇南社村和石排镇塘尾村内，是一处以明清时期岭南古建筑为主体、突显特色古建历史文化及传统民俗文化为内涵的综合性古村落。南社·塘尾古村始建于南宋，有800多年的历史，留存的多为明清时期的岭南古建文物，其中南社古村留存祠堂家庙32座、民居250多间、古井40多口，还保存关帝庙、土地庙、苏王庙及文庙、洪圣宫等庙宇遗址。南社古村是东莞市最大的古建筑群，也是广东省最大的古建筑群之一；而塘尾古村留存古民居268栋、祠堂21间、书房19间、古井15口、4个围门、17座炮楼，不仅具有鲜明的岭南古建筑特色文化，还融合岭南地区村落的防御意识、宗族观念、儒家思想和风水理论为一体。此外，南社·塘尾古村还保留大量的木雕、砖雕、石雕、灰塑及陶塑等建筑构件艺术品和丰富的壁画彩绘。	
12	可园博物馆（国家AAAA级旅游景区）	东莞市莞城街道可园路32号	22227039	可园始建于清道光三十年，平面呈不规则的多边形，占地面积2204平方米，建筑面积1234平方米。根据功能和景观需要，建筑大致分3个组群。东南门厅建筑组群，为入口所在，是接待客人和人流出入的枢纽。以门厅为中心还建有擘红小榭、草草草堂、葡萄林堂、听秋居等建筑。西部楼阁组群，为款宴、眺望和消暑的场所，有双清室、桂花厅（可轩）、厨房和侍人室。北部厅堂组群，是游览、居住、读书、琴乐、绘画、吟诗的地方。临湖设游廊，题为博溪渔隐，另有可堂、问花小院、雏月池馆、绿绮楼、息窠、诗窝、钓鱼台、可亭等建筑。由四周建筑所围成的中心大院被划分为西南、东北两个景区。西南景区主要景物有岭南果木、曲池、湛明桥。东北景区平面较方整，有假山涵月、兰花台、滋树台、花之径等景点。环绕庭院布置有半边廊——环碧廊，将三大建筑组群紧密地连结在一起。可轩，又名桂花厅，因地板、落地罩以桂花纹装饰得名。地板用板砖与青砖加工，打磨光滑，拼凑针插不入。厅地面正中装一铜管，连通隔壁小房，仆人房内鼓风，厅内则凉风阵阵。其上为邀山阁，高16.5米，是可园的最高建筑。可堂，面宽9.9米，进深9.1米，歇山顶，三开间，六角形支摘窗，梅花纹落地罩，横披、裙板浅刻花卉寿石纹、通雕莲蓬鸳鸯纹图。双清室，俗名亚字厅，进深6.4米，面阔6.15米，歇山顶。建筑本身、地板乃至台凳、茶几均作繁体亚字形，槛墙设窗，饰以法国夹色玻璃。	2016

续表

序号	景点名称	地址	联系电话	简介	评定年份
13	东莞市逸颐艺舍博物馆（国家AAAA级旅游景区）	东莞市横沥镇彩霞路129号	81172888	于2011年开始筹建，建筑总面积约1万平方米。馆内主体建筑有展览四合院、贵宾艺舍、藏品仓库大楼。四合院内设有主题展厅，集中展示创办该馆的陈氏家族从20世纪70年代开始所收藏的精美藏品，藏品涵盖书画、瓷器（唐、宋、元、明、清、民国）、青铜器（商、周、春秋、战国、秦汉）、明清家具、犀角雕、象牙雕、田黄石等。	2016
14	圣心糕点博物馆（国家AAA级旅游景区）	广东省东莞市茶山镇茶山工业园B区	86414332	国内第一个以糕点为主题的食品类博物馆。圣心食品有限公司于2006年开始筹建国内首个糕点博物馆及厂房和文化旅游设施，博物馆展区面积有3000多平方米，搜集糕点类制作器具、机械、包装、仿真品、实物、与糕点相关的民俗物件及图片1000多件，展出的有300多件。展示物品从“传统的中国文化演变、岭南糕饼文化、民俗文化以及与糕点相关的历史记载”等4个方面形象生动展示中国糕点文化。博物馆注重游客的互动性，允许游客现场参与食品制作，并提供有关食品制作培训，将食品、民俗、文化有机结合在一起，让游客在食品的制作过程中，更好地了解东莞的饮食文化。	2010
15	唯美陶瓷博物馆（中国建筑陶瓷博物馆）（国家AAA级旅游景区）	东莞市高埗镇北王路草墩桥侧	81133333	由企业兴建的产业资源类博物馆，耗资3000万元、占地2万多平方米，地处广东省唯美陶瓷有限公司总部，内有展品、藏品近8万余件，分为唯美陶瓷馆、唯美历史陈列室、唯美壁饰展、唯美装饰展、唯美创作礼品作品展、中国建筑陶瓷史展厅、陈复澄唯美艺术馆及陶艺馆等8个展厅，是一个集陶瓷、书画艺术品展示与企业建筑陶瓷发展历史、中国陶瓷发展历史于一体的陶瓷博物馆。展馆一层富有现代气息，主要展示马可波罗和L&D两大主导品牌产品。博物馆二三楼有唯美壁饰展、唯美装饰展、唯美创作礼品作品展、陈复澄唯美艺术馆等4个展馆、唯美历史陈列室。中国建筑陶瓷史展厅则让人更加了解中国博大精深的建筑陶瓷文化。最受欢迎的应属互动型展厅陶艺馆，让观者在参与陶艺制作体验中回味无穷。	2013
16	诺华中式家具博物馆（国家AAA级旅游景区）	道滘镇南丫南阁工业区	88313441	诺华·中国家具博物馆地处珠江三角洲，由中国知名家具企业东莞诺华家具有限公司全资建造。展示设计以不同历史时期（朝代）人们生活方式的变迁为背景，以家具品类的丰富演变历程为主线，用具代表性的家具及其配套艺术陈设营造出生动的生活场景，并借助丰富的图文史料与高科技的影像、多媒体演示等方式，采用“点（单件家具）面（生活场景）结合”的形式，再现各个历史时期的家具特质与生活风貌。诺华·中国家具博物馆展示面积约5000平方米，主要分为商周秦汉、两晋南北朝、隋唐五代、宋元、明清、民国、“文革”时期、现代时期、当代设计师家具作品、未来与概念家具体验等10个展区。	2013
17	森晖自然博物馆（国家AAA级旅游景区）	东莞市莞城街道可园路博厦九坊（即可园斜对面）	22227899	占地面积1.2万平方米，展馆建筑面积6000多平方米，古玩城建筑面积约8000平方米。主要集古生物化石、根雕、奇石、名人字画、木雕等领域的收藏、展览、研究和科普等于一体，是一家规模较大、藏品较多、设施完善、功能齐备的自然科学博物馆；古玩城内设展览交流培训中心，精优商铺，经营以古典家具、奇石、根雕、翡翠、玉器、书画、瓷器、陶器、沉香、杂项等商品，是东莞较集中化、规模化、专业化，具备商务交流信息传播、培训鉴定、休闲淘宝、艺术创造为一体的古玩城。	2013

续表

序号	景点名称	地址	联系电话	简介	评定年份
18	仙溪福地欧公文化景区（国家AAA级旅游景区）	东莞市石龙镇新城区黄家山路	86103663	仙溪福地欧公文化景区位于石龙镇新城区西北面，是一个集寺庙观堂、文物古迹、园林景观于一体的旅游休闲文化景区。占地面积2万平方米，由欧公祠、欧仙寺、仙溪福地牌坊、接龙桥和八角亭等景点组成。其中，欧公祠为东莞市文物保护单位，接龙桥和仙溪福地牌坊则属于东莞市第一批不可移动文物。景区整体布局形成于清代中期，仙溪福地牌坊和接龙桥基础部分均为所建原物；欧公祠于清末民初重建，在岭南传统建筑的基础上融合西方建筑风格，保存完好，是东莞地区中外文化交流的历史见证，是东莞市最具代表性的民国初期建筑之一。	2015
19	冠和博物馆（国家AAA级旅游景区）	东莞市樟木头镇莞惠大道中心广场三楼	86269189	以收藏、展示、研究历代文物为主的综合性私人博物馆，广东省最大的民营博物馆，也是全国第一家以古典家具展览为主的博物馆，是国家AA级旅游景区。博物馆藏品颇丰，分为紫檀区、大长条案横匾区、民初区、兵器乐器区、大柜大床区等10个展区。古典家具展主要是以明清时期为主，年代跨度543年（1368—1911年），这个时期是传统家具的黄金时代，明代家具高大威昂，线条优美，花纹简朴，很有气派；清代家具精雕细刻、图案繁多，追求宫廷式的富丽堂皇。博物馆除古典家具藏品外，收藏陈列的藏品还有兵器、陶瓷、书画、木雕、根雕、古乐器、民间工艺绣品、古代农村生活工具、文革时期纪念品、西方古典用具等类别。	2016

2016年东莞市旅行社名录

序号	旅行社名称	电话	传真	企业地址
1	东莞市国际旅行社	22458168	22473428	莞城街道东城大道188号新华大厦3楼
2	东莞市中国旅行社	22008888	23091678	南城街道元美路华凯广场A栋2层
3	广东国泰国际旅行社	22088888	22225333	南城街道体育路26号盈峰中心
4	东莞康辉国际旅行社	22488666	22001666	南城街道莞太路63号鸿福广场2、3楼
5	东莞市腾龙假日国际旅行社	23362789	23361488	东城街道东城中心A2区A2层19号商铺
6	东莞市景鸿国际旅行社	22313888	22326555	东城街道东城南路联和大厦7楼
7	东莞市东华国际旅行社	22663333	22623333	东城东路5号东华大厦1—2楼
8	东莞市四海国际旅行社	22339888	22337732	莞城街道东城大道东平街223号
9	东莞市青年国际旅行社	22239388	22228961	莞城街道新芬路42号
10	东莞市丰行旅行社	22388888	22388880	莞城街道罗沙路126号金沙大厦6楼
11	东莞市讯通旅行社	22488786	22498698	莞城街道莞太大道5号讯通大厦8楼
12	东莞市阳光旅行社	22825888	22827393	南城街道体育路3号体育馆中心体育场东面3楼05号房
13	东莞市明珠旅行社	22335888	22300700	南城街道西平宏伟路19号东方创业大厦A区5楼519—520室
14	东莞市南湖旅行社	22112257	22112253	莞城街道南城路南城大厦十楼1002室
15	东莞市南方观光旅行社	22501177	22508366	莞城街道园南路6号
16	东莞市华夏旅行社	22386666	22385828	南城街道元岭新街4号
17	东莞市广之旅旅行社	22480230	22500948	莞城街道东纵大道地王商务中心11楼10室
18	东莞市君达假期旅行社	89914893	23135678	南城街道胜和建设路2号一楼9-10号
19	东莞市幸福假期旅行社	22761432	22243528	环球经贸中心B1201

续表

序号	旅行社名称	电话	传真	企业地址
20	东莞市新华旅行社	85569955	85569977	虎门镇连升中路17号新华旅游大厦
21	东莞市金运旅行社	89973333	89973332	莞城街道南城路1号南城大厦10楼3号
22	东莞市金旅假期旅行社	85087788	85087000	南城街道鸿福元美西路8号华凯广场B幢605号
23	东莞市名界旅行社	22267868	22612038	南城鸿福路91号鸿基大厦12楼1205室
24	东莞市南方阳光商务旅行社	22222260	85128525	虎门镇港口路12号新丰大厦首层
25	广东文康国际旅行社	81768867	85421838	长安镇长盛社区长中路107号2铺
26	东莞市欢泰旅行社	85044444	85198388	虎门镇太沙路81号地铺
27	东莞市东行天下旅行社	22980218	21683228	南城街道宏远宏景中心C16号铺
28	东莞市畅游天地旅行社	22229917	22116234	莞城街道莞太路城区工业园联丰楼401
29	东莞市优游旅行社	22336999	22308699	东城街道新世界花园东城支路5号A铺
30	东莞市会通旅行社	22880005	23394436	南城街道莞太路美佳大厦首层
31	东莞市天马旅行社	82824444	82824422	常平镇东园南路16号裕隆大厦1208室
32	东莞市松山湖旅行社	22890202	22897688	松山湖控股大厦5楼
33	东莞市宏途旅行社	23039032	23039066	东城西路鸿福大厦L区503
34	东莞市金泰旅行社	85199981	85199986	虎门镇人民南路91号之十
35	东莞市江南假期国际旅行社	81182668	82209855	常平镇沿河东三路18号威盛商务大厦3楼
36	东莞市康泰旅行社	89995666	89990060	长安镇乌沙环南路4号之一
37	东莞市飞马旅行社	33215681	23107272	寮步镇坑口三正乐事大街22号铺
38	东莞市捷旅旅行社	22886628	22819090	南城街道莞太路81号亨美工贸大厦75号商铺
39	东莞市车游天下旅行社	23392222	23390668	南城街道胜和体育路3号体育中心体育馆东面首层北段2号A铺
40	东莞市益生旅行社	82388238	82383666	长安镇长盛社区中兴北街68号益生大厦1楼商铺
41	东莞市瑞翔旅行社	88998666	88991234	东城街道东城中路辉煌大厦7楼D区28-33
42	东莞市众信旅行社	87001666	87002666	虎门镇金桥商住楼太沙2号商铺
43	东莞市潮流假期旅行社	22025188	22025818	莞城街道旗峰路162号中侨大厦A座5楼A2
44	广东中旅（东莞）旅行社	89798798	38859234	南城街道新城市中心区会展北路会展国际大酒店首层二排商铺区110A号
45	广东风华国际旅行社有限公司	22010355	22013477	东城大道248号
46	东莞市环宇旅行社	89779956	22888358	南城街道金色华庭新霞阁109-1铺
47	东莞市华南旅行社	22453913	22453913	南城街道新城市中心区簪花路18号
48	港中旅（东莞）国际旅行社	23329888	23326663	南城街道胜和路华凯大厦物业首层13号
49	东莞市国通旅行社有限公司	23032223	23032226	莞城街道东城南路东升大厦1楼4号
50	东莞市晨华旅行社有限公司	22201168	22992111	南城街道东莞市新城市中心区元美东路东侧东莞市商业中心二期百安中心A幢903号
51	东莞市飞扬旅行社有限公司	23398833	23398800	南城街道三元里社区公寓一号楼四楼A01
52	中国国旅（广东东莞）旅行社有限公司	23135388	22021260	莞城街道金牛路41号亚洲大厦1楼
53	东莞市猎狐旅行社有限公司	23329936	23327237	东城街道主山高田坊联动大厦1楼106号
54	东莞市中港旅行社有限公司	22255278	22255119	东城街道火炼树东城明苑第九期15号铺
55	东莞市行知旅行社有限公司	22761666	22369246	南城街道鸿福西路中段阳光大厦19号
56	东莞市星源假日旅行社有限责任公司	22993210	23022297	南城街道稻花村

续表

序号	旅行社名称	电话	传真	企业地址
57	广东五湖四海国际旅行社有限公司	28056248	28056925	南城街道鸿福路108号中盛商务大厦312号商铺
58	东莞市华粤旅行社有限公司	88881886	88881846	中堂镇G107国道新鹤田路口耀鸿大厦地面铺103单元
59	东莞市东旅游旅行社有限公司	22477878	22466009	莞城街道学院路林科所综合大楼287号
60	东莞市胜景游旅行社有限公司	81287886	89026343	长安镇锦厦东门中路百汇金融大厦11楼15号
61	东莞市玩美假期旅行社有限公司	81616520	85059146	虎门镇白沙社区虎门国际公馆一期商业街A113-A213号铺
62	东莞市致尚假期国际旅行社有限公司	22001121	22001211	南城街道鸿福路200号第一国际汇一城5号办公楼611
63	东莞市出行易旅行社有限公司	33333339	88989666	东城街道桑园村银贵路2号（广仁驾校1楼）
64	东莞风光旅行社有限公司	85117666	85112746	虎门镇虎门大道37号
65	东莞市庆华旅行社有限公司	22412168	22419556	南城街道莞太路38号2楼之二A区
66	东莞市汇顺旅行有限公司	22326888	22326222	东城街道东城南路联和商业大厦7层708室
67	东莞新景界东青游旅行社有限公司	23629838	22100202	南城街道东骏路28号东骏豪苑一期商铺B铺105A
68	东莞市东之旅旅行社有限公司	22022827	22022283	莞城街道金牛路41号亚洲大厦三楼302室
69	东莞市莞之旅旅行社有限公司	83331536	83331537	常平镇振兴三街15号
70	东莞市南方之旅旅行社有限公司	85582800	85033068	厚街镇中兴路49号裕丰大厦6CD
71	东莞广越旅行社有限公司	22687688	23025288	莞城街道香港街八达电子城4楼
72	东莞市飞越梦旅行社有限责任公司	22993210	23022297	南城街道西平宏伟东四路明致商务中心B区第6层B605号
73	东莞市山水旅行社有限公司	22881118	22233777	东城街道东城中路422号格兰名筑5栋商铺01、02号房
74	东莞驴妈妈国际旅行社有限公司	22762136	22333555	莞城街道创业社区莞太大道11号1楼
75	东莞市中航旅行社有限公司	33539051	22111179	南城街道建设路16号西区3、4号铺位
76	东莞市凤凰假日旅行社有限公司	22889118	22889109	南城街道江南世家小区A096
77	东莞市平安假期旅行社有限公司	26267966	26267866-819	莞城街道兴塘社区东平街233号5楼
78	东莞市绿野旅行社有限公司	222248743	22248743	莞城街道运河东一路184号经贸中心B座16楼
79	广东新纪元旅行社有限公司	22115107	22115771	南城街道莞太路与建设路交汇处福民大厦北楼709号
80	东莞市途乐旅行社有限公司		87884658	塘厦镇花园新街北九巷5号
81	东莞市康旅国际旅行社有限公司	23025583	23039222	南城街道宏伟路1号景湖时代花园14栋03号铺
82	东莞市说走就走旅行社有限公司			莞城街道街道创业路80号1楼
83	东莞市广青旅行社有限公司	22883995	22883551	南城街道宏伟路金地格林小城罗兰院29号
84	东莞市非凡旅行社有限公司			石龙镇上塘西路22号
85	东莞市美程旅行社有限公司		22469333	东城街道主山社区东纵路208号东城万达广场B区6幢办公室1509号

续表

序号	旅行社名称	电话	传真	企业地址
86	东莞小雅旅行社有限公司			万江街道金泰社区周屋基碧海大厦2楼201号、202号
87	东莞市星星之旅旅行社有限公司	22491277	22315449	南城街道胜和簪花路综合楼3楼A区
88	东莞市快车旅游有限公司	85181763	85103303	虎门镇博涌社区卢屋创富大厦5楼518室
89	东莞市嘉华旅行社有限公司	85928888-6615	85980186	厚街镇家具大道1号广东嘉华酒店主楼37层
90	广州广之旅国际旅行社东莞分公司	22480230	22500948	莞城街道东纵大道地王商务中心1107号
91	深圳中国国际旅行社有限公司东莞分公司	22388000	22100202	南城体育馆
92	中国国旅（广东）国际旅行社股份有限公司东莞分公司	81569999	21681777	莞城金牛路亚洲大厦三楼310—311室
93	广东省中国青年旅行社东莞分社	22337222	22338807	南城街道三元里社区财津商务大厦12楼1201—1216号
94	中青旅广州国际旅行社有限公司东莞分公司	22020555	22033808	南城街道鸿福路82号腾龙大厦办公2011室
95	广东南湖国际旅行社有限责任公司东莞分公司	22110769	22112253	莞城新芬路36号
96	广州名扬国际旅行社有限公司东莞分公司	81706666	86625838	石龙镇红棉路一号第1层1F150-2号
97	南京途牛国际旅行社有限公司东莞分公司	23033899	22200567	南城街道鸿福西路国际商会大厦1511号
98	广东中信国际旅行社有限公司东莞分公司	22885111	22885100	南城街道胜和簪花路顶好大厦A座四楼407房
99	同程国际旅行社有限公司东莞分公司	33352100	22503676	东城街道岗贝雍华庭49A
100	广州市金马国际旅行社有限公司东莞市莞城分社	23322880	23322880	莞城东城大道266号望族家园5号铺之一
101	深圳市大自然旅行社有限公司东莞分公司	81587998	89026343	长安镇锦厦东门中路121号百汇金融大厦11楼13室
102	广州市金马国际旅行社有限公司东莞市虎门分社	85192180	85048122	虎门镇人民南路78号首层北1号商铺
103	广州青之旅国际旅行社有限公司东莞分公司	23030006	23395262	莞城街道莞太大道5号讯通大厦1楼D6室
104	广东光大国际旅行社有限公司东莞分公司	23025583	23025077	南城街道体育路2号鸿禧中心A座311号
105	广东州际国旅旅行社有限公司	81207541	28057701	南城街道鸿福路77号天诚康桥华苑首层109号铺
106	深圳市喜游国际旅行社有限公司东莞分公司	33311133	33259906	南城街道新基路7号B座5楼2516—2517号
107	广东风光国际旅行社有限公司东莞分公司	22458168	22473428	莞城街道东城大道192号
108	平远县山水漫画国旅旅行社有限公司东莞分公司	22248070	22248070	莞城街道创业社区莞太大道5号讯通大厦7楼716室
109	南京途牛国际旅行社有限公司东莞长安分公司	82198577	82198577	长安镇长盛社区长青南路1号万科中心2栋101室
110	同程国际旅行社有限公司东莞南城分公司	33352100	22503676	南城街道宏伟路5号未来世界花园一期商铺13号

续表

序号	旅行社名称	电话	传真	企业地址
111	广东南方传媒国际旅行社有限公司东莞分公司	22458168	22473428	莞城街道东城大道192号
112	清远市开心假期旅行社有限公司东莞分公司	33353253	3333814	企石镇铁炉坑村长和墟西兴街41号

首届东莞市旅游商品评选活动获奖名单

序号	奖项	获奖商品	商品所属企业	企业地址
1	金奖	寮步豆酱美味系列（豆豉、豆酱、黄豆酱、面豉酱、一品鲜）	东莞市寮步美味副食有限公司	东莞市寮步镇石龙坑兴富路9号
2	金奖	矮仔祥腊味	东莞市真宜食品有限公司	东莞市万江街道滘联园区横路
3	金奖	青洲莞香礼品系列（莞香礼品系列沉香精油、线香旅行套装、沉香线香礼盒、莞香礼佛香、沉香电子点烟器、沉香车载熏香器、祥云线香礼盒）	广东青洲文化有限公司	东莞市寮步镇祥富路1号中国沉香文化博物馆负一楼
4	金奖	唯美文化陶瓷艺术品系列（红荔山鸟图、四喜猴）	东莞市唯美文化陶瓷有限公司	东莞市高埗镇北王路唯美集团
5	金奖	鑫源传统特色食品系列（玫瑰凤凰蛋卷、双黄白莲蓉月饼、生晒鲜肉豉油腊肠）	东莞市鑫源食品有限公司	东莞市厚街镇下汴汴康工业区
6	银奖	肥仔秋腊味系列（鲜味腊肠、猪肝猪肉腊肠、切肉腊肠）	东莞市肥仔秋食品有限公司	东莞市麻涌镇东环路新基路段
7	银奖	晶桦香薰系列（多功能电子熏香器、莞香线香）	东莞晶桦香文化传播有限公司	东莞市寮步镇香市路8号悦莱花园酒店一楼内1—2号晶桦沉香
8	银奖	牛庄牛美食手信礼盒	东莞市横沥牛庄饮食店	东莞市横沥镇北环路（新四派出所斜对面）/南城街道西平三路东莞动漫城B6栋
9	银奖	养生源蜂蜜系列（蜂蜜醋、龙卷蜂、洋槐蜜）	东莞市养生源蜂业有限公司	东莞市望牛墩镇石排村养生源工业园
10	银奖	李全和麦芽糖柚皮	东莞市李全和麦芽糖食品厂	东莞市石龙镇沿江东路18号
11	银奖	逸颐艺舍博物馆文创系列“耕读传家—青花诗文牛墟杯”、特色手机保护壳、特色陶瓷防水杯垫	东莞市逸颐艺舍博物馆	东莞市横沥镇彩霞路129号
12	银奖	凤球唛系列（鲍鱼汁、蜂蜜番茄汁）	东莞市永益食品有限公司	东莞市厚街镇科技工业园
13	银奖	佳佳美传统食品系列（手工蛋卷、龙凤礼饼、道滘粽、道滘肉丸、龙船饼）	东莞市佳佳美食品有限公司	东莞市道滘镇振兴北二路22号
14	铜奖	庾家粽	东莞市东城庾家食品店	东莞市南城街道西平东六路5号

续表

序号	奖项	获奖商品	商品所属企业	企业地址
15	铜奖	恩典皮具——皮包系列	广东恩典皮具服饰科技股份有限公司	东莞市茶山镇粟边村裕南路恩典皮具服饰科技股份有限公司
16	铜奖	I-索宝智能机器人	东莞龙昌玩具有限公司	东莞市常平镇常黄路桥沥管理区龙昌工业城
17	铜奖	东坑三宝（阴菜、白菜干、萝卜干）	广东省东莞市东坑供销社	东莞市东坑镇乐然街34号
18	铜奖	第一麦方宫廷御品系列（宫廷御酥系列、宫廷御糕系列、宫廷御饼系列）	东莞市第一麦方烘焙有限公司	东莞市南城街道宏图路袁屋边大道科技路2号
19	铜奖	东莞八景特色刺绣系列	东莞市名绣文化传播有限公司	东莞市东城街道新世界花园帝景台10号
20	铜奖	恒丰腊味（油鸭）	东莞市虎门恒丰腊味加工厂	东莞市虎门镇白沙三村白沙油鸭加工基地恒丰腊味加工厂
21	铜奖	华美华夫软饼	华美食品集团	东莞市茶山镇南社工业区
22	铜奖	态立方保健食品系列（增强免疫力粉、缓解体力疲劳粉、祛黄褐斑粉）	广东中食营科生物科技有限公司	东莞市东城街道科技工业园同庆路6号
23	铜奖	豹鹰飞鸡系列（豹鹰飞鸡蛋、豹鹰飞鸡）	东莞市健立方生物科技有限公司	东莞市大岭山镇豪山路
24	优秀奖	3D太空智能枕、4D太空智能枕、乐游颈枕	东莞赛诺家居用品有限公司	东莞市塘厦镇沙湖村盛诺工业城
25	优秀奖	顺琦手袋JELLYAOMOS	东莞市顺琦手袋实业有限公司	东莞市厚街镇溪头管理区顺琦手袋实业有限公司
26	优秀奖	凤岗子强客家腊肠	东莞市凤岗子强腊肠实业有限公司	东莞市凤岗镇油甘埔村同富路28号（都市丽人路口）
27	优秀奖	迪宝按摩鞋DE2A6501011	东莞市琪胜鞋业有限公司	东莞市厚街镇三屯工业区琪胜鞋业有限公司
28	优秀奖	健美滋红茶菌发酵植物饮料	东莞市健美滋饮料食品有限公司	东莞市茶山镇茶兴南路美康大厦12楼
29	优秀奖	徐福记饼干糕点系列（醇浓沙琪玛、厚切凤梨酥）	东莞徐记食品有限公司	东莞市东城街道周屋工业区
30	优秀奖	居廉花卉团扇	东莞市风雅丹青工艺美术品店	东莞市莞城街道可园北路与运河西路交叉口（可园东行100米路北）
31	优秀奖	百味佳福多多礼盒	广东百味佳味业科技股份有限公司	东莞市寮步镇华南工业城松西路3号
32	优秀奖	暖记腊味系列（腊肠、腊肉）	东莞市常平根明腊味加工厂	东莞市常平镇塘角村三区35号〈塘角警务室对面〉
33	优秀奖	松山湖接待特供酒/松山湖1368陈诞酒	东莞市汤神生物科技有限公司	东莞市松山湖科技产业园区留学生创业大厦207
34	优秀奖	万江新村腐竹	东莞市常乐坊食品有限公司	东莞市万江街道新村下滘胜和路36号

续表

序号	奖项	获奖商品	商品所属企业	企业地址
35	优秀奖	东方香都香包系列（鸳鸯戏水香包、闺蜜时代香包）	东方香都投资发展股份有限公司	东莞市东城街道阳光澳园B36—38号铺/东莞市寮步镇牙香街二期
36	优秀奖	福力达饼干糕点系列（玫瑰礼月双黄莲蓉月饼、黄金蛋卷、合桃酥）	广东福力达食品有限公司	东莞市茶山工业园B区
37	优秀奖	松湖恋·东莞荔枝饼	东莞市趣皮士咖啡馆	东莞市南城街道体育路体育馆篮球首层趣皮士咖啡馆
38	优秀奖	原始原素服饰毛织工艺系列（男装春夏系列、女装秋冬系列）	东莞市大朗原始原素服饰	东莞市大朗镇毛织贸易中心A区二街二楼中2丁原始原素服饰
39	优秀奖	嘉趣LED台灯	东莞勤上光电股份有限公司	东莞市常平镇横江厦勤上半导体照明产业园
40	优秀奖	香天下莞香系列（莞香精油、莞香卧香、莞香粉）	香天下莞香实业有限公司	东莞市寮步镇牙香街65号
41	优秀奖	高乐丰腊味（腊猪头）	东莞市高埗丰收食品厂	东莞市高埗镇冼沙村一坊新联工业园
42	优秀奖	智高文具系列（喷喷笔、转转笔）	广东智高文化创意股份有限公司	东莞市石碣镇桔洲第三工业区振华路6号
43	优秀奖	爱上菇菇脆（香菇菇脆、白玉菇菇脆）	东莞爱尚菇食品科技有限公司	东莞市松山湖科技产业园区松科苑15号楼302房

餐饮业

【餐饮业概况】 2016年，东莞市住宿和餐饮业固定资产投资28047万元，比上年减少56.3%；住宿餐饮业消费品零售额161.81亿元，增长6.7%；住宿和餐饮业生产总值比上年增长0.4%。截至2016年，东莞市有钻级酒家24家。

【钻石名菜、招牌美食评选】 2016年4月28日，东莞市商务局、东莞市餐饮行业协会、《东莞日报》、东莞阳光网美食频道联手举办“东莞盛宴·钻石名菜、最受欢迎餐厅”评选活动，活动吸引东莞市约60家餐饮商家参与，40道菜式入围“钻石名菜”评选环节，40家餐饮企业入围“最受欢迎餐厅”评选环节，经过为期15天30万人次的线上投票和多位国家烹饪大师的专业评审，最终评选出20道“钻石名菜”和19道“招牌美食”。

【学校食堂食品安全示范镇检查】 2016年6月29日，广东省餐饮服务食品安全示范街检查组来到东莞市寮步镇进行“省学校食堂食品安全示范镇”检查，并随机抽取东莞理工学院城市学院第一食堂、第六高级中学食堂和红荔小学3家食堂进行检查，重点检查场所卫生设施、人员加工操作、食品及食品原料的采购和贮存等方面情况，检查组对寮步镇学校食堂食品安全管理工作给予肯定。

【“食品安全与公众健康”宣讲会】 2016年6月22日，东莞市茶山镇南社古村落孝德广场举行“食品安全与公众健康”宣讲会，此次宣讲活动以“食品安全与公众健康”为主题，现场通过悬挂宣传标语、发放宣传资料、张贴宣传画、现场播放视频及设置群众咨询窗口，加深群众对食品安全和法律的认识，指导群众依法维权。活动中，向群众发放宣传资料200余份，接受群众咨询50多人次。

【“2016东莞‘体验水乡’首届采摘文化展”】 2016年10月28—31日，东莞市中堂镇举行“2016东莞‘体验水乡’首届采摘文化展”，期间设置美食节、千人盆菜宴等项目，场内设美食摊档50档、盆菜席100桌，涉及1000多人。（陈建枝）

2016年东莞市星级酒店名录

序号	酒店名称	星级	联系电话	地址	酒店官网
1	豪门大饭店	五星	85117888	虎门镇虎门大道	www.gnhotel.com
2	嘉华大酒店	五星	85928888	厚街镇家具大道1号	www.rphtls.com
3	东莞富盈雅高美爵酒店	五星	85888888	厚街镇赤岭路段	www.cinesehotel.com
4	东莞唐拉雅秀酒店	五星	22698888	东城街道迎宾路8号	www.hnahotels.com
5	长安莲花山庄酒店	五星	85538388	长安镇莲花山	www.lotusvillas.com
6	柏宁长安国际酒店	五星	85333333	长安镇德政路222号	www.parklanehotel.com.cn
7	东莞喜来登大酒店	五星	85988888	厚街镇省道S256线莞太路段	www.sheraton.com/dongguan
8	塘厦三正半山酒店	五星	87299333	塘厦镇迎宾大道	www.sangemhotel.com
9	汇华国际饭店	五星	83938888	常平镇常平大道2号	www.huihuahotel.com.cn
10	丰泰花园酒店	五星	85708888	虎门镇省道S358线大板地路段	www.richwoodgardenhotel.com
11	华尔登国际酒店	五星	81028888	桥头镇广场路3号	www.welltonhotel.com
12	悦莱花园酒店	五星	81118888	寮步镇香市路8号	www.yuelaigardenhotel.com
13	欧亚国际酒店	五星	82838888	常平镇常东路8号（嘉骏中心）	www.dgeahotel.com
14	东莞虎门美思威尔顿酒店	五星	82888888	虎门镇虎门大道黄河商业城	www.melsweldon.com
15	厚街国际大酒店	五星	85088888	厚街镇东风路与省道S256线交汇处	www.rphtls.com
16	东莞观澜湖度假酒店	五星	87288888	塘厦镇大坪林坪路	www.missionhillschina.com
17	东莞宾馆	四星	22222222	莞城街道东正路11号	www.dongguanhotel.com
18	宏远酒店	四星	22418888	南城街道宏远路1号	www.dghy.cn
19	汇美酒店	四星	83918888	常平镇中元路9号	www.huimeihotel.com
20	长安酒店	四星	85532388	长安镇中心省道S358线旁	www.changan-hotel.com
21	东莞汇源雅高美爵酒店	四星	85244888	虎门镇虎门大道	www.accorhotel.com
22	方中假日酒店	四星	86866666	茶山镇茶山大道西28号	www.fzsunshine.com
23	常平半岛酒店	四星	83988888	常平镇北环路	
24	华禧酒店	四星	85383888	长安镇S358省道上沙路段	
25	嘉辉会酒店	四星	87563388	凤岗镇官井头嘉辉路	www.castfasthotel.com
26	美怡登酒店	四星	83028888	常平镇中元路	www.miratonhotel.com
27	天悦酒店	四星	81812222	石碣镇崇焕路18号	
28	华庭花园酒店	四星	81633333	厚街镇广东现代国际展览中心南侧	www.wellgardenhotel.com
29	石龙宾馆	三星	86613333	石龙镇绿化中路2号	www.shilonghotel.com
30	广彩城酒店	三星	22402088	南城街道莞太路	www.gcc-hotel.com
31	西湖大酒店	三星	22822888	南城街道西平板岭	www.xihuhotel.com
32	明苑大酒店	三星	85122918	虎门镇金龙大道南	www.my-hotel.cn
33	宝石大酒店	三星	86662188	企石镇振华路1号	www.gem-hotel.com
34	中明酒店	三星	88883368	中堂镇新兴路1号	
35	宏信假日酒店	三星	87363888	清溪镇香芒西路	
36	中青旅山水设计师酒店	三星	21988888	东城街道东纵大道189号	www.shanshuihotel.com
37	冠城酒店	二星	82804888	常平镇中元街常平广场	www.dgcphotel.com
38	海月酒店	二星	85926888	厚街镇涌口海月公园侧	www.huaweigroup.com

2016年东莞市钻级酒家

钻级酒家	钻级酒家
东莞宾馆有限公司（中餐厅）	东莞市锦绣饮食有限公司
东莞东海海都饮食有限公司	东莞市名厨御膳饮食服务有限公司麻涌分公司
东莞世博唐宫海鲜舫有限公司	东莞市大朗帝豪花园酒店
东莞市常平美怡登酒店	东莞市塘厦三正半山酒店有限公司
东莞市富盈酒店有限公司	东莞市莞香楼饮食服务有限公司
东莞市常平海霞酒店	东莞市石排海霸酒楼
东莞市中堂中明海鲜酒家	东莞市泰丰花园酒店有限公司
广东嘉华酒店有限公司	东莞市华庭花园酒店有限公司
东莞市樟木头三正半山酒店有限公司	东莞华尔登国际酒店有限公司
东莞市江龙大酒店有限公司	东莞市天悦酒店有限公司
东莞市明湖饮食管理有限公司	东莞市欧亚国际酒店有限公司
东莞市老饭店有限公司	东莞海都六福饮食有限公司

2016年东莞市钻石名菜、招牌美食

钻石名菜	餐饮商家	招牌美食	餐饮商家
特色乳鸽	棠心鲍	香蕉炒鱼榄	溢发烧鹅世家
黄皮叶烧鹅	锦绣酒楼	招牌三杯鸡	金汤匙台湾新料理
榄油温捞鲜螺片	东莞迎宾馆	绿茶宝云酥羊排	东莞富盈美爵酒店
顺风招牌烧肉	顺风山庄	似水流年	江龙海鲜酒楼
脆皮乳香鸽	东莞富盈美爵酒店	燕媛鲜炖燕窝	东城正和参茸贸易商行
鸿运全牛宴	横沥牛庄	爱心无骨鱼	朋友圈
不一样的烧腩仔	溢发烧鹅世家	淮山番茄盅	东莞富盈美爵酒店
特色风沙鸡	东莞石碣富盈雅高美爵酒店	花开富贵	东莞石碣富盈雅高美爵酒店
海胆鱼翅蒸蛋	东莞富盈美爵酒店	石锅金汤花胶筒	江龙海鲜酒楼
鸿运玉石鲍金砖	媄思餐饮	川贝枇杷烩海参	锦绣酒楼
家乡豆豉鹅	海霸酒楼	招牌豉油鹅	顺风山庄
藏红花燕窝粥	南北行会所	十八罗汉斋	观音山森林公园斋菜馆
打卤猪手	喜香逢徽菜馆	一帆风顺	观音山森林公园如意餐厅
养生燕麦鸡	观音山森林公园如意餐厅	火龙果澳带和牛	海霸酒楼
宫廷泰和乌鸡	莞香楼	黑松露金米绿白玉	祈康膳坊
果木烧烤牛仔骨	天母蓝鸟	金牌锅贴	江龙海鲜酒楼
芝士口蘑绣金丝	祈康膳坊	渔来太公钓鱼	渔来渔旺
碧绿野米烩辽参	南北行会所	黯然销魂吞	泰哥云吞
新派黑椒叉烧	江龙海鲜酒楼	意式辣茄蓉大虾天使面	URBAN COFFEE
花雕丝苗焗蟹	莞香楼		

虎门威远炮台

香市动物园

桥头油菜花节

松山湖景区

水濂山

南社古村落

可园

粤晖园

金融业

BANKING

- 综合金融服务体系打造
- 金融服务基础设施和服务体系
- 银行业改革开放
- 银行业现场与非现场监管
- 智能大堂经理机器人“娇娇”上岗

东莞农村商业银行钱币博物馆

编辑：王学林　贺　平　郭佩文

金融业综述

【金融业概况】　2016年，东莞市金融业实现增加值441.64亿元，增速8.2%，占生产总值和第三产业增加值比重分别上升至6.5%和12.2%。总量保持在全省第四位。全市有银行、证券、保险等金融机构129家，另有小额贷款公司、融资性担保公司、融资租赁公司等新型经济金融组织超100家，金融机构密集程度居全国地级市前列。全市银行业金融机构各项存款、贷款余额为1.15万亿元和6545.7亿元，增量分别排全省地级市第一位、第四位。全市证券交易额成交量累计高达2.94万亿元。累计实现保费收入473亿元，约占全省（不含深圳市）15%，继续保持全省地级市首位，同时增速连续七年保持全省地级市第一位。村镇银行数、“新三板”挂牌企业数、在中国证券投资基金业协会登记的基金管理机构数，均居全省地级市第一位。

【金融业综合政策出台】　2016年，东莞市出台《东莞市供给侧结构性改革去杠杆行动计划（2016—2018年）》，按照“有保有控、有序推进、防范风险”的总体思路推进系列工作，优化间接融资质量、提高直接融资比例、守住不发生非法集资风险底线。制定《东莞建设金融强市总体规划（2016—2025）》，对做强东莞市金融产业谋篇布局，系统提出建设金融强市的发展定位、目标要求、任务抓手，重点培育特色金融竞争力，撬动多方金融资源，突出为创新驱动发展、“东莞制造2025战略”、外经贸转型升级等提供支持，进一步提高金融业供给效率。

【金融供给结构调整优化】
2016年，东莞市扩大政策性金融资金在重大基础设施建设领域的运用，争取国开发展基金，以夹层投资方式，入股东莞轨道交通有限公司；争取农发行东莞市分行，以抵押补充贷款的方式，支持包括茅洲河界河流域整治建设项目在内的14个污水处理项目。发挥基金业的引导撬动作用，开展设立200亿元基础设施和公共服务政府投资基金以及50亿元产业投资母基金的筹建等工作，带动多个镇街（园区）成立总规模达26亿元的政府引导基金，以资本供给助力产业转型升级。推动企业利用多层次资本市场实现快速“倍增”，分别与广东证监局、前海股权交易中心签订合作备忘录或战略合作框架协议，合力推动109家企业上市、挂牌（境内外上主市企业2家，全国股转系统挂牌企业107家），募集资金合计24.13亿元，区域性股权交易市场挂牌企业超400家，境内A股上市企业再融资规模更创历年新高，融资153.7亿元。

【综合金融服务体系打造】 2016年，东莞市引入前海股权交易中心，在东莞市设立分支机构和广东业务总部，推动3家政策性融资性担保机构开展业务，扩大“拨贷联动、贷贴联动、贷奖联动”试点金融机构范围，搭建投融资对接、担保增信支持、信贷风险分担“三位一体”的科技金融服务体系。引入广东省企业信用信息和融资对接平台，并推进金融创新中心建设运营，以东莞众创金融街为载体打造金融与科技、投客和创客共融发展的“众创金融生态圈”。推动东莞金融控股集团整合地方法人金融股权，并将业务范围扩展到产业投资基金等产融结合领域，促进地方金融资源协同发展。推动南城等5个镇街（园区）挂牌成立金融办公室，其他镇街（园区）指定具体部门承接部分金融监管及服务职能，构建市镇两级金融工作部门联动机制。

2016年11月10日，进一步强化镇街（园区）金融工作现场会在东莞众创金融街召开

2016年12月8日，东莞市人民政府与前海股权交易中心战略合作协议签署暨“前海股权交易中心东莞科创板”等项目揭牌仪式举行

【金融发展环境完善】 2016年，东莞市充实市镇两级防范和处置非法集资工作组织架构，将市工作领导小组成员扩充至27个部门单位，开展常态化宣传教育及广告咨询信息排查清理活动；分类推进大中型企业银行债务风险，继续用好地方金融稳定专项资金，帮助企业过好转贷关；开展互联网金融风险专项整治，将涉众型金融领域矛盾纠纷隐患防范化解在苗头阶段，守住不发生系统性、区域性金融风险底线。 （卢浩祥）

附：2016年东莞市金融工作局主要领导名录

局　长：何锦成

中国人民银行东莞市中心支行

【金融调控】 2016年，中国人民银行东莞市中心支行执行稳健的货币政策，推动金融改革开放，提升金融服务和管理水平，支持东莞市经济、金融持续健康发展。

发挥信贷政策引导结构调整的作用　坚持“稳中求进、灵活适度”的原则，正确理解和把握新常态下稳健货币政策的内涵，做好宣传、解释工作，争取社会公众和市场主体的理解、支持和配合。灵活运用再贷款、再贴现、差别化住房信贷政策等多种货币政策工具，定向引导金融机构优化信贷结构、降低融资成本、改善金融服务，助推供给侧结构性改革，实现辖区主要经济金融指标稳健增长。截至2016年，东莞市本外币各项存款余额11545亿元，比年初增长15.8%；贷款余额6546亿元，比年初增长9.5%。在金融业的支持下，东莞市实现地区生产总值

2016年12月30日，中国人民银行东莞市中心支行金融服务平台进驻东莞众创金融街暨广东省企业信用信息和融资对接平台东莞启动仪式在东莞众创金融街举行

6827.67亿元，比上年增长8.1%，增速高于全国、全省平均水平。

深化科技金融产业融合发展　落实省政府《关于创新完善中小微企业投融资机制的若干意见》，以“广东省中小微企业融资推进会”为契机，与地方法人银行签署创新发展协议，定向给予科技型企业融资支持。运用再贷款、再贴现等货币政策工具支持科技型中小企业创新发展。2016年，累计提供9.45亿元的货币政策工具资金（再贴现7亿元和再贷款2.45亿元），惠及企业140多家。围绕“东莞制造2025”战略和“机器换人”计划，指导金融机构设立科技信贷专营机构，引导金融机构创新推出“科技信用贷”“机器换人融资贷”等一批为科技企业定制的信贷产品。针对“中小企业融资难、融资贵”问题，创新完善“中小企业金融顾问制度”，确定217名金融顾问和近1000家服务企业。在多项政策的引导和支持下，2016年，全市科技信贷余额近200亿元，约占同期制造业贷款余额的1/4。

加快移动金融创新发展　加强普惠金融建设，推动金融IC（集成电路）卡和移动金融在小额快速支付行业的推广普及，创新推出“菜篮宝”、“校园一卡通”、社保卡“诊疗一卡通”等一系列便民支付项目。促成市政府与中国银联建立长期战略合作，共同推动金融IC卡多行业运用，支持移动金融、互联网金融、“大数据”建设创新发展，为企业和市民提供更加经济、安全、便捷的综合性金融服务。截至2016年，全市33家银行机构累计发行金融IC卡3800万张，列全省地级市第一位，金融IC卡及移动支付遍布企业和居民生产生活的各个领域。

【外汇业务监管】　2016年，中国人民银行东莞市中心支行改进外汇管理方式，优化外汇服务，深化外汇改革，发挥外汇管理对地方经济的扶持作用，支持东莞市开放型经济创新发展。

继续支持“人民币”走出去　2016年东莞市跨境人民币结算量2700多亿元，占同期跨境收支总额的30%；办理企业全口径跨境融资业务约8亿美元；全市跨境资金流入835亿美元，流出525亿美元，净流入310亿美元。

配合构建开放型经济新体制　配合东莞市构建开放型经济新体制综合试点试验城市建设，加强外汇政策宣讲和业务培训，促进全口径跨境融资宏观审慎管理政策推广，并办理首笔中资企业全口径跨境融资备案业务。截至2016年，累计办理88笔企业全口径跨境融资备案业务，折合7.67亿美元；累计办理中资企业跨境融资业务合计1969.87万美元，帮助企业引入境外低成本资金。

抓好“扩流入、控流出”工作　通过开展窗口指导、引导购汇需求、强化资金监测、开展业务核查等多项措施，防范跨境资金异常流动风险，维护东莞市外汇收支基本稳定。2016年，东莞市资本和金融账户跨境收支保持顺差规模，结售汇口径贸易偏离度指标由负值转为正值，货物贸易指标由“净流出”转为“净流入”，扭转2015年大额净流出的趋势。

【金融环境稳定维护】　2016年，中国人民银行东莞市中心支行从维护辖区金融改革、发展和稳定的大局出发，强化中央银行履职效能，维护辖区金融稳定。

牵头抓好全市金融系统社会治安综合治理和平安金融创建工作，做好金融机构稳健性评估，完成综合执法和专项业务检查。继续做好存款保险保费核定与缴纳，加强投保机构信息收集和风险监测，确保存款保险制度平稳运行。开展互联网金融整治，全面排查风险隐患。妥善做好金融消费纠纷调解，完善金融风险防范化解机制。建立打击治理电信网络新型违法犯罪联席会议应急处置机制，推动成立东莞市打击治理电信网络新型违法犯罪中心。截至2016年，该中心处理警情2015宗，冻结、止付银行账号513个，冻结人民币资金1695.57万元，外币资金16.08万美元，关停电话88个，关停链接、网址89个。加大洗钱风险监测与预警力度，抓好重点领域反洗钱调查与协查，协助东莞海关缉私分局破获东莞市首宗洗钱案。2016年，开展4次专项行动，协助公安部门破获25宗地下钱庄非法经营案件。

【金融服务基础设施和服务体系】 2016年，中国人民银行东莞市中心支行改进金融管理，加快构建现代化金融服务共享体系。在广州分行的指导下，东莞市中心支行在省内率先打造集征信服务、金融消费权益保护、企业信用信息和融资对接服务“三位一体”的金融服务延伸平台。落实银行账户实名制和非银行支付机构支付账户实名制的要求，加强账户管理。同时，深化社会信用体系建设，全面开展“东莞市中小微企业信用信息与融资对接平台”建设，促进“应收账款融资服务平台”的推广，帮助5家村镇银行接入人民银行征信系统，为降低企业融资成本、拓宽融资渠道，搭建现代化的信息平台。

【人民币管理】 2016年，中国人民银行东莞市中心支行完成业务量居全省首位的发行基金投放回笼工作。

做好发行基金投放回笼与调拨管理 执行发行基金管理的各项规定，严把发行基金出入库关；召开辖区人民币券别调剂工作联席会议，做好券别搭配投放，加强中小面额券别的投放力度，优化流通人民币券别结构；抓好商业银行回笼券的质量，做好对商业银行现金业务的考核；继续做好残钞回收，加大原封新券的投放，促进流通中人民币整洁度的全面提高，确保现金供应安全；加强现金投放回笼情况的分析预测和人民币流通状况监测预警，保障现金供应。2016年，完成人民币发行基金投放回笼业务1943亿元，业务量占全省15%。

抓好反假货币和流通人民币管理，优化货币流通环境 对辖区16家银行业金融机构的38个营业网点和现金处理中心开展反假货币业务检查，做好回笼券反假质量管理。抓好假币实物管理，做好假币鉴定、收缴和反假投诉，开展反假货币宣传与培训，提升金融机构和公众的反假防假能力。2016年收缴假人民币11.52万张，面额合计914.86万元，维护群众利益。

【经理国库】 2016年，中国人民银行东莞市中心支行履行经理国库职能，安全高效做好财政拨款、退库工作及出口退税业务，办理国库收支业务3237.98万笔，金额2937.43亿元。其中办理各级预算收入业务3232.09万笔，中央和省级预算收入金额702.10亿元，地市级预算收入金额872.06亿元；地方预算支出业务5.89万笔，合计金额1114.51亿元。办理各级退库业务8.03万笔，合计646.12亿元。2016年，东莞市国库无出现涉及国库资金安全的重大会计核算差错，达到“零差错、零风险”的目标。

（齐红梅）

附：2016年中国人民银行东莞市中心支行主要领导名录

行　长：张清山

银行业

【银行业概况】 2016年，东莞市银行业主动适应经济发展新常态，保持平稳健康发展，全市有银行机构（含信托）37家，网点数量1408个，从业人员2.64万人，小额贷款公司17家。

存款余额同比、较年初均有所增长。2016年，东莞市本外币各项存款余额1.15万亿元，比年初增加1576.30亿元，增长15.81%。其中，非金融企业本外币存款余额3214.43亿元，比上年增加599.37亿元，增幅为22.92%；广义政府本外币存款余额为2351.40亿元，比上年增加408.02亿元，增幅为21%；非银行业金融机构本外币存款余额为643.44亿元，比上年增加266.83亿元，增幅为70.85%；住户存款余额4943.57亿元，比上年增加312.87亿元，增幅为6.76%。

贷款余额较年初增加。2016年，东莞市各项贷款余额6545.66亿元，比年初增加565.12亿元，增幅为9.45%；其中，住户贷款余额3021.00亿元，比年初增加782.46亿元，增幅为34.95%；非金融企业及机关团体贷款余额3470.07亿元，比年初减少224.46亿元，降幅为6.08%。

全市银行业实现拨备前利润247.53亿元，比上年减少0.83亿元，减幅0.33%；实现净利润132.86亿元，比上年增长5.19%，扭转上年负增长势头。2016年，全市金融总量保持全省第四位。

【信贷投放结构】 2016年，东莞市从贷款投向看，贷款余额居前三位的行业分别是批发和零售业（729.72亿元）、制造业（676.46亿元）、租赁和商务服务业（417.74亿元），贷款行业投向符合产业特点。

2016年，东莞市小微企业贷款和科技企业贷款增加明显。银行机构小型企业贷款余额1108.58亿元，比年初增加75.3亿元，增长7.86%；微型企业贷款余额125.35亿元，比年初增加2.06亿元，增长1.67%。

2016年，东莞市分部门看，住户贷款余额3021.0亿元，比年初增加782.46亿元，增长34.95%；非金融企业及机关团体贷款余额3470.07亿元，比年初减少224.46亿元，减幅6.08%。

2016年，东莞市房地产贷款增加较多，去库存政策作用明显。全年房地产贷款余额2790.96亿元，比年初增加822.49亿元，是全市新增贷款总量的1.46倍，增长41.8%，增速同比提高19.4个百分点，其中个人住房贷款余额2386.99亿元，比年初增加766.48亿元，占房地产贷款增量的93.19%，延续上年大量增加趋势。（齐红梅）

银行监管

【银行业服务实体经济】 2016年，东莞市银行业对制造业、房地产业、租赁和商务服务业、批发和零售业等支柱行业贷款余额

2016年12月14日，东莞银监分局联合东莞理工学院、东莞市银行业协会、建设银行东莞市分行举办送金融知识进校园暨反电信诈骗宣传活动　（黄永强　摄）

3140.73亿元，支持实体经济的发展。加强督导，采取定期监测通报、监管会谈等多种措施，引导辖内银行机构持续加强对“三农”（农村、农业、农民）和小微企业的信贷支持力度，持续营造良好的融资环境；持续开展“银税互动”助力小微企业活动，推动22家银行机构与税务部门签订框架合作协议，截至2016年，东莞市银行业小微企业贷款余额1577.05亿元，较年初增长6.42%，在各项贷款中占比24.09%。开展整治乱收费等一揽子暗访检查，督促银行机构严格执行“七不准”（不得以贷转存、不得存贷挂钩、不得以贷收费、不得浮利分费、不得借贷搭售、不得一浮到顶、不得转嫁成本）、“四公开”（收费项目公开、服务质价公开、效用功能公开、优惠政策公开）”和“两禁两限”（即除银团贷款外，禁止对小微企业贷款收取承诺费、资金管理费，限制对小微企业及其增信机构收取财务顾问费、咨询费等费用）的规定，清理和规范收费项目，降低企业“过桥”融资成本，缩短企业融资链条，引导银行业增强自主定价能力和风险管理水平，推动降低社会融资成本，主动为实体经济让利。

【银行业风险防控】　2016年，东莞市加强对银行业金融机构的政策引导和风险提示。防范信用风险，推进系统性、前瞻性风险分析工具方法的研究应用，建立重点领域信贷、前60大集团授信客户风险监测制度，健全银行风险监测预警体系；完善重大信用风险应对工作机制，推动银行机构对符合标准的风险客户组建10家债委会，涉及授信余额267.29亿元。防止房地产贷款风险集聚，开展专项检查，部署机构加强房地产信贷压力测试，规范银行与房地产中介合作业务，严防“零首付”“首付贷”等行为。加强社会金融风险防范，开展P2P（个人与个人间小额借贷交易）网络借贷等互联网金融风险专项整治，妥善处置和化解P2P网络借贷等互联网金融行业风险；推动成立东莞市反诈骗中心，配合公安机关打击电信诈骗违法犯罪行为；配合市政府开展涉众型金融不稳定问题专项治理，协调处置非法集资、银行从业人员涉及犯罪等重点领域问题。

【银行业改革开放】　2016年，东莞市继续完善中小法人银行“一行一策”清单式监管，督促法人机构走资本节约型业务发展方向，支持发行二级资本债补充资本，优化资产负债结构、释放资本和流动性。指导东莞银行做好全市首家金融租赁公司筹建准备，推动丰富市场主体。支持东莞市建设自由贸易试验区示范延伸区和优先拓展区，鼓励法人机构在自贸实验区开设分支机构，引导相关银行机构利用政策优势和金融创新平台优势，持续开展跨境人民币贷款、航运金融、科技金融等特色金融服务。引导银行业加快转变发展方式，鼓励投贷联动机制研究和实践探索，支持银行机构加大与PE（私募股权）、VC（风险投资）等投资机构的合作，争取创新投贷联动融资模式的先行先试资格；鼓励运用新型科技、互联网技术等，开展线上金融创新，发展新型零售业务，提升服务水平；加快柜面运营模式变革及网点分级改造，提升服务满意度。

【银行业现场与非现场监管】　2016年，东莞市强化现场检查针对性，开展现场检查5项，累计投入检查工作量1486人天，发现问题209条，提出监管意见93条。严把准入关口，规范行政许可事项，全年办理机构及高管审批事项155件，推行高管统一机考制度，累计考核拟任高管26人次，达到无超范围核准、无超时限审批的要求。构建并完善分类监管体系，全年召开监管工作会议3次，组织高管约谈98次、审慎监管会谈29次、监管走访81次，对辖内5家法人机构等11家机构开展监管评级，主动作为，提升监管效能。

【银行业消费者保护】　2016年，东莞市贯彻落实银监会《银行业消费者权益保护工作指引》，推进银行业消费者权益保护。全面推行银行理财及代销产品销售录音录像制度，遏制违规私售风险的蔓延。建立信访快捷处置机制，对于不涉及违法违规的信访投诉，通过在银行机构增设专线电话、银行机构预处理等方式快速处置，提升投诉处理效率及满意度。推进法定途径分类处理信访投诉请求，厘清法律边界，维护信访秩序。组织银行机构开展“金融知识进万家”“送金融知识进校园”等宣传教育活动，以公众场合宣讲、图片说明、文字提示、在银行营业场所制作张贴警示标志牌等方式，提高群众对金融风险的识别和防范能力。

（彭丹月）

附：2016年东莞银监分局主要领导名录

党委书记、局长：刘震新

银行选介

【中国农业发展银行东莞市分行】　截至2016年，中国农业发展银行东莞市分行各项贷款余额51.42亿元，比年初增加9.35亿元，增幅22.21%；日均贷款余额45.19亿元，比2015年增加9.56亿元，增幅26.84%。各项存款余额586亿元，比年初增加2.71亿元，增幅86.02%；存款日均余额3.31亿元，比年初增加1.69亿元，增幅103.54%。各项存贷款余额及日均余额均达历史最好水平。截至2016年，贷款均为正常类贷款，继续保持不良贷款和不良贷款率“双零”。

农发行支持城市建设　2016年，中国农业发展银行东莞市分行获得省分行贷款批复10个项目，贷款总额31.3亿元，主要是污水处理厂及配套管网项目、截污次支管网建设项目以及茅洲河界河流域整治建设项目，涉及东莞市16个镇街，涉及总投资40亿元。上述项目将支持东莞市建设8座污水处理厂、新增污水处理能力57万吨/日、建设225公里污水管网、整治12公里河道和12公里堤防、修建12公里防汛道路。

农发行维护地方粮食安全　截至2016年，中国农业发展银行东莞市分行粮油收储贷款余额47.5亿元，占各项贷款余额比例为92.35%，确保东莞市粮油增储、轮换、购销资金及时足额供应，对中央储备粮东莞油脂直属库提供中央储备类粮油贷款24.3亿元，支持中央储备粮东莞油脂直属库承担中央储备豆油、大豆任务；截至2016年，东莞市全部完成新增储备粮任务，农发行发放新增储备粮贷款12.2亿元，用于落实新增储备粮增储任务；是年，收回市级储备粮贷款3.5亿元，发放市级储备粮贷款3.44亿元，确保市级储备粮轮换顺利进行。

农发行支持粮食仓储物流　2016年，中国农业发展银行东莞市分行围绕国家“粮安工程”建设规划，加大仓储设施建设支持力度，推动落实粮食仓储物流及农产品批发市场建设、农产品物流中心和重要城市物流节点建设等项目。是年，向东莞市穗丰食品有限公司发放7500万元仓储设施贷款，用于其全资子公司丰顺县瑞丰粮油食品有限公司15万吨浅圆仓仓储物流项目建设；向东莞市国丰粮油有限公司发放7800万元仓储设施贷款，用于40万吨浅圆仓项目建设，同时，在2016年底为该公司申报5800万元仓储设施贷款，用于配套码头扩建项目建设；向虎门富民公司发放8000万元农村流通体系建设中长期贷款，用于农副产品批发市场易地升级改造项目建设。

（李　丹）

附：2016年中国农业发展银行东莞市分行主要领导名录

党委书记、行长：李定成

【中国工商银行股份有限公司东莞分行】　截至2016年，中国工商银行股份有限公司东莞分行本外币存款余额1112.58亿元，比上年增长9.62%，各项贷款余额737.57亿元，增长17.26%，其中个人贷款余额突破400亿元，成为中国工商银行系统内全国首家个人贷款规模突破400亿元的地市级分行，中间业务收入连续五年保持系统和同业双第一名。全年无案件、无重大差错，实现安全运营，连年获市委、市政府颁发“税收突出贡献奖”，并获评中国工商银行广东省分行系统内“2016年度综合贡献奖”等20项大奖，连续17年跻身中国工商银行全国经营30强之列。获评“2015—2016年度东莞诚信服务示范单位”“2016金口碑品牌接触服务奖”“2016年度珠三角金融行业风云榜东莞最受客户信赖银行”“2016年度金质国有商业银行”。

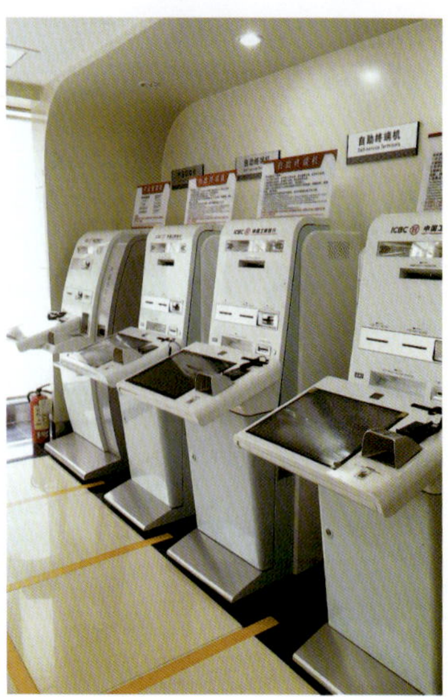

2016年，中国工商银行东莞分行率先实现下辖所有网点智能化改造，成为全市首家实现100%智能化服务的银行机构

参与市政重大项目建设　2016年，中国工商银行股份有限公司东莞分行参与市政建设项目，成功中标东莞莞信基础设施和公共服务投资基金社会资本遴选项目，为东莞市基础设施建设提供金融支持。还参与军民共建项目，在当地政府和上级行支持下，发放该行系统内首笔解放军总后勤部供应链项下融资，通过强化拥军服务与金融创新，解决解放军总后勤部供应商融资难题。

支持经济发展　2016年，中国工商银行股份有限公司东莞分行按照《珠三角区域信贷政策》，支持东莞市基础建设以及制造业转型升级和创新驱动战略实施。发放该行首笔小额抵押贷款、小企业“税务贷”等小微金融产品，并创新推出具有本地特色的大朗纺织中心贷、虎门港供应链产品，小企业信贷规模位居东莞市国有银行首位，为东莞市小微企业发展提供金融支持。推动世界莞商事业发展，利用工行全球金融平台优势，为莞商企业拓展海外市场提供支撑。

以智能化推动普惠金融 2016年，中国工商银行股份有限公司东莞分行通过智能化、线上化手段，促进民生金融服务提质增效，通过前瞻性研究网点布局和优化，开展轻型化网点试点与改造，加快智能化网点建设，在全省同业和中国工商银行系统内率先实现网点智能覆盖率100%。参与市内高等院校加强合作进程，以工银e缴费为平台，投产省内首个校园卡空中充值项目，促进东莞市信息化高校建设和教育事业发展。

（欧伟龙）

附：2016年中国工商银行股份有限公司东莞分行主要领导名录

党委书记、行长：许长明

【中国农业银行股份有限公司东莞分行】 2016年，中国农业银行股份有限公司东莞分行本外币各项存款余额1053亿元，比年初增加84亿元；本外币各项贷款余额661亿元，比年初增加33亿元。实现全年无案件、无重大差错、无重大事故，安全稳定运营。获评“中国农业银行五四红旗团委”，被省行评为“党廉工作先进单位”，获评“公务员最喜爱的金融品牌”“市民最喜爱品牌”。

支持经济发展 2016年，中国农业银行股份有限公司东莞分行加大对交通运输、电力、能源、通信等基础设施建设项目支持力度，支持松山湖高新区等产业园区建设，深化与先进制造业和科技型企业金融合作；支持农业产业化龙头企业、新型农业经营主体等重点领域，涉农贷款比年初增加11.8亿元；落实小微企业减免收费要求，开展小微企业专项服务活动，推广小企业工商物业贷、存货融资等新产品，改善小微企业融资难问题，小微企业贷款比年初增加7.3亿元。

提升服务水平 2016年，中国农业银行股份有限公司东莞分行全面推广企业注册易系统，为新设企业工商注册提供便利，助力大众创业、万众创新；推进“机器解放人”工作，投入使用超级柜台199台，提高业务办理效率，缓解网点排队难题；实施网点“亮丽工程”，落实好经营管理标准化网点的要求，为广大客户提供一流金融服务；践行“普惠金融”理念，组织开展“社区行”“金融知识进万家”“电信网络诈骗综合整治月”“客户信息保护月”等宣传活动，维护金融消费者权益。

（高国伦）

附：2016年中国农业银行股份有限公司东莞分行主要领导名录

党委书记、行长：冯必凤

【中国银行股份有限公司东莞分行】 截至2016年末，中国银行股份有限公司东莞分行本外币各项存款余额915亿元，比上年新增43.05亿元；本外币各项贷款余额646.39亿元，新增4.81亿元；实现营业净收入29.96亿元；实现国际结算业务量398.51亿美元，跨境人民币结算量突破1000亿元。连年保持零大案要案，获评“全国工人先锋号”、中国银行总行及省行“先进基层党组织”、“2016年税收突出贡献奖”、“2016‘金口碑’品牌企业”、“东莞最具社会责任银行”、“2016东莞市民最喜爱金融品牌·杰出服务奖”、“年度中小企业金融服务奖”、“2016年保密工作先进单位”。

支持地方经济 2016年，中国银行股份有限公司东莞分行一方面重点支持全市重大项目、当地龙头企业、战略性新兴产业、中小企业、科技创新、节能环保、高端制造、新型服务业等行业，为东莞市支柱产业、特色产业投放信贷资金逾25亿元；服务民营企业授信客户达900户，授信余额达170亿元；中小企新模式贷款余额超41亿元。另一方面，配合推行“三去一降一补”（去产能、去库存、去杠杆、降成本、补短板）政策，严控向“僵尸企业”、过剩行业投放信贷。

强化金融创新 2016年，中国银行股份有限公司东莞分行推动科创金融发展，引入科技信贷风险分担机制与财政贴息政策，为非抵押、非担保类科创型企业解决融资贵的问题，纳入风险池客户金额达

2016年3月1日，中国银行东莞分行举办“中银中小企业投贷联动直通车”——“新三板”企业投融资洽谈会活动

9.1亿元，服务企业154户；推动投贷联动，举办两场中银中小企业投贷联动直通车，助力中小企业走向资本市场；开展跨境撮合服务，推荐18家企业参加广东省中行承办的第119届广交会中小企业跨境投资与贸易洽谈会；与前海股权交易中心签署服务中小企业领域的战略合作协议；作为唯一指定参展金融机构，全程进驻第三届广东21世纪海上丝绸之路博览会。

发展普惠金融 2016年，中国银行股份有限公司东莞分行做好住房金融服务，投放住房贷款120亿元；投放“教育通宝”产品6.6亿元，服务教育企业111家；投放“医疗通宝”3500万元，与多家三甲医院开展“银医互联”项目合作，缓解“看病排队难”问题；累计为市民发放社保卡148万余张；开展“金融知识进万家”，宣传、普及金融知识；成为东莞首家与市工商局合作推出“五证合一”“工商延伸窗口服务”银行。

推动金融扶贫 2016年，中国银行股份有限公司东莞分行牵头支持省、市重点援疆项目——兵团草湖广东纺织服装产业园30万锭纺织示范项目，内部银团贷款4亿元，累计为新疆东纯兴纺织有限公司发放1.28亿元中长期贷款。抽调优秀干部到中国银行省行定点扶贫对象韶关市新丰县长引村驻村扶贫，捐资援建“爱心广场”，调动行内资源以及优质客户资源发起多次捐助、慰问。 （宋方平）

附：2016年中国银行股份有限公司东莞分行主要领导名录

党委书记、行长：冯伯仲

【中国建设银行股份有限公司东莞市分行】 2016年，中国建设银行股份有限公司东莞市分行在提升“价值创造”能力上，先行先试，创新推出“生存指数”考核模式，带动分行整体经营创效能力和网点增收创效水平得到显著提升，落实以“价值创造”为核心经营理念成效初显。四大利润指标均增势显著，创历史高点。税前利润实现24.2亿元，比上年增长9.9亿元，增幅69.3%；净利润18.2亿元，增长7.4亿元，增幅69.3%；经济增加值14.1亿元，增长7.4亿元，增幅109.1%。拨备前利润24亿元，增长2.8亿元，增幅13.1%；一般性存款日均新增突破百亿，达104.6亿元；年末融资余额641.3亿元，突破600亿元大关；个人贷款余额346亿元，新增突破百亿元，达116.8亿元；中间业务净收入突破十亿元，达10.3亿元。是年，获得各类奖项208项，其中国家级38项，省、市级170项。包括“总行级企业文化建设示范单位”“中央和省驻莞先进单位”等。

2016年5月27日，中国建设银行广东省分行在东莞市举行“投贷联”产品发布会

支持地方经济建设 2016年，中国建设银行股份有限公司东莞市分行的市政重大项目营销取得突破，成功中标200亿元东莞莞信基金，成为份额最大LP（投资人担任有限合伙人）及唯一托管银行；投放全省首个镇级基金；重点机构客户营销取得突破，实现多个高校贷款项目投放突破，独家获得社保专项资金代发业务资格，实现2个镇街国库集中支付业务落地建行。

合规保障“三级助推”模式建设 2016年，中国建设银行股份有限公司东莞市分行加强组织体系建设，组建合规经理、合规主管、条线合规岗“三支队伍”；搭建合规管理框架，创建合规信息整合（助力）、合规主体责任推动督导（助导）及重点业务合规监控（助控）为合规保障“三级助推”模式，力促各条线机构合规主体责任落实；加强合规制度建设，建立合规经理与合规主管工作规则，合规队伍考核办法，建设合规分行。

（张北全）

附：2016年中国建设银行股份有限公司东莞市分行主要领导名录

行　长：范　题

【广发银行股份有限公司东莞分行】 截至2016年，广发银行股份有限公司东莞分行设42个一级支行、8个二级支行、1个社区支行。2016年，营业收入23.87亿元，拨备前利润15.67亿元，净利润4.44亿元。营业收入和拨备前利润在广发银行系统同类分行中排第一名，比上年分别增加1.77亿元和1.57亿元。获评“2016年东莞金融卓越品牌企业奖”“年度社会责任感金融企业奖”“2016年度受消费者信赖品牌”“东莞最具影响力银行”。

存贷款业务 截至2016年，

广发银行股份有限公司东莞分行各项存款（剔除非银）514.3亿元，比年初增加54.5亿元，增幅11.85%，增量全市排第七名；各项贷款334.02亿元，比年初增加83.36亿元，增幅33.25%，增量全市排第四名；个人贷款余额102.58亿元，创开业以来历史新高。

资产质量控制　截至2016年，广发银行股份有限公司东莞分行不良贷款率1.1%，在总行控制目标内；其中对公不良贷款率0.77%，与年初持平。非不良问题贷款优化率47.55%，超额完成总行任务，累计清收处置不良贷款本金11.69亿元，现金回收不良贷款1.75亿元，超额完成总行清收任务。（杨天仁）

附：2016年广发银行股份有限公司东莞分行领导名录

行　长：陈健松

【中信银行股份有限公司东莞分行】　2016年，中信银行股份有限公司东莞分行提高金融服务质量和效率，助力东莞市经济发展，实现经营管理稳健发展。实现拨备前利润13.85亿元，实现营业净收入18.90亿元，自营存款余额529.29亿元，其中，对公存款余额418.50亿元，个人存款余额110.79亿元，各项贷款余额370.43亿元，其中，对公贷款余额253.97亿元，个人贷款余额116.46亿元。连年在中信银行总行等级行考评中获评“优秀行”“标兵行”，获评中信银行25周年行庆“十佳分行”；连年获评东莞市委、市政府“年度税收突出贡献奖”“外汇管理考核A类银行”“东莞市金融统计考评第一名”；连年被当地主流媒体授予“金质客户体验银行”“杰出客户服务奖”“最佳综合融资服务银行”。

2016年，中信银行股份有限公司东莞分行响应“一带一路”战略，支持东莞市重点产业和重点项目，完善和创新小微企业贷款服务；持续提升“互联网+普惠金融”金融服务能力，推动消费信贷业务发展；发展中信银行出国金融业务，提升服务品质，打造中信银行出国金融品牌；优化网点服务质量，提供便捷高效金融服务。（林传光）

附：2016年中信银行股份有限公司东莞分行主要领导名录

党委书记、行长：张建强

【中国光大银行东莞分行】　截至2016年，中国光大银行东莞分行设立6家网点，包括分行营业部、虎门支行、厚街支行、长安支行、

中信银行东莞分行

2016年12月21日，中国光大银行东莞东城支行开业

大朗支行、东城支行。2016年，中国光大银行股份有限公司东莞分行一般性存款余额78.22亿元，其中对公时点存款70.80亿，较年初新增14.03亿元，在上级分行系统内余额排第三名；储蓄时点存款7.42亿元，较年初减少1.07亿元，在上级分行系统内余额排第八名。一般性贷款余额25.49亿元，其中对公一般性贷款余额为14.85亿元，比年初增加1.68亿元；对私贷款余额10.64亿元，比年初增加2.20亿元。

创新金融服务　2016年，中国光大银行东莞分行制定服务于小微企业的“税银通”项目，围绕东莞市经济特色，通过前期税银卡存量小微企业主批量导入优质小微企业客户，惠及小微企业，自5月“税银通”推出市场，成为拓展小微客户的拳头产品。截至2016年，新增小微客户数54户，其中“税银通”项目带动客户50户，累计投放金额925万元。

合规风控建设　2016年，中国光大银行东莞分行建立合规经营、风险控制独立体系，完善制度及合规管理流程；加强对员工的合规案防培训，将风险管理和业务发展相结合，提高风险识别能力；持续保持合规案防工作高压态势，通过对业务、财务、人员全方位排查，强化全员风险防范意识。

（余玉琪）

附：2016年中国光大银行股份有限公司东莞分行主要领导名录

党委书记、行长：
罗乐贤（任至10月）
游建皓（11月到任）

【平安银行东莞分行】　平安银行东莞分行于2010年1月对外营业。截至2016年，拥有1个营业部、7家综合支行、3家社区支行、42个自助服务点，有员工349人。2016年，各项存款余额96亿元，比年初增加10亿元，增幅9%；各项贷款余额95亿元；比上年增加6亿元，增幅7%；资产规模、盈利能力、客户数、员工数、网点数逐年稳步增长。

（李　言）

附：2016年平安银行东莞分行主要领导名录

党委书记、行长：张金星

【玉山银行（中国）有限公司东莞分行】　2015年，银监会批准玉山商业银行股份有限公司将玉山商业银行股份有限公司东莞分行改制为法人银行，玉山银行（中国）有限公司经过半年多的改制筹建，于2016年1月6日终获银监会批准开业，2016年1月13日登记成立，银监会同时批准其分支机构东莞分行、东莞长安支行及深圳分行开业，玉山银行（中国）有限公司东莞分行于2016年1月18日登记，成为外商独资银行分行。在东莞市金融消费权益保护协会开展的2016年度金融消费权益保护评估工作中，玉山银行（中国）有限公司东莞分行综合评估得分为100分，获评“2016年度东莞市金融消费权益保护工作优秀会员单位”。

截至2016年，玉山银行（中国）有限公司有4个营业网点，玉山银行（中国）有限公司东莞分行作为其中之一，聚焦珠三角地区台资企业及拓展陆资企业顾客，并陆续开办房地产开发贷款、保理、法人按揭等业务。截至2016年，玉山银行（中国）有限公司东莞分行资产总计19.43亿元，吸收存款11.89亿元，营业收入7049.83万元，不良贷款率为0%。

（叶韵芯）

附：2016年玉山银行东莞分行主要领导名录

行　长：吴怀宽

【彰化商业银行股份有限公司东莞分行】　彰化商业银行股份有限公司东莞分行是进驻东莞市的第二家台资银行，成立于2014年，营运资金为等值10亿元人民币；除经营对各类客户的外汇业务以外，经中国银监会批准可经营对除中国境内居民以外客户的人民币业务。客户群体以公司客户为主，在重点服务大陆地区台商客户的同时，兼顾本地优质企业客户业务往来，为不同类型客户提供综合性金融服务。

截至2016年，彰化商业银行股份有限公司东莞分行资产总额折合人民币12.20亿元，比上年增加1.39亿元；负债总额1.43亿元，增加0.98亿元；吸收存款余额0.75亿元，增加0.46亿元；发放贷款余额1.96亿元，增加1.42亿元，均为正常类贷款。2016年，当年营业收入2982万元，比上年增加1418万元；税前利润总额2453万元，实现净利润1657万元。　（陈红娣）

附：2016年彰化银行东莞分行主要领导名录

行　长：张琼文

【东莞银行股份有限公司】　截至2016年，东莞银行股份有限公司发展成为拥有12家分行、45家一级支行、143个营业网点跨区域性商业银行。资产总额2320.88亿元，比年初增加399.38亿元，增幅20.79%；负债总额2154.95亿元，比年初增加386.16亿元，增幅21.83%；存款余额1575.61亿元，比年初增长209.71亿元，增幅15.35%；贷款余额924.83亿元，比年初增长43.76亿元，增幅4.97%。2016年1月8日，获评“2015年度东莞市税收突出贡献奖”。

业务创新发展　2016年5月27日，东莞银行股份有限公司地铁2号线车站自助银行投入运营，并在2号线7个站点分别设置自助银行设备；6月24日，成立绿色金融债发行工作领导小组，推进东莞地区环境保护等相关工作，通过调整资金投向，重点扶持绿色行业。6月30日，成立东莞分行中心片区风险中心、山区片区风险中心、水乡片区风险中心、沿海片区风险中心、埔田片区风险中心、丘陵片区风险中心，通过成立片区中心，推进东莞地区片区风险垂直管理改革；10月

20日，银监会第76场银行业例行新闻发布会在北京召开，东莞银行股份有限公司作为主发布人，在新闻发布会上介绍支持小微企的若干举措；11月9日，东莞银行股份有限公司稳步推进跨区经营，成立第一家自贸区机构“广东自贸试验区南沙分行”，在业务发展和收入结构上实现多元化发展，推进金融创新。

履行社会责任　2016年7月5日，第九届东莞银行宏远篮球夏令营在宏远篮球训练中心开营；10月17日，东莞银行东莞中学奖学金颁奖典礼在东莞中学举行，支持地区教育发展。（闵　杰）

附：2016年东莞银行股份有限公司主要领导名录

党委书记、董事长：卢国锋

党委副书记、副董事长、行长：程劲松

【东莞农村商业银行股份有限公司】　截至2016年，东莞农村商业银行股份有限公司总资产在东莞市内率先突破3000亿元，达3411.28亿元，资产规模位居全国地市级农商行首位，全国农商行第六位；各项存款余额在东莞市内率先突破2000亿元，达2190.19亿元，各项贷款余额达1305.89亿元，成为东莞市资产规模最大、市场份额最高、利税贡献最多、支持中小微企业力度最强金融机构。据英国权威杂志《银行家》统计，东莞农村商业银行股份有限公司位居全球银行业第292位、中国银行业第41位，世界排名5年跃升198位，跻身“世界银行业300强”；获评东莞市“2016年度税收突出贡献奖”“2016年度主营业务收入前20名企业”，获评广东省农村信用社联合社颁发“广东省农村合作金融机构2016年度金融服务创新奖一等奖”，并连续四年获评“全国十佳农商银行”。

2016年11月9日，东莞银行南沙分行成立

2016年5月27日，国务院促进民间投资专项督查第六督查组来莞督查，督察组组长、环境保护部副部长黄润秋到东莞农村商业银行了解银行发展及促进民间投资情况

金融业务创新　2016年，东莞农村商业银行股份有限公司推出东莞金融业首个O2O平台“荷包社区”，发行广东省首单民营企业理财直接融资工具，运营东莞首条地铁R2线8个站点的自动柜员机，实现柜面业务无纸化，成为全国首家借贷记卡同时支持HCE、Apple Pay、Huawei Pay、MiPay的农商行，东莞首批公积金商贷信息互通银行、住宅专项维修基金专户管理银行。

履行社会责任　2016年，东莞农村商业银行股份有限公司开展社会公益活动，连续6年累计资助约7000名在莞务工人员平安回家过年；组建青年志愿者队伍，点对点服务当地特殊困难群体；参与对口帮扶村扶贫工作，定期进村入户捐款捐物，帮扶社区困难住户；重视金融消费者权益保护工作，从机构制度建设、服务义务履行、争议处理、宣传教育、工作监督等方面着力提升客户服务水平，以“零售金融、同业金融、产业金融、小微金融”业务品牌为客户提供便利高效金融服务。（孙　璐）

附：2016年东莞农村商业银行股份有限公司主要领导名录

党委书记、董事长：王耀球

党委副书记、行长：刘晓东

【交通银行股份有限公司东莞分行概况】　截至2016年，交通银行股份有限公司东莞分行资产规模125.7亿元，本外币各项存款余额

118.5亿元，本外币各项贷款余额104.6亿元。

太平洋薪金卡　2016年，交通银行股份有限公司东莞分行为企业量身打造优质、安全的太平洋薪金卡，该卡专为代发工资客户设计，拥有标准借记卡的所有功能，包含代发工资、奖金、福利、企业年金、养老金等，让企业财务部门从繁琐的资金支付中解脱，轻松享有安全、便捷的财务管理模式，且提供免除代发手续费、支持异地发放、多渠道选择等优惠，并为代发企业的员工提供免年费、免手续费、银信通免费、免工本费、转账免费、办信用卡免费等优惠服务。

智能大堂经理机器人“娇娇”上岗　2016年，交通银行股份有限公司东莞分行的智能大堂经理机器人“娇娇”上岗。“娇娇”作为东莞市金融系统首个推出的厅堂服务智能机器人，上岗后吸引众多客户前来一睹的风采，多家新闻媒体也争相报道。“娇娇”的上岗，分担银行大堂经理的工作，分流客户、缩短银行卡业务等基本业务的办理流程，很多客户表示办理业务变得更加方便、高效、有趣。

绿色金融环境创建　2016年，交通银行股份有限公司东莞分行配合公安机关和监管单位开展绿色金融秩序建设，通过开展反假币绿色社区行宣传活动，提高广大群众对反假币的认识，增强防伪能力，稳定人民币流通环境；参与“央行支付，爱‘芯’徒步”宣传活动，为营造金融安全服务、树立支付新理念、推动金融IC卡与移动金融全面应用、完善东莞市金融科技创新应用环境贡献力量；协助中国人民银行东莞市中心支行和东莞市公安局破获3宗地下钱庄案件，累计金额高达7亿元。（尹健斌）

附：2016年交通银行股份有限公司东莞分行主要领导名录

行　长：王　峰

【兴业银行股份有限公司东莞分行概况】　截至2016年，兴业银行股份有限公司东莞分行营业网点有24家，覆盖东城、南城、虎门、厚街、常平、大朗、塘厦、长安、石龙、石碣、寮步等镇街，本外币存款规模达260.48亿元，贷款余额达173.11亿元。

“兴业银行中石化联名卡”推出　2016年，兴业银行股份有限公司东莞分行创新产品，与中国石化公司在广东联手推出“兴业银行中石化联名卡”（简称“兴油卡”），该卡融合银行卡和加油卡功能，开创石化行业“单芯片、双应用”先河，为有车一族不仅提供实在的优惠及车、生活全链条的服务，更提供双卡理财、双卡服务等管家式金融服务；利用“兴油宝APP（应用程序）”、导航、空中圈存、手机支付、线上下单、线下体验等给持卡人带来智能化生活便利。

向绿色金融转型发展　2016年，兴业银行股份有限公司东莞分行企金业务向精准营销型转变，围绕上市公司、拟IPO企业、知名房产等客户群，推动投行业务发展；以“三板贷”为主打产品，联合“易速贷”“创业贷”等产品，支持中小企业；把环境金融业务作为重点投放业务，做好绿色金融客户的营销，推进业务创新。

迎接“境内”“境外”市场挑战　2016年，兴业银行股份有限公司东莞分行立足本土，放眼全球，在金融市场条线迎接挑战，在“境内”“境外”两个市场切换，境内市场做到扎根本土，巩固传统业务；境外市场围绕“三差”（利率差、汇率差、时间差）、“三跨”（跨境、跨业、跨条线）下功夫，把眼光放向全世界。在“促流入”的背景下，实现跨境同业往来账户和美元存款规模飞跃性增长，外币存款规模远超辖区内异地分行。（谢雪仪）

附：2016年兴业银行股份有限公司东莞分行主要领导名录

负责人：林国华

【上海浦东发展银行股份有限公司东莞分行概况】　截至2016年，上海浦东发展银行股份有限公司东莞分行下辖分行营业部、虎门支行、东城支行、厚街支行、松山湖支行、长安支行、寮步汽车城小微支行、大岭山领居小微支行以及东城迎宾路小微支行等9家网点（东城迎宾路小微支行为2016年新设网点），有员工151人。

截至2016年，一般性存款余额175.7亿元，较2016年初新增55.7亿元，增长率46.4%。贷款余额150亿元，较年初新增62.4亿元，增长率71.2%。

2016年，上海浦东发展银行股份有限公司东莞分行首次跃升至浦发银行全国二级分行综合排名第四位，实现效益、网点、人员、薪酬持续增长，不良贷款率持续下降的发展目标；下辖的虎门支行获评中国银行业“全国千佳示范网点”。（雷转君）

附：2016年上海浦东发展银行股份有限公司东莞分行主要领导名录

党委书记、行长：莫沃林

【中国邮政储银行股份有限公司东莞市分行概况】　截至2016年，中国邮政储蓄银行股份有限公司东莞市分行各项贷款余额193亿元，新增80.86亿元，居全市银行业第四位，增速达66.94%。各项存款余额472亿元，新增58.17亿元，存、贷款新增额均居广东省邮储银行系统第一位。信贷不良率0.4%，远低于东莞市平均水平。获“东莞市2016年度普惠金融服务奖”“2016年东莞市民喜爱的金融品牌·最具发展潜力奖”“广东省分行经营发展效益奖”等荣誉。

助力地方经济发展　2016年，中国邮政储蓄银行股份有限公司东莞市分行通过贷款、票据贴现、贸易融资等方式向社会投放资金215亿元。其中，持续强化对高新技术产业支持力度，投放各类融资支持35.4亿元。先后与东莞市财政局、科技局、国税局、地税局、农业局等单位签订合作协议，成为东莞市科技、产业、金融“三融合”合作行之一，创新推出“税贷通”“政府采购贷”“融资租赁贷”等契合市场需求的产品。持续强化“三农”（农村、农业、农民）支持力度，挂牌成立中国邮政储蓄银行“三农”金融事业部东莞市分部。

助力小微企业发展　2016年，中国邮政储蓄银行股份有限公司东莞市分行2016年，发放各类中小微企业贷款达到133亿元。挂牌成立广东省政府颁发的首批“中小微企业小额票据贴现中心”，累计投放小额票据资金41亿元。在东莞市各一级支行成立小企业金融服务中心，小微企业专职服务人员超过120人，服务范围覆盖全市所有镇街。持续强化对创业者的支持力度，累计发放创业贷款5亿元，惠及4630名东莞籍创业人士，根据企业实际，将单笔额度提升至20万元，贷款对象扩大至松山湖高新区等3个镇街（园区）非东莞籍创业者。

构建服务民生平台　2016年，中国邮政储蓄银行股份有限公司东莞市分行布设自助设备1340台，日均服务量超过20万人次。离行式自助设备801台，排名东莞市银行业第二位。2016年累计为4232家企事业单位办理归集业务，累计办理提取业务17.6万笔，提取金额12.77亿元。（任东东）

附：中国邮政储蓄银行股份有限公司东莞市分行主要领导名录

党委书记、行长：张胜春

【东莞长安村镇银行股份有限公司概况】　截至2016年，东莞长安村镇银行股份有限公司下辖1个总行营业部、5家支行，资产总额达26.91亿元，各项存款余额22.17亿元，实现营业收入0.86亿元，税后净利润0.28亿元。

金融产品创新　2016年，东莞长安村镇银行股份有限公司围绕客户的利益，优化业务流程，完善和创新金融产品。根据当地经济特色及发展情况，继续推广“租金质押担保贷款”，加大投放力度，推出“循环贷”“个人二手房贷”等产品。

金融服务提升　2016年，东莞长安村镇银行股份有限公司持续开展进社区宣传活动，开通微信宣传平台，提升服务透明度；在营业网点内铺设发起行柜员机，扩宽服务渠道；将下辖乌沙支行搬迁至更接近社区居民生活的地方；设立新安支行，扩大农村金融服务覆盖率。

加强消费者权益保护　2016年，东莞长安村镇银行股份有限公司制定《消费者权益保护工作管理办法》《消费者权益保护应急预案》，完善工作制度体系。持续实行借记卡境内外ATM（自动取款机）取款、境内ATM转账手续费全免的优惠政策，贷款申报流程不收取任何手续费及其他中间费用，推动降低社会融资成本。多渠道开展金融知识宣传活动，组织以及参与志愿者服务活动，发挥银行优势，普及金融知识。（莫婉湘）

附：2016年东莞长安村镇银行股份有限公司主要领导名录

董事长：李志锋

行　长：麦永康

【东莞厚街华业村镇银行股份有限公司概况】　截至2016年，东莞厚街华业村镇银行股份有限公司下辖总行营业部1个，一级支行1个，在职员工37人。资产总额5.19亿元，各项存款余额4.27亿元，各项贷款余额3.21亿元。

2016年，东莞厚街华业村镇银行股份有限公司坚持“服务三农、服务社区客户、服务小微企业，服务实体经济，与客共赢”的服务方向，发挥决策直接、高效灵活的优势，适应当地“三农”及小微企业金融服务需求，推出“宅基灵活贷”“租金质押贷”“小额快易贷”“村民小易贷”等具有村镇特色的担保类、信用类信贷产品，截至2016年，涉农和小微企业贷款合计占总贷款余额96.17%。信贷投向涉及批发零售业、农林牧渔业、制造业、住宿餐饮业、居民服务和其他服务业。（陈华茵）

附：2016年东莞厚街华业村镇银行股份有限公司主要领导名录

董事长：陈威仔

行　长：伍海涛（任至11月）

黄柱恒（11月到任）

【华润银行东莞分行概况】　截至2016年，华润银行股份有限公司东莞分行在长安、塘厦、东城等镇街开设支行网点，不断扩大服务范围。资产总额41.18亿元，存款余额39.52亿元，比年初增加2亿元，增幅5.33%，其中储蓄存款2.24亿元，比年初增加1.02亿元，增幅84.22%；各类授信余额48亿元。（秦丽华）

附：2016年华润银行股份有限公司东莞分行主要领导名录

行　长：管礼江

【东莞信托有限公司概况】　截至2016年，东莞信托有限公司总资产40.86亿元，存续信托项目182个，管理信托资产规模415.83亿元。2016年，为客户分配收益25.91亿元；实现净利润3.99亿元，缴纳税款2.24亿元。

股权结构调整　2016年12月，经广东银监局批复同意，东莞市财政局持有的东莞信托有限公司30%股权划转至东莞金融控股集团有限公司，并完成工商变更登记手续。至此，东莞信托有限公司股东从7名变更为6名。

金融创新　2016年，东莞信托有限公司推动成立政府投资基金——“东莞莞信基础设施和公共服务投资基金”，通过发行信托计划吸收社会资金参与该基金，支持东莞轨道交通、污水处理及长安新区等项目建设，为东莞市重点项

2016年10月26日，东莞信托有限公司举办“普及金融知识 提升金融素养 共建和谐金融——金融知识进万家”讲座

目、重大建设的发展提供重要的资金渠道，该基金将于2017年全面投入运营。2016年7月，东莞信托有限公司还尝试发展综合配置业务，其首个综合配置信托产品“智荟财富—稳健配置1号”募集成立。

加强风险管理　2016年，东莞信托有限公司在弱经济周期更注重对风险的把控力，从制度建立、制度执行等方面加强风险管理。提高项目准入门槛，从源头控制风险；针对市场变化情况，及时对项目的行业、区域要求及业务模式等提出风险警示和业务指引，对一些客户提出限制性准入要求；严格落实项目放款前提条件，确保每一笔放款符合合规要求，降低资金运用风险。

履行社会责任　2016年，东莞信托有限公司落实东莞市政府新一轮扶贫工作，启动2016—2018年对口帮扶大朗镇佛子凹村和韶关市乐昌市三溪镇仕坑村工作。组织开展公益徒步活动，将50万元捐赠给“东莞市慈善会东莞信托慈善基金”，持续资助28名困难学生及其家庭。组织“金融知识进万家”、组织员工通过“走上街头”“深入社区”等方式开展专题宣传等活动，加强对信托产品风险的披露，完善金融消费者权益保护机制；编制并向社会公布《社会责任报告》，接受社会监督。（廖　雁）

附：2016年东莞信托有限公司主要领导名录

党委书记：廖玉林

总经理：黄晓雯

保险业

【保险业概况】　2016年，东莞市保险业实现保费收入445.21亿元，比上年增长45.74%。其中，财产险公司保费收入107.70亿元，增长8.60%；寿险公司保费收入337.51亿元，增长63.60%。总保费和寿险保费均连续7年领跑全省地级市，产险保费连续3年领跑全省地级市。保险深度6.52%，保险密度5393.80元/人，在全国地级以上城市中排名分别为第四位和第八位。

截至2016年，东莞市有保险从业人员7.12万人，比上年增长23.44%，其中营销人员6.48万人，占总人力的91%。同时，全市保险业承保的有效机动车保单达411.14万件，其中交强险保单210.51万件；有效财产险保单51.27万件；有效人身险保单1020.66万件，初步实现人均一张人身险保单的目标。机动车保险保额2.04万亿元，非车财产保险保额2.78万亿元，寿险保额1.71万亿元，合计总保额6.53万亿元。全年车险赔付46.7亿元，非车财产险赔付5.0亿元，寿险赔给付104.02亿元。产寿险合计赔给付155.72亿元。（严传彪）

附：2016年东莞市保险行业协会主要领导名录

会　长：董国华

【中国人民财产保险股份有限公司东莞市分公司】　2016年，中国人民财产保险股份有限公司东莞市分公司实现保费收入36.02亿元，比上年增长13.15%。

提高渠道业务获取能力　2016年，中国人民财产保险股份有限公司东莞市分公司在车险方面，加强厂家、区域性经销商集团总对总合作，上下联动，加快新车业务发展；开发直通车险平台，强化电话销售渠道业务获取能力，提升电话销售业务产能；推进理赔融合方案，选择协赔专员，与理赔部门协同，提高资源利用率；增加车商续保中心坐席人员，提升合作覆盖率，提高车商渠道业务占比。在非车险方面，除做好传统险种续保管理外，责任险取得重大突破，诉讼财产保全责任险规模居广东省地级市榜首，医疗责任险以优质的服务成功续保，中标科技保险项目，食品安全责任险、安全生产责任险、大病保险等组建对接团队，取得阶段性进展。

理赔与承保融合　2016年，中国人民财产保险股份有限公司东莞市分公司加强维修资源推修管理，成立维修资源推修小组，完善推修系统；加大理赔优惠政策力度，对与经营单位合作的修理厂实行“一店一策”，提升营业单位的竞争力；将理赔绿色通道核查权下放区域经理，简化绿色通道案件审批处理程序，加快案件处理效率；推广“微信查勘”，由客户现场通过微信自助查勘，引导客户通过公司微信公众号实现“线上一站式”的快捷理赔服务，提高客户满意度。

科技创新助力业务发展

2016年，中国人民财产保险股份有限公司东莞市分公司开发“人保汽车服务商家平台”“东证合作项目车险手机报价任务对接平台”“理赔自助查勘管理平台”，打造“直通车险支持平台”“出单工作平台”，推出“车队业务管家”，推广微信企业号应用，优化出单作业流程，加快理赔效率，实现车队业务管理精细化、差异化和标准化，提升客户体验，促进业务持续健康快速发展。（何惠知）

附：2016年中国人民财产保险股份有限公司东莞市分公司主要领导名录

党委书记、总经理：王焱辉

【中国人寿保险股份有限公司东莞分公司】 截至2016年，中国人寿保险股份有限公司东莞分公司下辖31个营销网点，从业人员近9000人，依托全市各服务网点，实现服务领域全覆盖。2016年，实现保费收入25.63亿元，比上年增长18.88%。

2016年，中国人寿保险股份有限公司创新产品，推出“鑫福赢家”保险组合计划，组合保险的理财和保障功能。东莞分公司再次进行理赔服务优化，实现VIP（贵宾）客户专人跟进，一对一服务；针对老人险业务，开通微信、邮件、快递等快速理赔服务，保证受理的案件当天结案；推出医保通项目，现场受理，免去客户到柜面或找业务员办理的手续。

承担社会责任，热心公益慈善。2016年，参加东莞市民政局牵头的军民共建活动，慰问海军“东莞舰”官兵；与东莞市民政局、老龄办合作，举办以敬老、爱老、助老为主题教育活动的“中国人寿杯”少儿绘画大赛；承办第十一届高考高分考生报告会，邀请高考优秀学子与公司客户面对面交流，得到客户的好评。（杨　妍）

附：2016年中国人寿保险股份有限公司东莞分公司主要领导名录

党委书记、总经理：吴赛佩

证券业

【证券业概况】 2016年，东莞市有证券营业部107家，股票账户数414.51万户，比上年增加29.35%。全年证券交易额2.94万亿元，比上年减少42.45%；股票市值2101.57亿元，比年初增长12.50%。（卢浩祥）

【上市公司概况】 2016年，东莞市继续落实帮扶措施，协调解决企业上市遇到的困难。截至2016年，东莞市有上市公司33家，其中，境外上市公司15家、境内上市公司18家，2016年新增2家。2016年末，A股上市公司总市值2101.57亿元，约占东莞市2016年国内生产总值的30.8%。

（卢浩祥）

【东莞证券股份有限公司】 截至2016年，东莞证券股份有限公司（国有控股的全国性综合类证券公司）下设投资银行部、场外市场业务部和销售交易总部等17个单位，

2016年11月8日，广东康华医疗股份有限公司（股票代码：3689.HK）在香港联合交易所主板上市，成为香港联交所主板上市的国内首家综合性民营三甲医院，同时也是东莞市第一家H股上市公司

拥有69家分支机构（其中营业网点66家，上海分公司1家，深圳分公司1家，北京办事处1家），全资拥有东证锦信投资管理有限公司，参股华联期货有限公司，业务遍布珠三角、长三角及环渤海经济圈。截至2016年，该公司总资产355.39亿元，净资产54.66亿元。在2016年券商分类评级中，被评为A类A级券商。此外，获评“三十年东莞骄傲”标志企业、“第26届广东省企业管理现代化创新成果二等奖”和“2016年投资者调查优秀证券公司”等荣誉。

发展直接融资　2016年，东莞证券股份有限公司作为东莞市本土唯一券商，打造投资银行业务体系，为企业提供IPO（首次公开发行）、再融资、债券发行与承销、“新三板”挂牌、改制辅导、并购重组等市场融资服务，帮助企业降低融资成本，提高资源配置效率，发挥资本市场中介，服务实体经济发展的职能。主板市场方面，2016年新签订IPO项目33家，比上年增长267%，IPO及再融资项目融资15.32亿元；完成新易盛和中富通2家企业的发行工作。新三板市场方面，2016年新三板签约企业249家，完成130家企业的新三板推荐挂牌，142家新三板项目申报，48家企业定增项目工作。债务融资业务方面，2016年发行非公开发行公司债7支，发行规模30.5亿元。

创新引导业务　2016年，东莞证券股份有限公司与中南财经政法大学合作建立“量化投资研究项目团队”，借助量化投资等金融业务研究，将金融创新推向新的层高。

履行社会责任　在2016年度东莞市纳税亿元以上企业中，东莞证券股份有限公司以纳税2.4亿元、排名第29位，获东莞市“年度税收突出贡献奖”。2016年，该公司派驻村干部前往韶关市南雄市百顺镇百顺村开展扶贫工作，并与国家级贫困县——江华瑶族自治县签署结对帮扶战略合作协议，助推当地特色产业扶贫。（罗　欣）

附：2016年东莞证券股份有限公司主要领导名录

总裁、代董事长：陈照星

期货业

【期货业概况】　2016年，东莞市有独立法人资格期货公司1家，期货营业部9家，全年累计代理交易额4900.27亿元，比上年减少58.4%。

【华联期货有限公司】　2016年，华联期货有限公司在广州、佛山、揭阳等市和东莞市东城、樟木头等镇街设有5家营业部。该公司于1993年4月成立，是国内首批取得期货业务经营许可权的期货公司之一。2007年10月，华联期货有限公司完成股权变更和增资扩股，注册资本增加至1亿元，并由东莞证券有限责任公司、东莞信托有限公司控股。2015年4月10日，经中国期货业协会备案通过，华联期货有限公司获批取得资产管理业务资格。按照公司三年业务发展规划，华联期货有限公司以“立足珠三角、渗透区域金融中心”的经营思路扩张，同时依托控股股东东莞证券有限责任公司在全国范围内的中间业务优势，将业务推向全国。

（卢浩祥）

【东莞发展控股股份有限公司】　东莞发展控股股份有限公司是东莞市属唯一一家国有控股上市公司（证券代码000828），主营业务为高速公路投资运营、融资租赁及商业保理，注册资本10.39亿元。截至2016年，该公司总资产89.14亿元，净资产51.26亿元，比上年分别增长7.11%、11.84%；全年实现营业收入12.52亿元、营业利润10.13亿元，比上年分别增长14.14%、4.41%，获东莞市2016年度税收突出贡献奖。

实业经营　2016年，东莞发展控股股份有限公司推进大坪站、石大路站等收费站的改扩建，加大主动营销力度，提升窗口服务水平，打造畅通、平安、文明莞深高速公路。2016年，莞深高速公路经营业绩再创新高，实现通行费收入10.34亿元，比上年增长10.71%。通过探索延伸实业产业链，做大做强实业资产投资。

金融运营　2016年，东莞发展控股股份有限公司坚持稳健持续与开拓创新相结合的发展策略，完善金融产业链。全资子公司广东融通融资租赁有限公司的资金实力不断增强，业务规模实现跨越式发展，2016年实现营业收入1.72亿元、净利润7181.19万元，分别比上年增长25.05%、56.89%。为加快金融板块布局，提升金融业务的整体竞争力，2016年9月，发起设立控股子公司天津市宏通商业保理有限公司，成为东莞市首批成立商业保理公司的企业，通过精准定位、差异化金融服务，突破新设公司的发展困局，2016年实现营业收入2202.29万元，净利润666.22万元。至此，东莞发展控股股份有限公司形成“融资租赁+商业保理”的金融产品服务格局，两者实现良好的资源共享和产品互联，通过提供多样化的金融产品形式，支持实体经济的转型升级和健康发展。

股权投资　2016年，东莞发展控股股份有限公司探索投资新方向，推进股权投资模式的多元化，截至2016年，参股8家公司，参股领域涵盖证券、信托、水务等方面。2016年，克服宏观经济低迷、二级市场波动带来的影响，实现投资收益2.88亿元。（陈迪莎）

附：2016年东莞发展控股股份有限公司主要领导名录

董事长：张庆文（10月到任）

总经理：萧瑞兴（11月到任）

财政·税务

FINANCE · TAXATION

- 财政助推产业转型升级
- 东莞市成为全国第二个国税收入破千亿地级市
- 东莞市落实科技创新税收优惠额居全省地级市第一位
- 东莞市落实车购税优惠额居广东省第一位

东莞保税物流中心

编辑：贺　平

财政

【财政收支概况】　2016年，东莞市受进口税收增长较快及经营性用地溢价较大影响，来源于东莞的财政收入1569.1亿元，比上年增长38.5%，连上4个百亿元台阶。全市一般公共预算收入实现544.7亿元，增长8.2%，收入规模稳居全省第四位，收入增速居全省第六位。一般公共预算收入中，税收收入完成431.1亿元，增长12.9%，税收占比为79.1%，比上年提高2个百分点，收入质量居全省第三位。非税收入方面，受取消、减免和暂停征收涉企行政事业性收费等政策因素影响，通过依法征收管理，挖掘收入潜力，非税收入完成113.6亿元。是年，政府性基金预算收入322.3亿元，增长109.5%；国有资本经营预算收入5亿元，减少2%；社会保险基金收入463.3亿元，增长8.9%。

2016年，东莞市综合运用月度通报、季度约谈、年度考核等举措，强化追究问责，加快市本级预算支出、中央省转移支付支出、结转资金支出进度，严控一般专项结转规模。2016年，市本级一般公预算支出完成预算的95.6%，上级转移支付结转资金减少62.1%，市本级权责发生制列支资金减少65.2%，发挥财政资金稳增长、调结构、惠民生作用。

【财政助推产业转型升级】　2016年，东莞市实施创新驱动发展战略，推动经济转型与结构调整，让新动能逐步挑起大梁、旧动能不断焕发生机。投入10亿元，设立产业投资基金，撬动社会资本，支持新兴产业发展；投入1.9亿元，推进“机器换人”，提升智能制造水平；投入1.4亿元，开展高新技术企业“育苗造林”行动；投入1.1亿元，支持加工贸易企业转型升级，推动电子商务发展；投入4074万元，加强科研创新平台、新型研发机构建设；投入2826万元，启动技能人才五年行动计划，引进创新创业领军人才，鼓励专业人才学历进修。

【财政助推产业合作交流】　2016年，东莞市立足区位优势及产业集群优势，支持企业主动对接“一带一路”战略，加强产业交流合作，提升对外开放水平。投入2亿元，推动对外贸易发展；投入8080万元，鼓励企业开拓市场，提升品牌知名度；投入6977万元，支持石龙国际班列运转，加快石龙铁路国际物流基地及中俄贸易产业园建设，打造产品进出口交易平台；投入3969万元，加快保税物流、航空物流、港口物流发

2016年3月31日，2016年东莞市节能减排财政政策综合示范城市建设工作推进会议召开 （周健业 摄）

展，参与国际物流大通道建设；投入6021万元，支持海博会、加博会、台博会等重点展会举办。

【财政加强教育投入】 2016年，东莞市始终将教育摆在优先发展位置，坚持公办学校与民办学校共同支持，基础教育与高等教育联动发展。省、市财政5年投入35亿元，支持东莞理工学院建设高水平理工科大学；投入19.1亿元，加快推动镇街教育发展；投入12.4亿元，保障市属学校教育经费；投入1.5亿元，用于城乡免费义务教育经费补助；投入1.5亿元，支持民办教育发展，向民办学校购买2,413个学位，为2万名民办教师发放从教津贴；投入5463万元，用于市属高中教学奖励、校舍维护等；投入7825万元，加快学前教育发展。

【财政助力公共卫生发展】 2016年，东莞市支持公立医院医药分开改革，推行分级诊疗制度，着力破解“看病难、看病贵”难题。投入2.7亿元，为市民免费提供11项基本公共卫生服务以及“两癌”（宫颈癌、乳腺癌）筛查、乙肝母婴阻断治疗、遗传性耳聋、地中海贫血和唐氏综合症基因项目检测等重大公共卫生服务；投入1.5亿元，用于二类疫苗购置；投入8891万元，用于市属公立医院基本医疗服务补助；投入2000万元，设立市公立医院院长专项资金，加强市属医院重点专科、人才队伍建设。

【财政助力社会保障提升】 2016年，东莞市完善城乡一体化社会保障体系，对低保、残疾群体及高龄老人实施重点保障，积极推进就业创业。投入12.4亿元，加大城乡一体社会养老保险、医疗保险、生育保险缴费补助力度，将基本医疗保险年度最高支付限额提高至30万元，同时提高补充医疗保险基金支付比例；投入2.6亿元，对低保对象等困难群体实施生活、教育、医疗等综合救助，保障残疾人生活就业与康复；投入1亿元，为高龄老人发放生活津贴、购买意外伤害保险并提供居家养老服务；投入3.3亿元，建设创业孵化基地，为应届大中专毕业生、就业困难人员等发放就业补贴，加大小额创业贷款贴息力度。

【财政助力群众文体生活繁荣】 2016年，东莞市加强文体基础设施建设，引导文化产业发展，支持举办有国际影响力的赛事，满足群众文体生活需求。投入1.1亿元，支持市图书馆、文化馆、展览馆及海战博物馆等建设，加大图书购置、文化展示、文物征集力度；投入4246万元，促进文化产业发展，鼓励文艺精品创作；投入2921万元，支持创建国家历史文化名城；投入1819万元，举办东莞松山湖马拉松友谊赛暨科技文化交流活动；投入1785万元，升级改造99个篮球场，新建和改建20个小型足球场，免费对市民开放；投入1502万元，加大东莞城市形象宣传力度。

【财政助力环境综合整治】 2016年，东莞市以建设节能减排财政政策综合示范城市为抓手，加快生态环境修复，建设绿色宜居家园。投入13.5亿元，支持全市污水处理、截污主干管网养护及截污次支管网建设；投入5292万元，推动水生态一期工程建设运营；投入1732万元，用于运河、石马河及茅洲河水环境综合整治；投入2900万元，开展生活垃圾焚烧飞灰处理；投入1.4亿元，加快淘汰黄标车；投入1.2亿元，加强东莞植物园及大屏嶂、银瓶山等森林公园建设；投入1663万元，支持低碳节能与循环经济发展。

【财政助力城市承载功能提升】 2016年，东莞市推动地铁2号线开通运营，完善公共交通网络体系，加快特色发展片区建设，提升城市承载能力。投入4.4亿元，加快公共交通发展，整合跨镇公交资源，提升公交服务能力。投入3.5亿元，支持环莞快速路二期、S256篁村至虎门段、S358虎门至长安段大修工程、铁路东莞站配套工程等交通基础设施建设；投入2.4亿元，支持打造水乡特色发展示范片区；投入8000万元，建设美丽幸福村居；投入3618万元，开展11个中心镇地下管线普查。

【财政助推区域协调发展】 2016年，东莞市完善转移支付政策，推进区域帮扶协作，提升城市发展均衡性与协调性。投入13.9亿元，用于市对镇街的财力性转移支付；投入19.2亿元，补助村（社区）基本公共服务支出；市外帮扶方面，投入2.1亿元，用于援疆、援藏和援川支出；投入6200万元，援助云南昭通市和重庆巫山县；投入3.4亿元，对口帮扶韶关市和揭阳市；市内帮扶方面，投入1.8亿元，支持全市欠发达村（社区）完善基础设施、引进培育优质项目；投入2100万元，定点帮扶全市70个欠发达村。　（陈俊辉）

附：2016年东莞市财政局主要领导名录

党组书记、局长：罗军文

税　务

国家税务

【国税概况】　截至2016年，东莞市国家税务局在职在编干部职工833人，管辖全市纳税户54.54万户，负责征收管理税种有增值税、消费税、企业所得税、储蓄存款利息所得个人所得税、车辆购置税。2016年，推进税收改革，创新服务，依法治税，全市国税系统组织税收收入1229.65亿元，首次迈过千亿元大关，为东莞市组织可支配财力194.21亿元，比上年增长16.51%。东莞市国家税务局先后获评“广东省文明单位”“广东省巾帼文明岗”；东城分局王秀平被国家税务总局评为“先进工作者”，21名干部职工被评为“东莞好人”，26个家庭获评东莞市“最美家庭”称号。

【东莞市成为全国第二个国税收入破千亿地级市】　2016年，东莞市国税系统组织税收收入1229.65亿元，首次迈过千亿元大关。成为继苏州市之后，全国第二个国税收入突破千亿地级市。

【东莞市办理出口退税额连续四年居广东省第一位】　2016年，东莞市开展出口退（免）税无纸化试点，全市1120户企业成功试点退（免）税无纸化申报，完成无纸化审核审批出口退（免）税21.62亿元；将全市生产企业和部分外贸企业的出口退（免）税审批权限下放至主管税务分局，东莞市国家税务局审批转变为税务分局“一站式终审”，涉及全市8000多户生产企业，以及符合条件的290余户外贸企业，实行出口退（免）税企业分类管理，缩短信用良好企业的办退时限。2016年，全市累计办理出口退（免）税607.73亿元，比上年增长5.57%，为出口企业提供充足资金流保障。其中办理出口退税385亿元，增长11.31%，连续四年居广东省第一位。

【东莞市落实科技创新税收优惠额居全省地级市第一位】　2016年，东莞市落实科技创新税收优惠，为424户高新技术企业减免税额14.94亿元，比上年增长64.18%；为463户企业办理研发费加计扣除45.63亿元，增长71.74%，两项优惠政策的落实金额，均跃居广东省地级市第一位。

【小型微利企业税收优惠政策落实】　2016年，东莞市国家税务局为99.12万户次小微企业减免增值税9.19亿元，比上年增长26.06%，2015年度汇算清缴为11.33万户次小微企业减免企业所得税5.34亿元，增长49.16%，实现优惠100%全覆盖。

【东莞市落实车购税优惠额居广东省第一位】　2016年，东莞市国家税务局落实车购税优惠政策，为30.51万台优惠车辆减免车购税13.99亿元，优惠额跃居广东省第一位，其中办理1.6升及以下排量乘用车减免税款13.16亿元，引导汽车消费。

【营业税改增值税试点推开】　2016年5月1日，全国全面推开营业税改增值税试点。东莞市国家税务局在面对纳税户增加14%、征管业务总量增长23%的压力下，抓培训搞辅导，优服务强管理，严督导促落实，接连闯过“开好票”“报好税”“分析好”“改进好”四关，确保改革试点在快节奏、高强度中有条不紊地推进。2016年，营业税改增值税试点为全市纳税人减负36.95亿元，其中“四大行业”（建筑业、房地产业、金融业、

2016年1月29日，东莞市国税局获评“广东省文明单位”

生活服务业）试点纳税人累计减负9.7亿元，“3+7”（交通运输业、邮政业、电信业三大行业及研发和技术服务业、信息技术服务业、文化创意服务业、物流辅助服务业、有形动产租赁服务业、鉴证咨询服务业、广播影视服务业）试点纳税人、原增值税一般纳税人累计减负10.86亿元、16.39亿元，达到所有行业税负只减不增预期目标。

【国税、地税征管体制改革】 2016年，东莞市将深化国税、地税征管体制改革作为与组织收入同等重要的“一号落实工程”，通过狠抓动员、狠抓督办、狠抓落实，改革成果得以显现。深化国税、地税征管体制改革驶入“快车道”，实现国税、地税联合办税实体大厅全覆盖，“银税互动”系统升级，大企业管理机构和风险管控机构实体化，税警联合打击涉税违法犯罪机制化，深化改革取得明显成效。深化国税、地税合作，联合推动纳税服务、税收征管、文化建设、党的建设等多方面合作提升，51个规定合作项目基本完成，并成功创建南城、长安、松山湖3个省级国地税合作示范区，其中，长安获评全国百佳国地税合作示范区。

【国税服务信息化建设】 2016年，东莞市国家税务局应对全面推开营改增后激增的服务压力，推进便民办税春风行动，清理涉税审批事项，减少纳税人资料报送，减轻办税负担。借助“互联网+税务”思维，全面推广应用电子税务局，深化O2O办税模式，升级手机APP掌上办税平台，构建“窗口办税、网上办税、自助办税和掌上办税”四位一体办税架构。全国首创纳税人外出经营活动申报系统，全省率先开发推广国税、地税通“代开易”和国税、地税联合委托代征代开系统，推广应用POS机刷卡直缴国库业务，利用信息化手段提升纳税服务质效。2016年，在广东省国税局委托第三方纳税人满意度调查中，东莞市国税局综合得分85.51分。

【全国首创纳税人外出经营活动申报系统】 2016年，东莞市国家税务局针对全面实施营改增试点后，外出经营活动税收管理业务量迅猛增长，不仅给基层办税服务厅造成压力，而且给纳税人带来不便，东莞市国家税务局依托信息化手段，优化管理流程，全国首创纳税人外出经营活动申报系统，被国家税务总局吸纳并在全国试行。

（余昆鹏）

附：2016年东莞市国家税务局主要领导名录

党组书记、局长：曹益镇

地方税务

【地税概况】 截至2016年，东莞市地方税务局全系统在编干部职工906人，管辖全市纳税户57.17万户，其中内资企业28.53万户，外资企业1.54万户，个体经营26.35万户，其他0.74万户。主要负责营业税（2016年5月1日起全面改征增值税，由国税部门负责征收）、企业所得税、个人所得税、房产税、资源税、车船税、城市维护建设税、城镇土地使用税、土地增值税、印花税、契税、耕地占用税等12个税种的征管和社会保险费、教育费附加、文化事业建设费（营改增后由国税部门负责征收）、堤围防护费（2016年4月1日起免征）、残疾人就业保障金、地方教育附加、价格调节基金（2016年2月1日起停征）、工会经费等8项费金的征收工作。2016年，东莞市地方税务局抓好组织收入、征管改革、依法治税、纳税服务、队伍管理和党的建设等工作，连续15年被评为“中央和省驻莞单位年度工作优秀单位”。

【地税组织收入】 2016年，东莞市地方税务局面对经济税源变动因素较多、营改增后税收增长点减少等压力，坚持依法征收，加强企业所得税、个人所得税、土地增值税、财产行为税等税种精细化管理，规范社保费、价格调节基金、工会经费、残保金等规费征收工作。全年共组织税费收入921.38亿元，入库增长7.7%，可比增长（剔除营改增影响，下同）18.9%。税收收入475.31亿元，入库增长3.8%，可比增长25.9%，可比增幅居全省地税第三；其中，中央收入117.54亿元，增长31.6%；省级共享收入100.62亿元，入库增长2.5%，可比增长55.6%；市级收入240.14亿元，入库增长3.3%，可比增长20.8%，可比增幅居全省地税第四，占全市一般公共预算收入44%。社保费收入391.55亿元，增长15.5%。其他规费等收入54.52亿元，同比下降7.3%。

【地税税种改革落实】 2016年，东莞市地方税务局落实供给侧结构性改革工作部署，联合财政、国税部门全面推开营改增试点，向国税部门移交纳税人信息10.66万户，并承接纳税人销售其取得的不动产和其他个人出租不动产代征增值税、代开发票业务，2016年5月1日至12月31日代开增值税发票16万份，代征增值税2.38亿元。同时，推进资源税改革，完成资源税改革后申报征收工作。

【地税税务营商环境优化】 2016年，东莞市地方税务局将落实税收优惠政策放在更加突出位置，以宣传、解读、辅导和跟踪反馈为主线实施全流程管理，全年累计减免税收89亿元，同比增长48%；其中落实高新技术企业所得税优惠、研发费加计扣除优惠政策减免税收5.92亿元；实现小微企业税收优惠政策惠及面100%，累计减免税收2.09亿元；执行取消、停征部分政府性基金及扩大免征范围、降低社保费费率等政策，为企业减负逾39亿元；发挥全省稽查系统电子取证工具试点单位优势，运用取证工具提升稽查质效；联合国税开展专项税收稽查、随机抽查、

涉税案件查处及发票违法犯罪活动整治，缴获假发票15238份。严厉打击国际逃避税，全年入库税款13.2亿元，其中办理全省地税系统最大宗转让定价调查案件，入库企业所得税及利息1.4亿元。加强非居民股权转让税收管理，完善售付汇信息采集，开展税收风险核查，全年入库非居民税收5.37亿元。

【国税、地税合作深化】 2016年，东莞市地方税务局把落实国税、地税征管体制改革作为工作主线，把国税、地税合作规范3.0版作为重要抓手，推进国地税51项合作事项落地，形成可推广、可复制的改革亮点和经验16项以及东莞特色做法10多项，推动南城、长安、松山湖等3个国税地税合作县级示范区建设，其中长安镇获评全国百佳国税地税合作县级示范区。推动国地税联合办税全市覆盖，建成国地税“共建大厅”10个，“共同进驻”政务中心4个，“互相进驻”联合大厅55个，建成南城、长安24小时“E-TAX”智能办税区。联合开展纳税信用评价，评定A级纳税人1.13万户、B级8.52万户、C级4.03万户和D级1.26万户。推进“税保合作”，国税、地税、保险行业协会共同签署《东莞市“税保合作”服务小微发展项目合作备忘录》，签发广东省首张“科技贷”保单，为纳税信用B级以上科技型纳税企业提供信用贷款便利。

【地税税收风险管理强化】 2016年，东莞市地方税务局深化涉税信息交换共享与分析比对，搭建同国税、社保、房管等部门的数据交换平台，全年共获取涉税数据1084.98万条，核查补缴税费13.28亿元。推进征管数据应用系统平台二期开发，建立税源分析、风险监控体系，整合梳理海量数据，强化对税源结构及征管质量动态监控；推广应用纳税评估管理系统，推进纳税评估模型建设，对4366户纳税人实施评估，补缴税款及滞纳金20.84亿元；成立大企业管理局，提升大企业管理与服务层级，推进税收分析、应对及风险管理工作。

【地税办税服务创新】 2016年，东莞市地方税务局作为全省唯一试点，全面推广办税服务厅分类管理，合理配置硬件、软件及人力资源，以差别化管理实现服务质效的统一和规范，缩短办税等候时间；落实征管和纳服规范，逐步推进业务全市、全省通办，推广“二维码”一次性告知、导税预受理、二次优先等便民服务；升级优化“国地通”平台，完成“一照一码”数据在市级层面直接传输和分发，税务登记时间从18分钟减至1分钟；开发存量房交易管理软件，同步房管部门数据，实现存量房交易办税免填单，平均办理时间从40分钟减至15分钟；推出“代开易”掌上办税项目，实现个人代开普通发票“申请易、支付易、送达易”，单张发票开具时间由8分钟减至3分钟。

【地税税企互动加强】 2016年，东莞市地方税务局利用纳税人实体和网上学堂，举办纳税人培训605场，培训5.2万人次，网校发布各类视频课程53个，累计播放1.3万次。通过主流媒体发布税收专题87期，开通官方微信微博，东莞地税微信公众号订阅量达到4.4万人次。注重点对点纳税辅导，举办“一带一路”专题税宣活动，成立促企业上市服务工作站，组织后备上市企业、股权激励等主题税收政策沙龙，推出大企业“私人定制”服务。加强12366建设，全年热线总话务量17.5万宗，接通率97.23%，连续两年在全省地税服务质量抽检中综合排第二名。（林立煌）

附：2016年东莞市地方税务局主要领导名录

党组书记、局长：钟毅民

2016年4月12日，东莞市全面推开营改增试点工作动员会在东莞市地方税务局召开

经济监督管理

ECONOMIC SUPERVISION AND MANAGEMENT

- 供给侧结构性改革
- 东莞市获全省节约集约用地考核第一名
- “智慧工商”新模式开启
- 东莞市获“全国质量强市示范城市”称号
- 第三次全国农业普查开展

东城街道步行街

编辑：李缙文

发展规划管理

【宏观经济管理】 2016年，东莞市发展和改革局（简称“东莞市发改局”）贯彻执行《东莞市2016年国民经济和社会发展计划》，以全市“十三五”规划为指导，科学安排年度国民经济社会发展计划，综合协调全市经济部门围绕目标开展各项经济工作。全年经济运行稳健，产业结构优化升级、质量效益提高，全年经济增长8.1%，高于“十三五”规划年均8%的水平，实现“十三五”时期的良好开局。起草《东莞市2016年国民经济和社会发展计划执行情况与2017年计划草案的报告》，研究提出2017年全市经济社会发展主要指标预期目标，提出2017年经济增长保持在8%—8.5%的预期目标。发挥全市经济形势分析联席会议办公室和经济运行督导小组的作用，加强宏观经济分析监测，分析总结经济运行特点，研究查找经济运行中存在的矛盾和问题，提出有针对性和可行性的措施对策供领导决策参考。2016年，组织召开月度经济点评会8次、季度经济形势分析会2次、半年经济形势分析会1次。

【规划编制实施】 2016年，东莞市发改局完成编制市“十三五”规划纲要，统筹做好全市“十三五”重点专项规划编制工作，会同各部门做好重点专项规划衔接上报，上报市政府25项，正在编制3项。完成全市32个镇街“十三五”规划纲要备案工作。牵头做好水乡特色经济发展区“十三五”规划编制工作。牵头开展统筹园区发展专题研究工作，形成统筹园区发展专题研究成果，提出统筹园区发展的意见。参与园区统筹片区联动发展问题深化调研，提出优化片区划分及协调联动发展方案。统筹做好开发区审核申报工作，加强沟通汇报，争取有更多开发区列入国家《目录》，全市上报7个开发区，待国家发改委核准。完成东部片区一体化发展战略研究。推进深莞惠经济圈（3+2）（深圳市、东莞市、惠州市+汕尾市、河源市）建设，研究推进规划建设东江生态经济带等多项重点合作事项。开展产业规划研究，围绕产业发展环境面临的新形势、新技术、新业态，加快推进相关规划编制研究工作，形成涉及汽车产业链、战略性新兴产业、生物技术产业、新能源汽车等多个产业发展规划。牵头现代服务业发展“十三五”规划编制工作，起草《关于加快发展生产性服务业全面推进产业转型升级的实施意见》，促进产业协调发展。

【重大项目建设】 2016年，东莞市发改局加强重大项目督查督导，坚持一线督查、一线调研、一线协调解决问题，组织开展重大项目巡查活动和召开新开工项目推进会，全面加快重大项目开工建设。建立健全重大项目管理机制，建立进度预警及协调处置机制，强化重大项目执法机制建设，指导镇街、项目单位做好市重大项目供地工作，保障重大项目供地建设。开展专题调研工作，深入了解重大项目情况。全面梳理并加强未落地项目处置，重大推动进度缓慢项目建设。2016年，重大建设项目累计完成投资439.4亿元，占年度计划118.7%，比上年增长10.5%。列入省重点建设项目的市管项目36项，完成投资188.8亿元，占年度计划139.7%，比上年增长18.7%。全年推动47个项目开工建设，24个项目投产，总投资300.2亿元。

2016年10月12日，东莞市重大项目办公室巡查华为终端项目建设进展情况

【东莞市轨道交通2号线项目】 东莞市轨道交通2号线起于石龙镇西湖村，经茶山镇、东城街道、莞城街道、南城街道、厚街镇，止于虎门镇白沙村，总长37.8千米（其中地下线长33.8千米，高架线长3.6千米，地面线及过渡段长0.4千米）。全线设车站15座（高架站1座，地下站14座），设车辆段1座、控制中心1座、主变电所2座。项目概算投资180.12亿元，其中工程费用114.12亿元（其中建筑工程65.41亿元，机电设备采购及安装装修48.71亿元）、工程建设其他费用40.52亿元、预备费7.73亿元、专项费用17.75亿元，建设周期为2010—2016年。2016年，完成投资13.68亿元，占年度计划119.3%；项目累计完成投资153.4亿元，占总投资的78.7%。

【东宝河新安大桥东莞引桥及配套工程项目】 项目位于长安镇，东起东宝河新安大桥主桥，西至长安镇建安路兴一路口。用地5.78公顷，路线长690米，其中引桥长440米。路线分上下行两幅，单幅引桥及引道宽度均为12.75米，两侧设7米宽辅道。项目为公路兼顾城市主干道功能，主线设计车速60千米每小时，双向6车道，辅道设计车速30千米每小时。项目投资概算1.26亿元，其中桥梁部分1.2亿元，包括建安费用1.03亿元、工程建设其他费用1038.59万元、项目预备费570.7万元；管线迁移及房屋拆除648.88万元，包括建安工程费用561.75万元、工程建设其他费用56.23万元、项目预备费30.9万元。项目建设周期为2015—2016年。2016年，完成投资4550万元，占年度计划100%；项目累计完成投资9618万元，占总投资的78.5%。

【东莞移动传送网项目】 该传送网管道723管程千米，新建光缆1544皮长千米以及多个传送网骨干汇聚层OTN/PTN系统、IP城域网的建设和升级改造。项目总投资5.03亿元，其中管道及光缆建设、设备以及安装工程4.23亿元，配套建设8000万元。项目于2016年动工、当年完工，完成投资5.03亿元。

【东莞电信光纤宽带基础网络项目】 该项目建设光缆4000纤芯千米，光纤入户FTTH端口44万

2016年东莞市重大项目投资完成分行业情况

项目行业类别	项目数量（个）	完成投资（亿元）	占年度计划（%）
交通运输项目	23	41.1	101.8
能源保障项目	3	37.6	138.5
现代产业项目	164	311.8	115.7
绿色发展项目	9	22.0	73.0
社会事业项目	18	26.9	109.9

2016年东莞市重大项目投资完成分来源情况

按投资来源分	项目数量（个）	完成投资（亿元）	占年度计划（%）
财政投资项目	27	42.2	87.1
社会投资项目	190	397.2	123.5

线，将31.6万户铜缆宽带接入用户改造为光纤接入，实现百兆进家庭、千兆进企业的目标。项目总投资为5.9亿元，2015年完成投资1.4亿元；2016年，完成投资4.5亿元。于2016年完工。

【东莞联通宽带网项目】　项目新增主干管道523沟千米，新增宽带端口35万线，覆盖100万用户。新增基站907个，核心城区实现高速视频业务，用户体验最优。项目总投资4.05亿元，其中无线投资2.15亿元；宽带投资7521万元，局房及配套投资1502万元；传输管道、线路投资9980万元。项目于2016年动工、当年完工，完成投资4.05亿元。

【轨道交通建设】　2016年，东莞市发改局推进轨道交通布局与建设，优化城市发展环境。开展全市轨道交通一体化规划研究，重点研究铁路布局，优化全市轨道交通空间布局，实现多种轨道交通方式的高效衔接。提请市政府启动城市轨道交通线网规划的修编和新一轮建设规划的编制，争取更多线路纳入近期建设规划。加快推进城市轨道交通建设，实现首条城市轨道交通2号线开通运营，完成市轨道交通1号线一期工程立项，研究确定1号线实施方案。筹集15.51亿元城际轨道交通建设资金，突破穗莞深、莞惠及佛莞城际东莞段的一批征拆难点，研究解决工程纠纷问题，确保城际轨道建设推进。统筹开展赣深客运专线前期工作，优化论证赣深客运专线东莞段方案设计、塘厦站规模等方案，举行赣深客运专线东莞段项目启动仪式。主动对接周边城市，加快研究与深圳市、广州市的城市轨道交通项目衔接方案。截至2016年，穗莞深线洪梅至深圳机场段完成投资7.13亿元，新塘至洪梅段完成投资7.63亿元，莞惠线东莞段完成投资15.94亿元，佛莞线东莞段完成投资3.6亿元。

【创新驱动发展】　2016年，东莞市发改局履行创新驱动发展工作职责，举办全市创新驱动发展大会，形成全社会关注创新的发展氛围。落实“双创”（大众创业、万众创新）工作，推荐长安镇纳入省级“双创”示范基地。举办全省“双创”活动周分会场活动。其间，线上线下超过6万人次参与相关活动。贯彻落实《国务院关于大力推进大众创业万众创新若干政策措施的意见》等文件精神，着手制定“双创”实施意见。加快推进新能源汽车推广应用相关工作，推进纯电动汽车充电基础设施建设，开展《东莞市电动汽车充电基础设施专项规划（2016—2020年）》《东莞市新能源汽车充（换）电基础设施建设运营管理暂行办法》的研究编制。至年底，建成充电站56座及充电桩1000个。推广分布式光伏项目，2016年完成非居民项目备案67个，容量80.44兆瓦，居民项目10批次721户、8464.12千瓦。全年拨付分布式光伏发电项目专项资金771万元。

莞惠城际轨道铺轨作业

【供给侧结构性改革补短板行动计划】　2016年，东莞市发改局统筹协调推进供给侧结构性改革。牵头各部门制定全市供给侧结构性改革总体实施方案。制定出台《东莞市供给侧结构性改革补短板行动计划》，明确工作目标，力争三年时间投入515亿元，建设一批重大工程。协助开展“降成本”行动计划，大幅降低行政事业性收费等制度性交易成本和企业用电、用气价格。免征堤围防护费、村镇基础设施配套费等34项国家、省定的行政事业性收费的市级收入，年降低企业事业性收费负担超20亿元。免除查验没有问题的外贸企业吊装、移位、仓储费用，年降低企业经营服务性收费负担约300万元。全市大工业和一般工商业每千瓦时电价分别降低1.68分和2.26分，年减少企业用电成本7.3亿元。争取省在东莞市实施蓄冷电价，低谷用电价格再降低50%。两次降低非居民用户管道天然气价格，为工商业用户（不含电厂）年降低用气成本3.26亿元。按规定停征价格调节基金，年降低企业费用近3亿元。

【投资体制改革】　2016年，东莞市发改局开展企业投资项目“一门式、一网式”政府服务模式改革。推动政府投资项目管理体制改革。组织起草政府投资项目管理相关办法，形成《东莞市政府投资项目管理暂行办法》（征求意见稿）。推广项目投资建设“直接落地”改革经验，加强直接落地改革服务保障。全年直接落地改革准入审批试点申请项目9个，其中4个纳入试点项目。

【行政审批和简政放权改革】 2016年，东莞市发改局实施《东莞市发展和改革局权责清单》，并在门户网站上发布；编制《东莞市发展和改革局关于上级调整行政职能事项的承接和后续落实监管工作方案》《东莞市发展和改革局2015年行政审批制度改革取消事项实施方案》《东莞市发展和改革局行政审批中介服务事项目录》；更新《进驻网上办事大厅服务事项目录》；落实行政标准化工作，梳理《东莞市发展和改革局公共服务事项目录》，并就行政许可事项和公共服务事项编制办事指南和业务手册。印发《东莞市发展和改革局2015年深化简政强镇事权改革工作实施方案》；与中心镇、松山湖（生态园）高新区、沙田镇（东莞港）、清溪镇签订《行政委托协议》，并报市法制局备案；为16个放权镇（园区）更换执法专用章；落实简政放权放管结合优化服务改革。

【重点领域价格改革】 2016年，东莞市发改局贯彻落实新版广东省定价目录，推动价格改革向纵深发展。最大限度缩小政府定价范围和项目，定价目录减少66%。落实医疗服务、自来水价格改革等措施。推进医疗服务价格改革，调整523项、放开18项医疗服务项目价格，有序解决突出的医疗服务价格结构性矛盾；分区域调整水价，实现同水源同供水方式区域内基本同价；完善出租汽车运价结构，取消出租汽车燃油附加费，统一各类巡游出租汽车运价；推进天然气价格改革，实施居民阶梯气价制度；落实环保价费改革措施，贯彻污水处理费征收新规定，从4月1日起污水处理费的计费水量由90%调整为100%；完善学前教育收费政策，取消公办幼儿园“新生新办法、老生老办法”，统一在园幼儿收费标准。

【生态文明先行示范区建设】 截至2016年，东莞市按照“国际制造名城、现代生态都市”的发展定位，以创建国家生态文明先行示范区为抓手，加快推动绿色、循环、低碳发展。建立生态文明先行示范区联席会议制度，加强组织领导和统筹协调，明确职责分工；制定《东莞市生态文明先行示范区建设行动计划》，明确目标责任，推进制度创新，“多规合一”、生态红线管控、生态文明建设市场化机制等制度建设。2016年，单位GDP能耗比上年下降4.65%；全市化学需氧量、氨氮、二氧化硫和氮氧化物排放量分别下降5.4%、5%、7.4%和3.7%；优良空气天数318天，比上年增加11天。工业固体废物综合利用率89%，人均公园绿地面积23.22平方米，城乡污水集中处理率96%，城乡生活垃圾无害化处理率100%。督导示范区58项重点工程实施，累计完成投资超过35.4亿元。组织133个资环类项目入库，总投资额350亿元。组织10个项目申报2016年中央预算内投资项目资金，获得资金2.03亿元，其中重点流域中央预算内项目资金占全省资金支持总额的95.7%。

【粮食调控管理】 2016年，东莞市发改局制定《东莞市粮食安全责任考核办法》等制度，开展年度粮食安全责任考核。加强粮食市场管理、军粮供应管理。争取中央财政补贴1.29亿元，推进国家“粮安工程”项目建设。强化产销合作，完善粮食保障体系。抓好地方储备粮规模落实工作，制定《东莞市粮食储备总体实施方案》，落实地方粮食储备规模80万吨，落实比例为100%。做好储备粮轮换工作。按计划完成2016年3个批次9.9万吨储备粮轮换，确保储备粮常储常新，需要时调得动、用得上。同时落实粮食安全责任制，确保全市粮食供应安全。

【价格监督管理】 2016年，东莞市发改局受理和处理价格咨询举报，其中，受理价格政策咨询及举报1.57万宗，比上年下降33.35%；阳光热线回复率100%，网上信访按时办结率100%。开展药品价格、医疗服务价格、电力价格、房地产及中介机构明码标价等专项检查，及时纠正不正当价格行为，提高经营者的守法意识，规范经营者的价格行为，维护消费者的合法权益。加强节日期间市场价格监管，在春节、中秋、国庆节等重大节假日期间，联合各镇街相关部门对大型商场（超市）、旅游景点、商业停车场等100多个单位进行检查。全年查处价格违法案件29宗，实行经济制裁68.05万元。承办各类违法犯罪案件涉及财物价格认定1.22万宗，涉及金额4.3亿元，比上年下降13%，绝大部分是“两抢一盗”（抢劫、抢夺，盗窃）等涉及群众利益的侵权财物案件。全年无一宗案件出现复议现象，司法审理采信率超过90%。启动低收入群众临时价格补贴联动机制，向补贴对象发放元旦春节价格补贴3069.34万元，发放2—5月的临时价格补贴1474.44万元。落实春节、“五一”和“十一”节假日高速公路及游览参观点价格优惠政策，减轻群众通行费及门票支出约1亿元。实施房价备案制度，促进房地产市场平稳健康发展。

【对口支援】 2016年，东莞市投入援疆资金5.9亿元，启动援建项目46个，所有项目进展顺利，实现援疆项目“资金100%到位、项目100%完成、质量100%合格”的目标。兵团草湖广东纺织产业园首期30万锭示范项目基本投产，二期30万锭项目奠基开工，村镇银行设立、草湖二甲医院建设等项目进展顺利。西藏林芝巴宜区7个小康示范村规范建设方案出台，在巴宜区引进养猪扶贫项目、引资4000万元进行旅游开发。捐资550万元，支援四川甘孜州雅江县、九龙县建校助学。（古周梅）

附：2016年东莞市发展和改革局主要领导名录

党组书记、局长：

朱斌华（任至2月）

罗　斌（2月到任）

国土资源管理

【国土资源管理概况】 截至2016年，东莞市土地调查总面积为24.60万公顷。农用地面积10.18万公顷，其中纯耕地面积1.32万公顷，园地面积3.05万公顷（可调整园地面积1.40万公顷），林地面积3.39万公顷（可调整林地面积0.27万公顷），草地面积0.08万公顷（可调整草地面积0.08万公顷），其他农用地面积2.34万公顷（可调整地类面积0.55万公顷）；建设用地面积11.82万公顷，其中城镇村及工矿用地面积10.70万公顷，交通运输用地面积0.80万公顷，水库及水工建筑面积0.32万公顷；未利用地面积2.60万公顷，其中水域及水利设施用地1.39万公顷，其他草地0.98万公顷，其他土地面积0.23万公顷。

2016年，东莞市获全省节约集约用地考核第一名，获省政府颁发的节约集约用地一等奖、"三旧"（旧城镇、旧厂房、旧村庄）改造三等奖，并获土地执法监察通报表扬。东莞市国土资源局获市直单位考评经济建设类一等奖、重大项目服务保障先进单位第一名，节约集约用地机制改革获评全市"单打冠军"。

【土地规划】 2016年，东莞市坚持新增建设用地指标由市统筹分配，优先保障重大项目和民生工程用地需求。全年省下达东莞市新增建设用地指标793.33公顷，农地转用指标678.53公顷。实际上报省市批次165个，占用新增用地751.32公顷，农地转用577.96公顷。

【耕地保护】 2016年末，东莞市耕地保有量3.67万公顷，基本农田面积2.83万公顷，均超额完成省政府下达的东莞市耕地保有量任务（耕地保有量任务不得少于2.46万公顷，基本农田任务数2.04万公顷）。全年东莞市批准占用耕地142.23公顷，全部采取有偿受让补充耕地形式进行补充，实现年度耕地占补平衡。

【地籍管理】 2016年，东莞市完成2015年度土地变更调查工作任务，按时上报全市2015年度土地变更调查与遥感监测工作成果，并通过省和国家的验收。开展农村数字化地籍调查，全年整理全市私人住宅用地土地登记档案143.1万宗次，占应整理档案数的93.62%。土地登记数据库整理工作基本完成，全市所有镇街启动私人住宅用地外业调查和标绘上图工作。做好集体土地所有权登记发证成果数据库更新备案，按时按质上报工作成果，并通过省国土厅核查后准予备案，最新成果数据库运用于用地报批工作。

【不动产统一登记】 2016年，东莞市推进不动产统一登记制度改革，强化国土、房管、林业、海洋与渔业等部门间协调联动，共同推进不动产登记业务流程再造、窗口建设、表格制定、业务培训、簿册订购、系统平台建设及数据整合等基础性工作。6月30日起，在全市范围内实施不动产统一登记，并颁发新版不动产权证书。全年办理各类不动产权证书（含房地产权证书和土地使用权证书）19.3万本，不动产登记证明11.02万本。其中，颁发新版不动产权证8.58万本，不动产登记证明5.63万份。办理各类不动产登记证书和证明总量比上年多5.7万本，增长23.19%。日均办理各类不动产登记证书和证明1218本，比上年增长23%。

【土地利用】 2016年，东莞市出台《东莞市科研用地管理暂行办法》，从用地准入、用地来源、规划管理、地价机制、供地方式、产权管理、后续监管等多个方面对科研用地的使用管理进行规范。全年向省国土资源厅申报建设用地17个批次，涉及37个项目，用地面积277.27公顷，其中新增建设用地232.49公顷，农用地转用面积180.12公顷，取得省国土厅批复27宗675.97公顷。全年办理土地供应业务166宗，面积655.99公顷。全年盘活存量土地184宗560.6公顷，处置闲置土地133宗317.56公顷。

【"三旧"改造】 2016年，东莞市加快推进"三旧"（旧城镇、旧厂房、旧村庄）改造工作，深入开展政策调研，研究起草地价计收分配办法、土地和房产权属调查管理方案、村企合作改造公开平台选取合作企业操作办法等"三旧"改造常态化配套政策文件。在全面

2016年11月1日，东莞市召开全市土地管理工作会议

梳理“三旧”改造前阶段工作的基础上，完成全市构建开放型经济新体制大调研课题，撰写《东莞市“三旧”改造工作调研报告》；会同市税务部门调研形成《全面“营改增”后“三旧”改造（城市更新）项目税收政策适用问题研究》专题报告。稳步推进连片改造，其中东城街道黄旗南片区、樟木头镇樟洋片区完成前期研究，麻涌镇滨江片区完成66公顷土地统筹，珠三角汽车交易中心项目开始建设，茶山镇东岳珀乐片区的茶山旧村改造一期项目主体工程施工，南城街道东华片区、长安镇科技商务区等新的一批连片改造片区陆续启动前期工作。同时，完成“三旧”改造面积347公顷（其中旧城镇8公顷、旧厂房309公顷、旧村庄30公顷），直接拉动投资约177亿元，其中社会投资金额175亿元。全市腾出土地建设城市基础设施项目7个、增加公共绿地1.59公顷；完成产业转型升级类的改造项目57个，引进现代服务业和高新技术产业项目8个。通过向天空、地下拓展用地空间72公顷，节地率21%。通过改造，政府土地出让收益19.16亿元，改造区域内税收增长1.2倍，第二、三产业就业人口增加48%。

【土地市场】 2016年，东莞市通过挂牌出让用地90宗，面积430.89公顷；从供应结构看，住宅用地25宗，面积101.70公顷；商贸服务用地9宗，面积16.37公顷；工矿仓储用地53宗，面积311.49公顷；地下空间3宗，面积1.32公顷。

【矿产管理】 2016年，东莞市开展第三轮矿产资源总体规划编制工作，形成规划初稿并征求有关单位意见。促进地热资源开发，支持塘厦镇大钟岭地热勘查项目实施，该勘查项目在广州市公共资源交易中心网上挂牌出让，由塘厦三正半山酒店有限公司竞得该探矿权，成交价30万元。抓好矿山恢复治理，督促生产矿山编制恢复治理方案，配合财政部门通过招投标方式，确定东莞市农商银行作为东莞市矿山地质环境治理恢复保证金的缴存银行，并完成大部分企业的保证金转存。严格矿产规费征收，上半年征收矿产资源补偿费11.9万元，2016年度采矿权使用费8000元。自2016年7月1日起，不再向全市矿山企业征收矿产资源补偿费，改为由税务部门征收资源税。完成开发利用年检，全市应参加年检企业10家，其中年检合格8家，年检不及格1家，另有1家矿泉水企业因未投入生产申请不参加年检。做好矿产压覆查询，办理博深高速公路清溪出入口连接线工程等8个建设用地压覆矿产资源查询。办理审批登记，审查办理中堂东腾盐矿采矿权延续登记和广东省地质工程公司探矿权注销登记。

【地质灾害防治】 2016年，东莞市发生地质灾害灾情1起，险情5起，直接经济损失9.8万元，无人员伤亡事故。做好地质灾害防治工作，5月，市政府与各镇街政府、市国土资源局与各国土资源分局分别签订地质灾害防治工作责任书，专门印发《2016年度地质灾害防治方案》《关于认真做好2016年地质灾害防治工作的通知》，明确防治任务。6月2日，市政府印发《关于调整市地质灾害防治工作领导小组成员的通知》。联合地质九队对各镇街排查情况进行全面核查，结合汛期山区防灾安全隐患专项排查以及城市地质灾害风险点危险源排查整治专项行动进行深入排查，检查确定地质灾害隐患点365处，其中威胁10人以上一类隐患点4处，威胁3—10人的二类隐患点94处。将汛期持续强降雨和超强台风降雨等时期，作为重点防范时段，在台风“妮坦”“海马”侵袭期间，分别撤离受威胁群众4294人和3258人；将大朗镇沙步石龙岭等13个隐患点作为重点地质灾害隐患点，重点督办；将凤岗、樟木头、虎门、长安、大岭山、大朗、东城、常平等19个镇街的63个社区（村）作为重点防治社区（村）。

【测绘管理】 2016年，东莞市被批准成为测绘地理信息局智慧城市时空信息云平台建设试点，完成数字城市地理空间框架地理数据更新和地理信息公共服务平台功能升级工作，在数字城管、林业云二期、导航信息系统中应用。完成全市建成区30.50平方公里1：500地形图修补测量。启动东莞市北斗地基增强系统建设，完成5个基准站的升级改造。组织开展东莞市第一次全国地理国情监测信息系统建设，基本建成地理国情普查数据库、地理国情信息数据库管理系统、地理国情成果应用服务系统3部分主要内容。并组织市测绘院参评全省第一次全国地理国情普查劳动竞赛。

【测绘资质管理】 2016年，东莞市有测绘资质单位50家，其中甲级3家，乙级3家，丙级5家，丁级39家。严格执行测绘项目备案制度，全年完成备案311个批次，累计合同金额7900万元。对全市丙、丁级44家测绘资质单位开展测绘质量监督检查。联合市委宣传部、保密局、教育局、东莞海关、工商局、文化广电新闻出版局、商务局开展全市地图市场大检查，对资质单位、会展企业、书店、学校、文具销售企业等生产、销售、使用地图的单位进行抽查。执行测绘资质年度报告制度和测绘统计制度，全年审核测绘资质年度报告45份，完成半年测绘统计1次。完成12宗测绘作业证的审核发证。

【执法监察与违法用地整治】 2016年2月，东莞市印发《东莞市违法用地、违法建设联合执法实施方案》，在全省率先建立以镇街执法力量为主体的联合执法机制，开辟违法用地和违法建筑“快速拆除通道”。7月，在全市范围推行国土资源行政处罚案件“裁执分离”机制，对于违法当事人拒不履行的退还土地、拆除或没收地上建筑物的行政处罚，由人民法院裁定属地镇街（园区）政府组织实施强制执行，确保案件查处执行到位。率先在全省范围内建立违法用地“黑名单”制度，并先后在《东莞日报》公布两批86名违法用地者“黑名单”，对其在高消费、乘坐飞机高铁、融资信贷等方面进行限制或者禁止。重视违法用地整治工作，构建国土执法长效机制，推动落实土地管理共同责任。2016年，依法拆除违法建筑物35.8万平方米，复耕复绿261.2公顷。查处土地违法案件644宗，依法罚款2319万元，申请人民法院强制执行105宗；向公安机关移送案件1宗，涉及土地违法犯罪嫌疑人3人；向纪检监察部门移送案件9宗，涉及纪律处分9人。（黄　凰）

【土地储备概况】　2016年，东莞市开始实行《东莞市土地储备管理实施办法》，在全市范围内建立“一个平台、两级联动”的土地收储机制，全市的收储土地均纳入市土地储备库统一管理。全年镇街（园区）报送历史遗留储备土地纳入市土地储备库218宗897.31公顷，全市储备土地新增入库78宗294.96公顷，办理土地出库手续137宗445.52公顷。截至2016年，市土地储备库在库土地1408.82公顷，其中市级储备土地667.55公顷（含拟收储土地）、镇级储备土地741.27公顷。

【土地供应与收储】　2016年，东莞市级储备土地供应6宗7.88公顷，其中商服用地2宗3.75公顷，公共设施用地4宗4.13公顷，回笼资金10.13亿元；收储土地3宗，面积33.73公顷。

【储备土地利用管理】　土地巡查管理　2016年，东莞市实行储备土地巡查制度，加强对储备地块日常监管，维护国有资产安全和完整，制止侵占、破坏、倾倒余泥等违法侵占储备土地的行为。实行常态化巡查。在委托第三方物业管理的基础上，建立储备土地巡查制度，土地储备中心巡查员定期进行全面巡查，做好日常巡查记录，对侵害储备土地的行为做到早发现、早制止、早处理，严控新增侵害储备土地的现象。采取措施防范台风、暴雨等恶劣天气引发的风险，尤其在主汛期季节，对储备土地存在的地质灾害进行排查，对列入属地范围地质灾害防控的风险点，加强巡查和做好警示工作。通过建设围墙或铁丝网等方式进行围闭式管理，保护已储备土地不受破坏；对存在安全隐患的储备土地，采取安全防护措施，进行重点防范，消除安全隐患。

土地出租管理　2016年，东莞市结合在库土地实际，在不影响土地供应的前提下，对收储地块、拟收储地块分类管理，采取临时租赁的方式加以利用，既有利于对收储地块的管理，又有利于明确拟收储地块的权责。2016年，市级储备土地临时租赁126.02公顷，租金收入398.3万元，比上年增收19%。（卢惠锋）

附：2016年东莞市国土资源局主要领导名录

党组书记、局长：刘　杰

附：2016年东莞市土地储备中心主要领导名录

主　任：黄锦发

国有资产监督管理

【国有经济运行概况】　国有企业资产状况　2016年，东莞市市属国有企业资产总额3950.53亿元，比上年增长11.64%；资产负债率78.77%，上升0.6个百分点（非金融企业资产负债率52.54%，下降2个百分点）；净资产838.67亿元，增长7.91%。东莞市国有资产主要分布在金融、基础设施建设、园区开发、公益公共服务等领域。准公共性企业（主要功能定位为承担政府指令性公共项目及公共服务类）资产总额1071亿元，占总资产27%，占市属非金融企业总资产的91%。东莞市国有资产整体质量较好，财务风险基本可控；资产状况逐步改善，国有资产实现保值增值。

国有企业经营指标　2016年，东莞市市属国有企业实现营业总收入296.69亿元，比上年下降2.66%；实现利润总额67.29亿元，下降6.86%；实现净利润53.79亿元，下降2.93%。

【国资国企改革】　国有企业负责人薪酬改革　2016年1月，东莞市《深化国有企业负责人薪酬改革实施方案》实施，明确市属企业负责人的薪酬结构和调节系数，对改革后的薪酬情况进行测算，对各市属企业上报自行制定的薪酬方案进行审核，批复市属企业负责人的基本年薪，并呈报市政府进行备案。

国有企业股权改革　2016年，东莞市人民政府国有资产监督管理委员会（简称“东莞市国资委”）将持有东莞市公共汽车有限公司的股权，划给东莞市交通投资集团有限公司。将企业性质的东莞产权交易中心的出资人变更为东莞市公共资源交易中心，并撤销事业单位性质的东莞市产权交易中心。组建东莞金融控股集团有限公司，整合东莞银行、东莞证券、东莞信托、华联期货4家地方法人金融企业国有股权，理顺国有资产管理的委托、代理关系，按现代企业制度要求完善股东会、董事会、监事会对管理层的激励、约束机制，明确各地方金融机构国有资本投资、运营职能。

【国有企业监督管理】　负责人履职待遇和业务支出　2016年6月，东莞市委办公室、东莞市人民政府办公室印发《东莞市市属企业负责人履职待遇和业务支出实施意见》，确定并规范市属企业负责人履职待遇和业务支出，促进市属企业加强党风廉政建设，对市属企业

2016年3月25日，东莞金融控股集团有限公司成立

负责人“五险一金”（“五险”指养老保险、医疗保险、失业保险、工伤保险和生育保险等5种社会保险；“一金”指住房公积金）的履职待遇以及公务用车、办公用房、培训、业务招待、国内差旅、因公临时出国境、通信等方面的业务支出进行规定。

国有企业法人治理结构 2016年，东莞市国资委完成东莞市莞邑投资有限公司、东莞市东江水务有限公司等企业的董事会、监事会、经营班子换届工作。完成修改东莞市长安新区控股有限公司、东莞市水务投资集团有限公司和东莞市莞邑投资有限公司等企业的公司章程。

【国有企业去产能】 2016年，东莞市国资委成立处置市属国有“僵尸企业”工作领导小组，建立“僵尸企业”数据库以及完成制定出台实施方案等基础性工作，9家特困企业有4家完成脱困（亏损总额比上年减少75%，超过全省30%的减亏目标），完成通明电厂项目战略重组，推进包括天明电厂IGCC（整体煤气化联合循环发电系统）项目在内的东莞市电化实业集团公司，引进投资者实施战略重组。

【国有企业股权多元化】 2016年，东莞市国有企业引入社会资本参与截污管网、污水处理、高速公路、轨道交通等重大基础设施项目投资、建设和运营，实现准公共项目资金投入多元化，带动民营资本做大做强。发挥国有企业助力民营企业创新发展的作用，配合有关单位组建科技金融集团，通过市财政资金注入，撬动社会资本参与，整合科技、金融、产业资本，重点支持企业创新，扶持创新企业发展，推进实施“东莞制造2025”“机器换人”和中小企业股份制改造等战略。

【国有资本经营预算】 2016年，东莞市本级国有资本经营预算收入5.86亿元，市本级国有资本经营预算支出5.86亿元，其中8000万元用于市交通投资集团下属东莞通公司的大数据中心的建设，转移性支出5.06亿元。

【国有产权登记管理】 2016年，东莞市国资委办理东莞市松山湖高新投融资担保有限公司、东莞东实德恒投资有限公司等12项产权占有。东莞市生物技术产业发展有限公司、东莞市轨道交通有限公司增资等11项变动登记事项和东莞市虎门港供水有限公司转让给沙田自来水厂等2项注销登记事项。东莞证券发行公司债、东莞实业投资控股集团发行企业债、东莞市莞邑投资有限公司核销处置虎门物资总公司债券等市属企业重大投融资及资产处置事项22项。长安新区控股公司设立围填海项目子公司、东实集团成立高新投融资担保公司等企业组建及资本变更事项22项。划拨交通投资集团2016年国有资本经营预算支出款项、划拨东实大学创新城工程款等企业重大资金使用事项8项。

【国有企业内部审计】 2016年，东莞市国资委完成东莞市二轻石龙津威工业公司和东莞市东盈投资管理有限公司经理离任审计。通过政府采购的方式外聘会计师事务所，完成对东莞市松山湖控股有限公司及其属下16家企业、东莞生态园控股有限公司及其属下5家企业、东莞市生物技术产业发展有限公司等企业内部审计及清产核资，以及对东莞实业投资控股集团有限公司及其属下40家企业的清产核资，并督促企业完善国有产权代表、重大财务事项、内部审计等监管体系，加强产权管理、财务监督、综合绩效评价、薪酬管理、收益管理、经济运行动态监测等基础工作。

【国资国企历史遗留问题处理】 2016年，东莞市国资委将60余名市属关停企业集体户的职工及其家属人员移交社区管理。界定东莞市二轻石龙津威工业公司等企业的市属股权权属，理顺混凝土公司持有永安水泥厂股权所涉及的资产处理。指导东莞市资产经营管理有限公司应对金融不良债权追收案、协调金宝公司和柴油机厂起诉鸿胜公司案、应对东莞市国资委作为第三人的海景山庄合同纠纷案等。处理省国资委、东莞阳光网、市信访局、“12345”政府热线等转来的来信来访，并稳妥处理市二轻系统、建筑总公司等企业人员的信访问题。（陈月婷）

附：2016年东莞市人民政府国有资产监督管理委员会主要领导名录

党委书记、主任：任洪杰

工商行政管理

【工商行政管理概况】 2016年，东莞市工商行政管理局（简称“东莞市工商局”）持续深化商事制度改革，在全国率先推行“全程电子化+审批中心”工商登记改革，全面实施多证合一登记制度改革，试点推进企业简易注销，服务“大众创业、万众创新”，激发市场活力和社会创造力。

2016年，东莞市新登记市场主体17.4万户，其中企业8.2万户，分别比上年增长41.3%、49.7%。全市市场主体总量84.1万户，其中企业32.9万户，个体户51.1万户，市场主体总量和新增量、企业总量和新增量均创历史新高，位居广东省地级市首位。全市受理网上登记业务25.2万宗，占全市同期同类型业务87.5%，累计减少群众往返57.7万人次，平均每天减少2711人次，全程电子化成为工商登记注册的重要渠道。在2016中国智慧政府发展年会上，东莞市工商局“全程电子化工商登记管理系统”入选第二届中国“互联网+政务”50强优秀实践案例。省工商局、省社科院联合课题组评估显示，东莞市开办企业便利度居全省第二位、地级市第一位。东莞市工商局被市委、市政府评为市直单位2016年度工作优秀单位，创新基层精神文明创建机制、“全程电子化+审批中心”登记改革两项工作获评全市“单打冠军”。

【“智慧工商”新模式开启】 2016年3月1日，东莞市工商局网上审批中心开始运转，标志东莞市在全国率先打造的“智慧工商”新模式全面开启。网上审批中心主要承担全市市场主体的全程电子化名称预先核准、设立、变更、注销等登记审批职能，实现对网上登记业务的一站式受理、标准化审批、全透明服务。东莞市全程电子化工商登记覆盖范围，逐步从内资公司拓展到所有市场主体。

【集贸市场文明创建】 2016年，东莞市工商系统牵头全市集贸市场文明创建，研究制定全市集贸市场文明创建督导方案和工商系统文明创建工作方案。坚持试点先行，以横沥等镇为试点，打造高标准、高质量的文明创建示范点，并以点带面指导督促各镇街开展整治提升。全市33个镇街全部完成集贸市场示范点文明创建，211个市场改为摆卖区，整治达标的集贸市场273个。

【新型市场监管体系建设】 2016年，东莞市工商局编制《东莞市市场监管现代化“十三五”规划》，绘就市场监管现代化发展蓝图。设定“市场规范指数”，纳入镇街领导班子落实科学发展观考核内容，推动各部门、各镇街落实后续监管职责。出台《东莞市企业信息公示和信用约束管理暂行办法》，率先制定企业信息公示和信用约束管理“两张清单”，优化东莞市企业信用信息公示系统和协同监管信息化系统建设。依托协同监管信息化系统，累计推送信息38.1万条，收到反馈信息67.6万条（次），反馈率超过100%。

【工商服务内涵拓展】 2016年，东莞市个体户升级为企业1039户，有限公司转为股份公司124户，新登记私营集团47户，累计帮助201户企业在境内外和新三板上市。推进股权质押登记和动产抵押登记，帮助企业融资解困，办理股权出质登记659宗，动产抵押登记853宗，涉及担保数额1001.7亿元。实施商标品牌战略，全市累计有效注册商标15.2万件，其中中国驰名商标76件、广东省著名商标287件，居全省前列。推进“守重”（守合同、重信用）企业公示活动，公示广东省“守重”企业1576户，推荐国家级“守重”企业20户。深化消费维权服务站建设，试点创建网上消费维权服务站2家，全市消费维权服务站541家，全系统累计调解消费投诉1.68万宗，为消费者挽回经济损失5587万元。调整优化个私协会（个体劳动者协会、私营企业协会）组织架构，全市33个镇街全部完成个私协分会合并成立独立法人资格协会。

【新型工商监管执法模式探索】 2016年，东莞市工商局探索新型监管执法模式，以手机销售行业为试点，开发企业“诚信通”信息查询系统，选取7个镇街推广使用。

2016年12月8日，东莞市实施商标品牌战略国际注册专题讲座举办

开展涉众金融领域及非法集资专项整治和风险排查专项行动，排查相关企业392户，及时向有关部门报送涉嫌违法线索，协助公安部门破获"4·25"专案。强力整治无照经营，全系统清理无照经营1.28万户，立案查处1638宗。开展打击商标侵权专项整治，立案查处商标违法案件450宗。开展房地产、互联网金融等9项广告专项整治行动，查处违法广告案件174宗。推进"无传销城市"创建，清查涉传窝点23个。强化网络市场规范治理，处理网络投诉举报1085宗，登记入库网络经营主体近4万户，推广红盾电子标识1461个，网络经营主体数据库总量和红盾电子标识推广数居全省地级市之首。累计查办经济违法违章案件3670宗。

（郑泽锦）

附：2016年东莞市工商行政管理局主要领导名录

党组书记、局长：

范燕彬（任至12月）

陈锡稔（12月到任）

质量技术监督

【质量技术监督概况】 2016年，东莞市质量技术监督局（简称"东莞市质监局"）坚持以供给侧结构性改革为主线，推进"东莞制造2025"战略，扶持实体经济发展，服务转型升级，保障质量安全和促进产业发展。

全市新增2家企业获得省政府质量奖，累计29家次企业获省、市政府质量奖（鼓励奖）；54个工业类产品、3个服务类产品获评2016年广东省名牌，全市累计拥有184个省名牌产品，居全省第二位；真空技术、信息传输线缆、云计算和制鞋4个省标准化技术委员会落户东莞市，全市累计有9个省标准化技术委员会。出台全国首个电商平台质量评价体系，并率先在本地电子商务企业开展应用试点工作；制定《东莞市实施技术标准战略"十三五"规划》，纳入东莞市"十三五"重点专项规划；建设智能制造装备省站，争取智能制造装备国家检测中心落户东莞市；申请建设生态家居产品和电子信息配件省站，加快模具国家检测中心建设，构建质量技术综合服务体。累计抽查6523批次重点产品，不合格产品发现率为5.6%；全市电梯100%完成"使用权者"确认。

东莞市获评"全国质量强市示范城市"。在广东省2015—2016年度地级以上市政府质量工作考核中，东莞市获得A级考核结果，全省排名第二位。

【质量强市建设】 2016年，东莞市在全省地级市中率先出台以质量强市为主题的规范性文件《中共东莞市委、东莞市人民政府关于深入推进质量强市建设的意见》，明确将追求质量摆在东莞市经济社会发展的战略位置；出台质量强镇的政策措施，与长安、虎门、常平、大朗等镇街签订质量合作备忘录，共同提升重点镇街的质量发展水平；指导、推荐3家企业申报省级中小学质量教育社会实践基地，全市有1家国家级、6家省级中小学质量教育实践基地，居全省前列。

【品牌建设】 2016年，东莞市持续推进政府质量奖工作，指导2家企业获广东省政府质量奖，并组织第五届市政府质量奖。指导企业创建名牌，推动54个工业类产品、3个服务类产品获评2016年广东省名牌。深化区域品牌建设，联合虎门镇组织开展服装质量的风险研判，提升虎门休闲服装的质量竞争力。联合东莞理工学院共建质量品牌发展研究院，打造"质量智库"，服务和支撑东莞市质量工作。

【质量技术服务水平提升】 2016年，东莞市质监局加快建设省质量监督智能制造装备检验站，争取智能制造装备国家检测中心落户东莞。申请建设生态家居产品省站，加快模具国家检测中心建设，构建质量技术综合服务体。推进检测认证一体化进程，持续扩充认证资质，开展模具企业先进制造能力认证。东莞市质检中心全年新增333项检测能力；服务2016年加博会，为参展企业提供专业检测咨询服务；服务"双创"，设立专为创客服务的萤火实验室；开展能源计量工作，加强计量检定，为全市3500多家企业、30.2万台（件）计量器具进行免费检测，减负力度连续2年居全省地级市之首。

【标准化战略实施】 2016年，《东莞市实施技术标准战略"十三五"规划》出台，并纳入全市"十三五"重点专项规划。修订《东莞市标准化战略专项资金管理办法》，将标准创新指数纳入东莞市创新驱动发展指标体系对镇街进行考核。全年为1116个产品标准办理备案手续，办理1537个产品的执行标准登记，分别比上年增长31.6%和18%。新增云计算、信息传输线缆、真空技术以及制鞋4个省级标准化委员会落户东莞。广东智通人才高分通过国家级服务业试点专家组的验收；召开新闻发布会，推进电子商务2项国家标准的应用，率先建立电商平台的评价规范，3家机构获得认证授牌。

【质量监督与质量整治】 2016年，东莞市质监局累计抽查6523批次儿童用品、消防产品、电气机械产品、食品相关产品等15类重点产品，不合格产品发现率5.6%；加强质量不合格后处理，处理195宗产品质量严重不合格、复查不合格等涉嫌违反产品质量法律法规行为。出台《2016年纺织服装等10类重点产品质量专项整治提升工作方案》《东莞市日用消费品质量安全专项整治行动方案》《2016年东莞市服装产品质量整治提升工作方案》《东莞市虎门服装产业质量提升工作方案》等文件，在重点产业、重点区域实施质量整治提升行动。

【特种设备安全监管】 2016年，东莞市质监局深化电梯安全监管改革，全市在用电梯100%确权、90.8%购买保险;印发《东莞市质量技术监督局电梯生产单位分级管理办法》，对电梯生产单位实施差异化监管，以奖优罚劣的方式，提高电梯生产单位遵规守法、主动履责的积极性。全面加强特种设备隐患排查治理和打击非法违法生产经营活动力度，检查特种设备相关单位和现场1.51万家（处），发现并督促落实整改隐患3170处；检验特种设备11.27万台次（不含复检、管道），比上年增加3.76%；加强特种设备安全教育培训，在各镇街开展41场专题培训讲座，培训人员7000余人。开展立沙岛化工园区特种设备安全、液化石油气充装站、公众聚集场所在用电梯、“老旧”电梯专项整治、蒸压釜专项监督检查等专项行动。同时做好春节、“五一”、加博会、中秋、国庆等节假日和重大活动期间特种设备安全保障工作。

【民生计量】 2016年，东莞市质监局开展全市生活污水处理厂出水电磁流量计强制检定工作，为环境监测数据的准确可靠提供技术保障。开展在用强检工作计量器具计量性能、定量包装商品净含量、高速公路“绿色通道”称重设备和能效标识产品的监督抽查和检验，抽查1700余台（件）计量器具、100批次定量包装商品、26台称重设备和10批次能效产品。完成60余家次机动车安检机构的监督检查，开展“‘5·20’世界计量日”大型咨询和免费检测活动，组织开展与市民衣食住行息息相关的民生计量领域专项监督检查，打击短斤缺两等计量违法行为，维护消费者合法权益。

【打假执法】 2016年，东莞市质监局受理案件线索1324宗，立案查处各类案件475宗，查办大案要案6宗，移送公安机关追刑2宗，查获各类假冒伪劣产品货值1554.78万元。全市出动打假执法人员45.54万人次，立案3669宗，查获重大制售假案件数120宗，刑拘238人，逮捕120人，打掉制假窝点101个，查获假冒伪劣商品货值1.29亿元。

【“智慧质监”项目建设】 2016年，东莞市质监局启动全国首个地市级“智慧质监”信息化项目建设，坚持“改革引领、业务驱动、标准先行、数据为本、应用超前、打造标杆”的总体工作思路，打造“决策分析平台、服务应用平台、业务应用平台、应用支撑平台、数据支撑平台”五大平台。该项目总投资5000余万元，分3期建设。首期投资2876万元重点建设数据中心、应用支撑平台和行政审批、特种设备、应急管理3个业务系统。

【法治质监建设】 2016年，东莞市质监局组织召开案审会39次，集体审议案件511宗，其中大要案313宗，完成行政复议答复15宗、行政诉讼应诉4宗。推进依法行政，完善法治制度体系建设，做好普法工作，制定领导干部学法计划和普法工作计划，举办2期行政执法培训班、1期行政执法案件研讨会，召开1次普法宣讲团工作会议，打造“法治质监”宣传阵地，派发相关法律书籍9000多册、普法宣传手册8万多份。

【东莞市获评“全国质量强市示范城市”】 2016年2月，东莞市获“全国质量强市示范城市”称号，成为广东省唯一获此荣誉的地级市。同时，易事特集团股份有限公司、广东唯美陶瓷股份有限公司两家东莞市企业获广东省政府质量奖。

2003年开始，东莞市作为全省5个试点县市之一，率先启动质量兴市工作。2012年，东莞市成为全国首批25个、全省第一个获得创建“全国质量强市示范城市”资格的地级市。东莞市从“大质量”工作格局着眼，把创建工作和城市转型发展内涵的融合，设立“质量发展专项资金”，投入7000多万元标准化专项资助资金，撬动企业技术标准科研经费近27亿元；建成9个国家质量监督检测中心、3个国家级检测重点实验室、12个省级检测站，检测服务覆盖2000类产品以及全市支柱产业和战略新兴产业，为8000多家企业提供质量检测服务；还推动企业创建184个省名牌产品，虎门镇、长安镇创建休

2016年4月13日，东莞市召开电商标准新闻发布会，发布电商平台两项国家标准和国内首个电商平台质量评价体系

闲服装和五金模具行业的“全国知名品牌示范区”，“莞香”获评国家地理标志保护产品。（巫树谋）

附：2016年东莞市质量技术监督局主要领导名录

党组书记、局长：
罗晓勤（任至8月）
胡炽海（12月到任）

安全生产监督管理

【安全生产概况】 2016年，东莞市安全生产监督管理局（简称“东莞市安全监管局”）履行安全生产责任，强化安全生产监管，加强隐患排查治理，持续深化改革创新，加快建立长效机制，提升安全监管水平，为全市经济社会发展提供坚实保障。

2016年，发生各类事故7389宗，死亡852人，其中发生工矿商贸行业事故118宗，死亡129人。

【安全生产责任落实】 2016年，东莞市安全生产委员会推动实施《东莞市安全生产督导督查工作制度》，明确市委、市政府主要领导和市政府各分管领导督导督查安全生产工作的事项，强化党委、政府对安全生产工作的领导，推动安全生产工作责任落实。下半年，市领导两次赴镇街督导安全生产工作，以问题为导向，督促各镇街深刻吸取事故教训，做好安全生产工作。市委、市政府加强考核问责，将安全生产责任制考核周期由“两年一考”改为“一年一考”，促进各级党政领导班子落实安全生产责任。同时，对一段时期内连续发生较大影响事故的镇街和部门主要领导进行警示约谈。

【安全基础建设和重点工程实施】 2016年，东莞市投入安全生产专项资金1350万元，专门用于扶持安全生产基础设施建设、推动技术进步、宣传教育等项目。增设市级安全生产监察专员2名，强化安全生产监察工作专业力量。市安全监管局加强统筹，编制《东莞市安全生产“十三五”规划》，提出东莞市“十三五”时期安全生产事业发展的目标、任务和措施，实施全民安全生产知识普及、从业人员职业危害预防、安全生产风险评估和防控、“智慧安监”信息化建设等重点工程，确保安全发展与城市发展相适应。

【安全生产监管执法】 重点事故隐患监督管理　2016年，东莞市安全生产委员会突出抓好重点事故隐患监督管理，推动实施《东莞市安全生产重大事故隐患治理督办办法》《东莞市重点生产安全事故隐患排查整改制度》，建立全市重点事故隐患排查整改情况台账，在市政府季度例会上重点研究解决重大事故隐患整治问题，当场协调、落实责任。全年编制重点生产安全事故隐患排查整改台账11期，汇总重点隐患1826项，落实整改1587项，整改率达86.9%。

风险点危险源排查整治　2016年，东莞市排查出风险点、危险源1427个，其中红色风险26个、橙色风险204个、黄色风险268个、蓝色风险929个；危险化学品和烟花爆竹行业534个，金属冶金、机械、轻工行业376个。对于排查出的风险点、危险源，严格落实风险管控措施，把握规律，采取措施整治问题和隐患，降低安全风险。对风险较高的红色、橙色风险，做到该整改的坚决责令整改。突出抓好重点行业领域攻坚整治，根据安全事故发生的特点，对危险化学品、道路交通、建筑施工、特种设备、消防等行业领域进行重点攻坚治理。其中，在危险化学品监管方面，出动执法检查人员1.48万人次，检查企业（场所）6903家，发现隐患3032处，整改2588处，整改率85.3%；下达整改指令书861份，责令停产停业整顿19家，消除一大批隐患。

职业卫生监管　2016年，东莞市安全监管局监督检查用人单位2.11万家次，查处隐患34191处，责令停产停业整顿23家，提请关闭5家，处罚罚款345.97万元。

隐患排查治理常态化　2016年，东莞市安全监管系统坚持采取明查暗访、随机抽查、“回头看”检查、交叉检查等多种方式，常态化进行隐患排查整治，监督监察生产经营单位3.29万个、10.38万次，查处一般事故隐患6.12万项，监控重大危险源59处，实施行政处罚335次，责令停产整顿生产经营单位93个，处罚

2016年8月16日，东莞市委书记吕业升（前左）到横沥镇检查督导安全生产工作

罚款1813.07万元。

【安全生产长效机制建立】 信息化管理平台 2016年，东莞市安全监管局申请财政资金2500万元，建设集危险化学品链式管理、职业卫生预警、安全生产档案管理、日常监管、信息公开教育服务、决策辅助信息统计等于一体的“智慧安监”信息化管理平台，强化安全监管科技保障，借助信息化手段逐步提高监管效能。

查隐患促整改 2016年，东莞市安全监管局安排财政资金150万元，聘请数十名不同行业领域的专家，在全市各高危企业联合开展查隐患、促整改工作；长期聘请市级安全生产总顾问1名，为全市社会安全发展规划设计、优化产业布局、安全监管决策部署、突发事故应急救援处置等工作出谋划策。

安全生产诚信体系 2016年，东莞市安全监管局建立安全生产信用信息双公示门户网站，对特种作业人员持证、企业安全生产许可及违法处罚等情况进行公示，提高市场主体生产经营活动的透明度，为约束和惩戒违法失信企业（个人）提供依据。同时，探索推行安全生产责任保险。在重点行业开展安全生产责任保险可行性调研，形成《关于推进安全生产责任保险工作的调研报告》《东莞市安全生产责任保险试点工作实施方案（征求意见稿）》。

【安全生产基层建设】 专职安全员队伍建设 2016年，东莞市安全生产委员会办公室出台《东莞市镇街（园区）专职安全生产监督检查员管理暂行办法》《关于进一步加强我市镇街（园区）专职安全员队伍巡查检查车辆及办公设施配备工作的指导意见》，强化镇街（园区）专职安全员队伍的建设、管理和运作。配备专职安全员408名，实现镇街（园区）全覆盖。

立沙岛应急基础设施建设 2016年，东莞市安全监管局投入250万元购置应急物资，打造以危险化学品应急救援基地为中心，与消防特勤站、水上应急中心相互支持和水陆多功能的综合应急核心设施。同时，全面实行整岛封闭式管理。

应急救援体系建设 2016年，东莞市安全监管局建立市、镇两级安全生产应急救援指挥平台，对重点企业实施远程动态监控，录入安全生产应急队伍2218支，安全生产应急装备信息4084条，危险化学品企业985家，重大危险源企业165家。同时组织演练，提升应急实战能力。全年组织安全生产应急救援演练556场次，参演人数近2万人次，演练投入155.55万元。

【安全生产宣传教育】 2016年，东莞市安全监管局全面加强《安全生产法》的宣传贯彻，开展“送法下基层”活动，宣传《安全生产法》，引导各级各部门、生产经营单位以及市民群众了解安全生产的法定权利和义务；通过党校培训将《安全生产法》纳入领导干部任职培训内容，提高新任职领导干部的安全生产责任意识。组织“安全生产月”活动，开展安全生产非法违法行为曝光警示、“百支安全生产宣讲队”主题宣讲、“安康杯”竞赛、“安全随手拍”、“守护生命”安全生产知识竞赛等系列活动，宣传覆盖企业员工100多万人。创新安全生产咨询日活动模式，引入小品、相声、沙画、朗诵等主题艺术表演，增设各种安全现场及工具体验，提高市民参与度。在应用“东莞安监”微信公众号宣传政策法规、安全常识的同时，增加互动安全小游戏，寓教于乐，增强市民学习安全知识的主动性和趣味性；通过《东莞日报》每月发行2期《安全生产导刊》，传播安全生产工作信息、常识等；发布致全市人民安全生产公开信，共同推动安全生产工作落实。开展“安全生产进社区”活动。组织志愿者深入社区、学校、车站、人才市场等人员密集地区派发安全生产宣传资料，提升全民安全意识，全年发放宣传资料200多万份，覆盖市民60多万人；组织编制安全生产宣传折页及小册子，派发至各村（社区），并在各村（社区）设置600多个安全生产宣传展示架，供企业员工和居民等取阅安全生产宣传资料。

2016年东莞市事故统计

事故类别和项目	事故		死亡		受伤	
	宗数（宗）	比上年（%）	人数（人）	比上年（%）	人数（人）	比上年（%）
工矿企业事故	118	293.33	129	248.65	51	325
火灾事故	1670	−0.30	14	16.67	10	233.33
道路交通事故	5586	−1.20	702	0.86	6000	−4.47
特种设备事故	5	150	3	200	4	300
水上交通事故	4	300	4	300	0	
渔业船舶事故	6		0		0	
农业机械事故	0		0		0	
合计	7389	0.29	852	14.06	6065	−3.68

【麻涌镇一厂区发生龙门架倒塌事故】 2016年4月13日5时40分许，东莞市出现强雷电、最强11级的瞬时大风、短时强降水等强对流天气。其间，麻涌镇中交四航局一厂区龙门架倒塌，压垮附近约200平方米的工棚，工棚入住人员133人，造成伤亡51人，其中死亡18人。这起重大事故原因，为龙门架未按规定使用“夹轨器”固定轨道所致。

【大朗镇巷头社区一出租屋火灾事故】 2016年8月14日凌晨4时51分，东莞市大朗镇巷头社区富康北路4巷15号一出租屋（工商登记为东莞大朗宏贸针织时装厂）发生火灾事故，过火面积约150平方米，火灾烧损部分建筑结构、生产设备、半成品、成品及物品一批，造成9人死亡、2人重伤，直接经济损失865万元。火灾起因是东莞大朗宏贸针织时装厂一楼夹层东北角处电线短路，引燃周围可燃物所致。 （罗柱洪）

附：2016年东莞市安全生产监督管理局主要领导名录

党组书记、局长：李建武

食品药品监督管理

【食品药品监管基础建设】 2016年，东莞市将食品药品安全列入市“十三五”时期重点专项规划。印发《东莞市贯彻落实广东省人民政府办公厅关于进一步落实食品安全属地管理责任的意见工作方案》，强化食品安全“党政同责”要求。修订东莞市食品药品安全委员会工作规则和成员单位食品安全工作职责，印发《东莞市食品安全风险交流研判会商制度》，明晰市食品药品安全委员会成员监管职责与合作。强化区域间协同监管，推动建立深圳、东莞、惠州3地药品流通协作机制，协助召开2016年石龙打击食品药品违法犯罪协作会议。科学界定市、镇两级食品药品监管部门职责分工，分别向设立分局的28个镇街和设监督站的水乡5镇下放事权195项和83项。

【食品药品安全网格化建设】 2016年，东莞市“在80%镇街开展食品药品安全网格化建设”列入市政府10件实事内容。通过规范建设食品药品网格巡查事项的工作流程和作业标准、网格巡查工作制度及工作指引等，督促引导各地落实网格化监管体系建设工作任务。年内东莞市33个镇街（园区）均在各社区（村）建立食品药品监管协管员队伍，超额完成建设任务。累计划分网格2458个，到位协管员5478名。

【食品药品事中事后监管】 2016年，东莞市食品药品监督管理局（简称“东莞市食品药品监管局”）出台《关于转变政府职能加强事中事后监管的实施意见》，制定“双随机一公开”实施方案，建立随机抽取检查对象、随机选派执法检查人员的“双随机”抽查机制。建立完善权责清单、风险清单、随机抽查事项清单，列出重点监管风险点和防控措施，建立日常监管台账，实现日常监管“全程留痕、随时查控、动态管理”。建立健全东莞市场主体名录库、执法检查人员名录库“两库”及68家重点企业名录，完成全市8.92万家“四品一械”（药品、餐饮服务食品、保健食品、化妆品、医疗器械）企业、系统294名执法检查人员入库。同时，将“随机抽查”与“有因检查”相结合，针对高风险企业、高风险环节开展飞行检查，做到精准监管。加大对各镇街综合监管平台的推广应用，执法人员基本能按要求把检查情况实时上传，数据经过整合分析，更好地运用于风险监测，把问题抓早抓小，防患未然。全年累计出动10.12万人次，检查企业9.8万家次，责令整改4732家次，移交稽查部门办案38宗，对外公示飞行检查结果17期、“黑名单”信息3期、信用信息7期。

【食品药品抽检】 2016年，东莞市食品药品监管局计划内食品生产（含小作坊）、经营（含专项）、餐饮服务、流通环节食用农产品、保健食品分别抽检1965批次、2310批次、1234批次、4245批次、184批次，合格率分别达到97%（内在质量）、99.6%（内在质量）、96.4%、98.7%、100%；快筛快检6932批次，检出阳性比例为1.08%。药品、化妆品、医疗器械方面分别抽检1130批次、244批次、94批次，合格率分别为

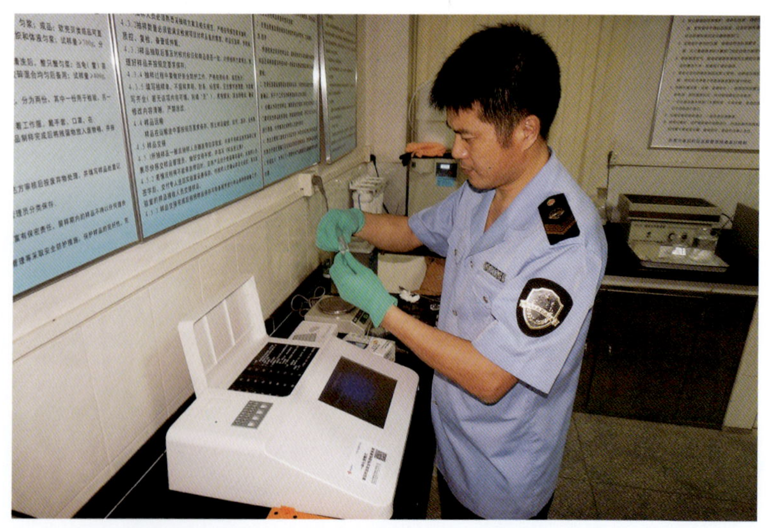
食品快检室对从市场上抽回食品进行初步检验

93.55%、96.3%、91.45%。

【食品药品专项整治】 2016年，东莞市组织开展“清源行动”“雷霆行动”“蓝剑行动”等食品药品安全专项整治19次，查办违法案件1031宗，移交公安案件10宗，罚没款1024万元。重点组织查处大岭山镇汪某地下窝点加工肉类案、高埗镇某地下窝点生产假冒伪劣保健食品“红牛”案、万江街道某地下窝点生产化妆品案、寮步镇某地下窝点生产假冒食品案等重大案件。其中，针对肉及肉制品市场突出问题，组织市直相关部门开展为期一年的肉及肉制品专项整治“利剑行动”。专项整治期间，全市出动执法人员64万人次，检查企业8.29万家（次），抽检检测7.79万批次（含快检），摸排线索434条，查获涉嫌犯罪案件7宗，抓获犯罪嫌疑人5名，捣毁窝点20个，立案查处行政处罚案件175宗，查获问题肉及肉制品52吨，货值114.8万元，罚没款162万元，对3批43头违禁药超标的生猪实施无害化处理。

【“菜篮子”安全保障】 2016年，东莞市食品药品监管局为加强食用农产品进入批发、零售市场后的质量监管，把省下达的“在100家农贸市场开展快速检测工作”任务提升至150家，并计划通过3年努力，基本实现东莞市农贸市场开展食用农产品快检全覆盖。年内完成150家农贸市场快检室建设。通过开展“透明快检”，每周固定1天为群众免费检测，实现“你送我检”的开放模式；完成快检31.7万批次，合格率99.48%，销毁不合格蔬菜、水产品16.26吨。同时，结合文明城市创建，制定工作指引，由镇街（园区）政府统一领导，对农贸市场及其周边开展集中整治。清理无证生产经营1050户，吊销食品经营许可证3张，发出责令改正1777份，约谈765户次，查处案件20宗，查扣不合格食用农产品3586.85公斤。

【食品药品安全主体责任落实】 2016年，东莞市食品药品监管局制定《食品生产许可管理办法》《食品经营许可管理办法》配套的实施措施，制定《东莞市食品生产加工小作坊禁止生产加工目录》及其配套措施，在广东省率先出台餐饮服务经营者和单位食堂食品安全责任标准清单和《关于第三类医疗器械经营批发企业经营场所和库房面积设置标准的规定》，制定和发布食用农产品批发市场、综合性食品批发市场、农贸市场（零售）等三类市场开办者及其经营者、食品销售贮存者食品安全监管工作指南，在肉制品企业推行食品生产企业质量安全受权人制度，推动药学人员药品流通监管政策从“十二五”到“十三五”时期的过渡，督促企业落实食品药品安全主体责任。实施节假日期间应急值班双轨制，建立应急处置现场指挥官制度，快速稳妥处置一般性食物中毒事故7宗。继续推行企业责任人约谈制度，约谈企业1065家。全面推进信息公开制度，公开生产经营许可信息131期、抽检结果22期、案件处罚结果10期，倒逼企业守法经营。

【食品药品监管信息化建设】 2016年，东莞市食品药品监管局完成网格化智能综合监管平台建设任务，涵盖数据中心、地图网格监管平台、移动终端APP（手机软件）、大屏监控四大块内容，实现对企业信息、行政许可信息、网格地图信息等基础数据的本地存储、综合分析和汇集呈现，接入监管对象总数8.48万个，各类数据信息493.68万条，划分网格575个。完成行政许可审批管理系统（一期）建设，实现食品经营、食品生产（小作坊）、药品经营、GSP（《药品经营质量管理规范》）认证、二类医疗器械等行政许可事项的全流程审批管理，通过系统发证4.62万家。全市有787家经营婴幼儿配方乳粉、婴幼儿配方食品、食用油、酒类的生产经营企业加入食品追溯系统，加入率、重点品种覆盖成功率、重点品种溯源成功率分别达到100%、99.83%、98.6%。

【食品药品安全宣传】 2016年，东莞市食品药品监管局打造食品药品安全大课堂品牌。9月，举行食品药品安全大课堂暨食品药品安全知识进校园活动启动仪式。面向东莞市527所中小学校、近100万中小学生开展食品药品安全大课堂全覆盖宣传，制作印发科普手册100万册，制作播放专题片2万次，召开主题班会1.94万场。开通“东莞食品药品监管”微信公众号，推送讯息171条，关注量1.71万人次；组织食品药品安全网络知识竞赛，超过2万人在线参与答题；采用社会公开征选方式，公开征集食品安全专家委员会专家。实施与媒体“零距离”对接，就社会关注的食品药品安全热点问题组织媒体集中采访5次，在东莞电台“与法同行”节目回应公众22次，走进“阳光热线”专栏直播，精准传递监管信息，现场释疑解惑办事。发挥媒体风险预防作用，与新华社广东分社合作向东莞市提供舆情专报250期，指导并组织开展突发事件舆情应对；依据风险分析发布风险警示7期，及时消除食品药品安全隐患。精心组织食品安全宣传周、安全用药月活动，组织开展宣传活动830次，发放宣传资料37万份，召开培训讲座128场1.3万人次，播放公益广告3566次，在《中国食品安全报》《南方日报》《东莞日报》和东莞电视台等媒体刊登（报道）信息300余篇次。

【食品医药产业发展】 2016年，东莞市在省内较早实施药品经营许可“两证合一”、食品经营许可“三证合一”，发放食品（含保健食品）、药品、医疗器械许可证4.5万家次、1379家次、120家次。创建8个省（市）级化妆品市场安全治理示范区和2条市级食品安全示范街。完成东莞马拉松赛等重大活动监督保障任务43宗1100餐次。推动完成“明厨亮灶”餐饮单位建设3370家。东莞市规模以上企业年产值730亿元。食品饮料加工制造业作为东莞市支柱产业，实现规模以上工业增加值近80亿元，主营业务收入近560亿元，占规模以上工业的4.5%，呈多元化发展。（叶建荣）

附：2016年东莞市食品药品监督管理局主要领导名录

党组书记、局长：尹锡棋

审计

【审计概况】 2016年，东莞市审计局履行审计职责，依法审计，全年完成审计项目49个，查出违规资金1.13亿元、管理不规范资金201.95亿元，损失浪费5913万元、促进增收节支和整改落实资金7329万元，促进资金拨付到位3378万元。提交专题审计报告、信息53篇，移送处理事项8宗，移送处理人员3名。

【财政审计】 2016年，东莞市审计局按照构建财政审计大格局的要求，开展2015年度市级财政预算执行情况审计，以市级财政预算执行情况审计为基础，加大财政资金审计力度，加快对部门单位的轮审步伐，将审计覆盖面向多年未审或审计频率较低的领域延伸，推动加强全口径财政管理。全年开展市本级财政预算执行、重点财政专项资金等审计项目11个，审计单位、企业近100个，揭示个别专项资金预算执行率低、部分财政资金监管缺失等问题，查出违规资金6763万元，管理不规范资金37.07亿元，对相关问题依规作出移送处理，审计结果通过审计局门户网站向社会公告。

【重大政策措施落实情况跟踪审计】 2016年，东莞市审计局关注政策形势，开展政策措施落实情况跟踪审计，促进政策措施发挥效果。累计投入1342人·日工作量，对稳增长等10多项国家和省市重大政策措施落实情况开展跟踪审计，抽查部门单位、企业132个，抽查资金524亿元，出具综合性报告8份、审计整改函19份，依法揭示政策执行过程中存在落实不到位、落实难等各类型问题54个，涉及问题资金14.75亿元，促进相关部门单位加大政策执行力度，收回结存结转1.16亿元，加快下达资金1.58亿元。

【经济责任审计】 2016年，东莞市审计局按照《党政主要领导干部和国有企业领导人员经济责任审计规定》及其实施细则要求和市委组织部委托，推进经济责任审计工作，拓展经济责任审计内容深度，重点加强对土地交易、工程投资、“三公”经费[财政拨款支出安排的出国（境）费、车辆购置及运行费、公务接待费]使用等重点领域和关键环节用权履责情况的审计。全年完成经济责任审计项目15个，审计党政和企事业单位主要领导干部15名，查出违规资金1630万元，损失浪费资金4744万元，管理不规范资金157.7亿元，提交审计信息和结果报告30篇，向有关部门移送处理事项6项，涉及违规人员3名，为主管部门开展对领导干部的评价、任免和奖惩提供重要依据。

【专项资金审计】 2016年，东莞市审计局关注民办学校免费义务教育补助等民生政策、资金落实使用情况，揭示和反映1640万元资金未落实到位出现闲置等问题，督促民生政策资金加快落实。

【固定资产投资审计】 2016年，东莞市审计局重点对交通堵塞点改造等4个重大投资项目开展审计，审计投资金额56.5亿元，查出损失浪费等问题金额1220万元，并从工程绩效等角度揭示和反映影响政府工程投资规模和功能发挥等深层次原因，促进建设单位规范资金使用，加强工程项目管理，提高投资效益。

【内部审计】 2016年，东莞市审计局加强内部审计指导，促进增强基层纪检监察审计监督合力。全市187个内部审计机构开展财政财务收支、经济责任等审计项目1962个，审计总金额856亿元，促进增收节支4174万元，提出审计意见建议5090条；组织200多人次镇街内部审计人员参加内部审计培训和审计“实战”。（朱清荣）

附：2016年东莞市审计局主要领导名录

党组书记、局长：卢炳辉

统计调查

【统计调查概况】 2016年，东莞市统计系统提高统计数据质量和统计服务质量，维护政府统计公信力，提升依法治统水平，为新常态下东莞市经济平稳健康发展提供统计保障。东莞市统计系统通过加强业务管理、完善制度规范，把好统计数据质量关。推进镇街国内生产总值核算制度规范化；强化专业统计培训，提高企业统计员业务水平；开展分片区统计督导，破解镇街统计工作难题；修订镇街能源消费总量核算方法，提高能源统计工作质量；加强部门联动，综合运用部门数据，强化统计数据审核力度；在全市范围内开展城市商业综合体统计调查，了解和掌握商业综合体的主要经营情况；开展5000万元以下投资项目核查，从项目源头提高数据质量；做好“四众”（众创、众包、众扶、众筹）企业专项调查，摸清全市“四众”企业发展情况；推进“准四上”企业统计调查，为“四上”（规模以上工业企业、资质等级建筑业企业、限额以上批零住餐企业、规模以上服务业企业）企业库提供单位来源。

【统计服务创新】 2016年9月，东莞市统计系统举办第七届“中国统计开放日之东莞”活动，宣传统计工作，传播统计文化；编印《数说东莞——东莞统计读本》，向党委、政府和社会公众宣传普及统计知识、诠释统计指标数据、解读东莞最新经济社会建设成果；改版《东莞统计月报》《统计数据速递》，新增地铁运行数据、结构性指标、广东省珠三角城市指标以及东莞市主要指标历年数据和图表；借助电子信息化手段打造H5（第五代超级文本标记语言）产品《2016年东莞经济运行情况》，图文并茂展示2016年东莞市经济发展成果。

【第三次全国农业普查开展】 2016年，东莞市第三次全国农业普查领导小组推动农业普查工作的开展。全面组建市、镇、村各级农业普查机构，强化组织领导；落实经费预算和物资筹措工作；选配高质量普查工作人员队伍；开展市级综合试点工作，模拟普查全过程；分级、分批、分业务完成农业普查培训，培训各镇街农业普查办负责人及镇、村两级业务骨干、普查指导员和普查员1400人次；完成清查摸底，为入户登记打好坚实基础；落实宣传动员，组织各级普查机构开展多渠道、多形式的宣传活动，为普查开展营造良好的社会氛围。

【统计法治建设】 2016年，东莞市统计系统开展统计执法检查，贯彻落实上级统计部门有关执法检查的工作要求，加大统计数据核查力度，执法检查企业500多家，其中处罚企业2家，发出责令改正通知书1份。开展统计法制宣传，组成专门工作小组，为企业送达统计法律法规读本和相关宣传资料，现场讲解统计政策、法规，开展统计业务指导，将普法宣传贯穿到统计执法和统计培训工作中，促进企业负责人重视统计，从源头上提高依法治统实效。

【统计基层基础建设】 2016年，东莞市推广成立统计协会各镇街分会和统计员活动中心，搭建政府统计与企业统计的沟通桥梁。截至2016年，全市有20个镇街完成分会组建工作。开展“四上”（规模以上工业企业、资质等级建筑业企业、限额以上批零住餐企业、规模以上服务业企业）企业大轮训，以3年为一个周期，对全市“四上”企业法人代表和统计人员进行培训，提高企业统计人员的业务水平和企业统计的工作质量，截至2016年，全市举办培训班12期，参训人员超过7500人次。举办高校统计业务培训班，培训各镇街分管统计工作的领导、各镇街各部门统计负责人及各专业统计业务骨干312人次。做好继续教育工作，全市有2860人报名参加统计从业人员继续教育培训，考试通过率100%。

【统计分析成果】 2016年，东莞市统计系统围绕提质增效发展理念，开展专题研究，发挥决策参考作用。全年刊发《东莞发展动态》62期。东莞市连续10年获全省地级市优秀分析报告评比一等奖，撰写的经验介绍材料《东莞局三举措力推基层统计分析水平》在国家核心期刊《中国统计》上刊登。

（赖卓辉）

【城乡一体化住户调查】 2016年，国家统计局东莞调查队制定《城乡一体化住户调查调查员管理办法》，统一签署东莞住户调查辅助调查员工作责任承诺书。针对基层辅助调查员变动较频繁，业务水平参差不齐，对调查方案不够熟悉等问题，量身定制包括“移动课堂”“重点复习”“差生辅导”等培训形式，同时，邀请优秀辅助调查员介绍工作经验，现身说法，以点带面提升广大辅助调查员开展各项调查的水平。落实调查对象走访制度，加大城乡一体化住户调查记账户访户力度，及时巩固调查样本；执行调查点定期走访制度，及时指导，增加感情；加强对调查对象的保障，除落实东莞队对调查对象的补贴以外，还督促工作薄弱的镇街加快落实市府办《关于进一步强化住户调查基层基础工作的意见》文件精神，落实各项调查补贴，为调查工作提供经费保障，提升调查对象配合程度。

【调查样本轮换】 2016年，国家统计局东莞调查队继续巩固规模以下工业、住户调查样本轮换、电子记账推广和价格基期轮换成果，维护新进样本的稳定性，做好各专业基础数据的测算评估，确保新旧调查数据平稳衔接。结合新基期新增规格品的需要，调整流通消费价格调查部分调查点和规格品，增换29个调查点，新增规格品200余个；固定资产投资价格调查项目，确保在调查企业不变的情况下，更换固定资产调查项目15个。做好非目录企业核查，由各镇街和样本村联合村委会的安监、消防、企业登记部门，了解工业企业分布登记的情况，加强部门沟通，取得新登记企业库和纳税新登记库，筛选符合条件的非目录企业。

【第三次农业普查遥感测量】 2016年，国家统计局东莞调查队做好桥头镇石水口村（东莞市唯一中选样本点）春播、夏播农作物面积遥感测量调查前期准备工作，与镇、村农业普查工作人员共同商讨方案，并对样方地块进行实地调研，分析样本点实际情况和问题，制定、完善执行方案及商讨难题的解决方法，明确各中选镇村农业普查机构职责，通过指导以及做好遥感测量人员培训，确保调查员熟悉掌握调查方案、终端设备（PDA）操作方法等。要求中选镇村为农普遥感测量提供组织保障，督促其建立遥感测量调查工作小组，选聘镇村两级调查员。在加强与中选镇村农业普查机构联系同时，做好与财政和农业部门的协调沟通，落实人财物和交通等保障，为完成遥感测量野外调查工作奠定基础。按照

《第三次全国农业普查农作物面积遥感测量工作方案》要求，利用移动终端设备（PDA）进行人工野外实地调查，准确划分样方地块中蔬菜、草地、果树、鱼塘等面积分布，并对种植的各种农作物实地拍照，做好现场数据登记录入，对录入的数据进行复查审核，保证数据准确有效。

【电子记账推广】 2016年，国家统计局东莞调查队在扩大电子记账覆盖面的同时，探索住户调查电子记账业务培训模式，通过灵活、多样、个性化的培训，分批进行逐级推进，确保调查员及调查户快速掌握电子记账要点，保障源头数据质量。在国家点样本小区电子记账户数217户，占国家点日记账户的84.4%。

【统计调查服务水平提升】 2016年，国家统计局东莞调查队实施分析写作“丰羽强翅”行动，推进品牌建设新发展。制定《东莞调查队分析写作“丰羽强翅”行动实施方案（2016—2018年）》。通过落实各科室、课题组工作任务，完善学习、保障机制，推进调查信息和分析报告的撰写工作。全年报送统计分析26篇，经济信息36篇，其中被国家统计局广东调查总队采用29篇，国家统计局网站采用5篇，市委、市政府办公室采用信息5篇，获市领导批示3篇，印发《东莞发展动态》28篇，印发《东莞调查》6篇。另外，报送微信信息7条，均被国家统计局广东调查总队采用，发布CPI（居民消费价格指数）月度新闻稿12篇。完成2015年东莞企业接受政府部门各类检查调查、节后用工和招聘情况调查、“双创”载体平台发展情况调查、“互联网+政务服务”情况等约稿调查任务。向国家统计局广东调查总队申报3个课题研究项目，其中“东莞‘制造业+互联网’发展现状、存在不足及政策”建议项目被纳入国家统计局广东调查总队2016年经济和社会调查分析研究课题。

【幸福感测评调查】 2016年，国家统计局东莞调查队完成向国家统计局广东调查总队规范申报幸福感测评调查项目申报，筹备调查礼品和补贴等物资，并提请市政府发文给镇街抽调入户调查员等前期筹备工作；开展调查业务讲解培训，实地指导开展入户调查，确保完成2016年东莞市各镇街居民第一次幸福感测评调查。

【进城务工人员基本情况调查】 2016年初，国家统计局东莞调查队组织完成2015年进城务工人员基本情况调查的数据开发。根据2015年的调查结果，组织撰写调查报告3篇，其中2篇被国家统计局广东调查总队网站采用。年中，根据社会热点情况变化，完善2016年进城务工人员基本情况调查的调查问卷，并根据实际情况修改调查方案，申请调查文号，为调查工作做好前期准备工作。9月后，布置调查，结合往年的调查难点做好培训，高质量完成入户调查并做好后期的数据开发。

【快递服务协议客户价格调查试点】 2016年，国家统计局东莞调查队开展快递服务协议客户价格统计试点调查。先后走访6家快递企业座谈，了解企业经营情况等信息。制定方案，建好框架环。根据调研的情况，制定调查方案，保证调查数据的同质可比。开点调查，完成收尾环。综合东莞市快递行业分布情况和调研情况，选取3家企业作为调查的样本企业并开展业务培训，确保每个调查点熟悉调查方案，熟练掌握采价方法。

【农民工市民化进程动态监测调查】 2016年10月，国家统计局东莞调查队召开农民工市民化进程动态监测调查培训会议，强化调查员专业水平。同时下发宣传材料和物资到各镇街，发放调查补助，调动调查积极性。科室专业人员对新上岗调查员进行陪同入户调查，指导其具体操作流程和调查技巧，提高入户效率，并通过电话直接与调查户联系，对所有调查小区进行回访抽检。结合软件与人工审核，对455户调查户调查问卷的所有指标审核，对遗漏、错误进行核实补充修改，提升调查数据质量。

【统计调查法治建设】 2016年，国家统计局东莞调查队编制《2016年国家统计局东莞调查队统计法制与设计管理工作要点》。严格统计法治实施，将统计执法立案“零突破”作为全年重点工作目标。通过开展为期一个多月的“自查+抽查”的全市各调查专业数据质量核查行动，依法依纪惩处统计弄虚作假行为，提高统计调查数据质量。5月，组成联合执法检查小组，对4家企业开展执法检查工作。通过分析整理现场检查情况，查找违法线索，立案查办企业1家。10月，根据上半年数据质量检查中发现的情况，有针对性地开展执法检查，现场检查企业2家，立案1家。9月，紧扣“农业普查福到农家”主题，联合东莞市统计局在道滘镇举办第七届“中国统计开放日之东莞”宣传活动。12月，《统计法》颁布33周年纪念日，在城乡一体化调查点万江墟社区“面对面”“手递手”开展普法宣传活动。（陈德斌）

附：2016年东莞市统计局主要领导名录

局　长：梁佳沂

党组书记：叶力强

附：2016年国家统计局东莞调查队主要领导名录

党组书记、队长：王志勋

科学技术·社会科学

SCIENCE AND TECHNOLOGY·
SOCIAL SCIENCES

- “2016中国（东莞）国际科技合作周”举办
- 广西梧州苍梧5.4级地震应急处置
- “4·13”强飑线来袭
- “创客”培育
- “广东省社科专家话东莞文化名片”活动举办

松山湖科技园

编辑：梁炜强

科技综述

【科技概况】 2016年，东莞市科技型企业超过5000家，新增国家高新技术企业1281家、高新技术企业入库1227家。全市引进省市创新科研团队53个（省创新科研团队26个，市创新科研团队27个），省级团队数量占全省近四分之一，居全省地级市首位。全社会R&D（研究与开发）投入164.8亿元，占东莞市国内生产总值比重2.41%。全市专利申请量、授权量分别为5.67万件、2.86万件，分居全省第三位、第四位；其中发明专利申请量、授权量分别为1.70万件、0.37万件，分居全省第四位、第三位；发明专利申请量占总量比例达30%。PCT（专利合作协定）国际专利申请量876件，居全省第三位。国内有效发明专利量1.12万件，居全省第三位。新增省级新型研发机构6家，累计32家。科技企业孵化器59家，国家级孵化器11家、国家级科技企业孵化器培育单位21家，国家级孵化器培育单位数量居全省地级市首位。新增省级众创空间7家，总数达19家；国家级众创空间9家，总数达15家，均位列全省地级市首位。

东莞市获评2015年度国家知识产权示范城市工作先进集体，获批省首批“互联网+创新创业”示范市，在2015年珠三角创新驱动发展工作考核中居第三位，首次实现实施创新驱动发展战略走在全省前列的目标。

【高新技术企业培育发展】 2016年，东莞市实施高新技术企业“育苗造林”行动计划，通过科技招商引进、后备培育以及科技孵化等途道，做好高新技术企业认定及培育入库。2016年，东莞市组织3批1413家企业申报高新技术企业认定，截至12月通过评审拟认定高新技术企业1281家，全市高新技术企业总数达2028家，超额完成2016年的目标任务；另外还组织两批1371家企业申报高新技术企业培育入库。

【企业研发机构建设】 2016年，东莞市制定颁发《东莞市工程技术研究中心和重点实验室建设资助办法》，加大工程技术研究中心和重点实验室的支持力度，简化审批流程；36家企业获认定省级工程技术研究中心，受理市级工程技术研究中心和重点实验室认定申请69家；开展规模以上工业企业设立研发机构备案，新增备案企业620家，累计1570家。

【珠三角国家自主创新示范区建设】 2016年，东莞市开展国家自主创新示范区科技创新资源要素基础调研，形成终稿报东莞市国家自主创新示范区领导小组办公室；配合省科技厅起草制定《珠三角国家自主创新示范区建设实施方案（2016—2020）》，在珠三角国家自主创新示范区的建设布局中凸显东莞市的创新定位和创新优势；组织松山湖高新区、税务部门、新型研发机构及相关企业，开展国家自主创新示范区先行先试政策在全市实施效果的评估并形成相关的评估报告。

【新型研发机构建设】 2016年，东莞市引进建设东莞材料基因高等理工研究院、东莞先进光纤技术研究院等；动员相关单位申报省级新型研发机构认定，新增省级新型研发机构6家，全市新型研发机构32家。

【专业镇协同创新】 2016年6月15日，广东省专业镇协同创新工作现场会在东莞市召开，总结广东省专业镇创新发展情况，推广东莞市横沥镇等地区协同创新的经验做法，部署以协同创新为抓手，加快全省专业镇创新发展和转型升级。其中，东莞市推动横沥模具协同创新中心、虎门服装产业协同创新中心和桥头环保包装协同创新中心的建设，指导常平、茶山、高埗和厚街等镇筹建专业镇创新服务平台。

【科技企业孵化器建设】 2016年，东莞市制定市级孵化器配套政策《东莞市科技企业创业导师认定和管理暂行办法》，规范全市科技企业创业导师的认定与管理，首批21位科技企业创业导师通过认定备案；组织申报省和市科技企业孵化载体认定，全市科技企业孵化器59家，国家级孵化器11家、国家级科技企业孵化器培育单位21家，国家级孵化器培育单位数量居全省地级市首位。

【“互联网+”创新创业】 2016年1月7日，广东省科技厅在东莞市召开全省科技四众（众创、众包、众扶、众筹）平台建设推进工作会议，举行东莞市建设“互联网+创新创业示范市”启动仪式。出台《东莞市建设“互联网+”创新创业示范市实施方案（2016—2020年）》《东莞加快科技四众平台建设实施管理暂行办法》；组织科技四众平台认定，2016年，东莞市新增省级众创空间7家，国家级众创空间9家，总数分别为19家和15家，均列全省地级市首位，大连机床集团公司的智能制造国家专业化众创空间成为首批国家专业化众创空间示范名单；在常平镇率先开展“互联网+创新创业”示范镇试点工作，摸索实践“互联网+创新创业发展模式”。

【“赢在东莞”科技创新创业大赛举办】 2016年6月，东莞市启动“赢在东莞”科技创新创业大赛。大赛由广东省科技厅、广东省粤科金融集团、广东省生产力促进中心、东莞市科技局共同指导、举办。累计有315个项目报名参赛，其中：企业组137个、团队组84个、大学生组94个。11月29日举行总决赛，经角逐，东莞市大研自动化设备有限公司的马达全自动绕线焊锡一体机项目和台湾神农团队的生物诱导型农药取代剂项目，分获企业组和团队组特等奖，各获奖金60万元。

【创新科研团队引进】 2016年，东莞市引进省市创新科研团队53个，省创新科研团队26个，市创新科研团队27个，省级团队数量占全省近四分之一，居全省地级市首位；推进第三批市团队项目的组织实施，受理申报项目30项，对11个团队给予经费资助。完善团队项目管理服务工作，开展创新科研团队项目财政专项资金委托引进监管，引入科技项目监理对团队项目进行实时动态管理。

【创新创业环境优化】 2016年，东莞市通过加强创业人才引进、加快孵化平台建设等措施，深化东莞市与港澳台地区在创新创业资源上的共享与对接，出台《东莞市莞港澳台科技创新创业联合培优行动计划（2016—2020）》，引导港澳台地区科技创新创业人才来东莞市创业。

【科技金融产业融合】 2016年，东莞市出台《东莞市创新创业种子基金绩效评价管理暂行办法》，采取与受托管理机构联动投资的方式，引导民间资本投资市内注册的种子期、初创期等创业早期

2016年8月，广东省推进珠三角创新驱动发展培育高新技术企业工作现场会在东莞召开

科技型中小微企业。完成对18家企业的投资尽职调查，投资项目3个。依托广东省科技金融综合服务中心东莞分中心，与广东省金融高新区股权交易中心共建东莞运营中心进行区域股权交易服务；依托科技企业孵化器等服务机构新建5个科技金融工作站，全市科技金融工作站38个，做好科技金融服务业体系建设工作。面向全市高新技术企业和中小型科技企业推广科技保险业务，召开全市科技保险政策宣讲暨业务辅导工作会议，分片区在塘厦、长安、寮步镇召开科技保险业务宣讲会，推动39家企业购买科技保险，保额34亿元，保费399.49万元，申请保费补贴114.56万元。

【国际科技合作】 2016年，东莞市科学技术局会同松山湖（生态园）科创局共同推动中俄高技术转移中心项目立项，推荐清华东莞创新中心获批“国家级国际科技合作基地”，全市建有国家级国际科技合作基地6个，省级国际科技合作基地21个；组团赴美国、加拿大开展科技金融交流合作，推动海外科技金融资源落户东莞市；组团前往韩国开展知识产权调研活动，学习知识产权管理经验、企业知识产权管理制度建设情况以及知识产权代理机构运营情况；组织赴香港、澳门地区，就维港投资公司与广东省的合作和相关科技项目落户东莞市、广东省第三代半导体合作、参加澳莞科技创新交流会等事宜进行沟通交流；组织相关单位赴台湾地区开展科技创新创业和科技合作交流，学习借鉴台湾地区孵化器管理的经验，提高全市科技企业孵化器的服务水平。

【知识产权创造、运用和保护】 2016年，东莞市推进企业贯标工作和培育知识产权优势企业，全市61家企业通过贯标认证，居全省第三位。全年受理专利侵权纠纷案件44宗，结案44宗，查处移送假冒专利案件19宗，处理展会侵权纠纷案件47宗；在东莞理工学院、厚街镇、知识产权保护协会设立知识产权维权援助中心工作站，建立全市重点企业知识产权保护及维权援助直通车服务机制。

【“2016中国（东莞）国际科技合作周”举办】 （参见“商贸流通业”类目“会展业”分目“2016中国（东莞）国际科技合作周”条目）（王少波　陈锐棠）

【农业科技】 2016年，东莞市农业系统科研单位申报国家、省、市科技项目5个，立项2个，获资助经费50万元。4个项目成果达到国内先进水平。科研成果获奖项7个，授权发明专利1个，以第一作者发表论文42篇。全市筛选评定并推介发布主导品种15个，主推技术5项，发放补助资金11.4万元。认定农业科技成果转化示范基地5个、科技示范户18个，发放补助资金68万元。市农业科学研究中心的“蔬菜质量安全控制关键技术及溯源的推广与应用”项目获省农业技术推广奖二等奖，其项目专利产品“农药残留速测卡”被主要应用于流通领域和基层检测机构。开展科技下乡活动和农技培训班320余期，发放农资物品价值约100万元，受益2万人。（黄椿颖）

【渔业科技】 2016年，东莞市政府与中国水产科学研究院签订《战略合作框架协议》。实施养殖企业动态管理，完成700个动态数据收集，检疫水产种苗1.1亿尾，发放检疫合格证67份。市海洋与渔业环境监测站检测能力增至4大类136个项目，走在全省前列。（谢泳麟）

【林业科技】 2016年，东莞市林业部门“东莞低效人工林改造升级关键技术及应用推广”获广东省农业推广三等奖，“莞华白火龙果”通过广东省种子管理总站组织的品种审定，发表“东莞莲花山毛棉杜鹃种群动态分析”等学术论文4篇，承担“广东省林业珍贵树种苗木培育工程技术研发中心”项目建设；完成全市91个监测点的空气负离子浓度、湿度、噪音及粉尘、太阳辐射等生态环境数据测定和全市森林生态效益评估、森林生态系统碳汇计量；推进林业信息化示范市建设，完成林业智慧云工程二期建设项目，启动林业智慧云工程三期建设。（陈　馨）

附：2016年东莞市科学技术局（知识产权局）主要领导名录

局　长：吴世文

防震减灾

【防震减灾概况】 2016年，东莞市未发生地震事件。截至2016年，东莞市建成测震台、强震台、烈度台、GNSS（全球导航卫星系统）基准站、重力联测、地下流体观测、群测群防等专业地震监测台站（点、网）25个，具备对辖区及周边地区1.5级以上地震的监测能力。2016年，东莞市地震局获评全国地市防震减灾工作先进单位、广东省市县防震减灾工作先进单位、东莞市年度工作优秀市直单位（社会建设类）、中国地震局第五届平安中国防灾宣导系列公益活动优秀组织奖；东莞市地震监测与应急中心获评全国市级地震应急指挥中心先进单位；东莞市地震局党支部被市直工委命名为“机关服务型党组织示范点”。

【地震监测】 2016年，东莞市地震局执行震情监测应急处置值班制度，实现监测值班法定节假日、周末、夜间“全覆盖”，全年报送《震情周报》53期、《震情简报》31期。加强地震监测台站运行巡查维护，做好地震趋势会商和群测群防工作，提高地震监测能力。

【广西梧州苍梧5.4级地震应急处置】 2016年7月31日17时18分，广西壮族自治区梧州市苍梧县发生5.4级地震，震中距离东莞市252

公里，东莞市大部分镇街（园区）震感明显，幸未造成人员伤亡和财产损失。地震发生后，东莞市地震局核实震情，上报省地震局和市政府，通过官方网站、东莞广播电视台、《东莞日报》、“12121”气象短信及时发布震情信息，稳定市民情绪和社会秩序。

【地震监测与应急中心改造升级】 2016年，东莞市地震局升级改造地震监测与应急中心，购置地震超快速报、烈度速报、信息发布、台站监控等系统，提升测震、应急指挥设备和技术，项目由广东省智源工程抗震科技公司中标实施。升级改造后，该中心汇集全市监测台站数据，实现与广东省地震局、东莞市政府应急办互联互通，具备震情监测、分析处置、台站监控、趋势会商、应急指挥等功能。

升级改造后的东莞市地震监测与应急中心监测室

【“国家地震烈度速报与预警工程项目”台站选址】 2016年4月，东莞市地震局按照国家、省对项目台站勘选及用地要求，结合全市地震监测台站分布及规划确定新建台站方案，经过调查摸底、初步筛选和实地考察，落实广东省地震局下达的2个基本站、17个一般站的台站勘选和用地，新增落实8个一般站的勘选和用地，为项目实施奠定基础。

【地震灾害风险点危险源排查整治专项行动】 2016年9月，东莞市地震局根据省、市工作部署，组织技术专家按国家有关规范标准，在省文件的基础上深入研究，结合东莞市实际制定专项行动工作方案。10月，组织对各镇街（园区）规划建设办（局），市教育局、市水务局、市安监局等单位约70人培训，明确排查范围、判别标准和工作措施。在初步排查基础上，组织对全市33个镇街（园区）全覆盖进行现场核实复查。11月，配合广东省地震局检查组对重点风险点危险源再次核查。专项行动排查达到大型化工厂、炼油厂及储存设施标准企业16家，大中型水库8个，重点排查校安工程期间评定为C级校舍392栋、D级校舍18栋；判定5所学校6栋校舍、1家液化石油气储配站为地震灾害风险点。针对风险点制定排查管控清单，落实管控措施，整治存在的问题和隐患，筑牢城市地震安全防线。

【《中国地震动参数区划图》贯彻培训】 2016年6月1日，新修订的国家标准《中国地震动参数区划图》（GB18306-2015）实施。5月，东莞市地震局邀请广东省地震局专家对市住建、交通、水务、供电、各镇街（园区）规划建设办（局）、施工图审查、勘察设计等单位约130人进行宣贯培训，强化新一代区划图在建设工程行政监管、勘察设计、施工图审查等环节的贯彻执行，确保抗震设防要求落实。

【中国散裂中子源项目地震安全监测与警报项目】 2016年，东莞市地震局与广东省地震监测预警与重大工程安全诊断重点实验室专家四次到项目现场调研，研究强震动监测设施安装方案，形成《中国散裂中子源项目地震安全监测与警报系统设计方案》，通过广东省地震局专家评审。

【城市抗震防灾规划编制】 2016年，《东莞市中心城区及松山湖开发区抗震防灾规划（2016—2030）》完成草案编制，主要成果与《东莞市城市总体规划（2016—2030）》进行对接；8月进行为期一个月的批前公示；10月由市城乡规划委员会2016年第二次会议审议通过；12月上报市政府审批。

【抗震设防服务】 2016年，依据《广东省行政审批事项通用目录（2016年版）》，东莞市地震局“重大建设工程抗震设防要求审核”行政许可事项暂不纳入市级2016年版目录，保留“地震安全咨询”公共服务事项。2016年，完成重要建设工程抗震设防咨询服务事项10项，解答公众咨询约120次。《中国地震局关于贯彻落实国务院清理规范第一批行政审批中介服务事项有关要求的通知》大幅缩小地震安全性评价范围，围绕市委、市政府中心工作，对2016年198项市重大建设项目、82项重大预备项目开展地震安评跟踪服务。

【防震减灾宣传教育】 2016年，东莞市地震局在南城街道阳光实验中学、东莞理工学院城市学院、东莞中学初中部、松山湖实验中学、地震安全示范社区等开展防震减灾宣传讲座18场，较大型地震应急演练4场。5月11日，联合市住建局、南城街道在南城阳光实验中学组织2200多名师生开展地震应急综合演练，南城街道60多所中小学、幼儿园分管安全工作负责人现场观摩。举办全市2016年地震应急工作培训班。派员前往新疆兵团第三师地震局开展防震减灾对接交流。在“‘5·12’防灾减灾日”、7月28日唐山大地震40周年纪念日期间，在莞城街道东门广场开展咨询派发资料；在东莞市首条开通的地铁线路轨道交通2号线下桥站发布防震减灾公益广告；在市住建局机关、东莞科学馆、漫步者科技公司放映“平安中国”防灾减灾影视文化季电影；与东莞阳光网合作开展“防震减灾主题系列宣传活动”，组织地震知识网络竞赛、家庭地震知识竞赛、参观东莞人民公园地震应急避险场所等；面向建筑行业专业技术人员出版一期《东莞建设科技》地震监测专刊；通过系列活动提高市民防震减灾意识和应急避险能力。（黄远峰）

附：2016年东莞市地震局主要领导名录

局　长：陈伟东

气　象

【气候概况】　2016年，东莞市年总降水量2612毫米，比常年平均值偏多42.6%，居历年第二高位；年平均气温22.9℃，比常年平均值偏高0.3℃；年日照时数为1641.6小时，较常年平均值偏少13.1%。基本气候特征属正常年份。年内降水分布呈现夏季集中、各季节偏多的特点。3月21日入汛，比常年平均偏早16天，为2010—2016年最早；汛期总降水量2053.5毫米，比常年偏多28.5%，其中前汛期偏多11.7%，后汛期偏多48.7%。年内除1—3月、8月月平均气温较常年同期偏低外，其它月份均较常年同期偏高或持平，其中12月偏高2.3℃，为历年偏高第三位；全年高温日数（≥35℃）17天，为历年来最多，年内日最高气温37.1℃；低温日数（≤5℃）3天，年内最低气温2.0℃。

2016年，东莞市气象局获评2016年中央和省驻莞年度优秀单位、全省气象部门综合考评特别优秀单位。

【世纪寒潮来袭】　2016年1月22—25日，东莞市受寒潮天气影响，气温急剧下降，22—24日持续阴雨，日平均气温低于10℃，天气寒冷，其中24日出现东莞市建气象站以来首例小雨夹雪粒天气，日平均气温4℃，出现过程最低气温2.0℃。

【1月雨量破同期纪录】　2016年，东莞市1月降雨量327.1毫米，是历年同期平均值7倍多，为历年同期最多。先后出现两次暴雨过程，均伴有强雷电现象。1月出现强雷雨，为历年同期第二次；1月28日东莞市出现大范围暴雨降水，20个镇街录大暴雨，最大降水量为谢岗镇的123.6毫米。

【开汛时长居纪录第二位】　2016年3月21日，东莞市开汛，较常年平均偏早16天，为2010—2016年最早，10月22日汛期结束，偏晚12天，汛期持续时间215天，较常年偏长1个月，仅次于1975年，为东莞有气象纪录以来第二时长。

【“4·13”强飑线来袭】　2016年4月13日早上，受强对流云团影响，一条飑线自西向东横扫珠三角，东莞市26个镇街出现8级以上大风，最大阵风出现在谢岗镇，为31.5米/秒（11级）；5时41分麻涌镇出现21.7米每秒（9级）大风，一台通用门式起重机发生倾覆，造成18人死亡、33人受伤，直接经济损失1861万元。

【高温日创历史新高】　2016年，东莞市出现6次高温天气过程，其中6月1次，7月3次，8月2次。高温日数（日最高气温≥35℃）17天，为历年最多；其中7月高温日数9天，7月30日录得最高气温37.1℃，与2007—2016年极端最高气温持平。

【台风生成晚影响大】　2016年，东莞市第一个编号台风“尼伯特”直至7月3日才生成，为1949年以后第二晚，影响东莞市的有3个台风（“妮妲”“海马”“莎莉嘉”），接近常年登陆或严重影响

2016年1月24日，东莞市出现建气象站以来首例小雨夹雪粒天气

东莞市的台风数（2—3个），其中“妮妲”“海马”分别以强台风级别在深圳市大鹏半岛、汕尾市红海湾登陆，给东莞市带来暴雨，局部大暴雨，及风力7—9级、局部阵风10—11级的影响，造成部分地区水浸、树木吹倒等灾害。

【年灰霾日数减少】 2016年，东莞市灰霾日数12天，比2015年少33天。2016年，东莞市的灰霾现象主要出现在3月和11月。

【全市首次实行气象灾害“五停”】 2016年，东莞市第一个正面影响东莞的台风“妮妲”登陆，8月1日15时5分，东莞市气象局发布台风红色预警信号，东莞市重大气象灾害应急指挥部从8月1日15时17分起，启动气象灾害台风Ⅰ级应急响应。8月1日20时，东莞市防汛防旱防风指挥部发布防台风紧急动员令，在Ⅰ级应急响应期间，全市范围内首次实行“五停”，即停工（业）、停产、停课、停市、停运。

【气象灾害防御水平提升】 2016年，东莞市气象局以落实《广东省气象灾害防御条例》为抓手，通过市政府下发附有《广东省气象灾害防御条例》职责清单的文件，明确要求镇街政府履行气象灾害防御的职责，以及发改、财政、规划、住建等28个部门应履行的气象灾害防御职责。6—7月，市人大常委会开展《广东省气象灾害防御条例》执法检查，对沙田镇（东莞港）、危险化学品企业、学校、供电、轨道交通和市突发事件预警信息发布中心等基层政府、重点单位、重点行业开展实地检查，召开落实《广东省气象灾害防御条例》部门座谈会，做好气象灾害防御。

【气象现代化】 2016年，东莞市气象灾害防御能力纳入《东莞市国民经济和社会发展第十三个五年规划纲要》。提高应对气候变化能力、加强防灾减灾体系建设纳入《东莞市生态文明先行示范区建设行动计划》重点工作，建设气象及相关灾害防御信息支撑工程、“现代生态都市”气象保障工程纳入重点工程。编制完成东莞气象事业发展“十三五”规划，经市政府常务会议审议通过。启动气象及相关灾害防御信息支撑工程、突发事件预警信息发布传播工程和“现代生态都市”气象保障工程项目建设的前期工作。

【公共气象服务】 2016年，东莞市气象局提供《重大气象信息快报》92期，《天气报告》45期，《重大气象信息专报》10期，向1.7万余名领导干部和防灾责任人发布决策气象短信930次3058万条，发布预警信号9种220次，启动气象灾害应急响应13次。应急气象频道覆盖全市数字电视用户，气象网站点击率年均412万人次，气象微博拥有75万名粉丝，气象微信用户超过10.5万户，微博、微信考核排名稳居市直单位前列。在台风“妮妲”“海马”影响东莞市期间，根据预警信号实现自动停课。台风高级别预警信息联网发布可实现全覆盖，全年发布预警短信约1亿条，“妮妲”影响期间通过三大运营商全网免费发送短信2次。总结推广凤岗镇气象服务站建设经验，在塘厦、清溪等镇街建设气象服务站；新增10个安全气象社区，东莞市安全气象社区达到86个。3月，组织市、镇、村三级开展第八个气象灾害应急知识宣传教育月活动，免费预约开放东莞市气象天文科普馆，全年接待1.3万名公众，推动“气象应急科普大篷车”活动进机关、进学校、进社区、进企业。

【气象行政服务】 2016年，东莞市气象局进驻网上办事大厅事项6项，行政许可事项4项，进驻率100%；非行政许可事项1项，进驻率100%；社会服务事项1项，进驻率100%。2016年，气象行政服务窗口办结防雷装置设计审核633宗，防雷装置竣工验收451宗。

（陈汝婷）

2016年东莞市气象资料

指标	2015	2016
雨量（毫米）	2137.9	2612
平均气温（℃）	23.5	22.9
日照时数（小时）	1787.2	1641.6
暴雨日数（日）	13	13
热带气旋（个）	0	0
低温（日）	0	3
高温（日）	12	17
霜日（日）	0	0

注：所有数据除特别注明者外，均来源于东莞国家基本气象站

附：2016年东莞市气象局主要领导名录

党组书记、局长：凌汉强

科学技术普及

【科普阵地建设】 2016年，东莞市创建莞城街道办事处北隅社区、樟木头镇金河社区2个“国家级科普示范社区”，东莞市气象科普馆1个“省科普教育基地”，长安镇沙头社区、南城街道宏远社区2个“省科普示范社区”；认定东莞市石龙镇兴龙社区等6个“市科普标兵社区”，东莞市寮步镇实验小学等11所“市科普标兵学校”，东莞市御野世界实业投资有限公司等5家“市科普教育基地”。

【科普项目资助】 2016年，东莞市财政拨付专项资金1843.6万元资助全市科普项目155项，包括国家级和省级配套科普教育基地、科普示范社区、青少年科学教育特色学校11项，市科普标兵社区、市科普标兵学校、市科普教育基地22项，重大科普活动项目44项，一般科普活动项目78项。

【青少年科普竞赛】 2016年，东莞市科协与市教育、科技、体育等部门举办青少年科普竞赛活动，

包括市青少年机器人竞赛、市青少年科技创新大赛、市青少年（生物学）实验技能大赛、市中小学车辆模型比赛、市中小学航空航天模型比赛、市中小学生天文知识竞赛等。东莞科学馆带领全市31支队伍参加第十六届广东省青少年机器人竞赛，获金牌9枚、银牌17枚、铜牌49枚。东莞市青少年科技教育协会组织第五届东莞市“小小科学家”少年儿童科学教育体验活动、第十届东莞市中小学车辆模型比赛，承办第十二届东莞市中小学电脑机器人活动、第七届东莞市中小学航海模型比赛、第四届东莞市中小学建筑模型比赛等科普竞赛活动，参赛学校92所，参赛师生293人；组织青少年科技代表队参加国家级、省级比赛8次，获省级以上奖励227项，参加第31届省青少年科技创新大赛获一等奖2项、二等奖10项、三等奖15项，参加第十七届“我爱祖国海疆”全国青少年航海模型教育竞赛总决赛获一等奖20项、二等奖26项、三等奖20项、优胜奖8项，共74个奖项，并以7枚金牌、3枚银牌、3枚铜牌的成绩名列奖牌榜第四名。

【青少年科普活动】 2016年，东莞市科协与教育局联合开展老科学家科普报告希望行校园科普活动，邀请8位国家级科技专家举办39场主题科普报告会，近2万名师生参加；在全省“科技进步活动月”期间，与市气象、地震、公安消防等部门联合举办“科普讲座进校园”系列活动11场，约7000名师生参加；组织“流动科学馆”活动，到全市31所中小学、社区进行公益巡展，参加人数约4万人次；东莞科技馆、东莞科学馆、东莞市青少年活动中心等科普教育基地组织开展科普剧演出、自然科学体验夏令营、天文培训班、“走进生命科学”微观观测活动、“小小科学家之探秘微观生物世界公益课”、青少年科技兴趣特长培训学习班等青少年科普活动。东莞市青少年科技教育协会承办“科技创新，成就梦想——中科院专家进校园活动”，邀请龚顺生、李廷芥等5位专家深入全市21所中学作科普报告，参与师生人数2万人次。

【“创客”培育】 2016年，东莞市科协推行创客教育，指导全市各学校建立创客空间，推动中山大学新华学院在麻涌镇创建首个高校创客实验室，与美国麻省理工学院Fab Lab（微观装配实验室）平台结盟，共享设备资源和创客理念，为师生提供制造产品原型的创意平台，帮助优质的创意思维和创客技术实现快速成果转化。东莞市科普志愿者协会开展20多场校园创客活动，向全市师生推广创客知识，开展11期科普讲师创客系列培训，8期学生创客培优课程，培训科普志愿者1350多人，参加师生逾6万人次。

【科普阵地活动】 2016年，东莞市科协联合全市科普教育基地、科普社区、科普学校组织面向公众的各类科技教育传播与普及活动，参与市民32.3万人次。东莞虎门镇图书馆、东莞市寮步镇香市动物园等科普教育基地举办“优质健行运动知识展览”、“亲子DIY调色彩绘活动”“思维导图”讲座、“春节猴文化展”、“飞禽行为展”、“动物行为展”等科普活动，受益群众7.8万人次。莞城街道北隅社区、茶山镇茶山圩社区、东坑镇坑美村等科普社区举办“食品安全与公众健康”图片展、心系女性健康知识培训、“生命第一，齐做安全小主人”儿童生命安全教育活动、周末欢乐学堂、“无毒青春，健康生活”科普讲座等科普活动。水产学会与市海洋与渔业环境监测站、莞城中心小学共同建立莞城中心小学综合实践活动基地，打破学生被动接受科普知识的局面，让学生走进科学，强化主人翁精神。

2016年12月11日，东莞市举办青少年（生物学）实验技能大赛

【科普惠民】 2016年，东莞市科协在全国科普日、广东省“科技进步活动月”、全市“食品安全宣传周”活动等主题科普活动期间，深入镇街、社区、学校等领域举办科普活动62项，发放“消防安全、互联网+、东莞市支柱产业高端技术、中小学生安全知识、保护生态环境”等主题的科普宣传资料6.6万份，普及受惠群众8万余人；组织各基层科协组织聚焦环境保护、节约资源、安全健康等民生和社会热点问题，在全市开展科普宣传教育活动276场次，受益群众25.7万人次；与市人民医院、市中医院、东莞国药公司等单位联合举办“健康新生活”科普系列讲座22场，

讲座涵盖多个民生主题，服务群众近万人次。东莞科学馆举办“生命奥秘·海洋精灵”“海洋花园——珊瑚主题科普展”，接待参观市民10万人次，播放公益科普电影192场，入场观众2.5万人次，全年馆内接待游客约16万人次。东莞蚝岗遗址博物馆举办《地球第三极的生灵——珠穆朗玛峰国家级自然保护区生态文化图片展》《赵佗——岭南开发第一人》《本草拾趣——药用植物标本展》等图片展览，参观群众逾2万人次。农学会推广“微农业”平台，开展蔬菜、水稻等作物的育苗、种植以及采收等微耕体验活动，服务市民300多人次。

（黎彩仪）

社会科学

【咨政课题研究】 2016年，东莞市社科联围绕市委十三届七次全会和人大、政协“两会”提出的东莞市牢固树立和贯彻落实“五大发展理念”（创新、协调、绿色、开放、共享），适应和引领经济发展新常态的总体要求，推出8期咨政报告，并将报告汇编成书，供各级领导内部参阅。这些研究报告吸纳市内外业内人士的意见建议，为市委、市政府科学决策提供智力支持。研究报告以《东莞咨政内参》形式呈送市领导参阅，有的报告中提出的思路建议被吸收进相关政策文件，有些研究成果转化成党政部门的决策依据并推动付诸实践。

【东莞志愿服务发展常态化制度化研究】 2016年，东莞市社科联联合东莞职业技术学院、东莞理工学院专家学者，组织开展“东莞志愿服务发展常态化制度化研究”。发放调查问卷5000余份，按片区开展实地调研、专题座谈等，提炼总结东莞市开展志愿服务活动的亮点、特色、经验，推进争创全国文明城市“四连冠”，推进“志愿之城”建设。课题调研成果呈送分管的市领导参阅。

【东莞外来务工人员生态、心态、动态研究】 2016年，东莞市社科联根据市委宣传部的指示精神，围绕企业员工“生态、心态、动态”情况，联合市内专家学者，深入企业、工厂等地，开展实地调研，全面摸查企业员工的工作和生活状况，形成《东莞外来务工人员生态、心态、动态研究》报告。

【中高职和民办高等教育研究】 2016年，东莞市社科联根据教育局工作需求，组织相关课题组，先后对东莞市6所民办高校、20多所中职（中技）和高职学校进行调研，走访东莞智通人才市场、信鸿人才市场等十多家在东莞市企业，前往珠江三角洲同类城市民办高校和中高职学校召开座谈会，形成《东莞中高职教育一体化发展调研》《东莞民办高等教育发展现状及提升对策调研》报告。

【《东莞加快产业转型升级提升产业综合竞争力研究》】 2016年，东莞市社科联助推产业转型升级，策划推出《东莞加快产业转型升级提升产业综合竞争力研究》报告，以大量翔实的数据，通过与珠三角城市的比较研究，从经济增长态势、结构变动趋势、投入产出质量、后续发展动能和企业营商环境等方面，系统分析东莞市产业转型升级的态势和前景，以及面临的问题和挑战。在借鉴先进城市经验做法基础上，提出东莞市应把握转型发展的重大机遇期，顺应科技和产业发展趋势，提升产业综合竞争力和核心竞争力，推动产业体系向中高端水平加快升级。

【《东莞打造区域创新高地催生发展新动能研究》】 2016年，东莞市社科联打造创新高地，策划推出《东莞打造区域创新高地催生发展新动能研究》报告，调研且总结梳理北京中关村、上海张江、深圳、天津、杭州、苏南等重点示范区的亮点做法。东莞市应以建设珠三角国家自主创新示范区为新的契机，借鉴先进城市经验做法，从创新载体、创新型产业企业、创新资源集聚、创新服务以及科技金融融合等方面全方位打造区域创新高地，加快形成以创新为主要引领和支撑的经济体系和发展模式，推动增长动力由要素驱动向创新驱动转换。

【《东莞推进供给侧结构性改革增强持续发展动力研究》】 2016年，东莞市社科联关注供给侧改革，策划推出《东莞推进供给侧结构性改革增强持续发展动力研究》报告，分析东莞市“三去一降一补”（去产能、去库存、去杠杆、降成本、补短板）的形势、实施策略路径和着力点。应立足东莞实际，有的放矢、长短结合，有针对性地化解短期问题同时系统谋划长远发展。要通过一系列的政策措施，特别是与创新驱动、机器换人、加工贸易转型等系列产业转型升级重大政策措施结合实施，为东莞市经济持续健康发展提供内生动力。

【《东莞构建开放型经济新体制争创国际合作竞争新优势研究》】 2016年，东莞市社科联构建经济新体制，策划推出《东莞构建开放型经济新体制争创国际合作竞争新优势研究》报告，分析东莞市构建开放型经济新体制的独特优势和需补短板，对东莞市构建开放型经济新体制的重大意义、重点领域和重点问题进行分析，对搞好试点试验为全国提供可复制可推广的经验提出政策建议。

【《东莞加强园镇统筹发展彰显园区核心功能研究》】 2016年，东莞市社科联献策园镇统筹发展，策划推出《东莞加强园镇统筹发展彰显园区核心功能研究》报告，在分析园镇统筹背景意义基础上，就重点园区提出统筹发展和改革创新的目标及路径。

2016年6月8日，东莞市沉香协会在广东科技学院报告厅举办“东莞人文学堂进校园——莞香与东方香都”专题讲座

【《东莞优化农村集体资产管理促进集体经济转型升级研究》】 2016年，东莞市社科联聚焦农村集体经济，策划推出《东莞优化农村集体资产管理促进集体经济转型升级研究》报告，走访调研市统计部门、市农村集体资产管理部门以及重点镇街、社区（村组），总结东莞市农村集体经济发展的历程、经验和模式，分析农村集体经济发展存在的突出问题，在此基础上，提出要加大发展引导力度，加大资源统筹力度，加大资产管理力度，加大体制改革力度，加大政策创新力度，探索发展新路。

【《东莞优化营商成本增创营商环境新优势研究》】 2016年，东莞市社科联探讨东莞营商环境，策划推出《东莞优化营商成本增创营商环境新优势研究》报告，以大量翔实的数据，通过与珠三角城市各项营商成本的比较研究，系统分析东莞营商环境的优势和短板，对东莞市进一步增创政务服务新优势、融资服务新优势、科技服务新优势、园区服务新优势、公共服务新优势和城市品质新优势等，进行细致分析，提出操作性较强的对策建议。

【《东莞实施职业教育高级化战略培养支撑产业升级的技能型人才》】 2016年，东莞市社科联围绕服务职业教育发展，策划推出《东莞实施职业教育高级化战略培养支撑产业升级的技能型人才》报告，通过摸查东莞市高职、中职、技校等30余所职业院校的具体情况，与近40位企业家以及企业高层进行面对面座谈，走访调研深圳、佛山、中山等省内城市职业院校，梳理比对发达国家以及无锡、苏州等国内城市的先进经验，总结东莞市职业教育不能很好适应产业升级的主要问题，提出东莞市职业教育调整提升的方向和思路。

【2016年广东省学术年会承办】 2016年，创新探索“社科联搭台、高校承办”的运作方式，由东莞市社科联策划组织，东莞理工学院城市学院具体运作承担具体费用，承办以“推动创新创业与培育发展新动能”为主题的广东省学术年会，收到广东省内高校、党校、科研院所等专家学者撰写的论文100余篇，形成《“推动创新创业与培育发展新动能”专题研讨会论文集》。经过广东省社科联评审，东莞市获一等奖5名，二等奖7名，三等奖15名。

【“广东省社科专家话东莞文化名片”活动举办】 2016年3月22日，东莞市社科联、市社科院和广东省社科联、广州日报报业集团及广东省文化学会在广东科技学院联合举办“广东省社科专家话东莞文化名片”活动。省社科联、市委宣传部、广州日报报业集团、省文化学会等单位的领导出席活动，东莞市社会各界100多名群众参与现场讨论会。在活动中精选和推荐9张东莞文化名片：莞香、松山湖、虎门销烟、东莞音乐剧、可园、袁崇焕、蚝岗贝丘遗址、东莞篮球、茶山南社古村落。与会社科专家学者对东莞文化名片进行盘点和探讨，与现场观众进行互动，现场气氛热烈。会后，《广州日报》、《羊城晚报》、东莞阳光网、东莞时间网等媒体进行报道。通过对东莞市文化名片的盘点和提炼，强化和鲜活东莞市文化名片，提升东莞市城市美誉度。（曾慧妍）

教　育

EDUCATION

- 东莞市普通高考录取率位居地级以上市前列
- 东莞高技能公共实训中心运营
- 首届粤台幼儿教育高峰论坛在东莞市举行
- “广东医科大学”揭牌
- 第一届广东省“中国汉字听写大会”大赛在东莞市举行

东莞理工学院城市学院　　编辑：刘　丹

教育综述

【教育概况】　截至2016年，东莞市有幼儿园1016所，比上年增加67所，其中公办（集体办）园198所，民办园818所。全市在园幼儿33.17万人，比上年增加1.73万人，入园率99.4%。

有小学328所（不含九年、十二年一贯制学校），小学在校生73.87万人，增加1.94万人，户籍学龄儿童小学入学率100%，小学毕业生升学率100%。

有初中191所（不含完全中学、十二年一贯制学校），初中在校生21.59万人，增加7225人，户籍适龄少年初中入学率100%，初中毕业生升学率98.4%。

有普通高中学校40所（含完全中学和十二年一贯制学校），在校生7.99万人，增加946人；普通高中招生2.72万人。有中职学校26所（含4所技工学校），全日制在校生7.63万人，增加3999人；中职学校招生2.91万人。

有特殊教育学校2所，在校生697人，增加57人。

经批准开办的民办幼儿园818所，增加60所；民办普通中小学281所，其中小学121所、初中9所、九年一贯制学校136所、完全中学1所、普通高中1所、十二年一贯制学校13所；民办中职学校12所（含3所民办技工学校）。民办学校在校生分别为幼儿园26.04万人、小学48.86万人、初中12.65万人、普通高中2.69万人、中职学校2.86万人。

有5所独立的成人高等教育机构（高职院校4所、成人高校1所）、32所乡镇成人文化技术学校、621所民办培训机构，各类成人教育培训总量60.6万人次。有2.23万人报名参加成人高考，3.48万人次报名参加全国高等教育自学考试。

有高等院校10所（普通本科院校5所、高职院校4所、成人高校1所），高校在校生13.49万人，高校教职工6535人。

【教育投入】　2016年，东莞市教育总投入213.96亿元，比上年增加25.41亿元，增长13.48%。其中，财政性投入134.7亿元（含中央和省财政补助13.74亿元），增加13.3亿元，增长10.96%。

落实义务教育民办学校公用经费和教科书补助政策　2016年，东莞市对民办学校的在校生给予学杂费减免，补助标准（含公用经费和教科书补助）小学每生每年1270元，初中每生每年2155元。全年下拨义务教育公用经费和教科书补助经费8.73亿元，其中：公用经费补助7.9亿元，教科书补助

0.83亿元。

保障市镇两级教育经费投入 2016年，东莞市根据二级办学教育经费分担的有关规定，市财政按规定下拨直属学校教育经费48.85亿元（不包括教育收费4.8亿元），并继续加大对镇街教育经费的投入，全年下拨镇街教育补助经费31.85亿元。同时，镇街财政相应投入教育经费53.99亿元，保障学校的正常运作。

加强学校硬件基础建设2016年，东莞市学校基建总投入11.3亿元，新建、扩建、改建公民办学校（幼儿园）136所（含跨年度建设学校及幼儿园），竣工建筑面积91.42万平方米。至2016年底，生均校舍面积小学10.15平方米，中学24.81平方米。

民办教育经费投入持续增长。2016年，东莞市民办教育经费总投入81.27亿元，比上年增加11.36亿元，增幅16.25%，民办教育经费占全市教育经费总投入的37.98%。

【市属学校基建工程建设推进】 2016年，东莞市完成东莞启智学校小学部扩建工程；推动东莞市商业学校东校区新建学生宿舍和食堂工程建设，虎门中学二期学生宿舍工程建设，雅园新村幼儿园工程建设，东莞启智学校新校用地手续办理，东莞市纺织服装学校校园道路及排水系统修复工程建设。

【师资队伍建设】 2016年，东莞市推动义务教育阶段学校校长、教师交流，其中：交流校长92人，占校长总数16.7%；交流教师3159人，占教师总数16.6%。

加强干部培养 2016年，东莞市教育局加强机关干部和学校干部培养，从局机关中选派1名干部到农村挂职锻炼，从市直属学校中层干部中选派7人到局机关挂任科长（主任）助理。

实行校长绩效单列考核 2016年，东莞市对直属学校校长实行单列绩效考核和奖励性绩效工资统筹发放，校长不再参与学校教职工的绩效考核和奖励性绩效工资的分配。

开展中小学教师职称改革 2016年，东莞市制定《东莞市深化中小学教师职称制度改革具体实施方案》，完成全市中小学教师职称过渡和普教系统相关事业单位岗位重新核定，制定颁发东莞市学校竞聘推荐、说课评课考核以及高、中级评委会评审指引，完成中小学教师职称改革后第一次岗位聘任和职称评审。

引进教育人才 2016年，东莞市完善公开招聘，组织2场公开招聘公办教师活动，聘用941名公办教师。其中研究生109人，本科832人，分别占总数的11.6%、88.4%。

【教师培训】 2016年，东莞市教育局组织208个培训班，参加培训教师10万人次，其中重点项目培训班48个，累计培训2820人次，教师信息技术应用能力提升工程培训6.7万人次。民办中小学学科教师培训600人，民办中小学（幼儿园）财务人员培训1000人。获评市第二批名师培养对象30人、名校长培养对象10人和教育名家培养对象5人。选拔民办学校骨干教师、校长培养对象200人，选拔2000多名教师进入名师工作室进行跟岗培养，幼儿园教师培训4000人

2016年11月22日，东莞市教育局召开传达学习《民办教育促进法》修法精神会议

次。全市幼儿园、小学、初中、普通高中和中职学校专任教师学历达标率分别为98.38%、99.98%、100%、99.49%、90.11%；幼儿园专任教师大专以上率为71.7%，小学、初中、普通高中、中职学校专任教师本科以上率分别为61.8%、86.2%、99.4%、90.1%。

【依法治教】 2016年，东莞市完善行政许可流程管理，推进行政执法公示，实施行政审批结果双公开。落实行政审批标准化，编制行政审批事项办事指南和业务手册。向镇街（园区）新增下放18项职权事项。加强政府信息公开，及时更新政府信息公开目录和内容，向社会主动公开市教育局及其下属单位财政预算、决算47份，“三公”经费预算、决算47份。推进教育信息公开，全市283所公办中小学校依托学校网站建立信息公开专栏。依法做好政府信息依申请公开，按期答复行政复议申请。推进依法治校，基本实现全市中小学“一校一章程”以及“一校一法律顾问”，开展“依法治校示范校”创建，全市有“依法治校示范校”102所，其中广东省“依法治校示范校”25所。做好社会矛盾化解，依法依规办理信访事项，办理群众咨询、投诉4000余件。

【教育督导】 2016年，东莞市教育局组织督学全员培训，加强督导队伍建设；按国家和省有关要求推行督学责任区制度，指导全市32个督学责任区开展督导工作，加强对学校经常性督导。继续推进基础教育均衡优质标准化发展，全市有省、市一级公办普通高中24所（含广东省国家级示范性普通高中7所），市一级民办普通高中9所；公办义务教育标准化学校比例100%，民办义务教育标准化学校比例91.6%。

【学校安全管理】 2016年，东莞市推进“平安校园”建设，确保师生生命安全。学生非正常死亡人数比上年下降7.4%；累计创建“平安校园”1516所，覆盖率95.8%。坚持常态化安全宣传教育，组织开展专题安全教育活动39次，发放安全宣传资料379万册，制作珍爱生命系列防范溺水、消防安全、食品安全、交通安全、预防毒品等5部专题动漫，举办安全专题培训5轮，培训师生5.8万人次。

制定《东莞市校车运营企业安全管理责任人制度》，校车实现100%取得校车标牌，驾驶员100%取得驾驶资格，减少校车事故风险。全面落实《中小学幼儿园安全防范工作规范（试行）》，全市学校配备保安人员7364人，建成一键报警装置1509处，设置护学岗1039处，校园及周边巡查警力（含辅警）3432人次。开展夏季消防安全专项整治、校园及周边“五毛”食品专项整治、防雷设施排查行动、校园及周边地质灾害隐患排查治理等工作，发布校园安全风险预警信息19条次，遏制校园安全风险。开展校园周边治安秩序专项治理行动，查处违规经营场所15家，破获刑事案件3宗，抓获涉案人员5人；开展学生溺水问题专项整治行动，发放《防范学生溺水教育手册》130万册，全市溺亡学生人数下降9.1%。

【教育信息化基础设施建设】 2016年，东莞市持续完善教育信息化基础设施，下发《关于进一步完善我市教育信息化网络基础设施的通知》，公办中小学校逐步将教育城域网接入带宽提升到千兆，民办学校和幼儿园提升到百兆及以上，有近300所学校完成带宽升级，并部署学校WiFi统一认证系统，学校师生可通过教育信息公共服务平台的账号密码进行实名登录无线上网。

【国家教育资源公共服务平台试点】 2016年，东莞市依托国家教育资源公共服务平台规模化试点，扩大优质教育资源覆盖面。东莞市通过“国、省、市、校”上下联通的资源平台为“一师一课”活动提供技术支持，全年晒课率55.4%，获得部级优课奖101个，比上年增加36个；各学科成立精品资源开发团队39个，汇聚32万节，下载47万次，依托平台向民办学校推送资源18.02万节次，向中低收费民办学校或薄弱学校送课到校4907节（含线上与线下）；承办中央电化教育馆“国家教育资源公共服务平台试点地区（东莞）骨干教师培训班”，全市各镇街教办、中小学教育信息化负责人及骨干教师700余人参加培训。试点工作以“优秀”的等级通过专家组验收，在区域优质数字教育资源共建共享、学科优质数字教育资源建设与应用等方面具有成熟的推广模式和较高的应用价值，被推荐在广东省基础教育信息化展览活动上进行展览。

【“莞式慕课”】 2016年，东莞市开展“莞式慕课”平台建设及试点应用，创新途径提升民办教育质量。启动慕课教育信息化工程项目，组织市教育局相关科室工作人员、各镇街、直属学校师生及家长进行访谈和问卷调研，形成“东莞慕课教育信息化项目设计方案”，并通过专家验证，完成工程招标；将慕课试点应用纳入2016市政府十件实事，不断到各镇街开展听课考察、研训打磨、成果展示等活动，征集到优秀慕课创新案例271个，先后分别有学生4万多人次、教师3.6万多人次参加网络学习、教研，分别扩大优质师资和教研指导覆盖面；国务院参事汤敏、广东省教育厅厅长罗伟其分别到东莞市调研慕课试点应用，给予高度评价。

【教育管理信息化平台推广】 2016年，东莞市推进教育管理信息化平台的完善与推广，应用于教育业务管理。其中，公文管理平台实现市、镇、校三级一体化协同办公，校内、镇内到市内多层次立体化、全方位文件和信息网上传，实

松山湖实验小学慕课案例展示

麻涌第一中学信息化小组合作教学模式展示

现办公无纸化；教学质量监测评价系统应用于中小学网络阅卷、成绩分析，首次使用大数据技术分析教学质量，使分层教学成为可能；评审评定平台应用于全市优微课评审活动，将作品提交、评审、公办等流程信息化。此外，还有教师招聘管理、教育装备管理等教育管理信息化平台，通过优化教育管理与服务流程，实现相关教育业务管理的信息化、现代化，推动教育管理规范化，提高管理效率与水平。

【教育装备】　2016年，东莞市中小学校教学仪器资产总值26.21亿元，其中实验设备总值7.31亿元；有普通教室2.45万间，其中多媒体教室2.19万间；配备计算机1.51亿台，其中教学用计算机11.90万台；全市中小学校图书馆（室）藏书2500万册；全市495所学校建成校园网，公民办中小学校校园网建成率88%。

2016年，东莞市对35所义务教育阶段民办学校教育信息化基础设施建设给予财政奖励，总金额1922万元；建设21所东莞市现代教育技术实验学校，32个课题获全国、省教育技术课题立项；全市中小学校师生在广东省优秀自制教具、创客、实验操作与创新技能、实验教学、教育技术优秀论文等竞赛活动中获得省级特等奖2项，一等奖24项，二等奖52项。

【教育科研】　2016年，东莞市在推进群众性教育科研的基础上，着力提升质量和水平。组织申报广东省“强师工程”项目，有16项课题被批准立项，其中重点课题3项、一般课题13项。组织申报广东省中小学教育创新成果奖，有54项成果获奖（其中一等奖1项、二等奖18项、三等奖35项），获奖总数占全省39.4%，连续4年居全省第一位。组织东莞市教育科研规划课题申报评审，有申报项目1047项，申报数量历年最多，首次突破1000项大关，经评审，批准立项672项。组织开展东莞市名师、名班主任、名校长（园长）工作室专项课题申报，批准立项80项。组织第三批“精品课题”申报，批准立项20项。组织课题成果结题鉴定，有432项课题通过结题验收。开展课题申报指导会议、课题答辩会、优质课题研讨会、省强师工程项目研讨会、招标课题中期汇报会、成果推广交流会等学术研讨活动12场次。

加强对教育科研薄弱镇街、民办学校的帮扶，组织科研视导或送科研到校活动15场次。组织市直属学校科研管理人员赴惠州市考察学习。在石龙中学举行东莞—韶关生物学科教育科研联合教研活动。完成市教育学会换届选举，选举产生新一届理事会，市教育局局长梁凤鸣当选会长。成立高中通用技术教学研究会。开展市教育学会论文评选，收到参评论文598篇，评出获奖论文250篇。

【教育发展研究】　2016年，东莞市做好《东莞市教育事业发展“十三五”规划》编制，经市委常委会审议通过发布。围绕东莞教育改革发展重点、难点、热点问题深入研究，形成《提高我市公共教育服务供给水平和质量专题调研报告》《十三五时期东莞市基础教育学位资源配置的分析预测》《关于推进我市公办学校办学体制机制改革的工作思路》等调研报告。加强教育专题研究，市社科联立项课题《东莞“十三五”转变教育发展模式的策略路径研究》结题；完成广东省教育体制综合改革重大教育科研项目《构建公益普惠性学前教育公共服务体系的政策研究》和市基础教育科研重点招标课题《东莞市普惠性幼儿园质量评价体系研究》研究。推进教育领域综合改革，完成《东莞市2016年教育领域综合改革情况汇报》，开展义务教育阶段公办学校托管民办学校试点和专项研究。

【教师支教】 2016年，东莞市根据广东省教育厅的要求，选派19名中小学教育工作者赴韶关支教，选派1名教师到香港担任教学指导教师，选派6名教师到西藏林芝地区支教，2名教师到东莞台商子弟学校支教，选派17位教师到新疆支教。

【语言文字工作】 2016年，东莞市调整语言文字工作委员会成员，成员单位覆盖语言文字工作重点领域。在第19届全国推广普通话宣传周，以凤岗镇为重点镇开展活动。弘扬中华优秀文化传统，组织开展中华经典诵读活动，举行东莞市“诵经典华章，唱中国梦想”中华经典诵读比赛。创建“语言文字规范化示范校”，有国家、省、市级示范校223所（其中市级示范校新增26所），10所学校通过评估，获评广东省第四批语言文字规范化示范校和第二批规范汉字书写教育特色校。加强规范汉字教育教学，第一届广东省“中国汉字听写大会”大赛在东莞市举行，“第八届中小学规范汉字书写大赛”东莞市有900人参赛，选拔150人参加省总决赛。完成普通话培训测试1.6万人次。

【第一届广东省“中国汉字听写大会”决赛在东莞市举行】 于2016年10月22—23日在东莞市南城街道阳光实验中学举行，来自全省的21支代表队参加。比赛由广东省教育厅、广东省语委主办，东莞市语委、东莞市教育局、广东省语言文字工作协会承办，自5月开始启动，分初赛和决赛两个阶段，其中初赛由各地教育局、语委负责组织，产生8支入围决赛的队伍。经决赛，东莞市茶山中学获特等奖，佛山市南海区南海实验中学、中山市中山纪念中学获得一等奖，江门市鹤山市沙坪实验中学、茂名市龙岭学校、惠州市第一中学、广东顺德德胜学校、广州市天河外国语学校等5所学校代表队获得二等奖。

【东莞市参加第八届中小学规范汉字书写大赛】 2016年，东莞市有900人参加第八届中小学规范汉字书写大赛，选拔150人参加广东省总决赛。大赛作品评选活动在东莞市进行，东莞市获奖作品140幅，获奖率达93.3%，其中：特等奖49幅，占全省的33.8%；一等奖37幅，占全省的12.9%；二等奖39幅，占全省的9.3%；三等奖15幅，占全省的2.7%。获评优秀指导教师30人。东莞市教育局连续三年获得优秀组织奖。

基础教育

【学前教育】 截至2016年，东莞市有幼儿园1016所，其中公办、集体办幼儿园198所，民办幼儿园818所。3—6岁在园幼儿33.17万人，入园率99.4%。全市幼儿园教职工4.3万人，其中园长、教师2.21万人，教师学历达标率98.0%，大专以上学历占71.7%。全市“广东省规范化幼儿园”962所，公益普惠性幼儿园746所，省、市一级优质幼儿园500所，其中省一级幼儿园16所，市一级幼儿园484所。

【《东莞市第二期学前教育三年行动计划（2014—2016年）》落实】 2016年，东莞市进一步落实《东莞市第二期学前教育三年行动计划（2014—2016年）》，以“促普惠、提质量”为目标，健全工作机制，发展公办幼儿园，扶持普惠性民办幼儿园，加强师资培训和教学教研，规范办学行为。制定出台《东莞市公益普惠性幼儿园认定、扶持和管理办法》，认定548所普惠性民办幼儿园，对636所符合条件的集体办幼儿园和普惠性民办幼儿园拨付4829万元奖补资金。全年培训幼儿园教职工2.91万人次。开展名师、名园长工作室主持人引领工作，贯彻落实教育部《3—6岁儿童学习与发展指南》。5月21日，东莞市承办省教育厅2016年广东省学前教育宣传月启动仪式，省教育厅副厅长朱超华、市政府副秘书长张春扬、市教育局局长梁凤鸣以及校长、园长、家长代表400多人参加活动。

【九年义务教育】 截至2016年，东莞市有小学328所，在校生73.87万人，比上年增加1.94万人，户籍学龄儿童小学入学率100%，小学毕业生升学率100%。全市有初中191所，在校生21.59万人，增加7225人，户籍适龄少年初中入学率100%，初中毕业生升学率98.4%。

【随迁子女义务教育】 2016年，东莞市义务教育学校非东莞户籍学生77.61万人，比上年增加1.96万人。非东莞户籍小学生62.06万人，增加1.37万人，其中在公办小学就读的非东莞户籍小学生14.28万人；非东莞户籍初中生15.54万人，增加5947人，其中在公办初中就读的非东莞户籍初中生3.96万人。2016年，根据省、市有关政策精神，安排华侨华人和台胞子女392人在东莞市就读。

【普通高中教育】 截至2016年，东莞市有普通高中（含完全中学和多层次学校高中部）40所，在校生7.99万人，比上年增加946人。东莞高级中学新疆班招收新生188人。截至2016年，市内地新疆高中班在校生713人。

【特殊教育】　2016年，东莞市特殊教育学校在校生697人，户籍“三残”（智残、体残、肢残）儿童入学率98%。完善残疾学生入学机制，加强随班就读和送教上门管理及指导，建立特殊教育干部教师全员培训体系，培训722人次。

【学生思想道德建设】　2016年，东莞市以培育和践行社会主义核心价值观为未成年人思想道德建设工作主线，围绕“慧教育”，做好德育基础工作，提升学生思想道德水平，促进学生健康成长。

组织开展全市中小学文明创建整治提升工作，提升校园文化建设。加强社会主义核心价值观教育，开展“我的中国梦——爱国跟党走”“扣好人生第一粒扣子”“童心向党”“向国旗敬礼”主题教育实践活动。开展“千万少年快乐阅读”“梦·阅读”现场作文竞赛、“朝阳读书”“暑假读一本好书”等系列读书活动。建设“校园法苑”，开展“法治进校园”巡讲活动。参加省班主任专业能力大赛，获得综合一等奖2个、单项一等奖5个。开展“师德建设主题教育月”系列活动，组织师德宣讲、师德征文活动，加强师德建设。组织德育骨干教师培训，成功创建2各省名班主任工作室，选送4名省“名班主任”培养对象，4名老师获得省“名班主任”称号。印发《关于印发〈关于加强东莞市中小学幼儿园家庭教育指导工作的意见〉的通知》，提高全市中小学幼儿园开展家庭教育指导工作的水平，联合东莞广播电台《城市的声音》，合力打造周五家庭教育专栏节目，与家长探讨交流家庭教育理念、方式方法，播出14期节目。加强德育科研工作，11个省级德育专项和德育课题成功立项。编制6期《德育工作简报》。下发《关于做好2016年东莞市中小学生社会实践基地申报工作的通知》，新认定10个市中小学生社会实践基地。配合市农业局认定15个农业科普教育实践基地。开展“励志助学”教育志愿服务活动。

松山湖实验小学通过智能腕带监测体育课运动量

【体育、卫生、艺术教育】
2016年，东莞市教育局印发《关于开展学校美育工作与体育三年行动计划专项督导工作的通知》，全面实施《国家学生体质健康标准》，做好数据测试和上报；组织全市中小学根据《中小学校体育工作评估办法》，开展学校体育工作自评；举办“阳光体育”冬季长跑启动仪式，开展第五届东莞市中小学大课间体育活动评比，并在全市中小学开展大课间体育活动随机抽查，确保中小学生每天一小时校园体育活动，提高学生体质健康水平。举办东莞市中小学生乒乓球、羽毛球、篮球、足球、排球、田径、健美操等系列比赛，足球比赛首次设立女子组比赛。46所学校被命名为东莞市校园足球推广校，19所学校被命名为广东省校园足球推广学校，麻涌镇被命名为广东省校园足球试点县，14所学校被命名为全国青少年校园足球特色学校。组织参加省传统项目学校篮球、乒乓球、游泳、武术等锦标赛，以及全省中小学生篮球、跳绳、羽毛球、田径等系列比赛。

开展爱国卫生运动，加强学生健康教育，落实晨检、因病缺勤病因排查和登记制度，全年向中小学、幼儿园派发各类卫生健康和疾病防控宣传资料1.73万份。4月，在进修学校举行2016年中小学卫生管理人员培训班，提升各镇街直属学校卫生管理人员工作水平。组织5位中小学教师参加广东省2016年中小学健康教育说课比赛，获一等奖1个、三等奖2个和优秀组织奖。配合卫计部门开展学校卫生监督工作，对18所学校开展卫生监督，对存在风险的学校及时作出警示。12月组织开展小学生健康素养知识竞赛活动，加强全市小学生健康教育，促进学生健康成长。

参加全国第五届中小学生艺术展演活动。举办4场中小学师生才艺展示活动。举办全市中小学生独奏、独唱、独舞比赛，中小学生创意工艺作品展评活动，陶艺现场制作大赛。举办“东莞有你绘美丽”——青少年水彩水粉作品征集活动和青少年敬老美术作品大赛。

【中小学心理健康教育】　2016年，东莞市教育局继续落实省中小学心理健康教育文件精神，开展中小学心理健康教育，提升学生心理素质。继续开展中小学心理健康教育特色学校创建，5所学校成功创建省级特色学校，13所学校成功创建市级特色学校。组织心理健康教师专业培训，有1000多人参加培训。组织中小学生校园心理剧比赛，编写《校园自我伤害危机干预工作指引》并印发到各中小学校，开展“生命教育进校园”专题宣讲活动。组织骨干教师到厦门等地学习交流经验；继续开展心理健康教育片区交流活动，组织送课到校活动，提高心理健康教育质量和教研水平。

【普通高考】 2016年，东莞市普通高考再创佳绩。上线入围方面，参加高考考生2.99万人，其中：普通类考生2.53万人，高职类考生0.46万人。在普通类考生中，第一批本科（重点线）上线4841人，比上年增加395人，增幅8.9%；本科以上上线1.49万人，增加888人，增幅5.1%；专科以上上线2.41万人，增加40人，总上线率95.3%，提高0.5个百分点。在高职类考生中，上线总人数2361人，与上年基本持平。

录取方面，总录取2.77万人，录取率92.68%。其中第一批重点院校录取4916人，比上年增加333人，增幅7.27%，占考生总数的16.43%；本科以上院校录取1.52万人，增加400人，增幅2.70%，占考生总数的50.92%。

2016年，东莞市普通高考录取率和每万户籍人口升重点、升本科、升大学人数等高考主要指标，在全省21个地级以上市中位居前列。 （刘晓东）

2015—2016年东莞市普通高考录取情况

年份	参加高考考生（人）	录取人数			高考录取率（%）	每万户籍人口录入重点大学人数（万人）	每万户籍人口升本科人数（万人）	每万户籍人口升大学人数（万人）
		总数（人）	其中					
			本科（人）	专科（人）				
2015	29510	27426	14834	12592	92.94	18.96	64	124
2016	29920	27729	15234	12495	92.68	18.94	60	114

【职业教育概况】 2016年，东莞市有中等职业学校26所（含技工学校4所），其中公办14所，民办12所；有省级以上重点中职学校15所，其中国家级重点10所；省级示范性中职学校4所，其中有2所国家示范性中职学校建设立项学校。中职学校在校生7.63万人，其中省级以上重点中职学校在校生6.26万人，占整个中职学校在校生人数的82%；招生2.9万人，其中接收广东省东西两翼和粤北山区的“双转移”学生1.19万人。全市中职学校有教职工3776人，其中专任教师2974人；有“双师型”（教师和技师）教师1313人，占专业教师的80.9%。2016年，东莞市中职学生升学就业率98%。

【“广东省职业教育综合改革示范市”创建工作启动】 2016年，东莞市启动现代职业教育综合改革示范市创建，市政府成立东莞市创建“广东省职业教育综合改革示范市”工作领导小组，统筹协调创建工作。市政府将此项工作制作责任分解表，以市政府办公室名义印发至各部门、各职业院校，落实创建责任，定期跟踪督办。

【重点中职学校建设】 2016年，东莞市教育局督促指导市信息技术学校、市汽车技术学校、市体育运动学校、南华职业技术学校、五星职业技术信息学校和南博职业技术学校等6所学校做好创建省重点中职学校迎评工作。4—5月，市汽车技术学校、市信息技术学校、南华职业技术学校等3所中职学校都通过省评估验收，创建成为省重点中职学校。督促指导东莞理工学校和市经济贸易学校按照创建国家示范性中职学校任务书的要求，做好有关工作，并在年初通过教育部的验收。

【中职学校对外合作办学】 2016年，东莞市部分公办中职学校从9月起开办德国课程班，加上2015年开办的台湾课程班，全市有7所中职学校的12个专业参与中外合作办学，每年招生规模700人。课程班的办学模式为：采用“2.5+0.5”的办学形式，即引进国外（境外）相关专业课程及专业师资，学生在东莞市学习两年半，第三学年根据教学需要，由市财政资助到国外（境外）接受2—5个月的短期培训，培训结束后全部返回东莞市。另有7所学校开设出国留学班，合作的国家有英国、澳大利亚、新西兰、韩国等。年内，德国、中国台湾课程班招生700人，国际留学班招生258人。

【中职学校校企合作办学】 2016年，东莞市推进职教集团建设。1月，市电子科技学校牵头成立东莞市电子职教集团；6月初，市轻工学校牵头成立东莞市家具人才培养互联基地。引进“教学工厂”模式，市机电工程学校与隆凯股份有限公司合作，将新加坡“教学工厂”进行本土化复制，打造产学研高度结合的精密模具生产高端平台，促进全球高科技研发成果的生产转化。 （刘晓东）

东莞理工学校（职教城新校区）

东莞职教城

【东莞职教城概况】　东莞职教城是东莞市推进职业教育和技工教育创新发展的重点工程项目。东莞职教城地块占地面积101.67公顷（含建设用地75.47公顷，河堤、绿化地面积26.23公顷），总建筑面积43万平方米，总投资20多亿元，是一个可容纳1.5万—2万名中高职在校生和年职业技能社会培训鉴定量3万—5万人次的大型工程项目。2011年动工建设，2013年一期工程交付使用，2016年二期工程部分交付使用。截至2016年，职教城拥有东莞市技师学院、东莞理工学校2所职业院校和1所高技能公共实训中心。

【职教城二期工程建设】　2016年9月，职教城二期工程部分投入使用。主要包括东莞市技师学院第四学生宿舍、计算机院系楼、电子技术院系楼、教师周转房1栋、教师周转房2栋、第二食堂、风雨操场；东莞理工学校第二食堂、教师周转房、风雨操场；市高技能公共实训中心职工周转房。总建筑面积13万平方米，投资2.5亿元，职教城各单位配套功能进一步完善。

【职教城慕课打造】　2016年，东莞职教城将原信息化网络学校升级为职教慕课平台，通过联合东莞市高技能实训中心、东莞市技师学院和东莞理工学校成立职教慕课联盟，整合推广职教城内各院校的课程优质职业课程资源，以职教城为基地，同时吸收东莞市、广东省甚至国内的优秀职业院校的优秀课程，向社会公益性地开放学习。除促进校校合作外，同时推动校企合作打造精品职业慕课。

【职教人才网建成】　2016年9月，东莞职教城推出网上就业推荐服务平台系统——职教人才网，这是政府公益性求职平台。专为中高职院校应届毕业生和有意从事高技能类社会人士提供真实准确的人才招聘职位、招工信息，及时了解企业动态，推出特色栏目有“中高职院毕业生的推荐”“高技能人才的推荐”“企业搜索”“热门企业”。至年底，有1300多家企业支持，发布职位3000多个。

（温泽枫）

附：2016年东莞职教城主要领导名录

主　任：陈　杰

东莞市技师学院

【东莞市技师学院概况】　东莞市技师学院于1987年12月经广东省人民政府批准，由东莞市人民政府创办，隶属东莞市人力资源局，是东莞市唯一一家公办国家重点技工院校、广东技工教育行业前二十强，先后获评“国家级高技能人才培训基地”“人社部企业新型学徒制试点单位”“全国职工教育职业培训先进集体”。截至2016年，东莞市技师学院拥有两个校区，总占地面积38公顷，总建筑面积30.9万平方米，其中，东城校区建筑面积9.1万平方米；职教城校区建筑面积21.8万平方米。

2016年，东莞市技师学院有在校生9500人，其中高技生占85%。设有机电工程、信息工程、机械工程、汽车技术、现代服务系和管理工程系等6个专业系和1个国际合作分院，常设专业36个，开展中技、“高技+大专”、“预备技师+本科”和面向企业在职员工的“技师+本科”等多层次办学。

2016年，东莞市技师学院师生参加比赛，获得国家级竞赛一等奖7个、二等奖7个、三等奖2个、优秀奖3个；获得省级竞赛一等奖14个、二等奖34个、三等奖16个、优秀奖15个；获得市级竞赛一等奖3个、二等奖25个、三等奖26个、优秀奖1个。承办第44届世界技能大赛工业控制和烘培两项目广东省选拔赛并包揽桂冠；参加第44届世界技能大赛工业控制和烘焙两项目全国选拔赛均取得国家集训队入场券；学院还被评定为第44届世界技能大赛烘焙项目中国集训基地，成为东莞市唯一一家被评定为集训基地院校。

【东莞市技师学院师资队伍建设】　2016年，东莞市技师学院有教职工536人，其中专职教师449人，且100%具有本科及以上学

东莞市技师学院

历，硕士学位以上超过15%，教授1人，高级讲师、高级实习指导教师、高级技师115人，讲师、技师144人，一体化专业骨干教师75%以上，教师队伍中拥有大批省级督导员、考评员和省市优秀教师及技术能手。重视师资队伍建设、通过引进学科带头人、选送骨干教师到国外培训、激励学历技能提升等机制，培养出大批优秀人才，先后分批派出150人次赴德国、新加坡等国家和中国香港地区培训进修。还从各行业聘请66名技术骨干、行业专家兼职。学院教师职业素养和业务水平较高，科学科研成果斐然，获省级以上科研成果奖280多项，编写专业教材60多种，出版教材70多部（本）。

【东莞市技师学院国际合作办学】　截至2016年，东莞市技师学院先后和德国、英国、美国、加拿大等国知名院校合作，开办中德、中英、中美、中加国际合作班52个，涉及13个专业，国际合作班在校生1399人。参加中德、中英、国际合作班学习的学生还可获得享誉欧洲及世界的学历、职业资格证书，取得国内学士学位的毕业生，可到德国就读研究生，部分毕业生可到德国就业，入读中美国际合作班的学生在校期间安排两次赴美英语培训游学营，在该游学营中通过英语水平考核的学生，可在中技毕业后直接申请美国大学，无需再提供托福、雅思等其他语言成绩。

2016年，首届中德合作班192人次通过由德方举行的IHK中期考试（考试时间和德国同时，试卷也和德国本土相同），获得参与结业考试资格；中英合作班45名学生获得ASFI职业资格证书；发挥“德国职教集团（BBW）大学中国（东莞）师资培训基地”作用，承办首期“德国职业教育教学法师资研修班”。

【东莞市技师学院校企合作发展】　2016年，东莞市技师学院与企业合作，将教学内容与企业生活流程相连接、将培训与就业相连接，在校内建立服装学习型工厂、汽车医院、东技国际旅行社，与德国职教集团（BBW）合作建立学习型工厂，与众信会计事务所合作建立会计实训基地；并与236家大中型企业建立校企合作关系，与华润雪花、华为机器、中国移动、长江实业、DHL、天弘科技、麦当劳等7家世界500强企业签订合作办学协议；与广东易事特、东莞珠江啤酒等28家校企合作企业开办37个冠名班。

2016年，东莞市技师学院践行人社部企业新型学徒制试点工作，与广东易事特、深圳麦士德福科技等两家企业签署企业新型学徒制培养合作协议，两家公司200名员工成为该学院学生；还在2014年开办“庆泰模式”班基础上，打造出升级版，报读这类班的学生将签署学校、企业、学生三方协议，学生拥有双重身份，在学校为学生，在企业为学徒。学校与企业联合按企业提供的5个以上技术岗位要求制定并实施教学计划，以技术岗位为课程，实行工学结合。学生在学校学习期间及企业实习期间均由公司给予生活补贴，开设类似企业新型学徒制班级16个，在校生近400人。

2016年，东莞市技师学院利用政府财政补贴优惠政策，与企业合作开展对其内部员工进行技能提升培训，年培训量1.7万人次。

（周　辉）

附：2016年东莞市技师学院主要领导名录

院长、党总支部书记：刘海光

东莞市高技能公共实训中心

【东莞市高技能公共实训中心概况】　东莞市高技能公共实训中心成立于2010年9月，是直属市人力资源局的公共服务管理型公益性事业单位，位于东莞市职教城。截至2016年，占地面积12.50公顷，建筑面积5万平方米，基建投资规模2亿元，各种设备总值逾2亿元。设置高新技术、汽车技术、工业自动化、现代制造业以及现代服务业5个实训中心，近130个项目，可容纳2500人同时实训。

【东莞高技能公共实训中心运营】　2016年，东莞市高技能公共实训中心为全市职业院校学生、职业培训机构、企业职工和其他社会人员提供技能实训和技能鉴定等

东莞市高技能公共实训中心生产性实训车间

公共服务，完成技能实训15.6万人次，技能鉴定5689人次；承办全省性职业技能竞赛1项，全市性职业技能竞赛3项；跟随市场需要，完善实训场室建设，完成精密模具制造训练中心建设；引进东莞市首家无人机培训考试机构，建设无人机驾驶员实训室，填补东莞市在无人机培训以及考证服务的空白；与东莞市技师学院联合建设世界技能大赛烘焙项目中国集训基地；与国外和港澳台地区院校及培训机构对接，合作开办电镀业表面处理、BBW机电一体化、BIM建造工程管理三期国际课程培训班，培养国际化高技能人才。携手模具行业新媒体“前沿数控技术”，举办“2016年中国模具工业制造趋势峰会”；举办“高训智造”公益性技术论坛4期，打造“高训智造”论坛品牌；举办“职业技能展示开放日活动”5期。（刘　斌）

附：2016年东莞市高技能公共实训中心主要领导名录

主　任：李伟锋

东莞理工学校

【东莞理工学校概况】　东莞理工学校创建于1985年，是东莞市教育局直属的中等职业技术学校、国家级重点中专学校和国家中等职业教育改革发展示范学校创建单位。先后被评为“广东省中等职业教育先进单位”“广东省文明单位”。

截至2016年，东莞理工学校占地面积28公顷，建筑面积16万平方米，其中实训建筑面积3.6万平方米。设有数控、汽车、计算机、电子、财经、媒体等6大类专业群17个专业，其中数控技术应用、汽车运用与维修和软件与信息服务3个专业为广东省重点建设专业。2016年，有在校生5338人，专任教师308人，其中拥有高级职称教师87人。

【东莞理工学校“素养+技能”办学】　2016年，东莞理工学校以“素养+技能”为抓手，构建职业化培养体系，开展职业素养教学，开发13门职业素养课程，搭建职业素养沙盘实训平台，创新开展学生素养提升实训模式，制作大型职业素养教育视频《走近企业》《服务关键时刻》。同时，广泛开展校企合作，建设人才培养基地和鉴定中心，开展服务区域经济发展局面，分别与微软、Fanuc（发那科）、德国Keller（凯勒）、华航唯实、ABB、新时达工业机器人、淘宝和国家半导体照明产业联盟等知名企业合作，培养光电LED（发光二极管）技师、德国工商会IHK职业资格认证等高技能人才，为学生升学就业和终身发展奠定基础。

【东莞理工学校教育教学】　2016年，东莞理工学校优化专业结构，增设机器人专业，扩建汽车钣喷专业；开设中德合作班、新西兰怀卡托理工学院（公立）国际班和莞台专班，并与东莞职业技术学院等高职院校合作，开办“中高职连贯培养”试验班，打通中职学生升读大专、本科和出国留学的“直通车”。加强人才培养模式和课程体系改革，以学生的可持续发展为核心，重点培养学生的专业能力和职业素养，搭建基于移动互联技术的“3A”（Anybody、Anytime、Anywhere）学习平台。同时，完善实训条件，在原有数控模具、汽车、计算机、财经、印刷、光电等6大类实训中心，实验、实训室场（车间）105间的基础上，增建钣喷车间和机器人实训基地。

2016年，学校共有1399名学生毕业，“双证书”获得率100%，就业率99.8%；学生参加各类技能竞赛夺得一等奖19个，其中国家级1个、省级2个、市级16个。（曹运岚）

附：2016年东莞理工学校主要领导名录

校　长：巫　云

广东省东莞卫生学校

【广东省东莞卫生学校概况】　广东省东莞卫生学校创立于1958年，是一所公办全日制省级重点中等卫生职业学校，是东莞市医学专业技术人员继续教育基地，广州医科大学、中南大学成人教育东莞卫校教学点、广东省全科医学教育理论培训基地和卫生专业技术资格人机对话考试机构、东莞第二十一职业技能鉴定所，主要承担东莞市中等卫生职业学历教育、医药卫生类

2016年1月13日，广东省中等职业学校护理技能（学生组）竞赛在广东省东莞卫生学校举行

成人继续教育与培训等任务。截至2016年，校园占地面积15.4公顷，建筑面积7.19万平方米。开设护理、助产、药剂、制药技术、康复技术5个专业，有教职工181人，在校生2267人。先后获评"广东省特级档案管理单位""广东省普通中等专业学校文明校园""广东省依法治校示范校"。

【广东省东莞卫生学校教育教学】　2016年，广东省东莞卫生学校开设护理、助产、药剂、制药技术、康复技术5个专业。其中制药技术专业为新开设专业，首次招收2个班；护理专业为省级重点建设专业，药剂专业正在打造省药剂重点专业。学校学生护士执业资格证考试通过率81%，药品购销管理员考证考试通过率86%，全国计算机信息高新技术考试通过率91.4%，高职高考"3+证书"（"3"：3年中职）化学一级证书等考试通过率超过90%。

【广东省东莞卫生学校师资队伍】　2016年，广东省东莞卫生学校有教职工181人，其中专业技术人员118人，专职教师108人，专业教辅16人。高级职称39人，中级职称34人，博士1人，硕士20人，本科63人，"双师型"教师66人。有6名教师作为编委参加教材编写，其中3本教材为"十三五"规划教材。学校教师在《卫生职业教育》《广东执业技术教育与研究》等杂志发表论文12篇；在东莞市中职教研室论文评选中，有7篇文章获奖：二等奖2篇、三等奖5篇，2项市级课题：1项结题，1项立项。参加省级教师专项培训6人次、市级教师培训10人次，参加国家、省市学术会议交流近50人次。

【广东省东莞卫生学校中高职教育衔接】　2016年，广东省东莞卫生学校分别与广东食品药品职业学院护理专业和药品生产技术专业、肇庆医学高等专科学校药学专业、惠州卫生职业技术学院护理专业等高职专业，开展三二分段（3年中职＋2年高职）培养工作，招生210人。其中，惠州卫生职业技术学院为新开发合作院校。此外，中高职自主招生也取得突破，50余人参加高职高专院校的自主招生考试，录取33人，录取率为66%。首次组织学生参加"3+证书"（"3"：3年中职）高考，74人参加考试，17人被录取。

【广东省东莞卫生学校协助培训】　2016年，广东省东莞卫生学校配合东莞市卫计局、市医学会及广东省全科医学培训中心，完成医护人员培训5601人次，其中组织全科医生275人转岗培训和社区护士岗位培训。举行全科医学转岗培训全省统考，有考生125人，合格122人，通过率97.6%。此外，协助市卫计局完成医师实践技能考试、医师资格考试计算机化考试、乡村医生培训、医师定期考核培训4442人次。

【中等职业学校护理技能竞赛获佳绩】　2016年，广东省中等职业学校护理技能（学生组）竞赛在广东省东莞卫生学校举行，该校4名同学分别以总分一、二、三、六名获特等奖、1名同学以总分第十名获一等奖，2名教师获"优秀总指导教师特等奖"、4名教师获"优秀指导教师特等奖"、1名教师获"优秀指导教师一等奖"，学校也获评"团体特等奖""优秀组织奖"及"特殊贡献奖"。该校2名同学代表广东省参加在全国中等职业学校护理技能（学生组）比赛，分获一等奖、三等奖，1名教师获评"优秀指导教师"。此外，2016年的广东省中等职业学校技能大赛护理专业技能（教师组）竞赛中，该校2名教师也分获一等奖、二等奖。（宋海燕　马东宁）

附：2016年广东省东莞卫生学校主要领导名录

校　长：甘　赞

东莞市经济贸易学校

【东莞市经济贸易学校概况】
东莞市经济贸易学校创办于1958年，是东莞市教育局直属的中等职业技术学校，首批国家级重点中专学校。坐落于莞城街道，分为校本部（学院路校区）和莞城校区（新风路校区）。截至2016年，占地面积10.67公顷，建筑面积10.94万平方米，固定资产总值2.27亿元，有大型实训场室96间，打造财经、信息技术类、商贸、旅游服务4大特色专业群。2016年，有教职员工484人，在校生4316人。

2013年成为国家中等职业学校示范学校创建单位，是教育部、财政部、人社部批准的东莞市仅有的2所国家示范学校建设单位之一，2015年通过省专家组验收，2016年接受教育部验收。

【东莞市经济贸易学校师资队伍】　2016年，东莞市经济贸易学校有专任教师290多人，高级职称比例35%，具有研究生学历或学位的专任教师20%，“双师型”（具备学历证书、技能证书的教师）教师达95%，技师级达30%以上。并拥有来自企业的兼职教师队伍，来自企业的兼职教师保持在专任教师的25%以上，教师承担国家、省、市级研究课题9项，主编出版校本教材26本，参加教学技能竞赛并获国家级奖项22个、省级奖项24个、市级奖项54个。

【东莞市经济贸易学校教育教学】　2016年，东莞市经济贸易学校坚持“双证书”（技能证、毕业证）办学制，学生取得双证率99%，毕业生就业率100%，通过高考、三二分段（3年中职+2年高职）及自主招生等方式考试升学率94%以上。学生参加技能竞赛获得市级以上奖励217个，其中省部级、国家级奖励91个。（张　蓉）

附：2016年东莞市经济贸易学校主要领导名录

校　长：颜辉盛

党委书记：陈仲良

成人教育

【成人教育概况】　截至2016年，东莞市有5所独立的成人高等教育机构、32所乡镇成人文化技术学校（其中有12所省级示范成人文化技术学校）、657所民办教育培训机构，年培训量达60.7万多人次，成人高等学历教育规模4.98万人。

2016年10月18日，东莞市2016年全民终身学习活动周开幕式暨重点镇街展示活动在望牛墩镇水乡公园举行　（宋霞生　摄）

2016年3月22日，寮步镇、石龙镇、长安镇被中国成人教育协会社区教育专业委员会评为“全国社区教育示范乡镇”；5月10日，长安镇被教育部确定为“第六批全国社区教育实验区”；6月17日，中堂镇、麻涌镇被广东省教育厅评为“广东省社区教育实验区”；年内，万江街道申报创建“广东省社区教育实验区”。截至2016年，东莞市成功创建“全国社区教育实验区”1个、“全国社区教育示范乡镇”3个、“广东省社区教育实验区”22个。

【民办教育培训机构监管】　2016年，东莞市加强商改后民办教育培训机构的后续监管，市教育局指定专人负责市协同监管信息化平台的运作和维护，及时接收其他部门转来的信息，分类推送到各镇街教育部门落实，并跟进镇街处理情况，反馈至监管平台，教育系统在平台处理信息的效率名列各部门和镇街前列。完善民办教育培训机构监管制度，逐步完善网上办理和信息公开，定期公布持证培训机构及自费出国留学中介服务机构名单，方便家长和学员查询，引导学员到正规的培训机构就学；健全培训机构年度检查制度，把培训机构广告、公示、收费、教师社保和被投诉等情况纳入年检内容，督促其依法依规办学；重视信访监督，通过教育网、阳光网、市长热线等渠道接收并处理的涉及民办培训机构的投诉57宗，教育部门都在3个乃至1个工作日之内，赴现场调查核实并处理；完善信用约束，加强机构办学行为的信用管理，对失信机构和严重失信机构加强监管，督促其信用修复，规范办学。

【成人高考】　2016年，东莞市成人高考报名2.23万人，其中报考专科起点升本科类7108人，高中起点升本科、专科1.52万人，报考人数在全省排第三位。录取1.91万人，录取率85.67%。其中高中起点升本科、专科录取1.33万人，录取率59.62%；专科升本科录取5813人，录取率26.05%。

【自学考试】　2016年，东莞市自学考试报考3.48万人次，报考7.79万科次。非学历证书考试（包括中英合作专业）报考6157科次。自学考试毕业2702人，其中本科1349人、专科1353人。

【“全民终身学习活动周”活动】 2016年4月9日，东莞市获全民终身学习活动周工作小组、中国成人教育协会授予“2015年全民终身学习活动周优秀组织奖”，东城街道、长安镇获授予“2015年全民终身学习活动周优秀组织奖”，南城街道、虎门镇获授予“2015年全民终身学习活动周成功组织奖”。

2016年10月17—21日，东莞市举行“2016年全民终身学习活动周”活动（18日在望牛墩镇举行开幕式），全市33个辖区全部参加，各辖区通过举办开幕式、宣传社区教育成果和提供免费培训课程等模式，鼓励更多市民参与终身学习活动，参加免费教育咨询和课程培训活动的单位和培训机构有433个，提供免费教育咨询和课程项目956项，免费培训名额14.4万多个。 （刘晓东）

民办教育

【民办教育概况】 截至2016年，东莞市经批准开办的民办幼儿园818所；民办普通中小学281所，其中小学121所、初中9所、九年一贯制学校136所、完全中学1所、普通高中1所、十二年一贯制学校13所。民办学校在校生90.23万人，占东莞市在校生的66%，其中幼儿园26.04万人、小学48.85万人、初中12.65万人、普通高中2.69万人。

2016年，吸纳民间资金46.8亿元投资兴办民办教育，建成投入使用的民办中小学18所，民办幼儿园37所，向社会提供6.2万个学位，其中中小学4.7万个，幼儿园1.5万个。

【民办教育扶持】 2016年，东莞市推进标准化和优质学校创建，新创建民办义务教育标准化学校4所，标准化学校覆盖率91.6%，新创建民办义务教育优质学校39所，并对新创建的优质学校给予资金奖励。向1.95万多名教师发放从教津贴5285.64万元。评选获得2016年省级民办教育发展专项资金的民办学校45所、获得市民办中小学扶持专项资金的民办学校62所。

【民办教育管理】 2016年，东莞市规范民办学校管理，坚持无证办学查处月报制度，清理取缔14所无证幼儿园，分流安置幼儿545人。对1022所民办学校（幼儿园）开展2015—2016学年检查，并将检查结果向媒体公布，接受社会监督。检查结果为合格的有977所，占95.6%；限期整改的21所，占2.1%；不合格的24所，占2.3%。做好学校办学规模的核定，按照“新校新办法，旧校旧办法”的原则，分类进行核定，完成46所民办中小学、35所幼儿园办学规模的核定。截至2016年，东莞市民办教育协会有单位会员701个，个人会员51个。其中，2016年成立东城、樟木头和石龙分会，发展104个单位会员。 （刘晓东）

东莞市东华教育集团

【东莞市东华教育集团概况】 截至2016年，东莞市东华教育集团下辖东华高级中学（内设剑桥国际中心）、东华初级中学、东华小学和东华幼儿园“三校一园”，各校（园）均有东城校区和松山湖（生态园）校区，都是纳入市直属学校管理的民办学校，为全市规模最大的基础教育机构，拥有学生3.4万多人，教职工3600多人。办学15年，全面推进素质教育，教育教学质量不断攀升，高考、中考成绩稳居全市公民办学校前列，成为市内外知名的优质教育品牌。

【东华高级中学】 2016年，东华高级中学努力建设民办教育“标杆学校”，获评“清华大学优质生

东华高级中学校园

源中学”，有省校长工作室、市名校长工作室、市名班主任工作室各1个。新增松山湖（生态园）校区。高考多项指标居广东省前列。2人总分进入广东省文理科前10名，8人进入全省前50名；本科大学录取1624人，重点大学录取878人，其中25人考取清华大学、北京大学、香港大学，109人考取中山大学；剑桥国际中心第一届毕业生全部考取英国帝国理工学院、美国纽约大学等世界名校。师生参加各类竞赛成绩优异，获得国际级、国家级、省级、市级奖项分别有17人、190人、284人、503人。

【东华初级中学】 2016年，东华初级中学有2594人参加中考，总平均668.20分，高出东莞市总平均分98.44分，居全市第一位；两位同学分别夺得实考分和总分第一名；包揽全市总分前16名，前100名有72人，高分段人数居全市第一位；优秀率、合格率均居全市前列。学生参加学科竞赛，11人次获全国一等奖，26人次获全国二等奖，23人次获全国三等奖，28人次获省一等奖，65人次获市一等奖。学校选手获东莞市第八届英语口语大赛初中组冠军；健美操队获广东省健美操锦标赛有氧健身操第一名；胡政、夏闻天两位同学获“中国少年微星计划”特训营金奖，他们的名字将镌刻于卫星并发射升空。

【东华小学】 2016年，东华小学以“把强做优”为目标，新增松山湖（生态园）校区。继续以“创文明校园”为契机，打造师徒结对、互帮互助的教师团队，推进小组合作学习课堂改革，提升后勤服务质量。举办第十届读书节和第十四届体育艺术节，促进师生共同成长。全年师生获市级以上奖项1444个，其中学生233人获全国一等奖，2人获全省一等奖；教师1人获全国一等奖，1人获全省一等奖。

【东华幼儿园】 2016年，东华幼儿园秉承“以幼儿发展为根本”的办园思想，以分享阅读、主题课程、体育为基础课程，注重培养幼儿良好的生活与学习习惯。获得东莞市“先进民办幼儿园”称号，获评东莞市平安校园和保教质量一等奖。办园以来，师生在各类竞赛中获全国性奖319人次，全省性奖55人次，全市性奖91人次。

（李惠芳）

附：2016年东华教育集团主要领导名录

董事长：李胜堆

东莞台商子弟学校

【东莞台商子弟学校】 创立于2000年9月，由广东省教育厅直接管理，举办者是东莞市台商投资企业协会，是一所公益性的学校。建校资金来源于以台商企业为主体的包括潢涌村等社会各界人士捐助，所收学费全部用于学校营运及发展，学校董事会负责决策与督导校务经营、监督校产（社会公共财产）管理。学校以台湾教育模式办学，专门招收台商子女。师资来自两岸（台湾地区约占70%）及国外，使用经广东省教育厅、省台办审查核准的台版教材，学历两岸承认。学校是一所包括幼儿园、小学、初中、高中的全日制住宿型学校。

截至2016年，学生从创立初期的698人增加到2016年近2500人。教学质量不断提升，高中毕业生98%升上两岸的大学（余下2%选择海外升学），其中大多数进入有台湾地区的台湾大学、台湾清华大学、台湾交通大学、台湾成功大学、台湾科技大学、台湾淡江大学等；进入大陆地区的有北京大学、清华大学、浙江大学、复旦大学、中山大学、厦门大学等。

【首届粤台幼儿教育高峰论坛】 2016年3月30日，首届粤台幼儿教育高峰论坛在东莞台商子弟学校举办，由省教育厅、省台办、市教育局、市台湾事务局、广东教育学会指导。参加论坛的专家、教授及广东省各地幼儿园长304人，其中来自台湾地区的幼教专家、学者及知名园长24人。此次论坛的核心主题是“两岸学前教育本土化的理论与实践，形塑华人的学前教育图像”，借由两岸专家学者与实务工作者，针对两岸学前教育本土化的理论与实践、教师培育与教师专业发展、区域活动与幼儿自主学习，

2016年4月13日，东莞台商子弟学校举办第十届成年礼。图为小学部学生雨中为高二学姐献上祝福

首届粤台幼儿教育高峰论坛在东莞市台商子弟学校举办

进行专题演讲、分组研讨与深度交流，现场还设有幼教产业用品展。31日，与会人员还参加东莞台商子弟学校幼儿园及高二学生颇具中华文化特色的“春之颂”与“成年礼”活动，感受东莞台商子弟学校的中华传统及生命礼仪文化教育。

（冯鸧葳）

附：2016年东莞台商子弟学校主要领导名录

董事长：叶宏灯

校　长：吴清镰

高等教育

【高等教育概况】 截至2016年，东莞市有高等院校10所，分别为东莞理工学院、东莞职业技术学院、广东医科大学（东莞校区）、东莞理工学院城市学院、广东科技学院、中山大学新华学院（东莞校区）、广东创新科技职业学院、广东亚视演艺职业学院、广东酒店管理职业技术学院、东莞市广播电视大学。按类别分，有普通本科院校5所、高职院校4所、成人高校1所。全市高校的专业设置涵盖除军事学、哲学和历史学以外的10个学科门类，有本科专业点156个、专科专业点122个，特色示范专业建设项目省级11个、校级22个，省级重点学科6个。拥有各类实验室和实训中心712个（其中省级以上实验室13个，省重点实验室5个）、各类实习基地1742个。2016年，全市高校在校生13.49万人，其中全日制在校生11.26万人，比上年增加6849人。全市高校教职工6535人，其中：专任教师4711人；副高级职称及以上的1685人，占教职工总数的35.77%；研究生学历的2964人，占教职工总数的45.36%。

（刘晓东）

东莞理工学院

【东莞理工学院概况】 2016年，东莞理工学院有普通全日制学生1.93万人，成人高等学历教育学生8920人，联合培养研究生282人。设有14个学院（部）、43个本科专业。有教职工1402人。专任教师1142人，其中：正高职称180人、副高职称330人，博士458人，院士（双聘、特聘）6人，“长江学者”11人，国家杰出青年基金获得者8人，“千人计划”学者7人，青年“千人计划”学者1人，海外杰出学者8人，“千百十工程”国家级培养对象1人，省级培养对象10人。

【东莞理工学院高水平理工科大学建设】 2016年，东莞理工学院修订完善高水平理工科大学建设《总体规划（2015—2020年）》《改革方案》，开展行业产业关键技术需求、高水平理工科大学指标体系、国内外标杆大学对标与赶超等专题研究，完成《“十三五”发展规划》编制。出台人才培养模式改革措施，制定科研体制机制改革制度文件，编制校园建设提升三年行动计划，获省教育厅复评为全省依法治校示范校。引进海内外高层次人才68人、优秀青年博士157人，招收博士后9人。首批遴选校内教师18人进入学科领军、骨干人才特聘岗位。规划实施5个主干核心学科、2个交叉融合学科领域以及“人文社会科学+”建设格局，建设12个重大创新平台。

【东莞理工学院师资建设】 2016年，东莞理工学院制定实施《岗位管理实施办法》《第二轮岗位设置和人员聘用实施方案》人事制度改革措施。出台《优秀青年博士引进实施办法》，实施教职工素质与能力三年提升计划，派出基层教务管理人员21人赴台湾研修，开展4批次职工拓展活动，组织各类沙龙和座谈20余场。获批立项建设省级教师（教学）发展中心，博士后创新基地入站博士后9人。青年教师王艺博士入选“千人计划”青年项目，实现市青年“千人计划”零的突破。

【东莞理工学院教育教学】 2016年，东莞理工学院组织修订2016级人才培养方案，完成首批

2016年12月13日，东莞理工学院举行支持高水平理工科大学建设捐赠仪式 （张友炳 摄）

工科专业工程教育认证前期建设。召开教学工作会议，推进8个特色产业学院建设，新增6项省质量工程项目、12项省高等教育教学改革项目，34项省级项目、32项校级教育教学改革项目结题验收。成立数字化课程中心，引入190门慕课，引进“学堂在线”课程平台。实施教学评估预评估，针对问题加强整改。与第三方合作机构合作开展办学质量和发展战略研究，深化双方在办学水平与人才培养质量评价合作。

【东莞理工学院学生工作】 2016年，东莞理工学院出台《深化创新创业教育改革实施方案》，安排1000万元资金扶持学生开展创新创业活动，承办2016年“挑战杯·创青春”广东大学生创业大赛。学生综合素质全面提升，学生团队获“创青春”国赛、广东省校园文体艺术节等大赛多项奖励。招生就业持续保持良好势头，2016年实际录取招生5337人，其中粤台联合培养项目录取308人，7个理工科专业在广东省一本批次招生，部分专业在其他8个省市一本批次招生，一本招生人次占32.15%。毕业生初次就业率93.45%。研究生联合培养路径拓宽，推进基地建设和研究生日常管理，遴选创新培养示范点15个，落实招收并报到2016级联合培养研究生83人。新增成人高等学历教育校外教学点4个，录取成人高等学历教育新生3235人。

【东莞理工学院学科建设与科研】 2016年，东莞理工学院环境工程和机械工程获批为省优势重点学科，新增副教授评审权一级学科8个。承担国家重点研发计划课题研发任务2项，承担国家自然科学基金项目8项，科研经费3.84亿元；申请专利196件（发明专利139件）、获授权专利88件（发明专利21件）、软件著作权44件。新增广东省工程技术研究中心2个，获批立项建设东莞市重点实验室4个。实施科技产业创新服务东莞专项行动，首批派出创新服务小分队17支、专员8人，对接企业215家、专业镇（部门）12个，实施科技研发合作30多项，共同申报省部级及以上产学研项目10多项，联合申请发明专利近20项。参加2016中国（东莞）国际科技合作周活动，承办专题展览和国际高端科技论坛。

【东莞理工学院国际交流与合作】 2016年，东莞理工学院在加拿大温哥华同溢思得瑞科技创新集团签约建设该校首个海外中心，在美国达拉斯建立首个海外高层次人才工作站，与俄罗斯知名工科大学——莫斯科动力学院建立合作关系，委托中国台湾地区华创教育有限公司在台北设立“东莞理工学院台北教育交流中心”。成立国际学院，招收50名来自泰国、意大利、巴西等9个国家的留学生。首次接收28名韩国湖西大学短期留学生访学专班。首个国际班项目——“4+1”工·管复合型中美本硕联合培养项目国际班启动。因公出国出境205人，学生出国出境182人次。 （彭晓波 苏志刚）

附：2016年东莞理工学院主要领导名录

党委书记：成洪波

党委副书记、校长：李 琳

东莞理工学院城市学院

【东莞理工学院城市学院概况】 东莞理工学院城市学院是2004年经教育部批准，由东莞理工学院、广东鸿发投资集团有限公司合作举办，按新机制运行的全日制本科独立学院。实行董事会领导下的院长负责制，建立现代高校办学体制和内部管理机制。截至2016年，占地81.67公顷，总规划建筑面积66万平方米，建成办学设施齐备、教学实验设备充足、教学教务机构健全合理的新型本科院校。以诺贝尔物理学奖获得者杨振宁博士题写的“学而知不足”为校训。2016年，有学生2万多人，有教职工895人，专任教师509人。

【东莞理工学院城市学院体制机制创新】 2016年，东莞理工学院城市学院深化体制机制改革，制定并实施《薪酬体系改革实施方案》《企业年金方案》；优化整合机构设置，增设创意设计学

东莞理工学院城市学院

院、招生就业处、研究与发展规划处、外语系。

【东莞理工学院城市学院创新强校工程】　2016年，东莞理工学院城市学院完成“创新强校工程”的三年工作总结，大学生创新创业训练计划项目立项35项，其中国家级项目5项，省级项目30项。“质量工程”建设项目完成情况良好，有12个项目获批广东省质量工程项目，首批9个省级“质量工程”建设项目通过省级结题验收，并通过2015年民办高校“质量工程”建设工作检查。

【东莞理工学院城市学院教学工作】　2016年，东莞理工学院城市学院深化应用型人才培养模式改革，修订完善并实施《2015版本科专业人才培养方案》，组织完成近2000门课程大纲的编写、修订。加强校企合作和实践教学，新建12个实践教学基地；与东莞市注册会计师协会联合开设“注册会计师‘3+1’创新班”，启动与楷博财经教育的ACCA合作项目。开展大学生创新创业教育，制定《东莞理工学院城市学院创新创业教育改革实施方案》，举办创业实训营等活动70场；获批“创业培训定点认定机构”。

【东莞理工学院城市学院师资队伍建设】　2016年，东莞理工学院城市学院引进各类人才51名，其中有正高职称且博士2名，副高5名，博士2名，返聘8名高层次人才来校任教；从台湾地区引进3名高层次人才。20名教师获准高校教师资格，认定工作通过率100%；教师职称评审工作取得突破，高职称通过人数居省内同类院校第二位，连续三年居省内同类院校前列；选派53名骨干教师赴台湾高校研修，选派4名教师到企业挂职锻炼。

【东莞理工学院城市学院交流合作】　2016年，东莞理工学院城市学院拓宽对外交流与合作，选派118名学生赴英国和中国台湾、澳门地区高校交流学习；“2+2”“3+1”（学年）本科双学位项目持续开展；6名学生保荐入读澳门科技大学、澳门城市大学研究生。成立语言培训中心，在开展雅思培训、英语四级、六级培训的基础上，推广日语、韩语培训等业务。

【东莞理工学院城市学院教学设施建设】　2016年，东莞理工学院城市学院图书馆新增图书近10万册、期刊971种、报纸64种，新增15万册中文电子图书、3000册外文电子图书、8322种电子期刊；完成图书馆一期B建设。有18项实验室建设项目获得申报、论证、审批通过，项目资金1500万元，文科、商科实训室初步完成管理模式构建和资源配置，并开始试运行。

（李玉嵩）

附：东莞理工学院城市学院主要领导名录

党委书记、院长：王卫平

广东医科大学

【广东医科大学概况】　广东医科大学是广东省属重点建设大学，始建于1958年，有湛江、东莞两个校区。1986年获批硕士学位授予权，2013年获批博士学位授予权。截至2016年，有全日制在校生2万多人，有教职工1900多人，设有研究生学院、基础医学院、第一临床医学院、第二临床医学院、第三临床医学院、医学检验学院、护理学院、药学院、公共卫生学院、人文与管理学院、信息工程学院、外国语学院、继续教育学院、马克思主义学院（社会科学部）、体育教学部等15个学院（部）。有博士学位授权一级学科1个，硕士学位授权一级学科1个，硕士学位授权点26个（其中学术学位硕士点24个、专业硕士类别2个）。有省级攀峰重点学科1个、省级优势重点学科2个，省级特色重点学科3个，珠江学者岗位计划设岗学科1个。设有普通本科专业25个，覆盖医学、理学、管理学、法学、工学、文学、经济学等7个学科门类。有9所校外临床医学院，30所直属及非直属附属医院，80所临床教学医院，合作教学机构遍布全省各地，总病床数达11.21万张，形成校内教学与基地教学、社区教学、企业教学相结合，培养与使用相结合的育人机制。

【“广东医科大学”揭牌】
2016年3月，原广东医学院获教育

部批准更名为广东医科大学。4月16日，举行广东医科大学发展战略研讨会暨新校名揭牌仪式。多名教育部专家、院士、杰出校友等为学校发展“把脉”，助力高水平医科大学建设。仪式后，学校直属附属医院也举行新院名"广东医科大学附属医院"揭牌仪式。更名期间，相关媒体报道20余篇，省级以上12篇，包括在《中国教育报》整版新闻《广东医科大学：生命的“守护神”》以及《南方日报》的整版报道《广东医科大学明日揭牌》，均大篇幅报道学校致力于培养具有“大爱”品质的医疗卫生人才的事迹，提高学校的知名度和美誉度。

【广东医科大学学科建设与科研创新】 2016年9月6日，广东医科大学在广东省教育厅公布的高校珠江学者岗位计划设岗学科（专业）和聘任人选中，以赵斌教授为学科带头人的广东省特色重点学科“神经病学”成功设岗，珠江学者岗位实现零的突破。同月，省级重点学科申报评审中，临床医学学科获评省级最高层次重点学科——攀峰重点学科，公共卫生与预防医学学科、药学学科获评省级优势重点学科，攀峰重点学科和优势重点学科双双实现零的突破。以刘华锋教授带领的科研团队作为主要协同单位完成的“慢性肾病进展的机制和临床防治”项目，获得国家科技进步二等奖；药学院郑明彬博士与中国科学院深圳先进技术研究院专家合作，在“纳米人工红细胞”可视化高效治疗癌症方面取得突破，纳米肿瘤诊疗一体化相关的4项成果在国际权威学术刊物*Nature*发表；11月底，又在同源靶向纳米载药可视化精准治疗癌症方面取得突破，发展“以癌治癌”的疗法，研究成果在纳米领域顶尖期刊*ACS Nano*发表；2016年马克思主义学院（社会科学部）叶远飘博士的研究项目获评国家社会科学基金项目。研究生论文及课题方面成绩喜人。硕士研究生以第一作者身份（含共同第一作者）、广东医科大学为第一完成单位发表的SCI论文71篇，总影响因子174.14分。其中最高影响因子9.64分。

【广东医科大学国际合作与交流】 2016年，广东医科大学与英国哈德斯菲尔德大学在15个专业开展“1+1”（学年）国际硕士学位项目的宣传及招考；与英国胡弗汉顿大学在预防医学专业开展本科“3+2”（学年）双学位项目；与英国埃克塞特大学合作开展研究生联合培养项目以及“2+2”（学年）模式的本科生联合培养项目；与美国安德鲁斯大学开发在教学、科研、教师培训及学生联合培养等领域的交流合作项目；与“中俄医科大学联盟”合作，建立与莫斯科国立第一医科大学的合作关系。此外，与爱尔兰都柏林大学拟在研究生学院与公共卫生学院开展“1+1+1”（学年）模式硕士生联合培养项目；与澳大利亚昆士兰科技大学在护理学专业、预防医学专业开展本硕联合培养硕目、相关学科及研究领域开展科研合作；与葡萄牙里斯本工商管理大学拟合作开展交换生、硕士生联合培养及科研人员学术交流等合作项目。

【广东医科大学招生与就业】 2016年，广东医科大学口腔医学、麻醉学、医学影像学、医学检验技术、药学、中药学、卫生检验与检疫、预防医学、信息管理与信息系统、生物医学工程等10个专业，经广东省教育厅批准，进入广东省第一批本科录取批次招生。截至2016年，第一批本科录取批次招生的专业达11个，招生计划近2500人，约占本科招生总计划的60%。2016年度招收普通本科生4078人、硕士研究生394人、博士研究生9人、成人专科生2031人、成人本科生2469人。

2016年，广东医科大学研究生就业率96.63%，本科生总体就业率97.83%，医疗卫生单位仍是毕业生主要流向，约占61%。考取硕士研究生的应届毕业生479人，比上年增加125人。被北京大学、复旦大学、上海交通大学、南方医科大学、中山大学等重点院校录取126人，考取广东医科大学168人。

【广东医科大学校园文化建设】 2016年，广东医科大学在团中央、全国学联、人民网、中国青年报社等组织的“2016寻找全国大学生百强暑期实践团队”、2016年全国高校“活力团支部”等6个全国性评比活动中，获得“全国优秀单位”“全国最佳暑期实践大学”“2016年全国高校‘活力团支部’”“2016年中国大学生

2016年4月17日，广东医科大学东莞校区揭牌

自强之星提名奖”等16项奖项。2016年7月20日，广东医科大学田径队首次参加全国大学生田径锦标赛夺得3枚金牌、3枚银牌，名列乙组团体总分第三名和女子团体总分第二名。交响管乐团从全省98支队伍中脱颖而出，获评广东省第二届大学生器乐比赛一等奖。

【广东医科大学与地方合作共建】 2016年5月，广东医科大学与松山湖（生态园）管委会签订战略合作协议，双方将按照“校地联动、整合资源、优势互补、协同创新”的原则，在医疗、教学、科研等领域展开合作，共建协同创新联盟。推进合作共建东莞公立医院，确定东莞市大岭山医院、寮步医院、茶山医院3所医院为合作共建医院；与东莞市卫生和计划生育局、东莞市大岭山镇政府、寮步镇政府、茶山镇政府签订校地合作共建协议，制定《校地协同共建东莞公立医院工作方案》。

（范雪香　李　娇）

附：2016年广东医科大学主要领导名录

党委书记：卢景辉（1月到任）
校　长：郑学宝（任至5月）
　　　　卢景辉（6月到任）

广东科技学院

【广东科技学院概况】 广东科技学院创建于2003年，是国家教育部批准设立的一所以工学为主，管理学、经济学、文学、艺术学等多学科协调发展的全日制普通本科院校，拥有学士学位授予权，培养经济社会发展需要的高素质应用型人才。截至2016年，校园规划占地面积62.27公顷，建筑面积52万余平方米，图书馆面积2.36万平方米，拥有图书236万册，教学仪器设备总值1.06亿元。

2016年，广东科技学院有全日制在校学生1.71万人，专任教师799人，其中具有高级职称教师占专任教师的32%，具有硕士及以上学位教师占专任教师的60%。设有机电工程系、计算机系、管理系、财经系、应用英语系、艺术系、公共基础课部、思想政治理论课教学部、继续教育学院、国际教育学院、创业学院等系（部、院），承担国家计划内招生任务。重点发展与东莞市支柱产业、优势产业、高新技术产业和新兴第三产业相对应的学科专业，开设本科招生专业23个，其中软件工程专业入选2016广东省重点培育学科名单。

【广东科技学院教育教学】 2016年，广东科技学院继续加强本科教学质量与教学改革工程建设，抓好创新强校工程项目建设。召开第二届教学改革研讨会，全面总结升格本科院校以后教学改革工作取得的成绩和经验，明确“十三五”期间教学改革的思路、目标和任务。进行2016年省级“质量工程”建设项目推荐申报、省高等教育教学改革项目推荐申报、国家级和省级大学生创新创业训练计划项目的遴选推荐，所推荐的11个项目全部获批立项。完成2016年度院级“创新强校工程”和“质量工程”项目的申报、评审和立项，立项61项，通过省教育厅组织的“民办高校质量工程”建设考核。

继续加强云空间建设，截至2016年，开通云空间账号1.79万个，其中教师783个、学生1.71万个、机构及特色空间40个；教师空间发布文章、教学资料8万多个，教学视频2568个，文章浏览23万次，观看视频13万次，教师在空间建设课程200余门。

2016年，师生参加学科专业竞赛，有423人次获得193项奖励，其中全国性奖项19项38人次，省级奖项163项349人次，市级奖项11项36人次。其中，在2016年全国大学生数学建模竞赛中，获2项团体二等奖；在2016年广东省大学生数学建模竞赛中，获一等奖2项、二等奖1项、三等奖8项、优胜奖10项；在第三届全国国际贸易会计职业能力竞赛中获团体一等奖；在第二届中国大学生篮球联赛CUBA（阳光组）全国总决赛获季军，在第三届中国大学生篮球联赛CUBA（阳光组）广东赛区获亚军；在广东省高校思想政治理论课青年教师教学基本功比赛中，获一等奖和三等奖各1项；在广东省首届民办高校创新创业大赛中，获特等奖。

【广东科技学院科研工作】 2016年，广东科技学院做好科研项目的申报与立（结）项工作，申报市级及以上政府和社会学术团体课题80项（其中申报省级重点重大科研项目15项），获批立项29项，其中省级21项（重点重大项目12项）、市级8项；组织申报院级科研项目及“创新强校工程”项目158项，其中平台建设类7项，重点项目18项，一般项目95项，青年项目38项；组织申请专利32件，其中发明专利4件，获批发明专利1件，实用新型专利26件，软件著作权1件；完成结项课题15项，其中省部级7项、厅市级8项。

2016年，教职员工发表论文1024篇，其中中文核心期刊66篇（双核心期刊30篇）、EI（工程索引）检索8篇、CPCI（科技会议文献索引）检索29篇、SCIE（科技引文索引扩展版）检索1篇、译文19篇、外刊11篇。中文核心期刊论文数比2015年平均发表数增加135.71%，EI/CPCI/SCIE论文收录数比2015年平均收录数增加72.73%。登记著作及教材16本，其中专著6本；登记科研获奖25项，其中省（部）级3项、厅市级3项；登记授权实用新型专利28件。完成东莞市专利经费资助的申报，申请26项实用新型专利和1项发明专利的资助经费3.8万元。

2016年，举办“广科大讲堂”116次，参加师生1.56万人次，营造良好的学术交流氛围。

广东科技学院高校毕业生供需见面会

【广东科技学院创新创业】
2016年，广东科技学院重视大学生创新创业能力的培养，并通过实操培训提升学生自主创业能力。开设《创意教育》《商业模式创新》等5门选修课程与《商业计划书撰写》《行业企业调研方案》等在线课程；开设《身价倍增》电商创业班，首期招收60名在校大学生，进行为期一年的创业能力与互联网电商业务培训，建立创新创业档案和成绩记载系统，鼓励大学生参加电商创业实践。

2016年，广东科技学院注重提升教师创新创业教学能力，加强创新创业师资队伍建设。与全国青年就业创业培训服务中心、中国民办教育协会高等教育专业委员会、北京万学教育科技公司合作，举办“创新创业课程骨干教师培训班”，全部创新创业课程教师、各专业的骨干教师78人参加培训，采取封闭式集中培训与线上学习相结合的方式，总培训课时90个，同时，先后选派3名教师参加SYB（创办你的企业）、KAB（了解企业）创业师资培训，提升创新创业教师的教学能力和指导服务能力。

鼓励师生参与国家级、省级、市级创新创业大赛，同时给予参赛团队提供多方支持。举办首届创意大赛，承办广东省首届民办高校创新创业大赛，组织在校学生参加国家、省、市级创新创业大赛，其中：学生项目获第二届中国“互联网+”大学生创新创业大赛“青聘果杯”广东省分赛铜奖；广东省首届民办高校创新创业大赛特等奖；第二届东莞大学生创新创业大赛和创新技能竞赛中，获得5项一等奖、6项二等奖和6项三等奖；9个项目成功入围2016年“中集智谷杯”“赢在东莞”科技创新创业大赛复赛。

【广东科技学院招生就业】
2016年，广东科技学院建立专职、兼职招生人员共同参与、协同开展招生宣传工作的机制，建立招生宣传平台，扩大招生。本科招生计划4500人，专科计划招生200人，实际录取4744人，其中本科4539人、专科205人，完成招生录取工作；实际报到新生4219人，生源质量进一步提高。同时，完成2016年本科插班生招生录取工作，录取20人。

2016年，建立协同就业服务工作机制，就业指导中心与各系协同，健全就业情况反馈机制，建立健全毕业生就业状况跟踪、监测机制。与企业协同，利用就业信息网为学生提供“一站式”就业服务。截至2016年，就业信息网企业用户注册718家，发布有效招聘信息3000多条，累计提供4万多个就业岗位，为2017届4081名毕业生提供就业推荐服务。举办“2017届高校毕业生供需见面会”，450多家知名企业提供1.7万个岗位供学生选择，有1448人与企业达成初步意向。据省教育厅统计公布，广东科技学院2016年毕业生初次就业率达94.92%，最终就业率达99.37%。

【广东科技学院国际交流】2016年，广东科技学院加强与英、美等国高校协同开展多种形式的交流与合作，为在校学生到英、美等国高校交流学习提供多层次便捷通道。8名学生分别被英国、美国5所著名大学录取；4名学生参加英国语言文化夏令营项目；30名学生参加暑期赴美国带薪实习项目。

继续推进与台湾地区高校合作，协同培养应用型人才。选拔97名优秀学生赴台湾研修，选派2位老师赴台湾树德科技大学考察专业方向共建工作，并启动专业共建项目。举办首届海峡两岸大学生文化交流活动，30余名台湾籍学生来广东科技学院参加为期1周交流活动。持续开展莞港双向交流考察活动，分三批选派69名优秀学生赴香港短期交流，接待二批118名香港师生来广东科技学院短期交流考察。（齐岗柱）

附：2016年广东科技学院主要领导名录

院　长：王国健

党委书记：梁瑞雄

东莞职业技术学院

【东莞职业技术学院概况】东莞职业技术学院于2009年成立，是东莞市唯一一所公立高等职业院校。2016年，完成广东省第三批示范性高等职业院校立项建设单位中期检查；申报成为广东省一流高职院校立项建设单位；通过省高职院校人才培养工作评估回访。

截至2016年，校园总面积62万平方米，校舍建筑面积33.95万平方米，实验实训场所8.9万平方米。有固定资产13.36亿元，其中教学仪器设备总值1.38亿元。设有机电工程学院等14个二级教学院系（部），学校对接东莞支柱产业及产业发展趋势，完成机械制造、电子信息制造、财经、工商管理、艺术设计等10个专业群布局，开设机械制造与自动化等34个专业，形成在机械、电子、计算机、运输、管理、艺术设计等先进制造业和先进服务业领域具有一定优势的专业体系。拥有中央财政支持高职建设专业2个，广东省“高职一本科”协同育人专业1个，省级示范及高水平建设专业7个，省级高职教改项目23个，广东教育教学成果奖（高等教育）培育项目7个，省级实训实践基地9个，省级精品资源共享课程7门。有普通全日制在校生9446人，成人学历教育及自考学生1000余人；有教职员工655人，其中专任教师470人，高级职称192人，博士44人，具有硕士以上学位教师359人，双师（具备学历证书和技术证书的教师）素质教师357人，专任教师中有行业、企业经历的占50%以上。培育专业带头人30人，骨干教师163人；南粤优秀教师3人、东莞市优秀教师3人，广东省技术能手2人、东莞市技术能手3人，东莞特色人才6人，“千百十人才培养工程”校级培养对象7人，广东省优秀青年教师培养计划培养对象4人，广东省高层次技能型兼职教师2人。学生在各类大赛中获奖项300多个，其中国家级奖项30多个。学校先后获评“东莞市园林式单位”“全国教育改革创新示范院校”“广东省教育后勤工作先进集体”“广东高校优秀后勤服务实体”“世界莞商大会志愿者服务工作先进集体”。

【东莞职业技术学院改革创新办学模式】2016年，东莞职业技术学院根据《关于大力开展职业教育现代学徒制试点工作的实施意见》精神，推动现代学徒制试点工作。其中电气自动化——恩智浦半导体广东有限公司的省现代学徒制试点完成首期自主招生、人才培养方案制定；电子信息工程技术——华为技术有限公司试点完成组班和课程建设。9月，混合所有制学院——建筑学院也迎来首批新生，标志着东莞职业技术学院在混合所有制建设方面落地生根。

【东莞职业技术学院招生就业】2016年，东莞职业技术学院省内招生全线“爆满”，录取分数再创新高。录取新生3203人，所有投

2016年9月21日，东莞职业技术学院召开省一流校建设动员大会暨新学期工作会议

放计划均为第一志愿录取，生源质量进一步提高。扩大自主招生的规模，计划数从上年270人增到580人，专业数相应从3个增到12个，首次开展现代学徒制试点工作。开展就业帮扶和推荐，实现线上线下双指导，提升就业质量，2016届毕业生最终就业率达99.97%，位列全省高职院校第三名。

【东莞职业技术学院深化政校行企合作】 2016年，东莞职业技术学院推进东莞市机器人技术服务平台的建设，并得到上级部门的支持和肯定。完成智能制造协同育人中心建设，并获得中国工程院院长周济的好评。继续推进机电技术研发与服务中心等6个中心的建设，加大投入力度，加强政校行企合作，为师生搭建更好的科技服务平台。

【东莞职业技术学院对外交流】 2016年，东莞职业技术学院推进合作办学，与加拿大不列颠哥伦比亚理工学院达成合作协议，启动计算机应用技术专业合作办学项目，确定合作办学的课程设置、师资结构、财务管理模式等内容，并获得省教育厅的许可。

开展学生交流，选派24名交流生赴台湾地区佛光大学等高校进行为期半年的交流，并组织交流生分享会、项目分享会等；选拔86名交流生于春季赴台湾地区学习；选派3名学生赴美国德克萨斯州卫斯理大学交流学习；组织开展2016莞港青年足球友谊赛。

持续推进对口支援，与黔南民族职业技术学院、茂名职业技术学院、罗定职业技术学院及新疆生产建设兵团第三师图木舒克职业技术学校开展交流，在师资培养、校企合作、校园建设等方面进行合作。选派教师赴黔南民族职业技术学院进行物资捐赠、专业建设座谈等交流，完成对口支援物资采购计划。

【东莞职业技术学院在全国职业院校技能大赛获奖】 2016年，东莞职业技术学院在全国职业院校技能大赛高职组广东省选拔赛中，有7个竞赛项目10支代表队获得一等奖，14个竞赛项目16支代表队获得二等奖，18个竞赛项目21支代表队获得三等奖，获奖项目占总参赛项目的97%。同时，风光互补发电系统安装与调试、现代电气控制系统安装与调试、三维建模数字化设计与制造等3个竞赛项目分别获得全国赛一等奖、二等奖、三等奖，实现全国赛一等奖零的突破。

（李林洪）

附：2016年东莞职业技术学院主要领导名录

党委书记：朱益民

院　长：贺定修

中山大学新华学院

【中山大学新华学院概况】 中山大学新华学院是中山大学与广东东宝集团有限公司申办，于2005年经教育部批准设立并招生的多学科独立学院。

截至2016年，学校设有广州校区和东莞校区，占地面积137.07公顷，建筑面积44.51万平方米（东莞校区工程2016年继续被列为市重大建设项目）。2016年，学校聘有教师1219人，其中专任教师877人，具有高级职称312人，具有硕士及以上学位684人；设有6个二级学院、13个直属系（部）、39个专业（2016年新增3个专业），招收12届学生，在校生2.16万人，其中1.8万名学生在东莞校区就读。2016届毕业生初次就业率94.04%，总体就业率99.9%，据武书连2016中国和广东省独立学院本科毕业生质量排行榜显示，学校本科毕业生质量位居全国第15名、广东省第3名。

【中山大学新华学院召开第一届教职工代表大会暨第三届工会会员代表大会】 2016年6月，中山大学新华学院召开第一届教职工代表大会暨第三届工会会员代表大会，加强基层民主管理，优化内部治理结构。大会回顾总结2013—2015年学校工会工作和基本经验，制定今后工作指导思想和目标任务，审议并通过《中山大学新华学院章程（2016年修订稿）》《中山大学新华学院教育事业发展规划（2016—2025）》等。

【中山大学新华学院成立首批二级学院】 2016年12月，中山大学新华学院深化学校管理体制改革，完善学校内部治理结构，明确校内

2016年11月6日，广东省第六届“十佳校媒”评选决赛于暨南大学举行，中山大学新华学院记者站以全省第二名的成绩晋级决赛，同中山大学等10家高校学生校园媒体一同获评广东省“十佳校媒”

各层级关系，制定《中山大学新华学院设置二级学院（直属系）试行办法》，成立首批二级学院（6个）：会计学院、经济与贸易学院、管理学院、外国语学院、信息科学学院、护理学院；其他系、研究部作为直属系；二级学院及直属系均为学校二级教学单位。

【中山大学新华学院教育教学改革】 2016年，中山大学新华学院召开“逸仙新华班”特长生创新培养工作暨“激越四段式”教学法专项工作研讨会，该校“逸仙新华班”项目通过申报成为“广东省人才培养模式创新实验区”；推进“创新强校”工程，获得省财政厅下拨92万元专项资金，学校配套资金142.8万元，并制定资金使用方案；在2016级药学专业和2015级康复医学专业，开设“人卫数字教材试点教学班”，《实验生理科学》《生物化学》2门课程入选为“人卫慕课”平台合作课程；完成生物医学虚拟仿真实验教学平台建立，并组织开展“泰盟杯生物医学虚拟仿真实验技能竞赛”；建立“Fab Lab”新华创客实验室，申请成为Fab Academy（工厂学院）教学点，并完成一个学期联合教学。

【中山大学新华学院设立“新生奖学金”】 2016年，中山大学新华学院加大投入资助学生完成学业，激励学生成长成才。制定《中山大学新华学院新生奖学金实施办法》，设立“新生奖学金”，根据高考总分及排位，前50名可每人奖励2万元，同时总分超过重本线者再免4年学费。此外，还设有国家奖学金、国家励志奖学金、学校奖学金、广东益友奖学金、江西广东商会奖学金、长江企业助学金、广州信宏公司助学金、广州奕宏公司助学金、洪云英助学金、东莞玖龙纸业助学金等20多项常规资助、4项特项资助项目，每年奖助总额2000万元。

【中山大学新华学院科学研究】 2016年，中山大学新华学院科研立项实现突破，科研成果质量提升。教职员工申报省部及市级科研项目数量大增，累计24个种类109项，获资助19项，其中3个为教育部项目，在部级项目立项上实现零的突破；教职工发表论文369篇，高水平58篇，SCI（《科学引文索引》）期刊论文15篇；科研成果方面，获评广东省财政厅“2015—2016年会计科研课题”二等奖、“2016年广东社科年会优秀论文”一等奖、第二届广东国防教育学术年会优秀论文奖等。

【中山大学新华学院举办国际及全国学术研讨会】 2016年，中山大学新华学院举办多项高水平、跨地区研讨会。11月，承办“第二届海峡两岸内分泌代谢健康学术研讨会”，来自北京和海峡两岸三地30余位专家学者与会，带来内分泌与代谢失调性疾病、内分泌与癌症、内分泌失调与女性疾病、内分泌调适与健康等内容的学术报告；承办“第三届国际护理教育论坛”，海内外80余位护理学、医学、护理教育界专家学者与会，带来7场学术报告。12月，与中山大学联合主办中国高等教育学会教育评估分会2016年学术年会，以“高校人才培养模式改革与质量保障体系建设”为主题，来自教育部和全国20个省市120余所高等院校、科研机构、企业300余位专家学者，共同研讨中国高等教育评估现状及前沿发展问题，会上，中山大学新华学院当选中国高等教育学会教育评估分会理事单位。

【中山大学新华学院举办首届全国大学生公共管理案例大赛】 2016年，中山大学新华学院举办首届中国大学生公共管理案例大赛。大赛吸引121所高校458份参赛案例。11月，由清华大学、中国人民大学、厦门大学、燕山大学、中山大学、华南师范大学、中南大学、重庆大学、北京邮电大学、中国矿业大学、汕头大学、中山大学新华学院等12所高校组成的10支队伍在中山大学新华学院东莞校区进行决赛。中山大学新华学院代表队与清华大学等代表队同台竞技，并摘得铜奖。

【中山大学新华学院推进合作交流】 2016年，中山大学新华学院与美国拿撒勒大学、美国俄克拉荷马州立大学、西班牙马拉加大学、澳大利亚昆士兰大学等国外大学，签订6份合作备忘录或项目协议；选派6名学生分别赴国（境）外3所大学学习，13名学生赴美国拿撒勒大学游学，5名教师赴美国合作高校进修学习。

【中山大学新华学院校园文化活动】 2016年，中山大学新华学院开展“新华好青年评选活动”等活动175项，其中文化类83项、艺术类20项、体育类21项、学术类51项。“三下乡”活动有1471名学生参与，70支队伍立项成功，实践足迹遍及桂、闽、鲁、赣、湘、琼等区域。截至2016年，累计注册23个志愿组织，实名注册志愿者1.11万名，其中党员、团员志愿者9556名，累计开展志愿服务活动765项，服务时长6.2万小时。

【中山大学新华学院学生竞赛获奖】 2016年，中山大学新华学院学生参加各类竞赛活动，获得国家级团体奖6项、个人奖12项，省级团体奖5项、个人奖15项，获奖学生180人次，主要奖项有第九届全国商科院校技能大赛财会专业竞赛全国总冠军，第一届全国大学生人力资源管理知识技能竞赛一等奖，首届中国大学生公共管理案例大赛铜奖，第七届“蓝桥杯”全国软件专业人才设计与创业大赛二等奖，第五届POCIB全国大学生外贸从业能力大赛（春季赛）二等奖、三等奖，第四届全国大学生基础医学创新设计大赛三等奖，第一届OCALE跨境电商创新创业能力大赛二等奖、三等奖等。（潘　梅）

附：2016年中山大学新华学院主要领导名录

校　长：王庭槐

党委书记：刘美南（任至6月）

　　　　　周　云（7月到任）

广东创新科技职业学院

【广东创新科技职业学院概况】 广东创新科技职业学院是2011年2月经广东省人民政府批准、教育部备案、广东省教育厅主管的一所全日制普通民办高等职业院校。位于东莞市厚街镇生态文化教育园区学府路，毗邻包括世界500强企业三星集团、泰科公司和广东现代国际展览中心、世界鞋业总部基地、联创国际信息产业园等国家级产业园区。截至2016年，占地面积3256.87公顷，建筑面积29.29万平方米。

2016年，学校下设信息工程学院、财经学院、机电工程系、建筑工程系、管理系、艺术设计系、外语系等7个二级学院（系），29个专业。有全日制专科学生1.25万人，教职员工676人，专任教师537人，具有高级职称教师108人，研究生以上教师220人。

学校推进教育创新，深化教学改革，实施校企合作、工学结合，突出强化技能训练，提高学生的实践技能水平。毕业生以其适应性强、专业技能力强、综合素质好而受到用人单位欢迎和肯定，毕业生就业率98%。

【广东创新科技职业学院工学结合办学特色深化】 2016年，广东创新科技职业学院坚持以服务为宗旨、以就业为导向，走产学研结合发展道路，深化工学结合。主要依托办校主体企业及所在行业优质资源，按照企业生产实际需求，共同探索课程设置、培养标准、过程监管。推进以真实生产场景为授课场所，校企专兼师资团队共同实施教学，从而推动人才培养模式、教学模式、教学方法手段的改革，为打造专业特色奠定基础。其中，在机电类专业推进对接办学主体企业——东莞金河田实业有限公司，推动“三结合”（培养模式与举办企业优质资源结合；课程设置与生产实际流程相结合；课堂与生产车间相结合）人才培养模式改革。烹调工艺与营养专业对接东莞鼎盛时代餐饮有限公司，推进“八合一”（教室与餐饮厨房合一、学生与学徒合一、教师与师傅合一、教学内容与工作任务合一、教学用具与生产工具合一、作业与产品合一、教学与服务合一、育人与效益合一）常态化实践教学模式改革。创意设计类专业，推进“企业项目植入课程”的教学模式改革，使原来学生在课程中仅仅停留在“作品—产品”环节，提升到“作品—产品—商品”，开发学生的创新思维。

【广东创新科技职业学院人才培养质量稳步上升】 截至2016年，广东创新科技职业学院坚持以就业为导向，深化教学改革，人才培养质量稳步上升，毕业生基础知识好、动手能力强、职业素养高，深受用人单位青睐。学校的三届毕业生，整体就业率维持在98%左右。2014届、2015届、2016届毕业生对就业满意度的综合评价分别为96%、96.64%、97.14%，其中2016届毕业生2799人，参与调查人数2696人。2016届毕业生对就业满意度的综合评价比2014届和2015届略有提升。有583人次在省级以上的单项比赛中获奖。

（蒋满华　陈晓丹）

附：2016年广东创新科技职业学院主要领导名录

校　长：张岳恒

党委书记：麦韬芙（任至10月）

　　　　　叶小明（10月到任）

【东莞市广播电视大学概况】 东莞市广播电视大学成立于1979年，是东莞市第一所公办高等学校，业务上隶属于广东开放大学。2016年，学校以开放教育为抓手，服务区域全民终身学习，举办中职、大专、本科学历教育和各种非学历培训。学历教育在校生9000余人，其中大专、本科在校生6800余人，年均招生稳定在2500人以上，办学规模在市级广播电视大学中名列前茅。

广东创新科技职业学院

【东莞市广播电视大学办学环境改善】　2016年，东莞市广播电视大学强化内部管理，加强班子建设，强化党组织在学校管理中的地位与作用，成立校务委员会，并根据学校发展，优化部门设置；学校对课室、报告厅等进行升级改造，新建微课室、录播室、网络中心等设施设备，支撑线上教学等教学模式的实现，助力学校转型升级。

【东莞市广播电视大学构建服务支持体系】　2016年，东莞市广播电视大学坚持服务地方，以学历教育为抓手，构建覆盖全市的社区教育网络，方便市民就近入学，支持镇街社区教育的开展。学校新开辟10个镇企分教点，分教点增至33个，覆盖26个镇街；重视学生个性化需求的满足，组建线上班级，引入“直播室”教学模式，谋求“小专业”合理的学习支持服务体系，打破单一面授的传统教学方式，逐步形成“线上线下”多种教学模式并举的开放教育局面。

【东莞市广播电视大学教学科研】　2016年，东莞市广播电视大学教师在各类期刊公开发表学术论文40余篇，涵盖教育教学改革、课程资源建设、智慧校园建设等关乎学校发展的选题；截至2016年，有24个科研项目获得立项，其中，省级课题6项，市级课题3项，校级课题15项。　（张佑健）

附：2016年东莞市广播电视大学主要领导名录

校长、党总支书记：阳　涌

广东亚视演艺职业学院

【广东亚视演艺职业学院概况】　广东亚视演艺职业学院位于东莞市塘厦镇，2000年1月获广东省教育厅批准成立，是华南地区最早的民办艺术品牌学院。2002年1月由广东省人民政府批准为自主招生、实施全日制学历教育的职业大专院校。截至2016年，先后被评为“十大专业特色民办高校”、广东省民办“竞争力20强高校”。

2016年，学院设有6个二级学院：影视表演学院、艺术设计学院、影视制作学院、音乐舞蹈学院、经济管理学院、信息工程学院。其中，影视表演学院、艺术设计学院、影视制作学院、音乐舞蹈学院是艺术类院系，围绕电视艺术创作、制作、生产流程所需开设各艺术专业；经济管理学院、信息工程学院是非艺术院系。有在校学生2067人，专任教师135人。

【广东亚视演艺职业学院办学理念】　广东亚视演艺职业学院是华南地区艺术教育品牌院校，有独特的艺术职业教育理念。学院坚持产学结合及特色教学的办学理念，坚持以人为本、和谐发展思路，坚持人才培养质量第一的教学原则；在就业思想教育中，因职业设专业，用实践育能力，由市场树作品。

学院坚持职业特色，给学生更多的动手操作课程和机会，锻炼他们的专业能力。学院与中央电视台综艺频道“我爱满堂彩”栏目、东莞玉兰大剧院、东莞广播电视台等多次联合演出，与深圳团委、文化局，中山日报报业集团、东莞市职业技能鉴定中心、共青团东莞市塘厦镇委员会，广州戏胞文化传播有限公司、深圳东方韵文化传播有限公司等单位合作，使学生得到锻炼，为学院赢得声誉。特别是与中央电视台综艺频道“我爱满堂彩”栏目合作，有4个原创小品被央视调演，受到社会广大观众好评，得到央视有关领导高度评价。

【广东亚视演艺职业学院专业建设】　2016年，广东亚视演艺职业学院设有26个专业，包括戏剧影视表演、播音与主持、影视编导、广播影视节目制作、数字媒体艺术设计、音乐表演、舞蹈表演、视觉传播设计与制作、服装与服饰设计、环境艺术设计、人物形象设计、影视动画、摄影摄像技术、工商企业管理、财务管理、会计、人力资源管理、社区管理与服务、数字媒体应用技术、计算机应用技术、电子商务技术、公共文化服务与管理、现代流行音乐、服装设计与工艺、室内艺术设计、首饰设计与工艺，形成融汇艺术专业与非艺术专业的综合性艺术院校。

学院还是音响调音师及录音师国家职业资格技能鉴定点、演出经纪人资格证考点和中国舞蹈家协会舞蹈教师培训基地、CCAT考试中心，举办相关培训班。与培训机构合作，开展会计从业资格、报关员水平测试培训，对学生实施学历证书和职业资格证书“双证书”培养体制。

【广东亚视演艺职业学院师资队伍】　2016年，广东亚视演艺职业学院拥有强大的师资团队，汇聚一批来自中央戏剧学院、北京电影学院、上海戏剧学院、中央音乐学院、北京舞蹈学院、中央电视台、长春电影制片厂、莫斯科国立柴可夫斯基音乐学院、俄罗斯新西伯利亚舞蹈学院等单位的艺术家、专家教授。其中，歌唱家戴玉强、董文华、陈思思和北京电影学院教授张华等不定期来学校开设名师大讲堂。10月，戴玉强携“戴你唱歌”大型网络声乐慕课来学院现场授课。

2016年，学院聘有专任教师135人，其中，副教授（含）以上职称的教师30人，硕士及以上学历的47人，双师型（教师、技师）教师45人。音乐舞蹈学院派出5名学生参加由教育部等12部委联合发起的“阳光梦健康行”全国青少年艺术成果比赛，获得3枚金牌、1枚银牌、1枚铜牌；派出学生参加全省高职院校中国舞比赛，获一等奖；教师曾炜梅参加全省高职院校信息化教学大赛暨全国选拔赛，获得广东省赛区一等奖，并作为广东省唯一的代表参加全国比赛，获三等奖。

【广东亚视演艺职业学院教学科研】　2016年，广东亚视演艺职业学院参与东莞市社会科学联合会的社会课题调研，有5个课题获得立项批准。还与虎门鸦片战争博物馆、塘厦城市展示馆等单位长期进行文化共建。参与广东省文化品牌“同饮一江水”打工歌曲大赛、东八区合唱团、塘厦镇各类文艺团体等的活动。

经济管理学院派出学生参加第二届东莞大学生科技创新节模拟沙盘竞赛，获三等奖；还参加省市场营销技能大赛、广东省电子商务技能竞赛、广东省社会工作实务技能竞赛，影视制作学院组织学生拍摄纪录片《舞在中国》参加全省纪录片大赛，组队参加广东省服装设计与工艺大赛。

【广东亚视演艺职业学院就业】　截至2016年，广东亚视演艺职业学院向省内外输送各类演艺人才近万名。他们活跃在全国各省市电视台、文化机构、歌舞团、影视公司、艺术中心、影视剧组等，特别是珠三角地区的电视台、文化影视公司、动画公司、装潢设计公司等单位。

截至2016年，发展较好的校友主要有：朱晓渔，参加《护国军魂传奇》《木府风云》等影视剧的拍摄；张竞达，参加《建元风云》《闪婚》等影视剧的拍摄；李婉僮，参加《九龙佩》等影视剧的拍摄；韩熙庭，参加《金陵十三钗》《最美的时光》的拍摄；刘言语，参加《新雪山飞狐》《潜伏》等影视剧的拍摄；董春晖，参加《花千骨》的拍摄；马洲，参加《杨贵妃》的拍摄；田维英，著名女高音歌手，深圳市音乐家协会会员；阮慧慧，中国歌舞团东莞分团独唱演员；刘中志，澳门澳亚卫视主播/主持人，主持《澳亚新闻》等；邹长江，“世界和谐促进会”和之声艺术团特聘为男高音歌唱演员；付豫，工作于中央电视台军事农业频道；邓南鸿，为2016年杭州G20峰会做调音师；邸思悦，深圳卫视《年代秀》节目主持人；还有自主创业的李晨、彭伟航、王聪、张倩及中国流行男歌手张政等人。

（朱珍佶）

附：2016年广东亚视演艺职业学院主要领导名录

院　长：叶旭全

广东酒店管理职业技术学院

【广东酒店管理职业技术学院概况】　广东酒店管理职业技术学院是一所以培养旅游与酒店管理和现代服务业中高端专业技术人才的民办高等职业院校。

2010年8月，东莞市人民政府复函同意东莞市昌明酒店投资有限公司在厚街镇文化生态教育园区筹建广东酒店管理职业技术学院；2011年8月1日，广东省人民政府批复同意筹建。2012年1月8日，广东酒店管理职业技术学院项目列入东莞市2012年“文化强省工程”重点建设项目；同年3月14日，列入广东省2012年重点建设项目计划。2015年10月，一期建设主体工程竣工，招聘专业师资和管理人员。2015年10月16日，东莞市人民政府致函省教育厅，申请正式设立广东酒店管理职业技术学院；2016年2月29日，广东省人民政府批复，同意设立广东酒店管理职业技术学院；2016年4月27日获教育部依法备案。同年招收全日制在校生723人。

广东酒店管理职业技术学院依托东莞市发达的酒店与现代服务业及完善的职业教育体系，辐射华南地区，面向世界，构建国际化、开放型的办学格局。截至2016年，与新加坡、澳大利亚、加拿大等国家和香港地区的知名旅游与酒店管理学院及国内同类高校，建立合作办学或其他形式的合作关系。努力以广东特色、国际水准为目标，在人才培养、教学改革、社会服务、办学效益诸方面走在同类院校前列。

【广东酒店管理职业技术学院校园建设】　截至2016年，广东酒店管理职业技术学院累计完成投资近10亿元，占计划总投资15亿元的66%。校园规划占地面积60.53公顷，一期工程用地37.4公顷。规划建筑面积52万平方米，一期工程完成建筑面积30.3万平方米。高标准建设教学、实训、文体活动和生活设施，其中学生公寓以国内罕有的2人间配置，生活设施高端大气。校园内绿水环绕、湖光云影，绿草如茵、绿树成行，与建筑色彩、布局一起构成和谐优雅的育人空间。

【广东酒店管理职业技术学院招生】　2016年，广东酒店管理职业技术学院纳入国家普通高考招生计划，首年分设酒店管理、商务英语、烹饪工艺与营养、西餐工艺、会计等专业，招收全日制在校生723人。

【广东酒店管理职业技术学院师资队伍建设】　2016年，广东酒店管理职业技术学院有教职工91人，其中专任教师65人。教师均具有硕士以上学历（学位），其中，酒店管理系教师均有海外留学经历。酒店管理系主任是新西兰籍华裔教授，拥有美国、日本名校经济学和管理学双博士学位；烹饪工艺与营养系主任是香港理工大学旅游与酒店管理学院博士；各专业负责人均具有高级职称并有高等职业教育教学经验；全体专任教师平均年龄36岁。还面向旅游与酒店管理业界，特聘一批资深高管和高级技师组成实操教师团队，对学生的实训、实习进行专业指导与考评。

（王　敏）

附：2016年广东酒店管理职业技术学院主要领导名录

院　长：王培林

文　化

CULTURE

- 东莞阳光网传播力位居全国前列
- 文艺精品创作成效显著
- 《东莞日报》创刊30周年系列活动
- 《中国共产党东莞历史·第二卷》出版
- 《虎门镇志》入选首批《中国名镇志丛书》

东坑镇“二月二卖身节”盛景

编辑：刘　丹　陈国雄　王学林

文化综述

（参见“总述”类目“文化建设”分目）

文艺活动

【文化惠民活动】　2016年，东莞市举办文化惠民演出活动1129场，包括各镇街演出165场、“都市彩虹”镇街展演33场、优秀文艺精品展演19场、“十大品牌”项目演出255场、“同在莞邑”——社会主义核心价值观系列活动演出555场、“同在莞邑”——基层文明行演出20场、市外交流演出40场、“文化志愿者大舞台”演出40场以及机动场次完成2场。弘扬红色传统，举办“永恒的信念”庆祝建党95周年文艺演出，坚定党群干部红色信仰，并组织各直属单位、镇街开展纪念红军长征胜利80周年群众性主题教育活动。传承发展地方节庆文化，在中秋国庆、元旦春节等节庆活动期间全市统筹组织超过1000项群众文化活动。

【地方文化特色品牌打造】
2016年，东莞市文化部门重点统筹协调镇街的重大公共文化服务活动，先后举办东莞（寮步）首届莞香文化艺术节、2016年广东省非物质文化遗产麒麟舞邀请赛、广东省第二届非物质文化遗产传统美食节暨2016“茶园游会”、“同饮一江水”（越唱越红）广东打工者歌唱大赛及“两岸暨港澳地区”客家山歌（东莞·凤岗）邀请赛等活动，同时协调办好第八届“神州唱响”全国高校声乐展演暨2017东莞东城音乐文化活动周等活动。

【群众文艺精品创作】　2016年，东莞市文化部门先后举办精品文艺活动，其中：第四届东莞市合唱节有57支合唱团、超过2000人参赛竞艺，有98个单位或个人获奖；东莞市第九届少儿艺术花会，报送161个节目和148件书画、手工制作作品参与决赛，其中61个参赛节目获金奖；广东省第十届少儿艺术花会，选送的31件作品，获得20枚金牌、4枚银牌、5枚铜牌和2个优秀奖，金奖数量和奖牌总数连续三届蝉联全省第一位，市文广新局获得本届花会优秀组织奖；群口快板书《羊续悬鱼》，女声小组唱《水墨乡情》入围第十七届群星奖决赛，入围作品数居全省第一位，《羊续悬鱼》获群星奖；东莞合唱团和太阳之子组合、歌手芳芳分获第十二届“百歌颂中华”歌咏活动合唱银奖和铜奖。完成2016年度全省群众文艺作品评选和2016年全省群文论文评选的选拔和推荐，选出29件作品参加省群众文艺作品评选和15篇论文参加省群文论文

评选；举办2016年东莞市社会主义核心价值观原创文艺作品征集活动。（张玉纯）

【专业文艺团队】　截至2016年，东莞市有专业文艺团队20个，包括东莞塘厦松雷音乐剧剧团有限公司、东莞塘厦农民工艺术团有限公司、东莞市天宇文化传播有限公司、东莞市巴黎舞剧团有限公司、东莞市巷头朗声木偶粤剧团有限公司、东莞市荔香粤剧团、东莞市红伶粤剧团、东莞市艺青粤剧团、东莞市嗨嗨文化传媒演艺有限公司、东莞市摩登影子音乐剧团有限公司、东莞市水乡风情艺术团、东莞市精战杂技艺术团、东莞市度香亭杂技艺术团、东莞市魅力岭南艺术团、东莞保利文化演艺团有限公司、东莞市维亚艺术团、广东艾利发剧院管理有限公司东莞儿童艺术剧团、东莞市残疾人艺术团和东莞市龙吟艺术团有限公司。2016年，以东莞塘厦松雷音乐剧剧团有限公司、保利文化演艺团有限公司较为活跃，其中保利文化演艺团有限公司推出音乐剧《虎门销烟》，东莞塘厦松雷音乐剧剧团有限公司完成音乐剧《啊，鼓岭》全国100场巡演。（张玉纯）

【音乐剧创作演出】　2016年，东莞塘厦松雷音乐剧剧团继续做好音乐剧《啊！鼓岭》的全国巡演，并完成巡演100场的目标。东莞保利文化演艺团创编推出本土题材原创音乐剧《虎门销烟》，该剧目于11月8日在玉兰大剧院举行第五届中国·东莞音乐剧节开幕式暨音乐剧《虎门销烟》首演，在11月9日演出结束后前往宜昌市等全国40多个城市进行100场的巡演。同时，鼓励东莞市社会办专业文艺表演团体创作生产优秀剧目，活跃文艺演出舞台，丰富市民的文化艺术生活，并结合东莞市第五届中国·东莞音乐剧节的巡演版块，组织莞产优秀剧目举行市内巡演活动。第五届中国·东莞音乐剧节期间，音乐剧《啊！鼓岭》、儿童音乐剧《美人鱼》、儿童音乐剧《班级总动员》、儿童音乐剧《青蛙远征队》、儿童剧《超能战队——小白科研室》等5部莞产优秀剧目在市内巡演15场。（张玉纯）

音乐剧《虎门销烟》

【文学】　（参见“民主党派·社会团体”类目“社会团体”分目“东莞市文学艺术界联合会”次分目的“作家协会”子目）

【戏曲】　（参见“民主党派·社会团体”类目“社会团体”分目“东莞市文学艺术界联合会”次分目的“戏剧曲艺协会”子目）

【音乐】　（参见“民主党派·社会团体”类目“社会团体”分目“东莞市文学艺术界联合会”次分目的“音乐家协会”子目）

【舞蹈】　（参见“民主党派·社会团体”类目“社会团体”分目“东莞市文学艺术界联合会”次分目的“舞蹈家协会”子目）

【美术】　（参见“民主党派·社会团体”类目“社会团体”分目“东莞市文学艺术界联合会”次分目的“美术家协会”子目）

【书法、篆刻】　（参见“民主党派·社会团体”类目“社会团体”分目“东莞市文学艺术界联合会”次分目的“书法家协会”子目）

【摄影】　（参见“民主党派·社会团体”类目“社会团体”分目“东莞市文学艺术界联合会”次分目的“摄影家协会”子目）

附：2016年东莞市文化广电新闻出版局主要领导名录

局　长：陆世强

传播媒体

报　刊

【报业概况】　2016年，东莞日报社（东莞报业传媒集团）拥有《东莞日报》《东莞时报》、东莞时间网、东莞手机报、《看东莞》杂志等5个媒体和各媒体官方微博、微信，以及东莞报业传媒集团有限公司、东莞时报传媒发展有限公司、东莞日报印刷厂、万家通报刊发行物流有限公司、时间数字传媒发展有限公司、多维新媒体广告有限公司、广东经济出版社东莞编辑出版中心、东莞报业文化传播有限公司等8家子分公司，员工889人。全年经营总收入2.3亿元，其中广告收入1.1亿元，《东莞日报》在东莞市报媒广告市场占有率超过55%，居同城平面媒体第一位，入选2015—2016年度中国报刊经营价值排行榜“全国城市日报十强”，名列第五位。全年报社旗下各媒体获评省级以上（含）新闻奖一等奖8个、二等奖10个，其中摄影作品《酒驾脸谱》获第二十六届中国新闻奖三等奖，为东莞新闻界2016年收获的最高荣誉。

【报刊新闻报道】 2016年，东莞日报社突出正面报道，开展主题宣传117项。先后完成全国省市“两会”、市委全会、市委市政府1号文件、市主要领导调整、“两学一做”学习教育、纪念建党95周年、红军长征80周年、十八届六中全会等宣传工作；完成央媒聚焦“莞式反转”“中央重点主流媒体团聚焦东莞”“莞马（东莞马拉松赛）”“东莞实施珠三角规划纲要”“东莞申报国家历史文化名城”“紧实谋开局”“补短板促提升”等报道任务；做好莞商大会、海丝博览会、首届“名城名匠”推选活动，以及“百年寒潮”“抗击台风”“地铁开通”等热点报道。

【东莞日报社建社30周年总结大会召开】 2016年6月1日，东莞日报社召开建社30周年总结大会，回顾发展历程，总结发展经验，谋划改革发展蓝图。市委书记吕业升出席大会，代表市委市政府向报社建社30周年表示热烈祝贺，并与市委副书记姚康等，向有突出贡献的东莞老报人颁发荣誉“莞香勋章”和特别“莞香勋章”。出席大会的还有市宣传文化系统有关单位负责人，报社合作办刊单位和客户代表，东莞日报读者、通讯员代表，报社新老员工代表等200多人。

【《东莞日报》创刊30周年系列活动】 2016年，东莞日报社建社30周年，特别推出“创新东莞”东莞日报社30周年社庆暨东莞报业传媒集团成立6周年系列特刊，全面展示市委市政府、各部门、各镇街、各行业在“十三五”开局之年抢抓机遇、开拓创新、增创优势的创新举措和成效。同时，策划开展“30年，东莞骄傲——三十家东莞标志企业评选”“爱东莞的三十个理由征选”“同城生日会”“微信答题抢红包”等活动，进一步展示形象、扩大影响，实现社会效益和经济效益双丰收。

【中央厨房首期建设初见成效】 2016年年初，东莞日报社进行中央厨房首期建设，目的是将其打造成媒体融合的重要工程和枢纽平台。1.0版本于4月上线，实行24小时发稿、全媒体推送的运转机制，每月采写稿件约500条，日均17条，其高效运转在“莞马（东莞马拉松赛）”、东莞地铁开通、“妮妲”台风抗击等重大报道中得到体现。2.0版本于12月使用，加快新闻的反应速度，扩大党报的影响力。

2016年2月24日，东莞报业全媒体“两会会客厅”交流会举行（郑志波 摄）

【《地下铁》周刊创刊】 2016年5月14日，东莞日报社配合东莞地铁2号线开通，试刊地铁周刊《地下铁》（24个版），5月27日正式创刊（32版）。每期《地下铁》有特定主题策划，内容包装兼顾实用性、趣味性，引领消费和时尚潮流，其机器人地铁站派报、手绘地铁大赛等活动创意十足，获得受众的肯定。

【报刊公益广告发布】 2016年，东莞日报社坚持把公益广告作为宣传党的方针政策、引导社会舆论、传播精神文明的手段，组织《东莞日报》、《东莞时报》、东莞时间网、《看东莞》杂志、党报阅报栏等媒介，围绕弘扬社会主义核心价值观、精神文明建设等主题，发布大量主题鲜明、重点突出、形式活泼的公益广告，发布平面媒体公益广告、网络公益广告、杂志公益广告、阅报栏公益广告和宣传短片等累计版面价值6000余万元。

【东莞日报社牵头主办首届东莞大学生篮球联赛】 2016年5月10日，东莞日报社牵头主办的首届东莞大学生篮球联赛在广东科技学院拉开帷幕。东莞理工学院、东莞理工学院城市学院、广东科技学院、东莞职业技术学院、广东创新科技职业学院、广东医科大学、中山大学新华学院等7所高校应邀参赛，历时一个多月，最终由东莞理工学院夺冠。本次联赛既活跃高校文化，健康大学生身心，又搭建一个良好的经营平台，实现社会效益与

经济效益的双赢。　　　（黄佳琦）

附：2016年东莞日报社（东莞报业传媒集团）领导名录

党委书记、社长、总编辑：曾平治

广播、电视、电影

【广播、电视、电影概况】　截至2016年，东莞市有广播电视台1个，影视制作经营机构43家，拥有公共广播节目10套，公共电视节目65套，有线数字电视用户144万户（其中高清用户85万户、宽带用户32万户），建有加入城市电影院线的影院97家。

【广播影视产业】　2016年，东莞市广播影视产业保持良好的发展态势。东莞广播电视台实际创收1.40亿元（广告经营收入1.08亿元）；广东省广播电视网络股份有限公司东莞分公司做大做强广电网络产业，拓展网络应用，研发推广广电新业务，提升网络产值，经营收入8.23亿元，比上年增长11%，全市有线数字电视用户144万户，其中高清用户85万户，宽带用户30.9万户。电影市场保持增长，新设立多厅数字影院18家，影院总数97家，全市电影票房收入5.98亿元，比上年增长7.7%，居全省第三位、地级市首位；新设立影视制作经营机构6家，截至2016年，全市拥有影视制作经营机构43家。

【广播电视安全播出】　2016年，东莞市广播影视管理部门协调组织全市安全播出责任单位，先后开展一系列安全检查、督查活动，提高广电系统安全风险防控能力和安全应急管理水平，重点抓好春节、全国“两会”、国庆、元旦等重要保障期安全播出保障工作，确保全市无发生一起重大安全播出责任事故。

【广播影视行业管理】　2016年，东莞市广播影视管理部门履行

2016年3月27日，东莞广播电视台全方位报道2016东莞松山湖国际马拉松赛事，并协助央视开展现场直播

2016年8月15日，由东莞广播电视台主办的“舞动精彩——东莞市首届青年舞蹈电视大赛”总决赛在广电中心1号演播厅举行

2016年9月1日，东莞广播电视台推出首档K歌真人秀栏目《我就是歌手》

2016年9月10－11日，东莞广播电视台完成“2016年亚欧全明星乒乓球对抗赛”体育展示工作

广播影视行业监管职责，完善行业管理制度，强化导向管理、市场监管、社会管理，提升依法行政水平，先后协调组织开展低俗涉性节目清查整顿、电视购物短片广告专项整治、打击非法设置电台和非法安装使用卫星电视干扰器专项治理、境外卫星电视传播秩序专项整治、影院售票系统升级检查验收等系列检查、整治工作，查处一批非法电台安装设施和非法卫星地面接收设施，强化广播影视行业管理，规范广播影视传播秩序。

【公益电影放映活动】 2016年，东莞市广播影视管理部门优化公益电影放映活动，送电影下乡、进社区、进企业、进学校，到工业区、新莞人聚居地实施公益放映，丰富和活跃群众、新莞人的文化生活，并坚持以群众满意为出发点和落脚点，深化改革，通过调模式、抓片源、优环境、强宣传和建机制等改革创新，推进公益电影放映活动提质增效、转型升级，让广大群众、新莞人享受到优质的公益电影服务。全年放映公益电影9849场，受惠群众301.1万人次，超额完成省下达的放映任务。

（张玉纯）

【东莞广播电视台概况】 截至2016年，东莞广播电视台有员工630多人，旗下设有2个电视频道（新闻综合频道、公共频道）、3个广播频率（综合、交通、音乐）、7个网络平台产品（东莞阳光网、手机阳光网、东莞阳光台移动客户端、东莞广播电视台微信公众号、东莞阳光网微信公众号、东莞广播电视台官方微博、东莞阳光网官方微博）、1份周报（《精彩一周》）及11家下属公司（东莞广播电视传媒发展有限公司、东莞市阳光网络信息有限公司等）。

2016年，东莞广播电视台广播市场份额达69.8%，比上年增长3.27%，连续11年排东莞地区收听市场第一名。电视公共频道全天及黄金时段在东莞地区收视率双排第一名，其中，《都市剧场》以收视率6.38%、市场份额23.55%的成绩获得全省影视剧场年度收视第一名。电视稿件被中央电视台采用61条，被广东卫视采用127条；广播稿件被广东电台采用630条，采用率连续12个月排全省第一名。在2015年度广东省广播影视奖评选中，东莞广播电视台收获一等奖2件、二等奖11件、三等奖13件，获奖率达68%。东莞阳光网日最高浏览量达900万次、注册用户逾160万人，为“东莞第一门户网站”“广东十大全国重点新闻网站”之一。

国际体育赛事广播电视报道 2016年3月27日，东莞广播电视台派出130多人的宣传团队及高清直播车等先进设备，全方位报道2016东莞松山湖国际马拉松赛事，并协助中央电视台开展现场直播，直播收视率和市场份额高居同时段第一名，受到市领导和群众的好评。9月10-11日，东莞广播电视台抽调精兵强将组成策划制作团队，完成“2016年亚欧全明星乒乓球对抗赛”的体育展示工作，得到大赛组委会的肯定。

东莞市首届青年舞蹈电视大赛举办 2016年8月15日，东莞广播电视台主办的“舞动精彩——东莞市首届青年舞蹈电视大赛”总决赛在广电中心1号演播厅举行。不仅为东莞市及珠三角广大舞蹈爱好者提供一个展示自我的平台，而且为东莞市社会奉献一批思想性、艺术性、观赏性相统一的优秀作品。

《我就是歌手》K歌真人秀栏目推出 2016年9月1日，东莞广播电视台推出首档K歌真人秀栏目《我就是歌手》，通过传统广播与互联网实时互动，吸引1000多人报名参赛，听众和网友投票超过55万张。

《家乡味道》电视栏目推出 2016年10月8日，东莞广播电视台推出记录乡村美食的电视栏目《家乡味道》，一经播出便引起反响，收视率最高达2.96%。

（凌文通）

附：2016年东莞广播电视台主要领导名录

党组书记、台长：
黄永贵（任至2月）
党委书记、台长：
梁轼文（2月到任）

网络媒体

【新媒体概况】 2016年，东莞市新媒体影响稳步扩大。东莞报业传媒集团微信公众号22个，粉丝量超过150万人；东莞阳光网注册用户超160万人，日均浏览量500万人次；“莞香花开”微信发布信息600余条，政务微博发布厅发布信息4万余条；与人民网、新华网等中央重点网站及“今日头条”等主要客户端，合作推送重大时政信息4000余条。

【东莞日报社新媒体概况】 2016年，东莞日报社新媒体重点发展“一报一网一端两微”，提升产品影响力。搭建中央厨房媒体融合枢纽平台，24小时发稿、全媒体推送，月采写稿件约500条，日均约17条。微信矩阵有持续更新的微信公众号19个，总粉丝量突破150万人次，比上年增长200%；各微信公众号月平均阅读量突破60万人次，增长300%，成为媒体融合发展的拳头产品，并形成“3个旗舰+N个垂直号”的发展雁阵。东莞时间网访问量稳步提升，百度搜索权重等级、ALEXA网站排名两项指标均位于东莞主流媒体网站前列，而东莞时间网官微粉丝量突破50万人次，全年产生9条超10万人次推送文章，最高单条点击率超60万人次。“I东莞”下载量近7万户，实现24小时图文直播，进一步抢占移动端入口。官方微博逆势上扬，《东莞日报》官方微博粉丝量45万人次，《东莞时报》官方微博粉丝量达36万人次，党报在新媒体领域的阵地得到快速扩张。

【东莞日报社重大题材全媒体报道亮点频现】 2016年，东莞日报社新媒体完成重大宣传任务超过110件。“I东莞”推送的《那些说东莞倒闭潮的人看过来　新华社在啪啪啪打你的脸》，获得市委宣传部的肯定，并视之为新媒体宣传城市形象的典范；“两会”期间推出H5（第五代超文本标记语言）红包版政府工作报告，6个小时破10万人次访问量，总阅读量超30万人次，获得上级领导认可；东莞地铁开通首日，各平台进行全媒体滚动式播报，实现传播效果最大化。在东莞市第十次党代会上，H5《快乘上“东莞号”专列，一起出发吧》《一图读懂党代会》精彩亮相，传播效果良好。

【东莞日报社新媒体产品运营推广】 2016年，东莞日报社新媒体初步建立起“东莞时间网”系列微信、QQ社群，“东莞美食”系列微信社群，社群总数超2700人次，汇集一批忠诚度较高的活跃粉丝；开展“创业女神”评选、“封面宝贝”评选、“家有艺宝”评选、“莞商大会”在线拼图游戏、“名城名匠”评选、万达金街线上线下互动、“双十一·你晒购物车我埋单”等活动；拥抱第三方推广渠道，扩大东莞时间网新闻覆盖面和人群。此外，代运营业务发展迅速，累计托管10个项目，探索经营模式转型。

【东莞日报社完善新媒体发展机制】 2016年，东莞日报社继续执行和完善新媒体工作会议制度，及时查漏补缺、部署工作，并优化发展机制，明确把安全生产放在核心位置。修订或增设三审制度、24小时值班制度等20多项制度；邀请第三方机构评测网络安全工作，全面排查风险隐患点；前往杭州、深圳等地考察新媒体先进做法和把关经验，通过再造流程、细化日常工作等方式，提升队伍政治素养。同时，推动扶持资金的配置、使用，完善新媒体软硬件配备，为媒体融合发展提供保障。

【东莞阳光网传播力位居全国前列】 2016年，东莞阳光网日最高浏览量900万次、注册用户逾160万人，为“东莞第一门户网站”“广东十大全国重点新闻网站”之一。8月，中央网信办《网络传播》杂志发布《2015—2016中国新闻网站传播力年度报告》，东莞阳光网以综合传播力指数3609.65的优异成绩入选“2015—2016年度全国城市网站传播力十强”。9月，《网络传播》杂志发布“城市网站传播力2016年8月榜”，由东莞阳光台APP、阳光网微信公众号和阳光网官方微博构成的移动端，首次跃居全国“城市网站移动端传播力榜”首位。

（梁淑娟）

新闻出版

【新闻出版管理】 2016年，东莞市加快推动新闻出版（版权）总体发展，完成报刊年检和新闻记者证年度核验，组织符合考试条件的新闻采编人员做好第三批新闻采编人员岗位考试。全市有54家出版单位开展连续性内部资料性出版物延期审核，审批新办的连续性内部资料性出版物4宗，审批一次性内部资料性出版物110份，加工贸易项下光盘进出口业务13宗，为镇街文化执法分队和公安分局做出鉴定349种。

【版权保护】 2016年，东莞市以创建全国版权示范城市工作为核心，推动版权工作。完成东莞市版权示范单位、示范园区（基地）和优秀版权作品认定扶持工作，认定10家东莞市版权示范单位、1个东莞市版权示范园区（基地）和10件东莞市优秀版权作品；东莞市唯美文化陶瓷有限公司获评“全国版权示范单位”。打造“版权五进”〔版权进镇街、进机关、进学校、进企业和进村（社区）〕活动品牌；深化“版权服务进展会”工作，完成第八届漫博会版权服务工作站建设，并延伸至市内其他重大展会。组织市内优秀涉版企业组团参加第六届中国版权博览会，并设计和展示“东莞版权”专题展区。推进东莞市作品著作权登记，一般作品著作权登记和计算机软件著作权登记增至约6300件，比上年增长115%。完成2014年度东莞市版权产业的经济贡献调研，并开展2015年度东莞市版权产业的经济贡献调研。东城、莞城、虎门、厚街和大朗等5个镇街设立东莞市版权工作站。

【印刷发行管理】 2016年，东莞市新闻出版管理部门完成全市3000多家印刷企业、1000多家出版物发行单位的年度核验，并登录信息管理平台进行数据录入及更新。组织企业完成全国新闻出版统计抽检，市文广新局获评新闻出版统计工作先进单位。开展印刷发行企业的审核审批，新设立印刷企业239家，印刷企业变更备案351家、注销备案54家；新设立出版物发行单位181家，出版物发行单位变更备案346家、注销备案72家；出版物印件1123宗4.52万种，涉及加工数6.82亿册；包装装潢和其他印刷品来（进）料加工备案355宗，出口总重量149.7万吨，出口总值62.36亿元。举办东莞市印刷业法规培训班，组织2015年1月1日以后新设立印刷企业及出版物印刷企业负责人、各镇街文广中心负责印刷业务审批工作人员350多人进行培训，提高从业人员素质。

（张玉纯）

非物质文化遗产

【非物质文化遗产概况】 截至2016年，东莞市初步形成国家、省级、市级、镇街级的非物质文化遗产名录体系，有市级名录120项，其中含省级名录39项，国家级名录8项。

【非物质文化遗产项目及传承人申报】 2016年，东莞市组织开展第四批市级非物质文化遗产代表性项目申报评审，经过专家调研、评审，最终新增27项市级名录项目。先后组织相关单位参加第三批省级非物质文化遗产保护传承基地、第五批省级非物质文化遗产项目代表性传承人申报，推选出莫家拳传承基地、清溪客家新民歌创作基地等4个基地，参与申报第三批省级非物质文化遗产保护传承基地；推选出杜带娣、叶小玲等5名德艺双馨的传承人，参与第五批省级非物质文化遗产项目代表性传承人申报。

【东莞市参加全国性非物质文化遗产交流活动】 2016年9月9—28日，东莞市组织国家级非物质文化遗产项目“麒麟制作”及“莞香制作技艺”，亮相台湾“守望精神家园——第三届两岸非物质文化遗产月”系列活动。9月21—25日，组织东莞市非物质文化遗产项目“莞草编织技艺”“高埗矮仔肠制作技艺”，参加在济南市举行的第四届中国非物质文化遗产博览会。

【非物质文化遗产活态展示】 2016年3月18日，东莞市非物质文化遗产展示厅开放，至年底，累计接待中外游客上万人。东莞市以该展示厅为平台，定期开展形式多样的传承人展示展演、“非遗课堂”等活态活动，结合暑假期间东莞市青少年艺术季活动开展“小小讲解员”非遗文化体验营活动。并在展厅外围打造“东莞非遗墟市”品牌项目，以传统趁墟习俗为依托，打造全方位展示、销售非物质文化遗产项目的新平台，促进东莞市非物质文化遗产项目生产性保护及推动项目产业转变，同时也完善补充非物质文化遗产展示厅功能。

【非物质文化遗产普及活动】 2016年，东莞市在往年“莞脉传承之非物质文化遗产进校园”活动的基础上，完成非物质文化遗产进校园活动6场，其中利用非物质文化遗产展示厅的场地，创新“走进来”的模式，策划并举办2场“非遗课堂”，让学生通过参观非物质文化遗产展示厅、听取讲解、参与非物质文化遗产项目体验的形式，加深对东莞市非物质文化遗产项目的认识。提升“非遗走镇街”活动质量，加入其特色活动，累计完成4场，吸引媒体广泛报道。

【非物质文化遗产城际交流活动】 2016年，东莞市开展与清远、河源、惠州、韶关等市非物质文化遗产交流活动。结合茶园游会活动，邀请清远市优秀非物质文化遗产项目与东莞市项目同台展演，并组织开展两市非物质文化遗产项目代表性传承人交流活动；先后与河源、惠州市开展非物质文化遗产交流活动，组织两地传承人、先进保护单位代表交流经验，并参观东莞市优秀的非物质文化遗产传承基地，首次让河源、惠州市的非物质文化遗产特色产品走进“东莞非遗墟市”，创新交流形式。组织东莞市优秀的非物质文化遗产项目走进韶关市，召开非物质文化遗产保护座谈会，两市特色项目进行交流展演，并首次把“东莞非遗墟市”品牌活动推广到外市，墟市现场火爆，其中冼沙鱼丸、寮步豆酱等不到2小时就抢购一空。（张玉纯）

麒麟制作

2016年4月21日，东莞市文化馆邀请步步高小学师生走进市非物质文化遗产展示厅参观并在传习区现场授课

东莞市非物质文化遗产名录

序号	项目名称	项目类别	保护单位	获市级名录	获省级名录	获国家级名录	传承人情况
1	灯彩（东莞千角灯）	传统美术	莞城区文化服务中心	第一批（2007年）	第一批（2006年）	第一批（2006年）	张金培，国家级第三批（2009年），2009年过世；张树祺，省级第二批（2011年）
2	龙舟制作技艺	传统技艺	中堂镇文化广播电视服务中心	第一批（2007年）	第二批（2007年）	第二批（2008年）	冯怀女，国家级第三批（2009年）；霍灼兴，省级第一批（2008年），2016年过世
3	麒麟舞（“樟木头舞麒麟”为国家级名称）	传统舞蹈	樟木头镇文化广播电视服务中心	第一批（2007年）	第一批（2006年）	第三批（2011年）	蔡玉财，省级第一批（2008年）；刘伟团，市级第二批（2014年）
4	木鱼歌	曲艺	东坑镇文化广播电视服务中心	第一批（2007年）	第三批（2009年）	第三批（2011年）	李仲球，省级第二批（2011年）；黄佩仪，市级第三批（2016年）
5	龙舟月（“赛龙舟”为国家级名称）	传统体育、游艺与杂技	万江区文化服务中心	第一批（2007年）	第三批（2009年）	第三批（2011年）	
6	彩扎（麒麟制作）	传统美术	清溪镇文化广播电视服务中心	第一批（2007年）	第二批（2007年）	第四批（2014年）	黄素明，省级第一批（2008年）；黄志成，省级第一批（2008年）
7	传统香制作技艺（莞香制作技艺）	传统技艺	东莞市尚正堂莞香发展有限公司	第二批（2010年）	第四批（2012年）	第四批（2014年）	黄欧，省级第四批（2014年）；汤锦华，市级第二批（2014年）
8	寮步香市	民俗	寮步镇文化广播电视服务中心	第一批（2007年）	第二批（2007年）	第四批（2014年）	
9	咸水歌	传统音乐	沙田镇文化广播电视服务中心	第一批（2007年）	第二批（2007年）		黄锦玉，省级第一批（2008年）
10	东莞龙舞	传统舞蹈	大朗镇文化广播电视服务中心	第一批（2007年）	第二批（2007年）		叶旭筹，省级第一批（2008年），2009年过世；叶伍槐，省级第一批（2008年）
11	醒狮	传统舞蹈	石排镇文化广播电视服务中心	第一批（2007年）	第二批（2007年）		王裕坤，省级第一批（2008年）
12	莞草编织	传统技艺	厚街镇文化广播电视服务中心	第一批（2007年）	第二批（2007年）		梁女，市级第一批（2010年）
13	乞巧节	民俗	望牛墩镇文化广播电视服务中心	第一批（2007年）	第二批（2007年）		陈杰芳，省级第一批（2008年）；黄妍，省级第一批（2008年）
14	东坑卖身节	民俗	东坑镇文化广播电视服务中心	第一批（2007年）	第二批（2007年）		

续表

序号	项目名称	项目类别	保护单位	获市级名录	获省级名录	获国家级名录	传承人情况
15	塘尾康王诞（“康王宝诞”为省级名称）	民俗	石排镇文化广播电视服务中心	第一批（2007年）	第二批（2007年）		
16	草龙舞	传统舞蹈	企石镇文化广播电视服务中心	第一批（2007年）	第三批（2009年）		
17	莫家拳	传统体育、游艺与杂技	桥头镇文化广播电视服务中心	第一批（2007年）	第三批（2009年）		莫柏许，省级第三批（2012年）；莫锦满，市级第三批（2016年）
18	石龙醒狮头制作技艺	传统美术	石龙镇文化广播电视服务中心	第一批（2007年）	第三批（2009年）		郭润棠，省级第二批（2011年）
19	盆菜（“长安大盆菜”为省级名称）	民俗	长安镇文化广播电视服务中心	第一批（2007年）	第三批（2009年）		
20	舞木龙	民俗	厚街镇文化广播电视服务中心	第一批（2007年）	第三批（2009年）		
21	端午游木龙	民俗	常平镇文化广播电视服务中心	第一批（2007年）	第三批（2009年）		
22	中堂龙舟景	民俗	中堂镇文化广播电视服务中心	第二批（2010年）	第三批（2009年）		
23	麒麟引凤	传统舞蹈	道滘镇文化广播电视服务中心	第一批（2007年）	第四批（2012年）		刘东良，省级第三批（2012年）
24	茶山公仔	传统美术	茶山镇文化广播电视服务中心	第一批（2007年）	第四批（2012年）		林暖钦，省级第三批（2012年）
25	七夕贡案	民俗	道滘镇文化广播电视服务中心	第一批（2007年）	第四批（2012年）		
26	横沥牛墟	民俗	横沥镇文化广播电视服务中心	第一批（2007年）	第四批（2012年）		
27	麒麟舞（清溪麒麟舞）	传统舞蹈	清溪镇文化广播电视服务中心	第二批（2010年）	第四批（2012年）		黄鹤林，省级第三批（2012年）
28	白沙油鸭制作技艺	传统技艺	虎门镇文化广播电视服务中心	第二批（2010年）	第四批（2012年）		方咸仔，省级第三批（2012年）
29	厚街腊肠制作技艺	传统技艺	厚街镇文化广播电视服务中心	第二批（2010年）	第四批（2012年）		陈什根，省级第三批（2012年）
30	道滘裹蒸粽制作技艺	传统技艺	道滘镇文化广播电视服务中心	第二批（2010年）	第四批（2012年）		李志平，市级第一批（2010年）；卢细妹，省级第四批（2014年）

续表

序号	项目名称	项目类别	保护单位	获市级名录	获省级名录	获国家级名录	传承人情况
31	客家山歌（清溪客家山歌）	传统音乐	清溪镇文化广播电视服务中心	第一批（2007年）	第五批（2013年）		刘国权，省级第四批（2014年）
32	客家山歌（凤岗客家山歌）	传统音乐	凤岗镇文化广播电视服务中心	第一批（2007年）	第五批（2013年）		杜带娣，市级第二批（2014年）
33	麒麟舞（塘厦舞麒麟）	传统舞蹈	塘厦镇文化广播电视服务中心	第二批（2010年）	第五批（2013年）		黄汉光，省级第四批（2014年）
34	莞草编织技艺	传统技艺	道滘镇文化广播电视服务中心	第一批（2007年）	第六批（2015年）		叶小玲，女，市级第三批（2016年）
35	厚街濑粉制作技艺	传统技艺	厚街镇文化广播电视服务中心	第二批（2010年）	第六批（2015年）		余球，市级第一批（2010年）
36	石龙新昌鼓制作技艺（扩展项目）	传统技艺	石龙镇文化广播电视服务中心	第二批（2010年）	第六批（2015年）		叶任和，市级第一批（2010年）
37	庾家粽制作技艺（扩展项目）	传统技艺	东莞市花园粥城服务有限公司	第三批（2014年）	第六批（2015年）		庾美莲，女，市级第三批（2016年）
38	高埗矮仔肠制作技艺（扩展项目）	传统技艺	高埗镇文化广播电视服务中心	第三批（2014年）	第六批（2015年）		吕衬禅，女，市级第三批（2016年）
39	庙会（茶园游会）	民俗	茶山镇文化广播电视服务中心	第三批（2014年）	第六批（2015年）		
40	过洋乐	传统音乐	莞城区文化服务中心	第一批（2007年）			
41	貔貅舞	传统舞蹈	横沥镇文化广播电视服务中心	第一批（2007年）			吴子成，市级第一批（2010年），2012年去世；吴满水，市级第二批（2014年）
42	东莞龙舞	传统舞蹈	长安镇文化广播电视服务中心	第一批（2007年）			
43	草龙舞	传统舞蹈	横沥镇文化广播电视服务中心	第一批（2007年）			
44	粤剧	传统戏剧	长安镇文化广播电视服务中心、望牛墩文化广播电视服务中心	第一批（2007年）			
45	木偶戏	传统戏剧	大朗镇文化广播电视服务中心	第一批（2007年）			陈绍初，市级第三批（2016年）

续表

序号	项目名称	项目类别	保护单位	获市级名录	获省级名录	获国家级名录	传承人情况
46	粤曲	曲艺	道滘镇、麻涌镇文化广播电视服务中心	第一批（2007年）			黄日辉，市级第二批（2014年）
47	龙舟说唱	曲艺	石碣镇文化广播电视服务中心	第一批（2007年）			
48	彩扎（麒麟制作）	传统美术	石龙镇文化广播电视服务中心	第一批（2007年）			
49	灯笼仔制作技艺	传统技艺	石龙镇文化广播电视服务中心	第一批（2007年）			叶安，市级第一批（2010年）
50	客家服饰制作技艺	传统技艺	樟木头镇文化广播电视服务中心	第一批（2007年）			
51	“百岁”制作技艺	传统技艺	中堂镇文化广播电视服务中心	第一批（2007年）			胡葵，市级第一批（2010年）
52	凉帽制作技艺	传统技艺	桥头镇文化广播电视服务	第一批（2007年）			邓佰稳，市级第一批（2010年）
53	交盘会	民俗	石碣镇文化广播电视服务中心	第一批（2007年）			
54	放河莲花	民俗	道滘镇文化广播电视服务中心	第一批（2007年）			
55	东莞粥品	民俗	东莞市花园粥城饮食有限服务公司	第一批（2007年）			
56	东莞小吃	民俗	东莞市花园粥城饮食有限服务公司	第一批（2007年）			
57	海月风帆传说	民间文学	厚街镇文化广播电视服务中心	第二批（2010年）			
58	盲佬话	民间文学	洪梅镇文化广播电视服务中心	第二批（2010年）			
59	老人歌	传统音乐	东城区文化服务中心	第二批（2010年）			
60	哭嫁歌	传统音乐	大朗镇文化广播电视服务中心	第二批（2010年）			
61	客家山歌（市级扩展项目）	传统音乐	大岭山镇、塘厦镇文化广播电视服务中心	第二批（2010年）			

续表

序号	项目名称	项目类别	保护单位	获市级名录	获省级名录	获国家级名录	传承人情况
62	红漆描花传统木屐制作技艺	传统技艺	石龙镇文化广播电视服务中心	第二批（2010年）			梁锦泉，市级第一批（2010年）
63	李全和麦芽糖、糖柚皮制作技艺	传统技艺	石龙镇文化广播电视服务中心	第二批（2010年）			李凤丽，市级第一批（2010年）
64	洗沙鱼丸	传统技艺	高埗镇文化广播电视服务中心	第二批（2010年）			
65	糖不甩	传统技艺	东坑镇文化广播电视服务中心	第二批（2010年）			
66	焙荔枝干	传统技艺	大朗镇、常平镇文化广播电视服务中心	第二批（2010年）			
67	客家酿酒	传统技艺	清溪镇文化广播电视服务中心	第二批（2010年）			张凤英，市级第一批（2010年）；张叔恩，市级第三批（2016年）
68	阴菜	传统技艺	东坑镇文化广播电视服务中心	第二批（2010年）			卢善波，市级第一批（2010年）；卢国华，市级第二批（2014年）
69	厚街什锦菜头制作技艺	传统技艺	厚街镇文化广播电视服务中心	第二批（2010年）			王慧婵，市级第一批（2010年）
70	寮步豆酱	传统技艺	寮步镇文化广播电视服务中心	第二批（2010年）			
71	土法凉茶“春明茶”	传统医药	大朗镇文化广播电视服务中心	第二批（2010年）			刘金玉，市级第二批（2014年）
72	浸冬瓜水	传统医药	常平镇文化广播电视服务中心	第二批（2010年）			
73	开灯习俗	民俗	东城区文化服务中心、洪梅镇文化广播电视服务中心、大朗镇文化广播电视服务中心	第二批（2010年）			
74	东莞传统婚俗	民俗	东城区文化服务中心、麻涌镇、常平镇、横沥镇文化广播电视服务中心	第二批（2010年）			

续表

序号	项目名称	项目类别	保护单位	获市级名录	获省级名录	获国家级名录	传承人情况
75	疍家传统婚俗	民俗	沙田镇文化广播电视服务中心	第二批（2010年）			
76	客家传统婚俗	民俗	凤岗镇、大岭山镇文化广播电视服务中心	第二批（2010年）			
77	入伙习俗	民俗	东城区文化服务中心	第二批（2010年）			
78	喊惊习俗	民俗	东城区文化服务中心、东坑镇文化广播电视服务中心	第二批（2010年）			
79	中秋习俗	民俗	东城区、麻涌镇、桥头镇文化广播电视服务中心	第二批（2010年）			
80	祝寿习俗	民俗	黄江镇文化广播电视服务中心	第二批（2010年）			
81	新年习俗	民俗	常平镇文化广播电视服务中心、东城区文化服务中心	第二批（2010年）			
82	端阳节	民俗	望牛墩镇文化广播电视服务中心	第二批（2010年）			
83	古琴音乐（岭南派）	传统音乐	莞城区文化服务中心	第三批（2014年）			王可逊，市级第二批（2014年）
84	竹塘麒麟舞	传统舞蹈	凤岗镇竹塘村委会	第三批（2014年）			张马通，市级第三批（2016年）
85	中国象棋（凤岗）	传统体育、游艺与杂技	凤岗镇文化广播电视服务中心	第三批（2014年）			
86	龙形拳	传统体育、游艺与杂技	塘厦镇文化广播电视服务中心	第三批（2014年）			林效明，市级第三批（2016年）
87	道滘蟛蜞酱制作技艺	传统技艺	道滘镇文化广播电视服务中心	第三批（2014年）			
88	莞城花灯制作技艺	传统技艺	莞城区文化服务中心	第三批（2014年）			王浩均，男，市级第三批（2016年）
89	樟木头麒麟制作技艺	传统技艺	樟木头镇文化广播电视服务中心	第三批（2014年）			

续表

序号	项目名称	项目类别	保护单位	获市级名录	获省级名录	获国家级名录	传承人情况
90	万江新村腐竹制作技艺	传统技艺	万江区文化服务中心	第三批（2014年）			
91	大步巡游	民俗	麻涌镇文化广播电视服务中心	第三批（2014年）			
92	东莞传统建房风俗	民俗	南城区文化服务中心	第三批（2014年）			
93	东莞卖懒习俗	民俗	南城区文化服务中心	第三批（2014年）			
94	鸦片战争民间故事	民间文学	虎门镇文化广播电视服务中心	第四批（2016年）			
95	金鳌传说	民间文学	万江文化服务中心	第四批（2016年）			
96	节马传说	民间文学	虎门镇文化广播电视服务中心	第四批（2016年）			
97	银瓶山传说	民间文学	谢岗镇南面村村民委员会	第四批（2016年）			
98	紫霞道人传经传说	民间文学	大岭山镇文化广播电视服务中心	第四批（2016年）			
99	黄大仙传说	民间文学	企石镇文化广播电视服务中心	第四批(2016年）			
100	兴塘醒狮	传统舞蹈	莞城街道办事处兴塘社区居民委员会	第四批（2016年）			
101	莞城粤剧	传统戏剧	莞城文化服务中心	第四批（2016年）			
102	道滘木鱼歌	曲艺	道滘镇文化广播电视服务中心	第四批（2016年）			
103	莞城龙形拳	传统体育、游艺与竞技	莞城文化服务中心	第四批（2016年）			
104	双手洪拳	传统体育、游艺与竞技	厚街镇文化广播电视服务中心	第四批（2016年）			
105	陈氏太极拳（张志俊功夫）	传统体育、游艺与竞技	横沥镇文化广播电视服务中心	第四批（2016年）			
106	茶山绸衣灯公	传统美术	茶山镇文化广播电视服务中心	第四批（2016年）			

续表

序号	项目名称	项目类别	保护单位	获市级名录	获省级名录	获国家级名录	传承人情况
107	林旁粽制作技艺	传统技艺	虎门镇文化广播电视服务中心	第四批（2016年）			
108	洪梅花灯技艺	传统技艺	洪梅镇文化广播电视服务中心	第四批（2016年）			
109	保安围扣肉	传统技艺	高埗镇文化广播电视服务中心	第四批（2016年）			
110	东莞腊猪头皮制作技艺	传统技艺	东莞市真宜食品有限公司	第四批（2016年）			
111	糍粑制作技艺	传统技艺	樟木头镇文化广播电视服务中心	第四批（2016年）			
112	中式茶点烘焙技艺	传统技艺	南城文化服务中心	第四批（2016年）			
113	东莞荔枝蜜酿造技艺	传统技艺	清溪镇文化广播电视服务中心	第四批（2016年）			
114	寮步面豉制作技艺	传统技艺	东莞市寮步美味副食品有限公司	第四批（2016年）			
115	苏木红团制作技艺	传统技艺	东莞市谢岗镇居民股份经济联合社	第四批（2016年）			
116	荔枝柴烧鹅制作技艺	传统技艺	东莞市谢岗镇居民股份经济联合社	第四批（2016年）			
117	东莞莞香制作技艺	传统技艺	清溪镇文化广播电视服务中心	第四批（2016年）			
118	方氏正骨	传统医药	虎门镇文化广播电视服务中心	第四批（2016年）			
119	南社九大簋	民俗	东莞南社创意文化旅游发展有限公司	第四批（2016年）			
120	黎村谭公诞	民俗	东莞市谢岗镇黎村股份经济联合社	第四批（2016年）			

注：1. 市级名录四批共120项，其中含省级以上39项，国家级8项。

2. 七夕贡案市级保护单位为望牛墩镇、道滘镇，2007年望牛墩镇成功申报省级第二批名录，名称为“乞巧节”；2012年道滘镇成功申报省级第四批名录，名称为“七夕贡案”。

文物·博物

【文物、博物概况】 截至2016年，东莞市拥有市级以上文物保护单位135处，其中全国重点文物保护单位7处，省级文物保护单位22处，市级文物保护单位106处；拥有博物馆49家，其中民办博物馆31家。

【文物保护利用】 2016年，东莞市文物博物保护工作以申报国家历史文化名城为统领，推进文化遗产保护利用，强化城市历史文化特色与价值，弘扬优秀传统文化。实施文物保护与利用工程，利用2016年度文物保护利用专项资金，完成东莞县博物馆旧址、寮步镇发祥祠等文物维修工程16项，整治文物保护单位及不可移动文物周边环境，提升文物完好率，改善文物保存状况。

【东莞特色文化工程实施】 2016年，东莞市编撰出版《莞城历史文化特色与价值研究》，完成蚝岗遗址博物馆陈列优化，策划《东风西渐——广东海上丝绸之路特展》全市巡展，却金亭碑入选“广东十大海上丝绸之路文化地理坐标”候选项目，筹划袁崇焕博物馆，策划推出《千年一脉——莞城城建与人文发展史》《见贤思齐——东莞历代乡贤纵览》，彰显东莞市作为岭南文明重要起源地、粤海第一门户的城市历史地位；完成虎门炮台旧址二期维修工程，完成2016年市政府“十件实事”项目——海战博物馆基本陈列《鸦片战争》改造升级，打造“中国近代史开篇地”品牌；完成《蒋光鼐博物馆设计方案》并通过广东省文物局评审，完善广东东江纵队纪念馆陈列展览，扩大华南抗日根据地影响力和辐射力；开展“三堂经济”（“三堂”指祠堂、饭堂、会堂）实物及资料征集活动，征得相关政策文件18份，24家近50份企业资料，完成东莞展览馆一楼、三楼陈列展览调整优化，完成高埗大桥旧址维修，建成改革开放主题公园，凸显“改革开放先行地”城市内涵。

【博物馆建设】 2016年，东莞市规范市属博物馆藏品征集，加大文物征集力度，各市属博物馆征集文物4682件（套），丰富博物馆馆藏文物资源及陈列展览内容；举办及引进《天保九如——故宫博物院藏如意展》《景德镇御窑遗址出土永乐官窑瓷展》等精品展览104场。

【民办博物馆发展】 2016年，东莞市加大民办博物馆的指导与扶持力度，组织扶持资金申报、核查、评审、公示，扶持补助成铭热熔胶博物馆等7家民办博物馆，落实市属博物馆分片帮扶指导，完成麻涌小英雄粤剧博物馆、佰媚堂岭南婚俗博物馆等展览改造。截至2016年，全市建成民办博物馆31家，博物馆年观众量超千万人次。

（张玉纯）

蚝岗遗址博物馆

2016年东莞市博物馆情况

序号	名称	性质	建筑面积（平方米）	展厅面积（平方米）	所在地
1	鸦片战争博物馆	国有	35000	9000	虎门镇
2	东莞市博物馆	国有	5800	3300	莞城街道
3	可园博物馆	国有	41771	2534	莞城街道
4	广东东江纵队纪念馆	国有	5001	3989	大岭山镇
5	东莞展览馆	国有	26000	10000	南城街道
6	东莞市袁崇焕纪念园	国有	10582	860	石碣镇
7	东莞科学技术博物馆	国有	40000	10000	南城街道
8	东莞蚝岗遗址博物馆	国有	2659	1260	南城街道

续表

序号	名称	性质	建筑面积（平方米）	展厅面积（平方米）	所在地
9	石龙博物馆	国有	2600	700	石龙镇
10	石龙镇信息产业展示馆	国有	1000	800	石龙镇
11	石龙镇举重博物馆	国有	560	560	石龙镇
12	石龙东征博物馆	国有	1500	450	石龙镇
13	塘厦城市展示馆	国有	2600	700	塘厦镇
14	凤岗历史博物馆	国有	1500	1400	凤岗镇
15	沙田水文化展览馆	国有	800	500	沙田镇
16	容庚故居纪念馆	国有	203	203	莞城街道
17	李任之生平事迹陈列馆	国有	200	200	常平镇
18	卢子枢艺术纪念馆	国有	350	350	虎门镇
19	中国建筑陶瓷博物馆（唯美陶瓷博物馆）	非国有	10000	16000	高埗镇
20	钱币博物馆	非国有	3000	2400	东城街道
21	冠和博物馆	非国有	3305	3000	樟木头镇
22	诺华中式家具博物馆	非国有	8000	4000	道滘镇
23	森晖自然博物馆	非国有	7800	6500	莞城街道
24	观音山古树博物馆	非国有	2000	2000	樟木头镇
25	旗峰山艺术博物馆	非国有	10000	5782	东城街道
26	东莞饮食风俗博物馆	非国有	1000	880	万江街道
27	圣心糕点博物馆	非国有	16000	3000	茶山镇
28	陈伯陶史迹陈列馆	非国有	210	210	中堂镇
29	东莞粤剧博物馆	非国有	3800	500	道滘镇
30	蚝岗民俗文物馆	非国有	1798	900	南城街道
31	啤酒博物馆	非国有	167333	3000	松山湖
32	石龙奇石馆	非国有	180	180	石龙镇
33	潢涌陈列馆	非国有	2050	2050	中堂镇
34	开合箱盒文化博物馆	非国有	1200	720	东城街道
35	东桥艺术品博物馆	非国有	914	2892	大岭山镇
36	尚正堂莞香文化博物馆	非国有	880	880	东城街道
37	婚庆微雕艺术博物馆	非国有	1030	1500	凤岗镇
38	稻香饮食文化博物馆	非国有	576	550	横沥镇
39	天得茶文化博物馆	非国有	4000	4000	长安镇
40	众生药业公司展示馆	非国有	609	500	石龙镇
41	正业仪器装备科技馆	非国有	1500	1500	松山湖
42	石源馆	非国有	500	400	松山湖
43	东莞婚礼博物馆	非国有	1000	300	东城街道
44	逸颐艺舍博物馆	非国有	6000	5000	横沥镇
45	东莞市第八人民医院院史陈列馆	非国有	198	198	石龙镇
46	麻涌“小英雄”粤剧博物馆	非国有	2100	1100	麻涌镇
47	成铭热熔胶博物馆	非国有	480	400	高埗镇
48	佰媚堂岭南婚俗博物馆	非国有	4500	350	茶山镇
49	牛文化展示馆	非国有	1000	800	横沥镇

东莞市市级以上文物保护单位

序号	名称	年代	地点	级别	公布登记日期
1	林则徐销烟池与虎门炮台旧址	清	虎门镇	全国重点文物保护单位	第二批，1982年2月23日
2	东莞可园	清	莞城街道	全国重点文物保护单位	第五批，2001年6月25日
3	南社村和塘尾村古建筑群	明—清	茶山镇 石排镇	全国重点文物保护单位	第六批，2006年5月25日
4	却金亭碑	明	莞城街道	全国重点文物保护单位	第六批，2006年5月25日
5	大岭山抗日根据地旧址	抗日战争	大岭山镇	全国重点文物保护单位	第六批，2006年5月25日
6	蚝岗贝丘遗址	新石器时代	南城街道	全国重点文物保护单位	第七批，2013年5月18日
7	广九铁路石龙南桥	1911年	石龙镇	全国重点文物保护单位	第七批，2013年5月18日
8	燕岭古采石场遗址	明—清	石排镇	广东省文物保护单位	第四批，2002年7月17日
9	村头村遗址	新石器时代	虎门镇	广东省文物保护单位	第三批，1989年6月29日
10	松岗遗址	明—民国	清溪镇	广东省文物保护单位	第七批，2012年10月20日
11	卫佐邦墓	清	东城街道	广东省文物保护单位	第五批，2008年11月18日
12	道滘大坟	清	道滘镇	广东省文物保护单位	第七批，2012年10月20日
13	金鳌洲塔	明	万江街道	广东省文物保护单位	批三批，1989年6月29日
14	横山康王庙	清	石排镇	广东省文物保护单位	批四批，2002年7月17日
15	黎氏大宗祠及古建筑群	宋—明—清	中堂镇	广东省文物保护单位	第四批，2002年7月17日
16	方氏宗祠	明	厚街镇	广东省文物保护单位	第五批，2008年11月18日
17	苏氏宗祠	明—清	南城街道	广东省文物保护单位	第五批，2008年11月18日
18	榴花塔	明	东城街道	广东省文物保护单位	第七批，2012年10月20日
19	余屋进士牌坊	明—清	东城街道	广东省文物保护单位	第七批，2012年10月20日
20	云岗古寺	明—清	石排镇	广东省文物保护单位	第七批，2012年10月20日
21	蒋光鼐故居	1930年	虎门镇	广东省文物保护单位	第四批，2002年7月17日
22	国殇冢	1949年	道滘镇	广东省文物保护单位	第四批，2002年7月17日
23	容庚故居	清	莞城街道	广东省文物保护单位	第五批，2008年11月18日
24	牛眠埔洪仁玕避难遗迹（含永培书室遗址、福音堂、鼎和堂、张彩廷纪念碑、张声和夫妇墓）	清	塘厦镇	广东省文物保护单位	第五批，2008年11月18日
25	朱执信纪念碑	民国	虎门镇	广东省文物保护单位	第五批，2008年11月18日
26	石龙公园史迹（含周恩来演讲处、李文甫纪念亭、莫公璧殉难纪念碑、凯旋门）	民国	石龙镇	广东省文物保护单位	第七批，2012年10月20日
27	雁田抗英指挥部旧址	1899年	凤岗镇	广东省文物保护单位	第七批，2012年10月20日
28	万福庵贝丘遗址	新石器时代	企石镇	东莞市文物保护单位	
29	龙眼岗贝丘遗址	新石器时代	石排镇	东莞市文物保护单位	第八批，2004年1月8日
30	宋皇姑赵氏墓	宋	东城街道	东莞市文物保护单位	第四批，1989年1月7日
31	陈莲峰墓	明	虎门镇	东莞市文物保护单位	第四批，1989年1月7日
32	熊飞墓	明	东城街道	东莞市文物保护单位	第四批，1989年1月7日
33	李椘墓	明	桥头镇	东莞市文物保护单位	第四批，1989年1月7日
34	叶永青家族墓	明	茶山镇	东莞市文物保护单位	第八批，2004年1月8日
35	郑瑜墓	明	虎门镇	东莞市文物保护单位	第八批，2004年1月8日
36	温皋谟家族合葬墓	明	寮步镇	东莞市文物保护单位	第八批，2004年1月8日
37	黄旗胜迹	宋	东城街道	东莞市文物保护单位	第七批，1993年6月22日

续表

序号	名称	年代	地点	级别	公布登记日期
38	迎恩门城楼	明	莞城街道	东莞市文物保护单位	第三批，1982年8月24日
39	东岳庙	明	茶山镇	东莞市文物保护单位	第五批，1989年5月31日
40	大汾古桥	明	万江街道	东莞市文物保护单位	第七批，1993年6月22日
41	单氏小宗祠	明	石碣镇	东莞市文物保护单位	第七批，1993年6月22日
42	郭真人古庙	明	虎门镇	东莞市文物保护单位	第七批，1993年6月22日
43	黄氏宗祠	明	企石镇	东莞市文物保护单位	第七批，1993年6月22日
44	逆水流龟村堡	明	虎门镇	东莞市文物保护单位	第七批，1993年6月22日
45	王氏大宗祠	明	石排镇	东莞市文物保护单位	第八批，2004年1月8日
46	钟氏祠堂	明	寮步镇	东莞市文物保护单位	第八批，2004年1月8日
47	孙杜古桥	明	石龙镇	东莞市文物保护单位	第八批，2004年1月8日
48	鸡啼岗黄氏宗祠	明	黄江镇	东莞市文物保护单位	第八批，2004年1月8日
49	彭氏大宗祠	明	东坑镇	东莞市文物保护单位	第八批，2004年1月8日
50	丁氏祠堂及丁屋村古围墙	明	东坑镇	东莞市文物保护单位	第八批，2004年1月8日
51	埔心村古建筑群	明—清	石排镇	东莞市文物保护单位	第八批，2004年1月8日
52	福隆文阁	明—清	石排镇	东莞市文物保护单位	第八批，2004年1月8日
53	江边村古建筑群	明—清	企石镇	东莞市文物保护单位	第八批，2004年1月8日
54	迳联村古建筑群	明—清	桥头镇	东莞市文物保护单位	第八批，2004年1月8日
55	西溪村古建筑群	明—清	寮步镇	东莞市文物保护单位	第八批，2004年1月8日
56	半仙山村古建筑群	明—清	横沥镇	东莞市文物保护单位	第八批，2004年1月8日
57	桥梓村古建筑群	明—清	常平镇	东莞市文物保护单位	第八批，2004年1月8日
58	文光庙	明—清	大朗镇	东莞市文物保护单位	第八批，2004年1月8日
59	大井头村古建筑群	明—清	大朗镇	东莞市文物保护单位	第八批，2004年1月8日
60	金刚经云石塔	清	莞城街道	东莞市文物保护单位	第三批，1982年8月24日
61	巍焕楼	清	道滘镇	东莞市文物保护单位	第七批，1993年6月22日
62	薰莱亭	清	桥头镇	东莞市文物保护单位	第七批，1993年6月22日
63	叶氏宗祠	清	大岭山镇	东莞市文物保护单位	第七批，1993年6月22日
64	马山古迹	清	大岭山镇	东莞市文物保护单位	第七批，1993年6月22日
65	慕香书室	清	凤岗镇	东莞市文物保护单位	第八批，2004年1月8日
66	郑氏宗祠	清	虎门镇	东莞市文物保护单位	第八批，2004年1月8日
67	礼屏公祠	清	虎门镇	东莞市文物保护单位	第八批，2004年1月8日
68	浮竹山文阁	清	寮步镇	东莞市文物保护单位	第八批，2004年1月8日
69	兰田别墅	清	横沥镇	东莞市文物保护单位	第八批，2004年1月8日
70	颂遐书室	清	常平镇	东莞市文物保护单位	第八批，2004年1月8日
71	陈氏家祠及胜起家祠	清	中堂镇	东莞市文物保护单位	第八批，2004年1月8日
72	福庆桥	清	中堂镇	东莞市文物保护单位	第八批，2004年1月8日
73	铁场客家围	清	清溪镇	东莞市文物保护单位	第八批，2004年1月8日
74	清厦客家围	清	清溪镇	东莞市文物保护单位	第八批，2004年1月8日
75	恬甲村古建筑	清—民国	南城街道	东莞市文物保护单位	第八批，2004年1月8日
76	中山路民国建筑群	民国	石龙镇	东莞市文物保护单位	第八批，2004年1月8日
77	保安圩古街	民国	大朗镇	东莞市文物保护单位	第八批，2004年1月8日
78	新埠正街	民国	横沥镇	东莞市文物保护单位	第八批，2004年1月8日
79	翟氏宗祠	明—清	莞城街道	东莞市文物保护单位	第九批，2012年11月6日

续表

序号	名称	年代	地点	级别	公布登记日期
80	宋氏宗祠	清	南城街道	东莞市文物保护单位	第九批，2012年11月6日
81	白衣庙遗址	南宋—清	南城街道	东莞市文物保护单位	第九批，2012年11月6日
82	李氏大宗祠	明—清	南城街道	东莞市文物保护单位	第九批，2012年11月6日
83	陈氏宗祠	明—清	南城街道	东莞市文物保护单位	第九批，2012年11月6日
84	何氏大宗祠	明—清	万江街道	东莞市文物保护单位	第九批，2012年11月6日
85	陈氏大宗祠	明—清	万江街道	东莞市文物保护单位	第九批，2012年11月6日
86	元信陈公祠	清	万江街道	东莞市文物保护单位	第九批，2012年11月6日
87	节度陈公祠	清	厚街镇	东莞市文物保护单位	第九批，2012年11月6日
88	莫氏祠堂	明—清	麻涌镇	东莞市文物保护单位	第九批，2012年11月6日
89	李氏宗祠	明—清	东坑镇	东莞市文物保护单位	第九批，2012年11月6日
90	福隆当铺	明—清	石排镇	东莞市文物保护单位	第九批，2012年11月6日
91	谷吓文阁	清	石排镇	东莞市文物保护单位	第九批，2012年11月6日
92	埔心古塔	清	石排镇	东莞市文物保护单位	第九批，2012年11月6日
93	海月岩	宋	厚街镇	东莞市文物保护单位	第五批，1989年5月31日
94	神仙水	明	厚街镇	东莞市文物保护单位	第七批，1993年6月22日
95	观音山古迹	明	大岭山镇	东莞市文物保护单位	第七批，1993年6月22日
96	崖山古迹	清	谢岗镇	东莞市文物保护单位	第七批，1993年6月22日
97	殷氏宗祠	明	大岭山镇	东莞市文物保护单位	第八批，2004年1月8日
98	洪全福故居	清	凤岗镇	东莞市文物保护单位	第八批，2004年1月8日
99	大沙村西门楼	清	大岭山镇	东莞市文物保护单位	第八批，2004年1月8日
100	大片美游击队税站旧址	清	大岭山镇	东莞市文物保护单位	第八批，2004年1月8日
101	广东人民抗日游击队东江纵队路东干部训练班旧址	抗日战争	清溪镇	东莞市文物保护单位	第三批，1982年8月24日
102	东莞县博物馆旧址	民国	莞城街道	东莞市文物保护单位	第五批，1989年5月31日
103	欧仙院	民国	石龙镇	东莞市文物保护单位	第六批，1990年2月1日
104	孙中山先代故乡旧址	清—民国	长安镇	东莞市文物保护单位	第八批，2004年1月8日
105	霄边农会旧址	清—民国	长安镇	东莞市文物保护单位	第八批，2004年1月8日
106	张廷辅墓	民国	南城街道	东莞市文物保护单位	第八批，2004年1月8日
107	李任之故居	民国	常平镇	东莞市文物保护单位	第八批，2004年1月8日
108	东江纵队第一支队三龙大队部及驻军营地旧址	民国	高埗镇	东莞市文物保护单位	第八批，2004年1月8日
109	东圃小学旧址	民国	高埗镇	东莞市文物保护单位	第八批，2004年1月8日
110	高埗大桥旧址	中华人民共和国	高埗镇	东莞市文物保护单位	第八批，2004年1月8日
111	太公岭村抗日旧址	民国	大岭山镇	东莞市文物保护单位	第八批，2004年1月8日
112	东莞县新二区区府旧址	民国	大岭山镇	东莞市文物保护单位	第八批，2004年1月8日
113	东莞中学民国建筑建筑群（含民国教学楼、报功祠）	民国	莞城街道	东莞市文物保护单位	第九批，2012年11月6日
114	明伦堂财产信条碑亭	1937年	莞城街道	东莞市文物保护单位	第九批，2012年11月6日
115	讴歌亭	1921年	莞城街道	东莞市文物保护单位	第九批，2012年11月6日
116	虎门医院旧址	1933年	虎门镇	东莞市文物保护单位	第九批，2012年11月6日
117	郡驸公祠	1923年	厚街镇	东莞市文物保护单位	第九批，2012年11月6日

续表

序号	名称	年代	地点	级别	公布登记日期
118	济川善堂	1936年	道滘镇	东莞市文物保护单位	第九批，2012年11月6日
119	崖山碉堡	1943年	塘厦镇	东莞市文物保护单位	第九批，2012年11月6日
120	莫萃华故居	20世纪20年代	洪梅镇	东莞市文物保护单位	第九批，2012年11月6日
121	邓蓉镜、邓尔雅故居	晚清	莞城街道	东莞市文物保护单位	第十批，2014年9月15日
122	主山黄氏宗祠	明清	东城街道	东莞市文物保护单位	第十批，2014年9月15日
123	乌石岗黎氏宗祠	明—民国	东城街道	东莞市文物保护单位	第十批，2014年9月15日
124	绍贤家塾	1937年	东城街道	东莞市文物保护单位	第十批，2014年9月15日
125	温塘文阁	清	东城街道	东莞市文物保护单位	第十批，2014年9月15日
126	周屋周氏宗祠	明清	东城街道	东莞市文物保护单位	第十批，2014年9月15日
127	余屋余氏宗祠	明清	东城街道	东莞市文物保护单位	第十批，2014年9月15日
128	修鳌峙塘围堤记碑	1948年	东城街道	东莞市文物保护单位	第十批，2014年9月15日
129	雅园张氏宗祠	清—民国	南城街道	东莞市文物保护单位	第十批，2014年9月15日
130	雪松李公祠	1917年	南城街道	东莞市文物保护单位	第十批，2014年9月15日
131	五玉翟公祠	清中期	南城街道	东莞市文物保护单位	第十批，2014年9月15日
132	上甲谢氏宗祠	明清	万江街道	东莞市文物保护单位	第十批，2014年9月15日
133	耕乐祖祠	清—民国	万江街道	东莞市文物保护单位	第十批，2014年9月15日
134	耕读祖祠	清—民国	万江街道	东莞市文物保护单位	第十批，2014年9月15日
135	谷涌庾氏宗祠	清—民国	万江街道	东莞市文物保护单位	第十批，2014年9月15日

注：全市共有市级以上文物保护单位135处，其中全国重点文物保护单位7处，省级文物保护单位20处，市级文物保护单位108处。

【图书馆】 东莞图书馆建筑面积4.46万平方米，设有内地首家漫画图书馆、全国首家自助图书馆、全国首家粤剧图书馆、东莞书屋等多个馆中馆。此外，在莞城街道另设9000余平方米的少年儿童图书馆。

2016年，东莞图书馆馆藏图书增至267万册，接待读者315万人次，实现书刊外借248万册次，举办读者活动800余次。举办2016年东莞第十二届读书节，全市举办各类读书活动455项，参与群众420万人次，其中“我讲书中的故事”儿童故事大王比赛有32个镇街、松山湖园区5000余人参与。完成第八届中国国际影视动漫版权保护和贸易博览会东莞图书馆分会场系列活动。漫画图书馆升级改造后的新馆启用，并于同期举办动漫资源建设专家研讨会。

推进《东莞市公共图书馆管理办法》的制定与出台。联合中山大学资讯管理学院，以馆校合作的方式起草《东莞市公共图书馆管理办法》，经东莞市政府常务会议审议通过，并于12月30日颁布，将于2017年3月1日施行。

承担中国图书馆学会阅读推广委员会职能。举办阅读推广委员会换届成立大会、2016年“阅读推广青年论坛”暨“富媒体环境下的阅读推广创新”研讨会，开展“扫码看书，百城共读”全国性阅读公益活动，并承办“阅读推广人”培育行动第五期培训班。

2016年，东莞图书馆通过“全国文明单位”复评，先后获评“东莞市社科普及先进单位”“‘阅读推广人’培育项目实践基地”。

【文化馆】 2016年3月，东莞市文化馆新馆启用，新馆位于东莞市民艺术中心，建筑面积2.8万平方米。东莞市文化馆是国家一级文化馆、广东省十佳文化馆，是全国数字文化馆试点之一。2016年，东莞市文化馆创新文化供给方式，致力于为群众提供优质文化服务、提升百姓文化素养，广泛保障市民的基本文化权益，走独具特色的发展之路。

数字文化馆建设 推动文化馆服务的数字化功能实现，积极规划建设数字化体验区、数字文化休闲空间等，提高基本文化艺术服务的便利性、自助性和趣味性，探索构建具有东莞特色的总分馆数字化服务体系，打造公共文化服务一站式平台。

文化惠民活动 每年统筹实

东莞市图书馆

2016年12月17日，东莞市重大历史题材美术创作工程成果展在岭南美术馆举行

施东莞市文化惠民千场文艺演出、百场文艺培训进基层活动等文化惠民活动1000多场，惠及群众达100多万人次，品牌知名度唱响全省。

文化公益培训　打造“走进艺术”“名家课堂”“艺海拾珍”“文化惠民培训”等培训品牌项目，每年实施500场以上各类普惠性文化培训，开设各类培训班80多个。

文艺精品创作成效显著　以东莞市戏剧曲艺花会、音乐舞蹈花会、少儿艺术花会、东莞合唱节等重大赛事为抓手，打造选送多个优秀文艺作品在国家级赛事中创下佳绩。《梦·乡情》《绣》《三个萝卜一个坑》《脚印》《学军》《羊续悬鱼》获得中国群星奖，《阿爸的草原》入选中国音乐金钟奖等。

非遗保护传承　创新开办“东莞非遗墟市”，常年开展“非遗课堂”“非遗进校园”“非遗走镇街”等活动，建立健全全市非物质文化遗产保护体系。

文化志愿服务制度化　成立东莞市文化志愿者协会，打造“文化志愿者大舞台”“文志爱心公益行”等具有影响力的服务品牌，形成“统一制度、统一管理、统一形象”的制度化管理体系。东莞市文化志愿服务总队获评文化部“2016年文化志愿服务团队”；东莞文化志愿服务总队成员周金凤获评“2016年文化志愿服务个人”；“广东文化志愿者云南行”获评文化部“2016年文化志愿活动典型案例”。

全民艺术普及　启动“东莞市全民艺术普及行动计划，开展学、演、展、诵、谈“五大板块”艺术公益教育活动，打造“东莞市民艺术大学堂”“东莞城市艺术空间”“都市彩虹”“蒲剧场”等品牌。

创新品牌　打造“东莞文化四季”品牌项目，依次推出“音乐舞蹈季”“非遗季”“青少年艺术季”“戏剧狂欢季”4个主题艺术季，推出系列高端精品演出、品牌比赛、大师班培训、精品展览等活动。

【影剧院】　2016年，东莞市有东莞玉兰大剧院、东莞市民艺术中心、塘厦演艺馆、东城影剧院、常平大剧院、莞城文化周末剧场、望牛墩影剧院、长安影剧院、道滘粤韵馆、高埗影剧院、石碣影剧院、霄边影剧院、石排影剧院、凤岗影剧院、清溪影剧院、莲城影剧院等16座剧院（影剧院）。

东莞玉兰大剧院是东莞市文化广电新闻出版局直属的公益性事业单位，为东莞标志性的文化建筑，建筑面积4.03万平方米，拥有1个1600座的大剧场和1个400座的多功能小剧场。2016年，组织195场国内外演出及活动，其中自营演出90场（A类52场，B类26场，C类12场），公益演出55场，全年平均上座率69%，平均票价164元。坚持文化回馈市民，开展公益活动，截至2016年，“绽放的玉兰”公益活动举办119场，深受市民喜爱。2016年，东莞玉兰大剧院管理委员会与北京保利剧院管理有限公司举行第三期东莞玉兰大剧院经营管理合同续约。

第五届中国东莞音乐剧节于2016年11月8日开幕，在为期近一个月的时间里，13台剧目37场优秀音乐剧在东莞玉兰大剧院以及东莞市文化馆、塘厦演艺馆、东城影剧院、莞城文化周末剧场、常平大剧院等文化场馆演出，吸引超过5万名市民前来观看。除国内外音乐剧作品展演、专业学术论坛会之外，第五届中国东莞音乐剧节特别对东莞原创音乐剧十周年进行实践总结回顾和理论提升，创编推出《东莞原创音乐剧十周年纪念文丛》，并开展东莞原创音乐剧十周年展览等系列活动。

【美术馆】 2016年，东莞市有岭南美术馆、莞城美术馆等10多家美术馆。其中，岭南美术馆是市文化广电新闻出版局直属的公益性事业单位，在省内外具有较大的影响力；莞城美术馆是莞城街道属下的公益性事业单位，是广东省首个镇街美术馆。

2016年，岭南美术馆承办由市委宣传部、市文广新局主办的“东莞市重大历史题材美术创作工程”（2014—2016），并举办专题成果展；完成由市委宣传部主办、市文广新局承办的“东莞十大行动”美术创作活动；组织画家参加各类艺术展览，其中10件作品入选国家级大展，15件作品分别获得省级美展金、银、铜及优秀作品等奖项。策划举办24个常规及大型艺术展览，其中“拍岸西潮——王肇民与广东水彩画演进脉络专题展”入选中国文化部“2017全国美术馆馆藏精品展出季”项目。举办多场次“艺术与欣赏”公共教育及文化惠民活动，其中“艺术与欣赏之王虹虹动漫艺术作品展公教活动”入选2016年东莞市优秀文化志愿服务示范项目。征集藏品247件（套）；结项广东省哲学社会科学“十二五”规划研究课题《可园符号——岭南画派与现代中国画》。

2016年，莞城美术馆共举办16个展览，接待观众近8.5万人次，全年开展公共活动109场，受惠5万余人。莞城美术馆“行进中的美术馆——莞城美术馆馆校共创美育基地”项目被省文化厅评为广东省级公共文化服务体系示范区项目，成为东莞唯一的省示范项目。《小而恢宏的力量——莞城美术馆藏藏书票展》被文化部列为“2016年全国美术馆馆藏精品展出季优秀展览巡展扶持项目”

（张玉纯）

党 史

【党史研究】 2016年，中共东莞市委党史研究室按照打造党史精品的要求，完成《中国共产党东莞历史·第二卷》及《东莞工农革命运动纪实》等的编纂出版。继续开展《中国共产党东莞历史·第三卷》（1978—2015）征编，完成2016年度党史大事记的编写。继续开展新民主主义革命时期历史的征集研究：搜集整理东莞赴延安的青年团体及参加长征的东莞青年的资料；组织撰写《彭湃开展农村工作的历史回顾与基本经验》《彭湃与东莞农民运动》，被《彭湃与海陆丰——纪念彭湃同志诞辰120周年文集》收录；对《东莞水乡组织武装斗争史》史料进行征集；继续做好新民主主义时期口述史抢救，采访抗日老兵王如珍、冼麟，并完成录音整理；前往中央档案馆，征集到黄友牺牲时东江纵队发往延安总部的电报等珍贵史料。统筹兼顾社会主义建设时期的史料征研：协助中共广东省委党史研究室做好《“大跃进”时期的广东农田水利建设》专题研究，提供东莞市“大跃进”时期农田水利建设的情况材料以及典型水利工程建设的成效、经验、农田水利建设的大事记等资料；论文《试析广东对资本主义工商业改造过程中的社会心理》入选中共广东省委党史研究室、广东中共党史学会、广东中共党史人物研究会联合举办的纪念社会主义制度确立暨中共八大召开60周年学术研讨会。开展改革开放时期研究：编辑《东莞改革开放史料选编》（第一辑）；做好《广东改革开放实录》第二辑专题的收尾工作，完成第三辑专题论文《东莞建立社会主义市场经济体制的探索与实践》；多方征集东莞改革开放的有关史料30多份10多万字，为编纂《东莞改革开放史料选编》（第二辑）作准备；加强对党史文化的研究，论文《深入学习习近平同志关于党的历史论述，清醒认识思想文化领域面临的八种危险》一文入选“全国第三届党史文化论坛”。

【党史宣传教育】 2016年，中共东莞市委党史研究室继续创新做好“东莞党史”微信公众平台正常运行，该平台设立“红色印记”“红色旅游”“莞邑英杰”等栏目，编发党史微信22条。挖掘东江纵队抗战故事，以榴花塔阻击战、梅塘战斗的抗战事迹为蓝本，以青少年喜闻乐见的形式，完成《榴花塔阻击战》《梅塘战斗》两本抗战漫画图书的编纂。全面启动革命遗址保护，对全市重要革命历史遗址进行立碑保护，完成第一批包括莫萃华故居（洪梅）、东莞抗日模范壮丁队成立遗址（莞城）、榴花阻击战遗址（石碣）、百花洞战斗遗址（大岭山）、梅塘战斗遗址（黄江）、击毙日军大佐战场遗址（企石）、三打霄边战斗遗址（长安）等7处革命遗址的立碑；组织评选出第三批市级中共党史教育基地8个。

【《中国共产党东莞历史·第二卷》】 2016年，中共东莞市委党史研究室完成《中国共产党东莞历史·第二卷》的编纂出版，反映1949年10月中华人民共和国成立至1978年12月的29年间，中共东莞县委带领东莞人民艰辛探索社会主义道路的历史。在这29年间，东莞各级党组织领导全县人民贯彻党的路线、方针、政策，发扬自力更生、艰苦奋斗的精神，进行社会主义革命和建设，把一个贫穷落后的旧东莞，逐步建设成为一个日益繁荣的新东莞。《中国共产党东莞历史·第二卷》是继《中国共产党东莞历史·第一卷》出版以后的又一部中共东莞地方组织历史的基本著作，填补东莞市社会主义建设时期的党史空白，为全市党员群众学习和了解东莞党史提供基本教材。

【《东莞工农革命运动纪实》】 2016年，中共东莞市委党史研究室完成《东莞工农革命运动纪实》的编纂出版。大革命时期和土地革命战争时期，中共东莞地方组织团结和带领东莞人民，高举反帝反封建旗帜，掀起轰轰烈烈的工农运动，建立工农武装，尝试武装割据，发动广大群众开展抗日救亡运动，写下光辉的历史篇章。《东莞工农革命运动纪实》客观、真实、全面地记录东莞工农革命运动的历史，以东莞地方组织的建立、发展、变化及其活动为主线，对东莞工农革命运动进行记述和反映。全书由历史文件篇、报刊资料篇、回忆篇、研究篇、人物篇及大事记等部分组成，并附有珍贵的历史照片，力图使本书成为了解和研究东莞工农革命运动历史的重要参考史料书。（黄勇胜）

附：2016年中共东莞市委党史研究室主要领导名录

主　任：陈　冀（任至2月）
　　　　蔡建勋（2月到任）

地方志

【地方志工作概况】 截至2016年，东莞市二轮修志编纂出版197种地方志。2016年，东莞市申报编修的《虎门镇志》入选首批《中国名镇志丛书》（11部）并获授牌匾、颁发证书，组织编纂的全国首部公开出版的村级年鉴——《巷头年鉴》创刊号首发，《东莞年鉴》获评全国地方志优秀成果（年鉴类）地市级综合年鉴一等奖，《大朗年鉴》获县区级综合年鉴一等奖。《东莞年鉴》《大朗年鉴》《虎门年鉴》《松山湖（生态园）高新区年鉴》2016卷出版发行，创办《南城年鉴》《麻涌年鉴》《厚街年鉴》《长安年鉴》《寮步年鉴》《塘厦年鉴》《常平年鉴》等7部镇街综合年鉴，出版《东莞市工商行政管理年鉴》。铺开广东省自然村落历史人文普查，至年底，东莞市有自然村落1838条，完成普查表填报1731份，完成《全粤村情》东莞卷第一册总纂以及复审、终审。全面完成省政府地方志办布置东莞市的3个地情资源开发利用项目，并报省结项。完善东莞市情网，上传志书3400万字、图片3600多幅；推动全省第一个镇情网、村情网——大朗镇镇情网、巷头村情网上线。建设市镇两级方志馆，继续办好东莞市方志馆、大朗镇方志馆，促成南城方志馆揭牌。完成2015年报和2001—2014年报补报。《现代修志工作要善用五种资源——以东莞市二轮修志为例》获广东省地方志理论研讨优秀论文三等奖。

【自然村落历史人文普查取得阶段性成果】 2016年，东莞市铺开广东省自然村落历史人文普查，至年底，有自然村落1838条，其中完成普查表填报1731份，《全粤村情》初稿撰写1603份。完成古驿道沿线自然村落调查，发现境内原有驿站3个，无遗址；驿铺明代最多时有39个，到清雍正时仅剩9个，仅存赤岗驿铺遗址。清雍正年间，境内有驿道5条，仅存赤岗段驿道等零星遗迹。

2016年4月5—7日，市志办到大朗镇实地指导调研自然村落普查试点。4月13日，召开自然村落历史人文普查全面启动暨业务培训会议，市志办全体人员、全市各镇街地方志工作分管领导和普查工作主要负责人、经办人等130人参加会议。6月，东莞市成立自然村落历史人文普查工作领导小组。9月，东莞市选定大朗、莞城、东城、大岭山、虎门等镇街312条自然村入选《全粤村情》东莞卷第一册，引入广东医科大学师生团队，开展普查资料实地复核审查。至年底，完成《全粤村情》东莞卷第一册总纂以及复审、终审。

【镇村志与部门志出版】 截至

2016年12月14日，广东省人民政府地方志办公室党组书记陈华康到东莞市调研地方志工作。图为陈华康（右三）在大朗镇大井头村了解自然村落历史人文普查工作情况

2016年，东莞市二轮修志编纂出版197种地方志，超额完成计划出版100种地方志的总任务，平均每个月出版1种以上。年内，出版《中国名镇志丛书·虎门镇志》及《黄江镇志》《企石镇志》《长安镇乌沙村志》《常平镇司马村志》《虎门镇虎门寨村志》等5部镇村志，出版《东莞市残疾人事业志》《东莞市龙舟志》《水乡龙舟志》等3部部门志。

【年鉴工作向基层延伸】 2016年，东莞市年鉴工作向基层延伸，启动10部镇街综合年鉴编纂工作，除续编《大朗年鉴（2016）》《虎门年鉴（2016）》，先后启动《南城年鉴（2016）》《麻涌年鉴（2016）》《厚街年鉴（2016）》《长安年鉴（2016）》《寮步年鉴（2016）》《塘厦年鉴（2016）》《常平年鉴（2016）》等7部镇街综合年鉴编纂工作。此外，东莞理工学院、松山湖（生态园）高新区、市工商局、市博物馆等单位创办或续编年鉴。截至2016年，东莞市出版《东莞年鉴》16卷、镇街年鉴19卷、部门年鉴24卷。

【方志馆建设】 截至2016年，东莞市有市级方志馆1个，镇街方志馆2个。其中，东莞市方志馆保存5.6万册地方志书；大朗镇方志馆收藏7000多册地方志书；南城街道方志馆开馆收藏8800多册地方志书。年内，东莞市方志馆在征集族谱家谱46种的基础上，通过自然村落历史人文普查，又收集族谱11种、村志4种、其他地方志资料7种；接待深圳、中山、湛江、珠海等市同行到市方志馆交流，接待马来西亚东莞商会会长张建华率领的访问团到市方志馆座谈，邀请市文联到市方志馆举行座谈；在“请进来”的同时，市方志馆开展“走出去”活动，结合自然村落历史人文普查，将地方志书送到社区（村），并应邀参加由市文联、市轨道公司主办的采风活动。

【南城方志馆开馆】 2016年7月29日，东莞市南城方志馆举行挂牌仪式。南城方志馆是东莞市乃至广东省第一个街道方志馆，负责整理、征集与南城街道有关的文字、实物、口碑等资料，特别是抢救和挖掘历史文化资源，为续修《南城区志》、编纂《南城年鉴》、编纂《南城名片》等地情书奠定基础。2016年，搜集名人著作116种，合计312卷（册）；收录家谱族谱约1000种，合计8000多卷（册），涉及120多个姓氏。此外，收藏各类志书、年鉴和相关地情资料约500多卷（册）。设有藏书区、展示区、服务区、编研区，免费开放供公众查阅。

【市镇村三级地情网贯通】 2016年，东莞市地方志信息化建设加快，在办好“东莞市情网”的同时，开办全省第一个镇情网、村情网——大朗镇镇情网、巷头村情网。在1月14日大朗镇镇情网、巷头村情网上线仪式上，中指组副秘书长冀祥德、省政协常委陈强和市委常委、常务副市长张科、省地方志办副主任丘洪松共同出席，冀祥德指出，大朗镇情网、巷头村情网开通上线，也标志着全国各级地情网的上下贯通全覆盖。

截至2016年，“东莞市情网”下设“东莞之最”“东莞要闻”等17个栏目。年内，上传年鉴、志书18本，其中《东莞市志（1979—2000）》发布500万字、《东莞年鉴》15卷发布3000万字、文章类17万字，网站总发布图片3500多幅，点击量174万人次。大朗镇情网设“镇情概况”“镇情数据库”“镇情要录”“风俗文化”“社情村情”“大朗大事记”“大朗风采”等7个栏目，收录《大朗镇志》《大朗年鉴》；通过“社情村情”栏目链接到村情网，村情网设置“社区（村）概况”“志鉴成果”“大事记”“风俗文化”“社区（村）风采”等栏目。

【地情资源开发利用】 截至2016年，东莞市编纂出版16部地情丛书，其中，2016年出版《东莞名片（2016）》，全书以东莞市获得的主要荣誉为主线，展示东莞市“全国文明城市”等亮丽“名片”。为《广东资政志鉴》干部省情读本供稿，并赠送给市镇党政领导参考。推进地方志资源开发利用项目，完成“高埗桥文博园建设规划建议”“挖掘大朗毛织、保安古墟、醒狮舞龙地情资源，制作专题纪录片、展览”“东城地情主题展”等3个省地方志资源开发利用项目，其中，高埗桥文博园建设规划建议提交市政府后，得到市政府重视，把高埗桥文博园纳入东莞市申报国家历史文化名城保护规划和专家考察路线规划，并由市政府作为项目实施主体；“东城地情主题展”在15所中小学校巡回展览，展出东城街道的特色名片；《大朗·时光·味道》地情资源专题展览，累计超过10万人次入场参观，专题纪录片并在中国（大朗）毛织交易会等场合和大朗网、“荔香大朗”微信公众平台、“朗办微言”微信公众平台等媒体播放，播放次数累计超过100万次。

【《虎门镇志》入选首批《中国名镇志丛书》】 2016年5月12日，首届全国名镇论坛暨中国名镇志丛书出版座谈会在北京人民大会堂召

《中国名镇志文化工程·虎门镇志》

开。会上，向《虎门镇志》等入选首批《中国名镇志丛书》的11个镇授予牌匾、颁发证书。《虎门镇志》作为广东省唯一代表参加首发。该志包括“基本镇情”“英雄虎门”“时尚虎门”“经济强镇”“文化名镇”等部分，以虎门销烟开端，突出虎门“近代史开篇地”的地位；以敢为人先精神立魂，突出虎门“改革开放先行地”的地位；以特色产业兴镇，突出虎门“全国服装名城”的地位。全书42.6万字，图片200幅。

【《东莞年鉴》2016卷出版发行】 2016年9月底，由东莞市委、市政府主管，东莞市人民政府地方志办公室负责编纂的大型综合性工具书——《东莞年鉴》2016卷，由广东人民出版社出版发行。全书210万字，大16开，四色精装印制，图文并茂地记载2015年东莞市的大事要事及基本情况，展示东莞市推动“机器换人”和智能装备制造业发展、打造“一带一路”重要节点城市、以“三互”大通关和项目直接落地等为抓手争创更多制度红利等年度特色和亮点。设“特载”“东莞之最”等32个类目，其中，“特载”类目重点记述东莞市获评“国家森林城市”、东莞市重大项目建设推进、东莞市承办第14届苏迪曼杯世界羽毛球混合团体锦标赛等重大工作；“东莞之最”类目集中体现东莞人“敢为天下先”的精神。

【《巷头年鉴》创刊号首发式举行】 2016年1月14日，《巷头年鉴》创刊号首发式举行，该年鉴是全国首部公开出版的村级年鉴。《巷头年鉴》自2015年3月起启动编纂；2016年1月由方志出版社出版。《巷头年鉴》全书分10个篇目70多个分目，26.5万字，客观、全面、系统记述2014年巷头社区经济社会发展历程，正文首设特载《中国毛织第一村》，突出反映巷头社区的毛织产业特色，其后设“概览”“经济”“政治”“文化”“社会”等类目，为社会各界认识和了解巷头社区提供全面翔实资料。中指组副秘书长冀祥德、省政协常委陈强、市委常委、常务副市长张科、省地方志办副主任丘洪松等出席首发式。冀祥德指出，《巷头年鉴》的出版，标志着国家、省、市、县、镇、村的年鉴，上下贯通全覆盖。

【《常平镇司马村志》出版发行】 2016年7月1日，《常平镇司马村志》首发式举行。该村志由司马村村民捐款100多万元，历时一年半编纂完成。司马村自宋末立村，有700多年历史，是东莞市常平镇的古村、名村、大村。《常平镇司马村志》全书320页，26万多字，全彩印刷，采取图文并茂的方式，客观、全面、系统地记载司马村的自然、经济、政治、文化、社会的历史和现状。

【《东莞市工商行政管理年鉴》（创刊号·2011—2015）】 2016年5月，《东莞市工商行政管理年鉴》（创刊号·2011—2015）出版发行。该年鉴是东莞市公开出版的第一部部门年鉴。全书61万多字，设“东莞工商之最”等26个类目、377个条目。全面、系统、详实地载录东莞市工商部门2010—2014年的发展历程，为社会各界了解和研究东莞工商历史提供资料。（王学林）

附：2016年东莞市人民政府地方志办公室主要领导名录

主　任：潘朝明（任至2月）

2016年1月14日，全国第一部村级年鉴——东莞市大朗镇《巷头年鉴》创刊号首发式在大朗镇举行

档　案

【档案工作概况】 档案资源建设　2016年，东莞市档案馆接收各单位档案398卷又3.04万件；赴香港征集复制照片200多张、图书资料26册；向市民征集古籍图书6册。组织召开东莞市名人档案库名人认定专家组第四次会议，审核通过史瑞芬等6人加入第四批东莞市名人档案库并报市政府审批。继续开展东莞方言建档，与东莞电台合作，录制东莞方言节目《莞语留声》，在6月9日“国际档案日”当天播放，市民反应热烈，截至2016年，累计完成20个镇街的方言建档。

档案管理　2016年，落实《关于印发生活无着的流浪乞讨人员救助档案管理办法》，明确该类档案的收集归档范围。加大民生档案的接收力度，截至2016年，馆藏民生档案占馆藏档案60%以上，提前达到国家、省档案局的要求。

档案指导　2016年，开展企业档案指导，完成35家国有企业《档案收集范围和保管期限表》的修订，推动7家企业通过广东省测评。重大建设项目档案登记工作进展顺利，联合市城建档案馆对轨道交通2号线工程档案工作进行专项检查，并参与虎门港麻涌港区国丰粮食现代物流项目配套工程等多个项目的档案验收。其中，500千伏纵江（东纵）输变电工程获得省建设项目档案“金册奖”。与市农业局联合转发《广东省农村土地承包经营确权登记颁证档案管理实施办法》，确权登记档案工作向纵深发展。赴新疆开展档案工作业务指导，协助援疆工作队整理文书档案1193件，会计档案181卷，项目档案70卷，实物档案6件，照片档案1821张。

档案信息化　2016年，完成《东莞市档案数据中心管理平台项目可行性报告》的项目调研、组织编写及项目申报；完善电子文档中心，推动电子文档中心的应用；加大馆藏档案数字化力度，完成615.9万页/幅档案数字化，推进数字档案馆（室）建设；做好重点档案电子数据异地备份；对东莞市档案信息公众网站进行改版。

【依法治档】　2016年，东莞市档案局完善档案行政处罚、行政复议、法制宣传教育等制度，实施聘请法律顾问制度。依法实施档案工作执法检查常态化，对全市472个单位档案目标管理进行复查，并对常平中学等单位提出整改意见，要求限期整改。按照“统一领导，分级管理”的原则，印发《东莞市档案工作分级督导方案》，明确各单位分级督导责任，要求各单位负起档案督导职责、对下属单位的指导。引入社会力量参与档案事务，完成21家档案中介服务机构的备案登记。

【基层档案业务巩固】　2016年，东莞市档案局推动工商、房管、国土系统基层单位档案工作目标管理全覆盖，累计有42个单位实现档案工作目标管理认定，并对市卫计局、市商务局等机构改革单位档案处置进行指导。

【镇街档案馆建设】　2016年，东莞市档案局指导推动镇街档案馆建设，其中：南城档案馆开馆使用，东城档案馆进入内部装修阶段。

【档案馆（室）库建设】　2016年，东莞市档案局以东莞市开展构建开放型经济新体制大调研为契机，完成《东莞市档案馆体系建设调研报告》，并根据市政府的要求，开展全市档案存放需求调研，探索建立东莞市档案中心的可行性。

【档案利用】　2016年，东莞市档案局接待查阅利用单位731个，提供利用档案1200多卷又6100多件；照片档案3200多张。公布公开现行文件1240多份，通过网站和手机查阅利用公开现行文件和开放档案近3万人次。

【政务活动拍摄】　2016年，东莞市档案局参与重要政务活动及市重大活动照片拍摄316次，整理归档照片8000多张，并制作《胡春华同志视察东莞》照片册、《吕业升同志镇街（园区）调研实录》照片专辑。

【档案编研宣传】　2016年，东莞市档案局结合市委、市政府的中心工作，编印4期《档案资政参考》，分别是《改革开放以来，东莞在外贸方面的做法及转型升级情况简报》《近30年来东莞人才发展体制机制、引才引智措施等方面的做法情况简报》《1978—2000年东莞利用外资方式的情况简报》《改革开放初期，东莞科技兴市举措要揽》。同时，开展中小学档案教育社会实践和暑期实践活动，通过档案教育宣传，提升学生的档案意识，制作《一座城市的记忆——百年东莞图片展》活动展板在石碣中学进行巡展，参观师生超过1500人次。（梁锐华）

附：2016年东莞市档案局（馆）主要领导名录

局（馆）长：连希波

2016年6月8日，广州天河学院档案员一行来东莞市档案馆参观学习

卫生·体育

HEALTH · SPORTS

- “卫生强市”建设启动
- 全国基层卫生岗位练兵和技能竞赛获奖
- 2016东莞松山湖国际马拉松赛举办
- “全国篮球城市”再添荣誉

东莞市网球中心

编辑：张曼利

卫 生

【医疗卫生概况】 2016年，东莞市有医疗卫生机构2344个，其中，医院89个、基层医疗机构2213个、专业公共卫生服务机构42个；有床位28138张，其中，医院床位27450张、妇幼保健院568张、专业疾病防治院120张，每千常住人口床位数3.41张；医疗卫生机构在岗职工57167人，其中，卫生技术人员47668人，包括执业（助理）医师16680人、注册护士21268人。

【“卫生强市”建设启动】 2016年，东莞市贯彻省委、省政府《关于建设卫生强省的决定》，以市委、市政府名义高规格召开全市卫生工作会议，出台《关于建设卫生强市的实施意见》，确定7大工作内容、28项评估指标，制定工作安排，提出到2023年全面建成“卫生强市”的目标。

【医药卫生体制改革】 2016年，东莞市入选医养结合国家联系试点城市。东莞市推进医药惠民体制改革，全市公立医院配备并优先使用国家基本药物和省增补药物，二级公立医院基本药物销售额为45.61%，三级公立医院为40.60%。继续实施取消药品加成政策（中药饮片除外），自实施至2016年底，药品费用下降10.05亿元，减去调整部分医疗服务收费后增收约8.35亿元，实际为群众减轻医药费用负担近1.7亿元。合理调整公立医院医疗服务项目价格523项，取消300元以上医用耗材加成及患者自主选择医用耗材加成，医疗服务项目价格提高的部分按规定纳入社会保险支付范围。实施公立医院基本医疗服务补助，2016年，东莞市、镇两级财政合计投入补助经费1.86亿元，对9家市属公立医院给予3.58亿元补助，减轻医院负担。成立东莞市市属公立医院医管中心理事会，在5家市属三级公立医院实施总会计师制度，设立院长专项资金。东莞市卫生计生局医药惠民体制改革项目获2016年度东莞市“单打冠军”。

【社会办医】 2016年，东莞市鼓励和引导社会资本投资办医，全市社会办医院有50所，占全市医院总数的52.1%，社会办医疗机构编制床位数、住院量、门诊量分别占全市医院的26.9%、24.3%、24.9%。广东康华医疗股份有限公司在香港联合交易所主板成功挂牌上市。

【公共卫生服务均等化】 2016年，东莞市免费向城乡居民提供12类45项基本公共卫生服务项目，市镇两级财政按辖区内常住人口数包干安排基本公共卫生服务经费，人均补助资金标准提高到46.56元，基本公共卫生服务项目经费3.84亿元。全市建立居民电子健康档案860万份，合格率99.74%。免费接种扩大国家免疫规划疫苗272.48万人次，各类扩大免疫规划疫苗接种率保持在95%以上，高血压患者管理27.51万人、糖尿病患者管理8.48万人。选取4个镇街首次开展慢性病及其危险因素监测。

【卫生信息化建设】 2016年，东莞市卫生计生局数据中心完成更新改造，信息专网升级为高速裸纤双环网，建成全市医疗机构公共WiFi热点7000个，妇幼保健信息系统投入使用，顺利推进社区卫生服务信息系统升级，启动东莞市卫生计生预约服务统一平台建设。

【医政管理】 2016年，东莞市卫生计生局开展“平安医院”创建活动和改善医疗服务行动，实行临床路径管理和优质护理服务，开展大型医院巡查暨各级医院医疗质量和医疗服务评价，开展莞港护理管理人员合作培训，医疗和护理服务质量进一步提升，患者满意度明显提高。出台《东莞市建立和完善分级诊疗制度实施方案》，明确各级各类医疗机构诊疗服务功能定位，逐步构建“小病在社区，大病到医院，康复回社区”就医格局。寮步镇、茶山镇、大岭山镇与广东医科大学签订协议，合作共建附属医院。启动新一轮二级医院等级评审，对2所医院开展指导性评审。实施医养结合试点工作，拟定首批2所试点医院。加强建设全市医疗机构胸痛急救质量管理体系，制定胸痛中心医院认证标准，认证首批胸痛中心医院6所。在全省首创建立全市医院感染检测信息平台，完成首批6所医院信息平台测试。实行医师多点执业备案信息化管理，自2015年实施多点执业以后，审批通过295人次。在全省首创临床药师规范化培训，确定4所医院为培训基地。在全省率先开展特殊专科岗位护士准入规范化培训，确定培训基地23个，涵盖手术室、ICU（重症监护室）、新生儿及重症监护、助产、血液透析等专科。建立急（抢）救药品常态储备机制，对33种药品实行常态储备和动态监测。建立阳光用药电子监察预警工作制度，重点遏制大处方及滥用抗生素等现象。全力救治麻涌镇“4·13”事故伤员，最大程度降低死亡人数。完成各项重大活动医疗卫生保障任务，首届东莞国际马拉松比赛医疗保障实现“零重伤、零危急、零死亡”目标。完成深圳、东莞、惠州、河源、汕尾五市联合医疗救援演练任务。

【基层卫生】 2016年，东莞市建成社区卫生服务机构401所，市民步行15分钟即可获得基本医疗服务和基本公共卫生服务。社区卫生服务机构实施基本药物制度，实行药物零差率销售。389所社区卫生服务站点推行家庭医生式签约服务，占全市社区卫生服务机构数97%。全市拥有全科医生团队895支，签约群众90.63万人，签约覆盖率达46.48%，重点人群签约服务覆盖率达30.32%。2016年全市社区卫生服务机构诊疗量1706万人次，比2015年增长5.7%。

【妇幼保健】 2016年，东莞市在广东省妇幼公共卫生服务督导和妇幼健康优质服务示范工程省级评估中居全省第四名。新生儿遗传代谢病筛查纳入财政补助项目。在全省率先优化整合免费婚前健康检查和孕前优生健康检查项目，继续免费提供预防艾滋病、梅毒和乙肝母婴传播，地中海贫血防控，妇女“两癌”（乳腺癌、宫颈癌）筛查等11项妇幼公共卫生和计划生育服务项目，财政补助经费6548.2万元。全年完成唐氏综合征产前筛查孕妇3.77万例、新生儿耳聋基因筛查2.85万例、免费婚前和孕前优生健康检查1.86万对夫妇。建立分级管理、运转高效的危重症孕产妇和新生儿急救网络，覆盖全市32个镇街、73所助产机构，提升危重症孕产妇和新生儿救治水平。东莞市妇幼保健院通过国际JCI医院认证。全市孕产妇死亡率、婴儿死亡率保持低于国家和省妇幼儿童规划纲要提出的目标水平。

【卫生科研教育】 2016年，东莞市卫生计生局组织申报医疗卫生各级科研课题477项，批准立项335项，其中国家级课题1项，广东省科技厅课题4项、广东省医学科研基金11项、广东省中医药局科研课题11项，东莞市科技局社会发展项目23项、东莞市科技局医疗卫生科技计划一般项目286项；获得东莞市科学技术奖一等奖1项、二等奖6项、三等奖13项。全面推进住院医师规范化培训，增加住院医师规范化培训基地协同医院5所，市财政补助297万元，培训住院医师323人。选派市属医院11名学科带头人到港澳台地区著名大学院校进修培训，选派35名业务骨干到国内著名医疗卫生机构进修培训。

【爱国卫生运动】 2016年，东莞市成立“东莞市国家卫生城市复审工作办公室”，巩固国家卫生城市工作成果。指导茶山镇创建国家卫生镇，指导5个镇“国家卫生镇”复审工作。落实环境卫生整治制度，组织开展爱国卫生运动，清除卫生死角。加强病媒生物防制，开展以灭蚊、灭鼠为重点的除害防病工作，清理“四害”（苍蝇、蚊子、老鼠、蟑螂）孳生地，防控虫媒传染病。创新爱国卫生工作方式，在9个镇街成立“爱卫之家”公益宣传阵地。

【中医药事业】 2016年，东莞市出台《东莞市推进中医药强市建设行动纲要（2016—2020年）》，推进中医药强市建设。举办东莞市省级师承项目拜师典礼暨第一批“东莞市名中医药专家传承工作室”授牌仪式，启动建设首批13个名中医药专家传承工作室，在东莞市中医院成立中医“治未病”指导中心，推广中医药适宜技术和中医护理技术。363所社区卫生服务站点提供中医药服务，占全市社区卫生服务站点总数90.5%。组织开展“弘扬大医精诚精神，提升中医药服务能力”专题系列活动，包括名中医事迹宣传发掘、中医经典研修班、技能竞赛及报告会等。

【全国基层卫生岗位练兵和技能竞赛获奖】 2016年，东莞市长安镇社区卫生服务中心刘汉海、凤岗镇社区卫生服务中心曾湛艳，代表广东省参加全国基层卫生岗位练兵和技能竞赛全国总决赛，刘汉海获“城市全科医疗组”第一名并被推选为“全国五一劳动奖章”候选人，曾湛艳获“全科护理组”二等奖。东莞市卫生计生局获全国基层卫生岗位练兵和技能竞赛广东省优秀组织奖。

【卫生高层次人才“暖心”工程】 2016年，东莞市卫生计生局开展高层次专业技术人才走访联系“暖心”工程调研活动，走访81个医疗卫生单位、1000多名高层次人才代表，了解高层次人才在工作、学习、生活等方面的思想动态和现实诉求，听取对建设卫生强市、打造“健康东莞”的意见和建议，形成专题调研报告上报市政府。

【“最美医生”“最美护士”首次评选】 2016年，东莞市首次举办“最美医生”“最美护士”评选活动，通过宣传发动、单位推荐、候选提名、网络投票、专家评审和社会公示等程序，评选出首届东莞“最美医生”10人、“最美护士”10人。评选活动引起较大社会反响，在公众投票阶段，东莞阳光网、东莞时间网（微信）两个专题页面浏览量超过700万人次。人民网、新华网、《南方日报》、《羊城晚报》、《广州日报》、《南方都市报》、《东莞日报》、《东莞时报》等中央、省、市主流媒体持续关注报道该活动。

（张明远　吴宝辉）

附：2016年东莞市卫生计生局主要领导名录

党组书记、局长：叶向阳

疾病预防控制

【疾病预防控制概况】 2016年，东莞市无甲类传染病发生，全市报告法定管理乙、丙两类传染病25种85228例。对全市疾病预防控制机构和预防接种单位进行风险排查，保证疫苗预防接种安全。全面推行艾滋病防治“一站式”服务，艾滋病感染者、病人从诊断到治疗所用时间缩短至16天。首次开展慢性病及其危险因素监测，全市确诊活动性肺结核患者3255例，肺结核患者管理率99.97%。开展严重精神障碍患者救治救助，做好摸底排查、分类和随访管理，全市登记在册患者25541人，检出率3.04‰，启动精神科医师转岗培训。专职精防医生工作岗位补助津贴项目获东莞市政府审议通过。

【东莞市疾病预防控制中心】 突发公共卫生事件监测与应急处置　2016年，东莞市累计报告突发公共卫生事件11起。其中，当地感染登革热病例疫情3起；人感染H7N9禽流感疫情、风疹暴发疫情、食源性诺如病毒感染事件、肠炎沙门氏菌食物中毒、误食野蘑菇食物中毒事件和副溶血弧菌食物中毒事件各一起，以及首例输入性基孔肯雅热病例和首例输入性登革热病例。针对各类突发公共卫生事件，东莞市疾病预防控制中心第一时间奔赴现场，开展流行病学调查与监测，及时向发生事件单位和相关部门提出防控意见，采取科学有效的防控措施，确保疫情控制。

急性传染病防控　2016年，东莞市无甲类传染病发生，报告法定管理乙、丙两类传染病25种，发病率1032.55/10万，死亡率0.55/10万，与上年同期相比，传染病报告发病数上升1.94%。全年持续开展流感、人感染H7N9禽流感、登革热、寨卡病毒病和基孔肯雅热等蚊媒传染病、手足口等传染病的监测。2016年，东莞市疾病预防控制中心开始研究创立东莞市传染病工作手册，汇总、归纳、总结日常工作流程和工作要求。

艾滋病防控　2016年，东莞市落实各项艾滋病防控措施，建立艾滋病信息报告管理规范制度，完善对艾滋病病例的报告和随访管理；加强艾滋病检测监测，及时发现艾滋病病例感染者和患者；加强艾滋病初筛检测实验室的质控考核和规范管理；落实国家“四免一关怀”政策，开展有效的行为干预措施；协调东莞市戒毒药物维持治疗；加强与社工的密切合作，利用春节、中秋等节假日开展关怀支持活动。

资料链接：

艾滋病防控“四免一关怀”中的“四免”分别是：农村居民和城镇未参加基本医疗保险等医疗保障制度的经济困难人员中的艾滋病病人，可到当地卫生部门指定的传染病医院或设有传染病区（科）的综合医院服用免费的抗病毒药物，接受抗病毒治疗；所有自愿接受艾滋病咨询和病毒检测的人员，都可在各级疾病预防控制中心和各级卫生行政部门指定的医疗等机构，得到免费咨询和艾滋病病毒抗体初筛检测；对感染艾滋病病毒的孕妇，由当地承担艾滋病抗病毒治疗任务的医院提供健康咨询、产前指导和分娩服务，及时免费提供母婴阻断药物和婴儿检测试剂；地方各级人民政府要通过多种途径筹集经费，开展艾滋病遗孤的心理康复，为其提供免费义务教育。“一关怀”指的是国家对艾滋病病毒感染者和患者提供救治关怀，各级政府将经济困难的艾滋病患者及其家属，纳入政府补助范围，按有关社会救济政策的规定给予生活补助；扶助有生产能力的艾滋病病毒感染者和患者从事力所能及的生产活动，增加其收入。

免疫规划　2016年，东莞市持续落实和完善免疫规划，提高广大群众对免疫规划的认识，继续实施扩大国家免疫规划；及时将IPV（脊灰灭活疫苗）和bOPV（二价脊灰减毒活疫苗）送到预防接种门诊投入使用，落实做好tOPV（三价脊灰减毒活疫苗）的转换工作；通过出台相关文件，完成麻疹、流行性腮腺炎流行株采集、急性脑膜炎和脑炎监测工作，加强疫苗可预防等疾病的监测。

消毒杀虫　2016年，东莞市疾病预防控制中心加强病媒生物监测，完成各镇街鼠、蚊、蝇、蟑螂、白纹伊蚊和布雷图指数6个项目的监测，完成白纹伊蚊对5种药物的抗药性监测，消毒质量监测完成34个医疗机构、11所托幼机构的监测。

慢性非传染性疾病监测　2016年，东莞市疾病预防控制中心开始承担全市的慢性非传染性疾病管理，开展的工作有人口死亡信息登记报告工作、肿瘤随访登记工作和老年人、高血压患者、2型糖尿病患者健康管理工作、产品伤害监测工作。与上年相比，死亡病例多死因链填写完整率和肿瘤随访率明显提升，编码不准确率和产品伤害监测漏报率大幅下降。同时东莞市首次开展居民慢性病及其危险因素监测，提高工作质量，慢性非传染性疾病防控工作取得进展。

卫生检验　2016年，东莞市疾病预防控制中心完成食品、食具、公共场所、饮用水、卫生用品、消毒监测、医疗污水、地方病、市游泳场所等常规检测9.35万项次；应急监测检验1199份，1.14万项次；完成包括食品安全风险监测、食源性疾病监测、发热呼吸道症候群和发热伴血小板减少症候群监测、流感监测、禽流感外环境监测、感染性腹泻和手足口病监测、碘缺乏病防治工作、市游泳场所等专项监督检查检测3.09万项次。

健康教育与健康促进　2016年，东莞市通过义诊、咨询、健康教育公益讲座等形式，有针对性向居民普及健康教育宣传知识。此外，东莞市疾病预防控制中心指导石龙镇、寮步镇进行中央补助项目全国健康促进区创建；指导东莞市第五人民医院、茶山医院、东城医院、中堂医院、凤岗医院、常平医院6所医院进行中央补助项目健康促进医院创建；指导东莞市第六人民医院和第五人民医院进行中央补助项目戒烟门诊建设。对各镇街（园区）512个申报创建“广东省无烟单位”的单位进行督导检查；举办相关的培训班、技能大赛、工作经验交流会，提高教育队伍技术水平和实践能力。　（谢伟光）

附：2016年东莞市疾病预防控制中心主要领导名录

党委书记、主任：张巧利

卫生监督

【卫生监督和应急概况】　2016年，东莞市卫生计生局继续落实“黑名单”制度，向社会公布违法违规医疗机构110所次。运行新版“东莞市健康证明管理平台”，统一从业人员健康证明信息登记、审核、发证、补证流程，发放健康证明14.03万人次。组织开展打击非法行医、医疗美容服务整治、三级甲等医院监督、集中整治“号贩子”和“网络医托”、医疗机构依法执业监督、血液安全专项整治等专项监督检查，打击各类医疗机构违法违规行为，全市查处医疗卫生类案件252宗，涉及无证行医53宗，依法吊销3家违法情节严重医疗机构的医疗机构执业许可证。加强登革热、人感染H7N9禽流感、手足口病、中东呼吸综合征和埃博拉出血热等传染病疫情防控，开展全市疫情防控工作专项督导。科学应对和有效处置人感染H7N9禽流感病例和登革热病例，及时控制并平息疫情。

【东莞市卫生监督所】　2016年，东莞市卫生监督所开展卫生监督风险管理，开展夜间和节假日监督执法，试行执法科室联合开展医院综合监督执法，减少重复监督。开展暗访和飞行检查、内部稽查，对镇级卫生监督机构开展年度执法评价。建成东莞市卫生监督信息平台，开展东莞市卫生监督机构开放日活动。

医疗机构监督　2016年，东莞市卫生监督所落实医疗机构不良执业行为记分管理、“黑名单”公示等制度，110所次医疗机构被纳入“黑名单”管理。开展医疗美容服务专项整治等专项监督检查，首次对三甲医院进行专项监督检查。

公共卫生监督　2016年，东莞市卫生监督所协助做好“国家卫生城市”复审迎检工作，组织各镇街卫生监督机构开展“五小”（小饮食店/饭店、小旅馆、小浴室、小理发/美容店、小副食品店）行业专项整治。开展住宿场所卫生、娱乐服务场所卫生、水源水及管网水抽检等专项检查。推进学校卫生综合评价工作。保障东莞国际马拉松赛等重大活动公共卫生安全。完成轨道交通2号线卫生许可。

职业卫生监督　2016年，东莞市卫生监督所开展《职业病防治法》等法律法规落实情况专项监督检查。与医疗机构签订放射卫生管理责任书，规范其放射诊疗行为，将放射工作人员放射防护培训和放射工作人员证发放工作移交给东莞市第六人民医院（东莞市职业病防治中心）。

传染病防治监督　2016年，东莞市卫生监督所做好传染病疫情应急监督。开展第二类疫苗预防接种、医疗机构医疗织物清洗消毒、餐饮具集中消毒服务单位等专项监督检查。加强血液卫生监督检查。

（张效斌）

附：2016年东莞市卫生监督所主要领导名录

所　长：肖文忠

体育

【体育概况】 2016年，东莞市以体育惠民为导向，深化全民健身工作开展，优化基层公共体育设施供给、开展全民健身活动、推动社会体育组织发展、健全全民健身公共服务体系。投入1790万元升级改造体育设施，推动公共体育场馆免费、低收费向社会开放，加大对公共体育场地建设补贴力度，满足人民群众健身需求，截至2016年，东莞市基本实现“10分钟健身圈”。2016年，全市开展超千人规模的群众性体育活动417场，参与数达41.7万人次。

2016年，东莞市以“办赛事、办城市”的理念，举办2016东莞松山湖国际马拉松赛和承办2016年亚欧男子乒乓球全明星对抗赛。东莞市培养或输送的运动员在巴西残奥会上取得1枚金牌、2枚银牌、1枚铜牌，有7名运动员在篮球、羽毛球等6个项目的国际赛事上夺11枚金牌，对在奥运会夺金的世纪城职业羽毛球俱乐部选手傅海峰给予奖励。全市有19所中小学被评定为省传统项目学校。

2016年，东莞市体育产业稳步发展。体育彩票销售再创新高，销售总额16.56亿元，居全省地级市第一位。

2016年9月，亚欧男子乒乓球全明星对抗赛在东莞市举行。图为樊振东和萨姆索诺夫在比赛中

2016年3月27日，东莞松山湖国际马拉松邀请赛开幕

【基层体育设施完善】 2016年，东莞市体育彩票公益金投入1790万元，其中投入990万元升级改造99个篮球场、投入800万元新建或改建20个小型足球场。加大对公共体育场地建设补贴力度，满足群众健身需求，推动各级各类公共体育场馆免费、低收费向社会开放。落实省级财政资金263万元补贴25个大型体育场馆，市级体育彩票公益金20万元补贴10个中小型体育场馆。

【全民健身活动】 2016年，东莞市开展超千人规模的群众性体育活动417场，参与数达41.7万人次。8月8日，东莞市“全民健身日”活动启动仪式暨黄旗山—虎英公园徒步活动在黄旗公园举行，有1500名市民参加活动。东莞市体育局与华南师范大学体育科学学院签署战略合作协议，华南师范大学实践教学基地在市体育局揭牌。

【群众体育组织发展】 2016年，东莞市铁人三项运动协会、清溪镇足球协会、清溪镇羽毛球协会、虎门镇虎跃足球俱乐部、虎门镇马拉松协会、企石镇足球协会、松山湖高新区足球协会、常平镇微马队相继成立。2016年，东莞市设立专项经费138万元，扶持体育协会组织发展。

【体育产业稳步发展】 2016年，东莞市继续完善下放到镇街体育审批项目的后续监管机制，推动依法行政标准化建设，提升网上办事大厅体育部门事项的办理率和办结率。完成东莞市体育产业专项调查工作，形成《东莞市2015年度体育产业统计调查分析报告》。加强夏季泳池开放监督检查，抽查游泳场所79个，重点检查泳池按国家新标准设计情况和配套人员、设备设施、高危险经营项目许可证情况，同时，开展体育安全生产“普法”宣传工作、应急演练，印发3000份夏季游泳安全知识的小册子。体育彩票销售再创新高，销售总额16.56亿元，居全省地级市第一位。

【“10分钟健身圈”基本实现】 截至2016年，东莞市基本实现“10分钟健身圈”，即个人生活和工作的地点为圆心，以步行十分钟的距离为半径之内，每个人都能找到体育设施供体育锻炼之用。截至2016年，全市体育场地设施面积1919.3万平方米，人均体育场地面积2.31平方米，高于全省平均水平（全省人均体育场地面积2.01平方米）。各类场馆1.32万个。实现“村村有篮球场”“村村有体育健身路径”“镇村体育公园全民健身广场全覆盖”三大目标。

【2016东莞松山湖国际马拉松赛举办】 2016年3月27日，东莞松山湖国际马拉松赛举行。赛事以“科技莞马，智造精彩”为主题，分为全程马拉松、半程马拉松、迷你马拉松、嘉年华欢乐跑4个组别。以东莞松山湖高新区为起点，东莞市行政中心广场为全程马拉松的终点，有1.5万名选手参加赛事，完赛率96.62%。

【2016年亚欧男子乒乓球全明星对抗赛承办】 2016年9月10—11日，东莞市体育局承办亚欧男子乒乓球全明星对抗赛，来自10个国家的世界顶尖乒乓球选手参加比赛。赛事由中央电视台体育频道进行现场直播。亚洲乒乓球联盟专门致信感谢东莞市的赛事组织工作，称赞东莞办大赛的能力。

【“全国篮球城市”再添荣誉】 2016年5月15日至6月17日，举办首届东莞市大学生篮球联赛。9月18日，东莞男篮在东莞市体育馆击败广州队，卫冕广东省篮球联赛总冠军；以东莞男篮为班底的广东省篮球队征战“粤港杯”篮球联赛，一举夺冠，为东莞市这座“全国篮球城市”再添荣誉。

【2016塘厦高尔夫球博览会举行】 2016年11月24—26日，2016（第八届）塘厦高尔夫球博览会在塘厦镇举行。参展企业110家，参展展位610个，展馆面积1.8万平方米。全球5000余位专业采购商与国内高尔夫球友参与展会。开幕式上，塘厦镇人民政府获广东省高尔夫球协会授予“高尔夫产业发展突出贡献奖”。（蔡丽媚）

附：2016年东莞市体育局主要领导名录

党组书记、局长：黄慧红

东莞市篮球中心

社会生活

SOCIAL LIFE

- 话剧《遥远有多远》登陆东莞
- 东莞市乡镇（街道）和职能部门与村（居）委会双向考核试点
- 国家级“医养结合”试点地区建设

厚街镇海月公园

编辑：苏淑娴

婚姻·家庭

【婚姻登记概况】 2016年，东莞市办理国内结婚登记17555对，离婚登记3932对，补领结婚证2662对和补领离婚证262对；办理涉外、港澳台、华侨结婚登记159对，离婚登记55对；出具婚姻登记记录证明5宗，无婚姻登记记录证明24宗。 （田小兵）

【东莞市婚姻登记管理中心登记权限扩大】 2016年6月2日，经广东省民政厅和东莞市政府批复同意，东莞市婚姻登记管理中心登记权限由原来只负责办理东莞市涉外、涉港澳台和莞城、东城、南城、万江等4个街道居民的婚姻登记工作，扩大到可受理全市户籍居民的婚姻登记。 （田小兵）

【婚姻法律法规宣传】 2016年，东莞市婚姻登记管理中心持续开展婚姻法律法规宣传。3月，在茶山镇龙珠广场开展“学雷锋婚姻法律法规宣传活动”；6月，联合东坑镇政府开展“婚姻法律维权进社区”活动；10月，联合东莞理工学院莞城校区“莞青论坛”开展“晓之于心，宇约幸福”的婚恋讲座；12月，在南城街道莱蒙广场开展“婚姻法律入万家 美满婚姻共筑起”活动。 （田小兵）

【“新家庭”活动】 2016年，东莞市开展创建幸福家庭活动，涌现出刘小荣家庭等一批全国、全省“幸福家庭”。推进东城“新家庭计划——家庭发展能力建设”国家项目试点工作，打造东泰、岗贝社区等新家庭服务中心，建成两所老年大学。开展“家庭发展促进月”活动，宣扬家庭发展理念，围绕“家庭文化、家庭保健、科学育儿、养老照护”等内容，开展宣传活动及专题知识讲座，服务群众5000多人次。举办“新家庭计划——营养科学进万家”宣传活动。 （张明远 吴宝辉）

计划生育

【人口和计生概况】 2016年，东莞市常住人口826.14万人，出生人数7.71万人，出生人口性别比105.19，出生率11.54‰，自然增长率9.89‰。33个镇街（园区）和19个人口计生兼职成员单位完成2016年度人口计生工作目标任务。

【计划生育目标管理考核】 2016年，东莞市坚持以计划生育目标管理责任制考核为导向，制定计划生育目标管理责任制督查方案，对全市33个镇街（园区）计划生育工作开展督查，落实排名预警工作机制，强化基层计划生育经常性基础性工作。做好计划生育审核工作，执行计划生育“一票否决”制度，全年审核4175例，否决20人次。东莞市获评“2014—2016年全国计划生育优质服务先进单位”。

【计划生育综合服务管理】 2016年，东莞市落实“全面两孩”政策，梳理新生育政策实施过程中的突出问题，出台过渡时期生育申报指引和再婚夫妻再生育申报制度，解决生育险报销政策有关问题，指导各镇街实施“全面两孩”政策。规范落实生育登记和再生育审批，制定全市生育登记和再生育审批业务手册和办事指南。2016年，东莞市户籍人口政策生育率97.06%，比上年上升4.59%。开展流动人口集中服务管理专项活动，新增全员流动人口信息3.81万条，落实避孕节育措施1068例。强化湘莞区域协作，推动两地流动人口信息“点对点”对接。加强出生人口性别比综合治理，查处“两非”（非医学需要的胎儿性别鉴定、非医学需要的人工终止妊娠）案件15起。

【计划生育利益导向机制完善】 2016年，东莞市完善计生利益导向机制，按时足额发放各项计生奖励扶助金，发放计生养老奖励金6572.99万元，计划生育节育奖486万元，计划生育特殊家庭扶助金362.48万元。推广计划生育家庭意外伤害保险，保险保费1281万元，为超过5万个计生家庭提供保障。 （张明远　吴宝辉）

妇女·儿童

【妇儿发展环境改善】 2016年，东莞市创建省级儿童友好社区4个、市级儿童友好社区39个，全市儿童友好社区覆盖率100%。城市功能日趋完善，地铁2号线、莞惠城际轨道常平至惠州段等一批交通基础设施建成，市民艺术中心等一批公共服务设施投入使用。社会治理水平显著提升，社会建设全面加强，创建全省创新社会管理引领区成效明显。“黄赌毒”现象得到铁腕整治，“两抢一盗”（抢劫、抢夺、盗窃）等违法犯罪行为逐步下降。安全生产、食品药品安全等得到加强。市民法治意识显著增强，社会文明程度持续提高。

【妇幼公共卫生服务】 妇幼民生实事落实 2016年，东莞市免费婚前和孕前优生健康检查项目以及唐氏综合征产前筛查和新生儿耳聋基因筛查项目列入市政府十件实事。完成唐氏综合征产前筛查孕妇3.76万多例、新生儿耳聋基因筛查2.84万多例；完成1.85万多对夫妇免费婚前和孕前优生健康检查；完成妇女“两癌”（宫颈癌、乳腺癌）检查14.9万人。

“全面两孩”配套服务 2016年，东莞市贯彻落实“全面两孩”政策，组织成立市级妇幼健康专家宣讲团，启动和开展妇幼健康送基层活动，加强妇幼健康服务政策宣传和优生优育、生殖健康咨询指导，为符合条件准备再生育人群提供取环、复通等计划生育基本技术服务。严格母婴保健技术、计划生育技术和人类辅助生殖技术服务机构和人员准入。加强出生医学证明管理。

国家扩大免疫规划落实 2016年，东莞市加强疫苗使用管理工作，对辖区内所有疾病预防控制机构和预防接种单位进行风险排查。落实国家免疫规划，各类免疫规划疫苗接种率均保持95%以上。加强预防接种单位建设工作，新增预防接种门诊12间，有预防接种门诊76间，特需预防接种门诊4间，产科预防接种点80个。

儿童口腔健康管理 2016年，东莞市继续在石龙镇推广儿童口腔保健涂氟防龋项目。承担全国儿童口腔疾病综合干预项目，市牙病防治中心选取14所医疗机构对7—9岁儿童免费开展六龄齿窝沟封闭，完成超过4000颗牙的窝沟封闭。

【创新创业巾帼行动】 （参见“社会团体·东莞市妇女联合会”分目同名条目）

【儿童教育均衡发展】 家庭教育惠民工程实施 2016年，东莞市推动家庭教育惠民工程纳入市政府十件民生实事。开展家庭教育大讲堂进社区活动2096场，组织电台节目41期，惠及群众超过90万人次。创新家庭教育指导工作，实施家长持证上岗项目，培训家长4.8万人次。创设家庭教育动漫学堂，设计制作融合东莞文化特色的四格漫画60套，编印《东莞市家庭教育动漫学堂》1万册。

学前教育公益普惠性提升 2016年，东莞市完成第二期学前教育三年行动计划，新建扩建公办（集体办）幼儿园10所，认定普惠性民办幼儿园548所，公益普惠性幼儿园比上年增加44所，对636所符合条件的集体办和普惠性民办幼儿园发放奖补资金4800多万元。新增市一级幼儿园49所，市优质幼儿园500所；新增省规范化幼儿园69所，市规范化幼儿园占比95%。

随迁子女教育均等化水平提升 2016年，东莞市推行向义务教育阶段民办学校购买学位政策，提供给随迁子女的公办学位和政府购买的民办学位3.5万个，比上年增加23.8%，义务教育公办学校在校生中随迁子女18.24万人，增加0.68万人，占比53.7%。安排8.7亿元，对在义务教育民办学校就读的随迁子女按每生每年小学1270元、初中2155元的标准给予补助。

特殊教育发展加快 2016年，东莞市实施特殊教育提升计划，健全特殊教育学校招生机制，做好送教上门、随班就读工作，完成东莞启智学校分校区改建工程。

助学减免政策落实 2016年，东莞市向5.86万人次学生发放助学金、各类补助、费用减免等约1亿元。

【女职工合法权益维护】 2016年，东莞市持续开展女职工新年慰问活动、重点企业工伤预防培训教育活动、工伤预防职业健康体检活动。推进女职工权益专项集体合同全覆盖，签订女职工专项集体合同总数2.5万份，覆盖女职工148万人；《女职工劳动保护特别规定》相关内容列入女职工专项集体合同的100%；《女职工安康互助计划》相关内容列入女职工专项集体合同93.6%。举办“2016年东莞市优秀女工评选”活动，在各个行业中评选100名优秀女职工代表，向受表彰的女工代表颁发荣誉证书，每人赠送保额4.5万元的女职工安康互助保障计划。新建“爱心妈妈小屋”34间，全面保护孕期女职工的特殊权益。发动企业女职工参加安康互助保障计划，累计参保人数3万人，2016年，新参保人数6000人。企业开展知识讲座56场，参与的女职工3万多人。开展第二期女职工送健康活动，深入镇街为3500多名女工提供免费体检和“两癌”（宫颈癌、乳腺癌）筛查服务。

【困境妇女儿童关爱】 2016年，东莞市落实城乡低保救助政策，发放低保救助金、低保医疗救助金、特困人员供养经费、低保家庭在校子女助学补助金、临时救助金等1.3亿元。做好流浪妇女儿童救助安置和孤残儿童养育。市特殊幼儿中心、市残疾人康复中心、市康复实验学校为634名残疾儿童少年提供康复教育服务，市残疾人康复中心的东莞玉兰实验幼儿园开学，招收儿童84名，其中参与融合教育的特殊儿童8名；29家民办残疾人康复机构为908名残疾儿童开展康复教育服务，提高残疾学生受康复教育的覆盖面；为345名残疾学生及残疾人家庭子女发放教育资助124.05万元；为在外市接受义务教育的5名残疾学生发放交通补助5000元。开展“爱心父母大联盟”，发展“爱心父母”志愿集体165个、爱心父母6555名，与4252名困境儿童结对助学助困。东莞市妇联举办“2016年白玉兰女性公益汇暨爱心书画慈善义卖”活动，筹集善款21.9万元。申报困境儿童助教项目，争取市慈善会31.25万元资金帮扶困境儿童。（何肖瑛）

【常平镇一厂家重启13年前生产线拯救英国自闭男孩生命】 2016年11月，英国德文郡一位父亲马克在社交网络发帖求助，其子本因患自闭症，只愿意使用一款杯子喝水，使用10多年的杯子损坏后，本拒绝喝水，但这款水杯已停产。该求助帖引起全球网友关注，数十个类似的杯子被寄到英国，但本都不认可。原产这款杯子的东莞宝达美塑胶制品有限公司（位于常平镇）得悉此事后，重启13年前的生产线，专为本生产水杯，拯救自闭男孩生命。

该款水杯于2001年开始生产，前后生产约4000万个，本所用的珠光绿款于2003年停产。该公司从仓库1000多套模具系统中把这款杯子的模具记录找出，由于储存在老旧的数据系统，该公司专门找工程师把13年前的数据调出，确定杯子的样式、配方，重启生产线。先组织生产50个样品，寄给本试用，12月7日收到本认可样品的消息。该公司决定为本制作1000个同款的杯子，满足他一生的需求。此事引发新华社、《南方日报》、推特等多家国内外媒体、社交网络报道。

（王学林）

老年人

【老年人概况】 截至2016年，东莞市户籍60周岁以上的老年人30.4万人，占户籍总人口（201万人）的15%。其中，60—69周岁的老年人有171972人，70—79周岁的有80922人，80—89周岁的有43968人，90—99周岁的有7008人，100周岁以上的有143人。

【老年人优待】 2016年，东莞市出台《东莞市老年人优待办法》《东莞市民政局关于东莞市老年人优待办法的实施细则》和《东莞市民政局敬老优待卡管理规定》，丰富优待内容，细化优待措施，将常住东莞市的非东莞籍老年人纳入优待体系。发放敬老优待卡34239张、非东莞籍敬老优待卡3256张。

【老年人意外伤害综合保险】 2016年，东莞市继续实施“银龄安康行动”，由福利彩票公益金市级留成资金中出资，为东莞市户籍的75周岁以上老年人和五保户、低保户中60周岁以上老年人每人购买一份意外伤害综合保险。保险费标准30元/人·年（实际中标价25元/人·年）。投入225万元为9.03万名符合条件的老年人购买意外伤害综合保险；理赔1119宗，理赔金额250.44万元。

【“敬老月”系列活动】 2016年10月，东莞市组织开展以“敬老爱老　全民行动”为主题的“敬老月”系列活动，开展人口老龄化主题宣讲活动、走访慰问送温暖、为老志愿服务、老年维权优待、敬老爱老主题教育行动、老年文化体育等活动。各镇街、村（社区）、单位联手打造一批特色专题敬老活动品牌，推动东莞市敬老活动，营造尊老爱老的社会氛围。其中较突出的有石龙镇第六届“敬老文化节”。“敬老月”期间，市民政局举办“丝路传歌”2016年广东老年群众文艺展演东莞专场演出，组织对330名困难老人进行入户慰问，派发《东莞市敬老优待服务手册》4万份、防诈骗宣传光盘7000个及宣传横幅1000条。

【青少年敬老美术作品大赛】 2016年4—10月，东莞市老龄办、教育局、民政局等7个老龄委成员单位联合开展2016年市敬老爱老助老主题教育活动之“中国人寿杯”青少年敬老美术作品大赛，提高青少年孝亲敬老意识，促进老少共融、代际和谐。组委会收到1万

2016年12月20日，东莞市第十三届老年人运动会闭幕式合影

多幅参赛作品，评选出81个金奖、160个银奖、240个铜奖、400个优秀奖。

【第十三届老年人运动会】 2016年10月26日至12月20日，东莞市举办第十三届老年人运动会。运动会设飞镖、游泳、门球等18个赛项，41个代表团2000余名老年人报名参加，产生团体总分前12名、单项团体名次252个、个人名次214个以及各类奖牌494块。运动会开幕式于10月26日在长安体育馆举行，市老干部艺术团、樟木头镇老年艺术团等团队（单位）献演10个体育文艺节目，4000多名老年人运动员及老年人代表到场。

【老年人文化交流活动】 2016年9月19—24日，东莞市组团参加由中国合唱协会在北京国家大剧院举办的“纪念中国工农红军长征胜利八十周年，庆祝中国合唱协会成立三十周年，走进国家大剧院高雅艺术殿堂文明行”活动，获金奖、最佳指挥奖及最佳组织奖。12月15日，东莞市组团参加由省老龄办指导，广东广播电视台现代教育频道《康乐年华》栏目组、省老年文化协会联合主办的“丝路传歌”2016广东老年群众文艺汇演决赛，获三等奖。12月16日，东莞市组团参加由省老龄办指导，省老年文化协会、广东广播电视台《康乐年华》栏目组主办的舞动金秋——兴业银行广州分行“安愉人生杯”2016广东老年舞蹈大赛，获二等奖。

【敬老先进个人、集体评选】 2016年，东莞市组织开展全国敬老爱老助老模范人物、第二届全国“敬老文明号”等评选活动，其中邓淑娴、王妙仪、谭翠莲、陈带福被推荐参加全国敬老爱老助老模范人物评选，东城街道办事处社会事务办公室、石龙镇社会事务局被推荐参加第二届全国“敬老文明号”评选。（田小兵）

残疾人

【残疾人概况】 截至2016年，东莞市有各类残疾人78585人，约占全市户籍人口的4.03%。其中，视力残疾10962人，听力残疾19811人，言语残疾1674人，肢体残疾17697人，智力残疾3961人，精神残疾7639人，多重残疾16841人。

【残疾人节日活动】 2016年，东莞市围绕全国助残日、“国际残疾人日”等残疾人重大节日组织开展系列主题宣传活动，弘扬人道主义思想、扶残助残的中华民族传统美德和残疾人“平等、参与、共享、融合”的现代文明理念，营造理解、尊重、关心、帮助残疾人的社会环境。

全国爱耳日　2016年3月3日（第17次全国爱耳日），东莞市残疾人辅助器具服务中心、市残疾人康复中心及市聋人协会联合开展“关注儿童听力健康”科普宣传教育活动，为普幼、普小随班就读的聋儿免费提供听力检测、助听器维修、人工耳蜗调试等服务，向前来咨询的群众宣传听力残疾预防知识和救助政策，推进东莞市听力障碍预防与康复工作。

全国助残日　2016年5月15日（全国助残日），由东莞市残联主办，东莞广播电视台承办的“关爱孤残儿童，让爱洒满人间——庆祝全国第26个助残日”专场活动在南城街道元美广场举行，义卖、义诊、义演、就业招聘、政策咨询、展板宣传等系列活动吸引近千人参与，各类主流新闻媒体发表新闻报道19篇，扶残助残的社会氛围浓厚。

全国爱眼日　2016年6月6日（第21次全国爱眼日），东莞市盲人协会与市人民医院开展“呵护眼睛，从小做起”健康教育讲座，为市康复实验学校学生和盲人朋友讲解保护视力、预防近视等科学用眼知识，把爱眼护眼知识送进校园。

肢残人活动日　2016年8月11日（肢残人活动日），东莞市残疾人辅助器具服务中心以“体验无障碍，实现融合梦”为主题开展第7次全国肢残人宣传活动，通过动员肢残人参加公共场所无障碍环境体验活动，倾听肢残人对无障碍出行需求，让社会大众更加关注残疾人的无障碍出行，唤起全社会对肢残人的理解和帮助。

国际聋人日　2016年9月27日（第59次“国际聋人节”），东莞市残联和市聋人协会组织40多名听障人士参加无障碍环境体验活动，丰富聋人的精神文化生活，营造全社会理解、尊重、关心、帮助残疾人的氛围。

国际盲人节　2016年10月15日（第33届“国际盲人节”），东莞市残联和市盲人协会为丰富盲人文化活动，促进残健共融，组织80多名困难盲人到东莞市茶山镇南社古岳村开展以“扶贫解困，助残自强”为主题的娱疗康复体验活动，让残疾人领略古村落的文化与历史，了解东莞的传统文化，更好地融入社会。

国际残疾人日　2016年12月3日（第25个“国际残疾人日”），东莞市残联、市残疾人专门协会、市微马跑步协会和东莞阳光网联合举行龙湾公园全民欢乐跑、麻涌镇开心农场农家乐体验、凤岗镇龙凤山庄游园等系列主题活动，营造扶残助残良好社会氛围。

【公益助残】　2016年，东莞市残疾人福利基金会募集捐款593.3万元，用于公益事业447.68万元。其中麻涌镇扶困助残公益义演募集善款340多万元，全部善款用于当地残疾人和困难群体的公益慈善事业，让数千家庭受益，获评“广东省2016年度社会组织公益慈善优秀项目”。　（陈梓蔚）

新莞人

【新莞人服务】　2016年，东莞市人力资源局创建21个社会服务站（点），设置24名新莞人社工岗位，指导社工开展关爱农民工活动，让社工进驻企业、社区或学校等农民工聚集区，为农民工提供专业化的社会服务。推出新莞人农民工“新春关爱，相聚东莞”抽奖赠送公交卡主题活动，面向东莞市新莞人农民工，采取网上报名抽奖方式，免费赠送2000张公交卡，通过市人力资源局官网公布中奖名单，每名获奖者免费获赠价值70元限量版公交卡1张。

【“幸福e站”建设】　2016年，东莞市人力资源局继续在东莞市部分大中型企业（或工业园区）推开人力资源公共服务企业平台（“幸福e站”）建设，由企业“幸福e站”服务专员面向企业内部员工进行政策宣传、解析，协助员工办理人才入户、积分制入学、企业员工职业技能晋升培训补贴等各项人力资源公共服务。新增39家企业试点建设“幸福e站”，32个镇街累计登记190个“幸福e站”，涵盖各行业190家大中型企业；积分制入学、人才入户、外国人在东莞市就业等首批14个服务项目进驻企业、开展服务，企业员工通过“幸福e站”网上办事信息系统申请服务事项130宗，办结42宗。

【“智网工程”网格管理队伍建设】　2016年，东莞市人力资源局推进“智网工程”网格管理队伍建设，会同市直职能部门对网格管理员队伍进行专题研究，对广州市、深圳市、佛山市和上海市黄浦区、安徽省芜湖市、湖北省宜昌市、湖北省恩施土家族苗族自治州巴东县等地有关网格管理队伍建设资料进行收集研究，铺开第一轮队伍建设督导，完成整编专职网格管理员4909人。制定实施《东莞市社会服务管理“智网工程”首期业务培训工作计划》，开展首期业务培训，组建市级培训讲师团，指导镇街制定镇级培训方案并开展培训，5018名网格管理员及业务骨干参加首期业务培训。　（吴广达）

宗教事务

【宗教概况】　截至2016年，东莞市经市民族宗教事务局批准登记的宗教活动场所66个。其中，佛教寺（庵）42个，道教宫观6个，基督教福音堂8个、聚会点7个，天主教堂1个、活动点1个，伊斯兰教聚礼点1个。另有外国人宗教活动临时地点1个。伊斯兰教临时礼拜点8个。

2016年，新增登记宗教活动场所1个：东莞市厚街新塘观音寺。年内，东莞市各宗教和睦相处，宗教领域保持稳定与和谐。东莞市天主教塘厦活动点和基督教厚街聚会点、樟木头聚会点等3处宗教活动场所被评为“全省创建和谐寺观教堂第五批达标宗教活动场所”。

【全国、全省宗教会议精神学习贯彻】　全市宗教工作会议召开　2016年12月16日，东莞市委、市政府召开全市宗教工作会议，学习贯彻全国、全省宗教工作会议和中共中央总书记习近平、广东省委书记胡春华重要讲话精神，研究部署东莞市宗教工作。市委副书记、市长梁维东出席会议并讲话，市政协主席、市委统战部部长李小梅总结工作，市委、市政府有关领导出席会议，市民族宗教协调领导小组成员单位和有关单位主要领导，各镇街主要领导、统战委员和民宗部门负责人等170多人参加会议。市长梁维东对做好新形势下东莞市宗教工作作全面部署，强调要从实际出发，加强对宗教工作新情况、新问题研究，增强宗教领域重点工作的针对性和实效性，团结引导宗教界和广大信教群众，共同为东莞市在更高起点上实现更高水平发展而努力奋斗。

学习贯彻全国及全省宗教工作会议精神培训班举办　各镇街宗教工作干部、各宗教团体班子成员、各宗教活动场所负责人参加培训。培训班采取现场教学、座谈交流、实地考察宗教活动场所等方式，围绕当代中国宗教事务治理的法治化和中国化、全国及全省宗教工作会议精神解读、宗教活动场所规范管理、宗教界人士的世俗功课等内容进行专题培训，交流学习心得体会，加深基层宗教干部和教职人员对全国、全省宗教工作会议精神的把握。

宗教政策法规学习月活动开展　举办宗教活动场所财务管理、

伊斯兰教中道思想学习、宗教政策法规学习等培训班，分别从宗教活动场所财务管理有关法规、民间非营利组织会计制度、伊斯兰教中道思想的内涵和意义、全国宗教工作会议的亮点及宗教工作的难点、宗教活动场所规范管理、宗教界人士的世俗功课等方面，将全国、全省宗教工作会议精神结合宗教重点工作进行解读，要求全市宗教界坚持党的宗教工作基本方针，坚持宗教中国化方向，继承和发扬各宗教爱国守法的优良传统，培育和践行社会主义核心价值观，引导信教群众增强国家意识、法治意识、公民意识，自觉抵御和防范各种极端思想的渗透，切实维护民族团结、宗教和顺、社会稳定。

【宗教团体经费及用人问题解决】 2016年11月10日，东莞市委书记吕业升主持召开市委常委会议，传达学习广东省宗教工作会议精神，对贯彻工作提出明确意见，研究同意从2017年起对东莞市4个宗教团体实行工作经费补助，市财政每年为每个团体补助一定额度的工作经费，并同意以政府购买服务的方式向宗教团体派出工作人员，协助团体开展内部事务管理，购买服务的费用由市财政承担。从而加强和支持宗教团体建设，发挥宗教团体桥梁纽带作用。

【民间信仰事务管理试点工作】 2016年12月，东莞市启动民间信仰事务管理试点工作。截至2016年，东莞市民间信仰活动场所1227处，分布广泛，信众群体大，活动内容丰富。市民宗局组织镇街宗教部门对东莞市民间信仰活动场所进行走访调研，掌握各民间信仰活动场所地理位置、历史沿革、建筑格局、土地性质、活动形式、信众范围及人数、管理组织等基础信息，结合实际，制定出台《民间信仰场所管理工作实施意见》《民间信仰活动场所管理公约》。12月初，选取企石镇黄大仙庙与石龙镇欧公祠作为试点，逐步建立完善试点内民间信仰活动场所相关信息资料库和工作机制制度，规范民间信仰活动场所管理。

【“文明敬香”活动】 2016年，东莞市民宗局组织市佛教协会向全东莞市佛教界发出开展“文明敬香”活动倡议，倡导各寺院主动奉献服务信众，给每位信众游客免费赠送三炷环保短香、清香。派发宣传资料，张贴宣传海报，播放音频视频，介绍佛教敬香礼仪，传播佛教正知正见，引导信众以符合佛教礼仪、体现佛教理念、环保健康安全的方式敬香礼佛。各佛教活动场所负责人主动利用讲经说法机会向信众宣讲文明敬香，倡导鲜花供佛、水果供佛，减少香、蜡、纸和各类包装物的燃烧。各燃香点明确专人管理，香灰做到每日清理。市佛教协会等有条件寺院利用网络、刊物等平台，扩大“文明敬香”宣传影响面。特别是春节期间和佛教重大节日，在燃香旺季和高峰时段，加大“文明敬香”宣传引导力度，使敬香活动平稳有序，确保佛教活动场所平安、稳定、祥和、文明。

【东莞观音文化大讲堂】 2016年4月9日，首届“东莞观音文化大讲堂”暨“禅茶一心文化节”开幕式在黄旗观音古寺举行。广东省民族宗教委党组成员、省民族宗教研究院院长黄心怡等有关领导、专家学者、贤达人士、诸山长老出席开幕式及剪彩，东莞市佛教界人士和500余信众参加文化节。中国人民大学教授、著名宗教学者宣方在开幕式上围绕“禅茶”作讲座，与现场听众互动交流。“东莞观音文化大讲堂”是由自度大和尚发起，由市佛教协会主办、东莞市佛教界共同参与的一项大型佛教文化活动，弘扬东莞优秀传统观音文化，教化人心、服务社会，引领东莞市佛教界同心同行，汇聚正能。

【2016年大型佛教放生护生活动】 2016年6月24日，东莞市佛教协会在石龙镇东江岸边金沙湾，举行“东莞市佛教协会2016年大型佛教放生护生活动”。这是东莞市佛教界的一个传统活动品牌。市民族宗教事务局、市海洋与渔业局、石龙镇社会事务局等有关部门领导出席，东莞市佛教界人士和信众1000余人参加活动。活动宗旨是“开展放生护生，促进生态文明”。放生仪式后，150多万尾鱼苗被放流东江。

【“2016年东莞国际佛事用品展”新闻发布会暨“东莞市佛教文化艺术节”开幕式】 2016年7月14日，“2016年东莞国际佛事用品展”新闻发布会暨“东莞市佛教文化艺术节”开幕式在厚街镇广东现代国际展览中心举办，市、镇有关部门领导，诸山长老、社会贤达、佛教界人士和信众400多人参加。东莞市佛教协会会长、芙蓉寺方丈了空大和尚发表讲话。广东省佛教协会常务副会长、广州市佛教协会会长、大佛寺方丈耀智长老出席活动作慈悲开示。会上介绍电视纪录片《鸠摩罗什》有关情况。

【2016东莞国际佛事用品展览会】 2016年8月26—29日，“2016东莞国际佛事用品展览会”在厚街镇广东现代国际展览中心3号馆举行。广东省民族宗教委原副主任杨源兴等参加开幕式。东莞市首次举办此类大型展览会，由东莞市汇盟展览有限公司、东莞市瑞远展览有限公司筹划主办，东莞市佛教协会协办。展览面积2万平方米，设置国际标准展位1000个，分为9大展区，是集“佛事用品、素食养生、禅茶文化、沉香文化、禅意崖柏”于一体的综合性、专业化大型展会。

【基督教按立牧师】 2016年2月27日，东莞市基督教“两会”在东莞市基督教大岭山聚会点举行崔岷传道按立牧师圣职典礼。12月17日，东莞市基督教“两会”在莞城福音堂和谢岗聚会点，分别为

汪浩传道和郑庆辉传道举行按牧典礼。截至2016年，东莞市有牧师11名。（林　睿）

民族事务

【民族团结进步示范单位创建工作推进】 2016年，东莞市南城街道宏远社区、东城街道岗贝社区和桑园社区、东莞高级中学、东莞纺织服装学校、陆逊梯卡华宏（东莞）眼镜有限公司等单位积极开展民族团结进步示范单位创建活动，通过健全工作机制、完善软硬件设施、布置“民族之家”活动室、民族文化长廊、组建少数民族志愿者队伍、举办少数民族文艺汇演等方式深化民族服务，促进各民族间的交往交流交融。12月，南城街道宏远社区获国家民委表彰为“全国民族团结进步创建活动示范社区”。

2016年，东莞市加大财政支持力度，对宏远社区等社区、陆逊梯卡华宏（东莞）眼镜有限公司等企业以及东莞高级中学等学校拨付创建经费，减轻创建单位经济负担，提升创建热情。东莞市民宗局多次到有创建基础单位实地走访，指导岗贝社区将新建成的岗贝社区综合服务中心，打造成民族团结进步宣传教育的主阵地；引导桑园等社区，将社区日常节庆活动和民族团结进步宣传教育有机结合，为这些单位提供活动所需的少数民族服饰、书籍等宣传资料。多次组织有关单位外出考察学习民族团结进步创建经验，考察学习对象有中山市永宁社区、江门市雅图仕印刷公司、上海市静安区彭浦新村街道、苏州市姑苏区四季金华社区、杭州市下城区东新街道新颜苑社区、深圳市宝民社区等“全国民族团结进步创建活动示范单位”。

【民族宗教队伍建设】 2016年，东莞市民宗局加强民族宗教工作队伍建设力度，举办东莞市少数民族“三交”（交往、交流、交融）工作交流会，组织市民族宗教工作协调领导小组成员单位和各镇街民宗部门有关负责人100人参加，邀请省民族宗教研究院陈晓毅博士作题为《让城市成为各民族交往交流交融的乐土》的交流报告；结合少数民族代表人士季度座谈工作，东莞市民宗局联合市伊斯兰教协会举办4期穆斯林代表人士培训班，培训伊斯兰教教职人员、礼拜点管委会成员220人次，促进伊斯兰教礼拜点规范管理；东莞市民宗局会同市伊斯兰教协会举办穆斯林志愿者培训班，邀请市志愿者联合会理事刘坚冰以《做一名好的志愿者》为题向参加培训的40名志愿者讲授志愿服务有关知识，并组织前往深圳与深圳市伊斯兰教协会就志愿服务进行交流。

【2016年少数民族代表人士普法培训】 2016年6月23日，东莞市民宗局就规范彝族带工问题，联合市人力资源局在市社会主义学院举办“2016年东莞市少数民族代表人士普法培训班”，近百名四川、云南籍彝族劳务经纪人代表参加培训。培训班上，市人力资源局有关领导向与会人员讲授劳动法律法规、设立职业中介、经营劳务派遣等有关规定以及用工注意事项，市民宗局编印派发《劳动法律法规汇编》500册。

【宏远社区少数民族庆国庆文艺汇演】 2016年9月23日，南城街道宏远社区以“相亲相爱一家人”为主题举办少数民族庆国庆文艺汇演。宏远社区内新科磁电制品有限公司员工，宏远外国语学校、宏远中英文幼儿园、宏远艺鸣幼儿园的师生，以及各楼盘的居民参与活动，回族、土家族、苗族、彝族、蒙古族等少数民族群众表演民族服装秀、民族歌曲、民族舞蹈等节目，有400多人观看演出。宏远社区表彰篮球运动员、教练员杜峰等3位“社区优秀少数民族”代表。活动增进各族群众的彼此了解，展现各族群众积极向上的精神风貌，体现社区民族文化底蕴。

【话剧《遥远有多远》登陆东莞】 2016年9月29日，话剧《遥远有多远》在东莞高级中学体育馆上演。东莞高级中学内地高中班、东莞纺织服装学校内地职业高中班师生近2000人观看演出。该话剧是一部讲述民族和谐、交往、交流、交融的青春戏剧，以反映内地新疆高中班学生在粤学习、生活情况为切入点，传递少数民族青少年朴实而真挚的情感，作品再现各族群众在粤交往交流交融的场景，引起在场师生共鸣，体现广东省各级政府落实中央决策部署，贯彻党和国家民族政策，促进民族团结与经济社会共同发展的工作和成效。

【《民族概述》编印】 2016年，东莞市民宗局编印《民族概述》书籍5000册，分送到各社区和有关重点学校。该书籍从人口、历史沿革和发展现状、语言文字、风俗文化等4个方面对全国56个民族进行简要介绍，吸引不少市民到社区图书馆借阅。

【“民族团结进步宣传月”活动】 2016年9月，东莞市以“美美与共·和美大同”为主题开展第五个“民族团结进步宣传月”活动，其中：市伊斯兰教协会组织开展穆斯林志愿者活动慰问市儿童康复中心，传递民族团结正能量；司法部门、工商部门、税务部门、环保部门结合自身系统宣传工作和志愿者工作，将民族团结宣传工作有机融合，主动为少数民族提供宣传咨询服务；万江街道、厚街镇、长安镇、黄江镇、常平镇、塘厦镇、清溪镇、凤岗镇等镇街在做好古尔邦会礼活动的基础上，以礼拜点为平台，组织穆斯林群众参加各类社区活动、举办趣味运动会、慰问敬老院，组织学生、志愿者参观礼拜点与穆斯林交流等，拉近穆斯林群众与当地群众的距离；虎门镇等举办社区、企业、学校民族工作知识培训班，邀请省民族宗教研究院专

2016年9月28日，东莞市南城街道宏远社区举办少数民族庆国庆文艺汇演 （叶诗远 摄）

家进行授课，增进基层干部民族工作知识；石排镇、道滘镇、石碣镇等在镇街广场等公共场所举办"民族团结宣传现场咨询活动"宣传民族民俗文化；谢岗镇、洪梅镇、企石镇、大岭山镇等镇领导带队走访少数民族集中用工企业、清真拉面店，为少数民族排忧解难；东莞市高级中学举办"欢度古尔邦节暨东莞市城建规划设计院助学捐赠晚会"；东莞市纺织服装学校举办"民族团结年游园活动"主题活动，通过组织舞蹈表演、民族美食品尝、设置民族民俗知识宣传栏等形式，增进内地生和本地生的情谊。

【"东莞民族宗教事务专栏"收官】 截至2016年3月16日第40期专栏——《4年刊发40期"民宗"专栏受社会各界好评》刊发后，"东莞民族宗教事务专栏"落下帷幕。该专栏自2012年12月开办至2016年3月结束，历时4年，刊登40期。在民族方面广泛开展民族团结进步宣传教育，突出报道东莞市少数民族先进事迹，弘扬民族团结正能量；在宗教方面系统介绍宗教知识和政策法规，揭穿假僧尼、私设佛堂骗局和邪教反动本质，受各界好评。

【少数民族服务】 少数民族工作调研 2016年，东莞市民宗局通过向彝族劳务经纪代表发放调查问卷、实地走访、深入交谈等形式，开展关于民族交往、交流、交融和少数民族融入城市生活情况的调研，提出提升民族服务水平的对策建议，调研报告获省民宗委评为"全省民宗系统优秀调研文章"。

与凉山州签订联络协作协议 2016年12月11—15日，东莞市民宗局赴凉山州进行工作对接，与凉山州民族宗教委、凉山州民族研究所进行座谈，签订《东莞市民族宗教事务局凉山彝族自治州民族宗教委员会关于加强在莞凉山州籍少数民族服务管理工作的协议》，健全与少数民族重点输出地的协作关系，双管齐下做好服务管理工作。

少数民族节日走访慰问 2016年7月27日彝族火把节、7月5日伊斯兰教开斋节、9月12日古尔邦节，东莞市民宗局走访慰问李子波等彝族少数民族代表人士、市伊斯兰教协会和市内各伊斯兰教礼拜点的主要负责人和阿訇。

（李敏瑜）

消费者权益保护

【消费者权益保护概况】 2016年，东莞市消费者委员会通过完善消费维权服务站管理机制、"3·15"普及消费维权宣传、建立消费维权志愿服务队等措施，强化和完善消费维权社会体系建设，全面提升消费维权效能和权威，营造放心和谐消费环境。

2016年，东莞市消费者委员会（含分会）接待来电、来访、来信咨询投诉2.31万人（次），受理消费投诉1.68万宗，调解成功1.39万宗，调解成功率为82.49%，挽回经济损失5587.26万元。投诉情况主要集中在家用电子电器、交通工具、服装鞋帽、生活和社会服务、日用百货、房屋及建材六大类。在企业中建立的消费维权服务站，接待消费者投诉2682宗，全部和解，为消费者挽回经济损失220万元。

【消费维权和社会监督网络建设】 2016年，东莞市消费者委员会强化和完善消费维权社会体系建设，通过完善健全消费维权服务站的考核评优、督导和退出机制，创新建设网上消费维权服务站，加强消费维权志愿者服务队招募，完善消费领域人民调解联动机制，强化企业自律、政府监管和社会监督。通过考核评定25家优秀消费维权服务站，新增消费维权服务站8家，撤销22家。指导创建广东酷配电子商务有限公司（酷配网）和广东菜虫电子商务有限公司（菜虫网）网上消费维权服务站上线试运行。截至2016年，东莞市有消费维权服务站541家。

【"3·15"消费维权活动】 2016年，东莞市消费者委员会围绕中国消费者协会确定"新消费 我做主"主题，凝聚消费维权合力，调动社会各界的力量，动员和指导消委分会、社会团体、企业开展特色消费维权公益活动。通过召开新闻发布会、点评十大典型案例、现场宣传咨询活动、借助媒体宣传等形式，在东莞市范围拉开系列消费维权活动，普及消费维权知识，彰显消费维权正能量。借助电视、报刊等多家媒体平台，宣传消费维权知识，其中包括走进东莞阳光网“阳光会客厅”消费维权现场直播节目，与《东莞日报》合作制作“共筑诚信　引领消费“3·15”消费特刊等。

（郑泽锦）

基层政权与社区建设

【东莞市第五批省村（居）务公开民主管理示范创建达标】 2016年2月3日，广东省村务公开工作协调小组印发《广东省村务公开工作协调小组关于认定第五批村（居）务公开民主管理示范创建达标单位暨全省五年创建情况的通报》，东莞市60个村、48个社区被评为“广东省第五批村（居）务公开民主管理示范创建达标单位”，截至2016年，东莞市503个村（社区）获此称号，占比84.25%。

【东莞市乡镇（街道）和职能部门与村（居）委会双向考核试点】 2016年2月19日、29日，开展双向考核试点工作的石碣镇、东城街道分别印发试点工作实施方案，以镇人民政府（街道办事处）名义与试点村（社区）签订双向承诺书。其中，镇（街道）对村（社区）的承诺涵盖经费保障、工作指引、政策支持、宣传培训、监督评议等五方面内容；村（社区）对镇（街道）的承诺涵盖基层组织建设、建章立制、“两委”〔支委、村（居）委〕履职、协助工作等四方面内容。

【东莞市基层公共服务基本目录出台】 2016年5月30日，市民政局、市编办、市财政局联合印发《东莞市基层公共服务基本目录（2016年版）》，明确镇街一级需提供的194项（294项子项）基本公共服务，厘清基层政府与村（居）委会间的权责边界。

【村（社区）公共服务中心建设】 2016年10月12日，中共广东省委基层治理领导小组印发《关于全省村（社区）公共服务中心（站）建设的指导意见》，东莞市根据省委基层治理办部署要求，将村（社区）综合服务管理中心统一改造为社区公共服务中心，整合原政府各部门延伸到村（社区）的服务窗口和平台载体，实现村（社区）公共服务中心100%全覆盖。市财政按照9万元/个的标准给予建设及改造经费补助，支出5337万元。

社区综合服务中心

【村（居）委会及其成员民主评议】 2016年11月29日，广东省民政厅印发《广东省民政厅关于组织开展民主评议第六届村委会及其成员工作的通知》，根据省民政厅部署要求，东莞市于12月6日组织开展村（居）委会及其成员民主评议工作，指导各村（居）务监督委员会民主评议工作采取召开会议、问卷调查、入户访谈、公开质询等形式，对监督对象及所有集体经济供养的工作人员进行评议，评议内容涉及执行会议决议情况、协商上级党委政府工作情况、工作态度、工作效率、公道廉洁等十个方面。

【《关于进一步推进城乡社区建设工作的实施方案》印发】 2016年12月23日，东莞市委办、市府办印发《关于进一步推进城乡社区建设工作的实施方案》，明确推进城乡社区建设工作目标、工作原则、工作内容、实施步骤和工作要求，提出加强城乡社区建设的6大方面20项重点工作。

【社区综合服务中心建设】 2016年，东莞市新建成18个社区综合服务中心，拨付服务设施建设奖励资金932.38万元；先后开展6次社区综合服务中心运营服务评估，确定对东莞市71个建成社区综合服务中心给予运营服务奖励，拨付运营服务奖励资金1536万元。

（田小兵）

社会救助和救助管理

【社会救助】 最低生活保障　2016年，东莞市低保标准为每人每月610元，有低保对象6028户、1.19万人，全年支出低保救助金5139.42万元。1月起，在食品、燃气及用水补助的基础上增加用电补助类别，将食品、燃气及水电补助标准提高到每人每月80元。

五保供养　2016年，东莞市五保供养标准保持每人每月1370元。有五保对象824人，支出特困人员供养经费1354.66万元。

医疗救助　2016年，东莞市对低保对象、五保供养人员进行医疗救助，均实行“一站式”结算。支出医疗救助金5382.9万元，其中为低保对象购买社保个人支出部分792.23万元，为低保对象20.16万人次住院、门诊或特定门诊医疗费个人负担部分报销支出4086.72万元；为五保对象购买社保个人支出部分44.57万元，为五保对象1.09万人次住院、门诊或特定门诊医疗费个人负担部分报销支出459.38万元，缓解困难群众看病难问题。

低保助学补助　2016年，东莞市按照《东莞市低保家庭在校学生助学补助实施方案》标准，低保家庭在校子女每人每月小学补助75元、初中和中职补助200元（含50元寄宿补助）、高中补助400元（含寄宿补助50元）、大学补助625元（含寄宿补助125元）。向低保家庭在校子女3317人发放助学补助金1223.27万元。

春节慰问　2016年初，东莞市开展春节关爱困难群众慰问活动。市有关领导到各镇街入户慰问部分老党员（困难党员）、低保家庭和困难新莞人家庭，为困难家庭送上慰问金和慰问品。1月，对低保对象、五保对象、治愈麻风病人、福利机构集中供养的孤儿（弃婴）和社会散居孤儿等困难群众1.79万人发放1090.19万元，每人一次性发放元旦春节价格补贴610元。

低保家庭经济状况核对　2016年，东莞市救助申请家庭经济状况核对中心印发《关于开展2016年东莞市低保救助、特困供养家庭经济状况全面核对工作的通知》，通过发函至联席会议相关部门进行信息核对、走访入户核查等方式，开展最低生活保障家庭经济状况核对工作，准确、系统地对东莞市困难家庭数量进行统计和复核，为申请救助家庭和个人提供便利、快捷的服务，保障东莞市底线民生。核对涉及8303户1.65万人。

【救助管理】　2016年，东莞市救助站实施救助8559人次（男7385人次，女856人次），其中未成年人318人次。其中，实施救治流浪乞讨精神病人907人次。

（田小兵）

社会福利

【《东莞市人民政府关于加快发展养老服务业的实施意见》出台】
2016年10月9日，《东莞市人民政府关于加快发展养老服务业的实施意见》印发，对东莞市养老服务业发展作出部署。通过简政放权，创新体制机制，激发社会活力，突出社会力量的主体作用，鼓励和支持社会各界参与养老服务体系建设。计划2020年，全面建成以居家为基础、社区为依托、机构为支撑、信息为辅助，功能完善、设施先进、服务优良、标准健全、覆盖城乡的现代养老服务体系。

【南城宏元堂颐养中心开设】
2016年，东莞市民政局批准新开设1家民办养老机构——南城宏元堂颐养中心，东莞市民办养老机构5家。新增养老床位686张，每千名老人拥有床位数达29.64张。

【国家级“医养结合”试点地区建设】　2016年，东莞市39家养老机构中，有16家养老机构内设有医疗机构或与医疗机构合作服务，占市养老机构41%，东莞市被国家民政部、卫计委确定为国家级“医养结合”试点地区。市民政局配合市卫计、社保等部门制定《东莞市关于加快医养结合实施意见》，对东莞市发展医养结合工作作出全面部署。

【养老服务】　居家养老服务　2016年，东莞市新增居家养老服务点69个，实现东莞市有养老服务需求村、社区100%全覆盖，享受居家养老服务老人1.69万人。

“平安铃”服务管理　2016年11月1日，东莞市民政局印发《关于全面规范居家养老平安铃安装及服务有关工作的通知》，建立健全全市平安铃管理制度，加强对平安铃服务及资金管理的工作，新增“平安铃”5500台。

养老护理员培训班举办　2016年4月18—22日、12月12—18日广东省民政厅在东莞市举办两期养老护理员培训班，163名学员参加培训。

【“事实无人抚养儿童基本生活保障制度”建立】　2016年7月4日，东莞市民政局与市财政局联合印发《东莞市民政局　东莞市财政局关于建立全市事实无人抚养儿童基本生活保障制度的通知》，在东莞市建立事实无人抚养儿童生活津贴制度，标准为健康儿童1390元/月/人，残疾儿童1670元/月/人，高于省定标准。为97名分散供养孤儿发放基本生活补助金、医疗补助金、教育补助金244.53万元。为156名事实无人抚养儿童发放生活补助金113.49万元。

【孤儿收养、安置】　2016年，东莞市依法办理收养登记23宗，解除收养登记1宗。依据成年孤儿安置规定，按镇街轮流安置的原则，2名成年孤儿安置在常平镇。

【东莞市社会福利中心改扩建项目工程启用】　2016年12月19日，社会福利中心改扩建项目工程启用。新启用的“东莞市社会福利中心改扩建项目”包含两栋楼，用地面积1.16万平方米，总建筑面积3.60万平方米，其中包括育婴楼一栋，地上4层，地下1层，其中地下1层为保教后勤服务功能，地上1到4层为育婴师，安置6岁以下儿童及残疾情况较重的儿童。另一栋为综合楼，地上10层，地下2层，分为南塔楼和北塔楼，北塔楼主要布置包括康复区、音乐室、舞蹈室、针灸室等功能室，南塔楼主要作为6岁以上儿童和青少年宿舍，塔楼间以连廊进行连接。为了方便中心人员的生活出行，综合楼和育婴楼厕所、连廊都安装无障碍设施。该项目投入使用后，将提供900张床位，缓解市社会福利中心儿童床位紧张的情况，为孤残儿童提供更好的成长康复环境。

【福利彩票发行】 2016年，东莞市福彩发行量30.13亿元，比上年增长7.13%，销售总额在广东省排第二名，市场占有率64.53%。各票种协调发展，电脑票保持稳定增长，销售19.58亿元，占总销量64.98%，比上年增长6.24%；“刮刮乐”销售4.29亿元，增长6.4%，居全国城市第一名。“中福在线”视频票销售6.25亿元，比上年增长9.11%。筹集公益金7.7亿元，市级留成3.18亿元。 （田小兵）

慈善事业

【2016年“广东扶贫济困日暨东莞慈善日”系列活动举行】 2016年6月中旬到10月，东莞市以“倡导全民慈善，助力精准扶贫”为主题，举行2016年“广东扶贫济困日暨东莞慈善日”系列活动，发动社会力量，营造全民慈善的氛围，收到社会各界捐款7044.23万元，主要用于帮扶广东省和东莞市各类困难群体脱贫奔康。此次系列活动包括召开东莞市动员会议及有关行业、系统座谈会，爱心捐赠活动，党员、团员和工会会员献爱心活动，社会组织扶贫助困活动，“学子献爱心”活动，社区扶贫募捐活动，扶贫开发对口帮扶活动，访贫慰问活动，以及宣讲报告会、东莞市慈善会成立十周年成果展、“6·30”活动启动仪式等11项内容。

【2016年“广东扶贫济困日暨东莞慈善日”全市动员会议召开】 2016年6月8日，东莞市召开动员会议，通报东莞市2015年开展广东扶贫济困日和东莞慈善日活动的整体情况，对2016年的工作进行部署。2015年“广东扶贫济困日暨东莞慈善日”活动期间筹集善款5435.48万元，按照“广东扶贫济困日”活动和“东莞慈善日”活动各50%划分，即活动款各占2717.74万元。“广东扶贫济困日”活动款主要用于扶贫项目。该款项的19.3%（即525万元）用于市内帮扶，剩下的80.7%（即2192.74万元）用于对外扶贫。其中，用于各镇街对外扶贫工作资金2078万元，由各镇街统筹用于各自对口帮扶韶关、揭阳两市的贫困村、贫困户和贫困人口的帮扶；用于市对外统筹扶贫资金114.74万元。“东莞慈善日”活动款项2717.74万元全部用于发展全市慈善公益项目。

【《慈善法》宣讲报告会举行】 2016年6月8日，东莞市政府在市行政办事中心举行《慈善法》宣讲报告会。报告会由东莞市副市长杨晓棠主持，全国人大内务司委内务室主任于建伟作“《慈善法》的诞生与展望”专题报告。从立法背景与经过、立法思路、应用中的若干问题及评估展望等方面，对《慈善法》进行解读，就慈善事业健康发展的法制保障为主题与与会人员进行研讨。400多人参加学习。

【2016年“广东扶贫济困日暨东莞慈善日”活动启动仪式举行】 2016年6月30日，2016年“广东扶贫济困日暨东莞慈善日”活动启动仪式在市会议大厦正门与省同步举行。主要内容包括市政府领导作2016年“广东扶贫济困日暨东莞慈善日”活动讲话；市领导见证部分爱心企业、爱心人士举牌认捐。启动仪式结束后，举行市直机关干部职工捐赠活动。

【东莞市慈善会成立十周年成果展举办】 2016年10月25日，东莞市慈善会根据2016年“广东扶贫济困日暨东莞慈善日”活动工作总体部署，在市图书馆举行主题为“善行十载 慈爱相随”——市慈善会成立十周年成果图片展开幕式。市民政局机关各科室和直属各单位负责人、各镇街（园区）社会事务局局长（主任）、市慈善会常务理事成员和常务理事单位代表，以及部分公益慈善组织负责人70多人出席活动。市慈善会成立十年来加强制度建设、资金筹集、公益行善等工作，累计筹集慈善资金16.11亿元，支出13.88亿元，开展助医、助学、助老、助困和赈灾等活动，累计实施100多项慈善公益项目，受益群众近百万人。这次展出的图片，记录东莞市慈善事业发展，特别是市慈善会从筹备到成立，以及发展壮大的历程；捕捉2010年“广东扶贫济困日”及“东莞慈善日”活动设立以后，全市各级开展慈善筹款、慈善救助、慈善宣传等项目活动的精彩瞬间。

【“东莞信托·与爱同行”千人公益徒步活动】 2016年1月9日，由东莞信托有限公司、东莞市慈善会举办的第二届“东莞信托·与爱同行”千人公益徒步活动在松山湖高新区举办，活动筹集善款50万元，用于东莞地区捐资助学。

（田小兵）

学生接送站管理

【学生接送站概况】 截至2016年，东莞市注册登记学生接送站862家，其中，手续齐全297家，占比34.45%；消防安全备案手续齐全328家；房屋安全备案手续齐全

544家；食品卫生安全备案手续齐全440家。累计安置学生3.2万人。

【《东莞市学生校外托管机构管理办法》出台】 2016年10月13日，东莞市政府印发《东莞市学生校外托管机构管理办法》，规定学生校外托管机构由民政部门负责登记，指导镇街（园区）开展备案工作及相关监督管理，公安、消防、食品药品监督、住建、教育、卫生等部门在各自职责范围内依法做好相关管理。学生校外托管机构实行属地管理、属地负责管理体制。在登记管理方面，要求设立学生校外托管机构的申请人要进行登记或备案，之后申请人分别到镇街（园区)消防部门、食品药品监督部门办理相关手续，否则，不得开展经营活动。

【学生校外托管机构负责人培训班】 2016年11月2日，东莞市民政局联合市公安消防局、市食品药品监督管理局举办对东莞市镇街（园区）社会事务局（办）以及东莞市学生校外托管机构负责人培训班，东莞市学生校外托管机构负责人近1000人参加培训。

【学生校外托管机构专项整治行动】 2016年12月14日，东莞市民政局、市教育局、市公安局、市公安消防局、市食品药品监督管理局、市住房和城乡建设局、市卫生和计划生育局7部门联合下发《关于印发东莞市学生校外托管机构专项整治行动实施方案的通知》，在东莞市范围内组织开展学生校外托管机构专项整治行动，以“属地管理、属地负责”为原则，引导学生校外托管机构规范化运营，逐步建立托管机构管理长效机制，预防和遏制安全事故的发生，杜绝发生人员伤亡事故，确保学生安全健康成长。7部门组成7个专项整治督导检查组，对各镇街（园区）开展专项整治情况进行督导检查。

（田小兵）

殡葬改革

【殡葬事业发展目标考核东莞市位列广东省第五名】 2016年，广东省政府2015年暨“十二五”期间殡葬事业发展目标考核检查，东莞市考核得分89分，位列全省第五名，受到广东省民政厅通报表扬。

【殡仪馆火化设备升级改造】 2016年3月，东莞市殡仪馆邀请民政部101研究所等权威机构专家就国内主导的两种尾气治理工艺进行研究论证。2016年9月，东莞市政府批示同意市殡仪馆重新购置10台燃气式火化机（平板炉、拣灰炉各5台），购置采用催化还原技术和活性炭吸附技术的尾气处理设备各5套，购置1套自动拣灰系统。

【东莞市殡仪馆第三届公众开放日活动】 2016年3月26日，东莞市殡仪馆举办以“给生命旅程最后的尊严”为主题的第三届公众开放日活动，24名来自环保、公安、私营企业、学校等各行各业人士、8名社会志愿者和5家媒体的记者参加体验活动。

【生态葬法】 2016年，东莞市以“树殡葬新风、促绿色发展”为主题，结合“老一辈革命家签名倡导火葬60周年纪念活动”，开展殡葬改革宣传活动。

2016年10月27日，东莞市举办“第14次集体海葬”和“第5次集体树葬”公祭活动，有273份骨灰抛洒大海和59份骨灰深埋树下，为符合海葬、树葬补贴条件的21宗，发放补贴2.1万元。

【殡葬基本服务免费】 2016年，根据2015年出台的《东莞市免除殡葬基本服务费用实施方案》要求，东莞市实施减免1.62万宗殡葬基本服务费用1887.2万元，减轻群众殡葬服务的支出负担。

（田小兵）

2016年10月27日，东莞市2016年骨灰海葬·树葬活动举行

镇　　街

URBAN AND TOWNSHIP

- 第21届中国（虎门）国际服装交易会
- 东城街道率先建设东莞市首个全国智慧城市试点
- 寮步镇创建广东省文化旅游融合发展示范区
- 第十五届中国（大朗）国际毛织产品交易会
- "2016（中国·凤岗）客侨文化节"举办
- 塘厦镇黄凤贤家庭获评第一届"全国文明家庭"

莞城街道

编辑：张德全　张曼利　梁炜强　李缙文

莞城街道

【莞城街道概况】　莞城街道位于东莞市北部偏西，东江下游南支流东岸，地处东莞市区中心。截至2016年，辖区面积11.2平方千米，下设8个社区，常住人口34.9万人，其中户籍人口18.2万人。

2016年，莞城街道生产总值159.7亿元，比上年增长5.7%；规模以上工业增加值27.4亿元，增长5.4%；固定资产投资总额23.8亿元，增长9.2%；进出口总额22.6亿美元，增长5.1%，其中出口总额18.2亿美元，增长19%。

2016年，莞城街道"全国科普示范社区""全国服务农民服务基层文化建设先进集体""退休人员社会化管理服务工作第十批省级示范点""广东省五四红旗团委""广东省四星级宜居社区""创新基层精神文明创建机制"等6个项目获评2016年度全市"单打冠军"。

资料链接：

"单打冠军"指东莞市各镇街、各部门单位在单项工作中争当全市、全省乃至全国第一。在2013年1月召开的市委全会上，市委主要领导提出：东莞32个镇街，由于客观条件不同，发展各异。年度考核时，很多小镇街没法进入先进镇街行列，然而他们平时工作并不差。鼓励镇街争当单项工作的"单打冠军"，助推东莞转型升级。后延伸到各部门单位。

【莞城街道创新驱动发展】　创新载体建设　2016年，莞城街道联丰围在引进"蚁巢"等科技企业孵化器及众创空间的基础上，以东莞奕投孵化器为试点，推动孵化器与高等院校、创业服务机构开展深层次合作，促进孵化器成果转化，截至2016年，园区孵化载体5家，在孵企业74家，毕业企业16家。新增联丰创意谷和0769创业梦工场等2家市级企业孵化器，拥有市级企业孵化器5家，总数列全市第三位。

高新技术企业培育　2016年，莞城街道申报认定国家高新技术企业17家、申报入库高新技术企业培育库25家，高新技术企业新增量和拥有量均为2015年的2倍。玉兰集团公司被认定为市知识产权保护重点企业，并在全国中小企业股转系统挂牌。

"机器换人"摸底调研　2016年，莞城街道推动规模以上企业全面改造和推进"机器换人"工作，对规模以上企业开展技术改造投资走访调查，掌握企业的技术改造投资行业分布、改造方向和投资规模。恩斯克公司等4家企业申报"机器换人"项目5个，投资总额约9000万元。

【莞城街道强化新兴产业】 2016年，莞城街道投资约5.1亿元的宏达IDC云计算中心按期动工建设，新引进投资约10亿元的广电大数据产业中心等优质项目；NCSO—ATC“东莞中心”（服务外包人才培训中心）挂牌成立，引入“全国服务外包职业能力考试认证体系”。参与策划承办“2016年全国大学生工业设计大赛”“2016年东莞创意设计活动周”系列活动，带动文化创意产业园区发展。西城楼文化创意产业园完成基础设施改造，引进一批音乐工作室、影视和动漫企业。

【莞城街道保护历史文化遗产】 2016年，莞城街道配合同济大学阮仪三教授团队开展中兴路—大西路等历史文化街区保护规划，并同步开展标识系统历史建筑挂牌、管线综合整治及周边环境修缮整治。投入约1500万元修复博物图书馆、东湖寺、讴歌亭等文物和历史建筑。在出版《东莞历代著作丛书》的基础上，出版《东莞历史文献丛书》《东莞古籍经眼录》。策划历史文化展示活动，打造博物图书馆展览阵地，举办本土历史文化名人展览，继续举办“杨宝霖讲东莞文史”活动。莞城街道加大非物质文化遗产保护力度，重新制作千角灯新灯，举办东莞千角灯传习所培训班，举办各类非物质文化遗产展览、展演、晚会、培训等活动。莞城龙形拳、兴塘醒狮、莞城粤剧入选2016年市非物质文化遗产名录。

【莞城街道推进“三旧”改造】 2016年，莞城街道启动或完成改造的“三旧”（旧城镇、旧厂房、旧村庄）改造项目8宗，供地总面积约30万平方米。推动天台工业区约7万平方米的旧厂房连片改造。多次与东实公司、市发改局、市国资委等单位沟通对接，研究活化利用莞城粮所、珊洲酒店等建筑。

【莞城街道文化事业发展】 2016年，莞城街道承办“中国美术家协会水彩画艺术委员会年度提名展2015”。“小而恢宏的力量”项目入选“2016年全国美术馆馆藏精品展出季活动项目”。“行进中的美术馆”项目被评为“广东省第二批公共文化服务体系示范项目”。“文化周末”获2016年市文化惠民演出“十大品牌”。“文化周末”少年合唱团入选“小百灵”全国示范合唱团。莞城街道组织排练和推荐选送26件原创舞台艺术精品中，获国家级奖项2个、省级奖项6个、市级奖项33个。与市文化馆联合打造的音乐作品《水墨乡情》，作为广东省内唯一的声乐类作品进入第十一届中国艺术节第十届群星奖决赛。莞城街道为鼓励社会力量参与文化事业，其中，与中天集团公司合作，开设东莞市唯一定位为先锋潮流文化特色的“工农8号先锋剧场”。联合市粤剧发展中心打造“莞邑红豆”少儿粤剧培训基地，在2016年举办的“广东省第七届少儿戏曲小梅花荟萃决赛”中，基地选送的作品《春草之上路》《钟馗》，获评1个金奖、2个银奖。

【莞城街道擦亮教育品牌】 2016年，莞城街道坚持推动管、办、评分离，构建政府、学校、社会新型关系；坚持“培养名师，创建名校，打造‘学在莞城’品牌”发展思路，推进教育治理体系和教育治理能力现代化；坚持“起承转合”的工作路径，重点推进名

2016年11月9日，国家文物局局长刘玉珠（中）到莞城街道考察国家历史文化名城工作 （刘中 摄）

2016年11月18日，东莞创意设计活动周暨莞城街道“设想”东莞设计周启动仪式在莞城街道巨汉创新中心举行 （刘中 摄）

师培养、家庭教育、体育教材编写出版、文明创建整治提升行动等工作，深入实施素质教育，建立并优化莞城“慧教育”体系。

2016年，莞城街道着眼“智慧课堂”建设，深化课堂教学改革，完善“三级课堂”体系，继续加强“高效课堂”的研究和建设，建立“优秀临代教师”选拔考核晋升机制。增强科研实效性，发挥教育科研引领作用，修订《莞城教科研“紫钻奖”嘉奖办法》，增设论文发表、著作出版、校际结对等嘉奖项目，配套搭建多个针对青年教师的街道级教科研活动平台。推广教学成果，摄制和编写“体育大课间”“校园足球游戏”等系列教材，面向全国出版发行。

2016年，莞城街道的学校在广东省第十届少儿艺术花会中获评3枚金牌、2枚银牌，获奖数居全市之最；莞城中心小学和莞城建设小学被教育部评为“全国青少年校园足球特色学校”；广东省儿童戏剧协会教学实验基地”在莞城实验小学挂牌。莞城街道加大教育经费保障力度，完善街道教育经费供给。2016年，莞城街道优化办学环境，启动中心小学分校扩建，阮涌小学运动场扩建、建设小学足球场等工程进入收尾阶段。

【莞城街道加大对民生建设投入】　2016年，莞城街道优先保障民生投入，财政投入公共安全、教育文化、体育、医疗、社会保障和就业等经费5.6亿元；开展扶贫帮困、走访慰问和送温暖活动，为1.45万人次发放低保金、临时生活救济金、医疗救济金、助学金、高龄津贴1500多万元。优化便民服务，对各社区政务服务中心、综合服务中心、“一事一议”功能室等平台进行优化整合，打造统一的社区综合服务管理中心，累计为居民办理业务3.11万宗，办结率、群众满意率均100%。开展文化惠民服务，推进“菜单式”公共文化服务和公教活动进基层，受惠群众约20万人次，其中“行进中的美术馆”项目受惠群众约4万人次；举办“文化周末”晚会51场，受惠人数约2万人次；开展“和阳夜韵”“凤凰之约”等文化活动470多场次，受惠群众约100万人次；联合市粤剧发展中心打造“莞邑红豆”少儿粤剧培训基地。强化公共安全，推进“智网工程”，划分120个基础网格，首批推动公安等7个部门入格，构建社会治理新机制；开展“飓风2016”等专项行动，打击违法犯罪，违法犯罪警情比上年下降19.9%；强和改进综治信访维稳工作，化解环卫工人劳资纠纷等历史遗留问题；抓安全生产和消防安全，全年没有发生重大安全事故；开展“以案说防”活动，促全社会安防意识全面提高，开展“以案说防社区行”62场次，“以案说法入万家”27场次，派发宣传单张1.7万份，张贴说防海报300多份，参与活动群众1.2万人次。

（陈雪庭）

附：2016年莞城街道党委、人大、办事处主要领导名录

党委书记：刘林宏（任至12月）

人大联络委主任：

刘林宏（任至8月）

张锐均（8月到任）

办事处主任：陈慧贞

2012—2016年莞城街道主要经济社会指标

指标＼年份	2012	2013	2014	2015	2016
户籍人口（人）	173776	175239	176655	178866	182173
常住人口（万人）	16.67	16.58	16.74	16.65	16.64
面积（平方千米）	11.17	11.17	11.17	11.17	11.17
生产总值（万元）	1312960	1339920	1419815	1469204	1596846
第一产业（万元）	0	0	0	0	0
第二产业（万元）	336032	317520	316944	312012	318961
第三产业（万元）	976928	1022401	1102870	1157192	1277885
总用电量（万千瓦时）	50841	49433	51707	49491	57059
全社会固定资产投资总额（万元）	255912	248110	202210	218422	238416
社会消费品零售总额（万元）	1048870	1071073	1125951	1124176	1160089
外贸出口总额（万美元）	102311	110555	124702	152891	180220
实际利用外资（万美元）	4436	4971	3888	5375	1536
镇级可支配财政收入（万元）	74510	69640	73431	74417	98929
各项税收总额（万元）	302851	274172	297838	434934	400843

石龙镇

【石龙镇概况】 石龙镇位于东莞市北部。截至2016年，辖区面积13.83平方千米，下辖7个村、3个社区，常住人口14.20万人，其中户籍人口7.28万人。

2016年，石龙镇实现地区生产总值91.48亿元（第一产业46万元，第二产业44.63亿元，第三产业46.85亿元），比上年增长3.80%；规模以上工业增加值43.84亿元，与上年基本持平；全社会固定资产投资总额20.99亿元，比上年下降1.37%；总用电量7.54亿千瓦时，增长0.71%；社会消费品零售总额41.19亿元，增长9.99%；实际利用外资356万美元，增长-96.27%；外贸出口总额121.19亿元，增长-2.99%；税收总额18.46亿元，增长1.73%；镇级财政收入8.2亿元，增长6.6%；全镇村组资产总额18.50亿元，增长2.1%；资产负债率15.55%，比年初上升0.69个百分点；总收入2.03亿元，比上年增长2.5%；纯收入1.15亿元，增长3.7%。

2016年，石龙镇被评为领导班子工作良好镇，以及水乡特色发展经济区工作落实前三名；获评“广东省扶贫开发‘双到’通报表扬帮扶单位”“广东省健康促进示范单位”“全省关心下一代工作先进集体”“推进生态文明建设体制机制改革”等4个全市“单打冠军”。

【石龙镇产业转型升级】 2016年，石龙镇优质企业增资扩产保持良好势头，联兴纸业项目、富华电子项目等2个市属重大建设项目完成投资1.5亿元，均超额完成年度投资计划；京瓷办公设备公司投资2亿元扩建感光鼓工厂，其年度规模效益成长性、实际出口总额、主营业务收入等3个指标均列入全市前20名；日本电产三协公司组建模具开发中心，并引入高端汽车车载镜头项目；柯尼卡美能达公司投资近2000万元，建立自动化仓库；京瓷连接器公司投资1200多万元，引进画像自动检查设备；众生药业公司入选全市纳税亿元以上企业。“机器换人”和高新技术企业培育并驾齐驱，“机器换人”项目总投入1.43亿元，全年工业技改投资3.45亿元，比上年增长81.6%；推动6家企业通过国家高新技术企业认定，全镇高新技术企业增加至18家，高技术制造业增加值占规模以上工业增加值比重超60%。商旅服务业新龙头——汇星商业中心建成开业；成立石龙商贸旅游促进会，以及全市首个镇街跨境电商分会。2016年，全镇市场主体1.33万户，比上年增长19.6%；“消费促进月”系列活动成交额超过8500万元。

【石龙镇新动能转换】 2016年，石龙镇企业创新主体地位得到强化，4家外资企业设立研发机构、4家规模以上企业完成自建研发机构备案；全镇R&D（研究与开发）经费支出占国内生产总值比重4.3%，居于全市前列；全年专利申请量252件，授权量113件，比上年分别增长36.2%和3.7%。创新孵化链条更加完善，石龙现代信息服务园被评为东莞市首批科技企业孵化器；石龙大莹服装批发城创建为东莞市电子商务产业园区；原泳高大厦改造创新科技园项目前期准备工作基本完成；东莞市首席信息官学院筹建工作推进，全力打造高端信息化人才“黄埔军校”。产学研协同创新发展，聘请知名教授赵淦森担任石龙镇信息化专家顾问；华南理工大学、广东职业机电技术学院与镇内10多家企业实现对接，华南理工大学科技成果免费提供给多家企业试用。同时，探索信息技术应用先行先试，率先开展“东莞市物联网示范小镇”“广东

石龙镇

省企业大数据应用试点镇”建设，在省、市形成示范引领效应。

【石龙镇铁路国际物流基地建设】 2016年5月，石龙港水路货运（二类）口岸获省口岸办批复同意对外开放，初步形成铁路、水路口岸对外开放的立体格局。始发自石龙镇的“中欧班列”，目的地延伸至德国杜伊斯堡，成为国内运距最长的“中欧班列”，并被纳入全国“中欧班列”统一品牌。2016年，石龙始发国际出口班列135班次，铁路集装箱货运量7230标准箱，比上年分别增长70.8%、33.1%；货运金额3.16亿美元；占广东国际铁路联运货物发运量89%。同时，中俄贸易产业园六大先行启动项目稳步推进；中俄贸易对接会暨俄罗斯食品专场推介会、中俄铁路运邮合作等贸易先行项目取得阶段性成效，为加快铁路国际物流基地建设夯实基础。

【石龙镇城市建设】 2016年，石龙镇审议通过《石龙镇总体规划修改（2016—2020年）》，全镇总体规划框架更加完善。交通枢纽优势突显，东莞火车站实现轨道交通R2线与广深铁路无缝接驳；石龙南二桥扩建、水乡横向中通道延长线、东江北干流南岸整治等一批工程加紧推进；特别是连通穗莞惠三市的红海大桥完工。公共服务配套提档升级，市儿童医院累计完成投资超65%，进入主体建筑施工阶段；东征博物馆建成启用；“水天一色”段900米亲水绿道完工，实现新城区环岛绿道全线贯通；中心小学西湖学校、市民活动中心、举重博物馆、岭南一号广场等基础设施工程推进；奕翠园、华讯大宅、慧芝湖等一批安居工程房地产项目加快建设，打造高品质宜居生活圈。生态文明建设成效显著，在2016年度镇街环境保护责任考核中蝉联全市第一名。

【石龙镇社会治理】 2016年，石龙镇开展“飓风2016”专项行动，打击“黄赌毒”、“两抢一盗”（抢劫、抢夺、盗窃）、电信诈骗等突出刑事犯罪，侦破“省目标2016-302”“省目标2016-575”两起特大武装贩毒案，涉案毒资超过100万元。2016年，石龙镇违法犯罪警情比上年下降16.8%，在全市群众安全感第三方调查中，石龙镇综合得分列第一名。社会矛盾预防化解开展，受理诉前调解案件151宗，成功调解率100%，调处涉案金额686.5万元。和谐劳动关系得到巩固，升级完善企业风险预警应急管理机制，实现劳动信访案件办结回复、劳动仲裁在法定审理期限内结案“两个100%”。涉农维稳加强，稳步推进农村土地承包经营权确权登记颁证、农村集体经济组织股权改革、“三资”（资金、资产、资源）监管等工作，全镇村、组集体资产总额18.50亿元，总收入2.03亿元，比上年分别增长2.1%、2.5%。生产安全、交通安全、消防安全等工作落实到位，全年无发生重大安全生产事故和重大群体性事件。食品药品监管向纵深发展，镇内两家集贸市场启用食用农产品农药残留快速监测室，全镇范围实现生猪肉品统一冷链配送，创建省级化妆品安

2016年6月8日，全国统一品牌的“中欧班列”在石龙发出并开往欧洲以及“一带一路”沿线国家

2016年11月30日，石龙镇首个与世界500强企业联手打造的商业综合体——汇星商业中心建成启用

全治理示范区。社会管理创新活力持续迸发，挂牌成立石龙镇网格管理中心，“智网工程”80个网格实现全镇覆盖，治安、消防、食药监等事项率先入格管理。全镇7个村、3个社区公共服务中心实现全覆盖。石龙社工“家友爱”关爱单亲母亲家庭项目获评第五届中国慈善项目大赛“社会创新项目百强”；“暖心工程”长者居家安全改善项目入选首届“最具影响力社工项目”全国百强；“微治理”样板社区项目获评东莞市2016年度基层社会治理改革创新先进项目。

【石龙镇科教文卫体事业】 2016年，石龙镇获“全国社区教育示范镇”，并入选东莞市慕课教学实验区、东莞市教育信息化试点单位。高考、中考再创佳绩，高考超额完成市下达目标，中考达到东莞中学分数线人数居全市镇街第一位。举办中华龙民俗文化节、敬老月、纪念陈镜开打破世界纪录60周年、孙中山诞辰150周年纪念邮票首发等活动，承办2016年全国男子举重冠军赛，新昌鼓制作技艺入选第六批省级非物质文化遗产。启动“健康强镇”战略，创新打造针对学龄儿童、青少年、育龄妇女、老年人等全覆盖的健康管理项目。全镇25个单位创建为广东省健康促进示范单位；市第三人民医院成为全市首家通过“新国标”的三甲医院；市第八人民医院儿童遗传与感染疾病实验室，成为东莞市医疗卫生系统首家重点实验室；石龙镇通过“全国健康促进区”省级评估。开展文明创建“补短板　促提升”工作，建立5个核心价值观宣传示范点，新增公益广告牌1200余块，总面积5600余平方米；城市“牛皮癣”、违章户外广告、卫生黑点、乱摆卖、非法营运等问题得到整治。

【石龙镇民生保障】 2016年，石龙镇推进就业创业，城镇登记失业率控制在1.5%以内，失业人员就业服务率100%。稳步推进社会养老和医疗保险城乡一体化，全面推开非东莞市户籍职工在莞就读子女参加社会基本医疗保险，全年发放社会保险待遇3.55亿元。筑牢低保户、残疾人等困难群众基本生活保障低线，做到应保尽保。加强老年人关爱服务，开展65岁以上老年人免费健康体检，投入200万元升级石龙敬老院硬件设施，居家养老服务实现所有村（社区）全覆盖。发展慈善事业，成立东莞市石龙慈善会，全年筹得社会慈善款项360多万元。打好新时期精准扶贫精准脱贫三年攻坚战，启动新一轮帮扶揭阳市普宁市7个贫困村工作，对口新疆生产建设兵团第三师图木舒克市50团结对交流开展。

（卢锦洪）

附：2016年石龙镇党委、人大、政府主要领导名录

镇委书记：刘林宏

镇人大主席：周年有

镇　长：叶建华

2012—2016年石龙镇主要经济社会指标

指标 \ 年份	2012	2013	2014	2015	2016
户籍人口（人）	71444	71705	71940	71852	72779
常住人口（万人）	14.29	14.34	14.33	14.21	14.2
面积（平方千米）	13.83	13.83	13.83	13.83	13.83
生产总值（万元）	674289	768510	817648	866308	914812
第一产业（万元）	28	40	21	42	46
第二产业（万元）	351445	411491	445255	451583	446278
第三产业（万元）	322817	356979	372372	414683	468488
总用电量（万千瓦时）	73289	71067	75045	74883	75415
全社会固定资产投资总额（万元）	176316	201316	219873	212831	209909
社会消费品零售总额（万元）	259993	280794	296679	374513	411914
外贸出口总额（万美元）	212000	193284	214900	201339	194569
实际利用外资（万美元）	2256	5144	7069	9534	356
镇级可支配财政收入（万元）	62806	67554	72450	76937	81983
各项税收总额（万元）	132656	147169	161705	181435	184582

虎门镇

【虎门镇概况】 虎门镇位于东莞市滨海片区，珠江口东岸，粤港澳大湾区几何中心。截至2016年，辖区面积178.5平方千米，下辖30个社区，常住人口63.58万人，其中户籍人口13.57万人。

2016年，虎门镇实现生产总值497.66亿元（第一产业1.93亿元，第二产业171.63亿元，第三产业324.1亿元），比上年增长8.2%；镇级可支配财政收入24.87亿元，增长5.8%；税收总额78.51亿元，增长8.2%；全社会固定资产投资总额120.9亿元，增长4.61%，其中，民营投资105.6亿元；社会消费品零售总额209.13亿元，增长8.4%；人民币存款余额、贷款余额分别是676.5亿元、447.85亿元，分别增长1.6%、21.9%；进出口总额47.92亿美元，增长5.5%，其中出口总额30.41亿美元。2016年，虎门镇通过"中国女装名镇""中国童装名镇"复评，"中国名镇志文化工程名镇""退休人员社会化管理服务工作第十批省级示范点""广东省四星级宜居社区"创建3项工作获评全市"单打冠军"。

【虎门镇重大项目建设】 2016年，虎门镇有中国电子东莞产业园项目、康源电子公司增资扩产项目、以纯集团总部大厦项目、宏业货柜码头迁建项目、虎门农副产品仓储物流项目、名店国际综合物流项目、虎门万科云广场项目、虎门外语学校项目等8个项目列入市重大项目。8个项目完成年度投资额24.9亿元。其中，中国电子东莞产业园在长城开发项目投产的基础上，新增爱华公司、中电器材公司、熊猫公司、振华公司4家进驻企业投产，农副产品仓储物流项目一期投产，康源电子公司增资扩产项目试产，宏业货柜码头迁建项目具备投产条件，以纯集团总部大厦主体土建工程完成，万科云广场项目、名店国际综合物流项目部分建筑主体结构完成，拉动固定资产投资和产能形成。

【虎门镇实施创新驱动发展战略】 2016年，虎门镇组建创新驱动发展领导小组顾问团队，落实镇创新驱动发展专项资金政策，对符合条件的133家企业及个人的275项创新驱动发展项目进行奖励。2016年新增国家高新技术企业35家，总量达72家；16家企业的49项产品被认定广东省高新技术产品；新增科技孵化载体1家、获评国家级孵化器1家；新增新三板挂牌企业2家，上市后备企业1家；专利申请量、授权量分别增长59%和14%。全年工业技术改造投资总额17.2亿元，比上年增长49.6%，完成市下达目标101.2%。全年申报"机器换人"专项资金的企业65家，比上年增长25%，居全市第四位，占全镇规模以上企业总数17.76%，投资总额4.16亿元。加大金融业培育力度，成立镇金融工作领导小组和金融办，统筹推进金

虎门镇

融业发展。举办第21届中国（虎门）国际服装交易会暨2016虎门时装周，建成“虎门服装云制造平台”，广东信息传输线缆及连接技术标准化委员会、市电子商务公共服务中心及服务平台落户虎门镇，在市电商行业率先成立首家电商质量联盟，跨境电商业务量比上年翻一番，电商产业进一步发展。

【虎门镇服装服饰产业发展】 2016年，虎门镇通过“中国女装名镇”“中国童装名镇”复评。截至2016年，虎门镇服装服饰市场区域面积7平方千米，总经营面积245万平方米，有40个专业市场、1.5万经营户，年销售额超900亿元；注册商标5万个，其中中国驰名商标2个，广东省著名商标、名牌产品16个。11月18—21日，连续第21年举办中国（虎门）国际服装交易会，展会主会场吸引15万人次的专业采购商和普通观众。

【虎门镇集体经济发展】 2016年，虎门镇社区集体两级总资产145.4亿元，比上年上升7.1%；总负债30.7亿元，净资产114.7亿元。集体两级总收入18.7亿元，增长4.7%。其中，出租收入占总收入73.26%。虎门镇“三资”（资金、资产、资源）管理和集体资产交易平台自2012年11月2日完成第一宗交易，截至2016年，两级交易平台受理交易立项7520宗。其中，镇级平台受理交易2119宗，社区平台受理交易5401宗，1233宗交易实现溢价收入。

【虎门镇城市建设】 基础设施建设 2016年，虎门镇推动交通基础设施建设，地铁2号线虎门站通车运营，高铁虎门站“TOD（公共交通为导向）综合开发”启动土地和房屋征收工作，环莞快速路（二期）虎门段的建设进入冲刺阶段，高铁虎门站南侧微循环交通组织工程完工，万达广场、万科云广场周边道路建设基本完成。虎门大道东临时便道、太沙路道路升级改造等一批工程完工。滨海大道、长堤路、外环岛路、镇中心区路网升级改造等4个“BT（利用非政府资金进行非经营性基础设施建设）工程”项目总体进度均超80%。推动电力设施建设，220千伏则培甲乙线整合迁改工程、太沙路10千伏电力迁改工程完工。110千伏白沙站、居岐站建成投产，“建设6个、升级1个”变电站项目完成“建设4个、升级1个”，2016年，虎门镇供电量45.8亿千瓦时，最高供电负荷93万千瓦。

城市环境治理 2016年，虎门镇推进太平涌水闸工程，大沙河截污次支管网项目全面施工，宁洲截污主干管工程通水使用，海岛截污主干管环岛路段管道修复工程完工。环保专业基地两个片区（南栅、路东）的电镀污水处理厂通过环保验收，废气运行在线监控系统建设推进，41家重点用能单位开展能管中心建设，环保基础设施完善。推动高铁虎门站及站场周边环境综合整治，完成4个“小山小湖”社区公园建设，通过25项绿化零星工程，复绿、增绿2.3万平方米。

【虎门镇社会治理】 公共安全 2016年，虎门镇推动平安建设，建成高清视频监控点301个，监控图像920路，完成11个社区视频监控系统联网，接入社区视频监控图像741路。开展安全生产隐患排查治理，组建专职消防队，建设怀德、南面两个片区执勤分站，建立重点单位微型消防站。开展停车管理、交通疏解组织等交通管理48项，优化群众交通出行环境。建立食品药品安全网格化监管体系，首批10家重点农贸市场全部建立快检室并投入使用。开展禽畜养殖业整治清理行动，清理违规养殖场112处、面积4.1万平方米。修订镇民房建设工作指引，拆除违法建筑主体3宗、面积近1万平方米，疏堵结合整治违法建筑行为。

法治建设 2016年，虎门镇30个社区设立法律顾问，为群众提供法律服务3650人次，参与调解纠纷19次，处理矛盾纠纷113宗，虎门镇第三方调解组织建设获评市基层社会治理改革创新优秀项目。加强宣传教育，派发宣传品2000份，悬挂普法宣传标语3100条，举行法治巡回展览30次，发放普法宣传资料3万份，受教育群众2.9万人。

【虎门镇民生实事】 2016年，虎门镇财政投入16.2亿元用于民生事业支出，其中，教育、医疗支出分别增长24.6%和6.9%。

教育事业 2016年，虎门镇

虎门高铁站（黄新杰）

2016年11月18日，第21届中国（虎门）国际服装交易会暨2016虎门时装周开幕

投入1600万元改善公办学校教学设备。虎门第四中学新校正在办理用地手续，博涌小学、虎门万科实验小学筹备工作开展，新办10所民办幼儿园、3所民办学校。修订实施教育教学成果奖励办法，理顺全镇公办学校教师编制，加强教师队伍建设。虎门镇义务教育公办学校积分制招收1750名随迁子女，教育均衡化水平提升。高考、中考取得佳绩，全镇重点本科上线227人，增长61%，虎门中学重点本科上线人数为2015年的8.2倍，虎门外语学校3人被北京大学、清华大学录取。

就业创业　2016年，虎门镇维护劳动者权益，受理劳动仲裁数量持续下降，出台促进就业创业政策，扶持就业创业。为1.01万人次办理各项就业补贴813.48万元。开展“首席技师”培养计划，筹建“技师工作站”，虎门镇有7名技师获评东莞市首批“首席技师”；东莞市虎门机械厂“技师工作站”通过审核，成为全市4个“技师工作站”之一。接收1225名应届高校毕业生报到，组织756名毕业生参加岗前就业指导培训班。新建丽声实业公司、中探探针公司、安联电器公司、东耀玩具公司等6家企业“幸福e站”。核发487张条件准入类人才入户卡，比上年增加2.89倍。确定44家企业获自评人才入户资格，分配90个入户名额，全年有32人通过企业自评人才入户虎门镇。

社会保障　2016年，虎门镇社会保险参保总数147.92万人次。征收社会保险基金总额20.01亿元，比上年增长5.13%。截至2016年，虎门镇发放51.97万张社保卡，发卡率97.08%；激活41.64万张，激活率80.13%。虎门镇怀德、南栅、大宁、则徐社区获评“广东省退休人员社会化管理服务示范点”。完善全面两孩政策配套措施，推动关爱妇女儿童工作项目化，落实妇幼保障。推进市内外扶贫，完成第一轮对口帮扶、启动第二轮帮扶工作。

【虎门镇文体事业】　**文化事业**　2016年，虎门镇推进文体品牌活动以及文体培训基地常态化、优质化发展，惠及群众近50万人次，培训青少年和少儿2000人次。其中，影像虎门艺术中心累计接待艺术名家、文艺爱好者及游客突破55万人次。“周末文化大舞台”举办曲艺、电声、舞蹈等专场18场，蝉联东莞市文化惠民演出“十大品牌”项目。“鸦片战争民间故事”等4个项目被列入市级非物质文化遗产保护项目。完成虎门公园、执信公园升级改造。完成逆水流龟村堡首期修缮工程。编撰出版《中国名镇志文化工程·虎门镇志》《虎门年鉴》2016卷，并完成虎门镇自然村落普查和古驿道沿线自然村落调查。举办“虎门本土音乐节·万达艺术之夜”活动，承办“东莞申报国家历史文化名城文艺晚会”。摄影作品《时尚节奏》获第53届国际摄影沙龙铜奖；舞蹈协会会员获文化部第十六届蒲公英青少年艺术新人全国赛舞蹈专业组金奖；独舞《报童晨曦》获广东省少儿花会才艺大赛金奖；舞蹈《美人鱼》、吉他弹唱《静夜思》、书法《虽然偏执条幅》获东莞市第九届少儿艺术花会金奖；舞蹈协会在东莞市第五届个人风采舞蹈大赛获4枚金牌，并获东莞市首届青年舞蹈电视大赛冠军；虎门合唱团《我心歌唱》获东莞市合唱节金奖；朗诵协会在“风雅颂”广东省第二届朗诵大赛东莞赛区获金奖、总决赛银奖；美术协会14个作品在第六届东莞风情画展中获奖和入选，总量居全市各镇之首。

体育事业 2016年，虎门镇获评“2016年度东莞市体育工作先进镇街”“2016年度东莞市体育工作‘单打冠军’”。5—8月，以“动起来 虎门”为主题，举办虎门镇第七届运动会。虎门镇运动员在全国赛艇锦标赛夺2枚金牌，在全国皮划艇U23锦标赛中夺1枚金牌，在广东省青少年赛艇冠军赛夺3枚金牌，在广东省青少年皮划艇（静水）冠军赛夺8枚金牌，在澳门杯青少年独木舟邀请赛夺8枚金牌，获团体总分第一名；在广东省青少年跆拳道锦标赛夺6枚金牌，助力东莞市获金牌榜第一名；在广东省青少年拳击锦标赛夺3枚金牌，助力东莞市获金牌榜第一名。9—12月，虎门镇代表团参加市第十三届老年人运动会，蝉联团体总分第一名，获“优秀组织奖”“优秀赛区奖”。

【第21届中国（虎门）国际服装交易会暨2016虎门时装周】2016年11月18—21日，第21届中国（虎门）国际服装交易会暨2016虎门时装周，以“创新·进取”为主题，在新落成的虎门会展中心举行，并在镇内各大服装商场、面辅料市场、小商品市场、电商园区等设立20个分会场。期间，举办第三届虎门国际电商节、第十七届虎门杯国际青年女装设计大赛、第三届中国（虎门）微电影大赛、14场时尚发布会（其中包括5场韩国、中国台湾、中国香港知名设计师发布会）、4场高端论坛等33项活动，全方位彰显“时尚虎门、魅力虎门、活力虎门”的形象。本届展会主会场吸引15万人次的专业采购商和普通观众。

【《虎门镇志》入选全国首批名镇志】 2016年4月，《中国名镇志文化工程·虎门镇志》付梓。该志于2015年2月启动编修，以2009年版《虎门镇志》（下限2000年）为基础重修，下限延伸至2014年。设置“基本镇情、英雄虎门、时尚虎门、经济强镇、文化名镇”等篇章，全书42.6万字。以虎门销烟开端，突出虎门“近代史开篇地”的地位；以敢为人先精神立魂，突出虎门“改革开放先行地”的地位；以特色产业兴镇，突出虎门“全国服装名城”的地位。

2016年5月12日，《中国名镇志文化工程·虎门镇志》等11部全国首批名镇志在北京人民大会堂举行首发仪式，同时举办首届全国名镇论坛暨中国名镇志丛书出版座谈会。全国政协第十届副主席、中国名镇志文化工程专家委员会名誉主任徐匡迪等向虎门镇等11个镇授牌和颁发证书。《中国名镇志文化工程·虎门镇志》是广东省唯一的入选全国首批名镇志的志书。该项工作获评2016年度东莞市“单打冠军”。 （王嘉慧）

附：2016年虎门镇党委、人大、政府主要领导名录

镇委书记：叶孔新

镇人大主席：叶孔新（任至11月）
孙景森（11月到任）

镇 长：曲洪淇

2012—2016年虎门镇主要经济社会指标

指标＼年份	2012	2013	2014	2015	2016
户籍人口（人）	129798	130592	131470	133348	135689
常住人口（万人）	64.32	64.42	63.93	63.83	63.58
面积（平方千米）	178.5	178.5	178.5	178.5	178.5
生产总值（万元）	3480905	3819357	4132811	4471700	4976610
第一产业（万元）	17927	19379	17675	17799	19276
第二产业（万元）	1526167	1631323	1745903	1696749	1716255
第三产业（万元）	1936811	2168655	2369233	2757152	3241079
总用电量（万千瓦时）	400707	405989	421271	429929	450114
全社会固定资产投资总额（万元）	783984	910145	1067910	1155657	1208987
社会消费品零售总额（万元）	1359300	1550424	1670776	1929113	2091339
外贸出口总额（万美元）	303476	332323	273214	308690	304069
实际利用外资（万美元）	14678	15692	19003	15203	4003
镇级可支配财政收入（万元）	212576	225958	227971	235022	248742
各项税收总额（万元）	527904	580772	616672	725688	785126

东城街道

【东城街道概况】 东城街道位于东莞市中心区。截至2016年，辖区面积105.9平方千米，下辖23个社区和2个国营林场，常住人口48.11万人，其中户籍人口10.47万人。

2016年，东城街道实现国内生产总值413.1亿元（第一产业1912万元，第二产业140亿元，第三产业272亿元），比上年增长8.3%；全社会固定资产投资64.3亿元，下降25.1%；总用电量31.29亿千瓦时，增长4.7%；社会消费品零售总额138.7亿元，增长10.9%；实际利用外资1.68亿美元，下降9.67%；外贸出口总额330.8亿元，下降2%；各项税收总额（含市属部分）113.5亿元，下降5.2%；东城街道本级一般公共预算收入22.38亿元，增长3.4%。

2016年，东城街道在全市镇街领导班子年度量化考核中获评“优秀镇街”，并获评“广东省家庭文明建设示范点”“广东省第十六届体育节活动先进单位”“广东省生态乡镇（街道）”“广东省扶贫开发‘双到’通报表扬帮扶单位”“全省关心下一代工作先进集体”“广东省‘五好’镇街工商联”“广东省四星级宜居社区”“社会服务管理‘智网工程’”“教育领域综合改革”等9项全市“单打冠军”。

【东城街道产业升级】 2016年，东城街道推进供给侧结构性改革，落实免征34项涉企收费项目，为企业减负9200多万元；鼓励企业实施“机器换人”，推动企业投入3.13亿元加快转型升级；超额完成电机能效提升和注塑机伺服节能改造任务；实施“东莞制造2025”战略，培育一批智能制造骨干企业，劲胜智能制造车间成为全国智能制造经验交流会的示范现场。提升企业创新能力，投入5200多万元奖励资助科技项目，推进高新技术企业“育苗造林”计划，高新技术企业由71家倍增至145家，总量保持全市第二位。新增发明专利授权量251件，居全市第三位；驰名著名商标增加至33件，总量居全市第一位；省市级重点实验室和工程技术研究中心增加至17个；创建国家级众创空间1个、市级孵化器2个。加大招商引资力度，引进300万元以上的内资项目1217宗，实际投资59.2亿元；合同利用外资1.7亿美元，实际利用外资1.68亿美元。

【东城街道城市建设】 2016年，东城街道重点工程进展顺利，加快推进民盈大厦、振兴大厦等重点项目建设，建成启用虎英小学，基本完成峡口搬迁小区等8项工程项目，推进10条总投入7350万元的道路升级改造，投入1.3亿元实施6项水利工程，加快黄沙河流域海绵城市建设、下桥河内涝整治等项目进度。推进城市改造，推动6宗“三旧”改造项目动工，完成投资9.3亿元；加快黄旗南2号单元、乌

东城街道

石岗—石井等连片改造进度，完成“33小镇”首期改造工程；加快项目征地拆迁工作，征收补偿用地面积1.25万平方米，补偿建筑面积2.5万平方米；清理城市“六乱”违法行为2万多宗，拆除违法建筑2.36万平方米。优化城市环境，动员全街道干部群众，开展基层文明和卫生城市创建等专项工作；投入4400多万元，完善环境卫生、市政绿化、灯光夜景等基础设施；推进12个“小山小湖”项目改造，基本完成52项宜居建设，申报3个广东省宜居社区。

【东城街道改革创新】 2016年，东城街道持续推进行政服务改革，教育领域综合改革获评全市“单打冠军”；加快“智网工程”建设，首期推动84个事项入网管理，社会服务管理水平明显提升；推动“互联网+政务服务”，建成东城街道综合服务中心和23个社区公共服务中心，打造高效便捷的两级公共服务平台。全面深化商事登记制度改革，推广全程电子化工商登记，推动快速审批、集群注册及“多证合一”等改革，激发社会创新创业动力，新增市场主体1.18万户，总数5.79万户；启动国税地税“互设窗口，互派人员”的便民办税模式，实行“O2O联合办税”和“国地通”平台试点工作，提高办税效率。完善社区财经管理，设立社区“三资”（资金、资产、资源）管理办公室，实行社区两级财务人员、法律助理、资产交易员集中办公，提高集体经济经营管理效率；实施社区会计主管制度试点工作，完善基层财务监管机制；通过社区资产交易平台完成284宗交易项目，成交总额9.81亿元，比原合同金额提高35.8%；社区两级集体经济总收入11.74亿元，增长5.54%；纯收入7.48亿元，增长8.74%。

【东城街道社会管理】 2016年，东城街道开展“飓风2016”等专项行动，打击违法犯罪，接报警情3.83万宗，比上年下降4.57%，群众安全感提升。实施科技强警计划，新增社区高清视频监控探头136个，推动社区视频与公安监控的联网对接；推广“门禁系统+视频监控”试点，形成出租屋管理新模式。加强社会矛盾排查化解，按时办结信访投诉1207件次；完善法律服务工作站点建设，实施劳资案件社区干部约谈制度，促进基层维稳关口前移。落实“一岗双责”制度，健全安全工作监管体系，抓好安全生产、消防安全、交通安全、食品药品安全等排查整治，全年无发生较大以上安全事故。

【东城街道民生事业】 2016年，东城街道提高社会保障水平，征收社会保险基金15.89亿元，落实社会保障待遇3.32亿元；完善惠民补助政策，扩大困难家庭生活补助范围，向户籍老人和困难群体发放各

2016年7月23日，全国智能制造示范试点经验交流会在东莞市召开，东城街道劲胜精密组件股份有限公司列为现场参观点

2016年11月8日，东城街道打造的大型原创音乐剧《虎门销烟》在东莞玉兰大剧院举行首演

类补助金2800多万元。提升公共服务水平，坚持教育优先发展，教育经费总投入6.71亿元，占一般公共预算支出的29.64%；制订《东城街道促进就业创业奖励办法》，向1.1万人次发放就业补贴1200多万元；新家庭计划项目获东莞市基层社会治理改革创新先进项目。文化惠民工程成效显著，培育和践行核心价值观，开展"我们在黄旗山下"系列比赛，承办全国高校声乐展演、粤港澳华语歌曲创作大赛、广东省朗诵大赛、广东省演讲大赛等活动；打造一批文艺精品，《银锭桥》《虎门销烟》等本土原创舞台剧在全国巡回演出。

【东城街道率先建设东莞市首个全国智慧城市试点】 2016年9月23日，在2016年中国（广州）智慧城市大会上，东城街道智慧城市创建工作作为优秀工作经验向全省进行推广。东城街道于2013年8月申报成为国家第二批智慧城市试点，经过3年的创建，完成智慧城市运营服务中心硬件基础设施建设，以大数据平台为支撑，将东城街道划分为69个城市管理网格和187个社会治理网格，各项基础工作全面下放到23个社区，形成城市网格布局；建成22个社区综合服务管理中心，完成省、市、街道、社区四级网上办事大厅互联互通，为群众推送550个网上办理事项，社区"一站式"行政服务实现全覆盖。公共服务事项一站式办理率90%，网上申报办理率80%，全流程网上办理率50%。

【东城街道创新型公办学校试点改革获评东莞市"单打冠军"】 2016年10月8日，东城街道虎英小学启用并迎来首批学生。东城街道在虎英小学探索开展创新型公办学校试点改革，改革办学选人、管人、用钱等基础性制度，尊重办学主体自主权，推动实现办学自主，经费自主、用钱自主、用人自主，释放学校办学活力，打造全市教改试点。东城街道"教育领域综合改革"获评2016年度全市"单打冠军"。

虎英小学位于东城街道东辉路与迎宾路交汇处，财政投入资金1.5亿元，用地面积2.79万平方米，建筑面积4.56万平方米，办学规模36个班，可提供1600多个学位。 （莫志荣）

附：2016年东莞市东城街道党委、人大、办事处主要领导名录

党委书记：陈志伟

人大联络委主任：詹耀东

办事处主任：邵宏武

2012—2016年东城街道主要经济社会指标

指标 \ 年份	2012	2013	2014	2015	2016
户籍人口（人）	92474	94257	96377	99564	104706
常住人口（万人）	49.79	49.68	49.51	48.14	48.11
面积（平方千米）	105	105	105	105	105
生产总值（万元）	2729294	3223053	3456419	3728664	4131408
第一产业（万元）	430	461	1753	1765	1912
第二产业（万元）	937223	1196326	1268004	1317384	1409087
第三产业（万元）	1791641	2026266	2186663	2409514	2720410
总用电量（万千瓦时）	286361	289123	298813	298794	312936
全社会固定资产投资总额（万元）	558062	698933	781403	859138	643268
社会消费品零售总额（万元）	930290	1009621	1075848	1231400	1387678
外贸出口总额（万美元）	316425	356137	414907	544069	531115
实际利用外资（万美元）	16398	18250	35199	18778	16898
镇级可支配财政收入（万元）	173810	202190	209036	216338	223781
各项税收总额（万元）	593748	717802	758289	1197389	1134742

万江街道

【万江街道概况】 万江街道位于东莞市西部，地处粤港澳经济走廊，临近珠江入海口，截至2016年，辖区面积48.6平方千米，下辖28个社区，常住人口24.55万人，其中户籍人口8.74万人。

2016年，万江街道实现国内生产总值114.48亿元（第一产业0.31亿元，第二产业39.48亿元，第三产业74.69亿元），比上年增长7.0%；全社会固定资产投资28.20亿元，下降10.25%；总用电量13.96亿千瓦时，增长4.18%；社会消费品零售总额59.13亿元，增长13.03%；实际利用外资4147万美元，下降40.71%；外贸出口总额5.30亿元，增长15.97%；各项税收总额20.89亿元，增长11.21%；镇级可支配财政收入18.77亿元，增长63.22%。

2016年，万江街道获评省“扶贫开发‘双到’工作优秀单位”“‘集思公益 幸福广东’支持妇女计划优质管理项目执行机构”，获评“交通安全文明示范社区”“儿童友好示范社区”“四星级宜居社区”等3个全市“单打冠军”。

【万江街道转型升级】 2016年，万江街道产业供给结构优化，先进制造业、高技术制造业增加值分别增长20.6%和25.7%。抓好31个重点项目建设，其中：5个市重大项目完成投资2.62亿元，东莞市首个包装印刷产业园——铭丰包装项目一期投产，二期桩基础工程完工；市中心定点屠宰场和肉类制品加工基地项目，完成年度投资计划165%；广东顺联动漫科技有限公司生产配套中心，完成年度投资计划129.4%；万江街道重点项目新村工业园、北大科技创新产业园、民营创新产业园、英伦公鸡地块、万江小享产业园、东孚二期项目、金泰名牌总部街等项目建设推进；曲海社区、石美社区、管桩厂及周边地块等“三旧”（旧城镇、旧厂房、旧村庄）改造项目进展顺利。商业氛围和品质不断提升，东莞家汇生活广场基本建成投入使用，其立足“互联网+”战略，与阿里巴巴莞橙会、腾讯微信等巨头联袂打造东莞市首个O2O（线上到线下）智能商城；红星美凯龙东莞商场开业；麦德龙全球首家绿色商场重装开业，改造后化石能源消耗降低50%；万江街道第五届休闲购物狂欢节成功举行。

【万江街道创新驱动】 2016年，万江街道实施高新技术企业“育苗造林”计划，新增高新企业68家，总数达93家，比上年增长166%，66家企业进入后备培育库。促进科技金融融合发展，新增挂牌“新三板”企业4家，举办中小企业创新项目融资路演大赛，帮助22家企业融资3亿多元，前海股权交易中心（东莞）签约落户万江街道，打造龙湾梧桐小镇金融项目，构建新型金融、科技、文化、产业融合创新生态。推进“机器换人”和工业技改，推荐15家企业申报“机器换人”项目，带动完成工业技改投资5.02亿元，增长53.62%。推动发明专利申请，专利申请量1581件，增长64.71%。推动科技项目立项，1家企业获国

万江街道

家知识产权管理体系认证，1家企业被认定为省工程技术研究中心，4个项目获省级科技计划项目立项等。推动东莞广州美院文化创意研究院“文化+科技+产业”协同创新计划取得阶段性进展，签约并实质性开展合作项目近30个。打造创意设计与智能制造对接平台。举办全国大学生工业设计大赛和万江都市型工业创新成果展。推动成立万江智能制造行业协会，80多家企业实现抱团发展。举办企业创新培训专题活动，参加人数累计230多人。加强科技人才子女教育保障，落实企业人才子女入学39人。

2016年11月21日，万江智能制造行业协会成立

【万江街道环境优化】 2016年，万江街道打响水污染治理攻坚战，完成4批次151.9千米截污管网建设；组织力量排查全部2078个排污口；滘联涌生态修复治理示范工程进场施工，中心涌综合整治成效初显。协助推进梨川大桥、银龙桥建设，蓬庙地块交通环境整治一新。“十里汾溪”前期工作推进。推动14家“两高一低”（高污染、高能耗、低效益）企业整治和退出。推进“光网城市”建设，累计建设光纤端口近10万个，光纤覆盖率超99%，位居全市前列。220千伏新和变电站投入使用，110千伏新村变电站推进。

【万江街道社会治理】 2016年，万江街道推进“智网工程”，选取大莲塘社区为试点，同步开展网格划分、队伍整合、方案制定等工作。开展“飓风2016”专项打击整治行动，打击突出违法犯罪。在全市率先开展“全民创安·一呼百应”工作，建成486个标准化的警民联防点，购置4G网络对讲机287套分配到警民联防点，加强快速联动。2016年，违法犯罪警情总体下降15.44%，社会治安状况持续向好。履行安全生产责任，建立企业安全风险分级管控机制。抓好消防安全，开展“三小”（小档口、小作坊、小娱乐场所）场所和出租屋、仓储物流等领域的专项整

万江街道绿道

治。守住食品安全底线，建成8家农贸市场快检室。加强信访源头防控和积案化解，受理并妥善处理劳资纠纷1100多宗。开展志愿活动约1900场次，组织志愿者超2.2万人次，志愿服务总时数超4万小时。成立万江街道法学会，依法行政水平提高。

【万江街道民生建设】 2016年，万江街道启动“广东省社区教育实验区”创建；与广东第二师范学院合作，启动教育内涵发展与区域教育水平提升合作项目；启动公办中小学品质提升工程；关爱新莞人，通过积分制入学招收其随迁子女490人，比上年增加202人。落实医疗服务价格改革，实施“全面两孩”政策。促进就业，举办大型招聘会4场，提供空缺岗位6315个，发放就业创业补贴近1000万元。关爱老人，全面开展居家养老服务站建设，建成27个站点，为900多位老人提供居家养老服务；落实扶贫“双到”工作，做好市内外扶贫。发展文体事业，开展“赛龙舟”国家级非遗项目的保护与传承，推进文物保护单位的修缮工程；举办2016东莞万江龙舟文化节、摄影比赛、社区篮球赛等系列活动。便民为民，28个社区综合服务管理中心全部投入使用，街道一级综合服务中心建成并投入使用。

【东莞广州美院文化创意研究院】 东莞广州美院文化创意研究院位于万江街道泰库文化创意产业园，成立于2016年3月，是首个落户东莞市水乡地区的文化创意研究院。至年底，致力于促进文化创意和设计服务与相关产业的深度融合发展，先后承办2016全国大学生工业设计大赛，策划并承办以“创意设计·智造未来”为主题的“东莞创意设计活动周”等活动；开展协同创新合作，与松山湖管委会、中国科学院云计算产业技术创新与育成中心、东莞华南设计创新院等机构签订战略合作协议。

【银龙路（银龙桥）项目】 银龙路（银龙桥）项目位于万江街道中部，道路全长2.8千米，总投资2.31亿元。截至2016年，该项目处于施工建设阶段，预计2018年底完工。项目作为鸿福西路—银龙路跨江通道工程的先行段，沟通中心城区与水乡地区，推进中心城区、万江街道、高埗镇等区域的融合发展，同时为多个水乡统筹重点项目提供集疏交通通道，包括龙湾滨江新城项目、万江都市水岸示范岸线项目、水乡地区南北轴线通道。

（何洁珊）

附：2016年万江街道党委、人大、办事处主要领导名录

党委书记：吴志刚（任至12月）
　　　　　黄贵洪（12月到任）
人大联络委主任：
　　陈榴基（8月到任）
办事处主任：谭全河

2012—2016年万江街道主要经济社会指标

指标＼年份	2012	2013	2014	2015	2016
户籍人口（人）	79721	80538	81627	84030	87425
常住人口（万人）	24.63	24.71	24.83	24.39	24.55
面积（平方千米）	48.6	48.6	48.6	48.6	48.6
生产总值（万元）	806232	939750	986999	1047196	1144808
第一产业（万元）	2684	2724	2845	2865	3103
第二产业（万元）	297329	350319	359822	368943	394803
第三产业（万元）	506219	586707	624332	675387	746902
总用电量（万千瓦时）	122396	127433	134270	134025	139628
全社会固定资产投资总额（万元）	253466	270226	287832	314254	282049
社会消费品零售总额（万元）	352765	379354	452063	523107	591275
外贸出口总额（万美元）	37609	38130	44372	45705	53018
实际利用外资（万美元）	2522	3214	3920	6994	4147
镇级可支配财政收入（万元）	62575	73532	73086	114985	187654
各项税收总额（万元）	158779	184654	206915	187880	208940

南城街道

【南城街道概况】 南城街道位于东莞市新城市中心区，是市委、市政府所在地。截至2016年，辖区面积56.62平方千米，下辖18个社区，常住人口30.91万人，其中户籍人口9.49万人。

2016年，南城街道实现地区生产总值392.03亿元（第一产业1258万元，第二产业53.06亿元，第三产业338.84亿元），比上年增长8.8%；全社会固定投资资产总额59.55亿元，增长18.01%；总用电量11.39亿千瓦时，上升3.26%；社会消费品零售总额206.18亿元，增长9.1%；外贸出口总额282.89亿元；各项税收总额134.99亿元，居全市第一位，增长14.8%；镇级可支配财政收入20.80亿元，增长12%。2016年南城街道获评领导班子工作优秀镇街，并获评8项全市“单打冠军”。

【南城街道重大项目建设】 2016年，南城街道抓好重大项目建设，8个重大项目建设累计完成投资10.3亿元，超额完成年度投资计划。天安数码城F区产业用房主体建设基本完成，D区产业用房进行基础施工；凯达科技设计中心一、二期办公单元精装修交楼，二期主体施工建设；南信物流网及智能设备制造厂区项目主体工程施工开展；广东烟草东莞市有限公司卷烟物流配送中心项目按时动工；金霸王（中国）有限公司厂房及配套项目，主要进行厂房二期建设、粉末设备调试投产、新生产线订购；广东科技学院二期（国际学院）建设项目启动，主要建设办公室、学术交流中心、学生宿舍；南城中心小学分校（雅园小学）按计划开工。2016年，南城街道获评东莞市重大项目建设管理先进单位。

【南城街道现代服务业发展】 2016年，南城街道的宏图科技中心成为新的纳税亿元楼。电子商务业务继续发展，规模电商企业从216家增到338家。金融机构从289家增到308家，玉山银行、广发银行等一批新的大型银行建立区域总部；众创金融街为东莞市中小微企业和个人融资从160亿元增到516亿元。人民银行东莞市中心支行金融服务平台进驻众创金融街，在省内率先打造集征信服务、金融消费权益保护以及企业信用信息和融资对接服务于一体的金融服务平台。

【南城街道科技创新】 2016年，南城街道优质项目建设持续推进，现代制造业的金霸王新厂房和海金杜门二期厂房完工，天安数码城、凯达科技设计中心等8个市重大项目完成投资10.3亿元，占年度计划105.8%。创新驱动加速推进，科技企业孵化器、科技服务机构、科技企业稳定发展、互相促进。全年新增国家高新技术企业84家，总数从2015年的63家大增到131家，申请专利量、授权量分别为1951件、1068件，均创年度新高。科技产业金融深度融合，在全市率先与前海股权交易中心、建设银行东莞分行战略合作成立“南城科创板基金”，助推企业成长壮大。2016年，南城街道获评全市唯一的“省科普示范镇”。

【南城街道综合改革】 2016

南城街道鸿福路商圈

年，南城街道新增登记市场主体1.28万户，总量达5.09万户，比上年增长33.44%，其中新增企业9149户，增长81.92%。推进行政服务改革，逐步完善南城办事大厅、网上办事大厅和社区综合服务中心，启用全市首个国地税联合办税服务厅。国务院第三次全国大督查第十督导组对南城街道推动“放管服”工作给予肯定，给予“特别能战斗”的评价。推进“营改增”全面扩围，落实小微企业、高新企业、制造业等一揽子税收优惠政策，降低税负成本。推进资产管理运行机制改革，南实集团运行步入正轨，完成主营业务收入8512万元，增长12.81%，总体流动资产8.36亿元，增长6.58%。

【南城街道集体经济管理】2016年，南城街道建立全市首个村级储备金制度，集体资产优化。村组两级集体总资产87.66亿元，比上年增长1.8%；净资产80.72亿元，增长3.6%；经营总收入7.9亿元增长5.94%；纯收入5.47亿元，增长5.9%；负债总额6.94亿元，减少15.9%。

【南城街道基础设施建设】2016年，南城街道城市建设深入推进，加速推进行政文化商业、“三旧”（旧城镇、旧厂房、旧村庄）改造项目、供气供水供电等公共基础设施建设，配合全市完善地铁2号线西平站、蛤地站公交接驳站场建设。推进城市管理智慧化信息化，实施城市精细化管理，强化市政公用设施建设和管养，开展灯光夜景工程。

【南城街道城市环境改造】2016年，南城街道推进城市生态建设，集中整治城市“六乱”（乱搭乱建、乱堆乱放、乱设摊点、乱拉乱挂、乱贴乱写乱画、乱扔乱吐），累计发布公益广告5073处，清拆违章广告1860个，清理城市“牛皮癣”36万余处。大气污染防控、水污染防治全面加强，节能减排推进，内涝整治工程系统实施，生态景观林带建设强化，建成花卉苗木、盆景生态观光集群40多公顷。南城街道在东莞市环境保护责任年度考核中获第四名。

【南城街道文化建设】2016年，南城街道档案馆、方志馆、展览馆建成使用，创办《南城年鉴》，编纂《南城名片》，收集族谱种类约1000种8000多册，涉及120多个姓氏。文化中心参加省、市级文艺展赛，获18枚金牌、11枚银牌、13枚铜牌，其中在市合唱节比赛中，南城街道获3枚金牌、1枚银牌，镇街组金奖总分第一名；打造“篁溪雅韵”南城文学艺术获奖作品汇报展、东莞市首届行书提名展、首届书画作品双年展等文化品牌系列活动；组织开展文化惠民演出30场，核心价值观进基层系列活动12场，文化惠民培训44场，放映公益电影290场，举办专题专场文艺展演55场；出版《南城文艺》6期，《南城》杂志11期，文化微信公众号推送文化资讯49期；申报万科769文化创意产业园为市级文化产业园区；申报“烘焙技术”项目为市级非物质文化遗产代表性项目。

【南城街道社会管理】2016

南城街道西平片区

东莞蚝岗遗址博物馆

年，南城街道社会治安全面推进“法治之城”“平安之城”建设，推动平安社区、平安学校等“平安细胞”建设，实行军警民联合巡逻，推进视频监控系统建设。2016年立刑事案件3485宗，下降15.3%，破案1145宗，上升7.7%，“飓风2016”专项行动成效量化评价居全市第一位。受理群众信访案件396件次，下降21.4%。处理劳动争议案件1290宗，化解一批重大劳资纠纷案件。落实安全生产责任制，全年未发生重特大安全生产事故。南城街道获评全市社会治安综合治理优秀镇街。

【南城街道教育事业】 2016年，南城街道投入10.46亿元用于民生事业，占一般公共预算支出的67.97%。坚持教育优先发展，教育支出稳居街道财政支出首位，教育基础设施、教育系列品牌、教育特色项目、教育综合改革、教育保障能力全面加强和提升，教育优质均衡发展，学位紧张问题缓解。南城中心幼儿园开园，教育体系更加完善。东莞中学托管南城中学实施，迈出教育提升步伐。奖学奖教成果丰硕，考入清华、北大的南城籍学子由2015年的1名升到9名，约占全市四分之一。“义务教育公办学校托管民办学校试点”“南城街道储备金制度”等改革被市委改革办选取编入《2016东莞改革进行时》。

【南城街道民生实事】 2016年，南城街道落实就业创业政策，发放就业优惠补贴585.06万元，惠及6947人次。分类推进社保扩面征缴工作，各项基金征缴总数14.31亿元，比上年增长4.43%；落实基本养老金上调，有8403名企业退休职工和社区退休居民受惠；推行“基本险”“补充险”“大病险”组成的新医保体系，统筹支付医疗费用8601.29万元，发放生育津贴2183.59万元。新社区卫生服务中心建成使用，投资2800万元，面积达6000平方米；一批社区服务站完成升级改造。全年未出现传染病疫情。

【南城街道帮扶救助】 2016年，南城街道精准扶贫开局良好，完成对口帮扶南雄的阶段任务，同时开展市内扶贫。2016年发放救济金225万元，惠及178人次，发放低保生活保障金22.78万元，发放困难学生助学金22万多元，关心关怀老年人及困难群体，发放节日慰问金537万多元，惠及9575人次。残疾人康复就业促进中心建成使用，发放残疾人津贴229.26万元，帮扶14名残疾人就业。　　（黄　蓉）

附：2016年南城街道党委、人大、办事处主要领导名录

党委书记：陈桂明

人大联络委主任：

　　陈桂明（任至8月）

　　邱　刚（8月到任）

办事处主任：梁寿如

2012—2016年南城街道主要经济社会指标

指标＼年份	2012	2013	2014	2015	2016
户籍人口（人）	76937	79178	82991	87236	94869
常住人口（万人）	29.68	29.87	30.25	30.24	30.91
面积（平方千米）	56.62	56.62	56.62	56.62	56.62
生产总值（万元）	2602379	3012235	3239733	3525763	3920288
第一产业（万元）	1230	1269	1243	1252	1258
第二产业（万元）	565615	650744	623104	571781	530606
第三产业（万元）	2035535	2360222	2615386	2952730	3388424
总用电量（万千瓦时）	106594	106193	110598	110319	113908
全社会固定资产投资总额（万元）	930321	1113557	437269	504594	595479
社会消费品零售总额（万元）	1409882	1487256	1720871	1870681	2061833
外贸出口总额（万美元）	403807	386386	224209	178796	454192
实际利用外资（万美元）	10220	11354	18430	5408	3813
镇级可支配财政收入（万元）	186636	169378	171625	185423	207983
各项税收总额（万元）	807018	914215	898492	1175734	1349929

中堂镇

【中堂镇概况】　中堂镇位于东莞市西北部，距广州市区46千米，距东莞市区12千米。截至2016年，辖区面积60平方千米，下辖20个村（社区），常住人口13.9万人，其中户籍人口7.9万人。

2016年，中堂镇完成生产总值89.93亿元（第一产业1.06亿元，第二产业45.84亿元，第三产业43.03亿元），比上年增长4.6%；全社会固定资产投资总额16.13亿元，增长2.2%；总用电量（含企业自发电）35.65亿千瓦时，增长5.37%；社会消费品零售总额31.77亿元，增长7.88%；实际利用外资3284万美元，增长26.60%；外贸出口总额20.64亿元；税收总额14.82亿元，增长10.06%；镇级可支配财政8.62亿元，增长15.38%。

2016年，中堂镇获评“广东省社区教育实验区”“广东省儿童友好示范社区”“广东省交通安全文明示范社区”“广东省四星级宜居社区”“广东省扶贫开发双到通报表扬帮扶单位”“推进生态文明建设体制机制改革”“退休人员社会化管理服务工作第十批省级示范点”等7个全市“单打冠军”。

【中堂镇产业优化】　2016年，中堂镇以产业转型升级为重点引进项目17宗，计划总投资3亿元，其中12宗建成投产，完成投资1.1亿元推进金雀工业园转型发展中安高科技产业园项目。落实2016年“两高一低”（高能耗、高污染、低效益）企业整治责任，12家企业基本整改到位。清理钢铁行业落后产能65万吨。完成124.6公顷农地招商，招商率52%。完善创新驱动发展政策体系，制定奖励方案，明确创新驱动工作重点，协助24家企业申报认定为国家、省高新技术企业，推进兆舜公司、南宇公司、粤辉公司等3家科技企业在新三板挂牌。

【中堂镇重大项目建设】　2016年，中堂镇发挥重大项目作为发展引擎的作用，推动重大项目建设提质提效。基本建成江南农批冷链物流（二期）、中堂百香岛（一期）等重大项目，燃气热电联产项目纳入广东省能源发展“十三五”规划、东莞市热电联产规划并加紧开展前期工作；签订东莞市机动车驾驶人考试一体化考场项目合作框架协议，并纳入市重大预备项目；签订东糖集团公司战略转型协议，完成穗莞深城轨中堂站首期项目土地一级开发方案。

【中堂镇环境优化】　2016年，中堂镇全面打响水治理攻坚战，完成生态保护与建设示范区规划，先期启动潢新围东部片区清理、提升工作；推进治水治污工程建设，一期工程13.3千米截污次支管网工程完成近70%，并开展二、三期工

中堂镇

程；加快污水处理厂二期工程立项；改造供水管网1.28千米；造纸基地集中排污专管项目完成备案等前期手续。推进凤冲、袁家涌、吴家涌村累计4.7千米的河涌清淤工程；建成1个空气在线监测子站，建成204.87公顷高标准基本农田。完成袁家涌、槎滘等2个村的"美丽幸福村居"建设，同步推进或启动东泊、鹤田、中堂等11个村（社区）的创建工作。

【中堂镇文明创建】 2016年，中堂镇深入开展基层文明建设"补短板　促提升"工作，落实文明创建"十大行动"（开展户外广告整治行动、开展城市"牛皮癣"整治行动、开展环境卫生整治行动、开展"涉黄"整治巩固行动、开展交通秩序整治行动、开展公益广告氛围提升行动、开展核心价值观融入提升行动、开展城乡规划建设提升行动、开展基层服务提升行动、开展市民素质提升行动），累计整治城市"六乱"（乱搭乱建、乱堆乱放、乱设摊点、乱拉乱挂、乱贴乱写乱画、乱扔乱吐）3617宗，查处在建违法建筑75宗，查处违法用地17宗，查处"黑气"（非法液化石油气）和燃气案件14宗，清理卫生死角1312处、垃圾堆放点2075处。开展畜禽养殖业污染专项整治，清理非法养猪场37个、非法家禽养殖场4个。

【中堂镇社会管理】 2016年，中堂镇推进平安中堂建设，推动社会治安综合治理、火灾隐患重点整治工作。启动"智网工程"建设，划分106个网格实行精细化、精准化管理。完善三级视频监控，建成人车识别辅助系统，实现视频监控联网化和指挥调度一体化。落实"全民创安"，改造警民联防执勤点，建设5个创安岗亭，累计创建"平安细胞"2.3万多个。开展12场"以案说防"活动，打造坚实的社会防控"防火墙"。健全诉求表达、矛盾调处、权益保障机制及群体性事件应急工作制度，加强信访源头防控和积案化解，社会治安总体稳定。

【中堂镇民生实事】 2016年，中堂镇全面建成20个村级公共服务中心，基本建成镇综合服务中心。坚持为民解困，投入4302万元落实低保户补助、困难群众春节价格补贴、五保供养、老年人节日慰问等底线民生保障，落实833万元扶残助残资金。夯实教育基础，实施名师培训工程，12名教师获评市"教学能手"，朝阳学校、鹏翔小学通过"市一级学校"评估验收。累计建立23个村民车间，安置2248名村民就业；发放技能晋升培训补贴48.7万元、就业补贴710万元。开展社保扩面征缴"开源节流"行动，提高参保覆盖面。实施文化惠民工程，编辑出版《东莞市龙舟志》《中堂传统村落与建筑文化》《中堂龙舟制作》，"粤韵满中堂"演出获评市十大文化品牌。

【中堂镇创新驱动发展】 2016年，中堂镇做好市镇联动的股权投资、融资担保、融资租赁、中小企业信用管理等多元化、综合性的科技金融服务。鼓励银行等金融机构针对科技企业制定"一对一"的金融产品，支持企业开展专利质押贷款，为企业技术创新提供宽松、便

东莞理文造纸厂

中堂龙舟景

利的融资环境。2016年，广东南宇科技股份有限公司、粤辉科技股份有限公司在新三板挂牌，东莞美哲塑胶制品有限公司于台湾上市。

【中堂镇“两高一低”企业转型】 截至2016年，中堂镇连续3年全面整治与引导退出“两高一低”（高能耗、高污染、低效益）企业，开展专题招商，加强项目准入把关，引导业主整合利用厂房物业就地转型。累计引退“两高一低”造纸企业12家，其中，促成7家转型发展优质项目，其中4家实现原地转型，引进项目5个，计划总投资额4.74亿元，预计年产值6.6亿元。转型发展的项目有电动汽车生产、建材、粮食仓储加工、设备工程等行业，行业层次提高；3家企业纳入穗莞深城轨中堂站TOD（以公共交通为导向的开发）规划，另有1家村集体企业计划与周边地块一并实施改造，发展商住项目。

【潢涌村旅游规划】 潢涌村是水乡特色发展经济区内极具发展特色的村庄，文化底蕴深厚，于2012年5月获评广东省历史文化名村。截至2016年，潢涌村村组两级可支配收入连续10多年均排名全市前三甲，社会和谐稳定。2016年，中堂镇推动潢涌村落实东莞市水乡旅游发展的规划和部署，以创建国家AAAA级旅游景区为目标，划定以潢涌古村落板块为核心，以生态农业板块、水乡小镇板块、造纸公园板块和商务休闲板块为延伸的创建区域，打造“宜居、宜游、宜文、宜业、宜商”的乡村旅游目的地，力争“十三五”期间打造成为“岭南水乡特色村”“创意生态度假区”。

【中堂百香岛农业生态园开园】 2016年国庆节，中堂百香岛农业生态园百香岛开门迎客。该园于2015年10月落户中堂镇，规划建设总面积约200公顷，总投资3.12亿元。项目一期建设面积约100公顷，包括欢乐城堡游乐区、3D水稻观赏区、亲子农耕体验区、浪漫花海区、水上游乐休闲区、果园采摘区、小甲虫艺术农场等8个区域基本建成。国庆节期间累计接待游客9.6万人次；10月28—30日，2016首届“体验水乡”采摘文化展又在百香岛农业生态园举办，累计接待游客超过20万人次。

（吴家良）

附：2016年中堂镇党委、人大、政府主要领导名录

镇委书记：尹照容

镇人大主席：郭陈明

镇　长：姚铸锐

2012—2016年中堂镇主要经济社会指标

指标＼年份	2012	2013	2014	2015	2016
户籍人口（人）	74947	75571	76035	77199	79258
常住人口（万人）	14.05	14.12	14.05	13.92	13.94
面积（平方千米）	60	60	60	60	60
生产总值（万元）	759839	793906	833920	846736	899291
第一产业（万元）	8500	9280	9688	9756	10565
第二产业（万元）	438227	435852	460049	444721	458413
第三产业（万元）	313112	348775	364183	392259	430313
总用电量（万千瓦时）	231531	305228	346338	338315	356489
全社会固定资产投资总额（万元）	221050	265394	153927	157728	161264
社会消费品零售总额（万元）	244592	267064	282638	299451	317682
外贸出口总额（万美元）	27625	27124	32826	32103	33138
实际利用外资（万美元）	2173	2924	635	2594	3284
镇级可支配财政收入（万元）	63418	66593	69586	71313	86203
各项税收总额（万元）	102838	120925	136006	134672	148222

望牛墩镇

【望牛墩镇概况】　望牛墩镇位于东莞市西北部，东江下游。截至2016年，辖区面积31.57平方千米，下辖21个村、1个社区，常住人口8.54万人，其中户籍人口4.84万人。

2016年，望牛墩镇实现地区生产总值58亿元（第一产业5605万元，第二产业25.7亿元，第三产业31.78亿元），比上年增长3.7%；全社会固定资产投资总额13.76亿元，增长26.8%；总用电量8.75亿千瓦时，增长14.3%；社会消费品零售总额11亿元，增长6.23%；实际利用外资1898万美元，增长34%；外贸出口总额18.45亿元，增长-21.7%；税收总额8.27亿元，增长9.0%；镇级可支配财政收入5.48亿元，增长7.31%。

【望牛墩镇产业发展】　2016年，望牛墩镇推动重大项目建设，中集车辆先进零部件制造项目、凸版有余项目等市重大项目完成投资1.8亿元，中集车辆先进零部件制造项目一期工程建成投产，富锦食品、通优金属项目等重点项目进展顺利；引进立顿总部、胜源纸品项目等优质产业项目，总投资额10.3亿元。实施“育苗造林”计划，推动“机器换人”项目11个，新增7家国家高新技术企业，鼓励企业加大研发投入，推动规模以上企业设立研发机构，提升企业核心竞争力。引导企业开展产学研对接活动，推动福能精密公司、亚美精密公司、侨盛防伪材料公司等企业与科研院校建立研发合作关系，自主创新能力增强。

【望牛墩镇城市形象提升】　2016年，望牛墩镇推进文明创建整治行动，整治环境卫生脏乱差、“牛皮癣”乱张贴、占道经营和乱摆卖、车辆乱停放、非机动车逆行和行人闯红灯等不文明突出问题，建设孝德文化主题公园，创建核心价值观示范企业、示范学校、示范街道等，全镇公益宣传氛围大幅提升、镇容村貌明显改观、交通秩序明显改善，提升城市管理的精细化水平，打造现代文明城镇。围绕“内联外畅”的交通路网建设要求，加快完善城市基础设施，寮厦北桥、一坊小桥等一批桥梁完成升级改造，寮厦北桥升级改造完成通车。推动中心区提质扩容，加快房地产项目建设。天诚时代、海德骏园、翡翠华庭项目等一批房地产项目建成对外发售。4D国际影城商业综合体运营，活跃镇中心区商业氛围。

【望牛墩镇生态环境建设】　2016年，望牛墩镇启动截污次支管网一期36.8千米工程建设，提升污水处理能力。推动“美丽幸福村居建设”，重点围绕“一河两岸”美化绿化、内河涌整治、文体设施建设等内容，启动17个村的“美丽幸福村居建设”工作。深化园林绿化建设，持续开展植树绿化大行动，提升绿化规划质量，提高城市绿化覆盖率。加大环保执法力度，2016年，处罚环境违法行为60宗。推进“两高一低”（高污染、高能耗、低效益）企业引退和黄标车淘汰，以“零容忍”的态度处理环保违规问题，落实环境监察网格化管理，打击违法排污行为，妥善处理涉环保的信访投诉。

【望牛墩镇精准扶贫】　2016年，望牛墩镇按照“一村一策”工作方案，落实精准扶贫要求，争取对口帮扶单位支持，用足、用好、用活市内帮扶政策。统筹欠发达村1.39

望牛墩镇中心区

亿元补助资金，通过落实优质项目帮扶、就业激励补助、最低保障兜底等措施，增强欠发达村的造血功能。推进富民工程，发展小型农产品加工、民居客栈、家庭农场等自主创业项目，带动农户自主创业、增收致富。拓宽农村增收渠道，引导各村整合改造资源，发展农贸市场、购买理财产品等回报率相对较高的优质项目。同时，开展市外对口扶贫工作，并获评全市“单打冠军”。

【望牛墩镇集体经济发展】 2016年，望牛墩镇创新集体经济发展模式，探索搭建集体经济组织与实业投资、金融信托等合作平台，支持和引导集体经济以土地、物业或自由资金，拓宽增收渠道，改变原来单一的物业型经济发展路径。加强农村集体资产交易和“三资”（资金、资产、资源）监管平台的管理，落实村级集体经济预算制度，推进村组增资减债，严控集体福利分红和公共开支。推进“涉农”基层治理工作，妥善解决拖欠被征地农民补偿款、历史留用地、农村土地乱象。

2016年8月8—10日，望牛墩镇举办七夕风情文化系列活动

附：2016年望牛墩镇党委、人大、政府主要领导名录

镇委书记：简任昌

镇人大主席：

简任昌（任至11月）

陈艳芬（11月到任）

镇　长：郭志祥（任至8月）

叶惠明（8月到任）

2012—2016年望牛墩镇主要经济社会指标

指标＼年份	2012	2013	2014	2015	2016
户籍人口（人）	46823	47294	47768	47895	48361
常住人口（万人）	8.50	8.62	8.59	8.56	8.54
面积（平方千米）	31.57	31.57	31.57	31.57	31.57
生产总值（万元）	372240	484362	520110	550965	580416
第一产业（万元）	4108	4400	5139	5175	5605
第二产业（万元）	187177	241181	262892	266361	257012
第三产业（万元）	180955	238781	252078	279429	317799
总用电量（万千瓦时）	65607	70313	74128	76521	87493
全社会固定资产投资总额（万元）	139326	222760	267378	108512	137572
社会消费品零售总额（万元）	59614	69034	97331	104009	110489
外贸出口总额（万美元）	27022	34460	27683	37957	27884
实际利用外资（万美元）	1933	2291	3343	1416	1898
镇级可支配财政收入（万元）	40963	46894	50660	51044	54774
各项税收总额（万元）	61850	74020	85799	75866	82671

麻涌镇

【麻涌镇概况】　麻涌镇位于东莞市西北部，毗邻广州市。截至2016年，辖区面积91平方千米，下辖13个村、2个社区，常住人口11.92万人，其中户籍人口7.71万人。

2016年，麻涌镇实现地区生产总值185.9亿元（第一产业1.3亿元，第二产业104.1亿元，第三产业80.5亿元），比上年增长10.1%；全社会固定资产投资总额66亿元，增长26%；总用电量15亿千瓦时，增长1.2%；社会消费品零售总额126亿元，增长500%；实际利用外资2.96亿美元；外贸出口总额68.04亿元；各项税收总额29.9亿元，增长31%；镇本级可支配财政收入10.9亿元，增长9.2%。获评镇街领导班子考核第七名、水乡特色发展经济区工作落实第一名，获评"全国美丽宜居小镇""全国绿化先进集体""广东省生态镇""广东省园林城镇""广东省民间文化艺术之乡"，获评"全国计划生育协会先进单位""广东省社区教育实验区""广东省民间文化艺术之乡""创新基层精神文明创建机制"等4个全市"单打冠军"，

【麻涌镇经济建设】　重大项目建设　2016年，麻涌镇出台扶持发展粮油贸易、电子商务、工业旅游等优惠政策，推动中粮集团公司等31家规模以上企业在麻涌镇成立贸易公司。建成新沙公园粮油展销基地，推动京东亚洲一号奠基动工，京东、中粮公司等企业完成年贸易额166亿元，超额完成年度计划。宏远汽车、珠三角汽车项目等8个总投资156亿元的重大建设项目，完成投资12.97亿元，超额10.3个百分点完成年度投资任务，完成情况历年最好。

创新驱动　2016年，麻涌镇撬动企业研发投入8.48亿元，R&D（研究与开发）占国内生产总值比重3.67%，总量和比重在全市排前四名。制定镇级创新驱动奖励办法，发放奖金530多万元。实施"育苗造林"计划，新增7家国家高新技术企业、4家后备高新技术企业。推动信力、华兰海公司在"新三板"挂牌，天球、东莞电机、信力公司成为东莞市上市后备企业，椰林科技孵化器获市级认定。推动智能制造，全镇申报"机器换人"项目13个，总投资1.7亿元。

"三旧"改造　2016年，麻涌镇财政拨付"三旧"（旧城镇、旧厂房、旧村庄）改造拆迁补偿金5.78亿元，收回"三旧"用地91.33公顷，合益利霖项目"三旧"改造地块完成招、拍、挂，星河城市广场、麻四金河湾项目推进。

【麻涌镇生态建设】　大气整治　2016年，麻涌镇建成新沙港工业区集中供热工程，淘汰25台工业锅炉，减少排放二氧化硫约1200吨、氮氧化物约1500吨、烟尘约200吨，基本完成东莞市下达的大气污染物排放任务。推动德广隆洗水、全盛纺织公司等25家企业整治或退出。加强节能减排，新增15家企业完成

麻涌镇

2016年12月28日，新沙公园粮油展厅开业仪式举行

2016年12月12日，麻涌镇举行2016年第十二届“香飘四季”文化艺术节闭幕式颁奖晚会

能管中心建设，实现全镇30家重点用能企业能耗在线监测全覆盖。推进玖龙公司等11万千瓦电机改造，累计完成42万千瓦电机改造，完成量居全市第一位。推动超盈、南玻、飞亚达公司等7家企业应用天然气，新增日用气需求2.6万立方米，空气优良天数提升至83.9%。

水质治理　2016年，麻涌镇落实最严格水资源管理，实施水污染防治行动，完成11.16千米截污次支管网建设，生活污水处理率82%，工业污水处理率100%。加强水域面源治理，聘请专业公司收集水上垃圾。推进超盈公司排水专管建设，集中处理新沙港工业企业生产废水。水质监测综合得分连续多次在水乡片排第一名。

生态修复　2016年，麻涌镇完成麻涌河0.67公顷红树林生态景观林带种植工程，完善镇内7.7千米道路绿化景观，新增或改造绿化面积12.7多万平方米。开展水生生物增殖放流活动，投放大种泥鳅、鳙鱼、草鱼等1350万尾。加强华阳湖周边生态环境修复，启动协忠电镀工业区土壤污染修复示范项目。

【麻涌镇城市建设】　**基础设施**　2016年，麻涌镇投入3209万元完成旧中麻公路、川槎东路、八达路等3.33千米道路升级改造，完成华阳湖周边及教育路停车带改造工程。建成拈花寺广场并投入使用。实现公共场所无线WiFi全覆盖，同时满足5000人免费上网。

美丽乡村建设　2016年，麻涌镇投入6000万元建成麻一、麻二、麻三、麻四村“古梅乡韵”幸福村居项目，恢复魁楼晚望、白鹤榕荫等麻涌八景，建成水上绿道8千米，岸上绿道15千米。引进投资3000万元的“白房子水乡无边（新基）”创客基地民宿项目，并被评为“第二批中国乡村旅游创客示范基地”。麻涌镇麻三—华阳村、麻涌镇大步—东太—新基获评“珠三角最美乡村”。

文明创建　2016年，麻涌镇被定为省级精神文明创建示范镇，年投入3000多万元，推动全镇环卫市场化管理100%全覆盖。制定民房建设、建筑垃圾、“门前三包”（包卫生、包绿化、包秩序）等管理办法，聘请268名文明督导员，镇容镇貌明显改善。

【麻涌镇农村改革】　**农村经济**　2016年，麻涌镇基本完成新基等8条村农地确权任务，规范农村集体资产管理，完成165宗集体资产交易，交易总金额2.574亿元，比立项金额溢价949.63万元，溢价率3.83%。2016年，村组纯收入1.57亿元，比上年增长20.09%，两级资产32.39亿元，增长8.35%，净资产25.54亿元，增长10.16%。

都市农业　2016年，麻涌镇菇菇花果园、汇一百果园等6个项目开园迎客。举办珠三角特色农业良种展示会，示范推广良种良法，鼓励农民组建农民果蔬专业合作社。新增市级家庭农场2家，新增市级农业龙头企业1家。

【麻涌镇民生事业】　**文体惠民**　2016年，麻涌镇成立广东少儿戏曲传承基地，筹建“小英雄”粤剧博物馆，举办省少儿戏曲小梅花荟萃活动，新编戏曲作品《钟馗捉鬼》获多个省市级奖项，创作粤语

麻涌镇华阳湖国家湿地公园

歌曲专辑《美丽麻涌》等一批文化精品。举行首届水乡文化节，包含花车、传统民俗活动的“大步巡游”、粤剧大赛、舞台剧表演及水乡传统美食汇等系列活动。

“古梅”教育　2016年，麻涌镇投入3278万元深化“古梅教育”（麻涌镇旧称古梅乡）品牌建设，推进新大步小学动工建设，麻涌第一中学、中心小学、第一小学等3所学校被认定为“古梅”系列学校，为新莞人子女提供632个积分入学学位，比上年增长10%。设立70万元/年教师培训专项资金，打造名师工程。麻涌中学高考重点上线人数创历史新高，少年足球、青少年科技、汉字听写等在各级别赛事中获奖420项。

医疗卫生　2016年，麻涌镇实施基本公共卫生服务、家庭医生式签约服务、“平价药包”等惠民措施，为参保群众节省医疗费用2575.1万元，报销比例67.9%，减轻群众医疗费用负担。

社会保障　2016年，麻涌镇成立华阳湖慈善会，举办扶贫济困慈善晚会，筹得善款770万元，医疗救助专项资金拨付救助款429.31万元，惠及困难群众1731人次。出台促进创业就业政策，设立1000万元促进创业就业专项资金，开展水乡美食点评提升、电子商务等培训25期，为6523名户籍人员提供公共就业服务。开展美食嘉年华、汽车漂移大赛、迎春长跑等系列活动，群众幸福感显著提升。

【麻涌镇社会管理】　治安防控　2016年，麻涌镇全面启动“智网工程”，以大盛、新基村为试点，全镇划分基础网格92个，配置管理员148人，推动公安等7个部门入格，核定入格事项18类77项。整合新基、东太、大步、大盛村1153路高清视频联接到公安分局监控中心。开展“飓风2016”“治摩”等专项行动。

安全生产　2016年，麻涌镇汲取“4·13”事故经验教训，落实安全生产责任制，成立专职安全生产监督检查队伍，开展出租屋、建筑工地等安全生产、消防、食品药品专项排查整治行动，排除隐患2267个。升级改造漳澎村消防主题公园和“三小”场所微型体验馆。

基层治理　2016年，麻涌镇推进法律援助、“一村（社区）一法律顾问”以及公共法律服务中心建设工作，受理矛盾纠纷516宗，比上年下降23%，化解率98.6%。“美丽幸福村居示范建设”“以优秀传统文化促进社会基层治理”项目，获评全市基层社会治理改革创新优秀项目。

【麻涌镇党政服务】　2016年，麻涌镇推进营业执照、组织机构代码证、税务登记证、社会保险登记证和统计登记证“五证合一”和“一门式一网式”政务改革，在东莞市率先完成镇村两级公共服务综合平台建设，公共服务事项一站式办理率90%以上，群众窗口评价满意率100%，完善“文明麻涌”政务微信专栏。开展“约法三章”自查自纠，累计排查征地、租地、集体资产交易项目259宗，涉及金额27.7亿元；开展“两学一做”（学党章党规、学系列讲话，做合格党员）学习教育活动，镇班子成员带头讲党课。在特警训练基地对全镇村（社区）1400多名干部和工作人员实行集中轮训。继续巩固落实驻点联系群众制度，累计走访群众2.57万户，建立市镇村三级台账1540个，办结率98.44%。

【麻涌香蕉获评国家农产品地理标志】　2016年11月2日，麻涌香蕉获评国家农产品地理标志。麻涌镇香蕉产地环境独特、生产历史久远、产品品质优良，具有标准化生产、加工、销售基地，符合国家强制性技术规范要求。2015年，麻涌镇推出“金麻·麻涌香蕉”品牌，成立香蕉产业合作社，建成集生产示范、产品研发、文化科普、休闲旅游等功能的“麻涌香蕉世界博览园”。2015年5月和2016年3月，分别被选定为苏迪曼杯羽毛球赛和东莞国际马拉松赛唯一指定水果，深受游客欢迎，提升“金麻·麻涌香蕉”的品牌价值。

【麻涌镇入选广东省首批足球试点县区】　2016年6月21日，麻涌镇入选广东省首批足球试点县区。麻涌镇践行“足球从娃娃抓起”的理念，把足球作为重点打造的校园特色体育运动之一。在全镇选拔一批苗子组成校园足球队，同时外聘资历深厚的专业教练执教，每年下拨足球发展专项经费扶持校园足球事业的发展。麻涌镇足球队在国内外各项赛事中均取得优异成绩，并向国家输送大批优秀人才。U17足球队转会深圳市足球俱乐部，少年足球队与广东融易集团实施战略合作，获2016年“省长杯”冠军。U12少年足球队代表中国征战达能少年世界杯并获奖。

【广东麻涌华阳湖国家湿地公园】　该公园位于东莞市麻涌镇，总面积351.97公顷，湿地率83.91%，具有河流湿地和湖泊湿地的复合特征，按“截污、清淤、活源、治堤、修复”的思路开展湿地水污染治理、受损湿地恢复和湿地文化重塑。2016年，举办以“生态河湖，绿色共享”为主题的活动，结合第24个“世界水日”、第29个“中国水周”，加快推进水生态文明建设。成为东莞市旅游新热点，年接待游客超150万人次。获评广东最美湿地、东莞市十佳最美水生态景观。

【东莞市首个镇级公共自行车系统】　2016年8月1日，麻涌镇115个公共自行车站点投入使用，投放2500辆公共自行车，鼓励群众绿色出行。市民、游客可以通过办理IC（集成电路）卡或支付宝、微信等方式，租赁分布在全镇各旅游景点、公交站等的自行车，公共自行车1小时内免费使用，租赁服务费每24小时最高限价30元。这是东莞市首个镇级公共自行车系统。

（陈运银）

附：2016年麻涌镇党委、人大、政府主要领导名录

镇委书记：陈建枝
镇人大主席：陈建枝（任至11月）
　　　　　　江　琳（11月到任）
镇　长：黄桥法

2012—2016年麻涌镇主要经济社会指标

指标＼年份	2012	2013	2014	2015	2016
户籍人口（人）	73368	73930	74478	75782	77098
常住人口（万人）	11.93	11.99	12.09	11.88	11.92
面积（平方千米）	91	91	91	91	91.14
生产总值（万元）	1274486	1470511	1535610	1673252	1859559
第一产业（万元）	10132	11042	11510	11855	12839
第二产业（万元）	936615	1000864	1031483	1101360	1041693
第三产业（万元）	327739	458605	477571	560037	805027
总用电量（万千瓦时）	125995	126227	134009	148276	150367
全社会固定资产投资总额（万元）	306933	372881	434794	529325	667773
社会消费品零售总额（万元）	107166	118484	130130	150781	1258534
外贸出口总额（万美元）	229300	255887	287171	231238	102922
实际利用外资（万美元）	23916	25928	34272	36541	29565
镇级可支配财政收入（万元）	66006	78310	90622	99866	109034
各项税收总额（万元）	227307	261313	248419	227824	299038

石碣镇

【石碣镇概况】　石碣镇位于东莞市北部，地处广深走廊之间。截至2016年，辖区面积36.2平方千米，下辖14个村、1个社区，常住人口24.1万人，其中户籍人口4.77万人。

2016年，石碣镇生产总值146亿元，比上年增长8.6%；规模以上工业增加值90.5亿元，增长7.5%；社会消费品零售总额41.9亿元，增长8.3%；固定资产投资总额26.3亿元；镇本级可支配财政收入8.2亿元，增长10.2%；出口总额241亿元。获评年度领导班子工作良好镇街，以及广东省“五好”镇街工商联、全国综合减灾示范社区、广东省扶贫开发“双到”通报表扬帮扶单位等3个全市“单打冠军”。

【石碣镇经济建设】　重大项目建设　2016年，石碣镇5个东莞市重大项目完成投资2.6亿元，完成率106.9%，其中盈聚电子新建项目和东聚电子增资扩产项目投产，4个镇重点项目完成建设投资4.9亿元，完成情况历年最好。

招商引资　2016年，石碣镇石碣镇市场主体突破2万，累计2.12万个，比上年增长19.1%，注册资本总额174.7亿元，增长48.3%，新签内资项目40宗，协议投资（房地产、酒店除外）8.1亿元，实际投资15.4亿元，增长9.7%，新签外资项目8宗，外资增资项目3宗，合同吸收外资1640万美元，实际利用外资2536万美元。

创新驱动战略　2016年，石碣镇新增28家国家高新技术企业，申报国家高新技术培育入库企业42家，完成年度目标任务的300%，指导企业累计申报“机器换人”项目86个，企业由“制造”逐步转向“智造”，智高文创、中科冠腾公司挂牌“新三板”，华科城建设初见成效，进驻36家科技企业，其中1家挂牌“新三板”企业、2家国家高新技术企业，通过市级孵化器认定。

商事制度改革　2016年，石碣镇在推进“三证（营业执照、组织机构代码证、税务登记证）合一、一照一码”的基础上，施行企业“五证（营业执照、组织机构代码证、税务登记证、社会保险登记证和统计登记证）合一、一照一码”和个体户“两证（营业执照、税务登记证）整合”，简化行政审批程序，推进企业登记全程电子化和简易注销改革，实现企业落地提速。

【石碣镇城市建设】　市政设施建设　2016年，石碣镇配合东莞市推进中心涌水环境整治工程、水乡横向通道南线工程、袁崇焕纪念园（博物馆）升级改造工程等，修复滨江西路刘屋路段破损路面，更换滨江路、沿江路及镇内各主要路口LED（发光二极管）路灯1487套，完成镇内公交首发站及47个公交候车亭建设，新增3413个果皮箱。

生态环境建设　2016年，石碣镇开展黄标车淘汰、餐饮服务业油烟整治、“南粤水更清”行动、“两高一低”（污染高、能耗高、效益低）企业引退等环保工作，推动14个村创建“东莞市生态村”、檀香岛创建“广东省环境教育基地”。

石碣镇

文明创建建设 2016年，石碣镇推进环境卫生整治，增加“牛皮癣”清理机、垃圾清运车等环卫设施，成立专职保洁队伍，落实“门前四包”（包卫生、包绿化、包设施、包秩序），整治“牛皮癣”、违章搭建、卫生“脏乱差”等突出问题，加强公益宣传，建成一批覆盖全镇的核心价值观主题公园，建成各类文明创建示范点，落实文化惠民工程，参与“2016年文化惠民文艺演出”活动19场，组织其他文化活动6场，免费放映电影达342场次。

美丽幸福村居建设 2016年，石碣镇着力解决村（社区）给排水、垃圾处理、环境整治等基础设施问题，利用水塘、绿荫、古建筑等元素开展创建活动，并加强后续管理维护，营造“美化、活化、生态化”环境。年内，横滘、西南村完成创建，单屋、鹤田厦村推进创建收尾工程，唐洪、沙腰、四甲、梁家村等第四批创建村编制创建规划。石碣镇计划在2020年前实现“美丽幸福村居”全覆盖。

【石碣镇社会管理】 **社会治安整治** 2016年，石碣镇开展“飓风2016”等专项行动，全年立刑事案件2443宗，比上年下降16.8%，打掉犯罪团伙29个，立案查处涉制售假冒伪劣案件64宗，罚没货值约110万元。推进“智网工程”建设，划分122个基础网格，构建以镇、村（社区）、网格为单位的三级管理网络体系；推行一级巡防机制，开展“全民创安·一呼百应”，建成警民联防执勤点232个，基本覆盖全镇主要路段、商业区和治安复杂区域，形成群防群治氛围。

社会矛盾化解 2016年，石碣镇建立“预防堵源头、排查早控制、调处全化解”的排查调处机制和纠纷排查网络，落实“日排查、周研判，敏感时期滚动排查”和风险评估预警预报制度，把矛盾和问题消除在萌芽状态和初发阶段，妥善处置欠薪举报投诉案件，打击拖欠工资等违法行为，全年受理信访案件334件次，化解率98.5%。

公共安全 2016年，石碣镇全面落实安全生产责任，强化“三防（防汛、防旱、防风）”安全、交通安全、食品安全、建筑安全、消防安全、特种设备安全等行业领域管理，开展冬春火灾防控工作、夏季消防安全大检查、特种设备安全隐患大排查等专项整治工作，全年工商贸领域未发生较大以上生产安全事故。

【石碣镇民生事业】 2016年，石碣镇加强就业服务，发放就业专项资金661万元，惠及9293人次；发放技能晋升培训补贴85.5万元，惠及472人次；利用华润广场街心公园固定招聘点和8个村临时招聘点，帮助近4500人就业。提高社会保障待遇，发放低保金、五保经费、救济金、慰问金、高龄津贴等500多万元；出台计划生育优待扶助等惠民措施，对纯女户困难计生家庭进行生活保障补助；发挥石碣慈善基金会的慈善帮扶救助作用，发放救助金94万元；全年发放退休金1.26亿元，下调参保费率为石碣镇企业减负1300多万元。推进教育事业发展，完成石碣中学宿舍建设，实现公办初中学生全寄宿；挖掘公办中小学办学资源，向优质民办学校购

袁崇焕纪念园

2016年12月26日，石碣镇与云南省昭通市签订首个项目框架协议

买学位，增加500个公办学位。中考、高考成绩再创新高，中考全镇总平均分超市线33分，总成绩位列全市前五名；万人升大学数跃居全市第一名，万人升本科数居全市第五名。完成市内外扶贫任务，特别是开展新时期精准扶贫工作，对口惠来县10个贫困村的各项扶贫任务得以落实，引导润丰公司与云南省昭通市签订农产品产业园合作项目，成为全市第一个扶持昭通的镇级项目。落实民生实事，低保、低保边缘户就业帮扶实现全覆盖，扩大养老服务面、全镇幼儿园食堂B级全覆盖等实事完成。

【石碣镇党政服务】 2016年，石碣镇成立政务服务中心，建成15个村（社区）综合服务管理中心，成为全市首个全覆盖镇街，建设唐洪、石碣、鹤田厦、沙腰等4个社区综合服务中心。推进居家养老服务，梁家村居家养老服务中心获评“广东省居家养老示范点”，获得100万元基础设施建设专项资金补助。加强法治政府建设，清理镇内2011—2015年的规范性文件，聘请律师事务所作为法律顾问单位，为政府重大决策等提供法律依据，完善法学会职能和“一村（社区）一法律顾问”制度，满足基层组织、群众法律服务需求。持续完善驻点联系群众制度，巩固驻点工作成果，改善干群关系，全年联系户籍群众1.17万户，走访工商企业6603户，收集群众反映问题681条，解决落实事项672件，问题处理率98.7%。

（钟进锋 夏文明）

附：2016年东莞市石碣镇党委、人大、政府主要领导名录

镇委书记：梁荣业（任至8月）
罗晓勤（8月到任）
镇人大主席：梁荣业（任至8月）
罗晓勤（8—11月）
叶仲球（11月到任）
镇 长：张拔海

2012—2016年石碣镇主要经济社会指标

指标 \ 年份	2012	2013	2014	2015	2016
户籍人口（人）	45360	45769	46137	46838	47716
常住人口（万人）	24.92	24.82	24.77	24.10	24.01
面积（平方千米）	36.2	36.2	36.2	36.2	36.2
生产总值（万元）	1126839	1152872	1245249	1331428	1459867
第一产业（万元）	3139	3046	3184	3232	3394
第二产业（万元）	727501	754524	814839	849448	917183
第三产业（万元）	396199	395302	427226	478748	539290
总用电量（万千瓦时）	161785	163253	172408	175002	184316
全社会固定资产投资总额（万元）	169443	209061	244602	269297	262695
社会消费品零售总额（万元）	293838	321253	349748	386324	418563
外贸出口总额（万美元）	354376	377147	391205	431487	364714
实际利用外资（万美元）	6639	7473	8857	7056	2536
镇级可支配财政收入（万元）	52212	63347	69683	74581	82195
各项税收总额（万元）	181699	217668	295981	287019	309985

高埗镇

【高埗镇概况】 高埗镇位于东莞市北部。截至2016年，辖区面积34.6平方千米，下辖18个村、1个社区，常住人口21.45万人，其中户籍人口4.03万人。

2016年，高埗镇实现地区生产总值126.31亿元（第一产业6783万元，第二产业76.09亿元，第三产业49.54亿元），比上年增长5.5%；全社会固定资产投资总额15.8亿元；总用电量12.93亿千瓦时；社会消费零售总额26.89亿元，增长7.2%；外贸出口总额15.21亿美元，增长0.5%；各项税收总额15.69亿元；一般公共财政预算收入7.06亿元。各项存款余额101.67亿元，增长7.9%；各项贷款余额47.24亿元，增长10.8%。

【高埗镇创新驱动发展】 2016年，高埗镇成立科技办公室，推进高新技术企业“育苗造林”、科技企业孵化器“筑巢引凤”等行动计划，鼓励企业开展科技创新。高埗镇经国家认定的高新技术企业28家，其中2016年新增18家。高新技术企业培育库入库企业17家。自建研发机构备案登记企业21家，其中2016年新增10家。有R&D（研究与开发）活动企业数35家，其中2016年新增13家，全社会研发经费投入2.5亿元。全镇专利申请526件，比上年增长124.8%。推广“机器换人”，唯美陶瓷公司、普济药业公司、日本电产公司等34家企业申报东莞市“机器换人”项目，总投资约2.72亿元，获得市补助300多万元，节减人员2000多人。推动电机能效提升工作，唯美陶瓷公司等10家企业获奖励200多万元。唯美陶瓷公司获广东省人民政府质量奖。华宏眼镜公司、日本电产公司2家企业申报市大型骨干企业，获奖励200万元。高马实业公司等企业申报中小企业项目，获奖励45万元。星宇高分子材料有限公司和广东顺力智能物流装备有限公司在新三板挂牌上市，填补高埗镇的空白。有4家企业拟申报新三板挂牌上市。

【高埗镇高端产业集聚】 2016年，高埗镇把产业作为强镇之本，形成眼镜、电子信息、生物医药、锂电池和建筑陶瓷为主的工业布局。依托华宏公司、恒宏公司等世界眼镜龙头企业，实施打造全球高端眼镜产业基地的发展战略，与世界眼镜龙头企业陆逊梯卡集团公司签订战略合作框架协议。华宏眼镜增资项目累计完成投资12.91亿元，占总投资74.6%；其中主要用于全球物流仓库的地块四A主体工程完成室内外装修，并逐步投入使用。成立招商办公室，设置招商准入条件，招引无污染、税收高和带动力强的优质项目。2016年，纳入高埗镇洽谈招商项目库20宗，涉及电子、智能制造、铜箔科技、眼镜、婴儿用品、教育等领域，项目投资额从1000万元到10亿元不等。签约项目有3宗，投资总额1.2亿元。组织镇内企业优秀人才参加莞商学院培训、成长型企业沙龙、融资对接平台活动、广东国际机器人及智能装备博览会等，组织10多家企业参加中国加工贸易产品博览会、广东21世纪海上丝绸之路国际博览会等配套活动，引导企业“走出去”，扩大知名度，拓展国内外市场。制定并落实《高埗镇领导挂点服务企业工作方案》，开展领导干部“亲商扶商”挂点服务企业工作，帮助企业应对复杂的经济形势，推动全镇经济持续健康发展。贯彻落实市“千干扶千企”工作部署，推进镇领导挂点服务12家大型企业工作，深入企业走访调研，送政策上门，帮助企业解决实际困难。

【高埗镇镇村统筹发展】 2016年，高埗镇转变村组经营模式，通过购买理财产品、联合开发农贸市场、厂房、投资实体企业、定期存款等多元化投资实现投资收益961万元，总体年收益率8.5%，促进农村集体经济增收。完善村（社区）集体资产交易和“三资”（资金、资产、资源）监管平台建设，确保集体资产交易公

高埗镇

开、公正，推动集体资产优化配置。全年完成集体资产交易项目247宗，年交易底价1665万元，成交价1889万元，溢价224万元，溢价率13.5%，实现集体资产收益最大化。推动“美丽幸福村居”建设，芦村村、草墩村、朱磡村、宝莲村和三联村等村开展顺利，提升农村居住环境。

【高埗镇社会管理】　2016年，高埗镇推进矛盾纠纷的经常性排查调处，做到纠纷早解决、矛盾不上交。受理群众来访案件92批次768人次，分别下降38.3%和上升16.5%；办结87宗，办结率95%；其中5人以上群体上访案件14批次，比上年下降35.2%。稳控“泰安居”小产权房等6宗重点维稳案件，其中2宗基本办结。开展“清源断腿”专项整治，落实各项反恐防暴措施，完成全国“两会”、“G20峰会”、市镇党代会、人代会等各项安保任务，确保全镇社会大局稳定。坚持“打防结合、打防并举”，以“飓风2016”“打击防范街面犯罪”、社会治安体系建设、“以案说防”、命案防范打击等工作为抓手，加强打防、管控。立刑事案件1307宗，破获404宗（命案发4宗破4宗），依法刑事拘留213人，逮捕173人，打掉团伙15个56人。接报违法犯罪警情数比上年下降6.5%，立案数比上年下降7%，破案数比上年上升6.3%，实现“两降一升”的局面。连续侦破网吧盗窃团伙、电信网络诈骗、跨区域盗窃和涉金融领域犯罪等典型性案件。全面推进“智网工程”，制定实施方案，设立信息工作平台建设指挥调度中心，设置指挥调度大厅、会议室、机房、档案室等功能区域。以各村（社区）为基础，以村民小组和自然村为单元，按照“街巷定界、规模适度、无缝覆盖”的要求，全镇划分75个基础网格，拟配置152名网格员。选取冼沙村、横滘头村作为试点村，推进试点村网格化服务管理，对工作中发现的问题和漏洞进行完善和规范。吸取麻涌镇“4·13”起重机倾覆重大事故、大朗镇“8·14”火灾事故教训，开展安全生产隐患排查整改，堵塞安全漏洞。以夏季消防检查和今冬明春火灾防控为重点，抓“三小”（小档口、小作坊、小娱乐场所）场所、出租屋和电动自行车、在建工程、“分租式”厂房、物流仓储场所、电气火灾防范和校外托管机构等火灾隐患整治，检查场所1.11万多家次，全镇发生火灾30起，下降10%，无人员伤亡。加大安全生产监管力度，完善安全生产责任体系，查处一般事故隐患654处，整改率100%。全镇工矿商贸领域发生一般生产安全事故5宗，死亡4人，受伤1人，没有发生较大及以上生产安全事故。维护道路交通秩序，严惩酒后驾驶、闯红灯、货车超载、客车超员、涉牌涉证等重点交通违法行为。开展农贸市场快检室建设、食品药品安全大课堂暨食品药品安全知识进校园活动、食品药品安全抽检等工作，保障食品药品安全。

【高埗镇精神文明创建活动】　创新文明创建工作机制　2016年，高埗镇实施基层精神文明创建“补短板、促提升”工作。投入1.66亿元文明创建经费，其中每月80万元购买额外保洁服务；将全镇19个村（社区）以20万至50万元划分四个档次实施镇村资金配套。以低涌、塘厦村为亮点，各村（社区）成立约50人的服务队，实现全镇全覆盖，调动全民参与的积极性、主动性和创造性。各村（社区）、住宅小区制定实施“乡规民约”，加强管理，提升村民、居民文明素质。

加强核心价值观培育践行　2016年，高埗镇举办“道德讲堂”“同在莞邑——社会主义核心价值观进基层主题系列活动”“最美人物”评选和“红色印记——东江纵队历史系列展览”等活动，联合市文明办举办9月份“东莞好人”入选名单发布暨高埗镇第四届“孝义之星”颁奖仪式。推出以传统美德、核心价值观、法治、孝义、红色文化为主题的公益广告，全镇张贴6000多张公益宣传海报（画），悬挂灯旗680多幅，设置核心价值观宣传栏23个，公交候车站（亭）公益广告96个，大型宣传横幅10幅，营造创文氛围。

市容环境综合整治　2016年，高埗镇清理卫生死角1.8万处，清理垃圾聚集点5500处，清理垃圾4.6万吨。落实“门前三包”（包卫生、包绿化、包秩序）责任制，签订责任书7700多户。重拳整治城市“六乱”（乱搭乱建、乱堆乱放、乱设摊点、乱拉乱挂、乱贴乱写乱画、乱扔乱吐），纠正乱摆卖行为2.1万起，查处占道经营、乱摆卖行为近900起，清理乱堆放300多处，清理乱拉挂的横幅、衣服等近2000处。清理城市“牛皮癣”16.6万处，对1000多个城市“牛皮癣”号码给予停机处理，抓获乱张贴案件63宗。拆除违法户外广告1681块，拆除面积1.1万平方米。制止偷建、抢建15宗，拆除面积4400平方米。

【高埗镇城市品质提升】　城市规划　2016年，高埗镇融入水乡经济区和主城区的发展，强化规划引领作用，开展总体规划修编。组织领导干部、城建、规划、国土、文广等部门负责人和设计单位到佛山新城、顺德北滘参观学习城市规划建设，吸收先进经验，拓展思路方法。开展18千米东江河堤整治提升规划，编制《高埗镇东江河堤滨水景观概念设计》方案初稿。优化全镇功能布局，推动经济建设与生态文明建设协调发展。

基础设施建设　2016年，高埗镇为对接在春节前后通车的东江梨川大桥，在原有方案上增加约1000万元投入，将莞潢路升级改造为高埗镇迎宾大道，务求与东江梨川大桥同步竣工通车，成为东莞市区到达环城北路、广园快速路及莞深高速公路的城市景观大道。挂影洲围中心涌水环境综合整治工程、截污次支管网工程稳步推进。颐龙路西段升级改造工程，市发改局批复立项。环城路与莞潢路立交连接工程，市政府批复同意纳入环城路北环段工程范畴。新世纪颐龙湾和光大·江与城房地产项目进展顺利。220千伏低涌变电站投产。

环境治理　2016年，高埗镇以改善环境质量为核心，通过持续实施清洁空气、重金属污染防治、农村环境保护等行动计划，深化环境污染综合治理。配合做好中央环境保护督察工作的协调联络和服务保障。贯彻落实全市环境保护工作

2016年5月13日，东莞市高成长性企业沙龙2016年（第一期）在唯美集团举行

会议暨水污染治理工作动员大会精神，开展内河涌整治、截污次支管网建设、畜禽养殖业污染整治等工作，落实“河长制、涌长制”，加强饮用水源保护。推进环境友好企业、绿色社区、绿色学校、生态村、生态乡镇创建，加快生态环境建设步伐。对违法违规项目实施清理整顿，2016年，完成67家企业整改。开展“两高一低”（高污染、高能耗、低效益）企业综合整治，以优化、倒逼、淘汰转型的经济发展方式引导落后产能企业整治及退出，全镇4家整治类企业完成整治。

【高埗镇公共服务体系】 2016年，高埗镇就业服务2万多人次，落实就业补贴509.4万元，技能培训835人次，举办就业服务活动13场，推荐就业455人，实现对登记失业人员就业服务率100%。举办高校毕业生就业创业指导培训班，毕业生就业率100%。通过“政府搭台、妇女唱戏”，举办首届迎新春妇女手工产品创业集市、欧邓村“美食大咖会”集市等活动，注册全市首个妇女创业促进会，以推动女创客增收创富，实现抱团发展。

2016年，高埗镇实施“文化惠民”工程、“曲艺提升”工程，开展龙舟趁景表演活动等34项大型文化活动，参与人数73.13万人次。投入460多万元，对文物保护单位——高埗大桥（旧址）进行修缮，建成高埗大桥（旧址）公园，成为东莞市申报国家历史文化名城亮点项目。完成低涌中学革命烈士纪念碑第三次修缮，并于“‘9·30’公祭日”举行大型公祭及爱国主义教育活动。开展东江纵队第一支队三龙大队指挥部及驻军营地旧址市级文物保护单位修缮工作。完成东圃小学旧址修缮设计方案和工程概算。高埗镇被省文化厅授予“2015—2017年广东省民间文化艺术之乡（粤曲）”称号，并获评2016年东莞市“单打冠军”。镇文化站被广东省文化厅授予“广东省特级文化站”称号。

2016年，高埗镇通过积分入学和企业人才申请入读公办学校办法，为204家企业解决近600名随迁子女入读公办学校。为民办学校学生发放1413万元补贴。考上大专以上院校428人，其中市第五高级中学高考本科上线335人，超市定目标103人；低涌中学中考生66人达东莞“五大校”（东莞中学、东莞市高级中学、东莞市第一中学、东莞市实验中学、东莞中学松山湖学校）录取分数线，其中户籍学生有47人考上市属重点高中，10人考上东莞中学。低涌中学和中心小学获评“东莞市心理健康教育示范学校”，西联小学获评“2015年度中国少年儿童平安行动优秀红领巾小社团”，弘正学校获评“东莞市一级学校”，同富实验学校获评“广东省标准化学校”，贝欣幼儿园获评“广东省规范化幼儿园”。

2016年，高埗镇实施药物零差价，为就医患者减负药品费及耗材费用685.76万元。开展爱国卫生运动，加强公共卫生应急能力，做好重大疾病防控工作，保障全镇零疫情。为全镇21.51万名群众提供基本公共卫生服务，实现基本公共卫生均等化。全面实施二孩政策，为1900多人办理生育保险登记，为800多人提供免费婚前及孕前健康检查服务，为2400多名妇女提供免费“两癌”（宫颈癌和乳腺癌）筛查服务。投入民生建设资金2000多万元，惠及群众4000多人，保障困难家庭、老年人、残疾人等弱势群体的基本生活。改善敬老院环境，在敬老院生活的老人从10多人发展到30人。各项社会保险待遇支付76.88万人次，计3.74亿元。开展“广东扶贫济困日暨东莞慈善日”活动，筹得善款168.54万元。落实新时期对接韶关市武江区精准扶贫精准脱贫任务，增强欠发达地区的造血功能。

【东莞市首个妇女创业促进会】 2016年9月，高埗镇出资注册成立东莞市高埗妇女创业促进会，经审批通过为非营利性社会组织，成为东莞市首个妇女创业促进会，致力于培育发展更多的高埗女企业家和高埗特色的巾帼创业品牌。年内，高埗镇举办妇女技能培训班4场次。举办妇女创业电商培训班，组织近百名有手工艺的女创客通过学习网店管理、名片制作及二维码设置等网络软件操作；举办妇女创业政策宣讲会，组织100多名女创客讲解创业小额贷款的申请条件、流程及东莞市2016年对妇女创业方面的优惠政策；举办丝带绣手工技能培训班，通过邀请专业老师手把手为30多名女创客传授技能；举办女创客沙龙活动，组织女创客50多人通过交流畅谈创业体会，探讨创业规划。高埗镇政府每年设立15万元的妇女创业扶持资金，用于每年定期举办创业集市活动、有针对性地举办技能培训班及品牌打造的奖励等。2016年，由镇政府搭台举办的创业集市活动4场次，其中：迎新春妇女手工产品创业集市活动，有56户女创客参加，为期2天的集市活动吸引近万人参观，展销营业额达21万元，获利约9万元。举办全镇首个村级“美食大咖会”集市活动，60户女创客参加，两天活动吸引近万名市民前来捧场，展销营业额25万元，获利约10万元。

【高埗大桥（旧址）公园建设】

2016年，高埗镇为加强东莞市改革开放先行地的名片——高埗大桥旧址的保护利用，推动广东省地方志地情资源开发项目——高埗大桥旧址公园建设。按照“一带两台三景”进行规划，其中，“一带”指的是在大桥对面设置一定面积的停车带及配套设施，供游览者停车；“两台”指的是在大桥两边建立两个对称的观景台；“三景”指的是“历史的台阶”“改革的浪潮”“凝固的时刻”三景汇桥。并投入近500万元，于2016年第三季度完成第一期建设。该项目成为东莞市申报“国家历史文化名城”保护规划和专家检查考察路线。

资料链接：

高埗大桥（旧址）是1981年高埗镇人民自发集资（每人10元钱）建设的高埗镇第一座桥梁，于1984年建成通车。其首创“农民集资建桥，过桥收费还贷”模式，被当时《人民日报》赞为改革开放的创举，并为国家制定路桥政策提供借鉴经验，当时高埗人提出的“想致富，先修路”口号也随之在全国叫响。（林　郁）

附：2016年高埗镇党委、人大、政府主要领导名录

镇委书记：黄耀成（任至4月）
　　　　　严继宗（4月到任）
镇人大主席：黄耀成（任至4月）
　　　　　　严继宗（4—11月）
　　　　　　郑晓微（11月到任）
镇　长：张永艳

高埗大桥旧址公园

2012—2016年高埗镇主要经济社会指标

指标 \ 年份	2012	2013	2014	2015	2016
户籍人口（人）	38401	38691	38951	39690	40286
常住人口（万人）	21.77	21.81	21.75	21.51	21.45
面积（平方千米）	34.6	34.6	34.6	34.6	34.6
生产总值（万元）	835235	1023272	1102860	1177880	1263080
第一产业（万元）	5775	5958	6220	6264	6783
第二产业（万元）	516211	649450	698804	748243	760909
第三产业（万元）	313249	367864	397836	423374	495388
总用电量（万千瓦时）	126855	127832	132212	131310	129251
全社会固定资产投资总额（万元）	224168	235943	179045	185133	157979
社会消费品零售总额（万元）	193847	219241	235903	250857	268880
外贸出口总额（万美元）	119928	138198	141959	161208	152114
实际利用外资（万美元）	9098	18782	11170	4920	762
镇级可支配财政收入（万元）	48425	55722	63608	72231	74780
各项税收总额（万元）	115219	132007	158225	170671	156924

洪梅镇

【洪梅镇概况】 洪梅镇地处东莞市西北部，紧靠东莞港立沙岛、新沙港区。镇内主干道与国道G107线、广深高速公路、水乡大道、沿江高速公路、沿海干道相连接，城际轨道穗莞深线、佛莞线、莞惠线在洪梅北部设站。截至2016年，辖区面积33.2平方千米，下辖9个村、1个社区，常住人口5.81万人，其中户籍人口2.38万人。

2016年，洪梅镇实现地区生产总值53.67亿元，比上年增长5.0%；规模以上工业总产值204.80亿元，增长4.5%；规模以上工业增加值34.52亿元，增长1.2%；各项税收总额7.55亿元，增长2.5%；全社会固定资产投资总额16.05亿元，增长6.0%。获评“退休人员社会化管理服务工作第十批省级示范点”“广东省生态乡镇（街道）”和“广东省扶贫开发‘双到’通报表扬扶贫单位”等3个全市“单打冠军”。

【洪梅镇重大项目建设】 2016年，洪梅镇推进党政领导干部挂点联系服务重点企业和“千干扶千企”服务机制，建立完善重大项目管理服务机制，定期召开重大项目服务保障会议，扫除项目建设障碍，超额完成全年投资目标计划的113.1%。项目数量质量均居历年之最，安博一期、绿通一期等项目投产建设进度加快，理文高档生活用纸、辰达电器综合体项目增补为市重大预备项目，东莞鸿商仓储服务有限公司增资3500万美元，东莞龙星玩具有限公司增资1000万美元。新招引海新环保节能科技厨电、卡特尔创新产业孵化园、科瑞莱制冷、科普文具项目等13个优质项目，总投资19.4亿元。

【洪梅镇创新动能培育】 2016年，洪梅镇贯彻落实创新驱动发展战略，出台科技奖励措施，推动东莞市中纺化工有限公司等8家企业开展高新技术企业、高新技术企业培育库入库企业申报，东莞辰达电器有限公司等5家企业通过市规模以上工业企业研发机构的备案，广东福利龙复合肥有限公司通过市专利优势企业的认定，R&D（研究与开发）经费投入占比居东莞市前列。广东汇星新材料科技股份有限公司和广东绿通新能源电动车科技股份有限公司进入新三板挂牌交易，完成工业技改投资4.3亿元，比上年增长61.8%；申报省级“守信用、重合同”企业26家，增长37%；专利申请量和授权专利量分别为218件和154件，实现每万人发明专利拥有量18.41件，位于全市各镇街前列。

【洪梅镇新城建设提速】 2016年，洪梅镇对接水乡新城片区的规划建设方向，完成第一阶段镇总体规划修改，并形成水乡新城概念性规划编制初步成果。协调推动望沙路升级改造、疏港大道延长线、沿海公路、梅沙大桥及其连接线等基础设施建设，推进站前公园、安博南路、钱公洲开发及配套路网等项目建设，完成洪金路还建工程，促成新城南路（原桥东路）纳入水乡新城首期启动项目。加快土地统筹，启动梅沙片区土地一级开发，推动新城西岸“三旧”（旧城镇、旧厂房、旧村庄）改造示范片区成片改造、保利海棠项目动工建设，穗莞深城际轨道和佛莞城际轨道洪梅段累计完成征地11.4公顷，完成拆

洪梅镇

迁3.2万平方米。

【洪梅镇文明创建】 2016年，洪梅镇开展“补短板、促提升”文明创建活动，集中整治户外广告、城市“牛皮癣”、环境卫生、交通秩序等，实现核心价值观氛围浓厚、市场经营规范有序、文明素质显著提升，通过“国家卫生镇”复审。率先推进村（社区）规划建设管理，出台村（社区）建设规划编制实施方案，整治城市“六乱”（乱摆卖、乱搭建、乱扔吐、乱拉挂、乱堆放、乱张贴）3138宗，清理城市“牛皮癣”5596处，确定对村容村貌有重要影响的道路作为整治重点，制定落实管理整治标准。

【洪梅镇生态环境治理】 2016年，洪梅镇完成尧均、乌沙村的“美丽幸福村居”建设工程，推进金鳌沙、洪屋涡、夏汇村等“美丽幸福村居”建设。加快推动截污次支管网建设，完成第一批次总工程量的85%和23.6千米的管道敷设，金鳌沙村内河涌整治工程完成100%，中小河流项目1区海堤加固工程接近完成，水域面源整治、洪屋涡水道清淤工程完工验收。市、镇两级财政投入480万元建成监测三分站站房，启动国家生态文明建设示范镇创建前期工作，完成剩余15家“两高一低”（高污染、高耗能、低效益）企业的引导退出任务、6台65蒸吨以上以及2台35蒸吨锅炉提标改造，黄标车淘汰58辆、挥发性有机化合物企业完成整治2家。

【洪梅镇基层治理创新】 2016年，洪梅镇解决涉农“六大问题”［被征地农民的征地补偿款、落实历史留用地、农村土地“三乱”（乱占、乱卖、乱租）专项整治、被征地农民养老保障、农村“三资”（资金、资源、资产）管理、农村公共服务平台建设］，通过货币折算落实0.69公顷历史留用地，整改2宗违法用地0.36公顷，完成321.55万元的养老保障金分配和全镇农村集体经济组织的“三资”清理，打造统一的村（社区）综合服务管理平台。2016年，各村总资产8.46亿元，比上年增加13.8%，组建“洪梅镇微信及触摸屏村级信息公开平台”，为洪屋涡村和氹涌村申请发展创收项目补助资金2712.9万元。完善钱公洲生态园、乌沙大围农业园的规划建设，盘活创丰农产品专业合作社，打响本土枣红糯、无花果、笋壳鱼等特色农产品品牌。

洪梅镇梅沙村特色村工程

【洪梅镇“美丽幸福村居”建设工程】 2016年，洪梅镇加大宜居、美丽幸福村居的建设，完成梅沙、新庄“宜居村”创建及乌沙、尧均村“美丽幸福村居”建设。在建的有金鳌沙、洪屋涡、夏汇村3个村，主要围绕完善基础设施、改善居住条件、增设文体场所及村庄环境整治等展开建设，特别是狠抓水环境整治，包括河涌和池塘的环境治理和提升，覆盖到每个村庄中。通过提升人居环境、促进村民收入增加、提倡低碳健康的生活方式，为村民建立既美丽又幸福的“水乡梦”家园。

【洪梅镇公共安全】 2016年，洪梅镇推进“智网工程”建设，开展“飓风2016”专项行动和“以案说防”系列活动，全镇接报违法犯罪警情518宗，比上年下降9.7%，保持3年零9个月的零命案防控目标。确定黎洲角村为2016年重点整治地区，促进该村入室盗窃警情发案比上年下降13.3%，涉黄问题得到根本整治。加强出租屋和流动人口管理，安装“门禁+视频”系统157套，登记备案出租屋和流动人员采集率分别为99.7%、96.55%。抓好矛盾纠纷排查化解，受理矛盾纠纷案件210宗，调处来访案件118宗，办结网上信访案件92宗。全面落实安全生产责任制，强化消防、交通、食品药品安全管理，全年无发生较大以上生产安全事故。

【洪梅镇民生事业】 2016年，洪梅镇优先发展教育事业，实施“名师名校长”工程，教师论文、优课、微课获市级及以上奖励145人次，提供积分入学学位585个（含企业人才子女入学学位22个）。深入实施文化惠民工程，举办“2016中国传统花灯展暨广东省第五届花灯文化节”，“洪梅花灯技艺”申报为市非物质文化遗产代表性项目，实现每万人享受基层文化流动服务超30次。全面落实“二孩”政策，开展家庭医生签约服务累计4585人，总履约率86.4%。新增健康档案2465份，建档率和健康档案管理率均为100%，社区卫生服务中心大楼全面投入使用。抓好社会保险扩面征缴，完成住房保障13户，落实市镇两级各项就业补贴金额375.23万元，帮扶登记失业人员再就业370人次。

【2016中国传统花灯展暨广东省第五届花灯文化节举行】 2016年2月20—22日（农历正月十三至十五日），洪梅镇举行以“点亮花灯，传递幸福”为主题的2016中国传统花灯展暨广东省第五届花灯文化

洪梅花灯节

节。本届花灯节由中国民间文艺家协会、省文明办、省文联、省民间文艺家协会和洪梅镇联合举办，主要活动包括：开幕式和闭幕式、中国传统花灯展、文艺活动盛宴、水乡美食街等，共同营造社会和谐、家庭幸福的节日氛围。花灯节期间接待省内外游客15万人次，吸引超过30家主流媒体关注。

【洪梅花灯技艺成为东莞市非遗项目】 2016年9月1—20日，东莞市第四批非物质文化遗产名录公示，洪梅花灯技艺入选。洪梅花灯起源明末清初，是东莞市最具岭南传统特色的民间手工艺品之一，其技艺由洪梅文化广播电视服务中心负责挖掘和保护。洪梅花灯造工传统、精细，讲究动静结合、敦实灵巧，不但外形美观，而且寓意美好，在洪梅镇及其附近地区广为流传。洪梅花灯是疍家文化在逐水而居的基础上的传扬和继承，对研究岭南文化、广府文化有深远影响。 （廖敬芳）

附：2016年洪梅镇党委、人大、政府主要领导名录

镇委书记：吴淑萍（任至12月）
黄启光（12月到任）
镇人大主席：吴淑萍（任至11月）
郭　旺（11月到任）
镇　长：梁志刚

2012—2016年洪梅镇主要经济社会指标

指标 \ 年份	2012	2013	2014	2015	2016
户籍人口（人）	22559	22866	23241	23405	23838
常住人口（万人）	5.88	5.91	5.83	5.81	5.81
面积（平方千米）	33.2	33.2	33.2	33.2	33.2
生产总值（万元）	368660	432280	501312	509711	536652
第一产业（万元）	5029	5536	5782	5822	6305
第二产业（万元）	267867	313316	353550	355860	362318
第三产业（万元）	95764	113428	141980	148030	168029
总用电量（万千瓦时）	53847	56063	59255	52984	47845
全社会固定资产投资总额（万元）	136677	113345	136998	151398	160483
社会消费品零售总额（万元）	42485	46315	59056	61111	65888
外贸出口总额（万美元）	32254	39689	37292	31354	33233
实际利用外资（万美元）	18810	6556	8614	9568	13069
镇级可支配财政收入（万元）	32013	37284	37390	38447	43872
各项税收总额（万元）	48811	64148	72457	73605	75455

道滘镇

【道滘镇概况】 道滘镇位于东莞市西部、穗深经济走廊中部，毗邻东莞市区，广深高速、沿江高速公路和莞惠城轨、穗莞深城轨、市轨道交通R1线贯穿辖区，是水乡特色发展经济区的核心区域。截至2016年，辖区面积54.3平方千米，下辖13个村、1个社区，常住人口14.14万人，其中户籍人口5.88万人。

2016年，道滘镇实现生产总值90.08亿元（第一产业1.38亿元，第二产业42.77亿元，第三产业45.93亿元），比上年增长10.9%；全社会固定资产投资总额21.86亿元，增长10.1%；总用电量11.26亿千瓦时，增长2.6%；社会消费品零售总额19.67亿元，增长13.5%；实际利用外资1257万美元，下降68.0%；外贸出口总额7.07亿美元，下降13.1%；各项税收总额17.47亿元，增长18.7%。镇级可支配财政收入8.60亿元，增长15.1%；金融机构各项存款余额97.27亿元，增长6.4%。在东莞市镇街综合量化考评中获评6个全市“单打冠军”，全镇综合排名跃升到第23位。

【道滘镇“三个中心”建设启动】 2016年，道滘镇围绕“创新节点、和美水乡”的发展目标，以“六新”（新材料、新装备、新硬件、新能源、新医药、新业态）产业为导向，利用自身的区位优势，提出打造“三个中心”（区域性创新中心、专业化交易中心、复合型旅游中心）建设。并于3月1日举行“三个中心”建设启动仪式，与广东省激光行业协会、东莞同济大学研究、广东墨睿科技公司等签署项目协议，建立共同合作关系。

打造区域性创新中心　2016年，道滘镇抓住广深城市升级的溢出效应，主动对接优质创新资源，引进和培育一批支柱产业、龙头企业和重点平台，全面提升创新对经济发展的支撑作用，加快构建环境优、机制好、活力强、效率高的技术创新支撑体系，为水乡地区创新资源对接集聚发挥引领和促进作用。

打造专业化交易中心　2016年，道滘镇依托优势产业、龙头企业和权威平台，重点发展大宗交易，建立和完善交易服务保障体系，推动交易环节的导入与回归，形成一批具有影响力的交易平台，带动专业电商、专业仓储、专业服务和新型金融的全面布局，加速人流、物流及资金流的汇聚，建成立足水乡、辐射全市的商品交易、结算和清算中心。

打造复合型旅游中心　2016年，道滘镇抢抓城轨时代来临的机遇，引进一批龙头企业和高端资源，开发建设一批新型旅游的骨干项目和基础设施，打造旅游品牌，构建“大旅游”的发展格局，带动旅游产业的培育升级，成为全市乃至珠三角富有特色的旅游目的地。

【道滘镇转型升级】 2016年，道滘镇聚焦产业体系重构和新旧动能转换，全镇发展格局更加优化，发展活力更加强劲。集聚服装面料辅料、木材、生猪、进出口酒水、车用油品等一批大宗交易平台，招引中技克美、阿里巴巴LBS、菜篮子等一批优质产业项目。盘活明轩酒店附楼、“两高一低”（污染高、能耗高、效益低）纸厂等一批闲置物业，引进跨境电商、科技孵化、现代物流等新型产业项目。发展集体经济，引导各村累计筹集2.05亿元投资理财产品和入股镇属物业项目，

道滘镇

为村集体增收约1500万元。建成华科孵化器、创新岛1号和2号、中央“千人计划”人才创业基地，牵头成立顺道智能制造、文道影视产业、同道军民融合等一批研究院。推进华南贸易金融创新示范基地建设，引进东莞银行水乡地区首家小微支行以及沃斯资本等一批新型金融服务机构。

【道滘镇行政服务改革】 2016年，道滘镇在东莞市率先推开国（税）地（税）通发票“代开易”、个体工商户“两证整合”（营业执照和税务登记证整合）等改革，持续深化集群注册、商务托管、“五证合一、一照一码”等改革（“五证”：营业执照、组织机构代码证、税务登记证、社会保险登记证和统计登记证），创新推行个体工商户集群注册模式，全年新增市场主体2039个，比上年增长52.05%，其中，新增企业808家，增长51.32%，新增注册资本39.77亿元，增长97.87%，全镇在册市场主体数首次突破1万户大关。成立镇行政服务办公室，完成网上办事大厅镇村（社区）两级办事体系建设，行政办事中心升级改造为综合服务中心，推动25个部门283项公共服务事项进驻，全年受理行政审批和审核服务事项2.2万件。

【道滘镇城市建设】 2016年，道滘镇推进“三规合一”（国民经济和社会发展规划、城市总体规划、土地利用规划合一）试点和城市更新工作，设立镇城市更新办公室、重构镇土地整备中心。推动大岭丫、闸口、北永村等3个“三旧”（旧城镇、旧厂房、旧村庄）改造项目上马建设，拉动固定资产投资12亿元。推进路网建设和升级改造，建成南丫大桥、马洲桥、搜于特公司旁道路等一批路桥工程，完善产业园区生产生活性服务配套，初步形成“一廊一链”格局。完成思贤河、林洲口河、马洲滘河等河道清淤疏浚，开展环境违法违规建设项目清理整顿，整治违规砂场和污染企业，加快推进“两高一低”（污染高、能耗高、效益低）企业整治或退出，清理违规废品回收站点119家，完成226辆黄标车淘汰。开展精神文明建设“补短板促提升”工作，出台城市综合管理、农贸市场管理、城市“牛皮癣”清理整治、“门前三包”（包卫生、包绿化、包秩序）等制度，宣传核心价值观，集中整治“牛皮癣”、户外广告、占道经营等不文明现象，社会文明程度显著提升。推进12个都市农业项目建设运营，完成7个“美丽幸福村居”建设。2016年，获评“广东省生态乡镇”“广东省休闲农业与乡村旅游示范镇”，并获2项全市“单打冠军”。

2016年10月28日，道滘镇举行东莞市道睿石墨烯研究院成立暨“千人计划”专家创业基地挂牌仪式

【道滘镇社会管理】 2016年，道滘镇在东莞市率先推开社会服务管理“智网工程”，完成基础网格划分、管理员配置、首批部门和事项入格、临时指挥调度中心设置以及各村、园区指挥工作站建设，该项工作获评全市“单打冠军”。开展“飓风2016”专项行动，打击违法犯罪，累计接报警情2144宗，比上年下降9.6%；立刑事案件945宗，下降14.4%；破刑事案件380宗，上升4.97%。加强矛盾纠纷排查调处，累计处办信访案件289宗，比上年下降47.5%，办结率100%，访前法律服务项目获评全市基层社会治理改革创新先进项目。开展安全生产隐患排查整治，检查各类生产经营单位、“三小”（小档口、小作坊、小娱乐场所）场所2000多家次，整改安全隐患2200多处，实现安全生产形势总体平稳，获评东莞市2016年度安全生产责任制考核优秀镇街。加强应急能力建设，妥善处置“5·19”废品回收站火灾、“7·23”交通事故、台风“妮妲”等突发事件，创建成为“全国综合减灾示范社区”，获评全市“单打冠军”。

【道滘镇民生实事】 2016年，道滘镇以“十件实事”为抓手，统筹推进文化教育、医疗卫生、就业扶持、食品安全等民生事业。投入1000多万元完善公办学校消防工程、扶持学前教育发展、加强教师培训和加大校车补贴，设立民办学校扶持资金，实施民办教育视导计划，教育领域综合改革获评全市“单打冠军”。开展“百场培训、千场演出、万场电影”活动，加强粤剧曲艺少儿培训，打造“睇大戏来道滘”品牌。开展群众性体育活动，道滘籍游泳运动员在市级以上比赛获250枚金牌、149枚银牌、106枚铜牌。升级改造道滘医院硬件设施，开展大型义诊、健康教育、健康管理和家庭医生签约服务，签约4438户，占辖区居民总户数26.5%。全面推广食品药品安全网格化监管，完成农产品快检室建设任务，保障群众饮食安全。全面推进社保扩面征缴，创建退休人员社会化管理服务工作第十批省级示范点，获评全市“单打冠军”。全年累计发放社会保障资金6497万元，落实就业创业补贴538万元，推动203户贫困户实现脱贫。

【道滘镇引进人才】 2016年，道滘镇出台吸引高层次人才奖励、人才公寓建设扶持、中央“千人计划”专家配套资助等政策。建成“道+”、文一人才公寓等一批人才服务配套，推动建成银禧科技公司和雄林新材料公司2个省级院士工作站，累计引进高层次人才347名，企业自建研发机构35个。

2016年11月18日，道滘镇7家企业在全国中小企业股份转让系统举行“新三板”挂牌仪式

【广东省激光产业技术创新联盟落户道滘镇】 2016年，广东省激光产业技术创新联盟成立大会在道滘镇举行。广东省激光产业技术创新联盟由从事激光成套装备加工及加工技术的企业、高等院校、科研机构、行业协会等自愿组成，集专业性、学术性和联合性于一体，属非盈利性服务型社会团体。发挥高校、科研院所和生产企业在科技研发和原始创新上的技术优势以及广东激光加工装备企业在把握市场需求、开发新产品、实现科技成果转化上的动力，实现优势互补，信息共享，联合开发技术研究，组织共性关键技术攻关，突破技术难题，为广东激光成套装备及加工技术行业的发展做出贡献。

【东莞市首个石墨烯研发机构落户道滘镇】 2016年10月28日，道滘镇举行东莞市道睿石墨烯研究院成立暨“千人计划”专家产业基地挂牌仪式，东莞市首个石墨烯研发机构落户道滘镇。该院由东莞市孚道易商科技创业服务有限公司与广东墨睿科技有限公司共建，位于道滘镇华科城创新岛12栋，占地约3000平方米，其中，1500平方米为实验室，1500平方米为办公场地、成果展示厅、会议室等。截至2016年，该研究院是东莞市唯一的集石墨烯制备、应用、性能检测等功能于一体的专业科研机构。

2016年6月6日，第七届中国（道滘）美食文化节暨首届东莞（水乡）新型旅游展开幕

【道滘镇7家企业在“新三板”挂牌】 2016年11月18日，道滘镇7家企业在全国中小企业股份转让系统举行“新三板”挂牌仪式。其中，新材料企业5家：东莞金坤新材料股份有限公司、广东金炻新材料股份有限公司、广东天环创新科技股份有限公司、东莞市天熠皮业科技股份有限公司、东莞市银禧光电材料科技股份有限公司，新装备企业1家：广东亿鑫丰智能装备股份有限公司，新业态企业1家：广东新创华科环保股份有限公司。

【第七届中国（道滘）美食文化节暨首届东莞（水乡）新型旅游展举行】 2016年6—9月，第七届中国（道滘）美食文化节暨首届东莞（水乡）新型旅游展举行。活动由中国食品工业协会、广东省食品行业协会主办，道滘镇食品协会承办，以“品味道滘，和美水乡”为主题，内容包括“一节一赛两展”。其中，道滘美食文化节在6月6—11日举行，主会场设在济川广场，展览面积5万平方米，设置特装展位362个、普通展位362个；全国高校商业精英挑战赛在6月5—7日举行，竞赛由教育部高等学校经济与贸易类专业教学指导委员会、中国国际贸易促进委员会商业行业分会、中国国际商会商业行业商会、（国资委）商业国际交流合作培训中心联合主办，道滘镇人民政府承办，分别设置跨境电子商务、网络零售、移动电子商务和农村电子商务四个组别，参赛选手来自全国的近600名学生，包括10支香港高校组织的学生团队参赛；首届东莞（水乡）新型旅游展在6—7月举行，活动分别是主会场特色展位、分会场项目占和网络展；首届道滘国际当代艺术双年展在6—9月举行，活动主会场设在道滘顺兴纸厂，分会场在华科城、南丫村等，分为“道听途说”（涂鸦艺术）、“道梦空间”（装置雕塑）以及“论道”（高端油画展及当代艺术与新兴产业发展研讨会）三大部分，设有艺术论坛、艺术博览会、艺术品拍卖会、创意大赛、艺术品集市、涂鸦节等活动。

【首届道滘新艺术节举行】 2016年9月28日至10月27日，道滘镇举行第一届新艺术节，以“光年”为主题，由东莞市文联、东莞市文化馆、东莞市新兴产业发展促进会以及当信安喜文化产业有限公司联合主办，道滘镇文联、XI当代艺术中心、东莞市全民玩艺艺术有限公司承办。来自17个国家的79位艺术家的200多件原创作品，分别在XI当代艺术中心、粮仓、粤韵馆和东莞市民艺中心4个展场亮相。艺术节以建筑立面投影作为展览亮点，赋予建筑物“活力”“新意”。

（卢润志）

附：2016年道滘镇党委、人大、政府主要领导名录

镇委书记：邓　涛

镇人大主席：邓　涛（任至11月）
赖锡池（11月到任）

镇　长：钟浩滔（任至8月）
陈旭林（8月到任）

2012—2016年道滘镇主要经济社会指标

指标＼年份	2012	2013	2014	2015	2016
户籍人口（人）	56384	56700	57089	57981	58783
常住人口（万人）	14.34	14.38	14.17	14.16	14.14
面积（平方千米）	54.3	54.3	54.3	54.3	54.3
生产总值（万元）	632178	701067	747656	773870	900844
第一产业（万元）	11771	13120	13675	13772	13813
第二产业（万元）	344767	381843	397045	382549	427742
第三产业（万元）	275640	306105	336935	377549	459289
总用电量（万千瓦时）	118357	122403	128020	109741	112573
全社会固定资产投资总额（万元）	149517	180669	183805	198557	218613
社会消费品零售总额（万元）	114506	124906	136391	173247	196673
外贸出口总额（万美元）	42808	47519	48479	106498	70650
实际利用外资（万美元）	2027	2552	2997	3922	1257
镇级可支配财政收入（万元）	59527	62502	68806	74700	86000
各项税收总额（万元）	111857	124483	136130	147142	174659

厚街镇

【厚街镇概况】　厚街镇位于珠江三角州东岸，穗港经济走廊中段，北连东莞市区，南邻虎门港，东倚大岭山镇，西南毗连沙田镇，西北至道滘镇、洪梅镇隔河相望。截至2016年，辖区面积125.7平方千米，常住人口43.52万人，其中户籍人口10.38万人。

2016年，全镇实现地区生产总值358.90亿元，比上年增长8.0%，全镇进出口总额943.7亿元，其中出口额607.6亿元，全市排第二名。实现规模以上工业增加值141.89亿元，增长3.0%；全社会固定资产投资56.25亿元，其中完成工业投资15.23亿元；社会消费品零售总额167.13亿元，增长13.1%；各项税收55.23亿元，增长10.4%，其中公共财政预算收入20.67亿元，增长6.2%；社区集体资产总额90.08亿元，总负债下降5.5%；资产负债率下降1.4%。厚街镇位居“全国科学发展千强镇”第十八名，排广东省第八名，获评东莞市2016年度综合排名进步全市第一名、2016年度镇领导班子工作优秀镇。

【厚街镇经济发展】　2016年，厚街镇强化企业帮扶，组建“千千扶千企”服务平台，打造服务企业信息“百事通”，为企业及时排忧解难。强化招商引资，落实招商引资“一站通”工作，引进超亿元项目4宗，涉及投资额12.2亿元；引导企业加强与“一路一带”沿线国家的对接，引进中非（珠宝）产业园、中非大厦等合作项目；建立健全全镇招商资源与政策信息数据库，稳步推进4项省市重大项目、42项事关民生改善和城市发展的镇重点项目建设，完成工业投资15.23亿元。强化发展服务业，与美国高点公司签订经贸战略合作框架协议，开启展贸一体化的国际模式；全年举办或承办各类展会34个；工业旅游累计接待游客17.6万人次，拉动消费近2.09亿元，比上年增长39.3%。强化创新驱动，鼓励和引导企业加快实施技改技创及申报“机器换人”、“两化”（信息化、工业化）融合等，全镇工业技改投资达10.56亿元，增长20.17%；实施名牌带动战略，新增名牌名标企业3家，星美灿公司、远梦家居公司成功挂牌“新三板”；培育发展国家高新技术企业，探索建立亿元级协同创新平台，国家高新技术企业达64家；专利申请2339件（发明专利申请174件），获得发明专利授权65件，增长104.17%。

【厚街镇改革深化】　2016年，厚街镇推动全程电子化工商登记，推进“五证合一”“一照一码”登记制度改革，全镇新增市场主体8764个，比上年增长16.4%。农村集体资产管理进一步规范，累计完成资产交易137宗，涉及金额5434.09万元，溢价率1.97%。启动医院综合改革，建立互联网“医特专家会诊中心”平台，取消公立医院药品加成，减轻群众医疗负担1964万元。深化农村资产管理改革，启动农村土地承包权确权登记。

【厚街镇城市建设优化】　2016年，厚街镇加快融入东莞市西南组团，确立城市建设“一心、四轴、四节点、五片区”发展思路，推进规划建设，完成全镇总体规划修编方案编制和成果备案。完成西环路升级改造等工程项目的施工建设，启动职校西路、大迳自来水管改造工程等18个民生项目，城市发展带动力日益增强。镇村投资1.3亿元开展村容村貌升级改造工程58个。稳步推进黑水陂和大堑涌（溪头段）内河涌整治，截污次支管网和双岗危桥动工建设。实施最严格环境保护措施，加快“两高一低”（高污染、高能耗、低效益）企业退出，逐步恢复生态环境。深入开展家具制造及制鞋行业VOCs（挥发性有机物）污染整治，449家企业完成整改。

资料链接：

厚街镇城市建设“一心、四轴、四节点、五片区”发展思路：“一心”即由行政文化中心、现代商业服务中心和民企总部中心“三心”互动组成的大城市中心，服务

厚街汽车站立交工程

2016年1月9日，厚街镇举行“2016厚街工业旅游”半程马拉松赛事

镇区及周边地区的服务核心。“四轴”即以省道S256为核心，以存量优化调整为主导，重点承载传统产业转型升级、中心生活服务及商务接待、展贸平台等功能，通过“三旧”改造，结合R2线站点，形成若干功能节点的核心功能轴；依托厚街大道—湖景大道与南环路—科技路，强化东部生态休闲、科技产业中心和中心区之间联系，打造聚集高端商业服务、总部商务、文化创意、行政办公、高档居住和生态休闲等功能的特色服务轴；依托福东路，形成自北往南发展的创智产业发展轴；依托厚街水道形成对接西部水乡特色片区的滨水景观轴。“四节点”即北部以鞋业为核心的商贸节点，中南部以家具为核心的展贸节点，南部以白沙站为核心的枢纽型服务节点，及东部以科技产业为核心的产业孵化节点。“五片区”即东部科技与产业创新区、中部居住与综合服务区、中南部会展商贸区、南部现代制造及商贸区、东部生态休闲区。

【厚街镇和谐建设推进】 2016年，厚街镇强化严打高压态势，以信息化和群防群治为支撑，推进建设“1+10”社会治安综合治理机制，实现全镇警情数、“两抢一盗”（抢劫、抢夺、盗窃）数和命案数下降，“破小案、多破案”能力提升。“互联网+全民创安”获评东莞基层社会治理改革创新优秀项目。推进基层社会“微治理”，实施“互联网+社会治理”模式，完善专业市场、楼盘式共治等试点，提高基层社会治理网格信息平台应用水平。维护社会和谐稳定，建立涉法涉诉信访事项善后衔接机制，增设访前法律工作室，受理纠纷案件66批225人次。加强运输市场、食品药品、违法建筑等监管整治，查处涉嫌违法建筑68宗，涉嫌无证餐饮店铺和地下黑作坊12宗。

【厚街镇社会保障水平提升】 2016年，厚街镇稳步推进居家养老服务工作，实现社区居家养老服务需求100%覆盖，全镇享受居家养老服务的人数达5800人次。推进“平安铃”安装工作，为211名老人免费配备“平安铃”手机，全镇享受“平安铃”服务的老人达491人。提高退休人员养老待遇，企业退休人员平均基本养老金达1787元，社区退休人员平均基本养老金达1031元。全面推开非东莞市户籍职工子女参加社会基本医疗保险，建立“小城大爱”公益网络平台，实现社会资源有效共享。加强社区综合服务中心建设，全镇23个社区完成综合服务管理中心建设工作。健全住房保障制度，解决22户低收入困难家庭住房难题。完善公交线网，调整5条公交线路全面对接轨道R2线。

【厚街镇教育、文化、卫生事业发展】 2016年，厚街镇启动或完成白濠小学教学楼、前进小学功能楼等一批项目，筹建湖景幼儿园，酒店管理学院开学；首次采取政府向优质民办学校购买学位的方式，购买民办学位281个，为新莞人子女提供学位995个；探索“互联网+教育”方式，推进“慕课”学习平台及课程体系建设，湖景中学和开贤学校成为全市首批委托管理试点学校；东莞市轻工业学校上线率名列全市同类学校第一名。

成功创建“广东楹联文化之乡”，启动首批6个文化名家工作室；实施文化惠民百花工程，“双手洪拳”成功申报市级非遗项目；打造“鳌台书院杯”千人书法大赛、鳌台书杯全国征文大赛、鳌台艺展、“大众展台”等系列活动，“周六故事”被评为“东莞市文化惠民活动十大品牌”；创新“文艺惠民+采风创作”模式，成立厚街文艺志愿服务队，强化文艺服务基层、服务人民。

推动“全面两孩”政策稳步实施，完成卫生服务大楼项目建设；严格执行取消药品加成政策，实现药品让利2523万元；推进家庭医生签约服务，累计签约1.36万户4.29万人次；加大卫生监督执法力度，出动工作人员2761人次，检查公共场所696间次，巡查医疗机构480间次，开展打击非法行医行动31次，取缔非法医疗机构29家。

【第35届国际名家展（东莞）展览会】 2016年3月16—20日，第35届国际名家具（东莞）展览会暨名家具机械材料展、名家具家居饰品展、中式家具文化展在厚街镇举行。展会规模达76万平方米，有1287家参展商参展，累计接待来自全球150多个国家和地区的专业观众12.6万人，其中海外买家1.15万人，高于上年。展会从产业链融合的角度搭建展示与交流平台，引导行业开展供给侧改革，展示家具行业强劲的活力。其中，升级后的中式家具文化展集合更多元、现代化的中式产品，受市场年轻消费群追捧；青少年儿童家具成为新的市场增长点；设计、工程、定制家居展览效果突出。

【第三届中国（广东）国际印刷技术展览会】 2015年4月7—12日，第三届中国（广东）国际印刷技术展览会在厚街镇举行（该展为四年一届）。展出面积达14万平方米，比上届增长16.67%；参展厂商1328家，来自28个国家和地区，比上届增长5.31%，其中海外展商占34.80%；专业卖家来自全球146个国家和地区，创下历史记录20.62万人次，比上届增长20.38%。其中各省（市、自治区）、港澳台等地区的专业协会组织买家团68个，各国印刷包装商协会、贸促机构及各大印刷企业组织来自世界各国买家团80个。展会汇聚世界印刷装备制造业的顶级厂商，展示国际印刷产业最高发展水准的印刷设备、器材和耗材以及最新推出的印刷解决方案。

【广东国际机器人及智能装备博览会】 2016年11月29日至12月2日，2016广东国际机器人及智能装备博览会在厚街镇举行，展会由广东省经济和信息化委员会、东莞市人民政府主办，东莞市经济和信息化局、厚街镇人民政府、香港讯通展览公司承办。展览面积扩容至11.6万平方米，展位数5558个，参展商数达1367家，云集美国哈斯公司、德国罗德斯公司、奥地利威猛巴顿菲尔公司以及日本发那科公司等国内外自动化及智能装备行业龙头企业，吸引11万人次买家和专业观众入场。展会期间举办5项专题展示、9项主题活动和16场专业技术研讨会及新产品发布会，进一步擦亮“东莞智造”名片。　　（刘慧菁）

【2016中国加工贸易产品博览会】 2016年4月21—24日，2016中国加工贸易产品博览会在东莞市广东现代国际展览中心举办，继续按照“1+6”专业化模式进行展区设置，设1个主题馆（加工贸易创新发展）和6个专业展（国际智能手机及移动终端产业链展、国际服装服饰展、国际鞋帽箱包展、国际玩具礼品及家居饰品展、国际餐厨用品展、电子商务及国际物流展），展出总面积6万平方米，比上届增长

2016年11月29日，2016广东国际机器人及智能装备博览会在广东现代国际展览中心开幕

20%，吸引来自国内19个省市及港澳地区的807家加工贸易和外贸企业参展。展馆内设置政策解读专区，并举办加工贸易创新发展论坛、“制造业+互联网”峰会和首届国际智能手机及移动终端产业链峰会等3个国际级专业会议，与会领导、专家和企业家从不同层次、不同领域探讨制造业创新发展之路，吸引专业听众近2000人。展会接待海内外观众9.27万人次，比上届增长15.9%，其中，专业观众2万人次，增长21%。达成商贸合作项目（含合同、协议和意向）7743宗，增长5.4%；意向成交金额达966亿元，增长4.1%。

展会期间，马来西亚中国总商会、欧美工商业联合会等多国重点商协会组织采购商到会采购，国际买家规模近2000人。展会开幕当日，特立尼达和多巴哥驻华大使等20多位外国使节到会参观。《人民日报》、新华社、中央电视台等60多家境内外媒体现场采访，刊发原创新闻报道400多篇，各主要新闻门户网站转载相关报道超7000次。

（王学林）

【2016广东21世纪海上丝绸之路国际博览会】 2016年10月27—30日，2016广东21世纪海上丝绸之路国际博览会在东莞市广东现代国际展览中心举办，坚持“国家馆+专业展”相结合的模式，按照“1+6”（即1个主题馆及丝绸、茶叶、陶瓷、旅游、食品及农产品、建筑装饰材料及工程机械6个专业展）布局，展出面积7万平方米，有73个海上丝绸之路沿线国家和地区参展参会，参展企业1526家，其中境外（含中国港澳地区）1098家，占72%。境外企业来自52个国家（地区），其中39个设立国家（地区）馆。澳大利亚、新西兰等海上丝绸之路沿线国家（地区）组团参展。密克罗尼西亚联邦副总统尤斯沃·乔治、瓦努阿图副总理乔·纳图曼、泰国前总理阿披实、尼泊尔前总理巴特拉伊，11个国家的部长级官员，34个国家驻华使领馆官员等参观展会或参加主题论坛。累计吸引23.8万人次入场参观采购，比上届增长120%，其中专业采购商2.8万人次，增长31.5%。达成签约项目700个，涉及签约资金2068亿元，增长2.5%。其中，投资项目187个，涉及资金541亿元；“走出去”项目63个，涉及资金335亿元；贸易项目450个，涉及资金1192亿元。中央电视台、新加坡《联合早报》等境内外100多家媒体、近300位记者参与采访报道，中央、省市及境外媒体刊发1000多篇原创性新闻报道，各主要新闻门户网站转载相关报道超1.5万次。

（王学林）

附：2016年厚街镇党委、人大、政府主要领导名录

镇委书记：万卓培

镇人大主席：万卓培（任至11月）
方活力（11月到任）

镇　长：蒋亚军

2012—2016年厚街镇主要经济社会指标

指标＼年份	2012	2013	2014	2015	2016
户籍人口（人）	98557	99296	100166	101893	103802
常住人口（万人）	44.16	44.25	43.79	43.75	43.52
面积（平方千米）	125.7	125.7	125.7	125.7	125.7
生产总值（万元）	2672266	2848939	3029896	3219431	3589044
第一产业（万元）	10596	11491	11978	12062	13063
第二产业（万元）	1612391	1553664	1555896	1507369	1565044
第三产业（万元）	1049279	1283783	1462032	1700000	2010937
总用电量（万千瓦时）	325508	322975	336025	329932	337265
全社会固定资产投资总额（万元）	438116	556975	785597	650061	562544
社会消费品零售总额（万元）	898006	1018878	1352407	1478401	1671340
外贸出口总额（万美元）	900540	976850	924639	919757	919113
实际利用外资（万美元）	17243	18238	9131	9821	9782
镇级可支配财政收入（万元）	123424	176574	304663	226562	267223
各项税收总额（万元）	343628	438205	511568	500215	552257

沙田镇·虎门港

2016年3月16日，沙田镇·虎门港举行“广东省文明镇”揭牌仪式

【沙田镇·虎门港概况】 沙田镇·虎门港位于东莞市西南部，东江南支流出海口与狮子洋交汇处。截至2016年，辖区面积111.5平方千米，下辖16个村、2个社区，常住人口17.87万人，其中户籍人口4.46万人。是中国港口物流重镇、全国龙舟之乡、中国水上民歌之乡、国家卫生镇。虎门港是1997年经国务院批准的国家一类口岸，也是东莞市龙头园区、首批对台直航港口之一以及全省第一个开展内贸无水港项目的港口，主要包括西大坦、立沙岛、新沙南作业区三大区域，规划开发码头岸线23.9千米，规划泊位110个，总吞吐能力超1亿吨。

2016年，沙田镇·虎门港实现地区生产总值118.03亿元（第一产业2.29亿元，第二产业45.34亿元，第三产业70.4亿元），比上年增长8.2%；财政总收入26.59亿元，增长82.1%；税收总额25.77亿元，增长11.2%；固定资产投资总额51.42亿元，增长3.7%；社会消费品零售总额29.75亿元，增长11.4%；总用电量15.02亿千瓦时，增长5.6%；实际利用外资8746万美元，下降35.3%；外贸出口总额34.17亿美元，增长13.1%；地方财政总收入14.36亿元。获评2016年度领导班子工作优秀镇街、水乡特色发展经济区工作落实前三名镇街，以及“广东省生态乡镇”“广东省文明村镇”等6项全市“单打冠军”，通过“国家卫生镇”复审验收。

【沙田镇·虎门港港口发展加快】 2016年，沙田镇·虎门港加快9号、10号泊位和驳船码头建设，其中，驳船码头完成主体结构施工。推进1—4号泊位和新沙二期14号泊位报批报建。推动“三互”（信息互换、监管互认、执法互助）大通关新覆盖新沙南、龙通码头、宏业码头、沙角A、B、C码头等区域，新增智能视频、船舶泊位动态监管等项目。建成无纸化入闸、

沙田镇·虎门港

2016年8月10日，沙田镇·虎门港举行广物控股集团与深圳巨正源股份有限公司合作签约暨丙烷脱氢制高性能聚丙烯项目奠基仪式

H986查验等信息化系统。虎门港集团有限公司更名为东莞港务集团有限公司，拓展外贸集装箱业务和散杂货业务，首次开展旅游购物出口业务，开通京唐等航线，增加宁波—天津线等航线运力。东莞全港总货物吞吐量1.46亿吨，比上年增长10.9%，其中，虎门港三大作业区1.12亿吨，增长13.9%；东莞全港集装箱吞吐量364万标箱，增长8.3%，其中，东莞港务集团有限公司275.7万标箱，增长10.2%，位列2016世界集装箱港口榜单第43位（依据2015年集装箱吞吐量进行排列），首次进入全球50强。

【东莞保税物流中心进出货物总值列全国前三位】 2016年，沙田镇·虎门港全力提升保税物流中心运营管理水平和招商效益，建成普洛斯物流园，新增仓储面积5.2万平方米，4—6号仓和百兴物流中心投产运营，引进中国邮政速递、飞力达、京东电商、伟易达等大型物流企业，自营仓储出租率超过85%，形成“保税一日游”“进口分拨”“出口集拼”“超级干线（国际货站）”以及“国际中转业务（跨境电商）”等主要业务板块。2016年，保税物流中心进出货值118亿美元，比上年增长65.3%，列全国B型保税物流中心前三位。在此基础上，加快推进2.24平方千米的虎门港综合保税区申报、建设和招商。

【沙田镇·虎门港重大项目建设】 2016年，沙田镇·虎门港以集约化和高端化为方向，引进临港型项目，引资总额111亿元。新签环球易购项目、智高化工项目等21个优质项目，通过空置厂房“腾笼换鸟”引进恒升环保产业园及通达移动产业园。推进项目建设，健全重大项目台账管理及专报制度，完善领导挂点督导、信息共享和诉求反馈等机制，定期组织现场巡查督导，每月召开服务工作会议，集中研究解决报批报建手续、征地拆迁等工作难题，推进中电新能源等重大项目开工建设，17个省市重大项目累计完成投资21.47亿元。

【沙田镇·虎门港转型升级】
2016年，沙田镇·虎门港深入实施创新驱动，加强专项政策扶持，推动企业提升技术竞争力，设立科技扶持资金2000万元，新增国家高新技术企业15家，企业研发机构8个，广东省著名商标6个，企业专利申请770项，专利授权355项，完成技改投资2.3亿元。发展跨境电商新业态，保税物流中心新增“两头在外”业务功能，邮政公司、中隽公司等企业开展跨境电商业务，启盈物流公司、虎门集装箱港务公司、东莞港国际集装箱码头公司、增益供应链公司等4家企业申报东莞市物流标准化试点项目。

【沙田镇·虎门港城市建设】
2016年，沙田镇·虎门港完成总体规划（2016—2020年）修改。港湾大桥设计完成，沿江高速公路立沙岛互通工程开工建设，沿江大道北段、疏港大道A段、物流中路（虎门港港区段Ⅰ标）、西大坦物流基地桥东二路、进港中路人行道、义沙村天宅西路等6条道路建成通车，疏港大道坭洲段等7项道路工程加速推进。“五合一”服务中心（含敬老院、老人托养中心、康复就业服务中心、老人活动中心和镇应急避灾中心）、广荣中学风雨操场与配电房及室外配套等工程投入使用，改造5.5千米老旧供水管，启动沙田第一小学、第二小学新教学楼建设。启动美丽幸福村居示范片区建设，完成泥洲、大流、和安、中围、先锋、杨公洲村等6个“美丽幸福村居”创建。虎门港征地拆迁新拆除房屋570户。虎门二桥征地拆迁完成全部34公顷交地任务，完成全部107户拆迁合同签订，完成房屋拆除96.3%。民田安置区完成控规调整，启动前期工作。

【沙田镇·虎门港生态建设】
2016年，沙田镇·虎门港引进北大青鸟集团公司，专业规划运营全长14千米、总面积350万平方米的穗丰年湿地公园，打造成为珠三角开放式现代都市休闲旅游目的地。制定水污染防治计划实施方案，开展西太隆中心河、义沙河涌及立沙岛新村涌整治，开展11千米截污次支管网规划报批，并启动一期15千米截污次支管网建设。推动47家企业实施绿色生产，清理无证照污染企业11家，淘汰黄标车373辆，整改挥发性有机物污染企业41家，整改工业锅炉15台，实现电镀、印染专业基地集中供热，完成污染减排任务。

【沙田镇·虎门港集体经济发展】 2016年，沙田镇·虎门港完善农村集体资产交易平台，交易44宗。推进农村土地承包经营权确权登记颁证工作。完成高标准基本农田建设174.57公顷，成立12家农民

专业合作社。完成83条渔船更新改造申请审核，促进海鲜渔货交易、水产品加工等发展。推动农村“三旧”（旧城镇、旧厂房、旧村庄）改造，加快稔洲造纸厂等3个地块8.93公顷改造进度。引导村利用闲置资金购买理财产品，启动银沙化工、盟丰化工项目等10%留用地项目建设，扶贫项目——通盈仓储项目完成设计方案审批。村组两级总资产32.5亿元，比上年增长3.7%；经营总收入3.1亿元，增长6.4%；村组纯收入1.9亿元，增长6.5%。

【沙田镇·虎门港民生事业】
2016年，沙田镇·虎门港发放就业补贴438万元，村民车间增加至14个，安置户籍劳动力562人。发放民生补助1524.9万元，落实214户困难家庭最低生活保障，实施镇级医疗救助616人次，解决25户住房困难，为341名老人提供居家养老服务。成立沙田慈善会，做好镇内扶贫和市外对口帮扶。新建9个公共服务中心，实现村（社区）全覆盖。沙田医院住院楼扩建进入装修阶段，新社区卫生服务中心综合楼投入使用。投入1亿多元发展教育事业，为进城务工人员随迁子女提供义务教育学位531个，评选镇级学科带头人20名。举办群众性文体活动720场次，诗歌创作、新民歌创作两个基地入选市重点文艺创作基地。开展精神文明建设“补短板　促提升”行动，深化户外广告、城市“牛皮癣”、交通出行等突出问题整治；创建鲸沙花园建设全国宣传思想文化工作示范点等四大亮点，培育社会主义核心价值观，新增公益宣传牌2万平方米，建设20千米公益宣传示范街道。

【沙田镇·虎门港社会治理】
2016年，沙田镇·虎门港启动“智网工程”，建设45个基础网格，整合部门职能，组建网格管理队伍。深化鲸沙花园协同善治，并铺开至西大坦、穗丰年、福禄沙等3个安置小区。《“家和有我”社区“和事佬”调解》《弘历史文化·促社区自治》两个项目被评为东莞市基层社会治理改革创新优秀项目。健全矛盾纠纷排查化解机制。健全社会治安防控体系，完成“110”指挥平台及高清视频全覆盖升级，落实流动人口和出租屋“双实”（实有房屋、实有人口）管理，强化寄递物流、公交、校园安全管理。开展“飓风2016”、打击防范街面犯罪、“以案说防”等专项工作，刑事案件立案及入室盗窃、抢劫、抢夺、诈骗等警情大幅下降，全年实现命案“零发案”。完善安全监管体系，开展“三小”场所（小档口、小作坊、小娱乐场所）、出租屋消防安全等专项整治。落实危险化学品安全生产重点攻坚工作，组建临时应急救援基地，成立立沙岛安监分局。全年未发生重特大安全生产事故。（冼挺超）

附：2016年沙田镇党委、人大、政府和虎门港管委会主要领导名录

镇委书记、管委会工委书记：
邓流文（任至8月）
梁荣业（8月到任）
镇人大主席：邓流文（任至8月）
梁荣业（8—11月）
刘振邦（11月到任）
镇长、管委会主任：詹志斌

2012—2016年沙田镇·虎门港主要经济社会指标

指标＼年份	2012	2013	2014	2015	2016
户籍人口（人）	41789	42266	42784	43688	44613
常住人口（万人）	17.96	18.01	17.94	17.93	17.87
面积（平方千米）	107	111.5	111.5	111.5	111.5
生产总值（万元）	770194	889532	977426	1068619	1180318
第一产业（万元）	18396	20113	20998	21145	22900
第二产业（万元）	369414	393891	425057	450820	453467
第三产业（万元）	382384	475528	531371	596654	703951
总用电量（万千瓦时）	107365	108476	133000	141916	150240.94
全社会固定资产投资总额（万元）	187391	331000	413096	496027	514244
社会消费品零售总额（万元）	143955	157359	190731	267100	297515
外贸出口总额（万美元）	84391	126778	297974	302003	341693
实际利用外资（万美元）	3962	8702	9932	13524	8746
可支配财政收入（万元）	92588	109025	107363	127393	143554
各项税收总额（万元）	123845	154693	201172	231715	257731

长安镇

【长安镇概况】 长安镇位于东莞市南端，东邻深圳市，南临珠江口，西连东莞港，北倚莲花山，G107国道、S358省道、广深高速、虎岗高速、广深沿江高速公路贯通全镇，是广州市、东莞市与深圳市交通往来的南大门，是中国机械五金模具名镇和中国电子信息产业重镇。截至2016年，辖区面积98平方千米，下辖13个社区，常住人口65.94万人，其中户籍人口5.25万人。

2016年，长安镇实现地区生产总值463.1亿元，比上年增长14.5%；工业总产值1617.3亿元，增长24.1%；进出口总额1888.5亿元，增长60.2%；各项税收总额102.9亿元，增长21.9%；镇本级可支配财政收入27.4亿元，增长16.2%；社会消费品零售总额134.2亿元，增长14.0%；银行存款814.3亿元，增长20.1%。

2016年，长安镇经济社会持续稳定发展，获评全市镇街领导班子年度工作优秀镇街第一名；国内生产总值增量、进出口总额、专利申请量和授权量、工业技改投入、国税收入、社区两级集体纯收入等6项主要经济指标全市排第一名；获评全国法治宣传教育先进单位、全国社区教育实验区、广东省科普示范区、广东省防汛防旱防风防冻先进集体、广东省四星级宜居社区、广东省扶贫开发“双到”通报表扬帮扶单位、“大众创业、万众创新”体制机制改革、社会服务管理“智网工程”等8项全市“单打冠军”。

【长安镇经济发展质量提升】 特色产业发展 2016年，长安镇电子信息、五金模具两大特色产业继续发展壮大，全年规模以上电子信息产值1177.9亿元，增长27.5%；规模以上机械五金模具产值201.9亿元，增长15.3%，两大产业规模以上产值占全镇工业产值的81.6%。以“OPPO”“vivo”智能手机为引领的现代通信产业增长迅猛，两大企业集群手机全年总产量1.57亿台，增长96.3%。

重大项目招引和建设 2016年，长安镇签约引进丰宾电子、华茂电子、阿里巴巴跨境电商运营中心等20个项目，总投资220亿元。加快推动步步高、OPPO（欧珀）、长发光电、龙辉科技项目等5个市重大项目的建设，年内累计完成投资7.4亿元，为年度投资计划的98.5%。

内源型经济发展 2016年，长安镇实际利用内资12.7亿元，比上年增长6.7%，规模以上内资企业产值990亿元，增长35.8%，投资300万元以上的内资企业1574家。居组两级实现集体纯收入13.03亿元，增长8.9%。镇属集团公司实现产值139.8亿元，增长24.4%。企业名牌名标增多，拥有中国驰名商标7个、省著名商标13个、省名牌产品10个。

【长安镇创新驱动深化】 2016年，长安镇新增国家高新技术企业93家，总数达154家，OPPO（欧珀）公司被认定为国家火炬计划重点高新技术企业。拥有国家认可实验室1个，博士后科研工作站2个，博士创新实践基地1个。全年规模以上先进制造业产值1101.9亿元，比上年增长26.9%，规模以上高技术制造业产值1083.9亿元，增长26.1%，专利申请量1.05万件，增长49.68%，专利授权量2992件，增长16.42%，专利申请量和授权量均居

长安镇

全市第一位。开展“大众创业、万众创新”，入选广东省首批10个省级“大众创业、万众创新”示范基地，是东莞市唯一入选单位。对接美国麻省理工学院、香港大学等知名高校，开展政校企合作，建立国际快速成型创新中心、建筑与城市联合研究中心，探索在长安镇开展产业创新、城市创新和制度创新，助推转型升级。

【步步高研发生产项目】　2016年，该项目用地面积63.6公顷，包括研发中心项目（3.6公顷）和生产基地项目（60公顷），总投资37.5亿元，总建筑面积125万平方米。完成投资2.74亿元，占年度计划的109.5%；项目累计完成投资11.4亿元，占总投资的30.4%。截至2016年，研发中心项目正进行室内精装修和室外园林规划设计，一期（宿舍楼）、二期（研发主楼）土建工程竣工验收；生产基地的vivo（维沃）总部正开展办公主楼的基坑工程和宿舍桩基工程，vivo制造中心进行软基处理工程，小天才制造中心开展余下地块软基处理工程和概念规划设计。生产基地建成后，逐步形成年产6000万台以上“vivo”手机、500万台“步步高”电话机、700万台教育电子产品的规模。

【长发光电研发生产项目】　该项目用地面积6.67公顷，总建筑面积12万平方米，主要生产经营3D（三维立体）裸视产品、LED（发光二极管）光电产品。项目总投资6.3亿元。2016年，完成投资1.3亿元，占年度计划的100.2%；项目累计完成投资5.3亿元，占总投资84.7%，项目一期试产。截至2016年，项目1号楼完成并通过验收，2号楼主体验收，5号楼土建基本完成，6号楼正在调整规划方案。

【广东龙辉科技研发生产中心项目】　该项目总投资6亿元，用地面积10公顷，建筑面积20万平方米，主要生产经营路由器、精密钣金等产品。2016年，该项目完成投资3800万元，占年度计划50.7%；项目累计完成投资2.2亿元，占总投资37%。工程一期封顶，部分试产。全面建成投产后，员工可达4000人，年产值可达20亿元，税收1亿元。

【东宝河新安大桥东莞引桥及配套项目】　该项目由东莞市财政投资。2016年，完成投资4550万元，占年度计划100%；截至2016年，项目实际投资9667.8万元，工程建设完成。通车后，将缓解G107国道和S358省道、广深高速公路的交通压力，大大缩短深圳市宝安区沙井镇、长安镇之间的出行时间，加快深莞惠交通路网一体化建设。

【欧珀移动通信有限公司增资扩产项目】　该项目总投资10亿元，占地面积21.46公顷，总建筑面积27.85万平方米，主要用于手机的SMT（表面贴装技术）生产、整机组装和仓储。2016年，该项目完成投资2.52亿元，占年度计划的100.8%。截至2016年，项目累计完成投资2.59亿元，占总投资的25.9%。项目桩基础完成验收，主体工程完成100%，正进行室外回填和砌体工作，总工程量完成60%。

【长安镇深化改革】　政务服务改革　2016年，长安镇抓紧建设镇综合服务中心，按照“一门在基层、服务在网上”理念，全面推行“一门式一网式”政务改革。创新国税、地税服务模式，在全国率先推出国税、地税委托邮政双代（代开增值税普通发票、代征税款）业务，吸纳95%的零星纳税人代开普票业务量，长安镇获评全国百佳国税地税合作县级示范区。

供给侧结构性改革　2016年，长安镇消化闲置产能，与天时国际创业实验室、广东隆凯股份公司等合作，成立天时—长安国际快速成型创新中心，助推产业转型升级；对接美国麻省理工学院等国内外知名院校，通过闲置产能创业要素化、产业资本创投化、企业创新外部化三大路径，培养内生式创新力量，激活闲置产能和产业资本。降低企业成本，清理长安镇涉企行政事业性收费项目，帮助企业申请省市各类技术改造、科技创新等专项资金。年内，有30家企业获得市“机器换人”补助1514.31万元，占全市12.17%，同时镇配套奖励302.8万元。

社会治理体制改革　2016年，长安镇投入6800多万元开展“智网工程”建设，制定系列方案文件，选址镇综合服务中心三楼建设“智网工程”指挥调度中心，将全镇划分为126个基础网格，并组建一支750多人的网格管理员队伍，加强社区综合服务管理体系建设，全镇13个社区均建成社区综合服务管理中心。

【长安镇城市建设】　城市规划　2016年，长安镇开展城市创新，提出构建“两轴两核四带三片区”（“两轴”：城镇功能发展轴、城镇景观发展轴；“两核”：综合服务中心和片区服务中心；“四带”：北部人文生活服务带、S358省道都市商贸服务带、长安新河生态旅游带、南部滨海文化观光带；“三片区”：宜居生活和创新产学研区、产城融合和科技制造片区、现代服务和高端产业片区）的城市空间架构，打造“山、湖、河、海”城市格局的目标。年内，完成第六轮总体规划修编和道路交通提升规划，科技商务区规划成果方案落地，并开展前期启动项目。

基础设施建设　2016年，长安镇开展30多项工程建设。公办学校扩改建工程完成9所学校、12幢5万多平方米建筑的扩建，第一批6所校（园）于9月投入使用。完成东宝河新安大桥东莞引桥及配套工程，开展工业大道、步步高公司周边道路建设改造。霄边排涝站工程和莲花山水库除险加固工程完成验收交付使用。投资5700万元，完成10千伏配网基建工程40项，启动110千伏上角站建设。

城市改造升级　2016年，长安镇加快智慧城市建设，扩大公共场所WiFi覆盖范围，镇中心区域AP点（无线接入点）143个，实现大型公共场所公共WiFi全覆盖。推动道路改造升级，投资1亿元对镇中心10个重点拥堵路口进行升级改造，第一期8个路口的整治工程完工。推进“三旧”（旧城镇、旧厂房、旧村庄）改造，截至2016年，取得改造方案批复85宗，面积417.34公顷，

2016年3月22日，长安镇重大项目签约仪式举行　（唐寿新　摄）

其中落实项目批复19宗，面积59.46公顷。

环境治理　2016年，长安镇把治水作为镇民生"一号工程"，对镇内各河涌全面实行"涌长制"，由镇领导班子成员担任涌长。完成茅洲河300米试验段整治工程，人民涌截污管网工程完成85%，三八河截污次支管网工程完成75%。推进电镀、印染专业基地建设，A区12家企业和电镀废水处理站均通过市环保局验收；B区一期项目电镀废水处理站和1家企业通过市环保局验收，二期项目落实用地指标。持续开展造林、育林，全年植树1.5万余株，造林14.33公顷。

【长安镇社会治理】　公共安全　2016年，长安镇细化18个行业系统的"平安细胞"单元，"平安细胞"创建覆盖率95%。引导信访问题通过法律渠道解决，全年受理来访案件数下降36.4%，来访人数下降19.1%，案件调结率97%。推进"清源断腿""断流""飓风2016""安网"等专项行动，打击违法犯罪，破获刑事案件1939宗，比上年提高2%，全镇接报警情下降9.27%。强化交通秩序整治，先后开展春运、重点地区交通突出问题整治、预防重特大交通事故等专项整治。加大安全生产执法监察力度，发现和整顿安全隐患1.3万多处，安全生产事故宗数下降35%。强化火灾防控，发生火灾事故136起，下降19.5%。

法治建设　2016年，长安镇突出开展企业员工普法、校园师生普法、出租屋普法，组织开展普法活动422场次。投入60万元专项资金，深入学校、居民社区、工厂企业、出租屋、商厦店铺等5个重点领域开展"以案说防"活动。建成法治文化景观点、建设法治绿道小径23条。发挥长安法学会作用，健全完善政府法律顾问制度和"一社区一法律顾问"制度，经第三方测评，全镇社区群众对平安、法治建设的知晓度比上年上升10%，达85%以上。

精神文明建设　2016年，长安镇开展精神文明建设"补短板、促提升"工作，制定文明创建系列文件，推进文明建设工作常态化。组织开展5次全镇集中行动，整治占道经营、乱停放、非法倾倒淤泥、乱搭建等行为。开展"友善一条街"公益宣传等主题系列活动，引导市民友善对待他人、社会和自然。发动全镇各机关单位、社区，在19个主要交通路口开展交通文明"大拇指"志愿活动，倡导市民文明出行，服务总时长近9000小时。

【长安镇获评全国法治宣传教育先进县（市、区）】　2011—2016年，长安镇组织普法力量9000多人次，开展法治宣传活动7000多场次，投放公益广告约1万频次，发送普法信息140多万条次，编印派发普法资料200多万份。先后通过"模拟法庭""法治课堂""司法大讲堂""法治论坛"等活动，深入机关、企业、社区和校园普法，建立"法治直通车""双百普法""法润春苗"和"长安法宝"卡通动漫等普法活动品牌，推动普法活动的开展。其中，"长安普法微平台"通过微信、微博同名公众账号，累计发送普法信息2万多条次，微信点阅量200多万次。"长安普法"微信在2014年、2015年连续两年位居全国司法行政微信排行榜前十名、全省第一名。同时，依托长安公园建设"法治文化公园"，选取美泰玩具二厂、胜百吉鞋厂等千人以上企业建设"法治文化企业"，选取信义怡翠豪园、沙溪名苑等商住小区建设"法治文化小区"，在全镇29所公、民办学校全面推进"校园法苑"建设，营造浓厚的法治文化建设和普法学法社会氛围。2016年，长安镇获评全国法治宣传教育先进县（市、区）。

【长安镇民生事业】　教育事业　2016年，长安镇继续推进教育事业发展。完成第一期公办学校扩建工程，并投入使用，公办学位不断增加，9月起，全镇公办小学起始年级开设至50个班，比上年增加17个。新增民办幼儿园2所，引进优秀民办教师8名，推动民办教育协会各会员单位签订《行业自律约定》，规范民办学校的组织管理。创建特色学校，深入推进"慕课"教育，办好"智慧课堂"，年内有26项课题获市批准立项。加强和创新成人教育、职业教育，引进高等教育资源，与东莞理工学院共建先进制造学院。

文化事业　2016年，长安镇举办广东省第五届"南雅奖"书法篆刻展、第三届长安文化暖流月、第四届莲溪书香节、第三届长安摄影周等一系列文化惠民活动。编撰出版《长安之路：一个南方小镇的口述历史》《长安历年优秀文学艺术作品选集》等出版物。选送代表队参加广东省2016年龙狮锦标赛，获1枚银牌、1枚铜牌。

社会保障和服务　2016年，长安镇继续做好就业创业工作，通过"春风行动"现场招聘会、校企合作洽谈会等，为不同层次求职者提供就业岗位。促进户籍居民就业创业，全年有459人申领就业创业奖励，发放奖励金634.7万元。镇内社保参保单位1.9万多家，各项保险参保总数250多万人次。推广"社区+社工+社会组织+社会力量"的社会服务模式，全镇有民办非企业单位（社会组织）158家、社区社会组织65家，各商住楼盘成立业委会20个，成为全市成立业委会最多的镇街。做好外来人口和人才服务，新增祥鑫公司、加多宝公司2个"幸福E站"，举办服务活动31场次；落实长安"优才卡"制度，为持卡人提供优质公共服务。

【长安镇乌沙幼儿园体操队获全国冠军】　2016年5月27—28日，第26届全国幼儿基本体操表演大会在北京市光彩体育馆举行，吸引43支参赛队、500余名幼儿参赛。长安镇乌沙幼儿园体操队以总分第一名囊括大赛最高荣誉——特等奖、金奖。乌沙幼儿园自2001年开展幼儿基本体操项目起，乌沙幼儿园体操队连续十多年获得全国冠军。

【长安公园"风雅颂"广场建成】　2016年4月2日，长安公园"风雅颂"广场向市民开放，并举办主题为"清明与蓼莪"的首场"诗礼长安"活动。长安镇凭借"风雅颂"广场的舞台，邀请相关公益文化组织，不定期结合传统节日，演绎一诗一礼，还原和再现传统文化教养和生活方式，感思追忆古人的精神风貌。"风雅颂"广场是国内首个户外经典文化广场，是长安镇打造长安公园成为广东省社会主义核心价值观主题公园的重要举措。

【长安镇首个社区"榕树下文化空间"建成】　2016年6月2日，长安镇涌头社区"榕树下文化空间"举行启动仪式。涌头社区"榕树下文化空间"占地20平方米，设有书架和座椅，全屋用落地玻璃布置，集中开展艺术展出、电子阅读、文化沙龙等公共文化活动，为居民带来现代雅致的公共文化服务体验。长安镇自2013年就开始"榕树下文化空间"工程建设，先后在长安广场、长安万科广场建成"榕树下文化空间"，面向镇中心区提供文化服务。涌头社区"榕树下文化空间"是首个面向社区服务的"榕树下文化空间"。

【长安镇入选全国社区教育实验区】　截至2016年，长安镇推进社区教育工作，将社区教育发展纳入经济社会发展和教育发展规划中，建立"党政统筹领导、教育部门主管、有关部门配合、社区自主活动、群众广泛参与"的社区教育管理体制和运行机制。出台《关于加强社区教育工作的指导意见》《长安镇社区教育五年规划》。镇财政和各社区保障社区教育经费投入，设立社区教育专项培训经费，完善社区教育机构，开展形式多样的教育培训活动。推出"文化志愿大篷车"走进"三区"（社区、厂区、校区）、"长安文化学堂"等一系列社区教育品牌。为推动基层劳动者提升职业技能，2015年，长安镇推出"员工大学"计划，通过"学历学院""技能学院""素质学院"及"专家讲坛"的"三学院一讲坛"模式，补贴和鼓励市民

长安镇体育公园　（占有兵　摄）

参与教育培训活动，助推社区企业发展。长安“员工大学”自成立以后，邀请专家、学者到各社区企业开展培训讲座50多场，培训员工7500多人，为408名学员提供培训补贴，发放补助资金61.2万元。2016年，长安镇入选第六批全国社区教育实验区。

【长安镇成立东莞市首个镇级大数据发展管理局】 2016年5月，长安镇成立大数据发展管理局，承担“智慧长安”工程统筹和管理，是东莞市成立的首个镇级大数据管理局。年内，先后完成产业大数据调研活动、产业大数据综合服务平台建设调研、企业应用大数据情况调研、广东省企业数据资源利用试点申报、“智网工程”信息化项目规划、“智慧长安”顶层规划设计项目评审验收等一系列工作。负责镇内政务、企业的数据管理及统筹，推动建立数据标准化体系，提升行政办事效率。

【中国转型·长安实验政校企国际合作签约仪式暨圆桌会议在长安镇举行】 2016年6月9日，“中国转型·长安实验”政校企国际合作签约仪式暨圆桌会议在长安镇举行。会议探讨交流产业转型、新型城镇化以及服务型政府建设的路径和策略，探索在长安镇开展产业创新、城市创新和制度创新综合实验，为中国转型提供经验。长安镇与香港大学合作共建“香港大学中国（长安）建筑与城市研究中心”，推动城市创新，优化城市功能和拓展发展空间，提升新型城镇化发展水平；与麻省理工学院等国际知名高校开展合作交流，共同推进开放式创新创业体系建设，推动产业创新，加快实现产业转型升级；与华南师范大学合作，建设智慧长安，推进社会治理改革、政务服务改革和市民化改革，全面提升长安治理能力水平。

【首届“长安杯”中国（东莞长安）模具作品与制造技能大赛】 2016年8月16日，首届“长安杯”中国（东莞长安）模具作品与制造技能大赛在长安镇启动。大赛以“精益求精、工匠精神”为主题，总奖金超过100万元，吸引国内众多知名模具企业和高等院校参加。经过5个多月的初评、大众评选、定评及答辩环节，最终亿和模具公司、华益盛公司、祥鑫科技公司等20家企业以及广东省机械技师学院的张功业等89名个人获奖。

【长安镇举办“大众创业、万众创新”暨东莞国际产能双创节活动】 2016年10月12—18日，长安镇举办“大众创业、万众创新”暨东莞国际产能双创节活动。期间，举办东莞市“大众创业、万众创新”成果展、机械五金模具产业创新发展论坛、国际产能双创论坛等系列活动。活动邀请美国麻省理工学院斯隆管理学院副院长黄亚生教授等国内外知名经济学家、创新创业领军人物、知名自媒体人作主旨演讲和发言，吸引OPPO（欧珀）、vivo（维沃）、小天才、劲胜、隆凯、东阳光、蓝科等国内外知名品牌企业到场设展。（黄　真）

附：2016年长安镇党委、人大、政府主要领导名录

镇委书记：何绍田

镇人大主席：何绍田（任至11月）
　　　　　　王志明（11月到任）

镇　长：郭荣新

2012—2016年长安镇主要经济社会指标

指标 \ 年份	2012	2013	2014	2015	2016
户籍人口（人）	45956	46608	47713	49264	52579
常住人口（万人）	66.85	66.92	66.23	66.06	65.94
面积（平方千米）	98.0	98.0	98.0	98.0	98.0
生产总值（万元）	2997437	3404500	3636575	4005148	4630793
第一产业（万元）	5995	6809	7273	8010	7132
第二产业（万元）	1888385	2226543	2378320	2551279	2823825
第三产业（万元）	1103057	1171148	1250982	1445858	1799836
总用电量（万千瓦时）	561952	569302	605602	627436	643749
全社会固定资产投资总额（万元）	570966	645745	495844	556594	655261
社会消费品零售总额（万元）	904115	976445	1062783	1177850	1342400
外贸出口总额（万美元）	756397	851535	900420	908165	1007701
实际利用外资（万美元）	34526	34881	36795	33391	7355
镇级可支配财政收入（万元）	164838	186269	200228	235949	274066
各项税收总额（万元）	544685	640758	751620	844935	1029708

寮步镇

【寮步镇概况】　寮步镇是广东省中心镇，地处东莞市地理几何中心，毗邻市主城区、松山湖（生态园）国家高新区。截至2016年，辖区面积71.38平方千米，下辖10个社区、20个村，常住人口40.88万人，其中户籍人口8.01万人。

2016年，寮步镇实现地区生产总值230.56亿元（第一产业9091万元，第二产业117.85亿元，第三产业111.8亿元），比上年增长9.54%；全社会固定资产投资总额55.2亿元，增长3.92%；总用电量27.28亿千瓦时，增长4.58%；社会消费品零售总额272.47亿元，增长14.48%；实际利用外资5963万美元，下降71.58%；外贸出口总额57.07亿美元，下降16.59%；各项税收总额62.26亿元，增长22.09%；镇级可支配财政收入20.87亿元，下降10.94%。获评全市镇街领导班子年度工作良好镇街。

【寮步镇重大项目建设】　2016年，寮步镇完善重点项目（工作）督导机制，每月召开重点项目（工作）督导会议，提升工作执行力。香市科技产业园（松湖智谷）环境景观和路网等基础设施建设全面铺开，香市科技产业园一期、二期主体工程同步启动建设，被纳入广东省重大预备项目。南美世贸中心、财富大厦项目投入运营使用。金龙机电华南生产基地全面投产，锦富迪奇导光板生产基地、波顿香料生产基地、美尔顿新厂等重点项目推进，富乔玻纤项目被纳入市级后备重大项目。

【寮步镇经济结构调整】　招商选资　2016年，寮步镇围绕招引先进制造业、现代服务业和战略性新兴产业加强招商选资，引进内外资签约项目121宗。引进鸿泰香车国际汽车产业项目、依诺威电子生产研发中心总部两个投资超5亿元的项目，引进寮步企业智能云SaaS（即Software as a Service缩写，指一种通过互联网提供软件服务的模式）公共服务平台、东莞通数据中心、大数据产业协同发展中心等项目，打造“寮步云谷”，培育壮大新产业新业态。

创新驱动发展　2016年，寮步镇推进供给侧结构性改革，落实“三去一降一补”（去产能、去库存、去杠杆、降成本、补短板）行动计划，融入珠三角国家自主创新示范区，对接东莞大市区与松山湖（生态园）高新区联动发展，集聚创新要素，提升科技进步对经济增长的贡献率。抓好高新技术企业培育和孵化体系建设，申报高新技术企业培育入库45家，新增国家高新技术企业58家，高新技术企业总数100家，省级工程技术研发中心8家，市级工程技术研发中心5家。寮步生产力促进中心被认定为东莞市C级孵化器，鼎昊自动化孵化园被认定为广东省科技企业孵化器培育单位。实施“机器换人”行动计划，“机器换人”项目总

2016年4月30日，东莞（寮步）首届“莞香花”文化艺术节启动仪式举行

投资3.5亿元，全社会研发投入7.4亿元，比上年增长37.5%，工业技改投资5.8亿元，增长46%。先进制造业、高技术制造业增加值分别增长14%、13%。民营企业规模以上工业增加值28亿元，占全镇规模以上工业增加值比重27.5%，占比提高3.1个百分点。企业发明专利申请量311件，获得专利授权量1296件，比上年分别增长20.1%、23.8%。东莞市瑞必达科技有限公司获国家数字化智能示范工厂项目立项扶持。科技金融产业融合发展。新增凯金新能源、阿李自动化、维斗电子、高端电子、雅联电子公司5家“新三板”挂牌企业，挂牌上市企业总量居全市第二位。推动企业减负，完善镇领导班子挂点联系企业制度，为企业提供“一对一”服务，减免村镇基础设施配套费、“三资”企业协作服务费，全年减少涉企收费超1亿元。全镇各类市场主体突破4.1万户，创业创新活力持续增强。

文化休闲旅游产业　2016年，寮步镇探索“互联网+文化+产业+旅游”新模式，推动香文化产业深度融合发展。举办首届东莞（国际）采香节及第七届香博会。与保利文化集团建立战略合作关系，启动保利青洲文化创意产业园项目、保利文化艺术品珠三角拍卖中心、香精香料交易中心和精品艺术酒店等项目建设。推动西溪古村艺术化示范院落建设，打造“艺术寮步”品牌。完善香市旅游景区、旅游集散中心的配套服务功能，创建广东省文化旅游融合发展示范区。

位于寮步镇的东莞市篮球中心

【寮步镇新型城镇化建设】　城市规划管理　2016年，寮步镇围绕“坚持产城融合、加快转型升级、建设东莞强镇”的目标任务，坚持规划引领，强化资源统筹，打造制造业名镇、文化休闲小镇、生态宜居之城。开展《寮步镇土地利用总体规划（2010—2020年）中期评估修订工作方案》《寮步镇城市总体规划修改（2016—2020年）》编制，加强总体规划与控制性详细规划协调，解决和理顺一批重大项目建设用地与法定规划的关系，建立以城市总体规划为统领、近期建设规划为核心、控制性详细规划为抓手的“多规合一”的城市规划建设管理体系，优化提升生产生活、生态空间和城乡用地结构布局，提高土地空间利用率和城市品质。

美丽幸福村居建设　2016年，寮步镇开展第四批10个美丽幸福村居建设，完善道路交通、环境景观、公共文化设施等基础建设。铺开香市科技产业园（松湖智谷）市政基础设施、民福路、源丰南路等基础设施建设。镇财政投入2200多万元，启动凫山村花果山公园建设。推动城市更新，在建、竣工“三旧”（旧城镇、旧厂房、旧村庄）改造项目占地37.6公顷，商品房销售总面积71.2万平方米，总销售额96.2亿元，比上年分别增长5%、56.4%。创建广东省四星级宜居社区。

生态文明建设　2016年，寮步镇推进污水治理，落实“河长制”“涌长制”，推进黄沙河等内河涌综合治理，建成截污次支管网23.5千米。加强环境监管执法，实施差别化环保准入管控、项目环评与规划环评联动等工作机制，严把环保准入关，审批环评建设项目365项，其中批准261项、拒批104项，通过环保验收288项。完成通明电厂热电联产项目首期工程建设，淘汰黄标车3726辆，促进节能减排。

【寮步镇农村经济发展】　2016年，寮步镇完善农村帮扶机制，通过开展结对帮扶、发展优质项目、分担公共管理费用等方式，减轻欠发达村经济负担。上底村摘掉“市级扶贫村”帽子。深化农村综合改革，规范农村集体资产交易平台运行管理，推进网上竞价工作，村组集体资产上平台交易343宗，合同标的总额6.89亿元，实现集体资产保值增值。统筹整合刘屋巷、下岭贝、岭厦、竹园、塘唇等连片33.33公顷农保地，发展都市农业。推进农村土地确权登记颁证、农村会计委派等改革，加强村级预算管理，落实干部任期经济审计制度。推动集体经济增资减债，村组两级收款率86.94%，资产负债率18%。村组两级总资产70.1亿元，经营性纯收入5.8亿元，比上年分别增长6.7%、11.2%。

【寮步镇基层社会治理】　“平安寮步”建设　2016年，寮步镇推进社会治安立体化防控体系建设，加强综治维稳和反暴恐工作，开展“飓风2016”、“以案说防”、打击防范街面犯罪等专项行动，防范和惩治各类违法犯罪。整合镇、村（社区）辅警力量，建立分局巡警—派出所—警务区“三级巡防”机制，提升街面见警率。建立“一呼百应”机制，在全镇建立87个警民联防和辅警执勤点。加强视频监控系统建设应用，全镇一类视频和卡口增至231个。刑事警情比上年下降1.9%，入室盗窃警情下降14.9%，伤害案件下降50.8%。加强公共安全管理，落实安全生产责任制，加强安全生产、消防安全、交通安全、校园安全、食品安全等公共安全领域的监管，全年未发生较大以上生产安全事故，创建广东省餐饮服务食品安全示范单位。

“智网工程”建设　2016年，寮步镇以推动社会网格化管理为抓手，建立社会治理网格化信息平台，将出租屋管理、社会治安、消防安全、环境综合整治等15大类社区服务事项纳入平台实行信息化管理，构建社会治理“一张网”，首批300名网格员整编到位，全面提升社区公共服务效能。

【寮步镇民生事业】　就业创业　2016年，寮步镇发放就业补贴2628.37万元，惠及群众5495人。深化人力资源公共服务平台建设，在汽车东站设立公益性人才市场，为企业提供招聘互动平台。落实企业自评人才入户工作，129家企业获“企业自评人才入户”申请资格，办理条件类准入人才入户670人。

教育文化事业　2016年，寮步镇推动教育优质均衡发展，设立200万元普惠性幼儿园专项奖励金，新创建1所市一级幼儿园、2所民办市一级学校。新增1817个新莞人子女公办学位，比上年增长22.6%，在全镇公办学校就读的新莞人子女8697人，占公办学校学生总数的56.9%。实施文化惠民工程，开展社区教育，香市学堂、家庭教育提升工程获评“全国终身学习活动品牌”，创建“全国社区教育示范镇”，寮步青少年活动中心创建“广东省少儿艺术培训示范基地”。

健康寮步建设　2016年，寮步镇启动寮步医院新综合门诊大楼建设，推动寮步医院与广东医科大学共建三甲医院。创建广东省健康促进示范单位，创建18个健康促进示范村（社区）、3820户省级健康家庭。

社会保障　2016年，寮步镇设立1000万元困难群众帮扶专项资金，加大对低保困难群众及低保边缘户生活资助力度，强化社会兜底帮扶，发放低保家庭及低保边缘家庭生活救助金390多万元，惠及困难群众581人。设立1000万元户籍群众重大疾病救助专项资金，完善重大疾病保障体系，为608名群众发放重大疾病救助及身故抚恤金944万元。落实困难家庭住房保障工作，为18户困难家庭提供住房修葺和实物配租，40户困难家庭获得住房租赁补贴，为46户符合条件的家庭提供公共租赁住房。组建专职扶贫工作队做好韶关市翁源县10个村的精准扶贫工作，投入对口帮扶资金500多万元。

【寮步镇精神文明创建】　2016年，寮步镇开展基层精神文明“补短板、促提升”创建工作，出台《寮步镇文明创建整治提升行动方案》，推进精神文明建设水平提升工程、城镇规划建设管理水平提升工程、社会民生建设水平提升工程、市民文明素养提升工程等“四大提升工程”，开展户外广告整治行动、城市“牛皮癣”整治行动、

寮步镇香市公园

环境卫生整治行动、"涉黄"整治巩固行动、交通秩序整治行动、公益广告氛围提升行动、核心价值观融入提升行动、城乡规划建设提升行动、基层服务提升行动、市民素质提升行动等"十大整治行动"，抓好城市"六乱"（乱搭建、乱停放、乱摆卖、乱张贴、乱拉挂、乱吐扔）综合整治，完善道路交通、绿化、市政环卫等公共基础设施，健全长效管理机制，推进城市精细化管理，城市品质和文明形象显著提升。

【寮步镇创建广东省文化旅游融合发展示范区】 2016年，寮步镇整合中国沉香文化博物馆、牙香街、香市公园、香市影视城、香慧寺、横坑古村落、西溪古村落等镇内莞香特色文化旅游资源和东莞篮球中心等大型公共文体设施，完善旅游集散中心、文化基础设施等服务载体建设，开通镇内旅游专线，打造"东方香都——寮步莞香文化旅游区"。引进社会投资主体，打造集文化创意、产权交易、设计生产、展览于一体的文化创意产业园区，改造提升西溪古村落，打造"艺术寮步"品牌，创建国家AAAA级旅游景区、广东省沉香文化特色旅游小镇，创建广东省文化旅游融合发展示范区。

【中国东莞第七届国际沉香文化艺术博览会】 2016年12月16—20日，中国东莞第七届国际沉香文化艺术博览会在寮步镇保利青洲香文化产业园举行。本届展会由保利文化集团股份有限公司主办，广东省香业协会、东莞市沉香协会等行业协会协助，广东省文化厅、东莞市人民政府和寮步镇人民政府为支持单位，首次选定固定主场馆，采取"主会场+分会场"相结合模式，主会场设在保利青洲香文化产业园，分会场设在中国沉香文化博物馆和牙香街，展会总面积超5万平方米，其中主会场面积2.6万平方米，设立国际标准展位1300个，吸引1000多家海内外商户参展和约50万人次参观。本届展会首次举办保利2016冬季艺术品拍卖会和南北朝石刻佛造像精品展，保利艺术品现场拍卖额1.58亿元。同时还举办全国香艺师大赛、全国香王大赛、全国制香师大赛、名香品鉴会等系列主题活动，为寮步镇打造"东方香都·世界香市"和特色文化旅游小镇夯实基础。（刘勋良）

附：2016年寮步镇党委、人大、政府主要领导名录

镇委书记：刘裕昌

镇人大主席：刘裕昌（任至11月）

韩巧轩（12月到任）

镇　长：谢卫东

2012—2016年寮步镇主要经济社会指标

指标＼年份	2012	2013	2014	2015	2016
户籍人口（人）	71758	73117	74647	76882	80124
常住人口（万人）	42.16	42.29	41.97	40.80	40.88
面积（平方千米）	71	71.38	71.38	71.38	71.38
生产总值（万元）	1574931	1821665	2008667	2104805	2305636
第一产业（万元）	13635	14317	14947	8393	9091
第二产业（万元）	880005	1039580	1151948	1129050	1178537
第三产业（万元）	681292	767768	841772	967361	1118008
总用电量（万千瓦时）	241804	256459	258810	260887	272827
全社会固定资产投资总额（万元）	348518	423189	552383	531165	552002
社会消费品零售总额（万元）	1462349	1770608	1965324	2379881	2724688
外贸出口总额（万美元）	584795	634369	650818	684269	570724
实际利用外资（万美元）	11923	14837	16203	20984	5963
镇级可支配财政收入（万元）	106652	117330	130082	234344	208696
各项税收总额（万元）	313820	381337	406016	509956	622613

评全市“单打冠军”。

大岭山镇

【大岭山镇概况】　大岭山镇位于东莞市中南部。截至2016年，辖区面积95.5平方千米，下辖21个村和2个社区，常住人口27.76万人，其中户籍人口4.97万人。

2016年，大岭山镇实现地区生产总值194亿元（第一产业0.33亿元，第二产业94.6亿元，第三产业99.16亿元），比上年增长8.3%；全社会固定资产投资总额36.14亿元，增长11.34%；总用电量22.02亿千瓦时，增长9.05%；社会消费品零售总额66.08亿元，增长8.98%；实际利用外资7295万美元，下降39.45%；外贸出口总额26.69亿美元，增长16.19%；各项税收总额37.11亿元，增长23.63%；镇级可支配财政收入46.64亿元，增长127.44%。2016年，大岭山镇获评全省先进基层党组织、镇领导班子工作优秀镇；“全省先进基层党组织”、省“青年文明号”集体创建等2个工作获评全市“单打冠军”。

【大岭山镇经济发展】　重大项目　2016年，大岭山镇有市重大建设项目5个，包括华威铜箔增资扩产项目、拓斯达自动化设备增资扩产项目、森源蒙玛实业家具项目以及2016年新增的裕同环保包装及金属结构件项目和德普特电子触控显示一体化增资扩产项目。2016年，完成投资8.36亿元，占年度投资计划128.6%，在全市各镇街（园区）排第四位。华威铜箔增资扩产项目三期、拓斯达自动化设备增资扩产项目二期、德普特电子公司新厂区、裕同环保包装及金属结构件项目正进行主体工程施工，森源蒙玛实业家具项目一期工程即将竣工。

招商引资　2016年，大岭山镇引进超亿元内资项目2宗、协议投资总额27.7亿元，超千万美元新签增资外资项目2宗、协调投资总额5634千万美元；全镇创税千万元以上的工业企业36家，1亿元以上的有1家；重点在谈的有华为小镇、天安数码城、天安人工智能小镇等10个项目。健全招商选资激励机制，对新引进税收超1000万元项目的村（社区），给予税收返还30%的资金奖励，提升各村（社区）招商引资的积极性；完善镇村“统筹开发、利益共享”的合作发展模式，鼓励和引导村组通过改造旧厂房、盘活闲置用地，推动连片发展。

农村综合改革　2016年，大岭山镇实施扶村富村系列优惠政策，由镇财政向村（社区）提供年息5%的借款用于归还银行贷款，为村（社区）减轻财政负担、化解历史债务问题。提升农村集体经济“造血”功能，动员条件成熟的10个集体经济组织投资镇实业总公司、资产经营管理公司和信托理财等7.9亿元；集体资产上平台交易110宗，总成交金额4.2亿元，溢价7.4%；落实应收款追收绩效与村干部薪酬挂钩制度，累计收回应收款1.7亿元。深化农村土地制度改革，开展确权登记颁证工作，完成确权实测耕地面积1317.38公顷，完成目标任务的85.6%。

【大岭山镇产业发展】　家具产业　2016年，大岭山镇被中国家具

大岭山镇

协会评为中国家具行业优秀产业集群，全镇有家具生产及配套企业532家，其中家具生产企业314家，家具制造业总产值135.23亿元，出口总额14.23亿美元，内销总额47.97亿元，纳税总额7.09亿元。鼓励家具企业科技创新，全镇家具企业授权发明专利9件，实用新型专利200件，授权外观设计专利550件；佳居乐厨房科技有限公司“厨房设计研究院”及运时通（中国）家具有限公司“国际睡眠研究院”申报工程技术研究中心项目；东莞市富宝家居集团有限公司、东莞市元宗家具有限公司被评为2016中国家具行业产品创新单位，东莞市富运家私有限公司被评为2016中国家具行业环保达标先进单位；鼓励家具企业“走出去”，联合家具协会组织20多家会员企业赴印尼进行市场考察，开拓进货渠道及国外市场；组织企业参与“中国香河国际家居文化节”、国际名家具（东莞）展览会等参展观展，提升家具品牌知名度。

科技创新 2016年，大岭山镇新增1个中国驰名商标，截至2016年有6个；新增“新三板”挂牌企业4家，截至2016年有5家；高新技术企业70家，高新技术企业培育库待出库企业24家；有R&D（研究与开发）活动企业44家，R&D投入5.8亿元，增长61.11%，目标（3.87亿元）完成率150%，排全市第一位；新增专利申请和新增专利授权分别排全市第九位和第八位；有30家企业开展“机器换人”项目，投资约3亿元购买自动化生产设备；市级科技企业孵化器“华科城博士创业园孵化器”，通过省众创空间试点单位申报，获批成立美猴王问道创客空间，申报国家级科研企业孵化器培育单位，截至2016年，进驻企业93家，入驻率96%。

都市农业 2016年，大岭山镇推进特色农业产业化发展，将老虎岩水库、金鸡咀水库、马山水库、大坑洞水库约400株荔枝作为优质荔枝推广试点生产基地；培育发展新型农业经营主体，重点发展水朗阿吉荔枝、连平逸品荔枝2个绿色食品基地、连平和矮岭冚火龙果场、杨屋杉益红豆杉园以及莞香“女儿香”生态园、大环莞香非物质文化遗产保护园、水朗家庭农场等新型经营主体，推进农业产业化发展。

2016年9月19日，大岭山镇与天安数码城集团项目签约仪式举行

2016年10月25日，大岭山镇60辆纯电动公交车投入营运仪式举行

【大岭山镇城乡建设】 **规划建设** 2016年，大岭山镇推进全镇总体规划调整和土地利用中期规划调整，协助东莞市机械进出口公司地块“三旧”（旧城镇、旧厂房、旧村庄）改造项目完成单元规划编制及控规调整。完成力祥鞋材厂地块、恒昌农业地块、悦发鞋材厂地块、德实利集团一期地块4宗48.2公顷工业地块的“三旧”改造项目。文广中心演播大楼建成投入使用；加快路网建设，完成石大路人行道、小天鹅幼儿园旁道路、科技工业园道路升级改造等工程。

生态环境 2016年，大岭山镇完成2个“美丽幸福村居”和6个“小山小湖”项目；加大污水处理力度，建有截污主干管52.57千米、截污次支管27千米和污水提升泵站4座，建成大塘村排渠截污次支管网工程；清理185个养殖场，遏制畜禽养殖业反弹。改善空气质量，投入290万元推进环保先行、黄标车淘汰等工作，控制挥发性有机物、机动车尾气等污染物排放；投入972万元处置工业污泥、加强危险废物监控等，消除污染隐患。

城市管理 2016年，大岭山镇实施镇村统筹环卫管理，投入852万元支持环卫所重新筹建及运营，计划每年投入约7000万元，加强主干道清扫保洁、城市“六乱”（乱搭乱建、乱堆乱放、乱设摊点、乱拉乱挂、乱贴乱写乱画、乱扔乱吐）治理、农村卫生死角整治。实现每日150吨生活垃圾运往环保热电厂作焚烧处理，以焚烧取代填埋。12月1日起，在镇中心区5条主要街道实施临时占道停车收费，配合交警部门上路执法，改善车辆乱停乱放现象。

【大岭山镇社会管理】

社会治安 2016年，大岭山镇投入7452万元提升公安警备实力和支持辅警运作，开展“飓风2016”等专项行动，打击“两抢一盗”（抢劫、抢夺、盗窃）、电信网络诈骗等违法犯罪行为，刑事案件破案率上升4.45%，提高打击、防控能力。开展“以案说防”宣传活动，创作平安文化作品《走在阳光里》歌曲到省公安厅进行展播，营造群防群治氛围。铺开“全民创安·一呼百应”“智网工程”等工作，提升重点行业源头管理、出租屋管理工作，社会治安平稳好转。

公共安全 2016年，大岭山镇履行安全生产责任，开展危险化学品和易燃易爆物品、“三小”（小档口、小作坊、小娱乐场所）场所和出租屋消防安全、建筑物施工安全生产等领域的专项整治，消除各类安全风险隐患，全年发现火灾隐患1.54万处，查封违规住人未整改“三小”场所、出租屋302间。投入1564万元完善消防设施、购置消防器材等，提升火灾防控能力。投入130.5万元用于完善防溺水设施、举办小学生免费游泳培训班、奖励优秀校车驾驶员等，保障学生人身安全。

综治维稳 2016年，大岭山镇推进“一村（社区）一法律顾问”法制宣传教育，开展92场法治讲座，完成各村（社区）公共法律服务站建设，加强法律援助工作，引导群众遇事找法、办事依法、化解矛盾用法。受理群众信访案件554件次，到镇上访77件次142人次，办结率100%。化解劳资纠纷，为3.58万名劳动者追发工资1.69亿元。推进领导干部驻点普遍直接联系群众制度，化解劳资纠纷、环境污染、征地拆迁等群众反映强烈的问题。

【大岭山镇民生保障】

社会保障 2016年，大岭山镇为348人发放重大疾病救助和身故救助补助款674万元，发放低保救助金、低保学生助学金、医疗救助金、节日慰问金、老龄津贴以及残疾人补助等1612.4万元，投入4528万元支持农村购买医疗保险和养老保险，投入住房保障164万元来解决15户困难家庭住房难问题，发放3697人次就业补助447万元，市内扶贫实现16户脱贫（脱贫率100%）。

文化教育 2016年，大岭山镇加大对教育的投入力度，小学、初中、高中人均教育经费比2015学年平均提升44.1%。完善公办学校办学水平，更新中小学电脑等教学设备，加快推进大岭山中学风雨操场、第三小学教学楼外墙改造、新风中学报告厅装修等工程。

大岭山抗日根据地旧址

2015—2016学年，为进城务工随迁子女提供学位1389个。新建2所民办学校、2所民办幼儿园，缓解学位需求。补助民办学校义务教育公用经费、教科书经费3007万元。完善教师职业成长的梯队建设规划，“三名”（名校、名校长、名老师）工程建设取得零的突破。中考平均分连续第五年超过市平均分，超出14.4分；户籍考生考取本科以上有142人，另有3人考取博士研究生，9人考取硕士研究生。

医疗卫生　2016年，大岭山镇投入218万元支持公立医院实施医药分开、取消药品加成政策，减轻群众就医负担；投入7640万元用于社区卫生中心及站点实施家庭医生式服务、购置医疗设备、实施基本药物制度等，提升社区卫生服务水平，11个站点均能提供家庭医生签约服务，服务覆盖率100%。大岭山医院获评全国综合医院中医药工作先进单位，成为广州中医药大学教学医院。

精神文明建设　2016年，大岭山镇投入255万元开展核心价值观公益宣传，推出核心价值观电话彩铃，新增核心价值观示范企业24家、公益广告10余万平方米，实现镇村两级主干道路、广场、公园、学校、农贸集市等人员密集场所核心价值观宣传全覆盖。开展“爱在大岭山”“文明交通”“美化家园”“重走东纵路”红色夏令营、“杨屋荔枝文化节”等活动，巩固文明创建成果。

【大岭山医院获评全国综合医院中医药工作先进单位】　截至2016年，大岭山医院中医药人才梯队结构合理，有正高职称2人，副高职称2人，硕士研究生16人。设中医专科4个、制定实施3个以上常见病和重点病种的中医药诊疗方案；每年设立100万元以上的中医药工作经费，保证开展中医药服务所需学科建设和人才培养等方面的投入；制定鼓励非中医临床科室开展中医药服务的措施、中医药参与全院会诊、病例讨论、卫生应急等制度及中西医结合诊疗方案并实施。每学年召开一次全院教学工作会议，每学期开展一次教学行政查房，设有内科、外科、妇科、儿科等教研室及教学小组，有收集教学病例的制度，对少见病例及病例特点进行登记，满足见（实）习计划的需要。同时，结合医院的优势学科或优势专科（专病），开展以临床研究为重点的中医药科学研究，近3年有2项市级科研项目，在国家级学术刊物及核心刊物上发表的中医药相关论文达24篇。2016年，大岭山医院获评“全国综合医院中医药工作先进单位”，成为广州中医药大学教学医院。　（黎诗琪）

附：2016年东莞市大岭山镇党委、人大、政府主要领导名录

镇委书记：詹文光

镇人大主席：詹文光（任至11月）
吴美娇（11月到任）

镇　长：严继宗（任至4月）
麦炽帮（8月到任）

2012—2016年大岭山镇主要经济社会指标

指标＼年份	2012	2013	2014	2015	2016
户籍人口（人）	45813	46530	47009	48076	49720
常住人口（万人）	28.15	28.21	28.12	27.56	27.76
面积（平方千米）	95.5	95.5	95.5	95.5	95.5
生产总值（万元）	1340909	1521845	1633407	1758093	1940908
第一产业（万元）	2738	2899	3026	3047	3300
第二产业（万元）	678908	831833	883138	899316	946048
第三产业（万元）	659263	687112	747243	855730	991560
总用电量（万千瓦时）	178777	183025	197180	201966	220251
全社会固定资产投资总额（万元）	279367	298085	295362	324585	361391
社会消费与零售总额（万元）	466827	512510	562766	606382	660821
外贸出口总额（万美元）	228044	235156	271822	229726	266908
实际利用外资（万美元）	7987	5555	6028	12047	7295
镇级可支配财政收入（万元）	90534	106804	105867	130300	466406
各项税收总额（万元）	201406	244483	278086	300150	371087

大朗镇

【大朗镇概况】 大朗镇位于东莞市中南部，地处穗深港经济走廊，毗邻松山湖（生态园）高新区，与广州市、深圳市和香港同处一小时生活圈。截至2016年，辖区面积97.5平方千米，下辖28个社区（村），常住人口32万人，其中户籍人口7.7万人。

2016年，大朗镇实现地区生产总值242.14亿元（第一产业2745万元，第二产业121.52亿元，第三产业120.35亿元），比上年增长8.1%；全社会固定资产投资总额55.97亿元，增长7.94%；总用电量33.98亿千瓦时，增长14.17%；社会消费品零售总额88.42亿元，增长9.76%；实际利用外资4508万美元，下降71.68%；外贸出口总额20.09亿美元，下降26.98%；各项税收总额37.46亿元，增长16.23%；镇级可支配财政收入15.34亿元，增长21.58%。获评全国中小学档案教育社会实践基地、广东省五四红旗团委、广东省四星级宜居社区等7个全市“单打冠军”，获评“广东省民间文化艺术之乡（醒狮）”“广东摄影之乡”，在2016年全国科学发展千强镇中名列第40位。

【大朗镇转型升级】 2016年，大朗镇推进“毛织+电商”“装备+制造”“电子信息+品牌”三道加法题发挥实效，毛织类电商交易额、规模以上装备制造业总产值、电子信息产业总产值97亿元、163亿元、157亿元，分别增长10.4%、8.7%和8.5%。工业技术改造投资增速55.3%，超额完成市定任务。以东莞市构建开放型经济新体制为契机，扩大对外合作，引进内外资项目89宗，总投资7.91亿美元，其中3个超亿元预计全部投产后可增加税收2.7亿元；7个市重大项目完成投资计划134.3%。实施企业规模与效益“倍增计划”，税收型企业快速成长，纳税超千万元工业企业24家，增长41.2%，其中龙昕科技有限公司纳税1.3亿元，实现翻倍增长。全镇新三板企业8家，增长270%。

【大朗镇创新驱动发展】 2016年，大朗镇实施高新技术企业“育苗造林”行动和科技企业孵化器“筑巢引凤”计划，高新技术企业达69家，比上年增长200%，省高新技术企业培育库入库企业48家，增长153%。规模以上工业企业R&D（研究与开发）投入全市排第六位，创新水平提升。全镇新增企业研发机构26家，专利申请量、授权量分别增长50.4%和32.6%，国家认可实验室、省级工程中心和技术中心12家，企业自建研发机构71家。

【大朗镇城市升值】 2016年，大朗镇完成全镇城市总体规划修编

大朗镇

和片区控制性详细规划调整。建成犀牛陂消防分站、圣堂花园，完成迎宾路墙体改造等工程，建设友善公园、大朗新文化中心、长盛二期等城市设施，启动华为终端总部周边道路升级改造、莞番高速公路规划等项目。加强城市管理，累计投入1.79亿元到精神文明建设工作，整治提升集贸市场13个，清理卫生死角4000多处，新增社会主义核心价值观公益广告牌7350块、文化长廊108处。加大生态建设力度，百业工业区截污管网和松山湖南部截污主干管网链接工程建成通水。完成水口、松木山等7个社区（村）幸福美丽村居创建，全镇有市级宜居社区（村）3个、市级生态社区（村）23个、荔香湿地公园等大小公园66个，形成推窗见绿的生态格局。

【大朗镇社会治理】 2016年，大朗镇推进“智网工程”建设，全镇划分151个治理网格，推动2万多个社会面视频监控数据互通互联，实现社会管理“全覆盖”，城市精细化、网格化管理水平提升。打击“两抢一盗”（抢劫、抢夺、盗窃）、“涉黄赌毒”、电信网络诈骗等违法犯罪活动，开展“以案说防”活动，全镇刑事立案量下降12.8%，“两抢一盗”破案率上升16.3%。汲取巷头“8·14”较大火灾事故教训，对全镇范围内的“三小”场所（小档口、小作坊、小娱乐场所）和出租屋进行铁腕整治，全镇排查出“三小”场所、出租屋1.79万家，发出整改通知书1.49万份，整改率97%。抓基层综治维稳工作，妥善化解“涉农涉土”纠纷等引发的群体性事件，劳资纠纷案件发案量下降9.9%。

【大朗镇社会民生】 2016年，大朗镇发展优质教育，全镇中考总平均分599.8分，超市平均分30分，居全市镇街第一位，其中大朗中学总平均分超市平均分51.35分，居全市公办中学第一位；大朗中学高考录取重点本科18人，本科144人，超过市商定目标。落实社保扩面工作，累计发放保险待遇近3.8亿元，比上年增长11.8%。推进医疗体制改革，社区卫生服务站增至16家，家庭医生式服务机构开展率100%，基本形成“15分钟医疗健康服务圈”。推动就业创业，户籍人口就业率99.6%。实施文化惠民工程，开展“我是民星”、“朗艺讲堂”、青年集体婚礼等文化活动900多场，受惠群众300万人次。《织城逐梦》微电影获评东莞市“发现精彩·东莞故事”微电影大赛金奖。大朗男篮成就东莞市男子篮球联赛“十年九冠”。

【第十五届中国（大朗）国际毛织产品交易会】 2016年11月2—4日，第十五届中国（大朗）国际毛织产品交易会在中国（大朗）毛织贸易中心举行。展会以“时尚·新织城”为主题，突出“大数据”“智能化生产”“原创设计”等元素，设毛织贸易中心为主会场，设环球贸易广场为分会场，在主会场西门广场设3000平方米的纺织机械展，组织拍摄第三部大朗毛织产业微电影《织城逐梦》，展

2016年12月8日，广东省人民政府与中国科学院举行“十三五”全面战略合作协议签署仪式。其中，大朗镇人民政府与中国科学院高能所签约，合作共建大朗先进技术研究院

2017年大朗镇迎新年长跑

示大朗毛织产业的国际形象。展会设2000多个展位，累计吸引超过5万人次进场参观，来自美国、德国、意大利等20个国家的30多家纺织服装与大朗镇近百家毛织生产企业面对面洽谈交流，意向成交额38亿元，总体满意度高达90%以上，展会得到中央电视台、中国新闻社等近百家国家主流新闻媒体关注和跟踪报道。

【东莞市基层公共服务综合平台建设试点镇现场会在大朗镇召开】 2016年5月4日，东莞市基层公共服务综合平台建设试点镇现场会在大朗镇召开。市委常委、常务副市长张科，市财政局、市民政局、市委组织部、市政法委、市公安局、市编办等部门负责人、各镇街党政领导代表220人参加现场会。相关领导首先参观大朗镇松柏朗村综合服务管理中心，随后为大朗镇综合服务中心举行揭牌仪式，在大朗行政服务中心召开现场会。现场会上，麻涌镇、大朗镇依次介绍基层公共服务综合平台试点工作经验，张科对大朗、麻涌两镇试点成效给予肯定，指出基层公共服务综合平台建设是一件重大民生实事，各镇街、各部门务必把思想和行动统一到市委、市政府决策部署上来，增强责任感和紧迫感，加快推进基层公共服务综合平台建设，确保完成工作任务。

【中国散裂中子源项目建设进展顺利】 中国最大的大科学装置——散裂中子源项目位于大朗镇，该项目总投资约22亿元，建成后将改变中国南方无大科学装置的局面，与正在运行的美国、日本、英国散裂中子源一起，构成世界四大散裂中子源。截至2016年，该项目主体工程基本完成，进入设备全面安装阶段，靶站的设备安装工作完成超80%，3台谱仪的基台和散射室土建完成。为响应国家科技成果产业化发展目标，2016年12月，大朗镇政府与中科院高能所签约共建大朗先进技术研究院，为推动科技成果转化提供保障。

【全国首部公开出版的村级年鉴】 （参见“文化”类目“地方志”分目“《巷头年鉴》创刊号首发式举行”条目）

【广东省第一个镇情网、村情网上线】 （参见“文化”类目“地方志”分目“市镇村三级地情网贯通”条目） （叶芳廷）

附：2016年东莞市大朗镇党委、人大、政府主要领导名录

镇委书记：胡浩举（任至11月）
谢锦波（11月到任）
镇人大主席：胡浩举（任至11月）
陈慧娟（11月到任）
镇　长：邓卫洪

2012—2016年大朗镇主要经济社会指标

指标＼年份	2012	2013	2014	2015	2016
户籍人口（人）	71994	72718	73492	75038	77104
常住人口（万人）	31.38	31.46	31.39	31.11	31.27
面积（平方千米）	97.5	97.5	97.5	97.5	97.5
生产总值（万元）	1564995	1698817	1859640	2201519	2421432
第一产业（万元）	1872	2012	2153	2534	2745
第二产业（万元）	895278	946183	1030136	1127473	1215171
第三产业（万元）	667844	750577	827351	1071512	1203516
总用电量（万千瓦时）	239833	254393	281950	297644	339818
全社会固定资产投资总额（万元）	350221	423795	507609	518488	559672
社会消费与零售总额（万元）	513769	581765	629154	805571	884183
出口总额（万美元）	243043	243447	261257	275088	200862
实际利用外资（新口径、万美元）	14213	18668	21907	15919	4508
镇级可支配财政收入（万元）	78580	86723	95451	126179	153421
各项税收总额（万元）	214343	237910	273673	322309	374632

黄江镇

【黄江镇概况】 黄江镇位于东莞市东南部经济带的腹部，东连樟木头镇，西接大朗镇，北靠常平镇，南邻深圳市光明新区。截至2016年，辖区面积98平方千米，下辖7个社区，常住人口22.74万人，其中户籍人口2.95万人。

2016年，黄江镇实现地区生产总值145.59亿元（第一产业1435万元，第二产业71.58亿元，第三产业19.02亿元），比上年增长8.66%；全社会固定资产投资总额38.72亿元，增长8.67%；总用电量19.02亿千瓦时，增长5.52%；社会消费品零售总额41.61亿元，增长7.01%；实际利用外资8663万美元，增长29.55%；外贸出口总额35.14亿美元，下降14.44%；各项税收总额33.09亿元，增长27.72%；镇级可支配财产收入60.58亿元，增长195.15%。

【黄江镇经济发展】 *产业转型升级* 2016年，黄江镇与广东省科学院、深圳市电子商会、东实集团等签订战略框架合作协议。承接深圳市高端产业转移效果明显，引进深圳市优质企业28家，投资总额约60亿元，基因行业知名企业——华大基因东莞总部落户黄江镇。技嘉电子公司成为广东省加工贸易转型升级示范企业，惠伦晶体公司在A股挂牌上市。推动92家来料加工企业转型，外资比例下降25%，全镇企业内销额年均增长率20%以上，产业结构由“外资一家独大”向“内外资双轮驱动”转变。产业发展质量大幅提升。高新技术、金融、物流、文化等产业增加值占国内生产总值比重25%，优势传统产业加快向产业链、价值链高端迈进。万元国内生产总值能耗、水耗持续下降，化学需氧量、氨氮、二氧化硫减排量完成“十二五”规划任务，以更少的资源能源消耗实现更高质量、更可持续发展。

创新驱动发展 2016年，黄江镇以建设莞深科技创新走廊桥头堡为总目标，出台产业政策，实现科技、金融、产业“三融合”，人才、资金、项目“三集中”。发挥财政资金的创新引导作用，镇财政每年安排1000万元资金，用于资助创新驱动配套等22个项目，引导企业提升“内功”。创建“广东省技术创新专业镇”，高新技术企业成长迅速，国家高新技术企业24家，规模以上工业企业研发机构覆盖率53%。推进“智能制造”，鹏驰五金公司、维升电子公司等43家企业2015—2016年“机器换人”投资4.3亿元。加快建设科技创新平台，全镇组建13个科技服务平台，多个国家认可实验室和省技术工程研发机构建成使用。前瞻布局生命健康产业，太阳神公司、金科伟业公司成为东莞市仅有的两家获得直销牌照企业。

【黄江镇城市管理】 *南部片区发展* 2016年，黄江镇推进城市协调发展国家农业公园、碧桂园科技小镇、星河“互联网+”小镇项目规划建设，与深圳地区对接加快。

黄江镇

生态乡镇创建　2016年，黄江镇创建“广东省园林城镇”和“广东省生态乡镇”。成为全市首个生态社区全覆盖的镇街。全镇绿化覆盖率接近66%，公园绿地面积1275万平方米，均居全市前列。

基础设施建设　2016年，黄江镇黄江大道西延线等一批路网工程建成通车，镇内交通网逐步完善；轨道交通1号线规划建设；黄牛埔水库（长龙片区）截污次支管网工程提上建设日程，污水处理厂二期及黄江镇第二期截污次支管网项目、莞深高速公路黄江出入口改造工程启动，清泉水库除险加固工程完成。

城市形象提升　2016年，黄江镇首家本地银行珠江村镇银行成立，五星级希尔顿逸林酒店试业，碧桂园、中信等一大批知名房地产项目进驻。17宗“三旧”（旧城镇、旧厂房、旧村庄）改造项目全面铺开，城市空间释放，城市人居环境改善。

扶贫帮扶　2016年，黄江镇完成市内扶贫开发“双到”（规划到户、责任到人）任务，贫困村村均集体经济收入492万元。对口帮扶韶关工作推进。

【黄江镇社会管理】 2016年，黄江镇开展打击违法犯罪专项行动，破获一批大案要案，立刑事案件3069起，比上年下降16.9%，破案869起；刑事拘留436人，逮捕298人，移送起诉315人，摧毁各类犯罪集团26个，抓获网上在逃人员64人，打击涉盗抢、涉毒、涉电信网络诈骗、涉金融领域犯罪等违法犯罪，中央电视台新闻频道《新闻直播间》栏目报道镇公安分局侦破的广西宾阳籍唐奕宾等人冒充学生诈骗学生家长补习费的电信诈骗团伙案。每天投入三分之一的警力加强路面巡逻防控，利用新建治安岗亭18个，高清视频监控229个，治安卡口5处，以重点部位、场所、区域和特殊人群为切入点，常态化开展“屯警街面，动中备勤，武装巡逻”工作，构建主次分明、动静结合、整体联动的多层次、立体化、全方位巡逻防控网络。全镇发生火灾62起，无人员伤亡，直接财产损失106.5万元。火灾起数比上年上升8.77%，直接财产损失上升28.5%。全镇接警出动353次，出动车辆790辆，出动警力3935人，抢救被困人员46人，疏散被困人员236人，抢救财产价值863.9万元。受理信访案件500宗，接待来访群众55批582人、群体来访11批500人，来信、来电、来邮455件（次）。累计拆除违法建筑118宗，拆除面积1.96万平方米。

【黄江镇民生实事】 2016年，黄江镇社保体系日益完善，社会保险参保人数52万人次。完善住房保障体系，完成794套公共租赁住房配建。创建“东莞市推进教育现代化先进镇”，华南师范大学附属东莞学校动工建设，第二小学机器人队伍获机器人世界锦标赛亚军和季军。医疗基础设施完善，华大基因公司与黄江医院开展合作，新黄江医院建成并完成搬迁。培育和践行核心价值观，开展文明城镇创建活动，公共文明指数持续提升；组建网络志愿服务队，“黄江好人”增加。举办全国业余自行车联赛，黄江自行车队多次在全国、全省比赛中获奖。

2016年，黄江镇推动平安细胞培育工程实施。“清网行

2016年6月22日，黄江镇与东实集团全面签订战略合作框架协议

2016年6月27日，黄江慈善会第一届理事会成立

动”“治摩”“黄赌毒”等整治推进。安全生产、环境保护工作持续加强。社会治安高清视频监控实现全覆盖，立体化社会治安防控体系初步建立。“大调解”工作体系构建，社会矛盾纠纷化解成效明显。应急管理、国防人防、科普法普、民族宗教、档案方志等工作推进，工会、共青团、妇联、侨联、文联、残联等人民团体的桥梁纽带作用凸显。

【第十届VEX智能机器人世界锦标赛举行】 2016年4月21—24日，由美国机器人教育与竞赛基金会主办的第十届VEX智能机器人世界锦标赛在美国路易斯维尔举行，赛事设有VEX机器人工程挑战赛、VEX IQ机器人挑战赛两大项目，吸引来自全球30多个国家的1000多支队伍约5000名选手参加。东莞市黄江镇派出的黄江镇第二小学六（5）班黄瀚彬和黄敏涛、五（4）班卢浩鹏和四（2）班林兴邦组成的两支机器人队伍代表中国参加VEX IQ机器人挑战赛，在最后的对决中，两支队伍均打出170分的高分（总分173分），以3分之差遗憾不敌加拿大队，获小学组联队亚军和季军。

【广东太阳神公司总部回迁及增资扩产项目】 该项目位于黄江镇梅塘社区田心，占地面积15.47公顷，总建筑面积15.51万平方米，总投资4.99亿元。2016年，该项目累计完成投资3.82亿元，占总投资76.5%。

【广东国泰达鸣精密机件有限公司项目】 该项目位于黄江镇裕元工业区，企业自购厂房2栋，占地面积3.3万平方米，建筑面积8万平方米，总投资9亿元（1.5亿美元），项目分两期建设。2016年，该项目累计完成投资5.71亿元，占总投资63.4%。该项目的部分厂房投入生产使用。

【东莞领益精密制造科技有限公司项目】 该项目位于黄江镇裕元工业区，企业自购厂房和用地，总占地面积15.47公顷，总建筑面积30万平方米（有10.59万平方米厂房和宿舍），投资21亿元。2016年，项目累计完成投资12.69亿元，占总投资60.4%。部分自购的现成厂房实现投产（冲压厂房于11月开工）。

【黄江镇恩智浦广东有限公司增资项目】 该项目位于黄江镇田美工业园区，占地面积2.07公顷，总投资2.4亿元。建设四层厂房及废水站，总建筑面积3.6万平方米。2016年，该项目累计完成投资5845万元，占总投资24.4%。桩基础检测完成，正在倒地梁及回填土。

【华南师范大学附属东莞学校】 该项目位于黄江镇梅塘社区，占地面积16.67公顷，项目总投资6.5亿元。2016年，该项目累计完成投资3.76亿元，占总投资57.8%。

（李超颖）

附：2016年黄江镇党委、人大、政府主要领导名录

镇委书记：叶锦锐
镇人大主席：陈泽深
镇　长：李志东

2012—2016年黄江镇主要经济社会指标

指标＼年份	2012	2013	2014	2015	2016
户籍人口（人）	18716	18909	19064	28170	29528
常住人口（万人）	23.36	23.41	23.45	22.8	22.74
面积（平方千米）	98	98	98	98	98
生产总值（万元）	109.21（亿元）	121.54（亿元）	1256520	1339779	1455853
第一产业（万元）	842	902	942	1325	1435
第二产业（万元）	554519	598516	687599	680780	715803
第三产业（万元）	524075	586328	620089	657674	738615
总用电量（万千瓦时）	163953	149136	177786	180251	190201
全社会固定资产投资总额（万元）	189121	224046	325232	356347	387249
社会消费品零售总额（万元）	244274	267316	280916	388810	416062
外贸出口总额（万美元）	446276	449970	396610	410724	351391
实际利用外资（万美元）	12956	14339	18113	14150	7450
镇级可支配财政收入（万元）	59705	147244	126031	205253	605798
各项税收总额（万元）	152978	181831	211619	259092	330912

樟木头镇

【樟木头镇概况】　樟木头镇是广东省中心镇，位于东莞市东南部。截至2016年，辖区面积118.8平方千米，下辖10个社区（含1个新型社区），常住人口13.18万人，其中户籍人口3.15万人。

2016年，樟木头镇实现地区生产总值94.35亿元（第一产业391万元，第二产业42.88亿元，第三产业51.43亿元），比上年增长8.2%；全社会固定资产投资总额25.32亿元，增长9.11%；总用电量10.16亿千瓦时，增长1.62%；社会消费品零售总额62.96亿元，增长9.03%；实际利用外资1602万美元，下降26.07%；外贸出口总额10.11亿美元，下降10.34%；各项税收总额20.32亿元，增长22.6%；镇级可支配财产收入16.31亿元，增长43.58%。

【樟木头镇转型升级】　特色产业发展　2016年，樟木头镇扶持塑胶产业转型升级，通过建立联合征信、联动执法等机制规范市场经营，推动塑胶产业规模效益提升，完成交易额近500亿元。高标准编制旅游文化发展专项规划，启动创建省全域旅游示范区，推广"樟城八景""十大美食"，以观音山森林公园、银瓶山森林公园樟木头景区等为载体，扩大麒麟舞、客家黄酒、"观音绿"荔枝等特色文化影响力，全年接待游客162万人次，实现旅游收入4亿元。

创新驱动发展　2016年，樟木头镇落实"东莞制造2025"战略，实施"育苗造林"和"筑巢引凤"等行动计划，设立每年1000万元创新驱动发展基金，成立科技创新服务中心，表彰一批创新型企业，强化企业创新主体地位，完成技改投资、"机器换人"、落后电机淘汰、注塑机改造等任务；贯彻落实系列帮扶企业政策，重点实施"倍增计划""百名亿元企业培育计划"，在企业提升生产力、引进高级人才、创造名牌名标、降低生产成本等方面给予支持帮助，推进企业转型升级，增强创新驱动发展动力。先进制造业完成增加值12.5亿元，比上年增长18.4%，占规模以上工业增加值比重33.8%；高技术制造业完成增加值7.1元，增长14.7%，占规模以上工业增加值比重19.3%。企业创新能力及品牌意识显著提升，全年授权专利614件，增长22.8%，发明专利授权45

樟木头镇

2016年6月25日，樟木头镇举办广东省非物质文化遗产——麒麟舞邀请赛

件，增长125%。新增高新技术企业17家，增长100%，新增高新入库企业24家，增长140%。中国驰名商标企业4家，省级名牌名标企业16家。企业资本化运作程度逐步提高，全镇上市后备企业2家，挂牌新三板企业3家，成长型中小企业11家。

【樟木头镇经济发展】 重大项目建设 2016年，樟木头镇有市重大建设项目6宗，其中续建项目3宗，新增项目3宗。落实项目问责等制度，镇主要领导每月召开重大项目协调会，协调解决项目推进过程中的问题近300个，永林电子、博世激光、樟木头医院综合住院大楼项目等市重大建设项目推进，其中百樟荟特种空调项目等投产，宜多果蔬项目等近30项镇重点项目进展顺利。

招商引资 2016年，樟木头镇对接深圳市产业转移，举办深圳招商推介会吸引大批深圳客商前来考察，在深圳市等地招引优质项目2宗，投资总额4亿元。

企业服务 2016年，樟木头镇深化“千干扶千企”、领导干部挂点联系企业高层次人才等制度，开展“企业大走访”“上门服务”活动，为企业量身定制资金申报、保障用地、子女入学等10多项扶持政策，实施“一企一策”，强化企业发展的保障和信心，增强经济增长的动力和后劲。

【樟木头镇集体经济发展】 2016年，樟木头镇加强财税征管、规费追收和资产盘活，税收分成3.6亿元，比上年增长20%；规范镇属企业管理，提高镇属企业效益，镇属企业完成总体上缴任务8978.5万元，增长28.7%。统筹社区发展，村组两级纯收入1.1亿元，增长34.6%，连续7年保持双位数增长；加强集体资产交易、监管平台建设，集体资产交易平台交易金额2.5亿元，总体溢价率5.6%。村组两级经营总费用1.4万元，下降6.9%。落实各项减债举措，镇和村组两级分别减债1亿元和5328万元，完成年度减债计划，总资产负债率分别下降9.7个、2.6个百分点。完成银行借款债务置换成政府性债券，缩减利息支出。

【樟木头镇城市建设】 城市规划优化 2016年，樟木头镇以产城融合为引领，完成城镇总体规划修编和中期土地规划修编，优化调整功能分区，提出“一轴、两片区；一心、三组团”的空间新格局，融入市“东南组团”，为城市更新奠定基础。

城市功能改善 2016年，樟木头镇基建支出1.1亿元，比上年增长10.7%，建成金河工业大道延长线、南城新区规划一路工程、规划五路工程等一批主次干道，启动堵塞点整治工程，配合市加快29号路等建设，强化火车站、赣深高铁塘厦站等片区的轨道交通接驳，加快城镇主干道景观综合整治、“三个一”（一路、一公园、一广场）精品工程等城市配套设施建设。银瓶山森林公园樟木头景区建设纳入市“十三五”规划。

“三旧”改造 2016年，樟木头镇以示范项目带动加快“三旧”改造步伐，全镇“三旧”改造专项规划编制通过市审批，罗屋村等改造项目完成投入使用，绿景RTD（消遣娱乐与技术生产）新城、宝山汽车城等改造项目推进。

人居环境改善 2016年，樟木头镇编制总投资10亿元的石马河综合整治总体规划，完成内河涌官仓河C、D段整治，率先在全市建成截污次支管网一期（2014—2016年）工程38.7千米，加快规划污水处理厂、分散式污水设施等一批工程。落实“清洁空气”行动，完成黄标车淘汰、节能减排任务，空气质量居全市前列，获评全市节能先进地区。开展精神文明创建工作，实施“四大提升工程”（精神文明建设水平提升工程、城镇规划建设管理水平提升工程、社会民生建设水平提升工程、市民文明素养提升工程），开展“十大行动”（开展户外广告整治行动、开展城市“牛皮癣”整治行动、开展环境卫生整治行动、开展“涉黄”整治巩固行动、开展交通秩序整治行动、开展公益广告氛围提升行动、开展核心价值观融入提升行动、开展城乡规划建设提升行动、开展基层服务提升行动、开展市民素质提升行动），强化精细化管理，城市面貌改善。启动创建“国家生态文明建设示范镇”，实现市级生态社区全覆盖，加快“宜居社区”建设。

【樟木头镇社会管理】 社会治安　2016年，樟木头镇推进“智网工程”建设，实施“网格化管理”，开展“飓风2016”行动，推进“以案说防”“全民创安·一呼百应”等专项工作，投入2000多万元，升级维护全镇治安视频监控、电子警察设备，依法打击违法犯罪，加大重点区域和人流密集场所反恐防暴力度，建立健全娱乐场所长效监管机制，加强流动人口和出租屋“信息化、网格化”管理，全年刑事发案数比上年下降4.5%，社会治安持续稳定。

社会治理　2016年，樟木头镇发挥镇法学会、平安建设促进会等作用，推进“一社区一法律顾问”工作，强化诉求表达、矛盾排查化解、舆情研判、“四调联动”（人民调解、行政调解、司法调解、第三方调解）等信访维稳调处体系建设，加强国家政治安全、劳资纠纷等重点领域专项治理，落实领导接访、包案处理等信访维稳机制，全年信访工作“减量降位”。

市场秩序　2016年，樟木头镇深化社会信用体系和市场监管体系建设，加大无证照经营、传销等重点领域整治力度，全年立案查处经济违法案件83宗。9个社区全部完成“无传销社区”考核验收。

公共安全　2016年，樟木头镇抓好生产安全、消防安全、交通安全、森林防火安全、食品药品安全、防洪防汛等公共安全管理，增强应急处突能力，公共安全形势总体平稳。完善消防安全“网格化”管理，对全镇75个重点单位实施“户籍化”管理，全年未发生重特大安全事故，火灾起数和直接财产损失数均下降50%以上。加强卫生防疫管理，预防登革热、手足口病、H7N9禽流感等疫情，实现“零病例、无疫情”目标。

【樟木头镇民生事业】 民生投入　2016年，樟木头镇民生事业支出5.3亿元，比上年增长20.6%，支出额占公共财政预算支出53%，加大对教育、医疗、文化、社保、就业、交通等投入。兑现惠民承诺，年度“十件民生实事”基本完成。

社会保障　2016年，樟木头镇抓好底线民生，户籍人口就业率

2016年12月18日，中央电视台《乡约》栏目组第五次走进观音山录制相亲节目

广东观音山国家森林公园

98.6%。投入3200多万元，加强养老保险、医疗保险、低保补助、就业补助等保障。支持公立医院医药分开改革，推进爱国卫生运动，加快樟木头医院综合住院大楼建设，提升医疗卫生服务水平。加大市内外扶贫力度，摘除石新社区“高负债社区”帽子，在对口韶关曲江帮扶工作中投入资金500万元。

文教体事业　2016年，樟木头镇投入1.6亿元教育经费，比上年增长33.3%，完善中小学基础设施，启动实验幼儿园建设，为新莞人及企业人才子女安排公办学位518个，增长19.4%。成立教育基金会筹款2600多万元。教育质量持续提升，第八高级中学高考取得上线率98.8%的新高，樟木头中学中考总平均分、合格率均超出市平均水平。　（蔡嘉明）

附：2016年樟木头镇党委、人大、政府主要领导名录

镇委书记：

陈灼林（任至12月）

周伟森（12月到任）

镇人大主席：

陈灼林（任至11月）

蔡传胜（11月到任）

镇　长：周伟森

2012—2016年樟木头镇主要经济社会指标

指标＼年份	2012	2013	2014	2015	2016
户籍人口（人）	28453	28835	29337	30143	31452
常住人口（万人）	13.41	13.46	13.49	13.16	13.18
面积（平方千米）	118.8	118.8	118.8	118.8	118.8
生产总值（万元）	654566	754398	795822	851972	943524
第一产业（万元）	328	344	358	361	391
第二产业（万元）	272232	320684	359653	384459	428839
第三产业（万元）	382006	433370	435810	467152	514294
总用电量（万千瓦时）	95677	95249	100246	99980	101602
全社会固定资产投资总额（万元）	151849	196694	190541	232014	253152
社会消费品零售总额（万元）	406894	437937	476114	577391	629563
外贸出口总额（万美元）	87607	74445	77930	112790	101122
实际利用外资（万美元）	4306	3462	1584	2167	1602
镇级可支配财政收入（万元）	62979	73942	77984	113606	163119
各项税收总额（万元）	101657	116626	145421	165746	203200

凤岗镇

【凤岗镇概况】　凤岗镇地处东莞市东南端，东、南、西三面分别与深圳市接壤。截至2016年，辖区面积82.43平方千米，下辖12个村（社区），常住人口31.76万人，其中户籍人口2.88万人。

2016年，凤岗镇实现地区生产总值241.67亿元（第一产业1971万元，第二产业123.89亿元，第三产业117.58亿元），比上年增长8.5%；全社会固定资产投资总额77.99亿元，增长14.62%；总用电量29.96亿千瓦时，增长6.22%；社会消费品零售总额52.92亿元，增长9.3%；实际利用外资2.84亿美元，下降45.89%；外贸出口总额26.99亿美元，下降18.94%；各项税收总额50.35亿元，增长11.7%；镇级可支配财产收入30.76亿元，增长4.55%。

【凤岗镇产业转型升级】　重大项目建设　2016年，凤岗镇完善镇领导班子挂点服务重点企业机制，中集、天安数码、华润万家、金银珠宝产业中心、深证通、新中心小学等6个项目获批市重大项目续建项目。涉及总投资额108亿元，建成投产后年总产值300多亿元，年纳税总额22亿元。2016年累计完成投资9.98亿元，占年度投资计划的63%。主营业务收入超60亿企业实现零的突破。全镇超10亿元的企业5家，完成产值139.5亿元，占全镇规模以上工业总产值的43.0%；超60亿元的企业有都市丽人公司1家，完成产值60.5亿元，占全镇规模以上工业总产值的15.3%。都市丽人智能产业园项目获认定为市产业转型升级基地。

技改投资　2016年，凤岗镇完成工业技改投资13.1亿元，比上年增加5亿元。机器人换人项目申报58个，申报数排全市第6位；申报项目投资额3.89亿元，投资额排全市第5位。

高企培育　2016年，凤岗镇推动41家企业申报高新技术企业认定，39家企业申报高新技术企业培育；全镇有先进制造业128家，高技术制造业60家。全年先进制造业完成增加值69.5亿元，比上年增长16.4%，高于规模以上工业增速6.5个百分点，占规模以上工业增加值比重65.1%；高技术制造业完成增加值24.8亿元，增长2.5%，占规模以上工业增加值比重23.2%。

科研创新投入　2016年，凤岗镇R&D（研发）经费投入4.58亿元；规模以上工业企业研发机构建有率29%；专利授权870件，增长12%。

企业上市融资　2016年，凤岗镇有上市企业1家，上市后备企业3家，挂牌“新三板”企业6家，申请挂牌“新三板”企业30多家，签约挂牌辅导14家。

凤岗镇中心区

新业态发展　2016年，凤岗镇成立凤岗电商协会，全镇注册登记电子商务（网上销售）的市场主体超百家，全年电子商务销售总额28.3亿元，比上年增长80.2%。

【凤岗镇城市环境提升】　污水和固体废物治理　2016年，凤岗镇截污次支管网铺设21.58千米，完成镇中心区垃圾填埋场旧场整治工程；桥陇河整治于2015年11月进场施工，凤德岭水整治工程主体基本完工，竹塘污水处理厂二期扩建工程推进。

道路交通　2016年，从莞高速公路建成通车，完成连通莞深的雁鸣路、金山路、东深二路凤德岭段跨线桥、竹塘上下围工业区内道路建设以及凤平南路升级改造；深外环高速公路凤岗段基本完成征地拆迁。

城市生态　2016年，凤岗镇17项镇属重点工程完工；完成雁田、五联、竹塘、塘沥等4个社区公园建设以及镇中心区树池改造项目；“一河两岸”非中心区整治以及景观灯改造工程、碧湖森林公园景观升级以及南门山森林公园休闲旅游基地建设推进，“国家生态镇”申报完成。

文明创建　2016年，凤岗镇财政投入2亿元，用于道路改造和环境提升工程，要求每个村（社区）至少改造一个主干道、修建一个小公园小景点。对各村（社区）确定的且在2017年前完成的主干道、建筑围挡和公益广告，镇财政全额进行补助；小公园小景点按50%的比例进行补助。2016年6月起，全镇清理卫生死角1.7万处，处理违法或占道经营3.3万处，清理城市“牛皮癣”56万处，拆除非法广告牌6660块，清理垃圾1.5万吨，“牛皮癣”停机号码436个，排查1876项问题，落实整改1363项，镇容村貌整洁有序，城市承载力增强。新型社区睦邻文化建设被评2016年度市创新基层社会治理十大优秀项目之一。

【凤岗镇社会管理创新】　2016年，凤岗镇打击违法犯罪，履行安全生产责任，严把食品药品安全关，加强多元化矛盾纠纷排调和积案化解，“飓风2016”专项行动和社会治安防控体系建设成效明显，实现确保不发生重大群体性事件、确保不发生重大恶性刑事案件、确保不发生群死群伤重大火灾事故、确保不发生重大交通事故、确保不发生其他重大治安安全事故等“五个确保”，提升社会治安防控能力、提升公共安全保障水平、提升行政服务质量等“三个提升”；“智网工程”试点取得阶段性成果，初步构建点、线、面相融合的全天候社会治安立体化防控网络。

【凤岗镇民生事业发展】　城乡统筹发展　2016年，凤岗镇农村“三资”（资金、资产、资源）实

凤岗镇人民公园

现规范化管理，村组增资减债以及多元化发展取得实效。截至2016年，全镇集体两级资产总额84.8亿元，比上年增长4.4%；负债总额11.9亿元；资产负债率14.1%，降低1.1个百分点。集体两级经营总收入8.9亿元，增长5.5%，经营纯收入6.6亿，增长6.7%。各项人民币存款余额271.3亿元，增长10.6%。

民生投入　2016年，凤岗镇计划投入2亿元的新中心小学项目动工建设，投入172万元购买292个民办学位，全年累计为随迁子女提供755个优质学位；举办2016（中国·凤岗）客侨文化节、“两岸暨港澳地区”客家山歌邀请赛、第七届“杨官璘杯”全国象棋公开赛和中华多民族青年集体婚礼等活动；十件实事完成，民生福祉持续增进。

【“2016（中国·凤岗）客侨文化节”举办】　2016年11月8—13日，“2016（中国·凤岗）客侨文化节活动”在凤岗镇举办。本届客侨文化节实现50个民族70对新人在凤岗镇举行大婚，创下“最多民族”参与的集体婚礼记录；两岸暨港澳地区客家山歌邀请赛同时上演，推动客家山歌在海内外的传承和传播；期间，凤岗镇还举办2016广东省客家山歌擂台赛、“客侨好家风”评选表彰、“记住乡愁、客侨寻根”摄影作品展、凤岗工业产品展暨美食节、客侨古村跑等系列活动，营造节日氛围，擦亮凤岗“客侨魅力小镇”的文化品牌。　（尧春华）

附：2016年凤岗镇党委、人大、政府主要领导名录

镇委书记：朱国和
镇人大主席：巫惠平
镇　长：林　岚

油甘埔碉楼　（房松青　供图）

2012—2016年凤岗镇主要经济社会指标

指标＼年份	2012	2013	2014	2015	2016
户籍人口（人）	25535	25991	26527	27413	28811
常住人口（万人）	32.13	32.03	31.86	31.85	31.76
面积（平方千米）	82.43	82.43	82.43	82.43	82.43
生产总值（万元）	1443889	1749523	1945158	2128717	2416729
第一产业（万元）	1634	1734	1808	1820	1971
第二产业（万元）	671346	849065	1007922	1084089	1238958
第三产业（万元）	770909	898724	935427	1042808	1175800
总用电量（万千瓦时）	221561	234021	259526	282089	299634
全社会固定资产投资总额（万元）	374920	456048	625039	680364	779867
社会消费品零售总额（万元）	282636	305851	335059	484141	529156
外贸出口总额（万美元）	287411	317343	343852	333031	269949
实际利用外资（万美元）	19682	29037	44948	52401	28356
镇级可支配财政收入（万元）	174725	118351	184594	294211	307612
各项税收总额（万元）	223793	274578	333096	450738	503460

谢岗镇

【谢岗镇概况】 谢岗镇是东莞市的东大门，东与惠州市惠阳区接壤，西与东莞市樟木头、常平、桥头等镇相连，处于珠三角深莞惠东部城市群几何中心。截至2016年，辖区面积103平方千米，下辖11个村、1个社区，常住人口9.76万人，其中户籍人口2.2万人。

2016年，谢岗镇实现地区生产总值73.2亿元（第一产业1.41亿元，第二产业52.26亿元，第三产业19.53亿元），比上年增长7.6%；全社会固定资产投资总额18.26亿元，增长18.55%；总用电量9.58亿千瓦时，增长4.7%；社会消费品零售总额13.76亿元，增长7.88%；实际利用外资8663万美元，增长29.55%；外贸出口总额7.41亿美元，增长6.89%；各项税收总额9.02亿元，下降3.64%；镇级可支配财产收入6.1亿元，增长21.18%。

2016年，谢岗镇获评“东莞市推进教育现代化先进镇”，获评“省儿童友好示范社区”“省扶贫开发‘双到’通报表扬帮扶单位”等两项全市“单打冠军”。

【谢岗镇转型升级】 银瓶创新区规划建设 2016年，谢岗镇开展城市总体规划调整、土地利用总体规划调整、水系建设规划、产业规划、基础设施专项规划、环境保护规划等，并以银瓶创新区为主体，会同周边镇区的工业园区，申报国家开发区。

产业项目建设 2016年，谢岗镇利用中国机械工业联合会发布会、广东国际机器人及智能装备博览会等平台，做好银瓶创新区宣传推介，推动亿环增资建设科技产业园，引进安麦节能设备生产项目，促成唯美新型装饰瓷板项目、福凯半导体项目等多个优质项目落户谢岗镇。泰诚塑料项目、大连机床创业孵化基地二期项目建成投产，华能热电联产项目、大连机床智能制造基地项目、普洛斯电商物流项目、粤海工业智造产业中心项目等加紧建设。

基础路网建设 2016年，谢岗镇银瓶创新区路网基础设施PPP（公共部门与私人部门合作）项目于6月签约，成为全市第一个PPP签约项目。29号路初步设计方案通过市交通局评审，上跨京九铁路方案获得广铁集团批复，开展施工图设计；大黎路、谢岗大道等加紧开展前期工作。

安置区、公租房规划建设 2016年，谢岗镇完成集中安置区、公租房、邻里中心的选址和规划设计，争取到市财政4亿元支持建设公租房，并开展报市审批等相关手续。

【谢岗镇创新驱动发展】 2016年，谢岗镇落实企业扶持政策，开展走访服务企业活动，镇领导班子成员落实挂点服务企业责任，协助善募康公司、润星公司、亿环公司等企业增资扩产。挖掘经济增长潜力，促进成长型中小企业规模发展，全年新增规模以上企业16家。实施创新驱动发展，促进企业投入提高研发能力，全年R&D（研究与开发）投入2.14亿元，比上年增长20.2%，全年申请专利432件，增长45.5%，推动9家企业建立研

谢岗镇银瓶山森林公园

发机构，新增10家国家高新技术企业，做好高新技术企业培育入库，推动18家企业进入省培育库。根据建设“高端制造名镇”的发展目标，成立高端装备制造行业协会，搭建装备产业集聚发展平台。推动企业借助股权融资发展壮大，润星机械公司、广东四象公司等企业挂牌新三板。

【谢岗镇基础配套建设】 2016年，谢岗镇抓好东部、镇中心区、银山科技园等片区的控制性详细规划修编，以规划引领城市和产业升级。推进城市核心区规划建设，开展银瓶站前广场、谢岗人民公园、镇中心广场等区域的专项规划，优化设计，推动镇中心区扩容提质。重点推进城市基础配套建设，银丰一路、污水处理厂二期扩建及配套管网工程、黎村小学一期、消防大楼等一批基础设施项目完成建设，投入使用。启动稔子园110千伏变电站建设。动工建设银瓶湖生态湿地示范园一期项目。银瓶站前广场、文体中心等项目完成立项。开展镇中心幼儿园项目立项、用地审批、方案设计等前期工作。

【谢岗镇社会服务管理】 治安整治　2016年，谢岗镇开展各类专项整治行动，实现24小时不间断巡逻，稳控社会面治安。全面铺开平安建设，抓好“以案说防”“一呼百应”等群防群治工作，推进“智网工程”建设，划分64个基础网格，对应配置网格管理员实行网格化管理。打击违法犯罪，净化社会环境。安全生产监管　2016年，谢岗镇落实安全生产责任制，开展危险化学品和易燃易爆物品安全、消防安全隐患大排查、“三小”（小档口、小作坊、小娱乐场所）场所和出租屋安全、建筑施工安全等领域的专项整治行动，整改消除隐患1013处，责令“三停”（停水、停电、停气）14家。综治维稳　2016年，谢岗镇加强对劳资纠纷等不稳定因素的排查化解，处理欠薪企业55家，涉及金额1689万元，妥善处理个别企业停产事件。完善信访渠道和调解网络，建立企业欠薪逃匿风险预警、视频接访、网上信访等平台，健全综治维稳体系，强化劳动监察执法和劳资关系调解，重点预防和处置因企业倒闭而发生的群体性事件。排查矛盾纠纷及不稳定因素，群众来信来访案件的息诉罢访率100%，维护社会和谐稳定。

2016年5月26日，谢岗镇在“2016第十二届中国机械工业百强企业汽车工业三十强企业信息发布会”上推介银瓶合作创新区

【谢岗镇文明创建】 2016年，谢岗镇贯彻落实文明创建“四大提升工程”（精神文明建设水平提升工程、城镇规划建设管理水平提升工程、社会民生建设水平提升工程、市民文明素养提升工）和“十项整治行动”（开展户外广告整治行动、开展城市“牛皮癣”整治行动、开展环境卫生整治行动、开展“涉黄”整治巩固行动、开展交通秩序整治行动、开展公益广告氛围提升行动、开展核心价值观融入提升行动、开展城乡规划建设提升行动、开展基层服务提升行动、开展市民素质提升行动）部署，强化巡查督导，补短板、促提升，形成镇村联动、条块结合、齐抓共管的局面。集中整治城市“牛皮癣”、户外广告、环境卫生、农贸市场。拆除1055块违法广告，清理7873处卫生死角，关停处理城市“牛皮癣”号码810个，签约“门前三包”（包卫生、包绿化、包秩序）责任书4500份，美化城市环境。实施核心价值观融入提升工程，全镇新增核心价值观等户外公益广告1400多块。通过“小手拉大手”、志愿者活动等，提升市民整体素质。

【谢岗镇民生事业】 2016年，谢岗镇落实《谢岗镇农（居）民医疗救助暂行办法》，投入224万元为群众提供重大疾病医疗救助；做好就业和保障服务，发放就业补贴254.6万元，投入保障补助资金426.8万元，发放优抚、优待金196万元。开展市内扶贫，14户有正常劳动能力的扶贫户达到脱贫水平；开展新一轮市外扶贫工作，对口帮扶4个村，完成调查摸底和建档工作，拟定帮扶方案和帮扶项目。开展谢岗镇历史文化发掘工作，完成《谢岗镇志》总纂；创建“东莞市推进教育现代化先进镇”，建成黎村小学综合楼、食堂投入使用；谢岗中学中考成绩在山区片名列前茅，获评“全国生态文明教育示范学校”“国际生态学校”；东莞市人民医院谢岗院区建成投入使用。

【东莞市人民医院谢岗院区建成投入使用】　东莞市人民医院谢岗院区选址在谢岗镇谢山村，于2012年10月动工建设，计划投资1亿元，用地面积4.13公顷，病床300张。为创新医疗改革，2014年8月，东莞市人民医院、谢岗镇推动市、镇合作办院，组建医联体。2015年7月1日，东莞市人民医院谢岗院区揭牌成立。扩充提升东莞市人民医院谢岗院区新建项目，将原来“二甲”医院建设标准提升为“三甲”标准，项目总投资额增到4亿元，项目总用地面积扩到13.13公顷，建成后病床数1300张。2016年，该项目建成投入使用，市人民医院骨干医疗团队定期进驻，提升谢岗镇及周边地区医疗水平。

【大连机床智能制造基地项目】　该项目由东莞市政府、大连机床集团公司、粤海集团公司、广东省智能机器人研究院、武汉华中数控公司五方合作建设，选址谢岗镇粤海产业园西部，总用地面积31.33公顷，总建筑面积29万平方米，整个制造基地由孵化工厂和制造工厂组成。围绕智能化机床设备，立足珠三角，辐射东南亚。该项目孵化工厂分三期投入1.5万台数控机床设备，对外租赁运行，其中一期厂房5.8万平方米，计划投入设备3600台。孵化工厂一期用地4.67公顷，于9月12日完成土地招、拍、挂，9月28日填土、基础强夯的施工单位进场施工。至年底，完成填土、基础强夯工程和各项前期手续，着手招标施工。

【华能热电联产项目】　该项目选址在谢岗镇银山科技园，占地面积18.87公顷，总投资额60多亿元，规划建设4×400兆瓦级燃气—蒸汽联合循环热电联产机组。一期（2×400兆瓦级）工程项目建设2×400兆瓦级燃气—蒸汽联合循环热电联产机组及相应的烟气脱硝设施和供热管网，一期投资36亿元，项目投产后年供热量718万吉焦，年发电量43.4亿千瓦时，供热能力600蒸吨/小时。该项目于2015年8月取得省发改委批复文件，同年11月完成项目公司设立。2016年，完成环境影响评价、水土保持、节能评估、用地报批等各项前期工作，签订投资协议和用地协议，完成土地平整、主机设备采购招标工作，正开展初步设计工作和报建手续等工作。

【银瓶创新区路网基础设施项目】　2016年6月，银瓶创新区路网基础设施项目完成签约，成为全市第一个PPP（公共部门与私人部门合作）签约项目。该项目包括29号路、博深高速公路连接线、爱民大道、大黎路、谢岗大道、粤海大道、银瓶大道、银瓶创新区内道路8个子项目，总投资47.5亿元。2015年，谢岗镇与粤海集团公司探讨，以PPP模式合作建设道路路网，于2015年11月获市政府批复同意，2016年6月完成签约。截至2016年，多个子项目正着手开展立项等前期工作，29号路进入施工图设计阶段。　（谢鸿博）

附：2016年谢岗镇党委、人大、政府主要领导名录

镇委书记：贾贵斌
镇人大主席：罗树华
镇　长：胡毅峰

2012—2016年谢岗镇主要经济社会指标

指标＼年份	2012	2013	2014	2015	2016
户籍人口（人）	20797	21003	21181	21382	21753
常住人口（万人）	10.02	10.04	9.82	9.81	9.76
面积（平方千米）	103	103	103	103	103
生产总值（万元）	467190	510860	622337	675484	731978
第一产业（万元）	14028	15024	12894	12984	14062
第二产业（万元）	288711	317874	428006	474917	522617
第三产业（万元）	164451	177961	181437	187583	195299
总用电量（万千瓦时）	76158	83082	89121	91537	95837
全社会固定资产投资总额（万元）	101716	123988	117822	153999	182563
社会消费品零售总额（万元）	93253	100052	116306	127513	137561
外贸出口总额（万美元）	61820	71735	63493	69311	74087
实际利用外资（万美元）	4496	5192	5785	6687	8663
镇级可支配财政收入（万元）	36954	40801	44048	50336	60995
各项税收总额（万元）	53799	72345	83304	93566	90164

塘厦镇

【塘厦镇概况】 塘厦镇位于东莞市东南部，东连清溪镇，西邻黄江镇，北接樟木头镇，南与凤岗镇和深圳市观澜街道接壤。截至2016年，辖区面积128平方千米，下辖21个社区，常住人口48.82万人，其中户籍人口5.5万人。

2016年，塘厦镇实现地区生产总值334.12亿元（第一产业1.61亿元，第二产业193.66亿元，第三产业138.86亿元），比上年增长8.7%；全社会固定资产投资总额72.94亿元，增长54.41%；总用电量46.39亿千瓦时，增长12.49%；社会消费品零售总额100.4亿元，增长9.0%；实际利用外资5644万美元，下降79.32%；外贸出口总额49.5亿美元，增长0.68%；各项税收总额75.17亿元，增长9.87%；镇级可支配财政收入40.35亿元，增长65%。

2016年，塘厦镇被评为“2016年度领导班子工作优秀镇”，获评“全省关心下一代工作先进集体”“全国综合减灾示范社区”“广东省四星级宜居社区”创建等7个东莞市“单打冠军”。

【塘厦镇经济基础夯实】 工业结构改善　2016年，塘厦镇电子信息、不间断电源、家用电器等支柱产业总产值348.94亿元，占规模以上工业总产值54.9%；内源型经济发展较快，民营规模以上企业实现增加值52.62亿元，占规模以上工业增加值34.6%；先进制造业实现增加值70.54亿元，占规模以上工业增加值46.3%；高技术制造业实现增加值49.03亿元，占规模以上工业增加值32.2%。

固定资产投资增长　2016年，塘厦镇完成固定资产投资总额72.94亿元，比上年增长54.4%。完成工业投资额17.08亿元，增长13.9%；重大项目建设完成投资1.17亿元，完成全年目标任务。

特色产业发展　2016年，塘厦镇举办2016塘厦高尔夫球博览会，高尔夫产业年产值超22亿元，被省高尔夫球协会授予“高尔夫产业发展突出贡献奖”。塘厦镇出产的《爱上邓丽君》《妈妈再爱我一次》等5部原创音乐剧以及儿童音乐剧《青蛙远征队》累计演出539场次，票房收入4726万元。东莞市首部原创3D动画电影《吉祥宝宝之我是食神》在全国院线上映。

【塘厦镇创新驱动发展】 2016年，塘厦镇组织100家企业申报国家高企，全镇国家高新技术企业净增78家，总数达142家；广东省高新技术企业培育入库123家，列全市第四位。塘厦镇创新驱动考核成绩列东莞市镇街第一位。全年申请专利3054件，比上年增长29%，发明专利453件，增长10%。R&D（研究与开发）经费投入8.19亿元，占塘厦镇生产总值比重超过2.7%，排东莞市镇街第一位。完成工业技改投资15.12亿元。推动73家规模以上工业企业研发机构备案登记，备案数量居东莞市第一

塘厦镇

位。截至2016年，塘厦镇拥有广东省工程中心7家，东莞市工程中心2家。推动坚朗五金公司等4家企业申请广东省名牌产品，推动中控电子公司获市政府质量奖，推动光宇实业公司等5家企业通过《企业知识产权管理规范》认证。截至2016年，塘厦镇通过贯标认证企业达7家。编制《塘厦镇电子商务发展规划（2016—2020）》，推进电子商务发展。

推动109个项目申请“机器换人”专项资金，项目投资5.88亿元，“机器换人”项目申报数排东莞市第二位；项目投资额排东莞市第三位。塘厦镇以节能降耗促发展，44家重点用能单位通过年度节能考核；全镇完成东莞市下达50家能管中心建设任务，启动验收工作，启动“十三五”节能规划工作。

【塘厦镇对企业服务优化】 2016年，塘厦镇强化收费管理，规范涉企收费，落实收费减免政策，免收使用流动人员调配费及绿化费；减免外资企业协作服务款1400多万元。落实宽进准入政策，实行“互联网+审批中心”全程电子化工商登记改革，实现“五证合一、一照一码”，促进全镇商事主体稳步增长，截至2016年，塘厦镇有商事主体4.42万户，排东莞市第五位。落实“千干扶千企”工作，解决企业反映的各类问题近200条；推动23家企业通过市成长型中小企业认定，获市成长培育专项资金的企业数量列全市镇街第一位；推动奥海电源、日本电产、阳天电子公司3家企业认定为2016年市大型骨干企业。截至2016年，塘厦镇培育上市企业2家，新三板挂牌企业7家，上市后备企业11家。

【塘厦镇城市建设】 2016年，塘厦镇争取赣深客运专线落户塘厦镇林村社区，加快交通规划对接。分轻重缓急开展道路升级改造，规划新建、升级改造道路桥梁项目17项，优化路口项目17项。推进科苑城南片区第一期市政道路、第一小学风雨球场等18项4.9亿元的重点民生工程（其中6项完工），完成自来水供水管网改造50.06千米，投资1.86亿元实施1070项配套和配网电力工程，镇级和林村社区基层三防体系建设试点以优良等级通过市验收，完成6座小（一）型（100万至1000万立方米）水库雨水情监控系统和4处石马河洪水监测站点建设，对镇内5处内涝点进行整治，完成2千米市政排水管网下水道清淤通管。

编制实施《2016年石马河污染综合整治方案》、利士陂水、谢坑水及桥陇河“一河一策”整治方案；推进截污次支管网建设工程，完成28千米截污管网铺设；全年处理污水7485万吨。严把项目准入关，依法否决项目21个，否决率为3.8%，控制主要污染物的新增量。清理整治环境违法违规建设项目201宗，立案查处环境违法企业135家，遏制环境违法行为。完成年度重点企业清洁生产任务，淘汰黄标车340台，清拆回潮养殖场

2016年7月5日，塘厦镇“智网工程”暨社会治安防控体系建设动员部署会议召开

2016年11月24日，2016塘厦高尔夫球博览会开幕式在塘厦镇塘龙广场开幕

77家，清理生猪9122头，减少废水、废气等污染物排放。

【塘厦镇文明创建行动】 2016年，塘厦镇整治户外广告、“三线”（电线、电信网线、有线电视线）整治、城市“牛皮癣”、环境卫生、交通秩序，实施核心价值观融入提升、市民素质提升等行动，开展“东莞好人”评选活动，文明创建取得阶段性成效。将塘厦文化公园打造成社会主义核心价值观主题公园，全镇增设核心价值观等公益广告1.4万块。清理卫生死角2.3万处，清理城市“牛皮癣”9.51万处。城市精细化管理加强，拆除户外广告牌880个，暂扣广告灯箱1617个，拆除广告横幅1160条；查处城市“六乱”（乱搭乱建、乱堆乱放、乱设摊点、乱拉乱挂、乱贴乱写乱画、乱扔乱吐）违法行为6770宗，查处违法建设780宗次。打击泥头车违法倾倒建筑垃圾，查扣违法泥头车、农用车326辆。完成龙背岭等3个社区宜居社区项目建设，新开工清湖头等4个社区二期项目建设，新增蛟乙塘等3个社区第四批美丽幸福村居建设项目，四村社区被认定为广东省宜居社区。

【塘厦镇社会治理】 2016年，塘厦镇成立“智网工程”工作领导小组，建组网格管理组、队伍建设、技术支撑、保障、宣传等5个功能组，划分176个基础网格，初定统编657人的网格员队伍，推进“智网工程”工作。以“以案说防”和社区警务工作为抓手，开展“全民创安·一呼百应”群防群治，构建社会治安防控体系，全年违法犯罪警情比上年下降18.2%。开展“飓风2016”专项行动，全年侦破刑事案件1767宗，摧毁犯罪团伙65个，命案发案率得到控制。开展重大信访隐患大排查、大接访活动，接访群众立案39宗，办结率100%。调处信访案件266宗，累计排查出不稳定隐患158宗，化解155宗。妥善处置劳资纠纷，为8457名劳动者追发拖欠工资4300多万元。

【塘厦镇民生事业】 就业创业 2016年，塘厦镇设立“塘厦镇公共就业招聘点”，每月定期开展“就业服务日”活动，全年举办“春风行动”等企业现场招聘会36场，提供就业岗位2万多个。全年发放各项就业创业补贴602万元。

教育事业 2016年，塘厦镇加大教育投入，年度财政性教育总投入4.1亿元。实施“三名”（名校、名校长、名老师）工程，提高教学质量。推动民办学校等级创建，市镇财政投入资金超过5000万元扶持民办教育规范发展。重视解决随迁子女教育问题，向民办学校购买超500个优质学位，为随迁子女提供学位1000多个。

文化体育惠民工程 2016年，塘厦镇开展文化惠民演出、培训、展览、电影等各类文化惠民进基层演出活动700多场次，受惠群众200多万人。塘厦图书馆、塘厦城市展示馆接待群众超过48万人次，场馆惠民效果凸显。举办“同饮一江水（越唱越红）”2016广东打工者歌唱大赛、东莞（塘厦）原创音乐追梦榜、第十二届读书节系列活动，文化品牌活动精彩纷呈。开展各项群众性体育活动，参加各项竞技体育活动，第三小学、初级中学和市电子科技学校被教育部认定为全国校园足球特色学校，全镇7所公办中小学全面铺开高尔夫青少年教育，推进全民健身。

计生卫生 2016年，塘厦镇完善塘厦医院新院建设，扩大医疗资源供给。延伸和完善基本公共卫生服务项目。实施两孩政策，为609对夫妇提供免费婚前和孕前优生健康检查。为4025名适龄妇女提供免费“两癌”（宫颈癌、乳腺癌）筛查。累计建立居民健康档案52.9万份。

内外帮扶 2016年，塘厦镇做好市内、镇内结对帮扶工作。做好新时期精准扶贫工作，承担韶关市始兴县12个相对贫困村定点扶贫任务，统筹帮扶资金611万元。

法治建设 2016年，塘厦镇完善公共法律服务平台建设，在4个社区建立公证预约服务点，将公共法律服务纳入社区公共服务中心服务事项。依法行政，加强规范性文件、行政执法证管理，审查重要经济合同、社区合同200多份。开展人民调解、一社区一法律顾问、法律援助、社区矫正和安置帮教等工作。

【蓝思科技公司进驻塘厦镇】 2016年，塘厦镇对接和服务有意向入驻东莞市塘厦镇的蓝思科技公司，推动蓝思科技公司进驻塘厦镇，完善优化产业链条，培育塘厦镇新产业的“领头羊”。在市镇两级的推动下，9月25日，蓝思科技公司发布公告，以2.15亿元自有资金收购位于塘厦镇横塘社区的东莞市源暄塑胶有限公司，入驻塘厦镇。蓝思科技公司在所购地块基础上投资建设蓝思科技东莞新园，一期项目用于生产智能手机曲面玻璃，二期项目用于研发、生产、销售高端电子精密配件，项目总投资40多亿元。

【赣深客运专线东莞段项目启动仪式】 2016年12月22日，赣深客运专线东莞项目段启动仪式在塘厦镇林村社区举行，东莞市副市长张少康等领导以及东莞市相关部门和沿线镇街分管负责人员90多人出席启动仪式。东莞市政府副秘书长罗斌代表东莞市政府与赣深客运专线东莞段工程沿线各镇代表签订征地拆迁任务书。赣深客运专线东莞段在塘厦镇设站，暂定站名：东莞南站，站点位置位于塘厦镇林村社区。赣深客运专线是珠三角连接长三角和环渤海地区的重要客运通道。项目建成通车后，将显著缩短周边地区和各大城市间的时空距离，推动区域资源优化配置和产业优化升级，促进区域经济协调发展。

【广东坚朗五金制品股份有限公司上市】 2016年3月29日，广东坚朗五金制品股份有限公司在深圳证券交易所中小企业板上市，成为塘厦镇第二家，东莞市第十八家A股上市公司。广东坚朗五金制品股份有限公司成立于2003年6月，位于塘厦镇大坪社区，是国内建筑五金行业的大型企业，主要从事中高端建筑门窗幕墙五金系统及金属构配件等相关产品的研发、生产和销售，于2009年被认定为高新技术企业，获评“广东省企业500强”“2010—2012年东莞市工业龙头企业”等称号。

【《塘厦年鉴》（创刊号）出版】 2016年12月，《塘厦年鉴》（创刊号）出版。《塘厦年鉴》（创刊号）收编内容时间为2015年，分正文和彩页两大部分，正文采取分类编辑法，类目、分目、条目组成框架结构的主体部分，设“影像塘厦、特载”等类目，记载塘厦镇自然、经济、政治、文化、社会的发展状况；彩页以“魅力塘厦”为主题，图文并茂地反映塘厦镇2015年发展的最新面貌。

【“2016（第八届）塘厦高尔夫球博览会”举行】 “2016（第八届）塘厦高尔夫球博览会”于2016年11月24—27日在塘厦镇塘龙广场举行。展会面积1.8万平方米，设置610个展位，设八大展区，分别是高尔夫球杆球具及配件展区、高尔夫服饰展区和个人消费品展区、高尔夫球场和练习场展区、媒体中心和媒体展区、高尔夫设备试打区、交易洽谈及休闲区、高尔夫展示表演区、特卖区等，来自海内外110家企业参展，100多个品牌，参展企业40%为当地企业，另外60%的企业及品牌来自国内外，包括日本、美国、韩国等国家，以及北京、上海、福建、浙江、台湾等地的高尔夫企业。期间还举办2016“塘厦杯”中国高尔夫球业余公开赛，第二届“塘厦杯”青少年城市队际赛等赛事，安排30多场次教学和新品发布活动。

【塘厦镇黄凤贤家庭获评第一届“全国文明家庭”】 2016年12月，塘厦镇黄凤贤家庭获评第一届“全国文明家庭”。12月12日，黄凤贤代表家庭到北京参加第一届“全国文明家庭”表彰大会。黄凤贤家庭位于塘厦镇石鼓社区布尾村，有家庭成员27人。黄凤贤与丈夫黄健强全家四代同堂，五兄弟携各自的小家庭与父母同吃同住在一起，23年不分家，他们孝老爱亲，家庭和睦。 （罗 攀）

附：2016年塘厦镇党委、人大、政府主要领导名录

镇委书记：管敏政（任至4月）
黄耀成（4月到任）
镇人大主席：管敏政（任至4月）
黄耀成（4—11月）
叶浩昌（11月到任）
镇　长：黎雪琴

2012—2016年塘厦镇主要经济社会指标

指标＼年份	2012	2013	2014	2015	2016
户籍人口（人）	48272	49155	50382	52127	55357
常住人口（万人）	48.61	48.70	48.73	48.48	48.82
面积（平方千米）	128	128	128	128	128
生产总值（万元）	2296084	2612946	2788544	3029267	3341244
第一产业（万元）	13283	13965	14754	14858	16091
第二产业（万元）	1262674	1577367	1680339	1848880	1936561
第三产业（万元）	1020128	1021614	1093451	1165529	1388593
总用电量（万千瓦时）	337223	353751	383099	412363	463871
全社会固定资产投资总额（万元）	557124	614302	585240	472367	729394
社会消费品零售总额（万元）	564833	618866	826149	921156	1004046
外贸出口总额（万美元）	446045	482387	507408	491669	495034
实际利用外资（万美元）	24580	28990	30398	27293	5644
镇级可支配财政收入（万元）	185205	189279	180093	249558	403453
各项税收总额（万元）	393748	493380	602788	684172	751692

清溪镇

【清溪镇概况】　清溪镇位于东莞市东南部。截至2016年，辖区面积140平方千米，下辖21个村（社区），常住人口31.6万人，其中户籍人口3.89万人。

2016年，全镇完成生产总值229.46亿元，比上年增长10.29%；规模以上工业增加值127亿元，增长10%；固定资产投资62.51亿元，增长45%；社会消费品零售总额52.6亿元，增长11.3%；各项税收总额43.6亿元，增长15.8%；镇级可支配财政收入20.9亿元，增长12.6%；村组资产合计42.28亿，增长7.1%；居民人均收入4万元。

【清溪镇经济发展】　2016年，清溪镇新引进300万元以上内资项目196宗，协议投资总额80.59亿元；引进超亿元项目8宗，其中5亿元以上项目5宗，超额150%完成市下达的引进目标任务；内资项目新增实际投资31.83亿元，比上年增长90%，超额72%并提前完成市下达的全年目标。有11宗项目列入市重大项目，其中6宗超额完成投资计划；东莞清溪保税物流中心（B型）项目作为省、市重大项目，完成建设并通过国家验收。

2016年，清溪镇推动外资企业增设研发机构16家、新增境内外注册商标80个、新增境内外发明专利36项，超额完成目标任务；新增国家高新技术企业38家，高企总数71家，提前完成市下达的任务，高企数量比上年初翻一番；推动个体户转企业20户，8家企业获小微上规模企业认定、12家企业获成长型中小企业认定，并获市财政奖励；完成工业技改投资22.87亿元，比上年增长82.04%，总量排全市第二名；推动“腾笼换鸟”项目7宗。

【清溪镇城市建设】　2016年，从莞高速公路（含清溪支线）清溪段建设初步完成，投入试运行；推进10条外联道路建设，从莞高速公路谢坑出入口至东深二线道路工程、省道S358线清溪段路面改造工程2条道路完工并通车。推进内畅道路建设，新规划建设的振兴四路等6条道路进入现场施工阶段。清溪镇推进电网结构，建成并投入运行110千伏土桥变电站。清溪镇完成4个“小山小湖”社区公园建设，实施“最美小镇”工程，投入1亿多元，开展39项完善设施、美化环境、提升形象的城市基础工程。

推进清溪生态农业园三期、清溪银瓶山森林公园配套工程、山水天地森林公园二期、红门山森林公园、亚公山森林公园、截污次支管网工程、石马河流域干流清溪段整治、铁场村分散式污水处理工程、罗马垃圾填埋场整治等治山、治水、治废的工程，加强生态环境治理，提升生态文明水平。

【清溪镇社会综合管理】　2016年，清溪镇“智网工程”建设完成全部村（社区）基础网格划分工作，网格管理员人员整编基本到位，指挥调度中心建设稳步推进。全镇21个村（社区）建成综合服务管理中心并投入使用。美丽幸福村居建设工作获全市第5名。全年受

清溪镇

理矛盾纠纷288宗，化解278宗，办结率96.5%；信访工作考核得分103分，排名全市第1位，全年无群众进京非正常上访和到省上市集体访，获评广东省信访工作通报表扬单位；教育纠正城市“六乱”（乱停、乱放、乱摆卖、乱搭建、乱丢垃圾、乱拉挂）行为1485宗，拆除违法建筑64宗；“12345”政府服务热线受理案件670宗，办结率100%。全镇违法犯罪警情5161起，比上年下降8.2%；“飓风2016”专项打击行动、“以案说防”、群众安全感和公安工作满意度第三方调查均排全市第三名，社会治安防控体系建设排全市第七名。

【清溪镇民生实事】 2016年，清溪镇完成省、市下达的社会保险“扩面征缴”任务；投入民生救济补助金800万元；落实惠民就业补贴政策，提供就业岗位9000个，向就业困难人员发放工资差额补贴200多万元。启动清溪医院新院工程；推进深圳众美与华中师大联合开办的高级中学项目；开展对口韶关乐昌的精准扶贫。

【清溪镇获评“全省依法治省先进单位”】 截至2016年，清溪镇持续开展“六五”普法工作，建设普法阵地，成立普法讲师团，推出“一镇街一法治风景”“千场基层村居顾问律师法治讲座”“校园法苑”等系列工程；在全镇建立21个村（社区）公共法律服务平台，设立“法援半小时”服务窗口、基层村居法援工作站，构建“一村（社区）一法律顾问”体系、镇内半小时法律服务圈。2016年获评“全省依法治省先进单位”，是东莞市唯一获此殊荣的镇街。

【清溪镇被确定为全国产业集群区域品牌建设示范区】 2016年9月，清溪镇光电通讯产业集群被工信部确定为全国“首批产业集群区域品牌建设示范区”。此前，清溪镇先后被认定为“广东省光电通讯产业集群升级示范区”“广东省光电通讯技术创新专业镇”“全国首批产业集群区域品牌建设试点实施单位”。该镇财政每年设立2000万元专项资金，扶持光电通讯产业集群建设，鼓励集群内企业开展品牌建设和技术创新。2016年，全镇有光电通讯相关企业1500家，其中规模以上光电通讯相关企业200家，产品涉及光伏LED（发光二极管）、摄像模组、新型显示器、通讯设备、智能手机、相关电子元器件、新能源、装备制造等范畴。随着力合“双清”、北大“智汇谷”、中英低碳产业园、中国智能骨干网（东莞—深圳—香港）节点项目、智慧小镇项目等一批科技项目落户该镇，从研发、生产、物流全链条的创新产业集群基本形成。

【清溪镇获评“全球绿色城市（镇）”】 2016年10月，在第三届联合国住房和城市可持续发展大会平行会议——第十一届全球人居环境论坛暨“可持续城市与人居环境奖”颁奖盛典上，清溪镇获评“全球绿色城市（镇）”。“全球绿色城市（镇）”评选包括“环境质量良好，大气、水系、噪声、土壤等多项环境质量指标处于所在国先进水平”等18项定性指标和15项定量指标。此前，清溪镇坚持规划先行，把绿色发展融入核心战略。以

银瓶嘴森林公园

"生态山水小镇、绿色低碳新城"为定位，构建天蓝、地绿、水净，人与自然和谐共处的绿色发展局面，把绿色理念融入城市规划。先后高起点、高标准编制各类规划，优化城市空间布局，释放发展空间，为清溪镇绿色低碳发展打下坚实基础。

【清溪镇获评"中国最美乡镇"】 2016年11月，在北京市召开的第二届"生态文明建设高峰论坛暨城市与景区、美丽乡村生态文明成果发布会"上，清溪镇成为广东省唯一获评"中国最美乡镇"的镇街。

此前，清溪镇按照"绿色发展"理念，坚持规划先行，把绿色发展融入核心战略。围绕绿色发展的要求，将创新驱动融入可持续绿色发展之中，突出"依山傍水"的城市特征，把显山露水作为城市建设控制的原则，通过强调山水特色及强调文化内涵、规划引导塑造城市形象。

【广东省麒麟文化节永久落户清溪镇】 2016年5月9日，广东省麒麟文化节永久落户清溪镇签约仪式举行。清溪镇是岭南客家古镇，作为客家传统文化艺术的麒麟舞得到很好的传承和发展，其中，清溪彩扎麒麟制作技艺列入国家级非物质文化遗产名录，清溪麒麟舞获中国民间文艺最高奖——山花奖，清溪镇被命名为"全国麒麟文化传承基地"。广东省麒麟文化节永久落户清溪镇，进一步打响清溪镇的麒麟文化品牌，促进清溪镇文化特色产业的发展。　　（张凯文）

清溪镇麒麟舞大赛

附：2016年清溪镇党委、人大、政府主要领导名录

镇委书记：黄宇富（任至12月）
　　　　　范燕彬（12月到任）
镇人大主席：黄宇富（任至12月）
　　　　　　姚伟民（12月到任）
镇　长：梁绍光（任至8月）
　　　　王耀明（8月到任）

2012—2016年清溪镇主要经济社会指标

指标＼年份	2012	2013	2014	2015	2016
户籍人口（人）	36656	36903	37192	37800	38888
常住人口（万人）	31.49	31.53	31.59	31	
面积（平方千米）	140	140	140	140	140
生产总值（万元）	1530352	1720175	1991128	2080500	2294645
第一产业（万元）	7470	8105	8476	9285	10056
第二产业（万元）	870284	985131	1198137	920450	1318757
第三产业（万元）	652598	726939	784515	866700	965832
总用电量（万千瓦时）	236726	244476	263987	275305	294165
全社会固定资产投资总额（万元）	253966	309826	373363	430778	625103
社会消费品零售总额（万元）	324513	352893	387507	473008	525373
外贸出口总额（万美元）	525177	546058	544164	517700	500337
实际利用外资（万美元）	17845	19656	13692	9351	6653
镇级可支配财政收入（万元）	77113	82495	118555	246660	328631
各项税收总额（万元）	209261	282414	325530	376191	434989

常平镇

【常平镇概况】　常平镇位于东莞市东部。截至2016年，辖区面积103平方千米，下辖33个村（社区），常住人口38.57万人，其中户籍人口8.19万人。

2016年，全镇实现地区生产总值305.3亿元，比上年增长6.5%，跻身300亿元俱乐部；社会消费品零售总额130.2亿元，增长12%；固定资产投资55.9亿元，增长7.4%；全镇规模以上工业增加值98.8亿元，保持正增长；进出口总额620.7亿元，增长10.3%，其中出口总额384.8亿元，增长8.3%。在全国千强镇排名中，常平镇列第23位，比2015年上升3位。获评镇街领导班子年度工作考评良好镇街及8个全市“单打冠军”。创建成为“中国塑料新材料之都”“中国硬笔书法名镇”“全国服务农民服务基层文化建设先进集体”；获评“广东省‘互联网+创新创业’示范镇”“‘大众创业、万众创新’体制机制改革”“广东省‘五好’镇街工商联”“广东省扶贫开发‘双到’通报表扬帮扶单位”“广东省生态乡镇（街道）”“退休人员社会化管理服务工作第十批省级示范点”“广东省家庭文明建设示范点”；获评平安东莞暨社会治安综合治理工作先进镇。

【常平镇优质产业发展】　2016年，常平镇坚持存量提升、增量优化，加快推进产业转型升级，构建产业新体系。7个重大项目累计完成投资11.9亿元，占年度投资计划的106.6%。其中，环球经典新型材料项目一期工程完工并投产，年产值1.8亿元。全年完成工业技改固定投资11.5亿元。在全市率先实施企业倍增计划，华立实业公司登陆主板上市。培育珠宝玉石支柱产业，宝力珠宝文化产业园累计完成投资12.6亿元，珠宝玉石产研中心项目奠基。加快跨境电商发展，世通跨境电子商务产业园、常平科技园两个园区获评“省电子商务示范基地”，全市首个职校全产业链电商人才培养基地落户常平镇，东莞市电子商务创新创业园启用。加快发展创意产业，引进POP Life（流行生活）品牌开发和创意公司全球总部，华立、挪亚家公司两家企业获评全市工业设计重点应用企业。

【常平镇城市基础设施建设】　2016年，常平镇城市基础设施不断完善，总投资6.5亿元的基础设施建设PPP（政府和社会资本合作）项目（首期）工程有序推进。启动体育设施布点、慢行交通、旧城中心区整治提升、新城中心区海绵城市等项目。完成15项7.6千米的道路工程建设，从莞高速公路东莞段建成通车，莞惠城轨常平东至惠州段开通运营，按照一级站场标准建设的新常平汽车客运站启用。信息基础设施更加完善，全镇村（社区）光纤改造率达82.1%，住宅小区光纤改造率达87.3%。推进公共服务区域WiFi建设，10个部门办事大厅开通免费WiFi。

【常平镇基层社会治理】　2016年，常平镇完善社会治安防控体系，违法犯罪警情比上年下降18%。综治信访维稳三级平台受理信访案件1183宗，宗数、人数分别下降5.9%和19.3%，调解成功率达98.7%。推行“社区警务”模式，“一村一警”指导治安防控体系建设的经验做法，被广东卫视《全省新闻联播》等省市主流媒体宣传报道。履行安全生产责任，严把食品安全关，综合应急处置能力得到加强。开展基层文明创建“补短板、促提升”行动，全面清理城市“六乱”（乱停、乱放、乱摆卖、乱搭建、乱丢垃圾、乱拉挂），铁腕整治新增“两违”（违法用地和违法建设），查处违法用地42宗17.9公顷，拆除违法建筑37宗3.5万平方米。完善“村规民约”，破解征地拆迁、股份分红等基层治理难题。健全多方参与的基层治理模式，全镇登记注册社会组织192个。

常平镇

【常平镇绿色发展质量提升】 2016年，常平镇空气优良天数提高至317天。黄标车淘汰工作完成率131.4%，全市排第一名。建成常平农业科普观光园，铺开常新公园建设，建成4个“小山小湖”社区公园。在中心区实施14个见缝插绿工程，增强城市“造肺增氧”功能。铺开15个村78项宜居社区工程建设。卢屋、黄泥塘、桥梓、麦元、塘角、沙湖口、白花沥等7个村获评“全国首批绿色村庄”。推进笑金坑垃圾填埋场治理，对存量垃圾进行无害化处置，逐步实施场地生态修复。投入2.6亿元完成6宗重点水务工程，投入2500万元对21个内涝黑点开展整治。加快截污管网建设联通，截污次支管网工程完成10.2千米。木棆河综合整治工程采用EPC（“交钥匙”）形式开工建设。环保执法力度加大，立案查处企业213家。

【常平镇民生实事】 2016年，常平镇加强和改善公共服务供给，民生支出达11.6亿元，其中教育、医疗分别占26%和16%。10件民生实事基本完成。落实发放低保资金、助学金、高龄老人生活津贴等专项补助经费587.4万元。发放就业补贴1465.7万元，高校毕业生就业率100%。率先扩大居家养老范围，服务对象增至1208人。成立常平镇慈善基金会，设立常平镇慈善基金会卢屋村专项基金。发放双拥补助资金693万元。对6个市、镇欠发达村发放扶贫资金338万元。新增6所市一级民办学校，省规范化幼儿园增至55所。振兴中学获全国机器人大赛双冠、双亚、双季军。投入6600万元实施常平医院门诊楼、社区卫生服务中心改扩建等工程。推行“家庭医生”，发展中医“治未病”，依法有序实施“全面两孩”政策。举办大型元宵灯会、文艺创作年会暨优秀作品展演等文化品牌活动，文广中心获批省群众文艺作品试排试演基地，小品创作基地获批市重点文艺创作基地。成立常平镇足球训练基地、常平足球协会。获评2016年广东省第十七届“体育节”活动先进单位。体育工作连续5年位列全市考评第一名。

2016年常平“科技之春”音乐会

【常平镇获评广东省首个“互联网+创新创业”示范镇】 2016年，常平镇坚持创新驱动发展战略，除每年设立5000万元专项资金外，2016年新增设4000万元创新引导资金，“事后表彰”“事前鼓励”共同发力。全社会研发投入超过6亿元。新增38家国家高新技术企业，累计76家。国内发明专利申请量增长22.5%，第三代半导体专利服务平台启动，拥有省名牌名标29个。创新载体不断丰富，木棆工业区升级改造为常平国际创新港，“‘三旧’改造+科技创新”的示范效应突出。青年创新创业园区（即常平科技园）获评“全国青年创业示范园区”，“菁创荟”获评国家级众创空间，元创“互联网+创新”产业园获评市级和省级科技企业孵化器。打通对接国际创新资源通道，与创新服务机构共建全球青年创业驿站（温哥华）、常平国际创新港（西雅图）、中美育成孵化平台（北美）、绿圃国际空间站（北美）等。以“科创基金小镇”建设为抓手，推动科技金融产业“三融合”，引入科创资金5.4亿元。举办“科技之春”音乐会、“2016盛景全球创新大奖·中国区智能制造行业决赛”，承办东莞市创新创业大赛先进制造行业总决赛，在东莞（国际）科技合作周上以最大展位展示20项成果。

【常平镇文广中心获评全国农村电影放映工作先进集体】 2011—2016年，常平镇文广中心电影放映队坚持以服务农民、服务基层文化建设为宗旨，由农村广场放映逐渐扩展到居民小区、工厂、学校等场所放映，另外加设常平文化广场、常平铁路公园、常平公园等3个固定放映点，实行定点定时放映。2011—2016年，累计放映电影2300场次。2016年12月，常平镇文广中心被中共中央宣传部、文化部和国家新闻出版广电总局授予“第六届全国服务农民服务基层文化建设农村电影放映工作先进集体”称号。

【常平镇获评“广东省生态乡镇（街道）”】 2016年，常平镇制定生态建设专项规划。投入7.86亿元，改造和新建道路里程65千米；投入870多万元，对镇中心区的排渠全面清淤，解决联邦路口等重点部位的内涝问题；投入1950万启动先建排涝站扩建工程。落实水系资源管理规定，加强水资源保护、开发，健全供水、排水、治水体系；对镇内主要河涌进行清淤、治污、疏浚和修堤、绿化、美化，建设成为城市绿化带、休闲带、文化带、旅游带，彰显自然和人文功能。加大城市管理综合执法力度，整治环卫死角、交通秩序、集贸市场；实行固体废物无害化处理，推进全镇环卫市场化管理；加强环境监测和对污染企业的监控、整治，落实节

常平镇铁路公园

能减排责任，倡导低碳生产和生活方式，推广节能技术和清洁生产。推进总量减排，优化生态环境，加强污水处理厂营运管理，打造环保专业基地，处置针织、洗水、染色、印花等工业废水。

【常平镇成为广东省首个“中国硬笔书法名镇”】 2016年9月29日，常平镇举行“中国硬笔书法名镇”授牌仪式，成为广东省首个获得该称号的镇（街）。同时为常平镇中心小学、土塘小学和新朗小学获授“中国硬笔书法名校”称号揭牌。常平镇重视传承中华优秀文化，拥有硬笔书法的群众基础，涌现出一批书法艺术人才和写字教育名师，先后出版《常平镇硬笔书法作品集》《常平镇首届青少年硬笔书法比赛获奖作品集》《常平优秀硬笔书法集》等作品。

【常平珠宝玉石产研中心奠基】 2016年10月27日，常平珠宝玉石产研中心奠基仪式暨广东省金银珠宝玉器业厂商会落址常平揭牌仪式举行，标志着广东省唯一的珠宝玉石政策性交易中心——广东（东莞）珠宝玉石交易中心落户常平镇。该中心位于常平新城大道两侧，项目总投资113亿元，占地面积72公顷，建设融合总部基地及会员单位、跨境电商、珠宝玉石产业集聚、智慧珠宝产业云平台、研发设计中心、交易及检测中心、产业孵化基地、玉工坊、工业厂区等，配套打造珠宝玉石文化旅游、珠宝技能培训、珠宝玉石学院等产业链上下游产业，将常平镇打造成全球高端珠宝产业中心、全球珠宝产业互联网创新中心以及中国最大的珠宝品牌设计研发中心、商贸采购中心和产业集群中心。 （陈沛权）

附：2016年常平镇党委、人大、政府主要领导名录

镇委书记：黄庆辉
镇人大主席：黄庆辉（任至11月）
　　　　　　周少华（11月到任）
镇　长：朱默河

2012—2016年常平镇主要经济社会指标

指标＼年份	2012	2013	2014	2015	2016
户籍人口（人）	75681	76497	77529	79157	81860
常住人口（万人）	38.87	38.95	39.05	38.59	38.57
面积（平方千米）	103.27	103.27	103.27	103.27	103.27
生产总值（万元）	2066421	2450935	2599815	2801648	3052627
第一产业（万元）	9493	10491	10935	11012	11926
第二产业（万元）	923396	1136304	1186883	1276021	1280844
第三产业（万元）	1133532	1304139	1401996	1514615	1759857
总用电量（万千瓦时）	281088	288493	300209	292555	301173
全社会固定资产投资总额（万元）	337942	411190	402053	520431	558906
社会消费品零售总额（万元）	737046	883353	1001610	1162596	1301944
外贸出口总额（万美元）	465714	540687	534118	572847	582122
实际利用外资（万美元）	13828	20006	24039	24390	5966
镇级可支配财政收入（万元）	116451	129349	142296	166236	209387
各项税收总额（万元）	267518	324040	329145	336870	386454

全市综合排名进步镇街第二名。

桥头镇

【桥头镇概况】 桥头镇位于东莞市东部。截至2016年，辖区面积56平方千米，下辖11个村、6个社区，常住人口16.48万人，其中户籍人口3.82万人。

2016年，桥头镇实现地区生产总值124.6亿元，比上年增长11.9%，增速位列全市第2位；规模以上工业增加值66亿元，增长16.5%，增速位列全市第1位；社会固定资产投资29.3亿元，增长25.8%；社会消费品零售总额29.5亿元，增长9.2%；进出口总额446.2亿元，增长19.2%，其中出口总额259亿元，增长18.8%；实际利用外资9620万美元；税收收入20.3亿元，增长28.6%；农村集体经济总收入3.73亿元，增长4.5%；农村集体经济纯收入2.29亿元，增长10.7%；经营总费用1.44亿元，下降4%；镇级财政收入8.09亿元，增长10%。获评中国包装优秀产业基地、全国综合减灾示范社区、广东省民间文化艺术之乡、广东省休闲农业与乡村旅游示范镇、广东省2013—2015年扶贫开发“双到”考核结果优秀帮扶单位、全市领导班子工作良好镇街、全市综合排名进步镇街第二名。

【桥头镇产业发展】 2016年，桥头镇加快特色产业——环保包装产业发展，深化与湖南工业大学、南华大学等高等院校合作，加快推进环保包装产业协同创新中心10个子中心建设，其中，人才培训中心培训6000多人，产品检测中心被认定为省级企业技术中心和市工程技术研究开发中心，材料应用中心为企业解决4个核心质量控制问题，嘉颐、汇林等孵化中心初步建成。

2016年，桥头镇加大招商引资力度，先后腾出17.6万平方米厂房，引进新技、赣锋、锐准、三和盛项目等超亿元项目，实现资源集约利用和产出效益同步提升。完善镇领导班子包项目督办制度，协助企业解决生产经营问题，推动新技、嘉颐、卡莱医疗、三和盛项目等建成投产，同时，促进技研新阳、美盈森、住友项目等持续增资扩产，其中，技研新阳项目2016年实现产值141.8亿元。

【桥头镇农村经济管理】 2016年，桥头镇加强农村经济管理，发挥农村集体资产监管、交易平台作用，建立农村收支预算管理模块，提高集体资金使用效益；加大农村债权追收力度，盘活农村富余资金，促进集体经济增资减债。截至2016年，农村集体经营性总收入3.73亿元，比上年增长4.5%；经营性纯收入2.29亿元，增长10.7%；经营总费用1.44亿元，减少4%；农村资产负债率下降至13.9%，连续8年下降，其中8个村（社区）实现“零借款”。

【桥头镇城市规划建设】 2016年，桥头镇完成镇总体规划与控制性详细规划协调修编，完善中心城区、东部组团片区、东部工业园片区等控制性详细规划，《桥头镇总体规划（2016—2020）》的修编取得阶段性成果；鸿运风扇厂地块、春日地块等“三旧”（旧城镇、旧厂房、旧村庄）改造项目动工建设。大东洲垃圾填埋场整治、截污次支管网一期等工程完成，污水处理厂二期、面前湖排渠、东太湖排渠等工程加快建设，畜禽养殖业清理工作持续推进，水环境质量达到市下达的年度减排标准。推进美丽幸福村居建设，加大对“小山小湖”的保护开发力度，开展环境保护专项行动。

【桥头镇社会管理】 2016年，桥头镇推进“飓风2016”专项行动，发挥高清视频监控系统作用，集中开展“黄赌毒”、“两抢一

桥头镇

2016年6月23日，第十三届东莞桥头荷花节开幕

盗"（抢劫、抢夺，盗窃）、命案防范、电信诈骗等专项整治行动，强化对重点人群、重点时段、重点场所监控，推动城市管理精细化入格"智网工程"，开展"以案说防"等群防群治工作。发挥平安促进会、法学会及专业调解组织的作用，完善"日排查、周研判、月分析"制度，定期开展领导干部接访活动，加大力度化解信访积案，调处一批环境治理、征地用地、工伤赔付等问题，2016年，信访案件办结率92.5%，"平安细胞"覆盖率90%以上。落实安全生产责任制，加强消防、交通、食品药品、公共卫生等安全管理，无发生重特大安全生产事故。全面铺开"七五"普法活动，建成松山法治公园和石水口法治公园，建立镇级公共法律服务中心及17个村（社区）法律服务站，建成社区矫正中心，完善一村（社区）一法律顾问制度，为群众提供优质法律援助服务，承办法律援助案件71宗；搭建青年活动平台，持续购买专业化社工服务。

【桥头镇民生实事】 2016年，桥头镇落实"积分入学"机制，实施公民办学校结对帮扶计划，开展名师培育、"智慧课堂"、"微课"教学等活动，创新建立"慕课"网络教学模式。全镇小学毕业考核达到省市一级学校要求，桥头中学中考平均分超市平均分9.46分。桥头中学"校友林"、办公楼及教师宿舍楼升级改造等工程完工。

2016年，桥头镇举办第十三届桥头荷花节和第四届油菜花节，品牌影响力持续扩大，桥头荷花节被评为"广东省特色文化品牌"，桥头镇获评"广东省民间文化艺术之乡"；开展文化惠民"百千万"工程，完善图书馆公共服务职能，打造文化精品，开展文艺展演活动469场，免费放送电影308场，"群音会"入选市文化活动"十大品牌"。

2016年，桥头镇开展社保扩面征缴工作，推动非户籍职工子女参保，贯彻社保政策调整，为企业减负3900多万元。稳步开展医疗体制改革，落实取消药品加成政策，减轻患者负担840多万元；完善医疗软硬件，有序推进"二孩"政策落地，铺开大洲社区卫生服务站建设，加强居民健康档案管理，做好儿童、老年人、妇幼保健等工作，家庭医生式服务基本实现全覆盖。促进群众就业创业，累计发放就业补贴331.4万元，举办招聘会20场，帮助近5000名求职者应聘。开展扶贫济困活动，加大对五保户、低保户、贫困户等救助力度，做好揭西、新疆等对口帮扶工作，落实镇欠发达村三年帮扶计划。

【桥头镇精神文明建设】 2016年，桥头镇坚持以社会主义核心价值观为示范引领，加大宣传力度，制作并悬挂宣传标语630多条，对公交候车亭、公共场所灯箱广告牌等设施进行更新替换，增设公益广告3530多处，发出倡议书6万多份，并通过电视、网站、微博、微信等平台，定期推送文明宣传标语和工作成效。同时，重点在莲湖景区、桥头医院等人流密集区域，通过流动广播、LED（发光二极管）屏幕滚动播放等方式，提醒引导市民群众注意文明行为。

2016年，桥头镇探索在社区推行"文明公约"新规试点工作，由村集体设立专项资金，对全年遵守"文明公约"的村民实行奖励，对违反公约行为的，每次进行相应扣减，以此促使村民自觉践行文明风尚。

【桥头镇环境卫生治理】 2016年，桥头镇建立健全环境卫生治理机制，在年初全面完成镇村环卫统筹的基础上，重点加强环卫承包方管理，引入第三方评估机制，确保环卫工作监管到位。落实"门前三包"（包卫生、包绿化、包秩序）责任制，与所有临街商铺和住户逐一签订责任书，确保责任落实到位。按照“示范点带动，非示范点同步推进”的原则，开展14个类别“示范点”建设，以点带面，全面整治城市环境。针对全镇16个农贸市场“脏乱差”问题，重点规范台账、卫生等方面的管理，做到统一样式、统一摆卖、统一停放。研究制定城市“牛皮癣”（指公共场合非法张贴或者涂写小广告的现象）举报奖励措施，动员群众主动参与“清癣”“治癣”；推行企业工厂围墙城市“牛皮癣”包干制度，落实企业主体责任。全镇更新添置垃圾桶2600多个，拆除和暂扣户外广告597个，查处占道经营及乱摆卖行为1612宗，清理大街小巷城市“牛皮癣”7.5万处。

【桥头镇生态文明治理】 2016年，桥头镇做好石马河河口东江水源保护，按照每年整治一条河涌的工作目标。累计投入5800多万元完成全长3.18千米的小海河整治，投入1000万元完成东太湖排渠整治，投入2800万元开展石水口排渠综合整治。投入5000多万元，全面完成13.13千米截污主干管网工程建设。铺开全镇119千米的截污次支管网规划建设工作。协助市城管局全面开展大东洲垃圾填埋场综合治理示范项目建设，配合市水投集团推进污水处理厂二期扩建工程建设，扩建完成后污水处理规模增加至8万立方米/天。

【第13届东莞桥头荷花节】 2016年6月23日，第13届东莞桥头荷花节在桥头镇莲湖之畔开幕。以荷花为主角，以弘扬荷文化以及传统民俗化为主线，以浪漫诗意为主调，集荷花展览、观光游览、艺术创作、文化传承、商贸交流于一体。荷花展览总体突出“乐理、生态、创新、和谐、廉洁”的园艺设想，突出诗意熏陶、文化休闲、浪漫和谐的理念，把群众文化、民俗文化及文学艺术有机结合，丰富荷花节品牌的内涵。

【桥头中学60周年校庆活动】 2016年12月17日，桥头中学举办建校60周年庆典活动。桥头中学创建于1956年9月，学校占地面积8万平方米。2016年，在校学生1681人，教职工138人。拥有各种功能室和运动场地，图书馆藏书6.8万册。该校坚持以教研促教学，带动学科教育教学质量的全面提高。先后获评“东莞市文明单位”“市德育教育先进单位”“市科技教育先进单位”“市文明学校”。

【迳联社区获评广东省四星级宜居社区】 2016年，广东省住房和城乡建设厅公布一批“四星级广东省宜居社区”，桥头镇迳联社区榜上有名。迳联社区位于桥头镇中心区的南部，地处东深供水工程源头，由迳背大围、迳背新围、迳背罗屋及叶屋、冯屋、骆塘等6个居民小组组成。迳联社区历史悠久，人文底蕴深厚，有凤凰亭、罗氏宗祠、古村落、天主教堂、基督教堂等市一级保护文物。 （莫文森）

附：2016年桥头镇党委、人大、政府主要领导名录

镇委书记：莫厚良

镇人大主席：莫厚良（任至11月）
曾婉玲（11月到任）

镇　长：叶冠强

2012—2016年桥头镇主要经济社会指标

指标＼年份	2012	2013	2014	2015	2016
户籍人口（人）	36522	36735	36809	37538	38194
常住人口（万人）	16.80	16.83	16.54	16.52	16.48
面积（平方千米）	56	56	56	56	56
生产总值（万元）	750036	864729	1036247	1102103	1246345
第一产业（万元）	5253	5625	4037	4065	4402
第二产业（万元）	374632	437367	602304	620647	713321
第三产业（万元）	370151	421737	429907	477391	528622
总用电量（万千瓦时）	143005	154734	161999	164412	172266
全社会固定资产投资总额（万元）	216209	266441	222183	232947	292925
社会消费品零售总额（万元）	175143	199929	255348	270550	295365
外贸出口总额（万美元）	248038	316095	304092	351409	353521
实际利用外资（万美元）	6025	8582	9844	11113	9620
镇级可支配财政收入（万元）	54656	62511	67283	73506	80927
各项税收总额（万元）	89934	124467	144090	157603	202639

横沥镇

【横沥镇概况】　横沥镇位于东莞市东部。截至2016年，镇域总面积44.67平方千米，常住人口20.39万人，户籍人口4万人，下辖16个村和1个社区。

2016年，横沥镇实现地区生产总值112.1亿元（第一产业5300万元，第二产业61.02亿元，第三产业50.55亿元），比上年增长10%；规模以上工业增加值47.06亿元，增长9.9%；固定资产投资总额19.59亿元，增长15.7%；总用电量16.13亿千瓦时，增长6.25%；社会消费品零售总额28.31亿元，增长8.3%；实际利用外资1.26亿美元，增长52.7%；外贸出口总额100.42亿元，增长1.7%；各项税收总额21.71亿元，增长16.5%；镇级可支配财政收入18.1亿元，增长155.4%。获评2016年"'大众创业、万众创新'体制机制改革""创新基层精神文明创建机制""全国财政系统先进集体""广东省扶贫开发'双到'通报表扬帮扶单位""广东省'五好'镇街工商联""儿童友好示范社区建设""全国计划生育协会先进单位""全国综合减灾示范社区"等7项全市"单打冠军"。首次入围2016年度中国建制镇综合实力前100强，居全国镇级第81位，在东莞市入榜的镇街中名列第13位。

【横沥镇模具产业集聚发展】2016年，横沥镇模具产业实现产值118亿元，比上年增长14.6%。规模以上模具企业74家。以中泰模具公司为代表的汽车模具产业链和以台一盈拓公司为代表的机械装备产业链更加完善。引进内资7宗，总额10.18亿元，比上年增加26%，实际吸收外资1.26亿美元。完善"模具城、模具园、模具网、模具展、模具论坛"5个产业平台，提升模具产业集聚能力。重点项目东方亮彩项目部分投产，爱思宝项目主体工程完工，银宝山新项目启动。

【横沥镇创新发展】　2016年，横沥镇一大批科技创新平台建成落地，为横沥镇的创新发展提供硬件保障。制定出台《横沥镇扶持企业发展奖励办法》《横沥镇引进创新科研团队（人才）资助暂行办法》，为企业的创新发展提供制度保障。全年新认定的高新技术企业35家，开展"机器换人"企业26家。发挥"风险资金池"的作用，累计协助中小微企业融资4955万元。发挥协同创新中心牵线搭桥作用，促成校企重点合作项目10项，累计60项。在原有创新平台的基础上，建成协同创新园（一期）、模具科技研究院、"横沥模具产业云专区""智慧云制造"院士工作站等平台项目，建立线上协同创新中心，以"互联网+创新"模式，打造"一站式"创新服务平台，模具产业孵化中心建设（文化中心复工）重启加速。2016年，横沥镇获第五届中国管理科学学会管理科学奖（创新类）；"东莞横沥镇模具产业协同创新体系的建设与实践"项目获2016年广东省科学技术奖特等奖；西城工业园被列为广东省省市共建加工贸易创新发展示范区。

【横沥镇综合环境改善】　2016年，横沥镇推进"产城融合"建设，完成运河整治横沥中心区段、振兴路升级改造、田饶步上游桥引桥等工程。打造"一河两岸三公园"中轴线。完成从莞高速公路征地拆迁问题，实现从莞高速公路东莞段通车，配合完成番莞高速公路选线。展开"职业教育及模具产业集聚区"筹建。推进"三旧"（旧城镇、旧厂房、旧村庄）改造工程，旧横中地块推出市场，神山灯

横沥镇

光夜市地块项目提速。镇属集体企业通过科学理财，严抓细管，盘活闲置资源。建成田坑村休闲公园、村尾村竹园头公园。2016年，收到并处理环境投诉688宗次，涉及企业260家。同时开展畜禽养殖污染整治、黄标车淘汰、内河涌治理等环境综合整治。

【横沥镇社会治理创新】 2016年，横沥镇加快推进社会治理协同创新工程，创新社会治理模式。搭建城市管理精细化服务平台，推动城市管理精细化入格“智网工程”。总结瑞康花园样板小区建设经验，推向全镇楼盘。做好社会公益慈善事业，以“小城大爱”公益超市等项目，营造“全民公益”的氛围。推进社会人才培训工程，提升基层社会治理队伍综合能力。加强“平安横沥”建设，开展“飓风2016”、“雷霆扫毒”、打击涉车和涉街面违法犯罪等专项行动，通过“以案说防”“全民创安·一呼百应”等方式动员社会力量参加平安文化建设。全镇违法犯罪警情比上年下降9.3%。推进村级视频监控和高清视频系统应用全覆盖，实现指挥调度扁平化、直观化，增强群众的安全感。处理“12345”热线投诉398宗，受理镇长热线36件，办结率均100%。

【横沥镇农村发展】 2016年，横沥镇提高农村集体经济收入，村、组两级总收入3.07亿元，比上年增长2.97%；纯收入1.6亿元，增长10.21%；村组两级资产负债率26.93%，下降3.18%。全年下拨村级基本公共服务补贴资金1158万元，减轻农村公共管理支出负担。抓好村组集体经济增收节支、村组集体经济债务管理，通过规范农村费用支出、严控农村股东分红、加强农村集体经济组织重大事项审查等措施，规范农村集体资金使用。开展基层治理专题自查，推进农村集体资产交易和“三资”（资金、资产、资源）监管平台，确保集体资产交易公平、公正、公开。全面铺开土地承包经营权确权工作。推进农村村级预算制度，促进预算执行和管理加强。推进“美丽幸福村居”建设和“一村（社区）一品牌”创建工作，涌现出田头文化街、水边六街、石涌美食街等一批特色品牌雏形，举办“一村一品牌”现场会和推广会，推进村（社区）规划发展。

2016年10月31日，横沥镇百年牛墟风情节开幕式

【横沥镇民生实事】 2016年，横沥镇发放就业创业补贴56.86万元，新增青年车间4个，拓宽村民就业渠道，全镇就业率达94%。发放低保金、慈善金、助学金、高龄津贴、残疾人津贴及相关慰问金884.7万元，保障困难群众基本生活。投入870万元扶贫款，构建立体帮扶机制，实施全方位精准帮扶。成立东莞市横沥慈善基金会促慈善，直接受惠152人。加大教育投入，累计投入1.59亿元，提高公民办学校的环境与教学质量。开展公民办学校结对帮扶活动，促进民办教育的健康发展。围绕“全面两孩”政策促医疗、善计生，全面实施免费婚前、孕前、孕期健康检查和地中海贫血防控等妇幼公共卫生服务。开展“创建幸福家庭活动”、文化惠民演出活动、公益电影下基层等群众喜闻乐见的活动。

【“百年牛墟”品牌打造】 2016年，横沥镇挖掘牛文化内涵，推进“诚信横沥”建设，打造“百年牛墟”特色文化品牌。起源于明末清初的“横沥牛墟”，有400多年历史，其牛行配套设施齐全，拥有“牛宾馆、牛花园、牛泳池、牛医生、牛网站”，服务体系完善，连续17年获省、市“诚信文明市场”，并入选“第四批广东省级非物质文化遗产保护名录”。横沥牛行是华南地区规模最大的牛只交易集散地，也是全国颇具影响力的四大活牛交易专业市场之一。

【横沥模具协同创新项目获省科技特等奖】 2016年，横沥镇政府牵头的科技项目《东莞市横沥镇模具产业协同创新体系的建设与实践》，获2016年度广东省科学技术奖特等奖，成为该奖项唯一获奖者。横沥镇是广东省模具制造专业镇，截至2016年，采用“一镇多校”协同创新模式，探索出一条面向传统模具产业集群实施协同创新的新路。横沥镇破除部门间壁垒、调动各方资源、激发“政产学研金介”等多要素协同创新活力。同时，投入引导资金、提供研发用房，高校院所投入技术、人才、品牌、专利等无形资产，企业推进科研成果产业化，做到对等投入、优势互补。在具体合作中，横沥镇与上海交通大学、东莞理工学院等7所高校和科研院所以及镇内龙头企业、行业协会等共建模具产业协同创新体系，走上创新驱动发展的道

2016年12月8日，横沥镇举行逸颐艺舍博物馆国家AAAA级景区揭牌仪式

路，走出一条以协同创新带动专业镇转型发展的新路子。2011—2016年，横沥镇模具企业数从363家增加到1257家，规模以上企业数从11家增加到47家，全镇研发经费投入增长400%，高新技术企业数由7家增加到69家。

【横沥镇“创新基层精神文明创建机制”获评市“单打冠军”】2016年，横沥镇实施文明创建计划，镇财政为每个村（社区）拨付最高300万元的文明创建补助资金，整治提升环境，村容村貌焕然一新。围绕社会主义核心价值观、“讲文明树新风”、“小城大爱”和牛文化等主题，全镇公益广告数量占比超过50%。采取“一日一检查、一周一通报、每月一评比”的奖惩机制和“一把手”问责制度。开展文明创建曲艺作品、宣传手册、“文明创建大家谈”进村（社区）、进工业园区、进校区等活动。树立高标准创建样板，高标准建设示范路、示范公园、示范村等10多个示范点。截至2016年，各村（社区）、工业园区整治卫生死角2.3万处、清理垃圾聚集点2.4万处、垃圾杂物2.3万吨。实现农村面貌的根本改观，建立完善一套持之有效的创建长效机制，初步实现文明创建范例的目标。横沥镇“创新基层精神文明创建机制”获评2016年度东莞市“单打冠军”。

【横沥镇“广东省‘五好’镇街工商联建设工作”获评市“单打冠军”】截至2016年，横沥镇按照“五好”（领导班子好、会员发展好、商会建设好、作用发挥好、工作保障好）镇街工商联的建设要求，加强工商联工作。在横沥商会办公室挂牌成立横沥镇工商业联合会（商会），并依法选举产生执委会委员和班子成员，完善工商联的组织架构。推选3名横沥工商联会员作为非公有制经济代表人士（2名市人大代表和1名市政协委员）参与到有关非公有制经济发展规划和政策规定的讨论研究。甄选优质企业加入到工商联队伍，增加会员企业20家，会员企业总数达151家。构建信息共享平台和学习提升平台，通过资源共享和组织培训学习，提高会员的经营决策能力和领导能力。不定期组织政企交流，分析解读市、镇有关政策条例，帮助会员企业及时捕捉最新政策信息，把握发展机遇，助推企业做大做强。组织会员参与扶贫济困、拥军慰问、爱老敬老等慈善公益活动，捐资约20万元。2016年，横沥镇创建广东省“五好”镇街工商联工作获评全市“单打冠军”。

【横沥镇获省扶贫开发“双到”通报表扬】2014—2016年，横沥镇以实施精准扶贫为根本导向，以“强基础、促产业、惠民生”为主要工作思路，累计统筹帮扶资金2122万元，开展帮扶项目1900多个。农田水利、村组公路、安全饮水、村级活动场所等基础设施建设全面完成；饮水难、行路难、就医难等问题得到解决；村内环境得到全面治理，绿化村道河堤。入股从莞高速公路以及带动贫困户参与东莞——揭西果蔬供应链产业化经营等造血项目，实现村、户稳定增收脱贫的目标。2016年，横沥镇获评“广东省扶贫开发‘双到’通报表扬帮扶单位”，也因此获评全市“单打冠军”。

【横沥镇财政分局获评“全国财政系统先进集体”】2016年，横沥镇财政分局坚持以为人民当好家、理好财为目标，推行财政改革和创新。投入200万元成立横沥镇模具发展有限公司，推动科技创新平台建设，2012—2016年由市、镇投入2亿元建设资金，横沥镇科技创新平台获得国家、省市部门的肯定与支持。该分局牵头协同创新中心、模具协会并投入200万元，于2015年成立首期1000万元的“风险资金池”，并通过与东莞银行合作，扩大到1亿元的贷款额度，审核通过多家企业的贷款申请。投入500万元，成立横沥镇社会建设协同创新中心，并开展社会创新中心华东理工大学社会学博士（后）工作站项目，为横沥镇社会建设提供实践经验总结、理论创新指导与人才资源储备，形成具有鲜明特色的“横沥”社会治理模式。全镇上规模企业数量大幅增加，经济增长速度明显加快，财政收入增幅排名在全市名列前茅。2016年，横沥镇财政分局获评“全国财政系统先进集体”。

【横沥镇计生协会获评“全国先进计生协会先进单位”】 截至2016年，横沥镇计生协会贯彻落实国家计划生育政策，促进人口长期均衡发展，构建人口计生工作新格局。该镇17个村（社区）成立计生协会，100人以上企业计生协会65个，300人以上企业计生协会19个，全镇计生协会员3.8万多人。在恒泉社区、石涌、村尾等6个村（社区）创建幸福家庭活动阵地，围绕“家庭文化、家庭保健、科学育儿、居家养老”开展活动300多场，受教育群众10多万人。在广东省首届“幸福家庭”评选活动中，该镇一家庭获评“广东省幸福家庭”。推进“全面两孩”政策，开展婚育新风进万家活动、产后访视服务和新生儿访视服务，提高儿童和孕产妇健康管理服务水平。每年通过计生协会会员日和“一元爱心捐款”活动，汇集社会爱心帮扶救助计生困难家庭。开展“春风送温暖”活动，2014—2016年投入356万元，为计生困难、病残儿以及失独等795户送上关爱和温暖。推进流动人口均等化服务，开展流动人口计生困难家庭慰问活动，实现流动人口与户籍人口“同宣传、同服务、同待遇、同管理”的目标，营造尊重流动人口、关爱流动人口的氛围。2016年，横沥镇计生协会获评“全国先进计生协会先进单位”。

【横沥镇“全国综合减灾示范社区创建工作”获评市“单打冠军”】 截至2016年，横沥镇持续开展全国综合减灾示范社区创建工作，先后创建恒泉、石涌、村头、六甲4个全国综合减灾示范社区。示范社区内设有综合减灾庇护室、男庇护室、妇幼庇护室、指挥中心室、减灾储物室，功能室内配备床铺、被铺、急救药箱、灭火器、救生圈、帐篷、日用品等应急物资。示范社区每年深入工厂企业、学校、医院等地开展减灾知识宣传咨询活动，并请消防大队官兵现场指导消防栓的使用和灭火演练；以国家防灾减灾日、国际减灾日为契机，开展经常性的防灾减灾宣传活动，普及防灾减灾知识，提高居民的安全防范意识和灾害自救互救能力。同时社区制定社区综合灾害应急救助预案，每年要在学校、工厂、居民住宅区等人口密集地方进行不少于2次的演练，增强广大师生、人民群众的防灾减灾能力。2016年，该镇“全国综合减灾示范社区”工作获评东莞市“单打冠军”。（李沛欣）

附：2016年横沥镇党委、人大、政府主要领导名录

镇委书记：陈锡稳

镇人大主席：陈锡稳（任至11月）

陈细钿（11月到任）

镇　长：何植尧

2012—2016年横沥镇主要经济社会指标

指标＼年份	2012	2013	2014	2015	2016
户籍人口（人）	37765	38033	38313	39092	39964
常住人口（万人）	20.67	20.70	20.57	20.45	20.39
面积（平方千米）	44.67	44.67	44.67	44.67	44.67
生产总值（万元）	683498	800168	920083	1007554	1121967
第一产业（万元）	5232	5604	4834	4868	5272
第二产业（万元）	355688	415314	511149	551780	610220
第三产业（万元）	322578	379251	404100	450907	505475
总用电量（万千瓦时）	131186	136667	148688	151797	161287
全社会固定资产投资总额（万元）	85627	65397	106752	169265	195900
社会消费品零售总额（万元）	194295	214098	233703	261438	283148
外贸出口总额（万美元）	133482	141202	154507	159217	151905
实际利用外资（万美元）	5989	7453	8134	8241	12582
镇级可支配财政收入（万元）	46362	51371	58353	70875	181094
各项税收总额（万元）	109473	128607	142088	186433	217110

东坑镇

【东坑镇概况】　东坑镇位于东莞市中部。截至2016年，辖区面积23.8平方千米，下辖14个村和2个社区，常住人口13.38万人，其中户籍人口3.11万人。

2016年，东坑镇实现地区生产总值110.2亿元（第一产业0.17亿元，第二产业76亿元，第三产业34亿元），比上年增长8.7%，增速全市排名第九；规模以上工业增加值72.8亿元，增长12%，增速全市排第四名；社会消费品零售总额19.4亿元，增长6.4%；外贸出口总额151亿元，增长5.6%，比全市快3.6个百分点；各项税收总额14.95亿元，增长20.9%；镇级可支配财政收入7.5亿元，增长16%。2016年，东坑镇在全市镇街综合考评中排第十三名，并获“广东省民间文化艺术之乡”“广东省‘五好’镇街工商联”“广东省扶贫开发‘双到’工作优秀单位”“创新基层精神文明创建机制”等4项全市“单打冠军”。

【东坑镇产业升级】　2016年，东坑镇坚持“走出去”主动登门招商，引进投资规模千万元以上项目20宗，协议投资总额26.1亿元，消化厂房面积20万平方米。实施“亿（元）企（业）推动”战略，推动新能德科技、迈思普电子项目等6宗大项目建成投产，释放产能超20亿元。推动主导产业“专、精、特”发展，建立通讯电子主导产业名录，实施培育计划，主导产业规模质量不断提升，有产值超亿元的工业企业39家，其中超10亿元5家，超50亿元2家。全年规模以上电子信息制造业产值197.3亿元，占全镇规模以上工业总产值63%。

【东坑镇重大项目建设】　2016年，东坑镇落实领导挂点联系制度，主动加强企业服务，推进市重大项目早日完工、早日投产。全镇3个市重大项目总用地面积27公顷，总投资18亿元。全年完成投资3.7亿元，完成年度投资额90.1%，佳虹电子研发项目一期工程和维智项目二期工程完工，爱玛项目一期工程加快建设中。

【东坑镇创新驱动】　2016年，东坑镇主动融入全市“创新中轴线”发展，抓好R&D（研究与开发）投入、机器换人等工作，新增高新技术企业14家、高新技术企业后备企业15家，专利申请548件、专利授权351件。完善东坑科技创新基地建设，搭建科技金融平台，助推迅扬电子、宾豪科技公司登陆“新三板”，实现当地科技企业上市零的突破。建升、中德公司两家企业被市认定为“知识产权重点保护企业”，新能德科技公司申报东莞市专利优势企业，康德威公司有一项科技成果通过鉴定并申报市科技进步奖。中德电缆有限公司获东莞市质量奖。

【东坑镇深化改革】　2016年，东坑镇深入推进供给侧结构性改革，落实“去产能、去库存、去杆杆、降成本、补短板”行动计划，深化企业登记注册“一网通”、项目投资审批制度改革、商事登记制度改革，启动“五证合一、一照一码”登记制度改革，实现市场主体突破1万户，激发市场活力。推进政务服务“一窗办”改革，高标准建成政务服务中心，全面完成村级公共服务中心建设。推进医疗卫生体制改革，推进再生资源市场管理改革。抓好节能降耗，单位国内生产总值能耗值连续三年排全市第一名。

【东坑镇农村经济发展】　2016年，东坑镇抓实抓细增收减债、农

东坑镇

村集体资产交易平台、土地承包经营权确权等工作，完善债权追收管理机制，推行村级预算网络管理，促进农村稳健发展。落实“一村一策”系列举措，推动全镇14条村经济运行良好。截至2016年，全镇村组两级总资产23.4亿元，比上年增长3.2%；经营性纯收入1.76亿元，增长3.2%；总负债4.56亿元，资产负债率19.5%，下降0.1个百分点；高负债率村组保持0个。

【东坑镇城镇建设】　2016年，东坑镇优化城市功能，铺开美丽幸福村居建设，“三个一”（一路、一公园、一广场）精品工程获评东莞市十佳，“一心四带”（中心商业圈，骏达商业带、角社商业带、文阁商业带、坑美商业带）商业发展格局全面带动城市更新、城市品位和城市形象提升。

2016年，东坑镇优化生态环境，加强“小山小湖”保护利用，完成亭岗岭、福德公园等公园广场改造升级，全镇绿化覆盖率45.1%；加快“全国休闲农业与乡村旅游示范点”生态优势转化，打造农业园等一批旅游产品；开展内河清淤治理，推动垃圾处理机械化。

2016年，东坑镇加强古镇保护，集中整治环境卫生、交通秩序，深挖农耕古镇特色，推进古镇文化保护传承，获评“广东省非物质文化遗产传承基地”“广东省民间文化艺术之乡”。

【东坑镇村居建设】　2016年，东坑镇结合村居文化景观规划和建设文明创建整治提升百日行动，以凤大村作为美丽幸福村居创建试点单位，丁屋、彭屋、坑美及黄麻岭村同步开展宜居创建工作。通过挖掘历史文化元素，推进“一村一特色”发展，村居环境、公园、广场、道路得到升级，喜宴堂、老人活动中心、残疾人服务中心等得到修缮，治安视频监控网络更加完备，村容村貌焕然一新。

【东坑镇“三旧”改造】　2016年，东坑镇抓集约发展，鼓励村集体、民营企业家参与“三旧”（旧城镇、旧厂房、旧村庄）改造，推进城市更新。全镇纳入标图建库地块59宗，用地面积448公顷。实施“三旧”改造项目11宗，总面积23公顷，其中三甲工业城一期工业厂房竣工并投入使用，二期工业厂房正在建设；凤大工业旧区一期工业地块封顶；井美东富厂地块正在建设。

【东坑镇民生实事】　2016年，东坑镇提高基本养老金、低保标准、城镇居民收入，居家养老服务全覆盖，5个险种参保人数突破40万人次。构建创业就业支持平台，解决失业人员就业810人次。推进市内外扶贫工作，实现市内扶贫脱贫率100%。全面完成民生十件实事，推进医疗、公交和不动产登记等民生事业改革。深化“教育提质”工程，建成实验幼儿园、青少年活动中心；东坑中学女篮参加2016—2017中国中学生篮球联赛（广东赛区）选拔赛，以全胜成绩获初中女子组冠军，代表广东省进入全国中学生篮球联赛总决赛；东坑镇中心小学以原创科普剧《太空之旅》代表东莞市参赛，获广东省科普剧表演赛一等奖、广东省科普剧剧本创作赛一等奖和“优秀辅导员”奖。深化警务运行机制改革和治安网格化管理，推进社会管理服务“智网工程”，开展“飓风2016”专项行动、“以案说防”活动，提高矛盾纠纷调处水平，维护社会安定和谐。

【东坑镇获评“广东省民间文化艺术之乡”】　截至2016年，东坑镇坚持举办一年一度的“卖身节”这一独具特色的传统民俗活动，立足“古时卖身、今日创业、劳动光

2016年12月25日，第三届广东省自行车绿道赛（东莞站）在东坑镇农业园举行

美丽幸福村居——井美村牌楼

荣”人文价值，奉行“社会热心支持、民间自发参与、文化传承引导、社团周密组织”办节举措，通过龙狮欢舞、射水闹春、踏春东坑农业园等活动，凸显“非遗文化、农耕民俗、欢乐盛会”节庆特色。2016年，东坑镇获评“广东省民间文化艺术之乡”，也因此获评2016年度全市“单打冠军”。

【东坑镇工商联获评“广东省‘五好’镇街工商联”】　截至2016年，东坑镇工商联服务会员，热心公益，开展奖学助学、扶贫济困活动，累计捐资4600多万元。带领会员参与“三旧”（旧城镇、旧厂房、旧村庄）改造，累计投资50亿元，其中推动三甲“工改工”项目获三个全市第一：第一个3.0高容积率“三旧”工业项目、全市第一个民营企业合股联建“三旧”工业项目、全市第一个与重大科技平台合建的“三旧”工业项目。东坑镇工商联曲艺团活动活跃，先后获得省少儿戏曲小梅花大赛“金花奖”、“省私伙局（粤曲）”、第六届和第七届东莞老人艺术节“金奖”、广东省“明日之星”曲艺大赛一等奖和三等奖、“国际粤曲大赛”银奖等奖项。东坑镇获评“广东省‘五好’镇街工商联”，也因此获评2016年度全市“单打冠军”。

【东坑镇创新基层精神文明创建机制】　2016年，东坑镇推进基层精神文明“补短板、促提升”工作，建立“三联三督三问”，即“三联”：镇村联动、部门联合、干群联创；“三督”：镇领导班子驻点督、督查办专项督、文明办细化督；“三问”：坚持责任单位主体责任不力必问，村（社区）属地责任不严必问，具体工作人员执行责任不实必问的工作机制。从8月起，把每月5日定为“东坑文明日”，发动机关单位、村（社区）志愿服务队走上街头开展“爱心服务”“文明秩序”“环保爱卫”“孝亲敬老”“文明礼仪”等5项志愿服务活动、文明创建考核补助奖励等多项工作机制，形成具有东坑特色的文明创建品牌。东坑镇率先采取夜间道路清洗、落实“门前三包”（包卫生、包绿化、包秩序），全面治理城市顽疾，多次获得全市环境卫生整治考评工作第一名。镇财政投入1亿多元，加强基础设施、民生保障等欠账治理。启动“四化一饰”（美化、文化、绿化、净化，灯饰）城市品味提升提质工作，推动东坑镇实现城市环境变样、社会风尚提升、群众生活改善、城市品位促进。东坑镇“创新基层精神文明创建机制”获评2016年度全市“单打冠军”。

【东坑镇获评广东省扶贫开发“双到”工作优秀单位】　2016年，东坑镇对接帮扶普宁市南溪镇登峰村和东洋村，制定帮扶规划，投入帮扶资金1248万元，通过突出结对帮扶、产业帮扶、扶贫先扶智等措施，促进贫困户增强“自我造血”能力，提升两村的文化广场、进村道路、小学、农田水利等基础设施。2016年，登峰村贫困户年人均纯收入9149.98元，比上年增长276.8%；村集体收入8.83万元，增长215.36%。东洋村贫困户年人均纯收入9100.5元，增长293.4%；村集体收入6.32万元，增长152.8%。2016年，东坑镇获评“广东省扶贫开发‘双到’工作优秀单位”，也因此获评2016年度全市“单打冠军”。（李换珠）

附：2016年东坑镇党委、人大、政府主要领导名录

镇委书记：张耀洪

镇人大主席：苏庆中

镇　长：李　刚

2012—2016年东坑镇主要经济社会指标

指标＼年份	2012	2013	2014	2015	2016
户籍人口（人）	30340	30380	30747	30811	31110
常住人口（万人）	13.97	13.98	13.71	13.45	13.38
面积（平方千米）	23.8	23.8	23.8	23.8	23.8
生产总值（万元）	704773	825806	903038	1004595	1102297
第一产业（万元）	1549	1490	1556	1567	1697
第二产业（万元）	473215	550685	596840	687782	760121
第三产业（万元）	230010	273632	304642	315246	340478
总用电量（万千瓦时）	88115	87630	94607	103064	109637
全社会固定资产投资总额（万元）	146520	176192	241009	224781	241325
社会消费品零售总额（万元）	145549	161345	172498	182604	193659
外贸出口总额（万美元）	192947	200811	195029	219609	242360
实际利用外资（万美元）	7273	8087	9426	6985	884
镇级可支配财政收入（万元）	62103	65460	62887	64598	74926
各项税收总额（万元）	77527	100299	113908	137698	149505

企石镇

【企石镇概况】 企石镇位于东莞市东北部。截至2016年，辖区面积58.21平方千米，下辖19个行政村和1个社区，常住人口12.15万人，其中户籍人口4.48万人。

2016年，企石镇实现地区生产总值59.69亿元，比上年增长8.8%；规模以上工业增加值30.7亿元，增长8%；第三产业增加值26.1亿元，增长9.3%；各项税收总额10.1亿元，增长6.1%；镇级可支配财政收入5.82亿元，增长13.54%；全镇社会固定资产投资17.9亿元，增长28.59%；外贸出口总值46.77亿元，增长8.3%；社会消费品零售总额17.7亿元，增长7.6%；全镇银行存款余额82.88亿元。

【企石镇经济发展】 2016年，企石镇招商引资新签协议14宗，比上年增长250%；补充协议10宗，增长11.1%；新签及补充协议金额4408万美元，增长6.3%。实施“机器换人”和工业技改，提升企业智能制造水平，全年工业技改投资3.89亿元，完成市下达任务的102%；申请各类专利590件，增长39.81%；获得授权专利395件，增长18.62%；21家科技企业申报认定2016年国家高新技术企业；38家规模以上企业研发经费投入2.18亿元，目标完成率104%，排全市第11名；加快推进孵化服务平台建设，协助“燕园中镓半导体孵化器”申报认定市级科技企业孵化器；美信科技、思泉实业公司挂牌新三板。新增民营企业注册资金12.5亿元，增长101%；规模以上民营企业工业总产值71.5亿元，增长7%。农村经济发展有进步，村组两级经营总收入2.09亿元，增长6.6%；纯收入1.1亿元，增长5.6%；村组两级净资产12.77亿元，增长4.1%。

【企石镇城乡环境改善】 2016年，企石镇完成镇总体规划第二轮修编。铁炉坑村商住地块高溢价出让。从莞高速公路建成通车，在企石镇设有出入口；东部快线人行天桥、宝石社区文房四宝店及招生中心完成招投标等前期工作；镇政务服务中心工程土建工程除新增的停车场外完工，装饰工程进入收尾阶段；文广中心饭堂工程竣工投入使用，解决200人就餐问题；企石中学教学楼卫生间工程改造竣工投入使用，学生宿舍楼工程正在施工。

2016年，企石镇开展文明创建“补短板、促提升”行动，突出整治环境卫生、户外广告、农贸市场、交通秩序，增设垃圾桶220个，划设停车位1000多个，签定“门前三包”（包卫生、包绿化、包秩序）协议4175户，清理“牛皮癣”7.79万处、中心区卫生黑点3989处、建筑垃圾1.1万处，协调处理卫生问题706个；增设户外社会主义核心价值观宣传画300多幅、公益广告灯箱130多个、灯柱旗1200多支，绘制文化墙305幅。

2016年，企石镇依法整治“两违”（违法用地、违章建筑），查处违法用地21宗、面积4.94公顷，拆除违章建筑19宗、面积3850平方米。加大环境污染整治力度，制定《企石镇环境监察网格化管理工

企石镇黄大仙公园及文昌阁 （王道辉 摄）

作实施方案》，建立健全管理体系；清拆养猪场119个，清理生猪2万头，防止畜禽养殖业污染回潮反弹；淘汰黄标车299辆、老旧车232辆；受理并完成环境投诉案件265宗，处理率100%；坚持“一河一策”抓好内河涌污染整治与生态修复，完成五八围排渠下游段、霞朗排站主排渠清淤和东山、下截、上截三村内涝整治工程。

【企石镇民生实事】 2016年，企石镇开展文化惠民活动，举办“东莞好人”入选名单发布仪式、黄大仙诞期庙会、动漫文化周等大型文化活动，开展文艺汇演、书画、摄影展览、电影放映等活动400多场次，受益群众46万人次。投入800多万元用于改善中小学教育配套设施和奖教奖学，教育教学质量明显提升，企石中学中考700分以上人数、达到五大校正取分数线人数均比上年翻一番。发放就业补助500多万元，设立“村民车间”流水线25条，帮助900多名群众实现就业。落实最低生活保障制度，发放低保金、低保助学金、医疗救助金、高龄津贴、困难群众临时物价补贴等资金1000万元。村级政务服务中心实现全覆盖，敬老院宿舍改造工程建筑主体结构完工。累计建立居民健康档案13.53万份，推进基本公共卫生服务均等化。面向8720名长者、儿童、孕产妇、慢性病患者等重点对象签约，推行家庭医师式服务。

【企石镇社会治安】 2016年，企石镇推进“科技强警”“装备强警”，采购一批执勤设备、车辆，提升队伍战斗力，启动“智网工程”，将辖区划分为42个基础网格，配置网格管理员129人。开展“飓风2016”专项行动，打击涉毒、涉盗抢、涉电信犯罪、涉金融犯罪，保持对犯罪活动的高压态势。强化流动人口和出租屋管理，推广安装流动人口自助申报系统165套。全面深化“平安村居”创建，抓村（社区）违法犯罪防控、矛盾纠纷化解和安全隐患排除工作，全镇16个村（社区）完成“平安村居”验收。立案查处食品药品案件21宗，确保人民群众饮食、用药安全。改进和加强群众信访工作，创新采取答复会形式，由镇领导班子成员带领相关职能部门负责人，通过现场会议面对面一一答复群众反映的信访问题，做到将矛盾纠纷化解在基层、解决在萌芽状态，信访总量比上年下降60%。整合安监、公安、消防精干力量成立专职工作机构，补齐消防安全硬件短板，消防执勤分站完成主体建设，购置一批消防车辆及器材，新增及更换消火栓269个，各村（社区）、重点单位全面建成微型消防站，从源头上预防和遏制重特大消防安全事故发生，督导整改火灾隐患2000多处。

【企石镇健达智能家居生产项目】 该项目是东莞市2016年重大建设项目，计划投资总额13.5亿元，用地总面积14.4公顷，选址企石镇莫屋村“基围”（土名），分4期实施

企石镇秋枫公园 （王道辉 摄）

2016年12月30日，东莞市首个村级文联企石镇江边村文联挂牌成立
（刘兰兰 摄）

建设厂房、宿舍、办公楼功能区及其配套设施等。第一期投资5.04亿元，占地面积5.34万平方米，总建筑面积8.79万平方米，主要研发、生产智能家居用品、智能清洁器具等产品。第二期投资3.36亿元，占地面积3.78万平方米，总建筑面积6.09万平方米，主要研发、生产智能无线充电器、智能传感器、光感器、智能家居家电相匹配的各种电子产品等。

【企石镇农村基层治理】 2016年，企石镇通过对2014年起发生的农村土地“三乱”（乱占、乱卖、乱租）问题的滚动排查，就6.17公顷42宗农村土地“三乱”问题依法立案并作出行政处罚决定，整改完成。至3月底，依法解决被征地农民养老保障资金418.28万元。完成对全镇19个农村的集体资产核对和数据录入，建立资源登记、资产台账和合同管理台账。20个村（社区）综合服务中心于10月按要求全部建设完成，镇级政务服务中心大楼主体建设完成，装修和采购完成招投标。
（王道辉）

附：2016年企石镇党委、人大、政府主要领导名录

镇委书记：陈福坤

镇人大主席：陈福坤（任至11月）
麦阳柱（11月到任）

镇　长：熊仕权

2012—2016年企石镇主要经济社会指标

指标 \ 年份	2012	2013	2014	2015	2016
户籍人口（人）	42780	43212	43455	44207	44843
常住人口（万人）	12.25	12.29	12.3	12.15	12.15
面积（平方千米）	58.29	58.29	58.29	58.21	58.21
生产总值（万元）	385851	435131	496360	539762	596920
第一产业（万元）	1941	2078	3396	3420	3704
第二产业（万元）	202636	224281	279580	306508	332534
第三产业（万元）	181274	208772	213384	229834	260683
总用电量（万千瓦时）	81478	81917	89893	92370	102031
全社会固定资产投资总额（万元）	70788	96522	116350	139426	179291
社会消费品零售总额（万元）	110913	126869	137098	164938	177404
外贸出口总额（万美元）	40214	45069	65878	69618	75091
实际利用外资（万美元）	2074	3196	3434	2805	1822
镇级可支配财政收入（万元）	36055	39607	47566	51244	58187
各项税收总额（万元）	64986	75410	90504	94681	100450

石排镇

【石排镇概况】　石排镇位于东莞市东北部。截至2016年，辖区面积48.7平方千米，下辖18个村和1个社区，常住人口15.8万人，其中户籍人口4.5万人。

2016年，石排镇实现生产总值83.17亿元，比上年增长8.6%；规模以上工业增加值34.42亿元，增长9.2%；固定资产投资总额25.31亿元，增长13%；各项税收总额13.52亿元，增长15.1%；镇一般公共预算收入5.93亿元，增长5%；社会消费品零售总额26.61亿元，比上年增长9.4%。

【石排镇发展战略】　2016年8月，石排镇召开第十三次党代会，确定“发展先进制造业、推进新型城镇化、率先全面建成小康社会、迈上基本实现社会主义现代化新征程”的发展思路，围绕促进农村均衡发展等8个重点课题，开展5个多月的专题大调研，制定出台“1+8+N”系列政策文件：“1”是《中共石排镇委关于以构建开放型经济新体制为统领，推动率先全面建成小康社会、迈上基本实现社会主义现代化新征程的意见》；“8”是八大行动计划，分别是：2017—2018年促进农村均衡发展的行动计划、创新发展方式打造产业升级创新区的行动计划、提升城市品质的行动计划、推进金融创新和财政资金管理的行动计划、打造法治化国际化营商环境的行动计划、提高公共服务供给水平和质量的行动计划、加强“平安石排”建设的行动计划、提升组织人事工作能力和加强党的组织建设的行动计划；“N”是“从八大行动计划筛选出20项重点推进工作”。统筹市镇两级政策和财政资金21.75亿元，促进经济社会发展。

【石排镇创新驱动发展】　2016年，石排镇实施创新驱动发展战略和高新技术企业“育苗造林”行动，鼓励企业争创自主品牌、加大研发投入、建立研发机构，科技创新载体继续发展，科技创新能力提升。新增国家高新技术企业16家、省高新技术培育库入库企业11家、规模以上企业自建研发机构19家，实现R&D（研究与开发）经费年度支出2.11亿元，完成市督导目标任务的125.5%。鼓励企业“机器换人”，实现工业技改投资9.49亿元，比上年增长179%，完成市督导目标任务的197.7%，工业技改完成率排全市第一名。帮助企业申请专利965件，增长49.38%，其中申请发明专利100件，增长9.89%；获得授权专利584件，增长16.33%。

【石排镇重大项目建设】　2016年，石排镇以重大项目建设为抓手，推进重大项目招引和建设，引进中翼汽车、赫泽电子、海益五金项目等3宗重大项目，累计投资总额19.5亿元、合同税收总额1.17亿元。如期推动气派科技、佳禾电声、域嘉五金等8宗市重大项目建设或投产，实现年度投资6.34亿元。

【石排镇城市建设】　2016年，石排镇以建设滨江新城为目标，突出补齐短板，强化城市规划、建设和管理，提升城市品质。完成石排镇总体规划修改，《石排镇总体规划2016—2020年第二阶段修改》通过市规委会审查。启动石岗小学运动场、和兴路、庙边王大道排水工程、“智网工程”指挥中心等7个城建重点工程建设。创建成为“国家生态乡镇”，启动“国家生态文明示范镇”创建；落实大气污染防治，淘汰黄标车412辆，完成年度目标任务的119.42%；加强水环境治理，编制完成《石排镇水污染防治工作方案》，启动海仔河综合整治前期工作，规划建设截污次支管网，2015—2017年石排镇截污次支管网实施计划纳入全市实施计划。赤坎、横山、下沙、田边4个村开展美丽幸福村居建设，并编制行动计划，其中赤坎村制定的行动计划通过市宜居办审定。

石排镇

【石排镇减债力度加大】 截至2016年，石排镇由于历史原因，镇属债务负担较为沉重。2016年，石排镇加大减债力度，置换包括工程款、土地款等在内的4批地方性政府债券9.45亿元，累计置换地方性政府债券近20亿元；清偿工程款等各种历史债务近1亿元，减轻债务压力。同时，盘活土地、厂房等物业资源，拍出2块商住用地，实现土地收入近20亿元，为石排镇经济发展提供资金支持。

2016年9月13日，石排镇与中利科技集团合作项目签约仪式举行

【石排镇农村经济】 2016年，石排镇农村集体经济发展壮大，实现农村总资产29.58亿元，比上年增长2.5%；总收入3.72亿元，增长4.9%；纯收入2.1亿元，增长7%。各村引进10个产业项目，投资总额5146万元。重新修订集体资产交易办法，全面推行集体资产网上交易，农村集体资产交易平台受理交易377宗，年中标金额4188万元，对比原合同溢价14.89%。

【石排镇社会建设】 2016年，石排镇开展“飓风2016”等专项行动，全年立刑事案件1530宗，下降24.1%，破628宗，上升2.4%；受理治安案件1635宗，下降28.4%；镇公安分局被市公安局推选参评“全国优秀公安局”。加强镇村两级高清治安视频监控系统建设，全镇建成103个高清治安视频监控点和9个治安卡口，19个村（社区）中有15个建成622个村级高清视频监控点；启动“智网工程”指挥中心建设，完成58个网格的划分，选聘142名网格管理员。落实安全生产监管责任，开展安全生产隐患排查整治行动，实现安全事故比上年下降11.67%，全年无发生重特大安全事故。推进“一村一法律顾问”工作，在19个村（社区）设立法律顾问室，开展法律咨询、普法宣传、人民调解和法律援助，全年提供服务384件次。

【石排镇民生实事】 2016年，石排镇政府落实十件民生实事，各村办民生实事47件。发放民生保障资金2365万元，落实“双到”（规划到户、责任到人）扶贫工作和新疆生产建设兵团第三师第49团对口帮扶资金约300万元。发放就业创业补贴525.7万元，组建“村民车间”21个，安置属地劳动力404人。发放奖教奖学资金163.5万元，招收914名随迁人员子女入读镇属公办学校；文化惠民演出18场，公益电影放映310场，石排中心幼儿园舞蹈节目《香口胶的故事》获第十五届国际青少年春节大联欢录像评比金奖，康乐太极队参加广东省第九届武术精英

石排镇塘尾古建筑群

赛，获奖项30个。每月定期开展免费婚前孕前健康检查和“两癌”（乳腺癌、宫颈癌）筛查项目，全年有3909名适龄妇女进行“两癌”筛查。

【石排镇文明创建】　2016年，石排镇在原有投入基础上，追加投入3500万元用于文明创建“补短板促提升”行动。推进5个类别的核心价值观示范点建设，石排公园打造成“友善公园”，新增宣传核心价值观和中国梦的公益广告超过2万平方米，制作一批手绘文化墙、文明文化景观标识。开展环境卫生专项整治行动，落实环境卫生“门前三包”（包卫生、包绿化、包秩序），清理卫生“死角”、垃圾聚集点、城市“牛皮癣”和违法建筑，整治城市“六乱”（乱停、乱放、乱摆卖、乱搭建、乱丢垃圾、乱拉挂），镇容镇貌、村容村貌明显改善。开展交通文明劝导活动，开展42次“治摩”集中整治行动，把龙腾路打造成文明交通示范路，在公园南路设立文明交通示范岗。

【石排镇帮扶揭西县上砂镇】　2016年，石排镇制定帮扶揭西县上砂镇相对贫困村定点扶贫工作方案，成立定点扶贫工作领导小组，选派6名党员干部驻相对贫困村。根据贫困户的生活工作规律，扶贫工作队按照五步工作法（即入户走访调查、审核复查、召开村民大会、进行公示公告、开展数据录入）逐家逐户走访，对贫困对象进行精准识别。制定精准扶贫党员干部联系帮扶制度，将全镇党员干部与4个定点扶贫村贫困户进行一对一结对帮扶。镇主要领导多次率队赴揭西县上砂镇4个定点扶贫困村开展结对帮扶，并组织镇内企业到扶贫村定点招工，同时，镇财政向帮扶村投入资金200多万元，帮建项目10余项。2016年，石排镇获评“广东省扶贫开发‘双到’通报表扬帮扶单位”，也因此获评东莞市“单打冠军”。

【石排镇妇女创业创新促进行动】　2016年3月，石排镇妇联举行“巾帼扬帆”——石排镇妇女创业创新促进行动启动仪式，同时为“石排镇妇女创业创新指导中心”揭牌。至年底，该中心举办妇女创业创新培训沙龙、电商学习班、观摩优秀企业等系列活动，引领妇女投入创业创新行动。

【石排镇新图书馆投入使用】　2016年6月，石排镇新图书馆建成投入使用。新图书馆为一栋两层建筑，坐落在石排公园内，总建筑面积2025平方米，内设多个功能室，藏书8万余册，有阅览桌140个，读者电脑24台。2016年，新图书馆办证1207个，借书1.87万册次。

（王　通）

附：2016年石排镇党委、人大、政府主要领导名录

镇委书记：刘学聪

镇人大主席：刘学聪（任至11月）

姚灿光（11月到任）

镇　长：翟耀东

2012—2016年石排镇主要经济社会指标

指标 \ 年份	2012	2013	2014	2015	2016
户籍人口（人）	43581	44052	44219	44696	45217
常住人口（万人）	16.23	16.25	16.09	15.80	15.8
面积（平方千米）	48.7	48.7	48.7	48.7	48.7
生产总值（万元）	554226	641382	687253	731026	831670
第一产业（万元）	6839	7042	7355	7406	8021
第二产业（万元）	309790	359996	390947	417557	476079
第三产业（万元）	237638	274345	288952	306063	347570
总用电量（万千瓦时）	119915	125930	139190	146507	167620
全社会固定资产投资总额（万元）	133998	182855	173703	223991	253059
社会消费零售总额（万元）	191819	228691	225143	243254	266135
外贸出口总额（万美元）	70244	82402	94394	102591	107129
实际利用外资（万美元）	4075	5454	6879	8128	6397
镇级可支配财政收入（万元）	40171	49363	53910	154862	353821
工商税收总额（万元）	73222	90228	106145	115323	135214

茶山镇

【茶山镇概况】　茶山镇位于东莞市中北部。截至2016年，辖区面积45.4平方千米，下辖16个村和2个社区，常住人口15.82万人，其中户籍人口4.69万人。

2016年，茶山镇实现地区生产总值107亿元（第一产业0.4亿元，第二产业55.9亿元，第三产业50.7亿元），比上年增长8.5%；规模以上工业增加值53.3亿元，增长10%；全社会固定资产投资总额33.5亿元，增长31.6%；总用电量16.6亿千瓦时，增长8.2%；社会消费品零售总额34.5亿元，增长14.5%；实际利用外资0.9亿美元，比上年下降19.8%；外贸出口总额73.5亿元，增长8.8%；各项税收总额19.3亿元，增长16.1%；镇级可支配财政收入29.5亿元，增长251.5%；年末各项人民币存款余额139亿元，增长14.8%。村组两级全年经营总收入4.66亿元，增长3.8%；经营纯收入2.56亿元，增长5.8%。

在2016年度全市科学发展观考评中，茶山综合排名全市第11位，连续两年被评为年度工作优秀镇街，并获“广东省民间文化艺术之乡”“广东省文明镇”“全国规范化家长学校实验区”“广东省扶贫开发‘双到’通报表扬帮扶单位”“广东省全民助残健身工程示范点”“广东省五四红旗团委”“广东省‘五好’镇街工商联”“全国综合减灾示范社区”“创新基层精神文明创建机制”等9个全市“单打冠军”，数量居全市第一。茶山镇劳动监察联系点获评全国人社系统2014—2016年度优质服务窗口。

【茶山镇创新发展】　2016年，茶山镇以纳入东莞市自主创新示范区为契机，实施创新驱动发展战略，新增高新技术企业22家，超过历年总和。新增自建研发机构规模以上企业36家，规模以上企业研发机构覆盖率提高20%，研发投入增速排全市第二名。35家企业投入2.5亿元实施“机器换人”，恩典皮具、悠派智能、箭冠汽配公司等实现转型升级。省级科技企业孵化器实现零的突破。国家及省名牌名标21个。设立企业上市扶持资金，新增“新三板”挂牌企业3家，总数6家，筹备上市企业8家。新增规模以上工业企业26家，总数达168家。

【茶山镇重大项目建设】　2016年，茶山镇到日本和中国台湾、深圳市等地招商，引进华阳国际项目、太兴饮食项目、广泽精机项目等。全年引进内资项目125宗，协议投资总额24.9亿元，比上年增长11.3%；实际投资总额15.1亿元，增长19.6%。推动7个市重大项目超额完成年度投资计划，重大项目和预备项目数量分别位居全市第四位和第五位。

【茶山镇优势产业打造】　2016年，茶山镇发挥食品名镇品牌效应，支持华美、新盟、嘉顿、雀巢公司等知名企业发展壮大。截至

茶山镇

2016年，茶山镇有食品企业200多家，形成以制造、销售及其他配套为一体的食品产业集群。同时，茶山镇文化旅游知名度提升，南社古村落创建成为国家AAAA景区，被中央电视台等媒体多次报道，全年游客量突破300万人次。

【茶山镇环境综合治理】 2016年，茶山镇先后开展截污次支管网建设、内河涌整治、畜禽养殖业污染后续监管、黄标车淘汰等工作。重点实施水环境综合治理，成立污水治理设施建设工程总指挥部，每两个星期召开一次指挥部工作会议，根据目标任务和完成时间倒排工期，限期完成。关停日立蓄电池公司，清除省挂牌督办的污染项目。创建成为省生态镇，创建市生态村14个。

【茶山镇文明创建】 2016年，茶山镇开展精神文明创建“补短板促提升”行动，投入24万人次、近2亿元，高标准完成12类示范点建设，实施站前路、茶兴路“十里长街”旧貌整治，城市“六乱”（乱停、乱放、乱摆卖、乱搭建、乱丢垃圾、乱拉挂）、违章广告、城市“牛皮癣”等“脏乱差”现象得到遏制，核心价值观宣传公益广告、城市绿化等随处可见，交通设施和城市配套更加完善，城市环境改善。茶山镇精神文明创建机制被列为东莞市改革创新亮点。

【茶山镇城市建设】 2016年，茶山镇完成新一轮总体规划修编。新中心区升级建设铺开，地铁2号线茶山站建成运营，保利、鲁能、时代地产公司等知名开发商竞相进驻。整治违法用地、违法建筑，叫停所有未报建的在建项目，实行分类处理。

【茶山镇民生实事】 2016年，茶山镇发放社保待遇超1.5亿元。敬老院、残疾人康就中心服务进一步优化，硬件和管理服务水平处于全市前列。推进镇内扶贫，为6000人次发放补助津贴1600多万元；创新援疆、援藏和对口帮扶揭西工作机制，精准扶贫工作获省表彰。茶山中学中考成绩再创新高，进步幅度居全市第一名，跻身全市镇街公办初中学校前十名，户籍生源入读率提升至92%；茶山中学学生连续两年获全省汉字听写大会冠军，获全国汉字听写大会“最佳风尚奖”；茶山镇新中心幼儿园投入使用，硬件水平居全市前列。茶山镇投入3000多万元合作共建广东医科大学附属茶山医院，茶山医院服务水平提升至全市镇街医院前列；完善社区卫生服务网络，构建15分钟医疗服务圈；推进“家庭医生”服务，逐步实现“小病不出门，大病少花钱”。

2016年5月1日，茶山茶园游会举办

2016年2月22日，茶山镇获“广东省文明镇”称号暨南社村古建筑群国家AAAA级旅游景区揭牌仪式举行

【茶山镇社会治理】 2016年，茶山镇开展高清视频监控系统补点建设，社会面视频监控总量超2万个，同时启动“智网工程”，基层社会治理“一张网”格局逐步实现，警情数、刑事案件立案数、破案数实现“两降一升”，东莞火车站茶山辖区保持“零发案”。落实每个村（社区）、单位安全生产责任，投入3000多万元完善消防中心，强化日常监管与专项整治，全年未发生重特大安全生产和消防事故。深

化信访法治化改革省试点工作，防控信访源头和化解积案，矛盾化解率达99%，并完善劳资纠纷处理办法，化解新洋公司劳资纠纷等不稳定因素。

【茶山镇创新基层精神文明创建机制】 2016年，茶山镇推进“省文明创建示范镇”创建，整治广告牌4800多宗，增加公益广告3.7万平方米。开展万人大清洁活动，整治农贸市场、街头巷尾，清洁卫生环境。清理城市“牛皮癣”11万多处，抓获张贴者26人。总投入3.9亿元改造站前路、茶兴路及两侧建筑，将其打造成集生态、文明、展示于一体的城市景观大道。投入3000万元开展城市绿化美化，创建“国家卫生镇”“省生态镇”，提升城市新门户形象。投入2亿多元建设新茶山中学，投入3000多万元合作共建广东医科大学附属医院，投入3500万元建成高清视频治安监控系统，同时做好养老服务省试点工作。建成12个核心价值观示范点，开展核心价值观进基层、“茶山好人”评比、乡贤事迹收集、道德讲堂等品牌活动，在各类媒体开设文明栏目，提升群众文明素质。

【茶山镇获评“广东省民间文化艺术之乡”】 2016年，茶山镇以“茶园游会”民俗活动作为申报项目，获评“广东省民间文化艺术之乡”。“茶园游会”为茶山镇独具特色的传统民俗活动，始于明朝中期，有500多年的历史。自2010年重新开办以后，“茶园游会”在继承传统、回归民俗的基础上，将文化旅游、特色产业融入其中，向市民和游客全方位展示茶山镇独特的文化魅力和社会经济发展成果。2014年，“茶园游会”被列入东莞市市级非物质文化遗产；2015年，“茶园游会”入选广东省省级非物质文化遗产。2016年，茶山镇创建成为“广东省民间文化艺术之乡”。

【茶山镇获评“广东省文明镇”】 2016年1月，茶山镇被广东省精神文明建设委员会评为“广东省文明镇”。自茶山镇申报创建“广东省文明镇”以来，坚持以经济建设为中心，注重扎根基层来推动道德教育春风化雨，注重为民务实来推动创建成果惠及全民，加强社会治理、普法宣传、城市建设，建设平安茶山、法治茶山、美丽茶山。全面加强践行和培育社会主义核心价值观、未成年人思想道德建设、志愿服务、教育事业、城市建设和社会治理，促进经济社会协调发展，物质文明和精神文明同步提升。通过开展创建工作，全镇呈现和谐稳定、整洁有序、健康文明的局面。

【茶山镇获评“全国规范化家长学校实验区”】 2012年起，茶山镇启动“全国优秀家长学校实验基地”创建，南社小学成为东莞市首个创建实验基地。2013年，新小太阳幼儿园启动“全国优秀家长学校实验基地”创建。2015年4月，南社小学和新小太阳幼儿园均被评为“全国优秀家长学校”。2015年12月，茶山镇获得“全国规范化家长学校实验区”授牌。

【茶山镇获评“广东省扶贫开发‘双到’通报表扬帮扶单位”】 2013—2015年，茶山镇负责承担揭西县棉湖镇甲埔村、境潭村及东园镇赤岩村的三年对口帮扶任务，完成各项考核指标，特别是结合实际开展特色产业项目，合作开发供港蔬菜基地，搭建东莞—揭西果蔬供应链，辐射带动村集体、农户增收。茶山镇先后被评为全省扶贫开发“双到”考核结果优秀帮扶单位、全市扶贫开发“双到”工作先进单位。2016年，茶山镇获评“广东省扶贫开发‘双到’通报表扬帮扶单位”。

【茶山镇被确定为“广东省全民助残健身工程示范点”】 2016年3月，茶山镇茶山圩社区综合服务管理中心被广东省残疾人联合会、广东省体育局联合确定为“广东省全民助残健身工程示范点”。2015年，茶山镇在茶山圩社区综合服务管理中心创建全民助残健身工程示范点。示范点配备100平方米室内健身室、200平方米室外健身场所，购置综合康复训练器、电动跑步机、功率自行车、划船器、轮椅健身器、残疾人坐式扭腰器、残疾人坐拉器、残疾人漫步机、二位太极推手、腰背按摩器、平步机和各种球类等一批室内外残疾人健身器材。以购买服务的形式与东莞市展能社会工作中心合作运营，配备7名健身指导员，采取个案服务的形式，为90名残疾人建立个人健身档案，服务近2000人次。

【茶山镇团委被评为“广东省五四红旗团委”】 2016年，茶山镇团委被共青团广东省委评为“广东省五四红旗团委”。茶山镇团委落实“青网计划”及推进新媒体建设，指导成立“茶山通”订阅号，主要发放便民信息及历史文化、文明传播等内容；指导建立青年创新创业孵化基地——东诚慧美产业园，举办两期电商创业培训，培训100多人；开展大学生社会实践行动，策划举办展翅计划岗位实践、模拟面试、趣味运动会、定向越野、创业就业讲座、志愿服务等活动，同时创新策划具有茶山特色的茶山泥公仔制作、电商创业培训等15项实践活动；年度新注册志愿者836人，组织志愿项目86项，项目力推网上报名，网上报名数达600人次。

【茶山镇南社村被评为“全国综合减灾示范社区”】 2015年12月，茶山镇南社村被国家减灾委员会、民政部联合评为“全国综合减灾示范社区”。茶山镇在南社村开展“全国综合减灾示范社区”创建，提升南社村防灾减灾能力。在南社村委会内设立灾害庇护中心，同时在南方、北二、西方等3个村民小组大楼设立灾害庇护点，设立应急仓库，储备床垫、棉被、生活用品、医药用品一批。在南社学校、户外广场等安全地带设立6个临时避灾点。南社配备灾害信息员、地震助理员、气象员，组建以受过专业救援训练的消防员、治安员为主体的应急救援分队，明确分工，落实防灾减灾责任。定期组织应急演练和组织参加培训，提高专业应急救援技巧。建立防震检查档案，把房屋建设单位、使用情况、主管部门等情况记录在档，实行动态跟踪管理。南社村采取多样形式宣传防灾减灾知识，在南社公园、南天百货广场等传播防灾减灾知识，长期展出防灾减灾宣传画；讲授应急救援知识，并结合主题节日举办专题宣传活动，提高群众防灾减灾意识。

【茶山南社古建筑群获评国家AAAA级旅游景区】　2016年，茶山镇以推动南社村古建筑群创建国家AAAA级旅游景区为抓手，逐步整合南社旅游片区的旅游资源，升级改造连接景区的各大交通要道、景区游客接待中心等配套基础设施，丰富景区游览线路，并举办特色文化旅游活动。2016年2月，南社村古建筑群成功申报国家AAAA级旅游景区，并举行揭牌仪式。此前，南社先后获评“中国历史文化名村”“全国重点文物保护单位”“中国景观村”“中国民族优秀建筑——魅力名村”“广东最美丽乡村”“广东省旅游特色村”“广东省国民休闲旅游示范单位”。　（蔡灼荣）

附：2016年茶山镇党委、人大、政府主要领导名录

镇委书记：谢锦波（任至11月）
镇人大主席：谢锦波（任至11月）
汤锡祥（11月到任）
镇　长：黎寿康

南社古村落

2012—2016年茶山镇主要经济社会指标

指标＼年份	2012	2013	2014	2015	2016
户籍人口（人）	45276	45440	45688	46377	46870
常住人口（万人）	15.72	15.74	15.73	15.72	15.82
面积（平方千米）	45.4	45.4	45.4	45.4	45.4
生产总值（万元）	737038	849677	911046	975074	1070327
第一产业（万元）	3438	3585	3737	4040	4396
第二产业（万元）	396459	460233	495466	512132	559262
第三产业（万元）	337141	385858	411843	458902	506669
总用电量（万千瓦时）	132917	138728	149897	153025	165523
全社会固定资产投资总额（万元）	129621	155749	195769	254348	334686
社会消费品零售总额（万元）	214575	243521	265316	301302	345011
外贸出口总额（万美元）	69826	79452	92727	108836	117957
实际利用外资（万美元）	8395	10143	10808	11234	9006
镇级可支配财政收入（万元）	55568	61365	72595	84061	295499
各项税收总额（万元）	105216	126798	146002	166034	192761

人 物

FIGURES

- 东莞市获国家部委以上表彰先进人物
- 全国五一劳动奖章获得者
- 东莞市“中国好人”
- 东莞市荣誉市民名单

茶山镇

编辑：李俊玉

新任职市领导

吕业升 男，汉族，1962年9月出生，广东鹤山人，1987年6月加入中国共产党，1979年5月参加工作，广东省委党校研究生学历。

1979年5月至1981年10月，云浮县腰古供销合作社职工；1981年10月至1985年9月，云浮县公安局秘书股资料员；1985年9月至1987年7月，在广东省政法管理干部学院公安专业学习，大专毕业；1987年7月至1987年10月，在云浮县公安局工作；1987年10月至1989年1月，云浮县六都镇派出所所长；1989年1月至1989年4月，云浮县六都镇党委委员兼镇派出所所长；1989年4月至1991年1月，云浮县六都镇党委副书记兼镇派出所所长；1991年1月至1993年9月，云浮县高峰镇党委书记；1993年9月至1994年9月，云浮县高峰镇党委书记、镇长；1994年9月至1994年12月，云浮市云城区副区长；1994年12月至1996年3月，云浮市云城区副区长兼区外经贸局局长；1996年3月至1996年11月，云安县委常委、副县长；1996年11月至1997年5月，云安县委副书记、副县长（其间：1997年4月定为正处级）；1997年5月至1998年3月，共青团广东省委副书记、党组成员；1998年3月至2000年4月，广东中旅（集团）有限公司董事长、总经理、党委副书记（其间：1995年9月至1998年7月在广东省委党校经济学专业学习，研究生毕业）；2000年4月至2009年7月，广东中旅（集团）有限公司董事长、党委书记；2009年7月至2011年8月，广东省广业资产经营有限公司董事长、党委书记；2011年8月至2012年10月，广东省机场管理集团公司董事长、党委书记；2012年10月至2013年8月，广东省机场管理集团有限公司董事长、党委书记；2013年8月至2016年4月，广东省国资委党委书记、主任；2016年4月至2016年5月，东莞市委书记；2016年5月起，任东莞市委书记、东莞军分区党委第一书记。

梁维东 男，汉族，1962年10月出生，广东佛山人，1984年11月加入中国共产党，1981年7月参加工作，工商管理硕士。

1979年9月至1981年7月，在佛山地区工业学校机械专业学习，中专毕业；1981年7月至1983年9月，在佛山地区工业学校工作；1983年9月至1992年9月，佛山市侨务外事办办事员、科员、副科长（其间：1985年9月至1987年7月脱产在暨南大学侨务专业干部专修科学习，大专毕业；1989年8月至1990年1月在国务院侨务办公室侨务干部学校参加英语强化训练班）；

1992年9月至1994年3月，香港佛山发展有限公司财务部经理；1994年3月至2001年1月，香港佛山发展有限公司副总经理（其间：1997年6月至1999年3月在澳大利亚莫道克大学香港班工商管理硕士学位课程班学习，取得硕士学位）；2001年1月至2001年12月，佛山市工业投资管理有限公司副总经理、党委副书记；2001年12月至2003年12月，佛山市工业投资管理有限公司总经理、党委副书记；2003年12月至2004年7月，佛山市公盈投资控股有限公司总经理、党委副书记；2004年7月至2004年11月，佛山市禅城区委副书记、副区长；2004年11月至2006年11月，佛山市禅城区委副书记、副区长，佛山高新技术产业开发区党委书记、管委会主任；2006年11月至2007年1月，佛山市禅城区委常委、副区长，佛山高新技术产业开发区党委书记、管委会主任；2007年1月至2007年2月，佛山市禅城区委副书记、副区长、区长人选；2007年2月至2008年8月，佛山市禅城区委副书记、区长；2008年8月至2009年1月，佛山市顺德区委副书记、副区长、代区长；2009年1月至2011年4月，佛山市顺德区委副书记、区长（其间：2009年7月至2009年8月参加广东省第5期领导干部公共管理高级培训班学习）；2011年4月至2014年11月，佛山市委常委、顺德区委书记、顺德职业技术学院党委书记；2014年11月至2016年3月，佛山市委常委、南海区委书记、佛山高新区党工委书记、广东金融高新区发展促进局党委书记；2016年3月至2016年4月，东莞市委副书记、市人民政府市长候选人；2016年4月至2016年5月，东莞市委副书记，市人民政府副市长、代理市长、党组书记；2016年5月起，任东莞市委副书记，市人民政府市长、党组书记。

张　科　男，汉族，1968年2月出生，重庆人，1987年1月加入中国共产党，1989年6月参加工作，在职研究生，公共管理硕士。

1985年9月至1989年6月，在中山大学管理学院审计学专业学习，大学毕业；1989年6月至1990年6月，广东省审计局外资审计处审计见习干部；1990年6月至1992年4月，广东省审计局外资审计处科员（其间：1989年12月至1991年1月在广东省曲仁矿务局花坪矿基层锻炼）；1992年4月至1993年11月，广东省审计局外资审计处副主任科员；1993年11月至1998年6月，广东省审计厅（局）外资审计处主任科员；1998年6月至2000年7月，广东省审计厅外资审计处副处长；2000年7月至2001年3月，广东省审计厅经贸审计处副处长（其间：1999年12月至2000年12月参加广东省第一批高层次管理人才出国培训班赴美国加州洛杉矶州立大学进修金融管理一年）；2001年3月至2012年5月，广东省委台办副主任（其间：2009年3月至2010年1月在新加坡南洋理工大学公共管理专业学习，硕士研究生毕业）；2012年5月至2012年6月，东莞市人民政府副市长人选；2012年6月至2014年6月，东莞市人民政府副市长、党组成员；2014年6月至2014年7月，东莞市委常委，市人民政府副市长、党组成员；2014年7月至2016年12月，东莞市委常委，市人民政府常务副市长、党组副书记；2016年12月起，任东莞市委副书记，市人民政府常务副市长、党组副书记。

郑　琳　女，汉族，1964年11月出生，安徽舒城人，1993年6月加入中国共产党，1985年7月参加工作，理学学士。

1981年9月至1985年7月，在华中师范学院数学系数学专业学习，大学毕业；1985年7月至1990年9月，湖北省纺织工业学校教师（其间：1988年9月至1990年9月借调广东交通学校任教）；1990年9月至1994年9月，广东交通学校数学组教师；1994年9月至1996年2月，广东交通学校教育研究室副主任（副科级）（其间：1995年12月至1996年2月借调广东省交通厅办公室信息科工作）；1996年2月至1997年12月，广东省交通厅办公室信息科副科级干部；1997年12月至2003年4月，广东省交通厅办公室主任科员；2003年4月至2007年11月，广东省交通厅办公室副主任；2007年11月至2009年12月，广东省交通厅办公室主任（其间：2009年9月至2009年12月参加广东省委党校中青年培训班学习）；2009年12月至2013年4月，广东省交通运输厅办公室主任；2013年4月至2016年10月，广东省交通运输厅党组成员、副厅长；2016年10月至2016年12月，东莞市委常委；2016年12月起，任东莞市委常委，市委组织部部长，市委党校校长、市行政学院院长、市社会主义学院院长。

杨晓棠　男，汉族，1965年11月出生，东莞莞城人，1985年6月加入中国共产党，1989年5月参加工作，研究生，历史学硕士。

1982年9月至1986年7月，在中山大学历史学专业学习，大学毕业；1986年9月至1989年6月，在中山大学中国古代史专业学习，硕士研究生毕业；1989年5月至1989年11月，东莞市外经发展公司业务员；1989年11月至1991年10月，东莞市外经委办公室办事员；1991年10月至1992年7月，东莞市外经委办公室主办科员；1992年7月至1994年4月，东莞市外经委外资引进科副科长；1994年4月至1998年9月，东莞市外经贸委办公室副主任；1998年9月至2000年12月，东莞市外经贸委主任科员；2000年12月至2001年7月，东莞市外经贸委副主任；2001年7月至2001年11月，东莞市对外贸易经济合作局副局长；2001年11月至2003年11月，东莞市对外贸易经济合作局党组成员、副局长；2003年11月至2007年10月，东莞市教育局党组书记、局长；2007年10月至2011年3月，东莞市教育局党组书记、局长，市教育局直属学校管理中心主任；2011年3月至2011年4月，东莞市纪委副书记，市教育局局长、市教育局直属学校管理中心主任；2011年4月至2011年9月，东莞市纪委副书记，市教育局直属学校管理中心主任；2011年9月至2012年2月，东莞市纪委副书记；2012年2月至2012年3月，东莞市纪委副书记，长安镇党委书记；2012年3月至2012年4月，东莞市纪委副书记，长安镇党委书记、人大主席；2012年4月至2013年12月，东莞市长安镇党委书记、人大主席（正处级）；2013年12月至2014年6月，东莞市委秘书长；2014年6月至2014年7月，东莞市人民政府副市长；2014年7月至2016年12月，东莞市人民政府副市长、党组成员；2016年12月起，任东莞市委常委，市人民政府副市长、党组成员，市委宣传部部长。

殷焕明　男，汉族，1965年3月出生，东莞常平人，1985年4月加入中国共产党，1987年7月参加工作，广东省社科院在职研究生哲学学士。

1983年9月至1987年7月，在华南师范大学政治教育系政治教育专业学习，大学毕业；1987年7月至1989年3月，东莞市石龙中学教师、团委副书记；1989年3月至1991年4月，东莞市政府办公室文教科办事员；1991年4月至1992年7月，东莞市政府办公室文教科科员；1992年7月至1993年3月，东莞市政府办公室文教科主办科员；1993年3月至1993年12月，东莞市政府办公室文教科副科长；1993年12月至1994年3月，东莞市常平镇副镇长；1994年3月至1996年5月，东莞市常平镇副镇长、科技办公室主任；1996年5月至2002年5月，东莞市常平镇副镇长（其间：1995年7月至1998年11月在广东省社科院经济学专业学习，在职研究生毕业）；2002年5月至2002年8月，东莞市常平镇党委副书记；2002年8月至2002年10月，东莞市寮步镇党委书记；2002年10月至2008年8月，东莞市寮步镇党委书记、人大主席（其间：2005年5月定为副处级；2008年1月定为正处级）；2008年8月至2008年9月，东莞市人民政府党组成员、寮步镇人大主席；2008年9月至2010年4月，东莞市人民政府党组成员、秘书长；2010年4月至2010年7月，东莞市副厅级干部，市人民政府党组成员、秘书长；2010年7月至2014年1月，东莞市副厅级干部，市人民政府党组成员（其间：2010年4月至2014年1月任广东省援疆工作前方指挥部副总指挥、临时党委委员，兵团农三师党委常委、副师长，东莞援疆工作队队长）；2014年1月至2014年2月，东莞市人民政府党组成员、松山湖高新技术产业开发区管委会主任（副厅级）；2014年2月至2014年12月，东莞市人民政府党组成员，松山湖高新技术产业开发区党工委书记、管委会主任（副厅级）；2014年12月至2016年12月，东莞市人民政府党组成员，松山湖高新技术产业开发区、东莞生态产业园区党工委书记、管委会主任（副厅级）；2016年12月起，任东莞市委常委，市人民政府党组成员，松山湖高新技术产业开发区、东莞生态产业园区党工委书记、管委会主任。

黄少文　男，汉族，1967年9月出生，东莞樟木头人，1987年4月加入共产党，1988年7月参加工作，中央党校研究生、高级管理人员工商管理硕士。

1986年9月至1988年7月，在惠阳师范专科学校汉语言文学专业学习，大专毕业；1988年7月至1991年8月，东莞市委组织部办事员；1991年8月至1993年11月，东莞市委组织部科员；1993年11月至1995年11月，东莞市委组织部副科级组织员；1995年11月至1997年10月，东莞市委组织部组织科副科长（其间：1994年10月至1997年2月在广东省委党校经济管理专业学习，大学毕业）；1997年10月至2001年1月，东莞市委组织部企业组织科科长；2001年1月至2002年7月，东莞市委组织部干部二科（经济干部科）科长；2002年7月至2003年12月，东莞市委组织部干部一科科长；2003年12月至2005年8月，东莞市委组织部副处级组织员、干部一科科长；2005年8月至2007年2月，东莞市委组织部副处级组织员、干部一科科长，市人事局党组成员、副局长；2007年2月至2007年5月，东莞市委组织部副部长、干部一科科长，市人事局党组成员、副局长；2007年5月至2008年8月，东莞市委组织部副部长，市人事局党组成员、副局长〔其间：2005年9月至2008年7月在中央党校经济学（经济管理）专业学习，研究生毕业〕；2008年8月至2008年9月，东莞市东城街道党委书记（副处级）；2008年9月至2014年3月，东莞市东城街道党委书记、人大联络委主任（其间：2010年9月被定为正处级；2011年9月至2013年6月在中山大学高级管理人员工商管理专业学习，取得硕士学位）；2014年3月至2014年4月，东莞市南城街道党委书记；2014年4月至2014年6月，东莞市南城街道党委书记、人大联络委主任；2014年6月至2014年8月，东莞市委秘书长；2014年8月至2016年2月，东莞市委秘书长、市社会工作委员会副主任；2016年2月至2016年12月，东莞市委秘书长；2016年12月起，任东莞市委常委、市委政法委书记、市委秘书长。

潘新潮　男，汉族，1966年11月出生，湖北广水人，1992年2月加入中国共产党，1988年7月参加工作，本科学历。

1984年9月至1988年7月，在中山大学汉语言文学专业学习，大学毕业；1988年7月至1991年7月，东莞市政府经济研究室信息科办事员（其间：1989年5月至1989年8月抽调参加广东省市基层廉政制度建设试点石碣工作队）；1991年7月至1992年4月，东莞市政府经济研究室综合科科员；1992年4月至1994年5月，东莞市政府经济研究室主办科员；1994年5月至1995

年8月，东莞市政府经济研究室调研科副科长；1995年8月至1997年4月，东莞市委政策研究室、市政府经济研究室城镇科副科长；1997年4月至1999年6月，东莞市政府办公室综合科副科长；1999年6月至2001年1月，东莞市政府办公室综合科主任科员（其间：1998年3月至1999年12月在华南师范大学马克思主义哲学专业研究生课程进修班学习）；2001年1月至2003年3月，东莞市政府办公室综合科科长；2003年3月至2004年9月，东莞市政府督查室主任；2004年9月至2006年5月，东莞市政府副秘书长；2006年5月至2009年4月，东莞市委副秘书长（其间：2007年4月定为正处级；2007年9月至2007年12月参加广东省委党校中青班学习）；2009年4月至2011年12月，东莞市委副秘书长、市委办公室主任；2011年12月至2016年12月，东莞市委常委、市委宣传部部长（其间：2013年8月至2013年9月参加广东省第14期领导干部美国高级培训班学习）；2016年12月起，东莞市人大常委会党组副书记。

陈锡江 男，汉族，1960年2月出生，东莞望牛墩人，1989年5月加入中国共产党，1977年8月参加工作，中央党校研究生。

1977年8月至1981年9月，东莞县望牛墩洲涡小学教师；1981年9月至1983年7月，在惠州教育学院历史专业学习，大专毕业；1983年7月至1988年8月，东莞市（县）莞城第一中学教师；1988年8月至1988年9月，东莞市医药总公司办事员；1988年9月至1989年12月，东莞市医药总公司科员；1989年12月至1991年4月，东莞市医药总公司主办科员；1991年4月至1994年1月，东莞市医药总公司办公室副主任；1994年1月至1994年4月，东莞市医药总公司办公室主任；1994年4月至1999年7月，东莞市医药总公司办公室主任、总经理助理；1999年7月至2001年6月，东莞市医药管理局副局长；2001年6月至2003年12月，东莞市药品监督管理局党组成员、副局长（其间：2001年9月至2003年12月在广东省委党校经济管理专业学习，大学毕业）；2003年12月至2004年7月，东莞市药品监督管理局党组成员、副局长、纪检组组长；2004年7月至2004年9月，惠州市食品药品监督管理局党组副书记、副局长（主持全面工作）；2004年9月至2008年11月，惠州市食品药品监督管理局党组书记、局长（其间：2004年9月至2007年7月在中央党校法学理论专业学习，研究生毕业；2006年9月至2006年12月参加广东省委党校中青班学习）；2008年11月至2014年12月，东莞市食品药品监督管理局党组书记、局长（其间：2011年5月至2011年7月参加广东省委党校县处级班学习）；2014年12月至2015年1月，东莞市人大常委会党组成员、秘书长候选人，市食品药品监督管理局局长；2015年1月至2015年4月，东莞市人大常委会党组成员、秘书长，市食品药品监督管理局局长；2015年4月至2016年2月，东莞市人大常委会党组成员、秘书长；2016年2月至2016年3月，东莞市人大常委会副主任、党组成员，市总工会党组书记、主席候选人；2016年3月起，任东莞市人大常委会副主任、党组成员，市总工会党组书记、主席。

张少康 男，1965年9月生，广东揭西人，1988年7月参加工作，九三学社社员，同济大学城市规划专业，本科学历。

1984年9月至1988年7月，在同济大学城市规划专业学习，大学毕业；1988年7月至1995年3月，广东省城乡规划设计研究院城市规划助理工程师、工程师；1995年3月至1997年3月，广东省城乡规划设计研究院设计室副主任、主任工程师；1997年3月至1999年3月，广东省城乡规划设计研究院第一设计所所长、主任工程师、高级工程师；1999年3月至2000年11月，广东省城乡规划设计研究院副总规划师、第一设计所所长；2000年11月至2001年7月，江门市规划局副局长；2001年7月至2004年8月，江门市规划局局长；2004年8月至2005年2月，江门市规划局局长，九三学社江门市委会副主委；2005年2月至2005年10月，江门市长助理、市规划局局长，九三学社江门市委会副主委；2005年10月至2007年1月，江门市长助理、市规划局局长，九三学社江门市委会主委（其间：2005年10月至2005年12月参加广东省中青年领导干部法国学习班学习）；2007年1月至2008年12月，江门市政协副主席、市规划局局长，九三学社江门市委会主委；2008年12月至2010年6月，广东省城乡规划设计研究院院长（副厅级）；2010年6月至2010年11月，广东省住房和城乡建设厅正厅级干部、广东省城乡规划设计研究院院长，新疆喀什地区行署副专员；2010年11月至2010年12月，广东省住房和城乡建设厅正厅级干部、新疆喀什地区行署副专员；2010年12月至2014年1月，广东省住房和城乡建设厅正厅级干部、广东省援疆前方指挥部副总指挥、新疆喀什地区行署副专员；2014年1月至2015年6月，广东省住房和城乡建设厅正厅级干部、广东省城乡规划设计研究院院长；2015年6月至2016年1月，广东省住房和城乡建设厅正厅级干部、广东省城乡规划设计研究院院长，九三学社广东省委会副主委；2016年1月至2016年6月，广东省住房和城乡建设厅正厅级干部、广东省城乡规划设计研究院院长，九三学社广东省委会副主委，广东省政协常委（其间：2016年2月至2016年4月参加广东省委党校2016年第一期市厅级领导干部进修班学习）；2016年6月起，任东莞市人民政府副市长（正厅级），九三学社广东省委会副主委，广东省政协常委。

李小梅 女，汉族，1956年11月出生，东莞桥头人，省委党校大专学历，1973年10月参加工作，1974

年10月加入中国共产党。

1973年10月至1975年6月，东莞县桥头印刷厂职工（其间：1974年3月至1974年10月，借调桥头公社工作）；1975年6月至1987年12月，东莞县横沥公社、区党委委员、常委、革委副主任、党委副书记；1988年1月至1994年2月，东莞市劳动局副局长（其间：1986年3月至1989年3月，在省委党校党政干部专业学习，大专毕业）；1994年2月至1997年5月，东莞市劳动局副局长、市社会保险事业局局长；1997年5月至2001年6月，东莞市社会保险管理局局长；2001年6月至2001年11月，东莞社会保障局局长；　2001年11月至2003年2月，东莞社会保障局党组书记、局长；2003年2月至2003年3月，东莞市人民政府副市长；2003年3月至2011年12月，东莞市人民政府副市长、党组成员；2011年12月至2012年1月，东莞市委常委，市人民政府副市长、党组成员；2012年1月至2012年2月，东莞市委常委；2012年2月至2015年12月，东莞市委常委、市委统战部部长；2015年12月至2016年2月，东莞市政协主席候选人、市委统战部部长；2016年2月至2016年12月，东莞市政协主席、党组书记，市委统战部部长；2016年12月，东莞市政协主席。

姚　康　男，汉族，1964年8月出生，广东平远人，1984年10月加入中国共产党，1982年7月参加工作，广东省委党校研究生学历、高级管理人员、工商管理硕士。

1979年9月至1982年7月，在嘉应师范专科学校物理专业学习，大专毕业；1982年7月至1984年1月，梅州市平远中学教师；1984年1月至1985年1月，共青团平远县委学少部、宣传部干事；1985年1月至1987年2月，共青团平远县委副书记；1987年2月至1988年7月，梅州市平远县仁居镇党委副书记；1988年7月至1990年2月，梅州市平远县仁居镇镇长；1990年2月至1991年5月，梅州市平远县仁居镇党委书记；1991年5月至1994年12月，共青团广东省委青农部正科级干部；1994年12月至1996年11月，共青团广东省委宣传部副部长；1996年11月至1997年8月，共青团广东省委少年部部长、广东省少先队工作委员会副主任；1997年8月至1998年12月，共青团广东省委常委、少年部部长，广东省少先队工作委员会副主任（其间：1995年9月至1998年7月在广东省委党校经济专业学习，研究生毕业）；1998年12月至1999年1月，共青团广东省委副书记、党组成员；1999年1月至2002年12月，共青团广东省委副书记、党组成员，广东省青联副主席，全国青联常委（其间：2001年5月至2001年8月在清华大学外语系学习；2001年9月至2002年2月被共青团中央选派到美国加州柏克利等大学学习；2002年9月至2002年12月参加广东省委党校第二期市厅领导干部学习班学习）；2002年12月至2006年12月，广东省机械设备成套局党组成员、副局长（其间：2002年10月至2006年1月在华南理工大学高级管理人员工商管理专业学习，取得硕士学位；2006年7月至2006年9月参加广东省第2期市厅级领导干部出国培训班哥大班学习）；2006年12月至2007年1月，云浮市委常委；2007年1月至2009年3月，云浮市委常委、常务副市长；2009年3月至2009年5月，云浮市委副书记、常务副市长；2009年5月至2011年12月，云浮市委副书记；2011年12月至2014年5月，东莞市委副书记、市社会工作委员会主任；2014年5月至2015年1月，东莞市委副书记、市社会工作委员会主任、东莞水乡特色发展经济区管委会主任；2015年1月至2016年2月，东莞市委副书记，市社会工作委员会主任，东莞水乡特色发展经济区管委会党组书记、主任；2016年2月至2016年12月，东莞市委副书记，东莞水乡特色发展经济区管委会党组书记、主任；2016年12月，东莞市政协党组书记，东莞水乡特色发展经济区管委会党组书记、主任。

彭启尧　男，汉族，1957年8月出生，东莞东坑人，在职大学学历，1980年8月参加工作，1986年12月加入中国共产党。

1978年9月至1980年7月，在东莞师范学校英语专业学习，中师毕业；1980年8月至1984年7月，东莞莞城第一中学教师；1984年7月至1985年2月，东莞县收容站干部；1985年2月至1987年7月，东莞市（县）司法局办事员；1987年7月至1988年11月，东莞市司法局宣教股副股长；1988年11月至1989年11月，东莞市司法局宣教科主办科员（其间：1987年9月至1989年6月，在中国政法大学法律专业学习，在职大专毕业）；1989年11月至1989年12月，东莞市司法局宣教科副科长；1989年12月至1990年12月，东莞市司法局公证律师科副科长；1990年12月至1995年10月，东莞市公证处主任；1995年10月至1997年1月，东莞市司法局党组成员、副局长，市公证处主任；1997年1月至1997年12月，东莞市司法局党组成员、副局长；1997年12月至2001年6月，东莞市司法局党组成员、副局长、公证律师科科长；2001年6月至2001年7月，东莞市司法局党组成员、局长；2001年7月至2010年12月，东莞市司法局党组书记、局长（其间：2001年9月至2004年7月，在中山大学行政管理专业学习，在职大学毕业）；2010年12月至2015年10月，东莞市体育局党组书记、局长；2015年10月至2016年2月，东莞市体育局调研员；2016年2月起任东莞市政协副主席、党组成员。

邓流文　男，汉族，1959年3月出生，东莞厚街人，1984年9月加入中国共产党，1980年8月参加工作，广东省委党校大学学历。

1978年4月至1980年8月，广东石油学校有机化工专业学习，中专毕业；1980年8月至1981年2月，分配到佛山市后转调茂名石油工业公司；1981年2月至1984年10月，在东莞县氮肥厂工作；1984年10月至1994年4月，广东联发纺织厂副厂长；1994年4月至1995年3月，东莞市纺织工业总公司生产管理部副经理（副科级），挂任河源市经济协作办公室主任助理；1995年3月至1997年8月，东莞市纺织工业总公司经营销售部经理（正科级）（其间：1994年9月至1997年8月在广东省委党校经济管理专业学习，大专毕业）；1997年8月至1999年11月，东莞市麻涌镇副镇长；1999年11月至2000年1月，东莞市麻涌镇党委副书记（其间：1997年9月至1999年12月在广东省委党校经济管理专业学习，大学毕业）；2000年1月至2000年5月，东莞市麻涌镇党委副书记、纪委书记；2000年5月至2002年6月，东莞市麻涌镇党委副书记、纪委书记、武装部部长；2002年6月至2002年12月，东莞市麻涌镇党委副书记、纪委书记；2002年12月至2003年11月，东莞市麻涌镇党委副书记、镇长、纪委书记；2003年11月至2005年3月，东莞市麻涌镇党委副书记、镇长、综治办公室主任；2005年3月至2008年8月，东莞市望牛墩镇党委书记、人大主席（其间：2005年5月被定为副处级；2008年1月被定为正处级）；2008年8月至2008年9月，东莞市麻涌镇党委书记；2008年9月至2012年11月，东莞市麻涌镇党委书记、人大主席；2012年11月至2012年12月，东莞市沙田镇党委书记、虎门港党工委书记；2012年12月至2016年2月，东莞市沙田镇党委书记、人大主席，虎门港党工委书记；2016年2月至2016年8月，东莞市政协副主席、党组成员，沙田镇党委书记、人大主席，虎门港党工委书记；2016年8月，东莞市政协副主席、党组成员。

全国五一劳动奖章获得者

欧阳志良　东莞市动物卫生监督所厚街分所实验室负责人。长期深入基层一线从事动物检验检疫工作，冒着生命危险，零距离接触活禽，加强采样调查、疫情监测和消毒，并按照最高防疫标准开展禽流感免疫消毒工作，厚街镇“三鸟”（鸡、鸭、鹅）强制免疫率达100%。2013年4月，东莞市东城“三鸟”批发市场一例鸡样品被确诊为H7N9阳性。为尽快汇总情况，5月1日，欧阳志良打了300多通电话给“三鸟”从业人员，调查了解其个人身体情况、货源情况和“三鸟”的健康情况，并交待各项落实个人防护等注意事项，然后带领动物防疫人员到31个农贸市场100多个活禽档口以及70多个散养点现场采样，再进行实验室监测，连续奋战3天3夜。面对H7N9疫情防控严峻形势，放弃假期，坚守防疫岗位，24小时待命。2013年，获评东莞市职工技术标兵和东莞市五一劳动奖章；2015年，获评广东省劳动模范；2016年，获评全国五一劳动奖章。

闵远平　东莞玖龙纸业有限公司叉车司机。初到公司时是一名保安，通过内部培训，学习叉车技术，成为叉车司机。因表现出色被提升为叉车组长，带领4名叉车司机。所带的组在公司叉车岗位中屡次获得“优秀叉车工”“优秀团队”“优秀流动红旗”等荣誉。2013年，获得东莞市叉车岗位劳动技能竞赛第一名，被市总工会授予“东莞市技术标兵”称号；2014年，获评东莞市五一劳动奖章；2015年，获评广东省劳动模范；2016年，获评全国五一劳动奖章。

广东省五一劳动奖章获得者

张思燕　东莞美维电路有限公司主任工程师。一直从事一线管理事务，兢兢业业。在主管化学实验室和废水处理站期间，生产线化学分析及时准确率达98%以上，培养出数十名专业员工。在环境管理方面，工厂经历数次环保设施升级改造，均获得东莞市环保局的验收，使该公司获评2007—2016年广东省“清洁生产企业”、2009年“东莞市国家环境友好企业”、2010年“粤港清洁生产伙伴”，节能改造项目获得香港生产力促进局颁发的“清洁生产嘉许状”。2008年该公司面临经济危机，主动承担节能减排及能源管理工作，实施节能改造申报，获得政府51.9万元节能与清洁生产专项奖励资金。利用安全生产知识，排除企业生产运行中的不安全因素，最大程度保障员工职业健康。2012年针对环保工作新任务，落实整改工作，确保该公司运行不仅全部满足环保法规要求，而且在危险废物回收经济上获得最大效益。2016年，获评广东省五一劳动奖章。

沈宏平　中国联合网络通信有限公司东莞市分公司财务部经理，广东科技学院客座教授，先后被评为集团公司优秀财务工作者、广东联通优秀财务经理、东莞市劳动模范、东莞好人、东莞十大最美家乡人等荣誉40多项。构建价值管理体系，累计为公司降本增效1.55亿元；为公司挽回损失1300多万元；发表研究型论文十多篇，《基于电信运营商深度转型的资源配置新体系的构建》获财政部优秀论文奖；通过开展活动，立体打造团队文化建设长效平台，获得国资委和联通集团公司表彰。2016年，获评广东省五一劳动奖章。

郑佩芬　东莞市特殊幼儿中心副主任。工作勤恳，钻研教材教法，因材施教。轻松有趣的教学课堂让毕业班的孩子们成绩名列全级第一名。通过自学、请教专家、与有经验的特教老师和治疗师沟通交流、把握外出学习的机会等途径，及时掌握特殊教育相关理论知识和实践技能，运用科学的特殊干预方法为7—14岁的残疾孩子实施个别化教育，并挖掘残疾孩子的潜能，透过不同平台展示孩子的特长，孩子们在艺术领域多次获得优秀成绩。教学论文《自闭症学生的情绪及行为问题的处理》被广东省自闭症康复协会学术委员会推荐为交流论文。1995年和2012年获评东莞市优秀教师，2013年获评东莞市劳动模范，2014年获评全国“交通银行特教园丁奖”，多次被东莞市残联评为先进个人。2016年，获评广东省五一劳动奖章。

苏慧英　国家统计局东莞调查队科长。对待工作认真负责，对统计事业有执著追求。经常在繁忙的工作和节假日中挤出时间加强学习业务，并虚心向资深的会计师、统计师请教学习。多次被国家统计局和广东省统计局评为“先进个人”，2001—2015年考核连续14年被评为“优秀等次”，2006年被东莞市委评选为“优秀共产党员”、2010年被市委、市政府评选为“先进工作者”，2012年被东莞市委组织部、市委创争办、市直机关工委评为“优秀党员服务标兵”。2016年，获评广东省五一劳动奖章。

肖远红　东莞技研新阳电子有限公司技术员。从基础常识学起，通过刻苦练习基本功，摸索出手工焊锡技巧，电烙铁焊接技术过硬。技术上遇到疑难故障总是能坚持分析，根据电路逐一对关联部品的作用进行实验分析，攻关疑难杂症，减少公司材料损耗。积极参加公司义务家电维修小组活动。2012年赢得东莞市电烙铁竞赛个人赛第一名，2013年获评东莞市五一劳动奖章。2016年，获评广东省五一劳动奖章。

2016年东莞市获国家部委以上表彰先进人物

获奖项目	获奖者	工作单位	授予单位	授予时间
《“唠叨”话，累并快乐着》获得“我的调解故事”主题征集展播活动三等奖	张静燕	虎门镇龙眼社区人民调解委员会	司法部	2月
《不同的纠纷，带给我不同的心情》获得“我的调解故事”主题征集展播活动优秀奖	唐金发	谢岗镇人民调解委员会	司法部	2月
《调解工作就是春风化雨》获得“我的调解故事”主题征集展播活动优秀奖	潘旭毅	市医疗争议专业人民调解委员会	司法部	2月
《“六五”普法成果展》获得“H5讲述‘六五’普法”新媒体创意大赛活动优秀奖	邓俊炜 香宜彤	东莞市司法局桥头分局	司法部、国家互联网信息办公室、全国普法办公室	2月
《长安20分钟法律服务圈》获得“H5讲述‘六五’普法”新媒体创意大赛活动优秀奖	张　峰	东莞市司法局长安分局	司法部、国家互联网信息办公室、全国普法办公室	2月
全国公安系统二级英雄模范	郑浩源	东莞市公安局刑事警察支队八大队科员	公安部	3月
全国人民防空先进个人	袁政军	东莞市人民防空办公室	国家人防办	3月
中国好人	何俊凯	东莞市公安消防支队石龙中队	中央文明办	4月
第二届全国“书香之家”称号	邹　伟	东莞市公安局交通警察支队东城大队	国家新闻出版广电总局	4月
全国五一劳动奖章	欧阳志良	东莞市动物卫生监督所厚街分所	中华全国总工会	4月
全国五一劳动奖章	闵远平	玖龙纸业（控股）有限公司	中华全国总工会	4月
第十届全国五好文明家庭	张文辉家庭	牛山社区积善里村	中华全国妇女联合会	5月
2015年度民革全国祖国统一工作先进个人	肖隆东	东莞市黄江镇公用事业服务中心	中国国民党革命委员会中央委员会	6月
质量监督检验检疫系统援藏援疆先进个人	吕维佳	东莞出入境检验检疫局	国家质量监督检验检疫总局	6月

续表

获奖项目	获奖者	工作单位	授予单位	授予时间
全国纺织工业劳动模范	吴春桂	东莞市三苑宜友制衣有限公司	人力资源和社会保障部、中国纺织工业联合会	6月
2011—2015年全国法治宣传教育模范个人	江　军	东莞广播电视台主持人	中共中央宣传部、司法部、全国普法办	7月
2011—2015年全国法治宣传教育先进个人	何俊聪	共青团东莞市委员会副书记	中共中央宣传部、司法部、全国普法办	7月
2011—2015年全国法治宣传教育先进个人	高剑锋	东莞市启明律师事务所律师	中共中央宣传部、司法部、全国普法办	7月
全民科学素质行动计划纲要实施工作先进个人	黎鹤龄	东莞市科学技术协会	中共中央组织部、中共中央宣传部、国家发改委会、教育部、科技部、财政部、人社部、农业部、中国科学技术协会	8月
“蒲公英第十六届青少年优秀艺术新人广东选拔活动”优秀教师奖	常　静	虎门文广中心	文化部、中华儿童文化促进会	8月
中国好人	汪　旺		中央文明办	9月
全国基层卫生岗位练兵和技能竞赛全国总决赛“社区护理组”二等奖（全国第7名）	曾湛艳	凤岗镇社区卫生服务中心	国家卫生和计划生育委员会、中华全国总工会	9月
全国基层卫生岗位练兵和技能竞赛全国总决赛“城市全科医疗组”一等奖（全国第1名）	刘汉海	长安镇社区卫生服务中心	国家卫生和计划生育委员会、中华全国总工会	9月
全国残疾人工作先进个人	单进华	东莞市高埗镇塘厦村残疾人协会	国务院残疾人工作委员会	9月
2016年度文化部优秀专家	李东来	东莞图书馆	文化部	10月
第十七届群星奖入围奖	森林缪斯组合 林　静 段晓琪	莞城文化服务中心	文化部	10月
民革全国机关工作先进个人	黎丽香	东莞市民主党派办民革办公室	中国国民党革命委员会中央委员会	11月
政府特殊津贴	郑芝波	东莞市农业科学研究中心	国务院	12月
全国殡葬工作先进个人	何金生	东莞市殡仪馆	民政部	12月
各省（区、市）税务局先进工作者	王秀平	东莞市国家税务局东城税务分局	国家税务总局	12月
全国市县防震减灾人员考核先进工作者	徐国辉	东莞市地震局	中国地震局	12月
全国科普工作先进者	林　强	东莞市南城科技办	科技部、中共中央宣传部、中国科学技术协会	12月
“兵团优秀援疆干部人才”称号并记功	曾世红	东莞市东城第一中学	中共新疆生产建设兵团委员会新疆生产建设兵团	12月
2016年文化志愿服务个人	周金凤	东莞市鑫铂模具厂	文化部	12月
全国青年岗位能手	黄栋斐	东莞市技师学院	共青团中央、人力资源和社会保障部	2016年

2016年东莞市获省委、省政府表彰先进人物

获奖项目	获奖者	工作单位	授予单位	授予时间
广东省五一劳动奖章	郑佩芬	东莞市特殊幼儿中心	广东省总工会	2016年4月
广东省五一劳动奖章	张思燕	东莞美维电路有限公司	广东省总工会	2016年4月
广东省五一劳动奖章	沈宏平	中国联合网络通信有限公司东莞市分公司	广东省总工会	2016年4月
广东省五一劳动奖章	苏慧英	国家统计局东莞调查队	广东省总工会	2016年4月
广东省五一劳动奖章	肖远红	东莞技研新阳电子有限公司	广东省总工会	2016年4月
2016年第一季度“广东好人”	刘焕祺 刘成发 刘浩林	东莞市横沥隔坑村村民	广东省人民政府	2016年4月
广东省优秀党务工作者	谢锦波	东莞市茶山镇人民政府	中共广东省委员会	2016年6月
广东省优秀党务工作者	叶永光	东莞市第二市区人民检察院	中共广东省委员会	2016年7月
爱国拥军模范	邹　峰	东莞市军队离休退休干部休养所	省委、省政府、省军区	2016年8月
广东省政府个人一等功	周国华	中国残疾人田径队	广东省人民政府	2016年9月
广东省环境保护先进工作者	廖春林	东莞市环境保护局	广东省人民政府	2016年9月
广东省环境保护先进工作者	刘可旋	东莞市环境保护局	广东省人民政府	2016年9月
广东省环境保护先进工作者	杨　翔	东莞市环境保护局南城分局	广东省人民政府	2016年9月
2016年广东省扬帆计划引进紧缺拔尖人才	王　颖	广东医科大学（松山湖校区）	广东省人民政府	2016年

东莞市荣誉市民名单（2015年）

金甲喆　韩国　东莞高伟光学电子有限公司法人代表

崔元佑　韩国　东莞三星视界有限公司总经理（法人代表）

路易吉·弗兰卡维拉　意大利　陆逊梯卡华宏（东莞）眼镜有限公司董事长

田宏　美国　TDK中国本部总经理

铃木正彦　日本　太阳诱电（广东）有限公司董事长

片山胜彦　日本　万宝至马达（东莞）有限公司董事长

塚本年治　日本　技研新阳集团董事长

蔡志浩　中国香港　东莞市五株电子科技有限公司董事长

李新成　东莞市百茂实业投资有限公司董事长

马鸿　东莞市搜于特服装股份有限公司董事长兼总经理

何建雄　东莞市雄林新材料科技股份有限公司董事长

周汉生　东莞市金叶珠宝有限公司董事长

林晓丽　中国东莞市雅路智能家居股份有限公司董事

孙业民　广东长盈精密技术有限公司法人代表、执行董事

朱治民　东莞市海陆通实业有限公司董事长

李林　东莞市嘉田电子科技有限公司总裁

吴惠明　东莞市民兴电缆有限公司董事长

周继国　广东中电亿科电子器材有限公司总经理

苏晨　中国广东楚天龙智能卡有限公司法定代表人、执行董事

郑耀南　广东都市丽人实业有限公司董事长

王文革　东莞中电新能源热电有限公司总经理

赵博　东莞当纳利印刷有限公司包装业务运营负责人、法人代表

金炳奎　韩国　东莞三星电机有限公司法人代表

曾治平　顺丰速运（东莞）有限公司法定代表人

白宝鲲　广东坚朗五金制品股份有限公司董事长兼总裁

董国华　中国平安人寿保险股份有限公司东莞中心支公司总经理

王治军　东莞市美盈森环保科技有限公司董事

郑国烟　中国台湾　东莞百宏实业有限公司董事长

陈贺生　中国台湾　东莞大宝化工制品有限公司董事长

香伟灿　中国香港　东莞恒基纸品有限公司董事长

王绍恒　中国香港　金城营造集团执行董事兼副行政总裁

侯庆虎　中国香港　东莞市愉景实业集团有限公司董事长

黄硕松　中国香港　东莞市新太阳企业开发有限公司行政总裁

谭翠莲　中国香港　东莞市横沥镇隔坑村社区服务站总干事、香港东莞横沥同乡会第二届名誉会长、东莞市横沥镇第六届侨联委员会副主席

何耀棣　中国香港　香港何耀棣慈善公益事业有限公司董事长

张国军　广东华中科技大学制造工程研究院常务副院长、广东省智能机器人研究院院长、东莞松湖华科产业孵化有限公司董事长

谭文　美国　华南理工大学生物学院院长、东莞凯法生物医药公司董事长

陈友斌　东莞市微模式软件有限公司董事长、东莞市人力资源协会副会长

甘子钊　中国科学院院士、东莞市中镓半导体科技有限公司名誉董事长

习宁　美国　广东东阳光药业新药研发首席科学家、创新药物科研团队（第一批省团队）

季统凯　东莞中国科学院云计算产业技术创新与育成中心主任、中国信息化专家委员会委员

王亚明　中国香港　东莞市外商投资企业协会常务副会长兼电子商务发展委员会主席、东莞诺华家具有限公司董事长

翟所领　中国台湾　东莞市台商投资企业协会第十届会长、东莞广声五金塑胶制品有限公司董事长

宋涛　中国台湾　东莞市生物技术产业发展有限公司董事长、东莞市人民政府顾问

李盾　中国著名音乐剧制作人、东莞塘厦松雷音乐剧剧团有限公司董事长

李永波　中国羽毛球队原总教练

东莞市“中国好人”

曹永浩　男，中共党员，东莞市机电工程学校校长。在国内首创“车间进校”“企业课堂”“岗位学制”校企合作模式，被誉为广东省校企深度融合三大经典案例，并获国家教学成果奖；创立“牵手德育”“说出你心中的故事”“校园经典歌典对抗赛”“超市模式第二课堂”等德育品牌，用“互联网+德育”创新的手段与方法教育学生养成受用一生的好习惯；出版包括“中国第一本与自媒体互动的书”在内的教育专著6本，发表论文30多篇；把一所没有录取分数线，入学没有门槛的学校，打造成全国中等职业学校德育工作先进集体。他先后被评为全国教育系统先进工作者、全国优秀校长、首届广东省职业院校杰出校长、广东省优秀共产党员、广东省师德标兵、广东省南粤优秀教育工作者、东莞市劳动模范、“广东好人”、第五届东莞市道德模范、第五批广东省“南粤楷模”。2016年获评“中国好人”（敬业奉献类）。〔参见《东莞年鉴》2016年卷“东莞市道德模范获得者（第五届）”〕

何俊凯　男，中共党员，东莞市公安消防支队石龙中队原特勤班班长。入伍7年来，参加多次灭火抢险救援战斗，为保护驻地群众的生命财产做出突出贡献。在2014年12月5日增援石碣镇火灾扑救中，为救战友，将自己的空气呼吸器面罩摘下给战友使用，后因吸入大量高温有毒浓烟昏迷，命悬一线。在生死攸关的时刻，他将生的希望带给战友，将死的危险留给自己，以实际行动演绎一曲舍己救人的英雄赞歌。先后被评为第五届东莞市道德模范、“广东好人”。2016年获评“中国好人”（敬业奉献类）。〔参见《东莞年鉴》2016年卷“东莞市道德模范获得者（第五届）”〕

刘焕祺　刘成发　刘浩林　刘焕祺，男，广东省广播电视网络股份有限公司东莞横沥分公司职员；刘成发、刘浩林，男，东莞市横沥镇隔坑村村民。

2015年8月28日凌晨1时左右，东莞市横沥镇隔坑村刘焕祺、刘成发、刘浩林3人深夜归家路上，发现有3名男子正持刀对一摩托车司机实施抢劫。3人路见不平，上前施救，其中1名歹徒驾着摩托车逃走，其余2名歹徒向偏僻的村落中跑去。刘焕祺、刘成发、刘浩林立即分头追赶，其中，刘焕祺独自驾驶1辆摩托车追赶2名徒步逃跑的歹徒。由于他车速较快，成功将其中一人拦截。在搏斗过程中，刘焕祺被歹徒捅伤大腿流血不止，并因体力不支倒下。另外2名村民赶到后，马上将刘焕祺送去横沥医院救治，经治疗伤愈。3人被评为“东莞好人”。2016年获评“中国好人”（见义勇为类）。

王润强　男，东莞市石排镇人，东莞市精丽制罐有限公司董事长。创业初期，因订单少、资金周转不灵，他和员工吃苦耐劳，诚信经营，以此打动客户。遇技术难关，便拜师学艺，寻求突破。持之以恒，赢得客户信任并打开欧美市场。该公司于2006—2012年连续7年被评为石排镇“重合同　守信用”企业，2008—2012年连续5年被评为“石排镇员工满意企业”“石排镇杰出本土民营企业”，2010年获“石排镇第一纳税大户称号”，2010年被评为“阿里巴巴东莞十大杰出网商”。王润强先后被评为“东莞好

人”、第五届东莞市道德模范，2016年获评“中国好人”（诚实守信类）。〔参见《东莞年鉴》2016年卷“东莞市道德模范获得者（第五届）”〕

汪旺　男，河南省信阳市固始县人，东莞洞天科技有限公司职员。2016年8月9日晚上10点多，刚毕业参加工作的汪旺与同事张某发现有小偷正对一位路人行窃。汪旺快步追上去，一手紧紧抓住小偷握着手机的手臂，一手抓着小偷的肩膀，大声喝止小偷。随即与小偷争吵并推搡起来。同事张某担心汪旺出事，上前将两人拉开。走了十来米后，小偷趁汪旺毫无防备，从后面捅他一刀并趁乱逃掉。汪旺受伤后立即被送往附近的南城医院抢救。由于伤势过重，经抢救无效不幸于10日凌晨2时多牺牲，年仅20岁。2016年获评“中国好人”（见义勇为类）。

叶金莲　女，东莞市石碣镇四甲村委会环卫工人。32年前，叶金莲偶识养子叶天生的生母，叶天生生母之前6子夭折，她请求叶金莲“照看未出世的孩子”，以此来“换换运数”。叶天生刚出生3小时，就转给叶金莲照看。叶天生8岁时，他的亲生父母得知叶天生患脑瘫后就彻底将他抛弃。叶金莲不忍心再抛弃叶天生，便一直含辛茹苦抚养他。32年来，她对患有脑瘫的养子从不抛弃，养子两次走失，都被她在电视上登寻人启事寻回。她先后被评为“东莞好人”、第五届东莞市道德模范。2016年获评“中国好人”（孝老爱亲类）。〔参见《东莞年鉴》2016年卷“东莞市道德模范获得者（第五届）”〕

东莞市“广东好人”

姚锦柱　男，中级社工师，东莞市普惠社会工作服务中心社工、企石志愿者协会会长。先后参与希望工程募捐、汶川地震捐款、全国好人论坛等400多个公益活动。创建东莞市首个“志愿者之家”和首支专业残疾人志愿服务队，成立国内首个社工与志愿者联动指导中心，推动“双工”（社工、义工）联动发展，组织策划“全家福”“古树保育”“居家温暖”等多个社会反响热烈的服务项目。累计服务时间超1万个小时。为实现社工梦，连续六年参加社工资格考试，帮助残疾青年圆梦、为单亲妈妈提供就业援助、为困难人群送去关怀。先后获“东莞市（首批）五星志愿者”“东莞市志愿服务金奖”“东莞市优秀青年”“东莞最美心灵”“东莞十大新闻人物”“东莞十大慈善人物”“广东省（首批）五星志愿者”“广东省环保志愿者先进个人”“广东省志愿服务银奖”“全国第九届运动会优秀志愿者”“全国志愿服务先进个人”“全国首批优秀五星级志愿者”“中国最美社工”和“中国优秀社工人物”等称号。2016年获评“广东好人”（助人为乐类）。（参见《东莞年鉴》2015年卷“第二届东莞十大慈善人物”）

刘焕祺、刘成发、刘浩林　2016年获评“广东好人”（见义勇为类）。（参见“2016年东莞市‘中国好人’”）

王润强　2016年获评“广东好人”（诚实守信类）。（参见“2016年东莞市‘中国好人’”）

叶金莲　2016年获评“广东好人”（孝老爱亲类）。（参见“2016年东莞市‘中国好人’”）

邓松添　男，东莞市中堂镇东向村人。2016年4月11日，赵某军与赵某雄两小孩跑到鱼塘边玩耍，赵某军不小心把鞋掉入鱼塘里，见鞋就在不远处，便走下鱼塘去捞鞋子，结果脚下一滑就掉进2米多深的鱼塘里。其时，邓松添夫妇正在家中吃饭，突然听到小孩大喊呼救后立即跑过去。邓松添纵身跳进鱼塘里施救。妻子伍玉婵找来长杆协助救人。最终夫妇合力将小孩安全救上岸，而邓松添双脚则被鱼塘硬物割伤。据村民反映，近十年内邓松添先后在水里拯救5人。最危急的一次，当时落水男孩被救上来时昏迷不醒，邓松添把小孩扛在肩上不断地跑，大约过半小时，才令小孩吐出河水和淤泥而得救。2016年获评“广东好人”（见义勇为类）。

汪旺　2016年获评“广东好人”（见义勇为类）。（参见“2016年东莞市‘中国好人’”）

陈丽芬　女，东莞市莞城街道人，莞城群众业余文化艺术团“新莞人金韵台艺术团”团长及创始人。陈丽芬在退休后为东莞市外来务工人员搭建“凤凰之约——新莞人金韵台艺术团”。该艺术团自2007年成立以来，累计演出1100余场次，观众累计超过100万人。陈丽芬有80多岁，因患帕金森症右手颤动十分严重，眼睛也做过白内障手术，然而依然坚持艺术团的活动。她说：“这个活动，只要我还活着，就会一直做下去！”。先后被评为文化部“优秀志愿者”“广东省四星志愿者”“东莞好人”。2016年获评“广东好人”（助人为乐类）。

李仲均　男，中共党员，东莞市人民医院产科副主任。刚开始，他一直遭受质疑和取笑，甚至第一次出门诊把女患者都“吓”跑。他用赤诚之心对待患者，凭着扎实的专业知识和精湛的医术，驾驭复杂、高难度手术。他还专门建立孕产妇微信群授业解惑，鼓励和帮助存在难产危险的产妇顺利阴道试产，保障母婴平安和健康，赢得患者信任和爱戴，成为产科最受欢迎的“明星医生”。先后被评为“先进工作者”、“优秀带教老师”、“优秀党员”、首届“最美医生”、“广东省最美产科医师”。2016年获评“广东好人”（敬业奉献类）。

2016年“东莞好人”名单

类别	姓名	性别	工作单位及职务	当选时间
助人为乐类（51人）	叶志金	男	寮步网志愿服务队队员	1月
	许志辉	男	莞城志愿者心理服务大队成员	1月
	张　亮	男	91676部队汽车连司务长	2月
	方永波	男	厚街镇溪头西村居民	2月
	谢盛初	男	企石镇嘉兴电器商场经理	2月
	邵占东	男	中国农业银行东莞塘厦支行职员	2月
	刘艳婷	女	广州松田职业学院学生（大岭山镇）	3月
	温萍萍	女	大岭山镇三兴五金店管理员	3月
	周汝彬	男	东莞市乐雅社会工作服务中心一线社工（莞城街道）	3月
	张海峰	男	东莞市国家税务局长安税务分局副股长	3月
	刘　盛	男	东莞市盛城龙五金制品有限公司经理（黄江镇）	4月
	彭丽红	女	沙田镇广荣中学教师	4月
	冯明坤	男	石碣镇五株电子科技有限公司保安员	4月
	严自雅	女	石龙镇志愿者	4月
	甘玉红	女	中国人寿保险股份有限公司常虹区总监（横沥镇）	4月
	黄彩琴	女	石排镇志愿者	5月
	邝连芳	女	东莞市国家税务局大朗税务分局办税服务厅主任	5月
	黄灿华	男	东坑镇凤大村村民	5月
	季金志	男	厚街镇大众公汽服务有限公司运营部司机	5月
	谢建川	男	东莞市志愿者拓展服务总队启帆小组组长	5月
	席红科	男	长安镇捷顺塑胶有限公司工程师	5月
	刘江华	男	东莞市国家税务局教育科科员	6月
	赖碧燕	女	东莞市国家税务局清溪分局协税员	6月
	韩沃光	男	东莞市国家税务局虎门分局副主任科员	6月
	陈晓东	男	东莞市绿塑塑胶原料电子商务有限公司职员（桥头镇）	7月
	叶洋波	男	大岭山镇矮岭冚第十村民小组副组长	7月
	黄　芬	女	塘厦镇隆福花园小区居民	8月
	范美连	女	虎门镇个体经营户	8月
	何建文	男	沙田镇虎门港社会事务局副主任	8月
	刘雪兰	女	樟木头镇中心小学语文教师	8月
	王红梅	女	东莞市沙田医院儿科副主任医师	9月
	吴兰霞	女	东莞市沙田医院儿科护士长	9月
	郭凤莲	女	东莞市沙田医院儿科护士	9月
	朱苏玲	女	东莞市沙田医院儿科护士	9月
	袁小玲	女	东莞市沙田医院儿科护士	9月
	陈秋妍	女	东莞市沙田医院儿科护士	9月
	袁楚桥	女	东莞市沙田医院儿科护士	9月
	刘焕容	女	莞城街道北隅社区居民	10月
	黄粉仙	女	凤岗镇油甘埔村人	10月
	周菊生	男	大朗镇长富社区居民	10月
	梁　辰	女	香港教育集团营运总监（厚街镇）	10月
	黄锦成	男	东莞市横沥锦成盲人按摩店法人	10月

续表

类别	姓名	性别	工作单位及职务	当选时间
助人为乐类（51人）	刘广良	男	石碣镇刘屋村甲塘人	11月
	阮春兰	女	桥头镇技研新阳电子有限公司液晶事业部员工	11月
	付美蓉	女	东莞新科磁电制品有限公司员工（南城街道）	11月
	吴远旋	男	凤岗镇清英学校初中生	11月
	叶旭安	男	东莞市塘厦镇阳光公益服务中心理事长	12月
	张旭庆	男	凤岗镇个体经营者	12月
	罗黎娟	女	中堂镇中心社区居民	12月
	卜秀平	女	东莞市国家税务局教育科科员	12月
	欧阳桂翠	女	顺丰速运有限公司（万江街道）营业员	12月
敬业奉献类（108人）	郑浩源	男	东莞市公安局刑警支队八大队科员（莞城街道）	1月
	姚浩权	男	东莞市国家税务局厚街税务分局副分局长	1月
	赵　曦	男	东莞市厚街医院普通外科主任	1月
	施国文	男	常平镇金美派出所桥梓村辅警中队副中队长	1月
	香柏棠	男	东坑镇公用事业服务中心副主任	1月
	莫剑良	男	桥头镇社区卫生服务中心副主任、副主任医师	1月
	曾巧如	女	东莞市国家税务局石排税务分局办税服务厅副主任	1月
	张　丽	女	长安镇美泰玩具二厂主任	1月
	陈锦练	男	东莞市茶山镇增埗派出所民警	1月
	何拥萍	女	清溪镇家宝园林绿化环卫公司员工	1月
	李瑞超	男	东莞市交警支队长安大队科员	1月
	骆素芳	女	东坑镇丽晶小学副校长	1月
	钱晨光	男	东莞市长安镇体委乒乓球队总教练	1月
	尹凤莲	女	东莞市国家税务局万江分局税源管理一股科员	1月
	许进福	男	东莞市安全生产监督管理局常平分局副局长	2月
	叶雪茹	女	大朗镇崇文小学办公室主任	2月
	廖　攀	男	东莞市公安局常平分局站前所科员	2月
	陈焕成	男	茶山镇茶山中学教师	2月
	陈伟平	男	东莞市公安消防支队厚街中队装备技师	2月
	王春红	女	东莞市邮政局常平分局投递员	3月
	万　俊	男	东莞市石排中学教师	3月
	林华东	男	东莞市道滘中学教师	3月
	刘鹤年	男	石碣镇鹤田厦村关工委副主任	3月
	黄伟洪	男	东莞市安全生产监督管理局东坑分局办事员	3月
	赵沛玉	女	麻涌镇漳澎村村民	3月
	彭俊峰	男	广东科技学院体育教研室主任	4月
	杨卓培	男	东莞市国家税务局企石分局纪检监察员	4月
	谢伟华	男	企石镇中心小学体育教师	4月
	张　懿	女	企石镇东山幼儿园教学主任	4月
	卢妙霞	女	东坑镇多凤小学副校长	4月
	张　燕	女	石排镇新莞人服务管理中心社工	4月
	陈群弟	女	中堂镇第二小学语文教师	4月
	洪仕廷	男	横沥镇关心下一代工作委员会主任	4月
	喻小军	男	东莞市日新传导科技股份有限公司研发中心工程师	5月
	吴美兴	女	茶山镇冲美村村民	5月
	徐显亮	男	东城街道文化服务中心职工	5月

续表

类别	姓名	性别	工作单位及职务	当选时间
敬业奉献类（108人）	冉雪梅	女	松山湖（生态园）管委会宣传文体局办事员	5月
	霍淑珍	女	中堂镇社会保险基金管理中心科员	5月
	蓝桂璐	女	横沥中学信息技术教师	5月
	朱雪标	女	樟木头镇敬老院辅导员	6月
	郭应标	男	东莞市社会保障局高埗分局监察股股长	6月
	李凤屏	女	洪梅镇中心小学美术教师	6月
	陈婉芳	女	石龙镇爱联学校语文教师	6月
	邓凤霞	女	中堂镇第三小学音乐教师	6月
	孙　冲	男	东莞市公安局常平分局松柏塘派出所民警	6月
	黄菊萍	女	东莞新世纪英才学校语文教师（凤岗镇）	6月
	王志芳	女	东莞市国家税务局厚街分局股长	6月
	严仿敏	女	企石镇金椅现代幼儿园教师	6月
	袁笑珍	女	麻涌镇中心小学数学教师	6月
	叶润轩	男	寮步医院手外科副主任医师	6月
	闵远平	男	东莞玖龙纸业有限公司叉车班长（麻涌镇）	7月
	欧义赐	男	虎门镇北栅小学副教导主任	7月
	刘阜才	男	东莞市城市管理局东坑分局执法股股长	7月
	田启平	男	东莞市永江集团公司经理（凤岗镇）	7月
	邵雄飞	男	东莞市公安局寮步分局寮步派出所科员	7月
	刘冠宁	男	东莞市国税局办公室科员	7月
	卢伟洪	男	东莞市公安局常平分局刑侦大队大队长	7月
	林国辉	男	东莞市公安局南城分局胜和派出所辅警	7月
	林耀森	男	东莞新世纪俱乐部教练（大朗镇）	7月
	扈丹丹	女	石碣镇社区卫生服务中心社区护士	7月
	刘柱彬	男	东莞市寮步消防队特勤班班长	7月
	李仲均	男	东莞市人民医院产科副主任	8月
	郑　路	男	东莞广播电视台新闻中心副主任	8月
	冯玉辉	男	东莞市国家税务局塘厦分局办税服务厅主任	8月
	罗盛兰	女	东莞市国家税务局塘厦分局纪检监察员	8月
	吴志洪	男	东莞供电局虎门分局配电部运维三班班员	8月
	郭　辉	男	清溪中学历史教师	8月
	张棉球	男	寮步镇社区卫生服务中心全科副主任医师	8月
	梁广辉	男	沙田镇杨公洲村委会办事员	8月
	骆　云	男	望牛墩中学主任	8月
	袁节云	女	中堂镇蕉利小学教师	8月
	李琳琳	男	东莞市公安局大岭山分局巡警大队科员	8月
	张艳红	女	大朗医院护理部副主任	8月
	邓志华	男	高埗镇三联社区综合服务中心主任	9月
	李玉娇	女	高埗镇农村商业银行营业部大堂助理	9月
	邱雪丽	女	常平镇苏坑幼儿园教学主任	9月
	袁志林	男	东莞市国家税务局万江分局办税服务厅主任	9月
	王　徐	男	东莞市国家税务局大岭山分局税源管理二股科员	9月
	陈远贵	男	东莞市南城中心小学保安	9月
	王国伟	男	企石镇星光小学副教导主任	9月
	刘文付	男	东莞市荣昌化工有限公司行政厂长	9月

续表

类别	姓名	性别	工作单位及职务	当选时间
敬业奉献类（108人）	刘敏飚	男	东莞市国家税务局黄江分局办税服务厅主任	9月
	陈　灏	男	黄江镇农业技术服务中心副主任	9月
	蔡　冯	男	东莞市交警支队莞城大队科员	10月
	罗嘉茵	女	黄江镇实验小学语文教师	10月
	苏沛仪	女	麻涌镇敬老院院长	10月
	杨慧春	女	东莞市企石中心小学英语教师	10月
	罗汉成	男	中国邮政集团公司东莞市大岭山镇分公司投递员	10月
	谢润宜	女	南城街道教育办公室心理指导中心职员	10月
	张文良	男	东莞市司法局南城分局办事员	10月
	周　浪	女	万江医院手术室护士	10月
	章　芸	女	东莞市桥头医院妇产科主任	11月
	李蔼兰	女	东坑镇中心小学教师	11月
	王醒明	男	企石镇中心小学教师	11月
	刘梦春	男	东莞市家宝园林绿化有限公司员工（南城街道）	11月
	叶仲仁	男	石碣镇水南村关工委成员	11月
	莫占芳	女	常平镇实验小学教师	11月
	宋伟堂	男	黄江镇第二小学信息技术教师	11月
	黄娇萍	女	麻涌医院内一科护士长	11月
	黄湘梅	女	东莞市国家税务局松山湖分局副局长	11月
	罗西明	男	东莞市清溪医院急诊科主任医生	12月
	黄　超	男	东莞市公安消防支队大岭山中队副中队长	12月
	温焕明	男	黄江镇梅塘社区田心党支部委员	12月
	唐路胜	男	企石镇中心小学教师	12月
	赖爱萍	女	麻涌镇第一小学语文教师	12月
	王建勋	男	东莞市公安局厚街分局厚街派出所科员	12月
	余文丽	女	东莞市图书馆大朗分馆副馆长	12月
	邓灼新	男	东莞市国家税务局横沥分局税源管理股一股股长	12月
见义勇为类（30人）	农定亿	男	东莞市职业训练指导中心员工	2月
	李国全	男	中堂镇四乡村西华村民小组村民	3月
	曹金良	男	常平镇板石伙伴地产公司员工	4月
	雷建雄	男	常平镇外来务工人员	4月
	黄　友	男	虎门镇美德森加油站员工	4月
	刘逢谊	男	虎门镇美德森加油站员工	4月
	邓松添	男	中堂镇东向村一队村民小组村民	5月
	何　乐	男	麻涌镇大步海滨花园美的旗舰店店长	5月
	曾昭标	男	凤岗镇油甘埔小学体育教师	6月
	江国生	男	凤岗镇油甘埔小学保安	6月
	钱慧越	男	长安镇公共汽车有限公司驾驶员	6月
	汪　旺	男	东莞市洞天科技有限公司职员	7月
	伦建林	男	东莞市公安局南城分局白马派出所科员	7月
	李金庭	男	东莞市厚街医院重症医学科副主任	7月
	刘序飞	男	长安镇公共汽车有限公司驾驶员	7月
	廖洪荣	男	虎门镇公共汽车有限公司司机	8月
	闫祖国	男	东莞巴士公司810路司机（凤岗镇）	9月
	黄海棠	男	寮步镇泉塘警务区辅警	9月

续表

类别	姓名	性别	工作单位及职务	当选时间
见义勇为类（30人）	梁树平	男	寮步镇泉塘警务区辅警	9月
	骆光文	男	寮步镇泉塘警务区辅警	9月
	黄汉光	男	寮步镇泉塘警务区户管员	9月
	黄浩华	男	寮步镇泉塘警务区户管员	9月
	洪伟年	男	广东中基保安服务有限公司凤岗分公司保安班长	10月
	何满林	男	虎门镇长堤路1号居民	10月
	宋守印	男	东莞市公安局塘厦分局辅警	11月
	周　浩	男	东莞康佳电子有限公司保安班长	12月
	韩荏和	男	寮步辅警大队石龙坑辅警中队	12月
	韩苏平	男	寮步辅警大队石龙坑辅警中队	12月
	韩锡秋	男	寮步辅警大队石龙坑辅警中队	12月
	何锡安	男	寮步辅警大队石龙坑辅警中队	12月
孝老爱亲类（14人）	钟灿均	男	大朗镇蔡边村村民	1月
	肖坤庆	男	长安镇空调维修个体户	2月
	何容娇	女	大岭山镇颜屋村村民	3月
	邓积玉	女	桥头镇莲城社区居民	4月
	卢比崧	女	茶山镇下朗村村民	5月
	张丽华	女	常平镇常平社区居民	5月
	张清娇	女	道滘镇敬老院院长	5月
	黎顺英	女	东莞市委政法委办公室工作人员	6月
	赖传娣	女	樟木头镇樟洋社区居民	6月
	任桂妹	女	东莞市国家税务局常平分局科员	8月
	冯　冰	女	大朗镇供销社退休工人	8月
	黎丽琼	女	高埗镇东联小学职工	9月
	陈海燕	女	东莞市国家税务局南城分局税源管理三股副股长	9月
	莫广兴	女	麻涌镇麻四村村民	10月
诚实守信类（3人）	王春英	女	虎门镇龙泉物业保洁员	1月
	曾　远	男	虎门镇公共汽车有限公司司机	4月
	杨宇栋	男	广东创新科技职业学院学生	11月

高级专业技术资格人员名单

一、正高级（共11人）

高等学校教师系列（5人）：

魏文红　程万友　吴木营　查日升　杨家宁

中学教师系列（6人）：

邓桂敏　夏良英　黄安生　段爱琼　唐章辉　黄　远

二、副高级（共36人）

高等学校教师系列（11人）：

卢　安　张　志　谭桂平　廖文波　谢春晓　许新华　朱文惠　孙　璨　夏能礼　晏晓辉　蒋润花

科学研究系列（4人）：

刘文果　康世民　叶国良　李成明

实验技术人员系列（2人）：

黎山峰　梁志辉

技工学校教师系列（4人）：

秦文文　陈建春　莫向阳　张妮妮

工程技术人员系列（15人）：

张彩燕　沈德才　刘　燕　黄少玲　焦其正　张念椿　袁婵娥　廖玉超　高丽萍　佘乃东　王立峰　潘华林　王克峰　李信柱　胡小芳

大事记（2016年）

CHRONICLE OF MAJOR EVENTS IN 2016

- 中共东莞市委员会第十三次代表大会举行
- 2016中国加工贸易产品博览会在东莞市举行
- 2016广东21世纪海上丝绸之路国际博览会在东莞市举行
- 东莞市轨道交通2号线开通运营

东莞大道

编辑：姚少华

1月

1日　东莞市再次提高医保部分待遇标准，医保年度最高支付限额由20万元提高到30万元。

4日　东莞市企业登记注册“一网通”系统全面开放，打通涉及企业登记注册环节的多个部门，实现一站式、全流程、无纸化办理。该模式在全国属首创。

5日　东莞市政府与中国移动通信集团广东省公司签署《加快“十三五”信息化建设，推进“互联网+”战略合作框架协议》。

△　东莞市冬日出现罕见暴雨伴响雷，这是东莞市有气象记录以后最早的一次雷暴。

7日　《人民日报》16版刊发题为《东莞援疆“亚克西”》的文章，对东莞市对口援建工作给予高度评价。

△　全省科技四众（众创、众包、众扶、众筹）平台建设推进工作会议在东莞市召开。会议期间，东莞市举行“互联网+创新创业示范市”启动仪式。

8日　东莞电商嘉年华（年货节）活动在东莞市国际会展中心举行，209家企业线下参展，362家企业线上参展。为东莞市首次举办的电子商务线上线下互动活动。

△　至10日　“第一届全国中等职业学校班主任基本功大赛决赛暨工作论坛”在东莞市机电工程学校举行，来自全国各地中职学校的选手及观摩教师500多人参加。

9日　东莞市举行“东莞转型升级互联网+高峰研讨会”，国内近百名知名CIO（首席信息官）参会。

10日　东莞市公安机关“以案说防”暨冬春安全防范主题日和“110”宣传日活动在东城文化中心举行，约2万人参与现场活动。

△　至2月25日　“中国美术家协会水彩画艺术委员会年度提名展2015”在莞城美术馆开展，展出24位年度优秀水彩艺术家的作品124件。

11日　位于东城街道乌石岗东区1巷6号投注站中出的第15132期双色球两注头奖成为中国彩票史上最大弃奖，总奖金2565万元被纳入福彩公益金。

△　东莞市政府与中铁第四勘察设计院集团有限公司签订战略合作框架协议，谋划更多国家铁路干线及城际铁路布局东莞。

13日　大朗镇《巷头年鉴》首发仪式举行，这是全国首部村级年鉴。

14日　东莞市举行2016中国（东莞）智能制造发展论坛，并举行“中国创新榜样·智造先锋”活动启动仪式，设立广东规模最大的智能制造产业基金。

△ 东莞市首家生命安全体验馆在东城街道揭牌开馆，为全省最大的生命安全体验馆。

17—22日 第七届“神州唱响”全国高校声乐展演暨2016东莞东城音乐文化活动周在东莞市举行，全国20余所高校近350名师生参加。

18日 东莞平安人寿保险公司第二代客户体检中心开放，为客户提供免费体检服务。这是东莞市第一家由保险公司自建的体检中心，也是平安人寿保险公司在国内升级的第二家体检中心。

△ 长安镇蓝科饰品跨境电商产业园揭牌，并对外招商。该项目是全国首家以B2C（商对客）跨境电商为核心的饰品电商产业园。

20日 中共东莞市第十三届委员会第七次全体会议召开，审议通过《中共东莞市委关于深入推进“三个走在前列”的实施意见》。

△ 东莞市举办水乡经济区“十镇一港”投资对接会，签下10个项目，投资额41.19亿元。

22日 《中共东莞市委关于深入推进“三个走在前列”的实施意见》出台。即推进创新驱动发展走在前列，率先构建适应创新驱动发展的制度环境和政策体系，着力打造区域创新高地、创新型企业高地、高端人才高地，加快形成以创新为主要引领和支撑的经济体系和发展模式；推进对外开放合作走在前列，积极推进参与“一带一路”建设，增创外贸转型升级发展、外商投资管理服务、参与区域经济合作、对外贸易投资服务等新优势，全面提升开放型经济水平；推进重点改革突破走在前列，着力在结构调整、简政放权、城市治理、生态治理、社会治理等方面率先改革突破，破解重大发展难题，创造新的制度红利。

△ 东莞市政府常务会议审议通过《东莞市创建“宽带中国”示范城市“大会战”工作方案》《东莞市数字文化馆试点建设实施方案》。

23—24日 在北京召开的第二届城市民生建设与民生保障论坛暨全国社会治理创新经验交流会上，东莞市被评为“全国社会治理创新优秀城市”，《东莞积极探索“微治理”模式》被评为全国社会治理创新优秀案例。

24日 东莞市迎来有记录以来的第四场降雪，距上次降雪逾124年，也是当地有人工气象观测以来的首次降雪。

25日 东莞市政府与中国电力新能源发展有限公司举行合作签约仪式。

26日 东莞市政府发布《关于大力发展机器人智能装备产业打造有全球影响力的先进制造基地的意见》，是国内最全面、最系统支持机器人产业发展的文件。

28日 在首届珠三角最美乡村评选活动中，东莞市的麻涌镇麻三—华阳村、茶山镇南社—牛过·明清古村落、麻涌镇大步—东太—新基村、清溪镇三中村、塘厦镇龙背岭村获评“珠三角最美乡村”。

29日 《中共东莞市委、东莞市人民政府关于支持松山湖高新技术产业开发区建设国家自主创新示范区的若干意见》出台。

△ 东莞市沙田镇（虎门港）、茶山镇被广东省精神文明建设委员会授予“广东省文明村镇”称号，市社保局、市文广新局、市国税局被授予“广东省文明单位”称号。

2 月

2日 《东莞市城市轨道交通运营管理办法》发布，这是东莞市获得地方立法权之后出台的首个政府规章。

△ 至5月17日 东莞市警方打掉特大贩卖新型毒品复方磷酸可待因止咳水犯罪团伙，抓获涉毒人员40名，缴获可待因止咳水粉剂2.1万袋，总重217.79千克，以及复方磷酸可待因口服液7瓶（每瓶120毫升）。

17日 中共中央政治局委员、广东省委书记胡春华，省长朱小丹到松山湖高新区调研创新驱动发展情况。

18日 深莞惠经济圈（3+2）党政主要领导联席会议第九次联席会议在惠州市召开。

△ 广东省委常委、政法委书记林少春到厚街镇调研网格化服务管理和综治信访维稳平台建设工作。

20—22日 中国传统花灯展暨广东省第五届花灯文化节在洪梅镇举行。同时，举行“中国花灯之乡”授牌仪式。

22日 全市创新驱动发展大会召开。

△ 茶山镇举行广东省文明镇暨南社村古建筑群国家AAAA级旅游景区揭牌仪式。

△ 至26日 2016东莞首届水乡文化节在麻涌镇举行，包含花车、传统民俗活动的“大步巡游”、非遗文化展、粤剧大赛、舞台剧表演、文艺专场演出及水乡传统美食汇等系列活动。

23—25日 中国人民政治协商会议第十二届东莞市委员会第五次会议召开，选举李小梅为政协第十二届东莞市委员会主席，通过《中国人民政治协商会议第十二届东莞市委员会第五次会议决议》。

24—27日 东莞市十五届人大七次会议在市会议大厦举行。会议听取、审议和批准《东莞市人民政府工作报告》《东莞市国民经济和社会发展第十三个五年规划纲要》《东莞市2015年国民经济和社会发展计划执行情况与2016年计划草案的报告》《东莞市2015年预算执行情况和2016年预算草案的报告》《东莞市制定地方性法规条例》以及市中级人民法院、市人民检察院工作报告。会议选举杨靖波、陈锡江为市人大常委会副主任，何跃沛为市人大常委会秘书长。

25日 《人民日报》海外版、新华社、中央电视台、中国国际广播电台、路透社、法国电视台、日本朝日新闻社等20多家媒体组成的媒体团到莞，就东莞市经济转型、结构调整方面的亮点、做法和成效进行集中采访。

28日 广东省公安边防总队联合东莞市公安局在东莞市等地破获特大走私毒品案，抓获犯罪嫌疑人28名（其中台湾籍犯罪嫌疑人15名），缴获甲基丙胺（俗称“冰毒”）717千克，手枪9支、子弹349发，毒资现金150万元、200万港元及银行卡若干，以及作案车辆11辆。

2月 东莞市获评“全国质量强市示范城市”，这是广东省唯一获此荣誉的地级市。

3月

1日 全国首个网上审批中心——东莞市工商局网上审批中心运转，承担东莞市市场主体的全程电子化名称预先核准、设立、变更、注销等登记审批职能。

2日 第十七届中国（东莞）国际纺织制衣工业技术展、第十七届中国（东莞）国际鞋机鞋材工业技术展在广东现代国际展览中心（厚街镇）举行，展出高效能、自动化、智能化生产设备等。

3日 东莞市政府常务会议审议通过《东莞城市形象传播工作规划（2016—2020年）》《东莞市建设“互联网+”创新创业示范市实施方案（2016—2020年）》《东莞市2016年茅洲河污染综合整治工作方案》《东莞市历史建筑（第二批）推荐名录》等事项。

△ 广东省第17次全国“爱耳日”宣传教育活动在东城街道举行，宣传普及儿童听力障碍预防、发现及治疗的科学知识。

6日 东莞市首届交谊舞大赛在东城体育公园举行，参赛者超过600人。

7日 《中共东莞市委、东莞市人民政府贯彻落实〈中共广东省委、广东省人民政府关于加强理工科大学和理工类学科建设服务创新发展的意见〉加快推进东莞理工学院高水平理工科大学建设的实施意见》印发。

△ 张家港市人大常委会考察团一行到莞，调研东莞市助推台资企业转型升级、吸引台湾青年来大陆创业等方面的做法。

△ 广东省副省长何忠友到莞调研外经贸工作。

10日 东莞市工商局在大朗镇捣毁3个制售侵犯美国苹果公司“iPhone”等注册商标的移动终端产品配件窝点，涉案物资超过2000万元，市场价值测算逾亿元。

11日 东莞市委全面深化改革领导小组第十二次会议审议通过《东莞市2016年改革行动计划》《关于深化口岸“三互”大通关建设工作方案》。

12日 交通部同意将虎门港更名为“东莞港”。

△ 东莞市妇联千场家庭教育大讲堂进社区活动在石龙镇第三中学举行，吸引千余名少儿家长参与。

15日 《人民日报》、新华社、中央电视台等10余家主流媒体团成员抵莞，围绕“转方式、调结构、稳增长”主题开展为期一周的大型采访活动，聚焦东莞市在转型升级、创新驱动发展、对外开放等方面经验。

△ 中国轻工业联合会和中国塑料加工工业协会授予常平镇“中国塑料新材料之都”称号。

△ **至月底** 东莞市举行2016年“岭南社工宣传周”暨东莞市扶贫济困相关优秀社会服务项目展示活动。

16日 东莞市政府常务会议审议通过《东莞市黄唇鱼自然保护区管理办法》《东莞市历史文化名城保护社会资金引入暂行管理办法》《东莞市2014年省级广货网上行专项资金申报实施细则》。

17日 松山湖（生态园）粤港澳文化创意产业实验园区被授予“粤港澳服务贸易自由化省级示范基地”，为广东省首个粤港澳文化创意产业实验园区。

△ **至12月** 东莞市2016年“发现精彩”系列活动举行，包括微摄影、微电影、微创意等活动。

18日 东莞市民艺术中心落成，东莞市文化馆新馆启用。

20日 第十四届粤港万人相亲会举行，超过3100名单身嘉宾到东莞市观音山国家森林公园参加活动，有173对有缘人成功牵手。

△ **至22日** 全国人大常委会副委员长、民盟中央主席张宝文率调研组到莞，就“改革开发区管理体制，促进开发区转型创新发展”开展专题调研。

27日 2016东莞松山湖国际马拉松赛举行，来自全球31个国家和地区的1.5万名选手参赛。

30日 东莞市第七届校企合作洽谈会在东莞国际会展中心举行，来自全国250所院校、东莞市100家重点企业和10家行业协会参会。

△ 国邦在线“邦买车”电商平台上线发布仪式暨合作伙伴签约仪式在东莞市举行。“邦买车”电商平台主要开展汽车产业链、技术交易、大宗商品交易等业务。

4月

1日 全市领导干部大会召开。省委组织部副部长刘毅宣读省委关于东莞市政府主要领导职务调整的决定，梁维东任东莞市委委员、常委、副书记，提名为东莞市人民政府市长候选人；免去袁宝成的东莞市委副书记、常委、委员职务，不再担任东莞市市长职务。

1—7日 东莞市首届传统文化节在东城街道举行，通过赏茶、品香、书画等非遗文化、传统表演展现东莞市的民俗文化风貌。

5日 东莞市政府颁布《东莞市历史文化名城保护社会资金引入暂行管理办法》《东莞市历史建筑保护暂行管理办法》《东莞市历史文化名城、名镇、名村保护管理暂行规定》《东莞历史文化街区保护暂行管理办法》，从认定、保护内容、保护方式、责任主体、法律责任等方面对历史文化名城、名镇、名村、历史文化街区、历史建筑等进行保护。

6日 东莞市家风建设工作室启动仪式在长安镇图书馆举行，“以工作室平台推进家风建设”在全省乃至全国属于首创。

7日 东莞市委书记、市人大常委会主任徐建华主持召开市委十三届第131次常委会议，学习中共中央总书记习近平在全国党校工作会议上的讲话精神。

9日 东莞市首届观音文化大讲堂暨禅茶一心文化节在黄旗观音古寺举行。

11日 中共中央政治局委员、广东省委书记胡春华到莞检查指导稳增长和外经贸工作。

△ 由《东莞时报》联合东莞市水务局共同主办的东莞市“十佳最美水生态景观”网络评选活动，经前期推进、微信投票等环节，最终评出东坑镇滩美湖、大朗镇荔香湿地公园、麻涌镇华阳湖湿地公园、黄江镇黄牛埔水库、石排镇海仔湖、沙田镇（东莞港）穗丰年湿地公园、塘厦镇电光村水库、麻涌镇“走进飘香四季”项目、南城街道水濂湖公园、东莞生态园湿地景区为东莞市“十佳最美水生态景观”。

13日 5时40分至7时，东莞市出现强雷电、最强11级瞬时大风、强降水等强对流天气。受此影响，位于麻涌镇的中国交通建设股份有限公司第四航务工程局有限公司东莞东江口预制构件厂的一台通用门式起重机发生倾覆，压塌部分住人集装箱组合房，造成18人死亡、33人受伤，直接经济损失1861万元。

△ 国内首个电商平台质量评价体系在东莞市建成。

14日 《东莞人民武装史》出版发行，这是广东省第一部地方武装史。

△ 东莞市政府常务会议审议通过《2016年东莞市义务教育阶段进城务工人员随迁子女积分制入学积分方案》《东莞市企业人才入学子女实施办法》《通过东莞市2016年初中毕业生学业考试与高中阶段学校招生工作意见》《东莞市建设第二个家禽集中屠宰点》《东莞市就业创业专项资金管理办法》《东莞市省市共建发展中小企业设备融资租赁资金操作规程》《东莞市物流标准化试点专项资金暂行管理办法》。

15日 东莞市召开全市供给侧结构性改革工作会议。

△ 黄江镇公安分局摧毁一个特大网络赌博团伙，刑拘犯罪嫌疑人11名，缴获作案用电脑15台，涉案金额约2000万元。

16日 2016年东莞市敬老爱老助老主题教育活动——青少年敬老美术作品大赛在市青少年活动中心启动。

17日 东莞市首届中老年才艺大赛在万江街道华南MALL启动。

18日 东莞市首个国地税联合办税服务厅在南城街道投入使用。

△ 东莞理工学院与西门子（中国）有限公司签约，共建智能制造创新中心。

20日 巴西坎皮纳斯市副市长恩里克到莞访问，并与东莞市签署《友好城市关系协议书》。

△ 中国图书馆学会阅读推广委员会换届成立大会暨“4·23”世界读书日系列活动启动仪式在东莞图书馆举行。

21日 全市“两学一做”学习教育工作会议召开，全面动员部署“两学一做”学习教育工作。

△ 东莞市政府常务会议审议通过《东莞市城市公立医院医疗服务价格改革方案》《东莞市“小山小湖”保护名录》《东莞市渡口渡船更新改造财政补助方案》等。

△ **至24日** 2016中国加工贸易产品博览会在东莞市举行，重点展示智能手机及移动终端、电商和国际物流等领域创新，并举办加工贸易创新发展高峰论坛、首届国际智能手机及移动终端产业链峰会、制造业+互联网峰会等10多场活动，吸引全国19个省市800多家企业参展，境内外6000多家采购商到会采购，意向成交金额966亿元。

△ **至24日** 在美国举行的第十届VEX智能机器人世界锦标赛中，东莞市黄江镇派出的两支机器人队伍代表中国参赛，获VEX IQ小学组联队亚军和季军。

23日 莞城图书馆集邮文献阅览专藏室“尺素斋”揭牌启用，这是广东省首个集邮文献室。

△ **至24日** 2016年东莞市青少年机器人竞赛在东莞外国语学校举行，全市各镇街59所学校的192支队伍450名学生参赛。

24日 全国首支社区微马队——世纪城国际公馆队在东莞市成立。

26日 东莞市委召开全市镇街领导班子换届工作电视电话会议。至8月30日，全市32个镇街均召开党代会，选举产生新一届党委会。

△ 在广州举行的第三届“粤治——治理现代化”广东探索经验交流会上，东莞市委宣传部主创的“唱响新东莞”获优秀案例奖。

△ 东莞市2016年侵权盗版及非法出版物集中销毁活动在东城街道文化广场举行，全市销毁侵权盗版音像制品23万余张，非法书报刊10万余册/份，派发宣传材料3500余份。

△ “‘智汇·东莞’高层次人才项目对接交流

会”在莞城街道蚁巢众创空间举行，吸引包括“千人计划”特聘专家在内的150多名高层次人才参加，现场有7个高科技项目进行展示。

△ 2016年东莞市农业科技、放心农资、农业机械“三下乡”活动在洪梅镇举行，由此启动全市2016年“送农技，传党情”科技下乡活动。

27日 第十二届东莞市中小学电脑机器人竞赛在松山湖实验中学举行，有116所学校、328支队伍890名选手参赛。

△ 由东莞纳钛公司研发的全球第一条游标卡尺自动化生产线落户中堂镇。

△ 东莞市国家税务局与中国邮政集团公司东莞市分公司携手在长安镇邮政网点试点，首推委托代开发票和代征税款业务。

28日 全市领导干部大会召开。省委常委、组织部部长李玉妹出席会议并代表省委作讲话。省委组织部副部长刘毅宣读省委关于东莞市委主要领导职务调整的决定，吕业升任东莞市委委员、常委、书记，免去徐建华的东莞市委书记、常委职务。

△ 东莞市首个旅游集散中心启用，同时开启2016“万人游东莞”活动。

5月

5日 东莞市政府常务会议审议通过《东莞市基层公共服务基本目录（2016年版）》《东莞市信息化建设“十三五”规划》《东莞市茅洲河水污染综合整治实施方案》。

7日 第六届“松湖创新杯”50公里徒步活动暨东莞市妇联反家暴法制宣传活动在松山湖高新区举行，来自珠三角和香港等地人员和选手近5000人参加活动。

8日 第五届“我圆爸妈婚纱梦”中老年集体婚禧纪念活动在凤岗镇龙凤山庄举行，吸引全国各地近百对中老年夫妇参加。

△ **至14日** 东莞市2016年职业教育活动周在东莞职业技术学院启动，全市26所职业学校举行办学成果展示、便民服务等活动。

9日 2016第六届广东高校魔术交流大会在清溪镇举行。

△ 清溪镇举行广东省麒麟文化节永久落户签约仪式。

△ **至13日** 中国青年音乐家培训工程——中国音协第三期全国优秀词曲作家高级研修班在塘厦镇举办，来自全国各地的50多位词曲作家参加学习、采风、创作活动。同时启动东莞市首个权威、专业音乐评奖品牌——“东莞（塘厦）原创音乐追梦榜”活动。

10日 由东莞市公安局制作的禁毒题材微电影——《致命诱因》，在首届公安网络正能量“十佳动漫音视频”评选活动中获作品提名奖。

△ **至6月17日** 2016首届“美立方杯”东莞大学生篮球联赛举行，东莞市7所高校选手参加比赛。

11日 2016年“同在莞邑——社会主义核心价值观进基层系列活动”暨东莞市文化惠民演出在东莞市中心广场都市彩虹剧场启动，全市总场次达1000—1150场。

12日 东莞市第十五届人大常委会第三十六次会议审议通过《东莞市城市管理综合执法条例》，这是东莞市取得立法权后审议通过的首部社会管理地方性法规。

△ 《虎门镇志》作为广东省唯一代表入选《中国名镇志文化工程》丛书。

△ **至13日** 东莞市第十五届人大第八次会议选举梁维东为东莞市人民政府市长。

13日 中共中央政治局委员、中央书记处书记、中宣部部长刘奇葆到莞调研。

△ **至16日** 第九届东莞国际茶业博览会暨首届中华爱茶嘉年华在厚街镇举行，“2016中华茶界青年论坛”“2016中华茶界领袖峰会”同步举办。

△ **至18日** 东莞市政府代表团成员赴斐济、汤加等国，开展外事、经贸、教育、文化等系列交流活动。

14日 东莞市被列为全国开展构建开放型经济新体制综合试点试验地区。

16日 东莞市委书记吕业升任东莞军分区党委第一书记。

△ 东莞市入选全国构建开放型经济新体制综合试点试验城市。

17日 由东莞科技馆“小小工程师团队”自主设计的作品“智慧帽子”，在北京市举行的“未来工程师竞赛全国总决赛”中获特等奖。

18日 第五届中国创新创业大赛港澳台赛暨第三届两岸四地大学生创新创业大赛在东莞市启动。这是国内规格最高、规模最大创新创业赛事。

△ 东莞市政府常务会议审议通过《关于加快我市生产性服务业发展　全面推进产业转型升级的实施意见》《东莞市生活垃圾处理厂运营监督管理办法》《东莞市民办教育专项资金管理办法》《第五届中国创新创业大赛（广东·东莞赛区）暨2016年赢在东莞科技创新创业大赛实施方案》。

△ 东莞市电子商务公共服务中心启用。

19日 国内首个“同线同标同质”信息公共服务平台在东莞市投入运营。

△ 东莞市凡豆信息科技有限公司自主研发的国内首款儿童双语伴读智能机器人推出。

20日 东莞市控制性详细规划规划委员会2016年第三次会议审议通过《东城中心片区A街区A-05、A-06、A-09和A-18地块（世博北街坊）控规一般调整》《石碣镇西北片区控制性详细规划A01-03c地块一般调整》《东莞市松山湖科技产业园中心区及中部地区控制性详细规划B街坊地块一般调整》等15个项目。

△ 佛山市党政代表团成员到莞调研创新驱动、招商引资、产业结构优化等做法。

△ 第六届松山湖中国IC创新高峰论坛举行，100余名来自国内IC（集成电路）设计知名企业的专业人士共同探讨IC设计业的发展情况和市场机遇。

△ **至23日** 2016东莞春季茶博会在东莞国际会展中心举行，参展企业500余家，汇集黑茶、红茶、绿茶、白茶等茶类3000多个品种。

21日 第四届国际食源肽学术活动在东莞市召开，来自食品、营养以及医学领域的逾百位国内外科研院校、行业协会及知名企业专家、教授参加。

△ **至22日** 2016年“挑战杯·创青春”广东大学生创业大赛终审决赛暨第十届广东大中专学生科技学术节在东莞理工学院举行。该赛事系广东省办赛历史最长、参与学校最多、最受业界肯定、最受学生欢迎的创业类竞赛活动之一。

22日 第七届广东省少儿戏曲“小梅花荟萃”总决赛在麻涌镇举行，来自东莞市、广州市、中山市、深圳市、佛山市、汕头市、梅州市、潮州市等14个城市的少儿戏曲选手参赛。

25日 全国政协调研组一行到莞，开展“国际科技合作与大科学计划”专题调研，以及“大科学装置在知识创新体系中的地位和作用”专题考察。

△ 首届“中美水生态修复技术展示交流会”在东莞市举办，100多家中美企业的180名环保业界专家和企业家共议珠三角水生态修复和治理。

26日 东莞市政府常务会议审议通过《东莞市政府购买义务教育阶段民办学校学位暂行办法》《关于进一步规范行政机关处理涉法事务的意见》，决定继续执行阶段性降低社会基本医疗保险缴费费率等事项。

△ 2015年度中国机械工业百强企业、汽车工业三十强企业信息发布会在东莞市召开，这是国内机械、汽车工业最权威、最具影响力的年度盛会。

△ **至27日** 2016年东莞市叉车司机职业技能大赛举行，有36家企业183名选手参赛。

27日 东莞市轨道交通2号线开通试运营，东莞市成为国内第27个开通地铁的城市。

△ 国务院促进民间投资专项督查第六督查组一行到莞督查民间投资情况。

△ 建行广东省分行与广东省粤科金融集团在东莞市联合举办“科技创新企业‘投贷联’产品发布会”，这是广东省首款产业基金模式的股债联动科技金融产品。

29日 广东省委常委、常务副省长徐少华到莞调研基础设施重点项目建设情况。

30日 全省基层改革创新工作交流会在东莞市召开，广东省委常委、常务副省长徐少华出席会议并作讲话。向全省推荐东莞市实施企业登记注册“一网通”、项目投资建设直接落地改革和构建“三互”（信息互换、监管互认、执法互助）大通关模式等做法。

31日 “GIA2016盛景全球创新大奖·中国区智能制造行业决赛”在常平镇开启。

△ 中国钓鱼运动协会东莞会员服务中心启动仪式在茶山镇举行，确定东莞市为中国钓鱼运动协会的全国首批会员发展试点城市。

6月

1日 东莞市首部动漫大电影《斗龙战士之星印罗盘》在全国上映。

△ **至8日** 东莞市第九届少儿艺术花会举行，有参赛单位50多家，参赛选手1500多名，61个参赛节目获金奖。

2日 东莞市石碣公安分局侦破广东省公安厅督办的“2016·2·25”特大贩卖毒品案件，抓获犯罪嫌疑人6名，缴获甲基丙胺（俗称“冰毒”）约9千克及疑似麻古0.5千克。

△ **至3日** 第七届东莞市中小学航海模型比赛和第四届东莞市中小学建筑模型比赛在麻涌镇举行，全市103所学校900多名中小学生参赛。

△ **至4日** 2016年第四届东莞振宗机械制造工业联盟展、第四届东莞国际机器人及工业自动化展览会在广东现代国际展览中心举行，吸引珠三角大批制造业设备采购负责人前往观展。

3日 东莞市首个无人机驾驶培训基地在东莞市高技能公共实训中心成立。

△ 广东省副省长何忠友到莞调研中俄贸易产业园建设及构建开放型经济新体制综合试点试验工作情况。

△ 第五届中国创新创业大赛（广东·东莞赛区）2016年“中集智谷杯”“赢在东莞”科技创新创业大赛暨第二届“赢在东莞”大学生科技创新创业大赛启动，总奖金逾1300万元。

△ 广东省青少年禁毒宣传统一行动月活动在东莞市虎门鸦片战争博物馆举行启动仪式。

6日 2016年东莞市海洋水生生物增殖放流活动在虎门镇威远岛举行，85万尾鱼苗放入大海。

△ **至7日** 第四届全国高校商业精英挑战赛“浩方杯”商业信息化创新创业竞赛总决赛在道滘镇举行，来自全国各大高校近600名学生参加比赛。

7日 2016东莞市“最美医生”“最美护士”公布，评选出“最美医生”“最美护士”各10名。

8日 全市基层精神文明建设“补短板 促提升”动员部署会议召开。会议传达中共中央政治局委员、中央书记处书记、中宣部部长刘奇葆到莞考察调研讲话精神及省委常委、宣传部部长慎海雄的贯彻要求，部署全市镇街文明创建整治提升行动。

9日 “中国转型·长安实验”政校企国际合作签约仪式暨圆桌会议在长安镇举行，会议探讨交流产业转型、新型城镇化以及服务型政府建设的路径和策略，探索在长安镇开展产业创新、城市创新和制度创新综合实验，为中国转型提供经验。

12日 东莞市委中心组“两学一做”（学党章党规、学系列讲话，做合格党员）学习教育报告会召开，集中学习中共中央总书记习近平治国理政新理念、新思想、新战略。

△ 全国首个价格认定网上一站式平台在东莞市启用上线，全市涉及价格认定的案件全部实现点对点数字化智慧管理。

13日 东莞市政府常务会议审议通过东莞市民办教育专项资金等实施文件、《东莞市生活污水处理厂污泥处置管理规定》、《加快我市停车场建设近期工作要点与分工》，决定调整《关于实施东莞市进一步扩大环保标志限制通行管理措施的通告》、开展东莞市历史建筑数字化保护工作等事项。

△ 东莞市轨道交通1号线一期工程勘察开工启动仪式举行。

△ 第44届世界技能大赛工业控制、烘焙项目广东省选拔赛在东莞技师学院举行，来自广东省粤东技师学院、广东省轻工技师学院、广东省技师学院等6所院校17名选手参加。

15日 广东省专业镇协同创新工作现场会在东莞市召开，总结全省专业镇创新发展情况，推广横沥镇等地区协同创新的经验做法，加快全省专业镇创新发展和转型升级。

△ 至16日 全国政协委员视察团到莞开展“劳动法律法规贯彻执行情况”专题视察。

17日 在全省土地管理工作会议上，东莞市政府继2014年度获全省节约集约用地考核一等奖，再次获2015年度全省节约集约用地考核一等奖、“三旧”（旧城镇、旧村庄、旧厂房）改造考核三等奖。

△ 东莞召开全市质量大会，颁发第四届东莞市政府质量奖和鼓励奖，印发《中共东莞市委 东莞市人民政府关于深入推进质量强市建设的意见》。

△ 东莞市青年创业空间在松山湖高新区成立。

△ 2016年东莞市燃气行业职业技能竞赛举行，来自全市12家燃气经营企业的100余名巧手能匠参赛。

18日 “智通到家”旗下“私享家”高端家政服务新品发布会在东莞市举行。

20日 东莞市政府常务会议审议通过《关于广东新比克斯实业股份有限公司等36家企业申请全国股转系统挂牌资助》《关于做好我市政策性农村住房保险协议（2016—2018年）签订工作》等事项。

21日 黄埔海关与东莞市政府签署《关于推动东莞开展构建开放型经济新体制综合试点试验的战略合作框架协议》，共同推动东莞市开展构建开放型经济

2016年6月24日，东莞市禁毒整治誓师大会在虎门海战博物馆广场举行 （程永强 摄）

新体制综合试点试验。

△ 东莞市第十五届人大常委会第三十七次会议表决通过任命张少康为东莞市人民政府副市长，免去贺宇的东莞市人民政府副市长职务。

△ 至22日 2016年东莞市咖啡师职业技能竞赛在广东创新科技职业学院举行，有61名选手报名参赛。

22日 东莞市公共资源交易网启用，整合政府采购、建设工程招投标、国土资源交易以及国有产权交易等功能。

△ 广东省副省长蓝佛安率队到莞调研金融、教育发展情况。

△ 至24日 2016中国国际（广东）节能环保展在东莞市举办，吸引近200家节能环保与新能源优质企业参展。

23—26日 2016年“广发银行杯”东莞荔枝节全国桥牌公开赛在东莞市举行，有来自香港、台湾在内的全国80多支代表队近500人参赛。这是广东省首次承办全国性的桥牌比赛。

24日 东莞市在虎门海战博物馆举行禁毒整治誓师大会，有1500多人参加。

△ 苏州市党政代表团来莞考察。

△ 至26日 东莞市首届智能楼宇管理师职业技能竞赛举行，来自企业、学校的117人参赛。

25日 2016“奥立奥迪爱动杯”东莞业余网球团体公开赛在东莞市网球中心举行，吸引来自广州、深圳、珠海、东莞等市地的28支队伍、336名网球爱好者参赛。

△ 第25届中国儿童青少年威盛中国芯·HTC计算机表演赛广东分赛区决赛在东莞市东华高级中学举行，有全省各市200多位中小学生选手参赛。

△ 至26日 2016“千人计划”专家东莞行活动在松山湖高新区举行，国家“千人计划”专家、海内外高层次人才、东莞市企业代表、风险投资机构等160多人参加活动。

△ 至26日 2016年广东省非物质文化遗产麒麟舞邀请赛在樟木头镇举行，来自广州市、佛山市、汕尾市、潮州市、深圳市、惠州市、东莞市的17支麒麟队参赛，东莞市麒麟队获得3个金奖。

30日 全市2016年非公有制经济工作会议召开。会议印发《关于促进加工贸易创新发展全面提升外经贸水平的实施方案》和《开展“亲企清政”工程促进非公经济发展实施方案》。

△ 东莞市首本不动产权证书颁发仪式在茶山镇举行，标志着东莞市启动不动产统一登记工作。

△ 2016年东莞市大学生绿色建筑设计比赛启动，吸引来自华南理工大学、上海交通大学、长安大学、广州大学、东莞理工学院、东莞理工学院城市学院等10余所高校近100名学子参赛。

7 月

1日 东莞市首部原创3D动漫电影《吉祥宝宝之我是食神》全国院线首播仪式暨新闻发布会在东莞市电子科技学校举行。该片于8月19日在全国各大院线上映。

△ 东莞市启动机关事业单位工作人员养老保险制度改革工作。

8日 2016年东莞市大学生社会实践活动启动仪式暨交流分享活动在广东医科大学举办，全市各镇街、各高校的团委书记、副书记及大学生成长促进会骨干约200人参加。

△ 东莞市茶山公安分局侦破“‘1·29’贩卖毒品案”，抓获14名涉毒嫌疑人，缴获甲基丙胺（俗称“冰毒”）1.79千克、海洛因61.12克、麻古266.87克。

9—10日 2016中国国际少儿时装周东莞总决赛举行，吸引60多家培训机构和学校、幼儿园的5000余名选手参赛。

11日 东莞市委书记吕业升主持召开市委十三届第138次常委会议，传达学习中共中央总书记习近平在庆祝中国共产党成立95周年大会上的重要讲话精神。

△ 东莞市总体规划委员会2016年第一次会议审议通过《东莞市虎门镇2015年01地块建设项目选址规划评估》《东莞市望牛墩镇2014年01地块建设项目选址规划评估》《东莞市长安等27镇（园区）总体规划修改》《东莞市寮步镇2015年01地块建设项目选址规划评估报告》等项目。

12日 东莞市政府常务会议审议通过2016年水乡经济区计划整治与引导退出“两高一低”（高耗能、高污染、低效益）企业名单、《东莞市水乡生态文明建设促进条例（草案）》等事项。

△ 广东省政协党组书记、主席王荣率领省政协“珠三角国家自主创新示范区建设的进展及对策措施”专题调研组到莞调研。

△ 河源市委书记、市人大常委会主任张文率党政代表团来东莞考察推进深莞惠经济圈（3+2）建设。

14日 “创新驱动 智造未来——2016中美企业科技创新峰会”在凤岗镇举行。

14—15日 东莞市委书记吕业升率党政代表团赴香港拜访中联办、外交部驻港特派员公署、香港东莞社团总会、香港科技大学及有关企业负责人。

16日 “‘7·16’全民游泳健身周”畅游东莞东江活动在道滘镇东江南支流举行，莞城、东城、道滘、麻涌、虎门、厚街、中堂、望牛墩、万江、石排、高埗等镇街和广州市增城区新塘镇、石滩镇及东莞市游泳协会组织330多人参加。

20日 广东省第八届“省长杯”工业设计大赛在

东莞市举行启动仪式。同时，全国2016大学生公社设计大赛设立广东赛区，与该届大赛对接。

21日 东莞市委常委会议审议通过《东莞市关于进一步推进户籍制度改革的实施方案》。

22日 东莞市政府常务会议审议通过《东莞市推广建设普及型智能制造示范生产线工作方案》《东莞市城市轨道交通运营安全管理规范》，决定安排广东省“珠江人才计划”引进第五批创新创业团队项目市配套资金等事项。

24日 全国智能制造试点示范经验交流会暨智能制造装备应用现场经验交流会在东莞市召开，来自全国智能制造领域顶尖的企业、领军人物、专家学者参会。

27日 东莞市构建开放型经济新体制大调研动员部署会议召开。市委书记吕业升出席会议并发表讲话，要求全市着力加快补短板，着力催生增长点，着力破解全市经济社会发展中的体制性障碍和结构性问题，推动东莞在更高起点上实现更高水平发展。

28日 市委书记吕业升率“八一”拥军慰问团赴广东省军区、省公安消防总队开展慰问活动。

29日 在北京市举行的全国双拥模范城（县）命名暨双拥模范单位和个人表彰大会上，东莞市获评“全国双拥模范城”，东莞市民政局获评“全国爱国拥军模范单位”。

△ 首届东莞旅游商品评选活动举行，评选出金奖5个、银奖8个、铜奖10个以及优秀奖20个。

31日 在北京举行的第十三届中国国际合唱节暨国际合唱联盟合唱教育大会上，东莞合唱团获得“成人组混声A级合唱团”“重唱/小合唱组A级合唱团”大奖。

8月

1日 中共中央政治局委员、广东省委书记胡春华一行到虎门镇新湾旧渔港码头现场巡视和部署防御台风“妮妲”工作。

2日 东莞市政府常务会议审议决定，从2017年1月起，提高东莞市最低生活保障标准，从每人每月610元调整为每人每月720元。审议通过《关于加快发展养老服务业的实施意见》《东莞市食品生产加工小作坊禁止生产加工食品目录》《东莞市公共服务区域免费WiFi验收评测和项目补贴管理办法》《东莞市绿色供应链环境管理试点工作方案》《东莞市市级财政资金项目库管理办法》《东莞市市级专项资金管理办法》，审定2015年度东莞市工程中心和重点实验室拟立项项目及资助经费安排，确定2015年东莞市第一批高新技术企业认定及培育入库企业拟奖励资助项目等事项。

△ 东莞市产业金融企业代表团到新疆生产建设兵团第三师图木舒克市考察。

3—10日 东莞市人大常委会主任徐建华率团赴日本、韩国考察访问，介绍东莞市营商环境优势，宣传扶持企业政策，推动企业总部加大在莞投资。

4日 首届东莞市“首席技师”评审会举行，评审专家从244名候选名单中评审出100名“首席技师”。

△ **至15日** “2016年首届东莞市大数据科普展”在东莞科技馆举行。

5—10日 中国首个“集邮周”广东首站活动在石龙镇启动，并举行《第三十一届奥林匹克运动会》邮票首发活动，东莞市首款奥运连体明信片也在活动仪式上亮相。

6日 “东莞法律沙龙”首期活动举行，东莞市法官、检察官、律师、法学教授、仲裁员等200多人参与。

8—10日 2016年全国文化志愿服务机制建设培训班在东莞市举办，各省（区、市）和新疆生产建设兵团的文化志愿服务骨干和东莞文化志愿者服务队总分队的负责人等120多人参加。

10日 广东省军区司令员张利明率工作组到莞检查征兵工作。

11日 在广东省第十届少儿艺术花会上，东莞市获得20枚金牌、4枚银牌、5枚铜牌和2个优秀奖，获金奖数量和奖牌总数连续三届居全省第一位。

△ 第36届国际名家具（东莞）展览会在厚街镇举行，有1036家企业参展。

14日 大朗镇巷头社区一出租屋发生一起火灾事故，造成9人死亡、2人重伤。

15日 东莞市启用社会服务管理“智网工程”标识。

17日 东莞市政府常务会议审议通过《东莞市学生校外托管机构管理办法》、《东莞市生态文明先行示范区建设行动计划》、《东莞市莞港澳台科技创新创业联合培优行动计划（2016—2020）》、与广东邮政签订战略合作协议等事项。

△ 2016中国（松山湖）VR国际论坛在松山湖高新区举行，这是东莞市首次举办VR国际论坛。

△ 在2016香港中华文化艺术节颁奖典礼上，东莞市民族乐团首次赴香港参赛获得3枚金牌、1枚银牌。

△ 东莞市公安局清溪分局专案组耗时半年，打掉一个特大贩毒团伙，抓获嫌疑人13名，缴获海洛因2411.74克、海洛因底粉3.50千克。

18日 在广东省双拥模范城（县）命名暨双拥模范单位和个人表彰大会上，表彰东莞市第八次获评“全国双拥模范城”。

△ **至22日** 第八届中国国际影视动漫版权保护和贸易博览会在东莞市举行，吸引国内外参展企业503家，入场人数超过30万人次，现场消费和合同、

意向成交额34.6亿元。

20日 在2016年全国青少年宫体育舞蹈比赛（总决赛）上，莞城少年宫作为东莞代表队获得28枚金牌、18枚银牌、12枚铜牌。

23日 全省推进珠三角创新驱动发展培育高新技术企业工作现场会在东莞市举行。中共中央政治局委员、广东省委书记胡春华出席会议并讲话，强调要把广东建设成为国家科技产业创新中心。省长朱小丹出席会议并作工作部署。东莞市委书记吕业升介绍东莞市经验。

25日 东莞市控制性详细规划委员会2016年第五次会议审核万江、厚街、黄江等多个镇街的地块一般调整和谢岗、长安、大岭山等区域的控制性详细规划调整。

26日 广东省副省长、省公安厅厅长李春生率省督导组检查督导东莞市消防、治安防控体系建设等工作。

27日 东莞市与泰国泰中经济协会签署《友好合作组织备忘录》，双方将扩大在文化、教育、旅游、医药人员往来等各领域的交流与合作。

28日至9月4日 2016东莞市民摄影周暨全民艺术普及之摄影“繁星”公益培训计划在东莞市民艺术中心、东莞展览馆、东莞图书馆、玉兰大剧院、莞库文化创意产业园同步举行，活动包括30多个摄影精品展览以及10多场摄影讲座与培训。

29日 “融汇融合·同创共享”2016年东莞非公经济智慧发展群英荟暨东莞市女企业家商会壹周年庆典活动在南城街道举行，探讨非公经济主体发展思路，举行“东莞女商护苗计划”启动仪式。

9月

4日 东莞、中山、昭通三市召开座谈会，贯彻落实广东、云南两省扶贫协作工作联席会议精神，东莞市、中山市启动对口帮扶云南省昭通市工作。

5日 全国首个国（税）地（税）通发票O2O（线上到线下）项目在道滘镇启动，该项目名称为“代开易”，纳税人可利用该平台“扫码申请，手机支付”技术，完成线上办理、线下寄递发票。

△ **至9日** 第七届“杨官璘”杯全国象棋公开赛在凤岗镇举行，吸引来自15个国家和地区的180名棋手参赛，其中80多人拥有“中国象棋大师”或“中国象棋特级大师”称号。

6日 东莞政协成立60周年暨东莞公共外交协会成立大会召开。

△ 东莞市食品药品监督管理局举行食品药品安全大课堂暨食品药品安全知识进校园活动启动仪式。

△ 2016中国地级市民生发展100强最新榜单公布，东莞市居第三名。

7—8日 2016世界莞商大会举行，来自海内外的1000多名莞商出席会议。

8日 东莞市委常委会议传达中共中央政治局委员、广东省委书记胡春华《关于东莞工作总体思考的情况报告》的批示精神，审议通过《东莞市建设“友善之城”工作方案》《东莞市文化事业发展“十三五”规划》等事项。

9日 国内首部院线羽毛球运动题材电影《击战》首映式在东莞市举行。

△ 广东省云计算标准化技术委员会、广东省信息传输线缆及连接技术标准化技术委员会，分别在松山湖高新区和虎门镇成立。

10日 东莞市盲人运动员周国华、领跑员贾登璞夺得第15届夏季残疾人奥林匹克运动会田径T11级女子100米项目银牌；11日，脑瘫运动员杨义飞获得田径T36级男子100米项目银牌；14日，盲人运动员周国华、领跑员贾登璞又夺得田径T11级女子200米项目铜牌；15日，周国华和队友沈亚琴、贾君婷仙、刘翠青，与领跑员贾登璞、李文、施杨、徐冬林又夺得田径T11-13级女子4×100米项目比赛金牌。东莞市残疾人运动员在本届残奥会上共获1枚金牌、2枚银牌、1枚铜牌。

△ **至11日** 2016年亚欧男子乒乓球全明星对抗赛在东莞市举行。

13日 东莞市政府常务会议审议通过《关于进一步加强旅游市场综合监管的通知》、《东莞市2016年度政府网站考评方案》、2016年市信息化专项资金（第一批）资助计划，决定安排东莞南方医大松山湖科技园有限公司引进“原创性抗炎药物研发团队”市财政配套资金等事项。

△ 东莞市银行机构支付结算知识技能总决赛在中国银行东莞分行举行，全市36家商业银行、1家支付机构及人民银行100余名选手参赛。

△ 清溪镇光电通讯产业被工信部确定为全国“首批产业集群区域品牌建设示范区”。

16日 首届广东提琴文化艺术节弦乐公开赛暨东莞市室内乐文化艺术周在松山湖高新区举办，来自广东省近10个城市共200多位选手参赛，东莞市选手获得5枚金牌。

18日 在东莞市举行的2016广东省男子篮球联赛中，东莞队连续两年夺冠。

19日 广东省省长朱小丹到石龙镇调研广东铁路国际物流基地和中俄贸易产业园规划建设情况。

20日 东莞市政府常务会议审议通过《东莞市推进“互联网+”行动实施方案》《东莞市实施技术标准战略“十三五”规划》《东莞市重点品牌展会认定办法》《东莞市加快科技四众平台建设实施管理暂行

2016年9月11日，亚欧男子乒乓球全明星对抗赛颁奖仪式举行 （郑家雄 摄）

办法》《东莞市镇村产业升级补贴奖励专项资金管理办法》《东莞市基层综合性文化服务中心建设指导意见》，决定2016年东莞市国际科技合作（含港澳台）资助项目及经费安排等事项。

△ 东莞市第一轮义务教育公办学校托管民办学校签约仪式在东莞市进修学校举行，全市10对学校的法人分别在委托管理协议上签字，开始委托管理工作。

△ 东莞市32个镇街社会事务办公室（局）挂牌“政协工作办公室”。

△ 至23日 “2016年东莞市重点用能单位节能技术推广会”系列讲座在南城街道举行。

21日 东莞市委全面深化改革领导小组第十五次会议审议通过《关于进一步完善生态补偿机制的意见》等事项。

22日 东莞市沙田（虎门港）公安分局侦破公安部目标案件“‘2016·7·18’贩毒案”，打掉一跨省特大贩毒违法犯罪团伙，抓获涉案人员10人，缴获甲基丙胺（俗称“冰毒”）1500克、涉案车辆4辆。

△ 东莞市2016年社科普及周启动仪式暨东莞人文学堂第六讲在东莞市文化馆群星剧场举行，全市社科界专家学者以及社会各界群众300多人参加活动。

△ 大岭山镇文广中心联合广东东江纵队纪念馆制作的广播连续剧《火凤凰（英雄母亲）》在全国80多部作品中脱颖而出，获评第十六届中国广播剧研究会广播剧专家奖金奖。

△ “2016粤港澳华语歌曲创作大赛暨粤港澳歌手大赛华语歌曲创作颁奖盛典”在东城街道举行。

24日 全国知名作家看桥头系列活动在桥头镇举行，促进当地作家与全国名刊名编、小小说联盟专家面对面交流。

26日 第五届中国创新创业大赛港澳台赛复赛暨东莞市莞港澳台科技创新创业联合培优行动计划启动仪式在东莞市天安数码城举行。

△ “东莞非遗墟市”开市，麒麟制作、茶山公仔、新村腐竹、矮仔肠制作技艺、中式茶点烘焙制作技艺等非遗项目现场展示和销售。

27日 东莞市纪念改革开放40周年文艺创作工程启动暨首批重点创作项目签约仪式在东莞文学艺术院举行。

△ 第二届东莞大学生科技创新节启动，吸引广东医科大学等9所高校参与，活动包括1个创新创业大赛、5个创新技能竞赛、多个科技大家讲坛。

28日 东莞市轨道交通1、2号线联络线工程暨1号线一期土建工程开工启动仪式在鸿福路站举行。

△ 广东省第四届麒麟文化节暨麒麟舞大赛在清溪镇举行，来自全省的21支队伍上演“麒麟斗舞”。

29日 常平镇举行“中国硬笔书法名镇”授牌仪式，成为全省首个获得该称号的镇街。

30日 中国第三代半导体产业南方基地落户东莞市。

10月

7日 东莞市首次推出商品住房限购政策，无论是本市户籍或者非本市户籍家庭，有2套及以上住房的，均不得购买新建商品住房。

10日 东莞市委常委会议审议通过《东莞市环境污染防治总体实施方案（2016—2020年）》。

11日 东莞市政府常务会议审议通过《东莞市大数据发展实施方案》，审定2015年东莞市第二批高新技术企业认定（复审）及培育入库企业拟奖励资助项目、对东莞市创新型企业实施奖励和补助、第二届中国大学生跨境电子商务创新创业大赛等事项。

△ 2016年“松湖杯”创新创业大赛在松山湖高新区启动，大赛首次设立中国台湾地区、美国硅谷、德国三大境外分赛场。

12日 中共东莞市委十三届八次全会召开。审议通过《中共东莞市委关于以供给侧结构性改革为统领，推动在更高起点上实现更高水平发展的意见》；研究部署中共东莞市第十四次代表大会筹备工作；表决通过《中国共产党东莞市第十三届委员会第八次全体会议决议》。

△ **至15日** 第十六届中国（长安）国际机械五金模具展览会在长安镇举行。

△ **至18日** 2016年东莞市大众创业万众创新活动周暨东莞国际产能双创节在长安青少年创新中心启动，全市首个省级双创示范基地——广东省（长安镇）大众创业万众创新示范基地揭牌。活动以长安镇为主会场，各镇街（园区）同步举办。

△ **至28日** 2016东莞市首届“名城名匠”推选活动启动。

13日 国务院总理李克强到东莞市广东欧珀移动通信有限公司考察。

△ **至15日** 东莞市委副书记、市长梁维东率领市政府代表团赴云南省昭通市，开展扶贫对接活动。22日，东莞市、昭通市扶贫协作框架协议在东莞市签署。

14日 东莞市首个省劳模创新工作室在石碣镇成立。

△ “文明莞邑.友善之城”第五届东莞市书画大赛在鸿福路地铁站D出口举行启动仪式。

15—16日 2016年东莞市青少年武术锦标赛举行，全市21支队伍参加刀、枪、棍、剑、拳等84个项目比赛。

17日 2016年中国科协海智计划基地工作会议在东莞市举行。“海智专家助力企业创新创业广东（东莞）行”活动也同期举办。各省市科协、中国科协海智计划工作基地代表、海外专家学者、归国创业精英等150多人参加会议。

△ **至21日** 东莞市2016年全民终身学习活动周举行，全市有433个单位、社区和培训机构举办免费教育咨询和课程培训活动，提供免费教育咨询和课程项目956项、免费培训名额14.4万个。

△ **至21日** 在第三届联合国住房和城市可持续发展大会平行会议——第十一届全球人居环境论坛暨“可持续城市与人居环境奖”颁奖盛典上，清溪镇获评“全球绿色城镇”。

18—20日 由《人民日报》海外版、中国国际广播电台、中央电视台英语新闻频道、中新社、《人民周刊》、环球网等13家媒体组成的采访团来莞，就东莞市创新驱动发展的亮点和成效等方面进行采访报道。

△ 东莞市委书记吕业升率党政代表团赴新疆生产建设兵团第三师图木舒克市开展帮扶对接交流活动。

19—21日 第93届中国劳动保护用品交易会在广东现代国际展览中心（厚街镇）举行，这是该会首次在地级市举办。

20—21日 第三届广东省科普剧大赛（表演赛）在东莞市举办，来自全省17个地市、37支代表队、400多名演员参赛。东坑镇中心小学的《太空之旅》、长安镇第二小学的《海底总动员——水母宫奇遇记》获得学校组一等奖，东莞市科学技术博物馆的《聚·散》获得成人组一等奖。

20—23日 2016年全国男子举重冠军赛在石龙体育馆举行，共有全国各省市37支队伍295名运动员参加，参赛运动员为历年最多。

21日 第235场中国工程科技论坛暨第七届中国分子诊断技术大会在松山湖高新区举行，多位国内外著名院士、专家、学者和700多位医学界人士及企业代表论道分子诊断行业。

△ 2016中日健美操友好交流晚会在东莞市举行，来自东莞市和日本代表团的表演者200多人参加交流表演。

22日 2016年东莞市电子商务技能竞赛暨创业大赛举行启动仪式。来自东莞市企业和17所大中院校的620个团队1860人参赛。

△ **至23日** 第十二届两广中老年羽毛球邀请赛在南城街道举行，吸引19个地区、43支队伍、约700名羽毛球爱好者参赛。这是该项赛事首次在东莞市举办。

△ **至23日** 第一届广东省“中国汉字听写大会”在南城阳光实验中学举行。来自全省各地市的21支中学生代表队参赛，东莞市茶山中学队夺冠。

23日 2016年广东·联盟杯东莞赛区暨“艺力杯”东莞市第五届同城足球锦标赛举行，东莞市有32支队伍参赛。

△ **至11月22日** 第五届广东省“南雅奖”书

法篆刻展在长安镇举办。广东省"南雅奖"书法篆刻展落户长安镇，该展是广东省书法界的最高赛事。

24日 东莞市政府常务会议审议通过《东莞市科研用地管理暂行办法》、2015年度"机器换人"专项资金应用项目资助计划，认定和奖励2016年东莞市大型骨干企业等事项。

△ **至27日** 2016年东莞市、韶关市、揭阳市"领头雁"青年创业成长营培训活动在东莞市高技能公共实训中心举办，东莞市对口帮扶的韶关市、揭阳市两地共260名青年致富能手作为"领头雁"培养对象参加培训。

25日 东莞市在第一人民法院首次利用远程视频庭审系统开庭审理刑事案件。

26日 "友善东莞，让城市更温暖！"成为东莞市"友善之城"建设的主题宣传口号。

△ 2016年东莞市基层社会治理改革创新市镇共建优秀项目和先进项目公布，麻涌镇"美丽幸福村居示范建设"等10个项目获评优秀项目，道滘镇"引入访前法律服务　推动信访高效调处"等10个项目获评先进项目。

△ 2016东莞跨境电商峰会暨阿里巴巴一达通企业服务（东莞）有限公司成立仪式举行，标志着阿里巴巴跨境B2B全链条服务进驻东莞市。

△ 广东省副省长何忠友到莞指导构建开放型经济新体制综合试点试验工作，要求形成可复制、可推广的东莞经验。

△ **至12月20日** 东莞市第十三届老年人运动会举行，来自全市各地的41个代表团、2000余名老年人运动员参加18个项目的比赛，争夺491枚奖牌。

27日 常平珠宝玉石产研中心奠基仪式暨广东省金银珠宝玉器业厂商会落址常平镇揭牌仪式举行，标志着广东省政府批复同意的全省唯一的珠宝玉石政策性交易中心——广东（东莞）珠宝玉石交易中心落户常平镇。

△ **至30日** 2016年广东21世纪海上丝绸之路国际博览会在东莞市举行，吸引73个国家和地区参会，达成签约项目700个，涉及签约资金2068亿元。

△ **至31日** 第四届东莞市合唱节在东莞市文化馆举行，来自全市各个镇街、单位的57支合唱团，超过3000人参赛。

28日 2016广东打工者歌唱大赛年度总决赛在塘厦镇举行。

△ 东莞水乡首届采摘文化展在中堂镇开幕，"十镇（街）一港"（中堂镇、麻涌镇、望牛墩镇、洪梅镇、道滘镇、石龙镇、万江街道、石碣镇、高埗镇、沙田镇及东莞港）首次联合推荐东莞市水乡休闲农业、特色农产品。

△ 东莞市首个餐厨垃圾处理厂开工建设。该项目地处麻涌镇大步村海心沙，总投资1.8亿元。

29日 2016年东莞市羽毛球联赛在厚街镇揭幕，来自各镇街（园区）的33支球队参赛。

△ 东莞市首届户外运动节·乐健东城嘉年华活动在东城街道体育公园举行，吸引2000余人参加。

31日 东莞市政府常务会议审议通过《东莞市进一步促进旅游投资和消费的实施方案》、2016年度东莞市节能与循环经济发展专项资金奖励计划，重新修订《关于加快推动我市电子商务发展的实施意见》《东莞市储备粮管理暂行办法》，审定2015年东莞市科学技术奖名单、2016年度东莞市3C（计算机、通讯、消费电子产品）产业智能制造示范车间项目认定和资助等事项。

△ 第五届中国创新创业大赛港澳台赛决赛在东莞市举行，有686个项目参赛。

11月

1日 中国扶贫基金会与广东医科大学"新长城"自强助学金签约仪式在广东医科大学东莞校区举行，广东医科大学接受100万元项目资助。

2日 《中共东莞市委关于以供给侧结构性改革为统领推动在更高起点上实现更高水平发展的意见》印发。

△ 广东省副省长许瑞生率队到长安镇茅洲河调研污染综合整治情况。

△ **至4日** 第十五届中国（大朗）国际毛织产品交易会在大朗镇毛织贸易中心举行。

3日 清溪镇保税物流中心（B型）通过验收并启用，这是东莞市第二个保税物流中心。

△ "2016中国浮空器"大会在位于松山湖高新区的东莞市前沿技术研究院举行。

4日 第二届中国（东莞）智能制造发展论坛在东莞举行，多个国家和地区的知名智能制造领域专家、智能制造龙头企业代表、高校学者等逾600人参加。

6日 在北京市召开的第二届"生态文明建设高峰论坛暨城市与景区、美丽乡村生态文明成果发布会"上，清溪镇成为广东省唯一获评"中国最美乡镇"的镇街。

8日 首届中国家居绿色供应链论坛在厚街镇举行。来自环保部、广东省以及中国家具协会、中国涂料工业协会、中国皮革协会、中国林产工业协会、中国缝制机械协会、中国家用纺织品行业协会、中国塑料加工工业协会、中国环境保护产业协会八大协会领导和相关专家学者、行业协会代表等近千名嘉宾出席。论坛上，东莞市人民政府、中国—东盟环境保护合作中心与广东省环境保护厅三方签署共建绿色供应链东莞示范中心协议。环保部中国—东盟环境保护合作中心发布绿色供应链东莞指数评价结果。

2016年11月2日，第十五届中国（大朗）国际毛织产品交易会开幕　（程永强　摄）

△　东莞市政府常务会议审议通过《关于推行水污染防治责任清单制度的实施方案》《部门水污染防治责任书》《镇街（园区）水污染防治目标责任书》《东莞市水污染治理工程建设绩效考核奖惩办法》《东莞市人民政府2017年规章立法计划》《东莞市引进创新创业领军人才专项资金管理办法》。

△　东莞市委书记吕业升会见台湾生物技术企业代表团成员，双方就深化"莞榕计划"合作、加强生物技术产业对接等进行交流。

△　**至9日**　东莞市政府扶贫考察团赴揭阳市开展对接扶贫工作。

△　**至12月9日**　第五届中国·东莞音乐剧节举行，国内外13部优秀音乐剧在莞进行37场展演。

9日　香港跨境投资服务业代表团一行到东莞市访问，推动莞港两地企业共同"走出去"。

△　国家文物局局长刘玉珠到东莞市考察国家历史名城申报工作。

10日　广东省委宣讲团党的十八届六中全会精神宣讲报告会在东莞市举行，东莞市委书记吕业升出席报告会。

11日　全市环境保护工作会议暨水污染治理工作动员大会召开。

△　"2016年东莞城市乐跑赛"开跑，来自160多家企业的5227名参赛者及市民在旗峰公园完成5公里的赛程。

△　**至12日**　东莞—河源市非物质文化遗产城际交流活动在东莞市文化馆举行。该活动包括两地非遗墟市、两地非遗工作交流和河源市非遗图片展等。

△　**至14日**　"2016中国凤岗客侨文化节"举行。该文化节涵盖"2016广东省客家山歌擂台赛"、"客侨好家风"评选表彰、"记住乡愁、客侨寻根"摄影作品展、凤岗工业产品展暨美食节、客侨古村跑、龙凤恋歌舞台情景剧、"民族集体婚礼"、"客侨好家风颁奖晚会"、"凤岗古村跑"、"客家山歌擂台赛"等13项活动。其中两岸暨港澳地区客家山歌邀请赛有海内外29支代表队52个节目参赛，有29个优秀作品进入决赛。

12—13日　首届莞港澳青少年科技教育交流活动在松山湖港澳创意文化产业园举行，来自香港和澳门地区24所学校的206名学生和松山湖实验中学的34名学生参加活动，并以机器人比赛等形式开展交流互动。

12—14日　东莞科技馆创作的科学秀节目《比冰还冷》参加"2016年全国科学大咖邀请赛暨科普人才交流培训"表演赛中，获一等奖。

13日　东莞市城市邮轮码头在南城CBD国际航空港开业，成为华南地区首个一站式异地邮轮旅游服务商。

15日　中共中央政治局委员、广东省委书记胡春华到莞调研医疗卫生体制改革和社会办医情况。

16日　全国人大法律委员会调研组成员到莞调研中小企业发展情况，借鉴东莞市扶持服务中小企业的经验做法，推动《中小企业促进法》的修订工作。

△　东莞市"2016年公益广告作品大赛"颁奖仪式暨获奖作品展举行，获奖作品有63件。

17日　由全球最大的制鞋材料生产商英国泰嵩（Texon）集团在东城街道投资的东莞泰嵩不织布有限公司开业，这是该集团在中国大陆投资的唯一生产基地。

△ 东莞市人民政府与中国邮政集团公司广东省分公司签订战略合作协议，双方在电商物流、民生服务、金融服务和文化宣传领域开展战略合作，并为东莞国际邮件互换局兼交换站举行揭牌仪式。

△ 至18日 广东省交通运输行业公路应急保通钢桥架设技能竞赛总决赛在东莞市国防教育训练基地举行。

△ 至19日 第三届虎门国际电商节与第21届中国（虎门）国际服装交易会同期举行，在主会场设有电商专区，总面积350平方米，有19家优质电商企业参与。

18日 国土资源部调研组成员到莞调研土地管理工作，对东莞市以“三旧”改造推动科技创新的经验做法给予肯定。

△ 东莞市政府常务会议召开，审议通过《东莞市市场监管现代化“十三五”规划》、《东莞市企业信息公示和信用约束管理试行办法》、2015年度“机器换人”专项资金应用项目资助计划（第六批）、2016年东莞市企业成长培育专项资金（成长型中小企业奖励项目）资助计划、2016年市信息化专项资金（第二批）资助计划、2016年东莞市企业成长培育专项资金专业服务补助项目（第一批）资助计划、2016年度省级财政支持技术改造相关专题项目计划、2014年度新型研发机构绩效考核奖励，确定2016年东莞市科技企业孵化器资助项目，批准东莞市引进第三批创新科研团队项目立项等事项。

△ 2016全国大学生工业设计大赛优秀作品展暨东莞创意设计活动周启动。

△ 至20日 2016东莞台湾名品博览会举行，会展面积2万平方米，有近300家企业参展，总交易金额23.96亿元。

△ 至20日 2016年东莞市现代制造技术职业技能竞赛举行，来自全市11家职业院校师生和20家企业技术员工253名选手参赛。

20日至12月9日 2016年东莞市母婴护理员职业技能大赛举行，吸引近800名从业人员参加。

21日 东莞市商务局联合东莞驻美国（硅谷）经贸代表处人员在松山湖高新区举办美国硅谷科技项目路演及对接活动，17家硅谷企业项目人员进行项目路演和对接洽谈。东莞市一批投资机构、基金公司以及当地企业人员参加活动。

△ 唐山市代表团到东莞市调研构建开放型经济新体制试点试验工作。

22日 由东莞市菜篮子农业商贸有限公司与广州商品清算中心合作建立的生猪现货在线交易平台——“生猪圈”（www.shengzhuquan.com）上线，该平台是广东省首个生猪在线交易平台。

23日 全国人大调研组一行到莞调研，对东莞市基层自治组织建设经验给予肯定。

△ 2016年全国地方党政领导干部工商行政管理专题研究班一行43人，到莞交流推进商事制度改革和监管工作经验。

△ “2016东莞高层次人才活动周”在东莞理工学院举行，东莞市43家单位提出19个合作需求项目，200多个高端人才岗位需求，拟招聘海内外博士460多人。

△ 广东省首个城际快充站在京港澳高速—广深高速公路东莞市厚街服务区举行落成仪式。

24日 东莞市政府常务会议审议通过《“东莞制造2025”规划》《东莞市推进中医药强市建设行动纲要（2016—2020年）》《关于我市分布式光伏发展的意见》。

△ “一糯千金——百度糯米O2O营销峰会”在东莞市召开，近500家本地企业代表参加活动，探讨企业智慧转型。

△ 至27日 2016（第八届）塘厦高尔夫球博览会在塘厦镇塘龙广场举行，有国内外企业110家参展，为华南区最大的高尔夫球行业年展。

△ 至29日 第五届中国创新创业大赛（广东·东莞赛区）2016年“中集智谷杯·赢在东莞”科技创新创业大赛暨第二届“赢在东莞”大学生科技创新创业大赛大学生赛决赛在松山湖高新区举行，吸引177个高精尖企业和团队同台竞技。

25日 《中共东莞市委、东莞市人民政府贯彻落实〈中共广东省委、广东省人民政府关于新时期精准扶贫精准脱贫三年攻坚的实施意见〉的实施方案》出台。提出到2018年，实现对口帮扶韶关、揭阳两市相对贫困户脱贫率达到100%，相对贫困村脱贫率达到100%。

△ 2016东莞市首届“名城名匠”推选结果公布，选出“名城名匠”20名、“名城工匠”80名。

26日 2016（第三届）东莞跨境电子商务O2O外贸交易会在东城街道举行，近1000家跨境电商销售商、300家制造企业、12家行业协会和30家知名大中型跨境电商服务商参会。

△ “我的梦”第三届广东省演讲大赛暨广东省修身齐家演讲大赛总决赛及颁奖典礼在东莞市举行。

△ 至27日 中国职教学会教学工作委员会课程理论与开发研究中心2016年年会在厚街镇举行，全国200多家职业院校的800多名教师代表和著名职教专家参会。

28日 东莞市十五届人大常委会第四十次会议召开，会议审议通过《2016年财政预算调整方案的报告》。

△ 东莞市政府与广东省建工集团共同签署战略合作框架协议。

29日至12月2日 2016广东国际机器人及智能装备博览会在厚街镇广东现代国际展览中心举行，吸引美国、德国、日本、瑞士、瑞典及国内的1364家装

2016年11月23日，2016东莞高层次人才活动周开幕 （郑琳东 摄）

备企业参展。

△ 2016全国大学生工业设计大赛、2016 DiD Award（东莞杯）国际工业设计大赛颁奖典礼在东莞市举行，来自全国700多所高校的近2.6万件作品参赛，106件作品获奖。

30日 广东省省长朱小丹到莞暗访检查安全生产工作。

12 月

1日 东莞市原创歌曲创作大赛暨2016“东莞（塘厦）原创歌曲追梦榜”评审活动在塘厦镇举行，选出2016“东莞（塘厦）原创歌曲追梦榜”十大金曲。

2日 东莞市委常委会议审议通过《东莞市环境保护和生态建设“十三五”规划》。

△ 至3日 东莞市、惠州市两地在东莞市文化馆合办非物质文化遗产城际交流活动。

3日 2016年东莞市新生代产业工人“圆梦计划”学员骨干交流营在东莞理工学院举行。

△ 至4日 2016年东莞市青少年跆拳道锦标赛在市体育馆举行，全市有52支代表队1346名运动员参赛。

5—10日 中国国际经济交流中心课题组到莞调研构建开放型经济新体制试点试验工作。

6日 东莞市政府常务会议审议通过《东莞市新型城镇化规划（2015—2020年）》《东莞市农业农村发展“十三五”规划》《东莞市食品药品安全“十三五”规划》《东莞市公众参与政府立法程序规定》。

△ 至9日 2016海外青年才俊聚东莞活动举行，来自16个国家和东莞市的青年才俊约130人参加。

7日 东莞市虚拟现实产业联盟在松山湖高新区成立，东莞市首个虚拟现实产业基地同时揭牌。

△ 广东省人大调研组到莞调研城中村生活污水治理工作，认为东莞市经验做法值得推广。

8日 东莞市政府与前海股权交易中心签署战略合作协议，在莞设立前海股权交易（东莞）中心和广东业务总部两个分支机构，并举行东莞科技创新板启动仪式。

△ 东莞市商务局与中国出口信用保险公司签署《共同促进东莞商务发展合作备忘录》，支持企业开拓国际市场。

9—11日 2016中国（东莞）国际科技合作周在东莞国际会展中心举行，聚焦智能制造和高端装备、移动互联与器件、云计算与大数据、新能源汽车、3D（三维）打印、新材料、生物医药、农业、技术转移等领域，并展示国际科技合作成果。

9—12日 2016东莞农产品博览会在广东现代国际展览中心举行，来自全国各地400余家展商、上千种农贸产品参展。

11日 “爱摄影 爱东莞”2016东莞摄影嘉年华暨东莞市非物质文化遗产拍摄项目在市民艺术中心启动。

△ 2016“天翼光宽超百万，万众徒步健康行”

大型徒步活动在东莞市同沙生态公园举行，有5000多名徒步爱好者报名参加，徒步活动路线全长15公里。

12日 东莞市委全面深化改革领导小组第十六次会议审议通过《东莞市全面深化改革评估报告》。

△ 广东首个交通事故网上法庭在东莞市第二人民法院开通。

13日 东莞市政府常务会议审议通过《东莞市低碳发展“十三五”规划》《东莞市“十三五”绿色清洁生产工作推行方案》《东莞市城市绿化管理办法》《东莞市公共图书馆管理办法》《东莞市公益普惠性幼儿园认定、扶持和管理办法》。

△ 在2016创新社会治理优秀城市发布仪式暨第二届全国创新社会治理经验交流会上，东莞市获评“2016全国创新社会治理优秀城市”，“东莞建设医疗纠纷第三方调解机制”项目获评全国社会治理创新优秀案例。

△ **至14日** 2016年“松湖杯”创新创业大赛举行，来自全国各地的103个创新创业项目报名参赛。

14日 英联马利（东莞）食品项目签约进驻麻涌镇，该项目由世界500强企业英联马利公司投资建设。项目总投资1.75亿元，用于研发、生产和销售烘焙用食品配料和特种油脂。

△ 广东省政府地方志办公室党组书记陈华康到莞调研地方志工作。

△ “文化有你 志愿同行”——2016年东莞最美文化志愿者颁奖晚会在都市彩虹剧场举办，主办方为10名最美文化志愿者、3名最具爱心文化志愿者、2名文化志愿者奉献奖获得者颁奖。

△ **至22日** 首届“东莞故事”（莞商杯）演讲比赛举行，东莞市27个市直单位86名选手参赛。

16日 东莞市区首个公共自行车项目在轨道交通2号线旗峰公园站启动。

△ **至18日** “2016年粤港澳中学生模拟联合国大会”在东莞中学松山湖学校举行，来自粤港澳三地49所中学400多名中学生参加活动。

△ **至20日** 2016保利·中国东莞第七届国际沉香文化艺术博览会在寮步镇举行，吸引逾450家海内外优质商户参展。

17日 东莞市重大历史题材美术创作工程成果展在岭南美术馆举行。

△ **至18日** 东莞市第三届武术文化节暨公开赛在市体育馆举行，有15所学校、1700多名武术爱好者参加。

19日 中华遗嘱库广东分库东莞预约咨询点在万江街道成立，这是中华遗嘱库首个地级市服务点，为60岁以上老人提供免费遗嘱咨询预约服务。

△ 东莞市政府常务会议审议通过《东莞市政府、阿里巴巴（中国）网络技术有限公司电子商务建设合作框架协议》。

20日 东莞市委常委会会议审议通过《东莞市以供给侧结构性改革为统领推动在更高起点上实现更高水平发展“十大”行动计划（2016—2018年）》系列文件。

21—23日 中共东莞市委第十四次代表大会召开。与会代表审议并批准市委书记吕业升代表十三届市委作的《奋力在更高起点上实现更高水平发展，率先迈上基本实现社会主义现代化新征程》报告，审议并批准中共东莞市第十三届纪律检查委员会的工作报告。会议选举产生中共东莞市第十四届委员会委员、候补委员和中共东莞市第十四届纪律检查委员会委员。

22日 中共中央政治局委员、广东省委书记胡春华赴桥头镇太园泵站和石马河橡胶坝工程调研，实地了解石马河污染整治情况。

23日 中共东莞市第十四届委员会第一次全体会议召开。会议选举产生东莞市委常委、书记、副书记，通过市纪委十四届一次全体会议选举结果。吕业升当选市委书记，梁维东、张科当选市委副书记，戚优华、白涛、王检养、郑琳、杨晓棠、殷焕明、黄少文当选市委常委。戚优华任市纪委书记。

24日 莞产首部儿童电影《小茜当家》在东莞市首映。

27日 东莞市政府常务会议审议通过《东莞建设金融强市总体规划（2016—2025）》《第三期学前教育行动计划（2017—2020年）》《东莞市政策性水稻、玉米种植保险实施方案》《东莞市政策性家禽养殖保险试点实施方案》《东莞市政策性生猪养殖保险试点实施方案》《东莞市政策性岭南特色水果种植保险试点实施方案》。

29日 东莞市经济工作会议召开。东莞市委书记吕业升出席会议并讲话。市委副书记、市长梁维东总结分析2016年全市经济工作，对2017年经济工作作出具体部署。

△ 松山湖（生态园）高新区举行重点招商项目签约仪式，有13个项目签约进驻，投资总额37.47亿元。

△ “东莞出口玩具质量安全示范区”“东莞出口婴童用品质量安全示范区”通过考核验收，东莞市成为广东省首个同时成功创建两个行业的国家级质量安全示范区的城市。

△ 东莞市排污权交易启动仪式暨签约仪式在广东省环境权益交易所举行，标志着东莞市成为广东省第一个启动排污权交易的地级市。

30日 东莞市委书记吕业升率队赴韶关市对接对口帮扶工作。

△ 中国人民银行东莞市中心支行金融服务平台进驻东莞众创金融街暨广东省企业信用信息和融资对接平台东莞启动仪式，在东莞市众创金融街举行。

△ 环球易购进口电商总部及全球供应链总部基地投资项目签约仪式在东莞港管委会举行。

附　　录

APPENDIX

■ 文件选录
■ 重点报道
■ 先进集体

清溪镇夜景

编辑：刘　丹

文献专载

2017年东莞市政府工作报告

——2017年1月10日在东莞市第十六届人民代表大会第一次会议上

东莞市人民政府市长　梁维东

各位代表：

我代表市人民政府，向大会报告政府工作，请予审议，并请市政协委员和其他列席人员提出意见。

过去五年回顾及2016年主要工作

市第十五届人民代表大会第一次会议以来的五年，是我市加快转型升级、建设幸福东莞、实现高水平崛起的五年，是东莞加快建设国际制造名城、现代生态都市的五年。五年来，面对严峻复杂的宏观形势和改革发展稳定的艰巨任务，全市政府系统和社会各界一道，在上级和市委的坚强领导下，强化“三个走在前列”的使命担当，凝心聚力，砥砺奋进，较好地完成了市十五届人大历次会议确定的目标任务。

这五年，是东莞主动适应经济发展新常态、推动高水平崛起、综合实力稳步提升的五年　紧紧扭住发展第一要务，积极应对经济下行压力，全力推动东莞经济行稳致远。经济实力稳中有进。全市生产总值相继突破5000亿元和6000亿元，预计达到6770亿元，比2011年增长46.6%，年均增长8%。来源于东莞的财政总收入、市一般公共预算收入、金融机构各项存款余额分别达1569亿元、545亿元和11500亿元，是五年前的1.87倍、1.74倍和1.77倍。三次产业比例从0.4：50.7：48.9调整为0.3：46.5：53.2。东莞经济总量名列全国大中城市第21位。在中国社科院与联合国人居署联合发布的报告中，东莞城市竞争力排全球第154位、全国第10位（含港澳台）、广东第3位。园区实力持续提升　松山湖纳入珠三角国家自主创新示范区，在全国国家高新区综合排名由第53位升至第29位。东莞港吞吐量从58万标箱增长到350万标箱，成为全国第十一大沿海港口、珠三角第二大内贸港口。松山湖与生态园、沙田镇与东莞港、长安镇与滨海湾开发区统筹整合，水乡经济区、大学创新城、银瓶创新区等“三大增长极”初具雏形。镇村实力继续壮大　镇街平均生产总值突破200亿元。300亿元以上镇街由1个增至7个，3个镇街进入400亿元俱乐部。村组两级总资产和经营纯收入分别达到1508亿元和124亿元，比2011年增长22.2%和57%；资产负债率17.4%，五年下降5.3个百分点。企业实力稳步增强　“三重”建设扎实推进，五年来累计引进重大产业项目268宗、完成投资1015亿元。全市市场主体增至84万户。主营收入1000亿元企业实现零的突破，500亿元、100亿元、50亿元企业分别增至3家、11家和31家，超10亿元企业数位居全省地级市首位，拥有境内外上市企业33家。新三板挂牌企业168家，总量居全省地级市首位、全国地级市第三。“星月同辉”的格局逐步形成。城市影响力不断提升　东莞先后实现全国文明城市“三连冠”、全国双拥模范城“八连冠”，蝉联全国创新社会治理优秀城市、全国社会治安综合治理优秀市，荣获全国质量强市示范城市、国家知识产权示范城市、国家电子商务示范城市、国家森林城市、国家节能减排财政政策综合示范城市、国家公共文化服务体系示范区等称号。

这五年，是东莞打造创新型经济、转型升级步伐加快、发展质量效益提高的五年　深入实施创新驱动发展战略，科技金融产业融合步伐加快，产业转型升级取得扎实成效。创新能力有效提升　全市R&D比重预计达2.4%，增速连续五年排全省第一位。国家高新技术企业从413家增加到1500家，省级创新科研团队从9个增加到26个，总数均居全省地级市首位。新增新型研发机构17个、科技孵化器42个、博士后科研工作平台44个，总数分别达到32个、48个和68个。制造业转型升级加快　率先对接国家战略实施“东莞制造2025”战略，智能制造等“六大工程”全面推进，“机器换人”深入实施。先进制造业、高技术制造业增加值分别占规模以上工业增加值的48.5%和38%，比2011年提高6.6和9.3个百分点。服装、家具、五金模具等传统产业加速向“微笑”曲线两端延伸。新增全国知名品牌创建示范区2个。省级专业镇达34个。省级以上企业工程（技术）中心、名牌名标达到247个和558个，分别增长165.6%和62.7%。“四新”经济蓬勃发展　智能手机产业成为经济新增长点，2016年出货量达到2.55亿台，约占全球20%。机器人及智能装备、电子商务、现代物流、文化创意等产业加快发展，为产业升级注入了新动力。内外源经济协调发展　预计全市进出口总额、出口总额分别达11000亿元和6500亿元，稳居全国大中城市第5位和第4位。“一带一路”战略扎实推进。加工贸易自主性、根植性增强。外资企业新设立研发机构1265个，总数达到1712个。规模以上工业企业内销比重超过外销，民营工业占比提高17.8个百分点，民营经济税收与增加值贡献率逐年提高。

这五年，是东莞推进重要领域改革、体制机制活力增强、各项改革全面深化的五年　稳步推进国家和省50多项改革试点任务，全面推进330多项莞版改革措施，努力向改革要动力要红利，打造法治化国际化营商环境。行政审批改革深化提速　项目审批流程再造和直接落地改革成效凸显。水陆口岸“三互”大通关改革减少企业一半以上手续和时间。“放管服”改革积极推进。五年精简行政审批项目512项，向镇街（园区）下放经济社会管理权限546项，复制推广自贸区改革政策63项。市场活力有效激发　商事制度改革全面铺开，东莞商改模式成为全国样本，企业注册时间平均缩短60%以上，市场主体比2012年改革前增加29.9万户，增长55.2%。五年取消、下调或免征停征涉企行政事业性收费260多项。通过各种途径累计为企业减负近280亿元。东莞营商环境“加一”、综合成本“减一”的努力得到广泛认可。与此同时，土地生态利用制度、农村综合改革、基层社会治理创新、社区网格化管理和微治理等一大批特色改革扎实推进，为经济社会发展带来了更多改革红利。

这五年，是东莞践行以人为本理念、城乡面貌不断改善、社会民生事业长足进步的五年　加快国家新型城镇化综合试点步伐，加强公共安全管理，推进幸福东莞建设，让人民群众享有更宜居的城市环境、更安定的社会环境、更优质的公共服务。城市功能日趋完善　东莞新火车站、地铁2号线、莞惠城际轨道常平至惠州段、沿江高速、博深高速等一批交通基础设施建成，市篮球中心、市民艺术中心等一批公共服务设施投入使用。生态环境持续优化　完成江库联网一期工程。茅洲河等跨界河和内河涌污染治理全面加强。空气质量明显改善。水乡地区“两高一低”企业加快退出。19.6万辆黄标车和老旧车顺利淘汰。推广应用新能源汽车2800辆。超额完成“十二五”节能减排任务，单位生产总值能耗降幅及二氧化硫、氮氧化物减排量位居全省第一。新建森林公园、湿地公园17个，建成绿道956公里、休闲绿地1287处。社会治理水平提升　社会建设全面加强，创建全省创新社会管理引领区成效明显。“黄赌毒”现象得到铁腕整治，规模化、组织化“涉黄”犯罪强力清除，“两抢一盗”等违法犯罪行为逐步下降，全市破案数上升34.2%，命案数压减32.7%。安全生产、食品药品安全等得到切实加强，劳资纠纷、群众信访等得到妥善处置，市民法治意识显著增强，社会文明程度持续提高。社会民生事业全面发展　坚持每年办好十件实事。城乡居民人均可支配收入达到41782元，比2011年增加

65.4%。文化名城战略扎实推进，公共文化服务体系日益完善，一大批艺术精品获国家级大奖，“音乐剧之都”的品牌更加响亮。连续五年提高基本养老金，城乡救助及福利水平逐步提高，在全国率先建立起城乡一体化的社会养老和医疗保险体系。成功创建广东省推进教育现代化先进市。体育、医疗、就业、住房保障、住房公积金、武装和民兵预备役等工作全面加强，基本公共服务均等化扎实推进，市内外对口帮扶任务进展顺利，群众在发展中得到更多实惠。

这五年，是东莞加强政府自身建设、依法行政全面推进、工作作风持续改进的五年 切实转变政府职能，加强民主法治和廉政建设，打造为民务实清廉政府。机关作风进一步优化 在政府系统相继开展群众路线教育实践活动和“三严三实”、“两学一做”等专题教育，撤并72.7%的考核检查评比表彰活动，压减47%的节庆、论坛、展会活动，“四风”问题、“不严不实”问题得到积极整改。政府职能进一步转变 物价、商贸、卫生、计生等职能调整理顺。编制市镇两级政府权责清单，开展行政审批标准化建设，梳理分类行政许可和公共服务事项1812项。市网上办事大厅初步建成，各镇街及园区办事站建设实现全覆盖，建成593个社区综合服务管理中心。12345政府服务热线开通。行政机关负责人出庭应诉制度不断完善。依法行政水平进一步提升 法治政府建设深入推进。东莞正式获得地方立法权，城管、环保、交通、文化等领域地方立法工作有序铺开。“六五”普法顺利完成。在全省率先实现一村（社区）一法律顾问全覆盖。主动接受人大法律监督、政协民主监督和社会舆论监督。在中国政法大学近年发布的法治政府评估报告中，东莞总分均位居全国地级市前列。

刚刚过去的2016年，是实施“十三五”规划的开局之年，全市政府系统认真贯彻落实上级和市委的决策部署，较好地完成了年度目标，205项具体任务高效落实，十件实事圆满完成，实现了“十三五”的良好开局。刚刚过去的2016年，也是东莞承前启后、深化改革发展的一年，全市政府系统按照市委的统一部署，以供给侧结构性改革为统领，以构建开放型经济新体制综合试点试验为契机，开展八大专题调研，摸清了现状，找准了短板，理清了思路，不少调研成果正逐步转化为指导政府工作开展的系统方案。李克强总理莅莞考察时，对东莞在动能转换过程中保持较快发展速度、经济结构和动能不断优化表示了肯定，指出这一走势很好地说明新旧动能正在加速转换，希望东莞保持发展势头，让新动能逐步挑起大梁，旧动能不断焕发生机。一年来，我们突出抓了以下工作：

——着力保障经济稳中向好，扎实推进供给侧结构性改革 预计全市生产总值增长8.1%左右，快于全国、全省增速。进出口总额增长10%左右，增速在全国五大进出口城市中位居第一，其中出口增长2%左右。东莞成为全国第2个国税突破1000亿元的地级市。落实“三去一降一补” 全年为企业减负超200亿元。产业供给结构进一步优化，先进制造业、高技术制造业增加值分别增长15.1%和17.8%。新增主营收入超10亿元企业17家，总数达243家。新增500亿元企业2家。华为终端率先突破千亿元。全力抓好重大项目建设 全年完成投资439.4亿元，超过计划18.7个百分点，同比增长10.5%，完成情况近年最好。总投资99亿元的19个重大产业项目建成投产。加快战略性新兴产业发展 智能手机主营收入近3000亿元，增长40%以上。华为、OPPO、VIVO手机出货量均进入全球前六、稳居全国前三。在智能终端产业的带动下，电子信息制造业规上工业增加值增长20%左右。全市新登记新兴产业市场主体6207户，增长113%。

——着力强化创新驱动，加快集聚创新要素 抓好高企培育“育苗造林”计划和孵化体系建设 全市新增高企761家、高企后备企业819家，总量均居全省地级市第一。用好相关政策，为高企减免税款32.3亿元，增长54.5%。新增新型研发机构6个、科技孵化器12个、国家级众创空间9个。促进科技金融产业紧密融合，新增上市企业2家、新三板挂牌企业105家。实施“机器换人”带动智能制造 全市申报“机器换人”项目577个，总投资72亿元，其中莞产设备占16%。项目数和总投资额均居全省第一，带动全市工业技改投资增长35%。加快国家自主创新示范区建设 松山湖生产总值、税收分别增长16%和24.3%，综合实力在全省国家高新区中排名第三。全国智能制造试点示范经验交流会、全省推进珠三角创新驱动发展培育高新技术企业工作现场会、专业镇协同创新工作现场会在莞召开，东莞相关经验得到肯定和推广。

——着力优化对企服务，促进外资和民营经济协调发展 高规格召开非公经济工作会议，制定实施提升外经贸水平45条和民营“亲企清政”36条。扎实推进外贸稳增长调结构 推动加工贸易企业提质增效，加快广东（石龙）铁路国际物流基地和中俄贸易产业园建设，成功举办海丝博览会、加博会、智博会、台博会等展会。对“一带一路”国家出口超过1350亿元。跨境电商贸易增长迅速，国际邮包出口量突破7000万件，跃居全国第四。国际邮件互换局兼交换站落户东莞。实施“亲企清政”工程 建成“千千扶千企”网络平台，开展“问暖企业总部”系列活动。民营规上工业增加值增长18.3%，占全市比重达38.6%。民间投资增长13%，占固定资产投资总额的70%。新登记非公经济市场主体17.1万户，增长41%。毫不松懈加

强招商引资 主动加强与周边城市产业合作。组团赴欧美、日韩及全国各地招商。全市合同外资47.3亿美元、实际外资39.3亿美元，扣除不可比因素分别增长8.8%和3.1%。协议内资1174亿元。实际内资662亿元，增长20%。

——着力促进区域协作，积极推动优势互补、密切合作 主动对接广东自贸区，深莞惠3+2经济圈合作日益紧密，莞深产业合作不断强化。实施新一轮市内帮扶工作，落实帮扶专项资金1.8亿元，支持次发达村加快发展。对口帮扶韶关工作在全省考核中排名第三。推进韶关、揭阳精准扶贫精准脱贫工作，完成到村帮扶项目1026个，到户项目36218个。启动对口帮扶云南昭通工作。援疆工作进展顺利，兵团草湖广东纺织产业园首期30万锭项目建成投产。援藏援川工作成效明显。

——着力优化城市环境，加速推进重大基础设施和生态环境建设 加快轨道交通等建设 地铁2号线开通运营，累计客流量2160多万人次。莞惠城际轨道常平至惠州段通车。启动地铁1号线工程前期工作。与深圳、广州加快研究地铁对接规划。从莞高速主线、粤晖大桥等项目建成。虎门二桥、深圳外环高速东莞段、莞番高速扎实推进。打通了南丫大桥等5条断头路。实施信息基础建设大会战和电网大会战，WiFi接入点建设规模全省第一，建成110千伏及以上电网工程项目15个。深入推进污水和固废治理 全面打响新一轮水污染治理攻坚战。加强茅洲河、石马河污染整治。建成260公里截污管网，完成4家污水处理厂扩建，新增污水处理能力17万吨/日。试点推进麻涌、清溪的分散式污水处理项目建设。综合整治桥头大东洲等3个生活垃圾填埋场。完成厚街环保热电厂二期扩建工程，一批环保热电厂扩建工程扎实推进。农村生活垃圾处理连续两年全省考核第一。抓好节能减排和大气污染治理 全面完成国家节能减排财政政策综合示范城市建设任务，推动水乡地区101家污染企业整治和退出，主要污染物排放量持续下降。单位地区生产总值能耗下降5%以上。空气优良天数达到318天，同比增加11天。

——着力开展文明创建，全面实施“四大提升工程”和“十大专项行动” 深入开展城市文明“补短板促提升”工作，集中整治户外广告、城市“牛皮癣”、环境卫生、交通秩序，大力实施核心价值观融入提升、市民素质提升等行动，广泛开展“东莞好人”评选活动，着力打造“友善之城”，市、镇、村一体化文明创建取得阶段性成效。全市增设核心价值观等公益广告17.3万块，公益广告比例达到30%以上。实施文明创建工程项目311个、总投资额超过9.5亿元。镇容村貌更加整洁有序，清理卫生死角超过52万处、关停处理“牛皮癣”号码近1.3万个，签约“门前三包”责任书150多万份。城市精细化管理进一步加强，处理占道经营超过33万宗、违章建筑超过1万处。城市品位和城市形象有效提升。

——着力维护安定和谐，以“智网工程”等为抓手提升社会服务管理水平 全面启动“智网工程” 划分基础网格3201个，配置管理员9177人，首批推动公安等七个部门77个事项入格，在所有镇街（园区）全面铺开。全市实有人口公共基础信息平台上线试运行。努力提升群众安全感 深入开展“飓风2016”等专项行动，严厉打击各类突出违法犯罪，强化命案防范打击，开展“以案说防”活动，提升“全民创安”参与度。狠抓安全生产、消防和信访工作 严格履行安全生产责任，深入开展危险化学品和易燃易爆物品安全、火灾隐患重点地区“百村挂牌”督办、“三小”场所和出租屋消防安全、建筑施工安全等领域的专项整治，整改各类风险隐患20多万处。加强信访源头防控和积案化解，妥善处置劳资纠纷、非法集资等引发的群体性事件，社会大局保持和谐稳定。

——着力加强民生保障，全面发展文教体卫等社会事业 实施文化惠民工程 推进国家公共文化服务标准化、基层综合性文化服务中心和国家数字文化馆试点建设。开展“寻找最美家庭”活动。加强文艺精品创作。推出首部本土题材音乐剧《虎门销烟》，完成大型电视剧《袁崇焕》现场拍摄。提升教育公共服务水平 注重民办教育发展，新设6.5亿元民办教育专项资金，新创建义务教育阶段优质民办学校39所。重视解决随迁子女教育问题，铺开向民办学校购买学位政策，为随迁子女提供学位3.5万个，增长23.8%。在22所学校实施托管改革，推进莞式“慕课”教学试点。高考各项指标位居全省前列。东莞被认定为全国义务教育发展基本均衡市。扎实推动卫生、体育等社会事业发展 推进公立医院医疗服务价格改革，推行分级诊疗制度，方便群众就医。对8家市属公立医院给予2.05亿元补助，减轻医院负担。基本医疗保险年度最高支付限额由20万元增加到30万元。有序实施“全面两孩”政策。建立危重症孕产妇和新生儿急救网络。市社会福利中心改扩建项目投入使用。发放就业创业补贴3.68亿元。成功举办国际马拉松赛和亚欧男子乒乓球全明星对抗赛。出台住房限购政策，促进房地产市场平稳健康发展。认真做好台风“妮妲”、“海马”防御工作。国防动员、统计审计、外事侨务、工青妇幼、民族宗教、档案方志、残疾人、红十字会、打私等工作有效推进。在2016中国地级市民生发展100强城市中，东莞名列第3位。

各位代表，过去五年，我们攻坚克难，锐意进取，迈出了转型升级的新步伐，谱写了改革发展的新篇章。这离不开上级和市委的正确领导，离不开历届党委政府打下的坚实基础，是全市人民共同奋斗的结果。在此，我代表东莞市人民政府，向全市干部群众，向人大代表和政协委员，向各民主党派、各人民团体、社会各界人士，向各驻莞单位、驻莞部队和武警官兵，向所有参与和支持东莞建设发展的港澳台同胞、海外侨胞和国际友人，表示衷心的感谢和崇高的敬意！

与此同时，我们也清醒地看到，全市发展仍然存在不少困难和问题，需要引起我们高度重视：一是经济下行压力仍然较大　外部市场环境复杂严峻，高端制造回流和低端市场分流同时并存，引进的重大项目建成释放产能尚需时日，新的经济增长点仍较单一，稳增长的基础有待加强。二是新旧动能转换还处于胶着状态　传统的路径依赖尚未根本转变，集约发展水平有待提高，扩大优质供给和有效需求难度较大，一些企业和行业仍缺乏核心竞争力，转型升级任重道远。三是利益固化的藩篱制约了深层次改革的推进　随着改革步入深水区，一些深层次矛盾和长期积累问题亟待攻坚破解。进一步解放思想的观念束缚、局部碎片化的土地利用状况、固化胶着的利益格局等，制约了全市改革向纵深推进，统筹发展、征地拆迁、城市更新、“两违”整治等工作仍需加大力度突破。四是环境污染治理任务艰巨　大气、土壤等污染治理以及垃圾处理问题亟待解决，特别是水环境整治历史欠账较多，深度治理刻不容缓。五是城市品质和内涵有待进一步提升　与优质企业和高端人才的需求相比，基础设施和城市配套还需完善，精细化管理需要进一步加强，化解社会矛盾和消除安全隐患的能力有待提升，文化、教育、医疗、交通等公共服务仍待优化。六是作风建设和履职水平仍需改进　一些干部存在“顺其自然”的工作心态，攻坚克难的锐气和韧劲不够，甚至消极对待、无所作为，影响工作推进。对此，我们必须高度警醒，尽最大努力予以解决。

今后五年的奋斗目标和主要任务

今后五年，是东莞加快经济转型、实现动能转换的决胜时期，也是我市加速城市升级、促进和谐善治的关键时期。市第十四次党代会明确了“在更高起点上实现更高水平发展”的价值追求，提出了全市发展的主要目标：一是率先全面建成小康社会，率先迈上基本实现社会主义现代化新征程；二是跨越生产总值万亿元；三是跨越“中等收入陷阱”；四是动能转换与经济转型取得根本性突破；五是社会和谐善治水平得到根本性提升。发展蓝图已经绘就，全市政府系统必须紧紧围绕市委决策部署，紧密结合东莞实际，以清晰的思路、有力的措施抓好工作落实，促进全市经济结构更优、发展动力更足、体制机制更活、城市环境更美、人民生活更好，奋力谱写东莞改革发展的新篇章。

今后五年，要在更高起点上实现更高水平发展，必须练好内功，率先突围，促进城市综合实力再上新台阶　从当前态势综合判断，今后几年总需求低迷和产能过剩并存的格局难以根本改变。国家正大力推进供给侧结构性改革，主动摆脱“粗放发展”，努力实现“内涵增长”。实践证明，这是适应新常态、应对下行压力的最佳途径。无论对一个企业、还是一座城市，今后几年都是练好内功、加快转型、提升核心竞争力的关键时期。我们必须保持定力，坚定转型，毫不动摇地强化创新驱动发展，加快转型升级步伐，切实优化产业供给结构，不断增强东莞先进制造业的核心竞争力；必须造好环境、打好基础，以提升城市品质和内涵为核心，沉下心来，更高水平地推进新一轮规划建设，加强精细化管理，增强综合承载力，把东莞打造成创新创业热土和宜居生态城市。力争未来五年，随着转型成效的逐步显现和新动能的逐步释放，全市地区生产总值年均增速达到8.3%以上，到2021年超过万亿元，东莞的综合实力与城市地位进一步提升，继续处在全国地级市前列。

今后五年，要在更高起点上实现更高水平发展，必须以最积极主动的态度集聚高端资源，强化创新驱动，实现新旧动能的转换和转型升级的突破　随着粤港澳大湾区一体化进程的加快，珠三角城市群正处于区域分工格局调整的关键时期。周边中心城市作为产业高地和创新中心，辐射带动能力日益增强。东莞依托优越的区位优势和坚实的产业集群优势，正日益成为高端产业加速和产能扩张的首选之地，迎来了新一轮产业大发展的重大历史机遇。我们必须正视港珠澳大桥、深中通道开通后发展格局的变化，以强烈的使命感和紧迫感，抓住这3—5年的窗口期，努力在新一轮产业发展中占据先机、赢得主动。在产业增量上，以最积极主动的态度，腾挪发展空间，狠抓招商引资，集聚高端资源，引进一批支撑城市未来发展的重大优质项目和先进产业集群。同时，推动已列入“十三五”规划、总投资5779亿元的317项重大项目落地，最快速度释放产能。在产业存量上，出台实施倍增计划，市镇两级集中力量扶持一批存量优势企业规模与效益倍增，形成市镇联动、以点带面的良好态势，促进全市产业总量扩张和集约发展。在产业动力上，深入实施创新驱动发展战略，加快建设珠三角国家自主创新示范区，培育高企2500家以上，新型研发机构50家以上，科技孵化器加速器100家以上，让东莞制造插上科技与金融两大翅膀。深入实施“东莞制造2025”战略，加快“机器换人”和智能化改造，不断提高东莞制造的自动化、智能化、绿色化水平。深入推进构建开放型经济新体制综合试点试验，促进传统产业加快转型、加工贸易创新发展、民营经济提质增效，推动一般贸易占比提高到40%以上，规上工业企业内销比例55%以上。力争用五年左右时间，先进制造业、高技术制造业增加值占比分别达到52%和50%，初步建成国内领先的创新型城市，在全省建设国家科技产业创新中心中走在前列，动能转换与经济转型取得根本性突破，实现东莞制造向东莞智造、东莞速度向东莞质量的跨越。市场主体超过100万户，其中既有3—5家超千亿的大型企业、500多家上市企业和新三板挂牌企业，也有大量创新型、高成长性的中小企业。智能手机、机器人及智能装备等超千亿元的新产业、新动能挑起大梁；新一代电子信息、半导体、新能源、高端装备、生物医药等产业形成气候；服装、家具、鞋业等传统制造业占据高端、不断焕发生机。先进制造业与现代服务业“双轮驱动”、外资和民营“比翼齐飞”、出口和内销“两分天下”的格局全面形成，东莞作为国际制造名城的地位得到进一步巩固和提升。

今后五年，要在更高起点上实现更高水平发展，必须大力实施城市品质提升计划，全面提高城市承载力与核心竞争力　东莞是一个组团式的现代化城市，在后工业化时代，这种特殊格局很好地顺应了高端产业和人才向往魅力小城和美丽乡村的追求，是我们参与区域竞争的重要优势和基础。但东莞也是一个地处穗港深经济走廊的典型通道城市，只有把城市品质和承载力提升上来，才能发挥自身优势，产生先进制造业“洼地效应”，与周边中心城市形成分工明确、联动发展的良好格局。否则，高端产业和人才过境而不留，优质要素反倒因周边中心城市“虹吸效应”而流失。我们必须强化“有什么样的城市、就有什么样的产业、就有什么样的人才”的理念，坚定“产城人”融合的方向，力争通过三五年时间的努力，实现城市品质内涵的跨越，全面提升城市承载力和竞争力。首先是推动城市总体格局大优化　完善一中心多组团的城市结构。通过功能轴线打造、重点单元建设提升和城市更新改造，适度强化城市中心和组团中心的集聚度，提升城市集约发展水平。因地制宜推动各组团片区打造一批以“产城人”融合为特征的魅力小城。推动一大批村（社区）打造成为设施完善、整洁有序、和谐宜居的美丽幸福村居。其次是促进城市基础设施大提升　抓紧推进地铁1号线、2号线等线路新建续建工程规划建设，配合推进穗莞深、佛莞惠等城际轨道以及赣深、深茂等铁路的规划建设，全面对接深圳、广州等城市的轨道交通，力争尽快形成网络。加快虎门二桥、深圳外环高速东莞段、莞番高速等建设，进一步完善“五纵四横六连”的高速路网。加快环莞快速路、桑茶快线等建设，形成“8”字形环城路网+多条放射状的市域快速路格局。加快打通与深圳、广州等城市及市内各镇街（园区）之间的断头路，大力推动东莞港建设，进一步强化内畅外联的交通网络。全面完善水、电、气、通信等基础设施网络。基本完成珠三角水资源配置工程东莞项目建设，科学推进江库联网工程，初步形成双水源保障新格局。第三是打好环境污染治理攻坚战　突出以水环境治理为核心，“十三五”完成不少于200条内河涌以及6公里海岸线的污染整治和生态修复，累计建成4500公里左右的截污管网，新建扩建15家集中污水处理厂及上百家分散式污水处理设施，基本形成厂网一体化运营管理的截污治水格局。主要河流基本消除劣五类水体，力争四个国考断面水质达到考核要求。空气优良天数比例达92%以上，土壤污染得到有效控制。新增生活垃圾实现无害化全焚烧零填埋处理，存量垃圾逐步消化处理，垃圾分类处理稳步推进。第四是再造宜居生态环境新品质　从满足市民高品质生活的需求出发，充分发挥生态本底好的优势，着力加强森林公园、湿地公园、体育公园、农业公园、滨海公园及现代渔港等建设，大力发展都市农业，切实完善城市配套，进一步彰显宜居生态之城的特色。力争经过三五年努力，体现东莞都市形象的大市区、体现魅力特色的各组团、体现基层活力的村容村貌都得到质的提升，“环莞一小时生活圈”基本实现，深莞惠3+2经济圈合作更加密切，东莞与穗港深一体化、同城化的态势更加明显。全市天更蓝、水更清，国际化、法治化、市场化的营商环境更加优越，对优质企业和高端人才的吸引力不断增强，东莞成为珠三角乃至全省全国最适宜创新创业的城市之一。

今后五年，要在更高起点上实现更高水平发展，必须坚持民生优先导向，让人民群众有更多的安全感、获得感和幸福感　把执政为民作为一切工作的出发点和落脚点，努力建设更加平安和谐、更加幸福美好的东莞。社会服务管理方面　突出以“智网工程”为主抓手，促进社会服务管理模式实现根本性变革，将网格化管理延伸到市域各个片区、拓展到社会治理各个层面，做到精准服务、精准管理、精准执法。加强社会治安综合治理，推进友善之城和平安文化建设，进一步提升群众安全感。强化公共安全和应急管理，全面排查整改各类安全隐患，妥善解决好群众的利益诉求，营造安定和谐的良好环境。公共服务配置方面　按照适度超前、循序渐进、实事求是的理念，提升优化公共服务的供给结构和质量，并根据组团格局优化资源配置，加大对次发达镇的扶持力度。建立健全非户籍常住人口与居住年限等条件相挂钩享受基本公共服务的机制，稳步推进基本公共服务均等化。民生事业发展方面　坚持每年办好十件实事，带动民生事业全面发展。着力打造东莞“慧教育”，提升各类教育优质均衡发展水平，加快高等教育发展，推动职业教育创新发展，打造教育现代化强市。深入推进“健康东莞”建设，积极构建与居民健康需求相匹配的医疗卫生服务体系。健全全民参保机制，建立更加完善的社保体系。构建轨道交通、常规公交、慢行交通一体化的公共交通体系，让市民出行更加便捷。*提升城市文明方面* 践行社会主义核心价值观，弘扬东莞城市精神，推进文化名城建设，全面提升市民素质和社会文明程度。把发展群众文化、群众体育作为基本方向，建设城市“十分钟健身圈”、镇村“十里文化圈”，承办好男篮世界杯、亚洲马拉松锦标赛，进一步打响篮球、莞香、音乐剧等品牌。深入改进作风，加强法治政府建设和廉政建设，营造风清气正、政通人和的良好环境。力争用五年时间，全市社会服务管理水平再上新台阶，“学有所教、劳有所得、病有所医、老有所养、住有所居”得到更好体现，在东莞工作生活的广大市民群众感到更加安全、舒适、开心和幸福。

2017年工作安排

2017年是实施“十三五”规划的重要一年，是推进供给侧结构性改革的深化之年，做好各项工作意义重大。今年政府工作的指导思想是：全面贯彻党的十八大和十八届三中、四中、五中、六中全会及中央经济工作会议精神，深入学习贯彻习近平总书记系列重要讲话精神，统筹推进“五位一体”总体布局，协调推进“四个全面”战略布局，自觉践行“五大发展理念”，按照省委十一届七次、八次全会和省委经济工作会议的要求，认真贯彻落实市第十四次党代会和市委经济工作会议的决策部署，坚持稳中求进工作总基调，以供给侧结构性改革为统领，以加速新旧动能转换为方向，以构建开放型经济新体制综合试点试验为契机，以“十大行动计划”为抓手，深化创新驱动，加快转型升级，强化执行落实，突出抓好实施倍增计划、加强招商引资、提升城市品质、优化民生保障等重点工作，促进经济平稳健康发展与社会和谐稳定，努力推动东莞在更高起点上实现更高水平发展。

今年全市经济社会发展的主要预期目标为：生产总值增长8%—8.5%，人均生产总值增长8%左右，市一般公共预算收入增长9.5%，固定资产投资总额增长10%左右，社会消费品零售总额增长10%，进出口总额增长3%。先进制造业、高技术制造业增加值占比分别达到50%和40%，R&D比重提高至2.5%。全面完成年度节能减排目标任务。

围绕上述目标和要求，突出抓好以下工作：

一、加快创新驱动和转型升级步伐，打造智能制造新高地

以倍增计划带动集约化水平提升 按照“选好选优、培优培强”的原则，选取200家存量优势企业进行重点培育。支持企业通过科技创新、发展总部经济、推进兼并重组、加强产业链整合、强化资本运作等提升综合竞争力，力争用3—5年时间，推动试点企业实现规模和效益的倍增。同时，示范带动各镇街（园区）实施镇级倍增计划，引导全市存量优势企业全面提升产业集约、资源集约、空间集约水平。

实施精准服务企业行动 按“一企一策”方针，对龙头企业提供个性化服务方案，系统解决企业用地、人才保障房、员工子女入学、配套工厂落地及扩张等问题。深化“千干扶千企”服务，探索建立“企业十件实事”工作机制，帮助中小企业解决融资、引才等共性问题。积极探索解决市属转制企业历史遗留问题。清理规范行政审批中介服务事项。实行涉企收费目录清单管理制度，进一步减轻企业负担。

着力加强高企培育和创新平台建设 落实珠三角国家自主创新示范区总体实施方案。深入实施高企“育苗造林”行动计划，力争年内高企达2000家，高企后备企业1000家。鼓励高企组建重点实验室和工程中心，引导规上企业设立研发机构。以发展科技产业为重点，加大产业加速器环节的培育扶持力度，推动科研成果加速成为产能。加强新型研发机构绩效评估考核，加快大学创新城和高水平理工科大学建设。推进散裂中子源建设，力争9月出第一束试验束。启动建设先进高端材料研发实验基地。加快筹建名校研究生院，启动研究生实践基地建设。打造国家知识产权强市。

推进“机器换人”和智能化改造 实施智能制造示范工程，完成100条示范线建设。完善“机器换人”资金管理，用好省市融资租赁资金，撬动技改融资20亿元以上。集聚一批智能化改造系统集成商和服务商。引进培育一批龙头企业，推动机器人及智能装备产业产值增长20%以上。办好智博会与科技合作周。积极创建“中国制造2025”试点示范城市。

培育壮大智能终端等高端产业和新兴产业 构建完整的智能终端产业生态系统，力争成为全球智能终端产业最重要的研发设计、生产配套、品牌聚集基地之一。扶持新一代信息技术、新能源、生物医药、激光等产业加快发展。为1000家企业提供两化融合服务。大力推进“互联网+创新创业”。建设科技“四众”平台。支持企业利用互联网、大数据等创新商业模式，开展个性化定制、柔性化生产。大力发展研发设计、会展物流、文化创意和新型旅游等现代服务业。

促进科技金融产业深度融合 发挥产业投资母基金作用，形成“1+N”产业投资基金体系。推动企业上市和挂牌新三板融资，推动

东莞上市板块扩容。支持企业通过发行公司债券、中期票据等筹集资金。支持金融机构拓宽业务领域，积极申报各类金融牌照。探索创建贸易金融创新示范基地，在松山湖等条件成熟的园区和镇街大力引进和发展基金业，促进股权投资基金、融资租赁、消费金融等新型经济金融组织集聚发展。力争私募投资基金突破250家。

大力弘扬企业家精神和工匠精神 强化“优秀企业家是经济发展脊梁”的理念，弘扬“厚德务实、敢为人先”的莞商精神，在全社会营造支持企业发展和推崇企业家精神的良好氛围。支持各大商协会及世界莞商联合会发展，推动企业家抱团发展。办好莞商学院，实施万名民营企业家培训计划。加强“创二代”的培养。鼓励有条件的民企引入现代管理模式。依法保护企业和企业家的合法权益。弘扬精益求精的工匠精神，实施技能人才培养行动计划，提升东莞制造品质。

二、加强重大产业项目建设招商，增强经济发展后劲

抓好年度225个重大项目建设 坚持市政府主要领导每月督导协调制度。完善重大项目全链条服务管理机制。推动项目审批提速，着力破解征地拆迁、管线迁改等难题。力争年内完成重大项目投资430亿元，其中重大产业项目290亿元。推动23个重大产业项目建成投产，新开工43个、总投资337亿元的重大项目。

主动到位加强产业精准招商 加强全市产业布局的统筹规划和引导，完善重大项目招商引资统筹流转和利益分享机制。实行引资、引智、引技有机结合，实施面向广深港澳台和欧美先进地区（国家）招商合作计划，瞄准100家左右高端制造项目开展精准招商。打造专业化招商团队，推动国际经贸合作网点建设，与投资促进机构、商协会建立常态化合作机制。对重点增资项目实行市镇领导挂钩督导，支持企业通过“工改工”扩建扩产。推动外地企业将在莞分支机构转为法人企业，鼓励企业在莞设立总部。力争引进超亿元内资项目100宗、超千万美元外资项目90宗。

强化产业用地统筹保障 做好基本农田与耕地调整工作，解决一批涉农土地历史遗留问题。分期用好新增建设用地指标，优先保障重大平台、重大项目、倍增计划、TOD开发的用地需求。加大对供而未用土地的处置力度，收回一批过期不动的项目用地指标。加强对镇街用地进度和产出效益的评估考核。处置闲置用地3000亩。探索农村集体土地使用制度改革，改进征地和拆迁补偿制度。完善镇村土地统筹利益分享机制。研究创新建筑工程招投标方式。开展被征地农民补偿款、征地留用地安置、农村土地“三乱”问题专项治理。加强土地收储整合，力争整合1000亩以上连片地块2—3块。

三、积极探索对外经贸合作新模式、新业态、新体制，促进开放型经济发展水平提升

加快构建开放型经济新体制综合试点试验工作 制定年度行动计划。在探索对接国际经济管理新模式等六大方面，推进20项重点任务，力争年底前取得阶段性突破。在经济管理服务改革等五大方面，推进32项具体改革措施，力争形成一批可复制推广的改革经验。积极向上争取第一批19项支持政策。

大力推动加工贸易创新发展 制定加工贸易转型升级评价体系。建立鼓励加工贸易企业技术创新、品牌推广、营销培育、质量提升的四大机制。扶持港台企业转型升级。办好加博会和台博会。鼓励加工贸易企业在莞设立地区总部或与民营企业融合发展。推广以企业为单元的加工贸易监管模式。搭建“东莞制造”品牌推广服务平台，推动优势企业联合“走出去”。

深度对接国家“一带一路”战略 加快建设广东（石龙）铁路国际物流基地，常态化开通中亚、中欧国际班列。推动华南火车邮件物流枢纽建设。推进中俄贸易产业园先行启动区建设。实施“一港一铁”、“多式联运”工程，推动东莞港与日韩和东南亚国家沿线港口建立直航航线。探索创建滨海湾“一带一路”国际合作示范区。办好海丝博览会。推进广东海丝跨境商品展示交易中心、南非商品中国（东莞）展示交易中心、巴西中国经济贸易促进会总部基地、广东（东莞）珠宝玉石交易中心等建设。

大力发展跨境电商和保税物流 实施电子商务企业50强清单行动计划，抓好物流标准化等四大服务平台建设。加快建设电子商务统计系统。积极推动跨境电商通关模式改革。加快东莞跨境电商中心园区、京东现代服务业产业园、珠三角汽车博览中心等项目建设。建成东莞国际邮件互换局兼交换站。对接香港“超级中国干线”业务，为企业提供空陆多式联运服务。推进全国外贸综合服务企业试点。力争综合保税区早日获批。

积极参与粤港澳大湾区建设，加强区域协作与对口帮扶 主动对接广东自贸区，推广出口退税无纸化等37项改革经验。推进深莞惠3+2经济圈建设，加强与深圳、广州在交通对接、产业互动、协同创新、环境治理等层面的全方位合作。打造莞港澳台创新创业基地。积极争取将水乡经济区、滨海湾开发区和东莞港纳入粤港澳大湾区核心区域重大平台。扎实推进对韶关、揭阳帮扶工作。落实援藏援疆任务，抓好巴宜区富民兴藏工作，推进兵团草湖工业园示范项目。深入开展与昭通市的扶贫协作。加强与四川雅江县、九龙县和重庆巫山县的对口联系。

四、构建园镇统筹发展新格局，推动区域协调发展

推动松山湖、水乡管委会与周边镇联动协同发展 用好松山湖珠三角国家自主创新示范区政策，加速集聚创新要素，增强松山湖辐射带动能力。进一步明确水乡管委会职能定位，支持设立控股平台和开发基金，加快水乡新城和重大基础设施建设。加大松山湖、水乡管委会与周边镇的统筹发展力度，实施市级行政审批事项服务前移，高标准开发建设片区重点区域，探索建立园镇统筹发展的决策、规划、招商、投融资、项目布局等机制。启动一批一体化的交通、环境工程建设。

创新园区开发模式，"一园一策"加快园区发展 明确市与园区及相关统筹发展镇街的事权划分，加大市级权限下放园区力度。着力解决制约园区发展的行政管理、土地开发、投融资、交通连通等共性问题。理顺银瓶创新区政企合作关系，抓好基础设施和公共服务项目建设，加快粤海产业园和银山科技园建设与招商。推动东莞港发展，加快疏港交通快速通道建设，打造立沙岛、主港区、新沙南三大临港产业板块。加快滨海湾开发区建设，科学谋划发展定位，完成5000亩以上滩涂填土，加快围填海和基础设施建设，探索推进土地1.5级开发。启动原东部工业园企石辖区开发，解决土地遗留问题，建立利益平衡和投融资机制。

扶持镇村经济发展 推动专业镇从"一镇一品"向"一镇一品一特色服务"提升，促进五金模具、纺织服装等产业集群向价值链高端延伸。推进特色小镇建设。设立10亿元的扶持次发达镇产业发展资金池。用好三年6.4亿元市内帮扶资金，力争年内70%的次发达村经营性纯收入达到300万元。探索搭建集体经济与实业投资、金融信托等机构的合作平台，推动集体经济从单一的物业租赁向物业型、服务型和投资型多元化发展转变，探索建立"效益决定分配、盈利共享、风险共担、可增可减"的股东分红机制。

五、全面启动新一轮基础设施及城市配套规划建设，进一步提升城市品质和内涵

以强化中心城区功能为先导，统筹推进市域顶层设计 抓住土地利用总体规划调整完善、国家住建部城市总体规划改革试点等契机，推进"多规融合"，力争中心城区土规、城规重合率达90%以上。探索组团规划编制和控规编制改革，开展城市密度分区和容积率专题研究，加强对中心城区、松山湖核心片区等开发强度的控制和引导。推进南城国际商务区等重点单元规划建设，探索对同沙生态公园周边片区、东江大桥至环城西路的滨水片区实施综合规划开发，研究推动东莞水道、厚街水道、汾溪河的综合改造。研究松山湖大道、环城路、东部快速路、新城大道、生态园大道等道路连接体系的综合改造提升。启动市中心主干道交通改造工程，新建和打通支线道路，研究缓解市区交通拥堵的系统改造和治理方案。

加快轨道交通等重大基础设施建设 推进赣深客专东莞段建设。加快穗莞深、佛莞惠等城际轨道和地铁1号线建设。加快1号线南延线（对接深圳6号线支线）、西延线（对接广州5号线），2号线三期及南延线（对接深圳20号线），以及深圳13号线北延至松山湖的前期工作。优化协调莞番高速线位，加快虎门二桥、莞番高速、深圳外环高速东莞段、常虎高速虎门港支线二期、桑茶快线及延长线、中洪支线等建设改造。建成松山湖大道大朗段。推进环莞快速路建设，力争年内二期建成通车，加快推进三期建设。研究推动市区至松山湖第二通道的规划建设。加快疏港大道延长线建设，启动望沙路升级改造、水乡地区横向通道工程建设。推进东莞站配套工程、新沙港区二期工程等建设。试点推进海绵城市和地下综合管廊建设。推进信息基础设施建设大会战。启动电网升级行动。

实施打通断头路行动计划 建成梨川大桥、东宝河新安大桥。加强穗深莞惠交通对接，加快东平东江大桥、龙江东江大桥、金龙路、恒心路、黄江生态路等建设。加快市内道路连通，抓好石龙南岸二桥改建、道滘大桥重建等工程。系统研究市际、市内、镇村等一批断头路的贯通方案，逐步启动实施。

加快城市更新连片改造和TOD开发建设 完善统筹协调城市更新工作的体制机制。出台连片改造专项政策。建立城市更新成效与新增用地指标分配挂钩制度。加快东城黄旗南、万江龙湾滨江等5个共约1.4万亩的片区改造。新启动南城东华、长安科技商务区等8个共约3万亩的片区改造。支持东城"33小镇"、鳒鱼洲、常平科技加速园、黄江裕元灵狮小镇等旧工业区活化更新。探索推进挂影洲围的统筹开发。每个次发达镇至少实施1个城市更新项目，其他镇街实施2—3个。启动虎门站、东莞西站、东莞火车站、东莞东站、松山湖北站、黄江北站等TOD开发试点，示范带动全市TOD开发。

推进魅力小城和美丽幸福村居建设 出台实施魅力小城建设三年行动计划，选择若干片区重点单元作为示范试点，切实加强产业指引、空间规划和资金支持，推进一批规划建设有品质、产业发展有特色的魅力小城建设。启动美丽乡村特色连片示范建设。力争完成100个村（社区）美丽幸福村居建设。推动麻涌、樟木头、清溪等镇创建省级全域旅游示范区。

按照"建管结合、重在管理"的思路，大力整治交通拥堵问题 完善多部门联动的交通工作机制。优先发展公共交通。完善提

升枢纽站、换乘站的规划建设。做好轨道交通站点与公交的衔接。优化公交线路、班次和服务水平。试行政府购买公交服务运营模式。出台网约车管理细则。研究通过增设掉头立交等微治理手段，对交通拥堵路段实施系统改造。建设智能交通管理系统，提高交通管理信息化水平。

加强城市精细化管理　深入推进城市执法体制改革。建立城乡环境“六整治”长效机制。出台户外广告设置、市容环境卫生管理等法规规章，建全城市管理考核评价机制。严格控制新增“两违”。对历史遗留违法建筑摸清底数、建立台账，探索实施分类处理，修订产权补办手续办法，逐步消化存量违法建筑。

深化投融资体制改革　编制中长期政府投融资规划。完善政府债务管理。推广应用PPP模式，探索政府购买服务。创新交通、环保、园区开发、民生项目的投融资模式。优化整合市属金融企业股权。进一步增强市属国有企业的融资能力。梳理盘活各类国有和集体闲置资产。深化市属国资国企改革，推进国有资产重组，增强在公益性、战略性领域的支撑保障作用。

六、加强污染治理和生态绿化，提升生态文明建设水平

全面打响水环境污染治理攻坚战　年内新建不少于500公里、两年新建1800公里截污次支管网，年内新建扩建10家集中污水处理厂。启动分散式污水处理设施建设。落实四大重点流域河长制。加快茅洲河、石马河等跨界河流的综合治理。“一河一策”加快内河涌整治，确保两年内完成不少于100条内河涌污染整治和生态修复。完成年度黑臭水体达标整治任务。推进饮用水源保护工程建设。

加强固废、大气、土壤污染治理　完成麻涌、横沥、市区环保热电厂新建扩建工程，将日处理能力提升到1.2万吨，实现新增生活垃圾全部无害化焚烧处理。建成麻涌餐厨垃圾处理项目和谢岗飞灰填埋场项目。加快海心沙循环经济产业园和建筑垃圾堆场建设。做好绿色供应链环境管理试点工作。全面淘汰黄标车。加强臭氧污染防治，开展重点行业挥发性有机物污染整治。推进燃煤工业锅炉整治和沙角电厂排放改造。加快中堂造纸基地等一批集中供热项目建设。开展土壤环境质量调查，推进3个土壤污染修复治理试点，形成经验推广至全市。

实施森林公园分类提升工程　对大岭山等森林公园进行升级改造，启动银瓶山三期建设，完成清溪湖森林通道等项目。做好城市森林公园周边空间的开发利用、郊野森林公园周边旅游设施的规划建设。加强“小山小湖”保护与开发。推进同沙湿地公园、黄江农业公园等建设，建成植物园一期工程。推进水源涵养林、生物防火林带等改造和营建。加快森林小镇建设。

七、推进社会治理现代化，营造安全稳定的社会环境

全面推开“智网工程”　完成网格员队伍整编和指挥调度中心建设，加强队伍培训，建立科学的日常管理、考核奖惩制度。全面启用“智网工程”信息系统。推动基层市场网格化监管等更多服务管理事项入格，推动大数据在社会治理中的创新运用，做到横向打破信息孤岛、纵向联动政府社会，实现精准管理。

全面强化社会治安管理　重拳打击电信诈骗、网络金融犯罪、“两抢一盗”、黑恶势力等违法犯罪行为，加快建设立体化社会治安防控体系，推动社会治安实现更加明显的好转。深入开展“以案说防”活动，大力推动“全民创安”。加快公安情报指挥中心升级改造。加强和改进公安派出所工作。推动出租屋管理地方立法。完善通过法定途径分类处理信访投诉的机制。创新基层劳资治理机制，实行兼职仲裁员办案制度。加强第三方调解组织建设，完善诉前联调机制，更好地发挥社会力量在管理社会事务中的作用。

全面加强安全生产、消防安全、食品安全等工作　推动“智慧安监”二期建设，加强基层专职安全员队伍建设。狠抓危化行业安全监管，推进立沙岛整岛封闭式管理，加快建设危化品应急救援基地。深入开展城市风险点、危险源排查整治行动和建筑、轨道交通施工安全大检查。实施部门“分镇包干”督导消防工作制度，加强消防安全专项治理，抓好省市挂牌督办重点镇村的集中整治。加强灾害性天气安全防范。打造50家食品安全示范市场，新建150家农贸市场快速检测室，建成市食品药品检测中心，铁腕查处食品药品安全违法行为。落实粮食保障任务。建设以企业信用管理为核心的科学市场监管体系。加强应急预案管理和演练，提升突发事件应对能力。

八、优化公共服务供给，切实增进民生福祉

努力提供更多的优质教育资源　编制各镇街、园区公办学校建设规划，制定居住区配套教育设施规划建设管理办法，新建扩建21所公办学校。实现民办义务教育标准化学校基本全覆盖、优质学校比例提升到60%。大力发展公益普惠性幼儿园。推进高等教育发展。优化积分制入学办法。完善企业人才子女入学机制。购买民办义务教育学位同比增加20%。创新和推广委托管理等办学模式，完善学校绩效管理机制。推进教育信息化和“慕课”试点。引进德国、中国台湾等优秀职教教学团队，提升办学水平。争取成功创建省现代职业教育综合改革示范市。

全面推进卫生强市建设　优化整合医疗资源，推动区域医疗中心建设。加快“一中心三平台”信息化建设。提升社区卫生服务机构水平，完善分级诊疗制度，力争基层诊疗服务量占65%以上。建设市第九人民医院。鼓励市镇医院联合办医，推动部分公立医院向专科医院、医养结合机构或社区卫生服务中心转型。引进一批高层次医疗卫生人才，加强“东莞名医”和省名中医药专家培养，推进中医药强市建设。

促进房地产平稳健康发展，建立健全住房保障体系　落实房地产调控和住房限购政策。稳定房地产市场土地供应。加快非住宅商品房去库存。探索建立房地产用地招拍挂的创新机制。研究出台有利于长远发展包括保障房、人才房在内的、购租并举的住房保障体系政策。研究改善刚需部分村（居）民居住条件的政策。推进不动产统一登记，建立完善产权保护制度。出台物业管理办法。稳步扩大住房公积金缴存覆盖面。

着力加强文化体育建设和民生保障　推进基层综合性文化服务中心试点建设。实施“文物保护与利用”和“城市历史文化特色与价值强化”两大工程。挖掘工业遗产资源，推进文化创意改造。争取成功申报国家历史文化名城。争创全国版权示范城市。推动全民健身运动，办好亚洲马拉松锦标赛和市运会。继续办好十件实事。将低保标准从每人每月610元提高到720元。推广电子社保建设。新建25个社区综合服务中心。落实“8+1”社会救助制度。发展志愿服务、慈善、老龄和残疾人事业，新增养老床位500张以上，开展医养结合试点。加快市老年大学新校区建设。做好关心下一代工作，积极帮助青少年成长成才。开展新一轮双拥模范城创建。扩大法律援助范围。实施“巾帼关爱行动”。落实就业创业扶持政策。

九、强化法治意识和担当意识，提升与更高水平发展相适应的行政服务和履职能力

加强法治政府和廉洁政府建设　依法接受人大及其常委会的监督，自觉接受政协的民主监督，接受社会和舆论监督。完善政府法律顾问、经济顾问和决策咨询机制。全面公开部门预决算和“三公”经费支出信息，推动镇街公开财政预决算信息。加强地方立法工作，实施“七五”普法规划，深入开展法治创建活动。扎实推进反腐倡廉建设。

深化“一门式一网式”改革　组建市政务服务办和镇街（园区）政务服务中心。加快市镇实体办事大厅和网上统一申办受理平台建设，实现“一窗通办”、“一网通办”。深化项目投资管理体制改革，推进以承诺制为核心的项目直接落地改革。完善商改“宽进严管”体系。加快行政审批标准化建设，优化办事流程，推进数据共享和信息互认，让市民逐渐从“排队办事”变为“手机办事”、从“群众跑腿”变为“数据跑腿”。

提振敢于担当、主动作为的精气神　摒弃小富即安、“顺其自然”的工作心态，增强干事创业、克难奋进的攻坚锐气。加强工作督促考核，宽容改革创新失误，营造鼓励干事、支持改革、奖优罚劣的良好政风环境，进一步提振干部勇于担责、主动作为的精气神，务求高质高效完成全年目标任务。

各位代表！新的征程已经开启，新的目标催人奋进。让我们紧密团结在以习近平同志为核心的党中央周围，在省委、省政府的正确领导下，在市委的坚强领导下，与全市人民一道，务实创新、真抓实干、团结奋进，为推动东莞在更高起点上实现更高水平发展而不懈努力，以优异成绩迎接党的十九大胜利召开！

名词注解：

三个走在前列　深入推进创新驱动发展走在前列、对外开放合作走在前列、重点改革突破走在前列。

智能制造等“六大工程”　智能制造、服务型制造、创新制造、优质制造、集群制造、绿色制造“六大工程”。

四新经济　由“新技术、新业态、新模式、新产业”构成的新型经济形态。

直接落地改革　东莞开展的以企业依法承诺制、备案制和事后监管制为主要内容，实行“先建后验、宽进严管”模式的投资项目审批改革。

“三互”大通关　强化跨部门、跨区域的内陆沿海沿边通关协作，完善口岸工作机制，实现口岸管理相关部门信息互换、监管互认、执法互助，提高通关效率。

“放管服”改革　全国统一推进的简政放权、放管结合、优化服务改革。

营商环境“加一”、综合成本“减一”　“加一”指提高政府服务水平，使东莞的营商环境比其他地区更胜一筹。“减一”指努力降低企业综合经营成本，使其享受到更为低廉的成本优势。

智能终端　具有多媒体、通讯、网络、数据管理等功能的智能设备，如智能手机。

智网工程　把辖区分成一个个“网格”，依托统一的信息系统，通过网格员每日巡查反馈工商信息、城市管理、公共安全等情况，实现精准执法、精准管理。

以案说防　公安等部门以分析典型案例为主题在社区开展的普法活动，旨在提高群众的法律意识和安全防范技能。

民办教育专项资金　为支持我市民办教育各项事业发展，由市财政安排的、具有专项用途和绩效目标的公共预算资金。从2016年起至2020年，预计共投入6.5亿元。

托管改革　将部分公办、民

办学校交由优质学校托管办学，进一步提升全市教育优质均衡发展水平。

慕课　英文“MOOC”的音译，指运用网络开放课程，进行大规模远程授课的教育模式。

分级诊疗制度　按照疾病的轻重缓急及治疗的难易程度进行分级，不同级别的医疗机构承担不同疾病的治疗，实现基层首诊和双向转诊。

两违　违法用地、违章建筑。

中等收入陷阱　指当一个国家或地区的人均收入达到中等水平后，由于不能顺利实现经济发展方式的转变，导致经济增长动力不足，最终出现经济停滞的一种状态。

粤港澳大湾区　国家为深化泛珠三角区域合作，要求充分发挥广州、深圳在管理创新、科技进步、产业升级、绿色发展等方面的辐射带动和示范作用，携手港澳共同打造粤港澳大湾区，建设世界级城市群。

深中通道　连接深圳市和中山市的大桥，全长24千米。计划2023年底或2024年上半年建成通车。

洼地效应　增创城市环境的比较优势，形成对各类生产要素的较强吸引力，促进外来资源向本地区汇聚。

虹吸效应　区域中心城市利用自身优势产生的强大吸引力，将其他地区的投资、消费或资源吸引过来，被吸引地区的发展因此而减缓。

五纵四横六连　我市“十三五”规划建设的高速公路网络。“五纵”指广深沿江高速、广深高速、增莞深高速、从莞高速、博深高速；“四横”指莞番高速—河惠莞高速、虎岗高速—惠常高速、龙林高速—从莞高速清溪支线、深圳外环高速；“六连”指莲花山通道、虎岗高速虎门港支线二期、虎门大桥、深茂铁路公路通道、龙大高速、清平高速。

“8”字形环城路网　指环莞快速路建成后与环城路形成的“8”字形路网。

双水源保障　指东江、西江双水源的东莞供水保障体系。

国考断面　指《广东省水污染防治目标责任书》中，国家对省地表水水质考核的断面。

慧教育　以引领学生智慧成长、促进教师生成教育智慧、引导家长智慧养育为根本目标，以智慧校园、智慧德育、智慧管理、智慧课堂、智慧评价等为重要内容，努力实现智慧育人、育智慧人。

十大行动计划　市委、市政府以党代会精神为指导，以八大调研成果转化为重点，出台了以供给侧结构性改革为统领、推动在更高起点上实现更高水平发展的十大行动计划。

产业加速器　以高成长企业为主要服务对象，通过服务模式创新充分满足高成长企业对于空间、管理、服务、合作等方面个性化需求的新型平台载体。

融资租赁　指企业购买设备等实物时，由第三方出资，企业向第三方支付租金的新型融资方式。

个性化定制、柔性化生产　用易编程、易修改、易扩展的数控设备、软件控制代替刚性的生产设备和工序过程，使刚性生产线实现柔性化、个性化，快速响应市场需求，多快好省地完成多品种、中小批量的生产任务。

中期票据　指具有法人资格的非金融企业在银行间债券市场按照计划分期发行的、约定在一定期限还本付息的债务融资工具。

股权投资基金　指以非公开方式向特定对象募集资金设立，对非公开交易的企业股权进行投资并提供增值服务的非证券类投资企业。

TOD开发　Transit-Oriented-Development，以公共交通为导向的开发。

一港一铁　东莞港与广东（石龙）铁路国际物流基地。

多式联运　由两种及以上的交通工具相互衔接、转运而共同完成的运输过程。

超级中国干线　是向来往香港与东莞的国际物流提供班次式的空、陆联运服务和保税仓服务的一种国际物流仓储服务。

土地1.5级开发　根据基础设施建设情况和土地开发时序，通过租赁或短期土地使用，建设可移动、可生长的建筑和设施，开展品牌推广，挖掘土地价值，形成滚动开发。

多规融合　将国民经济和社会发展规划、城乡规划、土地利用规划、生态环境保护规划等融合到可以明确边界线的市县域图上，实现一个市县一本规划、一张蓝图，解决现有各类规划自成体系、内容冲突、缺乏衔接协调等突出问题。

海绵城市　新一代城市雨洪管理概念，是指在适应环境变化和应对雨水带来的自然灾害等方面具有良好“弹性”的城市。

城乡环境“六整治”　城乡环境卫生、道路设施、违章户外广告、违法建筑、城市“六乱”和打击“黑煤气”专项整治。

PPP模式　即政府和社会资本的合作模式。

“一中心三平台”信息化建设　一中心指全市卫生计生数据中心，三平台指基本医疗、公共卫生、计生服务信息平台。

“8+1”社会救助制度　包括低保救助、特困人员供养、受灾人员救助、医疗救助、教育救助、住房救助、就业救助、临时救助、社会力量参与等九方面的社会救助制度。

一门式一网式　依托基层公共服务综合平台和网上办事大厅，整合部门分设的办事窗口和审批服务系统，建设政府综合服务窗口和网上统一申办受理平台，实现一门集中、一网受理、一窗通办。

一窗通办、一网通办　群众、企业、机构等在一个综合服务窗口或网上办事大厅，即可完成相关事项的申报办理。

2016年东莞市国民经济和社会发展统计公报

东莞市统计局
国家统计局东莞调查队

2016年，面对严峻复杂的宏观形势和改革发展稳定的艰巨任务，全市上下在市委、市政府的正确领导下，认真贯彻党的十八届三中、四中、五中、六中全会和习近平总书记系列重要讲话精神，紧紧围绕“三个走在前列”目标，主动适应经济发展新常态，以供给侧结构性改革为统领，以构建开放型经济新体制为契机，凝心聚力，克难奋进，深入实施创新驱动战略，着力提高经济发展质量和效益，努力稳增长、促改革、调结构、惠民生，实现了“十三五”的良好开局。全市经济呈现出稳中有进、进中向好的良好态势，经济社会发展取得了新成绩。

一、综合

初步核算，2016年东莞生产总值（GDP）6827.67亿元，比上年增长8.1%。分产业看，第一产业增加值22.80亿元，下降0.3%；第二产业增加值3172.50亿元，增长7.2%；第三产业增加值3632.37亿元，增长8.9%。三次产业比例为0.3∶46.5∶53.2。人均地区生产总值82682元，增长8.6%。

在现代产业中，规模以上先进制造业增加值1435.17亿元，增长15.2%；现代服务业增加值2180.84亿元，增长10.3%。

在第三产业中，交通运输、仓储和邮政业增长1.1%，批发和零售业增长7.7%，住宿和餐饮业增长0.4%，金融业增长8.2%，房地产业增长3.5%，其他服务业增长14.4%。

年末，全市工商登记总数84.04万户，同比增长17.8%。其中企业工商登记32.89万户，增长28.3%；个体户登记51.08万户，增长12.0%。私营企业登记户数增长较快，增长30.7%。从新登记注册情况看，2016年，全市工商新登记17.39万户，增长41.3%；新登记企业8.22万家，增长49.7%。

全年居民消费价格总水平比上年上涨2.7%。其中食品烟酒类上涨6.3%，衣着类上涨1.2%，居住类上涨0.8%，生活用品及服务类上涨2.0%，交通和通信类下降1.4%，教育文化和娱乐类上涨1.3%，医疗保健类上涨7.5%，其他用品和服务类上涨0.5%。此外，全年商品零售价格总指数上涨0.9%。工业生产者出厂价格指数下降0.1%。

2011—2016年东莞市地区生产总值及增长速度

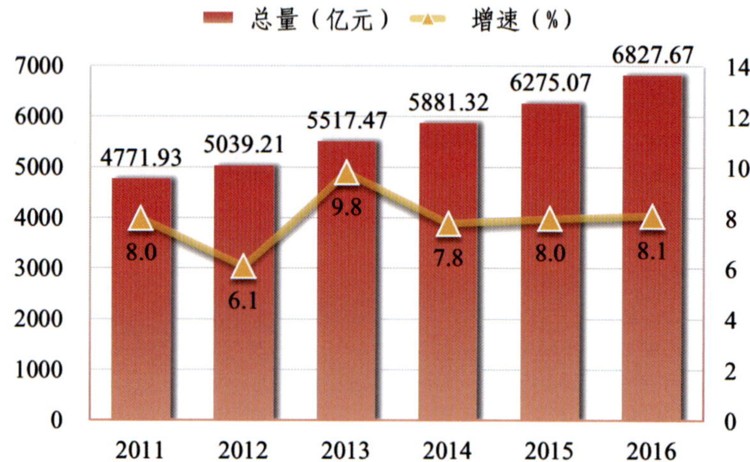

2011—2016年东莞市居民消费价格总指数（上年=100）

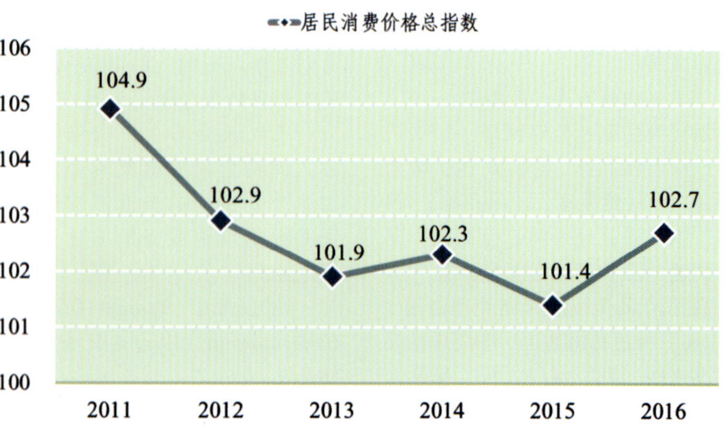

2016年东莞市价格变动情况

类　别	价格指数（上年=100）
居民消费价格总指数	102.7
食品烟酒	106.3
其中：粮食	104.2
畜肉类	109.7
食用油	98.7
蛋类	94.2
菜	111.8
水产品	109.2
衣着	101.2
居住	100.8
生活用品及服务	102.0
交通和通信	98.6
教育文化和娱乐	101.3
医疗保健	107.5
其他用品和服务	100.5
商品零售价格总指数	100.9
工业生产者出厂价格指数	99.9

全年来源于东莞的财政收入1569.19亿元，比上年增长35.8%。市一般公共预算收入544.75亿元，增长8.2%。市一般公共预算支出599.29亿元，增长3.1%。其中，一般公共服务支出63.67亿元，公共安全支出81.54亿元，教育支出142.95亿元，社会保障和就业支出35.29亿元。全年全市税收总额1704.96亿元，增长20.7%。

年末城镇实有登记失业人数1.38万人，全年失业人员安置就业人数1.01万人，城镇登记失业率为2.26%。

二、农业

2016年全市农林牧渔业总产值38.44亿元，比上年增长3.1%。其中农业产值27.01亿元，增长12.4%，占农林牧渔业总产值的70.3%；林业产值0.39亿元，增长3.6%，占1.0%；牧业产值3.50亿元，下降15.2%，占16.9%；渔业产值6.51亿元，下降15.5%，占16.9%。全年农作物总播种面积37.65万亩，其中水果种植面积19.89万亩。全年粮食产量1.26万吨；水产品总产量5.66万吨；蔬菜产量40.43万吨，增长0.7%；生猪出栏11.49万头，下降15.8%；家禽出栏398.27万只，下降1.7%。

2016年新增20家农民专业合作社。目前，全市共有农民专业合作社190家、农业龙头企业43家（其中省级以上11家，国家级3家）、有效期内的省级农业类名牌产品达52个（含林业、渔业）。

三、工业和建筑业

全年全市规模以上工业实现增加值2878.23亿元，比上年增长7.0%。在规模以上工业中，重工业增加值1750.98亿元，增长13.5%，占60.8%；轻工业增加值1127.25亿元，下降1.5%，占39.2%。

全年全市规模以上工业五大支柱产业完成增加值1952.24亿元，增长8.5%；工业四个特色产业完成增加值281.47亿元，增长0.3%。

全年高技术制造业增加值增长17.6%，其中，医药制造业增长7.5%，电子及通信设备制造业增长20.9%，电子计算机及办公设备制造业下降4.0%，医疗设备及仪器仪表制造业增长17.8%。

全年先进制造业增加值增长15.2%，其中，装备制造业增长16.0%，钢铁冶炼及加工业下降4.2%，石油及化学制造业增长1.7%。装备制造业中，金属制造业增长7.5%，通用设备制造业增长8.0%，专用设备制造业增长13.1%，汽车制造业增长19.5%，铁路、船舶、航空航天和其他运输设备制造业下降30.5%，电气机械和器材制造业增长0.7%，计算机、通信和其他电子设备制造业增长20.4%，仪器仪表制造业增长19.5%；钢铁冶炼及加工业中，钢压延加工下降4.2%；石油及化学行业中，石油加工、炼焦及核燃料加工业下降16.0%，化学原料及化学制品制造业增长3.8%，橡胶制品业下降3.2%。

全年优势传统产业增加值下降0.1%，其中，纺织服装业下降6.8%，食品饮料业增长1.0%，家具制造业下降0.5%，建筑材料增长3.2%，金属制品业增长8.3%，家用电力器具制造业增长3.5%。

规模以上工业综合经济效益指数为160.5%，实现利润总额472.12亿元。

2016年东莞市规模以上工业主要产品产量

产品名称	计量单位	产　量	增长（%）
移动通信手持机（手机）	万台	35909.47	58.0
数字激光音、视盘机	万台	4591.87	-19.2
集成电路	万块	72539.49	53.6
光电子器件	万只（万片、万套）	1314191.01	33.8
电子元件	亿只	12319.20	8.7
汽车仪器仪表	万台	96.45	17.4
光学仪器	万台（万个）	94.80	-17.0
眼镜成镜	万副	6496.96	1.3
自来水生产量	亿立方米	15.87	-4.2
大米	吨	277980.61	-10.8
糖果	吨	237158.81	-0.7
服装	万件	137783.07	-6.8
轻革	万平方米	193.20	-27.7
人造板	万立方米	21.33	-17.6
纸制品	万吨	204.71	-3.9
家具	万件	3748.92	-30.0
机制纸及纸板（外购原纸加工除外）	万吨	1507.86	6.0
塑料制品	万吨	117.96	3.4
化学试剂	吨	129957.92	-8.4
瓷质砖	万平方米	3335.11	20.2
金属集装箱	万立方米	361.29	-47.9
电动手提式工具	万台	2689.52	5.5
数码照相机	万台	43.42	69.7
模具	万套	6.43	1.4
锂离子电池	万只（万自然只）	32845.83	-24.3
灯具及照明装置	万套（万台、万个）	24307.97	-7.9
电子计算机整机	万台	125.65	15.8
打印机	万台	59.89	-38.5
电话单机	万部	3158.54	-5.0

全年全市建筑业实现增加值91.21亿元，比上年增长1.9%。总承包和专业承包建筑企业完成总产值245.18亿元，增长15.5%；施工面积914.05万平方米，下降14.8%；竣工面积349.06万平方米，下降23.0%。总承包和专业承包建筑企业按施工产值计算的全员劳动生产率为34.07万元/人，增长16.4%。

四、固定资产投资

全年固定资产投资1557.46亿元，比上年增长7.7%。按投资主体分，国有经济投资120.66亿元，下降32.3%；民营经济投资1061.05亿元，增长12.0%；外商及港澳台商投资293.14亿元，增长9.4%。

从产业投向看，投资集中在第二、三产业。第二产业投资566.06亿元，其中制造业投资503.74亿元；第三产业投资990.23亿元。

全年完成房地产开发投资642.76亿元，增长11.7%。商品房屋施工面积4408.65万平方米，增长12.4%；竣工面积232.68万平方米，下降28.5%；新建商品房网上签约销售面积1061.88万平方米，

2011—2016年东莞市固定资产投资增长速度

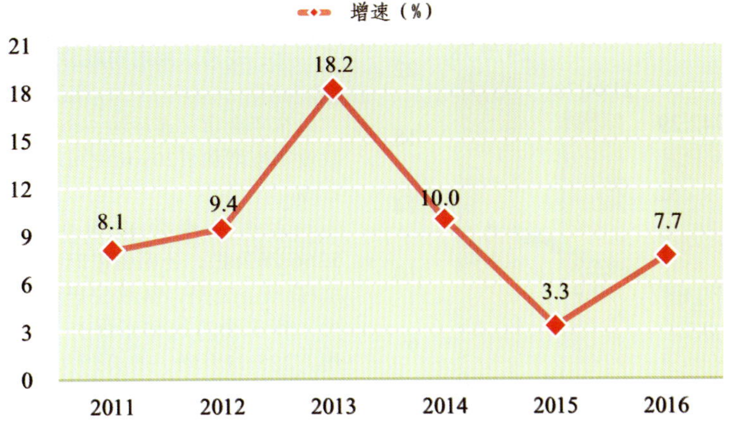

2016年东莞市分行业固定资产投资情况

行　业	投资额（万元）	增长（%）
总　计	15574580	7.7
农、林、牧、渔业	13345	55.7
制造业	5037401	16.4
电力、热力、燃气及水生产和供应业	617045	−11.8
建筑业	10000	28.5
交通运输、仓储和邮政业	1333819	−8.6
信息传输、软件和信息技术服务业	172826	−10.0
批发和零售业	178852	−7.4
住宿和餐饮业	28047	−56.3
金融业	55934	39.0
房地产业	7092286	10.6
租赁和商务服务业	21262	−42.3
科学研究和技术服务业	173136	−23.3
水利、环境和公共设施管理业	453295	3.7
居民服务、修理和其他服务业	5100	−44.3
教育	251368	4.8
卫生和社会工作	65507	−10.0
文化、体育和娱乐业	37400	84.3
公共管理、社会保障和社会组织	27957	60.0

下降1.4%，其中商品住宅销售面积887.71万平方米，下降9.2%。全年新建商品房网上签约销售额1459.43亿元，增长35.6%，其中商品住宅销售额1221.79亿元，增长27.3%。

五、国内贸易

全年全市批发和零售业实现增加值824.01亿元，增长7.7%；住宿和餐饮业实现增加值158.61亿元，增长0.4%。

全年社会消费品零售总额2470.78亿元，比上年增长13.1%。分行业看，批发零售贸易业零售额2308.97亿元，增长13.6%；住宿餐饮业零售额161.81亿元，增长6.7%。

在限额以上批发和零售业中，粮油食品类零售额增长1.0%；饮料类下降6.6%；烟酒类下降0.5%；服装鞋帽、针、纺织品类下降1.6%；日用品类下降3.5%；汽车类增长17.2%；石油及制品类增长2.7%。

六、对外经济

全年全市进出口总额11415.99亿元，增长9.8%。其中进口4859.15亿元，增长22.4%；出口6556.85亿元，增长2.0%。

按贸易方式分，一般贸易出口2360.95亿元，增长0.6%；加工贸易出口3794.46亿元，下降1.7%；其他出口401.4亿元，增长81.8%。

按出口的地区分，对亚洲出口3548.91亿元，增长6.0%；对北美洲出口1532.11亿元，下降5.4%；对欧洲出口1102.57亿元，增长5.1%；对拉丁美洲出口200.78亿元，下降5.5%；对大洋洲出口80.96亿元，下降5.0%。

全年机电产品出口4659.17亿元，增长6.3%，占出口总额的71.1%；高新技术产品出口2586.40亿元，增长17.7%，占39.4%。

全年全市新签外商直接投资项目446宗，合同外资金额47.32亿美元，下降6.5%。实际利用外资39.26亿美元，下降26.2%。其中通

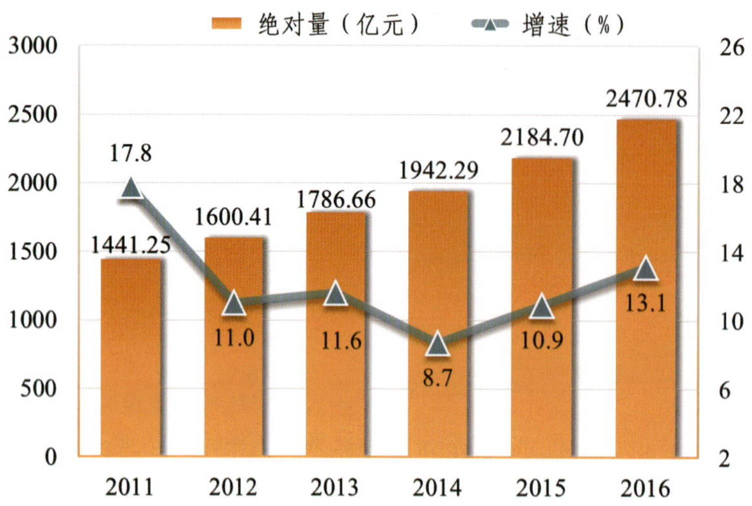

2016年东莞市主要商品出口情况

商品名称	金额（万元）	增长（%）
机电产品（包括本目录已具体列名的机电产品）	46591748	6.3
高新技术产品	25863984	17.7
自动数据处理设备及其部件	4108710	-8.5
服装及衣着附件	3547696	-17.4
电话机	6575345	63.6
家具及其零件	2913072	-8.5
鞋类	1647909	-17.3
自动数据处理设备的零件	1725291	-12.1
静止式变流器	1959852	2.1
灯具、照明装置及类似品	1504777	-14.9
箱包及类似容器	1411831	-12.9
玩具	1757329	13.9
电线和电缆	1375527	-1.6
塑料制品	1275546	-8.2
通断保护电路装置及零件	1442230	4.9
纺织纱线、织物及制品	1024553	-9.5
打印机（包括多功能一体机）	717632	-32.8
电视、收音机及无线电讯设备的零附件	972333	26.5
贵金属或包贵金属的首饰	1644500	116.4
印刷电路	582453	-0.8
文化产品	5581884	15.9
眼镜及其零件	669281	15.4

信设备、计算机及其他电子设备制造业实际利用外资2.66亿美元，下降59.7%；专用设备制造业实际利用外资1.48亿美元，下降40.2%。

七、交通、邮电和旅游

全年全市交通运输、仓储和邮政业实现增加值209.60亿元，增长1.1%。

全年全市公路通车里程5266.26公里，公路密度214.08公里/百平方公里，继续位居全省前列。年末全市机动车保有量（民用）225.11万辆，增长19.7%。其中汽车保有量224.62万辆，增长21.8%。

全年公路货物运输量10325万吨，货物周转量71.67亿吨公里；水路货物运输量5268.67万吨，货物周转量383.56亿吨公里。全年公路运输完成客运量4847.42万人，旅客周转量77.14亿人公里；水路运输完成客运量27.04万人，旅客周转量1757.07万人公里。全年港口旅客吞吐量26.67万人次，货物吞吐量14583.72万吨。

全年完成邮电业务（含快递）收入295.13亿元，比上年增长18.5%。邮政发送信函9201万件，邮政快递包裹975万件，邮政汇款金额66亿元。年末全市固定电话用户280.54万户；移动电话用户1575.08万户，减少181.67万户。年末互联网用户185.27万户，比上年减少16.47万户；宽带接入用户181.01万户，减少154339户。

年末全市有星级酒店38家，其中五星级酒店16家。全市有旅行社112家，全年接待国际及港澳台游客399.54万人次，增长7.0%。其中接待外国游客110.62万人次，增长5.3%；接待港澳台游客288.92万人次，增长7.7%。国际旅游外汇收入15.31亿美元，下降2.9%。全年接待国内游客3392.43万人次，增长20.1%。旅游总收入445.40亿元，增长12.7%。全年东莞组团外出旅游148.04万人次，增长3.6%。其中，国内旅游131.31

2016年东莞市分行业利用外资情况

行业名称	合同外资金额（万美元）	增长（%）	实际利用外资（万美元）	增长（%）
总计	473173	-6.5	392617	-26.2
制造业	187106	-17.5	169649	-17.5
纺织业	11948	1.6	9200	-46.4
纺织服装、鞋、帽制造业	5890	-61.9	2301	-91.7
家具制造业	1876	37.7	1107	-74.6
通用设备制造业	2472	-65.2	5017	-76.3
专用设备制造业	15785	9.0	14762	-40.2
电气机械及器材制造业	17712	-28.0	12402	-52.8
通信设备、计算机及其他电子设备制造业	27960	-45.8	26625	-59.7
金属制品业	17611	-32.9	19087	-54.1
塑料制品业	11380	10.0	6830	-70.8
文教体育用品制造业	3376	-58.4	5214	-56.2
造纸及纸制品业	28044	39.4	33584	350.9
其他制造业	43052	21.3	33520	-52.8
交通运输、仓储和邮政业	12763	-22.7	6904	-22.7
批发和零售业	27463	-51.6	23529	-23.2

2016年东莞市客（货）运量、周转量

指　标	单　位	数　值	增长（%）
客运量	万人	4874	-1.8
#公路	万人	4847	-1.6
旅客周转量	亿人公里	77.32	0.2
#公路	亿人公里	77.14	0.3
货运量	万吨	15593	1.4
#公路	万吨	10325	-1.4
货物周转量	亿吨公里	455.23	-9.8
#公路	亿吨公里	71.67	-0.03

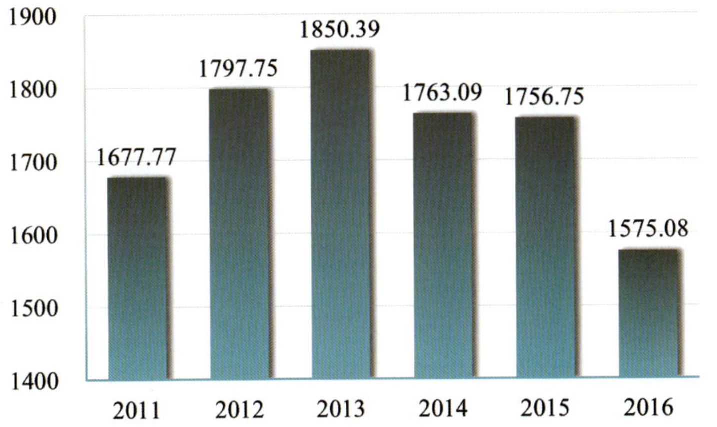

万人次，增长5.4%；出境旅游16.72万人次，下降8.3%。

八、金融

全年全市金融业实现增加值441.64亿元，增长8.2%。

年末全市有各类金融机构129家，其中银行类机构38家（含1家代表处），保险类机构56家，证券期货类机构35家。年末全市金融机构各项本外币存款余额11545.10亿元，同比增长15.8%。其中住户存款余额4943.56亿元，增长6.8%。各项本外币贷款余额6545.66亿元，增长9.4%。在个人消费贷款余额中，个人住房按揭贷款余额2347.74亿元，增长48.2%；个人汽车消费贷款余额3.64亿元，下降19.6%。

全年股票总成交额12981.50亿元，同比下降65.5%。年末保证金余额152.27亿元，下降26.2%。

全年全市各类保险保费收入472.69亿元，同比增长54.8%。其中财产险保费收入107.61亿元，增长8.6%；人寿险保费收入365.08亿元，增长77.0%。

九、科技和教育

2016年全年新增国家高新技术企业1042家，总数达2028家，位居省内地级市首位。全市专利申请量和授权量分别为56653件和28559件，其中，发明专利申请量为17024件，同比增长52.46%，占专利申请总量的30.05%，数量排全省第四位；发明专利授权量为3682件，同比增长31.74%，数量排全省第三位；PCT国际专利申请量为876件，同比增长160.71%，排全省第三位。科技资源加快集聚，全市新增创新型研发机构1家，总数达32家，科技企业孵化载体达到59家，其中国家级11家；成功举办2016中国（东莞）国际科技合作周；全市目前引进省创新科研团队立项总数达到26个，居全省第三；新引进11个市级创新科

2011—2016年东莞市各项本外币存、贷款余额

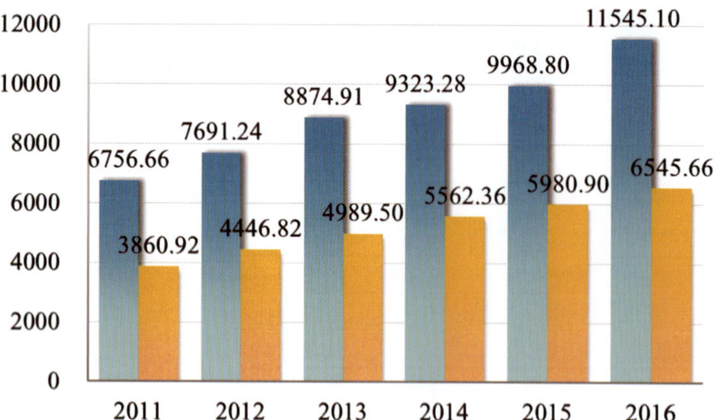

2016年东莞市教育情况

指标	招生（万人）	增长（%）	在校生（万人）	增长（%）	毕业生（万人）	增长（%）
普通本专科	3.14	-5.9	11.26	-1.8	2.30	-4.0
成人本专科	0.91	-36.8	2.23	-49.2	0.55	-54.2
中等职业技术教育	2.91	11.8	7.47	7.1	2.05	20.3
普通高中	2.72	1.6	7.99	1.2	2.57	1.4
初中	8.35	9.0	21.59	3.5	5.99	1.1
小学	13.82	-1.4	73.87	2.7	9.88	10.3
学前教育	13.47	1.3	33.17	5.5	11.56	6.1

研团队，总数达到27个；国家自主创新示范区、国家可持续发展实验区建设工作稳步推进。科技金融结合得到加强，大力推进科技信贷、科技保险等工作，推动12家签约银行为我市655家企业发放贷款1017笔，贷款金额达44.62亿元，推动39家企业购买科技保险，保额34亿元，保费399.49万元，申请保费补贴共114.56万元，专利质押融资累计贷款1.22亿元。

年末，全市有幼儿园1016所，比上年增加67所，其中，省、市一级幼儿园499所，比上年增加49所。全市有小学328所，在校学生73.87万人，本市户籍学龄儿童入学率达100%，小学毕业生升学率达100%。全市有初中191所（不含完全中学），在校学生21.59万人，本市户籍适龄少年初中入学率100%，初中毕业生升学率98.4%。全市高中阶段学校共有62所，其中普通高中（含完中和多层次学校高中部）40所，在校生7.99万人，中职学校26所（含技工学校4所），在校生7.47万人。全市有普通高等院校9所，在校学生11.26万人。全年普通高等院校共招收本科、专科学生3.14万人，毕业生2.30万人。

十、文化、卫生和体育

年末全市有市民艺术中心1个，文化站33个，公共图书馆641个，公共电子阅览室589个，公办博物馆18个，民办博物馆31个，文化广场769个，电影放映单位96个。全市有公共广播节目10套，公共电视节目65套。全年共发行报纸7953.44万份，其中《东莞日报》5690.82万份；电影放映104万场次，观众1802万人次。

年末全市有医疗机构2304个，其中，三级甲等医院8所（含1所妇幼保健院），门诊部、诊所、医务室、卫生站、社区卫生服务机构等基层医疗机构2213个。全市卫生技术人员4.8万人，医疗机构的实有病床2.81万张。全市门诊量6482万人次，同比增长3.8%，住院量91.9万人次，同比增长4.1%。

全年全市运动员共获得175枚金牌、159枚银牌、178枚铜牌。其中夺得全国赛金牌42枚；广东省赛金牌122枚、银牌120枚、铜牌141枚。全年举办全市全民健身活动417次，参加人数41.8万人次。全市有各类体育运动场地14451个（座），其中体育场526个，体育馆169座，灯光篮球场5625个，健身路径1319条，室外游泳池419个，室内游泳池63个，室外羽毛球场1409个。全市有体育彩票发行网点1250个，销售总额16.56亿元，体彩公益金12484万元。

十一、人民生活

2016年东莞居民收入稳步增长，全年居民人均可支配收入41902元，同比增长8.4%。其中，城镇常住居民人均可支配收入43096元，增长8.3%，农村常住居民人均可支配收入26526元，增长9.5%，城乡收入差距进一步缩小。

从收入构成上看，居民人均工资性收入31466元，占人均可支配收入的75.1%，是居民收入的首要来源；其次是人均财产净收入，达7053元，占人均可支配收入的16.8%。

居民生活消费呈现多样性，2016年居民生活消费支出29906元，同比增长5.8%。其中人均食品烟酒支出9837元，占生活消费支出32.9%，比上年减少0.6个百分点。在八大类生活消费支出中，居

住、教育文化娱乐、衣着及交通通讯消费支出增幅较大。

十二、社会保障

全市参加各类社会保险总人次为2558.79万人次，比上年下降3.8%。基本医疗保险574.57万人次，失业保险409.11万人次，工伤保险445.07万人次。全年社会保险基金总收入476.38亿元，保险基金总支出195.53亿元，年末保险基金累计余额1431.1亿元。

年末全市有收养类福利事业单位37个，其中社会福利院1个，社会福利中心1个，敬老院34个，敬老院供养老人1688人。社会福利事业单位收养2810人，全年社会救济1.26万人。全市居民最低生活保障支出7826.5万元，自然灾害生活救助支出687.1万元，慈善基金结余2.23亿元。全市纳入“五保户”对象有824人，“五保户”费用支出1371.1万元。

十三、人口、资源和环境

年末全市户籍人口200.94万人。全年出生人口2.76万人，出生率为13.92‰；死亡人口1.05万人，死亡率为5.28‰；人口自然增长率为8.64‰。年末全市常住人口826.14万人，其中城镇常住人口736.42万人。人口城镇化率为89.14%。

全年雨日天数203天，日照时数1641.6小时，平均气温22.8摄氏度，相对湿度82%，降水量2612毫米。

年末全市森林公园达22个，新增森林公园配套设施一批。林业用地面积87.32万亩，生态公益林32.91万亩，林木积蓄量374.26万立方米，林木总生长量12.78万立方米。

年末全市建成区土地面积956.54平方公里，公共管理与公共服务用地面积48.12平方公里。森林覆盖率为37.4%。城市建成区绿地率为43.68%，绿化覆盖率为47.71%，人均公园绿地面积22.87平方米；全市已建成公园1510个，面积2.08万公顷。

注：

1.本公报中2016年数据为初步统计数，统计图中2011—2015年数据为年报数，最后统计数据以《东莞统计年鉴—2017》为准。

2.地区生产总值、各行业增加值、农业总产值绝对数按当年价格计算，增长速度按可比价格计算。

3.从2011年起，规模以上工业统计口径由年主营业务收入500万元调整为2000万元及以上的工业法人企业；固定资产投资项目统计起点由计划总投资50万元提高到500万元，增速为可比口径。

4.五大支柱产业包括电子信息制造业、电气机械及设备制造业（包括电气机械及器材制造业，仪器仪表制造业，通用设备制造业，专用设备制造业，铁路、船舶、航空航天和其他运输设备制造业以及汽车制造业）、纺织服装鞋帽制造业（包括纺织业，纺织服装、服饰制造业，皮革、毛皮、羽毛及其制品和制鞋业）、食品饮料加工制造业（包括食品制造业，酒、饮料和精制茶制造业，农副产品加工业）、造纸及纸制品业。

四个特色产业包括玩具及文体用品制造业、家具制造业、化工制品制造业（包括化学原料及化学制品制造业，石油加工、炼焦业及核燃业）、包装印刷业。

先进制造业包括装备制造业、钢铁冶炼及加工制造业、石油及化学制造业。

高技术制造业包括医药制造业、航空、航天器及设备制造业、电子及通信设备制造业、医疗仪器设备及仪器仪表制造业、信息化学品制造业。

5.2012年四季度，国家统计局实施了城乡一体化住户调查改革。2014年起按照新的调查口径对外发布城乡一体的居民人均可支配收入和分城镇、农村常住居民人均可支配收入数据。由于新老调查方案在调查范围、调查对象、城乡划分标准、样本抽选、计算和汇总方式、指标口径等方面变化较大，改革后新口径数据和旧口径数据存在不可比的差异。

6.阅读本公报时，请注意统计指标的时间、口径和计算方法等。

7.资料来源:本公报中城镇实有登记失业人数及失业人员安置就业人数、城镇登记失业率数据来自市人力资源局；新增农民专业合作社、龙头企业及省级农业类名牌产品数来自市农业局；进出口、利用外资数据来自市商务局；公路通车里程、交通运输、公路、水路相关数据来自市交通运输局；邮电业务收入、邮政发送信函、电话用户等数据来自市邮政、电信、移动等相关运营商；星级酒店及旅游情况来自市旅游局；年末各类金融机构数据来自金融工作局；本外币存贷款余额来自市人民银行；股票总成交额及年末保证金余额数据来自证券期货业协会；保险保费及赔款与给付来自市保险行业协会；国家高新技术企业家数、专利申请和授权量以及科研成果奖等数据来自市科学技术局；教育数据来自市教育局；市民艺术中心、文化站、公共图书馆、公共电子阅览室、博物馆、文化广场、公共广播节目、报纸等数据来自市文化广电新闻出版局；卫生医疗机构等数据来自市卫生局；运动员获得奖牌、健身活动、体育彩票发行情况来自市体育局；社会保障数据来自市社会保障局；福利单位、敬老院等数据来自市民政局；户籍人口数据来自市公安局；出生和死亡人口等相关数据来自市卫生和计划生育局；气象数据来自市气象局；森林公园、林业用地、生态公益林、林木积蓄量等数据来自市林业局；建成区及公共管理与公共服务用地面积来自市城乡规划局；建成区绿地率、绿化覆盖率、人均公园绿地面积及公园数据来自市城市综合管理局。

2012–2016年东莞市国民经济和社会发展主要指标

指 标	单位	2012年	2013年	2014年	2015年	2016年
年末常住人口	万人	829.23	831.66	834.31	825.41	826.14
年末户籍人口	万人	187.02	188.93	191.39	195.01	200.94
地区生产总值	亿元	5039.21	5517.47	5881.32	6275.07	6827.67
第一产业	亿元	18.76	19.55	20.35	21.03	22.80
第二产业	亿元	2444.61	2622.67	2794.42	2922.05	3172.50
第三产业	亿元	2575.85	2875.25	3066.55	3332.00	3632.37
人均地区生产总值	元	60907	66440	70605	75616	82682
全社会固定资产投资额	亿元	1180.35	1383.94	1427.11	1446.52	1557.46
#房地产开发	亿元	377.32	497.66	588.06	575.21	642.76
社会消费品零售额	亿元	1600.41	1786.66	1942.29	2184.70	2470.78
进出口总额	亿美元	1444.16	1530.72	1625.30	1676.73	11416.0
出口总额	亿美元	850.66	908.64	970.69	1037.19	6556.8
进口总额	亿美元	593.50	622.08	654.61	639.55	4859.1
实际利用外商直接投资	万美元	336938	393775	452919	531982	392617
地方公共财政预算收入	亿元	356.32	409.29	455.21	517.97	544.75
地方公共财政预算支出	亿元	385.58	444.66	457.68	581.24	599.29
居民消费价格指数	%	102.9	101.9	102.3	101.4	102.7
全社会用电量	亿千瓦时	604.28	622.51	660.99	666.84	702.01
工业用电量	亿千瓦时	442.93	453.80	482.95	483.31	506.00
规模以上工业增加值	亿元	1978.13	2425.62	2490.84	2611.96	2878.23
#先进制造业增加值	亿元	834.35	1119.98	1137.51	1208.60	1435.17
#高技术制造业增加值	亿元	615.49	864.23	831.03	869.18	1100.76
公路里程	公里	4969	5002	5145	5165	5266
客运量	万人	79739	78113	5555	4961	4874
货运量	万吨	11191	12863	15375	15385	15594
港口货物吞吐量	万吨	9228	11187	12900	13148.61	14583.72
港口集装箱吞吐量	万标箱	145.36	198.63	289.23	336.28	364.23
移动电话用户	万户	1797.75	1850.39	1763.09	1756.75	1575.08
国际旅游外汇收入	万美元	126924	144981	157493	157743	153117
中外资金融机构本外币存款余额	亿元	7691.24	8874.91	9323.28	9968.80	11545.10
住户存款余额	亿元	4246.99	4517.59	4648.27	4630.69	4943.56
中外资金融机构本外币贷款余额	亿元	4446.82	4989.50	5562.36	5980.90	6545.66
税收总额	亿元	939.11	1085.36	1237.04	1413.09	1704.96
保费收入	亿元	177.66	207.13	258.07	305.37	472.69
专利申请量	件	29199	29013	28432	38094	56653
专利授权量	件	20900	22595	20340	26820	28559
卫生技术人员	万人	4.06	4.21	4.31	4.52	4.77
#执业（助理）医师	万人	1.40	1.49	1.51	1.59	1.67
年末参加基本养老保险人数	万人次	513.29	521.91	632.03	670.60	651.66
年末参加基本医疗保险人数	万人次	616.86	618.09	615.69	601.92	574.57

注：2016年起，进出口相关数据采用人民币统计口径，请勿误用

龙湾湿地公园　（翟国强　摄）

文件选录

2016年中共东莞市委文件选录

序号	文号	文件名称	发文日期
1	东委发〔2016〕1号	中共东莞市委关于深入推进“三个走在前列”的实施意见	2016.1.22
2	东委发〔2016〕2号	中共东莞市委、东莞市人民政府关于支持松山湖国家高新技术开发区建设国家自主创新示范区的若干意见	2016.1.29
3	东委发〔2016〕4号	中共东莞市委关于印发《中共东莞市委常委会2016年工作要点》的通知	2016.2.26
4	东委发〔2016〕5号	中共东莞市委、东莞市人民政府贯彻落实《中共广东省委、广东省人民政府关于加强理工科大学和理工类学科建设服务创新发展的意见》加快推进东莞理工学院高水平理工科大学建设的实施意见	2016.3.7
5	东委发〔2016〕6号	中共东莞市委、东莞市人民政府关于进一步推进市内帮扶工作的意见	2016.3.30
6	东委发〔2016〕9号	中共东莞市委、东莞市人民政府关于深入推进质量强市建设的意见	2016.6.16
7	东委发〔2016〕10号	中共东莞市委、东莞市人民政府关于建设卫生强市的实施意见	2016.7.27
8	东委发〔2016〕11号	中共东莞市委、东莞市人民政府关于印发《2016年度东莞市镇（街道）领导班子落实科学发展观工作考评方案》等五份考评方案的通知	2016.8.2
9	东委发〔2016〕12号	中共东莞市委关于印发《东莞市2016年文明创建工作督导问责办法》的通知	2016.8.19

续表

序号	文号	文件名称	发文日期
10	东委发〔2016〕14号	中共东莞市委关于中国共产党东莞市第十四次代表大会代表选举工作的通知	2016.10.27
11	东委发〔2016〕15号	中共东莞市委关于以供给侧结构性改革为统领推动在更高起点上实现更高水平发展的意见	2016.11.2
12	东委发〔2016〕16号	中共东莞市委关于加强新形势下人大工作的意见	2016.11.7
13	东委发〔2016〕17号	中共东莞市委、东莞市人民政府贯彻落实《中共广东省委、广东省人民政府关于新时期精准扶贫精准脱贫三年攻坚的实施意见》的实施方案	2016.11.25
14	东委发〔2016〕19号	中共东莞市委关于成立中共东莞市人民政府国有资产监督管理委员会委员会有关问题的通知	2016.12.18
15	东委发〔2016〕20号	中共东莞市委、东莞市人民政府关于印发以供给侧结构性改革为统领推动在更高起点上实现更高水平发展十大行动计划系列文件的通知	2016.12.22
16	东委发〔2016〕21号	中共东莞市委、东莞市人民政府关于印发《东莞市法治政府建设规划（2016—2020年）》的通知	2016.12.29
17	东委办发〔2016〕5号	中共东莞市委办公室、东莞市人民政府办公室关于印发《东莞市市属企业负责人履职待遇和业务支出管理实施意见》的通知	2016.6.1
18	东委办发〔2016〕6号	中共东莞市委办公室关于进一步做好市委文件审核工作的意见	2016.8.3
19	东委办发〔2016〕7号	中共东莞市委办公室、东莞市人民政府办公室关于深入学习贯彻李克强总理来莞考察重要指示精神促进我市动能转换经济转型实现更高水平发展的通知	2016.10.18
20	东委办发〔2016〕8号	中共东莞市委办公室、东莞市人民政府办公室印发《关于全面加强我市水污染防治工作的实施意见》的通知	2016.11.10
21	东委办发〔2016〕9号	中共东莞市委办公室、东莞市人民政府办公室印发《关于进一步推进城乡社区建设工作的实施方案》的通知	2016.12.23
22	东委办发〔2016〕10号	中共东莞市委办公室关于印发《东莞市加强社会组织党的建设工作实施六大提升工程方案》的通知	2016.12.26
23	东委办发〔2016〕11号	中共东莞市委办公室关于印发《法治东莞建设第二个五年规划（2016—2020年）》的通知	2016.12.29
24	东委办〔2016〕2号	中共东莞市委办公室关于学习贯彻省委十一届六次全会精神的通知	2016.1.21
25	东委办〔2016〕3号	中共东莞市委办公室关于学习贯彻省“两会”精神的通知	2016.2.3
26	东委办〔2016〕5号	中共东莞市委办公室、东莞市人民政府办公室关于印发《东莞市推动传统媒体和新兴媒体融合发展实施方案》的通知	2016.2.5
27	东委办〔2016〕9号	关于印发《东莞市2016年改革行动计划》的通知	2016.3.17
28	东委办〔2016〕11号	中共东莞市委办公室、东莞市人民政府办公室关于印发《东莞市实施创新驱动发展战略2016年工作要点》的通知	2016.4.8
29	东委办〔2016〕13号	中共东莞市委办公室印发《东莞市关于学习贯彻〈中国共产党统一战线工作条例（试行）〉实施方案》的通知	2016.4.25
30	东委办〔2016〕14号	中共东莞市委办公室印发《关于在全市党员中开展“学党章党规、学系列讲话，做合格党员”学习教育实施方案》的通知	2016.5.5
31	东委办〔2016〕20号	中共东莞市委办公室关于印发《东莞市2016年全面依法治市工作要点》的通知	2016.6.15
32	东委办〔2016〕23号	中共东莞市委办公室关于印发《东莞市2016年镇（街道）文明创建整治提升百日行动方案》的通知	2016.6.22
33	东委办〔2016〕30号	关于印发《2016年市镇两级领导挂点服务大型骨干企业工作方案》的通知	2016.8.2
34	东委办〔2016〕33号	中共东莞市委办公室、东莞市人民政府办公室关于印发《实施珠三角规划纲要2016年重点工作任务》的通知	2016.9.9
35	东委办〔2016〕41号	中共东莞市委办公室关于认真学习贯彻市第十四次党代会精神的通知	2016.12.26

2016年东莞市人大常委会文件选录

序号	文号	文件名称	发文日期
1	东常〔2016〕1号	东莞市人民代表大会常务委员会关于召开东莞市第十五届人民代表大会第七次会议的决定	2016.2.2
2	东常〔2016〕2号	东莞市第十五届人民代表大会常务委员会公告	2016.2.2
3	东常〔2016〕3号	东莞市人民代表大会常务委员会任免名单（政府）	2016.2.2
4	东常〔2016〕4号	东莞市人民代表大会常务委员会任免名单（法院）	2016.2.2
5	东常〔2016〕5号	东莞市人大常委会关于报请批准《东莞市制定地方性法规条例》的报告	2016.3.16
6	东常〔2016〕6号	东莞市人民代表大会常务委员会关于补选一名市人民代表大会代表的决定	2016.2.18
7	东常〔2016〕7号	东莞市第十五届人民代表大会常务委员会公告	2016.2.23
8	东常〔2016〕8号	关于部分市人大常委会领导分工调整的通知	2016.3.7
9	东常〔2016〕9号	关于接受刘志庚辞去广东省第十二届人民代表大会代表职务请求的报告	2016.3.23
10	东常〔2016〕10号	东莞市人民代表大会常务委员会任免名单	2016.3.23
11	东常〔2016〕11号	东莞市人民代表大会常务委员会关于接受袁宝成辞去东莞市人民政府市长职务请求的决定	2016.4.1
12	东常〔2016〕12号	东莞市人民代表大会常务委员会决定任命名单	2016.4.1
13	东常〔2016〕13号	东莞市人民代表大会常务委员会关于梁维东代理东莞市人民政府市长职务的决定	2016.4.1
14	东常〔2016〕14号	关于调整东莞市第十五届人大常委会代表资格审查委员会主任委员的决定	2016.4.27
15	东常〔2016〕15号	东莞市人民代表大会常务委员会关于补选两名市人民代表大会代表的决定	2016.4.26
16	东常〔2016〕16号	东莞市人民代表大会常务委员会任免名单	2016.4.27
17	东常〔2016〕17号	东莞市人民代表大会常务委员会任免名单	2016.4.27
18	东常〔2016〕18号	东莞市人民代表大会常务委员会任免名单	2016.4.27
19	东常〔2016〕19号	东莞市人民代表大会常务委员会任免名单	2016.4.27
20	东常〔2016〕20号	东莞市人民代表大会常务委员会关于召开东莞市第十五届人民代表大会第八次会议的决定	2016.4.27
21	东常〔2016〕21号	东莞市第十五届人民代表大会常务委员会公告	2016.5.9
22	东常〔2016〕22号	东莞市人大常委会关于报请批准《东莞市城市管理综合执法条例》的报告	2016.5.13
23	东常〔2016〕23号	关于协助省人大常委会起草《广东省岭南中药材保护条例（草案）》之沉香保护条款相关工作的情况报告	2016.6.16
24	东常〔2016〕24号	东莞市人民代表大会常务委员会任免名单	2016.6.21
25	东常〔2016〕25号	东莞市人民代表大会常务委员会任免名单	2016.6.21
26	东常〔2016〕26号	东莞市人民代表大会常务委员会关于许可对市人大代表罗建业实施司法拘留的决定	2016.6.21
27	东常〔2016〕27号	东莞市人民代表大会常务委员会关于接受叶浩祥辞去市第十五届人民代表大会代表职务请求的决定	2016.6.21
28	东常〔2016〕28号	关于《东莞市城市管理综合执法条例》第四条由省人大常委会呈报省委审批的请示	2016.6.27

续表

序号	文号	文件名称	发文日期
29	东常〔2016〕29号	关于赴日本、韩国开展友城人大工作交流及“问暖企业总部”活动的情况报告	2016.8.16
30	东常〔2016〕30号	东莞市人民代表大会常务委员会任免名单	2016.8.30
31	东常〔2016〕31号	东莞市人民代表大会常务委员会关于成立市选举委员会和批准镇（街道）选举工作机构的决定	2016.8.30
32	东常〔2016〕32号	关于补选吕业升、梁维东为广东省第十二届人民代表大会代表的报告	2016.8.30
33	东常〔2016〕33号	东莞市人民代表大会常务委员会任免名单	2016.8.30
34	东常〔2016〕34号	东莞市人民代表大会常务委员会关于市镇两级人民代表大会换届选举时间的决定	2016.8.30
35	东常〔2016〕35号	东莞市人民代表大会常务委员会任免名单	2016.8.30
36	东常〔2016〕36号	东莞市人民代表大会常务委员会关于批准东莞市2015年市级决算的决议	2016.9.1
37	东常〔2016〕37号	关于再次提请省人大常委会审查批准《东莞市城市管理综合执法条例》的请示	2016.10.26
38	东常〔2016〕38号	东莞市人民代表大会常务委员会任免名单	2016.10.31
39	东常〔2016〕39号	东莞市人民代表大会常务委员会任免名单	2016.10.31
40	东常〔2016〕40号	东莞市人民代表大会常务委员会任免名单	2016.10.31
41	东常〔2016〕41号	东莞市人民代表大会常务委员会任免名单	2016.10.31
42	东常〔2016〕42号	东莞市人民代表大会常务委员会关于批准部分镇选举委员会组成人员调整的决定	2016.10.31
43	东常〔2016〕43号	关于召开市第十五届人大常委会第四十次会议的通知	2016.11.21
44	东常〔2016〕44号	东莞市第十五届人民代表大会常务委员会公告	2016.11.28
45	东常〔2016〕45号	东莞市人民代表大会常务委员会任免名单	2016.11.28
46	东常〔2016〕46号	东莞市人民代表大会常务委员会关于批准东莞市2016年财政预算调整方案的决议	2016.12.5
47	东常〔2016〕47号	东莞市第十五届人民代表大会常务委员会关于表彰优秀代表议案建议和先进承办单位的决定	2016.12.26
48	东常〔2016〕48号	东莞市人民代表大会常务委员会关于补选一名市人民代表大会代表的决定	2016.12.26
49	东常〔2016〕49号	东莞市人民代表大会常务委员会任免名单	2016.12.26
50	东常〔2016〕50号	东莞市人民代表大会常务委员会任免名单	2016.12.26
51	东常〔2016〕51号	东莞市人民代表大会常务委员会关于接受黄宇富辞去市第十六届人民代表大会代表职务请求的决定	2016.12.26
52	东常〔2016〕52号	东莞市人民代表大会常务委员会关于批准市人民政府《关于〈进一步做好城乡垃圾处理 推动我市人居环境改善的议案〉办理情况的报告》的决议	2016.12.27

2016年东莞市政府、市府办文件选录

序号	文号	文件名称	发文日期
1	东府〔2016〕1号	关于大力发展机器人智能装备产业　打造有全球影响力的先进制造基地的意见	2016.1.26
2	东府〔2016〕13号	关于印发《关于全面推进社会服务管理“智网工程”的实施方案》的通知	2016.2.6
3	东府〔2016〕16号	东莞市人民政府关于印发东莞市奖励举报违法排放工业废水行为办法的通知	2016.2.26
4	东府〔2016〕17号	东莞市人民政府关于印发东莞市水污染防治行动计划实施方案的通知	2016.3.3
5	东府〔2016〕22号	关于印发《2016年市政府主要目标任务分解表》的通知	2016.3.16
6	东府〔2016〕24号	东莞市人民政府关于下达东莞市2016年国民经济和社会发展计划的通知	2016.3.24
7	东府〔2016〕27号	东莞市人民政府关于印发《东莞市历史文化名城、名镇、名村保护管理暂行规定》的通知	2016.4.1
8	东府〔2016〕29号	东莞市人民政府关于印发《东莞市历史建筑保护暂行管理办法》的通知	2016.4.1
9	东府〔2016〕34号	东莞市人民政府关于印发东莞市供给侧结构性改革实施方案（2016—2018年）及五个行动计划的通知	2016.4.21
10	东府〔2016〕38号	东莞市人民政府关于印发东莞市国民经济和社会发展第十三个五年规划纲要的通知	2016.5.6
11	东府〔2016〕48号	东莞市人民政府关于印发东莞市生活污水处理厂污泥处置管理规定的通知	2016.6.24
12	东府〔2016〕50号	关于废止《东莞市集体建设用地使用权流转收益用于社会保障的管理办法》的通知	2016.6.24
13	东府〔2016〕56号	东莞市人民政府关于第一批清理规范35项市政府部门行政审批中介服务事项的决定	2016.7.14
14	东府〔2016〕61号	东莞市人民政府关于印发《东莞市生活垃圾处理企业运营监督管理办法》的通知	2016.8.3
15	东府〔2016〕63号	东莞市人民政府关于印发《东莞市城市轨道交通运营安全管理规范》的通知	2016.8.14
16	东府〔2016〕68号	东莞市人民政府关于废止《东莞市重大行政处罚备案实施办法》的决定	2016.8.23
17	东府〔2016〕73号	东莞市人民政府关于印发《东莞市市级财政专项资金管理办法》的通知	2016.9.19
18	东府〔2016〕79号	东莞市人民政府关于加快发展养老服务业的实施意见	2016.10.9
19	东府〔2016〕85号	东莞市人民政府关于落实《东莞市国民经济和社会发展第十三个五年规划纲要》主要目标和任务工作分工的通知	2016.11.1
20	东府〔2016〕97号	东莞市人民政府关于转发广东省人民政府转发国务院关于印发降低实体经济企业成本工作方案的通知	2016.11.22
21	东府〔2016〕99号	东莞市人民政府关于印发《东莞市教育事业发展“十三五”规划》的通知	2016.11.24
22	东府〔2016〕105号	东莞市人民政府关于印发《东莞市人民政府2017年规章立法计划》和《东莞市人民政府2017—2021年规章立法规划》的通知	2016.12.13
23	东府〔2016〕112号	东莞市人民政府关于印发东莞市企业信息公示和信用约束管理暂行办法的通知	2016.12.23
24	东府办〔2016〕1号	关于印发《东莞市建筑节能专项资金管理办法》的通知	2016.1.7

续表

序号	文号	文件名称	发文日期
25	东府办〔2016〕2号	关于印发《东莞市产业转型升级基地认定和管理实施办法》的通知	2016.1.12
26	东府办〔2016〕6号	关于大力发展机器人智能装备产业　打造有全球影响力的先进制造基地实施方案	2016.1.26
27	东府办〔2016〕8号	关于印发《东莞市综合交通运输体系规划》的通知	2016.2.1
28	东府办〔2016〕14号	关于印发《东莞市创建法治政府示范区实施方案》的通知	2016.2.18
29	东府办〔2016〕16号	关于印发《东莞市违法用地、违法建设联合执法实施方案》的通知	2016.2.25
30	东府办〔2016〕23号	东莞市人民政府办公室关于贯彻落实广东省商事登记条例的通知	2016.2.29
31	东府办〔2016〕26号	东莞市人民政府办公室关于印发《东莞市2016年重大建设项目计划》和《东莞市2016年重大预备项目计划》的通知	2016.3.11
32	东府办〔2016〕27号	东莞市人民政府办公室关于印发《东莞市电子商务示范企业认定办法》的通知	2016.3.14
33	东府办〔2016〕32号	东莞市人民政府办公室关于印发《深化东莞口岸“三互”大通关建设工作方案》的通知	2016.4.6
34	东府办〔2016〕34号	东莞市人民政府办公室关于印发《东莞市2016年度消防工作要点》的通知	2016.4.21
35	东府办〔2016〕36号	东莞市人民政府办公室关于印发《2016年东莞市义务教育阶段进城务工人员随迁子女积分制入学积分方案》的通知	2016.4.26
36	东府办〔2016〕37号	东莞市人民政府办公室关于印发《东莞市企业人才子女入学实施办法》的通知	2016.4.26
37	东府办〔2016〕40号	东莞市人民政府办公室关于印发《东莞市省市共建发展中小企业设备融资租赁资金操作规程》的通知	2016.5.9
38	东府办〔2016〕42号	关于印发《东莞市不动产统一登记工作实施方案》的通知	2016.5.12
39	东府办〔2016〕45号	东莞市人民政府办公室关于印发《东莞市城市公立医院医疗服务价格改革方案》的通知	2016.5.19
40	东府办〔2016〕47号	东莞市人民政府办公室关于印发《2016年全市政务信息公开工作重点》的通知	2016.5.26
41	东府办〔2016〕49号	东莞市人民政府办公室关于印发《关于〈进一步做好城乡垃圾处理　推动我市人居环境改善的议案〉办理方案》的通知	2016.5.31
42	东府办〔2016〕53号	东莞市人民政府办公室关于加快发展生产性服务业全面推进产业转型升级的实施意见	2016.6.2
43	东府办〔2016〕54号	东莞市人民政府办公室关于印发《东莞市政府购买义务教育阶段民办学校学位暂行办法》的通知	2016.6.17
44	东府办〔2016〕62号	东莞市人民政府办公室关于审定《关于进一步改进公文办理及完善层级审批制度的意见》的请示	2016.6.22
45	东府办〔2016〕63号	东莞市人民政府办公室关于印发《东莞市关于促进加工贸易创新发展全面提升外经贸水平的实施方案》的通知	2016.7.6
46	东府办〔2016〕69号	东莞市人民政府办公室关于印发《东莞市实施一门式一网式政府服务模式改革工作方案》的通知	2016.7.19
47	东府办〔2016〕70号	东莞市人民政府办公室关于印发《东莞市推广建设普及型智能制造示范生产线工作方案》的通知	2016.7.27
48	东府办〔2016〕73号	东莞市人民政府办公室关于印发《东莞市互联网金融风险专项整治工作实施方案》的通知	2016.8.4

续表

序号	文号	文件名称	发文日期
49	东府办〔2016〕75号	东莞市人民政府办公室关于完善重大产业项目供地机制的若干意见	2016.8.16
50	东府办〔2016〕76号	东莞市关于进一步推进户籍制度改革的实施方案	2016.8.24
51	东府办〔2016〕78号	东莞市人民政府办公室关于印发《东莞市莞港澳台科技创新创业联合培优行动计划（2016—2020）》的通知	2016.9.2
52	东府办〔2016〕80号	东莞市人民政府办公室关于印发《市属国企出清重组“僵尸企业”促进国资结构优化的实施方案》的通知	2016.9.8
53	东府办〔2016〕86号	东莞市人民政府办公室关于进一步促进我市房地产市场平稳健康发展的若干意见	2016.10.6
54	东府办〔2016〕87号	东莞市人民政府办公室关于印发东莞市学生校外托管机构管理办法的通知	2016.10.13
55	东府办〔2016〕92号	东莞市人民政府办公室关于印发《东莞市基层综合性文化服务中心建设实施方案》的通知	2016.10.21
56	东府办〔2016〕97号	东莞市人民政府办公室关于印发《东莞市大数据发展实施方案》的通知	2016.10.27
57	东府办〔2016〕98号	东莞市人民政府办公室关于印发《关于推行水污染防治责任清单制度的实施方案》的通知	2016.11.14
58	东府办〔2016〕100号	关于印发《关于加快推进全市截污次支管网建设实施方案》的通知	2016.11.14
59	东府办〔2016〕103号	关于印发《东莞市规范房地产开发企业经营行为维护房地产市场秩序专项整治工作方案》的通知	2016.11.14
60	东府办〔2016〕104号	关于印发《东莞市土地利用年度计划指标管理办法》的通知	2016.11.15
61	东府办〔2016〕106号	东莞市人民政府办公室关于印发《东莞市进一步促进旅游投资和消费的实施方案》的通知	2016.11.24
62	东府办〔2016〕109号	东莞市人民政府办公室关于印发《东莞市科研用地管理暂行办法》的通知	2016.12.5
63	东府办〔2016〕111号	东莞市人民政府办公室关于印发《“东莞制造2025”规划》的通知	2016.12.13
64	东府办〔2016〕112号	东莞市人民政府办公室关于印发东莞市市场监管现代化“十三五”规划的通知	2016.12.16
65	东府办〔2016〕114号	东莞市人民政府办公室关于提高我市镇街（园区）公办中小学公用经费供给标准的通知	2016.12.23
66	东府办〔2016〕115号	东莞市人民政府办公室关于印发《东莞市清理规范工程建设领域保证金工作实施方案》的通知	2016.12.23
67	东府办〔2016〕116号	东莞市人民政府办公室关于印发《东莞市政府规章立法后评估办法》的通知	2016.12.28
68	东府办〔2016〕117号	东莞市人民政府办公室关于印发《东莞市公众参与政府立法程序规定》的通知	2016.12.28
69	东府办〔2016〕118号	东莞市人民政府办公室关于印发《东莞市人民政府2017年规范性文件制定（修订）计划目录》的通知	2016.12.30
70	东府办〔2016〕119号	东莞市人民政府办公室关于落实《中共东莞市委、东莞市人民政府关于建设卫生强市的实施意见》主要指标目标任务工作分工的通知	2017.1.3

中央、省重点媒体涉莞重要报道目录

2016年《人民日报》涉莞重要报道目录

序号	日期	刊载版面	报道题目
1	1月4日	9版	《广东创建百座主题公园　核心价值观入景更入心》
2	1月6日	（海外版）03版	《千余东莞台商“玩票”演电视剧——诠释“爱拼才会赢”》
3	1月7日	16版	《东莞援疆“亚克西”》
4	1月8日	20版	《航天科技建立超材料联合研发中心》
5	1月26日	13版	《对话东莞市委书记徐建华：东莞仍然是投资热土》
6	2月1日	13版	《东莞“1号文”率先谋划机器人产业发展大计》
7	2月3日	（海外版）04版	《“中国制造”直面“机器换人”》
8	3月1日	（海外版）10版	《洪梅花灯：点亮温情　传递幸福》
9	3月2日	17版	《地方立法周年　各地如何兑现》
10	3月12日	海外版02版“记者行走”栏目	《调速不减势　量增质更优——经济转型看广东》
11	3月22日	头版倒头条位置	《稳增长守得住　调结构强内功　转方式见实效——东莞：“世界工厂”迈步升级版》
12	3月23日	4版	《谋改革　强制造　促创新——东莞　步步登高有恒心》
13	3月24日	10版	《改革通关模式　创立自主品牌　对接“一带一路”——东莞：释放“外贸生产力”》
14	3月25日	头版	《东莞——绿色发展　不负春光》
15	3月25日	4版	《东莞以水乡经济区为试点探索协调发展——绿色崛起　生态共享》
16	3月28日	15版	《机器人颁奖　滚动式封路——小举措让马拉松更亲民》
17	4月1日	（海外版）12版	《春天马拉松　办赛吹新风》
18	4月1日	14版	《广东开通两条城际轻轨》
19	4月4日	08版	《汶川读碑》
20	4月5日	（海外版）04版	《周边游、出境游持续升温　清明出游度假成常态》
21	4月6日	20版	《开发区，转型升级开新路——民盟中央赴广东调研开发区转型创新发展问题纪实》
22	4月15日	（海外版）04版	《运距最长“中欧班列”开通》
23	4月22日	12版	《中国加工贸易博览会开幕》
24	5月6日	11版	《广东破获特大走私毒品案　缴获冰毒717公斤》
25	5月12日	16版	长篇深度报道《招商引资、金融服务、项目管理等新做法带来新亮点——东莞援疆看创新》
26	5月23日	20版	《外贸会不会“逆转”？——对七省市外贸企业的调研和思考》
27	6月8日	19版	《第七轮中美人文交流高层磋商成果清单》
28	6月8日	（海外版）头版	《中欧班列统一品牌标识启用》
29	6月10日	02版	《中国铁路启用中欧班列统一品牌》
30	6月12日	09版	《在珠三角，部分产业向内地转移，部分产业转型升级——外来工还稳得住吗》
31	6月13日	A12版	《无级别、无经费、无编制，新型研发机构却受到企业和地方政府的欢迎——三无单位，何以受宠》
32	6月15日	16版	《4、5月份海口、惠州空气最优，空气较差城市河北占比最高——338城市空气质量总体改善》

续表

序号	日期	刊载版面	报道题目
33	6月17日	10版	《五年内广东专业镇协同创新平台覆盖率达九成》
34	7月1日	11版	《广东东莞市委常委、纪委书记戚优华——杜绝腐败　苍蝇无法下口》
35	7月5日	（海外版）09版	《抓住新机遇　贡献新动能——外国人眼中的中国创新》
36	7月11日	02版	《营改增首个纳税申报期结束，企业负担变化如何——税账单里看税负》
37	7月13日	17版	《广东义务教育均衡发展掠影》
38	7月18日	14版	《坚持问题导向开展学习教育，助推经济社会发展——东莞：“两学一做”抓实效　文明创建添动力》
39	7月25日	（海外版）02版	《工信部：智能制造试点示范成效显著》
40	7月30日	05版	《全国双拥模范城（县）名单（共416个）》《全国双拥模范单位名单》
41	8月3日	04版	《第十三届全国见义勇为英雄模范候选人事迹公示》
42	8月5日	8版	《第八届中国国际影视动漫版权保护和贸易博览会8月18—22日在东莞举办》
43	8月8日	20版	《党委政府、高校院所、新老企业心往一处想、劲往一处使——广东：把创新落到产业上》
44	8月15日	（海外版）12版	《世界莞商大会即将召开》
45	8月19日	9版	《漫博会开幕　VR体验热》
46	8月19日	（海外版）04版	《VR.AR成焦点》
47	8月30日	07版	《引进自动化生产线以来，一线员工从372人减少到252人，产能却提升了1.5倍——一个公司的人力成本账》
48	8月31日	（海外版）10版	《15国侨团领袖东莞寻觅商机》
49	9月1日	06版	《南国书香引领阅读新风》
50	9月8日	（海外版）12版	《余建强：用努力和诚信赚得机遇》
51	9月9日	10版	《莞商大会举行》
52	9月9日	12版刊发整版专题	《迈向世界的东莞　续写莞商传奇》
53	9月12日	20版	《“变身”》
54	9月21日	（海外版）02版	《世界最大水下铁路盾构隧道开工》
55	10月12日	15版	《房价超备案价15%东莞停网签》
56	10月14日	03版	《李克强考察广东并出席全国大众创业万众创新活动周时强调　扎实推进“双创”和“中国制造2025”　以创新驱动经济发展转型升级》
57	10月20日	09版	《中国民生发展论坛在京举行》
58	10月25日	（海外版）02版	《海关总署副署长孙毅彪表示　推动加工贸易转向中西部》
59	10月26日	22版	《中科院与广东院地合作累计新增产值2600亿元》
60	10月28日	（海外版）02版	《“海丝热”引沿线国家来华寻商机》
61	10月31日	（海外版）08版	《14国侨团骨干东莞研习》
62	11月1日	04版	《各地干部群众热议十八届六中全会——在党内政治生活“大熔炉”中“百炼成钢”》
63	11月3日	21、22版	《第二十六届中国新闻奖获奖作品目录》
64	11月7日	10版	《茶叶、丝绸、陶瓷，传统“三大件”展现新魅力——中国元素　世界惊艳》
65	11月24日	18版	《“授人以鱼”不如“授人以渔”，东莞教育援疆——炼成一支本土优质教师队伍》

续表

序号	日期	刊载版面	报道题目
66	11月24日	13版	《广东开通首个电动汽车城际快充站》
67	11月28日	20版	《科技部首批认定17家示范性国家专业化众创空间　专业化众创空间什么样》
68	12月8日	头版	《中办国办印发〈关于进一步加强东西部扶贫协作工作的指导意见〉》
69	12月11日	02版	《国际科技合作周开幕》
70	12月12日	头版	《五年内改造二百五十万户农村危房——云南　让农民住上安心房》
71	12月12日	（海外版）08版	《海内外才俊聚东莞促合作》
72	12月15日	头版	《供给侧发力　制造业升级——“广东造”喝上头啖汤》
73	12月19日	02版	《八成对口支援资金用于民生——东莞援疆　情谊绵长》
74	12月19日	22版	《国货手机在海外扬眉吐气》
75	12月24日	（海外版）11版	《纪实文学：聚焦现实热点，抒写中国新变》
76	12月25日	04版	《改革，让专家型法官回归审判》
77	12月27日	11版	《东莞：代工之城走向智造之都》

2016年新华社重要涉莞报道目录

序号	日期	刊载版面	报道题目
1	1月1日	新华社	《“云端”号提升东莞科技印象　引发国内外强烈反响》
2	1月1日	新华社	《汤兆志：希望东莞再创佳绩　建成全国版权示范城市》
3	1月12日	新华网	《东莞一特大地下钱庄被捣　缴获现金为广东近年最多》
4	1月15日	新华社	《东莞拟于3月举办国际马拉松赛　共设四个项目》
5	1月15日	新华网	《2015年东莞市重大项目完成情况历年最佳　完成投资占年度计划123.6%》
6	1月24日	新华社	《东莞马拉松设立突破奖金　参赛物品不能代领》
7	1月26日	新华社	《徐建华接受〈人民日报〉专访：东莞依然是外资投资热土》
8	1月28日	新华社	《5部诠释东莞城市形象动漫短片受热捧 点击阅读破千万》
9	2月1日	新华社	《讲好“东莞故事”　推介“不一样的东莞”》
10	2月4日	新华社	《“世界工厂”正在转身——东莞外资调查》
11	2月4日	新华社	《去留之间：中国还是外资的机遇之地吗？》
12	2月4日	《新华每日电讯》08版	《外资有来有去，“世界工厂”东莞在转身》
13	2月4日	《新华每日电讯》08版	《去留之间　外资在华构建新版图》
14	2月15日	新华社	《“大”数据盘点2016猴年春节》
15	2月23日	新华社	《广东省花灯文化节在东莞洪梅举行　全国多地花灯参展》
16	2月24日	新华社	《政协东莞市十二届五次会议今日开幕》
17	2月24日	新华社	《东莞召开全市创新驱动发展大会：确保创新驱动发展走在前列》
18	2月24日	新华社	《China's manufacturering hub reports robust GDP growth》中国制造业中心（东莞）的GDP增长强劲
19	2月25日	新华社	《“世界工厂”东莞转型新信号：八成经济监测指标显著改善》
20	2月25日	新华网	《2016“东莞+”·两会传真》
21	2月25日	新华网	《东莞市政协去年348件提案全部办结》

续表

序号	日期	刊载版面	报道题目
22	2月25日	新华网	《政协东莞市十二届五次会议开幕　委员集中关注创新驱动及电子商务》
23	2月25日	新华社	《东莞抓获42名东南亚偷渡客　系为到中国打黑工》
24	2月26日	新华网	《东莞将打造纵贯东岸的“创新走廊”》
25	2月27日	新华社	“经济活力看广东·转型升级”媒体采访团与东莞市领导见面会27日举行
26	2月27日	新华社	《广东东莞去年实际利用外资同比增长17.5%》
27	2月27日	新华网	“经济活力看广东·转型升级”媒体团走进大连机床集团（东莞）研发中心
28	2月27日	新华网	“经济活力看广东·转型升级”媒体团走进中能科技
29	2月27日	新华网	“经济活力看广东·转型升级”媒体团走进盈动高科
30	2月27日	新华网	“经济活力看广东·转型升级”媒体团走进劲胜精密
31	2月27日	新华社	《东莞市长袁宝成被任命为广东副省长》
32	2月28日	《新华每日电讯》03版	《紧咬实体经济　激活传统产业　记者深入珠三角探寻广东经济发展新活力》
33	2月28日	新华社	《紧咬实体经济　激活传统产业　记者深入珠三角探寻广东经济发展新活力》
34	2月28日	新华网	《解密东莞“一号文”现象：用政策红利推动转型升级》
35	2月28日	新华网	《大数据读懂“世界工厂”如何转型升级　八成经济监测指标改善》
36	2月28日	新华网	《机器手臂取代“汗水车间”：“世界工厂”东莞仍是制造重镇》
37	2月28日	新华网、凤凰网	刊发《“经济活力看广东·转型升级”媒体采访团与东莞市领导见面会27日举行》《“经济活力看广东·转型升级”媒体团走进劲胜精密》《“经济活力看广东·转型升级”媒体团走进大连机床集团（东莞）研发中心》《“经济活力看广东·转型升级”媒体团走进中能科技》《“经济活力看广东·转型升级”媒体团走进盈动高科》等5篇图文报道
38	2月28日	新华社	《机器手臂取代“汗水车间”：“世界工厂”东莞仍是制造重镇》
39	2月29日	新华社	航拍视频：换个角度看广东企业　高空俯瞰震撼你眼球
40	2月29日	新华网	《东莞：“机械换人”助推供给侧结构性改革大潮》
41	3月1日	新华社	《经济活力看广东·东莞：“七个优化”绽放转型升级新精彩》
42	3月1日	新华社	《探秘东莞制造业变革：“产业+资本”破题企业技改难》
43	3月2日	新华社	《新华视点：中国制造业聚焦生产线上的机器人革命》
44	3月3日	《新华每日电讯》05版	《戮力同心　决胜全面小康　两会时间看“中国前景”》
45	3月3日	《新华每日电讯》10版	《八成务工者返粤，广东节后用工“不慌”》
46	3月6日	新华社	《给总理报告折“红包”：都装了些啥？》
47	3月7日	新华网	《广东代表团向中外媒体开放》
48	3月11日	新华社	《本月起非户籍职工子女　在莞就读可购买医保》
49	3月11日	新华社　新华电视中文台《非洲精选》栏目	《非洲关注中国两会》
50	3月14日	《新华每日电讯》11版	《外资撤离实为重构，新常态孕育新机遇——我国利用外资新变化调查：去年仍在增长，外资撤离论“不攻自破”》
51	3月15日	新华网	《东莞市文化馆新馆3月18日开放 一连三天开五场演出》
52	3月18日	新华网	《经济观察：东莞台商投资领域转向多元化》

续表

序号	日期	刊载版面	报道题目
53	3月22日	新华社通讯稿	《平台期切换动能　新经济迸发引力——来自“世界工厂”东莞的观察与启示》
54	3月22日	《新华每日电讯》头版倒头条位置	《平台期切换动能　新经济迸发引力——来自“世界工厂”东莞的观察与启示》
55	3月22日	新华社	《从“搭便车”到“创新路”——东莞转型升级实现“华丽转身”》
56	3月23日	《新华每日电讯》05版	《东莞转身：从“搭便车”到“创新路”》
57	3月23日	新华社	第三篇长篇通讯稿《从“大而全”到“高精尖”——一个制造业小镇的“蝶变”之旅》
58	3月24日	《新华每日电讯》5版	《东莞“模具名镇”：从“大而全”到“高精尖”》
59	3月25日	新华社	《现代都市留住乡愁——东莞生态文明建设见闻》
60	3月25日	《新华每日电讯》05版	《东莞：“新型工业文明”留得住乡愁》
61	3月28日	新华社	《“体育搭台　科技唱戏”首届东莞松山湖国际马拉松赛开跑》
62	3月28日	新华社	《2016东莞松山湖国际马拉松开跑》
63	3月29日	新华网	《东莞松山湖国际马拉松创新开跑　展现“体育+科技”双重魅力》
64	4月15日	新华社	《“2016加博会”将在广东东莞举行》
65	4月22日	新华社	《2016年中国加工贸易产品博览会在广东东莞举行　2万买家赴会采购》
66	4月22日	新华社	《2016加博会今日开幕　东莞荔枝抢头彩》
67	4月24日	新华网	《“加博会”3天揽金966亿元》
68	4月25日	新华社	《2016加博会意向成交金额近千亿元》
69	5月6日	新华社	《广东破获特大毒品案缴毒约717公斤》
70	5月9日	新华网	《母亲节美籍岳母高墙探婿　孩儿忏悔为母洗脚》
71	5月9日	新华网	《特殊的母亲节：东莞监狱举行开放日活动》
72	5月9日	新华网	《“东模网”上线　助力东莞“互联网+现代制造”》
73	5月10日	《新华每日电讯》06版	《东莞“超级镇”为“镇级市”探路》
74	5月10日	新华网	《东莞“机器换人”专项资金106家企业获资助》
75	5月12日	新华网	《东莞：万辆电动汽车有望充电无忧》
76	5月13日	新华网	《第九届东莞国际茶业博览会明日开幕》
77	5月13日	新华网	《东莞市文化惠民演出今年将超1000场》
78	5月14日	新华网	《梁维东当选东莞市市长》
79	5月15日	新华网	《“聆听草原——乌审旗马头琴展”在东莞市引轰动　参观人数已达万人》
80	5月17日	《新华每日电讯》02版	《东莞地下钱庄案查获现金1500万》
81	5月21日	新华社	《〈袁崇焕〉东莞开机》
82	5月24日	《新华每日电讯》05版	《广东：夯实核心价值观，凝聚文明力量》
83	5月28日	新华网	《东莞首条地铁线开通　同步开通免费WiFi》
84	6月6日	新华网	《东莞市计划2018年创建“国家生态文明建设示范市”》
85	6月8日	《新华日报》05版	《中欧班列统一品牌发布启用》

续表

序号	日期	刊载版面	报道题目
86	6月9日	新华社	《中欧班列启用统一品牌 广东前5月运货3304标准集装箱》
87	6月9日	新华网	《东莞警方打掉跨省电信诈骗团伙》
88	6月13日	新华社	《东莞市“最美”医护人员免费义诊活动获好评》
89	6月15日	《新华每日电讯》03版	《五月份空气质量最差十城——河北占据五席 唐山倒数第一》
90	6月16日	新华社	《广东推动专业镇“协同创新”力促产业转型升》
91	6月17日	新华网	《东莞11项活动倡导全民慈善 助力精准扶贫》
92	7月14日	《新华每日电讯》06版	《科研成果如何不变“陈果”》
93	7月19日	《新华每日电讯》08版	版面头条重点转发新华社稿件《从软指标到硬任务 严格问责促提升——东莞打响基层精神文明建设攻坚战》
94	7月25日	新华社	《工业和信息化部：智能制造试点示范成效显著》
95	7月27日	新华网	《东莞漫博会推出“动感金羊”优秀作品扶持计划》
96	8月5日	《新华每日电讯》头版	《牢固树立和自觉践行发展新理念》
97	8月7日	新华网	《塘厦高博会力推高球健康发展》
98	8月11日	新华社	《世界莞商大会9月召开》
99	8月16日	新华网	《19亿元！广州黄埔海关查获一起特大红油走私案》
100	8月19日	新华社通讯稿	《第八届漫博会聚焦新技术 动漫产业开辟新领域》
101	8月19日	新华社通讯稿	《第八届漫博会开幕 VR体验受热捧》
102	8月20日	新华社	《第八届漫博会在东莞开幕 精彩活动持续至下周一》
103	8月20日	新华社	《航空航天科幻题材动画片〈飞天少年〉在漫博会首映》
104	8月21日	新华社	《东莞漫博会现场签约额超4亿元》
105	8月21日	新华社通讯稿	《你未长大，我却离去——记保护学生被撞身亡的东莞28岁“拉绳女教师”》
106	8月24日	《新华每日电讯》04版	《大城市人口调控向外“划圈”？京沪周边中小城市落户政策收紧》
107	8月29日	《新华每日电讯》07版	《你未长大，我却离去——记保护学生被撞身亡的东莞28岁“拉绳女教师”》
108	9月9日	新华社	《“莞商”正成为一股世界关注的工商业力量》
109	9月11日	新华社	《“三升三降”看广东——广东经济供给侧改革的新信号》
110	9月12日	新华社体育专电	《亚欧乒乓球全明星对抗赛亚洲队6：4获胜》
111	9月14日	新华网	《讲好东莞故事 推介“不一样的东莞”》
112	9月17日	新华网	《女乘客万米高空发病 东莞三医生联手施救》
113	9月18日	新华网	《中秋小长假东莞森林公园深圳客猛增》
114	9月20日	新华网	《大数据读懂东莞居民的幸福指数》
115	10月8日	新华社	通讯稿《全面深化改革的广东探索：尊重基层首创 激发基层动力》
116	10月8日	《新华每日电讯》01头版	《尊重基层首创激发基层动力 全面深化改革的广东探索》
117	10月11日	《新华每日电讯》头版	《南粤力绘创新图》
118	10月12日	新华网	《2016全国大学生工业设计大赛全国总赛区系列活动将在东莞举行》
119	10月14日	《新华每日电讯》02版	《李克强在考察广东并出席2016年全国大众创业万众创新活动周时强调推进“双创”和“中国制造2025”以创新驱动经济发展转型升级》
120	10月15日	新华网	《东莞300家中小企业有望获资金补贴》

续表

序号	日期	刊载版面	报道题目
121	10月19日	新华网	《慎海雄：确保文明创建落实在基层“最后一公里”》
122	10月19日	新华网	《海丝博览会月底东莞举行》
123	10月23日	《新华每日电讯》04版	《为城市扩张戴上森林的绿“辔头” 珠三角打造国家级森林城市群侧记》
124	10月28日	新华社	《“海丝热”引沿线国家和地区争相来华寻商机》
125	10月28日	新华社	《中国海上丝绸之路主题纪录片海外开机》
126	11月3日	新华社	《两岸和平发展论坛与会人士高度评价习近平总书记对台重要讲话》
127	11月3日	新华社	《全国铁路前三季度完成投资5423亿元》
128	11月16日	新华网	《新动能发力 前三季经济数据见证“世界工厂”新活力》
129	11月25日	新华网	《东莞高层次人才活动周开幕 11项20个活动陆续登场》
130	11月27日	新华网	《“粤建粤美”广东绿色发展主题网络采风活动东莞站媒体见面会举行》
131	11月27日	新华网	《“粤建粤美”全媒体采风团走访东莞（新基）创客社区》
132	11月27日	新华网	《“粤建粤美”全媒体采风团参观东莞华阳湖·印象水乡》
133	11月27日	新华网	《“粤建粤美”全媒体采风团走访麻涌镇互联网粮油工业园》
134	12月2日	新华网	《中国（东莞）国际合作周将于12月9日开幕》
135	12月9日	新华社	《一件13年前的模具，中国厂商用短短20分钟就找到，而且很快就恢复了生产 “中国造”水杯救英国自闭症儿童》
136	12月9日	《新华每日电讯》05版	《一件13年前的模具，中国厂商用短短20分钟就找到，而且很快就恢复了生产 “中国造”水杯救英国自闭症儿童》
137	12月10日	新华社	《“科技引领 开放共享”2016中国（东莞）国际科技合作周在东莞举行》
138	12月10日	新华社	《聚焦科技创新论坛：当“工业4.0”遇上“东莞制造”》
139	12月10日	新华网	《首届中国科技创新论坛》
140	12月11日	新华网	《暖心！“中国造”水杯救了英国小男孩一命！》
141	12月19日	新华社	《先富帮后富 广东肩负东西部扶贫协作新使命》
142	12月20日	《新华每日电讯》	《广东扛起东西部扶贫协作新使命 扶贫协作覆盖了桂、川、滇、黔4省区的71个县（市、区）》

2016年中央电视台、中央人民广播电台涉莞重要报道目录

序号	日期	频道	刊载栏目	报道题目
1	1月31日	中央电视台CCTV1	《焦点访谈》	“治国理政新实践”系列报道之二《在自主创新中实现转型升级》
2	2月12日	中央人民广播电台	《中国之声·新闻和报纸摘要》	《“中国城市的经济涅槃”第一篇：东莞转型升级新路径》
3	3月5日	中央电视台英语频道	《整点新闻》	《中外媒体聚焦东莞本土企业的华丽“蜕变”》
4	3月6日	中央电视台英语频道	《新闻一小时》	《两会特别报道：东莞向先进制造业转型》
5	3月9日	中央电视台CCTV2	《经济信息联播》	《广东：创新引领发展 转型升级一直在路上》
6	3月17日	中央电视台CCTV7	《聚焦三农》	《机器人的“就业”季来啦》
7	3月23日	中央电视台CCTV1	《新闻联播》	《“世界工厂”今何样》
8	3月23日	中央人民广播电台	《中国之声·新闻和报纸摘要》《经济之声·天下财经》	《东莞转型升级新路径》

续表

序号	日期	频道	刊载栏目	报道题目
9	3月24日	中央电视台CCTV1	《新闻联播》	《东莞：创新强身　智造健骨》
10	3月25日	中央电视台CCTV1	《新闻联播》	《东莞：向改革要动力》
11	3月25日	中央电视台CCTV1	《焦点访谈》	《东莞再出发　动力何在》
12	3月27日	中央电视台CCTV5	《体育晨报》	
13	3月28日	中央电视台CCTV1	《晚间新闻》	《机器人参与马拉松　体育赛事因科技更精彩》
14	3月28日	中央电视台CCTV5	《体坛快讯》	《首届东莞松山湖国际马拉松开跑》
15	3月29日	中央电视台CCTV5	《体育晨报》	《首届东莞松山湖国际马拉松开跑》
16	3月3日	中央电视台CCTV5	《体育新闻》	《科技“莞马”　“智”造精彩》
17	3月30日	中央电视台CCTV7	《乡土》	《开灯的日子学艺忙》
18	3月31日	中央电视台CCTV2	《经济半小时》	《来自创新一线的报告：东莞变“型”记》
19	4月1日	中央电视台CCTV2	《第一时间》	《东莞警方获破特大电话诈骗案　涉案600多万元》
20	4月1日	中央电视台CCTV13	《新闻直播间》	《东莞警方获破特大电话诈骗案　涉案600多万元》
21	4月13日	中央人民广播电台	《此时此刻》	《2016中国加工贸易产品博览会4月21日开幕》
22	4月13日	中央人民广播电台	《华夏之声》	《2016中国加工贸易产品博览会4月21日开幕》
23	4月15日	中央电视台CCTV1	《新闻联播》	《从广东到德国班列今天正式开行》
24	5月6日	中央电视台CCTV1	《新闻联播》	《发力供给侧：分享资源　打造经济新动力》
25	5月6日	中央电视台CCTV1	《新闻联播》	《广东警方侦破特大跨境武装贩毒案》
26	5月11日	中央人民广播电台	《中国之声·央广夜新闻》	《漫博会8月开幕》
27	5月25日	中央电视台数字频道	《揽胜神州》	《巴宜春天》
28	5月30日	中央电视台CCTV12	《道德观察》	《眼癌女童的捐赠》
29	6月10日	中央电视台CCTV1	《我有传家宝》	
30	6月11日	中央电视台CCTV1	《新闻联播》	“治国理政新实践·依法行政在基层”之《基层立法听民意　让法治成为信仰》
31	8月18日	中央人民广播电台	《中国之声·新闻和报纸摘要》	《第八届中国国际影视动漫版权保护和贸易博览会开幕》
32	8月18日	中央电视台CCTV1	《晚间新闻》	《广东：漫博会搭台　推动产销对接》
33	8月19日	中央人民广播电台	《华夏之声》	《第八届中国国际影视动漫版权保护和贸易博览会VR成亮点》
34	8月19日	中央人民广播电台	《华夏之声》	《中国首部航空航天题材电视动画片〈飞天少年〉将首映》
35	8月19日	中央人民广播电台	《华夏之声》	《“助力原创　保护版权”全球公共艺术倡议行动”启动》
36	8月31日	中央人民广播电台	全媒体	《2016亚欧男子乒乓球全明星对抗赛9月举行》
37	9月7日	中央电视台CCTV2	《经济信息联播》	《海外莞商回国投资瞄准智能制造》
38	9月8日	中央电视台财经频道	《经济信息联播》	《海外莞商回国投资瞄准智能制造》
39	9月8日	中央人民广播电台		《世界莞商联合会新一届理事会诞生》
40	9月8日	中央人民广播电台		《世界莞商联合会新一届理事会诞生》

续表

序号	日期	频道	刊载栏目	报道题目
41	9月9日	中央电视台CCTV4	《华人世界》	《世界莞商大会召开　莞商回国投资瞄准智能制造》
42	9月9日	中央电视台CCTV1	《晚间新闻》	世界莞商资本峰会相关报道《注资"智造"助力珠三角转型升级》
43	9月10日	中央电视台CCTV5	《体育新闻》	《亚欧全明星乒乓球对抗赛东莞开赛》
44	9月11日	中央电视台CCTV5	《体育新闻》	《亚欧全明星对抗赛激战东莞》
45	9月12日	中央电视台CCTV5	《体育晨报》	《亚欧全明星对抗赛激战东莞》
46	9月29日	中央电视台CCTV13	《新闻直播间》	《打击"老赖"破解执行难：久寻"老赖"无影踪　入住酒店现形》
47	10月26日	中央电视台CCTV1	《新闻联播》	《我国城镇新增就业提前完成全年任务》
48	10月26日	中央电视台英语频道	News Hour	China Manufacturing Upgrades——Robot production affordable for smaller factories
49	10月28日	中央电视台CCTV2	《经济信息联播》	《2016海上丝绸之路博览会今天在东莞开幕》
50	10月28日	中央人民广播电台	《中国之声·新闻和报纸摘要》	《2016广东21世纪海上丝绸之路国际博览会今日在东莞开幕》
51	10月28日	中央人民广播电台	《中国之声·新闻和报纸摘要》	《纪录片〈海丝寻梦录〉海外拍摄正式启动》
52	11月17日	中央电视台CCTV2	《经济半小时》	《供给侧改革进行时：巧解"库存题"》
53	12月3日	中央电视台CCTV13	《朝闻天下》	《男子追砸运钞车被击毙案——案发过程视频首次公开》
54	12月10日	中央电视台CCTV13	《午夜新闻》	《科技合作周"体验"科技改变生活》
55	12月10日	中央人民广播电台央广网	《中国之声·新闻和报纸摘要》	《2016中国（东莞）国际科技合作周开幕》
56	12月9日	中央电视台CCTV13	《法治在线》	《独家专访：东莞运钞车被砸案细节公开》
57	12月16日	中央电视台CCTV13	《新闻直播间》	《广东东莞·全国文明家庭：四代同堂大家庭　相亲相爱乐融融》

2016年《南方日报》涉莞重要报道目录

序号	日期	刊载版面	报道题目
1	1月1日	A04版	《陶凯元辞去民进广东省七届委员会主委　鲁修禄当选主委》
2	1月2日	A06版	《东莞万人参加 新年环城跑》
3	1月3日	A03版	《"牵手德育"结硕果 普通职中变身名校——曹永浩开创校企合作人才培养新模式》
4	1月4日	（全国版）A04版	《坤叔团队"转正"四周年　助学范围扩至8省14县》
5	1月5日	（全国版）A18版	《省篮协主席否认宏远搬迁传闻　华南虎扎根东莞》
6	1月6日	A07版	《韶关精准扶贫啃脱贫攻坚"硬骨头"　产业发展与民生工程双管齐下》
7	1月7日	（全国版）A07版"夺取决胜阶段新胜利"大型系列专栏	《东莞市委书记徐建华接受南方日报专访，详解率先全面建成小康社会之路——推进"三个走在前列"　实现发展新跨越》
8	1月7日	（全国版）A07版	《经济稳健增长、产业结构优化、创新资源聚集——生态改善助力东莞绿色崛起》

续表

序号	日期	刊载版面	报道题目
9	1月12日	A04版	《被低估的东莞亮出耀眼“成绩单”——去年GDP增速预计达8%，登记企业总量等20多项指标位居全省地级市第一》
10	1月12日	A12版	《东莞麻涌华阳湖荣膺国家湿地公园》
11	1月15日	A22版	《东莞3月将办国际马拉松大赛——机器人“拉拉队”加油助威》
12	1月15日	A15版	《截至去年10月我省众创空间超150家，居全国前列——广东众创空间“创”劲十足》
13	1月18日	A10版	《翁源主动融入珠三角投资环境推介暨第一届兰博会在东莞举行——古邑幽兰香飘东莞　绿色翁源加快“融珠”》
14	1月18日	A05版	《运用科技手段提升侦查破案效率——东莞警方去年“3+2”刑事案破案率比增11.3%》
15	1月19日	头版	《广东外贸出口去年实现正增长——外贸进出口占全国比重提升0.9个百分点，为外贸稳增长作出贡献》
16	1月21日	A10版	《东莞构建对外开放新格局》
17	1月22日	A06版	《商事制度改革后续监管：积极探索具有广东特色的事中事后监管新模式》
18	1月22日	A11版	《东莞市沙田镇虎门港2015年GDP增长10.3%，全港货物吞吐量超1.3亿吨——对接“海丝”加速崛起　产城融合成效凸显》
19	1月23日	A07版	《广东省2014—2015年度精神文明建设　先进单位名单公示公告》
20	1月25日	A14版	《东莞成中国加工贸易转型升级样本》
21	1月26日	A16版	《东莞着力推动加工贸易向全球价值链高端跃升——自主创新 提升国际贸易话语权》
22	1月27日	A11版	《“机器换人”助推“世界工厂”转型升级——2015年珠江西岸装备制造业完成增加值2623.94亿元，同比增长14.2%》
23	1月27日	A16版	《本地企业家和创业大学生成为文化创新主体 文化创新助推东莞“反转”发展》
24	1月28日	A14版	《韶关借力对口帮扶主动融入珠三角——“东莞速度+韶关服务”吸引优质项目抢滩》
25	1月29日	A13版	《东莞扎实推进创建全省创新社会管理引领区工作——补社会建设短板 聚“莞式反转”动力》
26	1月29日	A01版	《市长巧用天气作比喻回应“倒闭潮” 东莞经济像“雾”不是“霾”》
27	1月29日	A03版	《东莞揭阳云浮三市市长 记者会上畅谈城市发展》
28	2月2日	A06版	《10位地市市委书记谈贯彻落实两项法规——担起主体责任，把严查严究作为撒手锏》
29	2月2日	A08版	《省农业厅公布新增保留和取消省重点农业龙头企业名单——促进龙头企业加快发展　打造农业现代化主骨架》
30	2月2日	A11版	《推进新农村示范片建设　补齐全面小康“短板”》
31	2月2日	A17版	《虹影首部奇幻小说〈米米朵拉〉将出版——用童书唤醒读者的神话想象》
32	2月3日	A02版	《以严的精神开展批评　以实的作风抓好整改——我省各地各单位认真开好“三严三实”专题民主生活会》
33	2月3日	A04版	《珠三角各地市委全会报告凸显发展新理念——发力创新发展　珠三角加速迈向“驱动拐点”》
34	2月3日	A05版	《15位地市纪委书记谈贯彻落实两项法规——监督执纪重心从“查违法”到“盯违纪”》
35	2月3日	A05版	《创新驱动提高广东经济“含金量”——我省财政收入总量连续25年居全国第一》
36	2月3日	A06版	《许瑞生到东莞市检查春节前市场供应和市场监管情况——切实做好节日市场供应保障》

续表

序号	日期	刊载版面	报道题目
37	2月3日	A07版	《东莞中以合作迎来首个医疗器械项目——以色列秋时电子签约落户松山湖》
38	2月3日	A18版	《2月2日为世界湿地日——广东新增4处国家湿地公园试点》
39	2月3日	A18版	《春节临近燕窝新鲜果蔬勿带入境——去年广东截获有害生物2458种、17.3万次，同比增逾一成》
40	2月4日	A02版	《省领导分赴全省各地——送温暖听民声解民忧》
41	2月4日	A09版	《广东发布国内首部省份“互联网+”综合性报告——深广佛莞珠综合竞争力排前五》
42	2月5日	A05版	《粤今年将建成公共资源交易平台体系——全省相关工作方案出炉，上半年各地将完成相关平台整合工作》
43	2月7日	A04版	《南粤大地上不停歇的修路工——记虎门二桥项目留守工作人员》
44	2月7日	A04版	《高德地图发布出行数据报告——春节期间广深拥堵下降最大》
45	2月9日	A04版	《惠州、汕尾、东莞召开领导班子专题民主生活会——改进作风落实发展任务》
46	2月17日	（全国版）A10	《东莞“十二五”时期80%经济监测指标改善》
47	2月18日	A01头版	《胡春华朱小丹赴东莞松山湖高新区调研——加快建设珠三角国家自主创新示范区》
48	2月19日	A02版	《林少春到东莞调研网格化服务管理工作——不断创新基层社会信息化管理方式》
49	2月19日	A06版	《绽放在污泥上的铿锵玫瑰——东莞花农周世明钻研8年，让城市污泥转化为生物肥料》
50	2月20日	A02版	《牢记职责使命　积极改革创新》
51	2月20日	A04版	《“机器换人”不减人　人才结构在优化》
52	2月21日	头版	图片新闻《万盏花灯迎元宵》
53	2月21日	A05版	《粤第五届花灯节在东莞洪梅开幕》
54	2月22日	A05版	《与改革同行收获满满的获得感——南方日报记者深入基层，近距离感受改革给老百姓生产生活带来的“红利”》
55	2月23日	A04版	《东莞松山湖地铁直达深圳南山，产业同城再提速——深莞惠将现半小时生活圈》
56	2月27日	A01头版	《省十二届人大常委会第二十四次会议闭幕——袁宝成被任命为副省长》
57	2月28日		《“机器换人”项目881个，拉动工业技改投资231.2亿——东莞“机器人智造”提升经济“含金量”》
58	2月29日	A02版	《培植企业创新基因　构建梯次型产业格局——“广东制造”转型观察》
59	3月1日	A07版	《去产能去库存去杠杆降成本补短板　扎实推进供给侧结构性改革》
60	3月1日	A04版	《珠三角九市构成创新核心圈　肇庆汕头等城市创新指数得分可入全国榜单，但经济总量未进全国百强遗憾落选》
61	3月1日	A07版	《东莞法院全省率先试点人民法庭改革尝到“头啖汤”，审判质效双双提升　市民可挑“专科”法官调解断案》
62	3月2日	A04版	《教育部举办专题新闻发布会，推介高水平大学建设“广东经验”率先推出人事改革试点创新高校科研评价机制》
63	3月2日	头版	《新常态下广东经济初现六大新趋势　省政府组织的专题调研成果显示我省率先进入经济新常态的特征越来越明显》
64	3月2日	A11版	《东莞警方创新“互联网+警务”微信公众号上可“一键报警”》
65	3月2日	A18版	《800万外来工返粤　企业开工率超九成--近年粤企用工规模略降，人力市场供求“不再荒”》
66	3月2日	A10版	《区域创新中心　专业化交易中心　复合型旅游中心　东莞道滘全面启动“三个中心”建设》

续表

序号	日期	刊载版面	报道题目
67	3月3日	头版	《坚持两个文明建设两手抓两手硬　凝聚推动改革发展强大精神动力》
68	3月3日	A06版	《摁创新驱动快进键　装经济增长新引擎》
69	3月3日	A09版	《广东“工人在线”关注节后就业问题——“机器换人”有助缓解服务业“招工难”》
70	3月4日	A05版	《走出旧式工业化　描绘生态新图景》
71	3月4日	A05版	《“十二五”全面超额完成国家污染减排、大气和重金属污染防治考核任务——产业绿换来天空蓝　广东践行永续发展》
72	3月4日	A04版	《全国政协委员张茵接受南方日报专访　制造业要实现“有效供给”》
73	3月4日	A11版	《“爱耳日”关注儿童》
74	3月4日	B03版	《3月家居展会潮来袭》
75	3月5日	A08版	《“南粤巾帼创新十杰”出炉》
76	3月5日	A06版	《踏平坎坷成大道　广东改革又出发》
77	3月7日	（全国版）A01版	《广东代表团向中外媒体开放　110家媒体200多名记者到场采访，胡春华朱小丹黄龙云等回答记者提问》
78	3月7日	（全国版）A04版	《广东代表团举行全体会议审议政府工作报告——让科技创新成供给侧改革“发动机”》
79	3月7日	（全国版）A05版	《陈小川、袁宝成代表：各行各业都需要强调“工匠精神”》
80	3月7日	（全国版）A08版	《靠创新驱动　用改革支撑　抓重点突破　粤全面打响供给侧结构性改革攻坚战　到今年底为全省企业减负4000亿元》
81	3月7日	（全国版）A12版	《用“三严三实”专题教育推动事业全面进步——开创广东改革发展稳定新局面》
82	3月8日	A08版	《“南粤巾帼创新十杰”揭晓　10位杰出女性获表彰——打好转型主动仗争当创新排头兵》
83	3月8日	A10版	《全国人大代表、省教育厅厅长罗伟其做客南方报业两会直播室，回应网友关切——支持民办教育要算大账不算小账》
84	3月8日	A12版	《将“严”“实”标准融入干部队伍建设中——以“三严三实”锤炼干部队伍》
85	3月8日	A12版	《何忠友赴东莞调研外经贸工作时要求——挖掘产品细分市场扩大有效市场需求》
86	3月8日	A13版	《东莞去年环境违法罚款超1亿元——居全省首位》
87	3月9日	A10版	《自贸区强力带动粤港澳深化合作　参与建设“一带一路”渐入佳境——广东开启对外开放新格局》
88	3月9日	A12版	《城布局引领创新发展——松山湖（生态园）超常规发展按下自主创新快进键》
89	3月9日	A16版	《广东地方区域性排污权交易试点启动——佛莞珠3市与顺德纳入试点》
90	3月10日	A01头版	《李克强参加广东代表团审议政府工作报告，寄望广东——敢为人先　勇挑重担　为国家做更多贡献》
91	3月10日	A04版	《广东代表团举行全体会议审议政府工作报告，聚焦改革、发展、民生等话题——争当结构性改革排头兵》
92	3月10日	A04版	《广东代表热议李克强总理讲话——在新一轮发展中继续勇挑重担》
93	3月10日	A11版	《1岁男童5楼坠落街坊用棉被接住》
94	3月10日	A17版	《观澜湖高尔夫女子世锦赛昨开幕——坐拥独特三合一赛制，奥运前最好热身机会》
95	3月11日	A05版	《代表委员热议广东经济“六大趋势——在新一轮动力转换中把握先机》
96	3月11日	A09版	《全国人大代表、东莞市瑞丰物业服务有限公司工会主席曾香桂：向总理建言“帮助外来工融入城市”》
97	3月11日	A11版	《广东9城进入全国GDP百强城市，其中珠三角占7城，广深分列三四名——珠三角优化发展　打造转型升级新高地》

续表

序号	日期	刊载版面	报道题目
98	3月12日	A01版	《环保部长谈雾霾治理"点赞"珠三角：PM2.5达标增强治污信心》
99	3月13日	A05版	《坚持传统与现代、城市与农村、典型与普遍和谐统一：用好文明辩证法提升南粤精气神》
100	3月14日	A09版	《我省深入开展"三严三实"专题教育——上下合力查"病灶" 找对策来解难题》
101	3月16日	A06版	《深莞惠经济圈5市签约联手治污——跨界流域禁养区杜绝非法养殖场》
102	3月16日	A04版	《东莞："机器换人"换来制造新优势》
103	3月17日	A17版	《全国统一碳市场明年启动，广东对新增六大行业完成碳数据盘查——粤266家企业或纳入全国碳市场》
104	3月18日	A17版	《环保部发布2月全国74重点城市空气质量状况——珠三角7市空气天天优良》
105	3月18日	A26版	《香市小镇的诗歌记忆》
106	3月19日	A04版	《〈世界移民报告2015〉中文版广州首发——东莞广州等城市接受国内移民最多》
107	3月21日	（全国版）A01头版	《在粤全国人大代表传达学习贯彻两会精神 牢记"广东担当"打赢结构转型硬仗》
108	3月22日	封面导读、A01头版、A09版	《从世界工厂到全球智造——探寻东莞经济动力转换的密码（上）》
109	3月22日	A02版	《平台期换动能 新经济显活力——来自"世界工厂"东莞的观察与启示》
110	3月22日	A01头版、A05版	《住粤全国政协委员传达学习贯彻全国两会精神——焕发创业激情把工作落到实处》
111	3月22日	A06版	《十大模式精准发力 三年帮扶成果显著——广东三年来投入帮扶资金202.95亿元，贫困人口纯收入、村集体收入实现倍增》
112	3月22日	A09版	《本报记者近日先后走访中山、东莞、深圳三地，对社工从事专业服务情况进行调查——粤社工带动义工服务模式铺开》
113	3月23日	头版	《从"搭便车"到"创新路"——东莞转型升级实现"华丽转身"》
114	3月23日	A02版	《"世界工厂"的全球新角色——探寻东莞经济动力转换的密码（下）》
115	3月23日	A07版	《广东举行世界水日纪念活动》
116	3月23日	（全国版）A07版	《2016年"莞版"337项改革行动计划出台——简化注销程序 助清"僵尸企业"》
117	3月24日	（全国版）A02版	《东莞横沥：从"大而全"到"高精尖"——一个制造业小镇的"蝶变"之旅》
118	3月25日	（全国版）A02版	《现代都市留住乡愁——东莞生态文明建设见闻》
119	3月25日	（全国版）A02版	《省管干部任前公示通告》《四地市党政主要领导任前公示》等
120	3月25日	（全国版）A07版	图片新闻《今到东莞跑马拉松看机器人》
121	3月25日	A012版	《东莞进入莞马时间——"体育+科技"演绎别样精彩》
122	3月25日	（全国版）A09版	《东莞工商登记注册无需出家门 全程网上填写电子表单，是国内首个全市范围实施这一措施的地级市》
123	3月25日	（全国版）A011版	《东莞东城加大创新驱动发展力度 产业转型升级成效显著》
124	3月26日	A10版	《粤港澳华语歌曲创作大赛启幕》
125	3月27日	A03版	《中国国际飞行器设计挑战赛首次亮相广东各路航模高手齐聚松山湖开飞》
126	3月27日	A03版	《松山湖联手苹果发力iOS开发 国内首个iOS移动应用开发众创空间落户松山湖》

续表

序号	日期	刊载版面	报道题目
127	3月28日	封面	《跑在春天里——东莞松山湖国际马拉松昨开跑，科技元素获好评》
128	3月28日	A05版	《东莞松山湖国际马拉松创新开跑——展现“体育+科技”双重魅力，获网友好评》
129	3月28日	A10版	《科技莞马递出城市创新新名片——首届莞马点燃全城参与热情　海陆空科技元素广受好评》
130	3月28日	A14版	《主流媒体聚焦不一样的东莞——世界工厂”华丽转身背后的城市形象“正名”》
131	3月28日	A14版	《集结全国高校生力军　自创区创新探索放大招——松山湖联手苹果奏响“文化+科技”自主创新“最强音”》
132	3月29日	A04版	《再看“世界工厂”：衰落还是新生？》
133	3月30日	A04版	《重塑价值链：东莞制造的全球新角色》
134	3月31日	A11版	《莞惠城轨顺利通车　游客和上班族尝鲜》
135	4月1日	A10版	《5年9000万元资助本土制造企业参与品牌授权——东莞“传统制造+品牌授权”助力自主品牌弯道超车》
136	4月5日	头版	《周边游占比七成踏青赏花最受棒　家庭游成主要出游形式》
137	4月5日	A08版	《加博会助推加工贸易创新发展》
138	4月6日	A04版	长篇深度报道《东莞经济　新动力再造：“世界工厂”的贸易新坐标》
139	4月7日	A05版	《东莞新梦想：从流水线到创新工场》
140	4月8日	A05版	《5高校93专业“升格”一本招生》
141	4月9日	封二版	《着力打造新闻舆论战线的“铁军”》
142	4月11日	A06版	《东莞申报国家历史文化名城通过省专家组评审——用名城“紧箍咒”保护好东莞历史文化》
143	4月11日	A03版	《“新常态下新趋势”首场专题座谈会召开，政企学界代表热议智能制造——“机器代人”不要一哄而上须量力而为》
144	4月11日	A05版	《经济发展　电力先行——东莞电网发展进入新常态》
145	4月12日	A01头版	《胡春华赴东莞检查指导稳增长和外经贸工作坚定不移推动外经贸转型升级》
146	4月12日	A04版	一个整版的长篇深度报道《东莞大未来：“世界工厂”的希冀与挑战》
147	4月12日	A04版	评论文章《全球创新整合再造制造业新优势》
148	4月12日	A04版	权威对话《国家发改委学术委员会秘书长张燕生：东莞要从“搭台者”转变为“主人翁”》
149	4月12日	A01头版	《粤推名录制规范政府购买环境监测服务　省环保主管部门出台购买服务标准，首批拟入围名单完成公示，定期对名单进行动态调整》
150	4月12日	A02版	《省政府召开粮食安全工作推进会，徐少华强调落实责任标本兼治做好粮食安全工作》
151	4月13日	A06版	《2016“加博会”4月21日开幕　近2000名国际买家将到场》
152	4月13日	A10版	《2016加博会4月21—24日在东莞举行——807家企业参展近2000国际采购商到会》
153	4月15日	头版	《国内运距最长中欧班列开行——从东莞石龙到德国杜伊斯堡，全程1.3万公里，预计仅需19天》
154	4月18日	A02版	《东莞韶关对口帮扶工作启动“十大行动计划”——300个项目700亿投资成未来三年目标任务》
155	4月20日	A02版	《我省举行“全国模范法院”表彰大会，林少春强调——发挥先进典型作用维护稳定服务发展》
156	4月21日	A11版	《第二站走进东莞，外国驻华官员建言东莞经济发展——发展会展经济开展对外经贸合作》

续表

序号	日期	刊载版面	报道题目
157	4月21日	A02版	《广东与湖南、湖北贫困人口劳务输出对接试点工作启动——试点劳务协作实现精准扶贫》
158	4月22日	A02版	《“升级版”加博会促行业高端跃升》
159	4月22日	A09版	《2016加博会东莞开幕，2万企业买家赴会采购，从以内销为主变成内外贸一体化——国际采购商六成来自“一带一路”国家》
160	4月22日	A10版	《莞企整合全球资源做法获外宾好评》
161	4月23日	A05版	《加博会成参展企业新品发布平台》
162	4月24日	A04版	《加博会意向成交966亿元》
163	4月25日	A07版	《加博会公众开放日“扫货”归来》
164	4月25日	A10版	《2016加博会昨日完美闭幕，据不完全统计——达成合作项目7743宗　意向成交达966亿元》
165	4月25日	A02版	《东莞一季度GDP同比增长7.8%》
166	4月25日	A07版	《东莞组织多家媒体实地采访调研——摆事实驳斥“倒闭潮”论调》
167	4月25日	A03版	《省环保厅公布一季度全省城市空气质量状况和排名，湛江汕尾河源排名前三——珠三角空气达标率超全省平均水平》
168	4月26日	A03版	《全面推进商标品牌战略服务广东创新驱动发展》
169	4月27日	A06版	《第三届“粤治—治理现代化”广东探索经验交流会举行，“南方大数据创新联盟”宣告成立——26个优秀案例展示粤治现代化成果》
170	4月27日	A06版	《专家学者、优秀案例主创单位代表同台讨论——利用大数据提升公共服务能力》
171	4月27日	A08版	《〈珠三角国家自主创新示范区建设实施方案（2016—2020年）〉公布——着力打造国际一流创新创业中心》
172	4月28日	A09版	《东莞茶山：打造“创新引擎”建科技产业强镇》
173	4月29日	A01头版	《东莞市委主要负责同志调整——吕业升任东莞市委书记》
174	4月29日	A06版	《粤各地市积极推进知识产权战略——自2012年以来，广东知识产权综合发展指数连续三年位居全国首位》
175	4月30日	A04版	《我省不断延伸知识产权保护链条　已拥有5家知识产权快速维权中心》
176	5月1日	A06版	《4个“碰瓷”犯罪集团被“一锅端”——缴获涉案高级轿车28辆，初步核破案件116宗》
177	5月2日	A04版	《茶园游会　祈愿纳福》
178	5月3日	A07版	《茶园游会成“非遗”展示交流新平台》
179	5月4日	（全国版）A02版	《200名优秀基层党组织书记接受专题培训　努力成为“两学一做”的示范》
180	5月4日	（全国版）A03版	《珠三角一季度经济数据出炉　六市增速“跑赢”全国全省平均水平》
181	5月5日	AII01版	《东莞城管条例“大变身”　从“重管理”向“重服务”转变，镇综合执法行使县级权力》
182	5月5日	AII02版	《莞社保基金首次突破千亿　基本养老保险抚养比14：1，远高于全国平均水平》
183	5月6日	A06版	《粤破获“1·26”特大走私毒品案》
184	5月6日	A08版	《3位东莞工匠“拿下”美国地铁订单》
185	5月9日	A06版	《东莞：高墙之内的母子相聚》
186	5月9日	A10版	整版报道《韶关着力开创粤北山区扶贫开发新路子——第二轮扶贫开发圆满收官，新时期精准脱贫三年攻坚战拉开帷幕》
187	5月11日	A09版	《第八届漫博会8月在东莞举行——专业展面积同比增长80%》
188	5月14日	头版	《刘奇葆在广东调研时强调——为创新创业提供有力舆论支持》
189	5月16日	A02版	《粤港澳联手打击十类犯罪　破获跨境有组织案件198起，抓获嫌犯783人》

续表

序号	日期	刊载版面	报道题目
190	5月16日	A06版	《东莞边检官兵慰问残疾老人》
191	5月17日	A04版	《东莞东城深入实施就业优先战略——推动“人才东城”建设迈上新台阶》
192	5月18日	A06版	《借力创建历史文化名城提升城市品位，焕发文化魅力促进产城融合——莞城老树发新枝 旧城转型现活力》
193	5月18日	A10版	《东莞破获大型电信诈骗团伙——作案200余宗，涉案金额过百万，受害者逾270人》
194	5月19日	A07版	《两岸大学生创新创业大赛启动》
195	5月20日	A07版	《东莞：“两学一做”学习教育成非公企业“助推器”》
196	5月20日	A04版	《东莞今年为全市企业减负189亿元》
197	5月22日	A04版	《学前教育宣传月启动——小学一年级坚持“零起点”教学》
198	5月22日	A05版	《2016年“挑战杯·创青春”广东大学生创业大赛终审决赛启动——83高校383件作品入围》
199	5月23日	A06版	《2016年“挑战杯·创青春”省赛落幕，广东工业大学夺得第一——一批大学生创业项目获得风投》
200	5月23日	A06版	《广东举办第七届少儿戏曲小梅花荟萃活动——47名小选手登上决赛舞台》
201	5月24日	头版	《夯实核心价值观 凝聚文明力量——广东扎实推进精神文明建设》
202	5月24日	A02版	《樟木头石新医院 加强党建推动医院新发展》
203	5月25日	头版	《全省质量大会在广州召开，胡春华主持会议并讲话，支树平朱小丹出席会议——扎实推进质量强省战略全面提升发展质量效益》
204	5月25日	A03版	《600余家企业获省市质量奖 发挥企业主体作用着力推动质量创新》
205	5月25日	A05版	《到中国去！来自“创业之国”的呼唤》
206	5月28日	头版、A06版	《东莞进入地铁时代——该市轨道交通2号线昨日开通试运营》
207	5月28日	A04版	《“同饮一江水”打工者歌唱大赛启动》
208	5月28日	A05版	《省政府印发加快海关特殊监管区域整合优化实施方案——2020年特殊监管区外贸总额占比超20%》
209	5月29日	A02版	《中央农村工作领导小组副组长袁纯清来粤调研——有序推进农业转移人口市民化》
210	5月29日	头版	《强降雨致粤个别江河现超警洪水》
211	5月29日	A05版	《校园“奥斯卡”学生走红毯领大奖》
212	5月30日	A02版	《徐少华赴东莞调研基础设施重点项目建设情况时强调——采取有效措施如期推进项目建设》
213	5月30日	A05版	《三级政协委员联合视察茅洲河，为河流治理“把脉开方”：——增加生态堤岸建设加快制定落后产能退出计划》
214	5月31日	A02版	《全省基层改革创新工作交流会在东莞召开——推进基层创新 开创改革新局面》
215	5月31日	A02版	《广东多项基层改革走在全国前列——开展差别化探索让红利持续释放》
216	5月31日	A02版	《广东多项基层改革走在全国前列——开展差别化探索让红利持续释放》
217	6月2日	AII01版	《吕业升在全市环保工作会议上强调——坚守环保底线 加快补齐短板》
218	6月3日	A05版	《援疆工作送真情 援疆干部暖人心——喀什希望广东“十三五”期间以教育、卫生、农业、科技为重点全面推进人才援疆》
219	6月3日	A07版	《东莞万江龙舟文化节龙舟锦标赛后天开锣——被誉为“东莞龙舟第一景”，将有10多万人现场观赛》
220	6月3日	AII02版	《赣深高铁塘厦站初步选址林村——区域交通地理位置优越，站点周边土地已完成统筹》

续表

序号	日期	刊载版面	报道题目
221	6月4日	A04版	《何忠友赴东莞调研——构建开放型经济新体制》
222	6月4日	A03版	《珠三角多地出台新政，揽才引智发力创新——专家建议：珠三角各城市合作共享人才资源》
223	6月6日	（全国版）头版	《绿色供应链“东莞指数”发布》
224	6月7日	A03版	《广东全面放开异地高考首年，全省高三在读外省户籍随迁子女共12958人——9985人申请9570人获准》
225	6月7日	A05版	《广东金融业创造全国多个第一》
226	6月8日	A08版	《广东圆满完成国家“十二五”节能任务》
227	6月8日	A16版	《粤拟打造珠三角绿色低碳示范区》
228	6月9日	A07版	《中欧班列统一品牌正式启用——8日统一品牌的中欧班列从东莞等八地始发》
229	6月9日	A07版	《东莞部署镇街文明创建整治提升“十大行动”——全面整治户外广告清理“牛皮癣”》
230	6月9日	A03版	《东莞98岁“轮椅老太”赴考场迎曾孙》
231	6月10日	A02版	《广东渔民党员开展“两学一做”学习教育——休渔不休学 党课上渔船》
232	6月10日	A03版	《立足自身优势，深化分工合作，实施四大行动——韶关主动融入珠三角加快发展》
233	6月10日	头版	《各地龙舟竞渡 传统节味浓》
234	6月10日	A04版	《岭南各地“赛蛟龙”》
235	6月10日	A05版	《赛龙夺锦祈安康》
236	6月11日	A01头版	《省内多所中学精心策划高三毕业典礼——“甜蜜”告别 励志前行》
237	6月11日	A03版	《东莞长安借力高端智库探路新型城镇化》
238	6月11日	A04版	《深茂铁路茂名段4031亩土地已交付使用 茂名至江门段预计明年底前建成——茂名到广州未来只需2.5小时》
239	6月12日	A04版	《东莞“最美医护”集体义诊》
240	6月13日	A10版	《东莞道滘美食节6天“吸金”6亿元——国内外逾300食企参展，拉动消费2亿元，现场签约24个项目》
241	6月13日	A11版	《国内外著名高校专家齐聚东莞长安镇探讨“中国转型”新路径——借力高端智库机构 开展创新综合实验》
242	6月14日	A08版	《东莞轨道交通1号线勘察开工——一期工程线路总长58公里，换乘直达广深》
243	6月15日	A02版	《创新驱动战略中的广东专业镇角色》
244	6月15日	A04版	《省社科院联合南方报业等发布广东专业镇创新指数》
245	6月15日	A07版	《广东专业镇走向以科技创新为核心的发展新路——协同创新聚合力 转型升级再出发》
246	6月16日	头版、A05版	《全省专业镇协同创新工作现场会召开——胡春华作重要批示，朱小丹出席会议并讲话》
247	6月16日	A05版	《粤“双高”大学建设取得阶段性成效——新增200多名国家级人才 44学科跻身ESI全球前1%》
248	6月16日	A08版	《东莞松山湖启用城市会客厅 创新政府投资服务模式——线上线下打造一站式投资创业服务平台》
249	6月16日	A09版	《东莞边检站开启“生命通道”紧急救助病危旅客》
250	6月17日	A04版	《珠三角中小企争抢科技创新券》
251	6月17日	A07版	《节约集约用地 切实保护耕地——广东省土地管理工作纪实》
252	6月18日	A05版	《东莞刑警郑浩源获授英模称号》

续表

序号	日期	刊载版面	报道题目
253	6月18日	A06版	《广东建起多层次低碳试点示范体系——碳普惠制、低碳认证、低碳示范创建深入企业与基层》
254	6月19日	A04版	《广东碳普惠平台启用，预计下月完成内测引入个人减碳量数据——绿色出行将可换“碳币”享优惠》
255	6月19日	A04版	《供给侧结构性改革与社会治理研讨会在东莞召开——创新制度体系提升行政能力》
256	6月21日	A11版	《东莞高埗镇龙舟趁景表演活动精彩纷呈——龙舟节将成当地旅游文化新亮点》
257	6月23日	A11版	《蓝佛安率队到东莞调研金融教育发展情况——东莞要做好金融发展战略规划》
258	6月23日	A11版	《14家企业为生物质能代言》
259	6月23日	A13版	《第13届东莞桥头荷花节今日启动——桥头：荷花竞相怒放 经济再上层楼》
260	6月24日	A07版	《东莞理工学院摆脱路径依赖，建高水平理工科大学——建新型学科专业群 做转型升级创新源》
261	6月25日	A10版	《“2016高校招生线上咨询会”受热捧——5所高校上线 访问量破50万》
262	6月25日	A09版	《“珍爱国土·青年担当”竞赛赢喝彩》
263	6月26日	A03版	《全省教育水平趋向均衡，地区差异进一步缩小——高考“尖子生”版图向粤东西北扩散》
264	6月27日	A02版	《中央文明办在莞召开深化文明城市创建工作座谈会——坚持问题导向推动东莞精神文明建设上新台阶》
265	6月27日	A04版	《广东第七批援藏工作队共安排援藏资金14.8亿元，建设111个项目——援藏注重“输血”更注重“造血”》
266	6月28日	A15版	《东莞最大规降本减负 今年为企业减负189亿元——政府服务“加一”，综合成本“减一”，打造最具竞争力综合营模商成本》
267	6月28日	A05版	《林芝市巴宜区工作组三年安排两亿多元改善民生，农牧民人均纯收入增长42%——“民生援藏”龙头作用凸显》
268	6月29日	A04版	《广东工业机器人新增需求占全国1.4机器人制造企业159家，产量年增4000台——粤产机器人迎来产品创新升级潮》
269	6月30日	A04版	《打造创新驱动发展金融支撑体系》
270	7月1日	A15版	《东莞出台81条措施推动非公经济发展——力争2018年民营经济注册资金增至7000亿》
271	7月1日	封面导读	《胡春华朱小丹等开展“七一”慰问》
272	7月1日	A01版	《胡春华朱小丹等省领导开展“七一”慰问》
273	7月1日	A04版	《全球市场销量前五位占据三席，技术创新助力冲入中高端市场——智能手机“南粤军团”叫板苹果三星》
274	7月1日	A05版	《粤今年基本实现义务教育均衡发展，继“普九”“普高”后又一里程碑——“固峰填谷”追梦义务教育均衡县全覆盖》
275	7月1日	A11版	《省商务厅和南方日报社联合举办加工贸易创新发展趋势专题座谈会，关注加贸企业发展——企业可通过科技创新切入国际分工》
276	7月2日	A06版	《未来11条城际地铁穿梭珠三角，人才、物流、资本、科技加速流动——珠三角1小时生活圈雏形初现》
277	7月2日	A04版	《东莞茶山——经典红歌送上祝福》
278	7月3日	A02版	《习近平总书记“七一”重要讲话在南粤大地持续引起强烈反响——用讲话精神武装头脑指导实践 推动工作》
279	7月3日	A04版	《热潮涌动！越来越多珠三角企业开展海外并购——广东制造“出海”探路“弯道超车”》

续表

序号	日期	刊载版面	报道题目
280	7月4日	AII01版	《市委全面深化改革领导小组第十四次会议召开——以构建开放型经济为统揽　推动重点改革落到实处》
281	7月6日	（全国版）A02版	《广东干部群众认真学习习近平总书记“七一”重要讲话　坚定不移高举改革开放旗帜争当全面深化改革排头兵》
282	7月8日	AII01版整版	《漫博会将推5条“动漫+”旅游线路——涉及生态休闲、工业观光、水乡风情、古韵文化、历史古迹等，7月底可到旅行社报名》
283	7月8日	AII02版	《推进“放管服”和“互联网+政务服务”改革——东莞打造商政“3.0升级版”》
284	7月11日	A04版	《2016年广东扶贫济困日活动省级认捐50万元以上企业和个人名单》
285	7月12日	头版	《省政府印发通知，调整城乡义务教育公用经费分担比例　经济困难寄宿初中生年补1250元》
286	7月13日	A06版	《干部“能上能下”的小镇试验——东莞黄江镇试水干部考核新机制，不称职者“降职使用”》
287	7月13日	A13版	《特大镇改市，要变的不仅仅是名称》
288	7月14日	头版	《王荣到东莞调研自主创新示范区建设——在更高起点上谋划更高水平的发展》
289	7月14日	A09版	《东莞麻涌改善生态环境引来不少世界五百强企业　引进电商15家总投资208亿元》
290	7月14日	A11版	《东莞市中堂镇多管齐下狠抓治安管理　治安环境明显改善，老百姓安全感增强》
291	7月16日	封面导读、A02版刊	《东莞打响基层精神文明建设攻坚战——92项具体任务设立直接责任人》
292	7月17日	头版	《粤企“出海”新趋势：瞄准发达市场求先进技术》
293	7月17日	A04版	《互联网+加速全省“两学一做”学习教育持续升温——线上学习全覆盖　线下服务有平台》
294	7月18日	头版	《“双高”对接“双一流”，广东为何能领跑——广东高水平大学、高水平理工科大学建设周年观察》
295	7月19日	A10版	推出“不一样的东莞·东莞制造梦工场”之产业篇《完善质量标准，突出技术支撑，建设国家级质量安全示范区——东莞玩具及婴童用品行业：以质取胜实现出口逆势增长》
296	7月20日	A15版	《广东“氢产业联盟”成立》
297	7月21日	A08版	推出“不一样的东莞·东莞制造梦工场”之产业篇《从电脑机箱到电子标签　从诺基亚到华为——电子信息产业为“东莞制造”插上腾飞翅膀》
298	7月21日	A08版	《“海上名粤·丝路新旅”大型采访活动专家研讨会在穗举行——寻找中外文化认同感》
299	7月24日	头版	《胡春华朱小丹会见苗圩周济——打造智能制造高地》
300	7月24日	A05版	《百对家庭参加东莞亲子工业游——以“小候鸟”家庭居多》
301	7月24日	A04版	《晒珍藏　听讲古》
302	7月25日	A01头版、A03版	《全国智能制造试点示范经验交流会暨智能制造装备应用现场经验交流会在东莞市召开，苗圩周济朱小丹出席并讲话——进一步抓好智能制造试点工作》
303	7月25日	封面导读、A04版	《全国智能制造试点示范经验交流会在东莞召开，做强做优国产智能装备制造业是重中之重——粤力争明年建成4个超百亿智造基地》
304	7月25日	A08版	《全国智能制造试点示范经验交流会在莞举行——30多家主流媒体聚焦智能制造“东莞经验”》
305	7月25日	封面导读、A01头版、A03版	《省政府与中国工程院签署深化推进产学研合作协议——周济苗圩朱小丹出席活动并见证协议签署》

续表

序号	日期	刊载版面	报道题目
306	7月26日	A06版	《粤连续两个“五年规划”超额减排——全省及各地总量减排年度考核结果出炉，18地市和顺德区获评优秀》
307	7月26日	A08版	《省少年儿童救助保护中心国防教育基地空军室揭牌——为受助少年提供军事知识学习平台》
308	7月27日	A01头版	《上半年广东外贸进出口占全国比重上升0.6个百分点；规模以上工业内销比重进一步提升到73.9%——内与外：在“双重挤压”中向上突围》
309	7月27日	A06版	《“弘扬粤工匠精神，践行核心价值观”座谈会在穗举行——弘扬南粤工匠精神激发时代前行力量》
310	7月27日	A07版	《粤上半年环保执法罚没金额约2.64亿——按日处罚等新执法手段运用大幅上升》
311	7月27日	A08版	《东莞推进基层公共服务综合平台建设显成效——打造一站式服务平台实现公共服务全覆盖》
312	7月27日	A16版	《中国氢产业发展基金和氢产业联盟在东莞成立——氢能产业化引领新能源汽车变革》
313	7月27日	A16版	《粤381家企业拟首批纳入全国碳市场》
314	7月28日	A03版	《上半年全省六大耗能工业投资同比下降4.1%，规模以上高技术制造业完成增加值增长11%——多与少：去产能为增有效供给腾出空间）》
315	7月28日	A04版	《化橘红等8种中药材列为立法保护品种——厘清21个部门和单位多头监管岭南中药材问题》
316	7月28日	A18版	《2019年男篮世界杯考虑采用全新赛制——每队至少到四个城市参赛》
317	7月29日	A01头版、A02、A06版	《省委省政府印发〈关于加快推进我省生态文明建设的实施意见〉——2020年森林覆盖率超过六成》
318	7月29日	A03版	《1—6月广东发明专利申请受理量和授权量分别增长48.6%和32%，工业技术改造投资保持25.5%的较高增速——新与旧：创新动能促“广东制造”脱胎换骨》
319	7月29日	A09版	《粤探索“互联网+”垃圾分类模式——省生活垃圾分类工作和技术交流会在广州举行》
320	7月29日	A10版	《“八一”前夕　寻根铸魂--武警广东总队官兵参观东江纵队纪念馆》
321	7月29日	A12版	《电力负荷激增　供电局力保用电需求》
322	7月30日	A01版、A02版	《朱小丹出席全国双拥模范命名表彰大会——粤17市县获命名全国双拥模范城（县）》
323	7月30日	A01版、A03版	《有序推进2300多户国有关停企业加速出清，上半年为企业直接减负逾448亿元，商品房待售面积同比下降4.8%——广东供给侧结构性改革开局良好》
324	7月30日	A01版、A02版	《赣深高铁计划年内开工——广东境内拟设10站，4年后深莞惠实现半小时互通》
325	7月30日	A04版	《我省上半年工业发展总体趋稳向好——规模以上工业利润增16.3%》
326	7月30日	A05版	《深茂铁路江茂段开始铺轨——预计2017年底完工，2018年通车》
327	7月31日	A04版	《西部资源优势对接广东市场经验——东莞创新援疆“造血”新模式》
328	8月2日	头版	《胡春华赴东莞深圳——现场检查台风“妮妲”防御工作》
329	8月2日	A06版	《各界热议南粤工匠精神，激发时代发展的力量——崇尚工匠精神　应成社会共识》
330	8月4日	头版、A07版	《强台风“妮妲”过境10多个小时，全省应急机制快速反应上下联动构筑坚固防线　一切为了保障人民的安全》
331	8月4日	A02版	《全国碳市场能力建设（广东）中心揭牌》
332	8月5日	A02版	《牢固树立和自觉践行发展新理念》
333	8月6日	A02版	《广汕高铁拟引入广州站，预计年底开工4年后建成——半小时达惠州1小时至汕尾》

续表

序号	日期	刊载版面	报道题目
334	8月6日	A04版	《优质医疗资源下沉　双向转诊“一路绿灯”——中山三院“牵手”20家医院建联盟》
335	8月6日	A08版	《塘厦高博会力推高球健康发展》
336	8月7日	A05版	《珠海、东莞、江门、肇庆召开市委常委会议落实省委全会精神——发力供给侧　打响攻坚战》
337	8月8日	A05版	《东莞开展异地商会积分制管理试点——今年安排年度奖励资金450万元》
338	8月9日	A07版	《东莞望牛墩再现“摆七姐”》
339	8月10日	A02版	《汕尾市红海湾遮浪街道田寮村：宣讲现场“攀亲”东莞潢涌村》
340	8月11日	A05版	《东莞市委书记吕业升：——跨过“中等收入陷阱”实现转型升级》
341	8月11日	A02版	《东莞“党委+中心”一体架构深度覆盖》
342	8月12日	封面导读	《20岁大学毕业生汪旺制止扒窃被刺牺牲　东莞警方为其申报见义勇为称号》
343	8月12日	A03版	《当街制止扒窃　20岁青年遭捅牺牲——汪旺生前刚大学毕业入职某软件公司，东莞警方正为其申报见义勇为称号》
344	8月12日	A04版	《父亲同事忆汪旺：孝顺的儿子　勤奋的员工》
345	8月12日	A06版	《第八届漫博会18日在东莞举行　搭建产业对接平台提升IP变现能力》
346	8月12日	A03版	《覃健获提名全国见义勇为模范——因护送学生过马路被撞身亡，被誉为东莞“最美女老师”》
347	8月13日	A02版	《东莞慰问汪旺家属，将为其申报见义勇为称号——警方称已锁定犯罪嫌疑人》
348	8月13日	封面02版	《记住汪旺，一位年轻的勇士》
349	8月15日	A01版	《珠三角民资加速进军“新蓝海”——上半年全省民间投资劲增19.6%，标志经济转型步入“发力期”》
350	8月16日	A06版	《案值19.16亿！黄埔海关查获特大红油走私案》
351	8月17日	A06版	《首届“长安杯”模具作品与制造技能大赛启动》
352	8月18日	封面导读	《第八届漫博会今日拉开帷幕》
353	8月18日	A05版	《东莞漫博会今日开幕——海外展区规模再创新高》
354	8月18日	A10版	《漫博会今东莞开幕“动漫＋”掀创新风》
355	8月18日	A02版	《大朗毛织业：变“夕阳”为“朝阳”——主要生产环节向信宜转移，腾出手脚重点提升研发设计等软实力，带动整个产业链高水平崛起》
356	8月18日	A03版	《化解“案多人少”广东改革见效——去年全省法院结案比增12%，检察机关审结起诉数上升超13%，办案效率大幅提升》
357	8月18日	A04版	《智能装备、数控系统、工业软件全部国产化——东莞劲胜：国产化智能工厂工信部都点赞》
358	8月19日	A01头版	《第八届漫博会在东莞开幕——共吸引503家企业参展，同比增9.83%》
359	8月19日	A11版	《我省双拥模范城（县）命名暨双拥模范单位和个人表彰大会广州召开——军民共筑连心桥　开创双拥新格局》
360	8月19日	A08版	《南方报业创新驱动发展观察团首次走进东莞——国内外专家论剑“开放常平”》
361	8月21日	A04版	《漫博会现场签约额超4亿元——〈本草药灵〉未公映即收获多个授权》
362	8月21日	A02版	《开足马力　珠三角装备制造加速跑——今年上半年多地装备制造业增速超10%》
363	8月22日	A09版	《在东莞见义勇为牺牲，大学生汪旺的事迹引起社会各界关注——汪旺家属获捐100万救助金》
364	8月23日	头版	《第八届漫博会闭幕　超30万人次入场，VR成展会新热点》

续表

序号	日期	刊载版面	报道题目
365	8月23日	A08版	《第八届漫博会成交金额34.6亿元　共吸引30万人次参展，成为动漫行业高端商贸平台》
366	8月23日	A02版	《珠三角已有国家级高新技术企业逾万家　2015年新增1748家》
367	8月23日	A05版	《企业简易注销东莞下月普及　将至少节省企业15天时间》
368	8月23日	A06版	《全力推进招商引资，加快融入珠三角　韶关力争三年签约项目850亿》
369	8月23日	A02版	《人民网舆情监测室发布“中国媒体融合传播影响力榜”——南方报业“1+X”入选　融合传播案例十五佳》
370	8月23日	A06版	《茅洲河综合污染指数降46.7%　界河试验段工程预计10月底完工》
371	8月24日	头版、A04版	《广东省推进珠三角创新驱动发展培育高新技术企业工作现场会在东莞举行，胡春华朱小丹出席——建设国家科技产业创新中心》
372	8月24日	头版	《东莞去年高新企业986家　全市高新技术产品产值约5300亿元》
373	8月24日	A02版	《东莞去年高新技术企业数量达986家　高新企业领跑珠三角发展》
374	8月25日	A03版	《东莞读书节：制作“书墙”“扫码看书”日均2.2万人次走进市、镇图书馆》
375	8月25日	A08版	《信用信息实现互联互通互查　深莞惠企业一处失信多处受限》
376	8月25日	A05版	《助力孵化器与众创空间建设，我省政策红利频出——孵化器建成后最高可补200万》
377	8月25日	A09版	《珠三角水资源配置工程首次环评征求意见，拟投资346亿输水干线长92公里——西江水将惠及南沙及深莞》
378	8月26日	A02版	《大力推进东西部扶贫协作积极做好劳务输出对接试点》
379	8月28日	A04版	《李春生到东莞检查督导　不断提升治安打防管控效能》
380	8月29日	头版	《珠三角成首个国家级森林城市群建设示范区——建设规划征求意见稿已完成将上报批复后实施，森林小镇建设将在全省启动实施》
381	8月30日	A08版	《先行先试亮点多　“茶山模式”频获赞——东莞茶山镇积极开展文明创建整治提升行动，成效显著》
382	8月30日	A10版	《“飙车党”横跨莞惠抢劫团伙归案——东莞谢岗警方千里追逃，抓获18人破案近30宗》
383	8月30日	A11版	《人才争夺战　企政双向互动优势显现》
384	8月30日	A11版	《着力发展先进制造业推进新型城镇化发展》
385	8月31日	头版、A11版	《朱小丹率省政府代表团访问南非——广东省与夸纳省正式缔结友好省关系》
386	8月31日	A02版	《中国（广东）—南非经贸合作交流会在德班举办——粤企在南非签1.98亿美元合作项目》
387	9月1日	A09版	《东莞南城鸿福西路“8·9”故意伤害致死案告破——刺死汪旺的犯罪嫌疑人落网》
388	9月1日	A09版	《东莞万江街道推进村居环境改造让文明创建看得见、摸得着》
389	9月1日	A09版	《东莞高埗镇多管齐下提升社会环境——多项人性化举措获好评》
390	9月2日	A09版	《横沥茶山麻涌镇容村貌大变样》
391	9月2日	A04版	《第十三届中博会：智能智慧智造节能——主题展展位招商爆满，首办跨境电商展，凸显产品精细、技术专业、服务独特、模式新颖特色》
392	9月3日	头版、A03版	《朱小丹率团访问埃塞俄比亚——提升粤埃合作水平　促进互利共赢》
393	9月3日	A02版	《中国（广东）—埃塞俄比亚经贸合作交流会在埃举行　现场签约项目额逾3亿美元》
394	9月3日	A06版	《汪旺被正式确认见义勇为》
395	9月5日	头版、A04版	《胡春华赴贵州云南广西调研对接东西部扶贫协作工作——全面对接做实与桂黔滇扶贫协作》

续表

序号	日期	刊载版面	报道题目
396	9月5日	A10版	《世界莞商联合会：凝心聚力　抱团成长——打造现代一流商帮，搭建促进非公经济发展的桥梁》
397	9月5日	A14版	《荣耀之戒恭迎冠军》
398	9月6日	A09版	《2016世界莞商大会7日举行——粤莞商清大股权投资基金将启动》
399	9月6日	A10版	《世界莞商联合：情系发展 商通世界——拓展全球市场增强海外力量，创新发展战略拥抱“一带一路”》
400	9月6日	A12版	《东莞唯一一个R&D经费支出超10亿元的镇街》
401	9月7日	头版	《胡春华会见中央调研检查组》
402	9月7日	A09版	《2016世界莞商大会今日举行》
403	9月7日	A10版	《世界莞商联合会：感恩大地　回报社会——践行服务宗旨擦亮商帮品牌，成为东莞的城市形象新名片》
404	9月8日	A10版	《世界莞商联合会：创新转型　薪火相传——莞商大会齐心谋发展，换届就职接棒再出发》
405	9月8日	A02版	《广东持续深入学习习近平总书记“七一”重要讲话精神——把讲话精神化为工作动力》
406	9月9日	A01头版、A02版	《2016世界莞商大会召开——建立政商联动平台，支撑东莞转型升级》
407	9月9日	A10版	《世界莞商联合会：政商桥梁　推动发展——建立政商联动平台，树立莞商品牌推动抱团发展》
408	9月10日	A10版	《世界莞商联合会：商通四海　梦想花开——莞商大会助力东莞经济发展，海外莞商引进项目落地生根》
409	9月10日	A03版	《第二届对非投资论坛参会嘉宾点赞——“‘广东智造’发展速度令人惊叹”》
410	9月10日	02版	东莞职业技术学院副教授杨兰文章《走出认识误区　坚定道路自信》
411	9月11日	A05版	《东莞塘厦：工业游探索推介塘厦制造新模式》
412	9月12日	A02版	《省法院司改办负责人独家解读我省法院司法责任制改革〈实施意见〉——确保法院依法独立公正行使审判权》
413	9月13日	A08版	《东莞：“两学一做”推动文明创建迈上新台阶——坚持问题导向开展学习教育，助推经济社会发展》
414	9月13日	A10版	《产业联盟抱团撬动发展潜力——松山湖：力争2020年建成“互联网+”试点示范小镇》
415	9月13日	A12版	《塘厦：软硬并举　争当东莞市精神文明建设排头兵》
416	9月13日	A16版	《探索“志愿者+社工”模式，建设信息化平台——东莞东城：积极推进志愿服务发展》
417	9月14日	A08版	刊发整版报道《东莞茶山多措并举争创省级文明示范镇——南方报业文明创建观察团走进茶山，东莞城市新门户展新风》
418	9月14日	A11版	《东莞高埗提升硬件设施及配套水平——打造市中心区“后花园”》
419	9月14日	A11版	《东莞石排镇多措并举，强化督导问责——四个维度检验文明创建整治提升成果》
420	9月16日	头版	《贺信》
421	9月16日	A04版	《国宝级艺术名家献演庆中秋》
422	9月16日	A04版	《边检官兵与流动党员共度中秋》
423	9月18日	A04版	《从传统制造业转移到新技术产业落户——珠三角企业非洲淘金记》
424	9月19日	A10版	《省篮球联赛决赛落幕——东莞队成功卫冕》
425	9月19日	A06版	《2015年广东文化产业增加值继续居全国首位》
426	9月20日	头版	《朱小丹到东莞市中俄贸易产业园调研，强调——立足长远　面向全局高标准加快推进项目规划建设》

续表

序号	日期	刊载版面	报道题目
427	9月20日	A12版	“不一样的东莞·东莞制造梦工场”之文化产业篇《东莞：文化产业成为城市发展新动力——规模和增速位居全省前列　城市文化软实力大幅提升》
428	9月21日	A12版	《世界最大水下铁路盾构隧道开挖——预计将于2019年5月完工，通车后从番禺去东莞只需十几分钟》
429	9月21日	A10版	刊发“不一样的东莞·东莞制造梦工场”之电子商务篇《电商网络经营主体数量居全省地级市前列——电子商务：东莞制造转型的助推器》
430	9月21日	A02版	《“代开易”——老百姓的办税省时法宝——东莞国税、地税全省首创“国地通发票代开易”》
431	9月22日	A10版	刊发“不一样的东莞·东莞制造梦工场”之模具产业篇《协同创新引领尖端技术突围　专业化打造精密生产标杆——东莞模具产业：演绎“中国制造2025”创新范本》
432	9月22日	A09版	《东莞，让我们更加有所作为——东阳光新药创新团队用3年时间敲开欧美大门》
433	9月23日	A09版	《东莞万江：借力银龙桥建设契机——整合“一圈两区”资源，加快城市提速发展》
434	9月24日	封二版	刊发吕业升书记署名文章《学习贯彻习近平总书记“七一”重要讲话——加快构建开放型经济新体制》
435	9月26日	头版、A03版	《从攻坚战到持久战——广东全面推进基层治理迈上新水平》
436	9月26日	02版	《〈广东省人民政府关于促进海运业健康发展的实施意见〉日前出台明确目标：广东将打造海运强省》
437	9月26日	A12版	《东莞中堂镇：积极推动产业与环境融合——探索可持续发展新路径》
438	9月28日	A11版	《东莞首届道滘新艺术节今日开幕——全球79位大师受邀带来“艺术盛宴”》
439	9月29日	A09版	《甘子钊团队经过多次调研，将研究项目落户东莞——抢得院士来创业，东莞凭什么？》
440	9月29日	A13版	《重视文物保护　东莞市石排镇塘尾古村焕发新光彩》
441	9月30日	A13版	《何忠友督办海博会筹备工作共设展位2626个52国家（地区）参展》
442	10月1日	A05版	《第三代半导体产业南方基地项目启动——袁宝成见证签约仪式》
443	10月4日	A02版	《东莞制造企业的国庆假期，一如既往地忙碌着——不是在赶订单　就在找订单的路上》
444	10月4日	A01版	《粤港澳游掀第二轮出游高峰——节前出发中长线游客逐渐回流　“转战”短线游》
445	10月5日	A01版	《黄金周过半　出游价下调——一些国内热门线路价格降三成　从广州出境机票优惠增多》
446	10月6日	A03版	《光影幻变　炫丽夺目》
447	10月8日	A04版	《尊重基层首创激发基层动力——记全面深化改革的广东探索》
448	10月8日	A04版	《理直气壮抓党建　学习教育促发展——虎门二桥基础工程已完成》
449	10月9日	A02版	《广东智力援疆为受援地发展注入强劲动力——实施四大智力工程提升内生造血功能》
450	10月10日	A10版头条	《用好两个多月全市大调研成果破解发展难题——东莞力推开放型经济新体制试点试验工作》
451	10月11日	A02版	《岭南崛起“创新极”——创新驱动成为广东下一轮发展的新优势》
452	10月13日	A12版	《“不一样的东莞——东莞制造梦工场”之会展业篇 〈促成传统产业和新兴产业对接——会展业成东莞经济强力引擎〉》
453	10月13日	A04版	《2016年全国双创活动周广东省分会场在穗启动　16个首批省级双创示范基地亮相》

续表

序号	日期	刊载版面	报道题目
454	10月14日	头版	《李克强在考察广东并出席2016年全国大众创业万众创新活动周时强调 扎实推进“双创”和“中国制造2025” 以创新驱动经济发展转型升级》
455	10月14日	（全国版）A02版	《南方日报社召开2016年度全省新闻秘书会议，慎海雄出席 弘扬主旋律 凝聚正能量》
456	10月17日	A10版	《东莞探索健全文明创建长效机制，补齐短板提升城市价值——百日攻坚 惠民生 成风化人创文明》
457	10月18日	A03版	《陈冬家人：想让陈冬来东莞走一走》
458	10月19日	A02版	《全省基层文明创建工作座谈会召开，慎海雄出席并讲话——加快塑造基层文明新形象》
459	10月19日	A11版	《海丝博览会月底东莞举行》《52个国家和地区将参展海丝博览会 南非等国将设国家馆》《17国政要将出席“产能合作与创新发展”论坛》
460	10月20日	A04版	《增强供给能力 促进消费升级——今年国庆黄金周促消费活动精彩纷呈，节日市场销售畅旺》
461	10月21日	头版	《王荣率队开展提案“回头看”，视察广深铁路沿线环境 昔日养猪场今朝变公园》
462	10月21日	A12版	《广东共青团“健康直通车”开进新疆 7天义诊1500多人次》
463	10月21日	A04版	《莞深惠等多地停工停课》
464	10月22日	A10版	《分子诊断技术大会在松山湖召开》
465	10月22日	A10版	《五个国家重大科学装置落户广东》
466	10月23日	A05版	《确保文明创建落实在基层“最后一公里”》
467	10月24日	A11版	《东莞与昭通签署扶贫协作协议》
468	10月25日	A04版	《抢抓对非投资机遇 力求投资实效——广东有条件成为中非投资合作最重要的省区之一》
469	10月25日	A07版	《打造“指尖课堂”，开启“云端学习”——东莞：借力网络平台深化“两学一做”》
470	10月27日	A10版	《推动“一带一路”战略实施，促进与沿线国家产业合作——2016海丝博览会今日在东莞开幕》
471	10月27日	A08版	《构建开放型经济新体制综合试点试验工作协调小组会议召开，何忠友主持——东莞要扎实推进试点试验工作加快外贸回稳向好》
472	10月27日	A09版	《大面积停电应急功能演练在莞举办》
473	10月28日	A04版	《2016海丝博览会 昨日在东莞开幕——办成投资贸易盛宴和增进互信舞台》
474	10月28日	A05版	《纪录片<海丝寻梦录>海外拍摄启动——该片计划明年5月播出》
475	10月28日	A07版	《境外组团参展及参会国别数创新高，采购商人数明显超上届——海丝博览会或揽超2000亿元订单》
476	10月28日	A04版	《省人大常委会召开跨市域河流河长制实施情况汇报会，黄龙云出席——加强人大对河长制实施情况监督》
477	10月28日	A10版	《东莞·大朗镇智能制造技术趋势论坛召开——把脉智能制造产业发展及国际创新合作》
478	10月29日	头版	《2016广东21世纪海上丝绸之路国际博览会主题论坛在广州召开，朱小丹出席论坛并致辞——创新驱动发展 合作推动共赢》
479	10月29日	A04版	《2016海丝博览会主题论坛在穗举行——“一带一路”沿线产能合作有利于全世界》
480	10月29日	A10版	《海丝博览会旅游文化展区大放异彩》
481	10月29日	A10版	《旅游文化展区五大展团连连看》
482	10月29日	A10版	《现场吃喝玩乐亮点逐个数》
483	10月29日	A05版	《打工者歌唱大赛总决赛东莞举行——黄业斌出席》

续表

序号	日期	刊载版面	报道题目
484	10月30日	头版	《海丝博览会签约2068亿——达成各类签约项目700个》
485	10月31日	A05版	《海丝博览会昨闭幕——观众和采购人数达23.8万人次创新高》
486	11月1日	封面导读、A01版、A11版	《胡春华主持召开全省宗教工作会议——努力开创我省宗教工作新局面》
487	11月1日	A07版	《首届“广东公共外交周”在广州举办——创新打造平台 广交五洲宾朋》
488	11月1日	A08版	《东莞：机制创新带来群文创作百花齐放——依托常设赛事“出作品、出人才”，两作品入围第十七届“群星奖”》
489	11月2日	封面导读、第A06版	《粤高新技术企业培育工作实施细则出台——企业一年内最高可享600万政策“红包”》
490	11月2日	A14版	《第十五届织交会今日开幕，展期为11月2—4日——毛织“智造”扬帆起航 天下客商齐相聚》
491	11月2日	A17版	《佛惠莞10镇街竞逐国家生态乡镇》
492	11月3日	A09版	《许瑞生调研督办茅洲河污染整治工作——把治水作为发展环保产业良好契机》
493	11月3日	A10版	《东莞麻涌以环境为创新驱动之根——狠抓环境赢得经济文明双丰收》
494	11月3日	A13版	《东莞大朗“织交会”成功开展，现场观众、商家、嘉宾纷纷点赞——成立毛织服装品牌推广中心 打造行业标杆品牌》
495	11月4日	A10版	《东莞松山湖抱团“亮剑”第18届工博会——多家企业现场发布最新自主研发产品 李群自动化获国内首批工业机器人产品认证证书》
496	11月4日	A18版	《经典电视剧〈外来妹〉重新改编后再现荧幕——新故事 新人物 老套路》
497	11月5日	02版	《利用开放优势构筑产业起飞新起点》
498	11月7日	A02版	《我省各地各部门学习贯彻六中全会精神——更加自觉主动地与党中央保持高度一致》
499	11月8日	A06版	《李群自动化：做工业机器人行业领头羊》
500	11月9日	A18版	《调动异地商会参与社会治理、规范自身发展的积极性——东莞在全国率先开展异地商会积分制管理试点》
501	11月11日	A13版	《虎门镇：从严从实推进文明创建 文明之花开遍全城》
502	11月12日	A07版	《东莞：创新方式扩大党报党刊覆盖面》
503	11月15日	头版	《首个国家森林城市群建设规划将出台——2018年珠三角9市全成国家森林城市》
504	11月16日	头版	《胡春华赴东莞市调研强调——高水平发展民营医院》
505	11月16日	A10版	《松山湖：进市民中心轻松搞掂身边大小事》
506	11月17日	A10版	《1—10月我省外贸进出口降幅收窄——12个地市进出口实现正增长》
507	11月18日	A06版	《系统推进全面创新改革试验行动计划进展顺利——我省116项改革事项已有98项落地实施》
508	11月18日	A14版	《第21届中国（虎门）国际服装交易会开幕——30载沉淀 打造创意时尚新业态》
509	11月19日	A05版	《300企业携最新产品亮相“台博会”》
510	11月20日	A04版	《国土资源部副部长赵龙来我省调研督导，许瑞生出席座谈会——做好三旧改造规划合理划分用地空间》
511	11月21日	A03版	《坚定不移推进全面从严治党 为广东发展提供坚强政治保证》
512	11月21日	A12版	《东莞：10年打造“音乐剧之都”塑造城市新形象——14部原创音乐剧获多项国内外大奖，推动本土音乐剧市场不断繁荣发展》

续表

序号	日期	刊载版面	报道题目
513	11月21日	A05版	《我省在全国率先推行基于情景构建的大面积停电事件应急预案，持续深化电力应急管理工作——遭遇大面积停电怎么办？》
514	11月23日	A06版	《把简单交给群众　把复杂留给政府——粤全面推广“一门式一网式”政务服务模式改革》
515	11月24日	A04版	《我省各地市掀起学习省委全会精神热潮——在更高起点上实现更高水平发展》
516	11月24日	A11版	《半路没电？不必担心——粤首个城际电动汽车快充站在莞启用》
517	11月24日	A03版	《广东对口帮扶云南昭通取得积极成效——签署“1+8”扶贫协作框架，启动扶贫协作示范点建设》
518	11月24日	A12版	《保质提量补短板　东莞福彩交出漂亮成绩单》
519	11月25日	A12版	《4家机器人企业中就有1家是高企——机器人产业争创全国创新型产业集群》
520	11月27日	A04版	《环境升级催生产业蝶变——解码制造名城东莞的绿色发展之路》
521	11月27日	A05版	《东莞籍货船在珠海海域坐沉——珠澳联手救出全部7名船员》
522	11月27日	A08版	《“天使”排队降人间》
523	11月29日	A08版	《2016广东智博会东莞开幕　东莞探索“智造”转型创新路径》
524	11月29日	A07版	《东莞将协助代耕农回原籍恢复户口》
525	11月30日	（全国版）A10版	《广东智博会开幕　首日近万名专业观众观展》
526	12月1日	A01头版	《朱小丹到东莞市暗访检查安全生产，强调强化隐患排查　坚决防范重特大事故发生》
527	12月1日	A04版	《中央环保督察转办首批举报件34件》
528	12月2日	（全国版）AII04版	《两项大赛在莞落幕　优秀工业设计作品将落地孵化成商品》
529	12月2日	（全国版）A02版	《马兴瑞主持召开深莞茅洲河综合整治工作领导小组会议　打造治水提质样板工程》
530	12月2日	（全国版）AII05版	《诗歌，在你身边　东莞探索校园诗歌教育》
531	12月3日	（全国版）A01头版	《广东省人大监督工作会议召开　确保党委重大决策部署切实贯彻落实》
532	12月3日	（全国版）A05版	《东莞警方通报“10·27”梁某故意伤害案，黄某死前五次袭击运钞车，警方排除其与运钞车发生碰撞摩擦　押运员防卫过当被逮捕》
533	12月5日	A05版	《广东省依法治省工作先进单位和先进个人候选名单的公示》
534	12月5日	A03版	《第五批举报件120宗已转办》
535	12月6日	A06版	《东莞：基层精神文明建设提升城市价值》
536	12月6日	A04版	《第六批举报件106宗已转办》
537	12月7日	封面导读、A11版	《一个绿杯子引发的跨国爱心救助　东莞厂家重启13年前生产线为英国自闭症男孩“续命”》
538	12月7日	A08版	《广东工人艺术团走进东莞石龙》
539	12月7日	A02版	《第七批举报件108宗已转办》
540	12月8日	头版	《中办国办印发〈关于进一步加强东西部扶贫协作工作的指导意见〉》
541	12月8日	A03版	《第八批举报件132宗已转办》
542	12月9日	A12版	《聚集企业研发中心，开展车间技术革命，手机出口突破1亿台——东莞以创新驱动外贸转型升级》
543	12月9日	A03版	《首批70家环保违法企业被惩戒》

续表

序号	日期	刊载版面	报道题目
544	12月10日	A04版	《中国（东莞）国际科技合作周聚焦智能环保新技术——智能婴儿车自带哄娃技能》
545	12月10日	A06版	《东莞大力推动国际科技合作——努力在全省建设国家科技产业创新中心的战略部署中走在前列》
546	12月10日	A02版	《海关总署署长于广洲东莞调研》
547	12月10日	A05版	《创新联结创新 价值创造价值——小蛮腰科技大会举办“智能智造创新”论坛，南都创客联盟成立》
548	12月10日	A02版	《中央第四环保督察组转办第十批环境信访举报件144宗——各地已对511家企业责令整改》
549	12月11日	A03版	《勇闯“互联网+交通运输”创新创业之路》
550	12月11日	A02版	《我省累计已收到中央督察组转办件1188宗》
551	12月12日	A04版	《东莞：创建全国版权示范城市助推经济转型升级》
552	12月12日	A09版	《体制改革创新 政策先行先试——珠三角自创区激活创新创业活力》
553	12月12日	A10版	《广东警方摧毁多个侵犯公民银行卡信息犯罪团伙——木马入侵手机 盗刷银行卡》
554	12月13日	A02版	《广东掀起观〈榜样〉、学榜样、做榜样热潮 向榜样看齐 做合格党员》
555	12月13日	A03版	《13户广东家庭被授予第一届全国文明家庭荣誉称号》
556	12月13日	A10版	《沙田镇虎门港：全力建设幸福美丽新港城》
557	12月14日	A10版	《〈2016年度广东各市开办企业便利度评估报告〉发布——新办企业哪里最方便？深圳》
558	12月14日	A02版	《我省已累计收到中央环保督察组转办件1667宗——立案处罚企业852家刑事拘留54人》
559	12月15日	A06版	《前11月我省跨境电商进出口增长35.1%——11月份广东外贸进出口微降0.1%》
560	12月15日	A03版	《我省已累计收到中央环保督察组转办件1818宗——各地已对1124家企业责令整改》
561	12月17日	A04版	《东莞莞城美术馆馆长谢钧：小馆办大展 艺术惠民间》
562	12月17日	A05版	《省社科院与南方报业共同发布〈广东产业转型升级指数评价研究〉——创新驱动渐成广东产业转型动力》
563	12月18日	A03版	《东莞建行建立“党员活动日”制度》
564	12月19日	A02版	《多层次、多形式、宽领域、全方位，先富帮后富——广东肩负东西部扶贫协作新使命》
565	12月19日	A07版	《粤港澳“小外交官”激辩全球大事件》
566	12月19日	封面导读、A07版	《迈向“万亿俱乐部”，东莞与佛山的比拼有看头》
567	12月19日	AC04版	《孙中山先生诞辰150周年 中国最早“中山路”如何重拾繁华》
568	12月20日	A04版	《第八届广东设计周暨首届广东生产服务周成功举办——创新设计驱动产业升级》
569	12月20日	A06版	《海战博物馆以全新姿态展现“鸦片战争”——数千件文物和历史图照带领参观者领略中国近代史开篇地风采》
570	12月20日	A22版	《文化旅游深度融合 创新景区发展模式——首批8处“广东省文化旅游融合发展示范区”正式亮相》
571	12月21日	A01头版	《中共广东省委 广东省人民政府 关于深入推进城市执法体制改革 改进城市管理工作的实施意见》
572	12月21日	A04版	《中共广东省委 广东省人民政府关于深入推进城市执法体制改革 改进城市管理工作的实施意见》

续表

序号	日期	刊载版面	报道题目
573	12月21日	A07版	《近百亿！省市共建11所地方本科高校——广东高校形成分类发展全新格局》
574	12月21日	A08版	《梅汕铁路全线开工、深茂铁路建设顺利推进、赣深高铁获批——今年铁建388亿投资任务基本完成》
575	12月21日	A17版	《东莞推出专题宣传片〈历史文化名城东莞〉》
576	12月21日	A22版	《莞深等市率先试点，鼓励下游厂商“用脚”投票　绿色供应链管理倒逼产业链“绿化”》
577	12月21日	A17版	《市镇两级领导加紧督办　金茂污泥厂污染整改》
578	12月22日	A01头版	《构建开放型经济新体制——东莞5年内迈向“万亿俱乐部”》
579	12月22日	A07版	《构建开放型经济新体制——东莞5年内迈向“万亿俱乐部”》
580	12月22日	AT02版整版	《莞邑雄心　迈向“万亿俱乐部”的底气》
581	12月22日	AT03版整版	《突围：吕业升的治莞“密码”》
582	12月22日	AT04版整版	《创新：梁维东的“棋手”风范》
583	12月22日	AT05版整版	《诸侯经济如何协调发展？——精准发力破解园区统筹“老大难”》
584	12月22日	AT06版整版	《企业“倍增计划”如何展开？——通过“一事一议”工作机制实施“一企一策”精准服务企业》
585	12月22日	AT07版整版	《新旧动能如何转换？——开放型经济亟须服务业破题》
586	12月22日	A04版	《我省开展老年人意外伤害保险工作成绩显著——635万老年人享受红利》
587	12月22日	A05版	《东莞：从世界工厂到珠三角科技创新中心》
588	12月22日	A05版	《广东历时半年开展各领域改革全面评估，全面深化改革取得阶段性成效——以全面评估促改革落地见效》
589	12月22日	A10版	《首批8处省文化旅游融合发展示范区授牌》
590	12月23日	A03版整版	《中国共产党东莞市第十四次代表大会开幕，坚定在更高起点上实现更高水平发展的价值追求——奋力实现“两个率先”跨越万亿生产总值》
591	12月23日	A03版整版	《市党代表、市委常委、常务副市长张科：努力推动蓝图愿景变成美好未来》
592	12月23日	A03版整版	《市党代表、厚街镇委书记万卓培：“八大发展”推动实现更高水平发展》
593	12月23日	A03版整版	《市党代表、虎门镇镇长曲洪淇：集约发展关键在于落实“倍增计划”》
594	12月23日	A03版整版	《市党代表、黄江镇北岸社区党工委书记陈伟坚：报告直面基层痛点指明发展方向》
595	12月23日	A01头版	《胡春华赴东莞调研石马河治污工作——着力抓好重污染水域综合整治》
596	12月23日	A01头版	《赣深客专广东段正式动工——胡春华朱小丹见证项目开工》
597	12月23日	A02版	《全省已向社会公布1701件转办件办理结果，对2205家企业责令整改——从严从快从实查处督察组转办件》
598	12月23日	A02版	刊发《广东从严从快从实查处中央环保督察组转办件全省约谈712人问责339人》
599	12月24日	A03版	《东莞新一届市委班子选出》
600	12月24日	A02版	《广东以金融创新为经济发展添动能——让全球投资者共享珠三角发展机遇》
601	12月25日	封面导读	《省委经济工作会议在广州召开，胡春华强调——坚持稳中求进工作总基调　把供给侧结构性改革作为经济发展主线》
602	12月25日	A01头版	
603	12月25日	A02版	
604	12月25日	A01头版	《省委经济工作会议召开第二次会议——胡春华主持　朱小丹总结并部署经济工作》

序号	日期	刊载版面	报道题目
605	12月25日	A06版	《省委经济工作会议召开第二次会议——胡春华主持 朱小丹总结并部署经济工作》
606	12月25日	A03版	《全面落实2017年重点工作任务》
607	12月26日	A12版	《“90后”创业梦想照进现实》
608	12月27日	A12版	《新旧动能转换形成外贸发展新优势》
609	12月28日	A12版	《东莞打造出口玩具和婴童用品质量安全示范区》
610	12月29日	A12版	“构建开放型经济新体制综合试点试验成果”系列报道之贸易便利化流程再造篇《东莞构建一体化的“三互”大通关格局》
611	12月29日	A08版	《粤发布水权交易管理试行办法，将重点放在东江流域上下游
612	12月29日	A17版	《东莞观音山年游客接待量近百万——为打造岭南佛教名山继续努力》
613	12月30日	A03版	《〈2016年度珠三角竞争力报告〉推出珠三角人类发展指数独家发布——广深珠指数看齐准发达国家》
614	12月30日	A10版	《聚焦企业融资与财务法律风险防控——第八期“以法兴企”文化沙龙在东莞举行》
615	12月30日	A12版	“构建开放型经济新体制综合试点试验成果”系列报道之构建国际大通道新格局篇《东莞国际铁路货运量居全省第一位》
616	12月30日	AT26版	《无人自助新能源汽车共享平台率先在东莞启用——探索可持续发展路径 为城市创造新价值》
617	12月30日	AT51版	《新旧动能转换 迈向“万亿俱乐部”》

2016年广东卫视《广东新闻联播》涉莞重要报道目录

序号	日期	报道题目
1	1月1日	《新年欢乐夜 火树银花共跨年》
2	1月3日	《东莞：小学里的“大助教”》
3	1月4日	《杜斌：货真“架”实勇于创新的创业者》
4	1月6日	《东莞“商改”步伐加快释放新制度红利》
5	1月7日	《广东警方打击盗抢案件取得明显成效》
6	1月8日	《东莞厚街“互联网+警务”平台上线》
7	1月14日	《努力打造贯通珠三角城市群城际客运网络》
8	1月15日	《深圳东莞“3+2”专项整治成效显著》
9	1月16日	《东莞：“家族式”地下钱庄缴获现金过千万》
10	1月17日	《东莞放宽保障房申请门槛》
11	1月21日	《广东：强化创新驱动 探路“中国制造”》
12	1月22日	《加快营造法治化国际化便利化营商环境》
13	1月27日	《代表分组审议审查有关报告与草案》
14	1月28日	《三地市长记者会上谈“供给侧改革”》
15	1月31日	《世界防治麻风病日：加强行动 消除麻风危害》
16	2月2日	《切实做好节日市场供应保障工作》
17	2月4日	《省领导分赴广东各地 送温暖听民声解民忧》
18	2月10日	《赏美景逛花灯 欢天喜地过大年》
19	2月16日	《东莞横沥：搭建平台 抱团创新》
20	2月18日	《胡春华朱小丹赴东莞松山湖高新区调研 加快建设珠三角国家自主创新示范区》
21	2月19日	《全力推进网格化管理及综治信访维稳中心升级建设》
22	2月19日	《聚焦不作为：省纪委节后工作作风专题暗访实录（上）》

续表

序号	日期	报道题目
23	2月21日	《广东各地精彩传统民俗活动迎元宵》
24	2月25日	《学深学透用好讲话精神　壮大主流新闻舆论阵地》
25	2月27日	《经济活力看广东——中外主流媒体关注东莞转型升级》
26	2月28日	《广东“快撤理赔”由城市道路向高速公路全面推行》
27	2月29日	《记者调查：技术型工人成为企业招聘的香饽饽》
28	3月1日	《教育部推介高水平大学建设“广东经验”》
29	3月6日	《虎门二桥建设破纪录　单次混凝土浇筑突破18000方》
30	3月12日	《广东团代表共提交485件建议　履职成效凸显》
31	3月21日	《广东：推进商事登记“一网通”　实现政府企业“双减负”》
32	3月22日	《东莞：“世界工厂”再“智造”》
33	3月23日	《坚持开放发展　打造广东陆上丝绸之路起点》
34	3月24日	《东莞：世界“制造”基地的“梦里水乡”》
35	3月27日	《东莞、阳江两地国际马拉松赛今天开跑》
36	3月30日	《莞惠城轨常平东至小金口段今天通车运营》
37	4月4日	《广东“治水策”：净水“引凤”促转型》
38	4月8日	《今年广东5高校93专业升格一本招生》
39	4月11日	《胡春华赴东莞检查指导稳增长和外经贸工作　坚定不移推动外经贸转型升级》
40	4月11日	《东莞：“筑巢育凤”加快科技企业孵化》
41	4月11日	《2016中国加博会将于4月21日在东莞举行》
42	4月13日	《胡春华赴深圳调研并主持召开广深佛莞四市座谈会　立足新常态在更高起点上谋划更高水平发展》
43	4月14日	《东莞麻涌龙门架倒塌现场清理救援工作结束　救治善后及事故调查工作有条不紊进行》
44	4月14日	《新闻特写：事故现场的救人英雄》
45	4月15日	《国内运程最长中欧班列从东莞发车》
46	4月21日	《2016中国加工贸易产品博览会在东莞开幕》
47	4月22日	《珠三角加工贸易产业旧貌换新貌》
48	4月23日	《“外国人看中国”：中国“创新”文化世界领先》
49	4月23日	《2016中国加博会达成项目7743宗》
50	4月29日	《东莞市委主要负责同志调整》
51	5月3日	《东莞：加工贸易转型升级　实现“华丽转身”》
52	5月4日	《石金博：赋予机器人逻辑思维能力》
53	5月5日	《广东东莞边防破获“1·26”特大走私毒品案》
54	5月10日	《第八届漫博会：关注动漫IP变现新模式》
55	5月15日	《粤港澳警方联合打击跨境犯罪取得重大战果》
56	5月17日	《闵远平：农村走出来的“叉车大王”》
57	5月17日	《“铁胆”郑浩源：驰骋在“滚滚车流”的守护神》
58	5月18日	《防雷能手夏云峰》
59	5月18日	《第五届中国创新创业大赛港澳台赛启动》
60	5月19日	《深圳东莞凝聚合力　推进茅洲河污染综治》
61	5月22日	《383件作品入围广东大学生创业大赛》
62	5月24日	《告别“脏乱差”　广深铁路沿线环境整治初显成效》
63	5月27日	《东莞轨道交通2号线开通试运营》

续表

序号	日期	报道题目
64	5月28日	《广东首次试水投贷联动　解决科技创新企业融资难》
65	5月30日	《广东：强化工作责任　推进重点工程建设》
66	5月31日	《推进基层创新　开创改革新局面》
67	6月1日	《打好治理攻坚战　还茅洲河“清白”》
68	6月1日	《智能制造行业创新大赛落幕3个项目入围中国区20强》
69	6月3日	《东莞启用首个社区外来工健康宣教室》
70	6月4日	《东莞：构建开放型经济新体制　综合试点试验城市》
71	6月7日	《广东：全面放开异地高考　9570名随迁子女在粤高考》
72	6月8日	《中国铁路启用中欧班列同一品牌》
73	6月12日	《广东：质检“一证通全球”　助力企业挺进国际市场》
74	6月16日	《全省专业镇协同创新工作现场会在东莞召开》
75	6月27日	《广东：禁毒宣传进学校进社区》
76	6月27日	《中央文明办在东莞召开深化文明城市创建工作座谈会》
77	6月29日	《广东全面营改增首个申报期结束　餐饮业减税力度大》
78	6月30日	《胡春华朱小丹等省领导开展“七一”慰问活动》
70	7月3日	《南粤干部群众热议习近平总书记“七一”讲话精神》
71	7月11日	《广东推进“三旧”改造　助力产业转型升级》
72	7月11日	《广播“以案说防”助力东莞治安》
73	7月12日	《广东省公安厅经侦局：创新战法　打击非法集资》
74	7月14日	《在更高起点上谋划更高水平的发展》
75	7月16日	《东莞：加快补齐精神文明建设短板》
76	7月17日	《东莞黄江：切实推进“干部成长工程”》
77	7月20日	《广东：大力推进氢能产业发展》
78	7月23日	《首个民政救助机构爱国强军教育基地在东莞揭牌》
79	7月24日	《广东省与中国工程院签署深化推进产学研合作协议》
80	7月24日	《全国智能制造试点示范经验交流会暨智能制造装备应用现场经验交流会在东莞市召开》
81	7月24日	《何满棠：“工匠精神”扭出国标螺丝扭矩》
82	7月29日	《全国双拥模范命名表彰大会在京召开　广东17市获评“全国双拥模范城”》
83	8月2日	《胡春华赴东莞深圳现场检查台风“妮妲”防御工作》
84	8月3日	《创新援疆“造血”新模式》
85	8月9日	《小候鸟看广东大型系列公益活动走进东莞》
86	8月12日	《20岁青年制止犯罪牺牲　警方正全力侦办案件》
87	8月12日	《黄埔深圳海关联合摧毁涉案3亿元走私轮胎网络》
88	8月12日	《广东启动打击网络侵权盗版“剑网2016”专项行动》
89	8月17日	《第八届漫博会明天在东莞开幕》
90	8月18日	《第八届漫博会开幕　“动漫+”掀创新风》
91	8月19日	《漫博会：专业活动丰富　助力产业对接》
92	8月20日	《漫博会持续“升温”　VR AR体验受热捧》
93	8月21日	《漫博会分会场特色活动精彩不断》
94	8月22日	《漫博会闭幕　VR产品赚足“眼球”》
95	8月23日	《漫博会：助力广东动漫企业转型升级》
96	8月24日	《胡春华：把广东建设成为国家科技产业创新中心》

续表

序号	日期	报道题目
97	9月5日	《胡春华赴贵州云南广西调研对接东西部扶贫协作工作——全面对接做实与桂黔滇扶贫协作》
98	9月6日	《胡春华会见中央调研检查组》
99	9月7日	《莞商回国投资瞄准“智能制造”》
100	9月9日	《非洲客人点赞对非投资论坛：广东发展成就举世瞩目》
101	9月10日	《教师节：特别的祝福谢师恩》
102	9月11日	《东莞常平：探索专职警长制　实现基层长治久安》
103	9月13日	《加强产业人才互补交流　掀起粤港合作新篇章》
104	9月20日	《朱小丹：立足长远　面向全局　高标准加快推进项目规划建设》
105	9月20日	《东莞万江：联防人员参与全民创安　违法犯罪警情下降15%》
106	9月20日	《公民道德宣传日：美德养成从我做起》
107	9月22日	《传承东江纵队精神　保障人民安居乐业》
108	10月7日	《东莞首次出台限购政策只针对新建商品房》
109	10月8日	《广东援疆：产业拉动就业　就业带动脱贫》
110	10月8日	《广东：全力推动质量效益型发展》
111	10月9日	《广东援疆：“全链帮扶”　“软硬结合”　提升教育品质》
112	10月11日	《中能加速器：创新突围让放疗设备“国产化”》
113	10月12日	《推动东莞制造与全球创新深度融合》
114	10月13日	《李克强深圳东莞考察》
115	10月14日	《李克强考察广东——扎实推进“双创”和“中国制造2025”　以创新驱动经济发展转型升级》
116	10月15日	《李群自动化：从工业机器人到人工智能》
117	10月17日	《新闻特写：家人遥祝陈冬出征太空》
118	10月18日	《加强塑造基层文明新形象》
119	10月18日	《2016“海丝博览会”10月27日在东莞开幕》
120	10月23日	《广东“健康直通车”开进新疆喀什》
121	10月26日	《广东欧珀：创新促进转型　企业“破茧成蝶”》
122	10月26日	《2016广东21世纪海上丝绸之路国际博览会明天在东莞举行》
123	10月27日	《海博会：73个国家参展参会　特色产品集中亮相》
124	10月29日	《2016海丝博览会意向成交2068亿元》
125	11月2日	《第十五届东莞“织交会”开幕　“技改”成共识》
126	11月3日	《广东：把治水作为发展环保产业的良好契机》
127	11月9日	《广东各地举行内容丰富的消防宣传体验活动》
128	11月10日	《寒潮来袭　广东开启“速冻”应对模式》
129	11月15日	《省委党的十八届六中全会精神宣讲团在广东各地宣讲》
130	11月16日	《胡春华赴东莞市调研高水平发展民营医院》
131	11月23日	《260名“千里马”在莞牵线“伯乐”》
132	11月24日	《广东：深入学习贯彻省委十一届八次全会精神》
133	11月27日	《胡春华赴韶关清远调研　加大粤东西北基层医疗卫生资源投入》
134	11月29日	《2016广东智博会开幕“中国制造”展现高精技术》

序号	日期	报道题目
135	11月30日	《朱小丹到东莞市暗访检查安全生产》
136	11月30日	《2016中国（东莞）国际科技合作周将于12月9日开幕》
137	12月1日	《广东：深化“两法衔接” 保障公众“食药”安全》
138	12月4日	《推进镇村文明创建上新台阶》
139	12月7日	《拯救英国自闭男孩 东莞企业为其再造水杯》
140	12月9日	《2016中国（东莞）国际科技合作周开幕》
141	12月11日	《东莞：文明示范镇 焕发新风采》
142	12月14日	《广东各市开办企业便利度评估报告出炉：深圳、东莞最便利》
143	12月17日	《东莞外贸逆市飘红 高技术产品出口增幅明显》
144	12月22日	赣深客专广东段正式动工 胡春华朱小丹见证项目开工

2016年东莞市先进工作单位名单

一、2016年度东莞市规模效益成长性排名前20名企业

千亿级企业：

华为系工业企业〔含华为终端（东莞）有限公司等2家工业企业〕

步步高系工业企业（含东莞市欧珀精密电子有限公司等6家工业企业）

百亿级企业：

东莞技研新阳电子有限公司

东莞创机电业制品有限公司

东莞三星视界有限公司

十亿级企业：

兴科电子科技有限公司

东莞结宝金属塑胶制品有限公司

日本电产精密马达科技（东莞）有限公司

东莞百一电子有限公司

广东长盈精密技术有限公司

卡士莫实业（东莞）有限公司

东莞富强电子有限公司

东莞新能德科技有限公司

东莞阿尔卑斯电子有限公司

东莞市誉铭新精密技术股份有限公司

东莞信恒电子科技有限公司

易事特集团股份有限公司

光宝网络通讯（东莞）有限公司

东莞顺裕纸业有限公司

京瓷办公设备科技（东莞）有限公司

二、2016年度东莞市实际出口总额前20名企业

华为终端（东莞）有限公司

东莞三星视界有限公司

东莞技研新阳电子有限公司

东莞创机电业制品有限公司

东莞市鼎立电子贸易有限公司

东莞市岭南进出口有限公司

东莞时力科技电子厂

京瓷办公设备科技（东莞）有限公司

东莞高伟光学电子有限公司

东莞东聚电子电讯制品有限公司

东莞金卓通信科技有限公司

东莞华贝电子科技有限公司

东莞船井电机厂

天弘（东莞）科技有限公司

富港电子（东莞）有限公司

达创科技（东莞）有限公司

精成科技电子（东莞）有限公司

台达电子电源（东莞）有限公司

东莞富强电子有限公司

广东汇富控股集团股份有限公司

三、2016年度东莞市主营业务收入前20名企业

步步高系企业（含广东欧珀移动通信有限公司等31家在莞注册企业主营业务收入）

华为系企业〔含华为终端（东莞）有限公司等4家在莞注册企业主营业务收入〕

广东电网有限责任公司东莞供电局

东莞三星视界有限公司

中国移动通信集团广东有限公司东莞分公司

东莞华贝电子科技有限公司

东莞玖龙纸业有限公司

东莞创机电业制品有限公司

东莞农村商业银行股份有限公司

东莞技研新阳电子有限公司

东莞东聚电子电讯制品有限公司
东莞市金铭电子有限公司
东莞市宏川化工供应链有限公司
东莞富强电子有限公司
广东烟草东莞市有限公司
东莞宇龙通信科技有限公司
东莞市以纯集团有限公司
中国电信股份有限公司东莞分公司
京瓷办公设备科技（东莞）有限公司
东莞京东利昇贸易有限公司

四、2016年度东莞市纳税亿元以上企业（94家，按照自然年度进行统计，不含企业代扣个人所得税）

步步高系企业（含广东欧珀移动通信有限公司等31家在莞注册企业纳税额）
华为系企业〔含华为终端（东莞）有限公司等4家在莞注册企业纳税额〕
广东烟草东莞市有限公司
东莞农村商业银行股份有限公司
广东电网有限责任公司东莞供电局
东莞市以纯集团有限公司
中国平安财产保险股份有限公司东莞分公司
东莞银行股份有限公司
中国人民财产保险股份有限公司东莞市分公司
东莞玖龙纸业有限公司
东莞东城万达广场投资有限公司
东莞徐记食品有限公司
东莞市万宏房地产有限公司
东莞冠亚环岗湖商住区建造有限公司
广东虎门大桥有限公司
东莞三星视界有限公司
东莞市桃源商住建造有限公司
东莞雀巢有限公司
保利（东莞）投资有限公司
中信银行股份有限公司东莞分行
中国太平洋财产保险股份有限公司东莞分公司
广东广合电力有限公司沙角发电厂C厂
东莞市合和实业投资有限公司
中国工商银行股份有限公司东莞分行
广东太阳神集团有限公司
东莞市泽和实业有限公司
招商银行股份有限公司东莞分行
东莞厚街万达广场投资有限公司
东莞证券股份有限公司
广东生益科技股份有限公司
广东理文造纸有限公司
东莞京滨汽车电喷装置有限公司
广东坚朗五金制品股份有限公司
中国农业银行股份有限公司东莞分行
东莞发展控股股份有限公司
东莞市光大房地产开发有限公司
东莞东聚电子电讯制品有限公司
东莞信托有限公司
东莞市鹏跃置业有限公司
中国银行股份有限公司东莞分行
广东电力发展股份有限公司沙角A电厂
东莞新奥燃气有限公司
罗门哈斯电子材料（东莞）有限公司
中国建设银行股份有限公司东莞市分行
广东都市丽人实业有限公司
广东众生药业股份有限公司
东莞名流置业有限公司
易事特集团股份有限公司
东莞市万科置地有限公司
搜于特集团股份有限公司
东莞市四季房地产开发有限公司
东莞市龙泉实业发展有限公司
东莞市金铭电子有限公司
中国移动通信集团广东有限公司东莞分公司
东莞市金地宝岛房地产有限公司
东莞市万胜房地产有限公司
东莞市幸福家园建造有限公司
东莞市香堤雅境花园建造有限公司
东莞金洲纸业有限公司
东莞骏豪房地产开发有限公司
东莞市汇景凯伦湾房地产开发有限公司
东莞市和越投资有限公司
东莞恩斯克转向器有限公司
东莞市益田奥城房地产投资有限公司
东莞市城邦房地产开发有限公司
东莞市金舜房地产投资有限公司
东莞市鼎峰花园建造有限公司
东莞市长安万科房地产有限公司
东莞新能德科技有限公司
东莞市万汇房地产开发有限公司
东莞建晖纸业有限公司
兴科电子科技有限公司
东莞市大岭山镇房地产开发公司（领居）
东莞市麻涌镇房地产开发公司（碧海蓝湾花园）
东莞市路桥投资建设有限公司
广州港新沙港务有限公司
华润雪花啤酒（广东）有限公司
东莞市星城绿湖风景房地产有限公司
东莞市麻涌碧桂园房地产开发有限公司
东莞创机电业制品有限公司
东莞市海岸桃源实业投资有限公司
东莞市益展恒泰房地产开发有限公司
平安银行股份有限公司东莞分行
东莞京东利昇贸易有限公司

东莞市世博新天地物业投资有限公司
东莞市惠仁房地产开发有限公司
陆逊梯卡华宏（东莞）眼镜有限公司
东莞高豪花园建造有限公司
东莞亿辉地产有限公司
东莞市万都房地产有限公司
东莞中电第二热电有限公司
东莞市三正雁田房地产开发有限公司
东莞市糖酒集团美宜佳便利店有限公司
东莞虎门万达广场投资有限公司

五、2016年度领导班子工作优秀镇（街道）（11个）

长安镇、东城街道、凤岗镇、沙田镇（东莞港）、塘厦镇、清溪镇、麻涌镇、南城街道、大岭山镇、厚街镇、茶山镇

六、2016年度领导班子工作良好镇（街道）（11个）

寮步镇、东坑镇、桥头镇、莞城街道、横沥镇、大朗镇、石碣镇、樟木头镇、石龙镇、常平镇、虎门镇

七、2016年度综合排名进步前三名镇（街道）

厚街镇、桥头镇、樟木头镇

八、2016年度水乡特色发展经济区工作落实前三名镇（街道）

麻涌镇、沙田镇（东莞港）、石龙镇

九、2016年度工作优秀市直单位（38个）

经济建设类（10个）：市财政局、市统计局、市发展和改革局、市国土资源局、市商务局、市经济和信息化局、市科学技术局、市环境保护局、市城乡规划局、市住房和城乡建设局

社会建设类（13个）：市委政法委（市社会工作委员会）、市人民检察院、市中级人民法院、市教育局、市人力资源局（市新莞人服务管理局）、市公安局、市工商行政管理局、市民政局、市社会保障局、市司法局、市质量技术监督局、市第一人民法院、市地震局

党建综合类（15个）：市纪委机关、市委办公室、市人大机关、市委组织部、市政府办公室（市金融工作局）、市政协办公室、市委宣传部、市委政策研究室（市委改革办）、市委党校、市编办、市委统战部、市审计局、市机关事务管理局、市地方志办公室、市残联

十、2016年度工作良好市直单位（33个）

经济建设类（10个）：市农业局、市安全生产监督管理局、市水务局、市林业局、市国资委、市房产管理局、市经协办、市交通运输局、市海洋与渔业局、市城建工程管理局

社会建设类（10个）：市文化广电新闻出版局、市卫生和计划生育局、市食品药品监督管理局、市城市综合管理局、市体育局、市第一市区检察院、市外事侨务局、市第二人民法院、市民族宗教事务局、市第三市区检察院

党建综合类（13个）：市接待办、东莞日报社、市法制局、东莞广播电视台、市妇联、市电子政务办、团市委、市档案局（馆）、市人民政府驻北京联络处、市委老干部局、市直属机关工作委员会、市总工会、市人民政府驻广州办事处

十一、2016年度园区工作优秀单位（2个）

松山湖（生态园）管委会、东莞水乡特色发展经济区管委会

十二、2016年度工作优秀中央和省驻莞单位（10个）

市国家税务局、市地方税务局、市国家安全局、广东电网有限责任公司东莞供电局、市公安消防局、东莞海关、国家统计局东莞调查队、中国建设银行股份有限公司东莞市分行、市武警支队、市气象局

十三、2016年度全市“单打冠军”（71项）

（一）镇（街道）部分（39项）：

全国科普示范社区：莞城街道、樟木头镇

全国服务农民服务基层文化建设先进集体：莞城街道、常平镇

中国名镇志文化工程名镇：虎门镇

广东省家庭文明建设示范点：东城街道、常平镇

广东省科普示范社区：长安镇、南城街道

全省民族团结进步模范社区：南城街道

广东省社区教育实验区：麻涌镇、中堂镇

广东省儿童友好示范社区：横沥镇、万江街道、谢岗镇、中堂镇

广东省交通安全文明示范社区：万江街道、中堂镇

广东省第十六届“体育节”活动先进单位：东城街道、塘厦镇

退休人员社会化管理服务工作第十批省级示范点：莞城街道、虎门镇、洪梅镇、道滘镇、中堂镇、常平镇

广东省生态乡镇（街道）：东城街道、道滘镇、洪梅镇、沙田镇（东莞港）、凤岗镇、常平镇

广东省民间文化艺术之乡：麻涌镇、高埗镇、樟木头镇、茶山镇、东坑镇、桥头镇、大朗镇

广东省休闲农业与乡村旅游示范镇：道滘镇、桥头镇

广东省扶贫开发“双到”通报表扬帮扶单位：茶山镇等32个镇（街道）

广东省爱国拥军模范单位：樟木头镇

广东省文化科技卫生“三下乡”先进集体：塘厦镇

广东省中小学团队工作先进单位：樟木头镇

广东省全民助残健身工程示范点：茶山镇

全国法治宣传教育先进单位：长安镇

全国社区教育实验区：长安镇

全省防汛防旱防风防冻先进集体：长安镇

全国计划生育协会先进单位：寮步镇、麻涌镇、横沥镇

广东省餐饮服务食品安全示范单位：寮步镇

全国规范化家长学校实验区：凤岗镇、茶山镇

广东省打工者歌唱大赛活动优秀组织奖：塘厦镇

广东省新型城镇化“2511”综合试点镇：清溪镇

广东省“互联网+创新创业”示范镇：常平镇

全国财政系统先进集体：横沥镇

广东省先进基层党组织：清溪镇、厚街镇、大岭山镇

广东省文明村镇：沙田镇（东莞港）、茶山镇

广东省健康促进示范单位：石龙镇、寮步镇

全国中小学档案教育社会实践基地：大朗镇

广东省青年文明号集体：大岭山镇

全省关心下一代工作先进集体：塘厦镇、石龙镇、沙田镇（东莞港）、大朗镇、东城街道

广东省五四红旗团委：沙田镇（东莞港）、茶山镇、莞城街道、大朗镇、南城街道、凤岗镇

广东省“五好”镇街工商联：东城街道、茶山镇、常平镇、大朗镇、石碣镇、樟木头镇、横沥镇、东坑镇、寮步镇

全国综合减灾示范社区：桥头镇、茶山镇、清溪镇、沙田镇（东莞港）、塘厦镇、石碣镇、南城街道、横沥镇、道滘镇、厚街镇

广东省四星级宜居社区：莞城街道、东城街道、虎门镇、凤岗镇、大朗镇、樟木头镇、寮步镇、中堂镇、万江街道、桥头镇、南城街道、清溪镇、塘厦镇、长安镇、厚街镇

（二）市直单位部分（20项）：

调研和部刊工作先进单位：市委宣传部

全国法治宣传教育先进普法依法治理办公室：市司法局

广东省文化市场综合执法工作先进单位：市文化广电新闻出版局

全国基层卫生岗位练兵和技能竞赛广东省优秀组织奖：市卫生和计划生育局

全国质量强市示范城市：市质量技术监督局

全省检察机关信息工作先进单位：市人民检察院

全国模范法院：市第一人民法院

广东法院省级青年文明号：市第一人民法院

广东省高级人民法院“建设模范部门”教育实践活动突出集体：市第一人民法院

农村生活垃圾收运处理工作珠三角排名第一：市城市综合管理局

全国农民工工作先进集体：市人力资源局（市新莞人服务管理局）

全国地方志系统先进集体：市地方志办公室

国家知识产权试点示范城市：市科学技术局

全国法学会会议工作典型经验做法通报：市委政法委（市社会工作委员会）

全国双拥模范城：市民政局

全国爱国拥军模范单位：市民政局

国家第二批节约型公共机构示范单位：市机关事务管理局

全国残疾人工作先进单位：市残联

第15届残疾人奥林匹克运动会集体一等功（省级）：市残联

广东省环境保护先进集体：市环境保护局

（三）园区部分（2项）：

广东省先进基层党组织：松山湖（生态园）管委会

广东省服务外包示范园区：松山湖（生态园）管委会

（四）改革项目部分（10项）：

构建开放型经济新体制综合试点试验：市商务局、市发展和改革局

创新基层精神文明创建机制：市委宣传部、市文明办、市工商行政管理局、市房产管理局、麻涌镇、横沥镇、茶山镇、东坑镇、莞城街道

“大众创业、万众创新”体制机制改革：市科学技术局、市发展和改革局、市经济和信息化局、市人力资源局（市新莞人服务管理局）、松山湖（生态园）管委会、市人才办、横沥镇、长安镇、南城街道、常平镇

“全程电子化+审批中心”登记改革：市工商行政管理局

社会服务管理“智网工程”：市委政法委（市社会工作委员会）、东城街道、长安镇、道滘镇

推进生态文明建设体制机制改革：市环境保护局、市发展和改革局、市财政局、东莞水乡特色发展经济区管委会、中堂镇、石龙镇

教育领域综合改革：市教育局、松山湖（生态园）管委会、南城街道、东城街道、道滘镇

节约集约用地机制改革：市国土资源局

新型独立合议庭改革：市中级人民法院

医药惠民体制改革：市卫生和计划生育局、市编办、市发展和改革局、市民政局、市财政局、市人力资源局（市新莞人服务管理局）、市社会保障局

索 引

INDEX

说 明

1. 索引采用主题分析法编制，主题词按汉语拼音字母顺序排列；
2. 类目未作索引，分目采用黑体字，条目采用宋体字，表格采用楷体字；
3. 主题词后的数字表示内容所在页码，数字后的a、b、c分别表示该页码的左、中、右栏。

A

B

C

D

E

F

G

H

J

M

N

O

P

Q

R

S

T

X